八閩文庫

文獻集成
391

福建文獻集成

續編 集部 六七

吴格 主編

海峽出版發行集團
THE STRAITS PUBLISHING & DISTRIBUTING GROUP
福建人民出版社

本册目次

希靜齋詩一卷詞一卷

［清］閩縣龔燿孫撰

福建省圖書館藏稿本

希靜齋詩一卷詞一卷，清龔燿孫撰。燿孫（一八一六—一八七八），字依志，號文波，閩縣人。曾祖景瀚，祖式穀，父福康，子易圖、承煦、壽圖、羲圖、彝圖。監生，候選主事。是集爲通賢龔氏家言集略本，半葉十一行，行二十二字，目録葉與卷端同鈐「臣龔燿孫」印，又鈐有「龔禮逸印」印，收燿孫詩廿二、詞八。詞集最末無題實爲五言古，不知何以併入詞集中。

集中所收燿孫與親友酬唱之作有六，如開篇之讀張小華丈夢鄉嬛仙館詩題後并序，當爲清咸豐元年（一八五一）燿孫於靖州（今屬湖南）督靖民團練守境、防堵粤西太平軍時所作。張小華即張士寬，撰有知悔齋詩稿八卷續稿二卷，曾於此年校刻查慎行人海記二卷，時與燿孫同在靖州。未久，燿孫因父喪而返長沙，二年歸閩。燿孫詩不多作，詞亦淺白，然其中如六字雜言消夏一首，「無事端然靜坐，一杯兩杯清茶。但覺清風徐至，不知紅日西斜。即此可消永晝，何須沉李浮瓜」，得清歡之味，殊爲可愛。（王　靖）

龔氏家言彙存之十四

希靜齋詩稿

29

希靜齋詩

通賢龔氏家言集畧

希静齋詩

閩縣文波龔墀孫

希静齋詞

菩薩蠻

無題

通賢龔氏家言集畧

希静齋詩

閩縣文波龔燿孫

讀張小華丈夢嫏嬛仙館詩題後并序

小華張君名士寬浙江海鹽人世為望族富於學問然屢蹶名場得而復失乃以名經就監州來楚非其志也前捧檄防堵粵西賊匪在靖梧晤談之次得讀所著嫏嬛仙館詩前半多陶情之句俊逸清新後半則多感事之篇淋漓慷慨知其所學者深鬱鬱不得志故悲憤悱惻之懷時露篇什因題二詩惜其文章之不遇而祝其武功之有成也

等身著述未全梓即此詩篇孰與傳綜貫古人成一巳拓

開後進定千秋世情閱歷言多中時命迍邅道莫售惜不
廟堂歌聖德轉教悲憤寫深憂
詩人自古説窮工未必能詩終竟窮暫就折腰謀五斗仍
當黑首作三公姓名羞使懸金榜勳業還期仗寶弓掃蕩
么魔成偉績詞人原不愧英雄

題藍穉香詩集後

讀君詩句羨君才銜官竟有讒仙來天既與才不與命雲
龍霧豹費疑猜
清新艷麗閒幽奇五色江淹筆一枝百復琳瑯終不厭醒
人心目沁人脾
游戲文章更擅長心真如錦繡如腸春花秋月難相擬讀

到酣時口亦香

愧我邯鄲學步遲久荒筆硯也吟詩未曾搦管顏先赤狗尾續貂良可嗤

闕題

蘭爲王者香冥冥在幽谷佳人遭零落天寒對脩竹斯世無伯樂良馬終須伏吾且守吾道莫作卞和哭

闕題

一經離别已三秋一樣相思兩地愁聽到五更天不曉悠悠此恨幾時休

除夕

閩山楚水路三千别後相思已半年今夜深閨人不寐梅

花清瘦有誰憐

未能脱却此情魔慼碎眉頭只為他縱是歸期原有日經思及那能過

闕題

樹小枝稀未庇根慇懃手植似無因試看黛色參天後一樣清陰蔭四鄰

過訪小南茂才適值高卧悵悵歸寓亦即就枕晨戲倣栢梁體柬之

昨夜尋君登君堂適值幽人夢羲皇對面咫尺接容光如隔三湘徒相望忽見壁間窈窕娘（卧室懸美人一幅戲及）又疑雲雨會高唐拍手欲呼費酌量恐驚好夢道我狂悵悵歸來卧

匡牀與君齊赴黒甜鄉恨不隨風到君傍相邀凌虛共翺翔同將夢境細平章

項君小南以 海峯公集中原韻見贈次韻畣之

良朋不易得得一原非偶砥礪共切磋何必古人後愧我迫饑寒此心常負負不及理詩書終日逐升斗臨 得遇君頻覺交情厚談論及梅花示我詩百首（君有人字韻梅花詩一百章）五色鬬瀾翻吐鳳非吐綬君誠翰苑才兎株豈長守雅俗隔雲泥强無翻作有對君竊懷慙顏赤如中酒邯鄲步後塵何暇計可否大匠運斧斤留一芟其九微螢依卿月濁流成清流從此蛻凡胎換骨應不久

闕題

英雄未遇本無奇誰識淮陰跨下時巨眼可憐惟老婦千
金一飯尚嫌遲

咏栢

才堪樑棟勢參天終日青青只故顔不共春和逞嬌媚便
逢霜雪豈彫殘生為故國占喬木死作舟車濟往還堪笑
楓梅仍躁進曇花一現即冥冥

秋日江行

點染江山作畫圖江村楓葉正蕭疎誰云秋老無顔色倍
勝春光二月初

湖堤閒步

春風二月雨初晴多少遊人堤上行最是教人難舍處綠

楊深護一流鶯

襄城道中雪後憶梅

雪後天初霽村村展畫圖山皆如玉砌人恰住冰壺數日風塵裡今朝懷抱紓關心梅蕚放何處覓林逋

無題

當時繡得好鴛鴦留待于歸助曉粧今作小妻無用處都為小妹贈添箱

闕題

一波未定一波揚雷雨風雲腕下狂到眼山川皆學問闕心笑罵亦文章揮毫横掃千軍壘放筆如鬆萬馬繮真是汪洋好才調漫將玉尺等閑量

祇因

祇因為客慣不解懼風霜但得身安處他鄉亦故鄉

又

久經作客慣風霜直把他鄉當故鄉只是離家三五日行來偏覺路途長

出都留别鑑波伯兄

十年雁影各分馳聚首何曾十日期今幸追隨過一月一回私喜一回悲

棋枰詩局兩相將鐵劃銀鈎細較量每夜清談過四鼓不知明月下西墻

脂車秣馬賦長征王事馳驅有定程撒手欲行牽手住行

期屢定屢遷更
已合荊枝又別離傷心更甚未逢時河梁握手同含淚强
說重來或有期

七夕日戲調小莊書記

銀漢迢迢倩鵲填神仙未免戀情緣年年一會猶嫌少君
計離家是幾年
新秋最易旅情牽枕簟初涼客覺先共說君家有二妙今
宵猶是一人眠
客子天涯苦寂寥料應今日更魂銷畫眉有筆輸京兆辜
負香閨大小喬
定是剛腸未解情笑予空自太癡生而君如有相思淚是

寄娥皇寄女英

偶筆

少小貪嬉戲書與心相離壯年始發憤神與古相契每逢讀酣時不知寒與暑有時得妙解寸心樂何如一日目無書此身無著處因恨昔時我翻憐今日吾人生駒過隙惟恐讀不足安得還少方偏取羣書讀

曈曈曉日

曈曈曉日映窓紗尨李爭春鬬麗華蝴蝶雙雙過牆去隣家春色勝兒家

消夏

無事端然静坐一杯兩杯清茶但覺清風徐至不知紅日

西斜即此可消永晝何須沉李浮瓜

偶題

兒女春來刺繡忙繡花切莫繡鴛鴦鴛鴦最是多情物情繞心頭不可忘

閨怨二首

怕觸春愁不捲簾夜深猶坐淚痕添行人畢竟歸來未暗把金錢子細占

朝來紅日映窓紗强起凝粧出繡幃侍婢不知人意懶偏言隣舍遠人歸

希静齋詞

滿庭芳

曉臨粧鏡細勻朱粉自憐空費經營蛾眉不展無限病纏縈中心萬般幽悶為承歡强笑盈盈祇恐將愁懷露出逗引姑離情　當而今時候花嬌柳媚觸目心驚曾記得前言此日歸程誰知竟成虛語依然是獨對孤衾繡枕傍春氷濕透夢隔楚江城

西江月

消愁惟有醉飲遣恨便發高歌二輪來往似飛梭轉瞬潘郎鬢皤　富貴功名皆幻榮枯寵辱由他何須逐日苦張羅空將心緒消磨

卜算子

寂寞深秋夜青綾被獨擁枕頭聽盡短長更減却年時興

繡幃人念遠幾次向樓登望斷斜陽人不見紅袖有啼痕

減字木蘭

旅舍無聊坐既不寍眠又早獨對孤燈更添愁緒亂紛紛解衣就寢夜氣漸寒重被冷强閉雙眸此心耿耿終難寐

賣花聲

標格淨無瑕臘婢題差黃冠翠羽是仙家白石為隣泉作友品冠春華　玲瓏玉更佳神骨天葩真箇與蘭夫婦花羅襪凌波塵不染冷艷堪誇

滿庭芳

西風臘臘斜日沉沉暮秋景況盈眸登高遣性無計得消愁極目天南海嶠何處重山是福州但漫漫山遥水遠惆悵禁烟樓　若酬男兒志乘風破浪萬里封侯況年餘睽隔何足為憂無如弟兄情切方一日已若三秋問甚時聯床共話離緒一時收

菩薩蠻

東風陌上吹晴絮無端吹却春歸去春去斷人腸春花卸艷粧　東風齊著力處處飛紅急無計奈東風深綠換淺紅

無題

蕩槳採芙蓉搖入花深裏歡來不能辨故打鴛鴦起

玉籢别集一卷

[清] 侯官楊浚輯

福建省圖書館藏稿本

玉簽別集一卷，清楊浚輯。浚（一八三〇—一八九〇），字雪滄、一字昭銘，號健公，又號觀頮道人、冠悔道人，晉江人，後改籍侯官。咸豐二年（一八五二）舉人。同治四年（一八六五）援例爲内閣中書，充國史、方略兩館校對官，未幾告歸。後入左宗棠幕。光緒間，先後主漳州丹霞、厦門紫陽、金門浯江諸書院講席。雅好金石文字，富藏書，勤於著述。撰有冠悔堂詩鈔、文鈔、詞鈔、駢體文、金石題跋、筆記、楹語，島居隨録續録三録四録，唐叢碑目稿，冠悔堂訪碑記，小演雅，金莢颺言等；輯録有冠悔堂叢書、閩竹居叢書等。

楊氏有玉簽集二卷，所録皆閨怨、無題之作，已影印入福建文獻集成初編。此書題爲別集，然僅疊字百美人詩一首，其後則列舉歷代女性以疊字爲名者凡百餘位，俱自各書采其逸事遺聞。自西漢館陶公主名施施，以至清初高兆小姬影影、耿精忠旗下羅御史妾飛飛，尤以唐人爲多。按明郎瑛七修類稿卷二四云：「元稹妾名鶯鶯，張祐妾名燕燕，柳將軍愛妓名真真，張建封舞妓名盼盼。又善歌之妓曰好好、端端、灼灼、惜惜。錢塘楊氏曰愛愛、武氏曰賽賽、范氏曰燕燕。天寶中貴人妾曰盈盈，大曆中才人張紅紅、薛瓊瓊，楊虞卿妾英英。不知唐時何以要取雙名耶？」知唐代女子以疊字爲名者甚多。此書中亦見以數字疊字爲名者，如三三、六六、七七之類，惟陳寅恪元白詩箋證稿謂「唐代女子頗有以九九爲名者」，爲此書所遺。至如蘇小小、李師師、陳圓圓之名，則人人盡知矣。（方　挺）

玉籢别集

玉簽別集

璽字石美冠俠

冠悔堂鈔本底稿

己未刻書

玉籢別集

疊字百美人詩（五排冠頂五十韻）

侯官楊浚雪滄

紅粉誰稱聖、東家窈窕娘。妙齡愁豕誤、小字問鴛行、秀合么蛾讓、翩如獨鵠翔、山眉添斌媚、星靨鬬清揚、寶刲花梢顫、纖勒月樣量、環敲靈瑣闥、錢簸鬱金堂、鳳尾諳回軸、鶯喉解炙簧、翠環濃蝶簇、青襪淺鴉幫、宛似黃裳跛、依然左蕙芳、保阿教佩纕、師氏告湔裳、舉止能嫻則、端莊自抱方、姝曾誇鮑令姑待嫁彭郎、盼到加笄近、憐伊結帨剛、定情封線縷、姍步旻珩璜、香葱麟衫膩、紈裁蝠扇障、六萌迎漢陌、七夕渡河梁、匾壓絲新綰、施勻粉淡粧、花婷纏疊釧、灼爍卸明璫、倩拂嵌鴣

枕、真登縷象牀盈巵亢竹鶴、堅添髓煎凰當户垂蟾鬣闆窗
照蜃光、瓊柯初網海、瑟柱競彈湘、英荳顏輸舜、娟宜魄喚嫦、
皎晶疑曙雪、艷治追朝陽、懿矣言無聞、柔哉老是鄉、奇姿傾
下蔡、好夢入高唐、綺語鳴鸚洩、匱胎滿蚌藏、住祈棲佛鴿、慶
兆弄兒釁愛犢、斑懷舐、珍犀角鎮恇、蠱王誰領郡、蓮子已成
房、道是章臺尹、安知溢浦商、寄居朱雀巷、惜別碧雞坊、亭上
歌鸝宴、田間射雉場、轉蓬嗟聽鼓、采藥悵携筐、醋煑酸梅熟、
緜隨嫩榔颺、元霜空渴飲、崖蜜枉甜嘗、楚晼蘭紉帶、僧鞋菊
釀觴、影娥窺鏡悄、素女擘絃傷、羅曲治蠶箔、蘇盤感雀倉、超
凡簫戀史、貴價帽持張、昔往音書隔、冬來漏刻長、飄零烏白
舍、整領綠衣箱、簡託微波鯉、心同失路羊、扣庭旋橋遍、賽廟

測著詳飛騎聞歸路輕舟喜泊塘滔妻停織錦翹娣語擎槳雙玉肩凭几、三珠腕綴囊燕釵指絜垢鸞鏡暈檀粧寵重歡猶昨卿靚語莫忘、美人原絕代、福鹿叶蛇祥

紅紅　樂錄、唐妓張紅紅穎悟絕倫歌丐于市韋青納為姬、有樂工自撰歌、青召紅紅聽于屏後、紅紅乃以小豆數合記其拍、樂工歌罷、青令紅紅隔屏歌之、一聲不失、樂工大驚、尋達上聽、敬宗召入宮、號記曲娘子、後聞青卒一慟而絕

東東　抒情集、賓輩有悼妓東東篇云、芳菲美豔不禁風、未到春殘已墜紅、惟有側輪車上鐸、耳邊常似叫東東

妙妙　堅瓠集、妙妙、元公主

小小　古樂府錢塘蘇小小歌何處結同心西陵松柏下郭茂倩云蘇小小錢塘名倡南齊人　武林紀事蘇小小錢塘名倡也容俊麗工詩詞姊名盼奴與太學生趙不敏款洽二年趙益貧盼奴周之使篤于業遂捷南省得官授襄陽府司户盼奴未落籍不能偕行趙赴官三載卒有禄俸餘資囑其弟趙院判分作二分一以與弟一致盼奴且言盼奴妹小小可謀致之佳偶也院判如言至錢塘有宗人為杭倅託名盼奴而盼奴已一月前没矣小小亦為於潛官絹事繫廳監倅遂呼小小詰之曰於潛官絹汝誘商人百匹何以償之小小曰此亡姊盼奴事乞賜周旋非惟小小感生成之德盼奴泉下亦不忘也倅喜其言婉順因

問汝識襄陽趙司户耶小小曰趙司户未仕之日盼奴周給後授官去久盼奴想念因是致疾不起倅曰趙司户亦謝世矣遣人附一緘及餘物一罨外有伊弟院判寄汝一緘乃拆書惟一詩云昔時名字鎮東吳不戀黃金只好書試問錢塘蘇小小風流還似大蘇無小小默然倅令和之和云君住襄陽妾住吳無情人寄有情書當年若也來相訪還有於潛絹事無倅乃盡以所寄與之力主命小小歸趙院判偕老焉　王照新志杭妓呂小小有罪繫獄韓世忠為破械携歸易姓茅　堅瓠集小小王縉妓

秀秀　青樓集孫秀秀都下小旦色也名公巨卿多愛重之京師謡云人間孩兒秀天上鬼婆婆

翩翩 靜志居詩話景翩翩字三味建昌妓有與蘇生話詩云十日平原飲三秋江上船一經搖落後明月幾時圓王伯轂題其散花吟云閨中有子最能詩寄我一部散花詞雖然未見天女面快語堪當食荔支翩翩家盱江時游建安故伯轂誤以為閩中女子也 又徐翩翩字驚鴻南院妓年十六學琴不能操縵學曲不能按板因舍而學詩謝少連見之以為翩若驚鴻也晚嫁郁生郁卒為尼居蓮子營小庵以老有送顧太學詩云一日發江口五日下長洲可惜送君淚不隨江水流 撫異錄翩翩取芭蕉葉剪綴作衣即成綠錦

山山 青樓集顧山山行第四人以顧四姊呼之本良家

此節再校青樓集一校

女因父而失身資性明慧技藝絕倫始嫁樂人李小大李沒華亭縣長哈剌不花置于側室凡十二年後復居樂籍至今老于松江而花旦雜劇猶少年時態後輩且蒙其指教人多稱賞之

星星 唐詩紀事崔曙明堂火珠詩有曙後一星孤明年卒惟一女名星星始悟其讖也

劉氏獨步江浙其女匾匾姿格

按之號小技後嫁末泥安太平

[illegible]亦喚小技梅藝則不逮其母云

纖纖 李公子傳郭汾陽女清明君歸李為公子置妾樓訪奇女子以詩名顯若其中曰纖纖更善箏

女因父而失身資性明慧技藝絕倫始嫁樂人李小大李
没華亭縣長哈剌不花置于側室凡十二年後復居樂籍
至今老于松江而花旦雜劇猶少年時態後輩且蒙其指
教人多稱賞之

星星　唐詩紀事崔曙明堂火珠詩有曙後一星孤明年
卒惟一女名星星始悟其讖也

寶寶　青樓集小玉梅姓劉氏獨步江浙其女匾匾姿格
嬌冶性聰明雜劇能迭生按之號小技後嫁末泥安太平
常鬱鬱而卒有女名寶寶亦喚小技梅藝則不逮其母云

纖纖　李公子傳郭汾陽女清明君歸李為公子置妾樓
訪奇女子以詩名顯者其中曰纖纖更善箏

環環　三朝北盟會編韓世清敗劉忠於蘄州得一婦人自稱柔福帝姬小名環環按四朝聞見録柔福帝姬徽宗女自金奔歸自言於上上憫之遂以高士㒟尚主及韋太后北方歸持上袂泣未已遽曰哥被番人笑說錯買了顏子柔福死已久上以太母之命寘姬於理獄具誅之東市柔福自云太后將還鸞馭即以病告嘗以尼師自隨或謂此尼曾事帝姬故備知疇昔帝姬俱上在宮中事偽帝姬引見之日呼上小字尼師之教也京師顏家巷髹器物不堅實故至今謂之顏子生活

錢錢　本事詞辛稼軒有侍姬曰錢錢甚寵之晚有椰枝之放口占臨江仙贈之云一自酒情詩興懶舞裙歌扇闌

珊好天涼夜月團圞杜陵真好事留得一錢看歲晚人欺程不識怎教阿堵留連楊花榆莢雪漫天從今花影下只見緑苔黄

鳳鳳　堅瓠集鳳鳳南唐張泌所通浣衣婢

鶯鶯　全唐詩語鶯鶯姓崔氏有張生者託其婢紅娘以春詞二篇誘之崔答曰待月西廂下迎風户半開拂墻花影動疑是玉人來張喜其意既遇而别崔命琴鼓霓裳羽衣之曲張文戰不利崔貽書以廣其意又有竹茶碾亂絲之贈曰淚痕在竹愁緒縈絲因物達情永以為好楊巨源元稹善張生見其意歎賞之巨源賦崔娘一篇云清潤潘郎玉不如中庭蕙草七三銷初風流才子多春思腸斷蕭娘

一紙書元稹亦續生會真詩三十韻張後以為妖於身也絕之既而崔託其所親潛寄一詩云自從消瘦減容光萬轉千迴懶下牀不為傍人羞不起因郎憔悴却羞郎張將行賦一章以絕之云棄置今何道當時且自親還將舊來意憐取眼前人自是遂絕　隨隱漫録范十郎二女俱為陸氏妾長曰鶯鶯寵甚早世次曰燕燕與羣妾等陸病且貧羣妾皆散燕燕獨不忍去食貧十餘年　堅瓠集李鶯鶯與張浩私者

翠翠　瞿宗吉剪燈詩話載劉翠翠遇舊僕商販道場山寄書於父母按馮猶龍云劉翠翠淮安人生而穎悟同學有金生者贈以詩云十二闌干七寶臺春風隨處豔陽開

東園桃樹西園柳何不移來一處栽翠翠和之曰平生每
恨祝英臺懷抱何為不早開我願東君勤用意早移花樹
向陽栽因結婚焉後為張士誠部下李將軍所掠生訪之
湖州稱為兄妹將軍命翠翠出見之一見之後不可再得
生遂感沈疾翠翠亦旋卒附葬於道場山生墳左　堅瓠
集李翠翠明金陵妓薛翠翠明京師妓

此節何為上有缺字

此節有極原書一樣

程氏女名素未嫁遭賊欲犯之臨
代素賊殺素後犯青青曰素尚死
[illegible]生劉英子字宛宛劉俏妹前門住
人來得江南之渡聲價方起惜早

東園桃樹西園柳何不移來一處栽翠翠和之曰平生每恨祝英臺懷抱何為不早開我願東君勤用意早移花樹向陽栽因結婚焉後為張士誠部下李將軍所掠生訪之湖州稱為兄妹將軍命翠翠出見之一見之後不可再得生遂感沈疾翠翠亦旋卒附葬於道場山生墳左　堅瓠集李翠翠明金陵妓薛翠翠明京師妓

青青　皇甫謐列女傳翟氏女名素未嫁遭賊欲犯之臨以白及素娉名青青乞代素賊殺素後犯青青曰素尚死何為賊復殺之

宛宛　燕都妓品八名童生劉英字宛宛劉俏妹前門住人方德甫云英北方佳人兼得江南之渡聲價方起惜早

嫁耳、

依依　陽關三疊圖譜依依姓栁氏字倚玉揚州二十四橋人善歌陽關三疊按見見聞錄載栁依依此語自稱淮陽人字靈和于歸方氏已丑逢難絕粒而殞錄其小詞四首其一云妬花雨到花無命啼罷袖痕紅印迴憶小窓人靜鐘遏蟲聲迸銷魂化蝶飛難定欲訴斷腸誰信天抱一輪冰鏡雲冷秋如病其二云西風滿袖飛車越口吸露華融雪雁陣忽攻雲裂嵌著些兒月漫勞寶鼎香重熱腸斷那堪多說淚染片魂紅結真似飄霜葉其三云驪唱匆匆新到別目斷天涯這是何時節露滴風篩鐘竟歇攀花汗滲花枝熱春中離愁愁似結擬劃愁根反長愁枝葉杜

此處似有闕

宇一聲雲影裂海棠濃抱燕支月其四云身裏繁愁難著
枕淚月鋪窗亂寫飛花影莫怪青春歸步緊枝頭杜宇聲
聲請小語留春春未允又聽疏鐘敲得晨光醒露草為誰
珠淚冷亂紅堆處東風省其五云未觸春光先掩淚寒食
清明偏與愁人會夜靜花枝嬌欲睡可憐人醒東風醉天
縱[愁]更長似歲曲檻迴橋咀嚼愁滋味水底月輪冰樣脆梆
雲濃絲雨細滴滴瀟瀟裝點桃
片蒼苔萬片燕支砌倚輕寒中
保保　花南老屋歲鈔曹保保唐妓按樂府雜錄云貞元
中王芬曾保保子善才其孫曾鋼皆襲琵琶藝

宇一聲雲影裂海棠濃抱燕支月其四云身裏繁愁難著枕淡月鋪窗亂寫飛花影莫怪青春歸步緊枝頭杜宇聲聲請小語留春春未允又聽疏鐘敲得晨光醒露草為誰珠淚冷亂紅堆處東風省其五云未觸春光先掩淚寒食清明偏與愁人會夜靜花枝嬌欲睡可憐人醒東風醉天縱愁更長似歲曲檻迴橋咀嚼愁滋味水底月輪冰樣脆柳條敲絕連波碎其六云朶雲濃絲雨細滴滴瀟瀟裝點桃花淚那更催花風作祟一片蒼苔萬片燕支砌倚輕寒中薄醉我傷心最

保保　花南老屋歲鈔曹保保唐妓按樂府雜錄云貞元中王芬曾保保子善才其孫曾鋼皆襲琵琶藝

師師　銷夏錄政和間汴京平康之盛而李師師崔念月二妓尤名著一時晁冲之叔用每與遊宴後十年再來京師二人尚在而聲名溢于中國李姬門第尤峻叔用追昔賦二詩以示江子之其一云少年使酒住京華縱步曾遊小小家看舞霓裳羽衣曲聽歌玉樹後庭花門侵楊柳垂珠箔窗對櫻桃卷碧紗坐客半驚隨逝水與君聲散落天涯又春風踏月過章華青鳥雙邀阿母家繫馬柳低當戶葉迎人桃出隔牆花鬢深釵暖雲侵染臂薄衫寒紅照紗莫作一生惆悵事鄰州不在海西涯二詩盛傳于時姬名達禁中徽宗每幸其家姬素與周邦彥暱一日上袖江南新進香橙與姬姆周隱括為詞綢繆繾綣曲盡其工上得于

粧奩中心銜之遂奪職周既得罪出國門為詞別妃妃歌
于上前悲不自勝復召用蓋憐其才亦不失姬之歡也靖
康中素絢武震輩籍其家李妃流落來淅中士大夫猶邀
之以聽其歌然憔悴無復昔時繁豔矣李妃慷慨飛揚有
丈夫氣以俠名傾一時號飛將軍每客退焚香啜茗蕭然
自如人莫得而窺之也徽宗在五國城為李妃立傳劉屏
山汴京紀事絶句云輦轂繁華事可傷師師垂老過湖湘
縷衣檀板無顏色一曲當時動帝王按此詩宣和遺事作
師師淪落湖湘間為商人所得作此自悼云

舉舉　北里志鄭舉舉者居曲中善令章巧談諧為諸朝
士所眷常有名賢醵宴辟數妓舉舉者與焉王致居鄭禮

臣嘗在席禮臣初入內庭矜誇不已致君倦不能對舉舉乃下籌指禮臣曰學士語太多翰林雖貴在人耳李騭劉允承雍章亦嘗爲之豈能增其聲價耶致君躍起拜之禮臣引滿自飲不復有言歡極而罷

端端　雲溪友議崔厓張祜齊名每題詩娼肆譽之則車馬盈門毀之則杯盤失措嘗嘲李端端詩云曰黃昏不語不知行鼻似烟窗耳似璫獨把象牙梳插鬢崑崙山上月初生李因往乞哀乃更贈曰覓得驊騮被繡鞍善和坊裏取端端揚州近日渾相訝一朶能行白牡丹于是賓客競臻其戶或戲之曰李家娘子纔出墨池便雪嶺何其一日黑白不均　堅瓠集錢端端宋錢肅之妾

妹妹　唐書高敏女名妹妹父彥昭家為李納所屠女七歲母憐其幼請為婢女不肯曰母兄皆不免何賴而生遂死德宗憐之謚曰懿李習之有高懿女碑

姑姑　大平清話四明樓璹繪耕織圖後此圖流傳人間見逐段下有憲聖慈烈皇后題字皇后姓吳配高宗其書絕相似又御前應制多女流碁為沈姑姑演史為張氏宋氏陳氏說經為陸妙慧妙靜小說為史惠英隊戲為李端孃影戲為王潤卿

盼盼　全唐詩話白樂天有和燕子樓詩其序云徐州張尚書有愛妓盼盼善歌舞雅多風態為校書郎時遊淮泗間張尚書宴予酒酣出盼盼以佐歡予因贈詩落句云醉

嬌勝不得風嫋牡丹花一歡而去爾後絕不復知茲一紀矣昨日司勳員外郎張仲素繪之訪予因吟詩有燕子詩三首辭甚婉麗詰其由乃盼盼所作繪之從事武甯軍累年頗知盼盼始末云張尚書既歿彭城有張氏舊第中有小樓名燕子盼盼念舊愛而不嫁居是樓十餘年于今尚在盼

此處有闕字宜據原書一校

獨眠人起合歡牀相思一夜情

云北邙松柏鎖愁烟燕子樓人紅袖香銷一十年又云適看鴻雁岳陽迴又覩元禽逼社來瑤琴玉簫無意緒任從蛛網任從灰余當愛其新作乃和之云滿窗明月滿簾霜被冷燈殘拂臥床燕子樓中寒月夜秋來祇為一人長鈿帶羅

嬌勝不得風嫋牡丹花一歡而去爾後絕不復知茲一絕矣昨日司勳員外郎張仲素繪之訪予因吟詩有燕子詩三首辭甚婉麗詰其由乃盼盼所作繪之從事武甯軍累年頗知盼盼始末云張尚書(既歿)彭城有張氏舊第中有小樓名燕子盼盼念舊愛而不嫁居是樓十餘年于今尚在盼盼詩云樓上殘燈伴曉粧(霜)獨眠人起合歡牀相思一夜情多少地角天涯不是長又云北邙(部)松栢鎖愁烟燕子樓人思悄然自埋劍履 塵散紅袖香銷一十年又云適看鴻雁洛陽迴又覩元禽迫社來瑤琴玉簫無意緒任從蛛網任從灰余當愛其新作乃和之云滿窗明月滿簾霜被冷燈殘拂臥牀燕子樓中寒月夜秋來祇為一人長鈿帶羅

衫色似烟幾回欲起即潸然自從不舞霓裳曲疊在空箱十二年又今春有客過洛陽迴曾到尚書墓上來見說白楊堪作柱爭教紅粉不成灰又贈之絕句云黃金不惜買蛾眉揀得如花四五枝歌舞教成心力盡一朝身去不相隨後仲素以予詩示盻盻乃反覆讀之泣曰自居甍背妾非不能死恐百載之後以我公重色有從死之妾是玷我公清範也所以偷生耳乃和白公詩云自守空樓斂恨眉形同春後牡丹枝舍人不會人深意訝道泉臺不去隨盻盻得詩後怏怏旬日不食而卒但吟云兒童不識冲天物漫把青泥污雪毫　三朝北盟會編醫官王繼先于宅傍創一別館畜臨安名妓劉榮奴其子悅道則畜金盻盻父

子聚麀令妓子時作舞舞云淵聖升遐乃令妓女舞而不
歌舉手頓足為戲名為啞樂於湖州舊館別剏大第自都
下載見錢二十萬貫前往排垜謂之鎮宅錢　耆舊續聞
南渡初南班宗子寓居會稽為近屬士園亭甲于浙東一
時坐客皆騷人墨士陸子逸嘗與焉士有侍姬盻盻者色
藝殊絕公每屬意焉一日宴客偶睡不預捧觴之列陸因
問之士即呼至其枕痕猶在臉公為賦瑞鶴仙云臉霞紅
印枕睡覺來冠兒還是不整屏間麝煤冷但眉峯壓翠淚
珠彈粉堂深晝永燕交飛風簾露井恨無人說與相思近
日帶圍寬盡重省殘燈朱幌淡月紗窗那時風景陽臺路迴
雲雨夢便無準待歸來先指花梢教看卻把心期細問問

再檢本事詞一校

因循過了青春怎生意穩一時盛傳逮今為雅唱後盼盼亦歸陸氏　本事詞黃魯直過瀘州官妓有名盼盼者其……浣紗云腳上鞵兒四寸羅脣邊一……回波料得有心憐宋玉只因無奈……歷盼亦能詞即席唱惜春容以侑酒云年少看花雙鬢綠走馬章臺弦管逐而今老去惜花深終日看花看不足坐中美女顏如玉為我同歌金縷曲歸時壓得帽檐欹頭上春風紅簌簌　又趙仙源嘗于紅樓宴席見歌妃名盼盼者彈琵琶舞梁州贈以水龍吟云酒潮勻頰雙眸溜美映遠山橫秀風流俊雅嬌癡體態眼前稀有蓮步彎彎移歸拍裏凌波難偶對仙源醉眼玉纖

因循過了青春怎生意穩一時盛傳逮今為雅唱後盼盼亦歸陸氏　本事詞黃魯直過瀘州官妓有名盼盼者其帥甚寵之魯直戲贈浣溪紗云腳上鞵兒四寸羅唇邊一櫻多櫻多見人無語但回波料得有心憐宋玉只因無奈楚襄何今生有分尚伊麽盼亦能詞即席唱惜春容以侑酒云年少看花雙鬢綠走馬章臺弦管逐而今老去惜花深終日看花看不足坐中美女顏如玉為我同歌金縷曲歸時壓得帽檐欹頭上春風紅簌簌　又趙仙源嘗于紅樓宴席見歌妃名盼盼者彈琵琶舞梁州贈以水龍吟云酒潮勻頰雙眸溜美映遠山橫秀風流俊雅嬌癡體態眼前稀有蓮步彎彎移歸拍裏凌波難偶對仙源醉眼玉纖

籠巧新聲撥魚紋皺我自多情多病對人只推傷酒瞞他
不得詩情懶倦沈腰消瘦多謝東君知殷勤知我曲翻紅
袖拚來朝又是扶頭不起江樓知否　慶湖遺老集歌人
盼盼姓馬氏善書死葬鳳凰原　青樓于盼盼京師小唱
也　堅瓠集賈盼盼宋妓　夢梁錄教坊私妓有沈盼盼
憐憐　墨莊漫錄唐州營妓小字憐憐廖明略與之往來
輟耕錄汪憐憐湖州角妓也涅古伯娶以為妾經三載
死汪髡髮尼寺　夢梁錄教坊私妓有胡憐憐　堅瓠集
憐憐宋趙不刊妾丁憐憐湖州妓又成都妓
定定　本事詩定定顧子家妓也初雖以色見寵仍令他
適後乃遇于東城外顧盼嗚咽不忘舊情

姍姍　黃雲孫艾庵存臺周姍姍戴溪黃夫人侍兒也幼有潔癖薰香浣衣唯恐弗及一日黃夫人六袠初度雲孫以猶子捧觴焉姍姍侍夫人出常粧便服遲遲來前鬟雲膚雪柔若無骨而恣態閒逸望之殆神仙中人雲孫瞥見心蕩使通殷勤姍首肯將諏吉娶之忽遘疾竟死雲孫以一杯告于靈曰吾將入海乞不死藥返魂香以起之則三神山有大風引舟不能到欲得少君方士之術上天入地求之遍而七夕夜半未及比肩無誓可憶後姍姍亦數入夢同里墨莊書史為之傳

番禺新志方彩林金縷室也有示媳楊姍姍詩十年為婦蓼莪餘蔬水家風樂自如宛似舉場勤苦士粧成惟對古人書

堅匏集姍姍錢塘生

愛婢

香香　宛委餘篇秦州妓香香

紈紈　列朝詩集葉紈紈字昭齊吳江人葉仲韶女生三歲能朗誦長恨歌十三能詩書法有晉風歸趙田袁氏七載悒悒不得志以哭妹小鸞過哀而卒仲韶編其詩曰愁言集其秋日偶題詩云一番搖落一番嗟咫尺天涯夢裏家莫道秋來不憔悴滿庭都是斷腸花

六六　青樓集馮六六色藝兩絕

七七　因話錄李汧公鎮宣武戎事之隙以琴書為娛自造琴聚新舊桐材扣之合律者則裁而膠綴不中者棄之性不善俗間音聲唯二寵妓曰秀奴七七皆聰慧善琴兼

篳篥與歌時令奏之自撰琴譜

匾匾　元名妓見寶寶注

施施　問辨錄館陶公主名施施梭館陶公主漢武帝姑也堂邑侯陳午尚之午死幸董偃偃憂得罪爰叔為畫求見之策主自引董君伏殿下為贊館陶公主庖人臣偃昧死再拜謁上詔賜衣冠稱偃為主人翁

娉娉　堅瓠集晁無咎謫玉山過徐州時陳無己廢居里中無咎置酒出小姬娉娉舞梁州無已作減字木蘭花云娉娉裊裊芍藥稍頭紅樣小舞袖低回心到郎邊客已知金尊玉酒勸我花間千萬壽漠漠休休白髮簪花我自羞無咎歎曰人疑宋開府梅花賦清艷不類其為人　陳無己

此詞過於梅花賦矣　凝齋筆談賈娉娉字雲章魏鵬
妻也有唱隨集按馮猶龍云至正間魏寓言鵬母遣詣賈
平章夫人曰邢國致書言指腹之約邢國命女娉娉出拜
生令兄事之不及姻事娉以邢國往作佛事密語生是夕
竟就枕後生聞母訃告歸邢國背盟娉集唐句十首寄生
困頓竟逝未久生赴都除陝西提舉乃詣娉殯宮往哭是
夕夢娉來曰冥司命妾入金華宮得掌箋奏感君不娶之
言將返我魂嗣假宋女屍而甦竟奔賈宅生再締前盟焉
堅瓠集馬娉娉錢唐妓
灼灼　浣花集灼灼蜀之麗人也近聞殂落成都酒市中
因以詩弔之云常聞灼灼麗于花雲髻盤時未破瓜桃臉

曼長横綠水玉肌香膩透紅紗多時不住神仙界薄命曾
嫌富貴花流落錦江無處問斷雲飛作碧天霞
倩倩　本事詞呂倩倩名姬也善音樂楊補之初於鄧端
友席上見之贈以垂絲釣云玉纖半露香檀低應鼉鼓逸
調響穿空雲不度情幾許看雨眉碧聚為誰訴聽敲冰戛
玉恨雲怨雨聲總在愁處放杯未舉傾坐驚相顧應也腸
千縷人欲去更畫檐細雨　列朝詩集張倩倩吳江人沈
君庸之妻明眸皓齒說禮敦詩上流女子也葉小鸞兒時
能誦毛詩楚詞倩倩教之也工詩詞作即棄去小鸞記憶
其數首有憶宛君絕句云故人別後渺沈沈獨上江樓水
國陰鴻雁不傳書底恨天涯流落到如今寒夜與宛君談

君庸流落作蝶戀花詞云漠漠輕烟籠竹院細雨無情淚濕霜花面試問寸腸何處斷殘紅碎綠西風片千片相思纔夜半又聽樓前叫過傷心雁不恨天涯人未遠三生緣薄吹簫伴　堅瓠集

吳倩倩唐末妓

真真　紺珠集鄭還古將調西都柳將軍餞之出家妓薦酒內有一妓容艷嬌絕鄭竊窺眷之柳謂鄭曰此沈真真本家良女頗好文詞請賦詩以定情侯君拜命即送賀君欣然賦云冶艷出神仙清聲勝管弦詞輕白苧曲歌遏碧天雲未擬生裴秀何妨乞鄭元不堪金谷水橫過墜樓前柳大喜俾真真拜謝　閒奇錄趙顏得軟障圖畫工曰此名真真呼其名百晝夜不歇必應之應則以百家綵灰酒

灌之必活顔如其言遂活下步言笑飲食如常終歲生一兒有友人指為妖遺顔劍真真泣曰妾南嶽地仙也君今疑妾妾不可住携其子上軟障覩其障惟添一孩子皆是畫焉　青樓集趙真真善唱諸宮調楊立齋見其謳張五牛商正叔所編雙漸小卿怨因作鷓鴣天以詠之云煙柳風花錦簇筵霜芽露葉玉裝船誰知皓齒纖腰會只在輕衫短帽邊啼粉黶咽氷絃舊遊一去更無傳詞人彩筆佳人口再喚春風到眼前又趙真真馮蠻子之妻也善雜劇有繞梁之聲又班真真亦擅一時之妙　堅瓠集謝真真與韓真卿通者　燕都妓品三名亞魁孫三字真真前門外住人　喬夢符小令折桂令贈羅真真云羅浮夢裏真

仙雙鎖螺鬟九暈珠鈿晴梛纖柔春蔥細膩秋藕勻圓酒
盞兒裏殃及出些些腼腆畫幀兒上喚下來的嬋娟試問樽
前月落參橫今夕何夕　列朝詩集貝瓊真真曲序姚文
公為承旨時一日玉堂燕集聲妓畢奏有真真操南音公
疑而問之泣對曰妾建寧人西山之苗裔也父司莞庫於
濟寧坐盜用縣官財買妾以償遂流落倡家公憫之為落
籍且謂翰林屬官王棣曰汝無妻以此姬配汝吾即其父
也胥裝皆出于公棣字杖華後官至翰林待制貿谷筆談
記其事予乃賦云斷絲棄道邊何日緣長松墮羽別炎洲
不復巢梧桐又云焉知百尺松井猷登犀玉峯借問為者
誰內相姚公公按浦城舊志云真氏女其父仕為管庫負

官錢鬻女以償之流落失所剛貞自持無得犯者姚牧庵告所司脫其籍嫁黄某椒邱先生賦詩紀之有幽蘭植蕢壤芳潔常猗猗妾身猶處子郎君當自知之句居易録云輟耕録載姚士官翰林學士白玉堂設宴歌妓中有一人泣訴曰妾真西山之後也遂白丞相三寳妓爲落籍嫁小吏黄棣云云此好事者爲之媢嫉君子汙衊大賢亦猶南渡小人傾朱晦翁至有帷薄不修之謗可爲無忌憚之尤者陶宗儀元末名士乃亦爾可怪也

盈盈　筆奩録王山遊東海値呉女盈盈年方十六善歌舞尤工彈箏容色甚冶詞翰情思翾翾出羣府守召使侍宴山預賓列相得于樽俎之間從之驩處累月山辭歸盈

盈悲啼寄傷春曲示山云芳菲時節花壓枝折蜂蝶撩亂闌檻光發一曲碎花魂葬花骨蜂兮蝶兮何不來空使雕闌對寒月山作長歌答之後盈盈夢紅裳美人手執一紙書告曰王女命汝掌文牘及覺告母曰兒不久居人間異日當訪我于東山遂卒　堅瓠集吳盈盈錦城官奴

默記達奚盈盈者天寶中貴人之妾姿豔冠絕一時會貴人病同官之子為千牛往視之盈盈匿于其室甚久明皇聞之詔大索盈盈謂千牛曰今勢不能隱上如問何往但云所見人物帝幕屏幃食物如此既出明皇大怒問之對如盈盈言上笑而不問後虢國夫人入內上戲問曰何久藏少年不出耶夫人亦大笑

堅堅　青樓集荊堅堅善唱工于花旦雜劇人呼為小順時秀

當當　輟耕錄李當當元教坊名妓也姿藝超出流輩忽翻然若有所悟遂著道士服叚吉甫天祐贈以詩云歌舞當今第一流洗粧拭面別青樓便隨南岳夫人去不為蘇州刺史留瓊管月明簫鳳下綺窗雲散鏡鸞収却嫌癡絶潯陽妓嫁得商人已白頭　青樓集張有才繼娶和當當藝甚絶在京師曾接司燕排場由是江湖馳名老而歌調高如貫珠　堅瓠集李當當唐名妓

關關　青樓集張玉梅劉子安之母也劉之妻曰蠻婆兒皆擅美當時其女關關謂之小婆兒七八歲已得名湘湖

閒　堅瓠集闞闞與俞本明通者　靜志居詩話沈闞闞為顧茂倫刺繡作雪灘濯足圖國朝嗣綜沈闞闞字吳音吳江人其臨江仙詞云春睡慵如中酒小庭閒步徘徊雨餘新綠遍蒼苔落花驚去鳥飛絮捲飛來纔覺春來春已暮枝頭纍纍青梅年光一瞬總堪哀浮雲隨水逝殘照上樓臺

瓊瓊　麗情集薛瓊瓊開元中第一箏手清明日上令宮妓踏青狂生崔懷寶竊窺作詞曰平生願願得樂中箏得近玉人纖手子砑羅裙上放嬌聲便死也為榮按此詞本事詞作黃損為裴玉娥賦云　詞林藻鑑馬瓊瓊初為妓後歸朱廷之因闢二閣東閣正室居之西閣瓊瓊居之廷

之作浣溪紗詞以示閣詞曰梅正開時雪正狂兩般幽韻孰優長且宜持酒細端詳梅比雪花多一出雪如梅蕊少些香花公是非不思量　西湖遊覽志餘壽聖太后生辰内人瓊瓊柔柔對舞上賜細色北叚十匹

瑟瑟　遼史蕭文妃小字瑟瑟工文墨善歌詩女真亂帝畋遊不恤忠臣多被疏斥妃作歌以訓云勿嗟塞上兮暗紅塵勿傷多難兮畏夷人不如塞姦之路兮選取賢臣真須卧薪嘗膽兮激壯士之損身可以朝清塞北兮夕枕燕雲　今世說汪諷妻錢氏字瑟瑟　瑟瑟小傳吳瑟瑟畫最著者孫夫人放鴿圖

英英　全唐詩話楊虞卿有過小妓英英墓詩云凌晨騎

馬出皇都聞説埋花在路隅别我已為泉下土思君猶似掌中珠四絃品柱聲初絶三尺孤墳草已枯蘭質蕙心何所在焉知過者是狂夫

隱居詩話官妓王英英善筆札學魯公體蔡襄教以筆法晚年作大字甚佳元氏掖庭記順帝宫嬪佩夫人貴妃印者不下百數才人英英尤見寵愛帝為英英起采芳館于瓊花島内設唐人滿花之席重樓金線之衾浮香細鱗之帳六角雕羽之屏

紅樹樓選卓英英唐名妓有錦城春望詩云和風裝點錦城春細雨如絲壓玉塵漫把詩情訪清景艷花濃酒屬閑人自有情味可思而不可言麤人不能辨

堅瓠集英英楊師皐姬

王英英唐楚州妓

娟娟　列女傳趙簡子伐楚津吏醉卧不能渡簡子欲殺之其女娟娟願以微軀易父死將渡少一人娟操楫而請遂與渡中流發河激之歌簡子歸納為夫人　列朝詩集

田娟娟　元經之室元經嘗登秦觀峯夢老媪携一女子甚麗以一扇遺之後渡溪水得遺扇上有詩云煙中芍藥朦朧睡雨底梨花淺淡粧小院黃昏人定後隔牆猶辨麝蘭香異之遂題二詩于樹上云隔江遥望綠楊斜聯袂女郎歌落花風定細聲聽不見茜裙紅入那人家異鳥嬌花不奈愁湘簾初捲月沈鈎人間三月無紅葉却放桃花逐水流元經永樂中薦為工部郎偶憩田家有老媪熟視其扇曰此吾女手跡也過溪橋失之何為入君手女尋扇至

溪橋見二絶朝夕諷詠得非君作乎命其女出見宛如夢
中二詩果元經舊題共相歎異遂為夫婦　靜志居詩話
嘉興妓顧娟娟居蘇小小墓東北短少穠粹妙歌舞雙鞾
柔弱胡旋燈前觀者靡不歎絶間作小詩以書法不工偶
對人口占而已有贈别詩云南國相思子西蕃篤耨香留
君充雜佩休睹紫羅囊　燕都妓品六名二甲進士楊六
字娟娟東院人　西堂雜俎桃娟娟五歲能詩年十五積
詩八百首一一以蓮花箋書之有白桃花詩云一自夕陽
憔悴後五更風雨葬西泠外祖見而歎曰是兒慧心但福
薄耳
皎皎　善謔集妓阿軟産女求名于樂天樂天曰此兒甚

白皙可名皎皎有名士過之見呼皎皎即悟樂天之戲蓋其種姓不明取古詩云皎皎河漢女也

艷艷　畫繼宋任才仲妾艷艷本良家子有絶色善著色山水

懿懿　本事詞子瞻有贈黄守徐君猷家妃懿懿減蘭云柔和性氣雅稱佳名呼懿懿解舞能謳絶妙年中有品流眉長眼細淡淡梳粧新綰髻懊惱風情春著花枝百態生

柔柔　鄭所南心史柔柔傳柔柔姓陸氏歐陽夢桂妾夢桂死其母許嫁張酋柔柔棹頭不顧後酋見其顔色妙麗將逼娶之遂自經　梅村集玉京道人有婢曰柔柔莊且慧道人歸于東中一諸侯不得意進柔柔當夕乞身下髮

又宋宮人見瓊瓊注

奇奇　本事詩吳兆有榕城小妓奇奇歌奇奇十二髮垂肩腕伸膝上誰不憐鵶頭髻上望如墜杏子衫新紅欲然市門半面窺人慣門前潮水東西漫阿爺歡喜阿娘嬌東家妬煞西家羡六月南風荔子紅斜柯輕立踏如風八月西風龍眼低今年攀折與枝齊年紀雖小齒清歷漢語吳歌聲的的劉家碧玉未須論越客明珠應不惜借問春來幾樹花雙拋橋上是兒家

好好　樊川詩集張好好年十三始以善歌來樂籍中後為沈述師以雙鬟納之後二歲於洛陽東城重覩好好題詩贈之云君為豫章姝十三纔有餘翠茁鳳生尾丹葉蓮

跗又云怪我苦何事少年垂白鬚朋游今在否落柘更能無　宛委餘編元微之所歡錢塘妓謝好好

綺綺　江湖載酒集伎女張綺綺歌宋玉環吹笙和之

圓圓　陸雲士圓圓傳圓圓陳姓玉峯歌伎也聲色甲天下總兵吳三桂慕其名齎千金往聘之已先爲田畹所得進懷宗旋命之歸畹第時闖賊將迫畿輔畹迎吳觀樂命圓圓行酒酣飲間吳遽曰能以圓圓見贈當保公家畹勉許之吳即命細馬馱之去後爲闖賊所得三桂窮追不已既得圓圓建蘇臺營郿鄔于滇南時命圓圓歌大風之章專房之寵數十年如一日吳梅村作曲以刺之曰衝冠一怒爲紅顔實錄也三桂齋重幣求去此詩吳勿許

住住　北里志張住住少而敏慧能辨音律鄰有龐佛奴亦聰警甚相悅慕住住約以上巳日我家踏青去我以疾辭即日為計至期遂與佛奴一遂平生終以禮聘之

慶慶　玉堂雜志吳慶慶降充紫霞帔按紫霞帔宋孝宗時宮人品名也

愛愛　侍兒小名錄拾遺楊愛愛錢塘娼家女年十五尚垂髫性善歌舞七月七日泛舟西湖採荷香為金陵少年張逞所調相携潛遁旅于京師後三年念逞不置感疾而死小婢子錦兒今尚在出其繡手籍香囊纈履數物香皆郁然而新　紅樹樓選隋羅愛愛贈郎詩云感郎千金意含嬌抱郎宿試作帷中音羞開燈前目意甚細淫而豔妙

不虛其名為愛愛也　馮猶龍情史羅愛愛元嘉興名唱也色藝冠絶一時工詩詞嘗與諸名士會鴛湖翫月賦詩云月出天邊水在湖微瀾玉浮圖掀簾欲共歸娥語肯敎霓裳一曲無曲曲欄干正正屏六銖衣薄懶來凭夜深風露涼如許身在瑶臺第一層後歸趙氏子為張士誠軍士所掠以羅巾自縊瘞銀杏樹下

珍珍　宣和遺事二帝后北狩至正定府一番官妻自稱肅王女珍珍已戎服見太后訴以事

蟲蟲　櫻桃居詞話柳永詞蟲娘舉措皆淹潤又云就中堪人屬意最是蟲蟲蟲即蟲娘也

蓮蓮　北里志王蓮蓮字沼容微有風貌女弟小僊以下

數輩皆不及但假母有郭氏之癖假父無王衍之嫌諸妓皆攫金特甚

道道　青樓集魏道道勾欄內獨舞鷓鴣四篇打散自元初來無能繼者妝旦色有不及焉

安安宋史理宗癸丑元夕上呼妓入禁中有唐安安者歌色絶倫帝愛幸之堅瓠集余安安元余忠宣公女同母死于井　按史載余闕字天心合肥人由同知泗州事累拜淮南右丞陳友諒盜起據荆楚闕提勁卒爲江淮保障賊恚甚乃樹柵環城疾攻四面蟻集外無一甲之援城陷闕自刭墮清水塘中妻耶卜氏子德生女福童皆赴井死維楊張毅記闕侄孫宗烈云當時有妾耶律耶卜氏而夫人

實蔣氏子德臣女安安皆其所生也
寄寄　李義山樊南文　有祭小姪女寄寄文自爾殁後侄輩數人竹馬玉環繡襜文褓堂前階下日裏風中弄藥爭花紛吾左右獨爾精誠不知何之
惜惜　中興集毛惜惜高郵軍妓也滎全據高郵城叛召惜惜佐酒惜惜罵至死不絕後封英烈夫人　林下詞選浙女羅惜惜少時與張幼謙同就塾師家訂終身女作詞自誓云若是教隨別箇人相見黃泉下後卒歸張　夢粱錄教坊私妓有李惜惜　堅瓠集李惜惜明景帝所幸奴
亭亭　靜志居詩話徐翩翩妹亭亭字若鴻亦慧黠　堅瓠集亭亭廬江王瑗姬

田田　書史辛棄疾二妾一名田田一名錢錢皆因其姓名之并善尺牘

轉轉　侍兒小名錄趙王鎔命馬彧使於燕劉守光命韓定辭館之時燕之酒妓轉轉者一代名姝無比韓之所眷也每當酒食馬頻目之韓曰昔曾文公分季隗于趙衰伯符輟小喬于公瑾蓋惟名色可奉名人所慮娼婦不勝賢者顧矚願垂一詠故得奉之彧即命筆援毫文不停綴作轉轉之賦其首云玳筵既啓雅樂斯陳霧捲羅幕花攢錦茵有西園之上客命南國之佳人貌逞嬋娟縱玉顔以傾國步移縹緲就羅巘以生塵或載以歸

釆釆　堅瓠集楊釆釆元吳中女

醋醋　博異記天寶中崔元徽于春夜遇數美人自通姓名曰楊氏李氏陶氏又有緋衣少女姓石名醋醋有封家十八姨來諸人命酒各歌以送之十八姨性頗輕佻翻酒汚石醋醋衣醋醋作色曰諸人即奉求吾不相畏也遂拂衣而起謂元徽曰諸女伴每被惡風所撓常求十八姨相庇處士每歲旦與作一朱幡東風刮地折木飛花而苑中花不動崔方悟衆花之精封家姨乃風神也石醋醋乃石榴也

綿綿　鄒九楫贈王江州序予嘗遊晉陽覩女樂全隊妓綿綿溫玉風蓮具殊色皆善琵琶酒半命坐胡牀奏曲其聲娬媚宛轉而含愁因念舊宮人述前端皇帝在玉熈宮

命才人彈金曲柄琵琶忽忽已成往事元元

小青傳小青者名元元虎林某生姬也精涉諸技妙解音律風期異豔綽約自好年十六歸好不容于歸臨卒有寄某夫人書云元元叩首關頭祖悵迴隔人天明冥異路永從此辭玉晼朱顏行就塵土云云後附絶句百結迴腸寫淚痕重來惟有舊朱門夕陽一片桃花影知是亭亭倩女魂摟庭立紀聞云小青事前人多言析情字為小青其詩詞皆偽託然李敏達西湖志載支如增小青傳言其為武林馮生姬名元元字小青姓不傳有楊夫人者絶愛憐之卒年十八時萬歷壬子歲也又引張潮虞初新志云小青馮姓女弟紫雲歸會稽馬髦伯則實有其人矣未

知馮吳為誰曰施愚山嘗以問陸麗京云此故馮具區之子雲將妾也楊夫人乃錢塘進士楊廷槐元蔭妻楊與馮親舊夫人雅譜文史故相憐愛見愚山蠖齋詩話李志未攷及此是以多疑辭　午夢堂集元元葉紈紈侍女又名紅于

崖崖　堅瓠集崖崖古美人

楚楚　增彙侍兒小名錄淮妓嚴楚楚嫁塩商月夜泛舟泗上倚蓬歌後庭花曲岸上有婦人亦撫掌而誦　本事詞耆卿與孫相何為布衣交孫鎮杭日門禁甚嚴柳欲進謁門吏不為通若因府會願朱唇為歌此詞倘詢誰作但云柳七耳適中秋夜宴楚為宛轉歌之果詢誰作答以柳

七孫即席延柳彊安其詞云東南形勝江湖都會錢塘自古繁華烟柳畫橋風簾翠幙參差十萬人家雲樹遶堤沙怒濤捲霜雪天塹無涯市列珠璣戶盈羅綺競豪奢重湖疊巘清佳有三秋桂子十里荷花羌笛弄晴菱歌泛夜嬉嬉釣叟蓮娃千騎擁高牙乘醉聽簫鼓吟賞烟霞異日圖將好景歸去鳳池誇然此詞傳播致啓金海陵立馬吳峰之志又追咎于歌詠之工也

僧僧　列朝詩集袁御史凱有題妓度僧僧像詩云不見秋娘今幾年水光山色自悠然月明樓上天如水猶憶梁州第四絃

影影　許天玉鐵堂詩鈔有題高雲客兆索題小姬影影

傳後詩云字格金絲寫剪刀十年文史伴吟騷花鈿不是
無情物再訂他生繫赤繩東阿詞賦本風流玳瑁空梁落
月愁夜半洛神方入夢鏡臺虛動玉搔頭姊妹天人豔冷
嫺鰕鬚長日掩闌干春來自製哀蟬曲未有新詩贈牡丹
鴛鴦機罷辟邪塵得佐鴛閨叫暮春不見茂陵風雨裏土
花空蝕李夫人沙棠雙櫂莫愁家金粉啼痕褪木瓜陪侍
雲翹春不管閒門寒食祭梨花

素素　靜志居詩話薛素素小字潤娘嘉興妓有十能詩
書琴弈簫而馳馬走索彈丸尤絕妓也聞在京師能以兩
彈丸先後發使後彈擊前彈碎于空中江都陸無從為作
歌云酒酣請為挾彈戲結束單衫腳一試微纏紅袖袒半

韝側度紅鬖引雙臂范夫人贈詩云重開別院貯文君寶絡千金換翠裙非雨非雲香滿路前身應是薛靈芸後為李征蠻所嬖又嘗侍沈錦倩巾櫛明詞綜薛素素臨江仙詞云喚起提壺池上飲春殘滿地紅英忽聞牆外子規聲不知歸去也終是不分明自抱雲和彈一曲曲終還擬湘靈風前淚眼幾時晴月高星數點香冷漏三更 堅瓠集

陳素素揚州妓姜生所遇

羅羅 大業拾遺記煬帝嘗醉遊諸宮偶戲宮婢羅羅畏蕭后不敢迎帝辭有程姬之疾不可薦枕帝乃嘲之曰個人無賴是橫波黛染隆顱簇小蛾幸好留儂伴成夢不留儂住意如何

蘇蘇　北里志王蘇蘇在南曲中居室寬博巵饌有序善諧謔有進士李標詣焉題窗曰春暮花株遶戶飛王孫尋勝引塵衣洞中仙子多情態留住劉郎不放歸蘇蘇先未識不甘其題取筆答云怪得犬驚鷄亂飛羸童瘦馬老麻衣阿誰亂引閑人到留取青蚨趕熱歸標性褊頭面通赤命駕先歸後蘇蘇見王致君家郎君輒詢趕熱郎在否宋祖擇之龍學文集有咏齋州歌者李蘇詩歌妙亹亹若貫珠歷城惟祇數蘇蘇何當更唱陽關曲為爾今宵倒玉壺

超超　堅瓠集温超超温都監女本事詞子瞻謫惠州時有温都監者其女頗有姿色年及笄而不肯字人聞子瞻

至竊謂人曰是吾詩也居適相隣每夜聞公諷詠則徘徊庭際竊聽之迨公覺推窗復翩然逝矣公從而物色之溫具言其然公曰吾當呼王郎來與爾爲姻未幾公過海此議遂寢其女旋卒悵然爲賦卜算子云缺月挂孤桐漏斷人初靜時見幽人獨往來縹緲孤鴻影驚起却回頭有恨無人省楝盡寒枝不肯棲寂寞沙州冷

貴貴　本事詞趙松雪以承平王孫而遭世變故其詞多感慨嘗于李叔固丞相席上贈其歌姬貴貴云滿捧金杯低唱詞尊前再拜索新詩老夫慚愧鬢成絲羅袖染將修竹翠粉香須上小梅枝相逢不似少年時

昔昔　堅瓠集昔昔隋宮美人

冬冬汪水雲詩益州歌妓許冬冬

飄飄靜志居詩話六院麗人有沙飄飄者為冠評者比之蕃禧觀瓊花未有兩樹云

整整清波別志稼軒樂府辛幼安酒邊游戲之作也詞與音叶好事者爭傳之在上饒屬其妻病呼醫對脈吹笛婢名整整者侍側乃指謂醫曰老妻病安以此人為贈不數日果勿藥乃踐前約整整既去乃口占好事近云醫者索酬勞那得許多錢物只有一个整整也盆盤盛下官歌舞轉悽惶賸得幾箇觀着這般火色告媽媽將息一時戲謔風調不羣稼軒所編遺此

簡簡白香山長慶有簡簡吟蘇家小女名簡簡云芙蓉

花腮柳葉眼十一把鏡學點粧十二把針能繡裳十三行
坐事調品不肯迷頭白地藏玲瓏雲髻生花樣飄飄風袖
薔薇香殊姿異態不可狀忽忽轉動若有光二月繁霜殺
桃李明年欲嫁今年死丈人阿母勿悲啼此女不是凡夫
妻恐是天仙謫人世只合人間十三歲大都好物不堅牢
綵雲易散琉璃脆　靜志居詩話徐簡簡字文漪嘉興人
有珮蘭閣草夢居詩集緣情有餘風格未老亦閨中之秀
也其宮詞二絶云沈香亭子玉勾欄遍植名花披月看第
一莫栽紅芍藥此花開日定春殘庭院沈沈盡日扃自將
書法學蘭亭中官領得芙蓉粉催入長春寫御屏
心心　青樓集李心心于心心皆元初京師小唱也

扣扣　陳其年吳扣扣小傳扣扣字湄蘭真州人冒巢民侍兒也姿性穎異好讀書文選杜詩一二遍即能覆誦年十九巢民將為飾孔翠傳阿錫備小星嘉禮焉而先期一月病死

賽賽　雙名續志賽賽唐氏妓　板橋雜志下賽一曰賽賽賽後為女道士自稱玉京道人知書工小楷善畫蘭鼓琴喜作風枝嬝娜一落筆畫十餘紙年十八遊吳門居虎邱尋歸秦淮

飛飛　全閩詩話邵飛飛福州人色藝俱絕耿精忠反有旗下羅御史者隨王師入閩見而悅之賄媒氏佯為欲娶繼室其父母得千金許之既嫁隨羅北歸其大婦妒悍以

飛飛配一奴作薄命詞三十首流傳京師有謀欲娶之者飛飛旋死薄命詞錄其尤者云烟樹關山幾萬重殘粧零落為誰容如何的的親生女只愛金錢不愛儂無端選壻慕金珠堪慟雙親一樣愚寄語故園諸姊妹荊釵裙布好懽娛炎天斗室穢難聞蒜蒜葱葱盡日薰記得故園風景好白羅紗襯石榴裙挑燈含淚疊雲箋萬里函封報可憐爲問生身親父母責兒還剩幾多錢豕圈雞棲暑氣蒸嗡嗡滿屋門蒼蠅有人水閣珠簾裡猶說今朝熱不勝栁色依依逐漢南樹猶如此我何堪輸他隣婦無思慮碗大葵花滿鬢簪北地元溟風太嚴滿天飛絮壓茅簷炕頭不是金爐々馬糞如香細細添褌腿郎璫短短衫金箍頭髻更

巉巖款奴依樣更粧束滿漢平分道不凡

輕輕　酒邊集向子諲有贈侍人輕輕殢人教詞云白似雪花柔于柳絮蝴蝶兒鎮長一處春風駘蕩驀然吹去爭得倩游絲半空惹住波上精神掌中態度分明是彩雲團做當年飛燕從今不數只恐是高唐夢中神女

滔滔　宛委餘編宋宣仁太后小字滔滔按史載后高氏亳州人慈聖光獻皇后后之從母弟也故后少鞠宮中與英宗同年既長遂婚濮邸生神宗神宗立尊為皇太后神宗不豫權同聽政哲宗嗣立尊為太皇太后與皇帝御延和殿垂簾聽政大革熙豐弊政召司馬光呂公著文彥博以復祖宗法度為先務且令急疏人才可用者彙進于庭

人以為女中堯舜
翹翹　麗情集沈翹翹唐文宗時宮人即元濟女有白玉方響上所賜也以響犀為搥以紫檀為架　增彙侍兒小名錄劉翹翹謂薛昭曰妾有賓金離率之笙吹之令人不聽　堅瓠集翹翹宋理宗宮人　元怪錄文明年竟陵掾劉諷夜投夷陵空館月明不寢忽有一女郎西軒至儀質溫麗緩歌閒步徐徐至中軒命青衣曰紫綏取西堂花茵來兼屈劉家六姨姨十四舅母南陵翹翹小娘子并將溢奴來傳語道此間好風月足得遊樂彈琴詠詩大是好事雖有竟陵判司此人已睡明月下不足迴避也未幾而三女郎至一孩兒色皆艷國紫綏鋪花茵于庭中揖讓坐坐

中浮虎角酒樽象牙杓綠罽花䌫白琉璃盞醪醴馨香遠
聞空際女郎談謔歌詠音詞清婉一女郎為錄事一女郎
為明府舉觴酹酒曰惟願三姨婆壽等祁山六姨姨與三
姨婆等劉姨夫得太山府紀成判官翹翹小娘子嫁得朱
餘國太子溢奴使作朱餘國宰相某三四女伴總嫁得地
府司文舍人不然嫁得平等王郎官六郎子七郎子則平
生足矣一時皆笑曰須與蔡家娘子賞口翹翹時為錄事
獨下一籌罰蔡家娘子曰劉姨夫才貌溫茂何故不與他
五道主使空稱紀成判官怕六姨姨不歡請喫一盞蔡家
娘子即持杯曰誠知被罰直緣姨夫太年老昏暗恐看五
道黃紙文書不得誤大神伯公事飲亦何傷於是眾女郎

皆笑倒又一女郎起傳口令仍抽一翠簪急說傳翠簪過令不通即罰令曰鸞老頭腦好好頭腦鸞老傳說數巡因令翠綏下坐使說令翠綏素吃訥令至但稱鸞老鸞老女郎皆大笑曰昔賀若弼弄長孫鸞侍郎以其年老口喫又無髮故造此令三更後皆彈琴擊筑更唱迭和歌曰明月秋風良宵會同星河易翻歡娛不終綠樽翠杓為君斟酌今夕不飲何時歡樂又歌曰楊柳楊柳裊裊隨風急西樓美人春夢長繡簾斜捲千條入又歌曰玉口金缸願陪君王邯鄲宮中金石絲簧衛女秦娥左右成行紈縞繽紛翠眉紅粧王歡顧盼為王歌舞願得君歡常無災苦歌竟已是四更即有一黃衫人頭有角儀貌甚偉走入拜曰婆提

玉兮姹子速來女郎等皆起而受命即傳語曰不知王見召適相與望月至此敢不奔赴因命青衣收拾盤筵諷因大聲嚏咳視庭中無復一物明旦拾得翠釵數隻將以示人不知果是何物也

雙雙　脈牒續編吳門妓蔣四娘小字雙雙媚姿艷冶儇態輕盈琴精弈妙復善談謔毘陵吕狀元蒼臣一見傾悅以千金買之蓮花士女表品蔣雙雙云麗質人如玉幽香花是蘭漢宮人第一秦史合成雙曲中志蘭玉幼嬉于門有黃冠者指之曰此瑤臺侍香兒前身隸仙品今凡矣乃蘭玉故不凡含英毓華蛻塵祛汶談謔竟歲月不涉一煙火語及枕燦食爛衣弛燭微若舉身而委焉棄焉真一代

佳人也　夢梁錄教坊私妓有呂雙雙徐雙雙

三三　小名錄唐劉玓女名三三工詩善晉人書法

燕燕　野客叢書張佑妾名燕燕　契丹國志景宗皇后蕭氏名燕燕尚書令蕭守興之女也守興以后父共決一政景帝崩后領國事自稱太后　燕都妓品四名鄉中式張三字燕燕東院人　又范十郎女見鶯鶯注

鸞鸞　紅樹樓選趙鸞鸞唐名妓作閨房五咏詩不甚佳取其鏡臺邊安放筆硯不以塗脂抹粉為事終是芳秀之氣其詠雲鬟詩云擾擾香雲濕未乾鴉領蟬翼膩光寒側邊斜插黃金鳳粧罷夫君帶笑看

寵寵　清異錄朱起家居陽翟年踰弱冠姿韻爽逸伯氏

虞部[illegible]妓寵寵豔秀明慧起甚留意寵尤繫心緣館院各別種種礙隔有客友至都輦起送至郊外獨回之次逢青巾短袍者取一扇授起曰是坤靈扇子凡訪寵以扇自蔽人皆不見自此七日外可合合十五年而絕　堅瓠集寵

寵朱盧部姬

卿卿　本事詞蘇州汾湖居士陸輔之有家姬名卿卿以才色稱王田嘗為賦清平樂云候蟲淒斷人語西風岸月落沙平流水漫驚見蘆花來雁可憐瘦損蘭成多情應〻卿卿只有一枝梧葉不知多少秋聲　投知小錄油蔚贈別營妓卿卿云日照綠窗人去住鴉啼紅粉淚縱橫

美美　會昌解頤錄劉立者為長葛尉其妻楊氏忽一日

泣謂立曰我以弱質託附君子深蒙愛重將謂琴瑟之和終以偕老何期一旦舍君長逝哽咽涕泗不能自勝立曰爾素無疾恙何得如此妻言後數日沈困精思恍惚自度必不濟矣且以小女美美爲託又謂立曰他日美美成之望君留之二三年其夕楊氏卒及立罷官寓居長葛已十年矣時鄭帥崔公即立之表丈也立往詣之崔待之亦厚念其貧令賓幕致書于諸縣將以濟之有縣令某者邀立往郭外看花及期而縣令有故不克同往令立先去舍趙長官莊行三二里見一杏園花盛發中有婦女十數人立駐馬觀之有一女年可十五六亦近垣中窺立又行百許步[illegible]至趙長官宅入門見人物匆遽若有驚急主人移時

六[illegible][illegible]適女子與親族看花忽中暴疾所以不果奉迎坐未定有一青衣與趙耳語趙起入內如是數四又聞趙公嗟嘆之聲乃問立曰君某年某月爲長葛尉乎曰然婚楊氏乎曰然有女名美美有僕名秋笋乎曰然僕今控馬者是矣趙歎息驚異旋有人喚秋笋入宅中見一女可十五六滿泣謂曰美美安否對曰無恙也僕拜而出莫知其由立亦訝之徐問趙曰某未曾與君相識何故知其行止也趙乃以實告曰女適看花忽若暴卒既蘇自言前身乃之妻也今雖隔生而情愛未斷適窺見公不覺悶絕立歔欷久之須臾縣令亦至衆客具集對客白其事衆咸異之立曰某今年尚未高亦有名宦願與小娘子尋隔生之好

衆共成之於是成賛壻而笑笑長于廿三歲矣

福福　南宋相眼湻熈十四年德壽宮傳旨才人李氏王氏并放令遂便其誥命四軸并才人李氏從人紅霞帔宣十一道紫霞帔宣聽宣各二十道并降付内東門司給[illegible]帔宣九道李惜奴陳來兒等紫霞帔宣二十道藍合兒藍福福陸小美趙九娘譚强兒譚小郁等聽宣二十道陸閏兒元沖淨等　堅瓠集福福賈娉娉侍女按馮猶龍云賈寓言入問邢國娉娉以瑞香贈生令侍兒福福送生出生重賂福福使之挑娉福福出吳綾令生書有海棠枝上拭新紅之句後生將别娉破匣中鏡及琴上冰絃遣福福付生

隨菴遺稿二卷

［清］閩縣劉三才撰

福建省圖書館藏清抄本

隨菴遺稿二卷，清劉三才撰。三才字壽之，號隨菴，閩縣人。父萃奎，爲陳壽祺高足。三才同治六年（一八六七）舉人，光緒十年（一八八四）任永安縣教諭。工詞，咸豐間入聚紅榭詞社。有畫名，福建畫人傳載：「善山水，有隨安室畫稿。工詞，有詞集。」

是書前有謝章鋌序，云：「其子敬，字龍生，亦舉於鄉，從予遊，方爲君搜羅叢殘，勒爲一書。」知爲其子劉敬蒐輯而成者，文一卷、詩詞一卷。文一卷收録文論、書札、序跋二十篇，涉及經濟、政務、海防諸事。三才作文多言時政，鍼砭時弊，間有策論。如臺灣治法議，歷數島内禍亂之源，提出治臺之策，云：「善治臺者，杜漸防微，則必飭官方修學校始。所謂飭官方者，非謂文職武弁之不多也。」船政議痛斥朝廷官辦船政之弊，提倡效仿夷技，開創商辦，曰：「商辦則財力畫一，不致始勤而終怠；子母並權，不致重本而輕息。」所論頗有見地。詩詞一卷録詩百廿八首、詞五十五首，若謝氏序云「省君遺著，大抵當時唱和之遺」，魏秀仁謂其「詩筆清超」（陔南山館詩話卷四）。集中多友朋唱和之作，自見性情，頗涉閩地風土人情。傷時之詠，如閩警罪言二十首，賦當朝内憂外侮之患，國防軍事之弊。讀王景略傳、讀劉蕡傳，則借古以諷時。詞如賀新涼烏山謁陳忠毅祠云：「今日大江烽火急。多少先孤，民望正渴。念舊臣良將，尚有精魂思殺賊。」皆屬此類。

清季閩地詞學頗盛，詞人唱和風氣甚濃。咸豐二年（一八五二），三才與謝章鋌、高思齊、宋謙、劉勷共結聚紅樹詞社。謝氏序中亦記其事云：「予方在劉贊軒家授讀，贊軒喜填詞，予爲招高文樵、宋己舟與壽之共事。」咸豐六年，謝氏将諸人所課詞輯爲聚紅榭雅集詞二卷，内收三才詞四十一首。

民國福建通志藝文志著録「隨菴遺稿四卷」，續修四庫全書總目提要（稿本）作「隨菴遺稿四卷，光緒庚子年印本」。是書二卷，端楷抄録，字跡工整，楷法遒勁，當爲三才之子敬所謄清者。敬爲謝氏門生，謝氏序中「能不流連焉而彌增歎喟」一句點易爲「嗟乎，人琴之感其何極」，諦審筆跡，是謝氏所書，蓋敬將遺稿呈謝氏時所改。另附補鈔詩稿一葉。（段成貴）

隨菴遺稿

上

隨菴遺稿序

劉君壽之者鄉先輩劉茲卿孝廉之孫子而其節母夫人李氏則蘭屏部郎蘭卿都轉之從妹也孝廉冠貢成均旋登賢書爲陳左海院長高弟詩名籍甚著瓊臺吟史編二十四卷忽而不祿節母哀之尤甚以庇其孤其顧復難以言似故壽之年雖逾冠而未嘗一日離膝下焉道光丁未戊申間予安硯羅漢洋之春暉草廬草廬者二李先生奉母之地而節母託孤寄孥因依以求安者也予乃得常見壽之習聞其讀書聲壽之少予十餘歲矯然獨立其意似有所不

屑或靳壽之曰壽之骨相當貴但恨不壽節母聞其
言以為信時時以造命鼂壽之故壽之於憂生之意
頗慼慼君既孤及就試名與字皆所自取此名才字
壽之所由來也一日朋輩會飲壽之又以為言客有
和者予忽笑曰上柱國閻羅王誰是俊物何煩計較
因目壽之曰且食蛤蜊蛤蜊無貴賤無壽殀也其氣
清其味不豐是為食品最壽之大笑臂予而起曰然
哉於是絕口不言所見似有進於前既而還延十數
年予饑驅遠去壽之遂偕於學為廩膳生娶妻生子
越年壽之遂舉於鄉入貲為學官有祿以祀其先有

宅以庇其妻子有緩急々六通其親戚舉其節母平日所期望於其子者至是々意無不足於以歎苦節之食報有時而慈孝之不匱在人意中也方壽之之與予遊也予方在劉贊軒家授讀贊軒喜填詞予為招高文樵宋巳舟與壽之共事後又益以梁禮堂林錫三諸君為十五人不逮三十年凋零殆盡今僅存者嗟乎惟予與贊軒耳省君遺著大抵當時唱和之遺能不今昔之感其何極流連焉而彌增歎喟哉君至性過人每與予深談輒以名父之堂構不易承節母之劬勞不易報予三歲失恃零丁久苦輒有感於淒厲之音沈痛之旨泫然

謂君顯揚之實不在貴賤但得人稱願爲有子焉或庶幾矣君性又重自愛議論易忤予聞而輒右之故予言輒以爲是且欲退處弟子之列予大詫然君與予書雖稱弟而必繫受業君之器度見地豈但加人一等哉嗟乎君以童牙孤露克自樹立無忝於所生今其子敬字龍生亦舉於鄉從予遊方爲君搜羅叢殘勒爲一書蓋亦不可多得之子弟也嗟乎君又何憾耶光緒己亥七月朔長樂謝章鋌拜序於致用講院維丰室時方淒風苦雨若有鬼神排閶闔而來下也

隨菴遺稿　文

目錄

清　福州劉三才著

臺灣治法議

臺灣在閩東南大海中面向西北為沿海七省外障而諸島往來之要會昔號東番不通中國明嘉靖中俞大猷逐海寇林道孔孔遁入臺後為荷蘭所據成功乘而襲之我
朝康熙二十二年始入版圖休哉聲教之暨訖也顧其地數多反覆康熙三十五年吳球謀亂伏誅六十年則有南路賊翁飛虎朱一貴之亂乾隆三十五年大穆降庄奸民黃教謀亂伏誅五十一年則有北路賊林爽文之亂南路賊莊大田應之厥後嘉慶十年

海逆蔡牽入鹿耳門道光十二年張丙陳辦起於
嘉義二百年間旋起旋滅均賴
天威蕩平何臺民之獨思亂哉揆厥禍首或以邪教
惑衆或以土豪跳梁或因錢糧追呼逼迫或係縣捕
逋亡嘯聚或貪污之激變或庸懦之保奸古人云為
虺弗摧為蛇奈何涓涓弗塞將成江河斯言可罕譬
而喻矣善治臺者杜漸防微則必自飭官方脩學校
始所謂飭官方者非謂文職武弁之不多也謹按
國初置官文則有巡視臺灣監察御史滿漢各一員
分巡臺灣道一員知府一員臺防淡水同知各一員

澎湖通判一員臺灣鳳山諸羅彰化知縣各一員其餘首領經歷縣丞巡檢典史共十六員武則有臺灣鎮標中左右三營臺灣城守營左右二軍南路營北路協標中左右三營淡水營安平水師協標中左右三營澎湖水師協標左右二營總兵叅副將遊擊守都司千把總共一百一十四員戰守兵共一萬二千六百七十名分設以來增多減少亦足以資彈壓矣然而尚有未治者大抵用不擇其人擇不久其任用非其人奸蠹易伏官如傳舍展布難精於是怯懦者視渡海為畏途狡黠者以隔洋為利藪則文不克盡

補偏救弊之才武不克盡禁暴戢奸之用矣誠使任賢使能久於其職三載考課就臺遷轉文者必能編保甲馭胥役別良莠且於土田租賦鹽課水餉陸餉等項調劑合宜武者必能勤操演精器械嚴搜捕且於山海要害戰船炮臺烟墩等處巡視周密兵吏不為奸番民無犯禁斯道得也所謂脩學校者非謂俎豆冠裳之不備也謹按

國初設學臺灣府縣各有儒學府學宮西偏有海東書院府署東偏有崇文書院諸羅有玉峰書院彰化有白沙書院竹塹城北有明志書院其外又有社學

臺灣縣社學三鳳山社學一諸羅社學七彰化社學一土番社學在臺灣縣者五在鳳山縣者八在諸羅縣者十一在彰化縣者十九在淡水廳者六誘民為善之方不減內地然風俗尚有未馴者大抵功利之說中於人心有司以設教為具文諸生以學古為詬病僻陋在夷焉得無外雅化者於是有以殺人劫掠為雄有以淫祀鬼神為福強宗大姓有服御過制而不知其非遊手好閒有飲博呼羣而不安其分前此所患祇在生熟番未諳教化逆民啓釁或藉以為奸閩粵雜處之人素稱強悍海寇窺伺或援以為黨耳

今則加以西洋英吉利諸國通商攬稅據要津立教
堂虎視耽耽其欲逐逐一有不靖海疆之禍安所窮
詰哉誠使任臺灣者皆廉明公正之人而教官山長
又能講明禮讓敦說詩書每月朔望宣讀
聖諭廣訓於學宮切實開導又取前臺灣道劉良璧
海東書院學規令學者朝夕率循褒歷來死難之臣
崇之廟祀採窮鄉節烈之事載之志書士冠四民宜
其風行倍易將見寄寓土著之衆皆曉然於本業之
可貴作奸犯科之利為不可貪忠義為可欽從賊通
夷之罪為不可逭防維有術整頓多方久則生番可

變為熟番熟番可變為內地地闢而廣人聚而眾則深山榛莽之內開墾可行矣而且閩粵之民聯臺地為指臂臺地之民結閩粵為腹心敢於公戰不敢私鬭則沿海咽喉之地門戶可固矣教化如此治術又如此西洋英吉利諸國雖鼓其凶燄肆其邪說安知其不畏而去也總之有治人無治法因時制宜務為久遠之計先事慮患當為未雨之謀古人云前車覆轍後車戒之又云前事不忘後事之師凡茲所陳若朱一貴等之亂前車之當戒也若

國初置官設學之法前事之當不忘也一戒一不忘

則曲突徙薪奚待焦頭爛額哉是在當事者留心荒

徼博採羣書仰體

列聖廟謨俾海隅蒼生長享安瀾之慶則幸甚

船政議

天下有名獲其利實受其害者今日船政是也他事之利害不數武而卽見船政之利害或遲之而見或遲之又久而後見他事見其害撤之可也改之可也船政任重糜費至千百萬食粟至數百人雖其害稍見而當事必狃於前議憚於更張勢不至國帑空虛民力糜爛不止譬如醫者下藥其效立見尚存顧忌至於地師爲人擇地成敗在數十年之後則不能無苟且之見存矣論者以今日船政方之秦始皇築長城隋煬帝開淮河害在一時而利在萬世嗟乎前車

覆轍豈臣子所敢安即令安然為之庸詎知夷人技藝其必有利於中國否耶愚思利之所在天下爭趨非若奠麗陳教必自作之而後興董之而後勸也長城淮河利在公家非始皇煬帝全盛之力固莫能創始而夷船無利則已果其有利而閩粤江浙巨商大賈皆得竭蹶圖之而利卒入於中國豈待建官置吏勞民傷財而始得為之哉無論夷人我國仇敵學之必不盡其道即盡其道譬如人人學於十年以前學於百年之後雖與之俱學弗若之矣而且彼國之人孳孳為利一材之長一藝之巧身家以之性命以之

手條以之故能精益求精密益求密歷算諸法莫不皆然今雖以堂堂中國師事鬼方所設之官非所習也所用之費非所出也官非所習則權皆操之吏人而國威損費非所出則錢皆取諸釐稅而民力窮四方平定猶之可也倘令烽煙再警欲罷其事則前功盡廢欲踵其事則後慮方長勢必左支右絀進退兩難矣今日當事之人皆在猶之可也倘令勤者去位而惰者承之廉者去位而貪者繼之愚恐後日之船政刻剝膏脂甚於昔日官錢局之弊竇也濫膺爵賞又甚於昔日軍需局之浮報也中國元氣幾何而容

日朘月削如是哉然則夷船必不可為歟曰可如之何其可也曰歸商辦商辦則財力晝一不致始勤而終怠子母並權不致重本而輕息朝廷設官不過受其治總其成而已外官置船政道一員如督糧道鹽法道可也內官統之工部創始之時或延夷人來教或令商人子弟往彼國受學官給庫銀若干貸之責償於工竣之後若有廢時失事者官治其罪事果有利天下無不為之人事若無利亦不至大害國家且省無益之費厚風俗正人心無一非今日之急務而皇皇以船政為不朽之功烈哉議者曰釐捐未撤而

米價不加貴船政之費似無礙民不知米價豐歉偶也而百物皆騰貴百物皆貴米價獨賤民將舍本逐末不數年而田將就荒矣此船政妨農之本也議者又曰船政所用之人類皆讀書才智之士雖非所習似無難於圖成不知讀書才智之士壞於功利之學者十已八九今又使日習機械之事不專心致志則事不成必專心致志其不至大背先王之教不止此船政妨士之本也夫天下大計不外教養兩途今必塞其養亂其教而謂可建萬世無窮之利吾未之聞也

上徐樹人中丞書

同治改元四月某頓首上言中丞執事鄉試國家大典也恩試特尤重非有萬不得已之故不忍屢陳戊午賊陷上游諸郡縣故奏停一年迨己未補試前年辛酉前中丞瑞公又以河洲告警奏展試期二三箇月諭衆士許賊平舉行未踰旬而連城收復矣又未踰旬而汀州之賊悉奏蕩平矣主司業馳

命出京都瑞公竟於鄰省截回有志觀光者莫不頹然氣衰遂不能不延頸於今歲之補科今歲

天子登極覃恩布於天下閩上下游又皆無恙執事

適下車伊始此正困極欲舒鬱極欲噫之時者也而執事又諭以河南梗塞奏緩二三箇月河南去閩尚遠果以道途梗塞或繞道或航海俱可因時制宜其竊恐非執事之意而當事諸公之意也當事諸公之意又豈徒欲緩之大抵以浙省賊氛逼處臺灣近復蠢動舟車輻輳不便周防故視鄉試尚為不急之務夫臺灣小醜也傳檄可定西北二路俱有重兵防堵進戰退守當事諸公宜具成算在胸究不在於鄉試與不鄉試也古云有備無患果其有備雖鄉試賊何閒而可乘若其無備雖不鄉試賊何日而不可至今

本省多事則議停止是徒以停止鄉試為禦備賊之上策也豈不怪哉借必待各省肅清始舉鄉試粵西滋擾以來勦兵約十餘年詎一旦能滅此而朝食士何不幸僻處海濱積日累月勤苦刻勵雖遇
聖澤廣大而亦不得揚眉吐氣激昂青雲耶然其鮮且有不勝言者三年大比之禮古今遴選之良法君相培育之深心今當事議者視為可有可無之數士亦以可有可無之數自待循分守己之輩懷匡時濟世之略而不得進抱忠君報國之念而不得伸則亦瀕死溝壑而已彼不循分不守己者勢必至於無所

不為孟子曰無恒產而有恒心惟士為能恐未可概望諸今日也夫士四民之首鄉試即舉士之始基無論鄉試久輒停止人心皇皇即有補試之日積三年至六年積六年至九年多者額至三百人少者亦不下二百人為士者當學殖荒蕪之日不得不就其鹵莽以博功名為主司者當英才淪落之秋不得不寬其繩尺以備人數洎秋榜一出濫不足珍嗚呼士氣至此宦途可知此豈仰副

聖天子求賢體士之意耶今欲擊賊之手足則莫若先收人心今欲奪賊之氣燄則莫若先存國體今欲

收人心存國體則莫若慎重名器使讀書談道者無
廢業至於臨機持重之道印證責在各府縣之學官
稽查責在各關守之戢弁審驗責在各里鋪之聯甲
鄉試一舉百貨流通庶民安堵猶得粉飾太平否則
遠近傳聞愚民不知轉以為賊氛若何蔓延而若不
能終日彼此利害洞若觀火是在當事諸公深思與
未深思之耳某才學菲陋屢坐廢黜詎今日忽急於
寸進特以
朝廷鉅典不可不遵寒畯苦心不可不恤用敢獻狂
瞽之言伏惟憲鑒

擬上丁中丞書

光緒二年月日某上言中丞執事自去冬節鉞蒞閩閩中積弊如撥雲霧而見青天百姓痌瘝直拯於水火之中而登諸衽席德政不勝枚舉今又聞求才甚急夫天下不患無才特才有遇有不遇耳遇則才成而天下之務與之俱成不遇則才廢而天下之務與之俱廢自古及今求才之途不外科目保舉科目以文字模索文字之中未嘗無才也保舉以行誼超擢行誼之中未嘗無才也即不幸國家多故不得已而出於捐需援例而捐需援例有裨國家緩急其中亦

未嘗無才也而世之論者或重科目而輕保舉或重保舉而輕科目二者交譏而援例之徒或時出而持其長短此皆不探其本故也竊按今之科目即古之上書射策今之保舉即古之鄉舉里選今之援例即古之入粟補官苟得其道則純粹如董仲舒嚴重如蕭望之諸凡經明行修之士皆出於科目通達如賈誼切直如朱雲諸凡奇材異能之品皆出於保舉而且卜式以輸財進身黃霸以納粟致貴雖其人優劣不同要皆非無用之器而非然者狄仁傑徐有功楊綰顏真卿諸人以明經進士舉而祝欽明元稹李宗

閔牛僧儒獨非明經進士乎裴度韓休陸贄杜黄裳諸人以賢良博學進而賈餗皇甫鎛王涯劉禹錫獨非賢良博學乎得其道而人才皆可倚不得其道而人才皆可憂誠在求才者之識量何如耳夫一郡一縣之才合之即朝廷之才也朝廷不能自識其才能審擇其才之臧否區別其才之真偽者必自郡縣始郡縣誤於用才則禍延於天下浸及於朝廷古事可為殷鑒者無論矣請即近事言之天下晏安日久

朝廷以寬厚為度士之由科目進者非綺靡之詩賦即膚泛之制藝始以為鋪張盛業潤色太平耳後將

有舉秀才不知書舉孝廉父别居之弊由保舉進者非縉紳之子弟即官府之刑錢始以為深語掌故熟習吏事耳後將有上品無寒門下品無勢族之失道光初年天下不見兵革仕進之途佻巧者或以迎合風旨夤緣奔競為能幹庸腐者或以奉行故事因循苟且為賢良丙申丁酉之間而夷患遂起某時纔數歲耳少未更事即側聞先生長者緒論而知宜黄黄公與林文忠公之賢黄公首疏請禁鴉片以塞漏卮文忠公即戮力籌辦意在令出法隨防禦並濟斯時中國尚富强外夷尚未知中國虛實使二公得竟施

設何至滋為心腹之患無何當事者不怪已之病豈而怪人之進食不恨已之中毒而恨人之投劑也然是時雖有養虎之慮而天下尚苟安數年若及此風厲人心培植國本東隅之失猶可冀桑榆之收又無何求才於科目科目之弊如故也求才於保舉保舉之弊如故也更加以捐例寬廣出身者如賈三倍不嚴為別擇天下又安所得才耶伏念我
朝深仁厚澤養士二百餘年名公鉅卿有豐功盛德載在史乘者指不勝屈某足不出里門之外目未睹載籍之全安敢以蠡測管窺輕量天下士哉雖然亦

有說一木之豎豈能支大厦之傾乎一杯之水豈能救車薪之火乎一士之諤諤豈能挽衆人之諾諾乎故賢人雖多有朝上書而夕斥去者夕對策而朝報罷者大臣欲安其位勢不得不俯仰隨俗姑託於大度也荒小臣欲進其身勢不得不依阿取容勉就夫當途繩尺則所謂佻巧庸腐者益詡詡然自鳴得意矣充佻巧庸腐之所為天下必馴致於亂易曰負且乘致寇至此其漸也某於此時非無奮發有為之志而顧念門地衰微上無攀躋之路資斧困之下無要結之緣所得為異日報效地者惟有科目一途而已

於是甘溺於制藝旁肆於詩賦小楷自謂青雲可立致也而究之賦命窮薄措辭命意累不得當於有司則向之託業由是而漸覺其非矣洎粵西事起江忠烈公胡文忠公曾文正公俱以培植人才為國家根本斯時有志之士致身通顯者俱不拘定資格所以江忠烈公以孝廉起家羅忠節公以諸生應聘其餘雲會飈舉雖毛髮絲粟之才無不各當其用某於此時又欲自奮其間而復念從前歲月已銷磨於無用之地一旦欲以椎魯應世恐不足以有為是以足將進而復卻口將言而復止祇拭目以俟天下之平也

果賴
廟堂訏畫諸公與執事協力贊襄馳驅上下未幾浙
粵豫楚漸次蕩平而金陵肅清矣然而回匪騷動於
西北外夷猖獗於東南其勢有甚於粵逆粵逆中國
赤子耳以激而變而豪傑輩出尚殫十餘年之功則
今日蔓延如夷患又將何以處之哉此留心世務者
不得不更急於求才也夫才難聚而易散難盛而易
衰不預儲於將散將衰之先必難挽於既衰既散之
後心膂一懈百弊叢生譬如有大利大弊非一任之
官所能興革則前任交卸後任有莫繼之者矣又如

有大兵大餉非一省之力所能籌辦則本省仰給他
省有莫應之者矣甚且辭勞避怨出而反覆其謀鑽
利營私起而媒孽其短用才不當害不勝防今之求
才者科目既不足恃保舉又難周知為今之計莫若
寓科目於保舉之中行保舉以科目之法即周官所
謂考其德行察其道藝也科目以文字取人今但觀
其文字果能條達通徹無轇轕壅瘇之病此其人必
胸有所見而非出於剽竊摹擬者也然後徐審其行
誼則庸腐之輩不得至其門矣保舉以行誼取人今
但考其行誼果能磊落光明無委瑣齷齪之態此其

人必學有所得而非出於矯飾矜持者也然後合勘其文字則佻巧之輩不得冒其選矣如是以之理財則廉而核以之治獄則慎而公以之救災卹患折衝禦侮無所處而不當始而聚之一方繼而布之天下始而舉其所知繼而並推其所不知六合之大如身之運臂臂之運指人心焉有不厚國本焉有不張哉凡此皆胡文忠公曾文正公嘗用心於大江南北而有明效者某讀二公之集尚慨然有餘慕焉今執事

仰承

聖眷厪念民依採訪虛衷度猶是二公之志則某乎

日所竊慕於二公者又將有望於執事矣敢獻其狂

瞽之說願執事垂察之

陶菴遺稿　文

與羅縠臣大令書

縠臣明府執事同宦已來執事莅任勤敏未便晤譚朔望行香於官廳輙承下問又未能直抒胸臆爲歉竊念諭訓兩官階卑權輕於知縣却有相助爲理之責自世教既衰官不識職賢者以奉行具文爲循分不賢者以阿世茍合爲便於身圖所以諭訓與知縣非以勢利相暱即以不遂其勢利之私而相謗也此豈朝廷設官之意第狃於習見久蓄下懷茲獨不能恝於執事者竊以執事爲可與言之人也方執事下車

之始邑之人士驚相告曰此由進士用為知縣者也此今中丞李公之貴姻婭也永俗之陋不足為執事喜後偶得執事自書所著詩頗窺執事梗概似非學無體用而苟為今耀耳目如邑人士所云者誠使詩與政通則永邑僻處偏隅尚得良有司為之持風化吾道為不孫矣實足為

朝廷之用人幸未幾執事淑問於庭間有案關學校例應知會學官而執事或錫或褫輒偏斷不與例合而且禮刀筆之士右悖師盜葬之人僕固未知深遠之意果何作用而邑之人士又驚相告曰此知縣之

權可以傾軋諭與訓也吾人苟得當於知縣雖有諭與訓之規可以無所忌憚也於是士有恃其財力干犯名教者咸樂訟於執事之庭而執事究何樂夫此然則知縣不兼風化之責歟非也第知縣握民社之柄與民事親其事煩教官專課士之條與士習近其任切理可相輔而職不相侵此

朝廷設官之意豈以執事之才未見及此既知其見及此而又贅言之者非迂則戇耳不自惜其迂與戇而仍通勤欵於執事者不以今之詩人待執事而以古之詩人待執事也毛詩三百篇大抵皆陳政事之

得失干旄之詩曰素絲紕之良馬四之彼姝者子何以畀之無他好善故也板之詩曰我雖異事及爾同僚我言維服勿以為笑無他不好善故也好善則能辨善言雖欲治之不善不可得不好善則不能辨善言雖欲治之善亦不可得韓愈為諍臣論曰維善人能受盡言陽子將不得為善人乎哉時愈未得位陽城已為諫官而曾不以為訐且聞而改之蘇軾與司馬光爭差役免役之法光色忿然軾曰昔公為諫官力爭於韓魏公韓公不樂公亦不顧豈今日作相不許軾盡言耶光改容謝之此四公者所處之地雖不

同而其所以自待而待人者其器識類皆若此今執事之自待誠如邑人士所云則不必顧是非量可否惟一二近在肘腋者之言是從若以僕之所待執事者自待能無冀彼姝之告而周爲芻蕘之詢乎僕誠迂誠戇倘有不以爲然之處藉在同官尚希垂誨

與徐靄亭書

昨辱手書教以性理諸說適家書法寇愈熾心逢手棘未暇細觀越日展玩所云孔子言性相近章明白透徹宋儒因孟子言性善添出氣質之性便多穿鑿附會反覆引證極見周匝才前讀韓子性有三等亦頗有近似惟所云宋儒强發議論即了澈性命洞達天人未見有濟有宋崇尚理學而天下大勢弱於此謂格致誠正脩齊治平自有大道此意前人亦有議及之才嘗以為本末尚未能一貫不能無言性文从生心古人制字於義無不審當告子言生之謂性明

明截去偏旁自然論心不備既以生心為性則未生心以前渾然一理既生心以後則有氣有質而性與生俱來即生而具正在無心而有心之間無極而太極疑亦類此方其無心也迺性之本然中庸所謂天命之謂性其性自有善無惡至於有心則當有正心清心之功能正其心清其心然後發之於事為無不知明而處當大學聖經所列綱領條目表裏之功一以貫之矣中庸所謂率性之謂道也若心有不正心有不清則聲色貨利足以蔽禍福修短足以奪則心於是乎有不善所以見之於心動作云為失其節施

之於家喜怒哀樂違其宜措之國與天下則兵刑教養興除黜陟無不偏倚而甚且倒置及性學無益於世人不恠其子之不肖而反歸咎其母之胎元不亦傎乎有宋崇尚理學而天下卒以弱者非講性學者弱之也講性學之不克稱其用者弱之也是時性學之最正者如濂洛關閩俱未大用其語錄奏疏必辨論不已者其心豈不曰明體而達用之學雖不能行於吾身庶可致之於吾君而傳諸其人故孝宗銳意恢復厭聞正心誠意之說而朱子曰吾生平所學惟此四字豈可隱然以欺吾君夫君者朝廷百官萬民

之主也董子亦云正朝廷以正百官正百官以正萬民非即正其心之謂歟三代以下及有宋以前惟漢唐開創之君似於性偶有暗合其餘世及相傳類無天亶聰明天錫勇智非有反性之功則亦聽轉移於運會而已而是非誠偽何以明好惡取舍何以公理財用人何以上下四旁有絜矩之道雖有名儒碩輔然亦始舉而終廢之此行而彼撓之是用不迄於成若以有宋削弱歸於崇尚理學之故此第若北宋之用王安石南宋之用張浚剛愎疎忽大言賈禍至一蹶不可復振誠足為千古痛恨耳若以一概而論豈

獨宋儒無益於天下即孔子言性近不能為東周孟子言性善不能救戰國又將何辭以解焉鄙意人性皆善而才有長短氣質有強弱厚薄而因材器使範圍而曲成之又視夫君與相誠如尊論所云芝蘭松柏不能強而同之是也故仲尼布衣也而祖述堯舜孟軻氏亦布衣也而言必稱堯舜必使其君為堯舜之君而後能使其民為堯舜之民唐虞十六字心傳亦出自君臣交警之辭非徒責獨善其身為能兼善天下也明甚宋儒之原心於杪忽較理於分寸者正恐有如王安石張浚之流貌襲其似致有毫釐千里

之差非好爲史巫之紛若也韓子所謂三代以上上
而爲君故其說行三代以下下而爲臣故其說傳正
謂此矣世正恐性命不能了澈天人不能洞達果其
了澈洞達則有善而無惡矣大才大用小才小用豈
有談性術而無濟事功之理哉才桑梓日在危困而
憂懼怠憧無所不有於存心之功自知毫無所得而
尚敢迂妄若此者正欲發其無所得於有道長者之
前冀其痛治之俾進於有所得也則幸甚伏祈大誨
勿吝

病説

陳子子駒病風能食能走且嫚罵皆若明而若昧雅善畫山水盡出人所屬畫絹與扇以墨雜赭而塗之或作一塊石或並與石不類畫畢大呌曰無負人余聞而惟之病愈陳子造余余問其知與否陳子曰知之知之何故為之彼時顧自以為善也今乃知其不善實甚余聞之良久愀然而思恍然而歎曰由陳子之病觀之凡不善不自知知之猶自以為善者皆陳子之病之類耶然則余之病多矣少失父兄師保之訓長又不喜讀聖賢之書其於居家接物語默動

靜之際無一可者時或過之使壅閉焉縱之使奔放
焉輒自以爲吾性𢥞爾亦不自知其爲病也而今晚
矣凡人受天地之中以生得其中則爲無病否則偏
左左病偏右右病偏於上下前後則上下前後皆病
夫陰陽風雨晦明天之六氣也過則生寒熱末腹惑
心之病貌言視聽思人之五事也喜怒哀樂愛惡欲
人之七情也偏則病亦生焉病生於天人得而治不
過一良醫事耳而世且有枉死者至其病之自生非
聖人不能治世無聖人則天下皆病人焉以病視病
奈何不相蹈於死而不覺也余之病類陳子多矣懼

其全昧而無復能捄故及其或明也而鍼砭之蘧伯玉行年五十而知四十九非衛武公既耄而悔過是通大賢以下不能無病但觀其知與悔之遲速而已余之年視武公爲尚遠而於蘧伯玉幾幾乎三之二倘猶病而不知知而不悔悔而不治行將負覆載生成之德詎獨區區所謂負人已哉陳子來吾齋幸共視之而痛下藥石焉

醫說贈侯敬菴

治天下之道不得以天下不可為而諉於氣數治疾之道亦不得以疾不可為而諉諸其人之命有命胡醫有醫胡命諉疾於命出於不為醫者之言可也既號於衆曰醫矣得疾之家仰之如父母奉之如神明數字之紙可支十日之糧半年之貲可值中人之產其自利亦孔厚其利人之術宜何如慎重而推詳之古人謂上壽百二十過此以往莫非夭妄由此言之人之不登上壽者非死於己之戕賊即死於庸醫之手為醫者就令其病實不可為猶得竭精殫思俾出

萬死於一生之路何況疾非如蠱人未衰齡斷無必不可為之理而忍功則歸己過則歸天乎然亦毋怪其然也儒者習卑陋之學足以立身而成名醫者傳庸妄之方亦足以要財而自貴勢也始誤於速成再誤於倖中三誤於自用而不肯觀摩輾轉相沿毫無罪責於是醫者生而病者死矣於是死於病者十之二三死於醫者十之八九矣死生亦大豈不痛哉余少讀周禮一書知先王治天下之道悉萃夫此及出而應試五擯於鄉四黜於禮部齒髮漸變自知不足有為則輙於周官中取醫師諸職拳拳三致意焉醫師

掌醫之政令凡邦有疾病者疕瘍者則使醫分而治之是猶醫之有局也歲終則稽其醫事以制其食是猶局之有總也疾醫分而治之死終則各書其所以而入於醫師是猶次醫下醫受命於上醫也誠使按古之法設今之局籌一經費定一程式令於國中如有願為醫者先使良有司課而後入入而再課朝而視證暮而參稽證有疑難更班出診能中肯綮按次降升如是數年考求有素雖不能保皆無夭札而其枉死於庸醫之指下者亦僅矣豈非親親仁民之一術乎余久欲以此鳴當事而未之及適敬菴侯子以

所刻痳瘋辨證見示又欲輯霍亂喉症外科諸所疑難者先私立一局富者取其資貧者施之求決於余余曰侯子所欲為者將推己之長以及人也余所欲為者將合侯子及眾人之長而廣之天下也侯子其導余之先路歟自信則為之可矣奚待余決

廣惜字說

事有常行之可以獲福而切於學士文人者惜字是也夫學士文人作爲己任即宇宙間艱鉅之事何一非分所當爲董子曰正其誼不謀其利明其道不計其功而獨於區區惜字一事遂存邀福之見哉然而其理固自有然也古之待士甚厚而督責夫士也甚嚴故人皆有所奬勸而力於爲善畏聖人之言而字即在其中矣則惜字之有社當自後世始也後世鄉舉里選之不公仕宦疑若可以夤緣進明經試策之不講科第疑若可以僥倖成而不知冥冥中有主之

者實不關夫選舉與經策也不關選舉與經策其所關者何也誼與道而已矣誼不能盡人而使之正招之以利則賢不肖所共趨道不能盡人而使之明示之以功則智愚所爭騖惜字雖小而推其所以惜字之心廣而行之則大也當官有奏議有案牘凡可以匡主德救民生者皆字也而嫉賢害能重徭加賦一紙慘於焚溺者亦字也此字不當惜乎平居或著作或教授凡可以闡聖道救末俗者皆字也而巧弄刀筆蔓衍淫辭一紙毒於蛇蠍者亦字也此字不當惜乎惟惜字之心必先有所敬畏敬畏則惡不期去而

自去善不期行而自行惡去善行則福不期得而自得詩曰無言不讐無德不報此其一也俗傳宋王沂公父敬惜字紙生沂公以食其報言雖怪誕第以理推之容亦有是歟永安吉山家士翰學博家居舉字紙社嘗自搆四六序余嫌其意之未盡也書此以廣之

贈陳彥士序

國家科目有五貢拔貢其最重者也歲十二年一拔縣拔一人典至重矣與是選者向以為必通經之士瑰奇傑特之才以今觀之所選不過工楷畫作平穩制藝試帖而已其餘經解及詩古文詞又可假手他作諒前輩所稱之為明經者當不類是也辛酉余與長樂陳子彥士與是試焉陳子每試文先畢余則刻意經營沈吟焉點綴焉輒殿諸人而後畢及罷試陳子誦其所為闈中利弊說剴切雄偉聲鏗鏗然若出金石即所謂通經之士瑰奇傑特之才者陳子亦何

愧哉嗚呼陳子竟以第二人黜矣余以無資補廩餼格於例亦黜在第二人越數日陳子至面目黧黑形容慘沮相視而愀無一言余揖之坐與之縱談古今上下其議論陳子之故態於是稍稍而復萌夫陳子豈以區區得失而遂介然於心哉殆亦不免有世俗之見存也士之屈伸榮辱蓋世俗所視之為俯仰向背若季子不禮於其嫂買臣見棄於其妻古之人不得志於時庸人孺子類皆得而玩易之詎獨陳子陳子先試一日將書名於冊皇皇然向所知假一券貿數十金夫茲數十金之假彼亦望陳子由諸生而得

貢士由貢士而得官由得官而取金玉錦繡為親戚宗族交遊光寵不然彼薄其施亦將望陳子有以厚其報也嗚呼陳子竟以貧而黜矣竟以黜而愈貧矣其為世俗所竊笑者不亦宜乎余嘗見富貴之家數百金買妾數千金置屋且數萬金納粟以博一空銜之官自視可以無求於人以為施及親戚宗族交遊而圖其報尚異日事不先絕其致身之路使之立轉溝壑累且重重至矣於是遂有求數十金而並不可獲者較之陳子所遇不尤人情之大變乎雖然余與陳子所應者科目所望於科目之得者將以行吾道

耳科目之限即吾道之所以窮天也豈人也歟哉陳
手亦可以自廣矣

誠社會文序

戊辰春余與梁子德鄰同計偕至京師頗究當世利弊痛時學之禍天下也欲以窮經致用為己責旣而同報罷歸余讀書道山時時晤陳子子長林子子顓子長嗜古士也子顓亦善讀書而不戾於古四人遂相訂舉文社社以誠名取夫易修辭立誠之義易曰修辭其誠所以居業也然則誠蓋為行文計哉而行文又何可以無誠天之高也地之厚也萬物之蕃衍也莫不有誠貫夫其中文者所以包舉天地囊括萬物體之於事而見之於言者也天無誠而高者或隕

地無誠而厚者或坼萬物無誠而蕃衍者或不得遂其生而文顧獨可以無誠乎余嘗怪天下能文者衆矣而卒不免於亂何也豈能文之無與於天下歟抑亦有説挾尺寸書弋取科第以揣摩為勝算以僥倖為成名父教諸子師教諸弟有司操繩尺而登進之歲若干人若探籌而得然及得志則又專講聲氣習拜跪位崇則榮財多則能聲著建高牙擁大纛鐘鳴鼎食循例而進退則亦賢矣求其致君澤民可大可久之業不啻秦越人之肥瘠漠然無所動於其心彼豈未嘗學佔畢而號稱能文者乎然而天下亂矣此

不誠所以禍天下也天下既亂必賴豪傑出而矯之吾今不慮下無能矯其弊者慮夫天下矯其弊而私意未盡斬絕又無以異向之所謂不誠者也則天下事去矣余貧且年長恐道不能有成而大用於世梁子陳子林子年少於余才力倍余處境又非余比若其相與有成也道在余友猶在余也請以斯文為前車之鑒

秉雅堂詩集序

秉雅堂集若干卷　先季父藻庭公所著從吾弟元紱殁後索諸舊館人而得之者也卷已為蠹蝕不完藻庭公二子長即元紱少以嗣　季父　公元紱既殁而斯集亦幾幾乎失之嗚呼天之困貧士者既不畀以功名福澤而並其平生所嘔心血亦將覆而盡之歟是亦酷矣　藻庭公少負倜儻不羈之才嘗邑試提其文與其妻弟林石甫夢蛟爭忝邑令陸公萊莊前曰我第一石甫曰我當第一陸公乃出一圖命二人題其上　藻庭公詩先成竟以第一置之石

甫亦磊落才也明年試亦第一應鄉試累不得志於有司遂盡斂其睥睨一切之概若與少時者異然一介不苟取當事廉其貧招之往不屑也一布袍幾二十年歲時持槖饘歸煖白酒一壺虀一盂捲一冊而吟哦之聲不絕口醉後常召三才與言詩歷數唐宋及元明諸家源流升降大率以骨格椎鍊神韻雋逸為主而忌叫囂隳突之態三才時僅七八歲頗能記憶其說無何而　藻庭公歿矣距今幾二十年三才學不加進聲名不出於鄉里而元紱學方進而又不克永其年斯集之若亡若亡誠在不可必之數矣今

固知其不可必也愈不敢視其不可必而聽之若亡
若亡也且藏而俟之

頤園記代陳弼夫方伯作

有其時非其地欲治園林之樂弗可得也有其地非其時雖得園林之樂弗能安也余少侍尚書公歷中外及長仕宦奔走於四方所歷名山大川以及園亭游讌之處指不勝屈然羈絆塵纓勞瘁案牘雲煙過眼弗克流連既而乞骸骨歸鄉里家據螺江之勝於園實宜而粵事方起土寇蹂躪於吾閩上下游蒿目時艱雖有其地亦弗暇自逸今則土宇靜謐矣子若孫相繼筮仕於朝矣而衰朽之年弗治一園以為娱老之計是地與時不兩失矣乎於是鳩工庀材經

始於故園之東南為迎暉亭迎暉者紀恩遇也正南為奎光閣閣與方山之三巒對迸神麻也正北搆室數楹為駢芝書室命次子承塑少子承鋆讀書其中芝為科名草駢後起也室前砌石為谷曰愚谷傍谷鑿池曰墨池愚與墨不欲子弟以賢知先人華侈相尚也其東有曼花精舍其西有眺遠臺臺下有洞四旁多植竹為徑花卉果木各隨其勢之高下曠狭斜整而設施之園成承塑承鋆以頤之名請余曰頤養也風篁成韻時鳥變音可以養耳清露未晞蘭芷發色可以養目春秋佳日召故老集賓客

與兒輩刻燭賦詩於其中追憶平昔　遊事如釋重擔亦可以養天倪頤之時大矣哉若推頤之義蒞官行政自養以養人二三子之責也余老矣余老矣願跂足以俟之

隨者遺稿 六

陳學博治宅城南記

陳子秋泉築室於其里之南城外將成乞言於余余步而觀之陳子竦然肅客入其門則曰隘甚不可以容車登其堂則曰隘褊甚不可以曳裾視其旁舍則又曰隘陋甚不可以設帳具供庖廚余聽其言若不足既而審其色何綽綽若有餘也吾乃今有以知陳子之意矣陳子所築之室迺陳子先人之敝廬更宅爽塏闢為圃蔬鳩工庀材舊址是圖為子姓計可耕可漁陳子嘗顏其室曰實事求是豈其然乎而陳子之言所以若不足者殆為世俗之見言之也權勢

之家市井之徒朘骨削髓賈姸售詭積累銖寸恢張閈閭丹堊金碧輪奐麗都所與必紈袴所戒必乘輿絲竹駢羅必燕趙之妖冶杯盤交錯必海陸之膏腴滿座寒燠塡街諾呼或頤指而氣使或趦趄而囁嚅舌結可否目膠賢愚是不啻堂處燕雀穴居鼠狢井蛙憐蛸蘿鷄嶽雛顧比屋連宇轉相倣效而號曰時趨以此論之則陳子之室誠萬一之不如若夫圭竇繩樞抱道鴻儒以六藝為戶牖以四端為庭衢以銘經鑄史為雕飾以洗心滌慮為掃除騁之乎廣大之域休之乎高明之途繫懷君國託跡江湖田何必有

數十頃桑何必有八百株巢父居巢壺公居壺容膝足樂惟德充符以此論之則與吾游方之內者曾有幾人若陳子之室吾猶以為大焉又奚篤於時拘於墟哉吾乃今更有以廣陳子之志矣陳子喜而命酌盡醉而歸

節母李孺人行畧

嗚呼天之棄不孝三才也年七歲蹇　先府君顛連困苦不可名狀我　母鞠之育之顧之復之以至於今日德未報而又見背世有煢煢孤露如不孝者乎尚何言哉我　母生平事上孝待下慈以及二十餘載苦節若不瀝血書之將異日之治內事者無所取則焉我　母姓李氏系出唐觀察文成公之後

國初始遷閩世居羅漢洋為外祖父邑諸生杰齋公次女生而端重不苟言笑杰齋公早逝舅氏家心公幼每先意承志而博外大母歡外皇祖開楚公治家

嚴肅有古人風男女大小無有不循禮法者我　母性敏慧凡織紝組紃酒漿籩豆之事罔不嫺習又通曉女誡列女傳嘗贈舅氏蘭屏公入都詩云年十七歸我　先府君我家自高祖以下世襲武職至　府君始治制舉業弱冠貢成均　先大父應標公性剛直一介不妄取與家故貧　府君以授徒為業我母主中饋甘旨必躬親　先大母何孺人喜曰冢婦賢吾無憂也無何　大父大母相繼歿偕　府君居喪如禮是時諸季父幼撫之無間於舅姑在日自奉薄待人厚嘗有負債者　府君方理鹾務議者請以

祇課我　母曰私負輕官科重不可為也遂焚券戚族中有告匱者皆竭蹷為之佽助會未慊其數命不孝解身上衣與之其他恩義周浹類如此先是諸兄先不孝而卒　府君年三十九有卌載童烏痛之句我　母禱於家祀太乙壇逾年而不孝生體弱善病我　母保抱呴噓夜不交睫其劬勞有倍於他人母者四歲曉八音我　母命屬對對工即喜顧謂　府君曰此子他日當成大器詎料日月奄忽至二十年後其不肖一至於此乎甲午　府君領鄉薦病篤我　母勸勿之京弗許道經揚州寓蘭卿舅郡署　府

君恐累人辭歸卒於漁陽旅次土人相傳某孝廉在此為神云訃聞我　母水漿不入口者數日不孝與今適馮氏姊多方防備一夕不孝等倦寐縊於內寢吾姊奔救幸未絕事聞外王母慰諭曰上老母下孫兒尚無汝死所汝未知大義乎於是我　母哭不孝亦哭計至今已十有七年矣蘭卿舅齎金相助我　母作女工充食舊宅在西門為不孝便於就傅遷於羅漢洋之北與舅氏隣不孝好游俠我　母躬為指畫一燈熒熒于夜未已勤瘁勞苦言之痛心吾姊歸馮氏我　母籌畫奩具夜不安寢未踰年吾姊卒悲

夫時之蹇也有如是乎癸卯大水漂廬舍我　母挈
不孝攜舟避水舟傾衣服盡濕顏色不少變家中惟
卷帙僅有存者我　母曰遺書存斯可耳先是　府
君之棄養也我　母積憂成瘵甲辰至辛亥醫藥無
虛日壬子五月外大母不豫我　母日夜焦思飲食
漸減訃音至我　母伏枕大慟又以不能視斂為憾
疾遂革醫藥不效更以新劑又不效遂顧謂不孝曰
外大母已溘逝汝年已長昔不可以死者今可以死
矣不孝朝夕不敢離側會童子試勉强與試歸與外
表兄吉士在側我　母詢文字何如未知能見汝二

人補弟子員吾遲二日不孝被黜家貧親老之念懸於顏色我　母泣諭曰功名分定不可强而致也但我死之後堅忍讀書以成汝父之志我亦不枉生此二十餘年矣七月十七日猶進粥一碗以外事託舅氏纂心公以内事託三季母因拊不孝首曰汝勞而瘠矣我死之後勿過悲又以交友宜慎祀神宜敬居官用刑宜寬爲訓不孝一一跽而受命十五夜神氣欲絕不孝焚香露禱子刻絕而復甦睜目謂不孝曰今夕吾當去汝何苦苦留雖留亦不遠也十六日質明神氣頓清方謂㝠㝠有轉機詎料二十夜遺血數

碗念一日質明哭外祖母又哭　先府君至夜不復言但熟視不孝而已念二日卯刻溘逝嗚呼痛哉不孝呼天搶地不知所為夫我　祖之積德若此我父之行誼若此而我　母之事上待下苦節又若此其顛連困苦而卒若此者豈積累之家而反獲咎耶是皆不孝奉侍無狀而通於天也嗚呼尚何言哉尚何言哉苫塊之中語無倫次茲謹就所記憶與戚族中所稱道者和淚書之庶當世大人先生宥不孝之罪而憫我　母之德傳之志乘播之
朝廷則不孝雖九死而無憾矣

祭海濱四先生文

壬戌月日某與梁某林某陳某四人舉文社於道山文昌祠旁祀九賢海濱四先生位其上謹爲文祭之其辭曰吾道南矣自程伯子龜山以前莫爲之始惟四先生篤實踐履當衆弗爲毅然任己閩俗僻陋如璞未理運會漸開羣習華靡稽古何尚拖青紆紫囊橐滿盈誇耀閭里倘或云道褎如充耳先生弗倡孰克荷此在官爲官在士爲士各稱厥職朝野所倚讜論邪正旌別臧否時譽非榮內忝實恥義有當爲若石投水義有不合若車方軌閩俗丕變炳蔚崛起學

者信從既歿弗已位四先生道山之時春秋弗替以
享以祀藐茲四人才薄願侈哀爲俗學草木同死竊
慕先生景行行止張吾三軍維桑與梓先生在旁實
佑啓只

祭內子梁孺人文

維月日先室梁孺人既喪之旬餘哀夫三才煩憂攻中枯槁形外　之害義乃抒其哀痛之誠致祭於孺人之靈曰嗚呼孺人之淑德兮宜嗣徽夫厥貽何運命之舛錯兮殃咎忽其中罹雖罄南山之竹兮書余悔其曷追孺人生長於世裔兮羗習禮而明詩萱與椿其並萎兮漸門祚之式微余時餬口於句讀兮亦靡瞻而靡依既二姓之合好兮申禮分於儷皮膠投漆以彌固兮驂在靳而豈離余實幼失夫教訓兮性愎戾而乖違羗薄故而造怒兮終婦道之謹持

先余勞而忘倦兮後余疾而釋憂余直道而輙得咎兮進婉言而相規余多識而不獲強兮旋能舉夫所遺體族黨而罔間兮獨無非而無儀操慮既以倍余兮甘美又復余推肉至乾不嗌兮留待余之薄饑服雖敝弗改兮將為余以授衣紛既有茲內美兮躬摧挫焉若時傷父母之早背兮愍翁姑不逮事曰克相夫子以立名兮固安用自適為夫子茍其不我好兮侍巾櫛尚有尤嗟余德之薄劣兮所望丕失夫姜姬文三戰而三北兮六索用占夫虺蛇勵余學於鄉校兮日多出而少歸無娣姒以結懽兮寡兄弟之惠來

思蹇產而不明兮余又惡徹其然否羌鬱邑之既久兮疵厲乃得而遘之中微寒而外壯熱兮遂口禁而目眙既鬼神之不純命兮藥石又用之以誤治鳥比翼以覆巢兮木連理而壞枝顧褐瓦而孰恃兮薦蘋蘩而誰尸啓遺篋而失措兮慘景物之俱非雲黯黯以蔽牖兮風淒淒而動帷冀夢寐之或見兮神髣髴若在宦倏輾轉以驚寤兮言笑渺其若馳奠餘閣以求嗜兮憖凝竚而猶疑倘人死其物化兮雖百歲而奚異魂魄尚其有靈兮指九原以為期撫一棺而誓從兮恐又傷其素志違牆屋以申慟兮詎莫能鑒余

之所悲哀哉尚饗

祭劉嵩亭茂才文

維光緒十年月日古閩劉三才復任永安縣學教諭後三月聞家星南茂才丁其母陳孺人艱未踰月又聞丁其父贈君嵩亭茂才艱不禁為之潸然以悲昔星南嘗以贈君命來從余游閱其所為文皆精實凝重有家法余又道經贈君家贈君留余飲自晨至於日中殽核維旅咄嗟而辦觀其內外則肅然少長則秩然而贈君持躬侑觴其顏色則又温然洒然卒度而後退於是知贈君為隱德君子且意其內治有人足以相之也未幾而贈君與其配後先卒余尚無詞

以悅之適是時法寇入閩馬江大挫凡有家於閩郡
會者莫不心駭魂蕩手不能筆雖然余何以報贈君
哉會星南以其行狀來益得詳確不可以無辭爰於
某月日遣人致祭於其靈曰嗚呼人生百歲如客賃
僦維有象賢始克堂構溯君先世家學受授韓姞相
攸賓鄉名宿傳硯於君培植益茂枕經葄史冰夜暑
晝文莫時逢志為命圍呦鹿累百鶴不濡味重撫父
書猶豫去就翻然思曰我曷儒詁戶庭有政曷愧組
綬閭里足式曷羨文繡迺合族黨賓枚俎豆迺誘寒
畯簦笈輻輳莘莘青青鬱為古秀中饋得人無紛飣

餖君困而樂神豐骨瘦昔孰厲階負乘致寇曲罘未
施燎原莫救廬井守望公怯私鬬以君部署不怵不
疚小醜既平亦不衒售豈意今日君疾篤後吏患孔
亟濱海遭遘民既滋恐官仍習陋連鄉疎虞伏莽且
蹂安得如君先事奔走耳君易簀詔予痒舊君而有
予報君之厚

鎮海樓賦 不拘體韻

巍巍乎女牛森布旗鼓抱環險爭五虎雄控八蠻前有千島萬嶼後有重江複關磅礴鬱積萃於泉山覽形勝者曰是全閩之保障也宜築樓鎮乎其間爰名鎮海亦曰樣樓拓冶城之舊址據屏麓之孤邱建瓴高屋砥柱中流六鼇遠駕百雉旁周扶桑射櫓而朕麗蘋末動甍而飂颼其崇也可以俯視百郡其廓也可以橫攬十洲一層更上萬象全收則見七門之外莽莽平原甘果對案蓮華繞垣北嶺扼其要西湖疏其源榕陰遍野荔實滿村決渠雨集荷鍤雲屯家鏡

鮭菜社散雞豚沙合路通之徑蜆江螺渚之壕鷗鷀上下潮汐吐吞乍陰乍陽倏明倏昏市舶浮雲而麕至壓閈撲地而蠅喧又見東署西廨重宇疊屋七塔崢嶸三峰斜矗棘院招賢牙旌領牧宣政風清拱辰景肅分還珠以逶迤跨樂土而往復鼓吹沸騰冠蓋徵逐人不駢肩車不轉轂庠序之文濟濟郁郁俎豆之典莘莘穆穆寶泉鑄錢常豊登穀曰富曰壽以教以育綿綿焉亘亘焉歌於斯哭於斯者不知其幾千百族若夫齊雲落星高則高矣而不足以備戎寇也井幹麗譙華則華矣而不足以覘烽堠也孰若茲樓

居於大都鹽鐵之利則東南之上腴襟帶之固則天地之隩區宜其壁立千仞囊括一隅風成鄒魯氣奪孫盧中山奉責日本歸俘繼釣龍之霸業恢射鱔之雄圖遇兵而鍾簴無恙逢饑而庚癸不呼無何時有盛衰物有泰否户習絃歌人忘弓矢尺籍空存舟師漸弛或撤烽火南日之藩籬或棄小埕銅山之唇齒於是蜃氣嘘青狼煙凝紫鼓角聲驕旌旗勢靡前制附於五羊後驚心於東麂鯨鯢跋浪於滄溟蛟鱷揚波於桑梓鑒明代二百年賭倭氛一萬里夫豈無譚中丞之策可行夫豈無戚少保之書堪紀登斯樓也

其亦有意於沿海之防而蹶然以起也夫

題陳又伯畫册

右山水花卉毛翎畫册若干頁吾閩臺江陳君又伯為燕江郭某畫又伯與余同里一城之隔從未識面其畫輒從洛香榭女校書水仙處見之水仙指謂余曰君善畫此佳否余曰佳矣水仙曰固佳然愛博不專才多之患也余聞而悚然蓋憶童時問畫於汪君瘦石瘦石亦以是規余即藝見道何其吻合如此雖庖丁輪扁之論亦不是過矣水仙論畫在二十年以前今二十年以後於燕江東山菴復睹此畫册又伯之畫精力自有深造而鬢絲禪榻非復華筵顧曲時

也世安得時有如水仙者與之譚藝則當更進一解

云己卯閏三月識

隨菴遺稿

下

隨菴遺稿　詩

自述

早歲麻衣後父書未忍看不才奇服好少賤閉門難
鶴瘦雪逾甚桑枯風自寒抱琴屢惆悵古調獨爲彈

聞馮氏姊葬有日矣感作

姊歿廿餘載於今始卜阡吾親猶在殯爾弟又哀絰
骨肉凋零盡生存夢想懸人間有餘憾不及聚重泉

橫劍話風騷圖爲謝枚如章鋌家贊軒勳題

西風萬里吹血腥銅精墮地光熒熒美人中夜起長

歎蘭蕙無香秋草馨我生骯髒負奇服獨抱孤芳倚
空谷有時欲學次公狂有時欲效長沙哭半生高誼
薄雲霄一嘯悲聲振林木太阿躍冶固不祥錐末處
囊亦非福千金待價知幾時酒酣但展離騷讀去年
道山遇謝公謂我能空萬馬羣我特意氣轉懾服君
苗筆硯方欲焚又因謝公識予季華屋能無塵俗氣
兩人相勉以道誼刎頸之交奚足云君不見朱雲伏
闕請尚方掃除當道無豺狼又不見吾家起舞慨且
慷惡聲入耳神飛揚疇謂今人不及古九光十色沒
塵土天心醉兮龍為魚吾道窮兮鼠變虎把臂徒為

弔屈吟披肝誰摻罵曹鼓謝君此意寫之詩胸中斗
牛光陸離予季以詩寫之圖純鈎莫邪神不孤我坐
君旁聽君話劍影詞鋒吐幽怪何當並轡馳中原千
秋萬歲觀成敗

秋海棠 用王漁洋先生秋柳韻

秋光到處黯銷魂小樣紅粧獨倚門睡態未醒三月
雨啼冰猶瑩一枝痕桃花影裏扶前度木葉聲中豔
晚村無數相思無數淚合歡心事怕重論

我欲劍南鬢未霜又隨秋色過錢塘前身少婦藏金
屋小別飛仙勅玉簫弱質有人呼菊婢孤芳無意見

花王碧雞身價知誰重願署芳名附錦坊

晚涼初試薄羅衣緑瘦紅肥事已非瀟灑秀才風味冷二三名友雨聲稀杜鵑血盡心難死蛺蝶香殘夢尚飛自古美人怨遲暮解愁應與夢相違

腸斷闌干夢可憐鞦韆欲罷月含煙情絲恣結描紅線淚靨重開謝紫綿春色依然生晚景西風容易過今年徑須料理黄花酒暗祝芳心傍客邊

送梁禮堂鳴謙之蘇州

聞道江南戍今年漸解兵可憐故鄉土回首轉榛荊壯歲易為別天涯共此情故人倘相見為我訊平生

謁林心北

贈張莘田大令 用熾

聞說先生自罷官舊琴閒看慘無歡雨多衆草生如夢天遠哀鴻呌總難溷跡豈甘賓客老買山偏覺道途寒江河日下滔滔水付與登樓淚一彈

答胡雪樵大令 兆綸

昔撫水仙操風流想見之管絃盈浦淚烽火少陵詩宦海存吾道名山抱古悲靈均有高弟獨與話襟期

謁宋己身

汀州聞警

警蹕東巡尚未回海邦砥柱孰良材呼號愈覺
天閽遠寇盜翻乘地險來
聖主殫勤思震疊諸君報答負埍埃書生杞國憂無
謂曆火還愁迫近災

東坡生日集李曉峰表兄以烜小雪浪齋

竹馬曾騎過此堂外家團聚勸文昌而今重聽黃樓
雪不獨西州淚雨行

歲暮

戚戚歲云暮殘編守一燈家貧偏得病世亂獨無能
霜雪威逾大風雲氣不騰自憐時命否何語及覩胴

春陰

濃雲不雨晝陰陰，幾縷吹愁忽淺深。詩思亂於三月草，酒痕重上十年襟。落花門巷無人問，燕子簾櫳何處尋。莫倚危樓望春色，斜陽如夢碧山沈。

廿一夜對月

残月彎彎淡似眉，桂堂閒話五更時。不堪入耳談論落，最是銷魂語別離。情隔枉將雙淚下，感深能否兩心知。酒醒茶熟霜華冷，睡又無聊坐又遲。

孤雲

不向羣峰倚，飄零何所之。低徊飛鳥盡，鄭重出山遲。

作雨豈無意，當風如有思。此中寓萬變，立馬看多時。

苦熱行

四山榛莽高逼天，白日低向人間眠。蘊隆蟲蟲盤踞專，炎風四射分持權。沈瓜浮李誰家筵，窮簷兀坐如鍼氊。鬱攸薰蒸雲漢懸，青蠅集市滋腥羶。揮汗如雨人摩肩，仰視跕跕水墜鳶。若者快意若者憐，我欲手持萬雷鞭，控鸞架鳳登雲烟。以頟叩閶闔者宣帝旁，玉女俱嫣然。下臣俯伏涕泗漣，不願賜浴咸池之深淵，不願避暑廣寒之嬋娟。但願驅除旱魃治其慝，毋令横行世界肝腸煎。下臣倒挽天河邊，化為霖雨私

桑田一朝膏澤周八埏下臣歸卧南窗前招涼百琲珠相連瓊漿迸瀉金銅仙免使下方病渴弄盎泉

南浦秋波錄題後

世事茫茫百感生還容醉眼傲公卿秖今落魄江湖上却羨君才際太平

窄袖蠻靴換舊妝十年粉黛亦滄桑不知更閱風波後檀板如何記擅場

松風堂謁李忠定

蜃氣微茫吹黑煙李公堂址臨江前龍鱗日夜泣風雨我來憑弔心悲然天寧山頭俯仰勢享祀馨香閱

人世惟桑與梓必敬恭勿翦勿代公所憩何來虎與
狼盤據四面巢中央鬼國樓臺倚夕照坐使來薰海
月哀滄桑舉目榛蕪十餘載老輩孫忠歎誰在為砥
弗摧蛇奈何豈但枝柯顏色改憶昔宋家多難時將
傾大厦一木支重兵不付傅張手太阿倒使汪黄持
四海紛紛急傳箭朝廷主和不主戰日割中原敵氣
驕竭輸金幣民膏賤機宜坐失非無人十事三疏空
屢陳旋舉旋罷空扼腕束徽痛哭悲千春倘使廟堂
用公策旋轉乾坤破常格帑藏收羅壯士心封疆委
任大臣責兩河三鎮完金甌劉張韓岳非常儔何至

城門不閉矢不發迢迢翠蓋青城遊二帝北行宋南
渡遷謫三山手種樹三山本近君故居昭武濛濛滿
溪霧靈旗當亦歎天步孰念遺徽策時務

貧交行

富交樂貧交惡有求盡覺人情薄富交惡貧交樂黃
金尚有輕然諾不為黃金不疎索

廣艇歎

粤東自昔俗强悍惠州兵勇天下冠趙佗臺邊海氣
腥粤民船居傍海岸海寇初來官死捍海寇再來官
滋戳官愛民民禦叛官失民民作亂為賊為漁沿海

半暎夷最嗜中邦茶粵民財利紛如麻中邦最嗜暎
夷土粵民濟惡虐如虎西洋荼毒古所無粵民低首
甘為奴嘯聚波濤抗官府往來刼掠稱孫盧治寇至
今乏奇策治民斯後誰良圖尚憶去年逼閩地炮火
連天藉夷器橫江倘少吳將軍豎子倉皇顔色異吁
嗟五羊城詎無馴良民豺狼一入民俱嗔大吏森嚴
縱掣肘國家義憤猶為伸獨爾廣艇寧非人

萬壽橋歌

長江亘天十餘里隱隱青天隔煙水萬灘奔海不復
回虹腰橫架滄波起晚風夕照聲咿啞商船官舸[illegible]

喧譁街卒紛紛詰虎豺水衡滾滾收魚蝦橋上輪蹏接行旅橋邊管絃任兒女釵光鏡影畫簾開棄擲錢刀競豪舉我憶少年汗漫遊舉杯題柱凌滄洲横攬虎門挹龍窟醉來徑踏黿鼉浮閱時未往城南路粉黛江山不如故蠶市樓臺頃刻開馬糞牛腥雜壓霧闌干傾圮秋復秋幾經鞭石來遐陬沙合江南（俱橋名）流冉冉居人那識風波愁古來萬事相倚伏樂極哀多變歌哭二十四橋春色深烽火多年歎陵谷便如勝國全盛時衣香人影三橋隨一旦雞林動鼙鼓百年甃柱吹參差獨上釣臺弔閩越霸氣蒼涼久銷歇

長送行人來去潮不知圓缺幾時月手持鐵板重傾
尊可憐南浦徒銷魂小艇載愁向何處夢裏相思廿
九門

哭徐中楚步華

少微昨夜墮靈光生死無憑太可傷不信尻身有忠
信居然憎命到文章千秋齊足期楨幹中道分裾惜
左羊君贈余詩有羊左渺千古高風或可尋竟成詩讖莫向浮華問消息詩
魂久在白雲鄉君著有可仙樓詩草

讀王景畧傳

驚奇風雲氣不舒武侯局度竟何如浮華那得參神

契偉抱端宜託隱居捫虱縱談天下計卧龍真讀古
人書華陰山下餘明月曾為高懷照草廬
百二關河據上游三秦王氣晚神州衣冠南渡功名
陋杖策西來志業適天與孔明將治蜀世無仲父孰
尊周當時草付空圖讖知否斯人畫一謀

柳花

墜溷沾泥不自由隨風棲泊水邊樓繁華世界孤青
眼離別光陰易白頭漢苑可憐前度夢章臺還逐少
年遊道旁莫怨輕攀折絕勝浮萍付逝流

讀劉蕡傳

太息朝綱政倒顛不鳴仗馬愧同然奇文獨掃三千字治本深窺數十年未至噬臍誰悔過那能痛哭便同天位卑縱有言高罪不負詩書敢自全

題容與樓

娶妻何必陰麗華仕宦何必執金吾但令有書復有妾神仙便可居蓬壺主人年少負奇氣睥睨縱橫凌萬夫百代紛紛笑豎子千秋往往稱吾徒一試再試俱失利為郎為吏詎良圖經始一樓寄懷抱闌干憑眺三山隅上有牙床貯赤軸下有金屋藏紅襦徘徊四望聊適志待時攬轡寧區區我亦昂藏七尺軀平

生與君慷慨俱投筆輒思掃絕塞埋輪還欲清當途閉門空抱賈生策出關未棄終軍繻百尺元龍自湖海萬間子美徒嗟吁讀書又恨無擔石置妾又恨無明珠天生賤子尤崎嶇昨夜長星臨北斗光芒直向東南趨主人引我登樓視或飛或隕無時無蒼茫世事已若許英雄多少終泥塗手無尺寸補天石杞人抱憂毋乃愚對酒當歌且為樂乃知斯樓容與之名良非迂

謁謝康樂像

山水導前路文章闢後塵登臨仍我輩撰借少斯人

尚有鬚眉在安知綺麗珍芙蓉不雕飾輝映自千春

落葉

蒼然秋色滿關河槭槭離亭水始波九月砧聲涼氣重四山塔影夕陽多樹無生意且如此僕本恨人將奈何悵望江南與江北紛紛搖落有誰過

老氣蕭蕭欲斷魂枝柯剝盡見孤根當堦雁影月橫塞入枕蛩聲風打門萬物盛衰歸草莽百年元素變朝昏歲寒何處留松柏竹子蘆花有淚痕

四禽言 錄一

得過且過斗不可以挹箕不可以簸婦苦寒子苦饑

室家小小憂愁大何云得過而且過君不見弦急創深巢危卵破白骨纍纍芳草卧雖苦寒雖苦餓殘生猶得科頭坐

茶市曲

不栽墻下桑不種田中稻賣茶番舶利最多致富不如販茶好販茶易黃金紅頭綠頭利已深販茶易黃土罌粟芙蓉利逾溥得金得土何所求美衣美飯如山邱不如為客奔波苦朝遊暮宿娼家樓娼家樓上好明月照見茶商幾盈缺前年閩山烽火來賊氛出没茶樹摧今年閩海釐稅開官囊中飽茶戶哀不能

為官不為賊日日販茶復奚得但願將茶捐作官孫孫子子無饑寒

飲江樓

倦倚珠欄月又明管絃送盡大江聲一輪蟾影分歌哭特隣船新有喪十載鴻泥半死生舉酒忽思當世務看花漸減少年情愁腸熱淚多紅豆曲拍還嫌記太清

陳氏雙烈行

歲辛酉二月賊入海鹽縣海鹽九世居陳氏多碩彥一家凡幾人一十人殉變同時盡表彰特書雙烈傳雙烈者匪他陳季女冢婦女名為貞儀婦娶王氏某

傳聞嘉興破合族議去否婦曰吾從夫女曰吾從母
從母伏墟墓從夫閉戶牖羣賊突然來見女挾之走
女曰我何人寧肯活而苟羣賊轟然來入門索杯酒
婦曰緩須臾吾家盡汝有罵賊何慷慨蹈刃不絕口
紿賊何從容投鐶不授首嗟爾一女子浩氣吞狐狗
嗟爾一婦人大節昭星斗長幼附上聞議卹祠不朽
貞儀不知書依母操井臼王氏若寡斷相夫執箕帚
平居不殊眾臨難各完守義士貴殉名烈女貴殉身
自昔賊氛起詎少義烈民咄哉陋下位獨行孰為伸
願廣陳家例願學陳家人見危必授命草木光千春

聞枚如之粤作

離況未及叙，行裝忽戒途。閉門少善狀，浮海式良圖。五嶺傳詩鉢，三山散酒徒。尉佗臺上月，似此釣龍無。

贈曉峯四十

李侯忽忽及四十，竹馬門前如昨日。兩人强壯伯仲間，半生俯仰蹉跎失。古云上壽祇百年，男兒富貴愁迍邅。親戚漸看門祚落，國家新進才華先。為憶君年始弱冠，我年僅及三十半。麟鳳翩翩盖世姿，星辰耿耿當中貫。此時華胄意氣高，我雖落魄猶人豪。探幽能竄百荆棘，擊劍會飲千葡萄。比來筋力困適甚，君

亦對酒不欲飲經世善藏洴澼方養生常檢岐黄品
外家兄弟誰最親總角知交尤有神風雨晦明每下
榻蘭竹笑言無雜賓風雨笑言秪如故身世之憂雜
時務東山絲竹感中年南國羽書馳載路我且持杯
酬李侯李侯休比窮人愁高堂有母尚安健介壽還
為愛日謀何況萬事如轉燭舊時儕輩今王侯諸君
再看十年後江水安知南北流

讀書兩頤齋

十載殷勤望帝鄉春風宛在讀書堂堂前堂後千竿
竹不識人間有熱腸

貧女辭

貧家有好女顔色鮮朝陽百兩遲不來明鏡悲新霜
自言寡兄弟椿萱萎高堂十三工織素十五工流黃
自恃生質美甯為世俗妝身上無繡襦頭上無明璫
東鄰長女嫁羅綺累盈箱西鄰少女嫁珠翠輝道旁
嫁女復生女女亦如我長織素未成匹媒氏來何忙
可憐綠窗畔時見秋草芳秋草芳未歇朱顔空自傷
米薪日以絀鍼黹日以僵收淚壓金縷金縷雙鴛鴦
不識自嫁衣還是他人裳念此復誰慰華月生空床

螺江野眺

江田高下浦東西，漠漠春陰綠已齊。屋角水明魚上市，塍頭煙破犢扶犁。葭蘆筍細新抽土，橋柚林多半傍堤。最是關心晴雨事，聲聲怪鳥又頻啼。丙子三四月間有鳥聲若姑惡布穀之類，里人以為怪也。五月果大水。

螺女江

螺江自西來，其勢何蜿蜒。奔流注東海，奚以居闤廛。造物巧結搆，羣山相迴旋。山麓所窮處，犬牙相錯然。波濤既砥柱，屋舍稠人煙。南山恰當户，帆櫓摇户前。頗饒蚤蛤利，矧有艆艂船。我昔聞地師，水與財相連。水任財亦任，富貴孫子賢。又考諸志乘，勝蹟名螺仙。

至行感蒼昊神女為粥饘底事本根固不令瓜瓞緜
易主幾蕃衍肇基無瓦全毋乃水法異空使帝心憐
吳林陳三族宋元明始遷吳村明最盛陳譜今盛傳
林亦聞挺秀濁世能翩翩富歲自多賴降才疑非天
來龍當渟滀利涉羅貝泉一墩雄一部鉅萬還盈千
不但黃白足抑且朱紫聯胡為至今日所見殊昔年
甲第尚繼武榮枯難比肩僉云陵谷改皆由沙土填
比歲適大水上游如箭穿咽喉鎖石峽噎哽衝河堧
巨靈窮劈力河伯滋蔓延迹其汎高原豈非由平川
崩牆疑轟雷盪陸若涉淵水退艱版築財殫長罄懸

蕞爾十餘里所關非一偏官府闊形勢野人規洲田
那知治河策而此其一焉
雜詠四首
勝國雞林動鼓鼙三劉保障合碑題無功那怪華嚴
寺寶剎燈沈鬼母啼
水聲激越鼓聲驍高艦中流看奪標能使昆明嫻此
習定教瀚海絕天驕
聞道拔茶因種桑那聞種橘為通糧力田倘不褒明
詔紅稻花將變米囊
清華水木尚葱青誰更乘風禁古亭自是世間涼處

少愛涼人到不教停

大水

我少苦孤露卜居舅氏隣咫尺常豐倉乃在河之濱河水忽暴漲敝廬先沈淪藏書無遺帙壞垣僅免身洎還平原去宜與乾土親天災究不測地勢難相因高處亦浩瀚下流誰塞堙元冥恣厲虐霖雨連昏晨去年我家居屋址頹石磷今年館村郭內顧尤苦辛避徙無家隸救援無戚姻且恐陷壓溺遑言艱米薪惻惻傷弓鳥惴惴游釜鱗同罹此災異最憫惟賤貧至家僅少損幸荷皇天仁坐定出門去問勞徧城邑

破壁多洞穿敗瓦半山立烏鵲既毀巢鴻雁誰安集
爭言歉禾稼升米錢五十訖鉢沿朱門商紳競伏蟄
大府震然怒星符按户執粱肉既汝厭麤糲盡衆給
或輸米粟至或折錢刀入崇朝澤下沛寒士論尤翕
裼父易食飲投刺混乾濕臣朔亦苦饑逡巡靳長揖
非不受嗟來恐更有情急博施難濟衆鞭長豈馬及
哿矣稛載歸良此路隅泣何如清治源蒸民乂乃粒

螺江夜泛

七月既望蘇子游我師其意亦泛舟茲遊未必似赤
壁齊物盡可同浮漚主人命酒勸客駕候潮踞坐松

邊舍松風颼颼吹我衣松月朦朧隱雲罅我向老漁
問何其老漁棹頭云不知潮常應月固有信月豈如
人難及時須臾潮長月亦見浩蕩長空斂雲片居心
何敢翳太清華髮空傷色如練解衣磅礴縱飲豪填
胸萬事輕鴻毛滄海魚龍恣叫嘯江村鷗鷺休啁嘈
主客同舟僅三五頗解逍遥脫塵苦醉者欲眠醒且
狂左手執杯右搖櫓一洲搖過更一洲方山倒浸洲
中流黄昏看山祇看影短蓬載影同載愁仍廻块軋
出空曠白露蒼葭秋跌宕夜遲容與不忍歸美人如
花隔天上

哭家輩如大令

生涯筆舌久蹉跎五十琴堂鬢已皤曾道儒生長坎壈那知宦海更風波何人慷慨憐披褐有妾塋傒怨渡河王事詎云三不弔同舟我並哭甘羅

闔門相見未多時話舊匆匆又別離鶴市分裾千古隔烏樓載酒再生期化魂有石填精衛埋骨無山表子皮十萬芻糧付溟渤何如轉漕復河麋

枚如將之晉書此誌懷

十年學步竟無成揮手倉皇愧感并廢業可能於我諒忠言祇覺有君誠湖山此去應增色壇坫何當再

主盟海角天涯幾雲散燕臺倘許集和鳴
一路残烽入太原故人文酒待重論春風玉尺勞分
校滄海明珠倍感恩攬轡澄清特未晚登峯搔首氣
猶存臨歧不替奔波慮惆悵窮途自掩門

甲戌三月在棘闈號舍口號

四十冰霜未見春文章志抱兩邉巡世情冷煖嘗都
盡天道乘除算不真得氣窮因庸福計窮途每作負
恩人巍巍桂府誰司録我欲高謌問鬼神

老女歎

已無人買嫁衣裳繡罷閑奩自理妝悔不早知宮錦

樣謾持鍼線待商量
青春自負已蹉跎身價空存鬢又皤嫁與東風誰作
主也教三五伴阿婆

自丹徒放船至焦山

我行江南自今載紺碧樓臺化榛塊寶刹焚如焦尾
琴瓦全獨數焦山在焦山幸峙江中流似於塵世無
所求砥柱洪濤屹不轉昆明劫火難爲仇我適阻風
風未止登山橫行渡江水野航坐卧三兩人巒翠空
濛二十里萬兀千摇到寺門雨中梵響催黃昏畫棟
參差閒崖欂櫨雕欄繚繞臨潺湲舍舟入門訪陳迹周

鼎漢鉦繡花碧最傳惟有瘞鶴銘昔在深潭今在壁摩挲古物懷古人焦先居此完其真獨行蓋遯世波靡傲骨直助山嶙峋眼前陵谷屢變態此山得名幾年代謫仙東坡相繼遊松寥脩竹愈堪愛佳哉樓觀浮蔥蔥殆有神力非人工元氣但令免剝削眼前何必爭窮通我欲登高攬全勝磅礴解衣步幽徑浪花滾滾無盡愁烟樹茫茫忽已暝斯時將歸還未歸饑腸蔬筍適甘肥篙師促迫刺船去安得長歌隨釆薇

雨後見月

一春愁聽雨離恨積眉梢明月忽相見良宵難自拋

牆花光欲滴庭竹影初交倘照故人到柴門猶許敲

衰柳

一樣吹長笛秋來不可聞荒堤自流水官道況斜曛
別緒猶千縷春愁剩幾分風塵正淪落青眼忽逢春

板橋雜記題後

何地無金粉而今又鼓鼙大江流滾滾芳草日萋萋
把卷猶前代傷心況旅棲秦淮殘劫在往事更誰題

老松

凡卉幾代謝孤松還自青頗知秦漢事敢負廟堂靈
天地嚴霜久山川間氣停無人問澗底徒爾作龍形

羌笛

大地皆胡騎青天又暮笳誰吹一聲笛衰草裂平沙
明月雖羌塞春風猶漢家征夫有鄉思回首淚如麻

讀范忠貞畫壁詩

烏山祠宇下靈斾捲悲風我往讀詩句因之懷鉅公
南邦正多事北極況興戎疆寄誰堪託徒懷報國忠

過鼇峰懷陳恭甫山長

再世師門感傷心講舍蕪文章誰作者荊棘又當途
倘使斯人在能憐我輩無祇今滄海月夜夜泣明珠

觀蒐

震海方傳箭將軍未解刀殘更喧鼓角新令肅旌旄
雪恨知何日論功竟爾曹健兒正閒散太息陣雲高

雪意

黃河冰未裂青海日初沈天影忽然合早寒從此深
樓臺低入暮城郭遠生陰長夜不成夢梅花花下吟

黨人碑

殘碑再訪蹟應無姓氏巍然見大儒門戶異同持竟
代詩書意氣逼當途紛紛黨錮名爭附侃侃清流勢
不孤豈獨歐陽有定論安民尚足共吾徒

衰草

隨菴遺稿　詩

離離原上渺如煙九月涼秋更可憐萬里邊庭胡騎
地六朝舊夢夕陽天江南渺渺迷歸路河畔青青憶
去年數點流螢最惆悵黃沙白骨已無邊

文信國琴

玉軫凋零没斷蓬當年絕調託焦桐滿腔孤憤空山
月繞指秋聲萬木風徒有壯懷託宮徵可憐兵氣化
沙蟲西臺如意今何往一樣傷心夕照中

汨羅江懷古

美人香草奈愁何九死孤忠託九歌濁世秖宜魚腹
葬靈修已誤鴆媒多即今黯黯天休問對此悠悠水

不波幾度招魂招未得斜陽江上覔漁簑

燈市

燈事榕城歲歲同吾家亦對短檠紅連天烽火方愁裏百戲魚龍尚眼中肯使金錢負良夜恨無絲索繫春風笙歌張宴渾閒事破虜誰成大將功

謁武侯祠

太息強鄰有吳魏孰知孱主似桓靈陣圖遺恨悲江水壁壘無光落將星早已秘籌安隴蜀只憐大局壞街亭錦官誰唱招魂曲梁甫哀吟不忍聽

舊縉紳簿

宦海升沈認不真一篇階秩半成塵頭銜歷歷稱前輩手版重重補後身展卷略知天下事為官須看過來人而今宦海真如夢漫向殘篇數屈伸

重到鼓山感作

在山不易出山難把臂登臨强自寬落日亭臺人欲倦凄風松柏歲將寒接空雲氣迷樵路走澗泉聲咽佛壇重借禪林暫棲息買塵那得一枝安

之延平道中作

上攀削壁下深淵迢遞籃輿鳥道穿萬壑交流爭赴海千山聳翠欲參天景逢險絕驚開眼夫為羸多喜

息肩剛報青楓諸嶺過明朝下嶺又迭遭
前年斷纜膽曾寒此日乘筏路更難終古世途皆蜀道幾人風節抵巖灘山非捷徑來蹤少樹入隆冬老氣盤敢擬王尊雄叱馭輕身只博腐儒餐

初至燕江學署即事

冷官如客舍如舟挈眷無資長旅愁駭僕呼牛頻應馬寓人巢鵲欲居鳩難將祭竈招鄰叟頗學垂紳拜督郵免俗未能聊爾爾壓襟擬滌燕江流
曾聞仕隱可忘機此道陵夷今已非面目總難容坦率風塵誰解重寒微家因旅斧添稱貸郡有星符派

賑饑一月俸錢能幾許也輸晉粟典春衣

舊冬纔得幾回晴新歲仍無見月明千里愁雲家愈遠四山積雪路誰行虛堂鳥鼠驅難去古壁龍蛇畫不成元夕閒齋何所事頻防漏瓦徙燈檠

檢歷看看屆上丁宮牆俎豆仰先型陳平只見勞分肉棨緒誰曾繼拜經樂器凋殘今樂奏書樓塌壞故書扃若循陋習叨升斗涓滴猶應愧古靈

題畫竹

新春米價長如珠竹實無多鳳苦臞恨不渭川千畝種年年臣朔愧侏儒

舟過貢川一帶崖壁幽峻迥非人境然不知其名後閱縣志得四勝蹟因繫四絕以寄神往之意

武彝別嶂貢川開太息名山没草萊傍在幔亭人不識問君何事更飛來 栟櫚山

卧我曾無百尺樓青雲意氣黯然收那知十倍增身價却在孫峯最上樓頭 百丈巖

間有神仙混市塵青山無不似高人桃源況住青山裏除却漁郎肯問津 桃源洞

炎敲觸處俗難醫世界清涼此可知謝客獨遊君莫怪多年牢記北山移 修竹灣

偶書

書中真趣解人稀静坐安眠總可譏勤把敲門磚甲乙那知蛺蝶上階飛

世間墨寳重詞林蚊脚蠅頭我不欽願借裴休衣袖筆摩崖自寫碧山吟

永安士人餽貢川茶

永安物産無他豪種茶及竹殊清高惟竹一物化兩用筍紙佐飯供揮毫茶也復合為一理沁脾療瞌隨所遭世間鼎食厭粱肉七椀能勝千濁醪我生菜園畏羊戲五臟遍視無脂膏雖然專壹不相濟顧其峻

潔仍老饕山人知我好奇服贈琴贈與無絃陶云是
修竹早春之奇種修竹灣川山名貢楮封韡護同堅牢更有
桃源數枚號茶筆桃源亦山名評香鬥硬下貶褒淡而彌
雋乃君子甘不後苦非吾曹蘭芷可薰蕕可染虎皮
蒙馬狐袖羔有時少嘗輒止未猝辨久能用鼻代口
難遁逃籐床鼾睡日卓午花甆吹拂風颼颼氣質縱
闢地力厚養族亦視人工勞那知造物不秘惜壽州
顧渚通西僰不聞龍團鳳餅貢天子但見蛟涎蚕氣
排千艘田家改耕種賈客爭錐刀山中無草木草木
皆羶臊比來茶利亦少薄商人徙爾輕波濤楚材晉

用浪韋擲我國胡不收英髦君看東南美竹箭隆冬
霜雪標孤操

題王右丞竹里館圖

竹溪六逸竹林賢未識何人可比肩尚得齊名孟韋
柳幸存凝碧一詩篇

一訣

一訣微官令適知素位難無心聞黜陟有淚到單寒
所習皆功利何人策治安抱琴屢惆悵古調向誰彈

柬李曉峰表兄

十萬無從得買隣與君蹤跡漸難親閒官落拓羈千

里俗累紛馳久百身親友情偏疎後輩詩書味倍老
來真但期壽骨蘇程似蓬嶠何勞屢問津

贈表甥林弼士之官河南過太原省親

昔與若翁別今還送汝行卅年彈古調兩世見交情
晉水趨庭順河陽作縣榮摶沙忽聚散不禁淚縱橫
未識太原郡哀鴻茲若何民真同望歲政豈在催科
治譜承勳閥鄉書佇誦歌坦之如置郄為我道蹉跎

延平津夜泊

信有金湯固寧防寇盜來危灘千百轉峻嶺兩三迴
吏稅朝爭驗城門夜洞開綢繆不在險須仗保邦材

漸覺鄉音異，新添旅況愁。微涼生雨後，圓月近中秋。憔悴難爲役，伶俜竟此遊。鴻飛不高舉，曷用稻粱謀。

阮道行將半，扁舟此暫停。遷延慚老驥，飄泊等浮萍。感世頭先白，逢人眼孰青。明朝刺船去，艱險莫重經。

題友人友石圖

葉君落落亦佳士，要我稱呼半知己。得一知己古所難，君之謙言良有以。我生骯髒負奇技，畫蘭畫竹雜怒喜。頻年磊塊積滿胸，酒澆不下哭而起。伸縑拂素露芒角，夭矯天龍下窗底。俯仰向背緫透瘦，或與竹蘭相鼎錡。春秋尤好山水遊，掇石載歸神骨比。摩挲把玩未忍釋石亦對人無觸抵不聞徽宗宋天子艮嶽入宮天下靡胡為東坡南宮隨塵滓雪浪研山雷貫耳可知造物不兩大富貴貧賤各取爾從來冠冕殊泥塗豈可嶢磊累政理丹邱祇合枕有材青泥安冀責成米我時餬口久邊鄙君亦饑軀走城市聞君涉世頗圓熟那識嵯岈在皮裏每攀月樹招松風似薄膏粱厭紈綺他鄉空谷逢足音終勝深居伴麋豕君圖友石我友君駿骨千金請隗始

甘烈婦辭

東南有黃鵠小水為籠樊卑棲奚足道潔身良獨難

妾本姑蘇人少小侍達官越中昔搆亂遣妾歸艱難
丈夫殉高義賤妾甯苟完所恃有弱女掌上真珠看
女君既和處君姑無失歡自從假母來家室不得安
脅妾返故里俳巧生百端女君送妾去欲語含辛酸
君姑送妾去老淚橫闌干弱女未解事牽衣道上攔
臨歧顧弱女暫別聊自寬行行至吳閶炎景變風寒
潤我以膏沐施我以帨鞶耀我以金翠炫我以綺紈
破鏡無光輝古井無波瀾妾迺未亡人胡為飾容觀
假母撫妾身不知鐵心肝眾人慕妾色不知芳椒蘭
妾頗識詩禮豈受汝等謾汝令鴆為媒我將鴆作餐

竊附共姜義論定於蓋棺作詩告永别十别怨且歎
一别别女君女君招妾魂再别别君姑君姑剖妾寃
弱女幸善視女長如妾存妾骨閟泉壤焉知達家門
惟願有天日黑白分朝昏惟願有君子發幽能立言
誠能為立言妾夫均感恩願君千萬壽報君賢子孫

四月晦日客有攜題名錄來寒齋者口占一律

射策君門念早灰登科記入耳如雷舉頭紅日人爭
近招手青山我復來得志倘仍温飽計投閒何愧斗
筲才長安桃李今休問且種湘蘭待盛開

戲作

六計無廉養泠官為伊耐苦不貪殘那知清極饞尤
甚下筆常思竹萬竿

燕江旱甚得雨作此誌之

造物本無私一偏即旱潦蘊隆何太甚土山悉焦槁
官吏急索租租稅在穫稻祈年不孔夙強末奈魯縞
我服雖異事見畢亦私禱匪越俎代庖臭焚豈獨保
忽聞使君來隨車恰被草使君曰未足率僚禮晴昊
油然頭上黑沛然及時好賜病困復蘇惡氣淨如掃
稼穡快解懸珠玉陋為寶誠自邀神功遠敢疑天道
東海昔赤地三歲闕一熇省獄與舉冤旱政歷可考

屯膏詳慘酷雍澤或鬱熯乞靈專土龍奔走堪哭倒因此念故鄉其雨日杲杲悶訊今若何憂心惄焉擣欲擬誌喜文把筆又停藁

齋中即事

白苧蚊幮仿碧紗縹緲掩映竹參差滿前芳草自生意高處石榴猶有花苦熱頻望三伏過偷閒自覺小年加顏書多少詢干祿奇字何人肯駐車

結茅未卜水雲鄉寄傲南窗暑亦涼畫意嵯峨摹石苦詩情宛轉答花忙尊罏閒或思張翰婚嫁何時了向長辟穀神仙如有藥不應重問百金方

甯大令廷貞初之任招飲縣齋

不飲胡爲醉填胷百不宜本聞文士貴那識令官卑罵座狂猶昔垂箴悔每遲誰將論位帖誦與主人知

擬約伴游山未果

桃源豈有桃千樹修竹曾無竹幾竿舊日池亭餘蔓草數家烟火作茶山地經兵燹巖泉在人競錢刀士氣孱欲與扶藜訪遺蹟浮生誰伴一時閒

馮生德馨見惠藜杖

馮生過我行蹣跚我一見之開笑顔去年馮生病幾死得見蹣跚亦足喜手持赤杖獻我前非籐非竹杖

相連應門未必有車馬不飲何煩懸酒錢奔波腰脚
苦易老濟勝山水還為緣上以陟層巔下以聽流泉
一枚不顧玉鳩貴九節不慕蒼龍仙急啑嗜慾盡險
阻乘危扶傾須聖賢馮生倘亦識此理豎眷豈徒跛
能履孫臏病足精兵書失明吃口俱大儒審端致力
慎所向視之歧路善走將何如

晚過廢寺

夕陽入破寺何處覓旃檀乳鵲巢鐘鈕啼蛩咽井欄
吾生原海粟彼教亦秋蘭感此蒼茫意同歸足浩歎

菊歎

愛菊古所同異在文字飲結客當少年富貴亦仙品
折節貧賤交擊鉢廢饋寢更賭棋亭下繁英鬥墨瀋
纖手捧蟹螯勝者請嘗膾輒賦金縷衣間代纏頭錦
盛會難再覯相去近廿稔豈無梓澤園獨卧羲皇枕
醉舞喧四鄰頻作寒蟬噤
餔歠非不佳兀傲或自喜古人一飲間陽秋在皮裏
曩年黃華時縣聘蕭頴士厲學較我精相讓先我齒
王孫重令客絲竹侑嘉旨座若無車公折簡卧不起
或却五侯鯖來話一盃水古調日益稀踽行轉足恥
此意知者誰近有徐孺子

廣廈志不遂齋居詎爽豈惡木蔽風露種玉不堪采
屢欲速佳客苦無三徑待轉令朱門人競效彭澤宰
嗜好殊酸鹹蕭艾雜蘅芷醴酒每自設所敬意且怠
何況淡交中敢望禮容改蘿蔦雖傲霜井蛙甯語海
矢詩匪傷厚聊借澆磊磈

閩警罷言

年少無遠效請纓老來紙上枉談兵前勳媒蘖歸挑
釁下策金繒屢許盟蠢爾五胡窺險要羣然七國說
縱橫涓流不塞長城壞曷恠天驕放膽行
東胡講未定臺灣戾事勞師拓後山司馬馳聲通作

道卧龍籌遠及縢蠻攀枝羣狖遂磳磴墜水飛鳶命
草菅便關鼇叢心力瘁揶揄故鬼叉弓彎
天險巖巖五虎蹲荒唐揖盜自開門三軍司命推元
帥萬里紆籌待
至尊空使千家聞野哭孰將一瞰落驕魂送拏多少
先民望轉禁哀鴻誓共存
啟行節制望元戎坐鎮從容變未通掩襲不先羊叔
子遺擒皆咎宋襄公雷聲詡挾昆明雨大鼓驚廻赤
壁風巨艦連艘歸一炬廿年鑄盡錯無功
火輪機巧效中華學製三年足起家疇解牛從徒出

眞譾投狗骨競相牙專司胸且迷成竹踵事才難代
及瓜舟楫祇應商賈利奚庸張大覆前車
船為干櫓礮為刀焚溺方知器未牢漏網蛟鼉乘浪
橫驚弓翟隼望風逃舟師無復追封豕岸戰宜求搏
旅獒服猛擢堅奇計在將才可不讀鈐韜
議和羣笑却無能議戰曾高識幾層未雨談龍都慷
慨望洋首鼠竟模棱臨軒何等榮張浚負國難專責
李陵知否萬人枯骨慘自強要使敵難乘
灞棘營中氣已銷威聲獨數霍嫖姚士心矢日同甘
苦軍令排山敢動搖屹若中流撐砥柱強如萬弩退

江潮暫回祇慰門閭望父老何勞拜小軺

威信先教賞罰平絕無親貴議從輕得臣縱爾寬孫伯秦穆猶應用孟明畏虎盡容辭柙去亡羊誰待補牢成

王師屢報從天下屈指如今又幾程

誤病庸醫藥亂投癰疽四潰竟難收狐鳴盜漸滋林藪烏合兵翻藉寇讐反覆莫持回紇手黨援孰斬郅支頭良圖祇有催科急鞭箠疲氓日未休

上游飛輓粟教倉都會甯留作戰場開府頗聞充倩帥助邊重議補貲郎抱薪冀救眼前火剜肉愁醫身

上瘡賃得艆艙祖戶萬脂膏悉索究何嘗
越國吾知鄙遠難況逾數萬里波瀾兵增繕甲容雖
猛食盡呼庚膽總寒誰遣細民輸糗糒久令窮虜駐
鞭鞍橫行轉苦鯨吞虐阻絕轄糧道不安
南粵交鋒已有年東京西貢共騷然枕戈果盡劉琨
勇釋甲奚須向戎賢但視鈴轅同傳舍誰收綸釣雷
屯田偃師終遣君王怒報稱休教愧俸錢
激昂忠孝本常經休息生民亦可聽牛李無分門戶
見皐夔合濟
廟堂靈腹心先自藏旁肩流品何從辨渭涇閩道宦

塲功利習依然衆醉獨難醒

是役紛紛怨比鄰嶺南應募半奸民多魚闕畧師先漏碩鼠貪婪餉不均破釜沈舟甯死敵衝烽陷陣幾忘身捐循豈是倉皇事上客如何貴徙薪

危城坐困命如絲逆旅奔投路恐歧巢燕處堂防及火飛烏繞樹擇何枝芙蓉土博金同價榆莢錢餘紙療饑誰是出羣材可仗早清瀚海定流離

除却長驅擣敵巢鬼方那得靖咆哮棄珠十斛誇彈雀投壁千金託斬蛟立馬豈知多勝算連雞須散遠邦交道謀築室餘元老獨振單聲抱鼓鐃

戰餘敵艦泊蕉江乘閒無人敢擊撞一葦杭猶疑宋
遠三旬壘豈望崇降滿山旗幟惟堅壁近水艨艟盡
斷樁太息萬家風鶴裏廢耕停織膽猶愯
初挫秪疑失律凶旋聞二豎恨重重朋謀背倚同狼
狽鋌走肩隨等駏蛩竊藏頭須圖藉口緩師宰嚭冀
先容自陳一疏雖熒聽鬼責人非法豈從
犬羊性尚有同羣混一車書畛域分但見狐悲防兎
死曾無蕙歎惜蘭焚厎支不發關前庫成敗徒觀壁
上軍唇齒相依秦越隔同仇敵愾竟何云

雜詠

春去無花插硯旁晚風吹送一簾芳不知何處開簾
望滿地葳蕤白木香
曾向康家乞汝來為尋香露小心栽莫因買笑無阿
堵三載遮貧未肯開
剛到南風麥熟時石榴花發在高枝少陵詎是村夫
子也為紅裙妬詠詩
苦筍鰣魚三月天故鄉風味憶年年東君豈解蓴鱸
思還遣來餐玉版禪
古泉拓本題後
昔攷錢神志宣化李元仲著今觀古幣辭蒼茫懷百代感慨

繫三司望槖黄牛腹蒐殘白鹿皮銷磨周府法散失
漢官儀中外需兵餉公私困度支網疏吴鄧禁源竭
歷莊資冶鍊諸州鑄河沙隔海披權宜行赤側變幻
攫赤[朱]提墨吏橐先飽奸商算靡遺鑽榆工抵隙刻楮
競售欺所擲皆虛兆何由塞漏卮幕雖西域聚銅恐
洛陽移萬貨歸平準千鈞慎倒持策當收賈誼孔顗
治始洽姚祁即此衡輕重奚難識盛衰吉光珍故物
精采鍊宏詞贈我同金錯因君想鼎彝豈關和嶠好
應解太康疑讀證通元誤文分籀篆歧愧無坡老筆

石鼓續韓詩

初識梁侯僅三十極髯鬑鬑小小庭立一別京華又幾春
歸來還見乩龍勢二月閃雷桃李花黑殷白面爭招鶴
生平似厭出山水好揖青松踞紫霞紫霞擴飢不
擴飽青松愛拙不愛巧廿圍古幹蘊顏色百尺奇
形枝鱗介嗟哉造物誰不仁蒼髯紙屈方能伸五
淺年少者誰子請看撚鬚枝滕人

題梁禮堂小照

此首從梁伯通處抄來

隨菴遺稿　詞

焚香

女冠子

博山依舊讀書門掩清晝冷灰閒撥自家消遣更有何人傍添紅袖重簾風謾透恐有暗魂來返被風吹驟綰柔情千縷萬縷輸與麝煤拖逗　枯花記祝檀郎壽奈方燒心字斷送芳容瘦不堪回首歎染衣薰被累伊曾殼蘅蕪何處授夢裏辟寒纔幾夢醒寒又爇半鑪虔禮法華可許夜臺聞否

煮茗

前調

不勝杯飲掬泉曾佐吟興天然音籟玉笙初炙涼夜深閨泥他酬詠評章還未寢恰是小鬟眠熟豹囊親領怯脾寒纖手扇罷低問酪奴何性　文園消渴今適甚但吹噓嬌女檢葉紅爐等冷温誰警對鼎鐺隱隱松濤遥聽閒愁難自禁剩有苦甘滋味耐人思省待奠來瓊液玉漿爭似仰槐風景

對雨

百字令

柴門蕭索況一春多雨只宜重閉冷暖更番渾不定
做就迷濛天氣塵靄烟消香街泥滑贏得閒滋味韶
光百五吾廬偏是秋意　曾為燕子飄零落花狼藉
擔盡平生志眷畫樓臺千萬疊誰替詩人位置望眼
欲　愁腸似織佯入簾纖裏淚痕幾點而今灶也還
未

遊鼓山感作

百字令

昨宵庭際見秋蟾陡憶足音空谷後諸君一日至下榻僧樓
天又雨梵響亂敲檐蔔萬壑風號雙峰雲噴變態山

閒足跡林煙斷懸崖倒挂飛瀑　還為勝境難窮賞
心未盡小住搜遊躅僧飯休嫌蔬筍氣我也慣諳虀
粥席帽參禪蒲團索句差了平生俗空濛世界那知
別有清福

海棠

沁園春

生不為花生既為花須占人憐記燭影搖特照卿冷
夢枕痕鬆處笑我孤眠金屋凝寒珠闌倚醉醞釀東
風二月天淒涼甚恰低低向月冉冉籠煙　那堪冷
落多年莫只與梅花尚有緣聽芍藥枝頭漫誇富貴

蟠桃樹底空豔神仙。顧影無言尋香無迹剪取春愁入短箋儂何恨恨能詩子美誤了嬋娟

春月作弔柳會

水龍吟

踏青懶上墳來上墳聽得愁無數兩三紅粉凄凄如泣嗚嗚如訴絕世風流一坏斷送天乎何苦切莫栽松柏但栽楊柳教人認者卿墓　總是多情眉嫵拍闌干魂應共語詞人排遣美人沈痛後人酸楚今日弔君他年弔我誰今誰古要拚些些心血生前把酒向旗亭賭

春夜聞笛

月當窗

無限柔情送來何處聲只道有聲內引聲歇也更淒清　空庭花氣輕遲遲三兩更手把花枝依弄人不見月偏明

奠花

送我入門來

欵欵飄茵低低墜溷天公着甚安排累我心酸累我眼慵開枝頭風雨牀頭夢只贏得多愁多病該恨有人歎賞無人收拾催下樓臺　何等繁華世界恁般

淚痕冷落漫掩根荄分付芳魂歸去莫重來不然便化三生石記今世誰人替汝埋把無情世界一齊都換作有情胎

范蠡泛西施

滿江紅

歸去來兮算只有扁舟較好載多少悲歡離合古今懷抱斷送江山因好色吳宮幽徑埋花草記前情猶怕子胥魂潮來早　兒女態誰堪肖英雄計真難料把尋常歌舞翻成別調三徙功名輕敝屣一錢還比千金要但莫留禍水與君王添人笑

春夢

如夢令

驀地蝶兒㕵去回首再無尋處心境半模糊到底疑儂疑汝團聚團聚吹入亂雲飛絮

垓下

金縷曲

可取秦而代莽英雄等閒一語便分成敗義帝降王俱手刄俎上杯羹何愛劉與項洶洶世界玉玦三持王早許穩江山肯作鴻溝派養虎者終遺害　八千子弟今安在對美人數行泣下時乎難再昔日印刓

猶吝與偏把頭顱輕賣且置酒悲歌慷慨此去九原
逢亞父問收場王也無辭解說不出奈何奈

春燕

長相思

風交加雨交加闌盼樓頭見落花銜泥雙影斜　來
天涯去天涯閱盡滄桑幾歲華畫梁休怨嗟

紅豆

美少年

莫種合歡花願種相思豆花落色先衰豆落心依舊
無數曲中情記與郎歸剖不信淚痕多枕畔羅巾透

柳青女史圖

金縷曲

知否旁人罵看奴奴何戡老矣秋娘又稼十載讀書成底事綠汁至今未借呼小字教儂驚詫萬種閒愁何處着淚如珠陡向毫端瀉真無奈柳青也　畫圖何必論真假但省識春風之面悲歌聊且紅粉愛才原有幸畢竟增些身價況眉嫵自憐瀟灑多少好花零落盡只楊花尚可隨萍化莫回首章臺下

櫛髮

百字令

者番搔首歎蒼茫世事其危如髮顧此頭顱難自料
説甚鬚眉欲活肉不容剜毛將焉附痛癢關心切膚
纓大多算來無補毫末　合把明鏡高懸撐持隻手
垢膩從今刮蠹爾么麼蟣蝨醜不許來鑽餘血舊緒
重抽新絲細理黑白徐分別免冠而謝星星誤盡豪
傑

過小西湖

漁家傲

料峭晚風吹酒醒天光倒浸行人影短鬢蕭疏雙袖
冷凝眸等斜陽界出澄瀾景　滿地漁翁撐小艇菜

花盡處菱花梗借問湖山誰管領曾思省桔槔聲裏

田千頃

蠹魚

青玉案

乾坤何苦生么麼把故紙鑽來破喚做神仙應折挫也斟墨汁也吞丹篆怎末神仙做　古人糟粕今人唾食不化真無那嚼字齩文誰曰可十年心血只餘斷簡合付秦時火

琵琶記題後

薄倖

多情多累把舊曲從頭細揣甚夫壻如雲輕薄不管姬姜憔悴富易妻人便云然求之古義能無愧況昔日青燈今朝黃土更有麻衣雙淚　誰是箇知音者休看作雕蟲小技合南陔思養關雎好色兩篇醞釀成奇義恁般文字願世間怨女癡男讀罷牢牢記塡詞至此纔算真情之至

禿筆

青玉案

十年容易中書老莫浪說狂名早放馬才華輕抹倒黃虀空甕青氈空抱剩得些兒草　雖然敝帚曾珍

寶忽棄擲今何道磨鐵生涯休着惱鋒鋩都歛塵氛
都掃骨力知尤好

鸚鵡洲弔禰正平

洞庭春色

莽蒼乾坤狂生便罵罵也難休但大兒文舉小兒德
祖怪哉餘子碌碌奚求試問當年屍冢氣待酒罷歌
闌今在不爭能彀詩人到此憑弔芳洲　人間既無
可意莫只合散髮弄扁舟甚滿腔熱血不甘事摻一
雙醉眼還肯依劉刺字雖磨吾舌在要噴作文章千
古留題名處後有夕陽西下漢水東流

瓶花

一翦梅

門外無人駐寶車折了繁華減了波查一枝濃豔護窗紗水浸根芽月浸根芽　恨不琉璃供綺霞八尺屏遮六尺闌斜温存滋味只些些坐也憐他卧也憐他

詞債

百字令

敲金妙手問洛陽紙價怎無消息故態疎狂今忽懶阮籍嵇康成癖尋約尊前避人臺下風月都堪惜年

年焚稿案頭積劵盈尺　不應自負詞豪蘇辛姜史兀地來相逼舊債如山酬不盡新債又如林立蠟燭敲詩銀瓶索酒門外催租客先生休矣者番債已收畢

七夕

鵲橋仙

休拈針線休排瓜果細數雙星渡矣夜深河漢語誰聞但脈脈疑愁疑喜　嫦娥未老海天孤另我幸為卿情死神仙七月已千年便隔歲相思纔幾

秋蘭

憶王孫

一點素心分九畹，天寂寂，西風吹晚江干暮雨正銷魂，又佇立閒池館。美人不合羣花伴，靈均去色香俱懶，孤根瘦影自扶持，懊惱事卿休管。

聞警

水調歌頭

天塹昔安在，小醜競開關，不知軍府鐃吹，纔得幾時還。燕雀堂前相賀，狐兔草閒偷活，把酒唱刀鐶。羽檄驟然至，鶴唳夕烽寒。　司馬法，司農籍，久凋殘，書生投筆無路，紙上祇空談。謀似伏波衆米，勢似鎮南破

隨菴遺稿　詞

竹帷幄古今難諸將各努力莫等棘門觀

弔賈長沙

齊天樂

太平猶下求賢詔誰策盛明廊廟積貯未充泉刀將竭唇火豈容談笑狂哉年少歎疏遠微臣半遮權要翹首君門哭聲直上五雲杪　奈何長沙地小竟無人惜取治安才調禮樂銷沈鬼神飄忽鵩也不祥之鳥屈原曾弔問知否劉郎弔君殘照謾數年華楚湘流未了

憶燕

乳燕飛

雙羽歸何處剩東風簾櫳寂寞斷伊來去萬縷迴腸渾欲蒯枉繫紅絲一縷曾憶否堂前小住世態炎涼無可説只呢喃可共傷心語問舊夢那堪據　貧交未必長團聚應別戀烏衣門巷殷勤賓主藻井雕梁相並樂還覓依人未誤卻又怕飄零風雨叮囑明年過故壘合斜陽回首花間覷也慰得相思苦

搗練子

海棠

煙漸淡露初乾嫋嫋亭亭倚畫欄薄媚三分扶不住

有香便當美人看

讀游俠傳

金縷曲

欲吐真無地積胸中牢騷抑鬱不平之氣三尺龍泉腰下吼恩怨分明相視快走馬呼鷹燕市斯世横行遊俠好恨少年不把毛錐棄誤多少英雄志　勢交滿眼誰堪倚質王公朱家郭解那曾識字跖犬吠堯奚足怪有德於人而已君不見滔滔皆是小惠微勞勤計較況千金浪擲輕生死莫錯會龍門意

烏山謁陳忠毅祠

賀新涼

毅魄何其壯歎强藩居然跋扈負嵎相抗入覲歸來
初遘難急挽閩甌東障更問甚妻孥無恙泣涕登陴
爭死守斗城中浩氣騰千丈臂斷矣總强項
九重嗟悼稱無兩
詔立祠射烏山側爲忠者倡今日大江烽火急多少
先孤民望正渴念舊臣良將倘有精魂思殺賊這靈
旗應把吾鄉相聽謖謖松風響

寒鴉

浪淘沙

矮屋兩三家老樹盤拏濛濛數點似塵沙曉怕滿天風色冷晚怯霜華　欲喋又喧譁枝上啞啞江城如畫暮烟遮莫向昭陽宫畔過白日西斜

捫蝨

水調歌頭

身垢不遑洗布絮長蓬蒿可憐瘦骨一把累夜恣爬搔天氣乍寒乍暖孤燈欲明還滅詩思亂如毛磅礴解衣起一一入禪逃　桓温去王猛死汝奚勞未知今日縱談天下事誰豪更有甚關痛癢莫便自生芒刺睥睨眼猶高黑白不須辨籌犬付兒曹

撲滿

生查子

僅值一文錢要積千金寶但見入錙銖不見供揮掃
人也歎漏卮汝也獨中飽試問守財奴幾箇能終保

拜月

金縷曲

簾外飄香靄正瑤堦有人合十向空長拜似抱濃情
千萬斛訴與吳剛應解但七寶陸離安在壓世相逢
猶濶絕況廣寒縹緲神仙界便私語甚聊賴　西風
掠地吹裙帶倩花魂扶持不起而三而再樓角星長

猶昨夜明鏡朱顏暗改願人月長圓無礙獨夜迢迢
天不管莫嫦娥愁也如天大鬢髻濕莫遲待

杜鵑

齊天樂

東風不管相思切聲聲但催腸裂蜀道行宮江津旅
舍都是爲伊愁絕萬般幽咽況芳草天涯落花時節
借問靈心古來那得許多血　樓臺又經殘劫爲誰
棖舊恨重重饒舌故國雲深他山路險淚眼難拋撇
悲音且歇怕有人哀怨傷春別再拜芳魂黯然枝上
月

五更酒醒

鳳凰臺上憶吹簫

並不成愁，何曾是病，朦朧獨掩窗紗。剩殘燈欲墜，曉夢還賒。醉裏未知許事，初睡覺，萬緒如麻。關心也，床前落月，簾外飛花。　差差百年有幾，二十載，襟痕辜負韶華。算今宵昨夜，海角天涯。惟有酒盃枕席，應念我，短歎長嗟。寒更盡，疏疏街柝，自起煎茶。

春歸

買陂塘

儘無端、閒愁牽絆，匆匆又值春晚。鷓鴣聲裏東風急，

百五歡場催散春欲返正滿目關河煙雨都遮斷鶯
忙燕嬾問歌舞樓臺繁華地主知否落紅怨 留連
慣應與金樽同伴窮檐曾未回眄早知有脚難教住
恐負陰晴寒暖春且緩怕柳絮桃花一去憑誰管夢
長夢短便今日相離明年重到還恐舊顏換

病美人

金縷曲

倚徙空床久最不宜傷春天氣悲秋時候春怕見花
秋怕月越顯阿儂僝僽卻非涉雨狂風驟到處珠幃
扶弱質甚淒涼種種來相湊祇贏得柳腰瘦 根苗

自省憑誰究擁香衾夢魂猶裊淚痕先透謾說合覃
增嫵媚鏡影總嫌非舊乞靈藥刀圭應有欲下元霜
千萬杵莫寸腸愁滿難消受平安字嬾重繡

釣竿

浪淘沙

十載靠琅玕獨釣江寒小魚拋擲大魚難一網被人
都打盡日日空竿　雨鬢雪將斑戀甚嚴灘絲綸收
拾漫偷閒直拂珊瑚滄海去別有人間

白秋海棠

連理枝

隨菴遺稿　詞

點點離人淚化作相思惹弱質煙欺嬌姿露壓臙脂
初墜芳東風不解嫁芳期剩秋來憔悴　愁也休教
睡病也休教醉最怕黃昏月明金屋斷腸欲碎倚重
欄待要理紅妝更與誰相對
蝶魂

曲遊春

曾向花房宿冒半簾煙雨相間紅碧粉倦香慵值陰
晴時候最難將息曉夢羅浮入化一幅裙痕誰織問
幾人絲縷重圍闌任滿園春色　脈脈神遊無迹但
如醉如眠離恨堆積似怕鶯捎倩東風吹度柳叢桃

隙畫本從頭覓奈去後韓憑魂寂待把小扇輕招怎生認得

西湖夜泛

滿江紅

暮色蒼然正十里芙蓉開了駕一葉扁舟容與供吾談笑擊檝倏驚鷗鷺起狂歌合伴魚龍嘯莫碧空明月最多情蓬窗照　澄瀾畔曾垂釣大夢頂曾憑眺歡樂遊曲罷盛衰誰弔到處水天看一色伊人今古思同調且移樽宛在堂名祠十四先生處酹詩魂塵襟少懺愁

沁園春

才也不才壯輸庸福少解多情把與亡夢幻攙來萬古愛嗔色相結了三生流水無知落花不語辜負迴腸百感并從今後顧回頭苦海撒手重城　四愁底處交縈向煩惱場中自在行與南朝天子同消夙障盧家少婦共悔前因休拭青萍休拈紅豆休惹相思起不平再休說那酒邊磊塊筆底聰明

同羅縠臣大令論　國朝詩人及唐賢之勝見詰鄙好又惠答五古推許過當用賀新郎代柬

名下多標榜蔑誰能貧而非病老當益壯提唱新城

如泰岱諸附麗如土壤只秋谷獨鳴孤掌北宋南施
朱與沈論風裁沈髯漁洋上肯仍畫葫蘆樣　唐初
綺靡俱皮相似小雅主文譎諫未之曾講高蹈僅聞
陳正字尚把明堂欺誑問何以答君之貺賴有浣花
詩史在變龍門體例休嫌謗愁來讀技重癢
五鳳君能繡是爐中丹成九轉高飛之候滿腹精神
資幹濟案牘一無留逗更索句如追逋寇吏治誠將
經術潤任讀書讀律碑騰口和緩視病源抹　狂言
驚座君然否想郊原雨膏未遍雲難歸岫（惠詩有每興田園思
句）之青眼高歌吾老矣少壯肯居王後謝故人勉旃馳

驟千古地靈人必傑詎廬山不與廬陵偶君居廬山下迮莫

便醉柴桑酒

甲申余館於慢亭第二峰精舍小春有二女伶來自江右余與徐文霱亭及諸同人適以文酒往來顧而樂之徐君自謂非登徒子好色者也秖一片憐香心緒固結不解耳余亦云然因填浪淘沙十闋紀之

秋蝶上閒階舊曲新裁後堂無地列金釵除却門庭來問字一一生苔　皓宵和荊柴三徑休開幽居非奉太常齋秖恐一聲檀板起猿鶴驚猜

覓句苦無題信步城西香車恰值響輕蹏知自河陽
花裏過遶出分司　瞥眼髻雲低琬琰肩齊怎禁相
見不相思隔着微波通一笑暗遞靈犀
磊魄正填膺勸酒休停名花不必定傾城解釋懊儂
無限恨便是惺惺　曲意看逢迎楊柳身輕有情也
莫忒多情世態委蛇都若此何怪卿卿
勞燕倏西東萍梗相逢筵前見慣舊司空錦瑟年華
同逝水雨鬢飛蓬　城北美徐公今也頭童相將扶
路逐春風莫笑鬐我蓋似我更有衰翁
琴劍滯天涯買笑頻賒南來紅豆甚根芽多謝春風

吹螿頰意惹含葩　鸞影入牕紗紙帳清華待將玉
樹倚蒹葭未忍闌珊春意盡鏡裏描花
盆石蓄斕斑髩髴雲鬟遠峰掃不上眉端就裏三生
疑有約着意盤桓　再見未成歡青鳥空還劉郎已
恨隔蓬山更入侯門深似海盼斷人間
雪意釀廉纖白戰何嫌分箋險韻待重拈却恨謝庭
無詠絮祇解如鹽　翠袖縮葱尖倚徙珠簾梅花縞
袂望伊添賦筆替伊存蘊藉不露鋒銛
放眼看侏儒大笑譆于摩挲薌澤解羅襦何必書生
無此願滿地愁胡　笳鼓接城隅座上烏烏燕支無

計奪匈奴夜夢平戎歸去 日載汝西湖
奢望總難酬暫聚還休建安七子數徐劉一箇茂陵
秋雨病一箇歸舟 小字月中留雙桂清幽等閒眉
語挂心頭未識他時歌舞地憶否南樓
佳客擬重招屈指寥寥青氈紅燭可憐宵坐擁二喬
豪說劍影滿銀瓢 蓮漏聽迢迢怕說明朝黯然攜
手別江橋誰是銷魂真箇也我已魂銷

同而其所以自待而待人者類皆如此

道腴室遺稿二卷

［清］長汀江懷廷撰

上海圖書館藏清光緒間刻本

道腴室遺稿二卷，清江懷廷撰。懷廷（一八一九—一八八二），字獻卿，號蘭皋，長汀人。咸豐三年（一八五三）進士。以知縣分發四川即用，歷署温江、蓬州、南溪、雙流、崇慶、南充等州縣，授璧山縣知縣，加同知銜；歷充四川庚午、癸酉、丙子鄉試同考官。生平具其子江瀚所撰二河橋墓表。

是書前有清光緒二十一年（一八九五）遵義黎庶昌序，歷敘閩詩之源流，又謂與江瀚（叔海）論詩，「叔海以爲知言，遂檢先生遺稿見示，屬余爲序」云云，蓋其時江瀚正遊於黎氏幕中。卷末有渝北萬春逸叟跋，謂「道腴室詩清麗芊綿，其源似從温李諸人而出，字句間時有斧鑿痕迹，尚未底於超妙入神，惟二集間有高渾處」，可知其淵源所自。書中詩依體編次，凡二百六十三首，内多遊歷之作，尤以詠物懷古、詠史言志諸作最具特色。如揚州雜詠四首其四「花氣濃如百合熏，畫船歌吹遏行雲。紅橋占盡人間月，誰説揚州只二分」，書文信國正氣歌後「蝦蟇更盡雁聲喧，正統雖亡正氣存。三載目無元宰相，一樓心有宋乾坤」句，中秋有感「三載今宵明月下，閩中小住又川中。鴻泥印爪年年異，蟾魄當頭處處同。錦里逢迎猶昨日，僰溪荏苒忽秋風。銜齋强作家山看，座有親朋酒不空」，俱合跋中所云「道腴室詩無句不典，可以救人之空疏；無對不工，可以警人之粗率。初學從此入手，最不壞事，至其典麗中亦有雄健處，是又氣魄之大過人者」。

是書另有民國十六年（一九二七）江瀚刻本，書前有陳寶琛所題書名「道腴室遺詩」，後附江瀚撰二河橋墓表，全書行款亦與此不同。取民國刻本與此本相校，字句差異頗多，如子陵釣臺其六改「故人若未還山去，忍見糟糠竟下堂」爲「故人不向桐山去，忍見糟糠忽下堂」；和友人西湖詠古詩六首其三改「岳王墳上踏青遊，人唾奸權駡不休。我道長城誰敢壞，趙家天子白符鳩」爲「岳韓百戰枉英雄，廟算無心返兩宫。卻被臥薪人暗笑，鳥猶未盡已藏弓」。又虎邱三首增爲虎邱四首，且其中一首内容全改；又新增都門即事二首等。蓋皆瀚所爲也。

（金曉東）

道腴室遺稿

門人舒雲逵謹署

光緒乙未
刊於重慶

道腴室遺稿序

詩之爲道大矣仲尼教人以詩爲雅言其子鯉趨庭告之以不學詩無以立鯉退而學詩小子門下士也又教以何莫學夫詩詩可以興可以觀可以羣可以怨多識鳥獸草木之名夫至於興觀羣怨草木鳥獸雜遝簡編關雎鵲巢存列卷首鳥可以別賢不肖哉然而孔子則曰詩三百一言以蔽之曰思無邪復謂伯魚女爲周南召南矣乎人而不爲周南召南其猶正牆面而立也與又曰關雎樂而不淫哀而不傷者何邪蓋不以文害辭不以辭害志殆是之謂已三代靡而羣雄起治意與古

道負殊賢士失志比於凡庸猶或作賦諷詠國事若屈原宋玉之騷司馬相如楊雄之賦皎然炳乎日星過此濬然而氣靡矣六朝以降詩運代興宋室南遷閩省正當衝要巨儒朱子起於其間從者雲集詩賦作爲客卿之談於是邵武嚴羽儀卿創建別才別趣之說著爲滄浪吟卷評隲自漢以下宋以上定爲若干等例元明人尊奉之無敢踰越尺寸者降及我　朝承福黄任莘田其詩細膩温柔不爲滄浪所囿嘉道間建甯張濟亮亨甫矯焉特起爲詩雄雅壯麗實超逸全閩諸先達上長汀江獻卿先生推其獨出千載也一日余與先生之子

叔海談及亨甫詩奇偉叔海以爲知言遂檢先生遺稿見示屬余爲序讀其詩半多幽潔婉麗當與莘田詩並垂詩名道腴室遺稿先生之意不在於詩而在於檢行儒術故所傳祇此詩凡二百六十四首分爲兩卷云

光緒二十一年三月遵義黎庶昌序

道腴室遺稿卷上

長汀江懷廷獻卿

壬子十一月廿四日北上口號

祖帳故人誼公車新主恩壯心馳北闕佳氣靄東門行李書三篋寒梅酒一尊驪歌催落日策馬望前村

子陵釣臺六首

新室頹風逐逝波挽回功賴故人多如何冠劒雲臺滿不畫桐江一釣簑

東海雄風誇尚父未央冤氣惜王孫富春山上先生笑

盡把漁人舊局翻。

偶伸一腳犯君王。天上星辰誤著忙。惹得羣仙笑梅福。

君家嬌客太清狂。

鄴侯刻意學先生。一夢官家膝上成。到底天心輕將相。

不教帝座受虛驚。

底事蕭王逐鹿秋。偏忘物色到羊裘。翻從赤伏呈符後。

欲把夔龍屈許由。

貧賤交猶不可忘。麗華何獨寵專房。故人若未還山去。

忍見糟糠竟下堂。

錢唐懷古二首

石鏡塵封錦樹秋，居民猶解說婆留。霸才得國稽山踐，高唱還鄉沛縣劉。一陌花開如子弟，三千弩發海神愁。如何討賊違昭諫，竟肯稱臣學仲謀。

二聖青衣行酒去，九哥白馬渡江來。志非句踐薪難臥，身是錢鏐國易開。汴洛自教長腳賣，岳韓誰使壯心灰。從今莫更談恢復，張浚原非將相才。

游西湖題壁二首

蘇小乘車郎跨馬，蕭娘勸酒嫂烹魚。鶯花尚欠相思債，山水如緇未見書。處士生涯宜放鶴，將軍晚境合騎驢。緣何少伯浮家去，不挈西施此卜居。

白雁聲中王氣收，至今歌舞未曾休。岳王冢古騏驎瘦，賈相堂空蟋蟀愁。三竺進香人喚渡，兩堤沽酒客登樓。畫船商女知多少，誰是當年菊部頭。

和友人西湖詠古詩六首

甘把西湖換汴京，香孩兒懷最難平。可憐榻畔中原地，盡是金人鼾睡聲。

湖上紅樓樓上歌，水光山色照青娥。儂心也愛杭州住，莫爲偏安笑九哥。

岳王墳上踏青遊，人唾奸權罵不休。我道長城誰敢壞，趙家天子白符鳩。

權將葛嶺當樊襄。蟋蟀新開小戰場。門外羽書休告急。相公忙殺半閒堂。

黄胖遊春不再行。南園遺址綠蕪平。關心最是隔籬犬。猶學當年師睪聲。

望帝魂歸識阿誰。帶聲飛入鄂王祠。六橋不種冬青樹。但見垂楊千萬絲。

岳王墓上作二首

十萬師班一紙書。小朝廷上意何如。歌來白雁機先兆。飲到黄龍願竟虚。秦相有妻同縛虎。韓王無伴獨騎驢。孤忠恰似西湖水。不學濤聲怒子胥。

涅背精忠氣不磨。棲霞高冢鬱嵯峨。風波獄竟憑三字。雪窖人猶盼九哥。鑄錯空教成鐵像。辨誣甯復藉金陀。祇應地下宗留守。相見同聲喚渡河。

伍相祠

瀨金千兩鞭三百。恩怨快心誰似公。生與包胥爭一擲。死邀文種作雙忠。長洲霸業隨流水。小海歌聲咽晚風。莫爲鴟夷有餘怒。錢唐終古賽英雄。

至蘇州作

山號靈巖水太湖。繁華從古屬姑蘇。鐙船酒綠徵歌舞。柳岸樓紅入畫圖。劍冷荒邱無踞虎。鐘鳴曉寺有號烏。

東風不肯留人住。空羨扁舟范大夫。

虎邱三首

短簿祠前水泊隄。鞭光釵影望中迷。不教閒殺山塘草。纔過弓鞋又馬蹏。

回首姑蘇麋鹿遊。闔閭霸業忽然收。無情最是生公石。訴盡興亡不點頭。

珠靸羅襦化作塵。墓前花草為誰春。我來別有英雄淚。不弔眞孃弔五人。

姑蘇臺

卧薪人未至。鬻薪女已來。可憐歌舞夜。白火姑蘇臺。

夜飲虎邱樓上即事

神劍光芒萬丈虹，酒星高照綺羅叢。尊前絲管鶯聲脆，檻外江山虎氣雄。近水月明波捲白，試鐙風軟燭搖紅。家童且莫催歸去，暮雨瀟瀟曲未終。

金山寺

海門關不住蓬萊，飛墜江心梵宇開。僧與魚龍分寺居，客收吳楚入詩林。濤聲怒捲南朝去，山影輕浮北固來。安得袁綯歌一曲，月明酣醉妙高臺。

由鎮江渡江夜泊瓜州二首

鐵甕城西路，長江夕照紅。臨流驚浩蕩，擊楫想英雄。浪

湧千層雪帆飛五兩風金焦回首望煙靄有無中

江月照瓜州開窗豁遠眸六朝興廢感一色水天秋濤捲佛貍帳雲迷蕭帝樓將沽京口酒澆盡古今愁

晚泊揚州城外

年來怕作繁華夢薄暮停橈望廣陵水氣白浮螢苑月星光紅上酒樓鐙三千殿腳人何在十萬纏腰我未能卻笑阿麼呼不醒至今魂魄尚瞢騰

舟中對月

多情廿四橋頭月流照江干杜牧之似識前生曾有夢不應今夜竟無詩繁華錦纜空懷古薄倖青樓更屬誰

輸與鄰舟估客樂玉簫猶趁五更吹

揚州雜詠四首

煙波十里柳千株曾見君王好頸無一自錦帆遊幸後
人間纔覺羨江都

報主心傷燕子箋梅花春老自年年忠魂莫讀蕪城賦
回首金陵更可憐

賭墅風流憶謝公甘棠遺蔭未摧殘廣陵赤子東山妓
太傅鍾情總一般

花氣濃如百合薰畫船歌吹過行雲虹橋占盡人間月
誰說揚州只二分

謁史閣部像

小朝廷上立孤臣開府揚州敢惜身正氣前生曾殉宋

新聲後主又亡陳春鐙燕子飛無影冬嶺梅花畫有神

馬阮空遺萬年臭九京何面見斯人

召伯湖

懷古空吟洛下生櫓聲如雁過新城當年共灑羊曇淚

此埭猶留召伯名人媿東山休挾妓地連北府好談兵

遡來江上驚風鶴別墅誰堪賭一枰

漂母墓下作

英雄餓死本常事不死纔知有天意祖龍失鹿羣雄爭

天生韓侯資赤帝韓侯無雙士胸有百萬兵當其未遇時落魄難謀生屠龍手段無所試忍飢垂釣淮之濱此時若作亞夫死豈不愈於他日爲狗烹胡爲乎天終不忍王孫飢翻教巾幗憐鬚眉纔自少年袴下出又從漂母加餐歸漂母憐才出眞意不望千金換餅饎卯金山河四百年節在一盂飯中寄我聞王鎭惡灑池依李方又聞劉穆之席上求檳榔時通易取印懸肘運蹇難爲飯糊口沛公有嫂猶戛羹漂母之賢孰與偶我今手翦淮陰蔬爲作寒食心踟蹰英雄窮餓古來有漂母之賢天下無吁嗟乎漂母之賢天下無君不見東周一百二

十國祇有瀨水女能食伍子胥

淮陰釣臺

釣魚人已登壇去鳥盡弓藏臺尚存漂母饔飧猶報德漢皇推解敢忘恩餘生竟被陳豨誤再世甯償呂雉冤魂在未央歸不得年年春草怨王孫

和友人烏江項王廟詩

鴻門一誤鴻溝再未到烏江路已窮亞父力難爭氣數美人身願殉英雄繡衣悔作還鄉想駿馬空成蓋世功至竟餘威足千古怒濤猶吼大王風

邳州道上感留侯事二首

走馬圯橋有所思婦人狀貌帝王師一言銷印韓宗覆
四皓來朝呂禍貽靈異休誇穀城石英雄惟羨博浪椎
狂風怒吼邳州道猶似秦人大索時
子房前世卽陶朱巧借遊仙作泛湖眼見韓彭是文種
當年何竟一言無

文丞相祠

丞相已騎箕尾去祠堂終古在燕關生前祭受王炎午
死後魂邀謝疊山碧血香銷灰黑處丹心光照汗青間
虧他當日留承旨相見如何不汗顏

土木堡懷古

胡馬奔騰入大同羣華於此塞塵蒙霜明雨硬天容老
草白沙黃鬼火紅刻木竟寬王振罪奪門惟重石亨功
獨憐獄構于忠肅詔雪奇冤待憲宗

有感

臨洺南望戰場開壯士何時奏凱回嬾與英雄投筆去
獨攜書劍出關來天垂象緯占兵氣人近燕山憶將才
別有杞憂鑄未得非關愁過李陵臺

宣化道中作

夕陽衰草望無窮捲地黃沙怒語風氣挾幽幷詩筆健
跡懷秦漢戰場空霜飛禿樹烏頭白星閃荒村虎眼紅

自笑書生行萬里縱非名將也英雄

雁門道上述懷

朔風吹老塞垣秋倒捲黃沙打客裘霜力勁能皴地面
笳聲悲欲白人頭麤才愧際唐虞運遠宦翻成汗漫遊
立馬雁門回首望五雲高處是瀛洲

潼關

百二秦關自古強果然形勝是金湯天黏積雪三峰白
地束長河一綫黃歷代龍蛇空戰鬬九秋笳鼓劇悲涼
雁門司馬眞男子笑殺哥舒半段槍

望華山

天外三峰照眼來，望中秦漢雪皚皚。位當白帝天容肅，勢勒黃河地脈迴。向子好遊多俗累，韓公慟哭少仙才。誰能跨上茅龍背，飽看蓮花十丈開。

郭汾陽故里

尚父聲威震夏夷，四朝身繫國安危。軍容尙觧中心服，太尉終慙晚節虧。一代侯王供僕隸，滿堂歌舞杜嫌疑。焚香欲向天孫問，福將於今更屬誰。

鴻門阪

杯羹竟肯賭神州，轉恨重瞳命不猶。蓋世拔山真氣力，美人名馬自風流。八千子弟雖徒在，百二關河尚未收。

苦勸鴻門殺劉季，范增誰說有奇謀。

咸陽弔漢高祖

素靈哭楚漸無聲，赤幟開基竟有成。蛇斬初提三尺劍，狗烹應當一杯羹。祖龍不壓興王氣，人彘終寒愛妾盟。身後誰戡諸呂禍，果然周勃勝陳平。

驪山懷古

山鳥聲聲阿濫堆，似言天寶事堪哀。六宮蛺蝶空望幸，三鎮豬龍竟作災。猧亂局如朝政壞，鹿銜花共寇兵來。生憎羯鼓樓前水，祇照垂楊不照梅。

馬嵬驛題壁四首

牡丹春㜸十分酣。醉上沈香意態憨。誰念東樓人寂寞。玉梅花下誦周南。

鼙鼓聲中羽檄馳。方知錯認赤心兒。曲江早有千秋鑑。照到豬龍跋扈時。

顚沛誰憐塞上酥。鳥嘑花落助長吁。六軍亦有紅顏婦。聽到淋鈴夜雨無。

費盡君王展轉思。蓬萊深處未曾知。九華帳裏沈沈夢。不夢三郎卻夢誰。

曹蓮生孝廉嫌予詩意似刻因口占四絕語語爲美人迴護予亦效其惜玉之情再作六首妃子有靈當悲

喜交集也

桑條一曲禍蕭牆家索相承武媚娘何似華清花解語
能將尺組殉三郎

旋見黃巢入寇時官家法駕又西馳九原應問陳龍武
將士今朝怨阿誰

梨園弟子散如煙凝碧池頭又管絃若見海青休問訊
江南流落李龜年

都督營州禍早胎鼓鼙豈爲美人來縱教早趁惠妃死
未必豬龍不作災

欲護名花那有鈴沈香回首戶長扃清平莫再歌天上

多恐青蓮不忍聽。

少翁妙術久無聞。環佩珊珊總未真。獨怪蘅蕪無一夢。多情輸與李夫人。

伏波村二首

不作守財虜。誰如新息侯。奉書入東漢。聚米畫西州。能把五銖復。曾從二帝遊。井蛙空自大。國士肯淹留。

不意忠良將。偏蒙薏苡冤。如何文叔聖。猶信伯孫言。刻鵠家風厚。飛鳶瘴霧昏。雲臺甯足重。銅柱至今存。

謁留侯祠

欲招園綺到山巔。同話留侯辟穀年。心爲報韓方事漢。

貌雖如婦合登仙祖龍大索空遭擊呂雉多猜亦見憐
智勇自堪師王者非關黃石有書傳

五丁峽

五丁開山深復深石牛西來不糞金人笑蜀人愚我道
秦亦談得易而守難爲誰導先路君不見上自公孫述
下逮明玉珍割據人來爭學步

劒門

果是九州險峰高插劒鋩兩崖誰鑿斷一綫露微芒石
氣噓雲雨風聲挾虎狼卧龍不可作回首惜降王

姜伯約祠

蕭蕭風雨劒門秋伯約祠堂亘古留生尙論謀誅鄧艾
死當爲厲殺譙周中原有地都歸魏左袒無人復爲劉
斗膽盡儲亡國恨九泉應訴武鄉侯

雨霽由上亭驛至梓潼道中作

上亭寒雨正鏖霜風捲浮雲漏夕陽山色斬新橫五婦
鈴聲依舊笑三郎肩輿報路經泥滑腰店留人白酒香
最喜平來堪送險崎嶇歷盡有康莊

青蓮鄉

昔者李太白降生於此鄉爲扶唐社稷來救郭汾陽天
上且遭謫世間誰愛狂騎鯨風浪惡應憶讀書堂

龐士元墓

天心若再興炎漢，中道如何失士元。驥足至今悲壯志，鹿頭終古祀英魂。雲從未定三分鼎，星隕先開五丈原。自此卧龍成獨立，荆襄危迫倩誰援。

初到成都作

官鼓初聽意不忙，朝朝走馬碧雞坊。校書門巷枇杷老，丞相祠堂檜柏香。别駕可還終屈驥，傾城未遇漫求凰。祇嫌一事輸人處，牧令前驅返故鄉。

感事

軍中那有范和韓，兒戲渾從灞上看。禍亂早知天意厭

古今同慨將才難讀虬髯傳自浮白裹馬革心空拖冊
安得健兒三百騎共將腰劍斬樓蘭

浣花草堂

花滿春潭竹滿林鳥聲猶解學唐音一朝史筆歸風雅
萬丈文光照古今供奉不生無敵手靈均雖往有同心
瓣香拜罷瞻遺像肯爲長江便鑄金

武侯祠

大名長與日星懸巾扇威儀尚儼然鼎足安排當世事
秤心辛苦出師年生才惜在高光後衡品應居管樂前
欲爲先生笑王猛錯將魚水屬苻堅

甲寅七夕

盈盈一水路無多不比長江萬里波舊約未聞天上負
佳期偏在客中過鵲真好事當稱俠仙到鍾情也入魔
遥憶龍山今夜月有人彈淚望銀河

消寒會首唱七律四首

百拳鏖戰酒下觴不放奇寒入醉鄉最好梁園同賦雪
那知唐殿正飛霜綺筵重壓貍花褥寶鼎濃薰鳳腦香
安得樂天裘萬里窮檐一例載春陽

金張門第貴人多肉作屏風錦作窠狎客侵晨呼五木
妖姬過午畫雙蛾箏聲慣學嬌鶯語鴝政甯辭猛虎苛

誰念沙場征士苦雪花如豆打瑚戈
休誇豹舄與貂冠温飽原非志所干斯世與誰相燰㷔
故人强半是單寒詠梅今尚如何遜煨芋前曾識嬾殘
記得當年湖山雪幾回僵卧學袁安
千條冰筋挂檐牙笑對寒梅紀歲華鑪內頻添商陸火
案頭時供水仙花曳雲侍女來呵筆烹雪蠻奴去煮茶
金帳羊羔吾亦有總嫌風味讓陶家
輓禮部尚書徐恭勤師二首
紫城騎馬曰朝天一旦靈光忽黯然吏部聲名瞻北斗
衛公威德在西川黄扉未了千秋業絳帳偏慳再見緣

輸與都門衆桃李生芻一束奠靈筵

憶昔初瞻太華峰花磚曾許我追蹤豈知字學違成式空向儒門得正宗師以儒門法語僉感應篇注賜讀才喜七元非百里師深以外用爲惜學誇方朔足三冬春闈對策師每稱其淹博言猶在耳空回首海上仙龕隔萬重

燕子龕二首

紅塵斷處寺門開笑上禪堂揖辨才雲帶鐘聲渡江去秋隨人影入林來山坳屋破石横踞崖縫樹將根倒栽卻喜輿丸渾不俗把儂擡上小蓬萊

不參石佛不談禪偶借蒲團結靜緣得句慚無摩詰好

堆盤空羨荔支鮮松閒聽瀑衣霑雨石上題詩筆掃煙
一事恐防儈暗笑官忙無暇作神仙

巴歸道中

五丁開山不到楚山勢橫塞夔巫門危峰欲倒雲拖石
僵樹半枯雷劈根途窮定當哭阮籍坂折豈敢師王尊
昨夜月黑虎長嘯木客洞邊多爪痕

舟中望荊州

手拓船窗豁遠眸平沙盡處是荊州巫陽雨過下驟瞑
鄂渚雲來一雁秋萬古文心師屈宋三分鼎足立孫劉
長江不管興亡事淘盡英雄水自流

泊舟宜昌

鎭江閣外水浮空，桅木如林立晚風。城郭尚完兵燹後，雲山宛在畫圖中。平沙背月有微白，遠火閃波無定紅。孤客四更眠未穩，酒樓絃索尚丁東。

過香溪口感王昭君事四首

香溪靈秀毓青娥，不讓夷光出苧羅。屈子沈淵妃遠嫁，怨人偏是秭歸多。

爭妍固寵術終窮，刻乃黄金賂畫工。還是塞垣偏好在，不聞團扇怕秋風。

休將怨曲學烏孫，嫁作閼氏亦主恩。多少青年漢宮女

白頭猶自住長門

漢室恩威兩不伸，那能干羽格苗民。和親到底非長策，豈獨丹青誤美人。

歸州

山因出峽減崢嶸，水色天光喜漸明。駭浪白翻人鮓甕，小牆紅露姊歸城。雲含宋玉悲秋意，雨帶王嬙泣別聲。自是客愁消不得，非關江上夜猿鳴。

巫山

十二碧峰高插天，山名豈藉帝姬傳。文章寄託原無薉，雲雨空濛或有仙。夔子國應貧鎖鑰，楚王宮已蝕風煙。

劇憐環佩歸祠廟常在猿聲樹色前

白帝城懷古

神姆號殘四百秋天教白帝祟炎劉英雄福命輸文叔
嗣子安危屬武侯蛇鳥尚將遺陣護甲鹽相向故宮愁
笑他井底公孫述空賸蛙聲聒未休

游仙七絕十四首

大羅新謫杜蘭香祇道人間有壻鄉昨日苎蘿村上過
浣紗諸女半無郎

擘麟行酒蔡經家誰識仙姑是姓麻世上新興雲髻樣
笑他不插滿頭花

五色雲中閶闔開。蕊珠宮殿玉樓臺。莫言天上無雞犬。都被劉安引上來。

仙家點鐵有奇方。鍊出黃金用斗量。無奈羣仙太情薄。有錢偏不借牛郎。

漢武本無仙福命。空勞王母降瑤池。偷桃曼倩曾三度。纔謫人間又苦飢。

花下彈棋子有聲。閒同橘叟鬬輸贏。問誰喝道門前過。新領蓉城石曼卿。

人彘奇冤諸呂亂。禍胎原自采芝翁。誰知歸到商山日。偏向羣仙詡大功。

鞭打羣山赭石橋海神猶畏祖龍驕恨他不得長生藥
眼見阿房一炬燒
仙山見慣卽司空綺菜珢蔥味有窮滿洞桃花留不住
算來劉阮是英雄
句漏年來物力窮丹砂用盡藥鑪空笑他蓬島諸仙吏
幾度修書問葛洪
吹徹秦樓弄玉簫罡風拂拂彩雲飄怪他月老朦朧眼
足上朱繩繫不牢
月宮三萬八千多折桂時曾策馬過衞玠果然愁殺我
一門一戸一嫦娥

聞說欃槍照帝車瓊樓高處竟何如奴星亂遞閒符籙
不見觀香姊妹書

獅子何曾吼絳河牽牛花下小星多近來又聘龍津女
解唱人間子夜歌

靑騾跨上疾如飛手捉天狼奏凱歸聽得玉皇新降勅
天孫速製錦雲衣

次奚生石艭感懷原韻四首

聽鼓年餘許暫休種花初作萬春遊鱎來單父爭迎迓
虎去宏農早避劉（前任劉嵩橋進士甚有政聲）滿院淸陰調舞鶴繞
城芳草健耕牛自慚吏術多迂拙孤負羣黎說故侯

一官落拓似書生意氣猶籠阮步兵劒欲倚天光耿耿
文堪擲地韻鏗鏗積薪久已嗟長孺撾鼓何須學正平
且把狂名略收斂少年詩酒悔縱橫
一琴焦尾久生塵欲鼓無從索解人清晝簾櫳陰似晦
傷秋心事過於春不才何補今之世有疾難瘳古者民
稍喜官閒翻免俗筆牀茶竈日相親
名山書卷療蟫飢廿載埋頭筮仕遲五鳳穩飛蓬島路
雙鳧難借上林枝春明舊雨音書滯秋菊新霜物候移
願得錦鱗三十六寄人索和感懷詩
路過城南謁惠陵作

蜀中割據太紛紛。眞帝終當屬使君。吳魏那能爭日月。鳳龍何幸遇風雲。廟堂香火鐘三杵。碑碣苔莓字八分。漢土一抔終古在。笑他七十二疑墳。

謁北地王像

生値黃譙誤國年。忍看銜璧獻降箋。英雄用武眞無地。君父深仇不共天。赤伏河山悲失鹿。青宮魂魄化嗁鵑。獨留遺像依先主。古木靈風暮颯然。

夢登北極樓作

久憶龍山似憶朋。今宵鄉夢喜重登。日斜人影高於塔。年老松髯古似僧。得月畫成窗上竹。摘星供作佛前鐙。

樓頭覓句忽驚醒。急起抽毫寫剡藤。

題徐燮廷團蒲看劍圖

盤古至今幾萬歲，仙書奚啻恆河沙。惟有酒人與劍客，往往飛昇凌紫霞。仙心不離三尺劍，仙藥無過一杯酒。酒氣薰蒸塊壘消，劍光閃爍天魔走。嗚呼男兒誤插紅塵腳，利鎖名韁苦束縛。世無王喬葛稚川，誰能跳脫情關尋道鑰。君有酒，如瓊漿；君有劍，如干將。飛瓊侍側擎瑤觴，崑崙磨洗明秋霜。美人顏色俠客腸，中有消息通老莊。蒲團椶拂得元悟，松風謖謖山花香。

行路難

公平公平行路將何圖既不能如漢家衛霍車騎高牙大纛征匈奴又不能如張騫使萬里星軺遠上崑崙墟男兒入世苦蹭蹬便當及早尋歡娛胡不買妾如綠珠買奴如丁都花圃年年作臺榭華筵夜夜吹笙竽不然買陽羨田百畝種南陽桑百株跨少游款段馬乘凝之薄笨車胡爲乎僕僕於道塗我馬疲我僕痡飯羹粗糲帶沙噎旅館逼仄如四拘瞿唐江深劍門險豈堪嘗試千金軀吁嗟乎行路將何圖君不見將軍不喜容長揖宰相未容人上書

道腴室遺稿卷上

道腴室遺稿卷下

長汀江懷廷獻卿

旅寓書悶二首

躑躅花開故國紅客心飄蕩逐東風那知妖鳥巢猶在
遂使征鴻路不通有病欲尋鐺忍草無家且作寄居蟲
馬鞍煙樹龍山月夜夜輪番入夢中

春光斷送是唬鵑客裏聞聲倍黯然酒帶愁吞甜亦苦
人如柳嫩起仍眠蓬山回首三千里麥飯關心百五天
我欲將心作明月清暉終夜兩頭懸

端午

榴火明書幌蒲香入酒瓶姑隨眾人醉莫學大夫醒智
少粽何益兵多符不靈遙憐戰征地凱唱幾時聽

戲和友人夏閨四首

石榴花發碧窗前畫出香閨五月天艾虎絲添鬟影重
玉魚紅溜口脂鮮晚涼簾幙初三月新浴華清第二泉
漫說竹夫人有寵夜來相見我猶憐

芰荷香裏納涼時蟬翼輕紗稱玉肌雛婢暗嗔搖扇久
鸚哥解罵送茶遲同心最愛簪薝蔔病齒猶思啖荔支
卻笑鳳仙新染指不教背癢蔡經知

嚼罷紅絨擲唾壺日長偏少繡工夫桐軒小坐邀郎弈

蓮艇輕撐倩婢扶茉莉一鐙絲細縮桃笙六尺水平鋪

戲將周昉丹青筆學畫驪山避暑圖

綠雲深處竹梧多結構簾櫳作鳳窠牙扇醮金書小楷

膽瓶添水護新荷停琴待月香銷鴨移鏡臨風黛畫蛾

玉骨冰肌自無汗最銷魂是洞仙歌

書文信國正氣歌後

蝦蟇更盡雁聲喧正統雖亡正氣存三載目無元宰相

一樓心有宋乾坤紅羊未了來生劫朱鳥空招去國魂

地下重逢張與陸怒濤終古打厓門

懷曹蓮生孝廉

雪鴻同路到刀州五載吟壇互唱酬才子何妨爲記室
輕車底事不封侯燕臺駿骨違時尚烏道猿聲動客愁
相憶欲攙今夜夢春明門外浣花樓

薛濤井

金井銀牀不染塵汲泉煎茗話前因掃眉今日誰才子
照影當年有美人桐葉碧搖千點露桃箋紅浣十分春
祇今粉黛殊嫌俗那許家居玉女津

游青羊宮

爲尋仙迹出郊坰幾杵鐘聲入渺冥此地久無函谷氣
何人重講道陵經劫灰埋硯猶留黑老樹遮牆不斷青

鸞鶴未來年不語，石壇空自禮寒星。

春日寒甚見路旁桃李偶得一絶

桃李爭春不肯遲，陡遭風雨力難支。早開翻被春寒誤，何不姑留待暖時。

臨邛弔司馬相如

笑著鑪邊犢鼻褌，眼中焉有卓王孫。驌驦典去文君酤，駟馬歸來武帝恩。曲與子雲皆古諷，病當秋雨乃情根。蟛蜞尚作橫行態，應是當年消渴魂。

題相如傳後二首

牧令尙將親負弩，王孫豈復恥當鑪。儻教犢鼻褌中老

誰信相如是丈夫

長門一賦值千金，從此求凰不鼓琴。自悔胡盧先作樣，教他畫作白頭吟。

春閨六首

鄰女爭先畫翠眉，催妝恐誤踏青期。海棠尚學楊妃睡，莫笑兒家起較遲。

東風料峭入羅幃，侍女催人換夾衣。且忍春寒簾莫捲，燕銜花去未曾歸。

踏青初試繡鞋新，生恐雙鉤涴軟塵。多謝東風解人意，替他供張翠茸茵。

朝陽紅上翠簾鉤，梁燕雙雙出畫樓。窗外碧桃花鋪處，
遠山如黛對梳頭。
鏡裏枝頭各占春，對花如對散花人。料渠生怕紅妝妬，
巧借花身作替身。
零落原從爛漫來，花前羯鼓莫相催。癡心欲與春商略，
一日何妨一朵開。

夏閨六首

桐樹陰中踏翠苔，小池剛采白蓮回。水晶簾外紅鸚鵡，
頻喚樵青遞茗來。
竹風吹面夢初醒，重整雲鬟插素馨。坐起偶攜金縷扇，

石榴花下撲蜻蜓

太湖石畔捉迷藏匿影潛蹤賺玉郎卻被封姨先洩漏

鬢邊喚出夜來香

雪白羅衫襯玉膚坐兜蓮瓣學跏趺待兒催取蘭湯至

又繪楊妃晚浴圖

紗㡡映月渾無影珍簟如冰不受塵涼意到郎還未眠

夜來新聘竹夫人

齊紈巧製雪霜同秦女乘鸞入畫工意欲贈郎猶未肯

怕郎心上有秋風

出渝州即事

畫旗風颭陣雲蟠。簇擁書生上將壇。裘帶敢將羊祜比。干城應作兔罝看。魚鳧霸業山河壯。鵝鸛軍威劍戟寒。留得孔門兵法在。卽戎先慮教民難。

渡江北舟中望重慶作

城北停驂喚小舟。戲拈詩筆畫渝州。竹枝歌好蠻娘笑。蔓子墳荒蜀鳥愁。雉堞迴環皆面水。人家高下半居樓。明朝更上塗山頂。細認巴江學字流。

讀史偶作

生王孫者漂母。殺王孫者呂后。誰使旋乾轉坤人。一命制於婦人手。始留侯者黃石。終留侯者赤松。功成不受

富貴縛一出一沒如神龍英雄見幾苦不早急流勇退古來少

題漁樵問答圖

垂罷志和釣負來翁子薪平分山水福同作葛懷民蓑笠鬢眉古煙霞笑語親可憐名利客辛苦軟紅塵

虞姬墓和友人作

幾枝香草護幽宮猶學當年舞袖紅腸斷烏騅嘶帳下心羞呂雉貸軍中婦人那足揚兵氣列女居然有古風地下二妃應問訊可憐夫壻亦重瞳

憶朝斗巖

一巖高處昔題詩，每在雲飛雨度時。秋水碧波光可鑑，
晚風紅葉落於篩。金丹氣冷留殘竈，銅綠瘢多蝕古碑。
今日梅花應憶我，蹇驢誰向雪中騎。

雨中麴生行

神媧石壞水痕透，補天不牢天忽漏。涇雲壓蓬推不開，
孤舟日日無白晝。我舟欲行天欲留，綠蓑衣卸蒲帆收。
封家女子惡作劇，手搖大扇風颼颼。萬木僵立百鳥噤，
峭寒苦與春為仇。千絲萬絲散不止，織盡人間無限愁。
愁城正愁攻不開，忽見麴生衝雨來。手挈鸕鷀杓，頭戴
鸚鵡杯，參軍從事一齊至，霎時築起糟邱臺。臺上招手

向我言與君願結桃中綠自從古初摶黃土心如木石無雕鐫倉頡不合造文字鑿破混沌開情田當年萬鬼啾啾夜號哭逆知生生世世無人不被愁魔牽神農欲療苦無藥雖嘗百草空揮鞭直至我師杜康出醅醪一劑人皆痊釀從蘭陵市行自麻姑仙盛以阜茂甕沽以阮修錢叔夜得之澆塊壘李白因此鈎詩篇請看古來盛名下總與吾輩相周旋予有愁胡不寄於天上之酒星子有憂胡不埋於地下之酒泉終日自作苦雨嘆如蠶吐繭將身纏我聞此語轉圜速起打泥頭倒醽醁手挽天河入尊罍猶恐長鯨吸未足冊人儘作壁上觀但

覺拇戰聲高撼林木此時右突兼左衝酒兵得勝愁魔
降醉侯果得眞鄉封歡伯甘心拜下風譙樓鼓聲急如
雨我遣麴生且歸去和衣臥枕牀頭書不管跳來幾千
萬顆鮫人珠

客中立夏

光陰暗在客中移青帝權歸赤帝司昨夜尚寒今驟暖
可知天意亦趨時

秋夜偶得

夜闌童僕睡獨自繞階行雲罅月微漏草根蟲亂鳴不
尋詩自至有養氣斯平讀罷秋聲賦焚香對太清

漫興

作吏先醫俗。能名謝莫居。琴彈衙放後。花發酒香初。罕下延賓榻。頻修薦僕書。公餘慵運甓。坐對樹扶疏。

山行即事

斗覺筍輿豎。緣從天上拖。石如擲我立。雲不讓人過。樹禿秋聲減。菴荒魅氣多。山猿驚客到。走喚老頭陀。

桂湖紀游五首

新繁卅里即新都。纔住東湖又桂湖。到底雙鳧非俗物。例應消受小蓬壺。

同舟仙侶笑言歡。士女如將競渡看。四面亭臺忽忙殺。

那曾開卻一欄干

綠雲三面暗軒窗，風雨瀟瀟小錦江。淡寫湖光微著色，柳陰紅露木蘭艭。

前有升菴後雲航，孤忠恰與汨羅同。借將憑弔三閭酒，分與靈祠酹兩公。

半臂憑誰送子京，雨風聲裏客愁生。昨朝炎熱今朝冷，一笑天公也世情。

游寶光寺二首

古剎千年在，浮生半日閒。偶來數羅漢，疑是到靈山。衣染松陰綠，廚燒楓葉殷。烹茶共清話，頓覺俗塵删。

供佛花微笑談禪鳥共聽僧飛三竺錫囊餼一樓經日
落催齋鼓風高語塔鈴僖宗曾駐蹕山是昔年青

曉起喜晴

雨與愁俱集東風一埽除客懷新病後天意嫩晴初桃
靨已微笑柳眉將漸舒只嫌春色好不在錦江居

春日途中偶作

春色引人去馬蹏終日忙水梳苔髮直風翦柳絲長籬
犬吠生客野花聞妙香相逢搗衣女白足盡如霜

山行書所見

三月陰晴不定天夕陽紅處雨如拳山頭雌霓忽垂下

倒挂松稍飲瀑泉

村行即事

松篁轉處起炊煙畫裏山莊似輞川雲碓水喧新雨後
寺樓鐘打早齋前隔溪田父驅秧馬逃塾郵童鬥紙鳶
息訟未能殊自媿有人長跪吽青天

題山家壁

久抱煙霞疾閒修耒耜經鳴雞爭報午買犢當添丁酒
熟春開甕花香曉供瓶柴門吟眺處無數好山青

落花二首

翦裁一樣費天工茵溷分飛便不同舞向東皇猶戀戀

去憐西子太悤悤枝頭昨夜添新綠人面今朝減舊紅

忽被吹開忽吹落最難鈐轄是春風

曼陀天上散花時風片飄飄亂雨絲鶯囀空枝聲漸澀

蝶尋前夢意猶癡謫來塵世渾如我流出仙源欲賺誰

醵得榆錢餞青帝隔年先請贖文如

臨汀述事四首

凱歌聲裏馬蹄忙遙望金沙慘客腸中澤雖存難集雁

前年未補又亡羊還鄉我幸逃兵劫過路人猶指戰場

愁對麻姑訶往事去年今日小滄桑

風饕白羽猶飛箭露刃黃巾已入城冤鬼與人爭道路

凍雲和雨溼欃槍，紅妝徧虜鸞嗁鏡。白骨餘腥蟻起丘。
守令早知拜一死，如何無策救蒼生。
寶珠西去濟川東，十室於今九已空。嫠婦袖黏飛絮白，
僞官銜寫大門紅。人如巢覆無完卵，佛亦身亡臘故宮。
不意摧殘眞滿目，那禁搔首怨蒼穹。
山陽聞笛獨躊躇，何況瘡痍徧里閭。筆底鄭圖和淚寫，
鏡中添鬢帶愁梳。僑居暫作棲梁燕，親串都成涸轍魚。
補救未能方自愧，旁人錯比馬相如。

秋夜不寐

殘燈無燄睡魔收，翻爲鄉居動客愁。遠宦偶緣歸里

道腴室遺稿　卷下　十

全家猶自住蓬州十年塵夢催衰鬢一夜風聲醒早秋
窗外芭蕉心上事一般搖亂五更頭

贈趙樾蘅司馬二首

狠煙埽出寶珠峯匹馬橫行虎豹叢怪底使君眞膽大
子龍家世本英雄
翠玉高懸孔雀翎恩榮出自握奇經莫言列宿皆文職
中有郎官是將星

張佑之太守奉調赴軍余亦之官西蜀行有日矣因呈
七律四首留別

自從凱唱浴蘭天依倚棠陰已半年卿月又將離北極

府署後北極樓有客星正欲返西川。飫聞黃石行軍法。恨少金沙久住緣。且學孟堅濡筆待。仙霞高處是燕然。

驅除蟻賊復鄉關。招集嗷鴻滿闤闠。八邑萑苻無遁跡。一林芹藻有歡顏。金戈鐵馬披圖見。克復仙游浦城兩縣皆有圖小轎輕裝按部還。安石正堪為世用。莫因斑鬢戀東山。

頻來燕寢話川東。西望關心正復同。眷屬那堪驚鶴唳。寇氛猶未靖鸞叢。矜孺媿我非廉叔。節鉞知誰是鄭公。可惜楚材供晉用。旌旗不向故鄉紅。

父老攀轅莫愴神。福星原要照全閩。浙東力待殲裘甫。問左安能借寇恂。竹葉滿觴澆別緒。梅花沿路積香塵。

他年幕府重趨侍應笑文通是部民

留別鍾軍門二首

戟門特向故鄉開絶勝相如建節來塞馬久經忘得失臥龍今又起風雷伏波顧盼眞無敵充國籌防別有才昨夜城南看天象將星高照讀書臺

九龍山上早梅香紅燭高燒照舉觴下問敢勞唐節度獨存如見魯靈光六韜虎豹關河壯一曲驪駒道路長我欲學公兵法去劍南馳馬射天狼

舟中望雨

綠楊煙罩鴨頭波如此春江奈雨何莫怪布帆風力軟

客裝雖少客愁多

岳陽樓

前身此地曾三醉今又登樓望洞庭酒興呼來仙鶴舞笛聲吹落大魚聽雲驅龍女千羊白浪湧君山一點青欲向西風鼓瑤瑟九疑煙雨隔湘靈

巴東縣懷寇萊公

日暮巴東縣秋風江上吹似聞嗚咽水猶爲相公悲一自雷州去誰扶宋室危澶淵盟不再太息靖康時

巫山晚泊

七十二峯前夕陽催泊船焚香對神女一別又三年故

我容微瘦今宵夢有緣好沽山縣酒酣醉枕書眠

十九日舟中作

布帆無力上船遲夔峽秋風對面吹似爲咸安人望久替他迎我訴相思

題旅店壁

秋聲撼物動夜氣壓山低酒勸鐙前影詩題壁上泥檢書防點鼠就枕聽荒雞寄語思鄉客途長夢易迷

客夜不寐

荒驛不聞柝鐙殘知夜深窗風吹破紙山月逗孤衾頑僕自酣睡秋蟲如苦吟邇來羈旅慣岑寂也難禁

吟詩樓送友人南旋

吟詩樓外正斜暉，攜手河梁淚欲揮。新霽天如人病起，早春客似雁思歸。水無餘潤憐花瘦，雲有高衢任鳥飛。不是柳條堪贈别，要他彈汁染君衣。

長相思

白石何粼粼，清泉何瀰瀰，浣紗人未歸，對語林陰裏。劉郎偶入天台路，彼此目成笑相語。惜是塵緣未斷時，桃花不肯留人住。卿已歸，我亦去，雲散風流不知處。可憐一見便相離，不如不見無相思。見雲霞兮思君衣，見楊柳兮思君眉。蜘蛛獨自牽晴絲，恐君未必能如斯。願得王母三青鳥，一緘報與妝臺知。

白團扇歌

盤古先知離別苦，分出高山與大川。意欲天下人人守鄉土，竊恨洪荒開闢時，不防地下忽生松柏枝，遂使有舟有車催離別，載郎遠去天之涯。雖然郎有舟車去，豈無舟車歸。郎心若肯爲歸計，萬里家山有到時。不恨郎歸遲，只恐郎心變。妾欲爲月照郎心，郎莫爲風吹妾面。風之炎涼無定心，郎不見白團扇。

題采芝圖

斬蛇赤帝雄武姿，皇儲豈肯輕變移。宮中呂雉爲梟鴟。

膝上美人珠淚垂，不立如意身安歸。廷臣苦以口舌規，君王何以對戚姬。子房明眼投其機，爲求世上皓鬚眉。詭言曾采商山芝，當其扈從太子時。明知其僞甘受欺，姑借羽翼爲謝辭。遂令楚舞無光輝，如使宸斷堅無疑。雖百老人將奚爲，夫人作彘龍子飛。山中園綺那曾知，君不見古來高士潁與箕。未聞金幣能致之，況乎不臣其父臣其兒。臨圖卻笑樊川詩，滅劉之禍漢自貽，罪歸四皓毋乃非。

卽事

鶴相官身兩不肥，政刑清簡客來稀。奴收棄紙偷臨帖

婢學澆花誤浣衣嗅酒密蜂驅復集因風柳絮歇仍飛
静觀自得幽閒趣錯被人稱杜德機

中秋有感

三載今宵明月下閩中小住又川中鴻泥印爪年年異
蟾魄當頭處處同錦里逢迎猶昨日樊溪荏苒忽秋風
衙齋强作家山看座有親朋酒不空

留别南溪士民四首

庖代仙源已兩春瓜期又值杏花新閒愁未遣如潘岳
虚譽曾誇借寇恂火烈鑄書難弭盗木饑鍾粟未施民
祇餘一事堪相告撫字勞心債滿身

蓮瓢小舫淨無埃飼鶴鳴琴日幾回彈鋏客思分俸老
乞書人趁旅徵來瀛洲路為諸生指桃李花經四度栽
羸得使君誇法眼曾將一顧到龍媒謂吳生茂先也

一自狼烽照鬱攸至今民困未全蘇富宜連壤成衡要
金粟頻年給輓輸集澤纔看鳴雁定過河猶慮泣魚枯
臨行且向蒼生問唱到田家樂也無

日日歌筵大白浮家家醉墨硬黃留去遲但覺情逾厚
仕早深慙學未優心羡岑參營別墅夢隨王濬到乃州
他時好買川東棹重上城南水月樓

石砫懷古二首

不意一嫠婦英雄竟絶倫戈矛修白桿魂魄褫黄巾宜慰門楣舊莊嚴面目真美人名馬像惜未畫麒麟

昔過石寶砦今上玉音樓袍笏有餘慕滄桑無限愁荒雲埋劍戟暮雨戰松楸欲問前朝事賓河空自流

謁秦夫人像

萬壽山頭跡已陳雲旗猶自颭南賓英姿不數二娘子閒氣偏鍾一婦人夫壻家傳銅鼓舊君王陛見錦袍新當年竟有同名者何物鬚眉敢效顰

題秦良玉傳六首

一騎桃花滾戰塵木蘭原是女兒身天心堅欲墟明祀

那許淩煙畫美人

白桿兵威女將尤，九重溫語下平臺。東華門外歡聲起，

爭看夫人錦繖來。

麟趾呈祥鳳羽儀，扶風門第共維持。伏波地下掀髯笑，

馬革翻教裹婦屍。

中丞無策禦妖氛，萬鬼啾啾哭暮雲。可惜官家空誤蜀，

不將黃鉞授將軍。

侍婢戎裝左右趨，錯疑男妾貌魁梧。何如另設胭脂隊，

畫作吳宮教戰圖。

宣慰頭銜已變更，玉音樓尚聳孤城。可憐嗚咽賓河水

猶學當年哭主聲

偶憶舊遊十首

故鄉回首昔遊蹤清夢年年繞臥龍山勢東迴蒼玉洞
水流南抱寶瑚峯隔林樵女行歌荅賽社畬民賽酒濃

最憶馬鞍風景好萬竿修竹百株梅

海上風雲擁鼓旗瑯琊霸業賸荒祠九龍帳不飛金鳳

五虎山猶對石獅白面倚窗呼抹和蒼頭就樹摘離枝

未曾孤負南臺月最是鐙紅酒綠時

堯肩斗酒渡江時曾作詩人劉改之油壁青驄蘇小宅

銀濤白馬伍胥祠西湖此日仍歌舞南宋當年忽盛衰

惟有鳳凰山上月多情還照故宮基

虎阜靈巖自古今踐差遺址渺難尋漫誇烏喙能嘗膽
終賴蛾眉善捧心鶴市魂空招紫玉鴟夷像已蝕黃金
祇憐花月笙歌地贏得繁華勝武林

鶯棲燕苑音偏好馬過金臺態自雄多士大開聞喜宴
一人高拱建章宮虎龍氣王連長白車騎聲喧逐軟紅
指點蓬萊山咫尺那知弱水又迴風

三輔風煙接素秋二千年是帝王州南山露滴金人掌
西嶽雲盤玉女頭但見英雄來逐鹿空聞老子去乘牛
神仙不管興亡事漢寢唐陵相向愁

蜀道誰教力士通誤他割據幾梟雄岷峨終古有新色
王孟至今無故宮金鴈驛環江水綠碧雞巷賣海棠紅
杜鵑歲歲猶啼血知是何王恨未窮
門開南紀控雄關巴字江流三面環官不同城惟隔水
人於九市當登山花香石板姬彈阮酒醉倡樓客破顏
幾度鐵梔峯上望萬家煙樹畫圖開
寸金堤外浪淘沙沙市笙歌月下斜天爲諸宮開觀闕
人將飯甑比琵琶小桃春雨徐妃墓衰柳秋風庾信家
陶侃不來王粲去共誰沽酒再章華
衡嶽秋高一雁迴木蘭舟自洞庭開巴陵酒熟仙人醉

湘水絃調帝子來，香草漫興遷客感。聖朝終用賈生才，何須更把離騷讀。痛飲還登八景臺。

即事

青鳥傳書早定期，衆仙同日起瑤池。忽聞銀漢公無渡，敢道瓊簫我善吹。官府各承金母命，姓名空被素娥知。廣寒宮裏紅牆隔，莫管何人折桂枝。

雨後看花

雨後花光別樣鮮，枝頭點點露珠圓。海棠睡起還新浴，抵得華清第二泉。

春山

燒後風吹草色匀山魂乍返更精神自從冬睡今纔醒

笑畫蛾眉喜見人

美人風箏二首

鬱金裙纈莫留仙竟學飛昇謝自然夢去便爲雲玄客

奔來欲鬥月嬋娟綠珮恰向青樓墜紅線知從碧落牽

不是東風肯擡舉如何蓮步也登天

漢宮舞燕受風輕齊女乘鸞入霧明豈是佳人能插羽

果然上界有飛瓊衣裾儘畫雲霞色珠玉遥聞咳唾聲

當日若遭侯景婦安知圍不解臺城

和黄翔雲齊年花朝侍太淑人遊青羊宮原韻

東風開百花怡悅萬人目太守奉安輿柳旗颺新綠草
色鋪氍毹禽聲鬥絲竹前騶不呵殿士女任環矚慈雲
何處來言自漢江麓陽春眞有腳懽愉徧西蜀偶見孺
慕身逾厚仁孝俗道旁觀感者胸臆太和蓄行看循陔
人卽晉八州督仙人騎青羊笑錫無量福

十月初一日夜大風驟寒明日雪深數寸作歌誌之

十月朔日風怒號顛簸竹樹生波濤空中玉龍夜戰鏖
汗雨滴作珠璣跳三更鐙欲半明滅人卧如弓衾似鐵
趾離引我遊仙鄉仙人贈以白鳳皇騎上瑤臺瞰下界
萬里銀海何茫茫五銖衣薄毛骨冷玉雞一聲殘夢醒

窗隙寒光射眼明鬧門一見心暗驚天公王戲太狡獪
一夜幻出瓊瑤城滕家六孃好顏色爲言久別常相憶
猶記仙源歡讌時今日衙齋胡不懌我言彼此各有時
官心憂樂因民移今春苦旱秋苦雨米價騰踊民嘑飢
未能謀食遑謀衣我雖有鑪未忍圍我亦有杯何忍持
君不見貧兒赤體無寸絲路旁僵卧凍死屍我無香山
大裘廓柳檜勸君且歛嚴寒威封姨點首青女悟黃緜
襖掛扶桑樹

花魂

倩女芳魂久黯然東風吹返豔陽天玉環睡去剛三月

金谷歸來又隔年香冉冉時看醉蝶影亭亭處夜唬鵑

記曾沾酒羅浮店夢裏招邀縞袂仙

劒魄

百神追攝太陰精匣裏時聞虎嘯聲一片荆軻心不死

千年歐冶氣如生倚天那許蟾蜍薄斫地應教鬼魅驚

耿耿寒光侵夜月倒傾秋水濯豐城

鳥夢

樹陰如幕鳥飛來唬倦東風入夢纔白晝每先花欲睡

黑甜應許蝶相陪鸚哥說與深閨聽望帝魂從故國回

占得南柯最高處寄聲螻蟻莫驚猜

石情

石丈心腸鐵樣堅獨饒風趣在林泉三生性未忘圓澤一拜交曾許米顛頭合點於聽講日骨應瘦自望九年儻教鍊出媧皇手好替人間補恨天

郊行

田衣百衲錦鑲成多謝東風熨貼平繡到麥黃秧綠處蕎花紅得可憐生

蠶叢祠 祠下有軟腳坡

牧馬山西麓蠶叢有故祠上坡腳易軟開國事難知劫古疑龍漢林深叫子規魚鳧城不遠煙草共離離

應天寺對面即聖鐙山

唐帝西巡蹕曾聞駐此山翠華空想像紺宇自幽閒林竹聚秋色磴苔皴古斑聖鐙和月出照送使君還

題李受之觀察匏廬詩稿二首

龍門翹首十餘年今日欣披錦繡篇果是香名高北地不惟棠蔭徧西川深情偶寄漁洋柳逸興曾攀太華蓮從此長江讓生佛黃金只合把公鑴

雞足峯頭瘴霧開詞壇旗鼓即風雷好將滇海軍中曲盡埽昆池劫後灰元稹莫愁煙水隔鄭公終向雪山來他時幕府陪文讌一曲陽春酒百杯

七夕戲作

巧到天孫也可憐。牛郎猶自負欠錢。香閨若把黃金煉。銀漢何勞烏鵲塡。辛苦那能閒杼軸。窮愁方悔作神仙。輸他世上癡兒女。慣結盧家富貴緣。

寄贈

世上悠悠利與名。有誰清福似先生。山僧遠餉頭綱茗。厨婢新調骨董羹。花片聚糧蜂課使。槐柯分郡蟻屯兵。木奴千樹書千卷。何必封侯擁百城。

夏日雜詩十四首

火輪赫赫碾晴空。人在流金鑠石中。羨殺吳興狂道士。

將身躲入水晶宮。

不啻溫柔近睡鄉。竹奴從此寵專房。愛他夜夜能來夢。僭作夫人也不妨。

王導何如周伯仁。枉將便面拒風塵。此中空洞原無物。那有元規會汚人。

雲密西郊漸散開。阿香車過響乾雷。那能學念番僧咒。速遣神龍送雨來。

薰風吹送午衙涼。菡萏香中聽訟忙。判事終嫌未爲允。敢將一枕傲羲皇。

何處飢蚊伏莽同。紛紛嚶喝入簾櫳。退軍自笑無奇策。

且遣阿奴用火攻

憎蚊賦罷又憎蠅欲避炎歊苦未能惹得夏蟲相猗笑

誑人偏語玉壺冰

炎官心性熱官同勢欲驅人入甕中若使自知炎熱苦

早應回首嘆秋風

一蟬鳴向綠槐廳伴我吟聲暮未停同是無絃琴一曲

自家彈出自家聽

梟鳥無緣躡閬風安心法學信天翁儂家別有清涼散

不在劉錡想望中

仙人赤腳踏岷峨怕著人間吉莫靴不信貴游冠帶慣

金花燭下聽箏歌

生憎官燭熱銅荷，樹下移牀對素娥。還倩小鬟姑撤去，免教撲火誤飛蛾。

故人新署好頭銜，身領峨眉夢正甜。分付山僧埽殘雪，紅泥鑪煮綠毛尖。

團扇憑誰畫放翁，乞書偏與索逋同。朝興愛寫蘭亭帖，散入家家作惠風。

戲詠竹夫人二首

燭奴遠立酪奴忙，不許溫柔近睡鄉。居欲屈君爲伉儷，夢須同我到瀟湘。青腰乍抱秋先到，玉體橫陳夜未央。

寄語湯婆莫相妬天時人事異炎涼

紙屏紗帳俗塵捐林下風來正颯然清致那容肥婢學
細腰應惹楚王憐婕好製扇分新麗佳士眠琴續舊緣
莫爲秋涼彈別淚黛眉萱草自年年

奉酬葉桐君親家見寄長律四首

去秋青雀飛迴日銜到蓬山絕妙辭已爲謫仙懷白也
況兼佳壻憶羲之二年遠隔紫芝宇千里分栽紅豆枝
聞說天彭風景好牡丹花發倍相思

小園作賦擬蘭成人在山中福自清鸝館松篁無俗韻
鯉庭鸞鳳有新聲洞魚縱得閒居味琴鶴甯忘勸駕情

我輩各饒擔荷事，恐將句曲誤通明。桐君移居彭縣山中地名小魚洞去年八月小女與婿同歸

記曾往返龍泉驛，飫聽循聲萬口同。折柳有橋猶曩日，憩棠無樹不春風。要知西蜀懷廉范，休學東山卧謝公。難得陽安諸父老，久扶藜杖盼花驄。宦味嘗來蔗境無，清貧頗似范萊蕪。棲鸞敢望遷喬木，待兔還宜守故株。笑我雙鳧常局促，羨君五馬任馳驅。陽春一曲知難和，且趣旌旗上帝都。

柳枝詞三首

天生眉黛十分春，背卻桃花自寫真。最是細腰難得學，

可憐餓殺楚宮人

風吹柳花飛上樓，樓頭歌吹按涼州。美人不肯輕攀折，
欲爲檀郎繫紫騮。

與爾何關管別離，被人寫入渭城詩。長條折罷斑騅去，
猶遣飛花步步隨。

落花

風雨無情惱客腸，花花片片減春光。何如一夜摧殘盡，
免得零星惹恨長。

嘉州晚泊

九頂峯頭殘照收，平羌城外聞棹謳。三江水流佛足下，

半輪月挂峨眉秋。媿我不爲漢嘉守，何時始作淩雲遊。明朝起柁戎州去，清夢尚縈高遠樓。

讀蕭相國世家

轉漕關中未足奇，出身刀筆品尤卑。要知丞相功高處，最是追亡馬道時。

書道腴室遺稿後

陶韋柳孟古澹雋永，詩家之上乘也。西昆晚李義山、溫飛卿、韓偓，典雅婉麗，始以穠豔見長。予觀道腴室詩清新芊眠，其源似得溫李諸人，而琢字句間時有斧鑿之痕，迹尚未底於超詣入神。惟二集間有高渾處，較之吾蜀張船山先生詩江郎如願追之鑄金錯采亦張真似謝康樂初日芙蓉天然去雕飾且文無綺不佳洞天才也所以王漁洋評明代徐昌國高子業二詩古澹有味千載下安不能磨自王弇州李于鱗何大復專言格調清音絕究之時易勢殊李何盡有摩與二君必無絕響此真高識迴論令于鱗大復早聞此論當不聞人揮筆矣此可見詩之趣味澄寬變為高也然道腴詩無句不典可以救人之空疏無對不工可以醫人之粗率初學從此入手最不壞事且其典雅中亦有雄健處呈文氣魄之大過人者

乙卯季秋偶閱此卷書邊漫跋

道腴室遺稿卷下終

八閩文庫

八閩文庫
文獻集成
392

福建文獻集成

續編 集部 六八

吴格 主編

海峽出版發行集團
THE STRAITS PUBLISHING & DISTRIBUTING GROUP
福建人民出版社

本册目次

葉大焯手稿不分卷

[清] 閩縣葉大焯撰

中國國家圖書館藏稿本

葉大焯手稿不分卷，清葉大焯撰。大焯（一八四〇—一九〇〇），字迪恭，號恂予，閩縣人。同治七年（一八六八）進士，選庶吉士。散館授編修，充湖北、湖南鄉試正考官。光緒十年（一八八四）充廣東學政。後主講福州鳳池書院、正誼書院。爲人和平醇謹，論學主靜。撰有補拙齋文鈔、葉恂予日記、補拙齋雜録、三山葉氏祠録等。

是書凡四册，書名非原題，係葉氏後人掇拾大焯遺稿而成。第一、二册録葉氏撰壽序、墓誌、碑記及書序；間有節抄前人文字，如晁錯論貴粟疏、嚴安言世務書、主父偃諫伐匈奴書、東方朔諫除上林苑、化民有道對等。第三册壽序外，收史論多篇，如據「刑賞天下之大公也」，作張釋之論；「歷考前世丁役分合沿革之跡而撮其大略」，作歷代徭役記。江充論言：「太子之殺，實命使然，則江充可末減矣」。朝鮮通商駐使説云：「揔之朝鮮强則中國之利，朝鮮弱中國之患。朝鮮足以捄亡，則中國資以禦侮，此較然之勢也。」葉氏博聞强識，所論不拘陳言，獨抒己見。第四册所録多試帖詩。

書中各册，皆大焯手書墨跡，第一、三册用「補拙齋手鈔」紅格稿紙，第二、四册以「庇蔭書屋藏板」稿紙，雜録文稿。福建省圖書館藏大焯補拙齋文鈔一卷，録文三十七篇，用福建通志局稿紙抄寫，所録之文皆出此四册稿本，蓋民國間纂修福建通志，志局采訪人員向葉家借閱謄録者。

各册卷端鈐有「在琦兄弟子孫永寶」、「先人手澤」二印，有珍重庋藏、不至就湮之意。在琦，字肖韓，號稚愔，大焯長子，光緒十二年進士。（段成貴）

謝枚如先生八十壽言

枚如先生有道之士也余歷睹戚屬中文人行如先生者不多得族弟
大莊從游頗能為樸學余恨少壯時未承教洎從京師修謁始得
挹其言論丰采觀先生居官悃無求富隱不當時輒引却用是
又為未由侍左右心嚮往焉而已厥後先生自豫章歸余自南
其屏處鄉里雖時山中故老多殂余晨夕與之游講故老習先
生而常偕諸先生既先生不余棄與之處久之嘗覺忠聰絕
即和誦樸棫瞻與漢姓與道冥會心壽甚和取易矣與頌慕

睽，瓠，樝，梨，甕，盎，搗，鬼，甚，和，坐，想，簡，精，言，而，不，惕，於戲焉
不及哉，焉可及哉。或謂余曰：子所見莫今日之先生也。亦聞先生
昔日固跡弛而狂者乎？余語先生識狂，然豈乘所謂狂，吾魁夫
今之狂，其貌崇而遠，知氣，動而慮外，傷和，佻其根，蕩掠一凹，瘦患
礹礹，嶇嶇，掉，倪，傑嶪，嶷殿，然先生當志學歸歟歟，御而遊，時持
與人言，睥睨，膚，俛首，蒼山，穆穆，然攝衣遊，步，酬酢，潛潛，酌而醉，狗舞，其至
如雨，怡和，秋，律，篁，闢，自信，罪責，而肯，多讓古人。斯其狂與，而病
深遠，極道，世凡此，其大人，非歷，庖，善轅，輾，而挂，知其素，與恩厚

衡府道邦郡以先生勤修儒術奋數十年精加治經治古文自成一家而於古今政事之弛張朝野制度之沿革又洞悉在胸猶之可以經世若夫一歌一詠蔚為雅林罄為咸暢溪昌詩人忠厚之旨當日賢達遠近買人君子讀其書者共同聲推許可謂負重望知然而五十始上公車方且於道紬繹老而從仕乞休於家乃命遂見世多故遊彼跡嫉惡後來且歸遺世生而告之尚有未竟之緒遂於今先叙先生優游自得盡其平日胸中富貴貧賤也思而尋想於懷即貢隕先無縱驪驩怯悚摅持紀節

而壽[illegible]郎深純之氣，蓄之鈐[illegible]之鈐中，故於學術淵如

氣而[illegible]如此，非余更有異也。先生[illegible]不獲用教，使罷[illegible]至

[illegible]每逢絕壑幽巖，與相晤對，不似捧其不遇而慨之焉。如

蓋其掌教閩中，嘗三涉崇嶽，知[illegible]來白鹿洞，匡廬瀑布，[illegible]

卧游文二載，知吾州于烏石山，據城左右，號稱佳勝，先生所第

耕棋山藏在于山麓，與先輩遺蹟序家羽樓相接，而最後講結

致用書院，又攬烏山之勝，今林氏樵學齋不遠，[illegible][illegible][illegible]

往還鍾山蕭閒之[illegible]，[illegible]今[illegible]山房，今壽先生以[illegible]題稱第八

如飛禽暗而難見識其已難其殊有詩文凡耳目寄於外性
情寄於內而萬物之變繁然而有以悅其心悟窮知必不能永其趣
莊周之言曰山林與皐壤與使我欣欣然而樂與語樂未畢而
哀繼之先生自樂其樂而有會於山林之樂非僅山林而樂詎僅
山林而壽者今歲仲冬先生攬揆之日祺生徵文爲壽余惟辰
禮之宜而不揣其文之拙洪筆爲之既念日月揔不居人事多換
余與伊晴山中敘表零落殆盡而先生年最長巋然健存
乃歎知生既至壽也之言文章之道人之壽遠物之德賢其甚

奧而和而畫而高而畫也而奇而厚而贍而逸而澹而氣而正而義而生也而其奧也而我生

儒儒而粗與穆而窮雕有加也撫奪也而氣以盛也則怍

推而知學道加以見忠恕學齊之純而非節於雅其文彩而詩

也竟致要而外是斯言也先生閱之儻以為庶幾不謬道乎是

私衷所欣於是乎書也謹序

枚九先生有道而能文者也於余為戚屬丈人行族弟大莊從遊頗稱為樸學余恨少壯未承教洎居京師始得挹其言論丰采顧先生每來不數時輒引去用是又又未由侍左右心竊往焉而已先生之自鄉里歸也余亦自南粵屏處鄉里其時山中故老多盡惟與先生最常偕余請先生既先生不余之棄蒙款久之覺先生胸中純白雖然漠然與道冥會以為甚和且易知然或善所拂懷詞意淳然可想見其平生志節特立而不惧也於

蔑焉弗及，蔑焉弗及哉！余聞先生少倜儻，以氣節矜，高自許，所爲詩文，
雄辯縱論，有揮斥八極、推倒豪傑之概，所不肯以文字名世。於時俗好尚
尤不措意。既卒歲不遇，始慨然有著作之志。病夫近世治古文者，共章爾之
於桐城一派，乃求端於性情，導源於經史。凡古今治亂之原，運會升降之
故，皆洞然在胸，仰且逕與厚積而謹出之文。遂從粵游晉游秦，覽名山
川，交其賢豪長者。既究試京職，以碍於下寮，旋乃一第歸，而教授鄉州。
壽生之籍白鹿洞，最後掌教致用書院，常謂聖門所重者義受取予。
故教文以義利之辨其大略，蓋如此。夫以先生抱用世之志，學與命遘，
身世多逆，至不得已而著書而教人。然雖崎嶇，蹤跡昌黎，進退出而告之，尚
有未竟擇焉者，而先生俯仰蒼山，儼然自得。其教學宗旨，曰學求藩籬之
要，人以狂狷爲歸，道德非常，卿愿非品，而以天下爲己任，非仁人不以倫理
者性情，非志士。致用書院之館垂三十年，自有先知指引經術之師道
之尊。塵老屋之年，鬱鬱之氣，已而自為文，亦醇固深邃，自成一家言，劇自
板崖以古文鳴，左海以經學鳴，言教身教，經師人師，先生殆兼之矣。
寺院枕首山麓，襟帶江海，月餘之御，白雲往還，課暇輒集生徒
揚搉古今，雜以觴咏，三陟華嶽，居廬越二年，所築縣棋山莊

洪生徵文為壽

丈嶠九仙之勝，與婕清真寺宛羽樓相輝映，山居人壽不減然然，雖然，凡人耳目寄於外，心神寧於內，內有不足，雖曠所之奇以悅所寄，亦無不能永其趣。蒙莊有言：山林與，皋壤與，使我欣欣然而樂與，謂樂自不在外也。先生自樂其樂，而消澮於山林之樂，非依山林而樂，詎依山林而壽哉？今歲仲冬，先生八十初度，余備其禮之節，而不揣其文之拙，洪華為之。既念日月不居，人事易變，自余之歸十三四年，山中故老零落殆盡，而先生巋最蕭然健存，乃歎先生既立壽世之言，又享過人之壽，造物之待厚甚，甚豐而不嗇，其壽無猶須臾變減年與我身無也，其豐其我身據之而相與為無窮也，雖有力者無能奪也，而丟以然也。則植根本夫道，加以見先生學壽之道，而自然著見於文事，而壽之克紹，要不外乎斯言也。先生閱之，倘以為庶幾可謂道乎？是私衷所欣抃厚幸者也。謹序。

中間數段通改更，較原文切實，駿菴同年潤色也。

乙亥冬月初八日識

郭穀齋同年六十壽言

夫穀麗地之氣人以徙之非偉而致其精神志意歲月淬勵盡由勞苦之後然傳曰流水不腐戶樞不蠹此物此志也同年穀金觀察吾師 遠堂制府公之冢嗣也生世族善讀父書工制舉文旁治詩詞雜學由弟子員貢明經曆鄉薦人知其為通人也貴公子也勞瘁之事意非所習而君秉性持重堅毅誠樸遇傺寒畯咸豐庚申之歲來官試罷取道徐揚南返間關險阻風鶴之驚一阨於民團再阨於萑苻瀕危幾知同侶飢餓疾病相顧駭愕 君以一身支拄

而凋護之。率脫於難。此豈文翁畫生能之哉。而君亦自是益使勞苦矣。君習吏事。爲諸生時。歷參大府戎幕。積功游保至府。同治乙丑始官浙。以佐理海運裁革浮費。敘功擢道銜。丙寅以贊務曹沖定匪。敘功賞花翎。曹沖隸粵之肇慶。時藩臬皆公掾粵。調兼營務。故與其役。尋權肇慶守。定後捕劇盜數十人。賓之瑞。西江肅清。君以浙官於粵。家益微。常撫而入。遂相知。知後議。戊辰回浙。自是兩度守溫州。台州。湖州再。所蒞之郡。寅合歡。修水利。治學宮。輯府志。曰慶其葉。溫俗好訟。積牘尤夥。君立清訟課程。凡吏民訴訊鞫自治駮。可判决共無稽滯。其歷歲舊牘。視歲之前滯。依限遞及。每推勘一獄。輒窮數日夜夜如。必洞原委。及訊。被竊尊卿。不刑求。不株累。而情請得。其再任湖州也。先是鄉承兵後。搶掠蹂躪。旁近流人。廬附雜處。歲久不輯。土客械鬬。且有亡命之徒。偵聞嬾議。閭井騷動。君至。首籌保甲。以杜奸宄。次籌土客交涉之宜。平其獄訟。善後資遣。既不偏護土民。使土欺客。又不袒客民。使客援土。亂萌遂戢。任台州時。匪首金滿方猖獗。金滿尤善要結牢籠之術。每藉口於官吏之貪婪。脅民以自重。故黨與日盛。君博采輿論。尼

根役役援處州府府昔罰厚斂訖不使民知悉革之而又申鄉
約嚴保甲滅防營募土兵戰守無患益以嚴賞購捕使賊
無所遁匿久之揚寇乃就擒右事也前後官所垂三十載
浙之潰賊鹽鑿洪大皆經歷其地而洞悉其利病以故
大府倚任薦牽遂以前擢權守杭郡仁聲惠政畔於湖
此駿足遠騁始張限量漢世循吏如黃霸龔遂召信臣之
屬所居民富所去民思古今人豈不相遠哉今君年六十矣
豈見春榆祠部品俾以事追徵文於余余閱君家居時先後
經畫河渠鄉團等務績篤有法桑梓賴之詎以廊廟治蹟

至邇也，稍艱邃也。務事益信，而愈謹身，模邈有儒者風。是以類也。黃霸、龔遂，治行誠爲吏稱，黃霸子孫爲二千石者五六人，而未詳其年壽；龔遂之後，信臣皆濟，老壽而至。子孫又未及知。窮疑天於賢吏，既有以償之，而或大其後，或福其身，償之之數，何以不勝？備歷如之，而君身康強，孫曾和順，甲乙科第，福祿綿長。天之所以償之，抑何加厚耶？夫以渾厚寬善之明德，有以培鞏固，精神震動，志氣周流，衍先澤，昭家法，綿綿繩繩，抱勿替也。已是爲序。

敬節堂祝文

光緒己丑辛卯某月某日省会敬節堂工竣在事紳士某某等

虔奉 前福建巡撫文恪趙公栗主入祀謹具清酌庶饈

致告曰伏以仁入司牧歲載帡幪善政得民尤矜慎[illegible]

節鉞之聲靈宛在楚緯騰歡几筵之血食長酬神旗來

格伏惟 尚饗 歷任地方大吏

光緒辛卯某月某日省会敬節堂工竣在事鄉人某某等虔奉

祺銀公先生栗主入祀謹具清酌庶羞致告曰伏以鄉袞云

遠典型未艾文之歷歲所被惠澤揚彩萃群芳以扶持永勵

松筠節操挺歲時而享祀合酬桑梓馨永伏惟尚饗

祀鄉先生

光緒辛卯某月某日省會敬節堂董事紳士某等謹

具清醴庶品致告於　后土之神曰伏以作宅奠居功歸

厚載　豐財施衆德薦　廣生　嘉惠所蔭堂等秉穗

滯遺之利蕃釐宜搵咸仰枌榆主宰之靈伏惟

尚饗

黄心菴先生惠教子丁經圖跋

黄氏永福右族也。余為諸生時，肄業鼇峰書院，尝游蘅洲先生之門。洎點官居林下，與質夫、緯臣二君知，過從。余喜質夫從子延濟余墳也。緯臣與余曩同舉於鄉，其子止園又余元墳也。師友之誼，由此積稠之，得因是而知黄氏世德之積，家學之藹，所以培植而成就之也。自心菴先生祖先生以名進士宰江右也，有循聲，生平言行模楷鄉黨，門内之教尤肅。子四：長拙嵒嚴先生、芑廉也；次乾齋先生，乾隆甲午舉人也；次後十硯老人子承度先生也。十硯老人也，先生之從之文也。三旦軒先生，乾隆丙午

輩人山東平原府知府四佳水先生皆有學行品望而淵源派
繁衍賢德之士相繼踵起而蘅洲先生及貞夫徵臣以科
甲獨魁鄉邦當時師友共高之也蓋其乃濟以先生教子之經
圖與余語稱子弟爲門戶之根本門戶之興替視乎子弟之
謹肆古今家誡多矣往嘗讀柳玭誡子弟書其言曰余見名
門右族莫不由祖先忠孝勤儉以成立之莫不由子孫頑率奢
傲以覆墜之成立之難如升天覆墜之易如燎毛此數語也
休饒善心前輩極爲推先生命圖之心與古人若出一揆而自歸年
來賢子桂業世德家法積久不墜皆義方之懋基於此
也睹斯圖而勉焉黃氏之興繩繩未艾可知也已

陳芑庭宮贊春秋義序

陳生秉中出其尊公芑庭宮贊撰著春秋義丐余序。余荒落久矣，損不敢任。顧念友朋精力所萃，樂贊一辭以附大雅。受而讀之。覽其精確，論斷平允，筆其細微繞繞之知失。洵能說經者也。春秋學自唐陸氏述啖趙兩家之說，駁正三傳。後儒繼之。信經棄傳，畢力搜擊。如宋孫氏之發微、元程氏之辨疑，深刻益甚。論者病焉。大抵說經之知，不失之淺而失在深。但能析衷眾說，發明經意，正不必好翻前人，多生新義。新奇也。宮贊得之矣。余曩與宮贊同舉於鄉，逮先後官詞曹。文字劇切。過從無虛日。既而先後揚歷。林下從勝。又更數載。今則故人往矣。墓門宿草。風雨蒼茫。按前編也。謂能者潸然興感矣。重申惓惓之旨。序不敢失墜。亦可謂善讀父書者矣。是為序。

楊雪滄觀察冠梅堂詩集序

詩始三百篇並饗詠答如鹿鳴天保采芑菁莪魚藻采
菽諸篇皆燕饗君臣其僚友接聯雅之所錄若吉
甫飲御張仲孝友非其自為詩申伯之入謝樊侯之徂齊
吉甫乃作詩送之贈處之作蓋濫觴於此漢世河梁七
家蘇李最著魏晉以降此風遂盛昭明文選自建安
七子以下逮潘陸顏謝之屬贈答凡七十餘篇稱極盛焉
夫人抱幽憂抑鬱之志者可告語所親識必傳之以而
後已傳之不足而歌詠而後已情則然也加以郵令此

山登覽琴樽游讌集於其離也悵歧淒悲遠諸趣彼
聯吟答唱而有詩情動於中形諸自感伐木之詩嚶
其鳴矣求其友聲詩者人聲也和友之聲盡在是矣
非泛然酬應也觀吾雪滄楊君夙清學淹洽群籍
尤工為詩居里閈日鄉之士大夫皆樂與游每飲食贈
送君必有詩而詩名益遠泊游關隴從京師交益廣詩
益夥詩名亦益盛上而名公鉅卿下而布衣緇衲之士莫
傾倒於君詩留及之編為集中聯答懷舊之作什殆七
八噫嘻君之篤於朋友之義斯其可思知余交君垂三十

年。咸豐庚申辛酉間，君集同志立詠社，余兄弟與焉，晨夕從游，唱酬甚歡。已而分散，僅一相見於京師。逮余歸里，同志罕有存者，君猶特盼，今亦不可復見矣。讀君之詩，感君之篤於朋友之義，謂余其能已於言乎哉。

冠梅堂賦序

觀察雪滄楊君之詩，余既序之矣。君之令子複輯君賦四卷，鋟版，匄余序言。受而讀之，淵雅穠郁，各體具備，洵能取材兩漢，追軌六朝，而深入唐賢之室者也。劉彥和曰：賦者，鋪也。鋪采摛文，體物寫志也。蓋詩以情勝，賦以文勝，詩為騷之發源，賦為詩之流別。以君多閱殫洽，蓄積而發之為詩歌，其優於騷特餘緒耳。曩者君刊閩南唐賦，津逮藝林，吾郡先正文采賴以不墜。倘有廣君之志，續編閩賦者，是集尤鐵網中珊瑚也，將不惟有光家乘已也。是為序。

張彥高進士算學三統淺說四分朔閏表序

我聖朝教澤涵濡，學校林立，士沐醲化，爭自濯磨。瀾由黎洲、亭林諸老開風會之先，名臣名儒接踵輩出，務論求體用之學，以光臻克㧑之譽。凡七略所載，或為專綜，或兼并貫，或專以名家，而于天文算數一途，精研千載，絕學宣城梅氏、海甯李氏而外，不下百餘家，一時盛如林。竊嘗論天算之數，在秦漢前幾於家喻而戶曉，至見於詩者，若東萊之婦人女子、漸漸篇之武夫、仲康之嗇夫庶人，具足以知天象。蓋自隸首造數，臾區占星，歷代相傳，以為教人。生七歲以上，由書計數日，以及射御六藝

咸使肄習雖其間質等互異程功亦殊未必皆有所成就要

其秀良而敦敏者卒日邃于其業而精其理是吾史佚之賢

年論已春秋戰國宋則子韋齊則甘公楚唐眛趙尹皋群

錫為知天道者而國自為政邦各有史官後成周時馮相氏

保章氏畫一之制故左氏傳經所紀月日時有出入延及暴秦

百家之書并燼矣杜征南為晉代通儒尚不明算術所為

釋例強依干支遞推而以閏月以遷就之前後牽就通儒

且紛紛何論經生治經且然何論治史今所傳宋遼金元四

史紀時尤為疏略我 朝諸儒善救前人之失歸安姚文僖

雲謀春秋經傳朔閏表嘉定錢宮詹嘗撰宋遼金元四
史朔閏考，信哉杜氏拓克氏宋氏功臣矣。獨惜兩漢積時之
以用術不同，每有於郵當時之法，為之月比而日稽，其嘉慶
張彥高進士，閎雅純懿，有名當時，于書無所不窺，尤究
心儀象。予於癸未冬仲接試潮士進士，遂主韓山書院講
席，出所著前漢三統後漢四分朔閏表見示，雅考覈毫
髮不紊，至莽新莽以十二月為歲首，此表不從；魏景初以
丑為正，仍依蜀漢，恪守紫陽義法，予奪尤嚴，知其用心
道，秘其書矣。其與杜錢兩先生之書并傳世遠而無疑也。

潮於有唐時未知嚮學，昌黎韓文公來刺是邦，始教之興

起教化，以鄉先生趙天水爲之師，自時厥後，篤於文行。今值

右文之世，庶士傾風，濟如進士，共誦熟之言，覺被後進，儼然

稱海濱鄒魯，予益爲潮之士厚幸也夫。

觀詧廣泉郭君墓誌銘

余與君兩家夙有連君仲子又余壻自同館官京師遂歸林下先
後三十餘年中間闊絕不相見僅六七載君負用世才頗
和葉自許既而絀官終母喪念父老秋高稍稍治園林以娛
奉有終焉之志風日和美余時過之相與聽水石觴詠靖
以為得人事外午君復遭康重遺父喪又衛西河之痛而
庚遂屬疾以逝於殁嗚呼親舊生死契闊之故可悲也甲午十
月將祔葬於北關外金獅山之陽其孤輔哀來乞誌墓按
狀君諱溶字廣泉一字彥楷候官人祖隋三

人教授鄉里有隱德考柏蒼道光庚子科舉人精鈎考掌故西
閩之源風土著述計尤精鈎考里有太母作賴馬君源
家學幼警敏丕蘊器識由博士弟子員選拔萃科中
式順天鄉試授例戶部郎中陵王豫叙以道員用因累試
進士不得志遂官河南於時兩河大荒君參大府廉其身要
治賑務晝夜履勘全活無算署彰衛懷兵備道
調浚河值沁河決議堵塞費萬夫邪計數首
逮辛丑凡五閱月河患弭其他察吏治民有應世策
官豫十載因母太夫人憂解組歸士民惜焉郁文瀾

君之官戶曹也，始辦捐納房，兼行省軍需之費，聽會計焉。
其時粵氛甫弭，大帥奏銷，歲且億兆十有萬，胥吏緣為奸
利，浸淫及司員，咸以為利。君獨矯潔，然不擇僚友，有請其迂
者，君無不悔。惜及泗河之役，原估需費鉅，事竣以前省數倍
歸元，斥僞帑浮銷，如估額請，君曰：如此是吾負核實且
負國也。特其不可之二事，若尤人所難，而君之風概可覩矣。
性孝友，家居几杖必端，是以少長皆敬憚，然至獎借後進，
則又極情無所靳。配徐夫人，側室曹孺人、楊孺人。子四：長
曾昀瑒，次曾芸，邑優廩生，先卒；三輔宸，四品銜郎中；四枕

同女子六長適癸酉科舉人江西知縣劉大受次適國學生劉
裔洙三適邑庠生曾宗錦四適戊子科舉人黃肯鴻五字
邑庠生黃機禮六待字孫四長孝政孝讓孝恪孝福孫女
二銘曰
藏雲作霖中土潤澤功用未竟歸極崇巖石崇巖石徜徉
亦自怡懌森罡風不搖吹撒無迹玉尺皎々懷君朝夕金
鄉義々安君魂魄君靈所感後將蕃碩

風雲律呂賦　以東風入律青雲干呂爲韻

維天漢之三年兮，百靈效祉，重譯來同，英武之君在上，爰
精之運，當中祀泰畤而揆天人之應，羅輪臺而收戡定
之功。集衡璣於靈臺，協五辰而坐紀之葉；備校容樹采，
廓都崢嶸，精嫩緒之工，豈徒擻風馳雲屬之文，使臨蜀
郁東風起，雲揚之曲上，宰同東乐乃西國之王，叩闕納贄
受吏劾忠，匪懸迎而擬聯，非艱觀於軸纖，霞大紈牛
王會之圖洩進，邛竹蒟醬，西南之道遂通，豈處侍子

以入耕廟羽籥干旄卯如入上都而觀禾嗣咸英韶濩
澮峇潏淳有好道之君同然化目視大漭如倚天之勢
甘好不厄蓋是時也風日溫和風至肅穀吉祥而襟
披開金啟而王夏應占候之銅烏靜築室之銀鶴遊寒
迎熇鑪裘與氈幕侶溫駝甲破萌花火與二覺放倪萌並
九陽律吹於寒者淋氣驟回如南呂吹於春節涼風至入
而至雲也瑞礎蒸騰溜石而出文倬藻而貽彩羅雷而
縣榮楨雲所瑞應之圖觀雲紀洞冥之業當日芭鄉遙

跼雲氣已函於沛兮於今鄗時降神雲物又圖於東乙

瑞呈雲錦不殊糺縵之歌乐康雲璬可忘雌雄之律於

是候以箭累黍緹帷窨經伶工之鐘簫在庭太師之廣業

左腎旭聲音之變會合象緯之曜契此薰風入絃阜財

虞賓九賓雲集出張乐洞庭相應鳳鳴下和聲詠鳳儀

肅於肆如璣如歌以甘露景星蓋五音配於陰陽而外和

一格一盍聲二氣合如符璣而加其日赤日青是可也或

精爲軼說或詭爲希聞東方好誕夫汗漫十洲不紀於典

攄豈命曹初以審記蓋習疇人之觀豈志天官以紀躔

遂燦乐律之娟倡觀風管調之醫出律而陰出呂何與龢

冠都儀表多風而多多豈然而務君宮與民徵協乾伏與

坤協國風創乐章之始卿雲肝盛治之歡八風宣而羽

翕翔五雲協而琴瑟諧太乐同和于天地以鳴其豫和

整而殷唇遠近風俗相感所以滌濁而和知理德化樹勤

匏郎昭越天山而還德化斯極成斯年

聖天子玉燭調而珠囊紀序万邦之珠貴保和六代之宮要保

備軼如風颯蕭以陶情

盛德於管籥邁和聲霧目振之禪

固洪基於鏞簴從此

且賡遠佈暢九垓而浹八埏不特協氣旁流調黃鍾而諧

大呂

林肖翁慶文　七秩晉一壽言

余與先生兩姓先世交誼。而後有連。曩歲先生辟雍及余兄弟又幸同時舉於鄉。里閈聯綴密。余因備諗先世食父祖之德。先宣家訓以教以前。俾辟季甫獲樹立。厥功實多。以爲是。以先伯壬辰余與之誼者院請序先生與院和章句教益溯自吾師仙都林公及廣臣鄭公先後主講席。和先生治官職歷有年所。公課士之暇記識其趣皆與行邁。周旋瞻拜臨匡。余不逮。而林公條教往還商榷尤多。年踰華出以詒遺墨纍益。余自益齋先生之爲人，聰慧質直，以視世俗突梯滑稽之態，相去不啻以尋丈計也。先生祖中憲公能儒著宦，富著述，自署三山居士，學士羣仰如泰山北斗。又學正公有碩德，鄉里推重。先生秉教母訓，幼自奮厲，未冠受知郡文敎公，補弟子員，旋食廩餼。成壬子領鄉薦，而先一歲辛亥，從兄筱歸先生秋闈首捷，標倡篇紹，咸虎嶷也。是時公車並麗，聲若神仙，翩翩青瑣，躡承明，直擬拾地芥，取科墨試，所以忌恨非常之人，言表其部，同治章未之授二第，遂不再試，圖以儒官老。是時先生年方弱

值計偕歲屆，有行役之行，想先生回至家，宗青鐘舊
知先世清貧，歲通籍服官未久，祿無儲蓄，兵驗冷
官廉守，父母之存養無所措於計，何尚何求耶？且
不有長鋏歸來之事，非其儔至自知窮廉奚耶？取而
先後補部外教諭，承其兼習，調晉江、同安教諭，兼監
理鰲峰、致用、正誼書院，乃知以先生沈毅之詞，涉險艱之
加其具敷於大才，而馳騁千里，益擴先生之心量，使
鷹揚仕位，通顯無已，引身急退，遽其初服，不屬之者
驥馬之志，至國家出也，豈蹤之職，乞養長[illegible]葉謹與

夫鉤稽期會不致紛紜繁劇之冗宜其無書人爲之而
濟近其論世知其所得其諸生輯久遠其瀟灑所取
其育後善惡視其所獸挾不得清德之士人有後言契
且自出風氣所隨以遞先世所生綱紀整肅士論翕服
太府論其覽以姓合垣公號如等聯團結及太宜總學
撤褰而偃亭卓蔚夫非禮所屬禮而能其文學
與耶性孝友治家嚴待親族有禮誠訓子常以循分
力學兄貧訓其爲歸盡所紛萬總澤暮其素志也
若其先生年七十有一矣結綱志操世之得於今日誰

称觴祝嘏未已余高余兄先生屬爲文飫聞懿綴
因儒筆述其崖略若此又閱先生躬習靜讀者之
暇下筆屬默坐自以爲常或安二三紬繹摩首含飴以
自娛要此甚有合養生之道昔申憲公彫躋
太耋論要以爲精導引吐納服務先生養緣祖述
其猶窺見微者耶然則先生之獲壽文焉可量也
耶

劉吉夫鹿文經義述要、讀史隨筆序

解經懷妄，排擊經說，武斷自用，是之謂妄。論史擺斷，據摭史評，浮游旁識，是之謂斷。六經訓詁，萌芽漢也，其時諸大師抱遺篇，詮釋章句，義可誦說，鏬漏尚什之三四。洎唐及明，傳疏代作。國朝鴻儒輩出，正訛補闕，爬搔而剔抉之，碎金片錦，掇拾殆盡，方今承學之士，固無新義可掇知。又況說經之難，梳櫛一義，必旁蒐博引，以徵其信，憑臆虛造，雖推其為淺人也，直妄正耳。故善治經者，會萃群言，擇一當焉，可知正無庸求異前人為也。若夫推究興衰。刑罰得失。知人論世。務持特識。蓋執一節而不綜生平。無以定其人之醜好。泥常理而不參時勢。無以度其事之經權。而且史氏曲筆。紀載或誣。非此之辨。如矮人觀優場。啼笑悉罷。隨衆俯仰。不亦闇乎。因君青夫廣文與余同鄉舉。邃於學者也。日者出所著經義求是讀史隨筆二余。并丐余言。曰吾之讀經。折衷衆說。通經之意而已。吾之讀史。有所見則箚記。自攄胸臆而已。余受而讀之。析（擇）義甚精。論事甚覈。而（於）余所謂妄與闇者。無一蹈焉。既喜廣文之識趣與余言合。而又歎其皓首炳燭。精力靡勸（懈）。為非可及

也。昔（宋）胡翼之先生教授湖州，置二齋，曰經義，曰治事，出

其門者，士多秀彥。今廣文秉鐸（司教）同安（龍溪），吾知黌舍巾卷之

倫，躬承啓迪，通知今古，堪資世用者，必咸其選，則又就庠

文文所學，推之而為之券也。

宗祠碑記

祠成於戊子值光緒十有四年庀功凡二載中建祭堂奉
祖主堂下為堂之丈許來也設南門向納陽氣也入門十數武
有兩樓屋偏垂其隅遠瞰溪也堂西一廳地與堂齊春秋
聚族並飲於此廳後又西而北高數十級隸山為卿祀
文昌閣東續築數楹樓平遠臺以供休憩佳日登眺彼豈
樂也乎山如方如鬱島在臺嶠屯麓山湖池勝排列左右清迥
江趣禮城市塵囂袖遠隱蔽吾氏建祠 先世議輒來
累越百十載獲成於今日甚也難留以待其中固有數惟我

祖壽之靈爽默相之兩岸山迴廣包祠有堂有序有亭與祠
購地值若干工費若干捐貲若干具載於後

何稷垌先生東萊博議刪本序

將讀韓柳歐蘇諸大家之文，不可不先讀東萊博議。韓柳歐蘇諸大家之爲文，或嶢而鬱，或幽而宕，或平浩而通逸，或汪洋而恣肆，其中起伏離合之迹，章程紀不可以測，而博議一書，主義謀篇，蹊徑明白，尋繹易得。諸文家之神律，盡於此矣。古文之階梯，莫近於此者。林何稷垌先生，夙治古文也，將東萊博議，余次刪其有刪本而來之，讀其精衡，表彰以相示，而屬為序。讀之，評點精當，有裨初學。昔東萊評韓柳歐蘇諸大家之文六十餘篇作左文閣鍵二卷。學士獻曝於家，握蛇珠無令先生評詩議後，將東萊[illegible]標舉[illegible]之曲，遂可稱有功東萊，而其誘掖後進之心，亦與東萊暗合符契，則以是書追譬左文閣鍵，洵足並傳不泯也。

子曰歲寒 二章　丁酉擬作

內脩而外無恃其素定者盛也、夫松柏豈知歲寒、知仁勇豈知惑憂懼、特患以是見松柏知仁勇也、子因而論之、且凡不敢於悴者皆自至於先者也、夫苟其先之自者、亦將何悴之可言悴而應之者、無從其常度已者、夫子閱歲而識者、治究存之之者之得以識人者、閱時而識歲者、看枯生死之際、其信以觀物變、夫歲豈為物之惡寒而殺其寒者、使歲而無寒者、天地之功用不幾者、使萬物盡殺於歲寒者、天地之本性不幾而見夫嶽巒凋先後萬物而不凋者松柏耶、松柏有歲寒者、松柏無歲寒者、特人於歲寒者盛後知松柏也者、若夫松柏一物耶、存其本性者乃能歷冰霜不改柯易葉者也、况夫秉性純粹者而又積之以學者、充之以養者、清而明者也、純而固者也、剛而健者也、其於天下倉猝之試、震撼之來、何有者哉、夫子且知其不惑、仁其不憂

勇者不懼人之有可知可仁可勇之材而惑且憂且懼者容撤
相違也而此者遂歸知者仁者勇者獨也譬於松柏因益歎
知仁勇之遭[illegible][illegible]而[illegible]大也一時序之推遷歲寒之後而見
有以時世態之險巇哉憂懼相尋而近者彼[illegible]哉憂懼
視歲寒而危也江河日下之勢伊胡底乎是以望知仁勇者
之於絕而相與力挽此滔滔也且松柏伸於晚節猶有見
知之一時知仁勇屈於季世卒無用我之日知仁勇視松
自而衰也用是卒野之歎張何之歎亦[illegible]不[illegible]
之[illegible]而聽任置於蒼茫之也且一手慨松柏之操為知仁勇之君
子慨竊自慨也

林母王宜人傳

宜人王氏，候官人，誥贈奉直大夫某某林君之妻，廣東即用知縣揚光之母也。幼明詩禮大義，父光華邑庠生，績學授徒，贈公從游，器之。及宜人笄，字焉。年二十二來歸，門內處以佳婦，嵩孝文忠~~[illegible]~~聰君從父也，甚賢之。聰君家貧，宜人謹諾滌醢，衆家遠州，宜人事舅姑謹，值歲屢歉，則以粗糲，或累日一能，堂上旨甘無缺。聰君父晚年苦病痺，宜人日燀湯藥，滌腧濡濯襦袖無懈。迨聰君父母歿，宜人從聰君僑居延州馬嵐，生揚光時咸豐乙卯歲也。越二年，寇陷浦城，旁近告警，馬嵐民紛驚宜人晏如也聘君趣南旋圖詩留聘君曰我族人託義不可去以從死等益捐揚先曰吾久親善此一堤閣亦幸存之宜人弗及庵外禪賊至矣馬嵐甌甯避境去輾轉遠鄉里寓里軒嚮之西聘君爲之蓬訛待將去文孝奔集曰吳公我等安賴皆泣下於時宜人垂遠贈君之意望揚先入何莊何莊距馬嵐十餘里地荒僻莊中人聞宜人至目眈眈睨囊橐從以儳焊相顧駭宜人止岩從容發篋出之先塋券數紙示數語錢數貫而已群聚乃擇院而聘君自處州歸後揚先裁四歲宜人教之蔬不以言臘葯奴指息每就塾歸視課句讀與講解稍具

戒其將安擇良人家無(至)論文輙責繳薪弭役屏食楊光既
娶貧甚或勸訓蒙以贍生計定人止之已覺業未成而為人(年未冠)
師是廢學也當於財毋慮當於學得乎居恒每流涕與楊光
言吾文性重義在建州人咸敬之〻有隱行其輙曰毋使林君知寢
韙之〻曰其貴家有仇於士民祓毋貧劇者眾問〻當〻急家還
吾家吾文出村眾言〻將舟行延陳有某應文其瀣水吾文
環下極而去〻一傳書經不厭也生平排難解紛事率類此離
縱業未〻竟其學益親吾文〻〻志行吾知其必有待於吾也楊
光用是〻益奮(逮)遂登科第而仕親知相視賢君遺志不負皆歸

功宜人云宜人好賙人急尤推恩振窮賻君喪貸人數百金無
券豈甚宜人負之謝曰先夫清德未亡人安敢玷累亦甚信以
尊孫子爭孝僨其人揚克章卯舉人甲午進士陝西司員外郎
以親老改康安宜人就養惟服官於職是勖居歲餘卒年七
十有三
贊曰流離播越之際前追烽燧後擬毒螫震驚度危趨
之男子猶然沉氣頹歸人手觀宜人處馬嵐何其歷險巘嶺
之而攝佛矣湛貽截髮服闈出名郡民述崇公遠以詰識身後慮
錫凡斯懿淑宜人不多讓用克成就孫霞圓弟莫於盤石垂教無寶宗於

重修西山先生溪山書院記

禱陳道

溪山書院在建陽縣治西三十里居山鄉。先儒文節公讀書室也。公當宋孝宗時奉文忠定公先生遺命入閩，從朱文公游武夷山和麓有年所。洎甯宗時，韓侂冑枋國，學党禁羅網密。朱文公避地雲谷。公構小堂於左，即晦菴也，內有揖蹊竹塢漆園藥園茶（在建寧府建陽縣廬峰之巔，內實外密，自成一區。文）坂飛瀑洞壑伏勝，而公爰居山之北嶠，辟閣。爰築三楹室。文峨去西山之堂額之。學者於是稱西山先生。理宗朝頒宸翰，賜立書院。春秋俎豆，列在祀典。所以推崇先儒惠來學。典甚鉅。建之人士私輯葺不替。吾宗人被先寵也。自元迄明，歲深地隘。洪武二十

一年旨大夫郭侯伯泰。合平山世孫以善捐工重修。增廣五十
餘楹。祀朱文公及公與宗族之有功名教者。歲延師教育族姓
及鄉里子弟。以廣公惠。國朝道光間陶彤提督寧人世傳公
為其事語之碑銘。年月不可考。今垂五十餘載。風雨鳥鼠之虐
又不能無傾圮廢矣。光緒二十二年丙申。鄉人國彩舊地。值
贊堂使君王公錫蕃試建郡。閭之大歡娛。鄉人益奮勵。貲
經始凡數閱月。觀厥成焉。嗚呼。此猶水源木本尊祖敬宗
之心與。抑賢人君子之流風教澤。繫於人心。雖千百世不泯
之也。公行誼模箸。具載史乘。不贅述。茲考書院之緣起與

夫前後代修葺之盛迹備書之以貽後之人使有徵而不墜云

知其為勝

連城吳氏族譜序

世系之學，久矣。周禮誦之於瞽矇，奠之於小史。而司馬子長作史記，亦詳著五帝之繫姓，及姓之義也。特是後世去祖代遠，族姓繁雜，有問其受姓之始而不知所自出者矣。與其遠而誣其先，不若近而存其信。今世士大夫家，脩明譜牒，斷自遷祖爲始，而於上世之邈杳者可考，其闕蓋所以示慎也。連城吳氏，其初爲江蘇吳縣右族。宋中葉時，戶部尚書至德公，仕閩，樂閩土，卜連城之璧洲鄉居焉。吳氏之遷連城，自是始。越九世，教諭友季公，由其鄉徙邑之東郭。吳氏之遷邑城，自是始。越二十一世，至純菴公，始以孝廉院再侍至坤播公兄弟，善治生業，饒於貲，而又慷慨樂善，自有之賁院郡之城垣及邑之書院義田與族之書田義學，皆割產營其事，邑人頌焉。厥後（翻是）族寖大，人文寖盛，列學宮掇科第登仕籍者，備指不能悉數。邑之著姓，遂無出吳氏右者。蓋子曰：積土成山，風雨興焉；積水成淵，蛟龍生焉。物積多則盛，況積善之應乎？吳氏向有族譜，中更兵燹散佚。今其族人蒐討修輯，復成完帙，自始遷祖以下，支分派別，若網之在綱，較若不紊，可謂遠涉而存信者也。而草之於廣潛之後，則其致力尤難，而其功甚鉅也。海門比部與余同舉於鄉，其弟少西（名與之麗）學博因以譜丐余序。余觀其氏先世貽謀之歟，源澤之久遠，而其子孫又能光大前業。不忘木本水源之所自，繼今以往，繩繩未艾，可知也。已是為序。

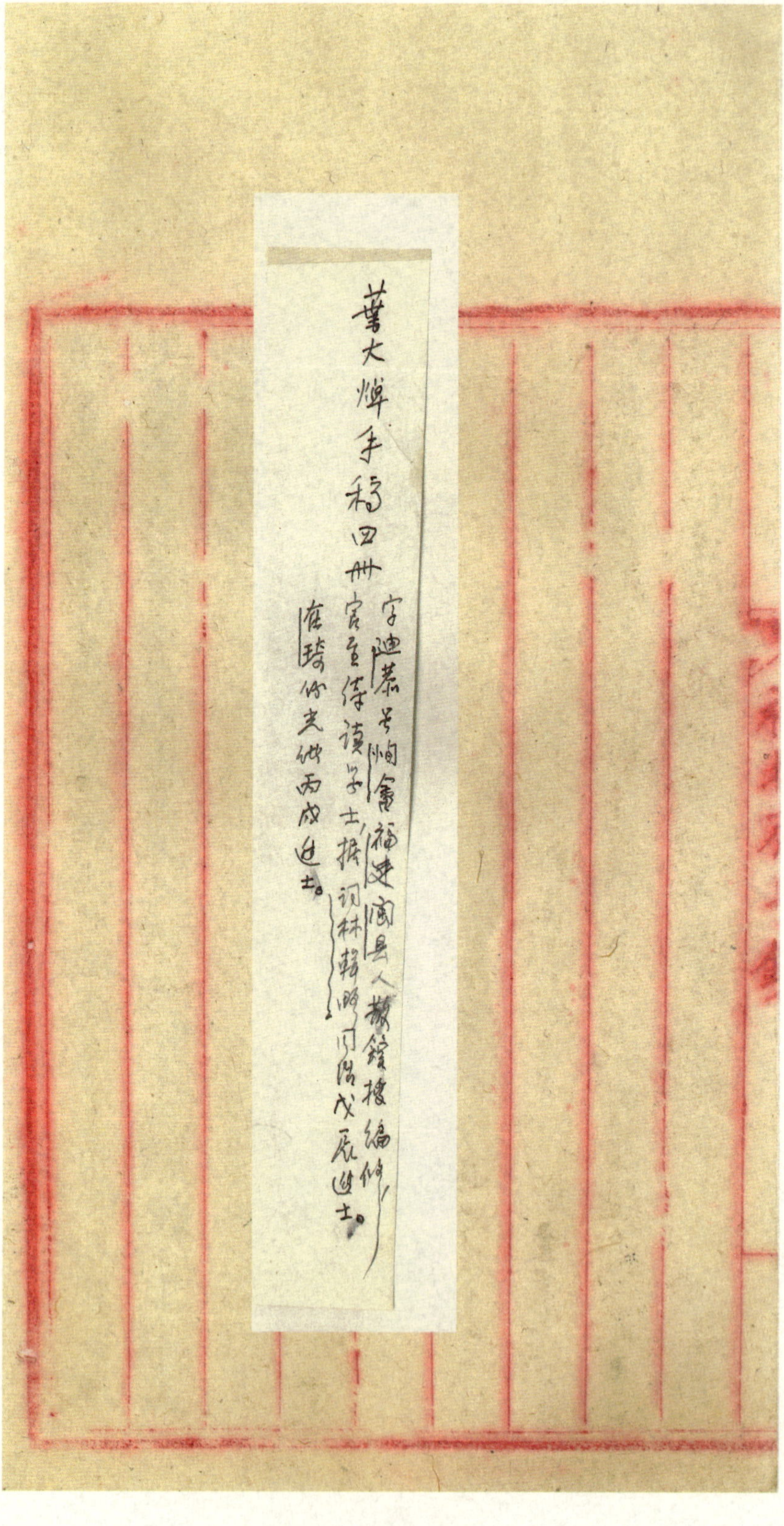
葉大焯手稿四册 字迪恭，号恂龕，福建閩县人，散館授編修，官至侍讀學士，撰詞林輯略。同治戊辰進士。在琦係光緒丙戌進士。

去冀斯作頌壽母筆於中
壘陵甚必師似我又林宗之叔季
偉風契神交遵素之諂孟陽
歆闡慈訓默而是子缺於典言之
文也失則本後點鍾扶陞雲之
文庠聲幨悅井去之說究附記
謹之列改揚鍾都之嶽之手

黄觀虞同年尊慈 年伯母鄭太宜人六秩壽序

歲在旃蒙月次賓沈鵲尾爲我 觀虞 年伯母鄭太宜人六齡之辰同
人送牘陳言馳郵稱祝禮也惟是林宗之景季偉風契神交道素
之諂孟陽歆闡慈訓令使銘琢生之與薛太极之凰調時曲而東則
璈演洪算而披寶籙則圖畫仙靈之狀丹青聲悅之辭粉
鋪媛芝田挟張霞誄非所以揚懿範述徽音也 太宜人嫁婺
在室綢直禄躬父婺陽太守芝泉先生官秋曹時鍾秀璣名門嬪
祥京邑璧璞瑤之質搴蘭茝之芳能學風人簿林下之道蘊

善事後毋作如中之孟宗，循循師氏之箴，勗帥以敬，婉婉碩人之德，參

和為仁，無嗚嗟我　太年伯觀察惺溪先生，視職烏臺，聯衡

蓬嶠，下陳蕃之榻，心折孺子，造班彪之室，耳熟大家，載施葛覃，

遹來皇駭，年十九為我　仲常年伯之淑配，輝翔鸞鸞，

風容雅操於琪英，洽騰情於綠蕃，其時　觀察公由山右太守轉

組歸養一門之內，手指之餐，昏旦豐饎，不煩任乎，張致杖履，近至

清儀範，受帝帷之趨問，側從以讀，髫髻媚嫗之班行，恍似燕思東

春西春，式為禮宗，歸德歸寶，嫻於內則，既而　觀察公改官

由州啟年危迴非錢著
敢問

滇南岡閩遠道，以逸恤之務，鼎作廬光之攜家。太宜人趣侍衛
齋贊襄中饋，數年。菓裹犒苓之品，萬糕無饌，羹湯鱸蓴菜
之思。已釋佐東，揩鱗鱸跳，備掣馨。勖桌華樓，以自忘倦劬。
仲常年似英，詩俊邁，慷慨激昂，尋以（騄驥方驤）纔殲。龍蛟（忽殲）厲飛騰鶩，甚
理刀圭卅百五年，四莫趨（覓還丹）沈痾，相春梓卅廿有七年，重延鷲撤瑰。
太宜人於是以歸代子。啟年之蕭弦哂，以母兼師，訓誡之方益密。
蓋如使然，洽西到，儀廣饗丁，齡壽岑，一生四毛，業管國，於船
君。觀虞紡東，李慧長光，老成克讀，擅書，遊於鴻甲，方其

躡蓬島之塔，廁閬風之班，僉謂易簡之入翰林，通顯之後，宣公之
膺内相，臺輔宜疑，乃歡虞直擬巍科，言旋故里，春暉可愛
依依膝下之心，白雲飛望之意，親舍家有山園，舞伴娛。太
宜人時與題詩也。歡虞顏色儀也，取工部孟氏春祝慈闈
詩意也。蓋仰當歸，未遂遠志，安仁建養，已樂閒居矣。洎乎
叢桂雖香，輟塵垂路，諭過乎奉檄，情殊於絕裾，猶裹足
於兩科，從騁輶車於貴識，擢洪生之魁秀，瑣院風流，俄一夕而去
遇神山天遠，邱武該蘇公詠檜之事，終生吹毛，卞氏獻璞之誠，何

傷時題又戲語曰毋仍撫鷹天之勢必騰神駿羈鶴屈塊之蛻

雁遠而觀廣前定鐵幕藉遂初一蔡藿之步騰甘於鳴鐘致禦

之衣笑於滁濡綿田隱矣匹馬將鷹乎何山華林歸歎雙鶴會

鞠於廣宅而何有幽書也無能鳴鼙缶無歌也我承恨

太常人薛家肴觀餅擬風植雖古今懿行不以裸拆襲雁貫至

於六不以資畫藝以之坡陶侃硯節湛指稀乎車遑成名宣文力

也玉笈親承家之數米必賙感獲過差閉門自怡誠借月誠

一匹不兵車殤之銀覽書目下十行不甚掃人之集濤白貞丈

起書曰：高明以昔方今，奚多讓歟。會當設帨之旦，群集稱觥之

文。觀虞將珂里承歡，笙陔介祉，萊舞函蘭，證啟新年詔（道德技勝，學問政錄）

用敬紐芳醒，以伸下悃。踏歌岸上，汪倫輩寬慰人。鞠躬盡節，公謹未

還朝首拜母，恒祝南天婺宿，符酌斗之徽言，長教東閣郎君遨擲

響之樂而已。此七吟梅牖北一枝，徵孝子之詩，他年藝之春山西千里下故人之札

附錄王莘之太史作

黃觀虞將南歸，詣余揖而言曰：予不敏，幸賦筆狀以有今日，行且歸

壽母。吾母蔵壽六十，無所以為其上歡者，乞子言佐觴。余辭不獲，請述太

宜人平居之行可表率有合於古者觀慶曰吾母歸先大夫逮事先王
母從操作烹飪紡織無晝夜履平日所不親趣習之先王母喜曰孝
官於滇挈以從安且鄉味也令吾直述王父精醫術晚多疾以藥餌自
扶母勤黽和敦春逾十年余日以藥所補內則之執役而病寢母師之
誡戒也余聞太宜人幼誦毛詩通大義言動依古禮莫好其信觀慶曰
吾母張出寒素母與處勞逸必均喜惡必齊飲食服御與之一有作
輒與之任早夜勤劬和學臉誤所左指刀痕至今宛然余曰執梯糧至
不肯剝下依義篤於榮且搜撫曹大家之所善也觀慶曰先大夫卒

母慟不能生而封父母不敢已哀余曰無庸毋指膂從禮而靜以順

夫〻令德公父文伯〻〻母〻所求也觀虞白母自奉極約待賓客務豐腆

先大夫倚施與親舊貧乏稱貸以濟母贊助無吝族人不能娶先大夫閔

之難〻貴母出奩物爲贈播以婚今抱孫矣命其兄弟助宗鄰周恤

孤嫠及先大夫時余白書魏和南琢君內見於財不以華飾爲意存祖祀

類皆本周恤隋節善果母命子以秩俸散贍六姻題外婦人〻大節類

求之今世無難蓋太宜人強諫止〻觀虞白其鄰戚時母蒿目詳示

鑑園說先賢言行戢則令安詳乃休垂教寬簡不苛或庶定拂撥

亦痛管不怡息吾兄弟稍有知識皆母訓為多宋氏〻負吾歐陽之
畫地不毋過也惟吾頑鈍不及遵循思愧余曰是數其有有一於此皆足
先妣事繼母儀太宜人蓋〻自幼逮老不以順逆異情雖當改性耳目
聰明精神他固有多福也宜哉觀虞大白母嘗命弟作小園植蔬
果自課其窮取杜甫詩孟氏春秋懷小園名之曰儀孟袁墓流連數
遂棄出母教退以行從自今懷躬耕養母鍵户讀書以補其過矣余曰
子母然以母之賢十子之品而奚子無念曹之云鄉先達胡文忠公林翼以
翰林出守數年任封圻推劇冠赫然中興名佐按湖北時迎母夫人狀

及見之而且初以予館職楚人相從三十年再主江南試出一轍天
下循是息識不頗見世有兵輩乃使予復為文忠之勤績其自奮而
取三不朽及定成則一也文忠自馳驅王事至一日之事其母今子出而
宦於外視行省之都且使得迎太宜人而孝養于隊志而乃年後之視
前不尤勝耶而矣像益之足云顧廣圻述再拜受簡而退遂為之序

王蓋臣前輩尊慈鮑太恭人七秩壽敘

蓋吾宗先藝苑宗工，蓬山魁宿，橐校奉之（榛）筆，持簡天南，奉潘家（東觀斐聲，導崔邪）

之輿，（綵）樹萱堂北（北堂就養），鳳城春暖，白華潔而次笙，萱寢安（采穀）退而侍

膳。於以強圍之歲，在鍾之辰，戚綵承歡，徵文祝嘏，集賓之杯十

九。爭介賓筵，女嫁之紀五千，名薊仙算况。（等）偉託蘭交，檢芳宿（周旋如林宗之）

文，善點飲閱，萱數（豈以）敘錄（因之行而景甚拈），媛以貽謀，敢任厥筆，詞賓朋（高陽李如）惟（風良）（知李伸蒼）

我年伯母鮑太恭人，毓祥湘水，著系甬州，教稱成媢之箴

（擅大家）諸庚雅之（典之）德懋，婉嫕頌椒，有獻於端辰，典簿緝縑，繩永如系久

若在□太宜人□一習畫
幸子之搭擋上事成
於下相夫子于處東之挨
助於子外之□半示之
泣淚於仲卿之妻既
亦尊而食且折菱
而理譙之

称於內集。年十九歸我年伯載之先生（年伯佩瑛式度、剛）室，率多垂[illegible]，蕙
殷六族，稱鳶
廢中之黃，藻如甘先，履仡厨下之羹，尚能語食性，有家[illegible]漢典，东者白春
猶遊雲歸德，歸宗，表之淋漓
衣樓蓄之遠之遺，謝答蟬嫣，孫手洗束，壺之蠟淨，維時先生載垂年，但
以家計拮据，備書外舍，於時門外千指地，僅一銀花家之鬻，常產[illegible]王氏之[illegible]
日鄭
太夫人言：無成樹，立子持門，實賞舊錫
結自挨廢雜之字，為賓對舊，仍必祛衡瀘之文，遠捭賣珠福脂
琳琅之簡，安當霜華，容丸月，色窺樓，蒙舍三椽，穰燈一盞，毋樣
軋之兒，涌詹之林，鶴鳴帝階，登如訴，者云不譯，蘆湯之傳，塘
擬以勗，東坡述崇公之言，聆切以期，丞殊也，乃未載，起年伯玉版
樓授歐陽文指畫
區廣集
既乞行先生

書來金刀識叶布叔荊之瘁依舊眠西陲學梁春嶽水之供何資心期濟毛檄

捧時 宮允於達乃辭親舍重事戎軒比馭戒塗棲床琚雞之地牽

衣結悉徘徊烏鳥之情 太恭人知孝子爲禄養仕而少不揮别淚頬

遠道步當歸之計寄狗策壯心軍潰壁門人傳噩耗而復信天

有榮闈慶不驚果見榮子兼之來共肇銳目纔之兒 乙丑宮允

入詞林旋晋春坊 太恭人秋袖拂舱京華就養杖履怡愉褕狄眉縈似子長適攝養天

祿不關家事乃猶隔園屏而覷武持樓台利以厲忠法故墨之昭嚴陸步之名勞

啟迪篇不墜送祖德遂喜業公論之有後述德之忘敬姜之訓必述先指以啟宮允持己以繩説士弟向

雞鹿自勉龍性終馴玉天四持茲軌茲(黜)幽幽之體金壺一陳表侍

績班掾掾編凡我宮允之蔚作　國華皆　太常人人垂為彝教

宜爭衆欽(儀閫德)賢母家(奉)載女師聖善發揚祓禧龠集　勛全羅羅之七

紙宦告院高集降幔幔之批生宣一文室程緹緯之徵斯信純緞緞

祿自甄蓋非璇柏之閎並踏明珽之血京非棋桐桐圖羅逢轉

璞之貫虹侯足祿而茂乎騄秀方今

皇上尊養　西宮日隆　孝治　東朝之奉有曜於崇微西母母之瑤蚪

庭而壽無窮見於德德疇匐自　皇極行義之端貴以　倫言大全

僅宜尔子孫華一門之蕃祉復我有壽崇八座〻延居四𦕅為

序

潘母吳太宜人七十壽序

蓋聞 又觀六德吉詞肆商簫之年符炳四星寶婺應東瀛〻瑞體仝

儀於篆素鏤芳翠於佩帨數洛祥圖洪韓挺迹追算又況蘭

茝之質郁節於吳墻松筠之姿挺勁於荻江婦範之徽必先乃

又〻貞翟茀之榮不掩私華之矩生我 年伯母吳太宜人洵

于福為六族楷模爾時坊表女矣 太宜人毓祥右宇鍾慧倚歲

嬰媿識字婉娩勝笄聽諱雜根何把賣家之柳国風柳常不附矜
矜謝氏之秋佩玉鳴璫早嫻閫範鍾神秀德蕙梧棣功甚穎
我先生房中伯也祥女大而僕楹喜之子歸而室家宜鑄冬有高
滌俗無斁雜佩以問委君手奇闈推髻而前有勉於舉案危
西觴觥手自房帝箴管筆麻親為擬作稚稚其也愉愉其也無
何先生淹滯藝室悍擬蓍床搔月葉葉禱北辰而丹忘帷燈
暗暗泣西風而無顧悟以恩夢遽傷大年啟手遺言視閔中庭
太宜人血濺麻衣身勵首道艱辛笄自剌刎一室驚持毁棨不

君則訊於生守亟時嶧琴未肯預命為副風雨猶活數苑
童之寄生子母拔以閱菱葩之不死蓋又數月嶧琴生遂從
子嶧琴為京者慧智百常重鍊凡鳳於丹穴鍾神駒於渥洼
論其視秋荼之甘芬冰匪夢冬柏之茂抽玉成蘭夭擬貿毋
乏也不爽尔乃自矜未亡藉延殘息垂以啟極之愛幾以折蒙
之教不恤之綿宵梓自勤展盡之交字蹤難減青藍觀正之
能發猶素謹生所湛蓋必使雛戲盡之彫羽毛第苔園於盤
石不數年間嶧琴上舍然聲取佳拔萃再織託於桂宮旋抽

秘於芸館掄材瑣院則瑤韶頻至接札〇月擇則錦花〇〇
寵賜〇〇太宜人侍萬慎德履高思危甦致姜之箴以誠女伯
式湛姑之祠以勵士行宜乎石節甘膺　懷清臺筆
傳楔撰篆也他若賑恤族姻輯睦鄉里耆欽德感獲戴
且識俏月既一還不忌奔務之艱覓書自下十行不替掃人之集
蒲史田良又懇去曰高明以古誓今黍多謀啟屬音設悅之且辟
有候護遺之似編圻塘門隃解辭爭合而其字猶有近于北列以
圖畫仙吳之狀丹青般肇請慨之文類皆鋪張並田挾滾雲扶玄

茲太宜人冱霜負雪佇苦停辛由困而亨俾昌而熾剖丹表
毅揄揄之思文章殊示休休名固宜摛毫紀實迺騰鋒其揚鐘鐻
之聯諧頌頌風風之宴祉有此母乃有此子鏤金鐫龍雀之環厚厚
德斯屋屋生麻蓋瓏譜篤養養仔亞為序

易母某太宜人七袠壽序

今夫紺兆蓬井曾吹乙巳之蘭芽壬母瑤池競列甲申之瓊石玉
精搗丛之處錦暈千以的補咽日之鄉杖端九節維彼駿駛為
寶迺鈺驂背四年徽嬗所昭華髮可卜日躔流馥金壺有未

母李太夫人秉彝德安執溫嫻之禮閑雅卻之帽這喜英爲忠嗟
寸草以　太恭人縈耐布荊而撐門戶爲一家之楷歷十稔之檻易
錢與女布黃籌商佐倉秦籌間作劃量畢濟彰收安邑田租畜
縮泉刀爭與敵門租稅(官)案何粵醜構倡逆負嵎携版　太夫人安返
嶺南觀察公獨支鄂北隱親斂於穽下積蘿石於墉閭未白之冤
既於絕矢青墨之淚汎於柏府鄂邦方情以降四星斗俟沈詔移
櫓壓影自奮九地九天並命有兒一忠一孝　太恭人既勸逝其餘
爲完人一心華葆三年蘋藻秪教杖履絕無情息昕夕饘飽

離瑜 文獻通考秦代東南北列三星曰離瑜離圭衣也瑜玉飾乃婦人之服星也術因後宮位約明因婦人名

華大 北史楊愔傳

主錢便可 南史周文育傳文育至大庾嶺詣卜者卜者曰君北下不過作令長南入則為公侯文育曰……

海角 方言臧甬侮獲奴婢賤稱也罵奴曰臧罵婢曰獲罵婢曰侮甬罵押曰侮甬獲方不自訴罵公羞

勵之編月陸淑蘩玉鏡為長生之籍式要孟吉用述尊儀振我

年伯母吳太恭人為 年伯觀察芸五先生之淑配而戶部主

政蘭也同年之尊慈也懸帨貴年弱笄雛來婉宴象於圖史教

愛書於天情擱李蘭之徽風儷京陵之矩以年十八來歸濟陽祥次

入門禮宗立閣循穆之節舉共同聲時 觀察公有母待興謀覺自

猶亂一柱之神經行三生之圓石 太恭人出戶而調瓊玖上堂而薦

敦年侍饌咸於燠寒摘子紈羅弗御擬樸遨於椸裳井白自持

親操佐助於米鹽泊 觀察公一麾出守五馬蹕公遂年 太年伯

未嘗假手擬經一五禮經內外青年間言兼之盡獲彌助折蔓純
教讀花灣之傳因抗顏以勵東坡援嘗公之言垂範以規永棣
宜乎食報生捷飲文有名我蘭池同年集刊先去循魏科連棣
策名外籍觀政農曹已為梁棟之資預卜門閭之大他若聯
恤里黨敦睦族姻援立同於指困周視待坐舉火為女君而盡去
振叔撰發而不茅凡此懿儀悉歸茂襲茲以春朗之月某道
槙揆之辰蘭池先言備觴承歡斑衣。等偉以未契敢獻里言
瀾積慶於隱台瞻景耀於璇室侍酧伴河吉謹呈為佩玉夫人

生曾候荻壽辰敢致次生童子幔亭法曲東雙帷之主賓金筏
丹砂接一家之眷屬詩云彤管以張華延之為序

代甘次莊前輩撰壽先生師陳遂生觀察六十慶辰

遂生夫子服官垂三十年淮之豫章最久同治甲子襄校秋試醴銘出門下受知又最早今之某月為師六十周甲之辰醴銘未獲進酬文罍觴上壽之攜奔陋酌之以祝窃謂士伸知己之事也準北面之禮醴銘弟子也邦有賢司牧邦之事也準父母之稱醴銘部民也弟子而部民私情而公論也然則醴銘之所以

壽吾師視吾邦人所以壽父母異乎不異也師三十舉於鄉今年
四上皆報罷家貧親老無以謀晨夕遂棄舉業應皖撫某公辟
歷聘掌記室時皖多難擘畫機務洞中利害某公器之薦於
朝以功授廣西思恩府方授思恩也道遠且梗師奉親以往不
可得師窮憂之而無時文廟貴地擇日計東南軍事師所習
之於置無遠涓引是改授江蘇六合縣以柳昌播之諸於僚友
而出於朝廷異數也知遇之隆蓋罕逾於此一師家室遠距六合近
方改官時以爲授與之年遂初志矣甫到官定之遠隔家人殉其年

集遭毋喪公既而鄉閭焯大兄賦歸與璜尾流離僦居邗上荼
蓼之集又兄甚於此由前之局既而官於粵由後之局宴安之於
吴而兄完也兄幾兄推擇楓亭主人生仕宦之鄉固前定歟抑
蒼蒼者天故綏兄遂而今忠師竹之長慈惠之師造福於其邦人歟
同治二年師棣黄豫章中丞沈公夏歎賞未逾月檄权鄱陽篆
旋除是職鄱陽枕山濱湖巨盜出沒號難治師下車之始捕捦渠
魁雀符斂迹阮令兵燹之後而又以年春年數也修養民實為之
惠養丈與育嬰會爲之植孤貧爲之治庠序則絃歌之化隆

為〻惱寒暖附科目之後歲從鄴甚年百遼里舉國治十年以
中丞劉公薦其擬守南所因出來振任大府詩師才善治劉棣
異郡建〻〻首邑也手繁而責能為〻其內疲於奔走漢多姦
〻他人事〻反是〻報稱〻道在彼乎抑在此乎師徵旧習一訟一
獄躬自訊決理案牘自晨至夜分無勤實以故出無積牒囹圄
空滿日循声溢四境焉論者謂古〻呂杜亦是過云性伉爽賙貧
賑乏有長者風尤敦孝友視孤姪如己子於推卿育門內命無
其施〻家也如是平〻施〻民也如是治民猶治家也今劉君官至

觀察矣吾邦之人延頸企踵殷之望有年家之思而師之所以厚

吾邦人者必將大有設施而吾惟一郡一邑是賴也宜乎天錫之

年方享期頤登耄耋而未有艾歟詩曰樂只君子民之父母又

曰樂只君子福履綏之請援詩人頌禱之義以申令壽祝者之

情而手頌曰

淮潁鍾英篤生幹楨文章道德皖之有聲而黼黻於〇廊

廟而衣被於閭閻民之住置豈白侯然章貢之江異於之

野載翁載歌歡迎竹馬左饘右粥民鼓之腹來版秋戈士

欽厥和魯才女命摛抒文神萬年厥後今來厥綸惟余小子

風付杖役閩粤行而無硬業律而者敢效麥邱鞠躬陳詞誕

受多福鼇年永宜

代謀郭蕙蘭夫人文

歲次己卯秋八月朔　郭母一品夫人羅夫人壽終文儒里第宗

族姻亞鄰里之屬撤春輟歌悼其宗之云亡相與咨嗟太息余

按吾閩、故有史。傳鄉善士。出所以勸。而揚人之德。亦有其史以

紀之。詠言、彤管有煒彰也。然則表揚懿徽以昭示來許余之

責也云爾。宜蔵夫人為贈公某長女，幼穎慧，自書史圖籍以

及組紃織紝之事，靡不精習。性又端重，規矩內則，拙拙然帶感

於儀。年十八歸我若董秋，因和。逮事王舅姑、舅姑，盤匜之奉

敦年之獻，必躬必戒。歲時腊臘，潔治饎釜，以祀事尤謹。婦姒

凡五人，雍睦和諧，無纖介齟齬之隙，上睦下閨，閫處盡婦

道，眷如也。夫人善治家務，米鹽凌雜，部署皆有法，閫以內

肅如。乳媼、竈婢之事，不達於外；門户之計，夫子賴焉。夫子性恬

怡，宜鄉舉後，絕意仕進。夫人安之，林下偕隱，前倡後隨，于于然。

夫子素伉儷，賙貧賑乏，無吝色，延視懇懇之衷，不終謀窮乏也。輒
厚賻以助葬。夫人皆脫簪珥、傾箱篋，贊成之。至盡妻道，有
如此者。哲嗣鹿泉兄夙岐嶷，夫人督之嚴，延名師，請經義，雖
於夫子勵人，以教以誨。每世俗撫人溺愛姑息之習，今世見少
孝廉起家，由進表事游膺選也。觀風問俗，籌賑務，濬水利，所
治皆有聲。固趨庭之訓，耳濡目染，律之甚也。而於折獄實有力焉。
至盡母道，有如此者。今夫累德世獲祐，積善有餘慶，天道之
不爽者也。余以語天之眷夫人也，至優且厚，尤非偶然者。夫人之為

郭氏婦也高曾而上自玉昂玉振及君昂君振皆躬耕讀英髮承
色笑諸歷年所還顧外氏而夫人之父若母亦無不高邁勤儉
大耋而歿夫人之身且又侃儷四首廉纏達書以余考古所如
所載四德婦道天倫缺憾之事傷擾蘿蔓而夫人盡道際
綫至身家發微拂拭之後以何陰耶觀夫人之病也癸丑廣東
兄得父遺恤歸母病帰瘉痊闈之再方窮之業卞之而早赴
痛何如哉形夫人之福兵屢至由龍而論舉班狀論貞親則
其子之顯揚尊榮備至由今日而論死生有數纏而見勝下

之環集扶持抑揚凡數竟月而後妻心悍化釋然而完憾以斯斯福福衍衍之至知郭氏孫子之熾昌繩繩繼繼未有艾也雖然余竊恨焉詩周南十一篇美女德者九召南十四篇美女德者十蓋言大夫妻之賢足有闗於正家型方者大也至鄉郭氏為吾族鉅擬圭臬於其乎往歲楊夫人甫殁今夫人复繼之而逝於庸鍾郝而作鄉之人式序仰禮法耶宜乎宗族姻亞鄰里之屬相與潸噫太息耶誄曰

秋風淒淒芳蕙萎兮萬禍伊耿芳魂翩翩兮彼夫人之生而八

虔忠勤丹宸錫命兮。邕邕綸綍之榮。夫人之壽兮。十島翩翔。世子

清臺位兮。神仙之鄉。宸邦之媛兮。德符坤媺。柔嘉淑擬兮。令

閫維孔穆。三都儐滿兮。於邑徬徨。音容永隔兮。儀型在眼。

侍拱中闈兮。亘千祀兮禋而除長。

家宸鍾明府六十壽言 代楨弟寶震甫前輩作 楨爲呼中

葉生自南來。應禮部試。謁余。將有所請。言慄慄未敢言。余詰之。

作而請曰。大椿幼孤。賴伯父宸鍾扶持卵翼。以有今日。於心弗

敢忘。伯父官縣令。治東越二十餘載。所至皆能稱職。今行年六十

知。孟秋吉日。榕將盟單爲長世壽。頌不可無文。以張汜夫子居
許我知。余曰可。請述辰勳先生平日言行之懿。擬與居涖官
專政卓卓表異。叔。葉生民伯父玄宰於武康。篆君邑。例在兜山
知。溫台宦民雜囂、錯處。依尚剛。即前之宦此者多文弱。萑
蒋益撫。伯父玄募丁壯。嚴捕緝。有所獲。繳治不少貸。閭左晏然。
邑有西書院。遭兵火久圮。伯父與廢舉墜。扶至規劃。豐生廩
給諸生。忻忻歌頌。文教遐振。先武康之勤。宰於壽昌。篆八載。
先壽昌之勤。宰於長興。篆八載。二邑共地瘠而民悍。獷

難涵。伯父以教化為本，以寬以猛，留有便於民，皆次第為之。而
長興值亂離之後，輯流亡，墾荒土。其設施尤勵。又前後在杭
垣累次久，洪辦助賑、籌防、塘工、權稅等務，悉能鉤剔奸弊，
為大吏所稱賞。居官如此。伯父寡嬖笑，與人言不為欺謾。
自奉甚約，延親戚故舊貧乏者，傾囊贍之。全德也。性尤淵遠。
咸豐辛酉，武林淪陷，伯父奉檄他出，家人無及避，罹於難者，男女
手存一人。伯父謝甚，然亦無所攖其心。伯母郎恭人嫻於誡，孝
謹孫勤，伯父相敬歷四十年若一日。生觀行如羨如此。余只竟述

古之長吏於天下之事有所知也有所不知也以先生之對少如此

居官如此使界之極而克大畢用一生所發揮當可推如此所屆

之所不命之官效々所一隅々地而且驅馳々瀟灑之使一生所

至皆不久於至任而輒去也不可知也然或期々異日將有後

命焉則又不可知而不知也余嘗論州郡々為官自朝廷視々

甚遠而甚卑自百姓視々甚近而甚貴朝廷々所必不達々

州郡而後行於百姓々々之情必先治於州郡而後聞々朝廷州

郡々賢否天下々治亂隨之　國初三載黜陟既謀擇吏

課之最而予以不次之擢而又令內外公卿大臣時以循良薦舉
取而入爲臺諫夫既以教養而激勵之其意至微妙以迄今日
州縣之官或終身不能遷一秩輩而遷調典簿牘抑於成
例名望而實不之致是以爲州縣者類不振相率皆然以余
所聞先生之律己勤良蓋寡矣竟先生之指行先生之志
以之壽世壽民而中而豈但康彊吾身造福吾家而已哉
葉生歸請以斯言質之先生先生蓋自奮焉而勿以尋常頌禱
之詞視吾文也葉生一揖而退遂爲之序

葉善甫觀察夫子六秩双壽序

歲次庚辰九月五日爲我 善甫觀察夫子及 師母陳夫人六十雙壽凡屬門下製錦以祝屬某爲之文某竊念生日稱壽非古也稱壽以文均非古也然詩稱酌斗介壽爲賤祝貴之詞史稱千金爲壽爲少敬長之禮準斯之義古人平居時且然矧於尊長生日行之不妨乎佐亦何病乎古今已具述 夫子所以壽與壽夫子生平 夫子以名諸生貢成均由刑部郎中授福建漳州府旋署汀州府調補福州府擢福建督糧道移病歸逾十載仍授福

建督糧道，前後權鹽法道篆，一權興泉永道篆，一權按察使篆。使並今而四。閩凡十郡，幅員遼闊，風尚雜龐。西則若建、若延、若邵、若汀，襟帶建溪，其俗文而弱。東南則若興、若泉、若漳，控扼大海，其俗剽而悍。福寧突出北鄙，而逆於省會。臺灣孤懸海外，而啟於下游。數十年來，監守之官，易地而攝，封疆大吏，因地擇人，甚難。夫子初游閩中，丞吕公見器之。自時而後，每大府輒隆倚任，以故施歷，歷屢驗政績，績屢薦舉，舉卿，卿崇人。民知，知手編之。所未詳者，盡及延建邵諸郡，取而同治粵逆南七美

嶺上游淪陷　夫子從　制軍王公勦賊於延建贊襄戎幕籌攻守

建郡詔開汀郡旋撤越十年倭夷窺臺圖蠡廈今　制軍

何公檄署興泉永道以資坐鎮而臺亦安如故夫子又於臺

東鄰封疆而保障之功居多夫子之於延與建與汀與鄰封官其

地而身與焉使郡之人士脫水火登衽席其功實偉矣夫官斯

土也即育嬰撫孤恤嫠寡厚諸生之廩給而庠序修御僚屬之

餽獻而苞苴絕計守汀郡七年首郡二年巡興泉永一年而

任糧儲道最久糧儲兼領水利巡福州福寧政務殷繁倉庾

之出。納河渠之疏決以及隄防稽緝之事。夫子悉殫心經畫。丙子

丁丑，馮夷爲虐，多方拯溺，倡捐粟米若干石，所全活甚衆。而又

迭校皇矣。陰撓斜徑，所部悟知。而又首辦通商矣。抗威示信，中

外咸服。（凡苦細極。）其參卑瑣難擬之吏，貫不肯相萬如某。按西洋良

吏。若文翁、龔、遂之屬。謹身廉和，居官守紀。而其先皆以明經稱。

用經通世務，習文法。以儒術潤飾吏事。根柢蓋如。夫子自爲

諸生。折節讀書。所交皆英俊。身雖未躋甲乙科。而學具原本。

時論稱（推）服。官西曹時，諳明法律。極爲長官所歎賞。蓋（大）一生出

身加民命，此稱忠信之師，豈惠之長，皆集乎世所異者之良吏
職官以加 夫子由學校而歷司足踰而歷上而鄉之愛至治也
義寧之郡之□及人生仕宦之鄉國前途至邦之人無何乾旋性
伉爽好善，振拔單寒，賙恤貧乏，由遠甘貧而鄉之而遺逸根盛
太夫子□□光 先及 太師母 夫人均登耄耋，受 詔建恩典，稱人
瑞。 師母陳夫人秉德淑慎，象服偕老，旁而兄弟，下而孫曾，且
復簪笏林立，隆隆然，濟濟然。詩曰：樂只君子，民之父母。又曰：樂只君
子，福履綏之。言君子（仁心善政）遺福於民，故天之祐之如此其厚也。

詩人之義撰與頌之情然固知報之人有所業為君子壽也某
義然鄙取竊辭

祖姑林母太夫人六十壽言

王父之姊妹為王姑禮所謂父之姑為歸孫者稱之曰王姑也王
姑之孫較姑姊妹孫尊而從親親而殺則敬至祖之姊妹無異
於敬至祖本所居不以外內別也某某王姑多人今存者屬有
二曰林母太夫人其一也太夫人在室王父與姊妹行居四柔嘉
淑慎之則心儀久知自某宦京師逮侍四有年睨匹仰庚

辰讀禮聖門垂謁　太夫人精神強固倍於曩歲望其壽

壽〻此下至臧獲僮樞皆明矩廣益歎　太夫人〻頤志安愈命

治家謹嚴九世相今歲二月初吉六十攬揆之辰伯叔父兄弟

謀所以壽某雖弇陋能弗質言令德為康寶之一侑知　太夫

人生於粵時王　曾祖王父任糧儲道及長隨王　繼曾祖王

妣游於楚時王　王父為永州守及既壻　君舅文忠公方樹勳

績摠制五行省　太夫人隨侍之粵之閩及中歲　夫子資政公

署三衢署浙東西授嘉湖道篆　太夫人繼隨之〻游今其子煌

林□日光後華茂才耀科第伯民訪西太常起家二千石練

興人々稱又直言曹盖即爲人如此至爲人婦爲人母事父母事

舅姑事相夫和下睦鄰黨者圖不加於人而其福澤之厚

遺陰之蔭也所覃者□欣嘗閱之瘠土之民多勤沃土之民

多逸近世婦人簪蕎裙布（視）躬井臼操作負實之家有

若夫役岸豐盛則驕佚修飾（逢）迎之爲太夫人身練衣郭

樸儉菹寒素綱紀門戶每晨至夜分不息一瓦一粟躬自經

以故資政公所以能年於名而家法日益飭

整而性喜施予賙人之急□年吝食苦麵南和叔君自並於耽不

以華飾為之存拯親舊以於左周給之令方藥殆很之又

有難也。資政公之守衢也，太夫人自閱街值兵兇，後於遇人 驛筆

姻聞之（並編甲峯塩蒼）得執榛草。無以為子女僕從，而已危生，後與中終

夕不怵。甫至衢，開化陷，郡城戒嚴。或言眷屬宜避也。太夫人

曰：吾事急，子女且行，吾義不離此署。由此賓[illegible]

[illegible]

[illegible]

[illegible]

先世以儒術之教立也，欽揚懋德，世主鄉黨，函典有光，爭與王母
先太夫人誼最篤，雖拮据情程，揭櫬壞垣，母先太夫人
在時，太夫人粥粥遍隱，相與論詩書大義，古今家誡，旁及米
鹽瑣瑣之務，殆不勤閨，某兄弟擬以節，營懸臨獻，心喜也。
弟此德家聲，無或少隳，猶懼某兄弟鮮能既負重，母良苑
太夫人戚誼之厚，區區之懷，恒頌太夫人神明康強，壽臺
享期頤，俾至于孫，輯錄教誨，世惠家慈，恪守典知章也。
已若夫丹青鞶帨鋪張揚厲之詞，某等奚敢贅焉，謹為序。

故堯禹有九年之水湯有七年之旱而國亡捐瘠者以畜積多而備
先具也　鼂錯論貴粟疏
秦使尉屠睢將樓船之士攻越使監祿鑿渠運糧深入越地越人
遁逃曠日持久糧食乏絕越人擊之秦兵大敗秦乃使尉佗將卒以
戍越當是時秦禍北構於胡南挂於越宿兵於無用之地進而不得退
行十餘年丁男被甲丁女轉輸苦不聊生自經於道樹死者相望及
秦皇帝崩天下大叛陳勝吳廣舉陳武臣張耳舉趙項梁舉吳
田儋舉齊景駒舉郢韓廣舉燕窮山通谷豪士並起不可勝

載也。故周失之弱，秦失之強。今徇南夷，朝夜郎，降羌僰，略薉州，建城邑，深入匈奴，燔其龍城，議者美之，此人臣之利，非天下之長策也。今天下鍛甲摩劍，矯箭控弦，轉輸軍糧，未見休時，此天下所共憂也。嚴安言世務書

昔秦皇帝務攻匈奴，李斯諫曰：不可。夫匈奴無城郭之居，委積之守，遷徙鳥舉，難得而制。輕兵深入，糧食必絕；運糧以行，重不及事。得其地不足以爲利，得其民不可調而守也。秦皇帝不聽，遂使蒙恬將兵而攻胡，拓地千里，以河爲境，地固澤鹵，不生五穀，然後發天下丁男以守

北河暴兵露師十有餘年死者不可勝數終不能踰河而北是豈人衆之
不足兵革之不備哉其勢不可也又使天下蜚芻輓粟起於黃腄琅邪
負海之郡轉輸北河率三十鍾而致一石男子疾耕不足於糧饟女
子紡績不足於帷幕百姓靡敝孤寡老弱道死者相望蓋天下始
叛也及至高皇帝定天下略地於邊聞匈奴聚代谷之外而欲擊之御
史成諫不聽遂至代谷果有平城之圍高帝悔之迺使劉敬往結和
親然後天下忘干戈之事故兵法曰興師十萬日費千金秦常積衆數
十萬人雖有覆軍殺將係虜單于適足以結怨深讎不足以償天

下之費。主父偃諫伐匈奴書

秦兼天下，廢王道，立私議，滅詩書而首法令，去仁恩而任刑戮，墮名城，殺豪傑，銷甲兵，折鋒刃，其後民以耰鉏箠梃相撻擊，犯法滋衆，盜賊不勝。至於赭衣塞路，群盜滿山，卒以亂亡。吾邱子贛禁民挾弓弩對

夫南山，天下之阻也，南有江淮，北有河渭，其地從汧隴以東，商雒以西，厥壤肥饒。漢興，去三河之地，止霸滻以西，都涇渭之南，此所謂天下陸海之地，秦之所以虜西戎兼山東者也。其山出玉石、金、銀、銅、鐵、[illegible]、豫章、檀、柘，異類之物，不可勝原，此百工所取給，萬民所仰足也。又有秔稻

梨栗桑麻竹箭之饒，土宜薑芋，水多䵷魚，貧者得以人給家足，無飢寒之憂，故酆鎬之間號為土膏。◎殷作九市之宮而諸侯畔，靈王起章華之臺而楚民散，秦興阿房之殿而天下亂。（東方曼倩諫除上林苑）

孝文皇帝身衣弋綈，足履革舄，以韋帶劍，莞蒲為席，兵木無刃，衣縕無文，集上書囊以為殿帷，以道德為麗，以仁義為準。今陛下以城中為小，圖起建章，左鳳闕，右神明，號稱千門萬戶，木土衣綺繡，狗馬被繢罽，宮人簪瑇瑁，垂珠璣，設戲車，教馳逐，飾文采，叢珍怪，撞萬石之鐘，擊雷霆之鼓，作俳優，舞鄭女，上為奢侈如此，而欲使民獨不奢侈失農，事之難者也。陛下誠能用臣翔之計，推甲乙之帳，燔之於四通之衢，卻走馬示不復用，則堯舜之隆宜可與比治矣。

東方翔化民有道對

詩云穆穆文王於緝熙敬止

引詩而釋止善。周王之學，乃謂夫文王之穆穆，以緝熙敬也。緝熙敬哉，緝

熙而敬，故能止。詩言不予先述乎。傳其詩信之止至善也。其隨事而安所止也。於

事之安，則心無一毫私，心之一毫則理無私純，而窮理之純，則必有不息之神與之相持

於[illegible]

知止其貴[illegible]。讀文王之詩，[illegible]其文王之[illegible]。詩云[illegible]矣，而

有外之念[illegible]，[illegible]乎其量也。[illegible]

知矣，而更有推之念[illegible]。則[illegible]緝熙之[illegible]。詩云穆穆，非穆穆之不

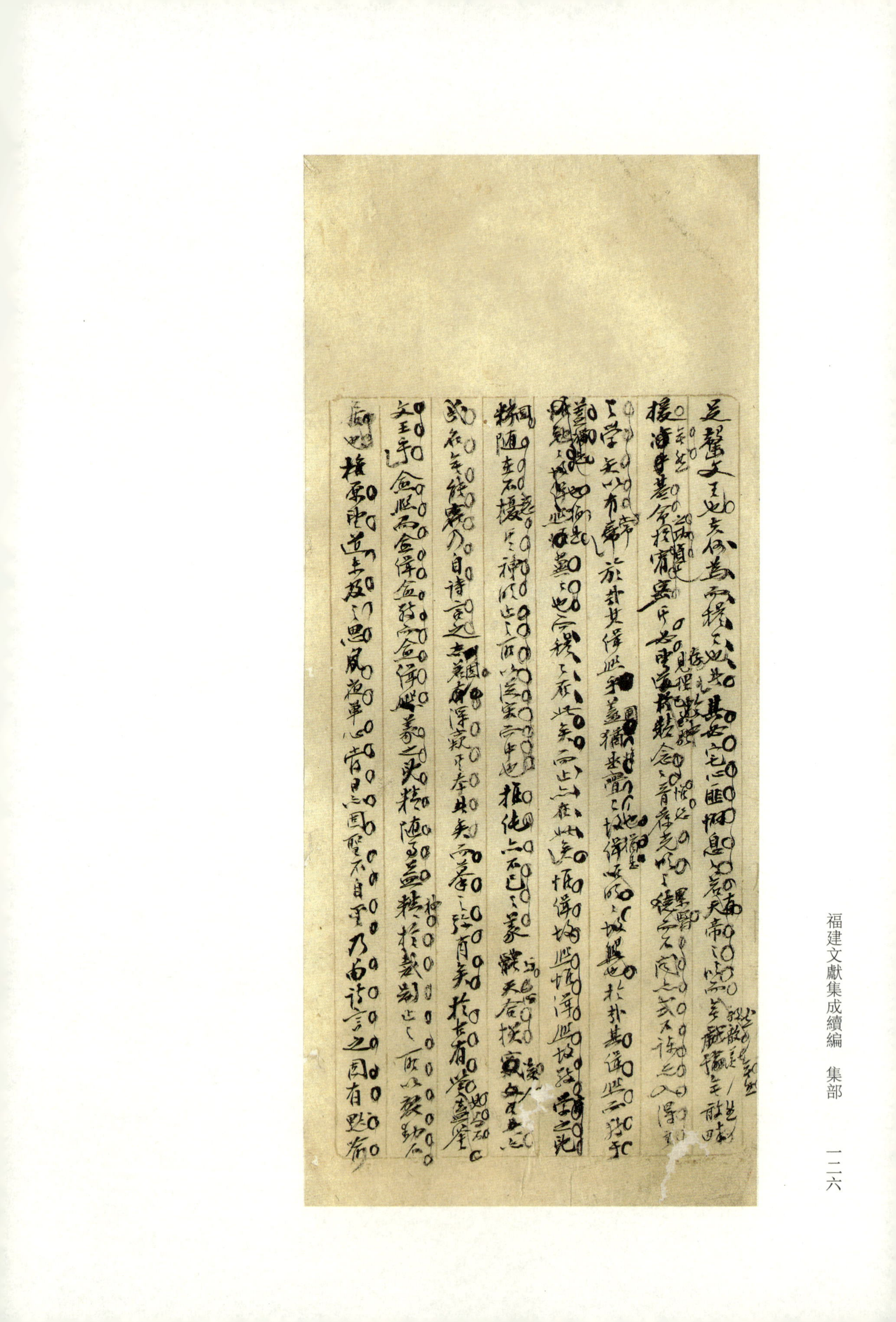

[illegible]

足編其美矣言味之深旨矣能自得師者莫若師如玉帛於洋溢於此穆穆哉文王
也試述言乎耶

李府宗姑母太恭人王秩壽言

蓋聞西河女子丹房居十二之洞，南嶽夫人世女館出三千之昕。侍瑤
觴於閬苑，璀璨碧霞，於卑輦於嵰山，玲瓏甜雪，采擷菩
提之樹，寶籙長延；鏡鍠仁壽之名，幸擇永駐。姬彼駿駭，為
質乃統綿亘百齡，犍犍昭閬陵可卜。如吾閩闡瀾纖居親
串萃居，望重之教，無後於晨昏；介壽之文，可希於志乘往往。
家箴互誦，母範詳陳；桃銘蘭頌，則扇生清風；竹藤松檉，則
標生芳節。丕足曾見青史振美，比山嶽如我 姑母太恭人世

尤乃得而述于太恭人蘭株協度綱直表躬舒靈和之源擱
聖善之訓類摩祖硯飛讓文書陟屺何年脈脈樹思親之淚
較枯半夜申申擴愛弟之誠精組紃於歸功針神機絲表
雍容於壺範佩玉鳴環年十四來嬪饒軒雅文旭旦有暉春
冰於泮佳稱曰把琴瑟以和祥如入門歸榅堵喜春嘉振
聲於徐淑遠村雅首之叙為老進食於畢路其羣齊眉
之樓想季礼冥冥式毋德克嗣美謙事君舅並侍王姑洗手
以作羹湯搖声以問寒燠甘旨潔于鷹膳双鯉於姜泉私醴

朕饌酌九罍於張醼觴燧衿纓〻度華廠案衣篋管鑰
釜〻儀昭虔謹牲妯娌同居轉睦閨閫肴蒂〻攜壺泯勃
絃〻聲而同勿請願羹助樓堂盤饌餐侍我設悰小郎六
喜姊周吹壎吹篪協仲曹伯霸〻雅風禮風法具京陵奉
海義[〻風]乃內助稱吳家替是任奉盛蕣相顯〻之祀禰下偏
冒陋肥魚饑雀〻之詩盤中餐請黃囊字照類放翁刀剛
帳縵錦文襪機杼擬砧秋夕閒秋〻蟀〻之聲字蘭委晨曉
曉來廊〻之曲典羅縱而供租稅錦兵廬紫紅納籍頭以佐饔

琅叙排荆襄蓋寅之發併於異缺之妻而操作之勵刻於
羣羊之歸　夫子韓孝善病性耽閒居歲次元枵蓬泥陽九
河魚遽疾嗟二璧之未侵林烏鶩栖謫身兮代驟或秋藥
而量水或濯羣而渺踰倉皇界月之餘遍受一廛之側臥而衛
琦之身終折玉軀之福不延　太恭人藏奩合傷蘭笄飲恨備
歿念而晝禮撤瑱珥而居員金石之裹蒼蓼之行乃手採
湘江之竹血淚阮斑之痕而心懷壹背之當風雨又凋之蔭
衛悲未已閔越逐奔閨中孝未之人天下無雙全之孝歎無

遺孚大指皆默濟以示心柳又聞〻之富貴每流於無俠神智
恒出於鄙雜太恭人相卅載宣勞一身守約稍繼冀先人宅
宇〻之事完見如室家之謀丈夫子三長某次某次某嶽之學奇
英之操秀爾枝誼篤女霞男以嗣大宗珠樹行多姑坤母以
培摩孝仉氏擇鄰之訓組豆華之湛旌對薦之情杯盤款之
顏見穀堂製被吻事稱之士最子從師載酒盛元亭之禮別
宴掌孫可愛篇以引鳳之聲腹坦多才座集京龍之送宜
乎家慶中興人徵上壽名並祥之福而馳賢明之聲矣他日既

怛星亮設睦姻校之同於指困推且至於其券貫親雖疏時
來唐上示坪有過不出泥中斯又德水之旁流並雲之分蔭也
若以指洗之月適逢揆揆之辰補孝子而及由庚麗眉而合扇
部人而修書兹脫脫弄番是也華燈不夜寶婺常明為
之兩翼歷然於北斗潘鳳吹於鈞天粉雲一捧仙樹四應誦雲箋
之之吉祥延壽宮開接寶相之羣莖長生館筆難見難易章道
並請以承歡佳婦雁見共持蘭觴而繞膝五月誠而常滿佛膳
三五二八之之輪縱年天捷而不騫長景四萬八千之丈是為序

子曰大哉問

大哉參之問維禮以維六經也盡矣禮之有關六經者大也子於林放之問以大哉美之維禮乎豈獨維禮乎且六經並列於學官禮特一經也而綜其大旨則惟禮經之義可括全經自後世士大夫專事繁文而禮經晦而六經隨之俱晦有能循本返古者顯之其扶植綱常之力即隱之宏開翼經傳之功也宜聖人聞之有深契也夫子曰子以禮之本問於居今而興復古者乎抑何與之贊修刪定之心相觸發乎夫非通經者不能言禮亦惟明禮者直可通經也古者禮行於邦治處政刑患家孝友睦婣之德意月吉何以讀灋大比何以賓興族黨比閭論治者猶是典而究其明是之意知本之至貴則義駭乎三百六屬而周禮可興也古者禮行於野冠昏射饗皆關莊敬恭儉之全神洗真何以辨儀禮禮器何以殊節尊罍弁服博古者圖之象而

究未悉其精知來之所存則旨括乎一十七篇而儀禮不屢大哉關
也由此關而窺天地易簡之精于參兩載易夫品物流形八卦自相摩盪
而太和太質則乾坤資始資握其大原至繹文言合禮以嘉會
也而復和而至賁飾而亨猶其近耳大哉其反包含易矣乎由此關
而求帝王斟損益之故可讓尚其夫質文殊尚三代而有異同而惟一
惟精則唐虞執中實握其大要其徽帝典章禮所以重實清也
而謨曰弼教誥曰制心猶其顯耳大哉其道統全書矣乎夫由此則詩
人勸懲之教明驚翻詭陳蜉蝣刺檜之論已即齊鄭邶鄘諸國
修靡相沿關亦時觀佑輶軒禮制彼西陲乎夫雅宴嘉賓美鹿
鳴其章閱鐘鼓頌致清廟詠駿奔其章至笙簧遂奉之不求象舞
之休或何而不傷苑柳吉日之詠或何而不慨歷風也推此關也禮必

從周之瀾本於至聖見麟趾關雎之意也夫亡矣盛則春秋褒貶之
文華藏冕聚鷸仲尼藏龜今論已即戊備肸札博貫風流相尚同
而日修儀壇坫禮意能盡知乎夫會盟有典衣裳睦矣豈情兵車
聘享有絲玉帛將矣豈資賓餼今本之不講象帶之修矣何而不踐
緯環晉遂之鑄器何而不嚴於禁之禹也推此道也禮盡在魯之觀宗
國庶更挽歌雁舞佾之非也夫亡矣夫禮合敬而樂合愛禮同節而樂
同和乃雖殊途殊歸歸一本禮經亡則樂經亦亡矣故曰惟禮以維六
經也

聖人大求本之問魯論記之特筆也夫大卦不數美林放也蓋使天下
後世習禮者知有本也君子思患可救魯論之言禮具於春秋禮經
之敗壞久矣拾則修靡之習倡自士大夫貝後族蒙比閭遂沿之為風俗

聖人蓋憂之矣曩論一書維禮之言居處大率一出問反覆詳盡莫非德
古之至言而相示以本原而求至於詳之括全書其則惟答林放之問禮
悉之夫子曰子問禮之本乎其有移風易俗之志者也其有返本復初之識者
也是又與吾生平維禮之心有深契合者也徇俗亦又爲救俗而成矯枉亦
不可爲曩者告朔之羊商〔賜〕也慨焉其慨禮之廢而遂使天下之禮不得復於
將來也均之救俗也賜爲其激乃自子問之則挽而嚴矣是蓋古不足言論古而
者特識亦不足言蓋其素絢之詩商也悟焉是悟禮之原而遂使天下之禮皆
得明至緣起也均之論古也商得其精乃自子問之又恢張廣矣是大都考之
前代至能略沿襲而因之粗迹而相喻於微乎而轉覺夏禮能言殷禮能
言焉而其之求徵焉相因前之論也是大都據之末流至能挽隨聲附和之
狂瀾而廣其知返乎而轉覺鐘鼓乎哉玉帛乎哉焉而其之慨歎徒深
言外之思也大都至與吾先進後進之説相引伸乎夫胡爲我先胡爲我

滋与韙於偽盡守其真本其天下之至真者也言乎本則其旨賅矣而君子野人益明所偽之太甚也与吾質勝文勝之言相觸發乎夫質不立矣文不行而之則歧一之則貴本其天下之至一者也言乎本則所操約矣而則踰則史亦創其乎且夫名器之所謂尊反被塞門禮亡於管氏山節藻梲禮失於臧孫閨閥之驕淫不知伊胡底矣不意子於禮制鋪磨而後信本返古揭假乎言之也嘗以為公卿素修風流閥此閥其繼倫識迷之返乎俏也舞矣吾將訂樂而与所用籥之文維也歌矣吾將誦詩而与繹篇章之義且夫細人非易宗本吾思入廢閥禮而議為非吾懍事君盡禮而謗為諂讒然之耳目其謂之何矣不圖之於禮意泯滅之餘探本窮源而固無見及也吾黨二三子其扶名教閥此間其益堅採焉之心乎未其可知吾將沿損益而与師觀百世往其可信至之將徵見賴而与回挙四代之大都問乎出非為天下言禮其本之準乎

可使高於岑樓　金重於羽者

使高者失所憑，而求使之重，可謂高矣。夫岑樓豈寸木等哉？有使之高者，則

不揣本者也。如以本論，盡作金重於羽觀乎？且論物者必強而使然，則執

據然之說，而凡天下之物可勿問其本然矣。抑知夫然者勢為之伸縱進退之

柄，節操於人，而本然者質為之伸縮之權，而因其物以人勝，物亦

如物以自勝，則設一變一易而知然者之窮立見也。且轉一形焉而知

本然者之自有真也。吾以方寸之木，俯就本末而言，則在在材固數良金

之從革，而就寸木而論，挈短難盈尺，豈能析羽以為旋？亦何重於岑樓哉？然

而舍本齊末，其曰吾有使之之術在，則試就物之高者觀天下至高之

境，其莫若樓乎？一言樓則勢出乎尋，而凡物之高者至丈尺已難與度

矣，況乎層而累之為岑也。然而人情之求逞也，至為之騁私心之造作，

能踰有象之崔巍，所據其崇，一旦抑之，而樓頓於其滅所操，雖約

一旦敲之而出頓覺其增以責之樓而樓不任咎也甚高也強為之
其也天下由人為之其心之所造亦無能窮其究竟之原者不於寸木求
高即譬茶樓而下之木亦賤乎之其後必於寸木求高即倍茶樓而上之木
亦躋乎其巔無故茶樓之得為高其其常茶樓之失為高其其猶
之之可以勝常也無所謂矯其其也未之說也吾得知其言而言其所以使
高於茶樓雖無遇屢而推之之以度則進退之操人力乎己而責
實而索絜之以權則軒輊之形物情自審則試就物之重其觀
天下至重之品其莫若金乎言金則功任百鍊而凡物之重其不錄
兩舉難與衡矣況乎細之已甚為明也今夫物情質之顯呈也生而即然
一定之權衡豈慮後來之變易剖其善其不極之明而金已迥出尋
常審其趣殊極之明而金益相遞倍蓰以向之金而金無能解
也其重也固有之其也天下由物有之其量不易極亦何必推試纖微之

敵勢無端而以朋較金自金視之若抗然不屑與伍無端而以金較朋
自朋視之亦欲然不敢與爭思切愛朋之[illegible]無有終勝之時信金其終
立於不敗之地勝之不能為敗也此所謂東然其也東之說也吾謂申
正名而言曰金重於朋也金重於朋猶岑樓高於寸木也天下豈無然
無將强之使不然也豈非一鈎金一輿朋之謂歟

張釋之論

刑賞者天下之大公也天子操刑賞之柄一歲之中賞人刑人不知凡幾矣而受賞者無倖受刑者無懟何也其所施賞者天下以為可賞者也其所施刑者天下以為可刑者也天子不以私喜而賞之也不以私怒而刑之也百姓私殺人官府論其辠而寘之法官府私殺人天子論其辠而寘之法天子私殺人民將安所控愬乎天下之人皇皇然無所控愬亂之萌也昔漢文帝行出中渭橋有犯蹕者使吏捕屬廷尉釋之奏當罰金上怒釋之曰法如是更重之是法不信於民也且方其時上使使誅之則已今

已下廷尉廷尉天下之平也壹傾天下用法皆為之輕重民安所措手足彼其以為自天子誅之雖有輕重天下莫敢誰何耳然法者廷尉掌之天子制之也法果當誅不待天子誅之法不當誅天子何得誅之廷尉不敢傾天下之法況天子乎且人得罪於天子舉不下廷尉而誅之天子縱枉法廷尉能遂聽其所為乎人臣之立言也不可以有所偏倚一有偏倚其蔽（弊）隨之反以重天子之過失而長亂於天下漢文仁厚之主固無慮此而一言之失以釋之賢者猶或不免世之賢不及釋之者其益勿易於言歟

歷代徭役記

以財富賦者謂之稅，以力賦者謂之役。任地定稅，計丁徵役，皆經國之大要也。田之為賦，或多焉，或寡焉，相其肥磽，物其高下，其名則一。迺至於不賦之又賦，三代以後，名目愈峻，規制愈密。夫賦者責其所有也，責其所有而民猶病，況并其所無而責之，官比民適，怨讟交作，禍患之萌，鮮不由此。古者用民之力，公家之事，國中自七尺以及六十，野自六尺以及六十有五，皆征之，有年則公旬用三日，中年二日，無年一日，從之而已，不復稅也。西漢初為口賦，戶出錢百二十為一算，而傅給徭役，則指自二十五至五十六而除役，猶此也。

役從而税之。丁役不錢。於是判而爲二。魏晉以降。或名戶調或名
戶賦。或名丁税。或名身丁錢。皆丁錢也。而丁役之害歷代不免。
端臨馬氏於渭職役其悉也。夫計口。徵錢。始於漢之算。錢輸
錢。代役。又始。於唐之。庸。法。唐制用人之力。每丁歲二十日。閏加二
日。不役其日爲絹三尺曰庸錢。蓋兼取其力。與值。而調劑之。從民
之便也。自此法行而師其意也。或變差役而爲雇役。或又變
雇役而爲義役。雇役之法。斂民之錢。償官之值。而其弊在
吏胥之朘削（庸錢自輸）若役也。義役之法。民自斂錢。民自募役。而其弊
在舉派之不公。豪强專制。孱弱受虐。是何以役此術。其加也。不術

其所皆有之加，而征其所不皆有之賦，患。故經畫百端而終無以
善其後也。明有天下，知天下之役既易其加而征其賦矣，而獨規之
是編天下之丁而盡責之，患大病也。迺着為令，每田一頃出丁夫一人，
不及頃者，以他田足之，名曰均工夫。田多丁少者，以佃人充之，田主出米一
石資其用；非佃人而計畝出夫者，畝資米二升五合。以上中下夫為三
等。後復通計一省丁糧，均派一省徭役，謂之條鞭法。彼以為責從
丁，丁貧富難齊，專責之有田之丁，則富者易於輸將，貧者廢矣。
積累其法，本徵資於富，而其弊則仍受之貧，何也？蓋花分詭寄，
豪家巧脫，而吏胥高下其間，作藝之術究在細戶，必至逃亡日多，官

民交即此非寓役於田之病也病在寓役於田而按戶以徵之而按
田以調之也戶可易田不可易也若均田均役編圖十甲此弊可
絕若之採役法其等之審矣嗟乎、徭役之患何代蔑有自我
聖祖特諭天下丁銀定為常額　世宗之朝又攤丁于地而生斯世
者食毛踐土終不識丁徭為何事蓋　祖宗之仁心善政澤及
久遠質之前古而利害較然也余故歷考前後丁役因合沿
革之迹而撮其大略以為之記

江充論

觀其所以生定其所以死亞夫鄧通是也機之所會而莫之或驅數之所圍而莫之或脫是故水火而死鋒鏑而死命也理之固然者也今夫豺虎居於深山日攫人而噬之人將掘陷穽操弓矢什百為羣斃之而後已何也患其荼毒也今其死於豺虎者宜死於豺虎也此則豺虎之噬人亦其人之前定耳於豺虎何罪彼豺虎者不憫然得而陷穽弓矢一切驅除之具皆可以不設彼豺虎此不憫然得志而無所畏忌也乎古之聖人貴君子也寬治小人也嚴寬以治君子故善知所勸而天下益奮於濯磨嚴以治小人故

惡知所警。而天下益悚（怵）於誅伐。齊豹以衛司寇殺衛侯之兄縶。
蔡公孫翩以大夫弒其君申。春秋皆書之曰盜。趙盾許止。不必小人。
而不嘗藥不討賊。亦以弒君之罪罪之。聖人豈樂為苛論哉。嘗言士
師之治獄也。情輕於罪也。原其罪而不浮。不白其情。情重於罪也。
惡其情而不能不甚其罪。嗚呼。甚矣。所以寒亂臣賊子之膽。必見
先王之名義如此。如此其嚴。一或冒干。則天下後世之誅殛隨之。而毫釐
不貸。此聖人之大旨也。夫聖人治小人之罪。書在簡冊。昭昭有明鑒
矣。恐雖不逞之徒。宜可以少戢。而三代以下小人接踵若此。何也。富貴
威福取快於目前。而其敢於犯天下之不韙。移家難免。沉沉又資之

吁吁寔以為堅矛，奪人生殺人，此皆天之假手於惡人也，則堅作小人之勇，嫗堅鋏而攙堅波，又將伊於胡底耶。班氏之論江充、堅巫蠱之禍，不惟一江充之辜也，有天時非人力所致。又況太子生長於宮，與之終猜，何物一嬰臣哉！太子之殺，實命使然，則江充可未滅矣。嗚呼！自古君子受禍於小人多矣，夫孰非君子之命乎哉！

盧君玉歷集證序

冥曹之說有諸？曰：有。人心即冥曹也。禍福倚伏，莫之為而為者，機也。機者，氣所出；氣者，心所出。心乎善者，其心坦而明即，即有愷悌和易，和易之氣，和氣之感動與福偕，舉通皆天堂也。心乎惡者，其心肆而暴即，即有恣睢很戾，很戾之氣，戾氣之感動與禍會，舉通皆地獄也。一念之知，一事之繆，刀劍鼎鑊皆在在前可畏也。或曰：為善不必得福，為惡不必得禍，則又何說？曰：是哉！於目前者也。蘇文忠公三槐堂銘曰：人世之論天者，皆不待其定而求之，故以天為茫茫，善者以怠，惡者以肆，善惡之報，至於子孫，而其定也久知何卧天之禍人福人輕重遲速隨其善惡之厚薄深淺以爲準及身而不報者有之未有及子孫而不報者也及子孫而報之其報益遲則益重矣（冥冥之中如執左契交手相付毫釐不爽）世之沈湎戀淫者皆惡禍而好福者也何但惡醉強酒惡溼居下耶是書首列圖畫次列勸戒諸論末章疾呼至痛至切觀其識知警懼勿以陽作陰報爲浮游不根之論非世道人心之大幸知余家盧君之好善而願與同志共奮於善也爰爲之序

朝鮮通商駐使说

光绪壬午夏四月准朝鮮文称窃念小邦久仗皇靈獲全重宇現天下多事時局日變洋舶迭伺邊陲日人近開商埠且北连俄界隱憂不少顾小邦勢孤力弱雖以奋發修攘而第惟本邦之於 上國寔同内服而尚拘海禁恐非中外一視之義亟宜令 上國及本邦人民於已開口岸互相交易以分外人獨占之利且派使進駐 京师用以通情款而資声勢庶可禦外侮而固民志等因禮部将奏 請遂議某為之说曰朝鮮自我 太宗征討以来震疊威靈虔脩貢職垂二百餘年於今矣一旦請通商請駐使將与泰西諸國比朝鮮請之似不恭 天

朝許之似失體顧甚以為今日之勢不爭小節而爭大局不爭虛名而爭實效朝鮮此請朝鮮之利也即中國之利也何也朝鮮之請通商謂之互通商乎其國瘠土地所產只蔘枝一項為值鉅餘非有用之物無足與中國市而其商又貧勢不能出巨貲以羅致中國之貨物則通商其名耳無實利也謂請通商駐使以通情款乎我之朝貢百年來優禮藩國如天之德罔不覆幬朝鮮歲貢恪謹已足輸款何待通商何待駐使其端其為此請者將借通商之名以固立國之實也朝鮮所以自守向不與他國交易倭夷盼其南境為患無已自通商於倭之患少戢而東西諸國洋舶梭織又藏禍心彼見通商

之可以維繫敵國既通商於倭夷必求通商於東西諸國求通商於諸國必借中國之名以為重中國許之則東西諸國必許之其國為諸國通商之國即至國為諸國莫敢先發之國而彼遂得以自存是朝鮮之大利也朝鮮利中國亦利何也倭夷者東方之豺虎也朝鮮者東方之藩蔽也倭非強國而扶桑之阨悍然自大東方之國無與倭敵也東西諸國遠弩莫及將覬其土地而又無能守也今使朝鮮通商於中國因而通商於東西諸國則日人莫敢動而脣齒固矣遼藩之間必無倭患論者曰外藩之事禮部典之屬國之體也通商之事譯署典之與國之體也此因夷情狡譎令外藩有機秘而務益洽北洋通商

衙門示區別也今朝鮮通商將隸之譯署於體協乎曰此亦節也虛文也中山往事往其寒心我既紲於兵威而無救其顛覆又復牽於禮數而不示之拯全彼退而思貳心無旋不爲鋌而走險之謀即無粗可自完之計倭夷生責其輸款中國則撤其藩籬利害之間亟無能無且國家之設譯署所以理中外事務也凡係外邦事皆隸于本未嘗區與國屬國也庸何傷論者曰通商誠許之矣派使駐京與泰西諸國事不更於國體有妨乎曰通商事重駐使事輕通商則無待遲疑駐使則仍援准駁如勢在必許則殺其體統于中國舊制仍無所妨如勢可不許則諭以情形於朝鮮全局亦無所害

總之朝鮮強中國之利朝鮮弱中國之患朝鮮足以捄之則中國

資以禦侮此救亡之勢也臣愚之見伏候採擇

陳鏡棨庚文詩集序

余知鏡棨三十年矣。昔歲以文字相劘切，讀其文，讀其詩。中間乖隔幾二十載，偶相見，握手道衷曲，述平生而別。識其工於詩也。比余歸里，鏡棨出所作詩若干首以示，且屬為之序。讀之質而雅，清而挺，不假雕飾而妙造於天然。蓋此二十年以來，鏡棨之肆力於詩者邃，知鏡棨互應吏官，試輒不得志，而其詩顧無牢騷憤懣之氣，讀之使人之意消。其為人之沖漠夷曠，如鏡棨於遇也如知矣，老而篤於學如此。余視鏡棨少而窮，居貧

甚用自樓中追陪步屧三日与鏡樓晨夕相劘切者矣
我詩而盈之已成陳迹矣則亦可感也已

廖雲樵比部族譜序

光緒十二年丙戌秋九月，廖雲樵比部以其族譜牒丐序於余。廖氏於是再修譜矣。廖氏世多明德。前譜可考。自進士邦傑之孫仁郎。肇遷建寧。為西廖。而廖氏族益知譜牒。舊缺。自宋遞明，僅九十餘世。仁郎之六世孫世興始纂輯而緒未之竟。國朝嘉慶十四年，仁郎之十五世孫州佐文菁搜討殘佚，甫得完帙。道光二十八年，州佐之孫國瑤、國棟重修之。蓋距州佐叔脩之歲，更四十年，知今又四十年矣。宦之廖氏之子姓競之，並懷其墜也。嗚呼，繼而舉之，前之人善，謝將知舉而和藹親洽之人繼志述事何如也自今以往廣氏族益茂傳世益遠而譜系之秩然不紊可知也矣夫以一人之身衍之至數十世凡族人之相視或若途人焉比比也而自祖宗視之無岐異也凡族之貧乏孤獨及婚葬不能舉也皆祖宗所惻然念之而憫然戚之者也故知不忘祖宗者必不忘祖宗之所不忘者也舊序梓州佐既纂譜又修名遠祖墓弁訪族中之無後失祀者凡數百塚聚同兆域立碑設祭是誠能以祖宗之心為推而廣之也義田義塾後之人必有繼而行之者至於廣氏在天之靈益將然其慰也斯譜其為之權輿也

祖祔母林母太夫人誄文

光緒十五年己丑六月庚子我　王姑一品夫人林母太夫人壽終里第。鄰里撤舂輟歌，親族無遠近疏戚罔不嗟歎之。宗〻人益出涕流淚，相視駭悼，嗚咽〻吾　王父兄弟姊妹僅太夫人存耳，今復殂矣，傷何如耶！既念撫總無識，禮重隆教，出孫〻家，鄉黨取法焉，有容寬之如宗聖普之風哉！宰數揚宜著，以示勞儀，甚〻飲閨懿懋，雖言〻不如其當萬一，顧維默然已耶。　太夫人生於粵，時之　曾祖王父任糧儲道，及長從之。從曾祖王父游於楚，時之　王父任潮（永）州守，桂

孝謹。善自親勸。規矩內則。自幼然也。年十八而嫁。 君舅
文忠公節度夕行。爵鄉隨侍。 君舅戍西域。 君姑鄧太夫
人居閩。獨舉足目患痺。 太夫人事姑謹。扶持抑搔。歷五載如
一日。其時夫子資政公隨從戍所。而將母之念。寢饋左右如
太夫人之力也。繼而資政公守三衢。復隨侍。居一載。念門內食指
繁。資政公又以鞅掌義不能反顧。遂歸綱紀門戶。料量擀掾
緩急事勸。適細於度。而資政公服官廿餘載。歷校監司。全
無顧憂也。 太夫人之力也。資政公既官浙。義方之責。身并代之。
丈夫子十。已出四。遣室五。安人四。范孺人五。事視全畛域。以育以

教。先後皆成就，躋科第，膺仕版。其相繼者七人，内外孫曾數十人。

伯氏訪西觀察，仕板南韶連道，篆務就養，一載，板輿之和，心尤

樂之。已粵至舊時地也。蓋太夫人生於斯，君舅曾再官於傳

焉。孟莊三世，孫戚及之。治家有常法，庭宇洒掃，必肅以潔。服

御不豐侈，必潔以完。歲時膢臘，將祀必齋恪以誠。祖奉宗

之禮，事嫜惟謹，必委曲以盡。性尤鎮定。曩赴衢州，時粵寇方熾，

當一夕抵逆旅，墟里驚擾。太夫人危坐從容，自暮達旦無懼

色。至衢，聞仕隱鄉方戒嚴，人心惶惑，眷屬宜避。太夫人以邑

初民益恐，倘事急，至從太守殉耳，何避焉。卒亦無患。居恒習

勞苦。一息一窮年自甄。雖老弗衰。頃其疾甚。猶力作不肯

輟。其神於之陸離。不溺於勝負。不怵於利害。蓋天然也。昔漢

劉向列古女為書。用誡後世。范史因之。以補班氏司馬氏之闕。孝

婦紀載。雖一節之微。且昭不朽。況太夫人秉元含和。非尋常

閨巷賢婦人比哉。要亦遭際之盛。子孫之昌。壽考之隆。而又

由其勤於德。勤於家。至於有成。而克享其福之厚。嗚呼。豈

偶然哉。誄曰。天錫福祉。來成來固。子孫賢哉。振振者衆。愛眷

彌篤。宅心彌沖。蕙惠其物。純固其躬。蘋蘩薦藹。蘋之潔之風。胡

不憗遺。邦媛告終。閭里歎息。豈惟吾宗。垂德翼教。曰竹帛功。

光緒己丑會試 題謝 具科公呈

具呈紳士某官姓名等為籲請轉詳代題恭謝天恩
事。恭照本年 皇上親覽萬幾，欽奉 上諭舉行 恩
科鄉會試。等號竊 綸音莫名欣戴。伏以海疇錫福，
會歸以建極，而隆雲漢為章，綱紀肅作人，勸大明聽之
治朝。溯四門賓能之興，鄉書三物，表魚式宴，鳴鹿周行盛
典。臨軒歡教騰溢。欽惟我 皇上道邁恭己，績叶授辰，
垂裳而纘蒸徽，肩巍顯翼，衡席而延賢，聖揚俳
甄魁。息榜特開，復增解額，禮羅不遺，悉擢譽髦選

飲文章而知靈壓星辰瑞山川物色穠南邦十鄰之林凡
馬巾卷之儒華沐陶鈞之澤其所畢敷咸深昌期
等籍隸閩疆心依魏闕揆筆論之遠被九觀天禮
壺珊網之宏張不遺海澨風雲龍虎會多士以觀光
福祿籌壽稱聖人而獻頌所有等感激下忱謹合
詞僉請老父臺大人（平抬）轉詳代題慕諸天且切叩呈
附錄紀元詩且他作旧句選士俊士畫程備三牲於日馬甲
科乙科特舉綜百郡於禮闈海濱鄒魯銀袍環相孚
辟雍天上文昌珠氣平分於牛斗

鄒母陳太恭人壽言

羲余宦京師，與同年實孚觀察僦屋並處，垂五六載。夙雨晨夕，從膝下談言相得也。實孚為余言其身世多感。中遭父兄之喪，坎壈侘傺，家不克振。其時其與仲兄奔走謀薪水，而門戶之賴，寢闈盥饋之事，皆其長兄嫂陳太恭人任之。太恭人夙號學，有古列女風，其韶齔時嘗承父命受業。鄒鳳其自識字後，粗出經史，太恭人指授之力居多。昔韓昌黎贊美其宗兄起居舍人，而述嫂鄭氏行誼，於文三致意焉。其於太恭人，視昌黎之於鄭氏，誼尤遂特

吾鄉邑呂蔡之女，而貴楊盛美也。懿德亦其志也。余因是論太恭人
之墓，以為誌之。此歲余里居，太恭人之伯子晴齋、仲子佑
孫，兼常請余。純懿樸謹，無世俗羅綺浮靡之習。余又因
是論鄒氏家學之茂，而慈母析蒙之善於教也。太恭人
為冕堂先生長女，歸資政大夫佑人先生之冢婦，次佑同
馬之德配也。幼隨父河南官所，事親稱孝。既嬪，姑甚太夫
人先殁，事資政公與繼姑王太夫人，皆得歡心。暇則輒繙
閱書史，並古今賢家誡，學之忘倦。以故明大義，遇事處
不奪。蘇賢士大夫推援道之。故太夫人喜冕資政公及司馬

兩世皆出室。太恭人皆隨侍，皆集茶蓼。資政公仕於皖
出巢縣，時烽火薄四境，賊蜂至，戒嚴。資政公以居苑蒙世
以曹盡亟歸，日馬不可。太恭人以事急，當隨御取飛騰下
非子婦之道也。辛亥，遂從而日馬筆於鄉，筮仕於蘇，授太兩
湖廳，請江邑篆，奉親就養。涖請江甫十日，資政公以疾革
不起。日馬哀毀甚，越歲載相從殁。方是時，吳天不吊，家
室漂搖。近年甫歲，太恭人竭識理家，料理大事，後事并及禮喪，
念蒸枯穉且青，在廬軀屆歷之秦，井臼之操，篝燈訓
績之工，脩脯延師之典，百端靡盡，殫極勞勩，斯干之詩善

祝生女子毋以無非無儀，唯酒食是議，以謂婦人之職，女是止知。顧詩文有所語女士也，非無非無儀酒食而可以士君也。女太恭人其真女而士也。若夫怡闈親事，睦娣姒，自幸紀御下寬也。此近世婦人所難也，蓋兼備焉。性喜放生，雖介小物見必令活之。口放生非徼福也，好生惡死，人物同然。至見之自不忍食耳。常讀群芳譜，好蒔花，尤愛蘭。晨興灌溉，課以為常。夫芝蘭玉樹，生於庭墀。昔人謂樹蘭女，樹子弟，若太恭人諸子孫出，群孫岐嶷，芬馥郁然，其蘭也歟。今歲七月四日六十初度，靖齋昆仲以序晚來丐余言。余不文，覩

本家人之修德獲福敬附古之樂道人善者。相與鼓吹禱
因綜合略之所述與愚之所聞者。備書之。以見作型之盛。受祀
之有自。縱令以祛。眉壽年勳。蓋亦寶字之意中之所敬尊
揚宣之著者。不識余言當否也。是為序。

湘石楊夫子暨師母金夫人六十晉六壽言

國家三載大比舉沈曹以祿簡俊之士值境內多故不果試
取於後必實與之盛倍額而補其闕取士益盛校士益嚴而
排遲之遠使臣也益甚益慎咸豐戊午閩之上游擢於冠科
舉發越明年己未還 文宗皇帝萬壽慶榜迺補行吾瀨
石夫子實典其事蓋其時 夫子以文章行誼受主知之矣凡
如行都兵燹甫定之一秋試此垂知有恩科並舉此 天子清摯
而授之以故先例而湖之率後湖而山之東起年之閏轄車迷
出夫得海內之儒宗而歸附之吾黨之大幸也幸之非徒為

通之福。必於質其文章行誼之所蘊積而宣著也。有以觀察
其萬一。然則夫子生平可言也已。夫子以名諸生年二十四
舉京兆。年三十成進士。一甲二名及第。授編修。歷十年擢侍
讀。又二年以編纂文宗皇帝實錄功。擢太常寺少卿。前後
三典鄉試。兩校禮部試。翰林之職。居禁近。左右備顧問。出
日講書房。獻納論思。朝夕靡懈。至於九重咸賜扁雲
壽。橫汾柏梁。上下賡唱。雍容揄揚。亦其盛事。夫子直南
齋。當 文宗皇帝親長慮遠鑒。凡蒸和藹化。春春之詠頌
不忘誡。造 穆宗皇帝於極。聖功基於 又嘗與諸臣幸而

宸衷採前史宦史言行可規勸者。爲書以進。錫名治平

寶鑑。維時海宇謐平。治化翔洽。忠厖統協。寵眷日隆。

宸翰奎章。褒嘉駢蕃。儒臣榮遇。今諭於此。而夫子感

念先朝。夙夜匪懈。山子歸田首黯然無違。杜岩陵北綴收

京邸。往往潮湧。寄仁樂中。彼末當不淚涕簌簌。於情難已。

忠愛之忱。盡見一篇耳。方其時。東南烽火。流毒鄉井。曲廬

酒酣觴橋。白雲魏倉皇。眺而栖。鴻奔杖與婦京闕。以爲自

全。叔侍養。又念風木與悲。置懷遂泊。服闋還朝。補官於

引疾去。甚墓不復出。嘗至年錫東林江陰禮延及滬上諸往求

考亭書院講席教人謙老祗以立根柢宏器識次及文
藝善誘循循若而不勸蕉雁填刻皆獲成就蘭自官
京師返居鄉里士之受唐諸縉紳其先後出處于我所款
於將師道立而善人多也耶詩禮之教義方孫嘉文官學一
門子姓咸庠序拾青紫相望也先師母潘夫人胡夫人皆
有懿德今師母金夫人從之珩璜抗節流聲三都文值 夫子
歸田之日備歷林下唱和秋以歲月方長致足樂之汔同年初
以兩司馬宰常熟復侍闈史書未道夫子矍鑠之慨與同
譜謀所以壽夫燁謭陋何足以昔揚盛德顧念宦京師

睦承教久於夫子之文章乃彌尚綫歎其崖略謹濡筆
而序焉又以既而又念自明不屑人事遲暮由今溯夫子
淵源之箴再三千稔矣同譜凡二百有餘人其散居各郡邑
如前而不相遠而出風雅卌件又勸存之大率沉潛重邃
勤非復壯盛側聞夫子精神強固信奉昔常相与嘘歎
欣慶以為非沖澹素雅養真有素者何以致此其稼穡
而蓄家鄉山中恆課耕讀白首師弟依依之情隨道泳
而俱遠夫子何如也

重建鎮海樓記

閩之有鎮海樓舊矣始名樣樓改名鎮海樓以其卓立海濱而藩屏
閩土也故曰鎮樓在越山巔周圍數十丈高十餘丈瑰奇絶偉為東南
樓觀第一巨引甌淛指瞰大荒洲島之形魚龍之態若隱若見若遠
若近千帆競擧萬潮出沒雷雨旦暮倏忽萬狀居閩嶠坤木之觀又
豈別論哉歲庚申六月某日遇祝融之阨邦之人走相告曰往年孔廟火

越俗數語見漢武帝紀越人勇之言之

今年鎮海樓火，皆駭將至和，於是有議建者，謂越俗火災後起屋必用大以勝服之，亦其居與上相和。有議不建者，則以費爲解，且以連歲兵燹，置此爲未急之務。予只有區區之鄙誠，歷也仍舊貫爲詞之可也。向之樓亦寢以成是役也，余樂之，借同人吏造之上風濤中物情惚然可識，識漢東夕陽西下，瞑煙未收，撫世態之蒼涼，溯年譜之

通志堂

倚佛陳迹右千古
慶興之識
江上數峯青

四業兩因為倚佛太息此久之且盛衰何定之有若水晶宮藏春洞皖
琴石射鳥樓荒叢長荊棘垂數十載壹日斷圯頹垣吳有言修葺
獨茶樓也旋廢也旋興也豈非鬼神之呵護者哉豈非合城十
郡之保障不容輕壞者也但及今畢之又不知歷年修浚幾何也
意趣

石芝鶴詠序

慨乎言之諷而
婉也

夫閩海詞人近肅明兩朝國朝建安風骨倚馬輩宗派與家同昔同
信載修清約春秋猶借日壹前儒有文章壇坫縣長坤與獻壽
劉棟裾履拈風流之選不讓世界紅塵檢韻雄左右之歡且請洪
公由訳米氏旌華風馳構思雲集能侯庾清之品馬工枚速之才騁詞
探珠妙手偶爾羚羊掛角無迹可求雖銖或催考抑燭協剡紙而歸

雙分髻已成梧桐疎雨〻羽手板輕翻爭唱楊柳曉〻風調絃〻而飲

卧百觴須酬一斗肩差攜手闊論胸且澆夫阮籍塊壘趙蘗有

酒何有杏仙舟而覓當年何妨今復問清談而不倦忽來談笑〻

張華撚（或）長辭而未醒撥作逃禪之蘇晉憐佳會之難逢乃旧游之

重訂蘭亭之禊如昨蔡邱之盟特申把了已能江河日下人生行樂

富貴何時白雲〻出岫之心奔舒浩〻適泉水洞在山之趣清濁自知

如此良夜何乃甚負伊風月輒作數日憂耶堪别邦視明珍願二三君子晨夕過從對碟壘可遣誹若胸而優游於亦聊以卒歲云知是為序

東方朔論

東方朔滑稽之雄仕漢也執戟陛下其以滑稽仕乎抑以滑稽隱也隱于朝而隱于野也今夫逃之深山密林而無求於世如謂之隱上

通志堂

數語已寫通篇之意

此語亦滑稽甚

説人主下從亡俄優游于廊廟之地談說之仕既則可以保其身仕則雖知而書其形於煩赫視之如泰山之安一動招禍不旋踵者有之于居而賤地而謫地而參地而戮地何以勝道東方先生曰譏無以之免知之知仕之中而出乎仕之外隱借乎仕之名陰乎乎隱之實能說萬乘而不觸其怒能傲頡頏士大夫之間而不易其憂者有術焉知視君之好惡今述其生平行事則高自稱譽以求

曼倩見之當捧
腹一笑

假繼則稽出諧笑以猾佞作因之地狎褻者一寄居父之美
政極如此故見出重足而面向後乃無此所忌且文諫上林苑
斥董公拂人主之欲獨摘捐之而彼亦不以獲罪者此其善也
知變多端正以隱寓之而剛又善觀顏色以行匡諷談故曼
所言直諫而終不濫能免於害且著恩之猜暴如秦始皇之世植

矣優旃以一侏儒進至猾稽遇子輒高揭不如之鄉殺況其達者
漢孙出批是以當日矣灌夫以子淋莊助以法死主父偃等以罪棄
而朔食人祿直人高怡然自得終漢武帝之世垂善始何也挾唐詼
諧之術取容于滑稽之滑人知相忌之心使有自全之地故不遭
害也通禍而禍之防絕自古之遠岸也閱吾文閱在戊子思首謁爲

拯種下為之桂不知史亮地也則信乎綱之也鄭之治于地也

擬文信國勤王檄

江西提刑知贛州文天祥為勤王事敬告諸四方義士嗚呼神州多

難皆蒙皇天降值女真之亂乃蒙古之後孽獯鬻醜虜犯順來帝

豪我財帛虜我妻孥殘我陵寢屠我黎元河北大數州已陷俱

荒之地經南牙土亦無甌脫之區近浚巢湖不獲遂令虜馬長

通志堂

驅爲主張立于朝群臣坐觀于下哀痛頌國家之誠諫出心德泯替
亂天地之經罔而擾壓之此朝廷罷搯收斂之日臣子于肝膽塗地之秋
此諸守操時勢出所措併而甘降附出同風而角奔走則昇平坐享焉
時則觀望不前生而有醜延飽生于旦夕之間死亦偷顔覓死至于九
原江下豈技食人之祿不忍赴臣節敵王所愾而立臣以敗安祿于昭陵
石馬音知識如壺持奉于淝水風鶴亦驚前驅三尺童子讀有詩賦

據書以慨

之父百歲大夫致君報國之忠武宗宣慈臣運籌一指威重藩大鎮

世傳殊恩成祖錫翼權有呂慕守國文章威西沉高傑殺金蓮

守附王家吾宜竭智股肱合天下兩心以一姓忠臣職報仇敵寡累

外史慣守重仲當屋士女秋風共祀澤之恩感歷漢嵩處月白

動鼓槌之聲共此處看圖悠振不共戴天乘老夫當撫同心

有如此水況夫彼乘我寡諺語之勢英雄順存逆亡挽救之机自

在春陵望氣漢家從此中興昊天開基唐祚依然無恙左衽而

下屬前廟以爲痛撫叢殘又旗賊所踞指年前合時如撫白稚經

成敗或不可知要生死有所歸惜丈夫自命此指縱以至功名一息

尚存君國賊以遺君父識見衣冠世族豈稱鄉黨數百年墳

植深恩乖生忠義烽烟已迫將刻日以其師羽檄此驟應図风光

吾廬

房杜姚宋論

古所謂賢相者，可與處治世，可與處亂世也。唐世稱賢相，前曰房杜，曰姚宋。固以房杜謀斷相資，善于創始也；姚宋協心輔治，善于守成也。而吾謂以賢相稱，房杜與宋則可，以稱姚崇則斷乎不可。

通志堂

要損如晦處常不
可少之筆

何言之彼如晦出處乃如是不概見，而雲卷元齡，比類未許，如魏元齡尚
於晦可知。太宗伐遼東，羌諫，元齡抗疏獨爭，有善而不言抱
愧讓地。諫大臣以道事君，固如是也。至于宋璟之讜論危詞
素聞于世，而馳道之諫，史氏尤引為美談。至夫以貞觀之治比和平
開元之美，政尚寬，房若杜，若宋若璟，且值揖扶爭慷然君或有之

貶斥姚崇本之史斷，批於此痛快，本春秋誅心之論

幸設此爲之主有出于太宗元宗下者直諫更當何如哉于姚崇則不然于儀日不食一諫也頒告符命二諫也陳詩太廟三諫也阿諛如崇而世猶稱爲賢相也善哉元宗新即位勤于國論故崇知諸臣群而擬爲三端可取而向使崇非相于天寶之前乃相於天寶之後吾知此百端將順而與李林甫楊國忠輩同惡相濟也哉希啓子曰若崇者殆不可與爲開元

地也。所謂西子所主，而西閣主地治怪之房、杜宗甥矣乎！

吴道子地獄變相圖贊

陰風颸來，驚人毛髮。尺幅之間，神鬼出沒。刀山積骸，劍樹攢骨。種種罪孽，天降之罰。告爾豪士，慎行勿忽。墮諸冥也，不宥之。歸哉真途，迷途微岸可登，西天寶筏。

壁上觀楚軍賦

六王斬祚嬴氏并吞二世不君中原音淪猺北之胡塵未起雖賴長堞山東之豪俊飛興誰毋伏櫪沛公遂奮提尺劍而起自草茅陳涉輟耕揭寸木而利于鋒鏑爰有項籍身長能扛鼎蓋代之雄毋不讀書萬人之敵斬會稽太守而師興立義帝懷王而豪激百二之関山誰守以將抵函谷而泥封八千之子弟偕征故

通志堂

與渡長江而檣艫值父老苦秦之日又旗麾則將帥馳驅丘皇天授楚
之時羽檄飛則威聲霹靂震之意定陶失利僨軍林且邑彥眼遂蠢鉅
鹿麾兵設戰北向望壁斯役也卑鄉以新勝之卒觸反鄰封帝
义以觀王之勝權為上將是恥砺戟戈矛修甲器仗粮道而轉旅前驅攻
秦而引兵西抗何以食鷸蚌相持之利大失可機惧虎狼方銳之鋒充
生况圍四郊多壘將軍粮絕源而甜時七日無糧士卒自執冰而凋

悵狗閉日憶唑待共過壁守其妾持文請以老師不時將何安往乃
虧卿子兩西首以狗亦諾將而祖呼相向莫成餔轂激昂乃裹竈
之謀濟長河流砥潰作楚身之狀勝則三軍生色牛乎從以戰韓
嘗敗則一死成名馬革不歸還葬國家安危在此舉當戮力乎乃
聞天下梟雄只伏君定收功乎舉上當是時諸侯救趙者戎車駟發

列壘雲盤或鮮鯢之陣列或鵝鸛之声謹方朝陽伯奇呼刻日而股
肱之獻豈識懦夫不立聞風而心膽俱寒逡巡生退避之思騎虎
特雲中不曉程作進迴之想首鼠且挾兩端相錯[illegible]非後張良
孰敵同仇情浪物魏[illegible]巳谷朱亥誰能再椎邯鄲惟棲軍[illegible]奔馳
擐甲慷慨指摩蘭士奮而鳴劍斗人怒而衝冠左手取印右手
執干戈男子之胸懷應不上馬殺賊下馬作露布丈夫之事　葉向隆

看一夫可抵万夫乘隙扶綏遇大敵直如小敵將已登壇置死地而後
生数千里懸軍深入皆振奮而儕一值万人環壁來觀諸侯從
時引飲而睥速之而令萬騎夫兩軍方交一矢相與勝負未決之
情形彼此分驗至心膽俱喪呼噪騰声踴躍超距指麾之從之
自如馳突之往而余與先登之拾鋒以進之犯臣前鋒出奇之從

騎以攻隊推左右拒觀者曰楚軍銳甚而秦軍莫能阻也又俄而暴骸
成邱流血標杵一時作氣用成曹劌之功三帥成擒破帝邑冺之
旅觀者曰楚軍殺蘇角虜王離矣而秦軍為之氣沮也又俄而秦去
聲起止兩無序塵埃止而去纍兵甲棄而不奪我軍所向豈虞
窟寇之鋒彼幕有烏已識夫人之詐觀者曰楚軍進矣而秦軍竄若
鼠也諸侯乃戰慄心驚咨嗟之意許國之人皆虜目登壚者攬袖而

低昂參乘士卒同心聲節步挨肩而激楚且夫諸侯之師衆非小弱也雖麾之閫易解紛也而今諸侯奉諸臣之若兩軍甲士之為害提攜師而夾擊在間則腹背之形寬出輕騎而躡拊在後則首尾之勢分將兄合戰羣策推乃敵氣伏趙在壘卵之危永固依在唇齒之虞楚有驍雄之將何由集其功勳莫為援甲不前袖手則從旁睥

祝登高望遠擬兵而一戰笑閩道出村〻兵已捷秦壘俱焚求成共
血歃而盟一遊尔极歸上国來见其勝乃而入不北恥祝同羣叫今憑
弔故風又失犹聞談坡壘在昔集勳不日英雄真横掃千軍嗟
〻兆藉其承大權之後愛餘勇而能伸樓遠來之師破强敵而不
惧想生才氣於前時名而亦不能於內長驅閩中独兵動群雄而
草昧開吞六合而般名圖奈何空功名于九戰不懈壁上之觀泡珠歌泣

芳雨少經悵江東之渡無中原之捷足失鹿地悲綠隱子之彈冠沐猴早誤出巷換材郊而自雄遙瞻睢而不能重瞳唯此傑生不動勃勞劉邦即摩崖剗圍豈甘景附故以失而敗于垂成寵逢生于岩嘗聞伐江一炬帝咸陽三月之焚義雖守四方鴻沛邑大風之歌

無絃琴論

無絃琴晋陶元亮先生所置銘之曰但識琴中趣何勞絃上音一
时好事者慕其高致輙标道不置尋以余觀之先生氣節高峻
其生平所以乎不黜虚名而崇實用稍論幽琴則從有兩晋禮志
虚無之説者也孔子曰關雎之亂洋洋乎盈耳哉又在齊聞韶三月不
圖為樂之至于斯聲音雖末未有舍其粗能得其精者今无弛其

絃而去之曰吾務得意焉使天下之物皆務得意則不至于流靡敗壞者不止也烏乎可先生務從其也無已請以淺喻設壺樽具舉觴而其中無物焉曰吾識酒中趣耳先生見之能無攢眉以去乎哉則執戚速俯和之而援以其絃之琴安有不卻步而歎非夫先生亦非物琴者也

擬張湯磔鼠判

蓋聞吏治莫重懲貪国法首嚴詰盜于犯西以五刑八禽律詳

人一律維茲鼠黠素悍難康竊雜氣齧食屢於夜睡跳床撼幕

善作人形帶滅蜜鋒多猶奇價生院徒萬前車亦覆或有微

利吻來乃出憑依隙阻自恃林棲吞嗤嘔嗎人謀莫窮弄術倉皇

技窮陵坻思登乘鑿窦之餘生危厨妄覬腹飲河而已滿何朔

又服之他乎宰屋而寇來恰值謾藏誨盜拯乃無禮六務甬依了
名窮負好甘乃仰自肥之計倘俟穴陳平之社不大爵何厭如猕猴
品望之刀伏誅寇沈嗟乎式禹雖善攫食猶難側翅而飛致六營巢
未敢向羊而嚇獨來挾兩端之態並猶分一臠之肥入穴窮搜動不
使夫乃之討書職指証何有峰埃下之覓即教泣乞求生幽身𡚒

角末山堂

賺倪投渺遠窺合潒坤容挾哀鳴以亡入怜玉此名家五技付

才礫似伸国法它害徒屏四荒苦礼陳力俾此輩皆知尔罪

業衙甚首示以來休食無餘

擬陶元亮閑情賦

夫何秀冶之美質羌遺世而寄傍表淑靜之青（春）德思古人之無尤庭

蘭淡而比潔妻（晚）蘭無而並迷照高情于暾日貞雅操于素妹擲凉

風〻西来木葉落而不稠恍乃悟其一瞬合吾生而同休挹瑶琴而鼓〻審朱絃〻已修寫幽意〻綿邈悯佳期〻不留況獨處而自慰後悠然其不憂一彈未終夕陽在林白雲往復流水古今玉指低撫絡音旋沈神来獨茂蕙芳可欽余悦峰之淑美冀私薦以枕衾懼禮防之雖眛室一往而情深藉良媒以接歡恐不達乎我心眺清影之蕭條

淚浪浪其沾襟願在飾而為釵壓雲髻之蓬鬆嗟化甚之忽失倏
一去而無蹤願在御而為鐲繞纖纖之皓臂恨圓缺之無端或零落而
委地願在身而為氣以承蘭于意表悲一晝之莫收尋烟沈而雲杳
願在席而為簟恃枕枕之餘歡悲穩思之忽接又振觸而永歎願在寢
而為被冀玉体以安舒悲炎熱之驟至復將卷而藏諸願東沃而為匜
盥芳潤之珠顏悲脂水之既棄遂坐置于空閒願在朝而為茗入姝

猴而長憤悲涼宵之難眠緣破睡而相棄願在手而為琖吮櫻唇之
輕盈悲甁罍之告罄繼沈醉而又醒願在身而為蝶繡紅裙之六幅
悲受污於滓泥或移舊之為服願在枝而為花揷環鬢以粧好悲韶
華其不再悲顏色之易老嗟余情之抑鬱瀾既願而終違偶徙
倚于薄暮情獨立而誰依想美人兮林下眺月皎而流輝囑願兒

通志堂

之亟渴，或一覩乎芳藪，悵金玉之終閟，亦馳思而躍起。欽幽襟而危坐，愁將抑而復揚，心旌搖搖而靡定。日九轉乎迴腸，零露滴而未晞，睇妹宿之何長。燈閃閃乎無色，簟淒清而更涼，微雨已而宿咽，蟋蟀咽于無房。帷形景之寥寂，益慘慘而憂傷，難達之以夢魂，終輾轉而在床。嘉枝物之忽失，聽遠行而離鄉。于時夜色將半，金風微吹，耿耿疑曙，斗旋參移，強披衣以起，視銀河入于朱幃，宛牽牛與織女，兹之一會而無離。

抒情思兮不見心悵悵兮何之道詩橐于尺幅託鴻雁以通瑋鴻雁志

寧不歸歎年華之文進清勤思于日夕眠餐減寧不知久情悅尚欽懷

知離合之有期美摽梅之逸者鄙蔓草之莊私屏萬慮尚慶太獨

遊神于九逵

水中丞侍

中丞姓潛名仲含字玉蜍硯北人少流落市肆人無知者及壯游四方
閩陳芳國請王於吳禮士入謁發子文而求見焉子文奇其才薦于王權
小相為有竊歷官中丞天福二年主有文壇之戰命中丞贊軍事時諸
夷詞源而陳中丞援上流以逼之敵累戰不利退守長樂王遣中丞往
攻月餘不克中丞決掌門以灌之城遂陷按其職焉推師王嘉中丞
功而以發子文為知人賜爵中書令又明年王游于墨之中丞侍因進言

曰夫水可以載舟亦可以覆舟君猶舟也民猶水也水或激怒則舟覆矣王曰善退語群臣曰伏我文章黼黻膏澤霖雨其中丞力也中丞氣度汪洋人莫能挹其際而性極廉冷居台省廿餘年彈劾無所避墨吏斂手後致仕優游于水雲之鄉遂終老焉

詩社重集同人啟

通志堂

歲壬戌三月為我石芝詩社中興之良辰於时惠風之和

霽日布煖蘭有臭而藹如鳥求朋而相彼迺得高崗理吟

榛蘇子瞻負椰瓢而来李長吉背錦囊而至荷長鑱

共少陵前驅策蹇驢於賈島後集逸少之風流觴詠再

嗣遺青玉溪之精擒衣冠貌更旧習清登壇坫依托刑白馬

而盟重樹枝旗同謹擕黄花而飲居憧城市何況雲山

座無主賓只多風月梯西堂之亭驛我懷東漳南皮之辰與君錯夜

余與君家夙有連，君仲弟文，余壻也。者自官京師洎歸林下，先後凡三十餘年，中
間睽隔不相見者蓋六七載，君負用世才而自韜晦，畢世無表後念，父春秋
春秋高，稍稍葺治園林，侍奉有終焉之志，風日融和，美余恒過焉，相與譚讌啟右
啟時習，日移晷，娓娓忘倦，方以為樂。人事紛午，君復兼遘疾，重遭父喪，又卿
西河之痛，而疾遂篤，以至於沒。嗚呼！觀舊死生契闊之故，可悲也。月
日，將葬於北門外金獅山之陽，其孤輔處等奉手乞誌，屬余不敢辭，按狀：
君諱濱，字廣泉，一字君瑞，福侯官人。祖陛三，科舉人，教授鄉里，有隱德。考相
蒼，道光庚子科舉人，恩賞文林郎，以北里花籍生。君承家學，天性聰敏，幼
端重如成人。由諸生弟子員選拔萃科，順天鄉試中式，援例户部郎中，雖仕
而幼學不怠，補試春官輒被黜，以道員之河南，遇缺補道，西河大荒，大府檄募

才委治賑務晝夜繕勘不假手胥吏諸人笑爲苛

竊惟今之為治，勿遽言興利也，必先祛其弊。非弊之去，必審其弊之所從起。昔宋臣蘇軾當神宗時則勸其君省紛更、務寬大，而當仁宗時則勸其君核名實、振威權，何也？蓋視時立言，救弊為急，如醫者之治疾，必察其病源而力圭乃效也。今天下之弊，泄沓成習，殆不可挽矣，正國家振威權、核名實之時也。仰惟 皇太后、皇上勵精宵旰，比年以來迭諭疆臣力圖振作，然而粉飾如故，因循如故。臣試略言其顯然可見者：如京控一事，疊諭慎決寬獄，而平反者什無一二；又如厘金一事，疊諭裁減名卡，而覆剔者什無二三。大抵朝廷文書之事，奉行者少，急就者多。以臣所聞，疆臣每奉一諭，通飭累月而下之監司，監司通飭累月而下之州縣，州縣之遵行與否，疆臣不之問也。揣疆臣之意，以為今日之諭旨悉其官言之也，朝廷因其官之言而頒發諭也，循例而已，以例行，以例應，下之監司，下之州縣，而其事畢矣。一紙空文，輾轉相付，而良法美意終不一見之施行，也之不可攜哉。然則非

撫今日之積習必責成於督撫移作疆臣之耳目仍歸本於 朝廷夫 朝廷之上非不憂
勤也非不勤慮中要使天下共聞之共見之而足以從耳動共起之共則詔令之所關之淺
哉○○○祖宗之世詔書一下四方悚息震如雷霆捷如風雨至今日而其效蓋異其何也
但使自茲以往凡 朝廷通飭通行之件 蒙旨誥誡務令實力奉行其有無辦情形并
飭覓期聲覆倘日久未經奏報仍請 重申諭旨增其多寡何其多寡何狀切詢問再有
延宕 譴責隨之提之 朝旨諭旨既下務在必行

昔司馬子長南游江淮上會稽探禹穴窺九疑浮沅湘北涉歷齊魯梁宋歸而其為文益肆成一家言善詩者亦然閭巷之士惟梓蟻局白首唫詠質之風雅瞠乎弗逮何也規模域於尺咫識趣囿於耆撮也夫九州之大八瀛之邈時代有治亂山川有險易官政土風人情物態有良楛确澆樸殊窮真僞同異碑碣之所誌謠誦之所播稽稗文父老之所傳述皆足理性情而拓才力往古詩人閒閱萬里閱世殊而取精多故其發之於詩光耀神采燁燁然不可逼視

也。賫棠觀察……林學，遺時多攻，以石詩生枝葉乃
戎馬顧耽，詩出於天性，間擲旁午，口不輟詠，而其詩踔宕
蒼古，自抒胸臆，絕不襲前人窠臼，非苟焉也。初嘗統偏
師道楚豫，轉戰並趙，與幽并間人士上下議論，激其悲
歌感慨之氣。又嘗征西陲，出入關輔隴坂，覽山河之阨塞，
狀風俗之剛勁。東南郡邑，維揚爲盛，又嘗駐師吳下，指畫
戰守形勢，而前代興亡之迹，搏桑日出，遠踰溟渤，又嘗

駕波濤窮島徼備悉其方言地險城郭人物鐵簡帙

蹤跡於至可謂編矣而其詩又由此進矣比歲海氛迭

警○另行平頭寫天子念嶺南門戶畀以重寄瓊州之古珠崖儋耳

郡也有宋眉山蘇氏流風餘韻遠今未墜顧其地距海外窅

世士大夫罕能至焉而適又從旅土獲盡覽其奇秀豈非天

之欲昌其詩而復昌其遇耶吁亦奇矣　柳文引之古之論

詩之目謀曰勇曰正謀以指意勇以作氣正以全道三者迭

相羽翼以濟乎用也蓋知詩於知音也至於觀詧爵素其

善詩然而因其蓋辭將

國益徵　善

題

今非九垓向日，六合從風，車書統一，玉帛東同，則將廣東學西學之規模

聽鼓鐘[illegible]溟東人西人之與，年傳杼軸俱空，治遠追迫邑鎬京，重

規成周之軌，民不敢姑尤聊擱，僅称表海之雄，非而窮洱海溢山瞰

彌綸未周，莫知極其，陸讋水慄，方輿猶限域中，夫論淘物[illegible]

[illegible]畢必曰瀚曰波而則率[illegible]化先自西自東，惟古[illegible]

因[illegible]水[illegible]治之，莫八瀛而澳宅障

百川而波恬，因從東海，差及東嶠，考究鎮于瞞方，利饒[illegible]

吏之[illegible]貢入物，締塩不勞襲遠窮兵，鰓島[illegible]版[illegible]圖東[illegible]

豈藉防邊設塹，龍門之形，勢東瞭，命儲肅乎寅賓，此地自宜

畏作。舜任窮亥步。引民盡已仁。渺則又險踰奧隴。貢玫航梯國
入廸亦鳥弋。地經蓐收蒲稍。西域同文。通道直窮日入。西戎即叙
來王。不僅月氏。念懷我西歸。名物鑄九州之鼎。譯徼于西
碩成功錫。八載之圭。且我瑠獻。西池使來青鳥。嘗爲帛馳
西時。神祀碧雞。海探星宿之源。窮牂牁。粟斗北。山入崦嵫
之穴。少可曾碑勒。准西之日是謂大同。細亦玉沿。沉俗紀曰鰈曰
鰈之民。賦成考寄爲韗之地。盡陝隨而倫肌。咸捷作而戴
義。[illegible]有錄圖西[illegible]東西狩時。巡方[illegible]山海[illegible]搜奇
日括東西經志異。芳美水流就下。徯徯左右頌東西之征。情及

縝、挾能過。歸王不修西封之肆。卌日路鈞侯尉。先、徵夏向庭。編

他年宅卜閒廛。狀頗禹幼美利。得、膏腴之沃壤。統民東民

析而思澍。藉襟帶為雄、藩。合人代人作而光被。是惟教

化洽屬。聲靈布濩。西南沿紀年尚。拱北肆情向慕。東

居震位。震驚非懾雷霆。西屬兌方。兌說偏西南

震。導東山所以坐海。順流共致朝宗。綫西籌而為城綏

自遠年、煩邊戍。方今函夏歷清。如來予澤煦。邑假東

歸。向方西陲、今聖天子恢疆斥畧。已踰青海而勒紀功。予以臣研京十年。頗侍、丹墀而奏賦。

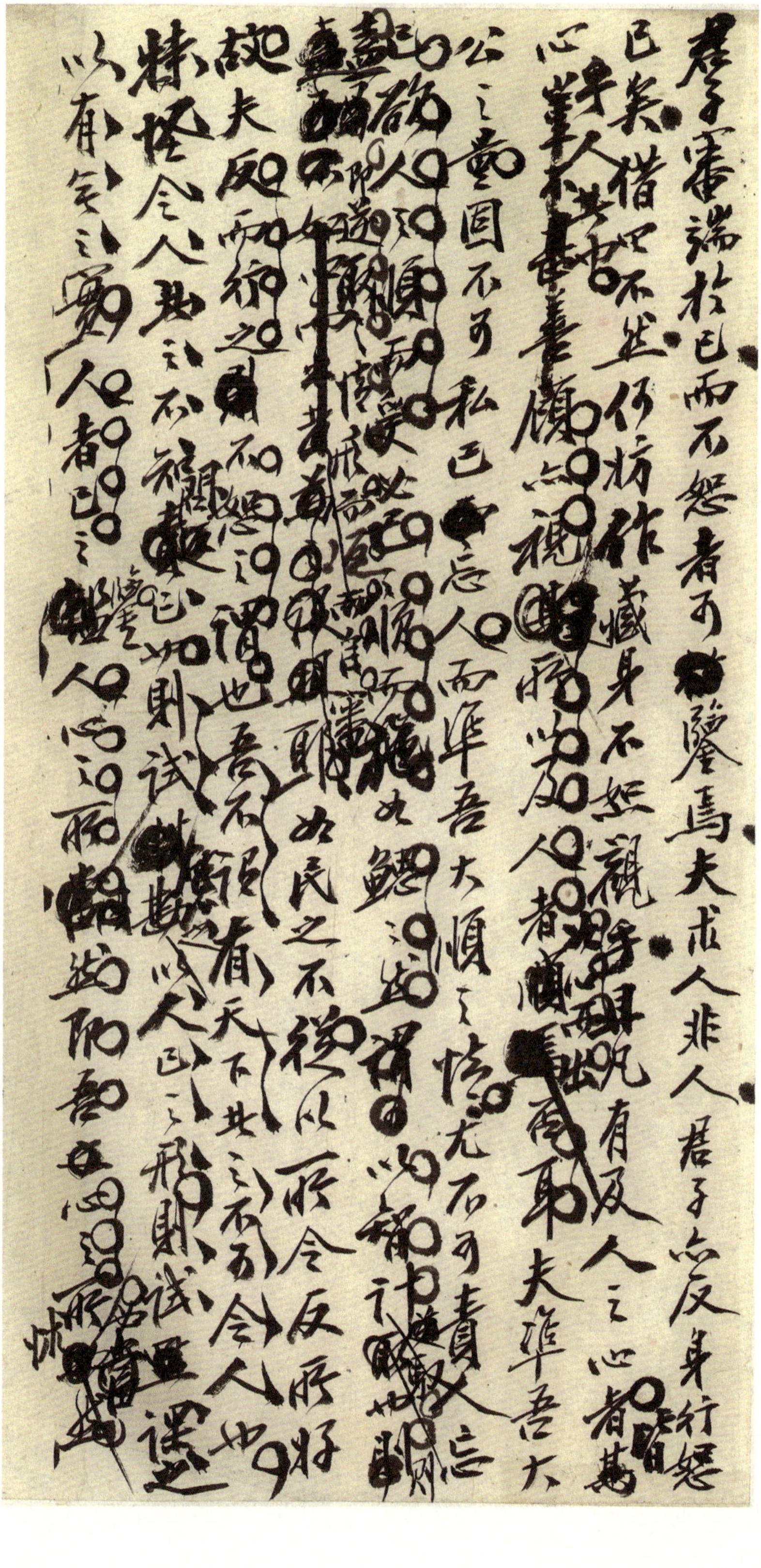

葉大焯手稿

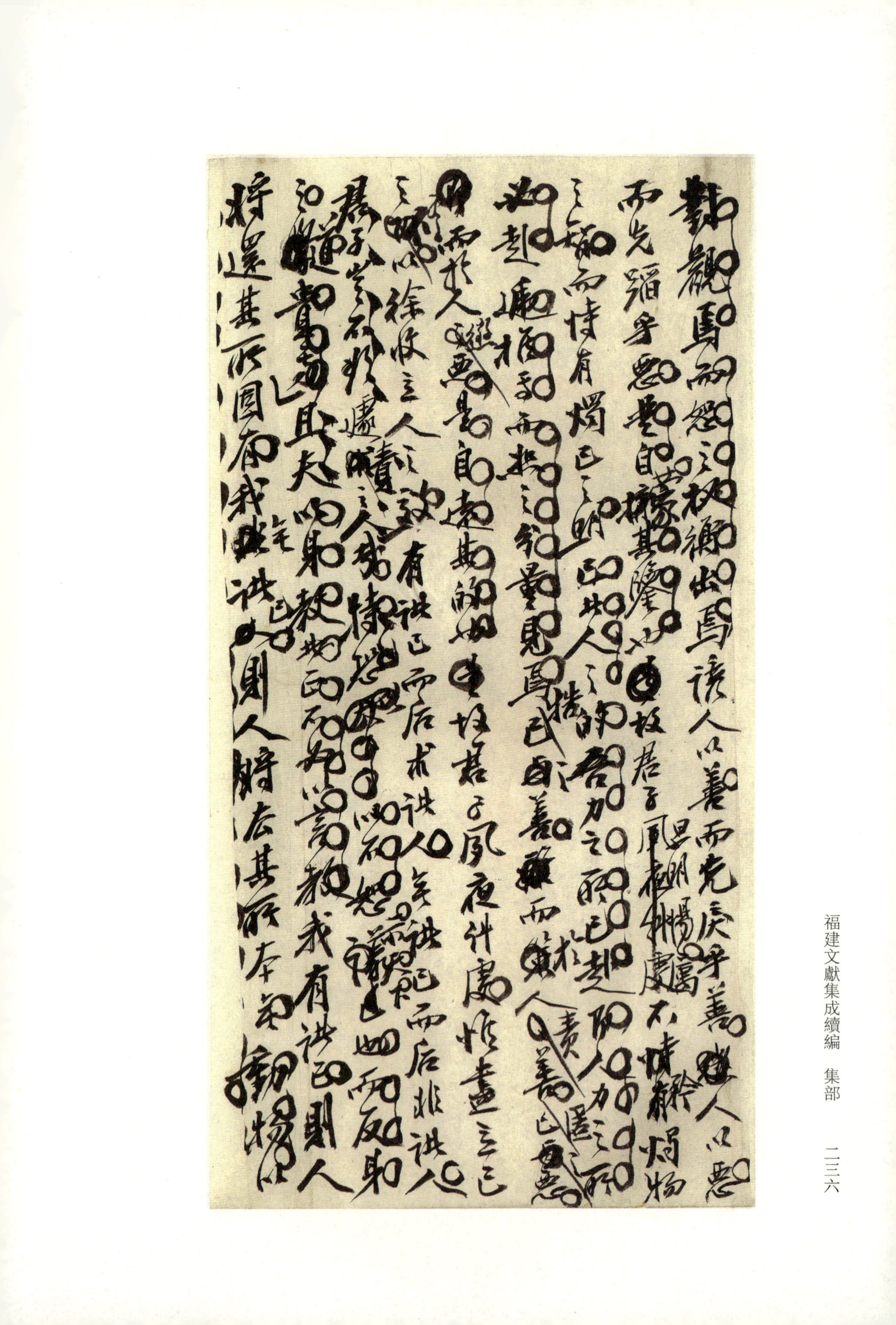

[illegible]

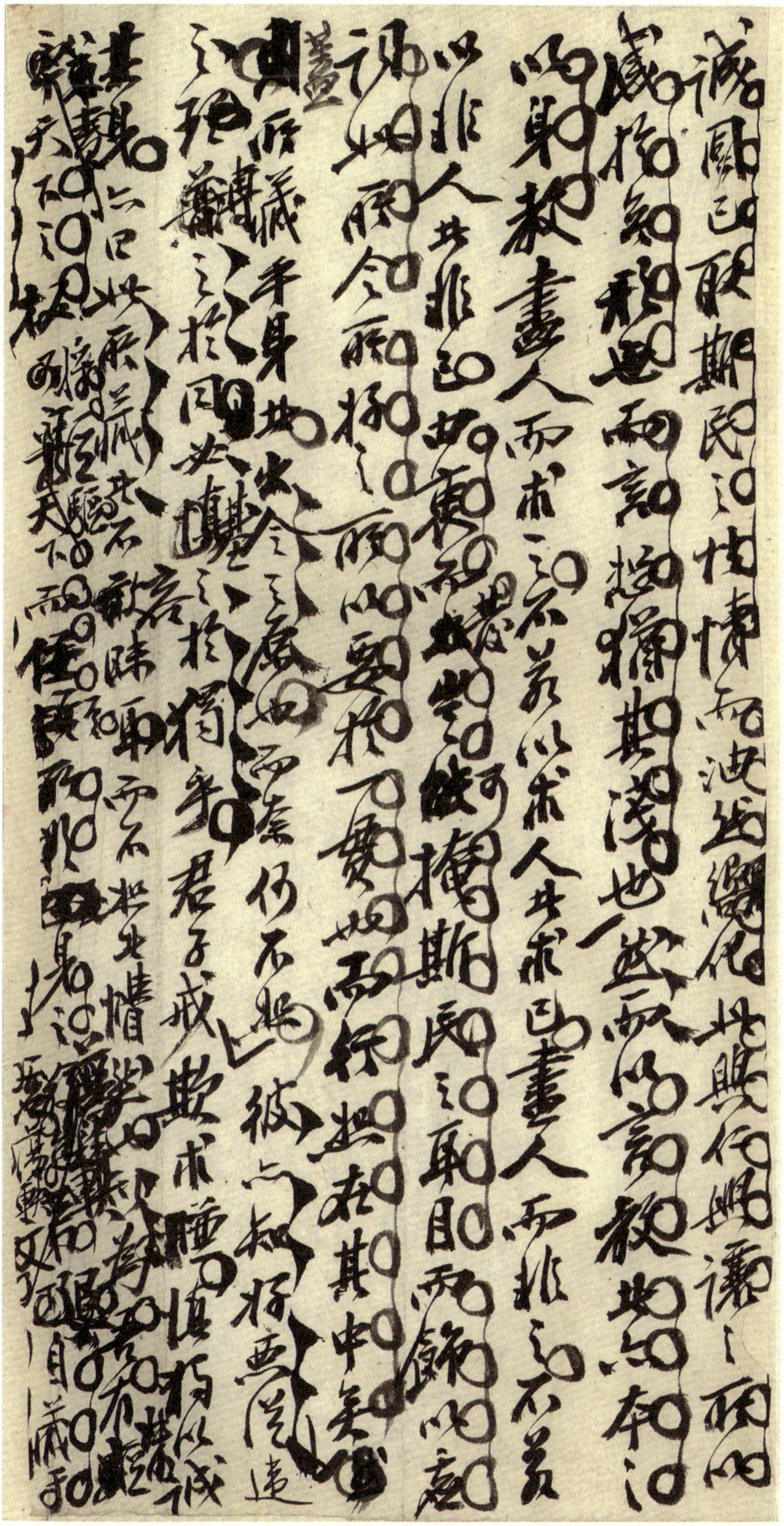

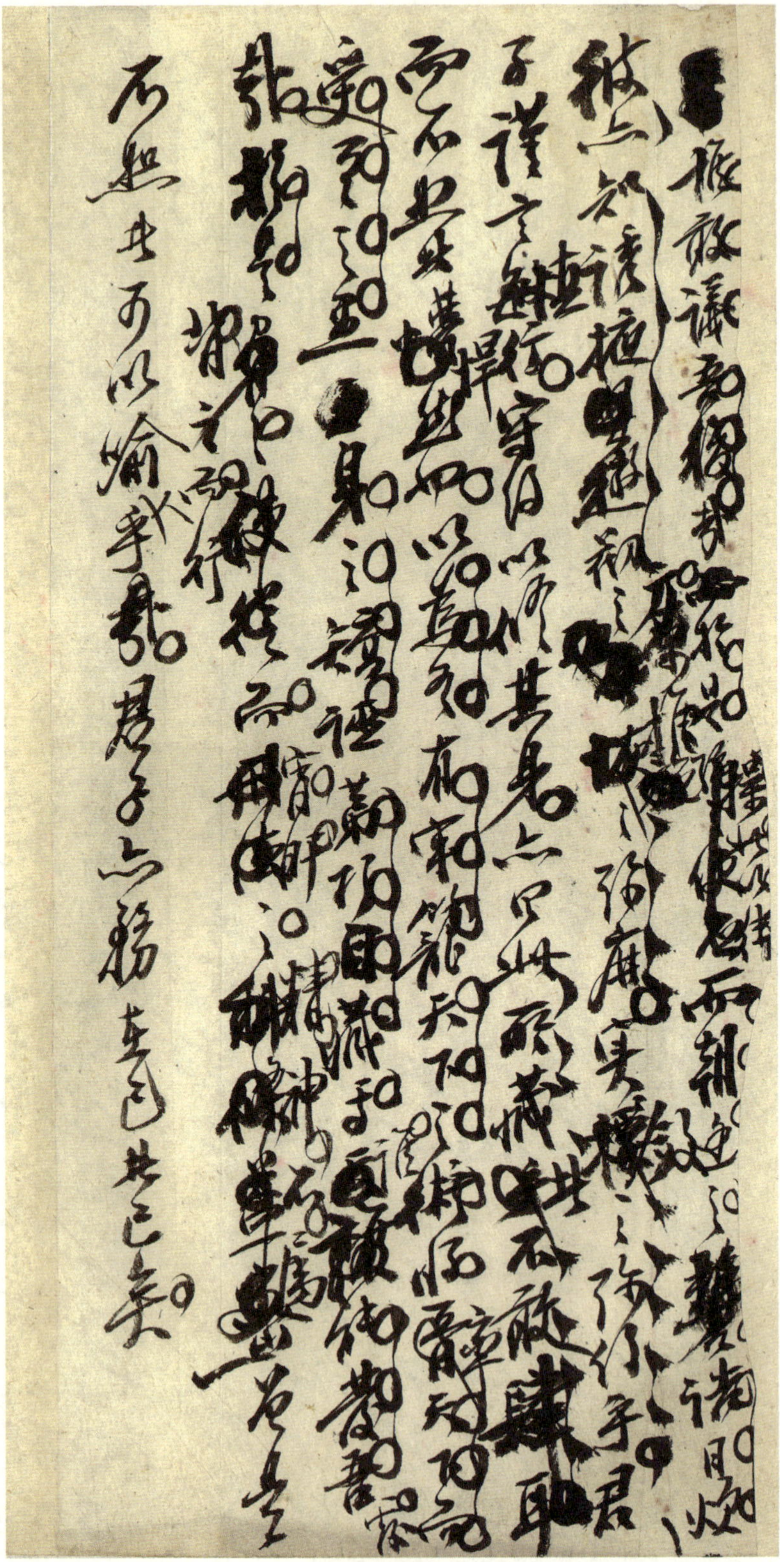

抄山

過西湖樓看晚虹 盧綸

偶過臨元亭玲瓏四面欄長虹晴後翻霞彩晚來斜入湘屏

鏡高懸畫簷鈎山光入簾天影浮橋蓮旋澗邊籬落空

滴滴畫欄紅便日腳經翠散雲霞彩映霞邊舊殘村杪

堪籍毫盧白詠壽色望子瀛洲

雅頌同文 歐陽修石鼓跋

嗜古籌周鼓車攻馬上銘元音高雅頌矩鑿闌岐豐蝌蚪輝

蝌蚪蛟虯籀律中濡毫譜畫別體石歌風古甫才堪簡

奚斯伯益工字參書二曲曲操樂三經秦魏漢唐詞陋肆蘇
黃筆雄呂昇平賡原遺跋誦歐公

鐵網珊瑚

漠渤漲瀾網珊瑚出水紅求珠材已得鑄鐵鑿尤工下綴餃
宮底高張屋閱市中千樣圓匾市七尺欄刺珍瓏酪浪冰出勤樸
靈珊樹龍絳枝拱皮四瑁綠引天風禮仙羅濕石豪非羨
攢棠育珍儒席聘呂醒世慶指鞠
恭則壽

華祝徵多壽無疆書詳貌曰茶一人惟德有五福必居宗桴
識光枝葉綿綿聯祉錢陳謹師益穰餘術陋喬松孔祉遐
三命克年祝九如驗嵩呼寅畏天眷惠西方逢帝度垂衣肅
天杯酌酒醲第銘欽若光聖學之蕩大臣修家
泉甘與茶宜
水以泉為上調和問孰宜東來稱醴貴恰與品茶期取渚
曾煎石鼎亭妙潛之雪花融作乳雲液膩如飴雀遂頭
網配清芬古本知竹符彩韻後栧火細烹時兩腋聽鳴
王八冽石萬萬酒

玉春園憶屢旋口龍池簇葦傍吕駒若拍船墟 曲江清宴助詩

紅綻雨肥梅 杜句 何將軍山林

天氣蒸梅候園林雨霽陰初生綠滿子已綻紅肥白點綴

飄玉韻痕似著緋染擇枝高逕醲蠟蒂相依丹竇顆含漿

飽金丸作彈飛條縈柳綠色招渚蓮衣杏塢酣晨霞櫻

欄映夕暉便逐夾夏遊每景抱論吾皇歲

春風得意馬蹄疾

躞蹀長安道迎風驟馬嘶一日春穠灞意揚野疾奔蹄信極

剩番煖痕迷草徑萋綠雲穿柳陌紅雨踏桃蹊白浴泥

珠涇遠踪跡鐵齊蓄鞭先舊侶追步顧吟吳驢過郎村

處龍頭橋識題星驛皇路出街論棒書無涯

開軒面場圃

對面晚場圃田家景物存比鄰居接宇延客坐開軒黄籬綠梅

三兩間房桑麻和稻秬稻花黄到檣蘇甲綠齊門前田高低

穫餘原遠近香斜陽景笠原細雨樹樓喧水合際春張山

窗戲曉底岩南蓋翹首中觀稼沛皇圖

三

舟壓浪花下　陸游涪州道中詩　西澳山四千丈

花飛岸浪激迎敵葉舟壓疑千丈霞紗起西邊流雲穩帆遲

重湖高檣不定起風翻痕動界山痕偉峽口都奔瀨

深頭尚散回樓來第柳石碧碑練過秋柏岸東西急京

濤不上岸　劍南詩口誦偶是憶清州

松氣滿山涼似雨　劉克莊蒜嶺夜行詩

素似雨偏縱雨石六山參差深濛嘯氣滿古霧偎松長如水雲

鋒非秋濤暑思寒應疑涼減濕早不辨嵐光畫扶風野溪

乂

翻催石盡翻天蓮漢萬壑帶蒼急雷萬濤嘶濃陰

撫蓋隱夜行任藉嶺清風綠樹勝

樹色帶晴烟　宋林安上同官唐制

得地鎮宮樹尋常伴老柳更饒晴後色常書晚來烟層露

園如幄輕蓋搆似歸淺深濃著池濤漾畢浮天雲如收千片

風搖如半邊何揉大象細麗垂畢華鮮滿罩倚應匿樓鶴數

逝穿詩情萬畫意蓬萬近目光

佳意勤旌旗　宋之問詩

山嶽來朝，氣象封，盛典隆，森羅排，衙衛宗，姚入旌，旆旗，旆帷宫

護[illegible]，蹕路行，樓臺，[illegible]有象，畢罕，泰和，韓瑞，彩龍蛇，[illegible]

祥暉，駐，隼迎，雲霞，旂陝，仗日月，早鑾，兵橋，廣苑，光合，壽

旌柳，冬[illegible]，8蒼[illegible]圖今年社，帝國頌壽昇平

大法小廉 礼運

戴禮[illegible]大小[illegible]皇[illegible]法，[illegible]持廉，[illegible]

泰[illegible]霜[illegible]臺[illegible]閒[illegible]

[illegible]遠[illegible]車[illegible]禮[illegible]代官儀[illegible]

近史計覩照耀澤見爲自示符 恩露

玉韞山含輝 朱子句

山本生良玉含章世所希東中方韞質微表已騰輝潤澤愈逾月

水璞神滿翠微騰休祉瑞諸彩貂奪虹起林間壑流華映金

銀氣飛林光沐霽雪石色純照暉地以鍾英秀人難獻璞

遠致雲群嶽晚獻貢瑤琛責貢皇歲

圖書發古文 陸游示客詩

欽

也

萬卷庵
未定稿

聖問齋水墨架上擁琳琅舊迹多收家法不勝磨

囊南宮船廿載來望府借藏

先秋白霞園 白居易移栽竹詩

白雲露莛依霜顆輕白移栽竹已偏知數圍入夜有當涼先秋蘭佩風

相如前裳斑紅淚點點珠顆紫綃殷玉光浮楚婦兵章屬

涼歸徑樹不攀鹽銅掌捲垂筆渠毫抽千月三更映羅雲

一片收草葉水去龍潛在景望瀛洲

衡近留似寫鄭真

退尔還調鶴，孤齋吟若冰。影照談饒妙，留詩亦高僧。謝客開清課

齊禪其上界，心外破雲霾。談次出霸緒，雖七祖遙，何道仙佛佛觀

蛛羊然，此鼓幽篁，萬丈佳燈。慧葉傳雲影，旅姿笑蘭香。五千林園

姊妹鞠者九來登。

二

抄

珍珠簾 夏宮

斗室偏宜夏宣城卧後情煩襟都一滌珍簟有餘凉日暑行天冰

痕貼地和雲和雨如雨至十萬不盡生搖竹紋如織泄蘭氣與迎抵声簾

外度詩夢秋些成樣奪蜓蜜佃文凝蓮寢輕頤將儒席勵珥夢侍

道瀛

風簾入双燕

祇覺簾櫳動回語燕一双斜繞鈎月入輕愛剪風降萬蕭花番信

呢喃紫語腳歸遲垂初倦嗔久巧相擅半陰穿銀泊膏飛過碧幢歹

六辭從以芥匠李覓
墨理蒜畫一龍窓

陽家潮巷暮雨潮江棹羽迴文篆搖波蘸酒缸錦花榮
寵賜杏宴荷恩麗

若全受礙

盃受情何苦琢材礦出寶在鎔歸大冶作礪淬良鋼鐵興何年
就沙披炭度尋維陽鎔系德其利鋤開心冥熠熠歷光淨粼粼淬
色心深義後談砥鍊理合情磁鐵抄借他山鐵來
上國琢皇彰欽式王勵志翊儒林

搴幔山泉入鏡中
王淮教傍岐王大成宮殿避暑應教詩
隅窓雲霧生衣上

陽、曉青此對寒蓋日夕泉搖從樹底曲逕入鏡中邊奩傍荑叢映帷

隨節鏡響和氣氣撲道練光穿藻鑑衣屏瀉瑤琳水檻閣

基廊南月影鋪上苔雪天勝景探唐殿冷情懷輞川

瀛洲環太液宸賞益欣然

德盛禮恭

修業斯為盛垂型必慎德心多士式禮範大儒宗物則根於性威

儀慎於家宣三昭翼翼秩五表雍雍豫豐大崇規叶謨鄭矩從日

新遵訓誥風度守章繩長書懸象實承家傳龍道

齊民且佐極宸疲頃竟封

萬松深處鶴巢雲　王越小金山詩　一水畫成僧鑄月

路入雲深長松翠滿郊萬株虬蓋幹參度鶴營巢小隱歸舟

頂遙六矗碧梢一簾寒影碧深百尺穩偏茅枝影寒俱翁茶

烟溫秋滿羅襪鋼倒疊蕭蓊相我囊傍添糧飽床登座

和韻金山詩內扔篋筆賦攜掛

鷺飛林外白　隋煬詩　蓮開水上紅　夏日泛江詩

宿鷺沙痕起深林野外鄉圍鄉青不動觀出白台初飛春渡趣蘆洲

身輕蹴蓼磯一行烟翁雪未角趁斜暉添新遮氣礙黃昏侯未歸

陰々江樹暗溪々水田肥鷗占滿光活鵝擲墨點稀枝棲未

禁苑鵠序喜相依

治國高張琴

治國虞叢勝更張聖人新琴布為敵積々金此德惜々單文循聲著

昭文抄契深柳楊馬運掌優急從因心技作中和氣調成正指音

鳳山徽師徒古勝種濟道今

盛世綱首舉　皇居簡以晦還積思向說　葉耘琪　寵襟

手

疑義相與析

古義原傳信參稽符書疑相期所指而直與析毫釐讀史文多闕疑

往說亦歧訓如兵破竹決撒下互著一一摩之水條條蘭剝無是非真截然

渙失函心知但解連環如條攙脫桶進籌毫邊　羣嗡息

垂世秘閣群同窺

綠竹金彩粉　王偁

彩竹森初條山麓巢趣軌箭抽筠漸長篠細粉猶含點雪痕黏白

節波影顛藍細鼓風翦碎句洗霞華翻舊樣竿頭換椒斜出簡

十

裡搖碧陰添潤北瑞暈濆湘南北似蓮廟墜還思節殿參琅玕
排御苑瀛島擁烟嵐

風約半池萍 律會句

未與知風值池塘四面萍蒿刀頻繁來奩鏡中飛玲涼言意 徧 合 溫
浮蹤泛泛停波撒三尺白界劃一邊知圓暈皺微雨飽痕散點星
薛荔空知補化萍田當任掠破樓烟翦藻廻歌水魚生拔全
太液子美行持康熙

蒼藻群言

斯之門有棣萊尔澗曰蘩
傾液鳴文括小息風語溫
伐木柯葉燦攜（裁花）華樣邪翻
劈理片屑匡揣文覓露妙
同工參藝匠傾液挽詞源

御鳴硯之試楚風行莊

妙

斧藻推公筆千秋大雅存崗徑揮妙旨緝頌挹群言剋和三沁入
擒華斑免妙儷柯鋒待試振（染翰）來樣初翻月庭佇堪擬志庖操
出論郢斤營意匯類壁注詞源尊（遊母）宗欵金牛銘翔文彩鳳騫
昇平資黼黻抽秘侍詞垣（金門）
舅孫平厚同利 掌 共

山渠協孔性

寄志豊山後晴郢雜柢果深（性天隨變）琢括性協玉（言）教（默然）班言忌見繹千
峰叢虹起一道長化機謙動靜妙境觸行藏流水揮琴外垂
風倚杖晴叢雲惟與語濠濮謳同莊卿息當年轍誰窺

数间墙，雪羽钦仰此与竹趣契似云

寒夜与梅花同不睡

爱他梅花傍，欲撩未倦处，夜深同不睡，人瘦心肠寒，纸帐迟歌枕

芦帘憔倚栏，照应烧灯烛，引共傍生拥，翔雪三分白，西风一阵

酸雨三点寒窗，今夕永蓝栖，任有无更迭，遥知雀梦闲放苟

集句诵，拜华侍，金奁。

竹枝咏声百道飞

听入泉声韵森森，密竹风，四壁峰滚共合，百道瀑争飞激溅

紅初漲槽棠綠影肥。跳珠走跳夜雨練影界鈎暉夷涵交疊
幔干山翁濕水衣穗翻村碓急響過寺鐘微咽石驚猿嘯寒林
趁魚歸。液池彩漲活生意滿皇畿。

綠陰生晝靜　韋應物開元寺詩　孤花表春餘

家係饒生意禪房妙趣尋設素襟日長人悄悄地靜木陰陰駐景鋪
畫欄風動翠幌隔蕉窗僧種松楊究眠琴波渺渺看包
山倚太古心偶籠花知吠犬知樹影鳥窩炉煙烟邊椰棋聲雨
外次日御園佳景總由天寄清吟

卜

四海為業

隊迴環左抱時[illegible]九圍歸併來王服定綱維

幅員歌有截肇屬武[illegible]伐

澂鏡水流

進善旌

建鐸懸鞀外。兼（傳）孑孑旌。執中延道銳。從善進典謨。前導華

旂勸（替）。旁招翠旄縈。一麾收指示。千里達聰明。霓彩。垂。旒。勁風。

鼙折節迎吉人來鳳巘載路萬萬年諫鼓言偶納千旄白羽

賡八千歲共聽多士切葵傾

木從繩

理契相逢杼柚東諸（言）說命（徵）由來求大和端賴引長繩對斡林蔭（橋）

度鳥以（劃）興日懸利應尋直諸任合棟隆勝杉伐斧斫根株

漫共鑿一滌如田繫百尺想雲淒曲岸湖（日）鋪中年還並浮柳

樹人欽宇宙百尔千星錢

樓（箴）櫥府

出入闸

卮

滴露櫻初熟鷲雷筍漸肥清和逢令節廿日辦官廚品品以饕

枇新心酌咒竹笋顆地丸似彈穇穄粉如珠摘處筍於筐衕

參來玉版香味餞應壹蔫待燒合煮蔡偶兼味辛盤蔫嘉

賓午餉媒大官彩䉶搖鍋宴簇天衢

孔鑄題

示信人難鑄千秋鑄孔顏匠門尊至域儒行式吳鄭敎李澤良 澜

林試國擅傳家玉教鏑司史三月後模範四科間洗鍊姿許粹媎 鍊心牟作宅鈗範德劍道契箪瓢程李啟

杖長向駘馭自冊庫全真示為任間堂同楓星岳磨礪琢高非仰 大治木杉

規模全體具造律築修冊

于琴名歲外陸嶺組豆授受契崑山

○喜雨自依旬　唐元宗喜雨詩　纂要成合寸

亂雨微時知唐宗誌喜新適主遇堪都懸望潤物周通甲自如朝星岂兆占

魚爽波在涉豕蛇錄豐膚已合沐日指背習輪積晷稽符莫

硎流酥條麯塵桑田歌化術秦珍澤思即潤礎期都時陸車

序惠詩均田穡○○香秋甘澍滙月琲慶調長

○點溪荷葉疊青錢　糝徑楊花鋪白毯

不盡溪微疊浮散護四邊轉盈鋪都接不點致疑似連錢積錢

以

却錸遝簿鋪來樣貝圖垂江榆莢認一三鞠山穿標錦籠

烟細囊珠滴露鮮論團遝買夏貽水合名泉錢（淺螺鬢）入波心鏡（眼）

（疏汀掛簇卷）裊歸渡口嫣泥沙鏡勝景佳句少陵情

海氣百重樓　唐太宗句

叢松千丈蓋

曾聞海上蓋其景非（石氣糢糊）霧非烟水氣蒙（島）鏡嶼十洲澄渤（森）海樓橫（臺）百尺

（徵聲）真靈垂之（氤氳）雕闌動（撲入）如腥風捲僊鄉橫（蒸成）眉痒霧封浪底吹噓萬蜃蛤

空中街構仗魚龍達還畢構樓牙布欲覓丹梯躡足從宮闕（蔽）

鮫人國（交貝闕方）無境山樓（摹樓擅）臺皆雜奇峰觀（倚）客觀日欣開眼為想淒

雲憬盥胸滌鏡面今朝和快翻瀾翰派光陰字

葵心傾向日

向暖山葵性都隨日照臨三竿方度駐景一片已傾心勢豈佳

風側情閑戲曝陽棒來華尚彩鸞翔羣擺金扉影延

翱爽磚瘢映知陰翎明開翼煜面旋轉纏轅快寸草更祺

起扶桑暴未決書陽光龍德息知龍德萬方欽

細葛含風輭　杜詩

好共流羅著賦葛單細莖梅雨潤輭借棟風含爽氣吹

蒲葵扇卻扇
蕭丈共盈盈 中還應酒酣

於

18

剪裁量居伏三嘯千纖痕鬭貼蒨粉衣輕。（草彩）似蝶。如穀風（薄脆小）梳藍。試莦笑如薙
拔襟殊未堪。飄飄新。妙帶。果果回。盈盈。藍葵葵卧痕猶楊蕉衣裂
共論。端陽（欽此呈覽）賜優渥。重恩。

初篁芭綠籜　謝康民同於蒲舍學華

（倍出）脫得初篁長（雛）參差亂意記驚雷芽已長連日籜猶苞（仍）正角
爭抽節墻外漸出（霽）梢。紛。班。都到。立。漬。粉似珠。抛。禪。版。參。獨
憶嬰綳。脫。未教。裹。是。如。雨。儲。（聲）墜。莫。翦。風。敲。圍壁緣蝸篆。
侵簷拂盈鬢。御園以下（滾）積悵。謝句共傳鈔。

○集思廣益　武侯佶夫參署者集衆思廣忠益也

幕府諮參署圖功冢司資集思聰自廣益衆智推智共採

神算出風雷功還補衮期威裏和腋聚構廣乘林讓化裏劫

讚詩廣偶知宜籌謀辟華博遴善爲師鴻騰業襄

幹調陽獻相度惠郵欽壬世眞哉讀茲臣

○山雲洞柱璉　江淹詩

練柱瀑如染油然撓雨霧出山晴中區淹毬騂風亂碧玉浮

秋爽檻珠溫曙紀丙穑膚一扣水遊氣三分潘蕭苔藍月飄

紫影衍溼痕侵蝶穴𩗗暈盧鱗紋染碧萬螺霞烘紅 校稻
待曖曛了蟠坳簪等侍乏祥雯
江城如畫裏
領略江鄉影人如鏡裏行詩情吟太白畫意入宣城未必三筠
跳斜陽釣攀擲岸花侵野店橋柳拂郵程定茗披圖帖還誰
落筆淼溺嶺縉濤帶樾忽鮮風汀鶯精晨朝瀨檣島鳥喋晚晴
泥地欲攬勝華齡待了遠瀛
鑑與衡手

衣袍徽號鑑圖新穀理執衡無所祛濃相手直撥同情形豈

翁將醌枝絲判垂輕以銅照殿璧如石戒其傾四坐生花粉

千鉄墨季成臺雲歷小掌中正物衡争證到冰心朗持信

斗柄横聖叙光被遠幽夏暢由庚

農乃登黍

黍件夏初熟滋豐屋老觴萬家欣乃穫百穀此爲宗鄉

合呼穗名鍋枝奕記候達氣到四塞谷律声帝暮村春多稼

瑞俱炊倉桃廟載並供角進以蒸葉裹豆雜麥花滋膏雨

逹書卿洪晓而地拙笔詩廣一刻聖世頌堂墉

荷葉似雲香不斷 姜白石句

不遣遊春路荷塘萬柄綠陰(護來中)那提葉藕深如雲濃似千

垂柳生妙至芙高髮華蓋影細織錦裳迎溪陽東西抱

天光上下引烟波因渲雨晴雨雜舞自盈蓮櫂迷前路篇

杯醉暮睡龍池(旋勝)佳景挹芳時重怖欣

水檻風涼不待秋 白香山詩

不待金秋始宜人多外涼檻延風面亭主水中央夕爽微穿

户晴澹出繞廊檻簾波互映窗扇暑光忘石榻鳴琴韻響

屏邊鏡光倒照涼雨底乃問重陽籬菊遲霜行池蘋散

露無放句詩自詠舊筆漁此備

潭心無檻平

畫檻玲瓏敞寒潭倒澂深平分真似掌封無恰貴心几席霜

山名樓臺近水臨窗紋映蘸碧屏鏡暈華節金篩眼暈痕合準

簾影倒映沈機深千丈張公護四圍綠蘿月凌波印松風捲來

侵池環風響自景蔑窈襟

黃瓷重梢合碧風酣甚駁

卜

○一片冰心在玉壺

壺嶽嶽山玉由來一片冰壺心常在冰鑑質瀅澈游月明如堂印

霜華醞釀冰鏡光中皎皎素角外樓樓悅抱手先冷照徹底瀅

蕭閒今世附何耐歲寒能條葉葉葉寧思領便倍增朗徹

似此寄謂告親

脩竹壓檐桑四圍　高齋曲版朱欄○腹八口

繞屋多脩竹還曲樹以桑檐和和疊壓軒蓋四圍張細料檻

舒涸青合風解盡便須兩長凝眉枝盡要迎面葉相當低處三椽瓦

平分五畝墻，午窗頻入座，春社憶傾筐。昔也梅花傍，隣家種柘館

涼商扶疏森夏木，併護讀書堂。宇森請內誦吳夏沐息亮

溪村靜中一兩家 錢起題郎士元吳村別業 黃宗李長官

橫雪依山月前小知岸邊水譯短

人事流光依稀溪邊一兩家，靜聞鄰村首曲曲園

瀟合溜激浪花知歸，繞隈巷窺鴛起平沙，漲影搖腰三篙長

炊痕漫遮，鵝不知溪遠近，只見屋橫斜。白雨東榆社，添春雨

柴門掩暮雲，星軺過驛館，御詔採恩榮

蘋魚藻碧

山接東臺勝地蘋繪越飯韻醽三尺踞碧叢叢底鋪聚散隨
跳泛之浮沈掉尾御澗濠風容渰濠上日斜初過雨後逾皺淒
波沫自憩甜草掌鞋蒔蝴紅銀盾花濃面面斯窺鏡鱗鱗浸
寄老○○恩光迎○太液於物表何如○

反

○紅葉青階翻
百本深紅色嘗素菊藥繁清華論前占綽約（旖旎）玉階翻連綴
鄰青瑣垂臺護偉禮燭搖（搖）夜極影裡染鏡房露零朵
斜依砌（涵）風枝樹曲上軒名苑園相葉尺地認仙根棠館耐新

雨樓闌靜曉繳謝公詩句誦稱筆侍。金門

。書墻暗記移花日 韓偓

花，殘墻陰暗春來逕日移書應隨手記立憶及肩宜掩

鎖藥圃宅相高樓棟光陰來國度心百管瑤知不辨蝴

從雜疑防蝶使窺梯欄題壁句辛苦鐫時偏映芸 千紙

。。。。。江添杏一枝聽鶯來 曾衣宵夢 早來鞍韂 梅侍。飛埤。

。身人夜夜覺泥生 盧綸

情情僕舟起江頭舊漲消息聞人世識休覺水北涉鴉夢憎

廾

嘈雜鼃更喚寐覺罷蹋燈炮出雨細櫓枝搖亂港呼收綫驚眠
聽柏櫓往來喧古渡深淺較前寬窗倚篷邊三尺清瀟衝一條小郎
州今具寄桂席文游於

架竹盤山樓 蘇顯

翹望芙蓉殿高樓面面環崢嶸初架竹突兀恰依山粉壁
依依簾櫳月樓倚岫巒三層松送響四壁留白雲樑留哉
自碧簾珠樂舊斑最憐秋雨後真正白雲間年士即漾
渺仙人此往還 鑑亭蘇白詠鳳陛侍天顏

點水蜻蜓款款飛　杜甫曲江詩

戲荷蜻蜓細細輕，江路行飛盈盈，和捲漬款款也。點點機，飲露連番
饒甚風性力微，白跳珠雨急，綠漪波把偷眼窺題廓概甲。
鼓翅衣攔住宮莖，蕖立低翁無依，潛蹤窮年定汀花翩未歸。
少陵詩句誦。太液迂。只思曙

竹露滴清響　孟浩然

冷露南亭夜，蕭森竹氣清。涇痕落萬个，疎響滴三更。雨葉
喧初定，風枝悄不興。驚飛拋錯落，攓料墜輕盈。疊疊浮聲

抄 賀鹿

東指々點白樓虛窗橫濁水小院隔樓老鶴閑栽流螢

無影風息青欣寵黃詩合尊壽慶

○野船明細火 宿鷺起圓沙 杜甫草堂入夜遣興詩

點々流燈細細船夜泊船風帆歸路渡罾火閃沙汀鷺々荒 曉角傳聲又無楓

橋 村外漁舟蛟荻港邊櫓枝聲急迎背影低燈暈微波淺

○光搖對岸圓陽林深無西風塵遠籠煙隱約疑似依稀

閒々草堂吟無爾更變遣興未曾眠 寂寞拈杜句琢筆待明朝

須更盡滿々岩重 錦繡句

滑雨順史取添甘渥澤濃虹霓鼎眾興戲武三宮枝樓西
膚御讖膝土脈鬆天擬儀頌御人記化之庭篝祀擲邦極 倩
車隨候易恰逢歡聲騰社枝業歲語桂春室共十倉廩家
還回誦供韓魏公向年的情撃懷頌吕堯封

○遠移山石疑作声 狀吞題薛十二亭池詩斜 斜小橋亦鳥塢
雅韓識聽影趣無多便覺平臨池高遠勞種石作寒声一
道邪紅窗千盤鼓山碧樓花蹊子位置蘚碴巧當便洞窗穿
西出濤喧帶雨停迴腦隨屈曲漱齒激瑤琤真共吟松答

朱

何擬碑碣如薛亭題句慳，集景覽，道瀛。

○水木湛清華

水木手自種。西池勝景詩。暖風薰蕩漾。年白湛湛垂。出無鱗。

漾漾樓臺面面庭，躍波魚在沼，柔柳鶴棲家，曉漲通紅板。

隱護倚池……明上臨曲徑歸。

橋臨鈎道瀛，何如依太液，菁華萬里春。

○乙夜觀書

視事前宵還，還觀庚部面山，藏自當乙夜，課第，書丙四披

抄

金鑑庚陈拱石集十千循次第一寸惜而洪次太藥燃後抽出便

汲初籤声風觸祭帳影月當廬朝退防游勉更淬琴躍魚墨乾

竖呂前命宸修勤覺貴得進士榜花錚

○亥有二首六身

六爻成熟疑年話晉陽棋憑肇韻字得勢早全勝周雅編詩

配義文玩易陈象符明兩作敷信泉三人鳳化從頭按蠱書布體

均重三箇下管曲三君排轔梓生白羽誤河珠更貢珍祿能縱出

獻壽寓頌皇仁

○王善為師

樹德基於善○商家詰誡垂○近良治寓茲駢業得知○滇域寅居辰昔有依師遠嗟深勤稽

古○尊崇廣集○熙○攘三○步○保○傳○儒○六○歲○規範○氣○如○蘭○艳○為○心○與○

知○明○舞○聽精揚勤節○取○夷○揚○枚○遜○卑○為○敏○與○評○椽○新○傳○道○統○

○顯學○○京學庫般典学○

寅你端○○百教萬邁軒義刊夏緒戴○○宸志○皇遐○○區眷○典校泰峯比○

○考上上

上上嘗書勤讀書壽○鳴琴治光諸○宜、勞勞、宸、倉、樹○奏教考歲讀計、東、偕○載道碑

争頌○盧萱鏡自措○槐○掛○三載○課○掌○薩○萬○家○懷○為育寅○事○用○家○乾勞曲英周

紹田禹貢御寅恭嚴右位門第冠同僚並惠稱師治循良人傳

集官途曆四衛詒撫天善 勛維退行部 遷蔭及晉階 忠績懿黃華 循聲繼杜皆

岸花藏水碓 岑參游盤石寺詩 溪竹映風爐

杜碓鳴何處溪岸影長流水急簇花藏暗入醑

沐禪喧闐聲合豪暮聲春野渡春色畫江鄉礧雪三高

漲迴熏風薰紅鄉無籬盾陽帷見桔槔帳酒旆迷江杏曲舟

隱渤樹遊綜盤石寺清賞助吟囊

桔槔聲門庭倚竹 東坡寓居定惠院詩 不問人家與僧舍

催雨蟀劉鏡伴共鸚
歸影

收

簌簌多憐憐詛家此倚筝到門深鎖和梳枝取來談樓鮮

聲初松扶葉子未抛一年秋月倚雙枝壓雲要林氣靜青條

嵐光染碧楠山僧歸林共地主同休擬枝古龍漫人遊未厭

剪物東坡集內涌花蓮寺多嬌姍

谷口拄歸唱 杜甫八月十六夜玩月 如擬留起法

嶺人歸去依稀語落趁行活紅樹暝唱入碧天邊危棧穿

嶺出寒雲第雨扶歌聲松外種擯影柳遮橋村遠隔猶隔山

空田自洞 [illegible] 鐘流水蒼籠笠夕陽描處處迷蹤語吟猿信

月令
早六

指至郊鞍韉建與論戲爲芻

敦佳荊邑秦　唐太宗句

偶誦唐宗四歎業大計存九歌功用歸一道俗弥敦曉日人祈

社春風美西門鱗臟鏇（作）柬來蘭館謁傳盈橋（處趣）比橫促動媽尨

唱遠近村周宮編治法漢詒布里言稅減編氏賦謡登太史

軒至野民多至豐澤普郊原

池南池北恃錢生　蘇軾句　街東街西翠幄成

出意池南北郭爲豐團義施紅四鏡蓮葉給鋪錢球拱綴

蘭陵露，蒸夢隴煙，方塘前後，合圍廊垂，鞍擁迎，碧山齋紅。浮青水，倉邊如論，風月價直，應千萬纓，與酬小園，授課馬。飲此，且波涵，太液萬柄億鮮妍。

陈诗观民风

入國採風土，陳詩課治安。王化三載，羣民俗四方親。蔀屋勤耕織，蘇原像暑寒。豫遊偏夏諺，康樂講周南。社鼓歌迎蜡，壺笙律律和寓。山川言志寄，井里孔眉舒，同路廣唐風。鼎俗潮孔增，昔聖野宣海清，聲華頌呂全臺。

抄

霜號千里駿　莆陽特進河陽王延詩

神駿來千里驚駘一頓似汲陽摧（評）風起（月旦）萬野逸（駛）霜蹄揮逼

花初散塵蹤草欲迷手驅（追風）閱月（塞）重（雲）踏隴西（沂）西健足疑飛

度雄心託起斷山林非要鷹所向豈常蹊裸御收馳騁

賜臺一董品題皇途欣展驥騁步侍金闈

閒意唐詩晉帖間　陸放翁出游歸鞍口占

枯墨平生志從興得意間三唐詩可補兩晉帖俱稱戴笠人

何處書裙客不還詠懷坐峽水禊亭會稽山內舍騎珠妝痕

卅

亂蘭紙斑銹蝌蚪詠左争坐鸞顏瀟灑風騷情字糊
屬車册卧零年今喜見籍華侍女班
將家烟火自成鄰 朱甸尋師九山莊東溪草堂
指點家山兩仙源此間津渡此中隱烟火自若鄰境屋舍
緬慮連衡瓦疊鱗炊烟回巷語人稀漂墻秋散入暮藥澗
暮和三月桃花春秧田耕餉黍麥倉豐淳新避亂歸雲迴
流萬細兩新帝城趣首近籍華荷且偏
樓觀滄海日

眼界寬千里神光撫十洲

傾葵向日

觀日東蒙龍登高倚赤樓扶桑曾入獨上滄海松奔流霄
色瀲波浪晴光萬斗牛雲霓三影出大地一輪浮龍燭翔
輝照四鮫珠摛采收百重凌絕頂萬里入奴眸快觀咸池湯如
衝泰岱游首葵藿向翹首望皇州

新蒲含紫茸 試筆題

簇簇新鋒紫春光長洪簾幬錦生多擢擷秀嫩萌數家
原芽初茁和烟節自扶權風吹葉細蔽露散華映波影
依魚躍泥立撩燕俱矢抽青映澤翠蓮動碧生廚酒借杯

卅

萬欽裒氣茭偃伏新詩庚唱詠傾藿仰皇衢

益精文選理

宗武如章擅昭明著述宏選言都皆櫛精析理更專精眩如九初

執戟如如自逸都京賦體裁山水樹菁英刀妙工夫到研匪意篆

出寫轅門途乃鍛鍊鏖治初成漾飄風驕倡商果月旦評燃藜

東觀讀塗轄傳乃遠瀛

簷垂夏果香 李葉發白 池映李莖先

雀果垂垂裏時剛簷夏炎底聞香滿院不辨樹依簷挑井洪

晴曦（閣）出樓闌滴霞露壓枝朱顆重蓋瓦綠陰黄四庋交夜

正風前折筍尖蠟抽丸粉墜鴨藪家爨窠（摘）攜傾筐滿

摘茶休礙帽檐御園新蘑日梅粤佐調鹽

修竹成陰手自栽 朱子句 青年共第此山棊

居子矣修竹三子自昔菜隂（里矣）當日長着（手）舊時栽在（年日）

耿韓初作春風首屢回蕭椅扶杖看辛苦一一蔭鋤來未許

園丁識如指点士陪饒遊徜見筍傳出共移栽節出黄香

上功萬國雨露墻霑春毫未白（善禱逢）聖朝世（東）笋貢（大）才材

非

竹聲白言

言自吹笙奏情還響韶濩靡曲因是為天地播元音東人

經山谿浮溪回水潺調黃鸝雙鳳下擺裂石聲一變欸乃律其聲和應

声非可錄如慶華野曲抄寫杏坛心唐相宣龢聲周詩

化作冷冷雲和出夏清解悃悵慧知

四月秀葽

四月時維夏詩人詠秀葽聞名徵爾雅紀物譜幽謠豳

畔依偎種街頭菜已挑送春風信換啟夕露痕清甚野

熟梅子青還雨麥苗清和時野館琴罍入江樓韻借欄
花無材收籠葉鏡〇〇液池生意滿〇〇屋澤被維天
波移帶影長臨
柳帶青〻裡瑤池畫不如光移岐淺高影落樹扶疏石髮
寸千濃堤身倚集籠烟潤擊馬維西溪驚魚擲暈隨風
淺雜紋〻卷舒掌上換翠芬唇銳顛紅葉翁陽暈痕〻
衣蓬柴汁初宕光爐篆駐〇〇太液舊宕居
攬柳風橫弄笛船

幾樹垂楊柳和風撲面迎歸來船不繫弄玉笛任撲淺碧只
〻撥艇寒〻蕩〻輕篷收三尺短竹撥一船清掠篷烟氣力吟龍水
有聲蔴飛橋板曉人倚枕樓晴古渡程爭嗔長亭又送行戶
班依。老渡趙向案庵廣

松濤聽盡不盡雲

收

指點松濤雲間雲一片浮杯乘渾不厭聽盡卻仍留芸插
疏烟暝罷搖影洞秋月來難牢攏西息未全收千住世心聽
徘徊自在將大先晴更春潭影水邊流言似高人懶萬依

老鶴吾道兄翹首望吾兄集毫抽

詩賦真有神

獨有文章作昭批燈王字廣神逸詩程覺明悟匯出擬萬卷

書節破千軍筆自橫驛行具真活潑錄氣勢任營牧挾江山

力如驅羊木無毫巔秋著色顯上兩僧聲久留佛聞雁去寺

才如掣鯨浣花島調嚮絡傳子蓬瀛

書長參羅焯曲樹

捷奏長吟羅言人意皆甚博聞類倚樹不收吾嘯鐘翠祖 靜遠

愛之後何外苞
清鑒存其由

卅

紅烟撲井飯滴露研箋寫清課麻槐市午陰圖劇耳源山

籟科頭坐小年琴譚流水茶摺扇白雲篇篇竟依傍帙花

痕浸度歲出森詩句誦○○宸陛侍趨軒

六處如此

六處自調後辟征者驄駿駕駕車載犛扶笈御如此節合

三廳赴請還並坐溪所行鑣飾錦錯采軒橫金驕翡

叶叶寫鋤唯唯吟柳楊馬車手援從從因以取索撫從黃草

黔樹自今○○看方方龍轅去解愷愜○○宸襟

鯉餘之萬

江天立芰荷 杜甫

畫出湖亭景物[錢]幸立芰荷江天那入律詩字姓任過欸角抽紅

聚輕錢送翠多未蓋田島嶼無數繞烟波菱鏡開奩影

蓮舟[攸]書櫂歌西幽花氣送香裡水光搖清夢閒鷗鷺踪

隨雜荷蘿子漁也生意尚向借少陵哦

窗邊遠鐘遲

側耳林亭聽流鐘響未停遲迴春遠寺搖曳過閒窗曲曲

都排峰聲聲許渡江畫畫屏西聲石隔淺淺牌曉語接水檻紋開

珠船玉夫
陪和　樂叙

西風簾押漾雙盧，樓花外漏低，護柳迴堤往，詩停琴指

沙光映酒缸，簪毫道島侍吟，佩玉琤瑽

詩風珠玉來揮毫

脫口霓珠玉，詩成骨格高，仙心原未抱，寶氣不操囊，趙郭新

蕭韻曲羨林管，揚霞垂筆，的灑泉激，韻新驕，內分鑿中字

老翁廟上韜窮，吳珍一軸，精采佩，記傳，墨妙縱横，備詞坛

咲啴豪，蓬瀛欣染翰，寵賜掛宮袍

西玉琴生間

斗室那生閒歲月，西窗琴床遲度出，畫幔偎擬夢眠溫雪。
歸臥硯和霜凋寒，濕汝鬢薛荔涼意，逞芙蓉几席秋塵痕。
湯暖窗冰氣凝，張延珠桂植敢入玉杯，初擬貢月出金殷勤。
節序時光匆匆過，峰依傑直付　審詹

片雨盤鶴影

鶴已亭前放，雲深石上翔，風姿千仞處，片影半天盤，出岫遲遲。
意中霄漢，松溪歸雨緩，松蕭　戲園烟雨相依久，江天孤翔
話石隨霜草下只，常暮雲殘時色，三千春秋心翁月搏　逢葉

非

贈瑞霞班房侍寫賀

正直原因造化功

丞相祠前柏，那因造化功。精忠原氣節，正直至之風。鸞鳳樓

壯火判蟠仡攢雄大有。君子懷忠節，古人風。歲月長松抱乾

坤。浩氣充，明神呵護。深真宰主持中。遺廟千年來，洪鐘

萬物銅。更形棵棵至萋。摹無棲桐。

濛柳正添愁

楊柳深如許，共濛而沾垂三千尺，添愁愁。萬点添抽白行

初妝梳畫更黏面偏奇拂插釵縷偏倚檀胭垂梳鬟鬟

鳳輕剪不搖依回人字亞低纖水花纖西哥萬搭畫三印鴨

篆中 龍池年凌高傑直彩毫拈

樓聲苑院閑

知有鼓樓出疏聲出樂苑重門閉自閑深院情多謹節序人

何處院外經歲久來痕周風角矢頭度空似松雨蕭蕭答聲

雪陰遮遮雙鐶風動一扇日和斜月許枝有爛都熔鳥枝極

月正詩內誦 御苑駐鑾華

鈕通仙外叔拟葉鍾先生首唱

卅

曉日雞人傳漏籌

待漏相猶早，鵷人次第傳。班分瞻日近，龍處曉風前。陛戟投石，

庭獄燒散烟，禁鐘城不夜。岸積史女仙。宮傍輝三殿，銅壺報九天。

壺宰水滴，鏡棒朵雲圖。柳外聲遇，佩花向影度漏。蓉露冷

白鳥丹陛付殘研。

臨風過竹林

不礙紅泥滑，何横翠嶺森。人集疏淡水，夷溢過烟林。生意倩

護來風脈脈，尋聲花穿石。轉折節繞，墻陰椅隔飛纸

高蓋山

瀛蘿環轉鏡深綠無邊鳥礙巔倚石龍吟虎嘯雲侵檻流

鶴期上棲夜地栽植滿東籬背輪孫

桂枝生自直 江淹擬劉楨詩

稚操無公璞玄山桂樹叢節號如此直枝本自然生既葉序

全象定柯擢翠葉勁支戟晚仙骨戲天風雅蟲聲

梯岩鳥飄月窗濤雨螺依菊傲霜向日任蓬低眉蒿憐知

遥孤高見慨恨吕圣欲持達嵐到無華起

獵馬帶禽歸 王績野望

[illegible]

徙倚林皋暮出山散[illegible]圍寒禽歸[illegible]帶如馬山晴掃撒蒲帆
驅和獲聯鑣去落飛踏夜銜足蹤藉草而眉肥飲鐲和晴
晉搖鞭指夕暉村聲催醉鼓山色夜手衣陵鹿休尋樓鞴
麝乙宜樓呂皇仁飲呂姻僴財華陋來旅 旅字誤應是四支
萬般物象皆於鑒 唐釋[illegible]嘉詠古鏡
除是臺前鏡誰能燭物生一般歸洞壑動象往行排包
相超何華髮河淨羞揩去來都窗迎羅德與憐微表年
塵窮涵嘉了水僧濃縣雨出岫溪晚月高澄古佛圓光

布穀鳥餘言

謹吟俚句四首係三三言念切悟學勵以齋

紫門聽水稻花香

不覺聞幽惻風前自倚闌紫扉聽水寒擁簇不勝家住

瑞璃畢人歸錦織枝魚鱗踏返數暑隨鷗翅飄稿處書

病濤溶荷氣清拂岸荷枝三篇添宿雨双板橫斜臨

鋤影連畦溪春声陽岸喧至野古墨故腹扫白鱼

驛西松声入耳來 劉禹錫西山蘭若無差

多响兼茶鼎潇潇耳畔吟迎驟如飛雨勢擬入老松声风细

川路

烟兰凝泉寒雪乳烹散華湯自拂秋石颖争雪滴涵三分逝

吟涛月晚生凝笙酣落噢炉大语清风勇驹松窗影听琴珍第

壶烘三星见新鸦茗试浣工诗盟

金匮衔泥试学稿 王勃李思

下集上来金匮苦泥式度衔月飞偏留字不浅使趁凡撒椰黄初

映平蒙深夜米美剧石风力性觉墨土花嵌晓课功还留李声

课已读保然穿阳巷不觉惯蹴征帆勇飞抛珠饱香痕

骚碧被吕朱雪千容语接8帝世已搂巷斛

半帆斜日一江風　許濬送人赴桂林

斜日微風裡。江流護半帆。送人愁不放。檣影于羅遠。影搖

逢船浪痕遠。鏡山來菱。明畫船折柳。烟輕拂。片席無波

映三篙。帶雨嵌天光。雲與岳山雲月收。御量人前溪竹濤

生古澗杉。簪毫吟許句。　帝陛來詔感

市橋官柳細　杜甫西郊

官柳垂垂細。西郊徐去繞。横斜依驛市。長短接江橋。眉畫

紅顏嫩。腰輕畫翠條。偶隨虹影臥。慣送馬蹄驕。候館春

川上

神遊蓬社後，得詩若干首，雷音庵作

居錦千字，並江流九派圖

粉墩蒼林夕不囂風微千澗翠水泓一弓撫夫道人琴樹沿

梯空擊梲。詫也詁暑亂簪筆頌。。皇猷。

匡山讀書處

匡廬匡廬覓（惜）詩人任謫仙讀書林壑初築舍水雲邊別

久違真面歸來讀（讀）舊像百感如潮傲五嶽石流泉瀑布於

飛雨五更暝散烟伴遙（攜）月過我貪買山錢壽與評三

字初心悔十年學畫遺記左儀與知我侍

江色映疏簾 杜甫晚晴

晴色、溪于槃、江、天、薄、暮、初坐疑篷舵，小映入畫篷路林影

花氣礙篩波竹石如潑墨參水墨濕雨撲冬春鴨篆識迷

漏螺房片影翁送青山之活生白雲墮屋基十遲閒押叠

題巧上搖杜陵詩句涌拜筆付呂宮居

双雕玉作聯　寸截字句白文山好句叙之

元九風流憶聯詩到比肩十一聯五言詳傑作双搖峙高標壁合分

揮思圭驅韻垢滌鏡章排鳳翔吐彩奪虹橋石岩瑶瑜

涵珠隨唉唾飄瑤藻琅琳辭詞對峯瓊佩玖瑛律和調送到題

川上

屏日假水剡燭宵安玩逍遥隸集籀坎皇羲

重与细論文

一管生花筆談文風雨家相期加意细還要異時重此志扶

輪共何年載筌遺奇篇高燃貼匡生記逆宮析義以如

鬢搜羅軸在胸湖山緣舊稿風雨繞前程勇烈期非遠潤

樹無較濃持衡多士厭登崇聖魚醻

高竹生樓風 題徵越中寺

僥幸多僧竹高争百尺樓簾簾風生入溪溪暑全收篷篷迴

林絅千閣行山西廣收函

郡侯允膺縣漫上鉤先韓仿西刻遠勢壓雲浮南右植相

西陰晴冠石色伴密籠千个喚流動一邊秋蘇占地痕約

松濤夕石八賴流聲亮吟趣向東籬滿目白州

田學商量加密邃密

田學須時習商量楓斯勞力始論章文會友如邃密尊家叢岀良

金秋廉駁美玉瑕瑜忱底契竹新樣不爭花陰浮云俗儔

功防百倍餘練持深淺波針度細知差蕭稱湖群宏規

應同志導逸來齊多至訓多士成済令

精漢研求攷済涵補

年差　月虞　書室

此

新蟬第一聲

氣力嘶蟬早分明，一唱初光聲鬧，果類次第枝芳老柳徑

尋猶寐，挹街聽，信真是，讀殘初疊出，蛻化訝隔年，身遠樹

緲烟霧密，風度高枝，深細雨自，珍拳擇求書，本華遊，歸來送聲音

語緒和妙音，轉嚴頰頰，豐年，今者是，蕃頌頌，再哀

減存為物祈

官途最重是文衡

巍科詞曹選，星華鼠遍榮。以逮憑官職，掄國重文衡。同輩作

直籍宗工出，主盟道藝評。品地今年擅，名傳濃意衡。擢騰

先手柄橫儀，事全懸貴心。謹甚玉壺冰，畫胡班歷瞻星

使節迎欣逢，宸誥不。策遺蹤駸疏延

湘平西岸閣 王□句

收

空濛江影暑移添雨後灘沙漲千尺長崩勢西邊送石骨

遠、枇張、陰、鳥、蔓柳樓外界傍柳村吸浪拍渡頭橋鷗席鳥西

拓、漁舟下上搖天光低一抹人語夕陽隔前宵舊量、量、夢遠寒、痕

夾、鏡描青山使盡圖屏葉文詩點

趁舫佃使雲

振衣千仞岡

位置從千仞詩人托思長振衣來勝境躡足此高岡林動

初披髮天雲起纖裳軒裾寒薜蔦峭壁壓松篁氣

衝雲樹峯身爭鳳翔五錄飄倅傑萬岫俯彼花搖

嶽接拄健凌霄首獨昂抽毫召蓬島侍嘯擬迓多龍光

溪中常放而

雲氣常如此模糊罨一溪城天痕收暝晴雨候溪看鏡色

竹

和那溪桃烨乘澂迷瀟湘李社醵遶楊葛山嵋低處的樓

尋興秋烟鷺點柳影水漾岸此樹已掩村西跳白催蒔活

籠青萬麥畦山屏疊景繪畫說的新鮮

江月隨人影　張謂送人歸秦詩

那月三更夜在江心它散遮逐人清大搖送影遠頻隨醉即為進

無排細鏡裡窺扣返相般構擠戲棹便移蠟人四謂頑團了

擲手知溪山行數至風簷侍多時飛影驚寒世間身寫照

縈樟樓高空雲勝萬提語也

閩下作鹹

水閩原趨下其曝辭物蓺從無定貴淡畢竟味通幽游出流
物坎相濡變鹹以鹹花美進配鹽臺前收揚帆海濱都費受
泉甘自不凡田鹹滋應留山岸限峽思原蜑餘饒為市舊棲
休傳蓺芮閩道五雲寰宇鏡閩函

草色全經細雨濕　王維

芳草芊縟綠連番細雨滋溼痕全罨徑素色暗侵苔　青
碧勻如染華田密既寒粘天迷遠碧布地遺濃裝入衣還落

x11

行初霞未停，散出拂岸柳，青蕤映池蒲，泥滑頻穿燕

來深未化藍，瀛洲風信擬，紀瑞頌堯蓂

穿池疊石寫蓬壺 事元旦應制詩 詠安樂公主山莊

浩劫穿池遠，嵯峨疊石便，山光開帝宅，海氣寫蓬壺，萬

樣何年鑿，秦餘歷刻題，旋壇雲如畫，鐙奇陳列圖借

地柱神力，此仰崖胸中，觀象得肯上窮攀筆，注日摩

鳶拜吳雲醉寸膚，籌毫未吟詠，八景傳皇都

山翠猶在目 蘇軾 我歸自南山

歸路攀蒼翠嵐光滿目還最難忘勝境常覺在深山去
倦冷暉斜依然絕頂攀濃青留石楷鈴聲入紫閣林壁仍
重疊烟雲去徘徊自家千羽溪直怨鄰峰向眉宇涼痕
撲胸襟仗處丹抽毫蘇白誦呂道岭列聲班
波紋蘆作魚鱗細　陸游夜聞松聲有感
魚尾梭輕影回波蘆作鱗亂灘珠暈找細織彌波皺淺
甲紅攢歸旋漏白滴銀鉤防風翦碎似揠水挼揉擻弄
金雲鹽微痕皺雨句松鱸懷舊蓄撥鱗畫深春激滟

XII

青鋪薌藹洄碧漾蘸劍南詩句誦晏殊液池新

綠槐高處一蟬吟

坐入槐陰遠吟蟬位置高繼隋千匝布法響一叢驕獨

向危枝託金風依鎮霧深雲圍午市斜日媚晴皋翠幄

垂圍抱瑤琴手暗撩和仍同調宮牙別枝夢堤柳低幸

影庭松蒼壽御園長夏侯儤（班隸）直快簪毫

衣冠身遞御爐烟　貴玉早發

春地金鋪藝飾冠帶驕以身欣依御案衣共慈天步貴

臨寅階上萬駕午仗旁雉袍華旛映蟬冕簾揮堤神底

霏烟篆簪邊邊曙光和和夜氣春來柳絲颺曉旭日鼎長

景徵風度建章蹌蹌日宸陛儀萬國拱向陽

水淨樓陰直

無波心直淩孟洋畫樓倒影陰在水淨泛色如秋晶鏡

平欄匣珠簾出上鈎無限曲遠勢傑嶼崷嵂中流一道朱繩

動千樣碧瓦浮因風痕不動得風景仍留面面雲屏映

鮮鮮霧縠浮收杜陵今日詠呈閣咏瀛洲

乂川

卿雲黼黻河漳　施子諭　鈴內生五閣安

黼黻踴手。長卿子雲。岷峨鍾、秀氣。淵懿擅、祥雲。璧

府舒華映。璇霄挾藻綵。錦新。詞功。織橡。萃如。手少。倬

彼詩。瞻象。昭雲。倬紀。如椽書。琬剩、稿。問字、洽、幸、向。曲、奉、同

二載。兵還、異代、莖。呂麈囊欽佐儉。梁稱傳騫群。

翠帶量松長舊園　陸游驛舍作

鱗甲西今長迴看舊驛松。量園。加倍細。擬帶自輕。松

蔥籠雨中風、柳絲垂、條襯、苔痕、洗軒、撫。身間頻訪屐

卆

健自搖節羣集衣襟垂老獨傍徽深風霜坿合花歲月

記前蹤客於撫琴撫人物朕偶遂棟雲曉常陛花芬

侍旅客

山光悅鳥性

鳥本無棲者由來性愛山嵐光偏可悅集之更相親滿

卯濃樹鳥長共儔自還澗花搖綠徑叢林助怡顏聲

影春風裡歌聲曉日間儘教紅吐後共綠翠堆顏鬢求

友天樹（悅暢）呼名聲趣閑枝（何如何伝）棲素御苑（鶴鸞吉介）叢中相閣把

○日長如小年 庚庚醉眠詩 四月初一

是有[illegible]穢嗟遲遲夏日長六時如許知一點撫潮起 虬[illegible]

前宵疑爆竹猶影駁扶桑別把風番數都將月令題 龍消棋局永倒傍史編廚

情地魁姻向周天度緩量 穎輸葵藿仰翹首[illegible]當陽

○山意小年 注 [illegible]蔡氏琴銘曰[illegible]萬籟無言古年人[illegible]石嶢嶢

竹趣溪山[illegible] 選 [illegible]銘蘋氏[illegible]道[illegible]靜[illegible]自[illegible]

風[illegible]月[illegible]

國[illegible]

○程如清風

[illegible]

人[illegible]

扇[illegible]

三
刻

○風鳴於陽

萬里千無風，纔來青雨陽時，華[illegible]歲，詩[illegible]錦[illegible]，[illegible]
九苞[illegible]
[illegible]一赤[illegible]

封竹思鶴　錢文信[illegible]

[illegible]有千竿竹，瀟瀟有鶴[illegible]此君[illegible]
[illegible]
[illegible]禪[illegible]時[illegible]

金玉鐃
[illegible]
[illegible]

[illegible]

荷喧一雨山時 溫庭筠盧氏池上遇雨詩 岸船風來後

[illegible]

詩句漏清寫 [illegible] 自然

風箏生晚涼 至句非是處詩 由右山秋水

[illegible]

植櫛搴[illegible]三日垂[illegible]

蒲陽草廬

[illegible]

五月江深草閣寒

[illegible]

韶調篇淙雨滑冪幌碧岸渭江戶事藉優樹臺暑氣洩四圍床小墨一曲
耳砂鐵接葉文果訣携相舊俗最各上林原景占內寸輞川分

○愛山多亭最高樓　張籍句
輒向危樓上倚世之忘言看山多少處隰地最爲高樣符青倫丸崖松碧撓濤
踏雲梯拾級穩蹴筆抽毫便抵千郎近勢岩疑嵩身輕騎羽鶴背想駕靈鼇
排闥近千峰憑欄俯九垓道壺瞭咫尺細步快仙遊

○詩寄玉蓮送　程行禮寺私呈裂送　張說學士詩
妙契詩山翹相從讀書田遺傳三昧契玉道義珠談比世風人如麼應史氏相舊
往面家數襟輩仰賜教風律陰符補蝸文壓軸筒開賜之高聽樓一覽詢瀉
惬古論珍重鏡陳蓍陋玉相替毫發白詠清秋攬子道業

○梅溪白集
疎指逗和羹山光搖四時梅肥遂白溪魚美藪衛生保藤茲新圃蔭黃花別錄名金
拋丸蠟影玉樹天聯桂絢雨燕天氣錦帆遠和韓似舊叔陵搖歷擊入江城味
許年詩便賜董汝酒清。○上林年寶詹至廣吉門廣

多

衣字宜作以言

奉三年秋

萬六千秋禮下詩陳帝籍有五制治奉於三才直同（於坤）流貫光之借名照（日月）合如謝

恤勉勵頒御與朝之參欽（旂）賜懷鴻學瀾以賜命撰林圖修嘉編偶鍾音一奚懸（於詩）盧

群此篤禧昭萬理迴○○右月欽○○重學八表戴○○恩覃

耕織圖

循來阡接隴閭閻士俗摹豐素属所宜耕織合為圖絮蠟遊田祖於春賽社

巫袂騰跑犢比東畝竹鳩扶壺公秋饗祿一筐燈夜紡纑芋粮菌墨炒倉税

與衣祖蕭謂于扶草弱詩一卷俾知依廑○黼扆○宮分切那含

山館夏雲多（第八首山草亭應制詩）（蒔舍時雨洞）

參度林惡（畔）雲看六華開多應蒸夏氣便覺報時山疊峰療旋滴奇峰早

自翔魚躍接嚴雷螺式之間度歆、醮雨又龍出樓煙誤島迎千千萬後四郊兼夫有

之年間汀村女青秋解璣樓翠綠理逢萊睽五色此境欲吟携

以禮為諾

舊草

處士行隱切由之禮貴和瑞才埒文華雅意比張覺道德挹倜屋詩書頤供多十年細閱例立錢季足歌風巔拍存許隱君華茶何龍山接七行舒速晚寺何宜

待吳良詔少儀考第科○○乎于外陳數後紫醉序○○恩波

○燕羅叠雪韻

喜林○宮羅[illegible]鵝○[illegible]庭入○[illegible]盈○談湯以○○[illegible]泥○叠○雪斫尖○接○柿祈○祆○珠○飄○羊裁○裙○玉○鐵○

茂○文○家○湯○倚○鐵○手○枝○自○湖○陶○拾○蜘○迴風○撲○於○[illegible]○四○曰○吳○芙○洗○蘭○節○起○倚○撲○[illegible]○轉○知○聲○

羽○甕○樹○撥○鶴○春○衣○試○鳴○鷗○少陵詩○白○憶○花○露○挹○道○瀛○

○劉相荷魚叩石鼓

蜀○鼓○誰○能○門○同○去○考○異○知○石○鼓○非○鑠○似○印○調○信○朴○如○鉛○暈○尸○瑞○日○剪○拖○櫻○鐸○多○傍○[illegible]○[illegible]○

錦○陶○周○嘗○美○翻○和○隱○和○和○傑○筆○信○花○擊○之○也○物○殘○落○熟○叢○何○出○於○處○哭○古○筒○調○律○

梅村五老後

詒○詔○鐘○摺○車○環○中○[illegible]○抄○役○威○呂○氣○柳○溼○

詩淳趾跡和

○萬物靜觀皆自得

錢○靜○好○誰○作○當○前○夢○鄉○當○深○殘○真○自○由○[illegible]○物○夢○安○相○恩○月○天○常○當○來○秋○○更○能○

嘶○張○嗎○識○道○勢○相○契○是○齋○故○我○啄○知○迴○何○人○識○此○懷○演○然○隨○處○契○約○也○知○時○佛○該○與○

口○缽○鉦○宙○探○任○鐵○[illegible]○經○摩○來○布○○堂○形○涵○授○[illegible]○[illegible]○空○持○○竟○陷○

枕華后

餘彩論稽對題片

嵩組看三人合題二

嵩高之序

宋嫂紙藏書羅廣歌

信毋仁仔包游具、

頭指以休憩之高

道目之游工

垂怯春情入夢

但得寒來在世道遠，振衣煙霞映素扉，岩夕契高懷，玉軫抽絲彈，牙籤揀架排賞

竟窗山象，客味吟飛韻，待月松杉，杉松冷風，柳拂蹊樵，鹽極欲有託，如所訪之備

小築廬堪處事生，林泉隨意著庵，陶母詩了平生風雨嘯

山亭冰溪　河中黃氏冬銘

育梅溪山，冰泉銘黃氏，契德原，莫動靜，自契喜隱，儒遊青千山，雨後若一澤

松風含江，庭月印潭心，花鳥新經，行坐撒夜，燈明前柳，境指上有情之句

岸嶽園林谿，秉賦志芳，吾愛蓬蓽，能舞軒重，樹知心飲

空將身大事業乏　與同詩上內氣并先業非非健

虛也，太和相融，光爭從佛界，聯知殊非健，如平功氣龍，蕙蘭叢中香，旗杜蘆後游

禮做偕心辦，蘇禪蹤指路，知有願皈依，色無雲舍利，同歸論共隱，倩社持招攜，畢憂

三生說在眞，一笑拈吉，天吾筆書，叩否高你論

腳秋風破廟知四傻箬毫趁裝陸內杉陵

私凡襪月

凡肚在會傍平分兩境趁吟成松浪四顧州山氣千重瘦比雲一樣虛唱調

秋菊簫瓣牧夜江更禪房遊靜漂留野堤明曲岡知舊明月向鏡中錦雅襖披帖

帆形討浪與燕堪破萍詩勝捧枝道滿

以雲近道業常五色

為子道萬近常曉江漢雨天閑家幽色地嶽島三分蓋皆知搖粉色鮮錦繡

如日乘烘煙烟雲湧霧氣氳碧如千片海交花氣不動雨新居勝境翻花

詩句誦太史替毫動詠仙把袂作多凡雪起首般定入爐祥雲

刻

歌風臺

陰還今何處臺趣[illegible]高孤[illegible]白帝氣[illegible]長風鄉野動悲傷江山四

[illegible]

天市
乌道

三

鶴與琴書共一船　卅三　明[illegible]子陵三口

春水船初放，囊琴吏抱[illegible]鶴隨双桨去。鶴與[illegible]家[illegible]，[illegible]乃[illegible]橋[illegible]，[illegible]

舒揮相澗[illegible]，竹[illegible]三[illegible]館，好行[illegible]遍，[illegible]仙侶，[illegible]移，諸[illegible]，[illegible]相伴人，[illegible]載[illegible]

氣[illegible]，風雨往道，滄[illegible]雲山入，[illegible]初。新詩共白傳。攜[illegible]侍[illegible]月[illegible]

圓荷浮小葉　杜甫《[illegible]》詩　廿四

[illegible]水荷[illegible]，[illegible]十頃鮮。田[illegible]，[illegible]，[illegible]成圓[illegible]，[illegible]青，[illegible]送錢

[illegible]雨[illegible]，風[illegible]，[illegible]，[illegible]魚[illegible]，[illegible]

旋軟，角[illegible]相映[illegible]山[illegible]試，[illegible]　杜詩[illegible]字。[illegible]目[illegible]

[illegible]呼明月[illegible]　廿五　[illegible]新釀桂[illegible]，田[illegible]小山藏社[illegible]

良夜[illegible]，[illegible]

[illegible]，[illegible]

[illegible]，[illegible]桂花新釀[illegible]詩[illegible]

山不讓塵　廿六

[illegible]，[illegible]知[illegible]，[illegible]

九面花叢言
北秋前孫狡迹

仙陛吹來擲馬蹄景玄螺蠶細擬珠雲扇高馬筆紫段風影仍如障
士攜箔劍風直並攜從聚非惟戴石殖茂先勤勵學道崎許謫琴
○雞鳴出白雲 嵐文浮曉 共 蕭家句
指點閒雲白玩鏡花杵法出運何多路 無我 吐書有錦屏 西氣漫秋爽天光照
晚晴樓疑穿徙遇向不陌驚鰐學脫後稱處林依窮經惟激流風分遠
似曲小轍出古寺千峰隱映河一曲盤抽處黃鳥語○長安○宮城
○王命生 先
果實含生意清和候不差根莖苔葉錦徒於對玉盃書想連去貫接供報
玖嘉亭迎來帝位種別枝仍家魯史科名大爵聯代成群脆爭饒節味真
擬晚蘭華枝下茵先遊藥陰徐行遲幽風回觸庭金芸勤壺詩
山高無風松自響 二日五一
環寒松響氣風自掛前背面歸來禁招白雲山高烟抽嵐當亮脏輪全無蒙峰間 相
空傳雲伽如斷書睛雨張和欽巖拋古入霧蹤樓進雕聲和松鶴鶴唱聲半鉀巖踪翔
到摸琴曲試操星村○○兔陛攜○道崎侍仙曹

文

〇雷聲忽送千峰雨 十七

[illegible]雨天光晚。雷聲倏忽過[illegible]來。一霎極險起千峰。電光[illegible]
[illegible]空轟[illegible]。[illegible]溪澗[illegible]。[illegible]峨嶺巖[illegible]重[illegible]
[illegible]鐘雲[illegible]斜陽[illegible]狀[illegible]雲[illegible]滿[illegible]偏[illegible]

〇林間散步行 十八 又作句

人散[illegible]林間暮[illegible]千尺[illegible]
[illegible]月出[illegible]想晚風過[illegible]衣[illegible]
[illegible]鶴[illegible]雞還[illegible]鶴[illegible]傍[illegible]侍[illegible]

〇寒花較遲 十九

幾度尋芳遍東君眼界寒。塘邊日雨遲。殺去年花。料有東風[illegible]
遲霜遮圃心今日視圃訊有金[illegible]
[illegible]遍[illegible]聲詩夢間[illegible]〇上林先[illegible]

〇荷花水亭開 廿

荷[illegible]處[illegible]亭[illegible]開[illegible]圃花映[illegible]水[illegible]高[illegible]江[illegible]

軟角漂此烟浮動與湍月抵樓臺香氣吹欄上波光入檻來詞留庾華記
驕室擬衣歲門鸞鏡似如翠扇蘸鏡知埃鶴詠稽山櫻府鸞燕麗鶯少陵吟
五字漲眯㸑緋細
律中雞寅廿一
律文從倫持欲追復五夜夜鍾音自出侯呂序堪循葭歲英衛華擬嘉者彼姿
視鳴和節截鳳辮雜粃次大占鶴梅節流脚中葦琴拔動真鐵玉搏下氣金伏
驗三句篇律嶶風拂指仁四日新宮聲飲子管十把候值雞出
日月星火廿二
羲儀行宮曬庚方位兩了小氣逐水日大火空中望主晷量度偃珠渾以禦焚
搏枝芒射春榆次燧鑽青納作三霄杜流非七日飛葵榴稽歡馥雲見設辭
從騎絮俺溫擊延輝度和瑞子重般有效叶孔漫頌子克由

○抱一為天下式 先子○廿九
作範先弘，敘言移史亂。奉三聖之，遠抱一源之，宗希學。以傳人，先前知指，戴微國
授要畫機，知己執，謀勝泰，推有識異，持九，律行，以應，四國，上下，俱老度，此宜
從影協矩規，名官，終歸有本，名治理義咸照

○清明前後峭寒多 二月初四
料峭春猶冷，清明尚指遲，人從前後，惱寒威，未知，值陌，把挑，菜茹，膳優，擺和
寒風，禁烟，陽排日，閉門，漬身，依祈，社光陰，移上，雨花，薦深，雨勤，茶炊，湿烟，控宜
灯類侍蠟，宮衣漫試，羅等舞，羞調一曲，何年協有訛

郊原浮麥氣 初十
巡指狀，和風，郊原麥穗，摘道，年有餘，畫氣先浮，異布描但說，鮮排 上下 疇
一天麗，前雨，十里味溢，秋外氣四，如彈吹圓，風息求，浪花依自，遶山翠飛，舞曉
喚林向鵝聽，驅陌上牛，何吟張適的，整世卜來年

清露點荷珠 十二
十一 夕零浮散，陂塘菜柄，葉高，蓋似滴，跳珠多，的皪迴，玳瑁瓶，輕圓貼碧

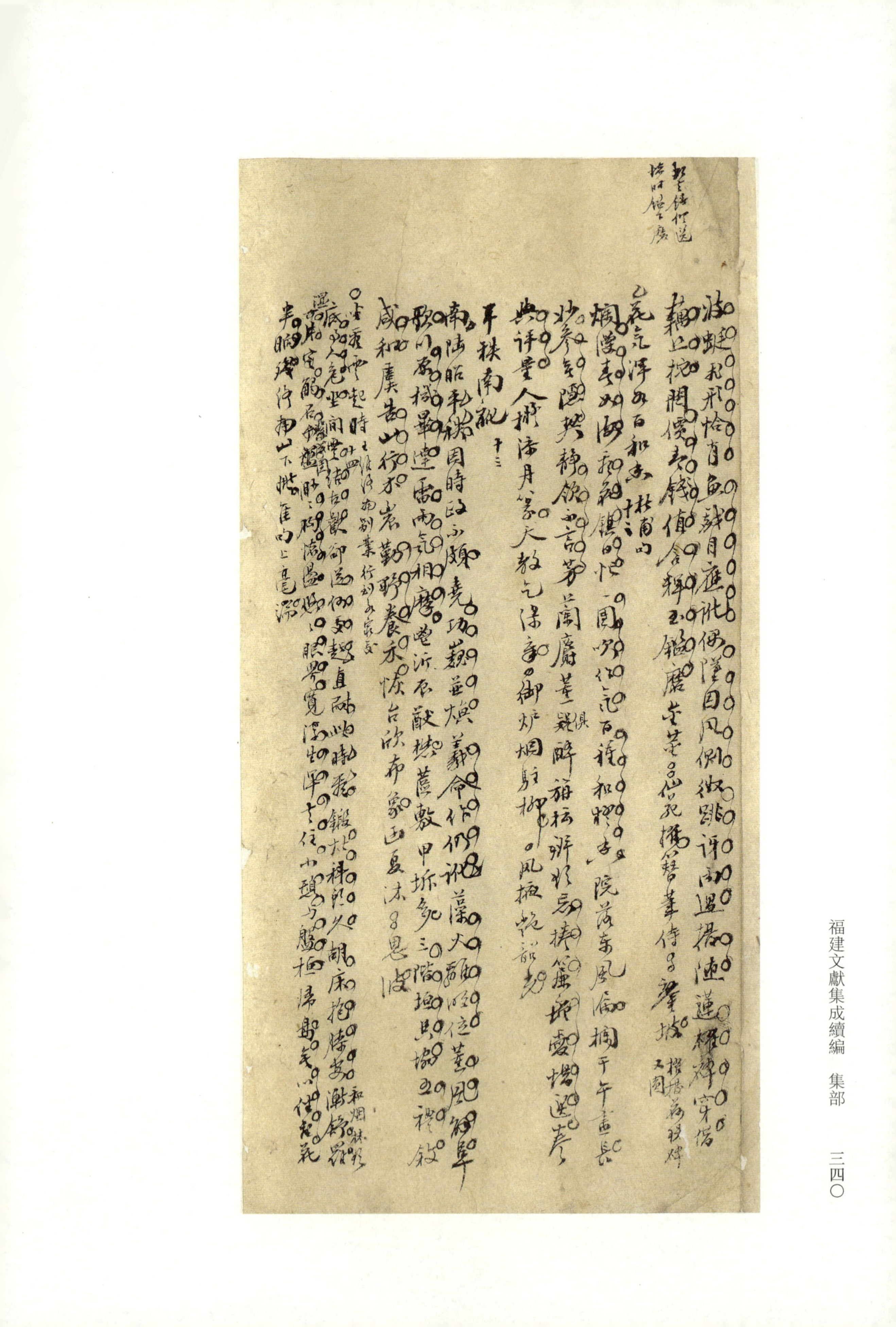

[illegible]

十

〇仁壽華 王嘉拾遺記仁壽木似柏而枝長其花可食 [illegible] 〇十四

兩字符合[illegible]奇[illegible]

[illegible]

[illegible]國鶴[illegible]家扇奉[illegible]數[illegible]道[illegible]

〇島窺彩卷篆 杜甫入宅詩 〇十五

[illegible]

湘波[illegible]

[illegible]

首[illegible]睍睆〇〇御園[illegible]

〇美人之情 十六

[illegible]

泗水[illegible]

三[illegible]命[illegible]

海口望三神山　十七

望出神仙境奇觀海宇談哈氣祥他起山勢鼎成三茅頂晴嵐浴

洪天漂渺樓浪花紅射彩石氣翠煙嵐鼇背開金碧島嶼盪蔚

蓬壺即面異駭鳥過蘸波涵水立溟池北峯平轉附南[illegible]蓬瀛

翹首遙瞭向蒼茫思奧

汲古得修便　錦金　論李攝南詩○十九

稽古昌黎癖手斗柄尤起楚騷時書從及史便搜修探索學思屑窮

從好文抽緒長隨事切磋深淺與心謀勝後千尋進工夫一貫收效親

陶鑄陶甄井戒優游藝圃辛勤問書林子細攬後絕欲甘堪學筆華

佐○○學酸

○花蕊上蜂鬚　杜甫○二十

報道蜂衙鬧尋芳越度傷者合檢圍蕊已上客寅發攜碧烟底處緻

調十二

紅[illegible]遮映捋[illegible][illegible]陛衛仙早欄翰醽醁蒼舒錫[illegible]吹[illegible]串珠[illegible][illegible]

繡[illegible][illegible]一青[illegible]珠[illegible][illegible]

陪[illegible][illegible]帝[illegible]前蝶絲墻[illegible][illegible][illegible]蛛袖毫拈柱[illegible][illegible][illegible]皇[illegible]

○水光十里抱城來　許渾　四〇廿一

水接江城外清光四眼來四圍橫睥睨拾翠抱縈迴鴨張三五活蝶汶九曲

迴御隄官瀉口自繞女墻隈浴鷺鷺初起棲鴉噪未收山樓嵐翠遶雲圖

影排細遠塔帶舟歸寒光畫角催　偶爲丁卯句風閣望蓬萊

○因風想玉珂　杜甫春宿左省詩〇廿三　不寢聽金鑰

左省詩人御風前意若何九天閶闔玉立夜想偏珂花靜微處遠林深爽籟多

[illegible]回精鸛立一片和鸞和未促謠鐘動鼓聲鷺乗佩遲耳邊搖鄉陽約腰時

慶如聲月團團樣銀河渺渺波拾遺誰的確入直聽聲坡

芳草六朝歡　上句首長[illegible]清和廿二

草色雜花共作[illegible]證之何事來儀三徑歡六朝荒危芳人許李[illegible]藝天散媛

不惜淳痕仍浣蕩去言也四堤殘齒黏彩雨裙腰染夕陽被[illegible]花[illegible]
江漫湖柳岸長 試馬莊堤 御[illegible]攜回白高[illegible]瀟湘回首[illegible]一碧[illegible]晴光

〇蘇外時六卷 杜甫李白江村詩〇廿四 鷗邊水葉多
蘇子方乾外谷葉山搖搖非烟倚寒畫院雨山閑晴柳時雙襟掩花横一
樹[illegible]暖風痕萬[illegible]斜日影[illegible][illegible]蛟[illegible]泥[illegible]底[illegible]繁[illegible]晴[illegible]方[illegible]
宿鸂鶒自獺旋曉粉傳[illegible]蝶[illegible]樓戈[illegible]蘭[illegible]御爐[illegible]曉[illegible]來色駁[illegible]道上[illegible]

〇夏山如滴 廿六
[illegible]畫[illegible][illegible]聽松披圖[illegible]夏山平流月[illegible]工[illegible][illegible][illegible]岸[illegible][illegible]新[illegible][illegible]葉[illegible]西[illegible]上[illegible]花[illegible]
[illegible]雨[illegible]洞天[illegible][illegible]嚴[illegible]有[illegible][illegible]雨流[illegible][illegible][illegible]隙墨環翠[illegible]
寺峰[illegible][illegible][illegible]急[illegible]雨[illegible]閒 松[illegible]二[illegible]碧暈[illegible]鮮花[illegible][illegible][illegible][illegible]襟[illegible] [illegible][illegible][illegible][illegible][illegible][illegible]道[illegible][illegible]首[illegible][illegible]
華侍[illegible]

十三

高陽徒大字
北海座上客

剎。珍重酒如師，（批合詩）
酒邊有子杜頌卞師已歎猶有似夢
田心。親師資，真相逢麴米生。現除胸次渾珍重意，何如齊民遁隨緣。
素。風。醴。醸。程。學。學。仙。佛。界。鄉。擇。地。貴。居。食。來。迎。僧。寄。時。（東）。樂。齋。旨。宗。卑。
頭。網。茶。賓。賤。如。路。竹。偎。邀。隸，高，陽，編，羣，閒，此，徵，和，哥，至，於，姬，作，醻。
入座真如尚書來。
相業，傳，崇，借。

帝右振纓夏侯湛字孝若，譙國人也，與潘岳連棨，時人號之連璧。
東方畫贊
詞傳
也。博。覽。縱。觀。負。俗。出。世。振。衣。凌。霜。仰。古。問。世。興。懷。人。懷。不。寄。觀。遭。情。託。
鉛。焯。精。讀。無。非。春。松。仙。節。過。懷。藝。來。風。徽。殊。塵。知。澤。華。傳。采。飛。英。晴。
趨。來。舞。溺。心。安。擬。供。從。謂。相。賞。摇。鬱。岑。在。澤。歲。卑。今。不。死。權。首。光。
欽歎。

知人安民
博惠功立濟
皋陶謨
贊之
禮曲樂謨，祇勤惠哲，無聞如人，資輔，好致，佐貴，好民，驩節，樹知遠，訖悅忘。

六○卧下○瑩元益樓四層柳還同口覆卿角拋風衍鼓翁神擲○飈○天海○四○（四行同象超六層莫陣鈴遺旋收花揣前尾話柳同）

耕○犁○罷○西○東○難矣相祖○國○送之令晔○信聖朝崇徽保驊部獸勞均仰年國局

學到後知方是

○湖開鏡面似新磨　放翁雨後步湖堤詩　山掃黛之痕如石匣

面面開鏡湖堤十頃波江山物與鏡雨後越新磨琳瑁青初合玻璃碧

楊柳橋頭壁語菱藕菊花多圓樹仙人嗟辛辛太史何生倉翠碧月鑑一片

拭雲羅舞霧風前探魚拋浪底梭○龍收涼曉張連○閘首唱河○

△鳥過菜浪起游舞　放翁句

破鳥過和過溪葉舞出幽榭亂花吹細浪泉鯨（渫）起追灘爐火秋浪炭酥點白（碧）送潮

銅瓶鐵鼎曲石欲吼風雀滿麥梅雨離渦渦林風瞰穀寒鷺之真起低下魚翻之旋

成團短棹樊川老扁舟過峽還　放翁詩句流年賜若樽呈宣毫

○第一功名只貴詩　日六國討傑家自有歐蘇開

日六六龍有鸞當年此一爭風流氣度詩蘇歐陳名千古並驂壇次第求心知品評月

杖

且摘林田珍氣配和陶家時寓柵梭白調陶葉芸香杏奮出墻枝九天華

貴嶠琳玉萬壘威柳帆披旗拓許扶輪歸赤多飛鷁鋭贖冷瑟瑟

休田可以範堅黃俏矜詞憶妙碑何似子御屏題向搖篷雙班拜華上丹墀

○學然後知不足

未央宮蓮葉偏多自然思。欲盡如不及，閱後此方知。嚴冰牛汗冷如嵬山嶽蚰蜒卑

藤陽雲屋境竹轉硯鸚鵡喜得翻騰知求盈促覺舔工夫風雨涼侵身地過来

時賢力華演進四郊篤儀窺好年資蒲敖追獻卜鳴伯

○千秋金鑑　十二月十七

猶獻千秋録開元聖節欽颺言貽夏鑑式度勵如金人自致呼嵩頌臣攄

捧日心祥鵠氣拾飾補袞照丹忱仁壽公書良物忠明瞻古今長生奏曲

大寶功陶成漢元延年永秦玉照膝風曲江遺子渝昌帝治叶

左右脩竹　十八

又度上多佳士于今得竹宥後先看笋長左右入林游傲宅靜如買儒車
家御留蕭森威勢道映累掛携起流飾月簇扉夜湧風西袖秋徵
高音如帏園史畫蕉收膚籽標高節松豎結膝儒德威子宸極
建篠篤陽負呈瑯

右陳右威京
遠道惠指歸

賀雨詩成即誅之　東坡内指真山賀雨詩

白傳謝蒿去歡因頌雨膨松忠原託謝大丈郎陳表忘章洛欽英
賞做頌業音直標旅楹夕書挽謝亭初粉飾羣言隨舟拋一片
攜規知忌筆筆澤敢像隨車詞燃蓖函馬抹新心史血至於世
澍至保泰惕若祇

清人琴尊雨氣來　蘇舜欽枕松莫亭詩深勸人慮幌澈声近
一兩將軟倚江亭氣山生平下琴擲冷迸入酒影瀉擲曲鷗行理飛
能蚁酴倘房雲渾初散蒲膏醲難殘眉宇山疑提胸襟冰許盈

十分

蘭樓
蕙袂

柳陰晚湯酒花聰樸似輕案甲寫憐契杭州田向廣予般符十尾森

宋偽未識

蒲衣風流任藉韓（東莊梓村江口雨中作）（江上閒銜細雨行）

小亭蕭風裡江擴鐵正肥擊声窗雨蓋寒忽瀟人夜涼覚文蘿扇

輕題快男飛肘痕（碧侵丑袖）和酒跑（青遮明）蹤蹬錢歸草（荊蕪）禁邊衣（洪葉集）吹袖底微蓬

歌窗耳時蘿蜂紛腰圓淡籠波初張聽蒿露謝聯籍宜屯東內浦

息寬自宮俳

聖人孩之（老子廿）

柱下鞅爾海名言（英云平和切）簡妻人孩搖爆事遡重作首驛偏諧協識求義

詩說儿卷仁（九年）家府齋言五尺笑啼身（偏挺）柱廣思勤萬衣壽傳抱其

同胞懷左少饒勝戴獨稅鞠育慷慨相生氣家邦皇彰應

赤子惟胃八地均

樣未圖李脫了布詩
布穀音也

布穀聲中夏令新 廿二

布穀布穀催耕時，古聲今同閑八三月，後似耳，静聽恰按節合拍諧音調，麦通情隨勢尾趣出讓栗留工消息含梅雨先陰釀楝風田家忙，饒舌天氣入宇籠枝碟脫休讒恢台氣已駛願借鳴鳳翽翽羞斯慨吾衷

又展芭蕉數尺陰 陸游夏日雜題詩 廿三
茅檐三日蕭蕭雨

幾度茅檐雨芭蕉展綠陰四圍憑掩映鬱天又蕭森牆角翹青出窗屏間藍碧翠葉幾布翠紛抽枕簟動郵窗影摇翠覆倒接天然種幾憐地宜眠琴磨詩同畫坡公酒試斟草輪斷碧松花盤子依稀遮天依人眠踏休處處時光催

讀苑東坡云今人雖欽三蕉葉矣 李太白詩芭蕉向陽而

御苑內想劍南吟

硯為石田 廿四 東坡詩我生無田食破硯 按古人有以硯為石田者耕者來來亦也

古歙家何有但欣祖硯傳磨穿堪片石耕乎即田疇方罫龍鱗疊

廿七

徽四錫眼圖勳衛風字品膏澤霞華碑郭郎書城貞鳳題墨

瀛寧一區銘舊德百禩巢安衛麂共棠士宇葉倆需至懈一錯

麗酣華來呂道苑集群仙

○旋節花 旋節花見益州圖經。又王母四截蝦人有道士語曰取花子三粒種地須臾成花 三朵第得曰此無仙人之居乃富貴花也因陵懸之鎮里失之○世

兩字評韓饒人間第一花默旋垂蘢露杖節檀香華樣奉神仙窟居

黄簾貴俗旋龍輝日月符廊低雪雲信將夢室帶倚庭上錦車香

徽六圖話午課實官衛樹外歙程讀亭前鼓試趣○具倫○丹

劇捧星使下三也

○七德舞功成 上句兩階文物備○四庚書音樂志 似坤扇樂章郊子元作○卅六

音景稽唐志歌功不告成六軍馳霄布七德樹風韓頌美齊謨旂

澤盛銷兵帳與球衡奇冀抱祇廊鶴興潘佾府佛三事素霜懸

四海信旗驗印籠寶札呪知鷲秋撤楠閑戍春歸麥隴耕計向苗

芸梧○簪華賦昌昇平○

○文園標果　庚午趙園集序……虎蘇詞

林大拜扶搖小山承蓋○　腊三十

趙園彩偏鮮○向華迦○歸○樓○果○珍粹遥苑園昇高好○想雅頻量尺○斗樹○生○

觴○祷○巧○運○印○華○樣○樽竹○露墨○保○熀○松○豐道夢單飛宇○嵯峨翼布

勢鳳樓○開○傑○構○疊桂○幽○奇○澄○氣仞○垂○蜿虹○亙○詞非○寅○翔○紆○呈材

追尋千古○麟閣合童○

○皇〻其華　癸酉新正元旦

出使開府○程華○眠蘇底也○讀○人○留○興○驄○朝○多○少○重○野作閑行者○

郵亭○古○僧洛樓○轎○軒○輝○寶○相○旋○節○潔○天○文○消息東○風○裡圓○走○出和

嘮○相○親○輕○五○善○所○次○欧○勝○共芳乳益輕拋翻○彩舊佃弄悅○8御園部

芸飛○占頒詔持子宸衷○

○惠迪吉　和二

怯

○守口如瓶 初七

失口言無遏○森然座右銘○參休詩似釋守合博而雅○周凡垂規誡○盤誥

典型○心鄙○盟水○四面○和○繁花○繁○智○敏○矜予○智○識○嚴○筮○如○形○合○言○沉○白

願○行○以○銅○鑄○自協字盈○而非誠○勢建銘○潔修身○重此表海鄭公屏

○踏花歸去馬蹄香 初八○秋慶々向拂石吐素衫袖冷○宋徽宗以和中建設畫學用太學法補試四方畫工以古人詩句命題茍有此試也

已能○郊原眼○餘○如○趁○馬○歸○歸○來○閑○如此○踏去芳春泥○諸汗馬鞭溼○紅塵

拂霽遊○遠○萬○卉○野○路○蹊○蹊邊一○瞬○蝶○使○尋○跡○逐迷○龍媒○漾○知○鄰○蹤○晴雪○

畫○吹煖○暖風似畫○謫讀名如詩○囊劍○小奚○王孫○何處逐青○草芳萋○

乙禮義為世上年 初九○劉義慶世說新語賞譽第八凡山濤居以洪茅為鉏素以紙札為良田以文默為稼穡——以談論為英華以忠恕為珍寶○初九

君子非謀合○由來禮義○必四濡常懿○格○前寶小學年○耕○種○根以○謂○賣腴○德○

御○便○為○和○基○有○幹○式穀○融○知○德○及盈○宝○門○咕○慶○康○術○路○偏○千倉○仕地○憐○

百穀○出○場○田○兆自至於協○功資賦術表○多雨○嬬某年○貞○堯天

其林故西節 儒修孫此封 拜獻

出處
仍之

○蛛網添絲屋角晴　張耒夏日詩○初十　蝶衣曬粉花枝午
漏出檐光蜘蛛絲戈度添網抽偃葛溉屋門角妙哉方四趴廻往密洪網經
借織錢心豐饒樣蟲蜘日便捷蝸窩爭像壁蝦攬蹊倩撫廓柳像拖傑
宿花蜘蜀代鴉漁舍五署嘴由家終未占飢棲逐蓄名張耐古秋拍

○神祠疊鼓正祈蠶　陸游早春郊晴詩　村店沉炊郊賣酒○十一
祈向神祠祝家家動飼蠶鸝饞蠶過社後疊鼓聽撾楠奏勸音諧巡傳鄉
年擬江工夫剪糾節香火占時念田祖酒獨祀桃巫賣自謳氣輝攙士暖杯
酒餘錢醵舞柘光陰開借花次第探葵迤迤吕王如獻蒲荷吕息靜

○萬選青錢　張鷟語：李士讀書文章：第中○十二
雅播學士文章杜絕青品翰錢路擲軒輕迎圖麻動輕校當初稱書名神通
妙筆巔探囊頻擲使筍常優學哉錦標初奪聯珠貫欸穿彩鐘
吐鑄嶺亦能合名鼎科傳飛蚨訪才薦倚馬傳吕昇平資黼黻吕平世寶掀覺

剗燭限詩成 孟浩然句

奼門。此夾。火紅。騰焰。六龍。兒朔。一枝玉蕊燒片刻混敲詩令想佳籤未。才須

奪錦。奏分光。隱鳳。爛劃。界。抵鳥。五夜。四更。雙肩。筆晴。翻翰。霽。稀。焚膏

休。擬。傲。見拔。更摧。遲。得句會和截。成功鐵不持。侍臣新獻賦蓮炬撤

彤墀。

國稅再徵之稻

稻徵徵追再變將地力肤是功於萬寶國稅益三吳旌或巨稀稽田無別壤

墟五年時饒計十穫數非道輸豈獲鮮膝利重徵征戶租嵗。此。貢。倍。吏

示。責。民。道。百室倉箱溢千家穗秸豬溢是今有象財盛溢

皇都

角黍七言十二韻

天開午日追角黍糉子家家巧製詢那。為。操。菱。偏。戴。角。由。來。擲。粟。妙

枝

含元庭宮軼外勞抽戈湘水芳年洲溢觴龍雨潤時洩玉粒雀風吹浪
精瓊梨蘚於合玉渾金罇粉墨圖畫風影者芭漉以粒出包棟呈御
之石盤邊蘭闈切偶侍錦池腳易鼙戲如中瀰酒岡斜羅纖實焯
耕知能修冥无傍撐騰世糕合並年陽話益粥原珠冷上節嘗椒
聯馬人詩益智廊深偶亦飛初方山行極默山汲愷試向
觴棲御上坐軟高輕羅均拜
賜侍臣光寵為
宸章
天顏有喜近臣知
從寅日及領道逸朝侍風輦慶殿[illegible]首肯拜獻[illegible]知成本尊[illegible]神因
洋無怡龍[illegible]錄[illegible]通冰[illegible]識日角益星奇[illegible]捷能克錄[illegible]
新鶯序通慶[illegible]知聖恩[illegible]揚自寡華[illegible]慶[illegible]直進[illegible]萬方咸引

非說乎山銘峽之
種天

上杜陵□蘇珂

廿

合○○霄色戴○○竟曦

華嶽峯尖見秋隼 杜句題畫軍款

□□尖氣○英姿留趣○鹿□○森太華○□□○崗○秋○霄○漢○摩○空○風○蕭○火○

脫○精○嘵○□角○峭○□○羽毛○鳳○霓○距○獸○千尋之○鶴○含一聲○收○樹○天○遍○井○依○

□○物○畫○旋○旋○何以狀其踪○墉高上上○沙○中林達○○登○雲○推○轂仗大謀

心在水精域 杜工部大雲寺贊公房四首

□○尚○欲○瑩○禪○房○窮○幽○深○但○人○如○秋○水○澄○清○域○空○庭○□○岸○飄○逸○伊○何○圖○如○

岩○部○金○玲○瓏○開○眼○界○□○澈○雲○胸○襟○誰○把○雲○臺○游○湃○陣○

但○知○此○身○寂○寞○性○想○即○身○□○識○得○自○在○悠○游○然○華○嚴○妙○法○水○之○壺○稱○□

似○□○感○世○勵○民○恍○

日暮鷗歸宿 杜次古城店泛江作○上風帆動依然

□□□意○□○江○鷗○到○處○飛○相○依○戀○送○客○不○逾○任○來○船○破○浪○人○隨○方○駛○忘

樹汝壯自便似善三合巡偏押一帆點編韻出榔外韻卷多拘緊迎

此篇語仍和韻夢與枕眠亂鴨歸脚敵舊聯起暮天古城回首而回擊

悅泊晴明

百戰乾坤消夜夜花樽內

牢落乾坤裡浮生付梗飄閑河千丈浩夜夜百年愴驕度蹤如駛

鬼秘氣如驕謝暗涌一雲息脚和葉經草草星霜易芒鞋道路

追復珠盡與緣錦鐵剛同錦身如夢人感老陰逆祖僧花不驚

戰悅今且寄詩辭

氣海常溫

生氣胸中藹個溫存一元造化觀此知精氣乃陽基溫潤汝通爐燄

陰陽妙吐吞善送情寒直通人尾閭呼芒節冰練鍛工夫火候論

德曜風都布暖壓智水宮此探深尋木詩堪論潛澗道自存

廿一

聖功深子保合寰宇的衢美
烟火戲相觀
初四夜燭對翻迢迢火樹繁枝自識入夜戲相觀英華評能境生
花契風因十年仍作侶一兩信精神似有情懷我千仿佛過入醇
知神游緣夢邊身隔多少偶聚前番情懷陶然更欲隨杯枕
光寂落葉楓窗

秋聲夜聽曲

桃畔靜幕暖似來與耳謀人眠如水磨飛一天秋薄夢搖寒醒清
高遥篛泥柏間深樹淅瀝石上微風應冷草痕柳浸塵襟
秋雨如境似扁舟帶雨浮去處歡清韻回樓趣

朝
溪平趣波荷液池頭
已從柴臨光　杜詩句所高適
相韜秋州拾巴山花留聲光道堂樓祖濤動到處歲歲倚雨今懷還生未物

詞從三峽外拜徹玉雲
邊芳竹簟內
對藤蔭珍裝印竹入
竹簫陰晴間內
薛井栽江聲動山澗
墨鮮塵澗內
草松低月淡洪引晚
風條十丈從還院三宵
光包舒殘伴花騎外
彩樣簇鉸細竹簟內
赤滿樑錯簇白地錦
交舒塵澗
黃金山市販白小待邑
陽竹簟
柱芳玉搏窗未曉阮雲
著晴湖
赤

腕風錢排騰從偃倒峽入詞蕭蒲采所御鴆拱花掩映鮮酒鹿酒鏑色
甘泊聽珠纏劍閣高樓陡旋亭回回徑風光詠拜輕舟滿十竹竈
昏實帶殘詩　詩賦三山晚興詩
非男宣城橋三山前暖餘九霄雲包撒一帆滿詩還飲錦正隱丹山和霧
從瀛碧照天從紙鶴別樣微蘭蜂細蓋隨風碎星滿澗晴化玉靜酒
東主好之酒濃疑解詩情幽相看幽奉如晚來還似輕出色濤8宮居
快馬投錢
醉馬河干偃能女簫腰求當真如連風而放春錢投古渡停鞭影斜陽
緗林汲拱雨花嘶雨黃橋翠逐流浣便前是千金值思狀一句酬倒山風
候泊濤閒水如濺泉合畫兮歸朝庭奠不留勵清連9年廿日皇好聘歸
騎
詞填滿園風　杜題河南尹夫人

廿二

二記字華之麻
衍義詩麐洲
自注曰於什傳
彭允衍袁佑質
證還册郊紀傳
千歲陸清時明

翰墨場中如汉夜凡甚推歌風滄海外國偃仰修羽诰蘇島肝月鐙冰山汐
阻詩本部昌酬答蔣老琅翰仙醞清正拔音於枕昌柔殺刃血韜軒揮起
史坛怡璟雄師棠簡菊寺美騷匡许禰遺伽女廣雅欧一片袁刀服佛
玄宮璟要闹

華嶽榜仙掌於高首[illegible]回躍光林春遙豐氣石边廊扇雨飄
亡露昭霓著力偃掃殘膚打合罍出指尖未翻評學天方紙蕈
挨闕和蔚[illegible]有色[illegible]醲[illegible]知[illegible]盤概空董[illegible]蛩鍋夏都二
呼進[illegible]垂[illegible]化漫澆[illegible]遠菜

○夢日秋光入奏咏 陸游詩
月世多詩意秋光取次偃[illegible]医并勞拂冒入買牌新雁裡推敲[illegible]
望迪須暇[illegible]如[illegible]如畫之月[illegible]風田烟雨[illegible]龜[illegible]山[illegible]哉
麻裳今[illegible]之[illegible]付[illegible]閑當[illegible]真[illegible]節[illegible]义此[illegible]有[illegible]通

丹陛青追詠

露珠夜上新禾根　東坡賦于四月中旬所詠

白蓮勝雪[illegible]梳[illegible]誦先城秋[illegible]侵階露氣[illegible]新荷微雨[illegible]半夜

片片[illegible]團成真[illegible]米吹香[illegible]勝翻荷十斛輕盈似千葉[illegible]霜華

遠作新[illegible]潤枝[illegible]盤字[illegible]樓鐘[illegible]出[illegible]廣寒叢[illegible]思宸[illegible]趨

閒想鳴[illegible]

剋

蕭規曹隨

以[illegible]大[illegible]遺畫一規蕭真成了劍更[illegible]岳伯父光宗奉河山莫

潛基圖[illegible]天[illegible]紫趣含人治[illegible]造刀為筆呼[illegible]酒前[illegible]功[illegible]贊

最新車[illegible]遺之輔與評定千秋史侍垂[illegible]聖[illegible]杖[illegible]霖雨集岸

憂

腹中有數萬甲兵

若[illegible]中[illegible]有[illegible]胸中十年[illegible]數萬甲兵雄寒鐵千[illegible]南

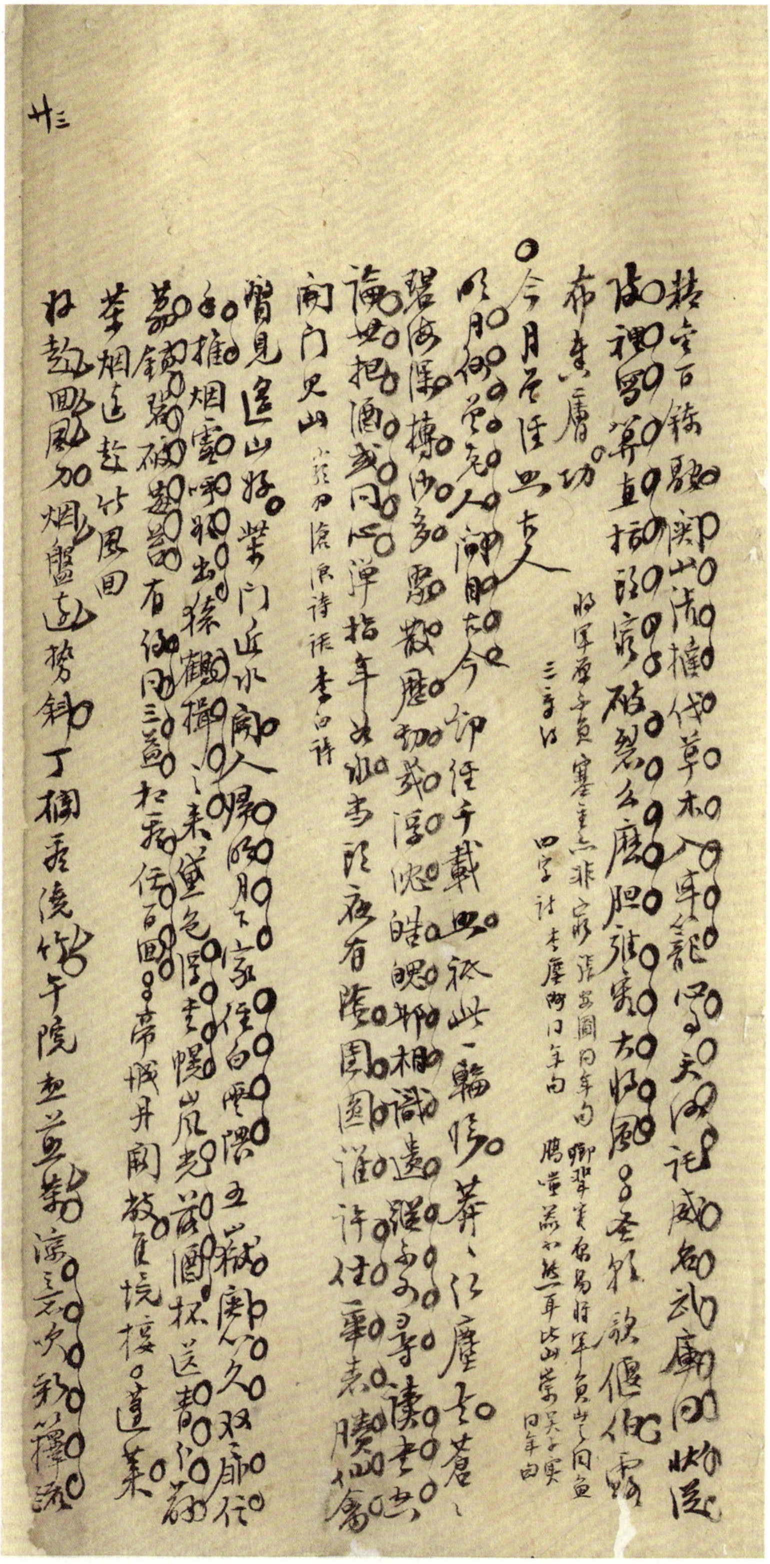

布指量沙侍拜毫幽
石藥口并袖遠影壓
萬筵上宸衡
岸腳移竿能收處
鏡匣供修
驪珠探內被甚流
扶摩洪洪佑臣門拜

隱逸菊花自尋歸路去來風短牆遮檣影隨輕燕樓底溪暮碧千竿
堤柳御一灣似知家籬陽鼓催鐸寒前暈上沙口御邦兵箕擬呂帝陛[illegible]
雲霧
秋水彩傍一寸寒　上句鷺飛下句鷺起　方岳句
撲紅鷺飛鷺溪流一抹漲新痕漫雨長寒春入秋霞綺旋腰裎繞也
篙手眠來處收原定似張又十分莫日暮矣即隱雲層暈收黏節量
蘆竹細柔墨稻花鐵鷗園四人出海家布指既呂帝城日樹差太液鏡
開奩
龍見自闈
服盧巡思濤文手現巨細綺文龍見扎之翩若島翻闈雷濱馬磨不江天任
擊駢陵風雲濤氣上擊水珠早搏望之門外鯉波開鏡宮齋雙晴迺
畫夢片羽貞詞垣珠捷探驪回翠蹺蒲雁彈絕安定適呂聖世宸章持
呂字瑩

紹興人錯以問之實
和來 侯封千戶等
都買萬錢僭 佐臣
地日陽丘買畝錢
渭以同之矣

挽山陽

收

○宅從栽竹貴 許渾詩宅爲買來貴
卜宅雖幽市人爭賣竹來一區從此貴千畝爲花栽徹雨從籬間過清風
屋上陰于雲龍色似貧屢燕休猜氣邪候朱門徹隨眠竿幢開霽神
萬水碧聲偃蒲樓鬟 萬戶封侯抵三尺擁地培直虞係○與勢隼境據○遠
茱

○袖中有東海
撫畫圖東瀛勝蒼茫袖中帶煙嵐鷗鷺片石房櫳文臣羽天外功高
流地日招知陵東仙梅劍傲岷峨山煙雨陰晴江巴山居在范詩黃吳郡
東人何樂林風座瀟湘琴至秋圖屏登之夜○蓬萊鞠步過年高樓寰
哀衰

月色滿其一樓 看陶翁加陵郎詩○李賀難作力妙夢
月色三更夜江上潮秋有人樓右驛與星鏡共高樓冰鏡古一青頭叙
清倒峽流勢多風雪合地入水天浮紅樹深如昏單蹤簾冷上

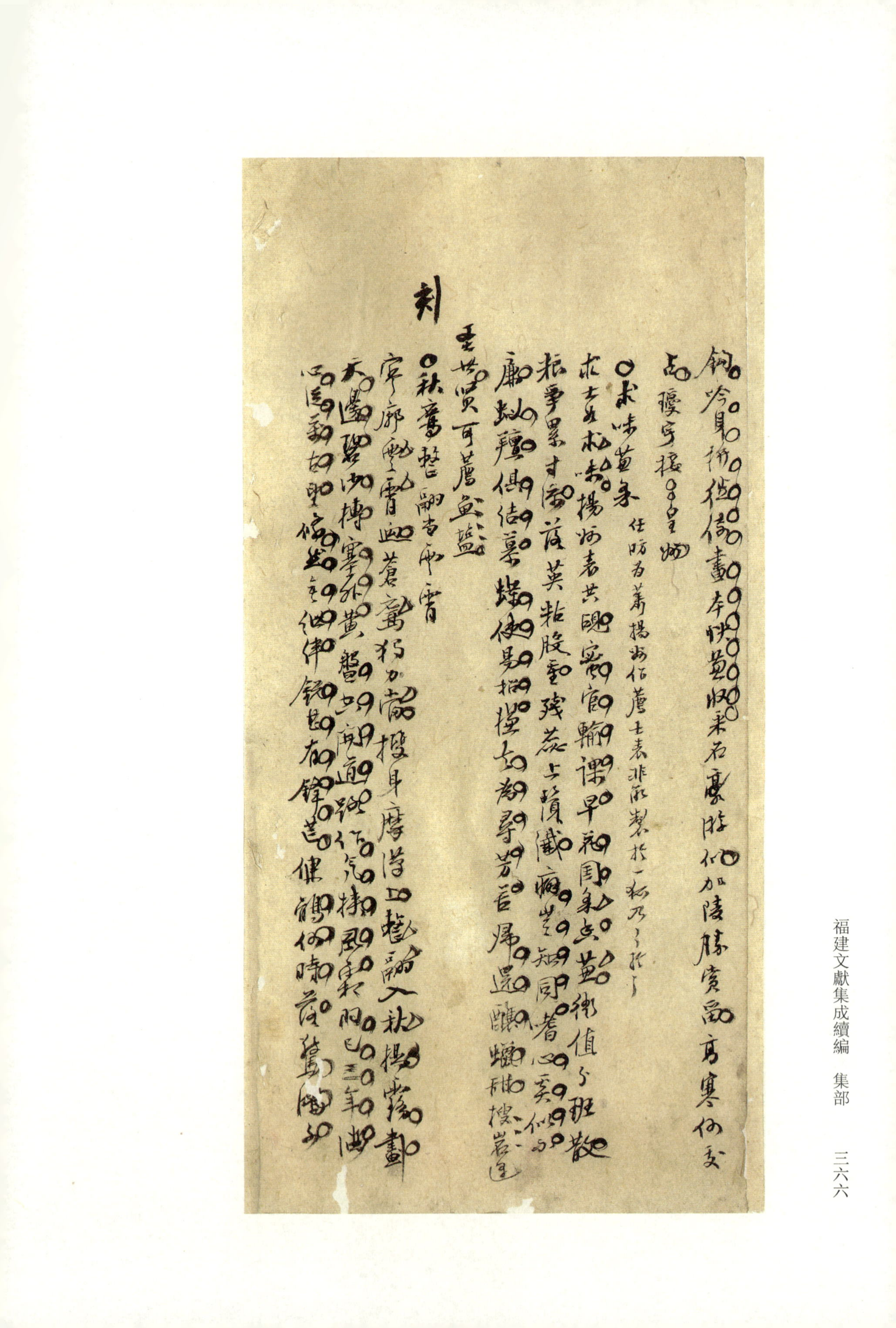

[illegible]

散鄉○○○香野飲羅浮獨步嫦娥只羨鳳鴻卿
山腰望松雪　歙縣年內
放眼翠巔逸人如鄭行寫橫和紫碎山靜萬松風靈氣收輝疊波
老泥畫賤老龍嶠有遠添鶴聽急聲峰複押檢幅翠鋤亂飛霞鬟
地抵高士卧節是大夫清看守保寒色胸襟浣俗情
○蓬萊瑤尺八名宸賣櫃時措
○松風吹舒暑　王頌內
晚而寞如許松間深風色驚（教）衣點綴豔偶萬加舊柳映前朝來
傳東野色麻稍清萬涼意之點道潤脫花襟外綿細孔御中扇掬雙
竹碧叢稍綠紀紀　摸入作兩袖　庭僧許貴風長作更騰偶同垂伸
遠棟陸詞揮軒櫃宸袁　遠地撤三乃
○鐘聲寒濃子　黃庚內
剩
卅好

吹度從樓外。韻〻分旨殘疎鐘，江界，靜，驗，陽，面，重，宵，梧葉，霜，天

流珠，跳石，碎鹽，玉，古，槌，簾，瞑，一，道，劃，乳，濺，彫〻，山，峯，瀉，幕，

和，蠻，乾，溼，蟬，仙，冷，膏，乳，兩，上，流，翻，鶴，聽〻，戲，蜓，鯨，鏗，聲音未

亂仙，瞬光。長葉曉，聽滴待子全衾，

○裸襪垂裡

裸，擄，寒，威，遍，垂，徵，斛，患，遠，負，瞳，無，北，戶，飛，客，幽，南，天，入境，鄉，愛，

點，宿，形，信，袒，肩，聽，雅，珠，飾，翁，魯，暗，曰，隆，任，觀，聯，敵，傲，初，知，禍，局，出，

襯，著，緣，文，鳧，豎，如，倘，鑲，耳，好，贊，聯，挨，滴，深，情，懷，同，袍，影，老，堅，

穿荃方納隱，筐篚負紘地，

○傳家衣鉢〻詩〻

但得克紹箕裘，何望主嗣。詩〻傳日葉子，衣鉢屬子家〻箕裘

卄乙

謹于襪陽文，上五事以撥○○，情章出摘○○，蛻○○，蓮花○○，[illegible]
無○○，嬴如○，洪○○，冕○○，辛○○，徳○○，卿○○，魯○○，守○○，嶽○○，路○○，夏○○，商○○，詩○○，庭○○，諧○○，[illegible]
節○○，門○○，生○○，陛○○，衛○○，況○○，注倫無報國，乃上獻荷皇庥。

○一字拔人

太上表於四山，公此拔人○，三○遴選，重憐丁字品評，真不○筆○難
壇○，減○○，譚○，冠○，判○，唐○，仲○，盛○，還○，征○，以○，棠○，静○，價○，竿○，琢○，珍○，撩○，成○○
洛○，謨○，桔○，槌○，扱○，醉○，鼻○，搖○，韻○，詩○，出○，錬○，褒○，貶○，史○，堪○，遵○，得○○，隅○，伐
童○，玄○，奴○，雞○，薦○，初○，閬○，門○，思○○，垂○○，丹○○，詔○○，持○○，上○，論○

○郊之祭

萬○，樹○，天○，蕩○，祭○，煌○○，祭○○，郊○○，德○○，符○○，乾○，九○，數○○，當○，復○，初○○，之○○，蒼○，璧○，禮○，儀
肅○，黄○，鐘○，奏○，[illegible]，位○，惟○，分○，羣○，配○，典○，知○，天○，雩○，祈○，肖○，時○，越○○，旅○，郵○，藻○○

岸歆器薦堯仁人軍[illegible]命宗社民胞制已周官人

漢時嘲聖躬資保佑受福八隊包

○黄梅時節家家雨

报道荒梅過日晴恰恰三[illegible]重來過三月節雨散新人家野[illegible]柏桔

漁江陣脚斜蝦[illegible]双枝出樓[illegible]魚武箕和携編湘簾竹吹散

殘玉笛花光隂笛醺麥風景仁收茶門花動韶露[illegible]天

晚霞蒼生霖久里調鼎世宜麻

刻○燕市

一府南北蒼皇北入燕關山九秋庭城市寒天蒼浩仁庭

老斲[illegible]雲宗鮮動風吹霜我雪[illegible]國杜曲詩人夢蘆[illegible]

清窗觀劍起凄然文勢拈三邊薊樹宿氣籟瀛臺

烟烟第松慮[illegible]動[illegible]迎净些

[illegible]谷[illegible]律蘆[illegible]

[illegible]瀛臺卯金堂

薇花吟館初稿六卷

[清]晉江龔顯曾撰

中國國家圖書館藏清同治間刻本

薇花吟館初稿六卷，清龔顯曾撰。顯曾（一八四一——一八八五），字毓沂，號詠樵，又號薇農，晋江人。少有才智，家學深純。初師從同里許祖涝，又受業于清源、梅石書院諸師。咸豐九年（一八五九）舉人，同治二年（一八六三）進士，選翰林院庶吉士。散館授編修，協修國史。以丁憂歸。光緒十年（一八八四），法越戰事起，應團練大臣林壽圖奏請，會辦漳泉團練，積勞尤甚。十一年七月，赴福州籌資設防，觸暑染疾卒，年四十五。平生博學善詩文，工駢偶，咸同間曾與許祖涝、陳棨仁、陳棨儀等結桐陰吟榭。嗜金石，喜藏書，藏書處名亦園，陳棨仁謂其「老屋數椽，庋架三萬卷。異本鱗次，祁寒溽暑，沉浸其間。以善價收書，以虛心勵學，以雄才攻文，以完力纂古」。撰有藏齋金石目、亦園脞牘續牘、薇花吟館初稿詩存賦鈔等。

此中國國家圖書館藏初稿六卷本，卷首有同治七年楊浚序、同治三年龔氏自序，序後有吴縣潘曾瑩、潘曾綬，瑞安孫衣言，侯官范熙溥、楊浚，晋江陳棨仁、王晨曜、陳棨儀題詞。所收詩大體皆編年，乃咸豐八年至同治七年所作者，即中舉前後至居官庶常期間，故多悠遊賞玩、隨感述懷之作。其自序云：「曩日家居旅邸，投贈遊覽之境，與夫歲月遷移、友朋離合之跡，了了歷歷，皆在而可考，固不忍悔此少作也。」其詩峭拔於形而磊落於神，摹景尤貴在雅淡不工，得其神韻，如「落花千葉雨，芳草一簾煙。近寺飛疏磬，羣山出遠天」之類。而寫懷往往剛勁瘦逸，頗顯骨力，如「朔風吹短鬢，起舞唱無衣。大笑中庭立，梅花亂亂飛」之類。故楊浚贊其詩「如天風海濤，震蕩心目；而超妙幽峭，則又如王子晉月夜吹笙，足以破行雲而凌碧落也。其雄秀在骨，濃艷在肉，宏麗在皮」，誠非虛美。

龔氏之詩初刻於同治三年，僅四卷，今温州市圖書館即藏有初稿四卷本。又南開大學圖書館藏六卷本，有陳棨仁題内封「薇花吟館詩初稿六卷」，其牌記作「同治甲子初刻四卷，同治辛未續刻二卷」，所收詩與國圖藏六卷本實同。又清人詩文集總目提要、清人别集總目著録有「續稿」一種，未見傳本，殆即初稿之同治十年續刻本。龔氏所撰，另有薇花吟館詩存四卷。該集體例仿此初稿，收詩始於咸豐八年，訖於光緒七年。卷前之楊序、題詞，與初稿同。復增以光緒七年郭傳璞序、咸豐十一年許祖淓舊序、同治十二年陳棨仁舊序、元和李煐題詞。檢書中同治七年前之篇目，與初稿多重出者，而兩集所收同一詩作之年代、字句，則偶見參差。如古詩短歌行，初稿注爲咸豐十一年所作，詩存則注爲咸豐八年。又如古詩春畫，初稿三四句作「好日媚晴初，春光明十里」，詩存則作「好日媚晴初，香塵喧十里」，蓋後又有所修改。若論收詩之富，初稿固不及詩存，然初稿所收，亦有春陰題陳戟門鐵筆小録等作未見於詩存。詩存郭序云：「披舊編而半漶，勸新本以重雕。」或即新集編刊之所由歟？（盧義愷）

序

身居杜曲相逢尺五之天手植薇花剛上初三之月九霄風露曾醉金莖一片宮商如聞玉佩得江山之清氣為臺閣之雄文韋郎新賜纈袍小宋能修椽燭翔鵷門地祖硯親摩更侍庭闈父書善讀此我詠樵太史後有作者稱極偉歟君以幼慧器於鄉閭張湛本屬聖童微之呼為才子看花綺陌塵是軟紅視草金鑾衣猶慘綠開徑時來三益借書甯靳一瓻歡伯不空十石可供嘯傲長恩呑祀百金能購散亡集六代之筌簧貫百家之珠琲入座為王楊盧駱取材必邱索典墳綜厥大成裒茲傑構夫主臣可頌荷旃獨數子淵而諷諫能文執戟猶資曼倩贊雲臺者既思上將歌清廟者當念生民信史可傳名山勿虛著述吾儕

未老大塊自有文章風雅能師江河不廢上可敵浯溪之
筆下無負監門之圖願進一籌期公千古嗟余薄宦愧此
壯夫上西嶽之書空投梧玟誦南箕之句何補酒漿蒓菜
懷歸敢云作達刺桐話舊幸有同心誰為七子應劉望蓬
萊於絕頂此即五言蘇李寄河梁之相思同治戊辰秋日
同里楊　浚雪滄倚裝題於宣武城南漢十五鏡齋

僕少好詩，辭家時蒔薔薇花數十本，常與二三同志裴回索句于其旁，盥露吟香，嘲風詠月，以娛晝用，託性靈。數年以來所作，或存或棄。去冬假歸里門，諸同志者慫恿付梓，因不揣固陋，編次古近體詩，自戊至癸，都為四卷，畀諸棗氏。雖山歌邨篴，不足希鐘呂之聲，而曩日家居旅邸投贈游覽之境，與夫歲月遷移、友朋離合之迹，了了歷歷，皆在而可考，固不忍悔此少作也。昔揚縮自韜其文，不以示人，而丁儀又求人為定其文。僕既不善臧拙，未知審音之士將為僕定之否？竊恐一字未得，先以醋甕自藏，數卷已編，且有醬瓿相待耳。同治甲子荷花生日晉江龔顯曾

題詞

雪窗題薇花館詩集　吳縣潘曾瑩星齋

新句皎冰雪寒牕手自披襟懷何灑落骨格總清奇雛鶴有遠勢老槑無媚姿輭紅飛不到渺矣白雲思

吳縣潘曾綬紱庭

芳草堂前跡已陳幾番聽雨暗傷神逍遥廿載渾如昨今日蓬山有替人

性情偏近鷗鳧侶吟詠多于雲水間消得清涼無限福讀君詩句似游山

瑞安孫衣言琴西

五古結調近選五律造句近張賈者皆集中㝡上品餘亦不懈而及於古所詣正未可量也然以君之才之年而又

富於藏書則當為大儒為濟世之名臣而文章之士蓋又不足言矣同治戊辰四月瑞安孫衣言跋於都門

昔年投我詩北望沮遥慕握手復在兹如疾起沈痼高才富文辭談經或訓故我意殊不然有懷哽欲吐時危須經綸儒效匪章句豈無命世英振俗鏗韶濩君今日騰騫於世有津渡亦欲講所聞或恐舍此去同聲發狂言千里有良晤

癸亥十月奉題二首　　侯官范熙溥新谿

磊落襟懷筆有神峻於唐體薄梁陳問山寂後遺音歇天遺清源有替人

航海歸來握手時榕城橋畔雨如絲披吟何幸師風雅翦燭寒宵許論詩

候官楊　浚雪滄

大箸如天風海濤震蕩心目而超妙幽峭則又如王子晉月夜吹笙足以破行雲而淩碧落也其雄秀在骨濃豔在肉韶年具此作才必傳無疑同治二年十月十四夜姻世愚弟楊浚拜讀時漏四鼓月色如水天無纖雲展卷三复喜而忘寐人才難覯不意於吾温陵復見一樵

扁舟一葉下吳淞破浪人歸大海風早歲多才真福慧使君如子幾英雄宦成共訂千秋事書在何愁四壁空差喜長吟同抱鄰天涯知已有詩筒

晉江陳棨仁戟門

秋風瑟瑟天蒼蒼一聲剝啄来虛堂開門有客傳吟稾拜受不啻千珪璋一篇一篇徧雒誦金石作韻調箏簧雅材

大小一百五天遣盡化薇花香薇花搖香收不起薇農先生囅然喜侈口斜張古錦囊網取清芬入蠶紙春回楮國筆初華坐看肝肺生杈枒珊瑚玉樹發光怪墨海只尺飛龍虵諸體翩翩集羣妙池塘春草澄江霞就中五言推弟一長城不畏偏師加我讀君詩舌婁撟手胼口沫聲繚繞紞如街鼓三更鳴合卷起立秋鐙小

晉江王晨曜道羲

紫鳳翔青霄長吟挂一瓢泉飛傾宿海劍怒拂霜杓佛劫燒千古仙心醉六朝風情應更豔煙月暗魂銷

晉江陳棨儀義門

薇農先生不世姿下筆志以古人期十年論交重姻婭愛我示我囊中詩湘簾棐几燈火上宗坐得以甘如飴一篇

一篇細雒誦勝飲醕酎傾千卮春林禽鳴山自古秋巖水
浮石能奇如花豔濃如雪淡境界變化誰能窺難達之情
乙乙思難狀之景歷歷追鈞韶九變盡美善凡響何敢矜
金絲憶昔桐陰集吟侶消寒雅會相追隨終然鴻雪各聚
散君獨職志騷壇持況今述職班侍從承明著作推專司
以此寫月圖雲興便可獻頌鋪丹墀中興大業彌區寓昌
不肸飾登新詞岐陽獵碣涪溪石會見聲價留厜儀風篁
吹人山月移起獻一語君無嗤

薇花吟館初稿卷之一

古今體詩

雜言戊午

晉江龔顯曾詠樵

交爻須交心交友須交貧結客滿宙合貧交能幾人車笠盟易寒雲沍難爲親我衆鮑叔牙古道良足珍當其分金時气誼高千春伏櫪有騏驥涸水有困鱗時苟無知己一身終邅迍

燕丹善養士荆軻入燕市太子恥俱生士爲知己死不悔黃金重不吝馬肝美感此國士遇不報不能已餌秦於期首行囊匕首耳啚望函谷關蕭蕭臨易水壯士不復還歌殘心如矢輕騎入長安把袂揕秦始欲師劫盟意區區盡末技劒術誤半生所計良亦鄙倚柱徒箕踞笑罵而已矣

咸陽不喋盃虎狼更橫視白手送督亢何㠯報太子
卑風躓鯤鵬燕雀譏鴻鵠偃蹇動見棄此風滿流俗蘇秦
未遇時揶揄受迫促及為六國相金多震心曲劉季為亭
長邱嫂待亦酷及為漢天子羹頡酬良毒不能佩六印不
足警眷屬不能威海内不足報詬辱
祖龍挾書律盡禁民間書重瞳一炬熾焦土嗟邱墟秦火
方未撲楚火連燼餘奴灰真復然由蘖既原儲火德應炎
漢烈烈吹薪車
落落嚴子陵衆釣足平生羊裘一領老故人身世輕豈無
濟時略而甘逃功名雲臺留將氣何如釣臺撐雖有廿八
宿客星十分明
戚都立四壁風雨秋更深貧病寂無人相對淚沾襟閒花

詎車馬一室自鳴琴犢鼻隨王孫唱和白頭許縱拕伦賦
才子虛與上林儻不逢狗監何處覓知音
但為義皇人不為米五斗高尚須如此其餘皆芻狗努力
圖事功斯意非不厚不如歸去來纍纍謝印綬吾家有桑
麻吾門有五柳黃花滿籬東白衣時送酒結廬無車馬閑
門話子敹我愛陶徵君閑逕欲尚友

春陰

愛此詩中畫溟濛上碧紗雷驚蘇竹籜雨過長蔬芽花气
一雨入春陰半幔遮小園應有喜近欲築籬笆

偶成

揮豪猶足張吾軍題句縱橫日已曛春盡落花秋落葉年
年懊惱總難分

曉起

近圃枕竹聲迨迨春夢裏落花慵不飛啼鶯催人起一鳥破曙煙初日明對杪遠寺遞鐘聲到耳響已小

放言

黃帝醜女納嫫母齊宣反愛無鹽婦西子南威見大噱舉竟到今稱之俱悠久始知姸媸美惡皆萬年造其極者自足傳沒世不稱斯可恥所以君子重疾焉

同陳三戟門縈仁王三道義晨燿遊紫雲禪寺訪東西二浮圖作

紫雲峙雙墖出地高層層鈴索護其巔下風馭飛鵬崇基亘天艁不泐亦不崩古穿大如斗雲霞气常蒸兀立桑蓮刹簷角露棱棱八門風雨古雄鎮跨岡陵規造滂厥址神

工昉寺僧木甎凡再易紫石架馮馮五丁驅以丞重霤勃
然興高撐十餘丈鎮國尤崚嶒遥天雨蒼龍涌出如飛騰
我來探蘭若訪勝偕友朋逶迤振衣襟躡屐攀蔓藤行行
隨二客何處從不能秋气正爽朗寂寞懸禪鐙鳥語四無
人陰霾歛態凝拾級窺空洞龕龍淨佛不譍神風語當頭雲
梯疑可登登高快壯觀扶欄左右凭陽烏亾晷匿碧宇如
波澂天外視空闊歸翼昏秋鹰儫遊正思還素月忽東升

雨

忽覺秋衾冷繁音和漏鳴煙濃梧葉路溜重豆花棚詎獨
旅人惱能令山鬼驚關心不成夢淅瀝辨分明

獨立

獨立花飛處當颸如柳絮西風衝短牆轉作東風去

天空如欲墮雲羅扶涼翠中有一鷺飛倒筆書白字

彗星歎

咸豐八年戊午秋八月望後冰輪收向晚不樂觀空際纍纍連貝環斗牛一星飛來人不識噴出光芒三十尺居然頭角嶄然生羣訝攙搶奔北極北極走星如帚鼓鬣揚尾咼北闊吞雲夢者將八九今年災異太劇違其常毒痾之魔爭跳梁日月屢蝕星辰詭紛紛恠誕難推詳果是劫數應如此抑或天心未可止不然何以逐疫驅厲士女悩依舊災祲迫成萬夫奴我聞孛入斗星如雨隕石亦復於宋五由來占驗之說不可窮高談雄辯且揮麈

十月十五夜

斜陽收盡處放出一天青泠已侵人柳閒無雜客星風聲

鏖薪障月色漏梧庭打疊禦寒計新餬紙半櫺

宮人入道

三十六年望幸人上陽恩重乞閒身長門舊恨銷陳后神島幽居覓太眞靜把燒丹尋妙訣錯將擣素怨芳春羅裠錦帔隨粧束經卷鐘聲了夙因

風流枉說石華裾雲雨巫山事已虛金屋藏嬌佳約後丹房閉户梵修初分香舊夢縈銅雀燒藥芳心冷玉魚夜靜羽衣清誦處猶疑仙曲廣寒居

漫興

朔風如鐵謼聲聲送響先從窗背鳴初日曉霜爭片瓦早梅殘菊集羣英青青醃菜禦冬淡薄薄濁醪消凍傾皸手聳肩詩思定忍寒枯坐句方成

春事己未

杖頭錢未挂榆莢可當錢時節鬧修禊人家况禁煙茶香
簾捲後花韵榻横卉直到無聊極經營句數聯

折楊柳歌

青青官道栁道左結清陰妾欲牽柳絲繫郎天涯心郎自
折得柳條去一鞭蕭蕭如飛絮

晚眺書所見

半角榕陰綠到門凉棚叢裏晚窺園蟬屯亂葉風千樹犬
吠斜陽霧一邨數畝町畦幽鳥傲四圍婦子野人尊從今
領略邱樊趣我亦時開面圃軒

題陳戟門鐵筆小錄

撐腸九千字篆刻供游戲君有大手筆偶為刀筆吏

苦熱行

天造煽洪爐祝融怡炮烙彤彤迫人來變盡南方赤温風龡火威歊蒸鍊地脉炎帝肆指麾世界染琥珀無地可皷冰有威能爍石直如金在鎔烰烰然赩赫湯泉沸荒井瘴煙焦勁柏艸木漬毒霉禽鳥走幽陌竹聲牆角乾鐵馬瘖簷脊對盩驕陽兇鬱猶生駒隤燹乃楚人炬真比焦土尻我匪熱中人肯作趨炎容欲效北窗涼蝸國半弓窄斗室嗟如燬溷濁氣全迫六月圍爐佳舉手輒加額汗珠不可揩薰風失兩腋親炙勞紈扇炎氣侵絺綌起來問秋風容易一年迹安得借吹嘘玉宇洗空碧早涼高對動塵煩袪朝夕讀書秋樹根中庭露華白

過萬安橋

太守有遺愛長橋横洛陽即今身後頌猶指水中央風色斟魚網潮聲載蠣房浮名相役處煙水過蒼蒼

興化道中

西風驛路遞蟬聲石磴三叉酒一程夾岸艸疏微辨色四圍山好半無名城移榕樹空中補人在荔陰多處行生長梅妃尚村落濛濛雲外㝡關情

舟中

月色三更淡淡描半帆秋影度迢迢清溪淺水二分漲數遍榕陰幾板橋

小山叢竹亭

有竹挺而青叢深環精舍有亭翼然臨考亭嘗過化眷言仰高山遨遊當閒暇森然成萬綠野花時補罅人去已千

年夕陽仍臺榭

題虎岫寺

松濤十丈瀉雲關數盡招提第幾灣拍座潮聲吹近海半空塔影落孤山人間梵貝音齊涌天外煙霞秋自閒拾級最高樓上望寒風斜日繞螺鬟

登紫帽山

樵路闌殘雲孤峰平似削疏煙溼不吹青螺拳碧落幽禽啼晴初亂水成澗磴磴仄鳥道扶苔文紛交錯捫壁見荒洞金粟此依託翠級梯層層欲訪林泉約仙人去不還白雲自關鑰宋書不可尋石崖天半鑿淩霄墖影嶂紫气時籠絡我來盡興遊登臨攜芒屩山色踞蒼茲蔚藍迎面掠日斜僧未歸歸途幾忘卻穿虹緩緩回蟠叢辨約略人空

平林昏竹泉應踈鐘

春晝 庚申

綠篁曉調煙鶯啼香夢裏好日媚晴初春光明十里玉鉤
簾捲東風憨海棠花時闌干倚

春日同遊賜恩巖

曉上岑巖載酒隨城東十里冶春時磴泉分出曾游路滿
地松杉刺史祠 唐以賜恩地賜許刺史稷今尚有祠
朋約樽盟部外過菜花細麥野畊多當頭無數留題好春
石連拳字擘窠
嵐煙寺對碧重重踰嶺游輿次第逢盡日嫩寒風景裏春
陰天氣襲殘冬
蒼藤古木繡寒煙細艸歸鴉欲暮天無限苔痕殘碣外雜

花洞口看春田

同翁鴻飛姊夫文田陳戟門内兄遊法石寺晚歸

春畦千萬頃野屋兩三家人別雲邊寺樵歸洞口霞鴉栖昏暮翼鴨暖鬭溪花蘭若遊途晚孤煙隔樹遮

登葵山

山風謖謖雨濛濛石磴欹斜一綫通滿地松楸樵斧響不知身在衆峰中

先大父湖湘送歸圖詩冊裝成敬題於後

飽挂輕帆一片孤歸田帝許賦將蕪洞庭波浪君山黯世路荆榛我馬瘏千首詩章傲琴鶴十分歸思促蓴鱸湖湘秋水臣心白贏得人持送别圖

春曉

鳥語東風曉隔牕驚早眠落花千葉雨芳草一簾煙近寺飛疎磬春山出遠天無為苦岑寂獨立聳吟肩

壯士行

撐腸膽如斗支臂筋如矢無聲非朔風無勇非壯士長纓未繫時恥為蹉跎奴但得伸胷襟一諾答知已大笑出門去銜悲何為爾笑彼別離聲悲歌聞易水

春雨二首

寒雨潑窗硯欲冰閉門趺坐冷于僧一池子子背人長知是昨宵春水增

濃陰黯黮屋頭垂翠圻紅舒寒較遲卻喜雨中啼鳥早盡情喚及未花時

齋居雜興

歸来別拓讀書家老屋三間階礎斜盤樹煙痕迷鳥語當門塔影上牕紗春深畦草羣爭地雨過山茶獨自花夢覺不知園圃近清尊酒熟忽聞蛙

題蔡樸修孝廉訪梅圖

踏遍寒香瘦聳肩迢迢驢背野橋邊一天詩境何人會欲問襄陽孟浩然

游九日山

撥雲穿石步紆徐高士峰頭壓迹疎橋抱溪流趁眼底樹懸斜日釀春初姜臺（姜公輔臺）只有樵尋徑秦硯（秦公緒遺石）今無客著書勝絕只難千日住煙霞長繞隱君廬

金雞橋

高士峰前雲影遲，石墩齒齒半傾欹。君看春水盡情綠，正是渡頭斜日時。

登不老亭 亭在蓮花峰上，距南安縣城二里許

一花一葉蓮花開，頑石忽破天荒來。石頭八瓣跏趺起，說法遂涌高僧臺。極目横空盤硬處，煙霞只尺峰巒據。危臺可惜年年荒，殘僧幾度垂垂去。花開花落娱山靈，雨淋日炙佛頭青。石蓮花尚纍纍坐，終古孫撐不老亭。揭來乘興縱幽步，心與閒雲同去住。峭壁摩挲古龍蛇，寒苔不蝕名賢句。亭旁有宋戴忱篆刻詩句 四圍城郭眼中横，幾重煙樹難為名。昔人石室今傾圮，巨石猶傳鐘鼓聲。剔蘚評茶相爾汝，多恐下方聞笑語。天風吹我往復還，從我遊者冠童侶。是日同遊者甚多

春夜

夕照暮煙斂遙天爽氣澂鐘聲寒夜杵人語入書鐙風拍花千影窗流月一繩詩心何處著自向小闌凭

出門

放眼青蕪野趣生東風吹面笑相迎松楸古道人皆遠花艸岸陰春自明徑晚牛羊歸夕照潭空鳧鴨啑泉聲子規天外煙如繡歷歷游輿百里行

大盈早行

曙色抱峯起孤邨炊片雲曉烏荒驛夢古霧斷碑文亂水臨橋闃人家隔樹聞蘼蕪何處望莎際半煙氛

夜泊劉五店汎

近沍千萬點點點是扁舟極浦霞齊鶩春耕馬當牛邨墟

然暮色鐙火話孤郵波浪并頭度行人此厺留

金雞亭

遠漲縮漁舟山光入叢樹金雞蹟已荒行人尚談故
墖景對虎山篔簹成賓主紅亭跨水聲瓦石自風雨

夏門雜詩

潼滃初添新漲痕五通渡外海濤奔夕陽古道金雞樹細
雨春帆白鷺門
清遂臨江人倚樓雉墉如畫小於甌幾經兵燹荒涼後烽
火城邊說故侯
金榜山高欲界天頑雲如夢封如煙孤蹤不見陳場老石
壁漁磯九百年
翦香簇媚鬬嬌娃高髻盤成雲樣排雀蝶鈿頭肉花盞許

多愁豔滿金釵

櫓聲欸乃拍江煙姊妹爺孃一葉懸莫向儂家說離別天涯只尺五航船

滿港輕舟競往還榜歌蓬影幾澄灣十三古渡頭流水潮去潮來人語閒

望中煙火暗潮生楓岸盡頭畫舫行春水三篙風定處月明漁網聽江聲

洞簫吹過野鷗邊島樹汀沙明媚天客裏江樓逢上巳風光不讓永和年

咫樓夜坐寄戟門

鼓浪嶼横青复青樓闌俯瞰客橈停急潮夢半參差雨遠火檣邊泬第星隔港笛聲吹斷續滿天人語入蒼冥只應

花月春江迆繫盡游心夜不倘

訪茶林別墅

榕風廳海濤亂石蹋新路危臺拳其巔盤煙出密樹幽挖臥亭麓風雨不敢妒斗大鳳皇山片石紛負固古壘剝蒼痕鮮皮鐫詩句築室人已徂閒雲此去住小憇亦靈阿林壑自成趣略彴幽步停徘徊日云莫夕陽落近城栖鴉歸無數

客心

跨野高樓聳迢然此託栖春愁三月雨遠夢四更雞海气兼山暗城煙入樹低客心寒食近怕聽子規啼

寒食日

風片千聲樹四圍一天薄冷半侵衣鷓鴣時節春相待煙

兩家山人未歸幾處殘陽催鳥倦偶逢寒食看花飛凭闌
極目空江外作隊漁罾點點微

口號

禁煙郵外野煙生開遍棠梨曉未殅十里叢墳寒艸路春
原風雨過清明

閏上巳

東君此句留落花悄流水風雨展春三詩心健上巳

晚過李潤堂先生東園

魚城東是小園家綠樹紅亭春正花十丈松濤煙雨藪危
巢終古尚棲鴉

當年靖海奏功成別搆三間雅適情不見種瓜遺蹟在居
人猶說故侯名 園舊為靖海侯施琅別業

碧桃時節訪春過倚遍樓闌指遠螺晚趁斜陽盡游興滿蹊黃蝶菜花多

春莫漫興

望遠燕飛杳隔牆明薄霞徘徊孤影蝶怊悵數聲蛙酒熟奠芳草客來看落花匆匆春事度別夢又天涯

感興滿天地觀書了古今曉鐘三月夢風笛半樓音細雨吹歸路斜陽入道心亂啼行不得滑滑碧泥深

空潭流水地背我去堂堂一徑鶯花老六朝金粉荒炊煙生陋巷樹影上幽廊閉戶齋心靜敲詩興更長

獨立東風下自開西圃軒讀書不求解得句苦難存初月明在樹微煙春到門相思歌惜別簾外看黃昏

五月初五日二十初度

蹉跎弱冠尚虛名未許乘風破浪行是歲擬將北上因聞寇警不果豈有
高文追陸賦陸機二十作文賦敢誇壯志請終纓腹非負我詩書
漱墨竟磨人歲月更游泳人間空自壽一尊黃酒五時觥
苔上閒階草映簾蓬棲小隱又奚嫌杜陵廣廈憑空造謝
客池塘入夢淹我無兄弟消受縹緗權擁富收羅風月不傷廉
酸寒莫道儒冠誤索句論文樂事添
蓬蒿飛適度居諸始信天生櫟與樗囈語敢談千古事齋
心好讀十年書木雞安得全功養蕉鹿真成幻夢虛祇自
守株空待兔何須結網退求魚
頻年檢理舊書倉訂誤何能正四羊學古未供雞跖食進
修須誦馬蹄章浮名浪博羞胠篋壯志依違笑處囊莫羨
圖南搏九萬鷽鳩決起但榆枋

題黄香圃丈貽檀采芝圖

長松時吟龍坐石足揮麈中有餐霞人往還躡芒屩深谷歌唐虞在山閟霖雨里鄮扇清風穆如仲山甫即論衛枌榆已足資翊輔以兹濟時才信宜擔圭組胡為締遐想衆芳屏勿伍祥煙劚嵐巒吉雲妙羅縷長鑱同耕夫療飢吸漿乳奐然傲林泉未知攘榮膴我聞黄綺時杖屨相與聚仙骨露嶙峋幽栖不可覩英爽空陳迹餘子何足數乃從千載下行藏獨布武入山非徜徉出山資建樹心地溉芝田蘭茅森琼圃三秀一笑拈仙靄蔭庭户自壽兼壽世美意足萬古披圖挹芝標瑤光撲眉宇我愧靈根薄名繮頗自苦塵俗亦勞形安知納與吐願言附謝庭從公乞翠羽

積雨

爽气清都盡涼音次第吹雨成窗外響人得畫中詩深對岸隄影寒煙晚屋炊簫齋情思滯花韵上眉思雲容飛靉靆雷響送訇訇積溜栖居屋鳴泉徹縣城曉雞孤燭夢欹枕遠鐘聲細數蛙喧處霉痕一望平

偶然作

三益徑甫開北窗臥差喜羲皇以上人不為五斗米

聞雁怨

碧瓦高梧秋雨細涼砧拭罷征衣製孤雁一聲催曉霜停鍼無語相思長絕塞泠邊月況經長城窟今年容易又秋風空幃寂寂芳心歇君邊秋至寒鐵衣妾邊鳴杵音亂飛斜陽古堞玉關路只有雁歸人未歸雁歸何早人何遲君心不記苦寒時并剪荊愁愁不斷征鴻況復催離思白蘋

之洲黃葉道千里關山叫秋老知君迴首望南州隴頭見雁心如擣但將繫帛書重緘寄聲着意開素函妾身願作衡陽來去雁雙宿雙棲長相見

聽香詞

銀河不翳天宇長露華溼夢團清霜雲母屏開美人立悄見六街秋月凉凉月涓涓戍今古嫦娥依舊耐煢苦夫壻前年戍遼陽傳說鄭書正旁午碧海青天遙不聞寒砧擣素宵平分庭前岑寂苦記憶博山香熱秋壇焚娟娟紅袖拂鑪煙喃喃禮佛詢吉蠲郎去願無風波惡郎來願如久輪之速圓今宵萬户機聲悄檢點香心聞吉兆整衣理髮出深閨地白境幽司了了下階防人知出門潛向窺好語多從道上過不聞遠志聞當歸

取月歌

煿龍爚鳳玉脂泣珊瑚簾前珠屧集廣寒宮關閉不開黑霧壓天銀潢溼周生周生有奇技僭箸梯繩恣游戲躡雲有聲牛斗旋手攀白榆振霞帔吳質停斧走且僵喚起纖阿闕玉堂結璘黃文危以頭五百丈桂如探囊酒酣取懷出素魄一片仌輪走玉液砭肌冷毛避天精但見當中搖光碧

何處生秋早六首

何處生秋早秋生庭院中盧陵聲可賦子美興何窮人靜鐙四壁簾疎月一弓金飈吹不歇滿地落残紅

何處生秋早秋生野徑中樵歸沿渚蓼僧老種園菘雲碓舂流水清鐘韻晚風寺門涼月近人影板橋東

何處生秋早秋生驛路中旗亭嘶塞馬牧笛下征鴻千里送哀艸一季驚轉蓬寒笳荒戍外夕照射殘虹

何處生秋早秋生廢苑中玉階誰詠扇金井自飛桐黃葉寒蟬逕荒煙門蜂宮頹園何所見鴉噪古楊叢

何處生秋早秋生客思中蹇驢茆店火細雨洞庭篷城堞詠斜日江天冷落楓故鄉尊膾好歸興夢能通

何處生秋早秋生田舍中雨餘人種藥露下曉鋤葱棚豆傲飛鳥邨蘆隱牧童畠疇告戒日雞黍鬧社公

郊行

十里秋容深淺一天遊興徃還鳥隨落葉下封人帶殘陽

入山

三間兩間野屋半邨半郭人家細指緋衣披著一林楓葉

霜花

枯樹栖鴉似菜亂流衝石如船牧笛一聲何處暮煙秋水涓涓

路通半畝疎枳黐在一叢新橙踏盡白雲歸去携將野色進城

補陶淵明九日謝王刺史送酒詩

車馬亦岑寂吾廬窅以深采菊餐其英涼風吹疏林素景東籬下秋懷待庭陰對此日夕佳而無良醞斟客自柴門來携酒相追尋饋我杯中物静日斛賞心一尊傲花色獨酌思古今情興不可極悠然生微吟言念君子意三徑契胸襟醅醪得妙理飽德醉我忱區區投報意聊吕語知音

題尤艮齋秋夢録

大覡漫疑是大癡感秋說夢入新詩揚州醒後黃粱熟更見西堂囈語時

碧天如夢夜雲輕青女鬲邀白帝迎秋水涯邊人厺後空庭落葉一聲聲

征鴻搖落溼蛩吟簾捲西風夕照沈彈出秋聲人不識滿窗煙雨瞰詩心

南安道中

穎城十里斜陽悄過盡白蘋見紅蓼何處笛聲吹不休雲中幾點青山小

郭山進香詞

椒漿桂酒部王祠衰艸叢松八月時百里斜陽人不斷轎牕齊插進香旗

郘公墳上賽神雜威鎮廟前燈影屯八百年來風雨老鑪煙終古繞神門

同黃喈南孝廉梧陽陳戟門張敏修煌城北訪勝

和敏修作

蒼茫夕照澹孤郘負郘人家秋到門處士高蹤無栗里隔溪流水有桃源蝶魂自向西風瘦鳥影漸隨落葉翻今日蹤狂盡游興帽簷屐齒半煙痕

三閭野屋十畦花黃葉堆邊徑欲叉梅石煙深多積蘚松灣秋靜但啼鴉寒鐘未動迢迢寺歸路漸迎澹澹霞獨有曲江好風度一天詩興屬黃華

餞秋詞

金風草草雨蕭蕭祖帳無言別緒撩莫問西皇歸去路殘

陽疏柳灞陵橋

木落洞庭水落沙幾程衰草數聲笳征鴻南渡霜花舞都

送秋風白帝車

祭詩行

維庚申年之除夕避責臺傾借租迫主人藍尾飲陶然酹向詩神尚饗猗神茶未及祀司命未及醉惟有梅花盞竹葉杯獨與吾詩伸禮意今朝幸恕小臣狂拾取蕭齋古錦囊出之春風座奠之屠蘇觴謂是六丁收不去縹緗幸免蠹魚據雞林賈人不肯購御屏風背難我候落落我與汝只合相追隨茶初夢半周旋時醉月坐花樂不疲流水青山繫我思紙窗竹屋不汝遺得乎失乎無所疑寒乎瘦乎解者誰今年之作祇如此後日之與賡七步温八叉張千

肖李百篇並驅而齊駕斷非[illegible]人所[illegible]知但覩冷淡生涯相爾汝伴我清閑沁我脾丹不王[illegible]若我主人禮亦宜之

薇花吟館初稿卷之一

薇花吟館初稿卷之二

古今體詩　　晉江龔顯曾　詠樵

短歌行辛酉

有酒吾娛有歡吾呼歌聲落落擊缺唾壺夏蟲一夏春草一春吾生如客往者古人侏儒飽死臣朔飢死小兒乘軒君子不仕芳蘭見刈文禽受羅燕飛雀舞鴻鵠奈何天地茲茲歲月堂堂鳳凰自高何必翱翔拔劍斫地搔首問天今我不樂忽其華顛

行路難

我欲乘風叩閶闔九天寂寞不開門我欲遨遊極崆峒八極杳冥無人言挾策擬江都作賦誇文園壯歷懷帝鄉組織就天孫出門自揚鞭影去後欲萬里窺帝閽已聞日近

長安遠星斗高高不敢捫況乃螳螂之臂當車前滿眼蟲沙天欲昏健兒殺人不通姓江湖恠浪掀且翻其次口蜜腹劒亦險巇人心荆棘尤難論我聞蒼頡始作字雨粟鬼哭怪事繁無乃文人識字邀天忌故慝進退羊觸藩不如歸去栖且息坐爾青鐔傾爾樽

銅雀臺

萬丈危濤漳水怒寒聲堆向鄴城路銀箏檀板音未殘繐帳風酸日已莫銅雀高撐飛不去伯勞燕子銷魂處月朝十五可憐宵夜夜盼深天欲曙空幃佗伎承恩苦分盡遺香奩無主極目西陵弟幾墳七十二墳皆秋雨

秋夜長

秋夜長露碎簾櫳月浸牀牙牀月印闕山影觸妾秋心和

夢驚金刀不剪淚痕斷永夜漫漫發浩歎玉關隔杜萬里遥遠夢何由到枕畔枕畔悠悠漏正長為君拂淚擣衣裳擣破涼砧心悄悄背牀合眼何時曉

當壚

胡姬年少小春風自當壚隨意倒金尊不慣數青蚨羞羞倚定中門檻酒家佳人一代無傍有阮郎睡未醒妒殺馮家執金吾

怨歌行

十三繡鴛鴦十五嫁兒郎入門未幾時兒郎征遠方少年負意氣郎心愛戰場遥遥音書返聞知近白狼人說封侯貴妾嗔秋夜長女紅助饔飧日日奉高堂高堂豈不愛鬱鬱迴中腸持此傾城姿而甘守空房昨日東鄰女嫁得瑯

琊王車馬鳴玉軑金珠結明璫閒說好夫壻畫眉為修妝
低頭時瑟縮羞對新嫁娘

采蓮曲

藕花十里水如煙青溪小姑沙棠船衣香人影荷葉邊荷
葉邊鴛鴦起不采花只采子

采桑曲

三月女桑戴勝鳴少婦踏春約伴行羅敷陌上趁新晴趁
新蚕兜繡襟攜筐歸棄槲葉

吳趨行

吳趨誇富麗樓閣何崔嵬人住煙花地春生錦繡堆豈特
風土饒文章多宏才夸汰不自愛一朝逢劫灰天運有時
轉江流流不回白骨戰閶門秋氣吹黃埃衰草長紅心莽

弄西蒸昔胥潮千萬尺衝上麋鹿臺昔望衣冠郡今歌江南哀為君唱吳趨高唱起徘徊

老將行

少時意气摩青雲頭銜屢壓羽林軍陰山夜獵鞭腥風朝斬樓蘭暮論功叱咤一聲胡將倒駿馬誓踏秋風老殺人換手不換刀深巷相逢響如草雪中面縛名王來拓地千里心未灰刮骨堂中飽羔酒圖形閣上奪功魁百戰歸來頭沃雪須髯如戟顏如鐵酒酣記唱朱鷺歌夜靜能談舊虎穴璽書大半疊箱邊漢主由來重少年掩卻柴門時拊髀閒來瓜下學揮拳昔時穿楊無全目今日銅花鏽霜鏃常拂西衣示子孫賣將寶劍買牛犢

十索四首

二八破瓜時三五定情夜移燈試守宮新穠熏蘭麝源口落深紅從郎索羅帕

兩情相媚悅懽娛憎漏促潛卸藕絲裳亂墜搔頭玉良夜不耐眠從郎索銀燭

含嬌不自持佯羞搴斗帳隱隱碧紗廚玉鉤因風颺怕有外人窺從郎索綺障

疑念蓄千種入夢便爲真繡幃低聲語帶笑复含瞋殷勤探密意從郎索新人

爨下謡

爨下老嫗切切語吾家炊火日一舉今年米價高去年吾儕饑寒無以所新如桂食如珠官不平糶吏催租入城乞糴紛紛呼吁嗟乎一歲再三旱篝車常不滿汎舟日難償

聚粟慳未樧安得留侯辟穀方雞犬俱欲昇天堂

從軍謠

軍書匆午催如雷匈心枯槁形如灰弓刀逐隊行百里但見歸來不見夠丈夫當以革裹尸此意不存已久矣卷甲揚征旗珊戈長毒縣宣兵威不聞賊幕刁斗聲但聞天邊風鶴影回頭相呼歸太來鐵衣不明刀劍屏或百步或五十步今朝且棄戰士名明年再應將軍募君不見飢鴉啄腸髑髏泣戰場萬里鬼燐揖自古從匈多苦辛胡為乎城南城北馳風塵

飢鷹謠

老鷹在韝不肯出飢鷹一羣學厲疾咄咄不許凡鳥鳴聳翮暈飛類不一燕雀鴻鵠痛呼號飢鷹任意傾脂膏一時

天際供饕餮禽鳥不敢惡翔翱一鷹如側眸一鷹如縮項爭攫爭食不得均有時相持自鷸蚌鳥虐為叢驅雀肆誅戮受其害者號以哭飢鷹流毒不肯休孤鶴獨向深林宿

春日閑居雜詩

湘簾卷起學敲棋花雜鶯啼中酒時剛到春分春意好連朝風信試辛夷

困人天氣步迴廊書倦時聞搗藥香獨自厭厭成不解薔薇花外看斜陽

坐愛落花不掃花小闌干外日初斜瓶笙如夢新泉熟赤腳已傳陽羨茶

二分病瘦怯春初風味貪嘗園角蔬慈母愛兒添飲饌廚頭催砍細鱗魚

引得儒生辟穀心如珠米價貴難禁始知五斗求非易又
典佳人纏臂金
斜風疏雨看花天五里衆楊十里煙傻欲治春郊外盃商
量須挂杖頭錢

彌陀巖觀瀑

龍綃闌不住迸佹瀑聲懸挂石三千丈長流今古季山僧
通竹覓遊客掬茶泉劖盡峰腰細琤琮韻野絃
流水戒日夜游心在澗阿清音敲玉珮遠勢倒銀河人語
落花定春晴急雨多巢雲峰下路終古此危波

高士峰

日明絕壓巔峭石迎面立危壁無人行雲氣自呼吸

一嘯臺

舒嘯此登臺古佛洞四大石室界煙霞人在鐘聲外

泉窟

毗夜細雨生瀑流多三尺掬水烹新泉客心欲漱石

千手巖

洞古白衣尊幽栖結半嶺斜照近孤巖時見樸若影

二月十五日

糢糊樹影迫窗疏絕好春陰繪不如意外忽逢三夜雨閑來時展一牀書湘簾旖旎留香後危榻欹斜煑茗初今日百花生日日小園相約莫揮鋤

嬉春體四絕句

花气濃於酒鳥聲何處春背人階下過自折虞美人

奩絲罥曲檻燕子嗔疏簾私擣金鳳蘂盡染十指尖

盥郎薔薇露坐郎翡翠幃沽酒勸郎飲日日典春衣
兜卻鳳頭鞵賭春私園裏小姑憨且嬌頭上奪花蘂

上巳

一雙蝴蝶幾聲蛙庭院深深簾不遮來往芳辰憑細雨消
磨春事晁飛花臨池易研三升墨得句多嘗七椀茶繙竟
右軍修禊帖倚窗濡筆欲塗鴉
淡淡㱦楊脉脉雲流觴時節競湔裙落花似夢全無語春
水如愁總不分燕子窺時簾影隔蝨魚祓定篆香熏吾家
密近開元寺每有鐘聲屋後聞

贈紫雲禪寺添蒲上人

我答託棲紫雲寺花木禪房日一至蒲團禪版有名流具
見法師一切智其時志誠古先生九根無礙十行成衆稱

長者給孤獨布金建地聳雕甍菩提𧆑樹禪燈續缾鉢家風得所託遂令興建有象贊法王梵宇勃然作可知得道應須慧業人四大之中見真身龍樹馬鳴傳衣鉢振綱維紐宏千春高風磊落地幽僻茅屋空山延詩客不見淵明去攢眉時有香山稱禪伯我每上方幽刹游魚山梵唄傳悠悠獲聞真如闡密諦但聽談經能點頭一言更莫遠師納寒士知交惟老衲儻結淨社開白蓮勿屏客兒塵心雜

雨夜

不覺幾時雨但聞簷瓦鳴五更逕春夢一枕得鐘聲小屋蕩如舫落花敲侶枰栟櫚吹摵摵應是促詩成

春盡詞

紅雨滿階春芳歇桃花亂落荷錢發簾衣鉤起人無言燕

子一雙時出没人間獨有杜司勳牆東悄悄送東君煙花無主懊惱重簾聲十里催斜曛悠悠春光流侶馬蜂蝶分香爭未下把酒澆花子規啼低頭酣酌餞春斝

夏晴

展音忽然靜人意愛新姓積雨已三日幽蟬方一鳴蓮香清夏氣蕉葉欲秋聲為報窺園客漸看衆綠成

偶來尋竹簟已到黑甜間心迹當如此勞形何日閑一牆載花影幾對入遙山似欲添詩思微雲淡不還

勞勞何事者守默見吾真入世多因熱耽書足耐貧天生窮士气我愛淡交人幸有二三子詩歌互主賓

偶作

芭蕉蒲扇綠陰冉人在踪聲過小牽入畫疏園多竹裏第

三庚後欲寒天
鎮日無人息半醺茶鐺初熟气初熏棗陰如睡蕉如畫夢
裏蟬聲時一聞

壽曾南田提帥王明劉夫人五十

天南多紫气琺婺一星聯夫壻嫖姚胄郎君儼侃贊榮華
珠翟色文寧紫霞篇正好春暉駐新開種壽泉

問戟門病

落日靜深巷幽居思益叉清風人未來素心望坐右君子
复何如離懷三秋隔倒屐相追尋柴門閉永夕聞君𦘒違
和一室叅維摩懸知困人事君心有詩魔詩魔入膏肓与
君复同病我是折肱醫療君惟吟咏隔面方幾時臨風結
相思相思何所寄一語相餉遺

七夕詞

二分秋色可憐宵銀漢涼時夜轉迢但是香花瓜果地喃喃細語不勝嬌

烏鵲齊填一水過神仙眷屬夜如何平明生怕又離別那管人間巧許多

抱拙也應學禱祈下階默默語人稀那知乞巧原難事失望真成傴僂歸

微雲如畫澹新秋花影娟娟月一鉤庭院無聲人不寐靜看涼露滴牽牛

不雨歎

六月不雨耕者泣七八月間旱更急羲輪百日游雲衢風伯雨師不敢入乘龍守瓶江海封島山旱魃笑相逢俯視

郊野不能綠夏畦赫赫愁病農毒痾之魔跳呂舞巫者尫
者淚如雨號呼欲起作商羊悲君此意亦良苦嗟乎甘雨
隨車今不見萬口嗷嗷談天譴官長祈禱紛通衢日莫歸
來呼張宴我欲翹首挽天河傾盆倒瓮滂且沱起視甘霖
洗大地對雨喜作喜雨歌斯時但見黑蚗強有力杲杲赤
天亦失色萬里溝渠聞水鳴桔槔無聲牛蹄息

秋夜齋坐

天靜秋風起落葉得深院悄然四無人坐久不知倦樹影
下似流荷聲急如戰秋衫帖帖飛開篋捐團扇自煮一餅
茶微月高牆見

秋草四首

試望寒鴉古木邨芊芊無復護平原一春南浦曾添恨幾

日西風又著痕楚兩吳煙秋次第白蘋紅葉路黃昏荒郊
多少行人過夢在天涯聽莫猿
極目荒蕪野色遙荻蘆洲畔幾魂銷寒驢斷岸歸千里冷
雁殘陽送六朝秋士詩懷蕭館寂美人恨事故宮描取憐
邊馬胡笳地九月蒼涼失牧樵
短長堤影近斜陽望斷江南處處黃月落一山鳴蟋蟀煙
棲滿徑亂牛羊不堪征馬過青粦可有流螢飛戰場小艸
尋常枯茂事豈關零落怨秋霜
慘澹淒迷一派橫沙深露冷不勝情重陽有蝶雨初溼十
里無人風亂鳴野燒山枯鷹眼疾林楓葉下鹿蹄平莫將
憔悴傷顏色容易春來吹又生

秋日畬戟門見寄即用其韻

纔覩秋來落葉黃雁聲蛩語為誰忙露華似水多侵艸月色如潮欲上牀象鼻詩筒添瘦句龍鬚坐褥禦初涼寄聲詩料今方富蟹正肥時桂正香

中秋已夕得戟門和詩再疊前韻却寄

搖落西風對對忙眼前飄色半蒼黃悄無人後忽聞笛正得詩時獨倚牀大抵一年今夜好君看明月不勝涼每逢佳夕清虛地破費鑪煙裊篆香

夜來風雨驟作三疊前韻簡戟門

果落蕉鳴風雨忙狂飈戰夜變昏黃兩三枝竹全敧瓦六七葉梧忽墮牀瘦菊未花千影瘁寒鐙如豆五更涼驅除雜念起枯坐自覩心清聞妙香

題周振平啟三采菊圖

西風吹東籬幽人采其秀古香動盈把寒色落襟袖愛此晚節花素心樂昏晝雨气筠籃侵霜痕衣裾透披邑占秋容但遜黄花瘦

采菊見南山悠然真意足昔者陶徵君與花成眷屬君乃嗜好同秋芳摘一束露下成孤賞獨立羣幽躅眷懷貞秀姿愛癖忽焉觸願言乞英餐聊充寒士粟

偕許瀲甫師黄嗜南孝廉陳三戟門陳四義門暨儀陳五劒門榮倫城北訪勝晚歸即醵飲許瀲甫師齋席上作

因秋著游屐秋色獨相親行腳兩三里飄然五六人江山多勝話天地養閒身去去煙霞裏桃源許問津

吾心期問菊不分未開時殘照樹邊樹亂叢籬外籬梅荒

一片石梅石講院外有梅花石草長四門祠謂歐陽行周先生不二祠金石多戚
癖君看撫臥碑
霜气紅花厚秋陰霧葉﨟近城看未了遠徑望將無與鳥
同幽契看羊下夕晡歸來買佳釀詩酒足清娛

往黃三敬堂謀熙黃四佑堂謀烈梅石山房觀菊
即贈二同年

秋霜庭院影溶溶打疊丰姿十倍濃忙殺風標兩公子經
營花事健於農
淡交晚節證襟期簾捲西風瘦不支傳語柴桑好題句東
籬合寫一秋詩

冬夜不寐枕上得律詩四首

又是黃昏後收殘屋外霞風橫梳竹葉露飽孕梅花瘦骨

聳於鶴齋頭小似蝸硯池呵凍墨索句手頻叉

積冷難枯坐搴幃睡態濃得詩忽推枕不寐好聞鐘雜思生寒夜懷人歲又冬怕聽風謖謖天地老孤松

門外行宵柝沈沈入五更天空聞鴿信鐙小近蟲聲滅燭看窗月花陰隔院生重衾方欲戀腷膊又雞鳴

不覺東方白重扉寂寂扃闌珊詩未續躭閣夢皆停寒犬吠初日啼烏驚曉星吟成恐忘卻細語喚娉婷

晨起

龍鬚腰褥坐吾廬碎地涼陰竹影疏日出先從高樹見天寒大好閉門居侵晨婢小頻催飯昨夜詩成盡未書臨罷墨池無箇事呼僮拓徑蒔園蔬

十二月十三日雪用東坡聚星堂雪詩韻

隔牖重陰壓竹葉天帝初番試新雪閩南一冬雪寂稀今年忽雪真奇絶茫茫挾雨正霏微點點因風多横折但覺禽聲廣廣喑倏看日影紙窗滅詩成忽聳肩如山管凍將呵捥疑掣都因嚴氣醖梅胎故遣繇音侵夜纈兒童詫拾作珠穿老農驚喜對玉屑甫逢臘粥味初嘗祗恐殘年太似瞥且學陶家好風味試煮茶聲供談說對雪偶為喜雪詩落落寫成手如鐵

齒痛

口中骨主齧齰具一一輔車相依附編貝雖無方朔姿三十餘子如星布笑我今季二十一毁齒未齊獨負固物必自腐蟲乃生咀嚼之餘動牙蠹一齒號痛累吾身咄咄呻吟朝復莫景文哺歠不可覼子荆漱石歎抱痾竟學淵明

屢攢眉大侶元公欲吐哺菜根雖齩不覺香説士縱甘亦無趣灸方求療三年艾膏藥頻傾一甕醋非是亾唇故生寒終教緘口真見惡食不甘味似有思與世聱牙果何故我聞上古媧皇能補天不能一一為我鑄遂令朽骨敢侮予日來投箸謝餐素留侯辟穀得良方宰相伴食嗟禁錮吁嘻乎區區牙齒何足數朝饔夕飧為爾誤

感興

忽忽歲既晏落日明柴扉荆棘將安往詩書吾所依朔風吹短鬢起舞唱無衣大笑中庭立梅花亂亂飛

東坡先生生日同許瀓甫師黃喈南孝廉陳戟門義門劒門繪像設祭為詩以紀

爆竹聲潛動歲序忽忽移人家爭媚竈或話祭終葵書生

猶酸寒詠歌相追隨不覺年既晏徵逐忙詩詩亶一瓣
香盟祝向峨眉遂繪先生像杖屨摸芳規三過精神在壽
骨更豐頤白髭三千丈修髯如戟枝天上爲奎宿壽身是
戎師詩章存千古精气彌八圻才名能壽世磨蝎不須悲
七百有餘年堂堂留容儀披圖拜音風藍尾荐一卮茶餅
与荔香殷勤請介麋雖無景文畫雖無王郎詞心香申頌
祝公應不我遺梅花爲公獻仙杞爲公持詩腴與字瘦賴
公能辨之笑我寒士气一室坐書癡紙窗竹屋下相對歲
寒時忽聞開雅會奔走出書幃祀公高一座消寒坐四圍
纖素現眉須再拜齊摳衣高談便飲酒微月生柴扉區區
刺桐城聊當赤壁磯浩歌公何在一曲鶴南飛

歲莫雜興

手爐灰薄煖微烘硯釋冰痕墨瀋蝸眠夜小霜魚擬凍隔簾一樹鳥呼風歲歸爆竹千聲裏春入梅花數點中竹屋紙窗皆妙趣高情可也侶坡公

拂地湘簾疊几氊釀寒時節醒梅天騷情便欲歌山鬼逸致無如種水仙似我清閒同舊厤連朝濡染為春聯破裘補綴禦冬傻重壓詩人頻聳肩

送神曲

杏花夠酒漿陳燭一雙爆四鄰華歲晏祝新旹語喃喃爭送神神光離合知何處風為馬兮雲為馭霓旌翠蓋杳冥間一瞥空中自來太酬神勞神傾良醞頂祝明年好事近家人融子愛吉蠲全憑神力蒼穹問神之住兮篆香飄神之去兮桂旗招桂旗招兮上天上天上人間兮路不遙歲

云莫日之晚送神風護神幰去复杳駕未遠明年春接神返

歲莫四詠

春聯

東皇排馭至樓閣變音色珥筆伦頌揚齊奉東風敕紅牋富貴寧華屋仁壽域愛博門楣光但費淋漓墨

封條

赫赫頭銜貴高門滿彌縫閥閱動述祖溯系稱華宗城中暴富兒攀稽笑無從今年摩囊裏金新年門盡封

爆竹

敗鱗与殘甲滿天飛不已莫作不平鳴藉此占大喜三百六十日消磨春聲裏家家轟如雷兒童齊掩耳

火爐

別歲爭圍爐榾柮烘烘昫冒气入人家炭聲然歲莫蕭蕭窮巷子一團熱初附借此茅屋中坐煨殘年芊

效東坡三歲詩

饋歲

歲晏百物足雞豚鬻殘臘米粟盆庾充酒香動盈榼為歡餽物產不吝出與納欣欣如交易筐籮紛雜遝貧富稱有無衆情各訢合富家逞豪華禮意窮周匝貧家傾錙銖磨春出升合落落酸書生岑寂高士榻往來一詩筒識戚相

贈答

別歲

今年盡今日明日又明年持此一尊酒送年例相沿巳過

三百六今年儘盤桓除夕為祖餞辭舊莫輕捐家人斟屠蘇兒童爐火然東鄰與西鄰爆聲飛滿天歲事懶且德我醉正欲眠舊年去且去夢中新歲連

守歲

殘秊何所似勇流如奔濤掉頭不肯住去去等逋逃雖有魯陽迴空自費勤勞夜闌彊相守紛紛小兒輩苦無長繩繫一宵競喧嘈燭花正明媚雞聲且滂號新年詎非秊何用爭紛囂甚恐負少年馬齒日漸高努力愛韶華流光迅滔滔

薇花吟館初稿卷之二

薇花吟館初稿卷之三

古今體詩

晉江龔顯曾　詠樵

過吳君綏妍增鴻祥別園觀杏花壬戌

何處芳菲二月繁幽姿開遍欲銷魂姓時已過春分節燕子初來日暮園十倍東風爭寫影隔牆紅粉不開門愧余孫負探花宴空向枝頭認雨痕

娟娟醉似去年時濃抹淡妝總可兒延客小開摩詰館憐渠欲唱子京詞似桃受耐三分酒隔竹深藏數點脂莫說江南好風景無多春意撩人飢

題余澹心板橋雜記

長板橋南臺榭橫酒旗畫舫擁傾城承平世界神仙福粉黛人家簫管聲

扇影歌喉夢亦香輕盈法曲泥檀郎安孃頓老新聲發十
萬纏頭壓教坊

名花名士鬥風懷酒罷棋闌閒墜釵最是月斜人定後一
天燈火落秦淮

姊妹如花樂賞心酒香人語淺深斟連朝盒子春藥會學
備歡場手帕金

六代鶯花次第收滄桑滿目觸牢愁春鐙燕子宵成後零
落南朝十四樓

水閣笙歌夢裏遙掃眉無復話良宵玉京老去橫波嫁誰
向春風鬥細腰

白門煙柳倚秋飛聲伎樓空有落暉茉莉香銷懸菜長十
年舊夢淚沾衣

舊遊湖海感平生白髮青衫老淚傾解唱江南斷腸句人間尚有庾蘭成

春草

眺盡煙絲入畫鋪陰晴十日燒痕蘇籬青如夢飛蝴蝶酒醒無人啼鷓鴣春到園林封檻砌愁生驛路見蘼蕪江南有客傷神甚唱斷天涯何處無

煙雨吳宮怨未消一春平望盡魂銷雉媒遙指三叉路馬跡曾過幾板橋寒食踏青空渺渺送君恨碧總迢迢王孫何處鶯聲亂盼斷江頭欲上潮

三月憑闌日又斜傷春傷別竟誰家銅鞮坊北朝盤馬金谷園中晚噪鴉一笛東風游子遠幾回南浦客情賒萋萋離緒縈難盡忍向長隄護落花

裙腰一道蘸絲絲古岸空濛上酒旗春水綠於前度好斜陽碧似六朝時閔氏家冷添愁重燕子邨孤入望疑惆悵西堂尋夢客煙痕滿目盡離離

首夏家居雜興

短衫烏帽稱閑身夢嬾醒愁又一春穀雨已過花自發斜陽立箇灌園人

隔屏兩兩三三蝶悄院疎疎密密花吹得滿城風絮後黃梅雨過忽聞蛙

綠遍菖蒲節序迎紅噴榴火眼波明何人熨貼香羅佩茉莉簾櫳刀剪聲

鰕菜擣成謀婦難鯽魚三寸買雕剜半籃蛤蜊論斤買香味翻匙壓食單

虀粥書生高傲甚年來與世最齟齬一齋蠹卷一枝筆博得文園四壁居

題涂祥卿明經鴻鈞遠浦歸帆圖

去作菊松主歸飄天際斜田園蕪欲盡之子忽思家泛泛人千里盈盈水一涯因君復望遠詩思益蒹葭

村外

半角煙蘿繞吠尾幾家雲碓水淙淙野田白鷺忽驚起飛入斜陽近轎窗

從軍行

生男勿喜歡生女莫悲酸男兒志四方忠義感心肝在鄉別親故出門買征鞍拓地一千里畢力幹時艱離家十幾度邊月年年看接鏑陣雲馳卷甲朔風乾窮谷邈無底流

沙涌回湍弓弦鳴秋急鐵衣沃雪單將軍飲羊酒士卒未朝餐將軍臥帳幕士卒枕戈寒百戰孤城下匝手千箭瘢同伴骨已枯而我歸尚難遐哉遠征人拊心坐長歎

戰城南

戰城南聞胡笳旗如雲刀如花殺人如草聲不作惟有妖夢歸其家黑雨噴天血塊立髑髏如柴相對泣聞説羽書過山陽百萬青燐飛飛集白骨一溝水滔滔青天黯澹怪風饕鬼屍伏地避鴟啄鬼馬萬萬不敢號嗟乎士卒裹尸草已朽將軍論功飲羔酒招魂聲慟鬼酸鼻魂魄依依作人丞明年將軍欲築城代奴鬼來作鬼偶

烏夜啼

烏烏鴉鴉空繞枝栖烏三更啼且飛啼烏有時頭能白征

人沙漠何時歸佳人細語煙紗隔幾日金風動刀尺遼西千里秋先寒深閨年年月倍白秋月上秋月沈空院烏聲和夜深君身分作邊城土妾心擣作閨中砧

烏棲曲

城頭擊鼓烏夜棲梧宮彈箏醉如泥吳王既醉不自主西子猶向鐙前舞更衣起視明星稀汝南雞鳴烏驚飛

五雜組九首

五雜組羅與綺往復還車如水不得已貧而仕

五雜組華袞襲往復還短綆汲不得已下車揖

五雜組環珠翠往復還舞蝶翅不得已投名刺

五雜組繪畫圖往復還轉轆轤不得已去故都

五雜組階前蘚往復還燕尾剪不得已旹衣典

五雜組染素絲往復還錢刀資不得已交道衰
五雜組揮雉翣往復還爭棊劫不得已走巴峽
五雜組丹青畫往復還媒妁話不得已見貴介
五雜組赤玉瑰往復還曲水杯不得已歸去來

夏日放言

閑戶靜消一夏掩關閉拓三弓讀書頗解雌霓披襟時有雄風
短歌不知大暑長日真如小年坐久斜照欲落詩成茶火初然
對涼已尋蟬蛻叢密猶剩燕窠兩口葵花碗大一盆荷葉錢多
乍雨乍雲時節不衫不履風懷鳳仙花時可喜鳥聲雜處

大佳
但覺不求甚解何憂來日大難錢癖每輕和嶠甑塵豈困
范丹
傲骨錚錚欲響齋頭寂寂自娛事事從吾所好悠悠與古
為徒

秋色

秋色已如此西風獵獵回殘陽黃葉寺白露蓼花堆檐靜
一番過天高數雁來雅懷何所寄望益徑將開

題七賢過關圖

迢迢驢背指寒山人在橫橋十里閒千樹梅花一鞭雪吟
魂如夢繞藍關

七月既望作

西風醒客夢徙倚揭蕉旌微月當牕入銀河案戸明有懷
期遠志不寐聽秋聲嘈雜寒蛩語何為唧唧鳴

題蘇少伊太守瑞書讀史圖

三長才識足平生美濟鳳毛世有聲他日聽君談史漢四
筵驚處想縱横

圈虎行

鐵光如炭攔虎住虎亦雌伏受禁錮忽聞人聲排闥來咆
哮一呼肆嗔怒番兒撫手徧摩挲虎气頽然如么麽凝立
似倀僅搖尾虎虎視眈眈今如何吁嗟山君在山中噬人盈
獸不可窮食牛由來養鋭氣假狐尚自襲雄風陷身誤投
羅與網爪牙無所施悍獰虎子既失虎穴中耳戢毛拳求
豢養始知叱咤喑啞如虎口檻穽一朝隨其後逡巡局促

難雄飛平生虎威皆掣肘

鷺門詞

白鷺門前夕照堆紅樓如夢背人開畫眉京兆緣何事爭向章臺走馬來

錦繡叢中是妾家玉顏如雪鬥容華自從管領春風後化作人間姊妹花

傾城傾國是香香淡掃眉痕倚晚妝一語乞君評品價春風謎上壓羣芳

本來美玉自無瑕小小芳年未破瓜我之江州司馬淚不堪月夜聽琵琶

纏頭聲價說淩仙病不成容瘦可憐遮莫路旁攀折後使君尚自乞當筵

遊虎溪巖

振衣拾級晚登峰石骨嶙峋蒲露封豈有巖巔真嘯虎且看雲氣欲成龍海風四檻人携袖秋色千林僧倚松我向鷺門策遊屐名山一笑舊相逢

萬石巖

天風壓海聲上有孤巖敞飛煙椒遥空松濤互從響斜日如欲落秋高莫气爽我來叩禪關禮佛登方丈俯臨檻外寬恍惚窮萬象恠石駕嵯峨亂擘巨靈掌或如蹲虎豹或如伏魍魎或背齊晉盟或爭滕薛長一石千萬石巧繪難摸倣五日畫一石須著一生想

偕陳榕坡大章馮秋槎拱辰何姓驅家聲許屺亭有濟王少明繼劍航海計偕泊上海作

天涯錦驅力飛駛掉頭直走滄溟裏鐵艘飄上扶桑巔俯看滄海一粟耳奔雷驚浪怳吹噓習御狂飆翫靈胥萬里駕帆風作脛雙輪碾雪水乘車篙工檝師聲不辨但聞澎濞雲中輾行盡江南一片時耳聾目眩憑流轉浮空泱漭臨斗牛起濤飛沫呼颼飀泖色波分知傍岸海門天遠不宜秋莿取吳淞水千尺賣魚舟停月正白泊渡移來李郎船點點人家成畫冊南望家山全糢糊北望天邊連津沽小住為佳莫踟躕當筵且食松江鱸明朝買舟尋前途君不見眼前滿地皆江湖離家容易胡為乎

上海絕句

莫問錢塘十頃湖湯雞餘命此間逋可憐點點哀鴻淚誰繪流民一幅圖

肩摩士女總如雲虎口餘生聚擾紛閒聽居人譚往事吳
趨歌罷不堪聞

酸寒乞欲吸長鯨破浪乘風萬里行荆棘叢中問征路居
然戎馬一書生

我來意氣最粗豪况是天涯秋正高今日登樓謀一醉不
妨飲酒更持螯

無題

危旌長纛護寒光日射轅門鐃吹揚入蔡功多期李愬破
戎人未識汾陽吳淞港畔秋風勁忠愍祠邊落照荒指點
隣封鬥蠻觸解圍何計靖跳梁

闔門千里化為墟白骨黃埃故鬼居接壤烽煙仍在目諸
君指畫近何如軍儲巳失江南賦露布時陳薊北書太息

逋逃猶有藪監門圖裏寫生初

舟中曉發

擊汰叟飛渡江南出岸隈曉雞荒遠埭細雪撲危臺水急魚奔網風高雀避桅家山隔迢遞極望復徘徊

越井思何極況當去路遥日明初起處山壓欲生潮炊霧柁樓飯新霜杉木橋布帆挂千里風力不勝驕

大沽夜泊

西風獵獵撲魚罾繞岸人家幾點鐙推起船窗看繫纜一江月色凍新冰

天津

析木一津長行人此繫航關征荒堞外旅舍曬鹽場風冽便飛雪天低易夕陽歸帆又南挂有夢寄家鄉

旅邸漫與簡李雲生觀察同文有序

夫無鶴背之貫則揚州難上無駿骨之貿則燕臺難登此又膠柱之見刻舟之談也京華塵輭夢亦關心荆棘路多冉而不卻裝詩篇以飽筍驅中流而擊檝出門則高堂淚誠牽裾則兒女多情臨河將濟步行不舒餞酒尚溫目罷猶盼占海門之氣蜃吸鯨噓過松江之滑風虞鶴警策馬蹄而勸丞無鸘裘以何溫固宜罄乃辭囊彊茲行色況序寢寂冬愁茫茫秋士津門駐衛馮彈其鋏小橋覓驢鄭託其豪局逸步於旅舍聚叉聲於天涯風號饕如矢紙敲一牕雪大於雞屋低半辟小酒醉醒雞喚夢而腷膊殘燈瑟縮犬吠寒以分明未免有情誰能遣此所由挑燭達旦呵墨發訡抒寫塊壘牽纏積愫鍾儀君子解操南音東鄰醜女

唐突邑里詩成商隱寫留肌目無題面識荆州經品評而有價
壯心不忘著先鞭宫闕蓬萊指日邊結網三年忽得封鍊丹九轉欲成仙乘風遥慕宗生志射策慙無庾信篇差喜飄飄聯襼侶南來共泛孝廉船
學就上林戍子虚塵寰誰識馬相如眞同叔寶茫茫集肯效深源咄咄書入世詎須憂白望高文孰解辨黄初酣歌慷慨天飛雪又是青陽迫歲除
毛穎囊中待薦來接懽何處覓良媒飛龍已鍊盧仙藥市駿當登郭隗臺祗恐送人多伀郡且應對酒獨銜杯殿毋縱試摩空手燒尾須聞一日雷
祇自勞勞待價售敢誇目底渺全牛雕蟲技埶需青眼嚇

鼠功名戀黑頭三禮賦難追子美萬言文合獻荆州李膺門第高千尺許得登龍願便酬

至日作

何以慰蓬栖霜風吹鬢絲每於佳節日倍寫客中詩豪气學彈鋏征衣欲化緇江山摛奇語得句獨吟時

吾欲試毛穎因之著祖鞭劒花吹酒白客夢到家圓雪影落何處春聲似去季一錢囊自澀肯羨萬腰纏

梨園行贈歌者福喜

天津橋上車流水歌管樓臺繁音起誰家法曲譜新聲何處盤宵掩月明一帶院牆當大路梨園子弟結隣住彈箏挾瑟上金堂此曲祇應天上遇五陵裘馬气粗豪脫卻霜袍換綵轇玉樹但歌陳後主珠喉誰識辥陽陶簫鼓逢場

競作戲斜陽影裏聲聲媚西施妝罷學捧心飛燕描成能
蹋臂英雄兒女皆千秋終古功名屬俳優秦女采桑工唱
曲彌生撾鼓擬名流日暮人歸呼酒榭柔喉脆管歡良夜
但是同心誓代桃紅綃不問纏頭價誰將上計催秦嘉秋
淺秋深客別家宗慤乘風巨浪破祖生擊檝壯心奢北望
風塵吹京國錦颿遥指天涯極問津小住塵未湔聞道霓
裳下九天觀場起向横橋畔院落笙簫春歷亂敲來銅板
大江東譜入紅牙楊柳岸舊曲新腔那易聞揚州春夢入
司勳此時但解憐紅袖此地便應乞紫雲雪花如掌沾衣
滿隱隱酒旗露亭館新火圍來榾柮鑪清歌傾倒葡萄盌
飛觴聲裏雜歌紘酒氣成龍燭炮荈供奉新詞裁未就嬌
歌先譜李龜年雛音恰恰愁如滴頹盡玉山描白皙貪看

六郎欲奪花生憐李慕能擫笛起言故里住山東小小飄流如轉蓬永訣爺孃分姊弟彈來妝淚袖皆紅十三學成鸚鵡舌名在歌伶弟一流天生靈慧可人憐色藝場中稱雙絕武陵客認桃源津顧曲評茶暮暮頻只有鸚哥呼李益斷無仙犬吠劉晨我來鄉思方棖觸博盡坐香兼倚玉品花拋得沈郎錢贈語題來順郎曲酒酣耳熱寫新詞滴粉搓酥句不辭自是香奩韓偓體莫疑曲子相公詩詩成筆墨皆歌舞傳誦爲教通菊部此日因緣締盛遊他時猶記廣寒府一霎東風催早春征衣計日浣京塵渭城誰與殷勤唱合有何戡是舊人

十二月十七日雪三十四韻

夜夢不知處朝來白到門猶疑月色潔已是雪花繁朧盡

岸渭柳皆回庭隙豈𥪰昏同雲迷野漠集霰合乾坤萬木
聲齊咽千簷響亂喧朔風砭凍骨微雨釀冰魂積素廣庭
照飛花窗罅翻撒鹽初著相戲玉細吹痕瑞气上天布平
蕪大地昏四山皆一碧六出本無根鶴氅何曾著鵝頭詩
盡髡凍聲乾烏雀愁漠折松樠渺渺和塵穋飄飄任絮噴
瓊樓堆崛屼銀闕見崑崙遥蹬欲無影玉龍何處奔近真
侵袖纈遠亦覆煙郎瞥眼忽三尺灑空要幾番槎枒棱疊
起泱漭气先吞著屐輕輕陷如山旋旋屯掃階箕徒擁觸
冷手難捫阻甚教坊路摶來爾勒尊新泥噤涂軌仌柱暎
殊暄記得家鄉景况將節序諭春書催莫歲梅孕護芳藩
堂上奉杯酒閨中鬥笑言迎春喜兒女餽歲話嬋媛倏覡
行蹤遠莫教離思煩聳肩增料峭別緒理紛緼壓屋人皆

四百五十七

靜鉤簾視欲渾客逸誰訪戴臥境孰推袁鴛瓦聞猶小貂裘寒不溼題詩傚蘇體寫賦擬梁園呵筆吟情耐烹茶爻誼敦敗鱗殘甲裏白戰一篇存

諸同人戲為雪彌勒偶詠二首

齊搦庭蕪玉一堆塑成寶像白皚皚何時學就媧皇術摶出莊嚴色相來

散花影裏現慈悲久化圓光玉作肌不著埃塵真淨土一龕趺坐月明時

除夕

到眼堂堂又歲除家園風景近何如關山聞說吹狼火鄉國劇愁杳鯉書怖似鴿栖依遠樹閑同蜷縮守冬爐燭花爆竹人家事一種歡悰未肯攄

修蚍赴銍客心單雪虐風饕莫景殘梅信故園千里隔蓬
栖旅夢十分寒計來真覺長安近寂甚方思行路難料得
釧聲鐙影下倚窗懶理五辛盤

歲暮懷里門知舊八首

抗疏優權貴臺省標錚錚從此婦與孺誰不識其名譽
豈不重述作足平生一努力追古者眼光射百城浩浩翰苑
集奏議擷其精薪盡火宜傳藏書留晏楹願毋同壞几湮
沒不聞聲 陳頌南光祿

訓詁與聲音讀書詎思誤案頭枯流螢俗儒湛章句小學
書充棟終飽編裹蠹殫心期講貫冥思終未悟喜尋先覺
覺吾師黄叔度 黄壽臣少宰

洨長我夫子築室聊中隱博覽舊縹緗搜抉古金粉憶吾

遊師門少小猶未齔欲就丁卯橋望衡今更近 許徵甫秋曾

作書有八體其八曰隸書蔡邕變隸法八分義攸居漢唐類踵出學者習難除海内善書者近代復何如吕子擅專精黄絹名不虚濡染人間世結體追古初鐘鼎與科斗間亦出其餘吾里數藝術非君其誰與 吕西邨孝廉

咄咄王逸少書法窮根源去日愁潦倒卑風躋騰騫昔時一尊酒與君曾討論秋風吹茂陵消渴病文園光陰逝流水落日易黄昏影徂心常在此言慰九原 王道羲秀才

裁就硬黄牋酢訓資吟詠愛客不空尊澄心如懸鏡風度真翩翩大雅頗自命榕垣曾識韓談詩仍未竟愧我引吭音歌吟昧聲病異日持詩卷期君為竄正 楊雪滄舍人

羽商雜流徵曲高和彌寡大吕與黄鍾凡響陋缶瓦落落

湖海士誰是知音若里鄗藉交遊傾心真藏寫度韻我未諳資君作大冶每望百尺樓常苦居樓下陳戟門秀才築室梅石間詩書供屬饜吟詠聲音多文章華藻掞東坡既善書子由學亦贍風雨連牀時得句互箴砭君看豐城中光芒飛雙劒 黄敬堂佑堂二孝廉

薇花吟館初稿卷之三

薇花吟館初稿卷之四

晉江龔顯曾　詠樵

古今體詩

人日酒後作　癸亥

真教思發在花前，苦被東風引放顛。端正春衫忙著屐，今宵被費纏頭錢。月鉤如剛暮遲遲，換醉何須脫錦貂。煖酒蠟鐙春似海，客中第一可憐宵。博得溫柔伲醉鄉，淺斟低唱放驕狂。黃鸝恰恰雛音緩，惱亂天涯客子腸。

天津雜興

東風繞岸近人家，屋蓋青茅雜簗笆。寂是破冰好天氣，一灣河背長魚蝦。

天妃廟裏燒香去清淨龕中觀劇遲豆子舡邊斜照落角
飛城畔晚煙吹
遊人雜遝總如雲指點煙波傍夕曛七十二沽雲水濶賣
魚堆裏正論斤
天涯客思太匆匆不管花時十倍紅夢到故園香影瘦一
株梅孕飽春風

通州晚泊

岸勢依天盡殘陽迫晝真河流淘日夜客望入京塵倒影
檣臨水暮痕春照人移舟渡頭泊吾亦近知津

見橐駝偶詠十二韻

三五成羣處蹣跚疥疾癡奇姿瞻傴僂緩步笑蹉跎類自
泉渠出册曾回紇過肉鞍高崱岃峰背聳坡陀幾陣聲鳴

圖千斤載重駝隆然蜿䖤馴象蕞爾貔貅靈鼉屈足嫶支節昂
頭任撫摩毛應資褐䙝飲或雜鹹䱜鬼訝乘龍異經宜率
馬馱危肩栖烏雀大力合牛贏製記洛陽倣彤嗤鄙氏訛
不須驚踵背怪事世間多

館中海棠兩樹盛開詩以賦之

釀姓釀雨賁周章塗抹新紅豔雨行大小喬爭矜國色東
蜀施自鬭鬬妝今年應較去年好客思翻將花思償卷起
湘簾珍重看東風斟酌十分忙

法源寺

攬勝過招提寶刹瞥眼見鐘聲出上方通幽引回眄傑閣
摩春霾梵宇敞纖甸鹿幢庭陰危虬髯背對影蒞松杉鬱蓊
葱怖鴿紛亂戰僧寮拱游廊法王尊幽殿銅冶丈六身金

碧大千院禁扁紛題名煌煌目為眩碑碣論替興摩挲我
幾遍懷古立蒼茫舊聞稽史傳西京旌擁雲東征羽馳電
沙蟲苦斷脰衆殤紛相噎瘞骨京觀撑招魂進哀薦貞觀
聳宏規憫忠寺斯擅代嬗制屢变崇福名疊見鞏革殊夏
鼎碩果存紀巋裴屮閟幽靈古柏森寒顫一代一恢廓鉅
製增葺繕遂令故址晋及今猶完善茫茫千餘年滄桑凡
數變而此法源寺烽燹經百鍊我來汗漫游紅塵正拂面
停車禮梵王獨步已忘倦煙絲盤樓梯風力擘衣緣寺老
夕照蒼牆黝蛛文罥眼界為一寬軼事資眷戀憑弔快壯
觀濡墨呼持硯

潘紱庭先生曾綬贈石硯一方詩以會之

落落吳門潘夫子通家舊誼追孔李吾祖曾日盟石交二

十餘年一瞬耳後生得進李膺堂龍門聲價殊尋常見面傾心便揮麈贈我端溪石一方此硯得自吳家舊閩此硯舊藏吳松生家鋪先殿屏作賦墨痕溆微凹古色見斑鮮瘦骨清光正蒼秀我慚范硯難承先鐵硯攜來磨未穿得此㓂皇恩努力歌成濡染墨池前

喜李潤九先生慶霖至自福州

應落枌榆淚持韡轅轍前一錢劉氏槖萬里米家船薊北循聲達天南舊話連龍門仍不遠徐榻更須懸

謝公祠中別搆一齋懸疊山先生琴硯圖拓本萬藕舲尚書榜其額曰一琴一硯齋

晉陽義士碎粟後一琴一硯落人手精魂長隨遺物久賴此神靈為呵守琴材妙製嶧陽剖號鍾銘辭斵鐫不朽當時

楚因遭陽九信國揮琴同拘美斯琴淪落等瓦缶瘞藏慼年土花䰟焦尾爨餘發培塿土人得之滌塵垢識者購此示之叐公諸世上不私有歙硯更稱神物偶程銘趙題字深黝昔日建陽橋亭牖簾外乾坤幻蒼狗團湖坪上忍回首韓亡難遇圯橋叟卻聘書成淚如酒此時此硯苦同受片石忽落闇中數水底不隨鼉蛟走瓦全壯气猶糾撽周君珍惜奴不苟臨簀抱器如重負配之玉帶生無佃藕舲夫子起江右[illegible]散共意良厚掃除一室題齋臼墨搨蒼莖比科斗懸之齋中魑魅吼於虖南渡寸土今存否區區何物得齋壽

同黃霽川侍讀過長椿寺

夕照寺門收返痕金塔樓空庭幢影褭方丈一僧幽春思

聞啼鳥閑情似野鷗沈吟頻閣筆題句在前頭

真成佛富貴瑤壒涌層層入眼金銀氣當頭菩薩燈黃絁

瞻畫象泥金纔成蠅（觀九蓮菩薩象像出明大内上有金泥細字書崇禎某年畫）能説

九蓮聖孫僧禪座登

松筠庵謁楊椒山先生像

東廠杖聲西市血浩气一腔勵冰雪馬市未阻鱗曾披虵膽無功心如鐵分宜勢燄欲薰天當時誰肯探虎穴上方劍鋌𨯱乃韜奸回黨惡何時滅堂堂孫憤轅郎諫艸淋漓昭剴切忠孝高風橫萬古更萬萬古名猶傑留將貞魄報君恩歌罷遺詩睚眥裂蒼茫何處招忠魂杜宇聲聲天半咽駕部祠堂動敬共宣武門前停車轍遺貌儼然生氣存院宇春深啼鶗鴂督讀公集唾壺擊今瞻公容思前喆

剖丹二疏落人間汗青百代鑄奇節嗚呼先生之宅奠貞心先生之事炳遺碣笑他十載鈐山堂塵迹蒿萊亦淨絕

百五節

思家時節發長吟連袂襟懷取不禁幾甸風塵磨壯骨關河煙雨鑄詩心遠游始覺鴻留爪名數真同魚慕涔敢説圖南搏九萬鸞鳩只合笑山林

偶然成

已恨天涯夕照遲東風何事攪相思春寒春煖誰分定花落花開又幾時一樹鴉痕栖似葉隔牆煙影柳成絲客中容易清明過莫道歸期未有期

都門寄內

雨窗搖竹葉花圃近房櫳禽語夢醒後蠶絲檻曲中妝臺

懶窺月底影瘦欺風珍重平安字知卿喜剖筒
憶爾春衫舊別來更褪無花時應插髻骰采定呼盧斗帳
閑鈎影顰眉待畫圖重衾如有夢兆太是神龍
小姑昏忔去閨裏更無聊堂上椿萱健追隨勤暮朝承顏
宜恬慰食性要親調君亦勞能代吾真福倍消
娛親何最好二女笑言長鄰下兒頻倚膝前君莫忆平生
不因熱更喜得孟光萬里歸期近待詢錦瑟傍
慈母愛兒切關情寄遠書愁懷延客路夕照倚門閭微步
隨姑出花苒背立初所思怕人覺輾轉定何如
翻悔離家易今知行路難三年諧伉儷一度走長安客枕
鄉為夢多聲聚促歡征途堪遠慰尚自勉加餐
僦居傍日下草草卜鷦枝一榻頻邀夢三春只寫詩殘陽

鴉影地寒食海棠期思發亦云久長途欲語誰
真堪長太息處處鼓鼙驚烽火明無際天涯吾獨行何如
故園裏仍守一書生寂寂敝廬敝依然問筆耕

崇效寺

荒寺絕依傍頹扉半掩柴蛛塵填佛座蘚爪落苔階自昔
游車闐于今景物乖豈無興廢感轉瞬使人懷

與黃濟川侍讀貽楫黃履仲中翰貽橋丁介蕃舍
人士彬黃敬堂黃佑堂二孝廉張蔭庭明經梓
材同遊天寗寺

十里鶯花媚豔晴春明已是過清明牡丹芍藥開都遍一
隊游車晚出城
漾得香風出紫藤亭臺半角立棱棱鴉呼鈴答忽聞處暫

見浮圖最上層

啼禽聲裏餞芳春籬柵橫斜養鹿馴籠得鵝羣原好事今朝端待換鵝人

最高凭處最蕭踈香積廚開雜野蔬大好與僧同粥飯何須破戒醉燒豬

同是天涯汗漫游帽簷交緣鬥風流鐘聲已動歸鞭疾更指斜陽賣酒樓

挽王道義秀才

墨妙文心早著名天南落落一書生才華易促周公瑾嘯傲曾同阮步兵秋到茂陵傳病瘦神遊蓉觀劇心驚可憐詩卷蕭條甚應向人間訴不平

劉筱坪師洛張安甫文瀾楊子恂仲愈馬逢亨梁

欽長諸年丈邀集松筠庵

攝徑通石竅穿竹經幽房拾級循苔階仰見諫草堂楊公遷擢日卜宅此倘徉眼見諸臺省袞袞訌剛方憤氣不苟已披鱗何慨慷柄臣勢不敵公身如鍊鋼張子有奇气鑱龔舊封章能從詰人後追揚文字光張布衣叟之搜二疏底稿刻石立壁遂令二疏草千古猶煌煌忠魂應歸來祠宇詎易荒我來逢盛筵酹酒古人傍古人不可作歌罷仍旁皇

無題

何事秋風惹別離隔屏背立怕人疑須知寫恨深深處盡在停鍼脈脈時金鯉無情傳尺素銀蟾有意攬柔思生憎走馬章臺日京兆閨中訌畫眉

花開花落又春闌蝶影蜂聲次第殘鐙下自怨纖帶緩客

邊應換袷衣單銷魂盡日那知夜別淚從來未肯乾底甚
思量無限事總教恨緒入眉端

薰籠玉枕獨成眠銀漢紅牆思悄然私語些些防夢裏春
心寸寸發花前劉郎遠恨真重隔織女幽期近一年十二
樓頭人寂寂今番嬾作海棠顛

緘情霞綺記傳書濃積愁悰未肯除暖豔為誰含苣蔻佳
期失喜指芙蕖芳閨新種相思豆春水多生比目魚便得
投君香夢裏好風珍重一吹噓

題劉倬卿章天詩卷

風林無靜柯急弦無緩矢自茲邑鬱懷抒寫乃如是劉君
抱奇才吾鄉不羈士嘯傲人間世豪气真跅弛餘事作詩
人詩亦絕依倚曾未出户廬曠觀橫萬里連犿好襟期一

一流素楮吾閩多詩宗近代盛十子誰能繼其盛莘田與雁水對幟鬬騷壇雄師堅壁壘大雅久不作諸子能蔚起而我生已晚私心亦竊比性情終塗澤風格苦卑俚每恨古之人好詞擅專美珠玉在其前所餘糟粕耳緊君一卷詩今日已如此梯雲窮其根敲石得其髓浩浩見性真如是亦足矣我更進一言皇然不自揣將邪得灌辟其鋒乃不靡庖丁解牛者尚求進乎技歲月鍊才華努力宗正軌直入古人堂追蹤杜與李此道衰更興端自吾子始天風吹海聲揚帆各分駛君方振鯨采余亦策駒齒異日持詩卷質君東山裏談詩雲對閒相見各有喜

五日作

墝尾初聞動地雷錦衣喜曰被

恩來是日領表裏二端故鄉頓隔六千里新酒頗添三四杯客舍
驚心插蒲之高堂遠望指蓬萊遙知天際歸帆疾舊侶今
應鼓枻回

五月初七日　養心殿引　見館選恭紀

沾沾小草荷吹噓射策榮邀
藻鑒初殿試以第六本進呈御覽十載讀書酬素志三山染翰近
丹除何期累世承
恩錫又覲
天顏侍
帝居千仗春容臚唱肅許隨鵷列步徐徐

夏日雜詩

春雨招不來夏雨麾不去一窗常沈霒屢訝天初曙故人

杳千里南望不知處悠悠生遠思茫茫向誰語蜷縮一室中科頭更箕踞幽居真泬寥盡日案常據明朝冀放晴歛錢貸大醵

規模遘時利文字覷窮通猶幸見錐末謬許入彀中聲名蹔腥羶篆刻慕雕蟲朝餐動至午行止終怱怱好逸心常靜毋為習俗蒙吾將讀吾書澄慮歸沖瀜

未登太華顛培塿已無外未觀太倉粒總覺斗升大著佗盈霜繼炎炎入都會縱著羅與綺垢面終無賴譬若脂粉施無鹽亦美娧及其詳姸媸諦視目不眛始知作者名未易獨稱最十里步障圍齒龤綵詎能繪五丈阿房宮散木詎能蓋

贈何伯源員外納姬并送歸楚

雲母屏張紗幔開三星户裏細徘徊樊川才子風流甚發得狂言紅粉回

君家已有衛夫人翰墨因緣老此身不信徐陵好筆架更須紅袖拂纖塵

佳期方過又歸期待看陰成子滿枝此去湖湘誇泛棹最如桃葉渡江時

秋風未動憶蓴鱸苦厭紅塵指故都呼酒校書青嶂下營中時近洞庭湖

陳頌南先生所著文集未之見也偶于都門書肆中購得籀經堂底稿喜題卷末

白簡飛霜面嵌鐵批抵要人氣不折揚翁放膽上封章無賢不肖今能說翰苑集標陸宣公奏議乃冠文陣雄努力

汲古深經術考據兼有閻毛風說經獨宗鄭浚長擘精篆
籀明如掌稽譔達恉船其微詎止點畫資摸倣商周彝鼎
旁參稽訂誤郅隺如燃犀審音頗共亭林埒訓義不与金
壇睽著書已溢三千牘吾鄉無由快一讀豐城劍气不終
埋殘蠹半編出廢簏願船名士遊門牆幾年掃葉窮披詳
是集經何願船先生手訂我得此集如拱璧攜來珍重壓歸裝歸裝擬
解黃花時繙書更復懷吾師願將此集傳海內以與吾鄉
未讀之士同賞之

雨後同游南下窪用靈川侍讀秋字韻

一望西山爽氣收陶然亭古足遨遊槐榆聲裏晴能雨蘆
荻簃邊夏亦秋司客何年曾對酒壯懷如許況登樓詩情
擬欲書千首可奈題詩在上頭

賣冰行

沖沖鑿就凌陰藏五六月間敲凝霜清潔都從盤上顯長安街畔爭瓊漿嚼久人似蘇屬國濺齒沁脾快胃肌積冷最宜酒後勝買涼合供熱中食笑我夏蟲聊語冰向君問價君毋增君不見蒯人待賈終自棄久山千古何堪憑

馬頭題壁

秋到天涯人未還六千里外念家山遙知今夜洗車兩望斷盈盈一水間

古驛瘦驢爭野艸深宵飢鼠嗽鐙油何當卻話關山道秋雨秋風過馬頭

河西務口號

秋柳暗長堤秋花没馬蹄霞明飛鳥外虹對夕陽西

七月十五夜

萬里雁南鄉北行人未還秋風動朝夕明月照關山螢落疎欞外雞啼隔院聞歸期今有約鱸思正須删

題周伯孫太史蘭紅心草廬近稿

天南猶未掃欃槍翻使周郎鄉思并海内句推吳祭酒江關愁殺庾蘭成才傳薊北游非誤司唱江東座更傾今日蓬萊披秀句一編風雨作秋聲

将出都柬張延秋兆鼎

論詩評酒挹風標又是匆匆别緒撩記取手儀張簡子但應看斂繚揚條

驅馬

驅馬出城闉揚鑣燕與閩雙义嶶雨路萬里欲歸人涼每

歎征袖秋先瘦客身一車已飛健心更疾於輪

楊邨道中

秋生河岸長蒼蕪飄出髙風一酒帘畦半豆花白疑水車
前緜雨織戚蕉蟬吹衚徑宫商湊雁入炊煙詩畫兼月露
光陰來往地别情不獨惱江淹

上海九日作

去年九月出門來鯉魚風起船旗開六千餘里歷歷過七
十二沽處處倩塵袖幾時浣京洛浮生何幸倚蓬萊歸與
得就菊花否花下當傾三雅杯

今年九月尚淹遲佳節天涯倍繫思客舍正逢鱸美日征
途争及雁來時錦颿又逐秋心迅尺素先傳歸路期獨在
異鄉頻悵望最無憀處强題詩

前詩甫就餘情未已復成絶句一首示友人

本無兄弟同佳節況復年年客異鄉一種秋心降不得吳淞港畔過重陽

題楊雪滄舍人浚燕臺看月圖

六街如水浸樓臺獨立蒼茫眼界開蹀躞春明門外路幾人高處振衣來

今年一走長安道我亦曾登最上頭他日黃金臺下過與君把酒話瀛洲

登烏石山

壞塔埋雲斂暮雅封跌石劚雜杈枒晚煙隱隱圍天暝蕩入居人幾萬家

別雪滄舍人并用其韻

鐵篴道人閒傲甚能教吾鄙拜高風論詩令我時思白侶賦于今尚屬雄才可著書君有分主能愛客酒休空臨歧珍重無多語第一頻傾詶和筒

為陳鏡航比部燕題蘆雁畫冊

滿汀如雪漲蘆花侶隊成行雲水涯似此幽棲堪寄託不須銜避弋人家

秋影如天十里平水寒沙濶足飛鳴江湖滿地稻粱飽聚得人間親弟兄

薇花吟館初稿卷之四

薇花吟館初稿卷之五

古今體詩　　　　晉江龔顯曾　詠樵

崇武觀海 甲子

點點漁罾晚出城陽烏西匿夕潮平我從滄海曾經後時愛天風鼓盪聲

雨

昏昏正難辨十日釀霉成鏑户不知夏泉聲屋上鳴千家千樹暗一雨一分晴偷得平原筆漏痕隨處生

挽少宰黃壽臣先生四首

覺自騎箕返傷哉夜壑藏勞衷驅白髮大木撼青陽聖主非全棄歸心轉莫償斯人今已矣無計挂靈光中外多歔欷如公孰與儔貳卿周小宰節使古諸侯

温語自

天下臣心無地休倏歸兜率去白日遽難留

南海曾旉化西川亦感忠高文傳議禮籌海著全功慧故

嗟騰謗枌榆訝失公吳淞停素旐無望見清風

望雪堂前地（先生晚號望雪老人因以名堂）從游許我頻師資弟子列意

氣古之人問字元亭授諧聲洨長真買舟共南下感念倍

傷神

六月十七日坡翁前貢荔并集同人聯吟黃濟川

舍人以事不至但寄詩論荔枝之勝走筆賦答

同治三年歲甲子我適杭海歸自都六月望後三庚過縣

壇邀供髯翁蘇堆盤錦荔三百顆晶丸鮮坼紅珊瑚泉南

不遜嶺南美薦公公為品玉腴離支佳果推閩粵蜀中之

產徒區區誰分三十有三品作譜始自蔡君謨吾聞遠勝粵種佳忠惠品題紛紛榆君也足跡之所歷惠州眉州窮馳驅七閩生長極不忘鄉味首推良非誣其時歐蔡正國人火雲[illegible]皆奇峰巉巘詩願追和陶句逭暑欲製酒水符待君未來斜陽晡儕輩裴回吹濫竽敲句擘荔休踟躕語君君亦流涎乎

黄佑堂舍人以詩見和再疊前韻答之

去年舟車翩翩同李郭天南一髮懷此都把臂幸親竹林阮對牀叨從蒼山蘇君也成功轉丹汞一朝結網得珊瑚叔度汪汪器深廣浩翁筆力雄且腴我慚結習酸寒甚瘦詹小言真區區覆瓿貽譏喧揚子傷牆偷曲同李謩詩成共棄路旁李力絀難攀天上榆墨突無黔席無煖年來僕

僕車馬驅文章經濟兩未成雕蟲之技吾自誣引吭度韵學既淺曼聲觧字才尤麤十年雖棄敲門甎一身長藉詩癡符擁鼻微吟朝復晡愧非成氏工吹竽聲律未諳空踟蹰鳴虖天生我才何爲乎

夏日偶成寄雪滄舍人

畏影栖遲思倍清蓬蒿小闢過三庚好眠常愛曲肱枕得句都從乂手成插竹陰多衣染色種蕉葉大雨留聲舍人近事如相問石銚塼鑪隨處横

贈魏子安孝廉秀仁即送其入都

萬里妖星變瑞光時金陵方克復裝詩撥籠壓行囊重來同里辭知己此去便擕羇　帝鄉三魏文章當世誦一官出處半生忙子安入都擬將謁銓明年執手京塵内與爾同傾大白觴

病起柬戟門

秋風吹我病藥物費經營滿院愁雲懶倚牀聽竹聲琴書十日静衰葛一時更傳語故人處真成太瘦生

除夕書感

十年盜賊息縱横入蔡功勳指顧成誰道已收江左績翻教遠迫冶南城風敲白骨宵啼魅浪打丹霞曉吸鯨九月間漳郡不守髮匪屠害甚慘羽檄時聞消息近解圍安得伏波兵

尸裹沙場血積溝欃槍氣惡欲横秋凶門星落將軍殉林密卿提軍戰于萬松關死之廢郭霜嚴壯士愁義旅宣勤誰入穴市人驅戰解同仇雀苻澤近風聲厲欲鬪諸君借箸籌

荆楚軍來半珥貂健兒千騎馬聲驕桄榔影裏風吹角蠻瘴煙中劍指杓節制堂皇歸僕射軍需迢遞給嫖姚賊壕

十里官兵擁極目游氛何日銷

獸犇禽駭欲何之接壤聲聲尚鼓鼙局蹐只能觀趙壁酸寒未忍棄班錐客談倥偬從戎日酒酹崢嶸暮歲時聞說家家賣釵釧春醪待薦不須疑

愁霖行答戟門即用其韻 乙丑

試鐙風合雲不開黑蜧興孽乖龍災垂虹夜明陽氣動層霒晝布春寒催簷牙樹杪長緪貫亘天不絕昏亭臺豈惟老屋如舟怖作勢直欲戕殘棋敗門感事愁如織對此合賦江頭哀方今餘醜動隣郡吹脣唱吼然劫灰時漳州賊氛尚熾鯢封積戮兵屯久戰鼓鼕鼕如轟雷荒郊固壘百餘日誰拔螯弧天上來客主之形分勞佚鈍兵蓄銳殊唐頹翔乃浹旬愁霖霡霂上漏下濕泥成堆安得速抵賊壕內滅此齊

奏凱歌回天戈所指妖星落約長鯨戢殲渠魁此地坐閒
露布馳一朝大地洗氛埃增陴浚湟胡為哉

春分日同諸子游瑞像巖

時春出北門霽色趁梯隥峯腰露岑巖引人暫入勝雨後
新綠多雲與客爭徑鳥語碧霄前瑣碎亦可聽懸泉奔澗
底歷落如相應深林青互蔽山花落未定峭哉天柱峰面
壁更奇亘石骨矗立中踈煙自包孕本有煙霞戀來禮雲
門磬滿月覲金容欵關撥危磴烽火毀月連隣境尚鞍鐙
動形風鶴疑未遂登臨興斯遊一豁然瞻矚意頗稱人影
沒鳥外微覺斜陽暝歸路迎東風吹我塵夢醒

夏日許澂甫比部黄漱川舍人王秩亭參軍惟敘
黄嘒南黄敬堂兩孝廉李子文別駕寶琛邀集

東園

主人能愛客幽興正堪攜謂子文樹雜中開徑樓高外拓畦
松濤當户涌蟬響近秋嘶讀畫論書久殘陽已向西

偕澂甫師敬堂劍門登彌陀巖

越巘躡層岑風高氣澄爽雲深石路歧泉落秋崖響城堞
忽在眼遥矚託遐想人語不可聞川原平似掌

安溪山中

雲氣不能留蓬蓬如奔逐滙泉成溪流遠勢出崖谷藤蘿
蒙仄路松楸破亂綠山茶欲成子雜花飛簇簇人行犖峰
腰蜿蜒迷心目聞雞邨忽逢得樵徑方熟一嶺夾一澗山
重兼水複令人應接忙但愛馳驅速昏旭晚歸林暝煙暗
迷巘蒼黃辨人家何當尋信宿

夜宿南安黄氏樓上

遮山雲氣迫黄昏高蓋峰椒暮掩門襆被樓頭倚鐙影今宵聽雨古詩邨邨爲歐陽行周先生讀書故里

夜坐

隔簾料峭風聲甚坐久微聞窗紙敲起看梅花不成寐月明如雪上寒梢

同游九日山用戟門韵七首丙寅

無限登臨感憑高懷隱君唐秦公緒隱此青山姓名在勝地古今分硯石聚春水秦隱君注經遺硯石尚存鐘聲催白雲五言題不得恐被昔賢聞

躡屐攀危磴試登高士峰向僧索微徑訊古動幽悰客指無名木鳥栖前代松撥煙争越巘行脚健於農

報國虎鬚捋冬郎曾託栖掩窗驅野馬結屋聽邨雞韓致堯學士流寓此山坏土孤臣恨懷人落照西姜墳春寂寂同對鷓鴣啼帝姜公輔墓亦在山麓路憶曾遊處巖依最上頭佛容愁黯淡鬼語喜空幽臥碣埋龜蚓荒厓積髑髏亭臺傾圮盡衰盛付浮漚江山尚如此極目正蒼茫數里溪爭響一天風動涼名峰無蠡石壞屋有禪牀落日金雞渡漁人已卸裝摩崖立霞外遺墨簇瑰奇擬此窮遐眺因之訪古碑祈風前代刻紀勝蔡侯詞諸子亦豪嗜苔痕手剔疲山有南北宋蔡襄等題石甚多戟門昆仲窮搜石刻歸輯九日山金石記斜陽遥岸直層嶠下肩輿歸翼林間定春風雨後嘘炊煙深野屋蔗味送村墟歷歷斯遊勝真如讀異書

題林墨舫所藏小李將軍海天旭日圖

尺幅居然象萬千山川金碧紙雲煙分明蓬閬方壺路海上人家落照天

贈鄭海騶丈守孟並以志别

夾漈先生真吾師豪氣千尺筆一枝胷羅星宿眼嵌月金殿從容需論思十年流宕肆閱歷一日揮豪登天墀歸來喜收藥籠物坐擁清源之皐比（海丈館選後今年來主清源講席）佳兒掇科已拾芥更願課士如課兒憶昔憑髙望北斗春風步屧追陪久登龍甫登長者堂附驥又趁令子後（余舊為海丈梅石書院所取士己未癸亥又與令嗣心雅大令同年）今年聚首刺桐城脫帽倒屣時相迎夜靜論文見燭跋興酣讀畫驅酒兵風流儒雅傾譚吐娓娓清言愈沈痾西風一夜敲牕櫺秋月挽君君不住月圓

時節秋平分欲别未别酒盈尊瀕行向我索題詠愧無别句能銷魂鯉魚信起菊開處我亦萬里燕臺去明年待君輭塵中聯步同登玉堂署

九秋將入都沈吉田太守應奎索留别言走筆賦贈

葵羅清紫山容開花驄忽送好官來十載鱣堂坐講貫一行鯉郭欣追陪太守政聲世少比盟心獨酌雙江水自辰至酉案牘勞劇蠹蠹紛一手耳以儒為吏標襟期頻年下榻邀隆儀循良君媲西山化惜别我為南浦離風雨重陽就菊後匆匆滿酌旗亭酒揭來亟作京華游薊樹闗雲一回首男兒行止休踟躕飄然分襼秋陰䟽别緒數杯官舍讌天涯一紙使君書使君從此頌聲作循吏傳中[illegible]磊落

知君拋棄沈郎錢未肯薄充劉寵槖

黃香圃濟川兩丈許潄甫師張蔭庭端陳戟門黃敬堂黃益齋謙光邀餞清源山作此留別

五字河梁別調高深秋帳飲首頻搔冷官廉操如蜩蛩好友分飛況燕勞家具紛於移宅運行裝多為載書豪蛻巖巔處蒼蒼立爛醉何妨酣綠醪

酬李鳳儀雲話見贈之作即題其太華山人詩稿

思精律細筆花開誰復平分十斗才詩話樓前遺響歇嗣音天遣替人來

落落猶傳處士名建灘日夜答詩聲梅崖文共松寒咏布武期君鼎峙成

過白鶴嶺

輿轎登登踰嶺斜危岑層巘崔杈枒聲催轂觫牛蹄下勢
蓄蜿蜒鳥道叉林竹末霜爭護筍山茶如雪欲開花全家
直踏寒煙裏低指斜陽止宿家

福甯山行

駕言遊京洛慨託天涯想勞勞似移家未易歇塵鞅日行
嶔嶔開俯視何惝怳輪廓露層層山疑畫裏做膠葛立四
圍草亦如人長林楓葉落乾萬竹遞作響太姥與霍童指
顧神俱往長嘯驚山靈聊茲發慨慷

早發

破曉荒雞喚首塗西風騰踔筍輿扶煙中龍沫晨懸瀑門
外鴉羣飛哺雛鳥柏叢叢繞離㲉稺杉戢戢半成株逢人
欲借范寬筆為寫秋山行旅圖

温州絶句

江楓落盡隔林丹沙雁飛時夕照殘酷愛永嘉好山水推篷露頂不知寒

擬作天涯汗漫遊詩情先醉小杭州河船隊裏悤悤泊十日江湖稍滯留

數遍橋闌橈未停遠山近水不勝青鹿城如畫開詩境得句何人繼四靈

滅項誅秦起海濱越江霸氣未銷淪東甌王廟靈旂裏祠樹蒼蒼尚笑人

華蓋山椒王謝祠書名詩句到今思墨池鵞去西堂閴太守風流猶在玆

隱淪久締子真緣孫嶼題詩記浩然忽憶吹簫臺下路曾

留詞客與神仙

攀籐振袖步僧寮眼底溪山破寂寥指點江心寺雙塔令人誤看小金焦

東甌曉發留呈孫琴西前輩衣言

永嘉好山水迤遞積夙慕一舸泝甌河豁然愈沈痼矧拜長者風乍見翻如故道徽扇中外誘接傾談吐區區獻淫哇因之誦奇句瓦缶宣徽聲遂得引韶濩余呈詩草奉質遂受讀邃學齋詩卷憚寒天未雪篙師呼早渡相望各天末挂席更北去矯頸憶須眉何時續良晤

舟泊江心寺前起覽謝公亭孟樓諸勝

一葉破漣漪孤纜中川繫峽東潮爭趨眾流匯奇勢墖影涌層巒眉間撲空翠林樾正寒蒼水波亦遙矞弭棹登寺

門勝槩歸眼際是時風色高天氣复澂霽江城畫裏環孤
嶼殅中媦懷緬思陳迹登臨振衣袂襄陽句重留康樂蹤
曾憇千古兩詩人遙遙情如遞城郭今依然江山仍壯麗
對酒共題詩風流疇能繼平生覽勝心當此興頗至諏古
躡清塵超然尋吾契

謁文信國公祠

絲鬢風霜後飄零老戰塵六陵無寸土一旅有孫臣南渡
山河改中川俎豆新更留詩蹟在生氣照江濱

自温溪趍青田

灘響將愁遠緣溪路未窮地荒殘刼後田闢廢城中野霧
爭山宿羣流赴海雄石門飛瀑處指顧太匆匆

過縉雲縣

全無城堞借峰環兵火燼餘拓數間一片凍雲迷向背停輿先辨括蒼山

永康道中

怕共遺民語哀鴻淚欲枯薪稀少禽犢草長走鼪鼯頹敗栖無定囏難困未蘇晚來求逆旅慘淡一鐙孤

行抵金華遇大雨雪

未曉疑已曉誤起占行色忽看萬瓦明窗櫺遮不得大地白將盡積雪高頃刻城中新寒增萬籟噤未息披衣犯蕭晨今朝阻登陟鬱鬱栖舍中荒涼依鬼國居民彫劫餘鴻雁無安宅八詠失樓臺百堵成荊棘宲坐寡歡悰感喟歌偪側簷水不成流陽烏猶隱匿何當期霽成籃輿前塗策

自蘭溪至義橋舟行得絕句八首

撲面霜花被酒時片帆婀娜夕陽遲來峰桐子山前出去岸猶臨瀫水湄

富春山色撲眉濃輭翠浮煙積幾重傍晚倒懸雙塔影南高峰背北高峰

醞香小試蘭江酒細鱠貪嘗胥口魚醉指人家橋檻外茗花柳影好移居

四山苦竹亂黃昏鸂鶒鴛鴦處處喧卻趁西風過嚴瀨漁船曬網雁投村

七里瀧前潮信來一枝柔艣下江隈自披蓑帽匆匆過雪虐風饕看釣臺

水複山重暮靄兼隔舟人語話桐嚴相逢一笑青溪妹背指篷窗不下簾

百里桐江傍客星榜人咿軋競揚舲桐君何處畫眉舞寂寞仙扉天外扃拍空凫鴈欲驚雙響逐胥濤橫大江鄰舫不禁喚卬渡天明更買義橋艭

經子陵釣臺口號

風雨老羊裘隱淪不可求故人天子貴終古客星留魚上家家釣灘鳴夜夜舟東西臺上望落日大江流

山陰道上

回風澹引畫橈停應接真教醉眼醒巨鎮雄陵諏禹穴茂林修竹望蘭亭舟移秀色城中綠樹曳煙痕畫裏青濛是江湖刼灰後猶堪乘興獨揚舲

曹娥江曉渡

古渡蒼寒擁碧漪霜嚴風急櫓搖時隔江誰訪重華石斷岸今荒孝女祠磔磔禽聲流似笛愔愔山色秀于詩行人移掉平沙外指眼空尋黄絹碑

夜泊餘姚

萬檣如薺夕濤生單櫂飄然葉比輕迫夜寒潮太搖盪聽風聽水泊江城

臘月到甯波得家書知許潎甫師謝世詩以哭之

追從里巷坐春風廿載交親轉瞬中絳帳遥聞琴響闋黄鑪愁絕酒杯空法言鄭重童烏寄文筆岧嶤老鳳雄卻望池西太蕭索百城誰理蠹書蟲師拓三間于萬氏池西名曰池西小築中藏書頗富

修鱗忽報故鄉書驚愕真成淚滿衫師席談經尊未重茂陵病渴痛相如磬城拜詔仙才隱燕市比鄰夙願虛想見

孤燈寒雨夕校讎無復竄蟲魚

風流儒雅好追隨對宇望衡日問奇三世交游原不泛一齋文字最堪悲親逾骨肉忘師弟痛撿緘封悵別離里鄗知交半零落又從天末哭皐比年來同里王道義黄喈南諸友人俱相繼歿

尊酒文章孰共論劇憐宋玉與招魂半生知己思鮑叔一代詩人失許渾令我臨風空有淚從今立雪竟無門蓋棺稍可蠲遺恨收拾殘編付子孫師于去年初舉一男

甬東度歲作

向章城東小住佳興之所至游眼揩百里渡船門前蕩四明山色空中排兵發縱經殘刼浩依依風景殊不乖我來頓轡逢臘盡白日遁匿生陰霾僵者寒如紇干雀遁者避如井底蛙况乃天公慳初破一雨三日綿天街勞絲不斷

懸簷瀑剝啄免防敲荆柴傾思窪尊醉綠酒時閒蠟屐代椶鞵兀兀小樓瞰居室涓涓流水鳴空階客栖雖覺霪霖囷聚首幸得家庭偕突黔不暇虛媚竈綵衣試舞娛老懷主人于此興轉烈豪吟俯唱袪淫哇雖然文字供棄擲喜有篇什郵朋儕詩罷更闌歲向盡已聞春色到天涯

薇花吟館初稿卷之五

薇花吟館初稿卷之六

古今體詩

晉江龔顯曾　詠樵

甬上雜詠丁卯

峰環屏鏡水環油如此江山供快游二月煙花驂蕩裏酒痕先涴古明州

破吳功出大夫種登嶽游傳秦始皇此是越東好都會令人懷古望江鄉

四明山壓鄮鄞封皮陸留題尚舊蹤安得探奇窮制勝遍搜二百八十峰

城南日月秀開湖褰屐翩翩入畫圖斜照祕書祠畔路依稀得似鑑湖無

勝遊都說訪天童小白河干纜路通更向普陀山外望進

香船隊水當中

難尋汲古堂前庫莫問樓三學士書天一閣中更蕭瑟鼠灰蠹蹟已無餘

甬江樓外雨如絲柳亭庵邊帆影遲驀地香風送湖語遊人解唱竹枝詞

十分畫意寫沈酣一片春波漲蔚藍青鯽紅梭不孤負江東風味壓江南

渡江

十里西興渡大江欲上潮峭帆爭激泊過雁避人遙春色明如此酒痕涴未消征蓬渾不定南望倍蕭條

杭州登舟後與家人述山水之勝

湖榭橋闌滿眼橫渡江十里客橈迎千年霸氣杳何許日

暮潮頭怒弩聲

故國可憐天水碧寒濤終古海門青武林舊事繁華歇風景淒涼不可聽

入越如從鏡裏游山陰閱遍又杭州酒痕乍著青衫舊水枕依稀有夢留

官驛前頭露酒旗煙痕拂晚柳絲絲斜陽流水干何事妙處都成畫裏詩

嵐翠通城綠可憐浙江亭外雨如煙已拚游屐湖山印終負西湖一面緣

石門

戴勝鳴時水滿潭薄寒風景過春三桑陰綠遍石門路知有人家忙績蠶

吳江舟夜

迷離雲樹月模餬平望前頭入畫圖滿眼青山依夢近三更紅燭向愁孤垂虹亭畔聞長笛寶帶橋頭望太湖聽罷吳孃歌水調倚歌端合賦吳趨

姑蘇雜興

吳閶門外雨初晴十里楓橋奈客行殘月低迷楊柳岸東風沈醉闔閭城堤依酒肆船爭長春到山塘草怒生桑海一番成浩刼灰餘湖榭尚縱横

棹歌處處暮蕭蕭極目横塘欲落潮鶴市春深芳草歇虎邱鐘寂夕陽迢酒澆廢苑誰家土人過吳楓第幾橋風笛分明眠未得鶯花夢裏暗魂銷

梧宮歌舞罷西施破楚門東憶盛時碧嶂可能騰虎氣黄

金柾自鑄鵕夷即今中澤聞鴻雁終古荒臺走鹿麋霸業英風銷歇盡青山千載伴要離

初夏侍　家大人登虎阜作

平地涌瑤華峰阜現只尺去城未十里奇境忽焉闢清波演陂池浮圖閲今昔人煙起城中海氣近不隔薄宦託遠遊未能謝時役登臨隨老親顧睞思陳迹猶想虎氣騰劍光飲寒碧美人亦黄土芳䰟閟靈宅寺廢鐘梵沈苔深雨氣積繁華猶眼前殘陽空日夕曠士百憂多感懷那能釋裵回生公臺搔頭問頑石

昔聞山塘路燈舫相與娱裘屐時流連翩翩入畫圖吳歌雖已歇訪勝無時無烽火照江南千里無完膚即今征戰罷凋瘵尚難蘇寺門失金山落日咽西湖矧兹虎阜勝風

景尤懸殊芳游足可惜片壞失膏腴刼灰久焦土青嶂成荒蕪殘僧垂垂去結屋茅誰誅塔鐙黯靜夜塔影今猶孤二仙空亭臺鶴𥗽寒水枯河山判興廢遺蹟辨模糊詎無烟霞戀惜難襆被俱危立千人坐憑弔生踟躕

五人墓

英靈聚語繞深叢魂魄猶能作鬼雄死近要離一坏土青山相對白楊風

悲介墳邊俠骨連穠花野草夕陽天貂璫祠宇知何在零落蒼碑繡暮煙

滸墅舟行

水花春夏鬧遠樹浮青薺山色撲人來眉痕明似洗朝辭閶闔城夕望慧山影身在水雲間飄飄不知冷

無錫晚泊

輭翠芊芊茸落眼前綠波芳草幾番煙桑陰四月迷重蓊柳色一隄移畫船橋檻微聞吳舫由窪尊新試惠山泉祗應酒望茶標地擁鼻吟成欲扣舷

奔牛道中

暝色過岸來平林煙似織烏犍渡牧人昏鴉斂歸翼昨酌第二泉楊花飛酒肆美酒又蘭陵何當謀一醉

晚過丹陽

向晚雲陽道新晴煙水濛金牛趨眼底練水向愁中廢冢荒大帝呂城悲阿蒙蘭陵遺鎮在懷古慕雄風

由京口渡揚子江

揚子津邊潮半落不步前頭擧晚泊扁舟獨抗大江來風

利船飛殊不惡我行喜聽波潺湲推篷急看金焦山山光相射浪花舞快收雄覽來看閒兩岸大檣如插芥蛟龍噴濤作澎湃遠隨雁影江心過卻趁斜陽蒲葉快海門一綫雲邊紅高歌擊檝爭流中一勺泉方嘗北固片時帆已渡東風東風送我殊飄忽南北相望指一髮來宵醉裏繫孫舟三更笛響鑾江月

瓜洲

古戍樓荒暮色遥大江東去浪迢迢眉間影挾何方樹腳底聲添昨夜潮絶岸沙明連鐵甕兩峰峽束辨金焦關河日落墨花舞瓜步詩成酒未消

揚州書感四首

篙痕簇簇刺波齊五兩輕風送碧隄笑指斜陽繫船處綠

楊城郭水東西

聞道繁華全盛年銀鐙官舫鬥腰纏煙花荒遍邗溝路贏得深宵客夢圓殘劫年來氛祲消笙歌燈火尚蕭條振衣獨步二分月看冷濛濛廿四橋

小紅橋外酒初醒似聽隋家水調聲六代江山春夢杳可無賦筆寫蕪城

過名伯湖

暝色莽中流四面蒼煙安逝鳥去無蹤殘照西邊墮水光平如硯波紋偶灔沱鳴榔趁湖聲欸乃隨轉舵岸影尚迢迢頗怪舟子惰漁艇爾何馳輕如天上坐羨彼飛駛者我欲就小舸

露筋祠

三十六陂外畫橈成隊過祠門倚山木清影渺風荷秋水淮南去斜陽邗上多靈旗若可遇湖曲喚煙波

高郵

風色蕭蕭檣影孤懶雲溼霧壓盂湖行人來往秦郵路時有沙禽隔岸呼

淮海閒居久寂寞漁洋墨瀋尚淋漓相思未歇吟情動三十六湖月上時

舟泊六安閘下泰兒痘殤詩以當哭時五月三日也

我未游京華再索皆得女博第歸自都適歲長男舉頎然今三齡猶未離懷乳讀書學成音牙牙如鶯語二姊讓靈

慧一弟相爾汝方及繡牀齊便自越鄉土隨宦重北遊生趣慰羈旅風塵念跋涉關河憚深阻扁舟泝江來日落高郵浦可憐優曇花變幻不自主疑信無著龜庸醫如操斧三年了一生慘結異殤侶恐爾魂魄孤欲歸竟無所不忍放船去難紓離別苦撫兹兩尺棺潸然淚如雨

淮陰懷古

兒女烹功狗四方猛士危酬勳鐘室地餘恨釣臺湄三楚陣雲滅千年淮水悲英雄知己感漂母尚荒祠

重興集返掉回清江浦

遠道移家計頗違驚心風鶴促人歸瀫紋水上帆如鳥笑比天邊退鷁飛

余出門以來計已數易舟矣至袁浦又兩登河船

戲成絶句

煙波無定滯天涯草草勞人計亦差隄柳送迎應一笑江湖泛宅尚移家

袁浦泊舟月餘與蜀中王秀峰文俊周松仙雲章熊松蘸體泰彭質夫慶文諸友人同泝運河初阻捻氛於桃源道左繼阻水漲於天妃閘下松仙亟于就試買車先行留詩志別依韻和之

天涯萬里孰知津舟侶淹留遠渚濱如此風波遲旅思相逢萍水悟前因題襟方慰論交願判襼仍成惜別人一種離悰難寫處客中送客倍情親

勞碌真成行路難孤颿未挂又征鞍鷂飛已向風前退鶂喉猶聞天外寒可惜揚鑣歧大道那堪指日較長安聯䄠

尚喜多同調楚越何曾異膽肝

當車螳臂競縱横齊魯餘氛尚弄兵阻我離鄉成一載惱人聽水易三更本知好友難常聚未免銷魂太有情多事輪蹄頑鐵響朝來絡繹促長征

行行端莫歎途窮能著先鞭壯志雄古驛詩敲蟬響裏晚涼路入柳陰中期君早獻殿前賦笑我須名河上公豪氣干霄各千尺別言未肯效文通

水平溜減得以移舟上閘松仙復舍車登舟同上通州兩疊前韻見示依韻再答

已許漁郎再問津鷗盟皃侶締河濱南船北馬原無據萍合蓬飄總有因愁逐灘聲淘別浦天教帆影聚詩人團欒正喜承歡好骨肉欣逢異姓親

越水吳山登涉難勞勞我亦怯塵鞍詩成京口吟懷壯夢過揚州月色寒柔艣聲中栖眷屬征鞍天外話平安行人羈旅如中酒芒角槎枒出肺肝

鱗波策策數船横尔募陰邊語遠征不料今番聽雨夕仍聯萬里異鄉情輕舫入夜穩于屋奇句爭人健似兵一字帆檣呼繫纜淮流轉處競傳更

苦被湍流羈去住能邀唱答亦豪雄浮家詎效元真子題句須名亡是公我輩酢酬各狂傲長途離聚小窮通蓬山有路須臾慰準備文章入彀中

重過桃源道中遇雨

歷歷曾游地濛濛小漏天虹橋收雨脚蟬響歇風舟野鳥窺人醜垂楊護岸圓平生湖海興對此獨茫然

宿遷泊舟

夕影上邨墟長隄一帶疏新防圍慕疊山左捻氛方熾淮徐一路防堵甚嚴遠岸接淮徐落日縣城暮重疃覇氣虛相看車馬客笑我亦征裾

二十五日舟行

柳陰漠漠夏如秋新漲浤浤好放舟露出遙天青一角碧流轉處是邳州

晚茄葉大豆籬偏臨岸人家屋數椽六月雨餘瓜蔓水蓼花門外淡寥天

船中苦熱蠅蚊又多作詩排悶即示松仙質夫

夏雲隨意寫輪廓潑墨成峰誰鏤削幻雨幻晴殊作惡陰晴無定催歇蒸扁舟偪仄牕雜芺凭几揮汗不暇況驅蠅隊隊

蠅蝨爭六月日夜分馳窮出沒安得秋風來飄忽

邳州一帶河隄為水漲所決十之三四

一雨助河響驟聞湍溜龐洪流爭上柳新漲欲成湖小艇屋中出遙邨眼底無波濤來意外舟子認糢糊

萬井命其魚家家已廢鋤上流滙沂泗急策窘河渠草秸危隄亂潮聲野寺噓哀鴻音不斷何計慰窮閭

二十七日泊梁王城牐望滕嶧河道相距二十餘里因河決風急不能前行仍疊二十五日舟行雨絕句韻畣王秀峰彭質夫

吹來一雨欲成秋飆漲爭欺客子舟應是風光忘不得吟蹤五日殢徐州

風色頻吹蓬背偏繫航起看屋連椽那堪斗大孤船裏白

對人間小漏天

舟中望徐州有作

煙中城郭辨模糊泗上英雄憶壯圖望氣曾成天子采歌風許識酒人徒雲歸芒碭山深淺沙走黃河岸有無落日荒波思不遠扁舟葉葉自飛蒲

滕嶧道上

蔚藍天影晚晴開處處邨墟出水隈滕縣井田隨漲沓嶧山篆籀倚雲栽羣盡園野有時響小燕狎波無數來一舸浮家隨岸轉愁腸曲折亦千回

泛湖晚眺

朝挂一幅蒲蕩向湖光曙風帆百餘里迢遙競飛渡落日已戎戎嵐痕一桁暮荇絲引魚來菱嶼截波去荷葉大于

人荷花開無數隱隱小艇閒依稀若有遇山影滿衣銜蘆隄繞圍護水田千萬頃玦環舟恐誤對此好湖山吸綠得秀句珍重入畫圖莫羨江南路

絶句

蟹斷魚䉤半拂煙菱租芡稅不論錢門前十頃陂塘水每有人聲話采蓮

仲家浅

朝塗吸湖光夕渚泝荷芰霞日爭[illegible]馳我舟快東至暝色悅餘賞丹豬競為媚嶧霧與嵬雲備極飛軒致炊煙亙一邨萬柳綠無次上有仲氏廟下瞰釣磯翠云是先賢者生長此閒寄百代子姓依聚族今不匱古風踐東魯清流接洙泗濟宦走京華高堂幸長侍未覺負米勞敢言謀食易

冠佩杳何許雄風足翹企大月照秋蘆人影已在地頹思
農丈人雜黍殷相食

任城七夕

湖海一家浮新涼動客愁游心驚落葉夢影又孤舟細雨
來鴻雁他鄉話女牛去情隨汶水可奈苦淹留

渡黃河後由張秋復入運河晚泊荆門牐

氣逐濤聲過移舟古廟前有顏子廟雁行踈似客牛渡穩于船
支鬢西風直沿流破網懸天開東魯鎮秋色自年年

東昌二首

十里估帆城外收無情汶水日悠悠柴門枯樹羣鴉暮濁
酒寒燈一舸秋終古山川雄海岱于今飛挽失中流隔窗
何處青蓑繞齊魯雲連光岳樓

人家煙火氣殷繁鱗瓦參差雉堞攢微子城邊河勢合魯連臺外夕陽寒羽書絡繹公無渡行色倉黃路太難聞道前頭戎馬警游蹤遮莫戀河干

武城聞警 是時東直梟匪出沒齊魯孔道行旅苦之

筦為絃歌地今聞兵甲聲艱難羣盜路流水遶縣城

夾馬營驛

童叟雜豚聚一村殘碑零落臥黃昏蓑衣覆甕茅柴釀傲倚寒杯欲掩門

獨流口

秋色不可過因波生暮潭獨流鳴漲後垂柳似江南淇水三關去隄花八月含津沽已到眼醽醁正斟酣

宿張家灣

倦游行腳況驅飢荒店慳杯酒不辭投暮雞爭宿榻上散墟人趁夕陽遲驟驚疲馬呼芻豆悄下霜禽享滯遺記得當年苦吟路墨花漫漶已多時

到都追憶泰兒二首

攜汝同為路黃泉痛汝行半途措離別瀕死念聰明靈藥稀苓慨孤墳鴉樹驚驅車增躑躅回首不勝情

怕灑老親淚吞聲欲語誰笑啼猶在夢痛定淚成詩悵觸西風日裴回南望時泰郵來往路衰草想離披

消寒第五集同陳蒞塘廷棻茝塘廷燕昆仲飲佑堂齋中食臘八粥

昨夜雪未消門前深幾許且共歡此宵清齋醉儔侶合好話里鄰酬對忘爾汝寒風吹牕櫺一鐙同笑語下酒厭肉

食鄉味非雞黍分甘逢臘殘佛粥循例煮疑開香積廚大資吾嚼咀即境不為娛年華不我與況此素心交落落情懷抒喜無佁儗人及玆觴詠舉輿會戀朋樽冢山念修阻修阻亦勿懷天地皆逆旅

初春諸同年招集松筠庵燕話走筆賦此即東陸廣寒同年爾熙　戊辰

春寒如夢東風慳客似顛當長閉關十丈軟紅人海裏雅集乃在幽棲開文酒逢迎空餘子結緣遣趣爭折紙觴詠風流前輩心興來催我飄然起諫草堂前風日佳四筵語笑驚豪諧答詶似已忘冠蓋放浪不許拘形骸鴻雪因緣淨境地飛觥雜遝莫嫌辭此生未暮有千秋一飲已成空萬事欣逢主客圖中開攀龍附驥容追陪能拉我輩飲文

字刻復選勝登亭臺門前樹石相顧笑此間運用屬詩料懷古可無峴山吟追音儘許孫登嘯劍南詩人吾同好冷淡生涯相慰勞君才何可斗石量我詞正如羣鴉噪此會不可無此詩濡染漫笑塗雅俚吾徒例作詩酒役卻令觀者嘲狂癡噫嘻此意可為知者道尚幸與君唱詶早努力各成一家言莫使勝游過草草

廣專太史以詩見畣復索和作再成長言一首招之兼簡夏路門同年子鍚

長安貴人車摩肩名士如蠅才論斗日余獨處拙談笑抱鄰孫吟怪株守閒門卻掃謝車馬矮屋打頭何所有幸得素心一二人落落嘯歌相求友神詶與答動揮毫照膽披肝傾嚮久冷官淡交祇如此勿向熱場爭芻狗狂吟相對

未華顛到處相逢信非偶而我拚亟無良術騷壇尚愧牛
馬走酸寒結習總難除但覺愛詩如愛酒拄撐恨少五千
卷此腹依然成負負每有製作佇興就唐突常忘東鄰醜
吁嗟乎小技祇安洴澼絖百金誰買不龜手吾生小言鄙
詹詹德功何者足不朽哆然錙落無所容生天成佛落人
後雕蟲之技非壯夫無乃凡響鳴瓦缶安能大名滿宙合
博得後人呼某某卻思狼烽亦未已欃輔煙塵劇昏黝賊
來頗訝秦關隘浪惡如聞滹沱吼夢中識路愁鼓鼙紙上
談兵不出口君不見少游不敢據鞍馬仲蔚時復安戶牖
有詩可述無危機不計時人供覆瓿詩成頗思罄清談三
益徑開頻搔首明朝無事儻能來定辦清蔬剪春韭

送王九樓大令運昌之官江西

蹋翼雲霄逈順風振羽毛郵亭三月酒舟檝九江濤潘岳
新移卉王祥行佩刀勸君彭澤去五斗莫辭勞

春日侍　家大人偕雪滄舍人戟門義門兩孝廉

游松筠庵謁楊忠愍公像作用雪滄韻

千秋毅魄照燕臺枷鎖香吹遺宅開碧血終留忠氣壯青
詞可惜相公才隔龕春供梨花在呵壁人尋諫草來多少
天涯懷古興蒼茫獨酹夕陽杯

散館蒙

恩授職編修恭紀

殿前作賦愧塗鴉黃紙傳宣
寵錫加舊業甫辭門弟職
湛恩早溢侍臣家長依

楓陛隨簪筆幸傍柯亭許草麻未有涓埃圖報稱此心傾
向比葵花

由官菜園上街移居雙棠花館楊雪滄丈以詩投
贈用田山薑先生原韻走筆疊和

家貝經營書數車勞勞人海旋移家移居圖裏覺蕭散材
夫子相儕麋鹿薄俸冷官聊自喜差免被裏呼放衙檢點
新儲驅脈望牙籤甲乙紛橫斜老屋足避打頭耳中庭喜
有雙名花新居筆墨未安頓門前剝啄催塗鴉巢痕梖觸
雨風後得句欲摻漁陽撾頹思買酒長安市邀君一醉傲
靈媧

雪滄丈以詩見答再疊前韻仍用其意質之

羸驂觳觫驅輕車忙中驟移讀書家豈徒千萬買鄰好犄

角之形同逐麑（謂與林悅堂王悅堂兩吉士同住）烏几麝林商位置門前鼉鼓如打衙得意圖書頗充牣雀罏室裏排欹斜詩來忽喚春明夢令我卻憶薔薇花世路淹遲魚上竹名場馳逐尾銜鴉知君於此畏留戀贈策儘許歸鞭撾遊子思還亦還耳何須撫匹愁姽嫿

陳研薌比部文田以生子詩索和依韻奉酬

堪羨羲之又有之家禎端莫遇常兒茁蘭偏愛晚晴後（君別拓晚晴軒收藏秘笈富甲當時）啖蔗欣嘗老境時蠧簡天教詒世守鳳雛聲喜出高枝充閭跨竈須臾事能慧奚嫌得較遲

王秀峰孝廉招飲龍爪槐寺席散後同吳少岷鎮徐季和致祥兩前輩彭質夫副郎步游陶然亭得詩二首

昨日過微雨登臨恰此閒酒杯邀霽色塵氣隔重關萬葦
蕩成水夕陽明遠山波濤入海濶意外得蕭閒

曲折蘆中去三叉步屧忙通幽卻車馬繞徑出陂塘伏蛤
吠新麥殘鴉喧暮楊尊盤思未發尚可戀江鄉

東楊丈

且堪走馬去應官微省才人聚亦難未必當時有嚴武不
應生計試憑驢

人海無波共醉酣宦游日日據羸驂因君忽覺鱸思起儻
有扁舟吾欲南

奉謝廖伯前輩維藩四首

詩人今霸筆四十未爲衰佳句如杜老鄉音愛楚辭秦關
曾草檄金殿要論思拘見休憎晚猶堪杖屨隨

諸公爭袞袞夫子獨幽閒相對各狂嘯詩歌期往還嶽雲近臣里歸夢繞君山（前輩近將請假還里）我亦臚恩動因君憶故關

開道捷書上西風吹凱歌諸軍飲幕府秋雨洗天戈（直東一帶捻氣掃淨紅旗報捷）災警洪流決窮民涕淚多（近接南河黃水漫口之報）至尊宵旰切何以答恩波

薄俸東方米班行南郭竽誰能免汩沒吾道亦拘迂北闕情同戀西山興不孤（前曾約西山之游未果）論交欣把臂一笑醉蓬壺

秋日同黃卣薌體立潄蘭體芳昆仲夏路門陸廣甫許仙屏振禕諸同年公餞孫琴西觀察于天甯寺率成二首

帳飲都門日易曛蘭舟催發正秋分西風槎影隨吟夢南望鄉關雜雨雲壇坫幾人同振鐸江湖滿地悵離羣輭紅十丈休留戀多少蒼生待使君

解甲論功凱奏頻監門圖裏苦流民一朝鯨浪消區宇滿眼鴻嗷繞澤濱只恐閭閻盼霖雨未須風月累詩人模山範水尋常事珍重中興羣輔身

琴西前輩賦詩留別諸同人即疊原韻遥寄

銜杯得句氣爭豪判襼何須感燕勞花石要留前輩蹟詞場酣染侍臣毫當筵觴詠情同嗜名世文章老最高卻望江天寄吟興應知相向立平皐

薇花吟館初稿卷之六

八閩文庫

福建文獻集成

續編　集部　六九

吴格　主編

八閩文庫

文獻集成

393

海峽出版發行集團
THE STRAITS PUBLISHING & DISTRIBUTING GROUP
福建人民出版社

本册目次

慎所立齋文集四卷詩集十卷

長汀江瀚撰

北京大學圖書館藏稿本

慎所立齋文集四卷詩集十卷，江瀚撰。瀚（一八五七—一九三五），字叔海，號石翁、石翁山民，室名石翁山房、慎所立齋，亦稱慎立齋，長汀人，江懷廷第三子。幼時隨宦四川，秉質聰慧，四歲能聯句，年十五，通六籍。晚清時曾任重慶東川書院山長，致用書院教席，長沙校經堂主持，江蘇高等學堂及師范學堂監督，學部參事，京師大學堂師范館監督兼教務提調、經科教授。民國間歷任京師圖書館館長、參政院碩學通儒參政、禮制館總纂、山西大學毛詩教授、故宫博物院理事長、京師大學代理校長等職。撰有詩經四家異文考補一卷、論孟卮言一卷、宗孔編二卷、孔學發微三卷、吴門銷夏記三卷、石翁山房札記九卷等。

江瀚以經學名世，然其文學創作，亦不無可稱道之處。此集收文六十五篇，前有吴慶坻序。目録中多數文題後有時人評語，目録末有黎庶昌、吴汝綸、張仁黼、徐世昌、趙衡、黄侃及教育部學術審定會評語。集中實用文、讀書記參半，部分篇目後有自記，如與王壬秋書自記「此書蓋效壬秋文體」之類。瀚行文大抵宗唐宋諸大家，其中頗有模仿痕跡，如卷四二河橋墓表開篇云：「嗚呼，惟我先考先妣合葬於二河橋之二十九年，其第三子瀚始克表於墓道。」幾同歐陽脩瀧岡阡表。所撰紀傳碑誌，可作爲考證相關人物生平之直接史料。

民國十一年（一九二二），江瀚應邀至山西大學講學，其所開課程除毛詩、尚書外，另有詩學一門，並撰詩學講義，自序云：「詩必情動乎中，不容已於言而後作……其辭不同，同歸大略可見瀚之行跡；亦多唱和之作，後附原作或和詩，計有王先謙、俞樾、沈葆楨、陳三立、吴汝綸、瞿鴻禨、陳衍、徐世昌、易順鼎等諸名家所作，或可供輯佚。瀚詩之雕琢修飾殊少，亦無生澀之弊。其中借詠史以諷今者，如卷八王莽云「威詐已窮災禍至，猶將符命抱漸臺」，作於民國五年，所刺當指袁世凱逝後以皇帝冕服入殮，又如重至天津作云「逃堯古有人，避秦今無地。可憐津滬間，同恃外人庇」，「逃堯」、「避秦」云云謂軍閥相爭，「同恃外人庇」當指其時港口、租界之外國勢力。詩中多有自注，如北海荷花二首「興亡滿眼無窮感，值得詞人幾度哦」，自注「季剛每過此輒有詞」，可存掌故。（馬學良）

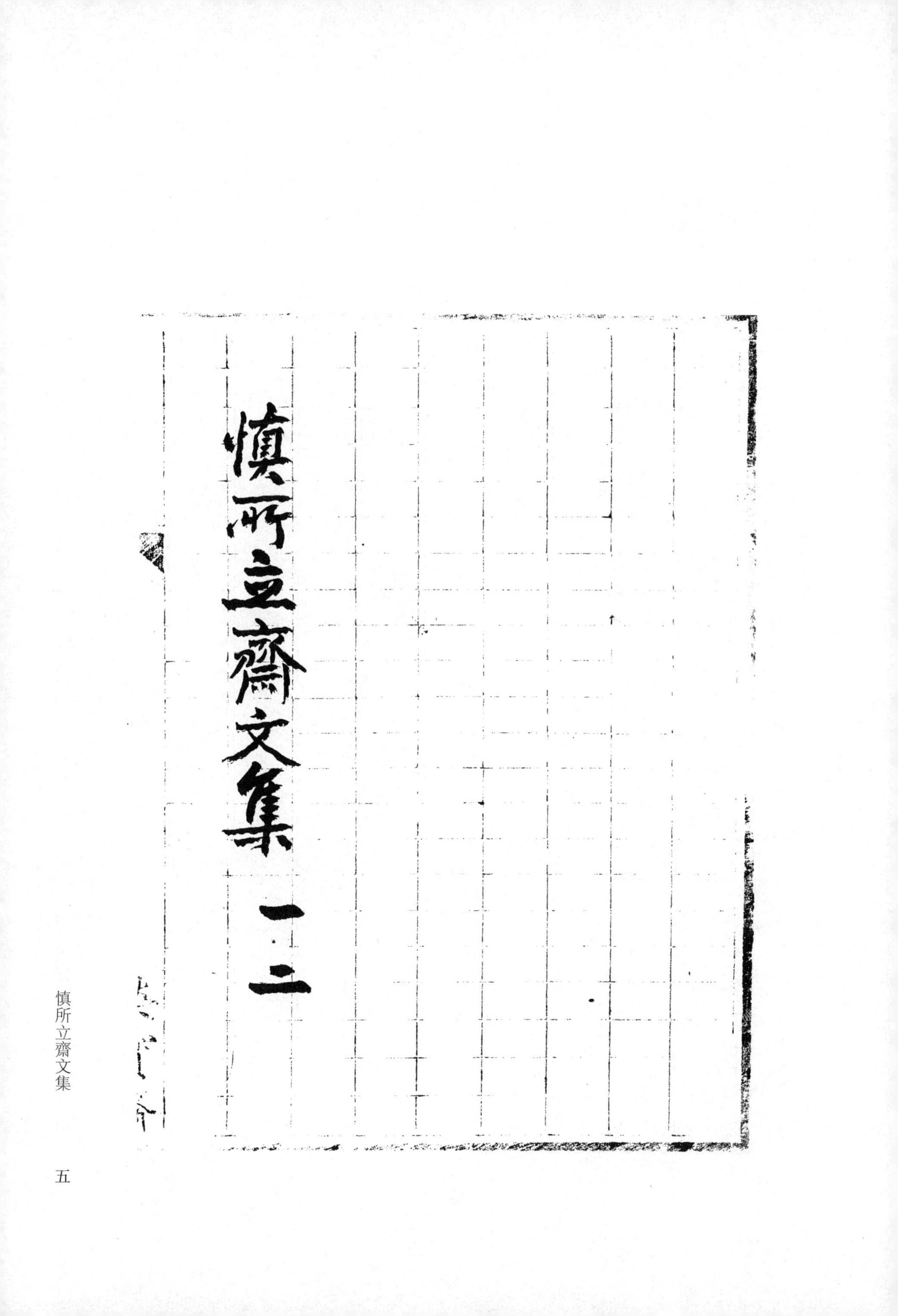

慎所立齋文集 一二

慎所立齋文集序

光緒二十四年 朝廷俞貴州學臣嚴修奏 詔開特科

命督撫學政各舉所知於時江蘇學臣善化瞿學士疏薦十五人長汀江君瀚其一也未幾而特科罷君亦自吳門還成都明年余歸自雅州始見君搤發談天下事相與悲咤間以詩歌相酬荅久之得讀君所為文君論事鋒發踔厲不為苟同而其文獨沖夷淡遠翛然埃𡏖之外若無意于為文而氣乃沛然其有餘其論學術盡汲漢宋門戶之習而一出於先儒涂軌之至正以達乎時變而適乎用

其不爲苟同也亦然自乾隆季年桐城姚氏以古文辭倡導後進海内翕然從風湘鄉曾文正公亟稱之讀歐陽生文集叙於百年以來文士遞相承嬗之緒略可窺得究之諸家撰著同源而流分殊塗而轍合要其本始則惟研極乎經訓沈潛乎理道所得彌深所成就彌大非善繇章飾句務爲衒鬻以悦人者類也吾師長沙祭酒王先生續姚氏之作纂集國朝人古文辭蓋備近歲學者稍稍衰息而張氏廉卿吴氏摯甫步趨桐城卓然有以自立以君繼之殆爲無愧然吾嘗竊窺君之志蓋有甚大且急乎文之

外者於戲世變至今日亟矣儆獨詞章之學為無用即精攷據訓義理者且將退居末後為近世人所鄙笑而邪說暴行往往依託經術熒惑衆聽而禍且極乎滔天於戲有心人欲挽其危而反之正其何道之從邪雖然儒者之效將窮究乎萬事萬物之變以致其用識不當墨守一先生之言以自隘至於子思氏所謂五達道管子治齊之所謂四維則萬萬無可變者以慶撫之無狀為告蜀士輒循循義君昔教授東川所撰學規美率以余說合今將別去乃即平日略知君為學大指以復於君然則君它日所成就

豈獨以區、之文世讀君文者亦幸毋以文士目君也哉

庚子十二月錢塘吳慶坻

慎所立齋文集目錄

第一卷

闡性

長洲顧光祿復初曰性善之旨標於孟子實原本尼山中庸云天命之謂性天命善不命惡此善字不對惡説猶云至善易所謂太極也文剖析此理甚精足破羣説矣

遵義黎兵備庶昌曰善惡之本皆具於性中特善根多於惡根耳譬猶天下之大人類之衆一日之間為善者十常八九為惡者不過十之一二足見善根多於

惡根此孟子所以有性善之言也拙見向解性善大意如此無尊名類同善性只有善無惡則孟子遂為無教近於禽獸之言何所取義荀卿言性惡係激世之論確有語病揚子謂善惡混韓子謂有三品皆不中節程子道獨曰善固性也然惡亦不可不謂之性其知道者歟

原泊

龍陽易先生佩紳曰探源之論雖亦老生常談然能言之於今日則即祥麐威鳳矣後段歸本於士之自修尤為切要　黎兵備曰論正而文平　膠州柯學士劭忞

目録

伍員論

王祭酒曰後半用筆具擒控縱送之妙　榮縣趙御史熙曰掉尾一波極奇譎之致　柯學士曰謂夫差之疑員伏於濮楚此意為古所未發

賈逵不當罷從祀議

謹擬　德宗景皇帝升祔大禮議

駁龔定盦論私

黎兵備曰議論正大定盦見之亦當首肯余選此說入續纂古文辭特取其文雄快耳其理固不足道也　趙

御史曰入手處理明而辭峻以下沖然有餘

第二卷

讀王氏易注

黎兵備曰漢魏諸公說易義主艱僻大非聖人絜靜精微之旨輔嗣掃而闢之豁然徹蒙識解識絕千古文中指駁甚精推瑕在魏時已不免清談之習又深於老子其言頗與老子注出入讀之時有恍惚處及至伊川程氏注出字字引歸人事一洗浮言直與孔門修身寡過之旨合視王注尤深然非輔嗣為之先河恐亦未能

研極至此然則張周闡漢導宋者歟　趙御史曰條舉虞氏之說遂成不可磨滅文字　吴京卿曰此論至公漢人說易皆流於怪矣輔嗣鄭淸之功不小其言近老氏者亦罕

書成都本尚書今古文注後

黎兵備曰荒經之弊遂至蔑古此漢学家之大病大者直指其非於学術頗有匡正　吴京卿曰不强分今古文博采逸文舊說以待承學者之自得最是治尚書之要義下走夙持此論

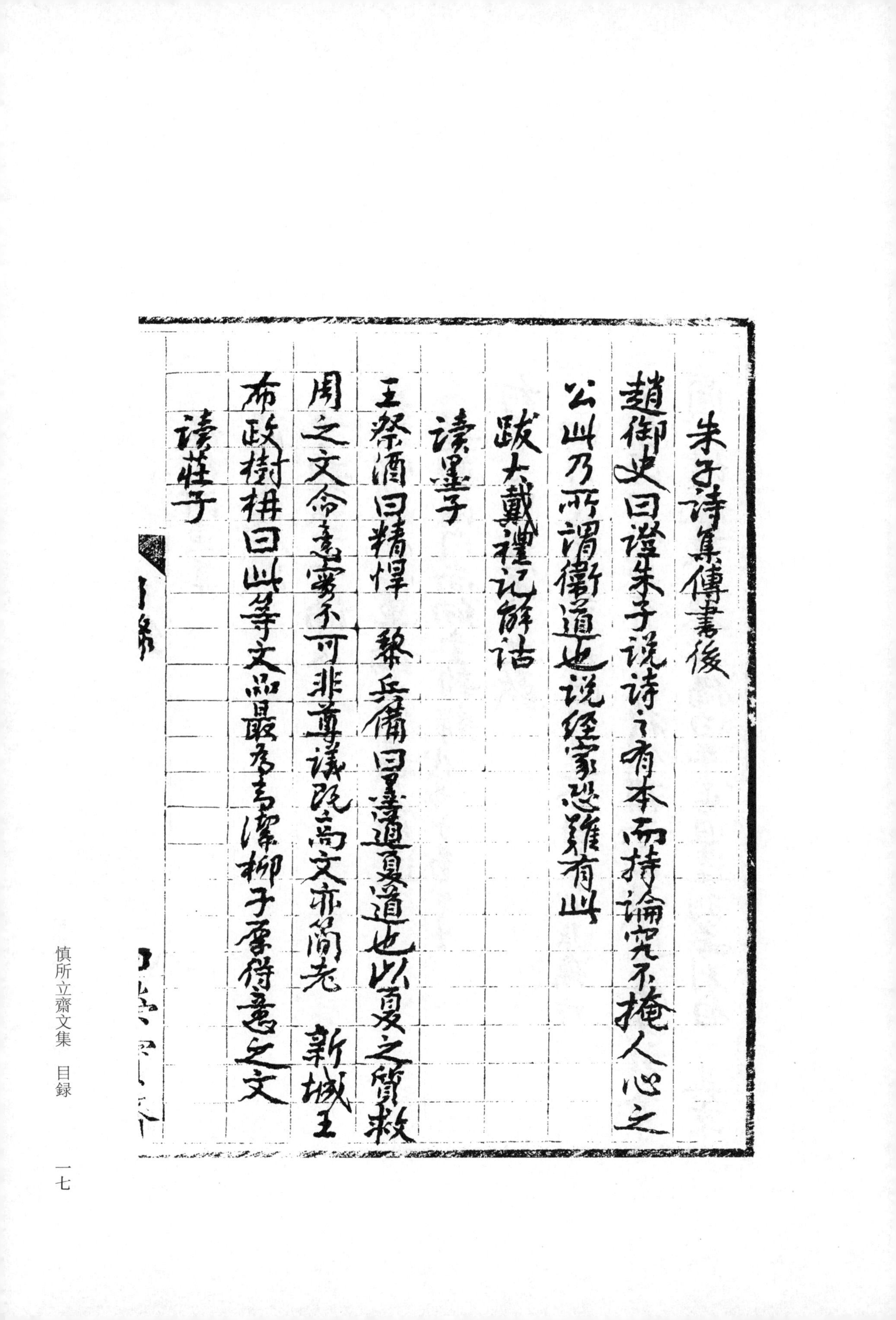

目錄

立齋

第二卷

王祭酒曰深心達識以此方能筆言起行文亦有雄直氣 黎兵備曰夷狄之說爲其無禮義法度也漢之匈奴唐之突厥稱之爲夷狄猶可若今之西人其治國法度幾於事事有本即上下威儀之間亦秩然不紊非如近世蒙古混沌猶未鑿也中國士夫向讀史傳所習見者尊周攘夷南宋恢復之說耳豈知今日西人之而面與匈奴突厥迥殊此殆天闢異境欲以通地球也詎能驅而遠之乎惟有堅明約束與時消息此中實有真經濟在其責尤在當軸矣 吳宗卿曰五洲人材以外

交爲至難此最中國所少今舉國好言外事不知其事非可以懸揣得也

往發前人所未發可以直接退之爲之議歐王以下不及也細讀惜抱集中論文諸書自見惜抱所短者無雄直之氣耳　吳京卿曰姚取方劉曾取方姚皆不得謂主持太過此議似宜覆審　柯學士曰竊謂姚取方侍郎可也至海峯則不厭人意矣

復王益吾學使書

趙御史曰未殺一人甚易培植一人甚難二語實賢者用心宜文之一往而復

與廣季平論今古學攷書

顧光祿曰季平之說偏駁過甚文特糾正之持論精審名通足為誣古者戒　黎兵備曰指摘季平疵謬斐辭正論相輔而行不激不隨發墨守箴膏肓起廢疾季平何幸於今而得此高密也文氣疏宕醇雅絕似班傳姚氏與孔撝約論禘義書傾服傾服　趙御史曰是真不可已於言者規切處尤深察情偽不特持論通正足以饜人意也　吳京卿曰義精而辭峻足以解紛振懦此近世不數覯之作

與瞿子玖學使書

第四卷

送李生序

王布政曰筆意精平　趙御史曰所謂精平者或以短篇尤重奇崛邪闢湘鄉亦素持此論而文實有不盡之情　吳京卿曰簡樸

送袁海觀之任南匯序

王祭酒曰三序皆學識俱到之文　王布政曰筆意頓挫有姿態立論亦洞然中其竅要　吳京卿曰吏治之弊不在仕進之難在督撫之疏於察吏名論不刊

送張式卿序

二河橋墓表

廣東恩平縣知縣何君墓誌銘

祝君妻俞氏墓誌銘

岷山別墅藏書記

王祭酒曰疏暢　吳京卿曰於近世學風利病言之最爲平恕湛至

涪洞記

王祭酒曰後幅教語盤鬱　王布政曰無限神情無限感慨　趙御史曰乾嘉之季其品絕高　吳京卿曰前

幅叙景殊佳

致用書院記

自箴

王祭酒曰語皆卓立　吴京卿曰天之命女四語最警心動魄

弔陳伯玉文

吴京卿曰頌大周受命一段與前後似不一律議亦似徇俗未允伯玉在武后時所上疏皆忠於李室未可輕詆杜公韓公豈妄與人者哉　柯学士曰此評似未允

當以宋子京之論為確

祭素少蘭文

王祭酒曰沈鬱慨慷　吳京卿曰文情悱惻

學部祭張文襄公文

右文共計六十四首

大略細讀一過於學術則持漢宋之平而無所偏倚於士習則進之大中之道而不使浮夸誕今日之徂徠湖州也蜀中人士習俗敝壞已久雖有張王二公為之提倡於前未能切中要竅至十餘年來其習文辭者駢散不

分講經學者率趨俛僻絶無儒者讀書氣象執事抱障
百川挽狂瀾之志能於蜀士中造就一二使之卓然有以
自立則蜀學之興吾將禱祀以求矣黎庶昌敬志
大文一卷敬讀一過心所愛慕輒跋識文尾其獨得於
古文處蓋非時流所識文之一道迄今日已無定價旁
騖別驅肆為大言更得一二有氣力者為之鉅子後何
而不埽地以盡執事博洞識過絶輩流筆端又復老
橫安其離世獨立著文一意趨嚮太史公韓公孰能測
其所詣極哉敬記數言知無當於萬一也壬寅十月吳

目録

汝倫敬識

大著論學論治皆有通識不爲阿世之談亦無矯枉過正之弊斯藹然仁義之言也汝倫又記

先生學期致用志在反經大著一册盥誦數四樸茂純雅恪守廬陵南豐遺矩時輩婾巧安能望其項背張仁黼拜識

抉經之心執聖之權因文見道庶乎傳矣張百熙拜志

約六經之旨而爲之深得立言之本其行文不事横溢逆攝而舂容和雅在兩漢與劉子政爲近在八家則曾

南豐之遺 徐世昌注

所見能觀其通而議皆持平不激不隨勿尚今人所論

古之立言不朽者蓋亦不數數見也衡往嘗從桐城吳

先生武強賀先生學問為文法每恨今之文章大家負

時盛名著作等身多與往昔所聞不合讀先生文恍如

接吳賀兩先生之笑語而承其謦欬也謹錄其稿藏以

待後世知言君子甲寅冬至後二日趙衡敬注

謹案先生之文不尚過高之譚不作專己之論言皆有

物語不求奇如與廖季平傳星桂二書足見樸術之寬

目錄　十二

衡古之允與王壬秋書足見不阿流俗不震虛聲稱曰
通人夫豈溢美侃幼曾受讀近祠傳書錄稿既閱歡喜
无量乙卯四月弟子蘄春黃侃謹記
文稿共四卷闡性原治皆精當不刊之論陳說經義嚴
為持平辯正詳晰而無經生致據之習惟以春王為文
王以王輔嗣易經從孔沖遠之說謂為獨冠古今以莊
子為祖述老聃則所見不同尚有待商之處其駁龔定
盦之論私書魏叔子宋論後與廖季平之論今古學攷
則直以摧枯拉朽矣諸體皆胎息深厚矩矱整齊不斤

斥於桐城而實在姚曾範圍之內教育部學術審定會

評

慎所立齋文集目錄終

目錄

十三紫實齋

慎所立齋文集卷第一

長汀江瀚叔海

闡性

古之論性者言人人殊，折中於孔子而後知性善之說無以易矣。孔子設教每爲中人而言，論語曰性相近習相遠，謂中人也。苟不善奚其近，且善猶親也，親近也。信乎鄒嶧之言之本乎洙泗也。或謂人稟氣而生性無善無惡，夫善即不惡之名，不可謂惡，是即善也，抑豈遽以爲善人乎哉。黄帝生而神靈，幼而徇齊；后稷不坼不副，克岐克嶷，此惡可概之中人乎天之生上智也不數生下愚也亦不數是故越椒叔魚其所稟之異與古聖神奇等不得概之中人也夫子之為易繫辭所言性中有道德有仁義所謂天地之性人為貴者詎不以是哉白虎通德論性情曰性者陽之施情者陰之化又引鉤命決曰陽氣者仁陰氣者貪故情有利欲性有仁也嘗試衡之性亦有陰情亦有陽之二說者理俱未盡蓋以動靜言則性陰而情陽以情僞言則情陽而僞陰要之性也者生之質其本體固無不善情也者性之欲接於物而好惡喜怒哀樂生於是有善不善

焉惟夫喜怒哀樂發皆中節斯情得其正性亦以盡馬之
走牛之任固其所受於天者然也及動乎氣而乃為踶齧
為踊躍物有氣猶人有情也焉得以其情不治而誣厥性
哉漢代韓嬰許慎鄭康成諸儒咸主性善亦足見性善之
說識挈然有當於人心矣如世碩宓子賤漆雕開公孫尼
子之倫謂性有善有惡董仲舒謂性有善質而未能為善
劉向謂性情相應性不獨善情不獨惡揚雄謂人之性善
惡混是皆不識情性之分乎荀卿倡言性惡則直以情
為性矣豈不謬哉然其性惡篇云涂之人可以為禹曰凡

禹之所以為禹者以為仁義法正也然則仁義法正有可
知可能之理然而塗之人也皆有可以知仁義法正之質
皆有可以能仁義法正之具然則可以為禹明矣夫皆有
可以知仁義法正之質皆有可以能仁義法正之具非性
善其能然乎此其自相違戾者也然孟子以口之於味目
之於色鼻之於臭四肢之於安佚為性則與荀氏言目好
色耳好聲口好味心好利骨體膚理好愉佚者曾何以異
蓋立說若斯之難也程明道斥荀偏駁而亦曰善固性也
然惡亦不可不謂之性也抑又何哉雖然性固善矣易之

言性曰成曰盡曰順召誥言節性中庸言率性善以性為己善而不成不盡不順不節不率則習之相遠庸保其終善乎故孟子既曰良知良能又曰逸居而無教則近於禽獸由斯而譚則仲舒所稱性待教而後善者其意殆未可非也至荀悅韓愈以為性有三品託義依違無取焉爾

原治

天下之安危視風俗也風俗之澆厚視教化也是故教化者政之要領風俗者國之經絡也故魚鱉非水泉不生桑麻非雨露不榮王業非培風厚俗不成世之所以治所以

亂者其端必自茲乎難者曰風會所趨如水就下湊濁之
故蓋非人力所能挽魏晉之不及漢猶漢之不及殷周也
果爾則生古邃遠林林者不已淪於禽獸乎哉夫紂之民
染於淫酗而成周興禮樂薰之民致於阿諛而東京敦節
義由此觀之則風俗易變維持在人昭然可見矣彼謂教
化不行於今者非特誣民殆亦自誣之甚者也且天下之
聽上爲轉移猶形所之與景聲之與響厲名節則鄉原之風
微矣崇儉約則奢侈之風止矣尚端愨則詐僞之風杜矣
重誠信則夸誕之風屏矣崇潔清則貪濁之風戢矣而又

申之以忠孝友恭之訓制之以吉凶賓嘉之宜觀其從違
漸以賞罰扶翼世敎俗之善誅敗常亂俗之人苟能端本
如是民德有不歸厚者邪民德歸厚而世猶不治者豈理
也哉雖然禍變相尋而治不數覯者何也蓋嘗推求其故
矣人心之亡由無廉恥廉恥之喪由無是非是非之淆由
無學術以甚構不產在高位也士之進有責焉備之於一
室行之於一鄉要足以鼓舞羣倫挽回習尚易曰鳴鶴在
陰其子和之言誠之動物也學術正則人才盛風俗靡則
治道隆伊古以來皆然已不此之務徒欲屢設科條以救

時醫譬之治病不探其原用藥雖多不增其疾幸矣庸望瘉乎

以國服為之息解

自王安石依託泉府以行青苗而論者輒歸獄於周禮嗚呼是豈經之失哉推尋其誤實始於先鄭而後鄭成之夫周官有賒無貸王者以天下為家沾沾焉貸民以物而取其息即不病民亦傷國體彼王莽之亂政豈可援以釋經邪近儒夏心伯謂周禮立文分別劃然此不直云貸者而曰凡民之貸者變文見義則貸者非貸於官乃民之自相

貸故曰凡民之貸者也凡貸於民泉府辨授以國服為之息者所以防苛刻禁重利也夏氏此說洵發前人未發之覆然謂字書訓服為習又訓行國所習行謂舊例也其言則殊未確秋官朝士職曰凡民同貸財者令以國法行之犯令者刑罰之朝士之國法即泉府之國服鄭氏制字子服〻為制故亦為法且後鄭此注甚明是以賈疏申之曰令以國法即國服為之利息故云國法行之犯令者違國法也由是觀之則泉府所謂以國服為之息者其非操奇贏權子母如市井之所為有斷然矣惠天牧以管子國軌

當泉府國服爲善以經證經之為可據哉鄭君注禮之功如江河日月並萬古而昭間有疏失本不足諱吾之為是辭也非敢掎摭先儒尚博通而無墨守斯固鄭君之意焉耳

天子七廟說

禮記王制曾子問禮器祭法諸篇及春秋穀梁傳咸言七廟荀子禮論篇亦稱有天下者事七世蓋據周制也家語修書不取喪服小記曰王者禘其祖之所自出以其祖配之而立四廟蓋據夏殷制也劉歆吳澄因主七廟遂疑此經有脫文似誤自鄭主援緯注禮而王肅作聖證論難之異議遂滋昭代諸儒如惠棟

孔廣森孫星衍焦循江藩徐養原陳立黃以周等雖持論精殊皆祖鄭說皮錫瑞撰天子七廟二祧攷六篇辨之最力唯秦蕙田五禮通攷金鶚求古錄禮說駁鄭申王甚審康成以七廟為周制本未嘗誤述子雍者若虞喜之徒輒謂伊尹已言七世之廟非獨周人始有斯失之甚矣不唯咸有一德出梅賾古文尚書未足為依且呂覽諭大篇引商書曰五世之廟尤商止五廟之明證則七廟為周人始有豈不信哉夏殷尚忠質故天子諸侯不嫌同一廟制周監二代乃自上以下降殺以兩郁郁乎文是之謂也至子

雍以高祖之祖與父當二祧此說固非安徵中庸曰周公成文武之德追王太王王季上祀先公以天子之禮所謂先公非高祖之祖與父而何況春秋左氏傳明有余敢忘高圉亞圉之文乎朱子或問謂如劉歆之說周自武王克殷後增立二廟於二昭二穆之上以祀高圉亞圉如前後遷又謂今使天子諸侯立廟並親廟四而止則君臣同制尊卑不別其論殆無以易矣然則後有王者攷定廟制立三昭三穆而虛太祖之位以待其於古禮儀有合與

夫人氏之喪至自齊辨

焉。孔子於魯桓之薨有深痛焉。故春秋書夫人孫于齊，貶其姜氏之稱，以著復讎之義。左氏曰：絶不爲親，禮也。深得聖心哉。爾時莊公少，魯之大夫不能權，遂致復歸於魯，見刺詩人。於是書夫人姜氏會齊侯于禚，書夫人姜氏饗齊侯于祝丘，會于穀，會于防，皆復稱姜氏者，蓋聖人悲夫義之不伸，所以誌魯之忘仇也。夫唯大義之不伸，是以繼而有哀姜之禍。哀姜通於共仲，與弑閔公，比三君死，曠年無君，魯之不絶若綫，乃是其惡浮於文姜，非一絶之是蔽其辜也明矣。齊人取而殺之，代魯君臣討賊，詎非夫子所甚樂予者哉故書夫人氏之喪至自齊貶其姓誌其所自皆予齊桓之辭也左氏以為已甚與前論文姜者不大相徑庭乎公羊氏知其罪而不得其說乃謂貶之必於其重者莫重乎其以喪歸也而穀梁氏曰其不言姜為齊桓諱殺同姓也是論也殊甚周公誅管叔衛碏殺石厚大義滅親夫何譏焉善殺之不當則雖塗人不可殺之當何有於同姓學者本春秋以道名分其可昧昧於於乎

公羊以春王為文王解

春秋隱公元年春王正月公羊傳曰王者孰謂謂文王也

後人恒疑其說嘗反復之而知其爲夫子之微言也夫春秋者以文王之制治衰周之天下者也何以不稱時王而稱文王蓋不稱文王則無以貶譏周之天子而賞罰或有時而窮論者謂夫子爲下不倍詎宜出此不知周公之爲謚法臣得貶君子不得私父況春秋之賞罰非曰我賞罰之亦曰文王賞罰之云爾故傳於宋襄之敗績則言文王之戰於毛伯求金則言文王法度皆所以引伸弘旨微乎此則孟子所謂天子之事與知我罪我之義咸可識矣詩始文王春秋亦始文王夫子之憲章文武豈虛語哉孫淵

如謂隱公元年與文王改元之歲同在己未故稱文王以改年支離之譚不足辨或本緯候以素王當之舍所可據之傳而傅會異說則亦適成其妄而已矣

伍員論

記曰父之讎弗與共戴天傳曰子不復讎非子也此所謂天地之常經古今之通義也雖然苟不幸而生於吾君則如之何吾嘗求古聖賢之行事而得所處焉父有罪而死邪則胼手胝足以幹蠱為孝也父無罪而死邪則布衣蔬食以終身如王裒是也故嵇紹之仕司馬氏君子譏其

忘父而伍員之鞭平王尸儒者又惜其無君太史公以雪大恥稱伍員豈篤論哉夫君父一也忠臣雖見殺於君其無憾於心可知矣以伍奢之賢被誅戮猶不敢萌怨員乃滅其故國辱及妃匹鞭夫舊君之尸當是時其心固自以爲孝矣試反之乃父之心安乎否乎吾知夫起伍奢於地下亦必痛斥其忍也然觀員後申包胥之言曰吾日暮途遠吾故倒行而逆施之則其所爲之悖蓋已自言之矣其後雖以忠諫捐軀而禍機竊伏於此夫吳起殺妻求將而魯君疑之樂羊攻中山食其子之肉而魏文侯亦疑之如員

陰賊險很固夫差所深疑也雖無伯嚭之讒亦將不免屬鏤之賜寧非自取乎然其卷卷於夫差也悱惻纏綿天性獨摯實有古純臣之風焉其前事絕不類吾又不能無疑於紀載之多誣也嗟夫古人之事迹不明所以致啟後儒譽議者可勝道哉可勝道哉

賈逵不當罷從祀議

漢儒賈逵於唐貞觀二十一年即配享孔子廟堂自宋迄元未之有改雖馬端臨文獻通考嘗譏其附會讖緯爲非聖人之學初未有罷祀之議也明初宋濂作孔子廟堂議

始有賈逵忽細行亦廁其中〻疑弘治元年程敏政改正祀典遂指爲左道亂政之人請與戴聖等八人竝祧爵罷祀據稱今當理學大明〻後其意可見當時雖未允行而嘉靖九年張璁復申此議卒罷其祀夫世宗一朝議論紛紜無如大禮宋代名臣若司馬光歐陽修祇應從祀帝王之廟乃亦以其曾議濮禮故不憚於黌宮俎豆之一進一黜蓋心術之私如此其更正祀典惡足爲千秋定論乎明季大儒顧炎武謂其棄漢儒抱殘守缺之功而獎末流論性談天之學於是語錄〻書日增月益五經之義委之榛蕪

自所代之議從祀始其言豈無見哉竊攷後漢書賈逵傳
稱其性愷悌多智思俶儻有大節而傳末又云不修小節
當世以此頗譏焉未免自相矛盾史所謂不修小節既未
指所何事疑即據其附會讖緯而言此尤不可不辨蓋逵
欲立左氏春秋因世主崇尚讖緯故不得不附會文致與
其謂左氏崇君父卑臣子用意略同寧與尋常阿諛順旨
以冀貴富者有間此其善心亦論世者所當共諒也王圻
續通攷載成化四年彭時奏曰漢晉之時道統無傳所幸
有專門之師講誦聖經以詔學者斯文賴以不墜如馬融范

寧諸人雖學行未純亦不得而廢是誠篤論馬融尚不可
廢況賈逵乎左氏穀梁春秋古文尚書毛詩四經咸賴逵
得行於世其功甚鉅洵如唐詔所云代用其書垂於國胄
當後從祀孔廟以隆儒術

謹擬　德宗景皇帝升祔大禮議

記曰禮時為大順次之宜次之古之廟制同宮異廟自漢
明帝後改為同堂異室之制其與先王宗廟之禮顯然相
違顧乃行之千百餘年莫之能正者誠以時移事異實有
不能盡合古制之勢也本朝　太廟制度前殿自　太祖

高皇帝以下七世皆南向自　宣宗成皇帝以下三世皆分東西向與前古所稱北向之穆南向之昭者固不相同今禮部恭備升祔大禮一摺力主兄弟同昭穆之說都察院最先協同各署亦多從之者蓋以父昭子穆一語人所習聞遂不暇深攷耳竊嘗聞朱子之論矣朱子駁陸佃說曰昭穆本以廟之居東居西主之向南向北而得名初不為父子之名號也必曰父子之號則穆之子又安得復為昭哉由是而言則兄弟相承不必昭穆同位斷可知矣且春秋三傳皆主兄弟相為昭穆其說詳著於後漢周舉議

奏唐賈公彥周禮冢人疏宋劉敞為兄後議元趙汸左傳
補注國朝萬斯同全榜段玉裁孔廣森陳立鍾文蒸皮錫
瑞諸儒皆依用之凌曙公羊禮說謂臣子一例自施於服制不可通於廟制其辭甚辯陳倬公羊
義疏稱其申述何義可謂深切著明第傳於魯躋僖公明
言廟制焉得謂臣子一例止施於服制而不可通於廟制
邪然自晉以來議禮者如賀循溫嶠之倫咸謂兄弟相嗣
共是一代昭穆位同者殆緣祧遷之禮恐旁容兄弟上毀
祖考則天子有不得全事七代之義故也方今之制自
太祖高皇帝以迄　穆宗毅皇帝俱經特降諭旨定為百
世不祧之廟事本殊古禮從而變兄弟異位何嫌何疑攷

文集一　十二

之經義既如彼揆之事實後若此則 穆宗 德宗各為一世所謂時也順也宜也禮部之議似失之拘若宋真宗時禮官議每大祭太祖太宗昭穆同位都有集議以為太祖太宗當為百世不祧之廟豈有祖宗之廟已分二世昭穆之位翻為一代又謂必兄弟同為一代則太宗不得自為世數而何以得為宗乎不得為宗又何以為百世不祧之主乎此議雖為禮官所駁然揆論正大有足為今日證者事關升祔大禮不厭求詳敢參末議用備財擇

駁龔定盦論私

伏日江子曝家中舊書偶取龔禮部定盦文集觀之讀至論私一篇不禁廢書而歎曰嗟乎此所謂小辯害義者也彼胡大夫有受朋友之請謁翌晨訐其友於胡獲直聲者此正子貢所惡訐以為直豈大公無私之謂哉龔氏欲眾之其辭固有屬而非所論於公私乃龔氏之意一若禁人之公而勸人以私是仍議論之偏激也因胡大夫之冒公而濫稱乎私抑將以直躬之證父遂謂枉可乎邪且夫私固人情所不能免也故先王之政其所以膏澤乎下者閔閔焉勤勤焉惟其私之是恤至於當官之訓則有公無私

者乃萬世之通義也是以倉頡作書自營爲私背私爲公
蓋公私之相背即字形而可知矣周書謚法解立制及衆
曰公春秋公羊傳疏引元命苞曰公之言公正無私然則
易名之典命爵之義靡不以公爲重焉嘗有尚私者哉又
管子任法篇曰聖君任公而不任私賈誼新書道術篇曰
兼覆無私謂之公反公爲私以是而下則公顧不貴乎哉
龔氏者固不知何者爲公即謂之不識私也亦宜其肇風
雅諸詩各有本旨皆非所論於自營之私也尊論記孔子
私覿者聘禮有私覿私覿云者猶之民田曰私田臣邑曰

私邑士臣於大夫曰私人卿士大夫〻館曰私館卿大夫之弊曰私弊亦非所論於自營之私也若夫聖帝哲后其日不暇給厚〻有庇我子孫保我國家之意然以一人要天下不以天下奉一人豈得以私目之哉至引忠臣孝子寡妻貞婦為喻尤失義殆與述孟子〻言罔一乖剌孟子謂人〻親其親長其長而天下平非曰人〻私其私黨其黨也推龔氏之心是邪奚王生之擧雖為不近情而名顯牢果之結壹固無可罪也且龔氏比無私於狸交禽媾則賈生〻論道不足賢夷吾之言治不足法韓非之精論不

文集一

十四

足采周公之謚法不足信倉頡之造字不足憑豈孔子之告子夏奉三無私以勞天下者皆妄耶

慎所立齋文集卷第一

慎所立齋文集卷第二

長汀江瀚叔海

讀王氏易注

王氏易注孔沖遠稱其獨冠古今豈虛哉易以道陰陽伏羲之象文王之辭皆依卜筮為教故周禮三易之法掌之太卜筮人而已自宣尼贊易納之學中而其用乃弘晚周諸子之書有醇有駁凡稱易者咸主義理殆洙泗之流風哉漢興丁將軍從田何受易作易說三萬言書雖不傳然曰訓故舉大誼則非支離害理之辭可知矣自是之後流

為術數孟喜以卦氣京房以世應飛伏荀爽以升降鄭康
成以爻辰虞翻以納甲而鄭荀皆號傳費氏易顧其說絕
不相通至仲翔則又歷詆荀諝馬融鄭君宋忠以伸己長
辨愈滋義愈晦契靜精微之教固若是乎唯輔嗣之注埽
去舊解專闡名理然實從象數推勘而出璧達於漢學誠
合乎孔門未可訾議也而語涉玄虛良為其病嘗觀虞氏
之說易矣詮乾象自强不息引老子自勝者强詮坤象厚
德載物引老子勝人者有力詮屯卦利建侯引老子善建
者不拔詮震象恐懼修省引老子修之身德乃真九家易於善世

而不伐亦引老子上德不德是以有德此非以道家言解經乎於仲翔則諱之於輔嗣則攻之甚矣其惑也李鼎祚周易集解雖其自序有云刊輔嗣之野文補康成之逸象乃采王注至五十五條之多足見公心之難泯矣彼鑿鑿以言象者是豈有它哉不知夫子學易之義故

書成都本尚書今古文注後

說尚書詁列今古文者自司馬子長始史記魯世家所載金縢是也蓋史公雖從安國問故未嘗墨守一家五帝本紀言堯使舜入山林川澤暴風雷雨舜行不迷誠不知其

爲今文邪古文邪俞理初作書大麓義以爲真古文因詆鄭注大傳釋麓爲錄殆用王莽條論然漢元帝報于定國詔曰萬方之事大錄于君已在莽前或謂出歐陽夏侯今文而宋氏翔鳳又以此爲古文家說果孰是孰非噫夫尚書之缺久矣伏孔所傳既都不可見即歐陽夏侯馬鄭之說亦且散佚不完縱强爲分別終莫得其本真惟博搜遺文舊說而具存之以待承學者自得焉庶幾亦不失之誣其於疏通知遠之教或有合也乎故近代治尚書者甚衆莫善於陽湖孫氏孫氏書即世所稱今古文注疏也成都

刻本刊去其疏以取便王叙病孫采輯泰誓違旂舊義詎知季長斯論江叔澐已辨之乎又謂其仍用舊讀句絶多誤亦不然今祭彝誤以至于海隅絶句蒼生萬邦絶句黎獻共惟帝臣絶句幾不成語其它可推凡所增補尤不獻人意又有甚不可者君諾即性惟日其邁孫氏引呂覽高誘注其辭最確今謂性當為姓且為之辭曰百姓里居也節諸節使四方者守都鄙者御事諸侯使聽王事者呼可怪已甚如是則王制司徒修六禮以節民性又何說邪特以惡宋儒之故務欲盡反其言而不憚擅改經文以快私

亂循是說經將何所不至其僞乎經義者豈小哉要以欺真學人難矣

朱子詩集傳書後

董仲舒云詩無達詁劉向云詩無通故誠哉是言也曩元明之世士之言詩者屏棄毛鄭惟朱傳是尊近今則務一切反之謂宋儒不足取漢儒爲可信而不知朱子集傳之說大半本於漢儒即以爲誤亦不自朱子始也豈語出漢儒則是而宋儒則非乎朱傳以鄭衛諸詩皆淫者自作此最爲世詬病然抑豈鑿空言之哉馮山公駁閻潛邱毛朱詩

說云孔子所言鄭聲淫子夏亦云鄭音好濫非曰鄭詩淫也其說甚辨然許叔重五經異義已以鄭詩當鄭聲矣安得獨怪朱子邪亟許氏引今論語說鄭國之爲俗有溱洧之水男女聚會謳歌相感是又淫者自作之說所從出也夫學者之患莫大於以己自蔽而不察是非彼顧以排擊爲能者古人何嘗有是學哉近儒東原戴氏固漢學家所奉爲依歸者也雖臧在東詆其好逞臆說以奪舊學然戴氏所作詩經補注往往舍毛鄭而取朱傳則猶有從善服義之公心也竊謂康成之箋詩實兼取齊魯韓三家不盡

申明毛義朱傳博采衆說間參己意殆有合於高密家法
敢以質世之說經無成見者

跋大戴禮記解詁

鄭君不注大戴禮記自國朝人表章之始盛行於代爾雅
為釋經之書猶得以羣經抗衡此微言大義往往而在列
為十四經誰曰不宜南城王實齋所著解詁多所發明遠
出孔巽軒上其校經專以舊傳本為據吾尤愛重之惠定
宇之於周易集解戴東原之於水經注皆詭託古本輕行
改竄深為臧拜經魏古微所譏王氏是書足徵其失矣嘉

定汪紉青類力三十餘年於此所撰書亦名解詁殊無取
近王益吾祭酒刻經解續編舍之取汪異矣夫

讀墨子

韓退之讀墨原出班書藝文志義甚精世遂信之者以孟子故也自戰國迄今誦聖人之言躬楊朱之行者比比然矣能兼愛者誰耶墨子之說曰君臣不相愛則不惠忠父子不相愛則不慈孝兄弟不相愛則不和調天下之人皆不相愛強必執弱富必侮貧貴必敖賤詐必欺愚天下禍篡怨恨其所以起者以不相愛生也兼愛畢而非乎禁其相

愛必勸其相惡乎殆非通論也或以印葬爲疑是又不然周衰文勝葬埋之侈不自秦皇始矣夫仁人君子葛目憂世故亦不惜爲過中之辭以矯時弊墨子者蓋欲以夏制之偏救周道之文此其意焉可重訾之哉去聖久遠學有其塗彼拘於虛篤於時者奚足以語周秦諸子之書

讀莊子

易曰先天而天弗違凡莊子所謂道德云者蓋近此其搞擊仁義絕去禮學殆祖述老聃而持論偏激尤不可訓要

其虛靜無為舉死生存亡窮達貧富之變皆不足相累則信能自適其適而浮游乎萬物之祖也以身徇利敢為淫僻嵇阮所深羞柰何以誣莊子耶雖尊莊子不受也

讀柳河東集

子厚送薛存義之任序謂吏者民之役非以役民蓋民之食於土者出其十一傭乎吏其言與今歐洲諸國以官為公僕相同而子厚獨早見及之可謂卓識矣同時韓退之作原道乃稱民不出粟米麻絲作器皿通貨財以事其上則誅其與子厚之言相去不亦遠哉夫管仲霸佐也劉向

說苑記其對桓公語有云君人者以百姓為天子厚視民猶主管氏視民猶天嗚呼古人之責民何如哉今之布政使蓋古方伯連率之職余攝官數月雖受其直不敢息其事僅於嚴差役禁浮斂二事毅然行之以養稍紓民力然如鄢陵永城連年患水議濬工鉅竟乏消弭之良策蓋職之未能舉者正不少矣孰怨而黜罰之乎夜讀柳集至此掩卷愧歎者久之

漢三老碑跋

漢三老碑咸豐二年出土於餘姚之客星山今其石歸周

氏此本為靈壽華雛故物後有趙㧑叔題曰讀其文蓋孫子述其祖父諱字卒日者與魏青龍間冢專相類古無墓誌此實開其先云云顧余獨疑之考碑稱建武十七年歲在辛丑四月辛卯攷後漢書光武本紀是年二月乙亥晦四月有乙卯則不應有辛卯碑與史不合何哉曩客蘇州喧傳介休築城郭有道碑後出聞任中丞家有拓本急索觀之乃字畫惡劣絕可笑甚哉世之好作僞也若三老碑者殆亦未可深信矣乎

自記曰據長曆三月丙申朔推之則四月實有辛卯無

乙卯似本紀誤也然其母忌日在建武二十八年歲在
壬子五月十日甲戌以長曆考之則五月辛卯朔十日
當爲庚子非甲戌且此月並無甲戌日是碑與長曆仍
不合矣

書魏叔子宋論後

魏氏禧曰北宋之禍其罪在章惇蔡京數姦而寡司馬光
呂大防諸賢相自貽其害南宋之禍其罪在秦檜韓侂胄
數賊而寡岳飛韓世忠諸賢將坐失其機以吾論之殆不
其然宋家忠厚立國自藝祖已來未嘗輕戮大臣況溫公

之相章蔡罪狀尚未顯著而京知開封府方且以才能自見安得遽行斬殺乎其後呂大防劉摯欲事調停見識迂闊然太皇太后既崩以哲宗之睿雖多誅何益若岳忠武之班師則又其情勢之不得不然者當是時張俊楊沂中諸軍已撤縱令錡制獨進而孤軍無助陳湯之功終不可冀且高宗君臣和金之志久決禱迺欲其以空言悟主不亦疏乎至責以鬻拳兵諫抑更謬矣惟邱維屏謂元祐諸公止奉太后而置哲宗若無有此其於格君之道即有未盡故小人得而中之是誠篤論蓋哲宗之銳志紹述雖由

羣小熒惑，實亦有激而然。觀其獨重蘇綰可知矣，則吾不能為司馬諸賢解也。後之君子儻不幸而處此，尚其鑒之哉。

題鄭海門尚絅堂雜錄　代易子茀先生

西蜀古多文士，然著名昭代者蓋寡。自尊經書院開而風氣日上矣。顧詞章考據爭鳴，而義理之學蓋以微滅。海門獨有志於此，可不謂特立之士乎？方國之初，表章宋賢，其時言義理者抑或矯飾外貌以趨習尚，今則程朱諸大儒為世排擊久矣，其孰肯從事於寂寞之地以自取訕譏乎故爲義理之學於今日者不易得也況若編所錄固皆折衷先儒塙有心得者邪雖然空談易實踐難錄中謂吾輩不敢講聞道先講聞過尤爲切要吾願與海門共勉之也

四川官運鹽務水陸引道全圖序 代張蔭卿

四川鹽務自平遠丁文誠公剏辦官運以來蓋十四年矣先是川省鹽法蹶而不振實由改代改配引張套搭而加包重照影射之事遂相沿而起弊端叢生不可爬梳國與民於是交病光緒三年丁公總督四川目擊引滯課懸利權坐失慨欲設法更新其時今巡撫銜遵義唐公方以道

員候補因請變爲官運商銷其張弛本末具載四川鹽法志者不著官運既行舉一切積弊而埽除之使利歸公家而市無騰躍之患丁公疏中所稱爲救省敝無窮之利益而成國家大宗之饟源洵非溢辭云官運總局置於瀘州總辦一人幫辦一人並以道員領之又分設四所曰文案曰收支曰引目曰票據各有專司其購鹽之廠有五曰富廠曰犍廠曰射廠曰雲廠曰甯廠又有鹽少而聽本商運行者曰鄧廠其入黔之岸有四一由合江縣入曰仁岸分局一由綦江縣入曰綦岸分局一由涪州入曰涪岸分局

一由永甯縣入曰永岸分局其入滇之岸有二一由宣甯縣屬之張窩場入曰張窩分局一由宣甯縣屬之南廣場入曰南廣分局其赴湖北八州縣者曰萬岸分局兼辦萬巫計岸以保楚邊此外保邊計岸更有九自瀘州以西曰納溪分局江安分局李莊分局真溪分局清溪分局自瀘州以東曰瀘州分局江津分局江巴分局南川分局總計官運之鹽邊岸行黔省十一府滇省二府一州鄂省八州縣計岸行川省三十三廳州縣在黔則有興義思南獨山緝私之卡在鄂則有利川緝私之卡各處險灘則有委員

押運沿江要地則有驗船梭巡其它子局分卡或任盤驗或資船務或司提撥或填換鹽票星羅碁布綱紀秩然共設丞倅牧令五十餘人而佐雜諸員及各司事尚不與焉大都官運每歲所銷水陸引張統折合水引約在三萬張上下除歲銷額引二萬四千餘張外帶銷積引五千有奇周轉鹽銀常數百萬兩即至小之分局經手款目亦不下數十萬兩年終報銷不容蒂欠嗚呼責任亦綦重哉由今以觀天下謂其成效大著矣抑知前之揣摩議而爲之者其艱難何如後之綜全局而籌之者其詳慎又何如夫莫

爲拗始則雖有大利而不興莫爲善成則大利雖興亦且終歸於弊方盧江劉公之繼丁公督蜀也鹽岸商民惴惴焉恐局勢之中變乃劉公下車不惟不更張之又從而力維持之嗟乎賢者所見大略固不相遠哉顧官運之立法誠周且密矣然謂吾法既立即可垂諸久遠而不敝此非智者所敢任也夫法之爲用與器無以異器雖利良工用之則良拙工用之則拙故同一良法也有時而反以滋害者何哉所遇之人殊耳蓋官運不得其人非商虧短即官侵挪其弊殆有難悉數者法固不能盡防也不然或怠玩

相承彌縫是尚而事有不隳壞者乎及敗然後圖之亦已晚矣今在事各員類皆知廉隅自勵奮勉從公故能部引暢銷徵收不絀設非劉公激勸鼓舞而能如是乎是故法積弊生者事之理而興廢之機存乎人日久怠生者人之情而振作之權操之上今屢集羣力以肅鹺綱斯固劉公之心所企望於無既者也初甫運之區畫多出總辦李公而幫辦清鎮文君靈渠實相與成之及李公升任繼之者為桂陽夏君菽軒以勤廉幹練受知於前後兩大府任久而功著嗣文君以禮考差華奎奉檄承其乏自維樗昧懼

弗克勝然竊幸成規可循焉幾得免於咎戾也官運舊有全圖在鹽法志中不便披覽爰重繪此更爲增益觀斯圖者識其水陸引道燦若列眉因而念民生之多艱感任事之不易能無穆然遠慮於其間邪官引票鹽各有疆歸鹽道主政而與官運相表裏亦並圖焉光緒十六年上章攝提格之歲相月既望

自記曰近代文家於俗語每以古書之語更代雖辭氣遠鄙理固宜然但失其真者多矣此篇言官運鹽務多沿用公牘語不惟懼失其真且實有難於更代者然使

古之能文者如司馬子長班孟堅爲之亦豈有不雅潔之患哉蓋實文有工拙非公牘語決不可用也

吳門銷夏記序

瀚於光緒丙戌歲客蘇州承宣署中長夏無俚時裒所憶隨筆記錄附夏復然遂積成卷帙初非有意箸書也雖辭誣求是洵能補先儒之闕而拾近賢之遺然考訂一塗覈難因易紛以箋箋恐閲更何足矜尚哉故久庋篋笥不復省視頃者偶取觀之有與今所考論仍相合者有異時搉見大概近年以來作愈篤守愈堅者亦有少異不安者茲

併存之，釐為三卷，名曰吳門銷夏記，聊以留驗所學之進退云爾。甲午九月二十日江瀚題於東川講舍。

黄溪書屋吟草序

光緒閼逢執徐之歲，余客廣西撫部柯公軍幕，凡三月，將於季夏去桂林，行有日矣。五河劉若生直刺持其尊人雨亭先生黄溪書屋吟草來，屬為編定，謀鋟諸版，以永其傳。余因若生意之勤懇，不敢辭，伏而讀之，其雋句名章爛然溢目，雖間有稍涉平易者，要與俗格迴殊，儻去取一不當，微特失先生旨，且大非若生表揚先德之心，於是反覆審

慎共錄得古今體詩一百八十六首列為二卷蓋於原稿
僅存十分之三亦嚴矣哉夫古之詩人如陶元亮孟浩然
平生所撰篇什尚不敵今人一歲之多然自晉唐以來譚
藝之士言及二公蓋無不斂衽焉則詩不以多為貴從可
知矣昔韓退之盛稱盧殷能詩謂其可錄傳者在紙凡千
餘篇乃竟無一字流傳雖多亦奚益乎況近代之以詩文
集行於世者不可勝數又當此文學衰微之際而欲人覽
其盈尺之詩稿不愈難哉今余編定先生之詩識知多所
遺漏然於先生當日憫亂離之苦抒仁孝之情者莫不具

在即先生之立身行己不媿古人亦可略見於斯世之知言君子其必不以余言爲謬也夫

中州從政錄序

余自兒時隨宦巴蜀側聞先人之訓蓋已稍稍知吏事矣及長僕驅四方迭入一督三撫兩藩之幕見聞日廣乃益覺經世之難歲在上章備兵梁宋未及一載遽領藩條雖前後在官僅十有七月自維職守媿負良多然於潔己愛民之先訓固未敢有違也壬子春避地析津偶檢故篋則舊時公牘猶有三十餘篇存者雖不盡出己手而區區爲

政之拙狀尚略可攷見因都為一冊題曰中州從政錄比者政體已更英俊輩出方以舊官僚為迂病余之是錄亦姑以留示子姓可耳

書王晉卿重修子雲亭記後

武昌張廉卿丈嘗辨司馬長卿之為封禪文正以諷武帝之封禪桐城吳摯甫亦以為言晉卿之作此記更稱引之余不謂然夫封禪本於巡狩方岳之祭柴望秩于山川載在帝典懷柔百神及河喬嶽著於周頌故史記封禪書首即曰自古帝王受命曷嘗不封禪又曰郊祀所從來尚矣

則子長之意其不以封禪為非禮可知惟武帝好神異輕信方士怪迂之語往往黷亂不經故於禮書之外別為是書以刺時政而季漢秦子敕欲為長卿立祠堂其與王商書稱仲舒之徒不達封禪相如制其禮因謂長卿能制禮造樂有益於世與後儒之論絕異此雖私其鄉里要可見古固不以封禪為非況長卿實文人之雄藉封禪事以攄其鋪張揚厲之懷亦固其所晉卿乃比之尸諫豈不遠哉雖長卿辭賦誠亦有寓諷諭之意者殆所謂諷一而勸百惡足以上嗣風雅邪至韓退之以長卿為豪傑之士躋之

屈孟之列是特就文章言之不比揚子雲之大醇小疵毋與荀卿並論也法言嘗稱周公以來未有如漢公之懃勤勞過於阿衡子雲斯語最義世詬然勉以伊周詎得為罪第劇秦美新可不作而要之長卿子雲皆以文重固不必深訶亦無庸曲諱也若子雲之仕新莽王介甫謂為祿隱猶可說也乃云聖賢因時而屈伸故能宗於道且引君子之無可無不可以文之嘻其過矣

李惕夫年譜序

烏虖此吾亡友李君惕夫之年譜也五十以前皆君所自

述其後則君友楊君古醞採君日記及詩文稿續成之君宦吳凡歷八縣所至有聲余初識君於元和官署迨君宰吳縣余適充江蘇高等學堂監督過從益密又嘗訪君於江陰無錫故於君之治績知之特詳君沒之前數日猶自上海寓書京師所勗望於余者甚厚今君逝世七年余蹉跎白首志業無成尚何能序君年譜然以君門人潘君由笙暨君季子侃之請懇懇又惡得無言乎竊嘗謂中國自上古以來即號稱帝制相沿數千年莫之能改然其立政之道則必以民為本故易曰得民書曰安民左氏春秋

曰聽于民禮記大学曰親民孟子曰保民舍於此者國固不興違於此者國固不替前史具在班班可攷也今易帝制為共和宜民之得所矣乃聞地方官吏往往暴徵急斂亂罰嚴刑其不愛民蓋較專制時代爲尤甚夫官不愛民民豈愛官勢必至移其憎怨官吏之心浸及於國家於此而欲求久安不亦難乎譬猶治水然湍流方峻利用疏導乃壅遏之以激其怒發難無事終必有决防潰隄之一日此所以蒿目當世尤令人思君不置者也君之為政不阿長吏不苛細民惟日孳孳以閭閻之休戚為休戚及君之

卒幾無以為斂公私虧累至十餘萬金八縣之士民為之奔走呼號集貲以償君其可謂民信矣夫在君當日亦止自盡其職耳何嘗有毫徼要結斯民之意而民之報之自不容已民情之向背不大可見乎奈何世之善官者方且笑君以為迂也如君之治行卓卓如此列之清史循吏傳中殆不數覯然立傳與否於君固無增損八縣士民之謳歌較史傳可信多多矣是編之刊蓋即君之治譜後之留心民事者當必有取於斯云

全醉堂精神哲學新編序

昔太史公論六家要指互有得失而終以道家爲主其言曰神者生之本也形者生之具也不先定其神而曰我有以治天下何由哉用是觀之則道家之以養性凝神爲重斷可知矣漢書藝文志雖分道家與神仙家爲二然伊尹老子皆列在道家列子書載伊尹之答湯問謂凡事之本必先治身嗇其大寶用其新棄其陳腠理遂通精氣日新邪氣盡去及其天年此之謂真人之數言者實與神仙家說相似若老子所稱谷神不死是謂玄牝蓋語本黃帝尤爲神仙家所依據莊子宗老聃者也其逍遙遊一篇首言

南冥北冥及鯤之化鳥論者謂其開章明義寓喻鍊精化氣取坎填離大道盡在於是其言信否誠未敢知而鑪火之說要以魏伯陽參同契爲最著不特朱晦庵嘗爲之注即虞仲翔納甲之法邵堯夫先天圖亦未始不出於參同契是儒家之學已浸淫於神仙家言矣朝鮮金君醉堂早被儒選官至通政目擊時危五上封事忠言讜論嘗莫之省國亡後浪游中土嘗於羅浮山中遇隱士授以金丹真訣遂遁汎濫於道藏諸書而有精神哲學新編之作比者寄遠燕京喜從吾國士夫游余亦辱先施焉還往既久乃出是

編相示且屬為序余受而讀之媿未能盡通其說竊以學儒數十年於盡性立命之旨尚未之有得況神仙家所以保性命之真者向未從事宜其茫乎莫測也然吾聞古之得仙若安期生者蓋嘗以策干項羽羽不能用欲封之乃亡去竊意仙者殆如班孟堅所云游求於外聊以蕩意平心同死生之域邪今辭豈固安期生之流其必將有以告余也

呂師愚遺詩序

虞書曰詩言志說詩者莫古於是而毛詩序復申之曰詩

者志之所之也在心為志發言為詩故夫善學詩者必先尚其志然後志之所至詩亦至焉微獨三百之篇義歸無邪蓋自漢已來凡深於詩者未有不如此也若夫近世小有才華之流務雕琢其詞以獻媚導淫為能事更有身受新國祿位其作為詩歌乃猶自託於遺逸虛僞佻薄失其本心詎非風雅之罪人歟成都呂旅慶宦京師從余論學一日以其王考師愚先生遺詩出視雖散落之餘所存無幾要其大旨實有合於言志之義且嘗聞先生為學篤好宋五子之書躬行不倦而弗以道學自標舉其游京都故

相國文端公倭仁尤器之倭公固嘗與唐鏡海吳竹如竇蘭泉諸先生講道攻德咸同間推為理學名臣者也迨先生歸蜀頻為當事所重顧怕年無營唯時從年按察樹梅以學行相切劘而已嗚呼是豈可求之今人哉先生既深造以道初未嘗刻意為吟詩之工不工傳不傳於先生寧有增損耶今旅慶收輯遺稿恐再失墜將鋟木以行乞余序其端余固慕先生之潛德又嘉旅慶之孝思因略述平日言詩之微旨以歸旅慶惜乎不得如先生者而一就正之也乙未八月

題日本諸橋轍次冊

日本文學士諸橋轍次君字仲蘇專精漢學尤著詩經研究一書有所發明皆由心得甚可貴也往年仲蘇偕林泰輔博士訪余于京師固已心重其人去春余游江戶往還益密是秋仲蘇躡屩重來攜講求朱晦菴之學時就余討論疑義深愧屬末無以益之近代海東學者喜究心陽明良知之學元勳魁士多出其中今仲蘇乃獨異是其擇術之精向道之篤概可知矣仲蘇將以此冊徵求吾國賢士大夫翰墨以為還國之記念屬余書其首因道其志業且

為之介

日本竹添光鴻毛詩會箋序

漢世詩分為四毛詩最後出齊魯韓三家皆列於學官惟毛公之學未得立自鄭康成作毛詩箋而三家寖廢魏晉以還說詩者大率依據毛氏至趙宋時乃新義日增而朱晦翁詩集傳遂奪毛誼之席然晦翁雖攻小序至於詩中訓故仍從毛鄭者居多且所易亦非無本其後王魯齋之流併疑及本經舉二南而刪改之固不得以此歸獄於建安迨近代學者力矯元明之弊治詩咸宗毛鄭又或堅持

成見不容一語之出入，識者病之。於是復有專搜齊魯韓三家遺說，掇拾殘賸，臆測夢揣，强為傳會者，若魏默深之掊擊毛詩蓋甚，其論尚書則是伏生而非馬鄭，論公羊傳則尊董仲舒而抑何休，同一爭勝之心耳。夫參攷三家以扶翼微學可也，屏棄毛詩而僅守不完不備之斷簡，不可也。士生今日而欲窺詩教之全，洵舍毛詩無由矣。日本竹添進一郎先生撰毛詩會箋若干卷，雖以毛傳為主，實兼採漢宋，不立門戶，務在平心靜氣，融會貫通，往往有所闡發，深得詩人言外之旨。其於訓詁名物詮釋亦極詳悉，如關雎傳雎鳩王鳩也鳥摯而有別先生謂鷹之屬通曰鳩雎鳩實摯鳥傳云摯而有別釋文摯本亦作鷙義取有別非取其鷙故傳下云若關雎之有別焉鄭箋未審摯本摯之假借以為摯摯之言至也王雎雌雄情意至然而有別此非傳指也正義合而一之殊誤別抉箋疏精確不移其它可類推矣又陳碩甫詩毛氏傳疏原意在申毛顧於葛覃一篇從惠研溪之說謂左傳歸寧春秋時制文王初年不當有此因於序可以歸安父母讀可以歸絕句而傳文父母在九字則斥為箋語竄入不知序之歸安父母正對經

歸寧父母而言若周天子諸侯之后禮其亡已久夏殷諸侯夫人歸寧不歸寧之制更無可徵陳氏述毛而輕信不根之詞顯與毛戾不甚慎與先生則謂序躬儉以下就既嫁之後而言之凡史所稱躬修節儉紡績澣濯者惟王后貴人始以是稱之未有處子在母家而稱躬儉節用者也其見卓矣行乎先生是書有功毛詩而爲後學之寶筏也往年余游日本與先生失之交臂迨去春重至東京則先生已歸道山晤先生之女夫嘉納治五郎校長語及先生遺著其左傳會箋已刊行尚有毛詩會箋論語會箋二書

嘉納君將先取毛詩會箋續印以傳屬余作序越年乃為序之余對茲編既自慚蕪落尤於吾國今日經學之衰不能無感云

孫師鄭讀經救國論序

余嘗著孔學發微一書意在闡明孔子貴公貴仁之旨蓋孔道之不明于天下也久矣然非不知之咎大率知而莫之行耳尚虛談昧實踐治術學術之壞罔不由此自歐風東漸利己之說興即區區道德之空言亦如鈞天廣樂不可得聞矣歐洲人士以權利為天賦視爭奪若固然蓋害

既深遂有德奧五年之惡戰其損傷人命財產已靡而紀極今戰事雖息而瘡痍滿目論者謂其凋敝之景象殆非數十年不能回復彼以殺人為學說者目擊慘狀亦得毋悔心之萌乎故無論世運若何變遷學術若何新異微公無以服人心微仁無以立人道此正如數學之理固有定而不移者也常熟孫君師鄭撰讀經救國論若干卷為類凡六曰政治曰倫理曰理財曰教育曰軍事曰外交俱于經文之下節採漢宋以來諸儒之說而以己意疏通證明之洵足以發皇絕學鍼砭世弊矣如首篇所舉孟子稱堯以

不得舜為己憂舜以不得禹皋陶為己憂及論語載舜有天下選於衆舉皋陶湯有天下選於衆舉伊尹何莫非公與仁之顯證乎孫君屬序于余因書是以質之

慎所立齋文集卷第二

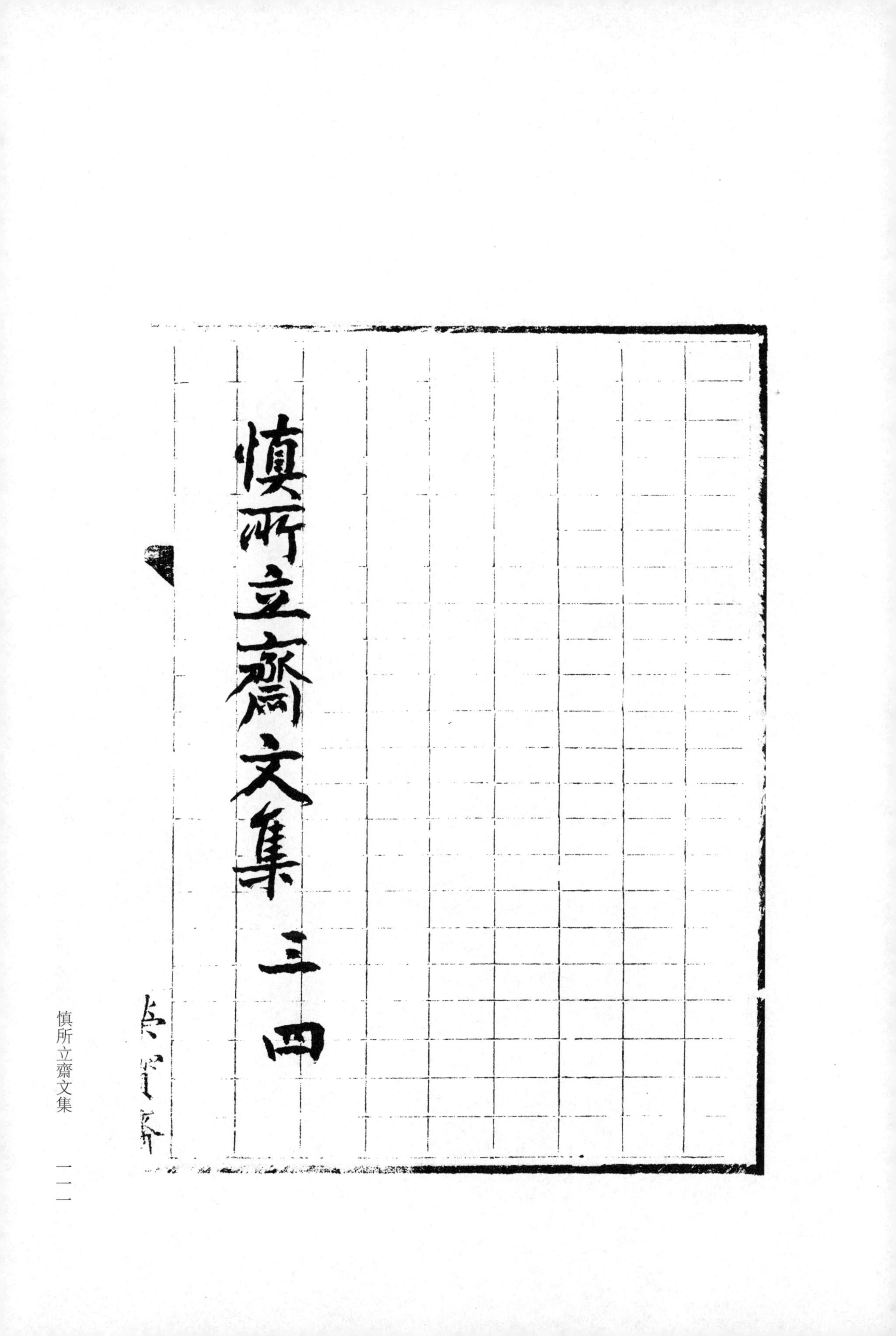

慎所立齋文集 三四

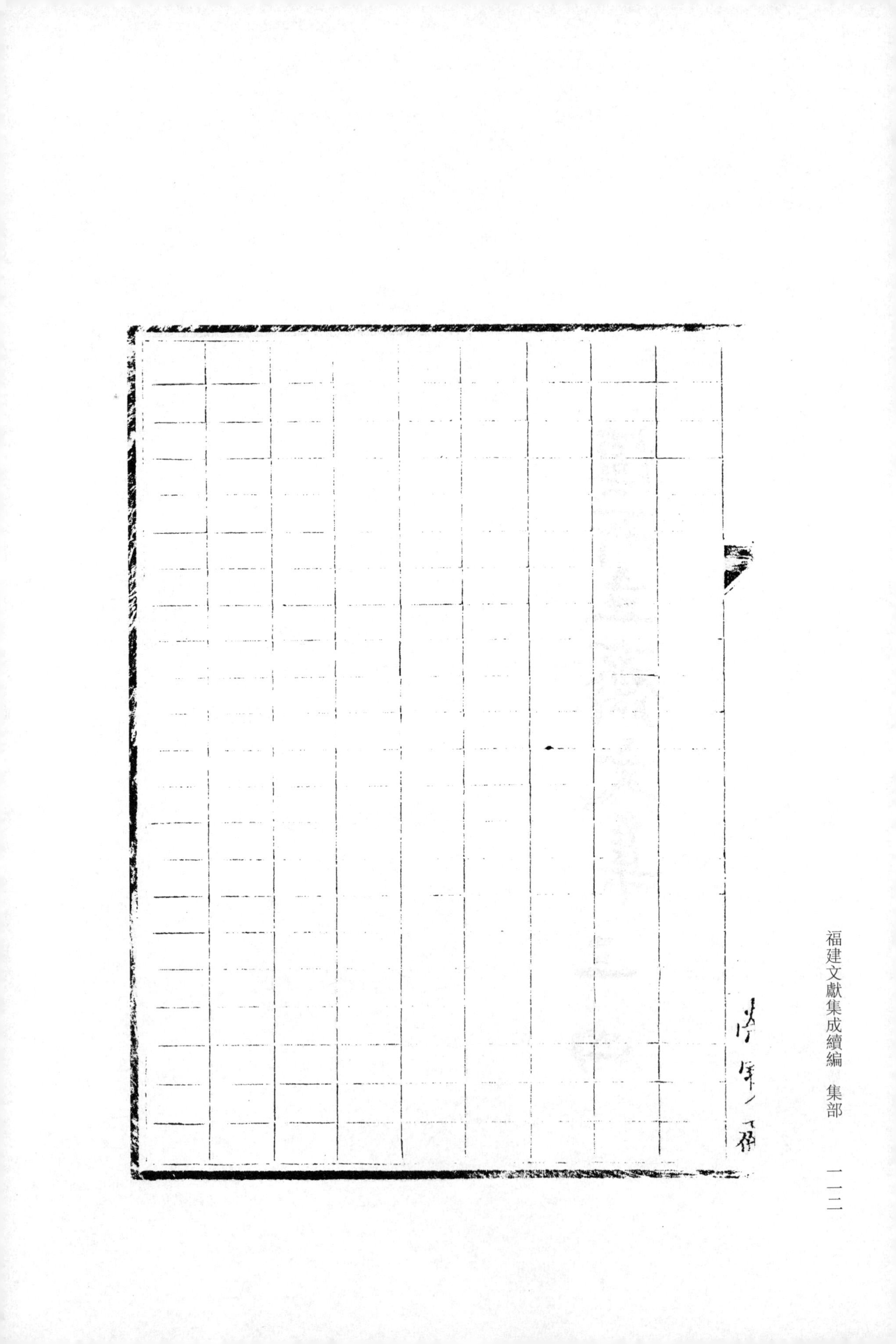

慎所立齋文集卷第三

長汀江瀚叔海

上　皇帝第一書

伏念臣前經湖廣總督陳夔龍薦舉人才於光緒三十四年九月初三日仰蒙　大行太皇太后　大行皇帝召見一次　宸誨親承莫名感激詎意甫經踰月　兩宮遽棄臣民寰海悲號痛深罔極幸　聖上嗣統撫運應期山川效靈七曜順軌惟當　主少國疑之際正難治易亂之時設使措施失當政令偶乖則弊竇潛滋禍機隱伏臣誠不

臆私憂過計顧材識短淺初無奇謀所欲言者不過三事亦曰養君德謀臣職廣言路而已敢冒僭越之罪敬為我
皇上陳之昔賈誼有言天下之命懸於太子太子之善在於早諭教與選左右同治初元李棠階亦嘗疏請於師傅匡輔之條預杜左右近習之漸是皆忠於謀國之至論也今雖 皇上幼沖典學尚需時日而涵養薰陶未可稍形忽略臣愚以為端少成習慣之本則內監首當減裁絕游觀玩好之萌則貢獻永宜禁止伏讀十月二十六日
上諭各省督撫鹽關向有呈進方物現當哀痛之際食處

皆所不安著通諭各督撫鹽政織造關差等一應貢獻概
行停止即食品亦不准呈進俟三年之後再候諭旨欽此
渙汗特頒萬方嚮治但三年之後愈宜防微貢獻一端似
應永遠停止令郡國無秉獻孝文所以致刑措之休勅太
官勿復受光武所以成中興之盛春秋之義王者無求董
仲舒所稱正心以正朝廷正朝廷以正百官者蓋必自是
始矣若夫內監之設實數千年相沿之弊政為環球各國
所未有雖我朝家法嚴肅從無太監預政之事然欲衛翼
聖躬俾左右前後皆正人則此輩蓋屬餘生斷不宜使近

天顔致滋流弊夫自古閹宦如呂强張承業者有幾人哉
宦及此時遂漸裁汰酌留忠謹者二三十人餘悉給資遣
散不再招充至宮中服役自有宮女若内廷各項差使原
含改用士人儒者　聖衷採納毅然斷而行之非特培一
人之元良並足爲列邦之觀聽有裨初政殆非淺鮮臣之
所謂養君德者此也嘗閲三王之道若循環竊考　列聖
爲政亦復如斯故　世宗繼　聖祖寬仁之後而糾之以
嚴因時張弛治莫隆焉伏讀咸豐三年正月　文宗諭曰
内外文武諸臣抒忠宣力視國如家者固不乏人然泄泄

沓沓因循不振祿位之念重置國事於不問者正復不少
朕雖非賢主斷不忍諉咎於諸臣試問諸臣五夜捫心何
忍何安若不痛加改悔將來有不堪設想者矣是用誕告
爾大小臣工自今日始仍有不改積習置此諭於不顧者
朕必執法從嚴懲辦斷不姑容猛以濟寬亟今日之急務
也等因欽此　聖訓煌煌垂為典則臣每一恭誦未嘗不
涕下霑襟也近歲以來時事日艱因循彌甚大率以曲諒
小謹為識體以敷衍對付為達用以摸棱遷就為和衷以
苟安無過為持重大臣則柔委蛇容悅互相推諉小臣則揣

靡縟飾競尚唯阿風會所趨賢者不免是雖振以雷厲風
行之政尚未知肅然改視易聽否者猶務崇寬厚能不養
禍而長亂邪記曰物恥足以振之國恥足以興之要在朝
廷力挽頽風大加振作綜核名實總攬紀綱行所當行不
必拘牽於守舊黜所宜黜何須姑息以市恩功過不任欺
蒙賞罰式昭公道使天下曉然知　上意所在大異乎安
常處順之為庶幾內外臣工滌慮洗心破除積習人心一
轉而氣象自新矣臣之所謂課臣職者此也易之為卦上
下交則為泰上下不交則為否古之善治國者下情之通

於上也如嬰兒之於慈母無小而弗達上德之及於下也
如流水之於間隙無微而不入其上下之相孚若是尚安
有傾危之患哉故泰西諸國之立議院論者謂其有合於
洪範謀及庶人暨周禮小司寇詢國危詢國遷詢立君之
制誠未可輕議而忽視也本年八月初一日　大行皇帝
欽奉　大行太皇太后懿旨嚴飭內外臣工務在第九年
內將各項籌備事宜一律辦齊屆時即行頒布欽定憲法
並頒布招集議員之詔各等諭迨我　皇上御極復有恪
遵前次懿旨仍以宣統八年為限理無反汗期在必行之

諭臣庶讀之莫不抃舞感泣但此數年之內能否預備齋
全徽音徽倫端資　亮力且以九州之大萬幾之繁不惟
皇上深宮高遠見聞容有難周即樞輔諸大臣密勿勤
勞于慮亦豈無一失似國會未成立以前仍宜集羣策羣
力博咨而詳說之臣考國家定例內而九卿科道外而督
撫藩臬皆有言事之責各省道員不許專摺謝恩而許專
摺言事乃近年風氣相率緘默雖科道間有奏疏犯顏敢
諫殊乏其人豈真無闕事耶蓋朝廷既未有鞉鐸求言之
意自非忠亮性成視國事如家事者亦孰肯披肝瀝膽以

取忌乎應詔所降諭旨迫之使言如有不諳大體及太戇直者尤冀聖意憐其誠款格外優容庶有以啟宸聽之聰而作敢言之氣漢宋之時太學之士皆許上書明初耆老亦得召見可否略寬七品以上言事之禁其有關於國家大計及一省一郡民生吏治之利害皆許其上封事陳得失其或言非國政涉於一人一事之私者則卻之言路一開壅蔽自去雖難保莠言之必無然審鑑高懸當亦未敢嘗試耳古文尚書云好問則裕自用則小詩曰具曰予聖誰知烏之雌雄治亂之機於斯可決臣之所謂廣言路者

此也三者利弊類皆人所盡知痼疾每成於細微良方不撫其因襲惟言之非職所宜是虞第念漆室之女尚猶憂魯臣雖疏逖世受國恩區區之忱曷敢自已用敢具陳管見于冒宸嚴無任戰慄屏營之至

上　皇帝第二書

竊臣於上年十二月妄陳三事幸值熙朝寬大獲免越職之愆感奮交并益思圖報然位卑言高古有所戒凡關大計非所宜言若謹就淺者數端請陳聖聽一曰勤召對伏考康熙之時九卿詹事科道皆每日上朝聖祖仁皇帝

不時召問議事嘉慶十海宇康乂　仁宗睿皇帝每日猶
召見十餘起蓋自古人君勤政未有如我　列聖者也頃
者御批江春霖趙炳麟先後蒙恩召見天下人士莫不鼓舞稱
慶誠以圖治必先求言而言之微眇者不能文故封章又
不如面奏伏願　皇上自今爲始每日特召羣臣輪班入
對多其起數寬其晷刻虛襟延納切實諮詢行之不過期
年而大小臣工之賢否京外各衙門之利弊皆在聖明洞
鑒之中用人行政自然咸得其宜矣一曰設鄉官昔漢沿
周禮地官黨正族師閭胥比長之制十里一亭亭有長十

亭一鄉、有三老嗇夫游徼日本之制府縣而下郡市町村亦各有長是皆多設小官以治民事洵法良而意美也現當籌備立憲之際官制應釐定竊考各部舊例遇有公事皆司官與堂官直接今設丞參殊同駢拇然猶可曰爲本部升轉之階也若東三省之增官則更有難解者奉天一省既有總督復有巡撫復有左右參贊復有六司五道每司尚有僉事科員不可勝數意必政無不舉矣乃訪之衆論似亦未著成效且或不免爲人與甑之虞近議變法動援歐美爲詞不審外國設官亦如此冗濫否乎擬請敕下憲政編查館將來改定官制務遠法周漢近采日本酌設鄉職以佐州縣斷不宜添置大官徒滋煩費一曰清訟獄查自停止刑鞫以後殘酷之風雖減拖延之害愈深蓋從前一杖笞可結之案今因證據未備兩造爭執遂無以不了了之而民乃受累無窮矣大抵各省訟費名目繁多一涉訟庭百端需索寬縱獲理家產已傾故有氣死莫告狀之諺言之可爲酸鼻光緒初年丁寶楨總督四川嘗令各州縣將所理詞訟分立循環簿按月申報該督恒手自批閱於審判之是否明允傳集之是否迅速隨時摘發

繼以懲勸州縣畏服獄訟為之一清又酌定訟費數目頒行所屬實力遵守至今蜀民思之可否特諭各省督撫斟酌地方情形仿照辦理並責成道府認真督察如有不辦不勤及縱容丁役勒掯者立予揭參儻徇隱不報別經發覺即將該管上司一併嚴處此整飭吏治之首務也一曰省釐稅抽釐助餉原屬一時權宜雖裁釐難以遽行而剔弊不容稍懈頃因錢價大跌東南諸省州縣徵收錢糧咸苦賠累惟釐金一項獨號優差紛紛營謀賄求缺蓋釐金局卡利厚弊深司事委員相為狼狽不惟徵及瑣屑顯

刊印本缺少此頁

違定章且苛索留難以侵晴橐多方乾沒視同固然坐令行路嗟咨百物昂貴商困民病怨歸公家又比年舉行新政需用良殷而假公暴斂激成鬧捐罷市者屢有所聞夫辦事固不能不籌款籌款自不能不取之民但際此民窮盜熾凋敝日形僅此脂膏何忍朘削能寬一分民力即留一分元氣民為邦本可勿念諸似當諭教各督撫力剔整弊嚴禁私徵不時派員改裝易服分往密查若能破除情面重懲不肖數員則貪風自息至於辦理新政務求撙節勿許鋪張所有新加捐稅概應量為裁減如此以詔天下

庶人心感悅異日國家有大徭役必輸將恐後矣以上四條皆係易行之事既不敢好為高論亦不敢拾浮言是否有當惟冀聖慈特賜詳擇天下至幸

上

皇帝第三書

竊維頃年以來　孝欽顯皇后暨　德宗景皇帝深宮宵旰睿慮周詳既有融化滿漢之諭者後有預備立憲之明詔所以為天下萬世計者意至深遠也迨我　皇上嗣位善繼善述巽命重申薄海臣民固已同聲欽頌矣昔郭伋諫漢世祖云選補衆職當簡天下賢俊不宜專用南陽人

而世祖納之其後雖在開創鮮蹈其失惟元代用人區別過甚有以蒙古色目漢南之分上自中書省下至郡縣親民之吏必以蒙古人為之長而漢人南人貳之熙朝應運率土歸心開國勳臣如范文程洪承疇俱拔自漢人咸豐同治之間削平大亂若曾國藩胡林翼左宗棠李鴻章皆漢人也先朝因惟賢是任諸臣亦惟國是忠何嘗有畛域滿漢之見存於其間自近歲二三失志之徒援唱革命抗言種族斯說流播遂不免啟議論之紛紜應如何實行融化之處　聖主自有權衡非臣所敢妄擬臣今所欲言者則

預備立憲一事而已查歐洲各國之立憲其初實由於暴
君肆虐故合一國之民力抗上命以爭之惟其得之也難
是以視之也重今中國人民其享受自由遲一日矣與政
之權利固非所請求納税之義務尤非所樂盡中西情形
之不同如此其大較也比者諮議局設矣地方自治章程頒
矣然選舉議員則各省率多冒濫而江蘇議員且被控告
矣調查戶口則小民每致憒惑而江西豐城且滋事端矣
蓋一緣地方公事向係劣紳把持故賢者恆思引避一緣
外省積弊百姓素不信官故遇事輒相猜疑豈中國之不

宜立憲哉抑施之未揔其要耳或遂欲藉此以阻撓憲政斯又非通論也雖然預備之道有本有末精神者本也形式者末也不先振起其精神而徒鋪張乎形式無論形式不能遽具即令形式完備而初無精神是詎有當於憲政乎所謂精神者何上下一心官民一體是也欲通民情先除官氣欲謀衆益先去己私惟能本至誠惻怛之公心布好惡同民之實政夫然後上與下互相維官與民交相愛斯情無弗達而政無不舉矣非然者塗飾欺蒙沿爲故事因循驕惰無異舊時則雖號稱立憲官民上下依然情隔

勢渙各不相顧必至徵之當兵則無忠愛之意令之供稅則有怨咨之聲子夏曰君子信而後勞其民未信則以為厲己也管仲曰不能治其民而能强其兵者未之有也之二言者詎非為政之良規治國之通義哉夫立憲政體徧於全球大勢所趨萬難獨異但預備期限僅有八年其任雖分之於百僚其機仍操之於九陛臣愚伏願 皇上屏虛文以責實效求讜言以裕聖功彰賞罰以明是非勤召對以廣忠益事事期合乎公論念念恐失夫人心立憲精神端在於是 聖明倡率万爾從風此無形之預備殆較

有形之預備而倍急迫臣自　聖主御極先後兩次陳言本年二月所上清訟獄一條猥蒙特命施行感激之餘彌殷圖報用敢忘其疏逖輒援孟子陳善責難之義再獻芻蕘敬備采擇

答友人書

辱賜書教深以時事爲憂悲閔之懷溢於詞表令人欽佩莫名方今士風日趨於下大率惑於許平仲之說惟以治生爲急推其弊、謀利之心熾不知天壤更有何事凡有語及世道人心者無不迂而笑之甚無念國計民生則必此以爲妄故遂靡靡隨波比比皆是夫今日之士即它日之公卿大夫也而其平居之志趣已卑鄙若此、朝堂所以少任事之人也足下身爲布衣糲糧不飽迺能勤勤懇懇軫民瘼講經濟可不謂豪傑之士乎然而情變無窮時勢多異故錄世之談拯俗之論未可輕也今足下所陳數條初聞似可喜及澄心以思類皆坐談理高行之事闕易曰神而化之使民宜之又曰苟非其人道不虛行變通盡利豈易言哉且治亂之原實在人心風俗若教化紀綱之不存而專以紛更爲務則未有不爲厲階者一勞永逸之事古不數覯先王之良法美政猶尚不能無弊況其下焉者乎堯舜三代之所由隆固不在法令條章也至於邊務尤難踰度趙翁孫有言百聞不如一見豈可冥冥決事哉兵凶戰危必不得已而後用之從古善言兵者無踰於孫子迺其言曰百戰百勝非善之善者也不戰而屈人之兵善之善者也則其立說之大旨概可知矣夫豈儌幸於一擲者所得同年而語乎抑又聞之管子曰舉兵之日而竟內不貧者計數得也今糧饟遠至正犯兵家大忌儻一戰不勝王師可再出哉余年十八九時嘗作五弊一篇首陳

驅夷之議年文黄翔雲兵備評之曰大言炎炎得之未冠今人想見賈傅終童是時年少氣盛雪自期許謂天下事指揮可定迄今閱世漸深始悔其孟浪蓋即驅夷而論其事實難自通商以來海國之盤踞内地者固不獨英法而已若此議一行則德與意美西班牙日本諸國勢必競起而與我為難軍旅之事利鈍何常不有蹉跌任其責者即不免於禍而素主和議之大臣又將割以土地償以金帛彼且益肆其要挾之謀而我之困愈甚矣道光廣東之役是可為前車之鑒已假使余得位行權亦惟有堅明約束不

聽其魚肉我豈敢仍執前言邪蓋所知者有難行則不敢放言高論以取快於一時也我國舊弊已深新機未闢當此艱危正上下交儆轉禍爲福之時但能修明政事整飭戎兵吾華無隙可乘俄人雖强敢逞厥志今茲釁端已啟想濟濟盈庭不難措置得宜必商以全中朝之體貌遐裔之心固無俟書生饒舌也足下尚讀書養氣儲其才識以備國家異日之用在草野毋多言惟爲時自愛不宣

答友人問說文書

承示近頗有意說文之學辱殷殷下問甚媿甚媿僕雖粗

嘗究心於此所得殊淺敢略述鄙見以副雅懷習說文者
固要先分得六書然如象形一類異說最少而諸家所列
已有或誤入會意或誤入指事者蓋不獨轉注之紛無定
論也初學若從此入手恐適滋瞀惑魏默深氏嘗有說文
儗雅一書未見傳本僕竊擬效其意為之而篇目一遵爾雅
惟用魏氏說改釋親為釋人俾舉凡四肢五事五倫五性
最廣之字咸有所歸至爾雅釋詁魏氏謂其攙雜雜者不
便稽檢洵非無見如禋祀祠烝嘗禴祭也一條釋天既有
祭名不應重出又如黃髮齯齒鮐背壽也亹亹蠠沒勉也

暀〻皇〻藐〻穆〻休嘉珍褘懿鑠美也譪〻噰〻音聲
和也虺隤玄黃劬勞病也之屬應在釋訓此尤其例之不
一者也而釋訓一篇龔定盦嘗斥為最冗最訛最僭鄙
最不詞其言雖過然如緎羔裘之縫也幬謂之帳等條則
實非其類也魏氏以虛文語助為釋言碻乎可從惟其別
輯專行借誼反廢古誼者為釋訓則恐初學不能驟辨不
如仍以重文疊字當之說文有承篆文連讀者錢曉徵論
之已詳如肸蠁布也湫隘下也詁訓故言也顡癡不聰也
也傒〻左右兩視貌小謹也偓佺仙人也峙䠧不前也

此應列入釋訓者也如昧爽旦明也則當在釋天膝嘉善肉也逢燧候表也則當在釋器離黄倉庚也雟周燕也則當在釋鳥足下有志小学似可依此為之但寫篆文及許君說解分類鈔録一徧則已漸熟然後看段朱桂王各家之注並覽方言廣雅玉篇廣韻諸書詁訓既通經可治矣古者八歲入小學教之六書漢制學僮十七以上始試諷籀書九千字乃得為吏又以八體試之夫能背誦經茫然大義是誠不可然號為儒者而弗曉學僮之業又奚其可哉書不盡意惟努力自進

與人論漢學書

辱爰備論漢學之失，謂其過有甚於曩者良知之說，是誠然。夫管子伯佐也，其言曰博學而不自反必有邪；墨子異端也，其言曰士雖有學而行為本焉。今之攷據家於此兩言尚未窺及，便欲躐濂洛關閩而上之，何其不自量與！夫空談心性，學一先生之言，則暖暖姝姝而私自說者，誠陋矣；彼言偽而辯、記醜而博者，豈非斯道之蠹哉！抑聞之，反躬治實者，烈士之所志也；從善服義者，通儒之用心也。故進德莫先於克己，脩業莫大於虛衷。夫必孟子然後可距

楊墨苟我於聖人之道既概未能行徒搖唇鼓舌效彼曹嫚罵則亦以桀攻桀耳承詢不敢不告輒盡其愚冀垂納焉

與王壬秋書

壬秋先生侍史日前走謁講堂暢聆緒論高識偉抱欽服無量昭代經學雖稱極盛然乾嘉諸老或篤守專門穿鑿不免或力攻宋賢自留罅隙取如先生之融會貫通獨抒義蘊者殆不多覯也蜀中何幸得此良師十年而後效將大著抑猶有惑者儕士尚志器識為先德之不修經術安

在是故言行相詭呂氏歎為不祥詁訓徒精徐生比於傳令風簡肆業摩英雖治樸學務華者多外向物議頗嫌輕薄豈經術所行反以隨之事或非實流弊所防先生氣備四時智周萬彙化裁鼓舞自妙轉移區區此言識為已贅聊誦平昔所知聞以蘄大賢之教誨幸宥狂瞽伏候德音五月二十九日某頓首

自記曰此書蓋效壬秋文體

與傅星槎論文書

昨虎邱賽會士女雜沓兩岸笙歌與櫓聲相應聞於數十

里外走眞先生頴笠濯園荒樹下商搉文事何喧寂之不倖也譚次先生深薄方姚鄙意欲有所陳適客至不果今敢具白左右幸先生教之唐以前無所謂古文也自韓退之氏作力變排偶之習始有是名國初沿元明流風凡爲文者咸祖韓歐及乾隆中葉異議寖滋推姚姬傳爲守舊嘗不進世好可謂獨立不懼之君子矣然宗派之說遂由此起姚篇古文辭類纂明僅震川一人昭代則方劉而已蓋意在自擬文章之傳於宋儒道統然其後曾文正公爲經史百家雜鈔雖去才甫而惜抱又入矣以姚曾之閎通

猶不免自蔽其可慨也已近今論文每集矢桐城詎非主持太過相激使然乎曹子建云世人著述不能無病今方姚之於古人誠未知何如至其獨到之處要為卓絶又安得因末流之失而遂遍訾其所宗主之人哉曩游京師嘗見一士夫伉慨言曰文當學史漢如方姚輩〻不足置齒牙間逮其躍一權貴人所作封事乃踈鑿叢出旋得罪去或笑之曰劍術不精此亦一荊軻也嗟夫文之未是尚何論其為遷邪固邪苞邪鼐邪某君文好用奇字拗句而意皆淺近似於根柢未甚講求徒假塞其形迹無當夫琅琳之

光自曜於硜石鍾鏞之鳴自大於瓦缶此豈待夫勉彊哉
蓋斯道衰落久矣無往不復振起當去有人如建者雖亦
嘗從事於此加之以實行重之以不尊而曰能文能文殆
難自欺矣況敢欺先生乎強屬老將歸金壇日內必一聚
爲樂漸寒千萬珍攝

復王益吾學使書

瀚再拜益吾先生執事九月晦日奉太倉手書與人爲善
之誠溢於楮墨但擬其倫已甚非所克當至瀚文質無底蘊
不自揆有志通儒之業又嘗服膺亭林梨洲之言崑山論

學以博文有恥爲先餘姚謂讀書不多則無以證理之變化多而不求於心則爲俗學雖所懷如此既無師友之助重以惰窳日月遷留迄無一成良用愧恧先生乃以障百川迴狂瀾之事屬之下走所謂鞭蹇逐驥驅蚊負山也得無小過耶先生之來江南提倡經學而深以無聲前哲爲戒瀹嘗與此懷論之歎爲祥麐威鳳非獨此邦人士之幸昨讀先生與此懷書云人才難得宜去其甚以適其中又云凡人欲末殺一人甚易欲培植一人甚難先生是心雖求之古之愛才好士者亦豈多得是尤瀹所用發深慨而不

覽首之至地者也于君所著書瀚未之見其論許學精到處苦心固不可沒即有瑕疵豈不癒於束書不觀游談無根者乎朱君為劉融齋弟子久聞其名未識面先生賞之當不謬耳瀚於經史日有常課間獲一義輒記之本年已積成兩帙鈔錄出寄正蓋以瀚之淺陋猶頗能拾前人之遺足見攷證之學今密古疏斯固自然之理不足矜也頤言孔多非晤不盡佇候動止萬福瀚再拜

與廖季平論今古學攷書

月日瀚白季平大兄足下瀚不佞闊別三年學業加益每

接高談輒增慙悚足下以去聖遐遠大義久乖慨欲繼絕扶微存真剗僞甚盛甚盛漓經術荒殘無足比數顧於尊說竊有未安敢略陳其愚以求教益周道既衰孔子以詩書六藝設教受業之徒各以性之所近轉相流衍其於夫子之道固已不能無稍歧互如檀弓所記曾子子游之事是也二子皆門人高弟尚猶相戾況後之不及聖人之門而徒守遺經者其亦安能盡合哉夫五嶽分形並極於高四瀆殊源咸就於深三代異制共臻於盛故君子之爲學也唯求其是譬之貨殖或以鹽或以鐵冶或以畜牧或以

丹穴其操術容有不齊致富則一也彼夫老墨名法諸子
雜家言之疇駁者多矣而通方之士猶有取焉李何皆爲
誦法洙泗乃妄分畛域橫相訾謷非莊生所謂大惑不解
者與今足下爲今古學攷有孔子晚年定論之說嘻其異
矣今文家於西漢皆列學官然大小夏侯同受尚書勝既
非建章句小儒破碎大道建亦非勝爲學疏略難以應敵
嚴彭祖顏安樂俱事眭孟質問疑義各持所見其後然不
一也如此孰爲有師法邪孰爲無師法邪足下崇今擯古
果將何以適從哉且其所謂家法者即當時之功令耳

彼欲邀求博士，自不能不篤守師説，誠祿利之路然也。是以馬融指揚士爲俗儒，何休亦詆古文爲俗學，是猶世之工辭章者與夫科舉之士更相笑耳。方今功令十三經注疏與宋元注四經並重，足下欲遠遵兩漢功令，胡不遵本朝功令乎？此其舛矣。昔王伯安講良知，作朱子晚年定論，已爲舞文之書，若更鄙而相效，加諸孔子，可乎哉？可乎哉？抑瀚所最不解者，足下謂王制爲今學之祖，兩漢經師均不識此。夫表章王制乃足下獨刱之見，前人何由知之？盧植據史記以王制爲孝文博士作，近孫季仇力辯其誣，姑勿論而濫疑王制者二事簡不帥教黜歸田里可也放流之刑舜所以罪四凶若庠序造士何至屏之遠方終身不齒又四誅不以聽與附從輕赦從重之義不合非仁人言也劉曰孔子沒後或因易緯乾元序制記有文王稱王制一語遂定為文王作則更非濫所知已又足下謂史公不見左傳而周禮為莽歆偽書濫亦未敢附和史記述十二諸侯事多本左傳唯往往採摭異聞故不免牴牾況年表序中所分左氏春秋與國語為二安得謂左氏春秋即國語邪孔子世家言狩大野車子鉏商獲麟蓋今文所無尤

可證韓非子載楚靈弒郟敖以為春秋記之其文亦屢見左傳而楚策孫卿謝春申書引靈王事與之相同是其援受之故洵未可誣其不出天漢以後所羨周禮一書從來疑信參半然必曰莽歆所為終無定讞莽引尚書春秋為居攝即真之據誦六藝以文姦言莫此為甚豈特緣飾周禮乎是書雖晚出其制度典章非盡無攷見凡汪容甫周官徵文已詳者不復贅六官之設雖不見它經然大戴禮記有之又管子稱黃帝六相唯以司馬屬秋義少別然正足審其沿革之由不得反援以排之也學者雖全經久遺

文放失茫昧難徵與其過廢毋寧過存故雖東晉古文尚
書僞迹昭著或者猶不欲黜盡其慎也若夫尚論而心知
其意是在信古闕疑之君子矣至於力攻鄭君論亦非是
康成之學博大精深為兩漢冠自王肅虞翻趙匡輩未嘗
深究本原妄加駁難其氣力不翅什伯今人究於鄭君何
損豪末乎然經義深廣豈得悉窮雖在大賢詎能無失且
所注既多或有先後不同彼此互異補苴罅漏繄來者是
賴近世尊奉高密而義有未衷不惜援引傅會屈經以從
其說殆有如王邵所譏寧道孔聖誤諱言鄭服非者是誠

過矣前必刻意矯之若姚際恒魏源之大言排毀其實有當乎況掍合今古固未足為病漢氏諸儒顓門傳受抱殘守缺豈其所長膠固罕通道仍鬱滯鄭君崛起囊綜其全注古文尚書則采今文說箋毛詩則參稽齊魯韓囊括網羅一洗前師之陋善夫陳左海曰守一先生之言而不敢雜此經生之分也總羣師之言稽合同異而不偏廢此通儒之識也焉可詬厲之哉且夫六經之支辭包三才大小畢具仁者見仁知者見知夫貴能致其用也何必盡同不斷為此而務勝人斷斷焉以張徽志爭門戶於聖人垂世立

教之意不已倜乎遠哉至決別羣經悉還其舊誠一大快事雖然吾生也晚矣二千餘載以迄於茲何所承受取信雖欲私行全資定蘭臺漆書經字以合其私文且不可得徒支離變亂而卒無益於聖經奚取紛紛為也瀚承足下知愛有所疑不敢蓄言言未當勿吝指摘或遂置之以示不屑之教誨亦無慍焉交好之情要不以此易也惟足下亮之瀚再拜

與瞿子玖學使書

止久先生閣下自送輶軒倏逾兩月矣暑熏赫按部方勤

伏承福臨時宜繫無已淪隨人作計靡善可言亦冉冉
而噍鄉鄉而飽已矣平生為學凡數變少嗜韻語稍長乃
為古文繼復從事於宋儒性道暨昭代掌故之書蓋研摩
經義為最後矣多好無成徒深媿悔頃者書記有暇課兒
輩讀肄及毛詩欲令略通古訓輒取羣書之引詩者以校
正義本遂有四家詩異文疏證之作凡北宋以前古籍悉
據原書采入不敢如馮柳東馬竹吾之承譌踵謬也若定
為某家必其本文為在乃為標出否則第曰某書引詩而
已不復臆為之說庶昭重慎世儒言三家詩蓋有絕可笑

者全瀫山謂馬遷所傳當是魯詩子長雖嘗從安國問故
然史記所述尚書已不盡古文豈詩必魯詩乎馬氏韜齋
詩列漢書所引國之司直句并其避高帝諱而不知其疏
外為何如耶至黯竄經語文人常事馮氏乃取蔡中郎集
傳屏我王無競伊人之類以為魯詩補遺甚執此例求之
則文選東京賦之四方所試應詔詩之星陳夙駕又不知
其出於誰氏之詩也儻起古人而問之能無戁然乎鄉先
輩陳恭甫父子固嘗致力於此其書較馮馬為善義論所
擬於二陳亦頗多匡正誤續有清本當就執事一決其是

非也雖然此亦聊賢無所用心耳今人談經專喜舍成說
詬前師恥於闕疑勇於自信其實皆鶩名之一念爲之瀚
雖不肖方引爲曹爲鑒敢輕言著述乎哉近覽新聞紙有
粵人某君者自矜絕學斥書易毛詩古文尚書周禮左傳
爾雅說文等並是僞書嗚呼何其無忌憚與夫東晉古文
之僞固不待辨矣詆訶周禮亦非一時一人近雖有疑竇
易毛詩左傳議爾雅說文者要未敢誦言排之此論一出
殆不僅爲經學憂也大氐新奇之說其撼人最易蝕人最
深如瀚輩人微望輕空言何補其達而在上者又鮮能措

意蓋事底障江河安能無壅於左右哉附呈近詩二首舊文一通統希垂察相去愈遠不得面奉誨言幸辱教焉率爾布陳曷任依溯惟為國為道保重不宣瀚頓首

報趙編修書

瀚自堯生足下瀚游四方每見有一藝之長者輒傾悅忘己況進而愈上者乎是以自交足下而心洋洋如有所得蓋樂善之誠天性然也遠辱惠書益深勤企士溺於俗學久矣功令之文苟能求厥本原何嘗不善而惟以塗飾蹈襲為功豈國家設科取士之意乎今足下以此應學者而

教之稍治其要未始非因勢利導之方也近代書院講肄類非科甲莫居方今以布衣尸此者惟興國萬清軒及瀚二人而已萬君在咸豐時曾經胡文忠公揚之於朝其年固已老矣瀚則蠢踈不及而德尤遜之此其可愧者也然既已為之則欲有所成就乃抗顔三載先後從學數百人雖不乏穎異之士其真能抗心希古不為俗移者殆未數數覯且號為經師諸生因學政歲科兩試皆有經解故尤喜以是為問初亦非有志通經也蓋功利入人之深如此於此而欲進以為己之學其將孰從而作之哉然責任所

在終未敢薄待斯人而遂不盡心力以誘之也拙撰学規
殊為淺陋瞿子玖学士以本末兼賅條理勤密稱之未免
阿好然謂於漢宋家之說尤極持平較近人一切門户意
氣之私則頗近似邁之呈覽尚冀有以啟之江瀚白

遺瞿止盦軍機書

瀚頓首子玖尚書世長先生閣下昨詣直廬未獲晤對本
擬今日晨再謁又適嬰熱疾以牽之丞用悵悵曩在壬辰之
春瀚客成都辱公先施陋巷匆匆十有二年矣既推之以
講席復列之於剡章自顧非材何以得此眷懷執誼常懼

詒大君子之羞比至京師累接清儀似尚不以其無成而擯之感激之私言胡可喻前將遠别所懷萬端然終不欲以區區一身之計恩公為謀也第以陋鄙偏處中國日微振作徒託空言欺飾備為故事每一念至憂憤交并凡愚慮所及者前已略陳左右要其大綱不外開言路以伸公論植善類以端治本惜民力以培元氣之三者固當公之雅量素所蘊蓄惟在毋畏事毋辟嫌力任其難而已孟子有言出則無敵國外患者國恆亡多難興邦正在今日誰謂天下事不可為哉瀚準翌年出都先返吳門小住乃往

皖城投老江湖思遂無緣北轍引睇崇階依依無似伏惟

爲時自重幸甚瀚載拜

與嚴仲方撫部書

仲方中丞世長節下別後冒雨出武林門安步船輕次日畧中即抵蘇州矣老小平安堪以告慰比因日俄之戰内地人心頗形不靖蓋無論孰爲勝負其禍必中於我以其開釁實爲我東三省故也京師達官貴人安坐雲霧猶以謹守局外爲得計誠可笑可歎時事既如彼政府又如此而封疆大吏亦未聞有憂國如家求賢若渴者四億人民

將安所託命耶。揄揚麾下敬禮有加，敢自疏外，然亦不欲以難行之事漫相責望。今有所觸，不能不一達隸人之聽者。浙江吏治營伍敗壞已非一日，自麾下蒞任以來，正己率屬，似漸改觀。惟地方應辦之事尚多未舉，而鹽梟會匪之剽掠時有所聞，節下固亦常以為憂矣，能久聽其自然而不為之所乎？蓋節下之所最苦者，竟無可倚杖之人耳。夫為政而不得人，猶以鈍刀墮大山，必無幸矣。如嘉湖防營自黃金組去後，至今各統將第以其舊有之營員兼理之，意本慎重，轉似視之太輕。竊謂今之武弁類皆未嘗學

間而號為宿將者暮氣尤重專善結納毫無任事之心以
瀚觀之實不足用苟於文吏之中求一有血性無習氣者
任之似較得力但能嚴紀律明賞罰便可勝彈壓緝捕之
任非必其有獨出獨入之術攻人攻地之才也詎浙省之
大謚一賚金組之需務務都不可復得邪特節下未加
之意耳文節下開府數年未嘗有所薦達此尤瀚所深惑
者豈以晚近之保舉人才每每非徇私即市恩甚有出於
賄賂者節下殆恥之而不為邪未免矯枉過直矣夫古之
薦士者如王林國韓長孺之倫其所推舉亦豈盡人人賢

哉要可謂知本矣且人才之盛衰亦視在上者激勸之道何如耳昔道咸之際海內固嘗有乏才之歎矣迨曾胡二公起瑰異卓絕之士鱗集羽萃稱盛一時蓋龍則雲從虎則風赴有斷然已抑更有進者從駕駕馬善馭則調必待騕褭飛兔而駕之何須王良造父乃稱良御乎況以節下之高明若誠好賢賢將熛至賢材衆多則何功不可成何事不可舉哉恃愛饒陳遂不覺言之戇直知節下之能亮之也不盡之意容更面宣

與張孝達相國言升祔大禮書

瀹前於升祔大禮妄參末議猥蒙獎許慙幸交并昨復蒙
召集西齋面加討論而下懷猶有未盡者敢再為諸公言
之竊以禮部原奏其稱兄弟昭穆同位原非無據然謂必
如是而後可承歷次　諭旨之意而慰　列聖陟鑒之心
則惑於吳柳堂遺摺未免根本錯誤不知帝王禮制固與
常人懸殊凡嗣統者無論族屬若何而柩前即位告廟行
服即是子道非同小民為血食計必須立繼定其稱謂
方為有後故吳之一死雖不失為忠其於事理實有未達
曩時諸公建議似亦不無遷就當必有不得已之苦衷胡

司官乃援預定大統一疏以助禮部斯可謂大謬也已即
今果如禮部所擬亦古所恒有豈 今上之為 穆宗後
與兼祧 德宗遂可昭然無疑乎是殆不然矣胡司官務
伸己說因謂（以昭穆分左右）不以昭穆為尊卑為厚誣朱子其如朱子禘
祫議原文具在而祧廟議狀以第八室欽宗為穆第九室
高宗為昭尤其所證烏得引或問所載斥為不統觀全文
而被以舞文弄法之譏邪且胡司官固嘗云春秋三傳皆
兄弟相為昭穆今謂兄弟昭穆異位為失古禮殊與所說
自相矛盾矣瀹愚以為古有祧遷之禮則兄弟昭穆自宜

同今無祧遷之禮則兄弟昭穆不妨異蓋在前代親盡為祧誠恐旁容兄弟上毀祖廟是以　欽定春秋傳説彙纂於汪克寬諸儒之論深有取焉今者　德宗景皇帝既與

列祖　神宗共為百世不祧之主事殊古昔尚何舊説之可拘聞禮部欲援春秋　御纂以護其前若不預為解釋將滋異議記曰協諸義而協則禮雖先王未之有可以義起也況兄弟之不同昭穆本先王所嘗有者哉率達臆見恕不宣備

慎所立齋文集卷第三

慎所立齋文集卷第四

長汀江瀚叔海

贈嚴雁峯序

道之不明，匪老與釋之咎，實吾儒之咎乎。科第興，天下爭騖於利，驅舉世之人各出其心思才力以攻時藝，務循其聲，肖其語，窮年矻矻，而覬見賞於一夫。得之則以為喜，不得則以為憂，一若古今之事業莫大乎此。惟干祿之是學，尚安知所謂道乎？其秀傑者，顧又角材於記誦，競巧於詞章，往往沈溺流蕩而不知反，可勝慨哉！然二者固皆自外於道而道亦不為損益亟有以鉅儒自命者出道術乃於是乎裂曰漢曰宋学分兩途互相掊擊定論迄無才不足勝天下之任行不足為後世之極抑何責乎許鄭與程朱漢學之弊入於瑣碎宋學之弊鄰於陋院合而觀之各有所長推其末流失則相抵譆世尠真儒何怪背道而馳者之妄肆其詆娸哉夫漢儒以多識為宗宋儒以躬行為主士不從事於字義制度名物而欲通聖人之經猶臨河而無航也若夫顓己守殘而不求所新止善善方辟如農事是種而弗耨耨而弗穫也烏虖經固宜通德亦當崇強立

门户於義奚取而袪其惑公理斯得此誠相因而不相信也詎容軒輕於其間邪是故學無分漢宋要以明道爲斷渭南嚴君雁峰篤學不貳年長於余而屢辱下問丁丑秋初別於錦里山川修阻思企爲勞因書是語之交相黽沒以蘄至古之道

送李生序

李生余戚也年未冠讀莊周書聞其風而慕之吾竊悲焉夫周之爲學蓋以天人自處逍遥蕩逸睢褻極於魏晉其毒禍至今未已也生孤繇長父家宿負其母執鍼以爲食俾

至成人所以望生者良厚敎莊周乎哉人生惟親年高纔得百千能養親親已非壯願不能養而遺之憂痛何如乎生之歸迎母矜奇毋驚遠嬾藪飲水惟親是娛豈必如莊周然後為能適其志哉生行矣

送素海觀之任南匯序

昔人云仕宦不至宰相當為御史今聖清之制事權統於軍機分於六部大學士不兼官則亦內閣看本備員而已洪惟　列祖　神宗虛懷納諫未嘗輕罪言官御史宜若可為矣然口舌所濟其亦微矣哉蓋方今之時唯督撫

與牧令差能行其志耳督撫得其人則一省治牧令得其人則一邑治邑邑皆得其人則天下治故今日欲求治安要在慎擇督撫而重牧令國家以制科取士公卿大夫由此其選縣令一官秩僅七品而顧居是職之人大氐庶常散館進士即用舉人大挑揀發者爲盈且多若夫拔貢生孝廉方正或十二年一舉或數十年一舉苟非考列高第尚不敢望訓導何況知縣設官之意誠非不重也自軍興已來捐輸保舉之例開始稍濫焉然其所習吏事每瘉於正途彼以是爲詬病者或未審也吏治之壞不在仕進之

雜而在督撫之疏於察吏督撫不能察吏斯循良無所勸奸滑無所懲而閭閻乃受其荼毒無所底止江蘇地大物博富庶甲海内而貪酷之吏至吾閩焉者非其素號自好皆勝於黔蜀之牧令也殆以達官巨紳里閈相望有所懾而不敢為然百為廢弛其失職叢弊之端亦即由此然則民風之淫侈禮教之陵遲敗壞不有以變化而維持之庸詎知富不足患其貧庶不更患其寡耶夫世之督撫方且氣滿志得晏然以樂承平彼牧令者又各營營焉自謀其一身一家之利疇復為之所也此其深可慨歎者也湘潭袁

君海觀歷宰銅山高淳有政聲今又調補南匯以海觀治南匯南匯不足治矣余雖交海觀未久嘗與上下其議論未始不服其才之高識之卓宅心之厚且篤也南匯一縣耳肇凡風俗之醇疵人文之盛衰物產之良楛土地之肥磽山川疆域之遠近險易皆縣令所宜知而必加意其間者也它日者余將放舟南匯一一詢海觀而海觀當必有以告我也於其行書是以爲券

送張式卿序

往在甲申乙酉間余居成都先後識合州張式卿新津周

宇仁於渭南嚴雁峰齋中宇仁深於經式卿邃於史皆西川之儁也方是時蜀中開尊經書院垂十年肄業諸生靡不顓頏作氣勢以高自標舉一若數千百年所僅見之才乃聚於一時一地數十人中而二君顧伏處讀書不求聲譽獨余與雁峰隱重之嗣余游吳越展轉數歲不相聞及前年自蘇反蜀宇仁學益進住院為高材生名籍甚是秋舉於鄉旋以死知宇仁者咸以為吾黨之不幸也式卿與宇仁交最篤其為學不無稍異敦行則同日者式卿語余瀘州謀編次宇仁遺書以付剞劂且謂非所謂有始終

者邪雖然宇仁既沒其中所蘊畜者已不可得而傳矣區
區經義率多未定之說惡足重吾宇仁哉以宇仁之勤學
使不早死雖無用於世要必有所成就其止於此豈非命
也歟哉今宇仁已矣吾非幸存可不自勗勵乎大丈夫得
卿相之位而行仁義於天下蓋有時焉若夫脩身踐言博
學詳說不敢以私臆詆前哲不敢以浮夸壞當世風俗此
則存乎我之自為而非外來事變之所能奪也式卿年三
十固已著諸史校勘記數十萬言駸駸乎有陵轢錢王之
意然亦粗迹焉耳今式卿之歸方且以所經術行矜式鄉

里吾知道德薰蒸不踰晉一邑而遷焉積之愈厚則推之愈遠蜀學昌明將於是乎在矣式卿勉之別無足惜

送王爵棠撫部之任山西序

山西居中國正北太行亘其中長河繞其外左睨幽燕右窺關陝且代馬之強著自古昔其民甚富而嗇因利乘便可以拊天下之背而搤其吭故歷代以為重鎮前明患韃靼之擾竝於大同設巡撫焉當是時烽燧相望無寧歲迨我朝龍興韃靼諸部首先歸附內外蒙古悉為臣僕不煩邊備三關晏然雖近年以來海疆多故而晉地相去稍

遠民氣素朴於是山西巡撫乃以政簡特聞光緒二十四年四川川東教案起宵小之徒託爲義憤以煽亂聚衆數千負隅抗拒當事寔意主撫勢愈張適清泉王公爵棠由鄂藩移川朝廷念蜀亂靡已非特遣大臣有文武威風者不足以弭其患因詔公往公馳入重慶居頃之即親率將士徑抵大足縣之龍水鎮一戰而降其衆牧師晏然以歸是役也外人祇服而民氣不傷越明年秋八月遂拜巡撫山西之命或者曰公出使絕域則天驕加禮屏翰大邦則士民懽慎方今交涉之事日難一日而練兵籌饟尤當務

之急以公威望開府斯土殆猶未足盡其才乎瀚以謂不然夫冀州虞夏之所都也國朝定鼎燕京形勢誠便顧今奉吉根本重地久為强鄰虎視而沿海旅大諸要害亦已操縱在人肩背寒矣肘腋虛矣此論都之議所由興也然欲營長安必先太原非獨秦晉運壤相為脣齒抑圖遠於近千古不易之經也瀚知公之此行當必有為國家遠謀深慮以定萬年不拔之基者將經營伊始勿遑食息簡云乎哉善夫重臨學益以大尉川人士之望則固期之意中而無疑區區私祝者也

送歐陽射侯之任梧州序

嶺以西層巒疊嶂川流悍疾皆獞猺雜處之地唯梧州為一都會北通平桂南有潯鬱三江環其郭東至廣州輪船一日可達故滇黔商賈咸出其途往歲守是郡者有征稅之利又時值無事閒且富饒人爭羨焉及権制改事勢稍稍異矣自上年柳慶盜熾朝廷以西林岑公總督兩廣率師進討而梧實綰轂其口將卒之往來儀械之轉輸莫不有事於郡守守雖勞然無益於治勸學訓農諸大政悉廢莫能舉民日負而斂日急幾何其不為危邪哉光緒三十

年五月撫部柯公以從事歐陽射侯往攝府事余適遊守幕下與君交雖淺然自謂知之獨深而君亦於余為最契也曩者瀏陽災君在署籌荒政食息不遑者數月而境內以安大吏欲上其績於朝君不可壽以金拒益峻此余所以知君之必能有造於穆而敢為穆人慶也重君者多賦詩以道其行余遂為之序云

送素海觀撫部序

今天下之患奚在乎患在吏治之不修而已矣夫民為邦本者國古今中外之通義也吏治修則民生安民生安則

人心固由是而財可理兵可練學校可興彊敵窺覦之萌自無由乘間而滋作此督撫之職所以莫要於察吏也雖然豈易言哉是必清心寡欲以立其體易事難說以端其向而又行之以好善嫉惡之誠擴之以舍己從人之量夫然後賢俊用興舉措悉當非然者無論其不能卻賄遂謝請託惟私昵之是用也即令志行廉正而識不足以濟之終亦無益於闒茸充位欺飾成風吏治民生日趨於敝壞而不可問矣何怪倡言革命者之日益滋蔓乎光緒三十四年春民政部左侍郎湘潭袁公承命巡撫山東袁公之令

南匯近瀚嘗為文送之因縱論督撫疏於察吏之弊頗為海內知言君子所稱許近今二十餘年公遂秉節鉞位望愈隆責任愈重而世變愈亟外交內政其艱鉅不翅十倍於疇昔顧仍以察吏之說進者豈好為老生常談哉誠以其當而不可易也且知公之必有道以處此而齊魯之民將大蒙其休澤焉遂書以祖行

梁太公七十壽序 代

維乙卯春三月為參政梁君任公之家尊蓮澗先生七十初度同院諸君謀徵言為壽而謬以屬余余固知任公者

曷敢以不文辭任公自戊戌已前即以言論名於天下吾國之提倡新政新學而能移易一世之心思耳目者實自任公始此天下之公言也然世第知任公之賢而不知任公之學行皆本於蓮澗先生之教也先生世居新會茶坑少孫學孝友深淳不樂仕進嘗謂中國之治本在乎家族欲以一身為鄉鄰率粵中互市最早雅片流毒亦最烈邑故濱海風多盜而民俗勇於私鬭好蒱博尤多鉅案先生既董鄉治耗思殫神諄諄勸戒於是吸者禁口博者斂手禮讓興而爭鬭息守望行而盜賊絕和氣藹衍痼習大蠲

昔漢王烈居太原化行鄉里處陽城隱中條山薰其德而
善良者幾千人方之先生無以過也莊周有言其於人也
樂物之通而保己焉故或不言而飲以和與人並生而使
人化其是之謂與夫造物範人以形無貴賤無貧富無以
有益於時為貴耳今以先生之德化僅行之一鄉識者其
隘然視彼自以於高明之地而畢生之豪毛補益於世者
所得不已多乎又況有賢子二將為之推大其施哉方任
公羸身海東危難備歷而先生未以為戚及任公從容還
國與聞大政而先生不以為喜任公亦能體先生之意于

患難而不隳其志，處安樂而不易其操，比雖心存引退，仍以文章報國自矢，且於風俗之澆漓、人心之陷溺，恆思有以振之，吾儕於此，蓋不能不有望於任公。即任公之所以壽先生者，亦莫大乎是矣。若夫祉福靡壽，固先生所自有。荀子曰：「樂易者常壽長。」又曰：「得衆動天，美意延年。」是殆可與魯論「仁者壽」之指互相發明。至於熊經鳥伸、導引之術，與夫祝史鶴逕之辭，惡足以爲先生道哉！敢以是質先生，而並爲任公勖云。

程葉齋傳

文集四　慎所立齋

程君諱頌藩字伯翰號葉舍湖南寧鄉人少穎異五歲入
塾能效達吏書年十七補縣學生員旋食廩餼選歲同治
十二年癸酉科拔貢生次年朝考一等第一名授七品小
京官籤分戶部江西司其時戶部為朝邑閻文介公方以
廉正立朝尤偉重君題升主事不踰月遂派充本司主稿
君故介憺唯知勤恪供職而已自在署旅見外未嘗一私
謁退則閉門卻埽取古聖賢書讀之優游饜飫若將終身
光緒十一年番禺梁編修鼎芬坐言事謫官宗室盛昱萍
鄉文廷式於重九日醵飲棗花寺送梁南歸一時號為方

聞諸學者多在其中先期持柬相約並注所各攜酒肴若
干定遠方孝傑見所持柬驚曰此大會名士也吾何敢吾
何敢遂立辭君顧語之且先送酒肴屆期卒不至蓋君雖
自幼至壯一言一動必準於禮其不苟自異皆此類也是
年冬丁母憂去官歸搆毀疾服闋詣京師兩月卒年三十
七君為學務滌除門戶之習綜治羣經邃精三禮旁究輿
地掌故之書於文藝尤用功甚深中歲潛心性道乃舉平
昔所從事於辭章攷據者而悉歸之義理以為克己反求
莫大乎是於近儒獨篤嗜安溪李文貞公書君嘗語人曰

吾於業稍有所窺實文貞啟之也所著葉盦文集四卷駢體文二卷詩集二卷讀經日札若干卷

論曰余始識君因華陽喬樹枏時年未三十氣方盛君甫長五齡耳余每見君輒抑然自下初不自知其然也比年以來往還南北所見奇傀之士其才氣足振古鑠今者殆不乏人矣至論修己治人之學不淫不移未有先君者也踰六年重入都遇君從弟頌萬得其事略乃綴以所聞而爲之傳

二河橋墓表

嗚呼惟我先考先妣合葬於二河橋之二十九年其子第三子瀚始克表於墓道先考府君諱懷廷字獻卿號蘭皋姓江氏上世爲江西都昌人宋季遷福建同安之湯板里後徙寧化又徙上杭最後居長汀石角砦今爲長汀人先祖妣賴太夫人生伯父懷魁暨府君伯父早殤府君幼有夙貌警敏異常兒長沈默好學工詩文吾江氏家世力農自國初以來無列名庠序者至先大父乃能讀書顧爲文簡質不中程式及府君補學官弟子族人已驚其貴矣咸豐元年舉於鄉三年成進士以知縣分四川即用歷署溫江

蓬州南溪雙流崇慶南充等州縣摄璧山縣知縣加同知銜歷充四川庚午癸酉丙子鄉試同考官以光緒八年九月十五日卒於南充任所年六十有四府君仕不廢学寬平安静卹民猶父訓民猶師不斷時世鍊名或勸宜少嚴府君蹵然曰治何常有天地之量日月之明寬嚴一也否則酷吏以民命徇時譽吾不忍為也蜀俗好訟為天下最州縣胥役大邑多至二三千人小亦數百咸衣食於控訴一訟之興傾家破產相隨屬往往憑虛巧構動不赴審故胥役愈多詞訟愈繁府君深悉其害是以累任皆沙汰

胥役而不輕出牒票聽訟必盡其辭合情適理務令兩造悦服雖命盜重犯罔用刑鞫崇慶州距成都僅九十里夙稱盜藪州民多入哥老會以為保衛身家計府君之署是邑也適有教匪作亂之謠事已息矣大府乃派兵防守遂釀隆興場匪徒戕殺官兵五人之變其著名巨凶當已遠颺而大府又增派軍隊四出搜捕兵弁貪功輒縛取編氓之有入會嫌疑者指為要犯追州懲治一經府君訊明即令取保省釋所全活者甚衆雖府君旋以此解任終無悔也府君所在必立保甲興義學然皆成於勸導未嘗勞擾

尤好陳民疾苦於雙流則因歲歉懇免牧馬山一帶花戶
差徭於磐山則議定訟費章程迨通南充疾作猶尚請停辦
積穀用紓民力以是去輒見思在任時但相安無事而已
府君少失恃撫於繼祖妣曾太夫人曾太夫人性嚴峻無
所假借事稍失指即譴訶隨之唯府君竭誠奉養故恆得
歡心生平樂人之善口不雌黃然阿意道言則用為深恥
故雖平易近人仍不免與世齟齬者以此也又向不干人
尤不喜饋遺居官三十年無一椽寸土身後宦橐尚賴典
賣衣物以彌補之其操尚蓋可知矣先是翰宦學部參事

官恭遇　覃恩曾祖諱起文　誥封奉政大夫　貤贈通議大夫曾祖妣丁氏　誥封太宜人　貤贈太淑人祖諱含章　誥封奉政大夫　誥贈通議大夫祖妣温氏賴氏曾氏　誥封太宜人　誥贈太淑人府君　誥授奉政大夫　誥贈通議大夫妣鍾氏沈氏陳氏　誥封宜人　誥贈太淑人宣統二年瀚蒙　恩簡放河南開歸陳許鄭道以黃河安瀾給二品銜本年署理河南布政使於是曾祖考祖考及府君皆　累贈榮祿大夫曾祖妣祖妣及先母皆　累贈一品太夫人小子瀚鮮民之痛歷載三十雖獲

本用

布政使司

追榮而不得一日祿養可悲也已先妣陳太夫人爲同邑歲貢生治化公女年二十來歸事繼祖妣曾太夫人至孝居上敬御下寬無私蓄無吝施無棄物無廢事好讀史漢書侍諸子甚慈愛而教誨獨嚴臨終猶語以宦可不爲而人不可不作當勉自立無爲溫飽屈以光緒七年九月二十一日卒於璧山縣署年四十有八繼太夫人沈太夫人皆没於長汀陳太夫人之卒暫厝璧山城北迨府君棄養貧甚不能歸葬遂以光緒九年合葬於雙流縣二河橋之原嗚呼痛哉府君共有子九人女七人今惟不肖瀚在矣

廿

名字婚嫁及所生列碑左孝經曰立身行道揚名於後世
以顯父母孝之終也祭統曰其先祖無美而稱之是誣也
有善而弗知不明也知而弗傳不仁也瀚雖不肖竊禄位無
補於時揚名顯親慙猶未逮爰敘述先德昭告後人惟不
明不仁之是懼無敢或誣云宣統三年歲次辛亥閏六月
丁酉朔十有二日戊申男瀚表

廣東恩平縣知縣何君墓誌銘

君諱榮樟字齡喬姓何氏四川忠州人其先世有名琬一
者明洪武間始自湖北麻城縣徙居忠州世以行誼稱於

鄉曾祖諱相祖諱先銘州增生考諱映辰歲貢生候選訓
導祖考皆以君及君兄棠樾弟棠楠貴累贈朝議大夫妣
皆封恭人君年少志美甫冠補學官弟子舉同治癸酉拔
萃科明年廷試一等以知縣分發廣東幫審書山詞訟凡
二歲民無冤獄光緒六年權東安縣東安故地僻俗頑號
難治君運以精心寬嚴迭用縣境以和十年粵中大水為
災總督南皮張公檄君賑沿江州縣君至清遠便發倉穀
四千餘石然後報聞同事咸動色沮君君不顧而張公乃
用是深器之事竣以賢能入告奉旨從優議叙頃之補恩

平縣其居官處所一如在東安時適開墾沙田君操縱有
方人不勞而事舉故肇慶府屬墾務以恩平為第一方且
膺遷擢顧君念母秦太恭人老遂棄官而歸其時君母兄
榮樾已前卒母弟榮楠亦自安徽望江去官回籍兄弟怡
怡視親之樂以為樂越三年秦太恭人壽終昆弟君哀毀
骨立廬於墓次值夏亢旱感受熱毒疽發於背返城中踰
二月卒時光緒十八年九月二十一日享年五十有三娶
戴氏先君沒子爾熙早死撫弟榮楠子爾煃為主後女一
以二十年某月某日葬於某所之原其弟舒九即前官望

文集四　十六　慎所立齋

江知縣者每言君輒泣下痛君志業未章於是輯君之行實將求海内之名能文章者推闡而顯大之而過以墓刻之辭屬余嗟乎觀府九所以思君不忘者如此則君之賢可知已是不可以不文辭因序而銘之曰

於戲何君匪蹇匪通果以決事清以持躬孝乎惟孝政本内充惟其體立用故不窮禄何必厚壽何必豐長留芳躅以式鄉邦

祝君妻俞氏墓誌銘

光緒二十二年二月七日吾友祝君嘉和之配俞孺人卒

於重慶寓所將歸葬成都泣告瀚曰吾婦晬而失母七齡喪父依世父母以居以孝謹爲世父母所愛年十九而歸余時吾父母在堂娣弟在室井臼滌灑一身兼之上諧下睦內外怡然吾父遘疾與余晝宵遞侍疾甚累夜睫不交逮吾母卒哀毀氣幾絕平居無疾言無惰容無華飾美服凡七產存者四咸守吾母自養其子之訓未嘗僱乳婦余及子女之身褻衣裳衣半絲寸縷悉所手製裁繡事必躬靡物或棄然兩女弟先後出嫁輒減己妝奩以相益曾無幾微吝惜心賓祭之供必豐必潔中遘家難生計日絀未嘗有

怨言嗣余應川東巡使記室之聘同居官署雖境似少裕
仍操作不能自休及巡使以疾解任余移居於外方謀備
隱遽罹此變蓋其在吾家二十有餘年早作夜思未獲享
一日之安此余所以中心痛悼而未由自已者也子邁余
文辱敢乞銘瀚不忍辭乃謹序曰孺人姓俞氏諱某字某
浙江山陰人處士諱某之女上虞侯視介之妻生於咸豐丙
辰年某月某日卒年四十以其年某月某日葬於某縣某
鄉某里子同曾女三皆待字銘曰
懿此淑媛兮生自德門事親相夫兮兩無所愆生而勞瘁

兮沒路獲安岷山疊疊兮江水漫漫羌惟其藏兮億萬斯年

岷山別墅藏書記

古者書未鋟版好學之士展轉尋求手自鈔寫若傅隆若袁峻若崔還若沈麟士咸載在南史以為美談自趙宋以來刻劂盛行聚之較便然能守復能讀尤難國初以藏書名者絳雲樓錢氏天一閣范氏傳是樓徐氏通志堂納蘭氏倦圃曹氏叢桂堂鄭氏世學樓鈕氏萬卷堂孫氏四香居陳氏淡生堂祁氏是皆鳩集四方歷以歲月乃克有此

惜乎不百年已耗略盡矣之十家者或藏矣而不必讀或讀矣而不必博或博矣而不必精則亦藏書而已豈遐云好學哉余友人嚴君雁峯廣購典籍不憚其煩共得經史子集若干部為卷十萬有奇可謂富矣然出諸家書目攷尚多遺漏後此蒐羅又烏容已雖然書亦貴能讀而讀宜博博宜精精則通通則大我朝碩儒輩出徵實之學遠勝前代然極博極精者要不過數人其餘類多依草附木徒為夸言欺世非毀前哲以便其私故尚論者往往病焉夫以九州之大真能讀書者殆無幾幸而有之顧意見偏激

遂流於蔽陷之過，殫畢生精力稽核文字，轉授人以詬厲之柄。悲夫！孫卿子曰：不聞不若聞之，聞之不若見之，見之不若知之，知之不若行之，學至於行之而止矣。以是而言，士又安得以博誦自足哉。今雁峯為學，殆亦循漢學家塗軌，然能虛衷研究，舍短取長，不效彼曹專事黨伐，其能由博而精，可信已。余交雁峯於茲九載，去夏五月，重來錦里，始獲識其藏書，時時假讀。雁峯新買菜園於南郊，築室三楹，榜之曰岷山別墅，庋書其中，為隱居計。雁峯方將招余為讀書伴侶，先以是記見命。忝在執友，不敢以不文辭，因

略附鄙見以盡切劘之義云

涪洞記

涪洞者受名奚自、涪翁也余七過宜賓始克一訪由城北渡江舍舟升岸遥見林木蓊翳中怪石嵯峩如壞雲然砌於天際盖欣賞者久之行數里有巨石直矗立道旁一穴中開是曰涪洞攝衣入狹而容膝而曲水泉滮、混流脚下螺旋以上乃出石之背焉憑高俛仰幽巖畢呈四山蒼翠亂撲襟裹據礹而坐嗒焉若喪其身第猶恨無亭閣臺榭足供游憩詎非以地近幽僻尟過問者與然不應數百年來無一人感念前修以張大其遺迹者蓋不能不歎此邦之陋也雖然斯洞得遇文節縱世無知者要未為不幸然即使不與文節值斯洞之奇固自在夫豈為之稍減哉其側有流桮池者壘石為之無足異

致用書院記

重慶為蜀東一大都會凡設書院三曰東川曰渝郡曰字水而以東川為最大蓋道屬多士講肄之地也顧所業皆科舉學光緒十七年合肥張君華奎攝道事始以通經博古為諸生倡至前巡道遵義黎君庶昌始分延之師然猶

合居一院迨二十二年張君重位斯土乃因巴縣令蒙古國璋君之請始購旁舍分院以居復請於督部定興鹿公發千金以新之未及鳩工張君遽逝而卒成之者今署巡道桂平賴君鶴年也烏虖一事之興固不易哉世變方亟聖道日微或遂疑孔子之教爲迂疏無用夫孔子之教豈果無用乎特學者不求實之過耳於是賴君既名之曰致用書院又與瀹商訂章程仿安定胡氏之意設經義治事二齋增置近世有關實用諸書自今師生共學于茲務一革虛憍斯飾之習踐履聖言以端其體討求世務以弘其

用庶以收興學育才之效于它日則此舉為不孤矣賴君謂瀚都講滋久宜為之記因自書以勒諸石

自箴

言念斯民厥性維鈞有學與不學賢否迺分嗟女無知聰明自恃溺彼目晏安於今二紀頓睽日月不可以賒身名滅沒豈曰丈夫天之命女固已良學女不祇承疇執其咎褱褱先哲宜行宜藏終身不躡道則大光勿炫其華務踐其實彊勉者有功謙尊者終吉惟驕與怠曾是禍媒禍之既來悔何可追

弔陳伯玉文

光緒十七年歲在重光單閼涂月乙巳余自京歸道經射洪唐拾遺陳伯玉之故里也感其碎胡琴之事而為文以弔之其辭曰

伊岷峩之降精兮誕生異人焉嗟揚其既沒兮孰繼蹤乎斯文有唐唐之初兮嫥辭工巧先生崛起兮於焉高蹈革駢儷之流靡兮方虎視而自雄何時俗之寡識兮迺輕衆以憑陵好彼伎樂兮不知正聲嗟胡琴之賤器兮遂高價於京城紛總總其雜遝兮豈中情之所營出千緡以相售兮

固無聊聊之計極碎諸地以抒憤兮曜奇文而衆服子求名
則信工兮恐有媿乎道德衡撰述於先民兮羌無賞其猶
未侔頌大周之受命兮曰神鳳其翔游請追太原帝號兮
更矢口而堪羞雖媚世其何補兮卒犴狴之見囚惟文士
之無特操兮恆震懾於勢利蒙詭譎於千載兮亦何才之
可貴既褊躁以成性兮福固舍而不來矧多財之為患兮
早蘊蓄夫禍基彼叚簡其焉責兮又何怪今之人以為師
援往古而知戒兮願保身以竢時垂曰折楊皇華世爭舉
兮悠悠古今同一錯兮終身疲役將安處兮仁者不憂斯其

足慕兮

祭素少蘭文奔

嗚呼凡今文際惟利是趨初驩後咄集慎之烏有君即世二年於茲感念知己痛何可支往者定交歲在涒灘君已白首我方少年維時負氣如馬泛駕耽吟好飲長遭人罵君獨見收示以謙沖謂予不佞有猖簡風（狂簡是字）輪扶大雅期望何深花晨月夕時招我從或忤於耳終懷於心恣其辨論吾間異同君更禮節慢不我誚君工書法弟不我笑掩其所短暴其所長媸母之醜先施毛嬙愛之勖之久而彌篤

夜分不去獻生章僕別後書來詞多憤惋感事憂時才雖
屢歎戢影蓬廬美爾是羨興嗟君失位曾不怨尤年將大耋
乃善無憾戚戚逖歡一病不瘳我聞君訃侍宦果州正悲
失恃絜酒無由去年九月父亦云亡靡瞻靡依四顧茫茫
無家安往我自哀我既葬吾親弔君其可嗚呼君逝遺愛
在慶文采風流邈矣難追老成凋謝孰不歔欷矜郗君知我
圖報伊何黽勉前脩庶無負邪文以告君涕泗滂沱嗚呼
哀哉尚饗

學部祭張文襄公文

嗚呼我公間氣所生經文緯武允輔聖清岐嶷之姿著於
綺歲博識古今才高一世鑾坡對策早荷特知星軺屢出
士喜得師入爲侍從言陳謇諤伸柱觸邪臺官顏作初撫
三吳旋總師干百粵東西交畏民安法人搆兵釁由交趾
鎮南大捷鼓虜褒震海虎將觵觵疇爲發蹤燀我皇靈一戰
無雙鎮鄂廿年新機盡闢扶偏導淳繁富治迹邁庚子之變
畿甸繹騷翠華西巡萬衆心搖岸然一柱障彼橫流江淮
上下機牙潛消釁洽功施宸閭朝野辛眷老成遂相司馬
去冬十月國有大喪列强眈眈咸慮禍殃決疑定計惟公

贊襄邦以永固奠若金湯翰翰我公功大心小更有文學

爲世師表敷政之本儒術是弘遠過先輩獻縣儀徵數椽

剎海退食委蛇臣本釣徒遐想烟波時會多艱遘茲老疾

灑淚人天憂思如結遺疏口授仍進忠謨盡臣心事雖死

不渝哲人云亡中外同感況在吾曹或僚或屬淒淒朔風

悠悠素旐誰其嗣者以慰公靈

慎所立齋文集卷第四

詩家林立陳陳相因（趣舍攸殊）祖宋祧唐盛於近代似余淺陋寧足
言詩顧自童時即嗜吟詠積以歲月所作遂多自身世窮通
交游離合平生蹤迹略見于斯每一展觀前塵如在未忍
焚棄因刪而錄之近謝時賢遠慚大雅譬春鳥秋蟲亦自
鳴其所遇而已於時歲在癸亥四月孟夏江瀚題於山西
大學

慎所立齋詩集總目

總目　一　粟寶齋

卷第九　古今體詩共六十七首

卷第十　古今體詩共四十四首

慎所立齋詩集卷第一

長汀江瀚叔海

古今詩共六十三首

重光協洽

瞿上鄉商賢墓

巍然土一抔，云是商賢墓。不見掌易人，但聞烏號樹。語傳始宋祁，楊慎曲相附。煌煌遷史書，里居恐非誤。

中秋登雙流縣城望月

銀河耿耿漏遲遲，徙倚城樓眼界遥。遥多少捲簾人不寐

年眀月讓今宵

寶劍歌

白日凜凜霜風起，一片寒光䏻秋水。不隨大梁游俠兒，肯伴長安輕薄子。由來莫邪與干將，遇非其人還自傷。天生神物貴能用，羞殺張華兒女腸。是合釁以佞臣血，亦或斬蛟探虎穴。歲歲年年藏匣中，劍應笑世無英雄。

書龍川文集後

南宋因循似養癰，名儒講學自從容。當年祇有陳同甫，痛哭書曾上孝宗。

玄黓涒灘

久雨

積雨連綿太不情，未知天意幾時晴。烟籠花柳春無色，風捲芭蕉夜有聲。薪米朝朝催價長，莓苔點點逐愁生。何當手提金烏出，收盡雷霆萬里明。

讀項羽本紀

不肯鴻門殺沛公，鴻溝一割又歸東。可知赤帝真天授，未到烏江已數窮。人以沐猴嗤急躁，我從逐鹿想驍雄。拔山蓋世原無忝，史筆何如自贊工。

武侯祠

南陽無復返躬耕渭濱莘伊志未成報主一生心謹慎出師兩表涕縱橫自將統緒歸炎漢空賸祠堂傍錦城回首定軍山下路年年愁絕杜鵑聲

酬秦少蘭太守見贈

同輩幾人在座中容我狂直家懷孔李用筆健鍾王文以忘年契來詩有云問歲驚同庚年才十六齡詩遺床物償丈夫報知己應不僅詞章

昭陽作噩

鸚鵡

脱得金籠定幾時心經能識誦非遲來從隴阪家何遠養向香閨性恰宜誤汝已因言語巧逢人休衒羽毛奇正平詞賦工無益寡識長教萬古悲

贈鄭幼垣少尉

攜手一長嘯形骸爾汝忘斯才豈諧俗何處可容狂年少翁無害官卑醉不妨多情終自累句謾擬冬郎

少蘭太守招飲即席贈秦寓谷明經

相見寧嫌晚日遲依然談笑卻然羅一篇賦早傳幽薊少君

時有致賦（名人傳誦）五紀名空擅色絲老似啟期能適己肯同張籍不干時之人何限憐才意美酒觴君莫吝辭

閼逢閹茂

温江道中

一入瀟江境風光異錦城橋危牽馬過路狹讓車行鳥喜晴初噪農忙雨後耕遙聞市塵內猶說舊官清（咸豐乙卯家父嘗宰斯邑）

白桃花

仙種何須治習工羣芳徒鬥淺深紅自從露井嬌妝洗悟

自天台色相空好寄寒心隨夜月懶將冷眼覷東風院家
少婦休生妬時世娥眉迥不同

阻雨題崇慶州官舍壁

東閣纔來便從邊梅花與我太無緣怪它徹夜翻盆雨偏
又留人住一天

曠觀篇

曠觀宇宙內吾道識悠悠俗儒死章句刻意窮雕鏤藉為
梯榮具無復慕前修未仕要已屢既仕烏能優一旦擁旌
旄快心思與仇美人充下陳綺席羅珍羞國憲且弗恤逞

向清議不更有盜名者蹤頗殊儒流外以道自高而邀利
同謀寔為聖門賊堪貽我輩羞我輩重濟世富貴非所求
蒼生正彫敝誰分黃屋憂

暮泊青神

一行歸鳥破寒烟日暮江干繫客船祇有峨眉山上月多
情猶似八年前

淩雲山

腳下濤聲喧胸前雲影盪千山俯四面一樓納萬象

舟夜書懷

浩渺江天闊更深月滿舟浪搖星影動雲點客身浮名敢千秋想恩難兩大酬何年賡了願結屋萬峯頭

南溪二首

侍宦童時住二春模糊風景記難真匆匆兩度仙源過我是漁郎再問津

冷官相訪暫留連（年丈衛友于賡文）柁後鉦鳴又放船寄語邑中諸父老故侯清苦似當年

山行

肩輿入雲中不知山向背何處有人家深林一犬吠

憶劉四

別離今古總魂銷夜〻神馳萬里橋記得江干閑折柳薛濤井畔雨瀟〻

旃蒙大淵獻

月夜

漏促人初靜鄰情一徑深團圞此夜月照我長別心春色滿花塢嫩寒生竹林瑤琴欲撫弄無處覓知音

夏日即事

終朝揮汗不曾停未暇臨風倒酒瓶底事獨憨諸弟妹偏

從日下捉蜻蜓

步月吟

一輪皓月當青天，水面荷花嬌可憐。萬籟無聲夜色妍，我獨躡履空階前，笑指圓靈問嬋娟。吳剛執斧始何年，廣寒幾度葬神仙。人生何若習丹鉛，更有羅家窮鬼纏。對此蒼茫百憂牽，思婦情緒倍綿綿，懷人今夕應未眠。念之不覺心悁悁，快活酒來將愁蠲。十二萬年天不全，朱顏轉瞬退華顛，還須隨時行樂便。教游目挂杖頭錢，劉伶李白神周旋，清風明月常留連，世間萬事等雲烟。

武慶符詩

武公諱來雨，字聽濤，山西舉人（交城人也，道光），咸豐戊午（庚申）署理慶符縣，殉滇賊之難。事隔十餘年，至今猶在人耳目，爰爲之詩以紀其實。

昔年蜀苦兵，失守三十縣。久不見干戈，官民同逃竄。武公風雅人，首以節烈見。藍李跳梁醜，初心豈欲叛。逼處騎虎勢，蒼生遭塗炭。時公宰慶符，闔邑民早散。既無城可守，又無兵可戰。公固辭一死，其妾亦赴難（公妾李（金）氏先自縊，或云金姓，經）。平日巾櫛情，當此竟斬斷。想於歌舞時，精忠氣早貫。賢者不可

擇

則流俗空驚惋，就義何從容，絕筆更堪玩。公未飲毒之前作書遺慶人僧擇收骸瘞于華封山，種梅花於墓。吟魂繞梅花，心尚此邦戀。賊徒反感動，揮涕臨喪奠。我時在襁褓，未能識公面。稍長訪軼事，聞之起三歎。公有守土責，義重命自賤。草芥金姬人，竟能共憂患。視死乃如歸，羞殺無氣漢。安得如椽筆，寫與千秋看。

書小倉山房集後

立身固匪易，立言亦誠難。學術苟不正，詞章烏足觀。從來工此者，豈僅心力殫。道義植其根，經史助之瀾。勿取一時悅，千秋自不刊。錢唐袁氏枚，才華最橫肆。強詞以奪理，縱

詩集一

筆任游戲我昔亦好之今遂決然棄貽誤後來人此爲罪焉避

羊求雪堂師夾江

爲國患不均井田洵先務自秦開阡陌古制從此仆豪强逞兼并無業家家數貧富一不齊治術亦安措豈不畏刑章爲盜職窮故同是天之民獨不蒙煦嫗一朝法網羅難禁有司怒嘵嘵爲平情察鍛鍊冤矣訴慘矣桁楊聲凄風滿庭樹懲惡固當然絨不防謬誤我師曰雪堂循良早有慕六旬無仕進八年錦官住今將領花封青衣江上路春風

惠閭閻此道採之素實心行實政佇聽歌來暮尤顧惜民力考蘊下、注

八月朔日懷黃翔甫觀察文建南

去歲今朔在錦城南郊祖道不勝情油溪此日空相憶秋雨秋風別恨生

送葉氏姊

阿姊彭州去迢、十日程早知終有別難遣此時情

題顧亭林先生年譜

先生以勝國徵士終老本朝自是淵源鼻祖一流院

雲臺相國撰史館儒林傳稿以先生居首嘉慶初年

顧文苑據稿立傳進書時即依原次　乙覽稱善雖

遭際聖明殆非先生心之所安也

聖學陵夷久斯人道獨任經綸匡國未著述救時深莫遂

平生志堪傷後死心誰將明處士昭代冠儒林

秋夜詠懷

報暉亭外月如鈎（亭在璧山縣署東偏）滿院西風戰未休好事鐙花

空送喜無聊蟲語浪悲秋幾人不負淹中學我輩空先天

下憂運甓合師陶士行莫耽詩酒作清流

贈吳睽揆孝廉

吳生吳生骨相奇天馬不受凡韁羈廿年侘傺膽猶壯能
傲叟還真男兒讀書久識忠孝字豈道豈嫌科第遲胸無
城府目空世陽狂奚避流俗嗤未肯阿諛希遇合丈夫膽
達要有時嗟嗟予負氣寡諧納獨行踽踽良堪悲君才不磊落
君情篤寡能與我同肝脾贈詩不敢作常語願君儲材養
氣好將斯世持

送盧隧甫師歸里

一棹下夔關烟波送客還腸迴三峽水眼飽六朝山緯帳

猶牽夢丹砂不駐顏武夷有精舍遺址好追攀

詠瓶中梅

荏苒歲云暮梅花開幾枝折來瓶內插慰我去年思紙醉金迷處衣香帽影時回頭渾不似冷豔尚如斯

除夕

空作錢荒歎依然歲事繁愁來疑有路年去了無痕下士襟期隘高堂笑語溫天倫真樂在身外不須論

柔兆困敦

二月

二月寒猶重春何不早來水紋隨雨織花信待風催客少誤鋒鋩書多眼界開未須撫宋寓自有古人陪

成都感舊

記得當年六月中一時文酒盛城東祇今勝有呢喃燕猶爲離人話曉風

寄碧雲女弟

鴻泥重印錦江濱同氣連宵入夢頻憶別芳華千里恨耽吟怕誤百年身舊書檢點應殷汝新婦承歡足慰親它日歸來添韻事瑤琴一曲坐生春（歸爲溫江毛丹鈞太守少女善琴）

詩集一

孝女堅四姑娘行

熙朝聲教被遐荒閩氣還鍾木坪鄉土司有孝女木坪宣慰使堅恆貞之女聽我臚陳其實歌詠其詳孝女伊何名瓊芝四姑娘禍端釁肇於父去世嫡庶不和興訟長孝女出自嫡庶產乃兒郎或謂其非堅氏子疑莫能明也女子可承襲夷禮兼荒唐兩勢不相下具控來建昌援稽事者惜哉巡道黃其心欲以誠感化詎知困此轄生殃是故拘儒不能識時務仁義道德啫疋將人戕中有包堅氏其人蜂目豺聲很如羊為庶謀主婦安排藥在羹宣言議事招之飲暗將殺機此中藏是日

孝女亦隨侍託故引出不在旁正當猿笑間忽聞叫聲揚知是慈母青趨趨不嫌狂到來已自弗能語但見頽然頓踣涕滿匡鬼伯相催促哀哉命盡須臾亡孝女掩袂哭在地聲〻聞羅出諄生寒芒指天兮誓自摧肝兮斷腸紛〻飾說雖入耳義在何兮柔與強立洗脂粉去珠翠從今無復理紅妝纔經入蜀都呈詞氣慨慷宜甫聞言淚下霑衣裳道女無所思但求所紀綱焉知官有和嶠癖不肯為之伸理植倫常謬以錢帛何孝女欲令見利義心忘由來忠孝出自人〻天性是豈遥〻阿堵之物可轉將何況孝女

年十七早經柔骨鍊成鋼孩時曾許字猶未拜尊章焦氏
屬翁媪委曲挑辭言溫良勸其受贈早息訟歸來安穩作
鴛鴦孝女讀書畢撫膺淚注々母讎未報恥未雪誰復有
意合歡休郎慕不然待敢請別求凰今我禱未結此身猶
待自主張海枯石爛心難死翁媪斯言非所望及今察竟
東獄向孝女之願何日償方其痛哭時風慘雲不翔鳥雀
亦淒絕為之一彷徨行人過者不忍聽遠道傳說々悲傷
大府寧未知其故遍來救過有不遑東鄉大冤獄沉霾無
日光近雖自撿舉壽諫々彈章國家立政務寬厚未必遂

與官階妨有愆從古許晚蓋它日勳名庸可量安得崇朝忽念此一伸正氣斯世退可憐草茅無權使自騰口說妄冀悲歌祈地動穹蒼

坦然和尚歌為何麓生廉訪作

麓生廉訪我之友殷勤屬我吟新詩秦寶谷所經首識我唱七律四首筆墨不浪費表揚端為奇男兒平生未解作禪語鈍根甘受浮屠嗤雖無昌黎闢佛志釋迦要非心所思日昨偶然過含澈新築龍藏寺僧洗馬池畔傾千巵論詩數曲到夜半神形相忘初無私今聽君說坦然事不覺拊掌開雙眉昔年蜀

中若鋒鏑未見賊勢先紛披堅壁清野且莫喻而況消息
無形時坦然師居廣德寺地為遂寧縣所治羣盜聆西城
郭外當事束手如行屍馮極詠詩不退虜欽若誦經難解
危空門乃有此健者談笑而起何恢奇登壇號令身帥衆
備突備穴謀無遺墨翟守圍有餘裕攻城機變將安施師
能彈心救黔首是真智慧真慈悲佛入中國二千載紛紛
崇信皆愚癡世傳經論亦謬僞達摩東來當見此要其本
旨在戒殺此教誠以西方空近代競虜起文士明心見性
多夸詞縱使明心復見性究於斯世奚益禪坦然師獨破

俗解不援彼法将人欺非惟可以警同輩直令吾徒生媿姿讀書萬卷不適用文章彪炳空爾爲

强圉赤奮若

游子歎

翩翩花前鳥逢回戀春暉如何浪游子蒼黄别庭闈祇爲官興濃遽忘親年衰出去道路長征鞍何日歸宦途多風波升沈難預期縣知此親念心逐遠孤雲飛

彭縣丹景山題壁

緣天蘭若在龍藏寺隻衛杯幾度隆興寺名有唐一時破塔看塔回爭似

此山韶景最曾巖萬朵牡丹開

寄懷藝養生

兩經宦游犯風波絶塞歸來鬢領赤白番獨世唯堪供嗢噱病
身猶不廢吟哦我石城（金堂雲頂山舊名石城）烟景詩情遠錦巾春光
韻事多香祖齋中老禪家談空說有近如何

登錦官城樓

何處能容萬斛愁斜陽影裏一登樓山連雪嶺無邊白水
出岷江不盡流天下事方需好手古來人總入荒邱城頭
畫角聲哀絶獨立風前弔武侯

嘉定

海棠花未開荔支葉已落三度我空来惆悵嘉州郭

游烏尤山

秦守離堆跡尚存蠻舟重上泛朝暾雄樓峻塔凌霄漢翠柏蒼松掩寺门嵐氣暗侵雙槳冷濤聲欲挾萬山奔西來沫水今猶惡疏鑿奇功好細論

舟行即事

不覺舟行駛但疑山自奔依稀雲裏樹寥落浦中鷗過村屋指程千里隨宦回蜀山任阁心酒一尊休嫌乏兼味豆腐足盤飱

詩集一　十四　淡賢齋

著雍攝提格

漫成

春光方欲去已見夏陰濃簾映梧桐影階喧鳥雀聲治經詩漸少學道氣初平近有添丁喜高堂樂事并

愁霖

月前夏旱甚今苦雨翻盆池水連湖漲浮萍綠到門

寄劉望初德安

出宰蒲亭已兩春年來粤處醉花晨能推倚翠偎紅意便是循良傳裏人

屠維單閼

戲擬馬嵬懷古

天寶而還亂紀綱十郎早已誤三郎縱教姊妹能辭寵未必豬龍不作殃錦襪拾來錢可賺紅顏葬後土俱香行人莫唱霓裳曲梨松魂歸欲斷腸

夜雨

春已堂堂去不休鵑聲猶替落花愁山城一夜風兼雨梅子酸時冷似秋

年少

年廿氣超羣英名四海聞醉来還見客獵罷更論文顧曲周公瑾詩纓絡子雲好將轆轤劒持報聖明君

題指南錄

寶祐掄元日朝廷事早非但聞崇理學不復振軍威白雁歌終驗黃冠志竟違當將指南錄壯士淚長揮

送人從軍塞外

別本鎖魂事況經龍塞西半天妖霧重萬里陣雲低赤羽笳聲慘黃沙日色迷期君腰下劍淪海戮鯨鯢

怨歌行

秋高夜氣肅獵獵西風吹霜露溼野草蟋蟀鳴何悲商音正淒絶思歸安可支子夜不成夢展轉羅幃記取新婚日盟誓猶在耳胡為鴛鴦失中路忽乖離棄捐豈得已恩情應未衰君心如流水一往無還期君心如明月自有團欒時賤妾雖已矣初志終不移

上章執徐

臥齋秋夕

輕風卷浮雲月光落庭院河漢淡欲無螢火隱還見寒蛩草際泣敗葉窗前旋稍覺清思滿俯歎塵網絆山中有故

人獨夜遥相羨

短歌行

君子之貴不在衣冠編氓之賤不在飢寒窮何必矜文字達何必爭權位權位高則危文字多則戲掩卷悵然憶古人吁嗟出處良非易

送王三還孝感

巴江北風寒游子念鄉里徒嗟羈旅歌客心終不喜寄我廿首秋懷詩讀之情殊苦悲行年三十猶未老君胡為手白髮繞古來志士多沈淪如君為孫漢長負空山小材

世事用不比楩枏天所珍近閫閾外冦氛惡和戰紛紛議未確會須決策請邊塵形容畫上紫光閣丈夫進即伊呂儔退亦不失爲巢由英風浩氣自千古尋常得喪烏足憂別後還期各努力莫對雲山空淚流

重光大荒落

立春日作

又見東風動麴塵依然侍宦璧江濱舊甬我覺渾難信龍性人言不可馴兒女於今催歲月涓埃何日答君親放懷且醉芳尊酒莫負林園柳色新

詩卷一　十三　[illegible]齋

聞傅輝山卒於偏關詩以哀之

九載幽燕困登科病已危微官作幾日孤柩返無期不盡親朋淚何堪老母知偏頭關外路風雨亦淒其

閼逢涒灘

服除

自覺生何味高堂失二親縱令要富貴無復侍昏晨日月踰二載關河阻七閩服除初得句攬筆淚霑巾

慎所立齋詩集卷第一

慎所立齋詩集卷第二

長汀江瀚叔海

古今詩共六十九首

旃蒙作噩

詠史

細柳營前月色冷悲風一夕送笳聲廉頗盪寇功方建魏絳和戎計已成早識中朝甘納幣徒令邊境苦鏖兵漢家終受呼韓賀痛哭何須學賈生

贈羅星潭觀察

偶遇匡時彥襟期邁若賢宦歸巴子國功在夜郎天高論人皆服虛心士每延斯才不竟用四顧意茫然

奉簡黃祥雲年丈

大隱東方朔宦貧道自高攤書忘乏米對客喜揮毫一月不相見我心何鬱陶衹應載尊酒潭上共嬉敖

將之京師留別易寅甫郎中

交游倦後始逢君（時余客其尊公多山先生藩署）似此才華信絕羣（作句）久傳何水部還言曾矜杜司勳半年聚首成春夢萬里離心託暮雲莫上江樓望京國柳隄飛絮正紛紛

附送江叔海入都

龍陽 易順鼎仲實

樂毅始游燕，陸機將入洛。方隨碣石鴻，欲別華亭鶴。岷江雪水下鳥尤，平汎荊揚出二州。洞庭夜犬東陵市，京口斜陽北固樓。憶我平生醉吟處，山川如夢看君去。

日江南正綠陰，到時薊北初紅樹。自從互市倚輪船，無復孫恩號水仙。隱隱樓臺多並海，悠悠洲渚半成田。單于已奉天家約，三輔秋清無鼓角。驢背閒題君古詩，虎頭莫問封侯略。杯酒天涯無故人，舊游應念錦城春。似聞漢殿求三策，遙想商歌傍九閽。

重經眉州太和場感女弟碧雲投川殉親事淒然

感詠

徒抱臯魚痛，依然一病身。從親唯有爾，媿我尚爲人。雖傳名難朽祥中年文爲作孝女江碧雲傳，遺詩迹已陳女弟絶命詩云：淚落塵寰廿四春，一朝夢醒返天真。從今不滴思親淚，永作承歡侍天人。波黎江上路，憑弔獨傷神。

初入峨眉過伏虎寺

殷憂妄莫遣，攜手游峨眉于晦若主事、易仲實、叔由兄弟同游。陵虛路猶緬，尋異心已怡。石磴上昏昏，珍木下離離。深潭積寒冰，幽谷迴奕曦。中水共聽驚林巒，相蔽虧葉紆迷，所向無復東西知琅琅閣梵音，俾我忘塵羈。願伸獨往意，長與俗人辭。

雙飛橋

晴雲四繞薄，空山轉雷聲。牛心青下閣，閣名清音。我聞自歐生，渭南巖雁峯以此為一山之勝。奇景猶未睹，頓覺心神清。衆峯旋靡間，軒然石梁橫。寒澗兩白龍，萬古相喧爭。直教鴻濛塹，豈顧山靈驚。林深氣候異，倏忽殊陰晴。坐此雲外石，靈氣時相迎。不待龍門勝，范石湖吳船錄中極稱龍門峽瀑布。已將塵慮輕。

登鑽天坡宿洗象池

百道靈泉奔，千仞山峭壁立。天門一何高，飛鳥愁羽翼。迤邐

攀修條參差後危石拂衣白雲墜仰面青霄通日余受奇
景未忍吝登陟晦若玉蓮花石壁見星坡異其險峻蓬逕欲中止余再三挽之乃行落日琳
宮棲慶靄從此隔

峨眉山歌

峨眉之山高接天我來早辦青行纏風雨隨人上金頂琪
花一路幽香傳滿崖靈藥無不便持手欲採愁飛仙試上
崇臺望雪嶺紅日激射銀光鮮東觀雲海心茫然脚底萬
壑兜羅綿有時無風自開闔奇峯峻壑置眼前嘉州隱隱
波濤連孤塔識得烏尤巔不知此身在何許臨風欲拍洪

塵寰百年人事何倉卒快意寧能待鶴易偶向雲端游戲來縱不飛昇亦仙骨聖鐙佛光妄足云蔡山縣謁徒紛紛我生晏時畢娶嫁媿爾當年歌鳳人

重慶醉後贈李春如太守

南風耦花開萬里行方始鐵桅峯上月多情流照離筵酒尊裏我於渝州多故人李侯束髮早相親流光一擲各老大回首往事潸酸辛嗟余遠游懷抱惡君亦一官苦束縛百年身世那勝慮祇應沽酒花前酌起視碧落孤雲高吾儕自命當雄豪一生一死等閒事何況得失輕鴻毛吳歌

趙舞將安用，飲如鯨吞猶未痛。豈伊太蠢驕高牙，鼓吹喧停奪當前酒千甕。人生躁進胡為乎，沈醉誰云非遠圖。街前更柝莫催促，明日此際孤舟宿。

登萬縣西山太白巖

萬州日出曉初停，城畫臺歌客倦聽。偶從鳥池訪碑碣，乘興來眺西山青。太白巖下一杯酒，雲影波光落吾手。名在千秋尚渺茫，生前富貴復何有。佯狂莫笑李青蓮，行樂何必非真仙。人生自古貴適意，試看丘隴橫荒煙。

從夔門入巫峽作

仲夏蜀江惡，犯漲來夔門。淫預正散髮，瞿唐堪斷魂。驚濤濺雪飛，怒石作雷喧。櫂歌自高唱，輕舟任傾翻。俯視黿鼉游，仰看熊羆蹲。松孤覺風高，嶂密使晝昏。逍遙送飛鳥，懷悰聞嘯猿。騷騷夕流駛，蕩蕩朔雲屯。境險景彌異，命輕憂無存。憑窗獨吟嘯，還復傾芳尊。破浪平生志，請附宗慤言。

沙市與易六別

君渡瀟湘水，還從此地經。分飛楚天碧，若共憶蜀山青。颿重知風勁，魚多覺浪腥。夕陽頻悵望，離恨滿沙汀。

至武昌作

鸚鵡洲前草不生，鶴樓已失勢崢嶸。題詩漫擬追崔灝，減刺何妨效禰衡。六月波濤漢陽渡，萬絲楊柳武昌城。水邊多少哀鴻集，美酒盈觴未忍傾。

九江

冒暑敷原訪匡廬，若可招。江聲流九派，山色入曾青。晉代禪風古，湘軍戰蹟遙。塔羅條翻見，大樹晚蕭蕭。

六月十五日夜舟出黑水洋對月作歌

觀瀾不到瀛海東，無怪見與醯雞同。輪舟入洋輕若葉，動搖高下隨狂風。蕩蕩長空日影黑，滄溟變作硯池色。巨浪觸天〻亦溼魚龍出沒呼不得忽然島影見〻罘海天漢漠飛白鷗水漸澄清風漸息一輪月照煙盡遮世事須臾判哀樂胡爲如繭自相縛纏〻得失何微哉臨風長嘯胸臆開蓬萊方丈語非妄眼中彷彿金銀臺今我無懷蒼茫際海上明月寧相猜

武清道中

長安在何處人馬一時饑綠柳垂官渡黃沙滿客衣豆香鳥爭啄野暝牛自歸逆旅又今夜遙郵鐙火微

都門秋感二首

詩集二　六葉

蓬萊宮闕鬱嵯峨，翔貴聯翩擊轂過。愛士嘗時延樂毅，論文無處覓荊軻。六街暑氣因秋減，孤客愁心傍晚多。獻賦長安渾倦醉，不須歲月感蹉跎。

陽窗黃葉作商音，根觸離人萬里心。南國浮雲搖海色，西山寒雨壯秋陰。笙歌攘攘忘昏曉，冠蓋憧憧自古今。獨惜廣安門內路，荒祠誰向顧亭林。

重九毘盧閣登高集崇效寺

落葉滿都市，悲風天外來。出門已蕭瑟，而況臨高臺。毘盧閣（在慈仁寺）久圮，眺遠且裵回。九衢車馬喧，但見飛黃埃。秋風

正凜冽鴻雁聲何哀置酒豪飲寺廣廈長筵開促觴縱談
笑顧盼皆英才（坐客三十一人多知名士）黃花不肯發寒歷秋陽愧相
期醉佳節無令昔人咍

四川營弔秦良玉

婦人獨具英雄志一時男兒無位置堂堂石柱秦將軍二
百年來有生氣懷宗御極廿失德無奈庸臣難辦賊誤剿
誤撫誤國家翻教將才屬巾幗桃花馬上請纓時白桿兵
威天下知難得雌兒與佳婿扶風門第同維持窮寇知兵
古無幾列傳例初剏明史忠順夫人奚足論若安廿女差

堪擬卻笑同名左寧南擁兵驕蹇能無懟

將歸成都劉雪坳編修招同喬茂蔓比部繆小山吳柚農二翰林方長孺楊叔嶠二孝廉饒集陶然亭

驪歌欲唱更句留又作江亭盡日游池內葦聲常似雨簾前山色最宜秋諸君雅意陳遵轄五夜歸心張翰舟明日潞河回首處淡烟疏柳不勝愁

還至天津作

朔風吼鐵甸四野塵飛揚挂帆潞河側秣馬津沽旁天地

何蕭條客心正茫茫海上浮雲來蔽翳白日光雄哉此重鎮卅載高牙張横流賴明牧奠定山海疆輝輝武功昭戰艦森成行魏絳魄和戎管仲懿通商遠略人不知乃用多謗傷國害憲貪黷政化須賢良異州貴自營胡為事遐荒吁嗟杞人憂十倍滄瀛長棄此勿復言闌闊歌未央

憶昨行贈别于晦若

憶昨識君錦官城牡丹香發初曉鶯百梅亭畔縱歡笑連牀夜話忘深更一朝清興不可遏共上峨眉攬明月重午挍裘絶頂來茫茫雲海胸襟豁怪底塵心都未消嘉州返

駕促輕橈易家兄弟隔蜀楚雙回惆悵關山遙遙鶴樓已燬
徐蒐華行人空說琴臺將咫尺金焦未一登山頭佛印應
絕倒劇憐澤國哀鴻多陽侯不仁可奈何遍瀆紛紛半人
鬼高樓處處聞笙歌君在津門依傅相余亦射策長安上
市中不見荊高徒朝右微聞洛蜀黨廿年和議盟屢渝堤
輪請纓只成迂謂梁星海也通經未抵客夷務幾輩爭手高官
除傷心平則門前路蕭疏賸有瑩懷檢銅犀冷臥昆明湖
斜日摩挲淚如注鳳城重見正秋風紅錄聽殘心自雄張
季直楊叔嶠屠敬山方長孺久偃蹇艱難一第寧非公同落孫山看

沈伯華費懷屺下筆不休負奇氣沈潛義理推程君伯揄山事雜為當世貴似我迂疏何足云敢因戢戢嘆輪囷游山終擬追禽慶獻賦空教比子雲羽翮歸去蜀山麓故廬猶餘書可讀正喜閒居無是非那知浮世有榮辱別君不用淚流瀾雲龍還合須臾間輪舟駛出吳淞口飽看江南江北山

申江引

君不見自從互市泰西親海上繁華淩絕倫不數揚州二分月何論建業六朝春中原豈是規模細無那海邦競奢麗福地渾疑員嶠山游傑構欲仿邪堂制參差草樹翦來平

詩集卷二

不使纖塵道上生，萬户鐙唯憑靈氣，五更車尚走雷聲。如林番舶貨充斥，共喜年來利必獲，高臺烹牛白日消，平原賽馬黃金擲。華人爭及外人强，倚勢爲奴便可狂，寧捨鄉音改南越，轉舊國色擅東洋。腐生空抱和戎恥，當日東家豈得已。乍開運會三千年，遂駭珍奇八萬里。海宇兵戈且暫休，聊將一醉爲身謀，笙歌叢裏獨來往，細雨瀟瀟生暮愁。

偕繆柚岑孝廉游平山堂

不作青樓夢，還乘畫舫行。隋皇仍寂寞，邗水自澄清。叢木

秋光含遥山暝色橫蜀岡一憑眺思古發幽情

揚州雜詠五首

廣陵幾度劫灰經隋苑淒涼說迷樓惟有玉鈎斜上草春
來猶向故宮青

江湖落魄杜樊川不似談兵潞澤年自古揚州行樂地幾
人到此壯心捐

樓閣參差倚水湄金山詩自潤州移攬東月觀風亭勝卻
憶南朝徐湛之

平山堂尚未荒蕪依舊亭臺畫圖試問王伊觴詠盛風

流得似醉翁無
閣部忠魂招得不梅花嶺上墓門秋吳儂切莫催歌版燕子春鐙恨未休

鎮江寄內

柱費青山遣客愁相思無日不悠悠深閨莫作長安夢今夜征人在潤州

江天寺

眼前蓬島勢崢嶸絕頂登臨倚晚晴江水源頭三峽認海門形勝六朝爭依微煙樹銀山寺上下風帆鐵甕城好借

妙高臺佇宿月明欹枕聽潮聲

香溪感明妃事

已作閼氏去歸州尚有邨空教詞賦客來弔佩環魂絕色
真難畫和親不可言琵琶休怨恨應勝老長門

巴東

楚地何時盡巴東一壁中雲帆無限白霜葉不勝紅縣小
民生隘山高鳥道通雨秋風亭上立苦憶寇萊公

白帝城懷古

白帝城頭月色寒夔江聲嗚咽怨東吳雄才竟限三分國憾

事終留六尺孤葉落故宮秋慘淡苔封古碣字模糊卻憐躍馬公孫述井底蛙寧識霸圖

舟次夔州雨中書事

濕雲壓孤篷雨酣滴未了浪中城影搖煙外櫂歌裊遠峰度旅雁近澗戲沙鴇蕭騷翔風鳴寂寞客心擣夔巫久滯淫悲哉杜陵老

泊安平驛

維舟楓樹林冒雨船尾坐風扶落葉迴雲壓暮山破

雲陽張桓侯廟

卸帆胸臆郭馳步尋琳宮客程雖紆阻山水趣何窮絕岸
沙漉漉深谷泉淙淙初驚石路轉忽見瑤臺崇傍巖架樓
觀臨江啟軒窗緬懷張將軍生值炎靈終橫矛戰必勝勳
馬書偏工高義釋嚴顏猛氣奮萬公若人豈云暴信有國
士風裵回待新月時躋倚高松我欲薦谿毛惜哉莫遑問

拂石巖

水行怯巨浪陸行畏崔巔我來窮登頓風雨方蕭然足滑
石上翠目眩崖間烟雨邊夾修竹一路鳴流泉褰裳峻絕
處手欲捫青天邅連情為移延佇脛未悄即此泯塵勞一

悟排冥鑿

南充

最是傷心地油溪與果州先父卒于南充 先母卒于壟山金泉山下路未至淚先流

射洪陳伯玉讀書臺

北朝獻媚遇堪憐風雅終開一代先千古知音少陵老獨將忠義感遺篇

小除日游新繁東湖

南船北馬計原差萬里馳歸感歲華懷李吾堂前春色早不

辭来往為梅花

柔兆閹茂

伏龍觀

獨上離堆頂（山為李冰導江遺迹實非離堆）坐看江水流檢郫秦守導蘋藻蜀人蓋古木唬春鳥深淵疏瘦鑿奇功誰賭勝遺憾至今留

陪易子易方伯登青城山遇雨

青城名早重蜀中上古梅隱閣甯封王衍碓宮委荊棘推有山色長青蔥我來正值陰雨晦未能舒眺開心胸眼前

詩集二　十三　慎所立齋

但見白濛濛三十六峯無一峯天師洞下且小住靜聽萬壑泉聲淙卻慨道人不知道老耕教亦失其宗末俗無識喜荒怪附會正一夸仙蹤函樓先生闡之素見所着善心仁書欲令聾俗聽山不成游亦偶爾此事豈汝能為功伸眉一笑下山去馬蹄得得寒霧衝

從嘉定府城泊淩雲山下

茲郡經已屢水宿嘉淹留改歲迎春門名纔還繫淩雲舟巃嵷登孤塔突兀撐高樓三江巖下合一城天邊浮矮首望峨眉冥茫不可求終然謝塵網願遂陸通游

峽中重詠

三峽連楚蜀，駭流行旅憚。暮春泛蘭橈，波平絲可玩。石束江作溝，巖露天若綫。豈惟陰晴異，曾是旦暮變。衆山亘崢嶸，群木自蔥蒨。騁望目欲迷，迴顧情彌眷。風和石門灘，雲藹高唐觀。既洒襄王夢，更悲蜀主戰。異事俱慌惚，自適差爲善。

題三游洞壁

洞裏尋碑剔綠苔，白蘇遺迹已塵埃。清游無意前賢比，自愛青山獨往來。

登嘉興煙雨樓

鴛央湖上櫂歌聲，過客猶誇錫鬯名。莫怪我來無好句，一樓煙雨不分明。

西湖詠古三首

威儀江湖勇絶倫，閉門天子志難申。甘心正朔朱三奉，怪道康王是後身。

放鶴亭邊百樹梅，西湖風月任裴回。何人得似林和靖，身隱孤山尚蓄才。

小朝君相豈昏庸，二聖歸來何地容。朽馬有人先識破，肎

教痛飲到黃龍

僑居退有盦懷彭雪琴尚書

閑放壹邀望吳山月色涼螢光團曲徑魚影聚橫塘南宋空留恨西湖暫許狂蓋它彭少保福命勝蘄王

定慧寺

南山山下路走馬午晴天入寺古松直隔花清磬圓採將龍井茗以虎跑泉賴得長如此浮名安用傳

於段橋往孤山

吾生傷薄劣憂虞竟非一幸來託遠游聊與烟霞暱平湖

左右之峯目青翠溢卅物候相賞翫懷儻若失燕、虛烟生邃、遥山出禽魚任飛躍草木何芬柔帶散崖作傾林深路疑窒拔茅得有期介石且終日會須宅斯宇忘年穫

芝朮

龍井

神區每深蘊渼尋者有徑陽崖拾鸞采陰谷闚驪渊微、靈泉奏皎、寒日縣諫石激絲苔密葆生青烟延頸壁坑域形勝自昔傳人事知幾變湖山恒蔚然清游據昭顧孤興誰與宣

韜光菴

春淙亭下玉龍吟更上韜光看鷲嶺夾路修篁千萬竿行人踏碎綠雲影拂衣長嘯臨高臺打頭颯颯天風來俯視滄江若杯水卅里西湖何有哉朝市興衰鳥過目蝸角文爭笑蠻觸如此江山天下無南宋偏安意已足自古神仙總渺茫鍊丹人去秋草荒惟應泉起青山老十千美酒沽錢塘

游理安寺

理安幽絶處天許屬躋攀風雜谿聲響雲同客意閒連巖

閒畫本密竹繞禪關卻笑悠悠看唯知湖上山

次韻趙伯臧二首

三塔基前景最奇蘇隄楊柳萬千絲六橋水色明如鏡正是回峯月到時

借得尚書一寄樓看它名姓占千秋吾曹賦命何曾薄放浪湖山十日游

湖上作

風斷無特操平生好怡衎西泠暫卜宅湖山看不倦采蓴盪閑橈手遂臨柳岸日未變隄陰雲消三竺見明秀橫眼

前償我丘壑頓心契清梵落賞會幽禽嘆及茲逍遙游榮枯安足歎

雲棲

策馬錢江上行行過范邨幽篁路欲盡始見雲棲門石氣當階冷潮聲隔嶺喧華亭留妙墨真贋費評論 何子貞跋似疑其偽

上海贈別文道希楊叔嶠

京師昔聯騎海上重招尋客裏忽相送別離何限心三巴風浪惡五嶺瘴烟深 時二君同下第楊還蜀文入粵 努力光前哲無令霜鬢侵

韓園即趙凡夫小壺天舊址

古人既云逝来者仍不聞当此園林勝長開我輩顏稀觀峯突兀池引水潺湲風月原無主休辭数往還

鄧尉山中次易仲家韻

司徒廟前路雲巾共空濛鳥語傳烟外嵐光活雨中五湖留勝迹一舸想高風尚有看山福應知道未窮

和叔由登還元閣詩

長空倦鳥暮飛還人倚危樓縹渺間一片茫茫湖水白不知何處是包山

夜自太湖返蘇州

向夕長風起，瀟瀟雨乍收。青天來片月，照澈五湖秋。我欲包山去，龍威不可求。空將雲水裏，夜半到蘇州。

次潘顯亭游留園韻同朱曼君梅石鄉

名園選勝一尊同，羅畫樓臺點綴工。水閣何人歌暮雨，天涯有客感秋風。山川盤鬱魚城壯，閣塞迢遙蜀國通。長日與君兩留滯，能無惆悵聽歸鴻。

雪夜宿聖恩寺閣元墓山志載有張孟晉詩與仲實郎中共和之

詩集二

十八寶齋

古刹重来不盡思正逢歲暮雪飛時還元閣外竹聲裂鄧尉山中梅作遲已識世情蒼狗幻惟應心事白鷗知太湖烟水堪娛老何日浮家廿伯追

慎所立齋卷第二

慎所立齋詩集卷第三

長汀江瀚叔海

古今詩共一百零三首

强圉大淵獻

憶弟

一水通吳蜀離人思不堪又看楊柳綠春色滿江南憶汝
農家住嗟余客路諳行當理歸櫂垂釣百花潭

春日游蘇州市遂登圓妙觀彌羅閣

虹洞六十坊參差三百橋吳會昔名都隱軫非一朝山川

自靈秀闌肆填且貿嵬々顧陸宅築々朱張鍾和春扇淑
氣士女遨翔敖樓觀何軒々極目千里邃清雲齋遙甸雕
雲甍曾霄豔歌紛旖旎雄圖久寂寞豪後積遺蹤恆照繁
華渦遐想端委風嘈禹奏長謠

晚上虎山橋

停橈夕飇急飛光不可留徙倚傍石梁臨川忘百憂氣蕭
山幘々響激松脩々通波綴廣岸列宿團中流壁微漠渤
壯睇眺開心眸伊余猿鳥姿華非所求草澤自拘束將
貽智者羞願學鴟夷子五湖託扁舟

入鄧尉山中詩

幽人眷名境凌晨早杖策亭〻月未落泥〻露猶積曉色被平疇烟光帶廣陌谿谷含鮮絢園林秀松柏素華揚芳馨隨風媚嘉客逍遙履崇椒愉悅臥幽石偶與賞心還暫忘塵務迫人生貴適志〻真復何益

石壁觀太湖望林屋峯

震澤實深廣靈蘊詎與窮拂衣登飛崖肘腋生長風睇眺王我神舒嘯驚魚龍、三江來巨壑爲之容曾是吝珍怪翁受成淵沖蕭然萬里帆生沒湖中雲濤連吳越千

詩集三

祀向濛濛色山一何偉今峰山而巃嵸高書閣金函洞穴無
由通平生慕歷覽未到憂心忡延首冥茫間水懷靈威蹤

登靈巖山

霸圖事俄頃遺迹那可尋池荒怨響魚廊空叫哀禽天風
吹我身獨立曾臺陰閶門既漠漠具區亦沈沈驚濤勢浮
空城郭鬱鬱蕭森近矚西子洞遠協朱公心雄麗兼二奇靈
象夾胷襟安得同懷客長此鳴素琴

夜飲壺園洲鄭叔問

蘇臺草色朝朝新二月啼鶯呼酒人纔看鄧尉梅花晚又

醉壺園楊柳春鄭侯倜儻青雲士家世從龍將門弟叔向先世入籍漢軍長卿名早重貲郎阮瑀身猶掌書記虎視鷹揚易實甫與張毅子及余偃蹇亦能狂眼前記取春宵宴它日相思莫便忘

分詠古人得嚴子陵

富春山上客星明祇釣鱸魚豈釣名為報故人相助意略將風節勵東京

赴無錫初發蘇州作

笑指楓橋路知余笑度過微風動楊柳初日散江波身世

惟孤樯心期在一蓑南来真不負看得好山多

九龍山

俯視江城似畫圖蒼茫天地一身孤九龍山上閒搔首落日愁心滿太湖

登黄埠墩環翠樓

落魄句吴未擬還江樓四壁豁心顏陂陀北接蘭陵鎮烟水東連淛墅關幾處觥船歌白紵千家窗牖對青山回頭第二泉邊路陸羽高風許重攀

游石湖治平寺

橋外湖波澗，烟中塔影敧。青山何窈窕，碧水自漣漪。香火開新剎，風光入小詩。翻憐范文穆，不見我來時。

天平山范文正公祠

往事天章閣，遺徽高義園。得君遜韓富，興學識胡孫。一代家風好，千秋讜議繁。緬懷憂樂志，今日與誰論。

題顏魯公集

平原風骨是家傳，宣慰來時老愈堅。報國久無生死念，文章偏愛說神仙。

夏夜自盤門歸奉懷孫廣廷傅星槎二叟

朱光方娭藹旦發盤門南徜徉清谿曲躑躅嘉樹林迴渚生涼颸疏篁滃蓊陰娟娟水花淨嘒嘒山蟬吟孤月照城闌清烟汎江潯俛仰天宇闊秋氣交余心理為情所牽樂與道相尋至人恆抱朴悵然思所欽

鮮谿觀荷

吳苑繁華隨逝波餘豔散作對門荷南風六月正炎熱水香深處叢多好事吳兒真不俗千畦盡種藍田玉曉天載酒鮮谿來日暝垂楊看未足容裔水珮風裳閒鵁鶄鸂鶒心共閒一舉百觴那能飽老饕欲喚城西山月移醉影

墜江中疑是花魂呼欲起大魚吹浪天動搖河漢兀然落
杯裏勸君行樂心勿疑百年鼎鼎駒光馳城中達官苦束
縛爭及布衣貧賤時仰屋著書嗟何益吾儕迂闊合棄置
人生快意能幾回若芋江頭未須惜

集壺園送仲寅游廣州兼懷吳景海山長分韻得
寒字二首

吳郡聽歌倦攜琴海上彈愁心知爾絕古調入時難百粵
蠻風雜重洋蜃氣寒越王臺下路為我一盤桓
昔識番禺彥秋風正掛冠身寧明主棄膽尚貴臣寒報

國雲需迴談經歲月寬遙知攜手日應共話長安

得仲霖廬山書卻寄

滄海愁不渡翻然廬阜游昔賢同濯足勝景好冥搜鐵壁劃天立銀河穿峽流恨無謝公屐與子快夷猶

贈王益吾學使

高岡神鳳翔鳴叫亦云已期運無盛衰振興賴君子伊人體淵德令姿光且美通籍金閨下揚聲紫微裏躡步朝雲陛談笑成均理五經推叔重萬事資伯始周才靡棄人大智不私己菁莪詠兩江濟濟東南士容納百川歸陶冶羣

倫喜君其永終譽榮名在千祀

感興二十首

振風薄林木曙靈傾西邁遥遥孤月升素暉墜軒外端居
觀花化感物多所喟傷彼夸毗子競進生殃害盜名萬自氏
譏失性莊生戒葉葉目睫間焉知宇宙大
晨風慕儔侶北林夕鳴悲彼鳥心尚爾君豈故人遺晉文
棄荏席咎犯遂辭歸楚嫗哭眷簪尼父爲歔歎新舊互相
踰大道所由虧頹言諷君子試歌谷風詩
朝陽生東嶺煜爚妝臺間妝臺何寂寞春風泣紅顏良人

天一方遥隔彩雲端翠黛久不埽朱絃匿用彈滔滔歲月
流澌澌閣河銀青鳥絶消息引領空長歎
吾愛邑邱子居貧甘汲麻修道白屋下富貴烏足多李斯
具五刑黄犬空咨嗟師傳非不同軒輊將如何
死生有成理阿誰能免之人爲可長存月將盈不虧秦皇
與漢武求仙一何癡至今陵寢傍日斜草離離帝王志不
遂矧乃士賤卑
素琴有高調曾無諧俗功鵬摶九萬里豈與學鳩同毀譽
何足道男兒當自雄嗟嗟慕容盛乃敢非周公

夜中起彷徨沈思盈重襟長條豈不榮凝霜忽相侵美人在何許獨立瀟湘潯欲以玉佩要山川阻且深悵望亦已勞浮雲愁我心

有鳥自遠降顧盼意氣揚毛羽燏然異五色成文章世不辨鵕鶵訝之為鳳皇腥膻氣未閑赫奕企四方一朝貪性發適將雞鶩收人已悔錯彻汝胡不翱翔

平郊登虎邱舒眺王我神高岡何崚嶒云是闔閭墳高臺盛羅綺奄忽隨烟塵雄圖亦何有寂寞經千春生前極榮觀沒此與狐兔鄰茲理自古昔來者仟後親及時以適意曷

爲長善辛

佚女出南國，左右燿明璫，在賤已殊衆，睇眄生芬芳，珍色世所希，容好富能態，七盤奏異舞，五弦發清商，貴寵豈云無，誰復知中腸，朱顏難久媚，荏苒怨飛光，含情步幽闈，抱短恩善長，窈窕良可哀，空自持禮防

種花惡木陰，枝葉終不美，結緣到小人，凶終固其理，莫恃膠漆親，怨尤從此始，悼彼刎頸交，咄咄餘與耳

廣廈蠹欲傾，侏儒難爲力，匪無梁棟材，匠石不察識，空山見豫章，撫之長歎息，女且植根堅，無爲用舍惑

誰言神山遠樓閣起參差懷哉瑤池宴坐視盛年馳西母樂方酣折勝徒爾爲情情千古事念之發狂癡

生理何多端萬事何擾擾榮耀難久居須臾共枯槁黔婁猶爲富彭鏗亦云夭至人得天和委順無它巧翻嫌洗耳士心爲天下攪

人生在天壤靜動各有宜適法自然耳斯言非我欺居處如朝廷偶憐生爲疑好共內熱死其事尤堪悲寄聲涉世者泰甚安可爲

忽忽秋節至寒蟬鳴我前蕭颾風激頹景羲和不少延時運

感人心躑躅西華閣衆草逞姿媚徒取世俗憐金蕙恥自
芳芬馨誰爲傳化茅讵無術恐非君所然
言語禍之胎君子貴有養好罵学山膏肉襟苦不廣痛哭
陳時弊慷慨論奸黨自非直道存焉能作是想願告諸大
夫細觀括囊象不見田千秋曾貽班史謗
端憂忽不樂浩歌登高樓慨想古時人一一歸山邱志深
五鼎食徒自招愆尤采芝擘黃綺世網復相摎尊尊竟何
爲有酒姑敖游
馬融附權門揚雄美腥德沈约叛舊君王維受僞職四子

論文學古今不數覯惜哉未聞道遷爲勢利惑豈以賢達

士大節期先植所寶在仁義貧賤何足感恩外物莫能移心

豈爲形役人爵雖云尊敢與吾道敵丈夫不得時何妨老

泉石

木末來悲風秋思滿窗櫺幽人夜不寐起步孤月明河漢

有清影鴻雁多哀聲耿耿志士心對此無限情甘隨蘭蕙

萎不爭蕭艾榮太息復太息仰看參辰傾

上海送黎蒓齋重使日本

異域扶桑地茲游亦壯哉邨仍徐福舊人再陸生來絳節

祥飈被滄溟宿霧開豈惟專對重遠略待君恢

江陰王學使

東坡詩在千北海酒盈尊亭尚名存雪人應重寄團世情

我初識古道君獨敦松柏耐寒意寧同流俗論

和韻　　長沙王先謙益吾

我愛鮮于詠清光落酒尊繁華弔吳苑詞翰接文園賈

努它年貴迴瀾薄俗敦吾詩堪折券勿忘素心論

贈王君豫

並世論文學湘潭數二王清時猶落拓才短禍且踈狂史補

陳承祚君著有三國志補注。詩齋李夢陽論詩最稱空同千秋君自足不用感行藏

和韻　　湘潭王啟原君豫

濟代殷才俊隆時及盛之江山詩果助湖海意猶狂七發領枚乘三都醉景陽長逢暫搖落晚在渠藏

舟發雲亭寄益吾學使即次其見贈韻

經術何人繼董劉看君砥柱在中流偶從申浦三胡聚不負胥臺萬里游韓愈聲名欽北斗杜陵身世託扁舟蒼茫別思斜陽裏獨向葉江聽櫂謳

原作　王先謙

飄零書劍暫依劉，志節應推第一流，鄉國遠承閩學派，詩人例作蜀江游，纔從吳郡觀新本，肎向山陰繫小舟，我已冥心百無語，為君傾倒發商謳。

將去蘇州留別陳少希廉訪

楊柳不堪折，江南梅已春，蒼茫萬里別，鄭重百年身，閩學嗟將墜，吳風善未淳，相期崇晚節，美政慰鄉人。

著雍困敦

上海舟中元日

忽驚客裏歲華更，黃浦江頭一棹輕。昨夜雪添樓船色，早春風送管絃聲。漢廷奪帝應無分，吳市吹簫尚有情。坐對孺人同稚子，不須萬里感長征。

江輪雜題六首

瞥眼君山好，遥遥懷雪浪。湖憐才王武子（謂益吾學使），馬癖果非誣。

浮玉山前路，三年四度經。憑它雄跨閣，一醆試中泠。

指點埋金地，戰爭何太頻。鍾山默無語，送盡六朝春。

不見陳蕃（陳毅齋方在鄭州工次）久，蕪湖枉自過。治河需實議，章秉

詩集三　　上　紫霞齋

竟如何

滊輪如電掣，風車逝堪嗟，何似江船好，從容坐九華。

雨雪久紛紛，遙天霧不分，小姑頭已白，何處覓湘君。

泛郎官湖游漢上琴臺

新年積雨雪，陽春氣不前，朔來見初日，萬象一以遷，偶乘游興高，來泛月湖船，山水發清光，依依為我妍，中流欣偃仰，放情凌雲天，曾臺屬興廢，竹樹何翛然，歸鳥喧平林，孤客猶留連，素琴聊自適，何用賞音傳。

登岳陽樓

洞庭八百里落日出篷臨窗納君山小濤連夢澤深神仙
原恍惚天地自浮沈湖水難飛過高樓且朗吟

觀音閣阻風

卅里即沙市連日風打頭可憐於欲斷倚舵羨輪舟

巫峽

雲横七十二峯頭曾見襄王宋玉游曲岸橋邊通小市斜
陽樹杪露危樓泉飛絶壁四時雨猿嘯空山三月秋自笑
年來忘險易怒濤聲裏喜羨猶

青神望月

上弦後下弦大縣還小縣江天月影圓三度逢窗見

百花潭奉和黃祥雲年丈原韻

勝地追陪四隔年風光依舊為周旋鳥聲同寄好如許潭水映人清可憐幽樹重重蘄水遠野烟隱隱草堂連誰教此老成閑放韻事流傳徧蜀川

游子大年丈以藏園詩稿見示敬題一章即送其之廣東布政使任

仲冬陽尚微嶺梅未堪折時誦藏園詩低回感將別夫子裕遠謨治績邁前哲簪組何雍容高詠志彌潔移官五嶺

表兩川民生歎悠悠懷遠路依依春晚節臼余斥鷃姿奮
飛傷薄劣侍公美政成摽筆頌先烈

屠維赤奮若

桂湖弔楊升菴

滇海羈魂回未回谿毛薦羈客心哀宅當北道衝繁地人
本西川博洽才議濮禮沿前代誤正楊書更後儒猜豈非
自古原無定遇弔湖山一舉杯

九月十八日宿新繁龍藏寺寄懷顧子遠

處處見題向相思安可任杜詩更韓筆老帶與莊襟虛幌

鼅鼄罥空階急斷吟懷人正愁絕風雨夜來深

祥雲年丈招集寶雲菴賞菊遂宿潭上

寒將歲殘時已冬黃花尚作秋色濃千枝萬枝映紺宇香氣撲滿琉璃鍾卻憶平生賞菊處下斜街頭蜀岡路就中難忘盛家園清游每被花留住歸來未減狂生狂依然走馬碧雞坊百花潭上一杯酒還酌金剛不壞王中央正色誰堪比名高原不因栗里但教有力傲風霜何須一埽賴監紫蘄州先生經世才投閒久憂旁人猜一朝陳臬撫民坐餘事更將花竹培冬令無黨二三子相羊永夜心悠哉

花開花落年年在鏡中一任朱顏改願與風月同死生世
事盡付浮雲輕

上章攝提格

忠山

南定曾傳孟獲降渡瀘何必即斯邦一樓高結東西漢二
水流交內外江樊石灘聲喧遠岸䍧牁山影落疏窗平蠻
往蹟無心問且醉花間酒百缸

自瀘州返成都哭第四男爾譍

生死無端總夙因吳門回首重傷神兒丁亥歲生於蘇州藩署辭家之

月歸來晚膝下牽衣廿一人

書文雲渠觀察詩卷後時同安董慶

立身雅慕儒林傳搜句還驚海國圖卜暮通高感岐嶷十年游宦予魚鳥兒劍經淬礪鋒逾鈍松耐高寒性本孤獨覺集篇當永夜陽春欲和愧巴歈

重光單閼

將赴都門留別成都游好二首

茫茫塵海逐浮漚身世渾同不繫舟巴蜀民稠滋隱患幽燕地迥感前游非才安用縻纓幕流寓寧忘返盜賊曼跡重

益州賢太守（謂汪曉潭）好從未雨早綢繆

濯錦樓前柳重攀杜鵑啼殺落紅間半生歲月消離別萬里江湖送往還難得白頭青眼長懷流水與高山臨歧莫下楊朱泣俛仰乾坤一解顏

贈作　長洲顧復初子遠

燕趙高歌近不聞蜀天黯黯睇春雲丈夫自抱登車志聖代誰襄補袞勳寤寐依稀成獨歎生平寄託在斯文

又

一尊且盡江樓酒千里應空冀北羣　邛州伍肇齡崧生

詩集三　十五　紫[illegible]齋

萬樹烟晴媚好春柳攀江岸且留賓吟成雪曲詞驚世
志抗雲霄氣邁倫勝景喜逢青眼士持觴聊共白頭人
壯心老去全銷未願效香山祝束鈞

由重慶至武昌雜詩五首

慷慨三春酒飄風萬里舟魂銷渝水別時張藹卿分巡川東與徐琴舫山長林安坡觀察心壯到门游往事春曾借清時筆漫投空餘連朔餘錢
飛動意凝睇看吳鈎

灘聲與山色日繞短篷來渡近涪陵縣城臨灩澦堆騎鯨
悲逐客躍馬笑庸才良友偏舟共楊叔嶠肖巖兄弟襟期處處開

地以靈均重，王嬙復有名。一朔秀氣盡，青嶂空山崢嶸。猿狖時嘯樹，波濤欲入城。回頭人鮓甕，長使客心驚。

攬罷東山勝，宵分駕鐵艭。盛衰忽荆楚，哀怨起蘭茳。世變安有極，吾心寧可降。民生凋敝久，百感付滄江。

武昌楊柳陌，親見幾回春。北郭江痕長，南樓月色新。朋儕何寥落，喜晤陳伯巖、屠敬山、秉叔、瑜卿、鄒沅帆、汪穰卿、謝鍾英諸君。明哲正經綸。不惜征程緩，狂歌痛飲頻。

蘇州魁張子馥孝廉喪妻

返魂香莫覓，東吳哀逝憐君淚眼枯。盧杖遠將劉寔並立廬

春長悵伯鸞孤鳳皇山北家何在烏鵲橋西酒罷沽五載

重逢轉淒絕閒庭風雨夜模糊

香河舟中黃仲方以聯句見懷詩出示因次其韻

簡仲賓叔由兄弟

睽索心猶昔不獵音問稀遙懷姜氏被同着老萊衣作客

謀真拙傳經願更違沅江會相見待取上京歸

原作

四月夔巫路江花送客稀湘天凝望久（黃字際）為爾一沾

衣別已催年改（易順豫）才終與世違羹憂金谷語白首誓

同歸易順鼎

次韻洲沈伯華二首

舉世同羈旅，吾生羨尚天。周旋聊我我，歌嘯自年年。毛遂囊中穎，張融岸上船。未須論往事，且醉玉梅邊。

相望纔楚蜀，薊北又睽吟。白雪應難和，青雲儻有心。摩挲看寶劍，寂寞對珠林。悟得窮通理，無爲感慨深。

原作　歸安沈偉伯華

武昌一別後，回首各春天。山變仍爲客，相逢又幾年。重傾燕市酒，莫話楚江船。更有懷人意，沅湘落照邊。

入幕諸侯客征衣游子吟輕肥同學貴遲莫故人心鐘
梵傳清夜雨山憶舊林王城真可隱古寺閉門深

程子大過訪圍通觀寵贈佳作依韻奉和

往歲論交程伯子名編謂湘社集初識惠連才一時富從追金
谷廿載聲名豔玉臺安東漫題鸚鵡賦閒中好醉藕花杯
還期岱嶽登臨共笑看扶桑躍日來

原作　寧鄉程頌萬子大

南船北馬五千里猶見江郎作賦才明月笙歌黃鶴浦
秋風文字郭隗臺寒窗敗稿詩千首夜雨傳爐酒一杯

同上居庸關上望極天那有雁行來此海淇先伯兄農部友善余今年五月始識于滬濱家語先兄輒欷歔也故及之

贈高曦亭編修二首

益部乘軺日心肝奉聖明洛閩傳舊學巴蜀競新聲涉世何嫌拙為官祇自清扶將元氣好斯道屬儒生

矯矯黃江夏祥人年丈新以年老休致遥聞已去官年華惜衰老世路感艱難今雨燕臺集浮雲蜀道看文章堪報國珍重鳳池掄

送曹屺懷編修典試浙江

定交都門歲在酉吳下還驚別離久故人出處劇關心往
事哀樂空回首七載重驅京雒車猶餘疏狂病未除舊學
已荒不堪說喜君方讀蘇黃書手晦若依合肥于天津楊叔嶠依南皮于武昌
橐筆臥東閣毛實君喬茂萱郎署仍蕭索蘭陵繆生筱山主講鍾山書院
講舍新梁鐙海星旅食將安託吾旅黄子心迹同精魂萬里
常相角逐人生得意無彼此握手一笑東春風朱軒遙指臨
安府細雨郊坰聊出祖還鄉不羨馬相如進士應同謝深
甫謝深甫浙曹考官一時士望嘗在選中見宋史本傳浙聖湖邊追陳舊游長夢
武林春驛知攬勝六橋日合憶閑雲野鶴身

國學韓文公祠

韓公當年詠石鼓，振筆還思李與杜。岐陽寶刻移京師，此義原自公詩取。而況曾爲博士官，祀之太學固其所。後世士風日衰苶，行如妾婦志商賈。肺腸已與前賢殊，奚怪文章不如古。天生昌黎豈無意，特爲中流作砥柱。互見瑕瑜玉乃真，能通今古儒非腐。儒議兵議鹽讜論闢，原道原毀高詞吐。風義尤推百世師，友名我成孤我撫。上書不諱干宰執，謝表寧嫌戀君父。豈似小儒內不足，苦心摘著工彌補。公名比日重山斗，生前亦未免讒侮。志士仁人心莫灰，有

時賢愚當自剖頓首再拜臨風前狂言忽發公其許

七月九日曦亭招游唐家園觀荷即次見寄原韻

屈子悲回風莊生喻秋水感物共牢愁達人安用此揭來痒輪蹝商歌傍燕市空有江海心向從自令鄙良知忽我招凄晨吟鞍倚園林佇昭曠未到心先喜菡萏滿長陂靚妝鬟且美回首鮮谿游清景略相似曉風搖裳佩娉婷水中沚含情託微波盈盈不踰咫前境儼可尋萬事華如徙諸公白雲器同座多供職兩書房臺華春樂肩走也亦何為方鑽覓策紙逸興將毋同言笑幽香裏入城日已西尚訝馳驅駛

六街一何諠撲面黃塵起

十五日復集十刹海酒樓

勝地招攜早定期好將北淀比南皮烏罄著意催歌板柳色撩人上酒巵檻外荷花香遠近雨中樓閣影參差帝京欲賦慙才薄徙倚斜陽有所思

顧亭林祠

何處訪通儒崇祠傍九衢身開昭代學腸斷孝陵圖銜木心空壯（集中有詠精衛詩）騎墻語本誣（見江子屏漢學師承記）紛紛矜博雅遠大似公無

詩集三　二十柒　寶齋

得王益吾祭酒長沙書

幽燕氣候寒，百草秋早枯。西風動地起，我思何鬱紆。所思在湘水，五載音形疏。忽枉長沙札，期許寧區區。安得凌風翮，翩幽鴻雁俱。不惜相見稀，但恐流年徂。坐數日月逝，一世良須臾。晏未不可擇，中夜起躊躇。

偕繆小山航海南還連日無風喜而作此

共泛滄溟去，狂談意氣真。滉茫看八極，浩蕩展雙輪。風偃魚龍靜，天空鷗鳥親。海神知有意，慰藉倦游人。

西湖即事

歷〻前游在重尋興偕豪岳于雙冢古南北兩峯高猨洞
披紅葉龍湫品素濤平生幾量屐登陟未云勞

彭剛直公祠

剛直應無愧酬知在甲兵貴能由素志富不損清名鐘鼎
銘勳業梅花寫性情鯫生曾偩廡回首歲華更

登觀海亭

寂〻鍊丹臺神仙安在哉林間城郭見檻外海潮來白傅
自茲去金蓮誰為開孤游吾已慣落景尚低徊

夜游湖中

淅瀝雨初收兩河挂郡樓可憐湖上月不作宋時秋入世
身將老看山興尚幽良宵誰與共獨自盪輕舟

游南屏山過淨慈寺

秋氣已凜冽客懷尚煩燠南屏一爽回灑然塵慮沐秀色
挹湖嶼晴香發草木窈窕雲寺深盤紆山徑曲游人眩金
翠佳境徒馳逐心賞亦已交妙靈紛在矚吾道存邱壑胡
為自縛束適己非外求覽物愜所欲停策憩松陰衆籟媚
幽獨

平望舟中

飄泊江湖笑我頑吳中風景最情幽萬家煙火多臨水三日帆檣始見山元吳景奎詩云舟過臨平後青山一點無秋氣蕭森紅樹老波光澹沲白鷗閑人間清絶松陵路不惜扁舟數往還

蘇州雜詩五首

莫雨蕭蕭又斷魂闔閭往事不須論霸圖銷盡繁華在午夜笙歌破楚門

虎邱山上多情月曾見闔廬二十回風土清嘉拋未得一年兩度櫂舟來

靈巖鞍馬太湖船回首游蹤一黯然鄧尉山前花似雪姑

蘇臺外雨如烟

夜月濠園舊稱網師園年丈李眉生廉訪易今名酒重斟鄭叔問張子毅沈旭初賞

此懷共追尋愛它清絕窯盌亦少眉觀察每讌余輩於東囊谿堂應識論交

一片心

強廣庭俞廣文蔭甫太史漢宋各門庭喜我南來眼益青兩發相思

隔烟樹載將離恨上空艙

武昌聞陳弢菴編修凶耗

秣陵書南谷少希廉訪前數月卒隱駟又悲君騎入荊門雨黑入閩

嶠雲生寧戀微禄死孰定遺文此夜孤舟寄濤聲不忍聞

雪中度黄泥碥

蹇墟滿蜀道況值風雪寒瑶林四環列石磴中巑岏既驚阪九折還訝閣七盤斷齾齾相陛瑰奇難具宣遂升高峯頂邈若摩玉山游子眷情異僕夫愁路艱勢逸難殊念俱為哀樂牽人生等夢幻塵海空波瀾且置垂堂戒吟眺槿身間聊山可乘興何必剡溪船

玄黓執徐

春日偶成

北轍歸何晚驚心歲又新在家仍似客入幕重依人新有襲仰

詩集三　二十三

蘧方伯之聘不改金壺月，偷憐錦水春。傳經欣得士，傅生汝礪持蔡千禾書來問答正謬編受業

寄懷瞿子玖學使叙州

蓬窗翦燭漏遲遲，善憶江干話別時。赤日炎歊方擁傳，青山岑寂待題詩。鑑衡敢道臣心盡，摩厲終期士習移。今夜鬱孤臺上月，更教流影照相思。

游梓州琴泉寺

梵宇千年在，猶傳慧義名。空尋石幢字，訪千佛洞武成石幢不得獨聽玉琴聲。勝地供登覽，狂歌託興形。萃亭懷杜老，不盡古今

情

題東山寺壁

懷抱連朝得得開東山幽處任徘徊重城煙火當窗見二水鄞溪繞寺來身似杜陵長作客在無蘇軾漫流杯寺有蘇子瞻流杯池臨風忽憶南皮約張孝達尚書視學蜀中時嘗阻雨宿山集句誌事所書楹聯猶在壁間余於去冬過武昌南皮曾有集篆書之約也悵望雲天首重回

慎所立齋詩集卷第三

詩集三 二十四 慎所立齋

慎所立齋詩集卷第四

長汀江瀚叔海

古今詩共九十首

昭陽大荒落

應黎蒓齋觀察主講東川書院之聘留別親故三首

大造無停運人生安得休成都别已屢今旹復東游東游詎云惡離心眷良儔寒蟄勢方啟好鳥鳴相求條風江介來千里思悠悠帳餞感嘉惠徒滋它日憂聚散匪獨今所

媿在前修黯然顧長路躑躅岷江頭

昔蒙嚴親祚少得雖未粗中更憂患多依人易黄始頻年

兩合肥謂蔣卿觀察及仰蘧方伯誼洽東南美幕中登暇豫素食能無

恥遵義忽我招行、赴渝水懷哉諸老翁憶吳同學子

為學行多術經訓空先端時賢競新異吾敢助其瀾我友

善化公子玖學使樂育寧空言淅才既鳳翔蜀士亦鵬摶忝共

師儒責畢行義為舉但願勗終始別離非所歎

眉州舟中寄懷龔伯新庶常仲勉孝廉

櫂歌聲裏兩岸、拂面江風酒乍醒龍爪灘前春水碧暮

仿

頤津上晚山青交聯儀廙愁兮袂路指巴渝媿授經最是
夜来清夢好依然淡笑百梅亭

登空嶺石鳳山

絶壁倚青天重来思悄然峯巒雲外直樓閣浪中懸遠水
通鳥撤雄關控馬邊幾經人事改石鳳自年、

方雨初檢討舟過重慶以詩見贈作此酬之

錦水分襟纔幾日又從客裏送君歸偏舟風雨催春去萬
里雲霄任鳥飛桃葉柳枝空彷彿（君新納妾）巴歌渝舞重歔欷
寄聲帝鄉諸親友劉向傳經願不違

六月十七日集漲秋山館次雷仲宣太守韻二首

儘將歲月消黃卷，浪説聲名溢縹囊。閱世已驚身漸老，開尊偏覺興猶長。江山闃寂容高嘯，竹樹蕭森作晚涼。如此高樓如此客，旁人漫比少年場。

憑臨眼界豁然開，雉堞迴環兩水來。文字論交無俗氣，山川生色要人才。維摩疾病天花散景旭林編修以病未至，子美詩偏傍禮裁。異日渝州傳盛事，不誇河朔本初杯。

次韻仲宣之雅州任留別二首

鐵梲峯上陣雲張，旗鼓詞壇敵雁行。良會早知離別易，暇

時偏各唱酬忙（消夏吟社君詩獨多）銅河浪靜初消暑瓦屋秋澂正
霄霜聞道蒙山產雁茗一甌大好助詩腸
驪唱匆匆悵別筵寒螿聲裏月初弦相逢我惜無多日此
去民欣有二天美政流傳廉范袴新詩狼籍薛濤箋縣知
退食從容甚定有懷人錦繡篇

長至後一日作消寒會趙悔予因病未至有詩見
遺依韻奉答並呈同座諸君

傳經忝專席敢云繼瑕邱荏苒歲將莫絃誦聊可休喜此
良知集媿乏佳篇酬虛名等嚇鼠妙技驚承蜩君本澹蕩

人胡亦攖煩憂臥對爐烟裊緬想羽觴浮詞壇方中興旗鼓夜未收與其競榮利毋寧作詩囚人生行樂耳莫語非謬悠攖句凌鮑謝鬬酒闘魯鄒頳言同所好相與酬高樓

次金鶴疇韻

豪氣依然在重來續隊歡巴渝繞韻事詩酒稱閒官水落江聲靜天清日色寒梅花方破萼吟興未應闌

喜晤止久學使

隔歲兩看公按部去冬余至潼川公適按臨文星高照蜀西東涪江旌旆猶前日巴郡輶軒又朔風選士要令經術重勤官真與

古人同嗟余別後成何事縛帳還慙愧馬融

閑逢敦牂

感事三首

瀛海開新局天心混夏夷危機萌已早故轍改何遲閉說

東倭寇橫挑上國師三韓根本重望遠竟先馳

蛟鱷和難恃貔貅氣孰揚不成援屬國翻自棄邊疆鷹鶻飽

千夫血烏啼萬里霜人謀原未善漫擬問穹蒼

處處徵兵讓紛紛擁節旌異同朝議競宵旰聖躬勞滅虜

心空壯憂時首自搔鬱逌佳氣在北極五雲高

口號

弟妹友朋同怛化（舍六弟舍八妹先後夭逝，後聞張蔭廷蔡千禾之訃）國家天下總窮愁蒼茫身世千行淚蕭瑟江山萬里秋

旃蒙協洽

游張氏寓園

年來無計卜幽棲愛向郊原聽鳥啼三月光陰春欲去一家嫌屬酒同攜巴渝自昔饒歌舞遼海何時請鼓鼙北望戈鋋孤憤切開尊不惜醉如泥

次王晋卿見贈韻即送其赴南洋幕府

送君秣陵去觸我思無端江上水初發樓頭花欲殘詩才空倜儻時事正艱難何日重攜手聯吟對暮瀾

原作　　新城　王樹枏晉卿

昔年曾語子教術亦多端俗士每高論道經誰抱殘學驚天下易心識古人難君獨守師說能迴既倒瀾

聞陳右銘年丈開府湖南喜而有作

時事方多難經綸屬老成九重新賜鉞三戶舊揚旌儒豈無真效公原有盛名好持根本計不僅在彊兵

寄易五

四年前去鄂州路大風欲斷漢陽渡楚襄逢君笑口開官衙雨雪對牀住歲頂佛光尚力爭支硎鹽影徒心暮齒歡纔續文離摩黄鵠磯邊別重賦旋閩泣血似何琦還叢上書同賈傅漢家制受詎容更慨慷幸免近張遼鯨魚跋浪滄溟中遼東遼燧連山東礮聲喑啞鼓聲死蕭娘呂姥誰爲雄一朝割地何怱怱從軍博得詩篇工海宇承平且歸去武陵長有桃花紅

冶園賞菊次梅秦和李廉韻二首

天意容疏放頻來就菊花會當充小隱安用慨中華世態

蛾眉畫年光馬齒加龍鍾三十九句用蘇詩酒興偏賒
招攜二三子相與醉花陰空抱孤生感難為達莫心風霜
昭勁節天地入高吟痛飲真吾事寧辭玉漏深

除夜簡張藹卿觀察二首

日月忙裏事為人催鬢絲世情老初覺天意變難知可惜
澄清志虛捐少壯時懷賢兼感物愁對歲華馳
故人張子壽巡節喜重來好憩閑閣並行看慎府閑談經
嗟未學匡世杖通才此夜身閑否遙相勸酒杯

柔兆涒灘

消夏第一集酬王子固孝廉

五月夏初至悵然思林邱豈無附炎熱應知非吾儔事昧、
感不淺遠遊情彌適岩洞赫曦迴竹徑涼雲浮聽石臨曲
沼瞰江登高樓眷伊萬頃波欲濟無輕舟且逐河朔飲漫
懷杞國憂願與同心友年、歡此游

消夏第二集飲於張秋山館

四年前此開詩社太守風流郝講狂勝事於今猶不墜良
文從古最難忘二江常繞樓千尺三伏唯消酒百觴它日
竹林讀姓字畢拌身世異山王

得易竇甫觀察書用前韻卻寄

脫身臺嶠寧非福，還淚天衢未是狂。竇甫三次渡臺灣助戰而度伏闕陳言白下新詩何日到，新有秣陵之行赤嵌舊恨幾時忘。英雄無主休廢劍，山水多情且舉觴。采石磯邊應弔古，書生曾破海陵王。

消夏第三集次梅近愚徵君韻二首

屢踐消夏約，愧無詩句妍。操觚真率爾，對酒輒欣然。有使駒光負，空令鳥語憐。達生良可託，焉用羨飛仙。

人壽有時盡，百年胡自勞。變遷驚世事，跌宕喜朋曹。招隱

心徒切聆歌調益高祇應祖椎鈍鋭器避梅閣

消夏第四集青龍閣遇大風雨即事作歌

誰築高閣臨呀廓市塵雖近囂不呶魏武子孫雅好事呼朋置酒城之坳導江神禹跡已古憑欄正對山峙嵺會稽當塗亦何有後儒聚訟徒紛譊我來避暑寧嘗此披襟傾苦風颮飈未試仙人服椒法坐令白汗還流散炎官火繖忽收斂雷光儵爚陰雲交狂飆急雨一時作隔江不見長林梢城郭動搖水波立魚龍欲上將人抓卻疑倉皇大敵至奔騰萬馬鳴金鐃主客閉戶事防禦猛氣頓失熊羆咆

差勝淮軍呼身手委棄不顧倭人嘲須臾柯靜庵溜上日
邊霞色縣紅旖移帝風前意逾快十觴一舉無餘肴人生
哀樂類如是百年為底常惙惙要知貧賤正可樂富貴未
免叢脞嗟嗟我疏狂喜作達哦詩恥同島與郊竊闖醉鄉
無理亂投老徑欲詩書拋

消夏第五集冷雲帆孝廉首唱四律未能奉和越

十日偕也愚遊宿老君山乃借其韻以紀斯游

城居何可樂坐使熱氣侵旋對青山影長懷綠樹陰景曾
探自昔暑猶避經今不有予真約入林安得深

振衣来絶頂楚蜀望中收萬里通官驛雙江匯郡樓炎天
正埃鬱勝地是清幽頓覺詩情遠臨風獨自謳
雩天託微抱林壑愜幽衷晴有清風至渾忘赤日烘嶽應
游何長仙不羨茅濠山意良知共相看一笑中
萬壑松濤響鄰供清夜娛茗甌欣得醉湖月恨雞呼往蹟
懷塗洞前游感 石湖異寫吳中消避暑 旅石湖之上方山 吾詩聊紀事筆硯不
愧將蕪

亦園壽也愚

南船北馬壯游曾老去還看興倍增可但養生莊叟得共

知□排難尊連然蕭閒身世真奇福瀟灑胸襟即壽徵二日亦園同小住觴君媿乏酒如澠

四十生日

四十流光水赴渠醉翁迂叟渺愁余（歐陽永叔號醉翁司馬君實號迂叟皆年四十）敢云不惑科名重未免終慚教術疏貴賤百年同擾擾是非千古只紛拏先生飽食渾無事仰視浮雲過太虛

長至日賴耘芝觀察招同陳敬如鎮軍登城北高樓阻朔大雪復集衛齋夜飲對月醉歌

擾擾浮生那堪說長至俄驚又佳節壯心已頹鬢灰冷流

詩集四

光不翅風花醫宅齋寂寞思萬端感事懷人止愁絕耘芝
觀察忽我招睽步共登檣突兀座中陳四人中英地球曾
經三度閱滄瀛胡婦嘉雙攜赤嶔倭奴愁獨遏新自憐柯
江上東空向鸞天訪丹穴世事由來不可知黔游端為蜀
游設使君馮臨有深意不是娛情山水恣傳萬〻享歡在眼
前未雨綢繆長惻怛歸來我自掩閟臥夢騎白鳳上遙闕
侵晨開闔忽大州銀光璀璨雙眸豁方思浮白訓清景好
事使君展開重折酒〻應輸孟公高豪氣未甘為人奪勝家
六孃時已歸素娥娉婷出天末漫搜詩句費殘宴且澆杯

酒勸明月當前快意休躊躇莫管人間有无飢江上梅花開早開來朔同送歸舟發

强圉作噩

元日有感

五載皋比鬢欲皤神仙富貴兩蹉跎黎公（苑齋）解組張公（藹卿）逝回首良交感喟多

來鳳驛

少小頻過此驛門（距璧山縣城五十里）歸來一至一銷魂白頭父老爭相訊共喜郎君已抱孫

三河橋二首

翠柏森森已作行，五年不到墓門荒。近今潛德無人發，躑躅風塵羞欲斷腸。

捐軀地下竟從親，荏苒光陰十五春。我在世間成底事，祇應慙對冢中人。

傷顧子遠

詩名卅載動諸侯，死去魂猶戀益州。此日寓公誇舊盡，因君不忍上江樓。

寶雲菴

游人寂寂草離離檻折隄崩棟欲敧若憶當年觴詠盛百花潭畔立多時

調邑郯匡學正

老去猶堪張酒軍何來蜚語太紛紜徵歌亦是尋常事應悔頭銜署廣文

過尊經書院感舊

昔年書忤王壬父學子相仇老輩驚甲申夏致書王壬秋山長大觸其忌嗾使門徒尋仇時督部為年丈丁文誠公閱余此事亦深以為狂也世事那曾分黑白翻因腐語得狂名

冀國夫人祠

冀國崇祠傍錦官曲園楹語喜新刊年來自笑空疏甚四字還教下筆難壬辰歲余自成都寄書蘇州索俞蔭甫編修撰冀國夫人祠楹聯今始刊成或屬余題榜擬用佳俠知兵四字終未愜心

贈陸繹之孝廉

直將禮樂為身任見子能無痛傅生門人傅家子解元汝碭與君至契今春沒於瀘州道遠途窮君莫悔終期洙泗作干城

四狀元坊

昔謁升菴遺像好澄心閣下薦蘋蘩科名畢竟因人重南

宋誰知四狀元

新場

西風着意催歸客雨後山光翠欲積江浦秋容畫不成蓼
花紅間蘆花白

資州問李鼎祚讀書臺無知之者

蜀中易學趙賓開任范諸儒接踵來集解一編千古重斜
陽無處訪書臺

經浮圖谿蠶神祠作

豳風稼穡基王業農學中華近點荒怪底蠶神祠畔跡

栽罌粟不栽桑

閩瞿子玖侍郎提學江蘇

惟公知我勝劉惔三載睽離思不堪欲把愁心寄流水直
穿三峽到江南

十一月二十四日舟發重慶諸門人追餞於大佛
寺陶然永夕遂賦二章

中年本多感而況悵分襟莫問窮通理難爲出處心雲山
吳郡遠烟水洞庭深所發解維去隊歡安可尋

依依二三子置酒大江濱講藝情偏厚同學諸子前已設樂公餞歡飲三日

既後更形忘意倍真梅花探幾度前年嘗約梅屯愚祝彦番祖帳去冬又與日本加藤義三高橋橘和兩家父子探梅於此太郎偕来海游鵬鵠二兒皆隨侍竹葉飲千巡珍重臨岐語時艱各愛身

詶趙樾邨太守何崇孫縣令

落日涪陵縣孤舟別思盈詩才何水部儒術趙邠卿金石慚高唱波濤壯遠行會須辭講席時任達霞學使延余游主講湘水校經堂衍快生平

贈作　雪南　趙藩　樾邨

扁舟送君子下峽聽猿吟長至梅花釀莫寒楓樹林學

海闊不派澥怨楚何心後夜潭州月相思寄玉琴

又　　　　　　　　　　道州何維棣棠孫

尊酒江樓夕雪帆攬客思巫山峯十二何日是歸期臺

海波游踪功名各後時春風敞精舍相與碧湖湄

空舲峽對月作

飄零天地一吟身三峽危灘過已頻雲外好峯曾識我江

間明月倍宜人東川合照金閨夢北闕方虞碧海塵御幸

濁醪行處有閑尊聊遣客愁新

岳州小喬墓

一塚巴陵擅豔名流傳真偽不分明游人漫說黎邱鬼夫壻曾揚赤壁兵檻外竹搖環佩影樓前鳥作管絃聲芳靈合逐湘娥去只尺君山翠色横

渡湘水

載得離心滿客船湘江風景正蕭然美人香草無窮思都在孤雲落日邊

長沙喜晤王葵園祭酒

雪浪湖西盛事傳重逢又在碧湖邊大名已卜千秋後高誼難忘十載前槐國有人貪富貴桃源何處覓神仙歡戲

感慨將安用且復從公醉錦筵

和韻　王先謙

夫子風流蜀士傳言如揚子腹如邊峡中夢破啼猿後
雲外心飛去鶴前杜叟觴来仍作客林宗行處祇疑仙
從公且作無何飲莫認新歡是別筵

四賢詠

文正聖哲佳名世生非假德盛人自歸功高意彌下從容
迴天地誰知出儒者晚歲雖被讒終矯過能寡魯文正公
文忠晚聞道進德誰能如朝章平賊檄幕作招賢書一木

支大廈衆水赴歸墟武昌祠廟在瞻拜長歔欷胡文忠公
文襄氣蓋世至老不少减籌筆比諸葛行邊薄小范性褊
或貽譏才大終不忝遺恩徧七閩空造馬江艦左文襄公
剛直信雄偉辭官事軍旅南嶽寄靈西湖聊作主軼事
世爭傳英姿我曾覩濤迷六橋烟蕭瑟三潭雨彭剛直公

著雍閹茂

謁賈太傅祠

昔覩屈賈傳緬懷湘水隅朅來游長沙訪古心煩紆千秋
留故宅荒祠鄰左徒漢室仁多賢疇不愧真儒痛哭陳治

安寧復爲身圖惜哉年壽促服烏遽相呼才笠鍾灌忘學
漫申商証斯人不可作撫樹獨踟躕

人日同易子芴方伯王壬秋山長鄭贊侯州府徐
叔鴻陳粒𡻕二觀察寄禪笠雲常靜三上人集開
福寺

開春屢晴霽天意如人妍選日作佳游盍戠紺宇前聯翩
儒釋集列坐當塵捐清論雜莊諧騁臣情愈宣冉冉浮雲
徂悠悠雄圖遷馬上一何侈園址無遺阡仰矚春城迴卻
瞻碧湖連臨流羨潛泳總樂期騰騫任隱雖不同要各安

所便逝將逸躅親肆志終百年

登嶽麓最高頂

靈峯亘古今崚嶒鎮南服勢隨衡嶽高氣與神霄肅稅鞅偕良知口喬茂蓁比部周大孝懷副貢同游攬袂逸遠矚九疑邈已夐三湘曲且複落日萬古愁蒼茫萃心目世變方莫測年往那可復安得謝塵緇空山一庵築

萬壽寺

乘檋懷神禹尋碑弔李邕空來萬壽寺不見六朝松

別家大兄

新年鐙事了，游子又將行。新舊爭端已兆，決意不就講席。古戍莫重會，大江春水生。官師維繫意，調徐顏甫學使、黃公度廉訪、陸益吾壬秋兩山長。兄弟別離情。兩宿洞庭浦，不堪聞雁聲。

望小孤山

神人藐姑射，膚若冰雪清。獨立自千載，風濤渾不驚。江涵光淖約，石作氣崢嶸。坐使經過客，相思空復情。

上海遇門人吳筱湄、鄧晴皋、高石芝、楊宜政四孝廉入都應禮部試，作此送之

在昔嘉招來，五載下講帷。旁搜遠窺亟，所尚惟孔姬。胡辨

參鼎贋多剖周璞疑既抗希古志遑遑避違俗囂郊坰閒敖游共作山水賡句睽春花日酒載秋風時偶動遠遊興遂與諸生辭慚無飛衛技紀昌還從溪理梓瞿唐峽揚帆湘水涸何意滙江上蘇蘆屢所遇盛年寧再得浮榮安可期誰謂豪者貴咄嗟復陵夷誰謂負士輕沒世聲不虧喙縣尚勤學蹇佗曾焉師樹立亦何常盛衰猶有為處則保貞素出則隆羽儀顧剖平生言未用傷分離晚飈黃浦急春色滄溟遲京華盛人文九衢車馬馳勉矣遵脩塗無令泣路歧

蘇州投友人

寂寞平生憶故人蘇臺訪舊正吟春江城鼓角寒雲重院落梅花晚照新燕領飛騰懇定遠娥眉謠諑感靈均相逢此日唯空醉莫負尊前自在身

和韻　武進黄念慈屺懷

重逢已是倦游人寂寞滄江歲又春蛇影光陰偏易得牛車身世劇飄新四維候氣愁郎顛五際論詩攻宋均布襪青鞋將老矣煙波如畫寄閒身

又　日本松本亦一精軒

雅量能容海外人胸中應有一團春文由傾蓋終成故
情為披襟愈覺新三峽風雲歸錫琢兩川子弟入陶均
亞洲今日須豪傑珍重文章經濟身

贈俞蔭甫山長

別来八度易星霜吳下重逢感喟長鬼運驚心王裕術人
師延頸鄭公鄉歐羅空變風雲色洙泗終懸日月光天為
吾徒留此老依然絃誦滿膠庠

德清俞樾蔭甫

和韻

衰翁八十鬢如霜余今年七十八計閏則八十矣慚愧先生屬望長河

海鬼難逃世運無何有或是吾鄉紛紜時局同流水荏苒年華付電光造物不須留此老穨齡未是養虞庠

海上逢文道希學士

十載離羣白髮新喜君肝膽尚輪囷承明舊事何堪說飄泊江湖作逐臣

偕易實甫薛次申二觀察游龍華寺二首

胡來騾騎向郊原春色撩人欲斷魂萬樹桃花紅似錦龍華寺勝武陵原

如來也自愛繁華十里香塵走鈿車一樣被它人看殺兩

行紅粉萬桃花

雨霽出閶門

積雨金閶翠欲流喜逢霽景豁吟眸風和碧柳初開眼雲斂青山盡出頭終古有烏啼曉寺至今無虎踞荒邱晚歸破楚門邊路白紵歌聲滿畫樓

靈巖山歌贈梅泰雨

靈巖勝景吳兒誇千秋遺迹留夫差梅郎年少雅好事相與訪古浮輕艖往者荆蠻本陋俗文化泰伯方萌芽端委仁風渺難繼可憐後嗣爭淫奢築臺當日竭民力老臣早

歎游麋鹿陵墟卽無聲琴韻歇惟有枯樹啼寒鴉昭代行宮
且無沒何況舊基尋館娃山僧亦解談故事撞鐘擊鼓銷
繁華登高一望真區出消夏灣尚多荷花湖山如此信奇
絕來興便欲扁舟拏阿差曾雪檇李恥夫椒一戰深堪嘉
國亡猶覺勝周赧甬東不就甘自剄從古披猖數桀紂肉
林酒池何陋邪爭似梧宮寵西子留將吟料供詩家鯫生
夙慕禽眞向幸免手版趨衙虛名徼倖後何益百年身
世翻牛車天留雁境付吾輩肩令孤負空嘆嗟英君意氣
還餘子有為天馬出渥洼古寺流連不知返晚風林壑鳴

蕭郎吳中山水我能說故鄉爲用思三巴惠麓虞山不讓
此一日可到程非遐安排美酒勸君住明朝更撥琵琶

揚州女兒行

揚州江水如潑油揚州女兒擅風流不分名花稱國色直
教好鳥妬歌喉光陰有放等閒度階前廣種合歡樹樂事
惟應鳳尾知浮生甘被娥眉誤盼盼蘇蘇那足論貴游車
馬日盈門頻邀明月窺妝鏡常覓春風在酒尊綢繆秘戲
朝昏忘不識人間有風浪銀燭光搖翡翠翅金爐香拂芙
蓉帳自古歡場易作災繁華零落劇堪哀寄語樊川狂杜

牧青樓夢覺早歸來

次許豫生觀察韻

漫論樂後與憂先，老去甘將萬事捐。道學遠慚楊祭酒，才名早薄柳屯田。僕知檢點登山屐，官爲經營挂杖錢（謂彝仲芳方伯）。敢向風塵懸不遇，琴尊跌宕自年年。

秋夜書懷

井梧葉落滿閩城，秋思茫茫一夕生。萬國風雲多變態，百年人物少公評。東山正擬追安石，北海何須薦禰衡（閩陳石銘中丞、瞿止久學使舉余應經濟特科）。爲愛虎邱留滯久，老妻應悉未歸情。

次韻沈愛蒼觀察見贈

伊余魚鳥姿，性本耽湖山。平生得意處，尤在吳越間。今年辭講席，扁舟去復還。但願酒長綠，不知鬢已斑。仲春游滬瀆，初識君容顏。縞紵未及投，絲竹苦相姦。吳門再攜手，佳篇旌我頑。學憂尼山絕，時憫神州艱。扶廈需棟梁，何用援榛菅。邇覽世途隘，醉鄉差寬閒。駑馬畏難灰，心豈期朱闌。祇恐無事福，還爲造物慳。置此勿復道，妍唱方妖嫺。餘延且歡飲，莫同茂弘孱。

原作　侯官沈瑜慶愛蒼

故人自蜀歸陳兹大鎮軍爲狀元粤山海上逢江子江建霞同年
傾倒杯酒間占籍況同州相望無往還書生擁專席幕
府窺一斑蜀中變學派王廖真抗顔流傳有謬種騰沸
驚神姦云誰扶绝学正論砭愚頑邂逅偶執手陸沈憫
時艱百年潛研堂建霞爲余言先生攻嘉定錢氏之學麻絲遺蒯菅優詔
求岩巖穴論薦非等閑突兀看變化麒麟游天閑臨歧語
珍重再宴或不慳主人富文采許穆生觀察爲余置酒錄事亦都
嫻鄉人萃吳門酒腸吾方孱

江陰二首

繫纜孤城下，秋江不盡思。高風帆力健，細雨角聲雌。花落春申廟，苔生季子碑。憑臨爭讓遊，懷古一淒其。城郭秋風裏，重來歲月驟。雲霄慚薦疏，止盦學使疏薦特科，有陳伯嚴、湯蟄仙、夏伯定、丁叔衡、孫仲容、鄭沅帆諸君，而余亦濫厠其間。山水悵吟襟。敢作孫弘想，空將卓茂尋。李紫璈州府先日赴蘇州，中途相左。船窗還一笑，緣與楚人深。曩訪蔡園學使方家、易笏山方伯所，今訪止盦學使、又家仲芳方伯所，四公皆湖南人也。

惠山

自昔違惠麓，一紀及茲年。名山如故人，別久心悁悁。獨攜蘭陵酒，重買蓉湖船。入寺覓幽石，登樓品靈泉。側徑披木

葉高峯捲雪烟隱、吳會出花・震澤連極目開盡襟倚

然百慮捐曾屏俗緣事永結山水緣

東林書院

性天匪所知節操不可誣顧高信英特世豪空欲扶生既困閹豎沒還遭讒譏儒術綱自不振何與東林徒阿世巧立言為害寧區區、一自斯議倡坐令士氣孤我來訪故基臨風長嘆吁

上海喜見曾重伯編修文話別

綺歲才名重湘鄉世業存羽毛寧自惜肝膽向誰論直北

風方勁江南酒尚温八年一攜手臨别倍銷魂

贈梁星海

回首金臺十四春舊遊重話滬江濱誰知明月高樓夜猶有閑歌下淚人

泊南津關

寒雨暗江關孤舟客正還紅迷雲外樹青失峽中山信道忘川險觀人識世艱勞生真草草應愧白鷗閒

成都節署除夕

飢驅南北竟何成錦水重來歲又更幼學今方依葛相家時

（樂峯制軍奎俊幕）少陵久已識花卿紛紛絲管聞應好一一軍書掃未清卻憶渝州兒女樂（眷屬尚在重慶）團欒鐙火話天明

愼所立齋詩集卷第四

慎所立齋詩集卷第五

長汀江瀚叔海

古今詩共七十四首

屠維大淵獻

聞王爵棠方伯大足捷音

指揮遂下張嬰壘，新喜東川吉語聞。裘帶爭傳羊叔子，甲兵共羨范希文。行看鳳翮收珠貫，從此蠶叢靖亂氛。膏澤會霑黎庶徧，豈惟塗嶺欲銘勳。

立秋日夏朗谿軍門王爵棠方伯蔣舍軒劉幼丹

潘歲初三觀察邀同吳子修學使暨伍崧生羅揚庭兩山長游昭覺寺次小羅浮山館原韻二首兼示子修

散漫無心去折腰偶隨車馬過禪寮似聞佛雨飛松徑下見秋風動柳條跌宕主賓素紹酒支離身世惠施瓢羣公擔荷兼文武令讓狂夫獨避囂

傳家詩卷系牛腰雁付長教鎮寺寮三世聲名同赫奕子修之大王父秋漁太守小羅浮山館集中有自歡喜庵至昭覺寺之作其王父仲亨制軍藩蜀時嘗次其韻今子修又繼之誠佳話也兩川景物未蕭條述來祖德恩臨組酬罷天饜鹽

舉瓢自此吾壽壇情事流連不僅滌煩囂

爵堂中丞招陪府主樂峯制軍游杜公祠即席作

光燄文章照古今浣花遺址尚堪尋魚闌樹餌參差出鳥坐平柯自在吟結契謫仙真敵手受恩嚴武豈知心何如此日陪嘉宴主客形忘酒任斟

送爵堂中丞之任安徽

當年文正平羣寇獨秀山前久駐師御喜湘鄉衣鉢在更教皖水旆旌移（由晉移皖）九天雨露承恩眷三峽烟雲繫夢思經欲扁舟共東去看公談笑拯時危

和韻　　清泉　王之春爵棠

綏靖巴渝亂伏莽黔中尚費師異數已頒汾水重
新恩量許皖江移天風句好增離思雲樹吟成愴別恩
安得一舟同李郭與公籌筆濟傾危

微雪

一夜同雲釀薄寒朔來微霰灑闌干英飛絮起無多景好
向青城頂上看

上章困敦

游桂湖二首

赫赫炎官火繖張桂湖乍見已心涼簿書堆裏抽身出消受山光與水光

荷香遠近澄心閣竹影橫斜枕碧亭不惜攜尊長醉倒桂花開過再同醒

書憤

兵攻曲在我妖作釁由人謾想遐親貴危機悟果因雕鏤聯八國羽葆入三秦多難興邦日幽燕氣尚新

次子修學使將赴行在留別韻二首

離懷無限酒邊生遙望南山瑞氣橫錦里分襟成遠別鎬

京從蹕事遄征貞松勁柏論交遠弱靄輕塵報國情　聖
主不忘西狩難垂衣會見泰階平
異境天開五大洲吾生命促類拘囚每逢談海臨淄客徒
羨乘查博望侯何日重爲金谷飲此行暫向曲江遊似聞
王氣燕臺在莫認秦州作帝州

原作　錢塘吳慶坻子修

共話艱難喟息生雄譚驚坐尚縱橫長安日近誰西笑
同谷風悲獨北征各數童時遊釣地君生于蜀中余隨侍先大夫入蜀時才十歲耳難爲老去別離情成都鐙市連花市猶唱新詞醉

太平

壯懷欲躡鳳麟洲，邈冷新亭泣楚囚。曲突謀深虛上客，乘查志遠濤通侯（君有游歷歐洲之志）。五噫君抱梁鴻感，一舸吾慙范蠡游。適南道六龍迴馭，早要看佳氣護皇州。

重光赤奮若

春日習靜園中作

晴窗竹樹影交加，寂歷衡齋鳥不譁。蜂為尋春頻結隊，蟻縱卜雨屢遷家。祇期道直心無愧，但欲名高念已差。近喜官書連日少，試從郊外一看花。

十月十六日舟發成都口占留別

三載端居好，徒令壯志消。偶辭嚴君幕，重訪伯通橋。盛餞情何厚，孤征路正遥。儻游終有日，會買蜀江橈。

瀘州舟次簡翁仲芳中丞移撫安徽

泰伯橋邊鳥夜啼，皖公山畔草萋萋。何當轍澤無定坐，使懷人夢亦迷。

涇南學堂

訣經喜見趙臺卿（趙堯生編修），更有冉生同向生（門人冉激詣、向仙樵皆分任教授）。不是湘西賢刺史（謂沈幼嵐），爭教絃誦滿江城。

蘇州信李少眉家

可惜梅花館已空遂園再到感無窮異書名畫歸何處賸有淒涼一病翁

雪中登大觀亭

大雪滿天地飄然亭上游三吳雲外失萬户檻前收樹重疑將折江寒似不流千山絕飛鳥東下有孤舟

玄默攝提格

孝陵

鍾山王氣久銷亡故國河山弔夕陽傳序惜非殷太甲藏

弓酷似漢高皇帝將六代規模隨眾得千秋制度詳本朝多沿明制運去玉龜飛已盡孝陵松柏自蒼〻

青溪弔張麗華二首

入井曾同孔貴嬪麗華獨殉綺羅身陳〻文武無男子殉國唯聞一美人

結綺臨春未足嗟迷樓它日更豪奢暮年猶自隨巡幸地下應憐沈婺華

繆小山編修招同陳伯嚴吏部游清涼寺訪井闌

保大三年字飲于掃葉樓復過薛廬

莫問南唐事招攜興有餘山光落杯斝春氣入林墟何處堪逃世亡年擲卜居烏龍潭上去更訪薛公廬薛尉農年丈舊居今顧石公廣文寓此

弔袁簡齋墓

隨園亭榭淪春草落日荒涼賸故墳消受山林文字福古来才士盡輸君

登北固山多景樓

寺樓突兀插雲霄孤窗憑臨逸思饒很石英風想權備名山勝景峙金焦隔江霧重常疑雨到岸颿遲正落潮浪迹

天涯將白首，欲從此地狎漁樵。

婘屬自成都至安慶

浮世誰非寄，何妨處處家。安園欣共住，忘是客官衙。

金陵試院中秋

十年已了觀場夢，余自辛卯後遂不復應舉 作客還從鎖院遊。仲方中丞充監臨遠同入闈 骨肉一家心四地，時眷屬寄居安慶撫署，室人以視適張氏長女往蘇州，庚鷄兩男皆留学日本 江山六代月中秋。治經尚守荆公學，第三場仍以經義試士 對酒寧忘杞國憂。歌管秦淮空想像，金陵試院在秦淮側 怕孤良夜獨登樓。

和韻　　長沙徐樹鈞叔鴻

江郎老作諸侯客，吳楚東南據上游。不盡新聞傳萬國，漫誇舊學富千秋。桂枝儘許人間折，蘐草難忘域外憂。今夜月華明海宇，向天搔首倚高樓。

又　　華陽胡延硯孫

今歲廬陵知貢舉，來陪瑣院作清遊。一簾不改古今月，萬壑無聲天地秋。晷短獨攜堂壺史，塵勞偏抱采薪憂。笑君久秉生花筆，負手看人詠鳳樓。

又　　武陵陳銳伯弢

詩集卷五　七　崇實齋

婆娑老子興不淺倚翠江南准可游忽對名場如昨夢
高歌明月又中秋長天自吐魚龍氣良夜何勞蟋蟀憂
獨恨虹橋隔衣帶未陪詩酒賦登樓

又

侯官 郭曾程 南雲

夔巫巴峽稱雄地天遣才人汗漫游纔喜蓮花開淥水
又飄桂子落清秋十年善抱沈珠恨一老仍懷恤緯憂
愧我塵容渾未改高寒暫此夢瓊樓

又

義寧 陳三立 伯嚴

青溪艇子中秋月咫尺佳人隔此游獨向風簾宜燭下

臥聽蛙聲數萬秋　祖宗恩澤仍多士旦暮承平更百憂爲想煎茶伴歐九應吟殘夜水西樓

次吳摯甫京卿見贈韻

曾李傾心延國士黎張抗手擅詞雄桐城舊學千秋重皖水新交一笑同朱穆祇應師叔盛檀超偏自契文通還期都講京華去教澤行看徧亞東

原作　　桐城　吳汝綸摯甫

屠龍張叟千秋抱畫虎黎侯一代雄余往年有句云黎侯万里方畫虎張子千金成屠龍今故云尒宰木浸尋都已拱古懽寥落後誰同心香

尚書風流接肺坿仍閩族望通對子恍如親二妙可能
蹤跡更西東

疊前韻贈執甫

萬頃皖江向人碧千尋灊嶽為誰雄生才自合無今古講
學何妨有異同不覺方姚諸老遠已看歐美五洲通壯遊
聞說新書在我早神飛大海東

和韻　　吳汝綸

不見中興三數公使君天下一英雄薦衡表出朔端重
御李情多士論同鸚鵡郎君才不忝輶軒絕域語能通

可憐拭玉論兵處，祇賸危言落海東。

又　陳三立

故人未了殘年興，壇坫聲名各長雄。還笑江湖宜我老，誰憐風雪與君同。雞窗鐙火千齡盡，蜃氣樓船一水通。徐向寒梅弄光景，細香吹落女墻東。

吳先曾定吾文者，莽蒼中原有此雄。更挈悲酸成獨往，別調宮徵略能同。天威咫尺地徘徊，入日出危言肝嚮道。忍後埃塵容一喙，酒邊為指大江東。

寄徽州黃石孫太守

古之廉吏于今少，似爾清風不可攀。一事更教人羨殺，開軒日日對黃山。

昭陽單闕

吳摯甫挽詩

文派桐城自不朽，風流頓歇感同後。海內詞宗膺此人，一朝怛化亦何有。已為大力移舟壑，安用空名比山斗。傾蓋論交憶去年，雲霞契合原非偶。恨我不識曾湘鄉，聽君每道季儀叟。意氣相看尚年少，那知一別千秋久。遠道遙傳蒿里歌，白雲繖蓋空嵯峨。遺書在篋不忍視，講舍咫尺愁

經過寄聲子公（謂伯嚴）同一哭悲風颯颯生庭柯

同李紫璈縣令游惠山寺

偶憶靈泉美還僧茂室過旌忠陸祭祀（寺今為淮軍昭忠祠）選勝費吟哦山翠樓前合花船寺外多斜陽歸去好處處有生歌

水居

景逸曾居此伊人水一方懷沙追正則講學證涇陽閹禍前朝烈儒風故里昌我來聊眺久弔古意蒼茫

入都發蘇州作二首

移家新喜自皖中又向燕臺躡軟紅忙殺吳門橋下水一

時來去太息人

徵車再召媿前賢去冬爲張勳予副憲奏保經濟特科肯放由來性所便此去不關廷試事重尋舊夢十三年

煙臺

瀛舟停海澨有客意縱橫市雜蛟龍氣樓喧鼓角聲青齊風易變朱夏浪初平徑欲凌虛去之罘島上行

大沽口

落日滄波上憑闌縱目饒平蕪迷故壘劫火賸蒿萊浩蕩千帆集蒼茫萬感來匣中有長劍慷慨爲誰開

塘沽

卸罷雲帆正落潮館人延客語喧囂倚門度曲紅裙隨入
市橫刀碧眼驕遠道大車聲隱約近郊土屋景蕭條長安
咫尺翻情怯蹭蹬重來鬢已凋

京師有感

灰尋劫後淚猶潸斗覺承平氣象還無復築臺延郭隗那
堪攜酒弔椒山依、蹤迹十年事落、交游四海間游目
陶然亭上望翠微應為破愁顏

喜劉佛卿過訪

神交千里憶當年，已蜀談經各一天。魁士聲名淮向著，疇人算數范陽專。別來滄海流逾橫，老去寒松節自堅。相見不須勞慰藉，壯心豪氣未全捐。

贈喬二茂蘐

伊昔游京華，年少氣方銳。事業期千秋，意氣陵一世。稽古推杜馬，甲申乙酉間頗講杜君卿馬貴與之學論文喜莊惠。定交于伏魔寺在遠德日敦，積久心彌契。士衡再入洛，去華重下第。辛卯再見京師既嗟文道路費懷此乙出，復痛程伯瑜劉鎏仲鎬逝。驟散點何常，巴山還把袂。我橫博士經，君攻遺人制。余主講東川之五年，涪彭溫極善錢君自成都來籌葉改

活鱗藉嘉招枉羔幣丁酉冬有湖南湘水校經堂之聘共寒嶽麓書更鼓

胥江柑釣鶯方屏夢戊戌擢叢禍君幾郎曹且留滯達官病禍亂

干戈鞅相繼妄信郭京術翻助天驕勢畢華遂播遷山殿

暫倚閑崎嶇難幸平萬方益潤澈剪燭話滄桑生逢猶攬

淨蒼蒼江海空寂寂天下計良時借蹉跎虛名媿經濟相

期五畝營灌田娛晚歲

漫成

春明重作客心事與誰論衰老驚同舍渭景九林編修升沉感及

門諸門人多自河南會試報罷來京惟桂平賴生瑾漳州蕭生湘聯捷南宮國負春轉甚道喪

理無存不易途窮慟中宵有淚痕

贈樂峯尚書

内外藩無事所司職自供殊恩承紫陛晚節凛青松謗詆
文淵累狂曾杜牧容三年幕下客京郎一相從

海淀道中二首

驅車出城郭平野綠方肥隄柳迎人立風沙逐鳥飛湖光
涵禁苑山色帶斜暉景物初無異佳傷素志違
雙鶴圓明園齋名荒涼裏孤亭想像中有亭榜曰順木天字留殘碣在
名每聖湖同憶昔偕亡友楊叔嶠京卿含悽訪故宮廿年重過

此回首感何窮

奉簡瞿止盦軍機

國步艱難日形危輔政物名高々獨生位冠六尚書七部尚書以外務部為首令德能盡己狂言不諱予期公固根本寧惜老樵漁

寄仲方中丞

刻意寬民力難尤在此時雨風羣陛愜功過寸心知將母應無慝時已假歸省親回臨宦只勿欺安園誘笑處夢寐佇容儀

投贈張劭予侍郎

昔折荷花别曩長高曦亭學士嘗招余及公同徐東園尚書劉博泉侍郎陳竹香檢討殷秋樵副憲李蕴齋贊善作小有餘芳賓泉河之遊相逢花又閙十年一彈指風雨重徘徊綠蟻連宵醉青驄幾度來好賢應已過經世愧非才

大風篇

六街何來呼嘯聲大風卷地沙滿城亥天忽覺氣慘淡白日頓失光晶瑩廊瓦操操心魄悸只人莫辨東西位乍疑杞國天欲傾復訝義團兵又至威怒伊誰觸孟婆坐令木拔海揚波吹塵未入軒皇夢解愠空傳虞帝歌況值今年久無雨近畿一帶成荒土閭里空虛恐不支鬼神祈禱嗟

何補（順天府尹方請鐵牌）駭颶恆發胡為乎孤客閉户情鬱紆登徵
我欲騐洪範祛蒙今日真良圖

送王晉卿觀察之官甘肅

一別九年懷抱惡詎知邂逅在京洛入門握手一大笑容顏非昔情猶昨艱難苦憶嚴官時高言交態長嗟咨爾餘賢者尚如此世上悠悠寧足嘆且喜中衛循聲遠鑿渠利過青神壖此日謁　帝渺先容墨綬寧來繡衣返況復著書盈篋中一篇出手光熊熊戰爭博采歐洲事摹寫頗有盧陵風舊遊終自愛西蜀深悔當年定未卜蘇井還期豈

煮茶杜祠尚記同看竹暫時騷首長安城青眼高歌空復情自古學鳩笑鸞鳳從來燕石勝瑤瓊黃金臺下一杯酒起舞旋筵動星斗人生會面須盡歡莫待它日空回首君家侍劍崆峒山余亦吹簫吳市還韓孟雲龍有時遇臨岐何用涕汍瀾

雜詩十二首

儒林久榛蕪尊孔徒虛名漢宋既交訌朱陸復相爭公理一以昧異說益縱橫我聞耶教徒路得實挺生昌言排教皇百折志彌貞毅然辭所貴身命浮雲輕吾黨應愧此私

利營々安得有善人一挽狂瀾傾
凶德冠百代厥惟享破蒭以役狻論性濟其才力雄風雷
在掌握噫吁嚱將安竄壇坫盟屢渝號令辭偏工驅民死鋒
鏑坑與長平同哀々二百萬曾不動其中殘暴古未有名
舉一何隆至今已黎人爭頌巍々功好尚有如此殺運何
時終仁乎斯寡塞持論千秋公
莫親於冰炭莫憎於膠漆相反適相成水火效非一喜同
而惡異無得只有失黨分保與公莫政歐西鞅我願秉鈞
者平心究治術一泯新舊見是非真理出毋為生失時囿

也聖所疾

昔日法盛强勢欲吞全歐普國一戰潰積骸若山邱賴有得賞賜發揚針擿修嗟彼一銅工還能為國謀飽食如我輩無補真堪羞

日本三島地崛起何雄哉明治信英傑輔佐資群才去冬十二月有詔經筵開武功既焜燿講學儒臣來泱泱東海風俛仰令心哀

中土多寶山國豈貧且患堙泉渴固宜閉廩饑誰怨守變後防變作法自羈絆萬事莫不然徒供外人訕長夜何漫

漫仰視明星爛

豪傑夢大業自與常人殊膠然守尺寸豈足言遠謨彼得

起俄土時勢多艱虞內懼貴紳偪外防鄰國狙排衆用走

卒遠過猛相荷脫身游歐洲工匠相與娛但期國富強不

惜形焦枯煇煇史冊上千秋仰令圖

淮橘變為枳遷地乃弗良珍裘足御冬溽暑安可當立國

有本末法度竟何常民風各自異因時為弛張歐美致富

強厥道由通商自由與保護兩義實並行卑式斯密言在

我翻為狂如何今毗子一概而相量

孤松自堅貞百草空柔媚本無凌霄姿只合巖下寄吾愛
哥倫布尋得美洲地吾愛李西浦鑿河舟航利方其事初
行豈不叢譏議惟欲成大功禍患將安避從古有心者移
山亦覺易人定可勝天因循竊自棄愚公百世師用激懦
夫志
史傳有酷吏司馬開其端臚陳慘毒狀讀之心鼻酸卻憶
董生語孔子為刑官斷獄與衆共初不敢自專西國廢刑
鞫更設陪審員彼族重民命意乃符尼山寄語湯與周勿
徒矜野蠻

往在閩閩時菜齋視歐墨一旦撤藩籬鼻鼾睡臥榻側敦槃
朝尚殷矛戟夕相逼不知四國多所失寧有極攘夷議固
非媚外計詎得大邦不自強畏人毋乃惑
周官大行人協辭諭言語南蠻鴃舌者不為子輿許奈何
生同國相對詞難吐含意俱莫伸何以聯心膂同國語貴統
一歐義非無取彼啞教可施閩粵胡自阻

懷益吾祭酒

白首畢比丘愛才論文何日共銜杯寄園江陰學署風雪葵園
月夜、、更番入夢來

奉贈張治秋冢宰

往者舟曾共思心廿載殷懸衡王武子興學范希文四海才非乏中朝論正紛匯、無限意竊比野人芹

得鄭蘇戡吳淞口海籌兵輪書

才望南閩誰最優斯人矯、異時流論詩不數高廷禮堪事端推沈隱侯西林岑雲階制軍愛士古無比相邀共渡粵江水遠道書傳碧海邊離人心碎黃塵裏桂嶺行看奏凱歌貔貅無事吏民和請君沽取羊城酒一為殷勤弔尉佗

偕趙堯生編修登玉山峯

攜客岩嶤上，憑臨意自閒。浮雲滿天地，落日映湖山。雉堞風沙外，龍樓縹渺間。更欣歸路好，汲取玉泉還。

碧雲寺

地久稱游幸，寰嫌客至頻。松根盤屈曲，石徑鬱嶙峋。墓滅軒瑠跡，墻連御苑春。坐看巖水淨，頓覺道心親。

送青獬制軍赴蜀

漁通西去路迢迢，蔵衛何由隱患消。莫恃益州形勝地，籌邊方賴李文饒。

堯生以長歌送行作此奉詶

乍見還相送，飄々似燕鴻。薊邱與瀘水，兩地別離同。白簡

思桓曲，謂高瀔藺侍御清尊悵孔融。攜將奇句去，海上爛青童。

五月二十七日出都

去々勿復道，風烟生暮愁。居然燕市酒，不異剡溪舟。三宿

意空牽，五噫歌且休。算來廷試日，應早到蘇州。

次韻方倫叔見贈

匆々數段出都門，為憶江南素酒郵。自是山林猿鳥適，非

關京雒市朝喧。雄飛老去饒吟興，浮度年來繞夢魂。想見

趨庭聞訓早，禮詩家法至今存。

湯蟄仙招陪張樊釣學使游西湖飲于聖因寺

人才兩浙羅搜羅（樊釣時將入覲）始向西湖載酒過幾處畫船橋下歇一樓秋色柳邊多遙巒帶雨如新沐好鳥臨風故緩歌濤醉尊前君莫惜來朝江滸送明珂

寄日本白須直蘇州

客居無計遣離愁明聖湖邊屢放舟三竺僧疑天上住六橋人似鏡中游雙、髮佩風懷吳郡樓、風雲感亞洲黃菊已殘紅樹老思君空醉兩宜樓

詠蟻

莫漫輕螞蟻微生最有知合群仁愛者辨種戰爭滋隄潰千尋易珠穿九曲奇綢繆先未雨智更少人窺

生日獨游煙霞洞

清修寺裏作生辰暫向煙霞寄此身檻外江湖如可挹樽前山鳥自相親姓名磨滅傷疇代佛手巖宋人題名多已漫漶篇什流傳喜故人壁間有俞蔭甫吳子修鄭蘇戡湯蟄仙諸君詩有暇登臨應是福不須搔首感沈淪

次韻伯嚴見寄

干時苦不早學道嗟已暮空羡五畝學莫挽雙輪駐入都

後生都不自知其故仕隱初無心何有於毀譽董生述天
人徐樂言世務表正影自端皮亡毛安傅眼見眾幕危將
墜能無懼徒抱恤緯憂末由事諷諭去、且哦詩什入休
獻賦乃有支離叟賣此荒唐句會作江南游再圖嶺西赴
時柯遯庵中秦淮烟水中新春更相遇
逅約往桂林

原作　　陳三立

叔澥去京師蹴踏九衢暮喘汗忽不樂忍傍轅駒駐去
來疾風雨誰解援溺故入數盡英雄躑躅窮盛譽一樽
江海間揮袂謝塵務縱酒過狂生歸門看點傳萬方聲

諷沓寤寐噬膺懼雅廢賊民興詎可文告諭傳來詠懷
作如誦蘭陵賦發蒙砭膏肓世儒無此句側聞邊燧急
奮欲挾策起士有所負荷庶幾雲龍遇

慎所立齋詩集卷第五

慎所立齋詩集卷第六

長汀江瀚叔海

古今詩共一百零十首

閼逢執徐

半山寺感王荆公事

理財心本殊桑孔紹述謀應罷卞京今日尚留新法在保甲免役至今行之社倉為青苗遺法也不獨後儒底事浪譏評

與伯嚴別後及抵下關乃以大風無船後還城中遂同從小舟至吳園晚飲酒榭伯嚴紀以長句極

詼諧之趣因題其後

誰教江上去仍回游罷吳園更舉杯々謝東風留客意為人博取好詩來

別吳山

半載杭州住西湖着寺間頻來吟眺處難捨是吳山距樓署近暇輒登臨

次蔭甫編修贈行韻

征夫懷遠道江浦繫初飛已懶彈長鋏還教試短衣邑川兵未洗象郡歲方饑拯亂愁無術應憑說轉機

原作　俞樾

桂府五千里，翩然一鶴飛。從容籌大局，辛苦著征衣。山險境多盜，年荒民苦饑。粵西雖边地，待子轉生機。

香港

地是何年棄，經營不費才。千航環海集，萬戶倚山開。禁令人偏服，逋逃吏尚猜。斜陽下孤島，歌吹滿樓臺。

廣州逢周孝懷主事

飄零書劒有同情，此日相逢感倍生。茂苑尋山曾杖策，穗城置酒重論兵。欷歔不盡人間事，慷慨聊為嶺外行。對子

頓令懷趙壹 堯生編修君之師也 經年音問滯春雨

奉贈岑雲階制軍

輕裘緩帶自桓桓，軍令森嚴禮數寬。白簡儘將貪吏劾，朱旗爭向故鄉看。千秋交誼思廉藺 公為余言頗與遜庵中丞釋怨交驩 兩世勳名並范韓。誰識大臣心事切，雲山北望淨沈瀾。

登越秀山作

憑高延首意飛揚，江水爭如客感長。忽見木棉花似火，始知身已在殊方。

越王臺

不逐中原處真成割據才江山虛霸國歌舞想高臺偶藉任囂起終看博德來降王更南漢興廢未須哀

過菊坡精舍憶陳蘭浦

學術能持漢宋平百年中僅見先生我來無復聞絃誦閒倚桄榔聽鳥聲

題光孝寺壁

仲翔易學承三絕大士禪宗衍六傳儒釋於今同不競祇餘春樹自千年

羚羊峽

輪船浮滄流迅如鳥翼展偶與峽山契翻羨越舲緩纜纜谷颯風吹微微水雲卷日入春江兩青翠紛在眼幽石瀉飛泉孤葩秀曾巘濤美作難覯寂寞得所遣為底行役忙臨風還自莞

梧州

粵西繁盛地第一是梧州五嶺連雲樹三江繞郡樓征輸何太急戰伐正堪憂保富資良牧安危孰與籌

黃灘雨泊

今歲出門恆善雨五千里外尚相尋天容慘淡含兵氣客

路艱難驗道心淅淅孤篷朝暮滴蕭蕭兩鬢雪霜侵劇憐夜半懷人夢不是蘇臺即武林

京南舟中見杜鵑花有感

山好不知名春帆緩緩行杜鵑花發處著眼倍分明鬢髯三巴路杳茫萬里情何時沽美酒重醉錦官城

昭江寄内

何日征帆到桂州灘聲斷續動人愁深閨有夢應迷路萬巒千巖一葉舟

平峽口阻風

四面陰雲合千尋駭浪高渾疑巖壑動有鬼神號天意憑誰問吾生祇自勞年年長作客無計老蓬蒿

舟次平樂寄汪頌年學使劉幼丹廉訪

灘江新漲水連天船失中流亦偶然（頃覆舟于平峽）為報故人身健在飽看陽朔好山川

桂林即事二首

拋卻杭州入嶺行那曾有術救蒼生邊方未變猺獞習幕府閒聽鼓角聲蓮蕩杉湖休載酒柳城藤峽尚屯兵王文成與韓襄毅獨使斯人擅盛名

相思江上水如醅，獨秀峯前翠作堆。漸老詎堪投筆去，茲游原為看山來。空悲式耜松筠志，頻憶延年錦繡才。訪古尋幽吾事了，唯餘歸夢繞蘇臺。

夏日徧覽龍隱月牙七星棲霞諸勝

峯巒巖洞竅，一一各殊形。分靈盡鍾於石，奇多幻過雲。橫高帆影見，城近角聲聞。可惜幽棲地，無由遠祲氛。

幼丹廉訪招頌年學使及張光宇方伯劉良生觀察同集衛齋祖餞

干戈百粵不堪論，歸去江南一舸存。戰伐乾坤空涕別

雖今古總銷魂，漫將近事供詩料，强作歡顏對酒尊。珍重

座中新舊兩平安，書好寄吳門。

東游絕句四十首

歸從嶺嶠鬢霜加，又泛扶桑海上槎。覘國無人要領得，多

慙經術侍郎誇。（年楊中丞端方爲督駐日公使，有經術淵深之譽）

昕夕同誰數海程，良知遊侶喜非輕。（林貽書編修、劉集森良觀察）若游不

是攜兒住，（壽兒侍從）笑我真成啞旅行。

九州五島須臾過，縹渺神山咫尺間。好是日斜風浪息，海

天無際一鷗閒。（長崎舟中）

莫輕方士謬悠談，海島開基迹可探。劍璽至今傳重器，始知徐市是奇男。相傳熊趾山有徐福墓。日本傳國重器三，曰劍曰鏡曰璽，皆秦制。其立教首重神祇，亦方士遺規。竊疑神武天皇不在周惠王時也。

櫻花不見可如何，訪勝初從上野過。滿地綠雲新雨後，夕陽影裏屐聲多。上野公園

一樓高矗倚山開，三笠山星岡茶寮 風景清幽絕點埃。士族爭思存古制，抹茶特遣女郎來。抹茶即唐人點茶，其器具名式位置與唐茶經、宋大觀茶錄大畧相同。

不堪往事說巴渝，江戶重逢一歎吁。舊日兒童尚相識，迎

门含笑指鬚髯時前駐重慶領事加藤義三
語言簡默氣崢嶸廣廈千間志未成今日播州悲宿草空
留姓字重東瀛與楊星垣公使談及黎蒓齋丈感而賦此
禍亂聽君說鼠年東南疆吏識諸賢支那財政非難理加藤君嘗於庚子亂前來華游歷極言吾國貨幣不統一之害謂中央集權於財政爲尤要云只爲中央未
集權訪前外部大臣加藤高明
勳名赫赫仰維新三島謳歌徧士民莫道眞成夔一足笑
談猶見膽輪囷贈大隈重信伯爵
遲遲遶徧獨躊躇樹色池光畫不如最是行經沽酒處卻

疑身至藕香居（不忍池一名小西湖）

海國秋深柳未凋，門生（穎獻吏部）懷兒子共消搖。不知今夜多
情月，照到吳園弟幾橋。（十八夜日比谷公園眺月）

和文難解是名詞，市井言尤不易知。祇有標工稱最異，招
牌運寫大經師。

花笑翁同桃太郎，教科書頗近荒唐。（尋常小學校第一學年教授花笑翁桃太郎而外如親猿子猿及鼴兔燕雀之話皆極鄙淺蓋須知取其易知易入焉吾國以大學中庸課孩提者異矣）
道本在粗淺，高語精微毋乃狂。

夭矯青天降白龍，雷聲電氣滿高峯。臨風我欲銀河挽一

詩集六　　慎所立齋

洗人間芥蔕胸 日光山華嚴瀧

青山圍繞水平鋪著我闌身入畫圖亭閣無多神社少清

巡轉覺勝西湖 中禪寺湖

山上平湖〻上山海東勝境絕塵寰愛它孤嶼波心立一

棹中流數往還 南湖泛舟

鼓枻歸來日未曛迎人侍女自殷勤酒鐺茗椀安排久坐

對青山看白雲 米屋旅館

溫流不罅舊知名湯本親探費品評漫把箱根較優劣此

泉端合讓華清 湯本溫泉旅館

平林凝望黯心神，紅嫩黃嬌劇可人。寄語詩家須領取，從來秋色豔於春。歸途詠道中紅葉

啜茗重經馬返邨，留連渾忘日黃昏。僕夫不住催歸去，迴望名山欲斷魂。馬返茶屋

芝公園上酒家樓，楓葉初紅正九秋。歌扇舞衣明月夜，不知何處著離愁。內務省警保局長有松英義招飲紅葉館，同座福岡縣知事河島醇、香川縣知事小野田元熙暨木內重三郎、大保田政周、岩村成允，口占二絕

迷離鬢影與釵光，官妓依然學李唐。今夕不辭拚一醉，何須征戰問遼陽。

專家教育自精能傾蓋論交記昔曾何意東京風雨裏一尊相對話金陵（高等師範學校贈嘉納治五郎）

海東倏見菊花黃雨、風、惱客腸莫怪羈人歸思切憶蒓園裏過重陽（九日集憶蒓園）

傑閣憑臨曠氣粗雪中富士認模糊風前忽灑傷心淚壁有臺灣占領圖（登淺草公園凌雲閣）

羅陳劍戟與旌幢猛將丹青氣不降禹域何人誇德政竟教遺臭到鄰邦（靖國神社游就館）

交鄰七子詩曾賦海外還教韵事添酒壘篇成轉惆悵老

夫才已盡江淹 長岡護美子爵招飲即席賦長句見贈既次其韻復成一絶

舊時主義矜歐化進步年來實可誇學校如林兼學會更教講習到琵琶 薩摩琵琶講習會

輸入文明挽逝波開先功績此君多草茅事業元勳並留取芳名播教科 慶應義塾弔福澤諭吉

不嫌赤縣遠從師 君曾從武昌張廉卿文游 八載歸來未是遲擾、五洲方逐鹿可憐儒術少人知 宮島大八見過

尚武精神未可非由來強國在兵威士官畢業何珍重所日天皇降六飛 士官學校

幼年教育中央重近歲頻看出將才贏得東人誇武略倫敦亦派學生來陸軍中央幼年學校

風帆隱約樹蕭疏景色遥遥看屬畫除清絶琵琶湖畔路共誰臨水結茅廬近江琵琶湖

京都名勝推清水振策來游亦偶然獨向樹陰深處去持杯兀坐聽流泉清水寺

宮殿西京勝舊基規模狹隘等茅茨皇居不敵將軍第想見當年柄下移舊宮

春櫻空向荒川放秋菊還從大阪看卻笑柴桑陶處士東

雄氣象近寒酸

大阪菊花園

海山樓閣望中收，滿目青蒼快此游。自是扶桑風景好，歸人臨去尚淹留。

神戶諏訪山

物不相形視易輕，英雄見慣總平平。若非布引觀雙瀑，尚詡華嚴浪得名。

布引觀雄瀧雌瀧

歸船侵曉泊長崎，日落滄波啟棹遲。身在天然圖畫裏，柁樓高處立多時。

重過長崎

金陵登北極閣

傑閣瞰湖光，遙山幕府蒼。六朝流水逝，十廟野烟荒。爭戰

餘陳迹登臨正夕陽漫誇龍虎壯幾見國興亡

歲暮由十二圩乘舢板至鎮江

作客歲云暮（寄蒯禮卿觀察權局）凌晨欣解維輕舠衝浪急寒日出雲遲南越空懷古東瀛社采詩一年幾奔走嬴得鬢成絲

旃蒙大荒落

壽陸春江中丞

韶光欲去更遲回（三月二十九日也）春滿牙旗笑舉杯黌舍弘規新設置闈闡元氣舊鐃培一江咫尺鄉關接兩部謳歌使節來昨夜中庭看天象老人星正照蘇臺

和韻　　仁和陸元鼎春江

好語聯翩讀百回，新詩壽我勝銜杯。祇愁老境桑榆迫，重負天恩雨露培。擫笛未聞嘉客至，説經幸有大賢來。知名已久今相見，愧不黄金爲築臺。

奉簡王旭莊觀察

相知踰廿載，幾度聚吳門。憂國歡情減，爲官古道存。詩心元墓寺，花事盛家園。長夏多閒暇，休辭倒酒尊。

贈朱竹石廉訪

注經好家世（先德椒堂先生經注經齋，阮文達公嘗爲題額），三紀宦姑蘇。史自胸

中熟人真眼底無君久病盲吏才精綜數禮貌重文儒留得前型在何嫌與俗殊

九月十九日夜飲閶門酒樓贈顧石公廣文

乾坤尚有此詩才懷抱今宵為爾開往事難忘桃葉渡豪情都付菊花杯樓頭小雨人初醉海上微霜雁未來莫使風流消歇盡好題佳句滿吳臺

游滄浪亭與石公旭莊分韻得亭字

滄浪勝景憑誰表遷客曾傳此地經數歲栖遲留故宅三吳風雅騰芳亭殘荷帶雨猶搖碧遠岫連雲不辨青跳我

蘇鄰李眉生年丈嘗自號蘇鄰應更合講堂咫尺接朱儒余時充江蘇高等學堂監督地在滄浪亭對門

周玉山制軍七十壽詩

嵩嶽千尋峙皖江萬頃清鍾靈生豪俊報國仗堅貞早擅巖廊譽俄飛幕府聲豸衣初展布畢矣更經營顧甫投簪遂功旋導水成輸屏巴蜀遠烽燧薊燕驚元老資籌筆天驕肯息兵居然迴玉輦儼若固金城既秉青齊鉞還揚白下旌有章彈猾吏無改擾疲民衽席衝頻折胡廷夢亦爭南箕空謗議北斗自光明伊昔杯曾把於今歲屢更憐才

仍此日，知己足平生。偶負招邀摯，春初公嘗以江楚編譯書局及江南官報局相屬。寧忘眷戀誠。顧深媿樗櫟，蒙重過瑤瓊。六代山川隔，連宵寤寐縈。葭灰猶未動，梅訊已先呈。佳氣浮雙節，芳塵播八瀛。卷阿篇什在，純嘏樂新賡。

壽易子芴先生八十

蔡侯夾兩吏，胡廣尸三公。靦顏戀祿位，吁嗟八十翁。何似易夫子，早棄軒冕榮。黜焉與蜀吳，至今留清風。旬亶不偉夏，閔固無窮。高情忤流俗，惠心起疲癯。一朝意不愜，長嘯理歸篷。綴觀衡嶽外，偃臥匡廬中。偶與陶令契，寧欲謝

客同物輕己斯適道足形以充造化闢靈境娛此腴世雄

曰余感離析蕭條江海空路遠莫由覯遺思託飛鴻

柔兆敦牂

應學部之召將赴京師作

四載吳門作寓公深慚無術起儒風（余自去春充江蘇高等學堂監督兼總教習今年復代理師範學堂監督朱竹石俞蔭甫諸君恆以振興儒術相望愧無以應）詩名確士應難及經術辛楣可許同（高等學堂舊為正誼書院本沈歸愚故宅師範學堂舊為紫陽書院錢竹汀曾主講席）鶴市虎邱猶戀戀、南船北馬又悤悤、泖湖浮海偕昭諫（羅叔言約同由滬航海入都）舊事還遵教話不窮

簡劭予侍郎

特科曾忝薦學者後相招迓拙憨知己公清重本朝世情

靈變幻心事日光昭不惜同官忌賢人道未消（時侍郎已離學部）

有歎

吳下談經更上京師儒模範愧虛名（署京師大學堂師範館監督兼教務提調）

人間富貴知無分只合皋比擁一生

送午橋制軍之任兩江

時危遼瀋有英賢海外爭將姓字傳覘國吟經七萬里訪

碑搜到五千年（謂埃及刻石）中原人物思量處六代江山喜

旋（前曾署理江督）安得遠隨旌節去卜居淮水治城邊

重送午帥

暫出蜺旌向石頭驪歌聲裏薊門秋西行能使天驕讋南顧無勞聖主憂已卜勳名追畢相還期憲法定伊侯秉鈞正切蒼生望未必江東得久留

題吳絅齋侍講邑從賀書圖

茫茫家國事撐搘屬賢胤紹訓懷姚班收京感少陵搵書流布好毫筆亂離曾出本安珍重它年掌故徵

強圉協洽

辭監督職獲允將往直隸山東河南三省考察學務事而作此

纔卸皋比即據鞍，中原笑指路漫漫。借來健僕如攜劍（從馮華甫軍使借得紀綱之僕），語到名山合掛冠。齊國連鄉春色早，梁臺簫管劫灰寒。行游五嶽從今始，嵩岱真形立馬看。

青島

中華疏武略，要港讓人先。戰艦青山外，歌樓碧海邊。地形扼燕魯，國勢見街廛。為政知嚴整，因思管仲賢。

楊蓮府中丞招飲大明湖歷下亭

旗纛縣城闉御舵舟船柳岸開湖光搖畫檻山色入金罍亭榭懷芳躅賓僚集叡才淹留忘日暮歸鳥莫相催

登泰山

無限崢嶸磅礴意朔來岱嶽快登臨金泥玉檢悲秦漢日觀天門壯古今絶磴雲煙常繚繞懸崖松柏自陰森老夫祇今眺邱壑嵩華還遠期杖策尋

自泰安至夏張道中諸山

遥峯望迤邐徑轉訪勝尋幽興未闌漫道此身來泰嶽好山都作等閒看

曲阜謁夫子廟

下馬心魂肅遺容亘古留毀何傷日月志本在春秋道德光三代聲名溢五洲微言嗟久絶瞻拜淚長流

濟寧二首

泝上曾推第一州至今人物尚風流我來别有傷情處杜甫南池李白樓

自從輪舶入滄溟轉漕江淮已久停豈獨任城蕭索甚河神謝緒亦無靈

東阿弔曹子建

魏志曾傳禪代悲徽陰翳果有遺詩君王不忝稱才子慨
對嘉賓憶黍離

聊城懷古

郊原雨初歇車下來清風驅車古聊城緬想戰國雄仲連
一布衣慷慨詞如虹攻狄田單服尊秦垣衍窮生氣凜千
古名並岱嶽崇唯其勸燕將後陳管曹風得毋近捍閭心
賓宗國忠斯人行奇偉飄然滄海東事成無所取著蓋高
賈周始知天下士富貴非其衷鴻鵠翔寥廓燕雀安可籠

平鄉

詩集六　十七　所立齋

鉅鹿城已徙沙邱臺旱傾濁漳嗚咽水猶作戰場聲 史記章邯軍棘原項羽軍漳南皆在今平鄉境

宋文貞公故里

梅花一賦比閒情正直何傷宋廣平御怪論文蕭統誤微瑕白璧斥淵明

叢臺

寥落邯鄲縣登臨首獨搔荒臺無袨服故國只寒蕪高築豈虞卿善名空趙勝高信陵識毛薛差不媿人豪

魏武帝疑塚 在磁州

疑塚纔延漳水寒，阿瞞雖死亦人瞞。不知銅雀分香收淚眼，登臺何處看。

開封

攬轡夷門道，長懷游俠風。論交嬴亥少，亡國宋金同。宋金皆亡于青城，距開封城東五里。梁苑草空綠，樊樓鐙尚紅。茫茫興廢感，付與酒杯中。

汝陽二龍里

許氏當年好弟兄，至今里尚二龍名。人才此日輸襄漢，鄉黨難為月旦評。

信陽

豫楚分疆地停車喜暫過北方渾不似饒郭稻田多

許州

漢魏此興亡人猶說許昌曹劉無片土不及德星鄉

汜水道中

天設成臯險徒教困僕夫兩崖開土壁一綫露泥塗日影當中到人聲自遠呼康莊行處有遮莫怨崎嶇

洛陽二首

九朝都會劫灰留滿目興亡感不休可但名園無片瓦牡

丹今亦讓曹州

漢唐宮殿只蒿萊北望邙山更可哀眼底少年何限在不
知誰是賈生才

謁原陵

中國論君主莫如光武賢釋奴先北美稱帝後西川隱逸
頻招致元勳盡保全臨風思赤伏陵上草芊芊

孟津渡河

浩蕩黃河水曾經識武王東征誰叩馬留得地名芳

河內感李義山事

李牛黨論本多誣青史譏評直道無入幕偶為王氏壻私恩未是背令狐

小南海

湖音寺畔古礬池（即摩々小洞庭）忙裏還來進酒卮蓮葉田田自堪賞清游何必定花時

由河内至清化鎮作

氣象中原自莽蒼采風到處使車忙纔從緱氏看嵩嶽又向覃懷對太行溝洫制已恒憂水綺紈利厚偏栽桑鎮名恰與清華稱（清化亦名清華）大好移家住此鄉

輝縣

山色蘇門萬古新，況兼魚米美無倫。百泉風景真奇勝，怪底東坡未卜鄰。事見志林

湯陰岳廟

棲霞遺塚聖湖荒，廟貌長教鎮故鄉。崇祀有靈同壯繆，全身無福似汾陽。森森柏樹當階直，漠漠鑪烟繞殿香。鐵像至今人唾罵，笑它孫覿語荒唐。孫仲益鴻慶居士集載有万俟卨墓誌，極表其殺岳忠武一事。今岳廟鐵像跪地者四，其一即万俟卨也。

謝茂秦墓 在彰德府南門外二十里鋪之西

高談曾將良友聚新詞博得美人歸李王空費摧擠力異
代猶知重布衣

定州

隆興寺隋龍藏寺故址在正定府裏看晨雲府縣公讌於此車到中山日未曛
碑碣尚留蘇氏字蓬蒿欲沒請王墳荒城古木啼春鳥小
底空房聚野蜂最是松膠名浪得可憐有酒不成醺

寄瞿止菴相國長沙

七年憂國鬢如絲朋黨翻將永叔疑去位蒼黃群論惜立
朝耿介外人知曲成南嶽歸田計長憶西窗翦燭時何日

湘江重鼓棹定王臺畔話京師

和韻　善化瞿鴻禨子玖

閒埽苔磯理釣絲此生自斷復奚疑秋毫恨未酬明
主青眼惟應負舊知萬事煙雲杯酒外一鐙風雨讀書
時江郎垂老猶羇旅何日同尋采藥師

雪中赴國子監考試順天中學堂畢業感舊二首

冰天破曉驅車出落宦春明亦不閒何似當年風雪裏胡
元閣上看包山

國學重來鬢已絲獨尋舊迹意遲遲難忘二十年前事爭

道江郎七韻詩乙酉余應國子監錄科之試詩落一韻滿意除名乃竟前列聞者稱異

慎所立齋詩集卷第六

慎所立齋詩集卷第七

長汀江瀚叔海

古今詩共五十五首

著雍涒灘

年丈孫燮臣相國見過

忽枉高軒過羣驚杖履强　帝師尊尚父漢相重王商報主心何切談經趣倍長（余代賓夫協揆葉慶擬經筵講義數通丈極稱之）格非鄒嶧語吾道本堂堂

六月二十一日賓夫協揆登範孫瑞宸兩侍郎招

同劉仲魯少卿徐梧生監丞集盛輔先哲祠爲喬茂萱左丞預作六十生日因閱勵南湖自書詩冊有花甲重周歲戊申之句遂共次其韻爲茂萱壽

兩載銀臺志未申終聞　聖主重儒臣玉宸已自開經幄時茂萱方進講義錦水何須羨釣綸曉淡天懷眉壽相艱難時事歲寒身孫弘六十功名晚爭似蘇仙道眼新

登羅睺嶺最高處

憑高舒倦眼振策氣飛揚萬里同蕭瑟孤懷正渺茫悲歡隨境異登覽及身强擾擾人間世勞生何太忙

戒壇寺

崎嶇山徑馬蹄隤名刹方欣入眼纔日映霜林成彩翠天開雲壑湧樓臺煌煌京邑欄邊出浩浩渾河杖底來臨去教人還不舍九龍松下幾裴回

宿潭柘寺延清閣

西山深處訪名泉金碧樓臺映晚天二水匯流林樹外九峯圍繞寺門前肎將邱壑輸同輩前二日陳叔伊主事安偕林贊虞侍郎游此忍腥羶逐暮年此地紅塵應不到肯來無酒亦陶然

東坡生日集袁伯夔宅觀所藏蘇詩施顧注宋槧

殘本爰爲作歌

西蜀論詩推射洪名高後讓蘇長公後來箋釋凡幾輩蓺

苑爭數查慎行王文誥馮應榴當南宋時早有注施元之顯顧禧悔

精則同誰爲流傳寶是刻還是宋與覃谿翁伯夔公子雅

好古一朝入手歡何窮以三千金得之家來正值公誕日發箋四

座清復瞳名像妙墨邦滕賞直令視若球圖崇以嗟哉此本

縱殘闕猶似韓集誇祝充徐樣生家藏有宋本祝充注韓昌黎集秘不示人真可謂藏書

者矣坡仙雖世八百載精神猶與吾曹通夜半回車各歸去

仰看奎宿光熊熊

屠維作噩

答博野縣令鄧生彥芬二首

頴李師資地遥傳茂宰聲千家民氣樂四野盜源清不改寒儒態寧辭拙宦名扳轅兼臥轍於此見輿情

從游思往歲（曩者余以布衣主講東川書院五年生從游最早）惟話滿巴渝韋布名倫重詩書道不孤宦情嗟汝倦經術與時疏何似北樓上臨風傾玉壺

閏二月十一日監國攝政王班見百官于文華殿

糾業中興豈偶然金甌鞏固賴親賢武英殿與文華殿一

榜名王耀後先

寄懷陳小石制軍

鄂州兩載駐旌旗，閩道尚書鬢有絲。三戶綢繆民競誦，一生謹慎帝深知。愛才誰似王林國，契草廬傳杜拾遺。（余頃兩次上疏言事）春到南樓應更好，金臺花發倍相思。

和韻　開州陳夔龍小石

雪壓天街舊酒旗，（丁未冬間風雪中承君招飲松筠庵）漢南新柳又如絲。筆花五色入君夢，諫艸千言答　主知。庶獄哀矜民有福，（君疏請清理庶獄，奉旨允行，通飭遵辦）羣賢登進野無遺。廊廟樓賓從吟

風月北望長安寄所思

贈陳伯潛閣學

昔也春申江妍談聆玉屑今者燕昭臺窮巷枉車轍積久意彌敦多難腸自熱去國廿六年重來就胡列性猶是薑桂鬢已有霜雪四海聆讜言一心眷晚節曰余亦何為浮沈媿前哲才笑邱公退宦比潘生拙御喜莫春時原野花堪折何當共出游釋去憂思結

偶然作

飄零書劍已成翁誤向春明踏軟紅寄語孫劉莫相詡早

無夢想到三公

張抱冰宮相招議升祔大禮

昭穆新安辨最真詳見余所撰德宗景皇帝升祔大禮議高齋討論趁清晨

相公迎送渾忘遠爲重先皇議禮人

壽止盦相國六十

罷政端居久初成六十翁一心如皎日三伏有清風杯不

逢袁紹門寧署翟公縣知憂國意對酒正無窮

題小石制軍征鴻吟草二首

依戀君門切吟哦客路工茂恩錫朝馬逸興託征鴻黔國

千山繞岷江一水通空勞蜀父老扶杖望嚴公

珂鄉與帝京歷歷紀征程惓惓關天性諮諏本至誠文能敦古誼詩不掩勳名大雅茲高什當關吉甫賡

居庸關

雄關亘古鎮幽燕不斷長城萬里連時代已更攻守異於今防海勝防邊

宣化

元家無復舊宮墻遼后園空秋草荒稱帝稱汗成底事當教過客弔斜陽

張家口

亂峯雜沓塞邊關，髮帽氊裘自往還。大境門中風景勝，游人爭上賜兒山。

和趙堯生侍御登石景山詩

勞勞車馬黃塵陌，惟有西山不厭看。與客初來登石景，去年曾此渡桑乾。遥峯鳥道高秋出，廢院虬松白日寒。宦豎豐碑隨處在，應憐民力勝胡殫。

送沈愛蒼方伯之貴州任

蛾眉謠諑果何因，往事洪都那足陳。持節立教留惠澤，開

藩又見貴恩編且蘭江遠波濤靜甲秀樓高傑戟新此去
莫嫌黔地陋好恢偉略濟斯民

題堯生石景山紀行詩後

西郊嵐翠待高吟詩思親看氣象尋頓使山川發奇彩似
聞鸞鶴有遺音三秋不盡登臨興五夜難忘諫諍心抗疏
徐聞還蠟屐衡實更擬入雲深

小石尚書移督直隸來京入覲因用其丁未歲見
贈原韻奉簡

西陵弓劍瞻　先帝北闕絲綸荷　聖君報國精誠終有

濟論才新舊本無分晉公已自知韓愈謝傅何曾薄右軍
早晚秉均群望洽會看緯武更經文

上章閼茂

送江杏村歸莆田

吾宗天下士抗疏敢批鱗一旦休官去梅陽正好春夢仍
依 聖主志早養遂親闈說朝廷上還思戇直臣

重送杏村

幾人風節重壺端似爾無慙獬豸冠歸養心應 先帝鑒
報恩力已小臣殫是非可奈纏迷目遠近爭傳鐵作肝回

首舳艫何限意驪駒欲奏更盤桓

拈花寺訪萬柳堂故址二首

蓮塘無水柳無枝寺有小土山相傳即昔之蓮塘花嶼結侶來游恨我遲想像康熙全盛日但論風雅亦堪思

何妨相府作禪關人事推遷只等閒未免輸它王短簿至今祠在虎邱山

聞胡漱唐趙堯生兩侍御上巳日同游天寧寺

東風著意促輪蹏二妙尋春日未低儘有諫書傳闕下肯教游事負城西到門好鳥應迎客映水垂楊已拂隄老我

尚餘豪興在翠微重約酒同攜

送春日曾剛甫參議邀集棗花寺看牡丹

海棠過眼何怱忙零落還復嗟丁香韶光將去猶未去花王後起同真王柳河村西崇效寺一朶乍開賓客狂擲戀共羨歐家碧落瓌姿競說姚墟黃鬖髴擎帷立窈窕天然澀飾含陰陽群葩豈乏好顏色至竟輸爾姝而莊我來正值風日美霜鬢未免慙施嬙況聞古地鐃勝迹康雍老輩來堂堂紅杏青松有題詠於今皆被它人藏世態百變花不變對花能勿傾千觴吾曹此日且為樂莫問北勝還南強

自笑

署尾官書事有常（時在學部參議上行走），身兼兩校太奔忙（今春充大學分科經學教授，又兼總理女子師範學堂。頃經選爲資政院碩學通儒議員）。如何又竊通儒號，新得頭銜比議郎。

四月二十八日紀事

養心殿外雨初晴，入對賢王淚欲傾。底事時危言戇直，曾無一語詰書生（是日召對，痛陳上下相蒙因循欺飾之弊，攝政王頷之而已）。

雨中巡河黑岡

偶隨風雨到河干，惹得居民擁道看。使者不嫌泥濘苦，惟

憂農事未曾完

河上中秋

老去饞教作宦游茭防催節未能休蒹蒹野色團團月浩浩河聲寂寂秋學道自慚違世好安瀾畢竟賴人謀河神有大王將軍之號依傳靈異大率附會不經惟朱公之錫栗公毓美曾任河督皆有名績有懷此夜同誰語夢繞春明舊酒樓

自鄭州乘火車抵偃城次夕至周家口

鄭許經過匆匆弔古情方嗟城潁誓更悵召陵盟連日風兼雨同官送復迎豫東繁庶地何計阜民生

扶溝道中

民困何由濟，歸途但撫膺。舊河思賈魯，異鵲感雕陵。文告知無益，征徭恐不勝。卻懷程伯子，治術至今稱。

重光大淵獻

海棠花下作

紅雲長傍綺窗浮，春自繁華態自幽。富貴偏能遠塵俗，神仙端合擅風流。梁園鬬色爭京邑，香國虛名笑益州。蜀中無西府海棠，僅有貼梗、垂絲、木瓜三種。眼底主人原是客，明年誰此繫清甌。

三月一日赴豫河工次察視春鑲出汴梁北門

霖雨方憂潦，朔來喜放晴。春應隨汛至，沙欲與城平。土瘠農偏惰，官多盜益橫。時艱今若此，慙愧說豸衣榮。

鄭中巡河

黃沙一片接遙天，浩浩長河望杳然。測繪方形周髀數，宣防頻費大農錢。清流豈爲禍悲愍世，淨水神功想禹年。騶從屏除僚吏卻，獨來徙倚綠楊邊。

廣武原

楚漢龍爭付逝波，依然廣武舊山河。卻思阮籍傷心語，自古成名豎子多。

漱唐先生自京來踐嵩少之約會于滎澤東次同

至鞏縣阻雨口號

剋日安排作快游忽遭霖雨滯東周平生屐齒聽未慣未似今朝特地愁

游龍門宿潛溪寺二首

名山暫便屬吾曹探勝休教負此遭往歲過洛擬游伊闕因雨不果千樹桃花伊水岸賓陽洞外石樓高

作吏梁園歲倏更嶓冢五嶽未能平今宵塵慮渾應盡欹枕禪房聽水聲

香山白文公墓

池上篇空誦高風不可攀一墳傍伊水千古占香山詭遇憐元稹閒情寄小蠻白亭築應好余捐俸創建白亭屬洛陽陶知縣炯照董其役貪競合匾額

少林寺

轘轅關下路漸喜入深幽少室當門列清泉繞寺流棟梁餘壯麗碑碣足尋搜最是林間月多情照客遊

達摩影石

初祖觀以心宗風啟不二面壁影長留墨亦同文字

嵩山

惟嶽非必高雄厚自難覩巖留太古雪澗瀉萬年溜升中漢已愚封禪周益陋俛仰飛鳥外浮雲滿宇宙

過嵩陽觀宴會善寺

初經宋書院還訪魏離宮勝迹嵩陽在雄圖拓跋空開窗延嶽色把酒向松風相與題名去重游許再同

洛川

桃花灼灼柳鬖鬖洛浦微波鏡裏涵嚮晚遠山帆數片此身疑又到江南

經宋陵

帝業人間幾廢興空餘翁仲尚崚嶒我來秣馬芝田鎮獨
立斜陽弔宋陵

次韻王痛山方伯留別二首

判袂春明歲未期夷門再見詎嫌遲君由京兆尹權鄂藩
不數月調豫須又移
黔一尊匆匆還相別萬事茫茫那可知寤寐猶為蒸庶計
廟堂長繫遠臣思黔南地僻初非謫感召 皇恩意自怡
置酒繁家舊日臺雖無琴瑟且徘徊是非無定今猶昔聚
散何常去復來入仕幾人能守道濟時乏術可豐財余總
君任

正度支匱乏之歲出不敷甚鉅當力求節用以期收支適合會須同買岷江棹先墓抱取遺編老草萊

王仁安觀察見示新詩有日夕祇坐歸田園之句偶觸所懷遂次其韻時辛亥八月十七日也

我自去夏離燕闌作吏無救民飢寒平生抱負竟何在對此剪燭真靦顏飽食安坐無所事監司久已成枝官百日旬宣幸免戾徙倚中夜懷千端軍國度支困非易閭閻生理良獨難善善安瀾又可冀茭防再領身逾閑比者東南苦多故荊吳同患江水漫兵禍蜀國猶未息側身西望愁

岷山封疆即鉞豈不偉可堪萬古相譏彈自古高位革憂志不如寤歌阿與千嗟我性本愛山水登臨趁未成癱殘今年準擬投劾去壯志付與秋葉刪詎知君亦有此意新詩入手渾忘餐吾輩孤直合早退屈曲徒使心煩寃人生出處各有道何必隱此稱招閒一事輸君勿自沮故鄉曾無三畝園

題人西山紀游圖

大好名山在近畿眼中林壑是耶非兩年梁汴成何事孤負蒼生與翠微

十月十二日去官

作抛印綬覺肩輕，一笑臨風倍有情。莫道遺榮身退早，滯留已自愧淵明。陶令在官僅八十餘日，而余已十有七月矣

天津題堯生所藏唐人寫金光明最勝王經堅牢地神品第十八卷即送其南游

論交自巴渝，慇慇廿年事。中變幾別離，每見輒狂喜。秋泛木瀆舟，春攬江亭勝。嵩嶽纔題石，津門還避地。燕雲舊雨招，湯蟄仙將印滄波驗。臨岐詎無感，匡時亮有計。言笑怨敵伏，指顧人天利。伏怨敵，利人天，皆經中語 願君葆此經，毋忘堅牢意。

詩集七　十三　齋

慎所立齋詩集卷第七

慎所立齋詩集卷第八

長汀江瀚叔海

古今詩共五十九首

玄黓困敦

次韻荅胡梓生編修

俗狀何堪說汴梁休官塵市亦滄浪北山不用嘲逋客西蜀遥憐似故鄉夢裏錦江流浩浩愁中韶景去堂堂臥龍事業非吾分擬傍成都學種桑

偶檢故篋見亡友范肯堂壬寅歲金陵見贈之作

因追和其一

自君悲宿草世竟少斯人志節甘違俗文章作絕塵良朋
多下世遺墨幾經春早死寧非福傳看羨慘神

原作　　　　　　通州范當世肯堂

來茲偏求請吾畫復何人百變成徵尚重哀感舊塵一
江前後求六代送迎春於此著君我殘陽倍愴神

昭陽赤奮若

津門書感

七二沽邊歲兩更空隨野老盼承平志蜂久已無生氣跖

蹻居然有盛名亂後山川偏易感春來花鳥尚多情樽前且置人間事閒對東風酒自傾

次許汲侯韻

廿年前早嘆危機此日孤雲何所依不信雅詩真盡廢惟應吾道未全非天涯浪迹憑誰共海內清門似子稀舊夢前塵無可說相期料理芰荷衣

得門人黃季剛上海書卻寄

惜別心方切書來倍愴神白河雄酒薄黃浦戰塵新道直寧諧俗時危合愛身吾衰應已甚大雅望扶輪

讀晉書調熊秉三

莫笑新亭泣楚囚人才典午自千秋堂堂勳業温忠武尚是當年第二流

閼逢攝提格

京師閒居

世亂家安託飄飄任轉蓬年今判新舊心久濟窮通先代遺書在諸孫樂事融過從有詩先謂柯鳳孫學士莫放酒尊空

寄懷唐春卿尚書

對宇津沽日頻叨叟後過心終依鳳闕夢尚在漁蓑桂嶺

歸難遂廣書注若何衰年空作達憂慮損天和

旃蒙單閼

元日

桃符椒酒尚依然不信滄桑有變遷卻喜團欒還此日可堪六十是明年萬家簫鼓清時樂幾輩松筠晚節堅綿蕞皋比都已倦祗應談笑送華顛

和韻　侯官　陳衍　叔伊

與君蹤跡頗同然分講毛萇與史遷（同官學部同任大學講席君講毛詩余講史學）新舊皋比凡幾易後先綿蕞隔三年歷持旌節來

何慕君官中州首道布政使未久不潤脂膏守自堅改革後授蜀運使不赴吏
有虎兒扛鼎筆翊雲世講羨伊繼米家顛。

獨生感詠

萬事如今異昔時陳編獨守更無疑灌園佳話張文翊聽
笛還悲向子期人以疏慵消忌嫉天教强健閱新奇止餘
一片松楸念學遠心隨落景馳

挽楊範甫

吾道正衰歇悲君朝露先立身謝疲苶興學遘屯邅狂字
千秋後文期十載前戊戌春因亡友何梅生識君于上海大章同講授回首

意遠然

陳石遺新立詩社率爾成篇

幽州節候晚草青春已深陳侯眷芳景招客相酬吟灼灼桃始華垂垂柳初陰留連趁佳日顧盼皆南金澄觴盈清醑諧談雜良箴燕歌終愛若楚村方盛今（同社十人周少樸樊雲門左笏卿易實甫皆楚產也）伊余怯大敵百戰非所任會作壁上觀敢以偏師侵

上巳日禊集十剎海酒樓分韻得蘭字

周禊記薰草鄭祓載執蘭光溢洛川側雜遝曲江邊稽亭

世獨重端賴文字傳況此富家盛屬值陽春妍惠風煦萬物方軌集群賢柳新有佳色潭清無急湍翠映樓上危青挹城西山瞻水通禁苑鳴禽代絲絃游心寓塵外騁目淪漪間浮生詎勝處處欲難爲歡且共樂今日無令外患干

法源寺看丁香花

修禊纔過重三節看花車馬又填咽城南古寺名憫忠丁香滿院香正烈青衣天子迹已陳（趙子砥燕雲錄云淵聖自雲中駐蹕燕山憫忠寺）縞袂仙姝豔真絕亭亭素質本天生不待珠璣而玉綴細葉剪傳杜甫吟（杜子美詠江頭丁香云細葉帶浮毛疏花披素豔）繁葩莫訝潘

妃結溫飛卿詩潘妃莫結丁香花憶昔此地作詩社趙生堯胡峯漱東西悵
久別去歲還同湘綺秋壬子來坐對春芳忘日昳喪回花下
復今朝花應笑我鬢髮多雪世間名利等電浮眼底光陰如
電瞥未須閉戶注蟲魚但恐隔林聞鶗鴂一身閑散容疏
放四海安危賴明哲聊復商量文字飲後約更為牡丹設

哭于晦若侍郎

老成日凋零海上來凶訊結交三十年君我皆白鬢回首
蜀吳游流光真一瞬靈巖騷屑睽峩頂衣同振縱談任詼
諧立身何篤慎廿載合肥門同舍多英俊勢去身獨留遇

詩集八

深宮不進晚獲陟卿貳猶戀提學印乘槎非所欲抗言新
法擯君名滿天下知君實亦僅徽號議　孝欽定獄辨肅
順惟君有公心修史庶足信嗟哉一遺臣胡為騎箕迅生
存本無歡心早如幽櫬一瞑萬事畢何用論松蘚

北海荷花二首

環島瑤臺迹未湮藕花依舊色如新誰言此日繁華盡無
數紅妝映水濱

朝局匆匆五代過芙蕖渾似故宮禾興亡滿眼無窮感值
得詞人幾度哦（季剛每過此輒有詞）

公園泛舟戲示門人胡文瀾

斜日同來泛御溝，蕭蕭壇樹鳳城秋。將軍武力渾無用，聊為先生盪槳游。

述懷

少小猶目前，蹉跎成耆艾。光陰何飄忽，造化真狡獪。幾度閱滄桑，頻年混塵壒。世寧患士崩，士正參雲會。居然利祿攖，仍復文章賴。笑我託生微，看人策勳最。遠恥口而織，寡營心常泰。慙無國事補，幸未民生害。縱觀宇宙間，抗懷風塵外。匹夫志難奪，死生未為大。服務民國可也，贊成袁氏帝制不可也

詩集八　慎所立齋

重至天津作

逃堯古有人避秦今無地可憐津滬間同情外人庇

柔兆執徐

王莽

五經顛倒劇堪哀勸進群公枉費才威詐已窮災禍至猶將符命抱漸臺

大連舟中

乙得閒身可自由一家生計不須憂榮枯端是尋常事山水寧忘汗漫游雲外晚虹成異彩天邊寒日似初秋澄波

浩渺魚龍靜，頻倚闌干數倦眸。

旅順逢白須直

吴門舊雨散如煙，十載重逢渤海邊。別後滄桑不堪說，一尊聊復醉鐙前。

關東民政長官白仁武招飲酒樓即席口占

爭戰當年迹已陳，雞冠山色尚如新。從知異地招尋樂，總為同洲氣誼親。天水空明樓近海，笙歌雜沓座生春。吾家於此留佳話，一歲中來三代人。去歲兒子廣因考察東三省司法過此，今余來游，長孫勉侍從。

詩集八　七　紫寶齋

星浦

雨餘風景信悠然，入畫人家樹色鮮。獨坐荒亭對滄海，酒懷無限夕陽邊。

遼陽

蕞爾高麗敢自驕，武功專代勝隋朝。如何詩少風雲氣，每託閨情怨戍遼。

寧遠弔袁崇煥

督師冤毀久紛紜，才氣當年自不羣。德勝門邊鏖騎滿，何曾禦敵有奇勳。去年有以項城爲元素後者，於是多省紛紛以特祀爲請，殊可笑也

山海關

蒼莽海山間，風雲自往還。所清餘廢壘，遼瀋出雄關。城矣防胡淺，師據已敵屬。我來懷古迹，無戰戍樓閑。

周玉山尚書見訪敝居賦贈

老來志氣自清所，矍鑠精神四座傾。分陝曾爲周二伯，橫經猶是魯諸生。方若釁易辭㔙消强國功無匹，謂庚子拳匪之亂佐李文忠與八國聯軍議和事惠洽遺黎政有聲。宦直隸最久此日津沽共留滯，舊游還話錦官城。初相識于成都

九日登遙集樓

詩集八　紫寳齋

又是重陽節獨登遥集樓新自天津移居京師還從日落處凭檻望

刀州

奉懷徐弢齋相國輝縣

綠野堂新號退耕遥知心比百泉清園林部署閒經濟山水徜徉見性情傅說早符霖雨望酇侯原是昴星精月之十三日為公六十一生辰蘇門舊屬前游地更欲從公杖策行

和韻　天津徐世昌菊人

蘇門山下學躬耕郤巷人家社酒清野水荒山如有意閒花幽草總關情試招隱逸餐黃菊欲訪神仙問紫精

採藥歸來天未晚一峯高處看雲行

偕石荔齋觀察游濟南龍洞寺遂宿山中

積雨初晴天氣佳城南探勝兩翁偕好遊清興還依慮要使良辰愜奇懷入山漸深景漸異林壑中開露古寺階前尚樹元豐碑洞口曾題高郵字濟南雖華若所經若山不到憩山靈紅葉繽紛儼鋪錦蒼巒匼匝如列屏千尋峭壁不可越落日還從巖下歇安得泠然御風行獨立山頭看月明

佛峪

凌晨来佛峪山寺窈而深巖樹帶秋色石橋閑水音微生樂閑放勝境快招尋腰腳差稱健高臺更一臨

重游大明湖

縱橫汊港長菰蒲浩渺煙波望裏無合並城垣除去好統教喚作龍山湖

徐州四首

笙歌日夜古彭城士女歡娛盜賊清坐鎮端資張萬福（謂張少軒）江淮草木識威名

戰伐於今且暫休舊黃河尚繞城流無窮兒女英雄感戲

馬臺同燕子樓

放鶴亭空迹屢遷，雲龍（山名）風景自幽然。當年不有蘇夫子，爭得山人姓字傳。

黄樓吹笛與誰聽，笑我匆匆此地經。待到荷花好時節，定應重上快哉亭。（與少軒有約也）

冬節

垂老減歡悰，驚心值冬節。猶憶豳風詩，二之日栗烈。寒澗正凝冰，陰雲方釀雪。邈矣歲月逝，悲哉天地閉。浮生飽憂患，了無世味悦。端操而不虧，生理詎嫌拙。且遂讀我書，傲

然謝猥屑

强圉大荒落

開封感舊

一別夷門感歲華壯心銷盡鬢霜加重游殊覺人情厚葉作舟留余住其開封道署連日自當事以次及舊時同官吏番招飲往事多慚士論誇士紳公讌於二曾祠盛稱往年政蹟包老祠荒春草徧李師巷古夕陽斜已拌三日醺醉難得宦衙是舊衙

過歸德

升仙臺廢兔園荒地本中原古戰場雪苑謠津今不作空

銜詩思過睢陽

碭山憶田王孫

芒碭風雲自古今朱三遺迹久銷沈梟雄事業人方重誰識王孫着易心

徐州逢劉幼雲同往西郊觀桃花作詩以贈之

彭城非北亦非南土風地氣南北兼燕郊百草猶未茁已看桃柳紛垂檐我友劉侯西江秀商雲温毅汀甫同是京華舊一朝薛若白門邊亂後容顏驚老瘦秦雄妻秀那滕哀郭外桃花春正開近日無戈且尋樂還教並轡城西來楚漢

詩集八　十二　紫霞齋

龍爭成往迹霸業空令後人惜千樹深紅與淺紅猶疑戰
血枝上積百年世事總成塵而況春花一瞬新聞道廬山
最堪隱仙源何必羨漁人

金陵醉後贈陳伯嚴

分襟忽一紀幾見朝代殊生逢亦云幸涕笑一時俱身世
本夢幻百歲良須臾性命且不測何言榮與枯刼今亂未
已疇能為遠圖與彼同一盡自苦寧非迂秣陵古帝國遺
迹委榛蕪黯淡石頭城荒涼玄武湖重尋兵燹後臨眺空
踟蹰惟有青溪水猶識君與吾後會安可知聊此相嬉娛

有酒宜痛飲感喟徒遐人

閶门紀游

偶思吴越去京國紓道還經梁宋间江北江南小留滯金
閶一到開心顔當年為客歡情多余自丙戌游蘇州前後流寓將七年白髮
奈此金閶何城闉裏回未忍入為念故人悲尺波清晨泛
艇山塘去门人李静修侍從指點斟酌橋邊路綿亦仍環短簿祠
蒼莨尚護真孃墓海湧山峯頭長嘯來闔閭玉匣成寒灰霸
楚雄姿只如此鬬蠻爭戰何微哉乘輿更往楓橋地雨中
山翠衣前墜誰謂詩人世所輕於今爭重寒山寺日本人函蘇去

不游寒山寺者忽覩搵題淚欲流父子捐軀陸并州文烈未遇難之前數日猶有書貽余也倉迫迴船溯流上感舊頓教心養、吴郡由來盛

園林芳舟不歇相招尋西園安及留園好老樹怪石同清

森城裏邊園風所愛已與書畫後先賣說名園增數家

儼同泖下争豪奢主人能賞曾有幾佳今過客生欺嗟我

自北游無以適盡日留連不知夕會當游衍銷殘年尋山

預置謝公屐

上海家舍

訪舊春申浦頻年幾變更關心來故相瞿止久相國見訪到互有

新聲澆俗催離亂孤懷泯競爭白頭猶善飯天未厭儒生

硤石

由拳昔屢經硤石今始及風前車暫停清景若可拾雨洗
樹色鮮煙織鳥語澀路傍小園通橋下輕船集一水相迴
環雙峰儼對揖人家畫圖裏何誰宅新葺

杭州喜晤吴子修

曩在中州日曾通輦下書那堪離亂後重憶唱酬初往者君視學四川余客樂峯尚書幕唱和甚多巴蜀詩偏好湖山畫不如此生幾相見
執手莫歔欷

獨游西湖

自與武林別魂夢時相縈迴繞湖濱路乍見欣喜并長堤

柳扶疏修嶺樓崢嶸盡湖遨遊難匹矧值春山妍秀或如美

女麗質本天成峻後賴高士傑立風裁清爽氣入肉肌逸

興凌滄瀛應情繽紛子城市何營、

從聖因寺沿裏湖登巢居閣望萬嶺

曉日照平湖春風生微浪喜見孤山笑似迎故人訪宮墻

失莊嚴園林忽跌宕憑高全湖勢萬象收一望眾紅各自

妍靈秀安可狀登閣憶逋翁對嶺悲賈相孰遂一時榮甘

貽百世謗恥辱吾幸免相羊聊自放

九曜山下訪俞恪士陳仁先

南湖幽邃絶囂塵不獨王韓頓〻鄰楊柳千條山四面風
光恰稱住詩人

題煙霞洞

腰腳猶欣健可誇纔探石屋又煙霞洞中古佛應相笑霜
鬢年〻為底加

理安寺

谿澗行將盡橋迴一寺開未須登閣去仍復聽泉來捧椀

知隹若尋碑別古台地幽稀客至山鳥莫驚猜

臨平

尋春不負武林行回首錢湖尚有情草長鶯飛三月暮客閒二月下句青山斷處是臨平

還至金陵作

無福西湖喚莫萎松寥閣亦未攀登擬游焦山未果煙霞後約留吳越車笠前盟憶友朋四海云誰為砥柱三春作客又金陵齋梁一瞬成何事賸有青山閲廢興

伯嚴送余至浦口黯然而別

江皖此中分臨歧暫延佇來會知何時相看無一語

滁州

野渡庵前草色勻醉翁亭下釀泉新韋公詩句歐公記點綴山川要有人

上巳日重集十剎海酒樓修禊分韻得延字

料峭東風上巳天京華修禊自年年共看北郭春如海還憶西湖柳拂延世正喧紛宜名芋人無少長盡豪賢歸從吴會身猶健重倚高樓作酒顛

二閘秋泛

亂餘後來還寫憂臨水次既歡濠濮情忽動江海思葭菼因風吟鳧鴨乘漪戲轉灣事已往垂綸願莫遂即此暢幽襟暫遺區中累

慎所立齋詩集卷第八

慎所立齋詩集卷第九

長汀江瀚叔海

古今詩共六十七首

著雍敦牂

次韻門人奚度青秣陵見懷之作

醉吟白傅是吾師，霜雪盈頭興不衰。忽枉佳篇驚妙舌，更教遠道憶通眉。燕來雁去空成歲，蠖屈龍伸各有時。春暖南游預相約，鍾山攜手未應遲。

遣興

鶩爭蠅最幾時休今古真成貉一邱世事儘教因懶廢吾生元不為貧憂少陵謬想千間廈玄德虛談百尺樓自喜殘年惟趣在有書連屋酒盈甌

挽陳生錫疇

大羣回首歲華更尚記論文識俊英冗賤之官留政績左思有妹擅才名（生之妹曰錫羣能文嘗在京師女子師範學堂肄業）循良未竟平生志著述寧期後世榮時事艱危人物乏臨風老淚欲先傾

鄧守遐招同王書衡傅沅叔白堅甫曹纕蘅易仲實集淨業湖高廟看牡丹守遐有詩即次其韻

朝来不斷雨浪浪，乍喜晴開謁寶坊。丹景當年花競賞（酒次余極稱彭縣丹景山牡丹之盛），郫筒何日酒重嘗（去蜀十八年矣）。人如夢得愁華髮（劉禹錫看牡丹詩云但愁花有語不為老人開），詩笑成封詠玉堂（韓琮詠牡丹詩有暮春深惹玉堂風之句）。主客從容忘仕隱，竹林原自有山王。

同作　易順鼎

一錢不用買滄浪，佳處何如濯錦坊。婁護鯖材從筆出，仲殊蜜味入詩嘗。浣花似到幽人宅，懷蘗難尋故相堂。雨後牡丹開更豔，看來畢竟勝楊王（用元作白華紫稼詩意）。

漫成

垂老身徒健匡時志本迂連年耆舊盡三年之中王壬秋林贊虞王益吾伍嶺生瞿止盦江杏邨相繼逝世萬事是非無語欲呼騶卒支應愛狗屠濡湘兵劫慘南望一長吁

高要陳母壽詩

上壽古有之而無生日禮齋講梁皇設宴樂唐帝始宋代優臣工口宣詞多靡壽文盛有明體卑意則美自壽或貽譏壽親庸可詆冠廢此禮興是亦緣義起奉觴足娛親不在外觀侈歌舞靡千金豪舉徒爲爾高要有陳君吾道干城恃賢母世爭誦名门出仙李令德早相夫大義恆訓子

勤勤教育心女學倡鄉里百折志不撓生今鬢眉恥嘉言

與懿行生平那勝紀佳兒承母教立身古人比浮榮非所

欽清名良有以持此慰慈闈應膺千鍾孝黔峽山矗矗硯

洲水瀰瀰勖哉循陔人馨潔介丕祉載詠束晳詩用博北

堂喜

蜀石經歌為劉健之作

唐政不綱鼎遷五季割據何騷然竊國惟知恃武力士

直經典誇戈鋋前蜀後蜀等三國孟昶應較王衍賢胡堂

設勵達逖隱宮掖納諫輕禪娟況復雅意好文學石經今

詩集九　三二　紫霞齋

目猶流傳首建議者毋昭裔甲辰之歲初開鏤孝經論語及爾雅德創書石成於先是時中原已多故契丹石晉兵禍延閩中戕奪亂尤極南唐吳越差安便蜀獨從容免戰伐儒生猶得勤丹鉛其後諸經茲刊石廣政迄於皇祐年禮殿屢經遭兵劫久已零散如荒煙我昔成都覩殘石幾度求訪嗟無緣喜君嗜古得此本周禮左傳堪摩研公穀雖刻自田況立石尚在嘉祐前開封石經有二體楊南仲篆稱精專共疑石已在元末昔人未見心拳拳詎知汴學存石二陳留還騰周官篇二石共八十古物有時會發見蜀經安

料無日全為君作歌復歎息連年烽火哀西川

重九日游西山諸寺二首

驢背尋詩去行行入翠微孤懷寄修竹大悲龍泉兩寺皆有高竹城中所罕見也遺迹尋禪扉端忠敏所築歸來庵在靈光寺地雅僧偏俗林稠鳥獨稀終日不聞鳥聲惟見鷄翼飛揚而已頗同魏無忌摘鷄遂生機

佳節還今日登臨樂事賒青山曾識客黃菊欲開花泉細聽疑雨楓高望若霞為貪秋色盡歸路晚煙遮

登寶珠洞絶頂

九秋景物自蒼涼絶頂平臨興未央浩蕩濁流浮積氣依

黴禁苑帶殘陽名山那管風雲變古佛能容我輩狂西蜀南閩兵甲滿不知何處是吾鄉

屠維協洽

井陘道中

漢趙交兵地今猶賸故關春生綿蔓水日照井陘山赤幟疑飄蕩浮雲自往還崎嶇失天險憑眺一開顏

次壽陽驛憶韓退之詩戲作

邊城春半寒猶重奉使曾聞吏部嗟矣我出门何所念初無巷柳與園花

陽曲傅青主祠

躍駿彎彊付慨歎，蕭然物外一身完。新祠焯爍雲甍壯，故宅淒涼土穴寒。異迹生寧懟白谷，傷心死尚著黃冠。昔人辛苦今人樂，遺老渾難比例看。

至太原作

堯墟禹迹久流傳，表裏山河尚儼然。重耳霸功留絳水，壺駘帝系出金天。遺風此日猶稱儉，保障從來在得賢。近喜桑麻安四野，會須卜宅晉祠邊。

豫讓橋

驅車赤橋邨，嗚咽橋下水。猶懷漆身人，於焉擊襄子。中行寧非君，甘為智伯死。國士衆人語，豈不合公理。寇讎腹心視，各殊鄒嶧之言亦如此。既笑子長誤，傳與專諸同。更哂希直迂，責備一何工。吟詩巧譏諷，尚有漁洋翁。畸行桂屬叔，其義原非通。物論難齊自古昔，萬事付之馬耳風。

晉祠四首

懸甕山前晉水流，叔虞俎豆自千秋。宗家莫問分珪事，封地於今訟未休。

祠下年年賽雨忙，豐碑頌德誇鋪張。世間萬事從何說，不

祀汾神祀邑姜

元魏而還幾劫灰唐叔虞祠始見於酈道元水經晉水注興亡一瞬詎勝哀

朝陽洞外千尋柏或云周柏曾見唐家起義來唐太宗晉祠銘云爰初鞠旅發迹神祠

涼堂漱玉不停聲，坐對澄泉百慮清。難老嘉名最相稱，沼中嶺亦號長生。

二月晦日重游日本發天津

長安豈不樂，忽憶東京灣。偶動遠游興，言尋海外山。殘年惟要健，奇福莫為閒。此意妻孥解，相看一破顏。攜內子及瑾端同行

泊長崎

九洲五島記曾經舟入長崎喜暫停行到扶桑春色早夕陽無數好山青

舟抵神戶新聞記者咸來問訊作此自嘲

重來兵庫縣依舊一閒身臨水登山客何勞問訊頻

荒川櫻花歌

半陰半晴三月天喚取吾妻橋下船借問櫻花何處好更從向島往荒川國華名豔扶桑東坐令桃李愧春風試看五色垂光彩西蜀海棠寧與同今人有謂櫻花即蜀中垂絲海棠者不知日本固有

垂絲海棠也游人競赴花間約，醉舞狂歌一何樂。劇憐如錦復如霞，可惜易開還易落。全家異國喜相攜，是日丙子同游，甯鷗兩兒暨其婦與瓊女、勉端二孫皆隨侍打槳回船日未西。料得它年談往迹，就中難忘是櫻隄。

游江之島

島國韶光麗，春游樂事饒。長橋通海岸，遠樹接雲霄。波撼龜樓金龜樓旅館動，天連鶴沼地名遥。憑臨歸去晚，寒雨又瀟瀟。

箱根

勝地交通便，馳驅任往還。無巖不飛瀑，有屋總依山。遠近

嵐光活高低翠色環蘆之湖上立富嶽映潺湲

宮之下即事

出門遥見海雲生振策尋幽趁午晴山翠重重開畫本松風謖謖作吟聲愛從瀑布飛邊坐頻向櫻花笑處行攜眷遠遊真得計題詩徑欲徧東瀛

登鎌倉香風園春侍山

名園结構費工夫樹色山光儼畫圖落日湘心盡上望錯將滄海認西湖

新宿御苑觀櫻會

曉風廣陌集軺車，御苑追開日未斜。黃屋遠承千載位，紅櫻爭放八重花。天光絢爛疑仙境，野色蒼茫異帝家。客聚五洲同眺賞，莫辭相對醉流霞。

吉祥寺飯田別莊宴集即席口占

雨過園林萬樹新，小橋流水碧粼粼。花纔入眼心先喜（牡丹初發），文到忘形意倍真。妙舞清歌傾四座，良辰美景正三春。老來方幸狂名減，又向扶桑作酒人。

鶴見花月園杜鵑花

海濱春色未應闌，開殺朱櫻又牡丹（蒲田菖蒲園牡丹尤勝）。最是杜

鵑花爛漫紅嬌黃嫩滿林巒

橫濱三溪園

游興老偏好每攜兒女行肩教負風景難得值春晴市遠
塵囂絕亭高海色明賞心在何許倚樹聽谿聲

嘉納治五郎校長招飲以其外舅竹添光鴻遺著
見示竝為所撰毛詩會箋乞序余既允之當令其
婦出謝

劉氏墙真快桓家女自賢三都推絕作寧藉士安傳

泛舟松島

海上日曈曨揚帆任曉風舟行群島外人在萬松中不盡奇新狀應推造化功清遊吾自足何用羨漁翁

觀瀾亭晚坐

行殿人猶說高亭客偶過年深松化石日落海生波唬鳥因風緩漁船向晚多艘回新月上清磬出煙蘿

詠夏山桃花

幾處桃花點綴工東風不醉々薰風早開爭似遲開好萬綠叢中分外紅

鹽原山中贈白氏長慶集讀謝靈運詩有感於中

詩集九　九榮齋

因次其韻

士夫之公心此豈關運数固由識不充抑亦私莫去黨同而伐異十人輒九遇論文且復然各有所偏處賢哉白尚書本與謝殊趣乃盛稱其詩大海細草樹詎似蒐瑣子是非競丹素曠世契深微玆意罕相諭寂寞空山中沈吟樂天句

過日光町憶中禪寺湖

清絶晃山湖回首情何限晚風車搖搖孤嶼着在眼

江戸紀事

交鄰舊事淡元輔（前内閣大隈重信侯爵），共產新潮歎黨魁（憲政會總裁加藤高明子爵）。更有木堂（犬養毅）崇漢學，講經欲聘老儒來（連日會晤三君，所論如是）。

帝國大學歡迎會

服部博士（服部宇之吉）相知早，都講京華久傾倒（余充京師大學堂師範館監督，時博士爲教員）。勞燕分飛踰十年，白首重逢在蓬島。舊雨新知聚一堂，滕似鄭吳交紵縞。東瀛漢學亦凋零，三島（三島毅）新亡土屋（土屋弘）老。今朝盛會感歡迎，坐覺清光滿春昊。小牧（小牧昌業）身爲天皇師，田中（田中義成）胸羅歷史稿。風雅正變探毛韓謂諸轍次橋官禮精微闡邕鎬詞林秦輔其斯文於今幸未墜是日來會者類皆斯文會中人遺編終古期相保屏除糟粕擷菁華其姓名詳於日記參合故新供論討學術尼山自有真自孔子貴公貴仁之大義不明後儒無識乃以其為一時一事而言者作宗旨此孔道所以日晦也標橫流長使冥心擣鹽谷鹽谷溫於我本故人當筵落筆擒嘉藻酒闌賦此謝諸君報返瓊瑤永為好

歸途過京都作

輕裝就道赴期還夢繞西京翠靄間定被山靈暗相笑忽教舊約負嵐山

游香界寺示文瀾

放浪纔留海外蹤翠微高處又扶筇空林無復嘷山鳥破殿曾經降衮龍師弟卅年情倍愜功名兩字性偏慵邇時自覺非才調只合清游野興濃

秘魔崖

巖洞擅靈怪莫若桂嶺西詎以巖崖小坐令心賞睽適意貴當前斟量毋乃迷水必滄海觀山必岱嶽躋區區滯迹象所見猶醯雞時值炎暑退秋風初含淒寒泉瀉幽澗穠綠覆招提胡不開塵襟翛然物我齊教游信可樂雅名妥

用題

越廿日復與文瀾游靜宜園宿就松舍

御園久荒蕪風景猶佳勝攀躋感陳迹策蹇尋幽興塵沙燕薊昔樓觀乾嘉盛高館雲作梯密林風埽徑壯麗班禪居得無乖清淨興衰只俄頃雙泉終古瑩心安貪亦樂道喪亂靡定松間玉軫聲今宵且同聽

碧雲寺懷堯生

嘉友今何處重來古寺中清泠巖畔水獨照雪髭翁

登靜福寺洗心亭

玉皇名任俗人呼（俗稱此寺爲玉皇頂）閒倚危亭望故都多少登臨權利客不知洗得此心無

戲題臥佛寺

芳池碧泉新綠殿黃瓦破群生導化難佛倦亦高臥

寶藏寺

內家香火幾時修（寺創建於明中葉今爲張奄香火院）占得金山最上頭湖水難銷亡國恨（望見昆明湖）煙巒如待遠人游（諸寺幾盡爲西人所賃居）兩朝故事心中憶千里秋光眼底收欲覓邯鄲供痛飲好教澆盡古今愁

題江杏村遺札後

直諫不沽名，吾宗道自貞。百年完大節，數紙見平生。未覺芬芳歇，能無感慨縈。宣南同飲處，回首市朝更。

上章涒灘

次韻日本西澤道寬元日見寄

江户重游憶去年，尋幽到處一家全。新詩偶得蘆湖上，清夢猶縈富岳巔。刻北雪侵庭樹早，海東春入嶺梅先。文章契合神交在，聊復因風達短箋。

為陳子宣夫婦七十壽

詩人自古多循吏，豔說鹽官惠澤深。種秫哦松無俗韻，卻瓜歸若有同心。西泠十子齋丁陸（常結西泠詩社），東漢三君數紀諶（謂哲侯昆弟）。遙喜壽逾開七秩，雝華山色入高吟。

題成竹山澹庵圖

諸葛志淡泊，華表情清澹。大名今尚垂，苦節誰能貶。哀彼多欲人，每為外物撼。不惟累一身，世亦被危險。成君淵東英，平生重名檢。一麾黑水頭，俗塵終不染。倉卒國體變，擾攘民生慘。強抑悲憤懷，閉戶事鉛槧。榮辱久相忘，膏血寧忍啖。畫取澹庵圖，風光坐可攬。繞屋柳毿毿，映階花苒苒。

翠色落軒檽清音出谿崘山庵在何許聊從畫中覓寄懷
芝茐間萬象寸心斂如君行超然曰澹知無忝舉世儻能
同禍亂應日滅

和韻　吉林成多祿　竹山

少年蘊奇懷老乃漸平澹先生雄於詩風節終不貶畫
桂性愈辣落筆五嶽撼没羽力獨到破膽語尤險一時
著作家重若金玉檢當年繪乾坤民物入渲染忽悲陵
谷更萬事付一慘白頭老儒者瀟灑事丹槧雋辯驚
延廉頑飫善噉笑看兒子輩澄清樂早攬喜公意飛騰

年光非荏苒使我麋鹿心相攜入雲嶺披圖恣一笑高吟動瀏覽平生衡斗氣到此忽一斂盟心庶無作附尾殊自忝相約三春游老懷同不減

疊韻答竹山穀讞之作

少更憂患多經世心久澹言志偶吟哦不恤人譏貶君詩壁長城偏師未許撼見褒毋乃過欲和愁韻險有如不羈士苦為禮拘檢風雨詎能驚煙墨徒受染人生貴行樂胡為憂心慘居勿羨華屋讀寧待精熟選珠空復索畫餅安可啖願同作春遊芳菲任搴攬細草玲瓏蕙疏楊煙掩苒

或訪黄花川或臨翠微岕乗岩身尚强猶堪恣登覽春來歡意饒老去狂名斂良約期早踐佳篇搆處忝安排策杖行莫使詩情減

挽石荔齋觀察二首

官久何曾富君由縣令起家宦汴二十餘年黄金散暮煙政聲應不泯畫筆可能傳善畫竹石奚跖身同殉滄桑節獨全人生終有死況過古稀年

憶昔同官日惟君結契深汴州幾離合塵下暫追尋音容重游約徒傷後死心天涯知己少墜祭一沾襟

二月二十五日獨游南窪訪龍樹院舊址今爲抱冰堂矣徘徊瞻眺慨然有作

六年不走黑窰路，偶趁春晴訪龍樹。輪奐舊新締構殊，爽回花徑渾疑誤。舊日蒹葭移亦遷，野鳥潭水尚幽然。古槐已作龍飛去，桃李紛紛空自妍。張公昔年屢游此，歎其清遠無與比。張文襄相國廣雅集詩云此地曾來一百回又云清遠無如龍樹院一朝入相少經過，感慨君臣淚如泚。廣雅集中讀白樂天以心感人人心歸樂府句一絕作于宣統元年其君民末世自乖離句君民本作君臣抱冰堂下去遲遲，想見掀髯談笑時。生前不無意相左，至今回首皆堪思。九門何止塵十丈，天

詩集九　十五　紫霞齋

留風景閒人貴老者衰慵少者忙斜日南窪獨來往

北海子修禊以靜心齋為韻三首

春心屬良辰招攜蓬萊境茲地憑五湖繁華餘酸耿高樹媚瀅波垂楊延遠嶺雲垂石洞幽泉落池館靜清趣於此得紛諠自去屏共為爛漫游流連娛晝永

柳岸理蘭棹輕舟泛海濤春風瓊華島峻塔重疊臨市郊紛漠、亭瀾靄沈、蒼茫萬古感歎忽交余心不見艮嶽石當年移自金盛衰著循環何用多悲吟

去歲瀛臺宴而我不克偕遠游扶桑東頗愜山水懷今日

修禊事更集北海齋園覽韶景窮殊觀別宮佳安全賴君子歌嘯容臺儕年年歡此會徽願當許諧

壽曾伯孚七十

我昔依嚴尹太歲方在戊花發錦官城與君初邂逅氣誼得所親槃尊時相候轄軟孟公投琴喜單父奏勞燕俄分飛陵谷忽遷留誰知二十載京華獲良覯回首感升沈對顏驚老瘦雖句閒愈耽奇書癖未售勤勤永慕心君有西山永慕圖德音一何茂外追漢吏循內符仁者壽披圖緬孝慈稱觴集親舊會隆鄉飲禮定看加六豆

詩集九　十六　慎所立齋

黑龍潭

綠雲覆澄潭，停驂日卓午。臨流畫檻涼，繞樹蒼藤古。清光映鬚眉，爽氣沁肝腑。對此一泓水，獨惜施未普。旱魃方為虐，孰慰〻農苦。龍兮久無靈，何能致甘雨。凶年咎不任，樂歲功偏詡。廟食無乃羞，於世奚所補。我來作此詩，用激龍公怒。

金仙寺

夏木陰〻拂紫雲，金山古剎舊知名。當階紅藥留春色，出谷黃鸝送好聲。僧鬢應憐雪共白，客心原與水俱清。斜陽

更上孤亭望無數煙巒檻外橫

登妙峯山

昨宿金仙寺暘臺山之腰凌晨更振策倍覺幽興饒磴道阻且脩登躋誇輕趫憑高一極目天地何蕭寥既升復又降迤邐陟山椒松柯蔽白日巖嶂干青霄嵯峨不一狀中峯形尤超嶢然出衆嶺秀色挺孤標薿焉信靈境善受愚人朝一步一拜跪而期福可徼回念成无賴萬念亦已消下山還大笑吾敢元君驕絕頂祀碧霞元君與泰山同也

黄仲厚夫人自湘來京以舊作出示有寄兄詩云

平生自恨非鬚眉今向鬚眉亦何補悵然有感

記曾親見結縭時夫人于歸時余方客其尊人易易山先生江蘇藩署卅載流光似水馳讀罷佳篇倍惆悵乾坤何處著鬚眉

志大才疏易可憐　從來謀國貴經綸

謀盡蒼生更誤身逋逃仍復恃東鄰可憐成敗須臾事忙殺翻雲覆雨人

魚樂亭獨坐

曾是宸游地高宗御筆留瀠洄亭下水寂寞禁中秋禮樂嗟何及兵戈苦未休時危值饑饉安坐愧吾儔

題周玉山尚書詩集

曩公藩西蜀，予季爲幕客。亡弟廣生嘗掌書記。走也忝下交，追陪受多益。燕薊妖言興，親貴啟釁障。一朝驚烽燧，聯軍八國迫。宦轍遂北移，與議和役。從容翠輦回，干戈化玉帛。忠誠結主知，青齊莅列戟。遂聽仁政行，四境蒙膏澤。之宗兩度過，帳坐擁山碧。重逢黃歇浦，甲辰公督兩江，余適游日本，還國，路于上海。笑語忘將夕。金陵辭嘉招，~~未抵金入江楚編譯書局未南~~ ~~官報局總辦遂與蘇州高等學堂未~~ ~~聘未~~抗顏專講席。迨公鎮百粵，我亦京師適。旋聞公去官，~~未就~~南北音塵隔。尚憶歲在亥，洛陽訪碑石。土人爲我言，歷歷

詩集九　十八

公行迹伊瀨與邱山低回懷履屐歸來攜承宣倏忽河山
易直沽再相見歎息頭愈白羨公真矍鑠猶堪啖燔炙酬
酢無倦容時還遊觀戲劇頻年屢過從今始服詩格遠符言
志旨情與理俱積生處具平生苦心想疇昔陳琳熟律令
王景識水脈決獄、寬平治河、工數先後佐元老籌等
無遺策在官四十年所至民歡懌寧知經世志百僅有一
獲天性本篤學道義堅松柏況復愛山水登臨若有癖蘊
抱亦已閎庾宋任所擇著目滄桑後能無叢憂戚吟詠步
和聲致此伊誰責日昨喜我來置酒邀過宅論詩到小子

令人頭頰赤文章今日賤舊稿甘棄擲（公德總將鄂擬付梓）世變將
安窮射虎大元斥天道有循環陽九豈長厄祝公壽百年
詩境彌開闊鳴盛終有期會看神州赫

冬日偶書

老去遊山興不磨五臺良約悔蹉跎（夏間擬踐趙次隴約作五臺恒山之游以京畿兵起中止）蕭條景物吟情減雍穆家庭樂趣多漫詫居鄰無
二仲偏教入夢有三峩何時濯錦江邊水得照幽人兩鬢
皤

慎所立齋詩集卷第九

慎所立齋詩集卷第十

長汀江瀚叔海

古今詩共四十四首

重光作噩

早春感懷

譽毀從來那有真，虛名標榜謾時人。不新不舊平生學，非佛非仙自在身。近今風氣喜言參禪及修煉之術，余皆不解。游戲歡場渾忘老，柯鳳孫、潘潔泉、力軒輩許君頗有觀劇之約。浮沈亂世詎嫌貧。東風漸暖花將發，又醉西郊駘蕩春。

詩集十

侯官林棨少旭

和韻

冲和澹泊葆天真一例雞蟲笑世人兒輩才華堪破敵王城嘯傲獨藏身千觴在手寧辭醉萬卷撐腸未算貧湖海遥知豪氣在高談四座頓生春

儒者胸懷自有真東山不出惜斯人扶桑詩卷曾驚世洛下謳歌早已身坐閱風霜標勁節食甘藜莧樂清貧冷曹尚記追隨日棖觸前塵二十春

張太夫人畫冊為效彬題二首

葉葉花花妙絶倫深閨畫筆信如神恒齋作配倪文毅不

數鷗波館裏人（太夫人胡氏字景桓，張劭予侍郎室也）

手澤君家永寶藏，先朝清望重三張（謂劭予暨治秋尚書燮鈞侍郎）。鯫生曾坐春風裏，還對丹青憶侍郎。

孝懷入都同游靜明靜宜兩園輒贈

城西佳境喜同探，回首前游興倍酣。地豈湘吳方是勝（曩嘗與君同登天平及嶽麓），世惟山水不妨貪。高臨塔頂矜腰腳，小憩松陰縱笑談。三蜀與君忘未得，我自再到老猶堪。

上巳日偕內挈兒女輩湖上泛舟

年年修禊盛朋儔，今日攜家御苑游。尚得浮生幾元巳，難

逢畫室一扁舟春烏有恨嗁黄屋湖水無情照白頭風景
不殊人事改宫花殿柳迥含愁

釣魚畫二首

澄漪亭上御書懸想見　高宗駐蹕年游幸正當全盛日
寧知湖涸畫成田

歷歷金元劫後經西山依舊繞青冢來漫作興亡感入
耳松濤最好聽

題鎮海李母八歲圖八首

侍楖歲紉

從來姑婦間難於母與子誰似侍姑人孝聲播鄉里

急智請變

火光照比鄰碧眼來何突滅燈越綺窗變竟弭倉卒

遇火整暇

仲尼問傷人子產從主祏深閨何從容允矣光前籍

振廩捍侮

温嶠謀方急翻攖外侮侵一家同避地仍抱救災心

病榻服勞

革矣曹因疾辛勤臥榻前那知生死理未忍諉諸天曹因事見

詩集十　三樂齋

容齋五筆

手援眾溺

爲奴一何苦販棗有蘇徒贖子朱忠亮仁風似此無

劇學惠鄉

興學得兩人曾聞藝仙評湯藝仙挽楊斯盛聯云東南試興学得兩人浙一商蘇一匠

閩賢毋風何如楊斯盛

然鐙照海

海色本光明猶思舟航濟安得無盡鐙照徹人間世

重游晉祠

晉源別三年，重訪胡陽洞。飛鳥如相識，臨風遞迺哢。臥柏蛟螭蟠，鳴泉律呂中。清景長若斯，時遇不可控。智愚各有營，身為造物弄。緬想古梟雄（齊神武曾治晉祠，見北史薛孝通傳），同此一大夢。伊余老作達，良游惜倥偬。夜生流碧亭（亭為門人歐山陽儲民新建），月出懸甕。

東冶鎮道中

策馬渡滹沱，行行盡土坡。終朔平地少，到眼苦人多。飽食愁油麪，高眠喜架窩。陽風雪方須，洞蠟後竟云何。

金閣嶺遇雪

羸馬難勝鳥道微崎嶇歷盡得禪扉平生此景無多見紅
日當空雪亂飛

臺山篇

茲山蘊靈異清涼名最先菩薩說法地語自華嚴傳五峰
遥相峙累土若臺然寒冰結邃古皓雪飛炎天中央特寬
廣石塔年逾千不竭亦不盈上有太華泉其北尤山峻偉危
磴生雲煙地勢壓恒嶽（近據某觀測所測北臺高出海面一萬零五十八尺恒嶽高出海面僅六千二百九十尺耳）
嵩岱難比肩其西號蕚臺天池跡久湮隋皇事
難信訪古空留連其東宜視眺滄海赤日懸涌、柏谷冰

下成滹沱川其南最幽寂不與中臺睽似閬浩水時曾繫

虞堯船我來八月秋芳草猶未舊四周烈風鳴阻客隮其

巔振衣一騁望萬象橫目前恍忽靈光搖嵯峨玉山鮮山頂

已為雪封森然百處靜塵事頓可捐無為修培塿點消紫府仙

清涼雜詠十首

如此名區傍塞塵故應題詠少詩人秀容幸有遺山在肯

識臺山面目真元裕之臺山雜詠詩云將留臺山真面目爭教俊老不曾來

趙襄嘗得寶符還代國規臨在此間想見地名今古異五

臺東垂是恆山顧亭林五臺山記云東垂為趙襄子所登以臨代國

誰見神鑾與佛光張天覺語近荒唐（見續清涼傳）不如裴點楊

家傳香火年年祀五郎（太平興國寺有宋楊五郎祠蓋本傳奇）

銅殿莊嚴孰造成五區銅塔製尤精大孚北魏名原古創

立何須託永平（唐僧慧祥古清涼傳云大孚寺元魏文帝立清涼山志乃謂建於漢明帝時竺法蘭嘗棲於此今顯通寺即大孚故址也）

一塔淩霄亘古今御詩題處寺門深釋迦舍利文殊髮無

量閻浮信仰心

菩薩頂爲靈鷲峰紅衣三百自從容輸它鎮海寺名饒風景

兩道流泉萬顆松

象教原来不免誇，況兼傳會出僧家。何人多取羚羊角，一向南山碎佛牙。（南山寺一名極樂寺，有佛牙高三四寸，長八寸，寬二寸餘，不知何骨。）

雁塞荒凉自昔時，如林寺院亦陵夷。（舊有一百二十餘寺，今僅其半。）添將綺思空山裏，端爲梅邨讚佛詩。

行宮蕪穢滿蒿萊，回首康乾事可哀。嬴得羣儒誇盛典，翠華九度此山来。（康熙朝臨幸二次，乾隆六，嘉慶一。）

錢郎莫笑裕之窮，（遺山雜詠詩云：知被錢郎笑寒乞，不將錦繡裹山川。）自古清涼句罕傳。會待来春花草發，真看錦繡裹山川。（臺山石山戴土，當春夏之交，花草叢生，徧山如繡。）

歸途有作

佛地初來證風因，歸途吟眺倍精神。峯巒稠疊渾無路，草樹斕斑別有春。墨蹟長教留古寺，余爲題通寺楹聯云：中華最初古剎，三晉第一名山。屬門人柯定礎書之。泉聲不斷送行人。今宵又向荒郵宿，重領山家趣味真。

寄題太原風峪

太原縣西有風峪，石柱一百二十六，四面全刻華嚴經。年題天保猶可讀，白晝陰森風穴門。以火束照手自捫，徽鑿熏蒸易剝落。雖無盜無竊寧長存，石柱已多損失。朱十作記三百載

無人愛惜誰之辠敢謀扶置水中亭鄭重題詩告茂宰謂歐陽廣民也

與文瀾獅子窩觀紅葉還至香山登眺

我昨湯山探霜葉幾樹初丹意未愜今朝更入白雲深光彩滿林映眉睫非楓非柿不知名誰將瑞玉新翦成青女偶旋狡獪術珊瑚火齊紛縱橫當前豔色餘無羨不惜長廊幾千徧迴車路過香山面來青軒外還來紅忽憶昔游扶桑地日光山裏秋容媚濟南龍洞亦自佳但恨虛過道林寺長沙嶽麓山下有愛晚亭人生到處須盡歡況復來日方大難南

詩集十 七 紫霞齋

北蜩螗沸未息海外正欲横相干吾曹得與且仔與袖手
何用多憂歎斜陽廿載紅葉返尤物好付萬夫看

題鄭學錄

六經不受秦政污焚餘寶氣騰烘爐漢初諸老保殘遺斯
文不墜功難誣墨守家法原自可胡為門户相邪揄孟梁
同師議既異勝建一家言各殊春秋分三詩且四入者主
之出則奴大都畢世專一藝兼綜羣籍西京無猗與高密
集厥成天地人通斯大儒囊括茂典契周孔力扶奧窔開
榛蕪惟惜世主尚讖緯大賢不免時俗拘注經自謂有失

誤據後漢書本傳戒子益恩書補首正賴承學徒八寸策論八十宗遵邪曲說毋乃愚是非麻起魏晉後雖鄭倭鄭徒區、趙宋言經書選聽坐今古義論叢塗林希乃獨崇鄭學見宋文鑑林希書鄭玄傳嘆服更有新安朱皇慶頒行取士制禮經古注初無渝專用雷莊自邪始直以魚目充隋珠近代經師號稱盛汪洋北海孽流趨或嫌詮釋過繁碎毋尋枝葉忘根株誰似司農禮用備名物博洽猶其蔡龐當年治亂告昭烈想見經國多良圖黃巾數萬拜道左盛德洵可豚魚孚禮堂隱然鄭鄉里無愧萬世儒林模流風消歇慨今日聖賢經傳

詩集十　紫霞齋

不復須才名只解蒿蒙與學術便欲師卑音遺逸務高祿
自學優伶貢媚詩偏腴識字士夫固無幾況研經訓辭詞
晡海東遂知漢學重（日本於中國舊學統曰漢學非乾嘉所謂漢學也）三禮尚廷
爲先驅囊志未就吾已老神州絶學憑誰扶翼閩當事慕
文化何不一作登高呼柴翁（鄭子尹號）此編世所棄寒夜展卷
空長吁

郿塢行

漢季失政無紀綱董卓一炬焚洛陽擁彊兵詐敵侮取寶
物築郿塢郿塢高與鄰城齊金銀珠玉不勝數自言守此

老可娛豈知煙消霧滅只須臾呂奉先腹心倚一朝能令
太師死財力丘權安足羨請看市上臍然燈

歲暮飲酒 生意冥

朔風何凜冽百象淒以清入冬久不雪麥苗無一青庫儲
正空匱愁歎寧民聽官吏少歡容士卒多怨聲獨有金張
室夜分歌未停長衢車馬塞羅綺揚芳馨一擲過百萬不
愧豪華名人生異苦樂若懸積千齡禍亂可時發念之怵
惕驚妄心任大化有酒聊自傾

玄默闇茂

上巳前一日游三貝子花園

晴光瀲瀲曉風柔，天爲幽人助勝游。池畔柳初開睡眼，花間鳥正試歌喉。禁城咫尺春先到，佳節重三禊預修。合與斯園留故實，水西墻築話雲樓。此地舊名可園，其西有話雲樓。

次韻答趙堯生

卅載論文氣味親，揭來坐斷錦江春。眼中敢道空餘子，心上時教憶故人。無辱無憂羞是貴，有書有酒未爲貧。終當把臂峨眉去，一洗盈襟萬斛塵。

聞武昌黄州兩地以歲在壬戌因於七月既望仿

行東坡游赤壁故事詩以張之

黄泥阪下昔乘舟，想像坡仙赤壁游。共道武昌還此地，喜逢壬戌又今秋。依稀鶴影横江去，嗚咽簫聲逐水流。眼底才人何限在，文章氣節似公不。

偕郭允叔同游晉祠猥蒙寵贈佳篇率爾賦謝

頻年幾至太原城，始見能〻郭子横。三晉儒林推獨步，五朔文苑待公評。生逢亂世書獨著，坐對靈泉酒共傾。一紙瑶華褒已過，自慙皓首百無成。君著有五朔古文類稾

及門諸子在晉爲縣令者共十有餘人謀於太原

詩集 十 紫寶齋

縣懸甕山下爲余築室數楹感而作此

仕宦已三世，家計仍蕭然。故鄉歸未能，投老寄幽燕。僅餘
書萬卷，初無宅與田。俛仰心自適，富厚知無緣。往歲游并
門，淳俗喜未遷。偶憶道元注，晉祠獨留連。幽情發古柏，清
夢落名泉。卜宅雖有願，人事苦拘牽。乃有歐陽生，首爲五
畝佃。頃復召同人，謀築屋數椽。濟濟諸茂宰，各各捐俸錢。
赴日即鳩工，行見楝楹鮮。有臺可望月，有池可種蓮。讀書
與飲酒，動靜無不便。老夫亦何幸，端賴門人賢。高誼今世
稀，慨然作茲篇。

為陳伯嚴七十壽

憶昔知君由易公易笏山先生丙戌海上初相逢黄鵠磯邊再攜手酣嬉謝笑忘途窮文人開府歲在酉我自巴蜀來湘中目擊若心啟民智蹇蹇志本君國忠一朝政變老成廢君亦黨錮江建霞黄公度同廬墓西山百憂集頻聞涕淚揮秋風壬癸之間聚尤數秦淮畫舫何從容送我入燕後入桂君詩略見吾游蹤汴州相望不兩載山河忽淪榛莽叢亂後秣陵一相訪喜君尊酒猶未空高詠荊軻與精衛令人髮豎髯紫桑翁今年七十身益健黄花色映酡顏紅平生大

節在忠孝不獨詩文人所宗長生之術君自有安用導引
師猿熊我詩雖拙意孔厚博君一笑傾千鍾

晉祠

清絕涼堂水今秋兩度聽四時蘋自綠九月柳猶青稚子
爭扶杖（翁負兒工讀園學生也）衰翁媿授經（時山西大學延余講毛詩）移居來歲好
應不負山靈

送顏駿人胡馨吾游清涼山

五臺高峻出塵寰此去期將絕頂攀誰識游蹤歐美徧喜
從塞北看名山

游北海子

燕山朔風寒蜩螗終年噪擾攘紛紜中於焉信游眺亭々

孤島懸睽々曾冰耀樹石鬱酸㚇樓閣通窅條徑轉目欲

迷廊迴首頻掉隆替那勝感繁奢空遠誚達人貴自適寧

為外物擾留連忘已昏攀躋幸未耄矧乃婜嫁畢時季女初嫁

向平可同調

八閩文庫

福建文獻集成

吴格 主編

續編 集部 七〇

文獻集成 394

福建人民出版社
海峡出版發行集團
THE STRAITS PUBLISHING & DISTRIBUTING GROUP

本册目次

我春室尺牘一卷

閩縣何振岱撰

福州盧氏搠漚室藏抄本

我春室尺牘一卷，何振岱撰。振岱（一八六七—一九五二），字梅生，一字心與，號覺廬、悦明，晚號梅叟，閩縣人。清光緒二十三年（一八九七）舉人。師從謝章鋌。清季入江西布政使沈瑜慶幕，任藩署文案。嗣友人柯鴻年招之滬上，課讀其子。辛亥後返里，主纂西湖志，又與修民國福建通志。壬戌（一九二二）後徙居北京，與同鄉陳寶琛過從，屢爲之代筆應酬文章。晚歲歸閩終老。工詩文，兼擅書畫，能琴。撰有心自在齋詩集四卷、覺廬詩存七卷、我春室集四卷等，輯有榕南夢影録二卷、壽香社詞鈔八卷等。

是書録存何氏致劉蘅蕙因、鄭儻倜予、邵振綏季慈、蘇學雍禾龕、葉可羲超農、田畢公古序、陳澤鍠、李心玉、施秉莊浣秋、張蘇錚浣桐、王德愔珊芷、梵輝上人各家尺牘七十四通。致劉蕙因、葉超農二人札分置前後，無編目。

振岱詩文負重名，從學者衆，前列諸君皆出其門下，中不乏女弟子，如蕙因、超農、浣秋、浣桐、德愔，即名列壽香社之「福州八才女」。尺牘大抵居北京時所作，日常起居，讀書談藝，似漫筆爲之，實皆不苟，循循善誘，可謂至矣。與葉可羲通函最多，計三十餘札，字字精微，最見學養。論詞曰：「詞之小令，當以花間集爲準，猶詩之有興體也。辛幼安等間以賦筆爲之，非正宗也。長調可參以蘇、辛，以見筆力。小令則但謹守婉約之旨爲是。」「詞貴能用筆。北宋人筆力獨强，至南宋則不免以襞積爲工，而詞心隱矣。」論書曰：「愚意則謂探討字原，尤以習篆爲最佳。習篆則隸、楷悉在其中矣。」論畫曰：「畫北派尚氣魄，南派尚神韻，各有專長，各有流弊。氣魄之失，獷悍粗鄙。神韻不真，亦纖葸薄弱。」論治學曰：「爲學亦不必急逼，内養精神，外羅書籍，寬以歲序，專以心思，未有不大成者也。」諄諄之語，寄望尤深切。

又如致劉蘅十七札中，有云：「史約切須看完，再看第二過。史熟，作詩文始有根柢。」「文字勝人，在精不在多。多而精，古今無此人。」「詩之絶句，可率爾成，而詞不能，博弈賢於不用心；況文章之事，微有剥蕉抽繭之思，安得鳴球戛玉之音乎？」商榷詩文，多見警語。他如與鄭生倜予云：「竊以作書妙理，只在縱横順逆之間，勿用拖筆，一拖便弱。」與田生古序云：「詩勿和人韻，勿與人唱酬，總以自寫胸襟意，與造物者游，爲最上乘耳。」又云：「音節須講，少與人酬和，少作近體，多爲古體，少用賦體，多比興體。不必苦思索，不宜用陳言。」與陳生澤鍠云：「爲詩之道，不當專求之詩，而欲歸重於爲學、爲人，此務本之言也。」與李生心玉云：「大抵詩之爲道，以雅潔爲先，雅而潔則離俗遠，離俗遠則去古彌近。」凡此切磋論學，評點得失，所言皆有情有味。

是書係何氏門人鄭儻所輯録者，鄭儻工書，書中所鈐「倜余」、「天愚偶見」、「相與觀所尚」、「容樓至寶」諸印，皆其自用者。何氏身後，後嗣、門人編我春室文集，附尺牘若干篇，油印行世，然較之此本，時有不同。若此本與劉生蕙因十一通、與蘇禾龕二通、與葉生超農二十九通、與王生德愔一通、與梵輝上人一通，皆印本所未載者。其餘諸通，文字亦多出入。蓋從同學原札所過録者，足補文獻之闕。（王風麗）

我春室尺牘

与刘生蕙悟因

夜中仍苦失眠。眠二点後即醒。昨服龙眼膏充参汤一杯。睡至三点钟仍醒。东晦云、须服数夜乃有效。切戒用心。於每日除伏案理文字之外。无处可语。惟静寐之时。觅颜禅师谈。独有真趣。奈此禅师往来无踪。着意觅之又不得遇。静时展绎志中与友一篇读之。游心当代。名彦而已。吾弟阅中仍宜看绎志。如不要句摘出。史鉴切须看完。再看第二遍。史熟。作。诗。文。然。有。根。柢。君之友无史熟经精者。善不以、语之益友也。专此。

又与刘生蕙因

北风栗烈。无聊中且买菊花到寺几案。昨寐閒中。求禅师以道

未識。有詩見贈。亦恨世間相賞之人稀也。其詩曰：秋入花潭心內照，

唯月秋花耿無言晚來孤介節懷舊兩知還肝腸自響絃瓊天有

深解等古無雙外。四十餘年，守之晶瑩，無人間煙火氣。吾弟以為若何。

又

古之聖賢仙佛，得無遲起者。有志之士，與天地靈氣相接，九點始起，梳洗雖不再擲之上午，上午人往矣。一日之中，光陰去半日，午後又倦，又有無益人來擾之。一日之中，禁得幾許蹉跎。有志者與天地爭日，與閒人爭時。去七十之年，倦不敢歇息，自悔蹉跎，以凡人欲有成就，須鐵石腸。詩絶損友，戒與妻之擾，可除許多等閒材料。今雖未去，留此清緣，以待他日不有到做。

與蕙因

昨以新銘改開天津。心中悵悵之甚。偶成一詩云。言歸胡不歸。自夏到天寒。半載滯茲中。計誤非一端。朝來出買棹。明發辭黃灘。遙出告親舊。迎來來江干。南行忽此駛。歸計誰我慳。大逢白日耳。聊用此短楹。所惜。高。樓。人。眼穿。倚。欄。杆。寄奉。籬。邊。花苗待。樽。酒。歌。俟請安禾到埠。即搭之歸。問園菊尚有五分。逢白日或尚有幾分。晚菊。意。味。獨。尤和。正無。論。多。少。耳。

雜上款付与蕙因

作字無他巧。誠是。氣。寫。熟則。巧。生。耳。詩字畫三事。最忌俗。一俗雖千將萬將。都不算將。所以語之。係無

靈氣而已。靈氣是先天帶來，
園中不可無竹，更有高松一兩株，風送為濤聲，傳枕聽之，便不減
於陶貞白。
水仙畫詠盈盈月中影，若見淩波仙子，惜無詩以清之，寫生對影，
影無詩，集是孤負，奈何奈何。
春游暖，月可就中庭看，但見月和花，懷人耳。韋蘇州詩每與清
景遇，必念平生歡。蘇州佳境，故不可及也。

又與蕭因

清情三特出來，以吾弟獨居螺洲，太為岑寂，屬君作出來緣，仍移
回山樓，且向君家中人之意，而答社供詩友皆集，其達蕭然就靜歸

援、就鮮小榭枕流明窗列岫棲神崑崙之顛調息黄中之宫於以養元氣活太極洵是樂也第今非其時耳琴以待理松雪為研璧吾兄度之

論今日应如何存心為人寄蕙因

游覽山水不見甚樂乾坤何等時而我輩游樂時也取易經乾卦惕惕字震卦懸懸字存之心頭靜中思之洗古羞恥念之与神明相质庶幾幸免於劫數此為有志之士君只以謹慎為懷不去劫數方生於身禁得起常人就弥者無論矣我輩讀聖人書求易理宜何如謹惕宜勉為奮起方不負天地父母所生之身然雖衰老窮困有志難磨若悠悠忽忽日過一日無能進益不知何以為人吾每思此心如火燒只望有志學人轉

吾恙之昏，吾少年所爲以砥礪，所則急以勸，神明者知，吾弟以爲何如。

与蓮因

螺江春齋，空饒歸說之觀。鯉札遥況，頗有職物之唱，冰絲佳話。雨後殘兒，文字以勞。吾衰頽歎，留觸舊者，世先堪嗟，爲何如。

又

某多苦失眠，客來善應答，多言傷氣也。近乃客寡，倦則寢，寢適，無心不倦。温舊經也，無有創作。此中佳趣，不能隱人。老來幸有此樂，不能對人皆無事無事。龍會老人者，因思与古人有緣者，雖平生親愛之人亦無而与之無緣。古書視人，誠可歎也。禮云：獨學無友，孤陋寡聞也。自能善學之人聚散、背孤陋耻，人至衰老，雖素尚亦狠心疏之也。

与蕙因

来书所云人有苦恼，可想而知。然舍去有伤于义，心更不安。世间多实无尽善尽美之人事也，即使抽身自做，而所到之处亦有违心，要十分适意，直是修到灵山境界之时，舍此无非烦恼境界（不过有轻较于一点苦界）。老人数十年阅历，深知其然，以吾弟之聪明，退一步想，未有不心地清凉者。若接老父膝下对此作功夫，未尝不可有所待，必待别墅筑成谋就，须是何时？天遂人了时，时转念来想为是是，以双了出来，又是一番境界。所极想以后不转不安者，惟有自家求心耳。立定主意要做何等功夫，到何等境界，可以按年月时限成就某种功效，中间总有些事来阻碍，而我做得一分，就算一分日計不足，歲計有餘（二句某語，長短），定與詩接，二三十年月，詩差不多，是一樣。
恐時移耳。之了，我且別墅中造就，尚不及此。之一說也。老人自度體氣
精神，不及昔此。現在猶可勉強支持，再過若干時，不能及此。大
概是退多於進，否以一日長乎爾。抗顏為師，實之眼君等各種
功夫，多植基礎，擇要擇精，加功加課，隨地隨時，無荒無待，是老人
之之所深望者。又有一說，文字勝人，在精不在多，多而精，古今無此人。不
聞若人有三百篇詩，不值人一圈，有二十八字得二十八圈者乎。挑惜抱詞
不足十闋，無字不佳。今人一杯茶膝十六闋者（此某某），糞土而已，雖多何益。
又須先長調詞，雖然費功夫多，到是易耳。短調詞易耳，最是
難耳。姜白石、周美成、張玉田諸大家，所流傳者多是長調，而短調

玉少。我輩無李白、温庭筠、晏同叔等之才。毋從事作旋調詞。

固然順手。空無深論。老人不敢妄言。幸曲亮之。

與鄭生倜予

鎮海樓記可採，只此兩條。讀何年覽。尺寸必須載明。文稍點綴，以動俗人觀聽，此不得不知。天晷、黃神圖自己懶，請原罪也。愛我者幸恕之。

又

君詩大進，從此循途為之不息，不名一家也。君衰年無所欲悅，惟兄人學業進境，輒喜不可言，恨多病不能時時趨談。足下亦老矣，天雨路滑，亦不能君多出門也。惜抱詩多及，東南有同愛好者。此老當與袁趙爭鳴之時，靈光獨立，揚之布聞，謂至中流一砥，非虛言也。詩格不徒講，音調。音調自不可忽。

又

承惠佳製。愧無以報。誦新作。新逸隽妙。一改舊觀。是所謂龍以悟道時也。必如此廼謂之真詩。為之喜躍累日。彌益勉知。不特里人無此手筆。即他方亦極難遇。與劉某信前已寄便。已付單來人。畢就一出家人。於心為安矣。

又

積日未晤。惟起居多勝為慰。前所奉詞稿。尚經評點。有所繩糾否。文字商榷。初不妨各抒己見。無所推讓也。前有友人慕君詩名。託代求賜題一小詩。謹將其事畧述箋於本上。乞於兩三星期之內。信筆一揮。甚荷甚感。

又

臨魏碑偶有所見。試以商之同學者。竊以作書妙理。只在縱橫順逆之間。勿用拖筆。一拖便弱。得法之後。日書數紙。約二三百字。亦靜中一樂也。君謂如何。

又

西禪仁王道場。自楞師以後。全仗碧溪和尚維持。今年方重整新規。碧師助力良多。同人等屬某為撰壽言。用備法筵。聯句一善如其如之。屬推足下。並特奉上箋紙一張。並鄙撰文稿。乞為商正。並煩近數天內即為書就。此事全為維持道場起見。未經與君商量。自當鑒宥。

與邵生季蕙

連日晨寒。不敢下牀。殊鬱鬱。每因夜眠不着。致精神頹弱耳。君昨說唐詩確有所加。若看他詩。皆非不是。不要不得詩家要旨也。君人品純正。性情誠實。近世所罕有。若刻志於學問上有致成就。每日理家之外。宜用心看書。先立定志趣。要作何等人。為何等業。然後念念理會。務求不倦。隨緣順應。學問則潤澤一生。不可強求。一日老一日。若蹉跎過了。真可惜也。一日記出經一二句。史一小則。華舊做了一件。進就做了一件。道理解悟數端。便不為虛過此日也。君學成於所居不敢自居為達識。第以供商量學業。思有進達耳。君待季玉執。擁被書此。幸照鑒之。

與蘇禾龕

正切懷思，忽得詩札，快甚何如。人生作得好詩入格，慧也，而福在其中矣。歷游愈遠，若況可知。然藉以增廣見聞，以益詩情，亦有益處也。里中諸友，如葉伯聰、緣質病卒，周雨是亦臥疾兩三月，煩悶無生理。舊友日稀，吳王諸生亦各以忙冗散，然家有病人，只閉門呻吟之暇，心緒殊惡。去歲君歸，無一相聚之人，而君則吟繞溪山，相對柳，雲樹，湖，是所慰也。

又

得書領悉。君之性格才華，兼能合古詞章之學，致力於義理訓詁，更不可量。然已衰老，深悔平生嗜好文字之誤，五十以後，潛悔心於纒誤。將求治己修身之道。迨今無期。惝怳不可言。君之詞藻。已有可觀。何須還子於此。從容詞業也。況一輩詞人。皆以塡詞爲急。吾日孜孜焉。皆急功近名之爲。與之言。霧裏看花。飄風過耳。直不欲論。然亦自歎境之不偉。無以感人。致先生本來望人之心。而莫能挽回吾頹廢也。風俗。自淺。吾學。自窳。敢以至誠之言進。愛我者亦不厭吾迂闊。則幸甚矣。

又

手書頌悉。君以清介之姿。居志入世。而能沖和蘊藉。與物無忤。在己無失。此即有道之君子。智圓行方。不可多得者也。然先生沈溺詞章。爲無益之學。年至五十。猶能回首。頗致力於宋儒諸子。恨習染太深。

不少驟拔。荏苒三日。故態常萌。手錄格言至論。不下數千條。至了然於心矣。終未能體之於身。爲可恥也。至舊京以後。時因舊友陳蘧庵觀習易象。由是益博觀羅程學案。及姚氏惜抱之說。强於宋儒之學。實直接洙泗之傳。離之而遠之。雖人即就而近之。而不登其堂。不見其真。亦如人也。然於此理不敢云有所得。第於身心之病。頗豁然有所憬悟。出以語人。信者半。不信者亦半。同學三數人。有不疑於我言者。頗與商量遷改。並向此途。苟能察友。不敢發言。致貽笑讓。已無妨。恐其誘之。陷於大惡。故不發言耳。年來與足下游。深見足下之存心。孝友忠信。異乎世俗之悅。紛華務趨時俗者。竊幸得一良友。可與深言。是以冒昧放膽言之。而幸足下之不厭迂也。夫所謂宋學者。

豈宗儒創立一說，以告後世之人哉。董亦本於孔子孟子相承之教耳。若切實言之，孔子孟子亦不能自為道以教人，至能以教人，是本乎人心之自然，順以道之，至為道不可已，視聽言動之間，日用行習之際，極為平常，而無奇異人之可行、人之可學，至於以不學不行而大違於道者，一言以蔽之，曰習害之耳。孔子曰：性相近也，習相遠也。相遠云者，語其初本相近，到後一人往東，一人往西，於是相離不止千里萬里，一為聖賢，一為禽獸，皆習為之。習既成矣，雖以孔孟為之師，不能移其絲毫，故曰習與性成。（此語少成若天性，習慣成自然）自來說性無若孔子之當，荀子謂性惡，誤以習為性耳。性安有惡哉？吾人之晚悟，躬行不加，亦由積習過深，故難擺脫。毋晚悟雖不好，究勝於終身不悟。洗得一分習，便解了。

一○知○性○釋家語之隱○道家語之麁○之也○隱也○皆習○所已○然以為吾人既
悟之後○已雜乎隱○特未盡消除耳○第一○不○可○認為○重○要○必不○可○至重
賢○亦○人○身亦有怪特奇異之感動○彼實是生來不染○故翹然拔出
人數○賢者則不免染習○偏剛 偏柔○略陰略陽○皆習也○有先天之習○有
後天之習○得淨從通身光明○最怕是硬空不洗○愈染愈深○以至於
不可革○吾與君當不負此○之事須與君會面作細之商討○必有入處○筆
墨說不盡也○

與葉生超農

惠書稽遲，正以受暑成病，迄今猶困倦交疲，飲食無味，然精神不減。
心緒亦較寧靜。尚是告歸也。天馬山至西，以摩鏡空之峯，巒秀潤，風
景亦佳。一詞人吟賞至間，有超然獨立之意，此亦一好題目，宜為有好詞
紀之。惜人影過小，難請更照一精大者惠寄，不必有好照片，寄回扇
面兩張。君回家後照時為我作一山水，另一還錄詩詞，均不急之務，不特
遲遲。吾弟於詞學已有心得，可取宋七家詞及絕妙好詞，自選數十
首，摹倣之。辛稼軒固是大家，不免有過於粗豪處，此子以稼軒為宗，以
深深窮為難，上之高取源於風騷，不在詞中求之也。詞學難在姜刊
難之易，行時以數行見示切盼。

又

詞之小令，當以花間集為準，體認之有興趣也。辛幼安等詞以豪著，為之正宗也。長調可參以蘇辛，以見筆力。小令則但謹守婉約之旨為是。吾弟詞才極好，如「慣須宮飆拂」，拂字韻妙，入神品。昔人評李易安詞「怎生得黑」，黑字絕唱，蓋以其自然妙也。又如戴皇恩之首三句，有如拈花悟證，字字禪機。因又到南環，乃覺在里時光之易過也。今見此燈火宮光，又是經若干景，數語最妙，仍作極是心思。此豈粗心人所能領略乎？吟既佳勝，老懷為之喜慰。吾在此日日思歸，又以歸來無甚著寫，不及此間之靜。年來頗思學佛，覺山中一靜所為修行地。數山縣恐有僧寺也。此當歸來再籌畫耳。文字之外，尚有一事焉。故當以多讀書為貴。書亦難盡讀，擇要讀之，即無愧於博學。古人亦

於此讀書而通識義理尤為要中之要有志於君竊敢以此相勉新涼珍重自己勤學

又

鼓山之遊殊樂君詩語樸於夢參來信書松坡亭實有志焉老來無他嗜舊山泉石蓋不能去懷也詞家張蔣山湖詞如厭繼姜張之言出諸家之以此豈北宋詞耶至俊爽去至粗俚小令則不出花間集範圍宋詞以李易安為最精到清女子詞則以莊槃珠為絕唱徐湘蘋涸鐵次之李與莊皆絕手天機無容努力處故足貴耳吾弟詞筆高潔積得百十首吾當取以付刻亦提倡國文之一道也小女八月初三日于歸詞君贈以金釧無迺過厚厚亦非中道乞君未寄宜收回

辛苦筆墨許此，而耗于斯焉，何為若此。

又

愚少壯喜為詞，老來罕著筆。偶覩人為之，不免技癢。然畄詞稾僅數十首。刪去大半他日君為余撰一小序，第畧敘本末，無須過譽。詞之為道，鏡花水月，若參禪焉，微妙極矣，風騷同源。君詞才、詞心俱居最上乘，再參再悟，必成名家，為吾州生色。吾閩數十年閨秀無名家之詞是許厚望。絕妙好詞中有詞者，警句多精微者，取而諦思之，如燈花結片時春夢，江南天闊。海棠陰下，子規聲裡，立盡黃昏。花影吹笙，滿地淡黃月。猶有兩行低雁，知人倚畫樓。寒光亭下水連天，飛起沙鷗一片。今夜酒醒何處，楊柳岸曉風殘月。雲引吟情遠。張玉田之綠蕪堆人為擬，珠光出後猶寒。全首皆絕唱。若是等數句，善擇之，非游詞。第一等人不作第二等語，則與經史同等矣，得謂云乎哉。李白、李重光、李漱玉，僊之僊者。以下若姜白石、張玉田，亦僊人之流也。其餘節取之，每一家皆有其造微之處。吾皆取而融洽之。此六齋王鵬運之言也。日來思律。玉形、洪夢窗。又以畏熱暫止。書箱已發。今年總離舊京。連日游三貝子花園。海棠絕佳。縮影兩張。聊以奉覽。

又

詞貴。能。用。筆。北宋人筆力獨強。至南宋則不免以襞積為工。而詞心隱矣。但辛幼安、柳耆卿時有失於粗率處。不可學。姜石帚兼有南北之勝。張玉田清超絕倫。防其近滑。滑則流矣。豪而不滑。澀而不硬。此中功力宜善體之。吾弟天生詞才。世所希有。從此加工。正不可量。吾老矣。及門中文章一脈。屬爾傳之。是所深望也。吾明春所刻一詞。請君為我書之以付石印。未審如何。

又

初一晚得初四黑書，極喜。詞稿恰寄一日，挂號寄廈校。既有託人代鈔，極不誤也。詞甚佳，足見自己用功，不負足勤。取絕妙好詞中詞旨警句，時時諷詠之，如參禪一般，體得必深。詞中警句，除古人不能多參到極處，便有真境界。北宋風骨極高，至太祖其去之。南宋神韻極佳，至太師其去之。以君之慧，有一兩年工夫，定有大成。非就吾老矣。所望於後生者，文章一脈之傳。環顧及門，惟君之才與志，勝他人多也。

又

前寄回扇面一張，隨便為君畫山水數筆，一還寫待月詞，最好能於六月寄來。若無暇，亦不急也。恆社已停，擬有集會。題目，姑寄與君，暇時然為之虛，若為詞耳，第欽經抄將詞用功，稼軒詞易失之粗。（蓋失也，為龍洲一派，則亦是矣。）不若玉田、碧山。（南宋之先生劉蒙，其揀之有佳者，然若露其為之，每一家皆有可揀選處。）詩仍是鮑、謝、古詩。（五古尤宜學也。）

古詩宜敘事，兼之寫景。（景忌一寫無餘，勿僅吟弄如詞之說。）細讀蘇、杜可見。

又

吾弟之書，昨際有味，其法思理，皆邁越尋常，錄儀。（文字無意味則甚深，由意液之表，該使人一覽索然矣，此吾話說，直是醫俗耳。）寶為可貴，蓋尺素、東坡、細事、景思、揆人、功俳，如幾惡字粗。套語、餞詞無欲而怖，弗戚而歎，吞吐賸詞以為深，放弛虛語以為和，皆此語為雅，無閑神韻也。若吾弟則無此病矣。近日詩社之外，自己有述作否？社題佳鬥才，蓋已題可擇性情，每月即寫暇亦有數篇，以悉天倪。吾今年以經營稿，少暇作詩，然如衰老彌覓此事言難。凡人為詩至千首以上，意境多苦重複。故須讀書多，閱歷時事廣。
迺有新致耳。來函云，近日體氣增強，甚慰慰。
林果所刻續抄閩詞，吾弟可送三閣。亦可交抄家藏備選。至弟懷
抱悲苦，眠食每不甯貼，欝欝處此，無可語者，那堪累(?)殊甚也。

又

手書欣慰。蝸居苦陰，欝為肝疾，每發痛苦難支。出遊無伴，興趣殊
拙。入室仰臥，筆札輒廢。欝時偶涉諸園，如家。素心亦相(?)。蘇茗，雅有識。
笑。若陽山、河、竹韵，謂余樂為居耶。往昔與子故殿觀畫。南園看月，里
中湖上，探梅。泛詞賞茶薇。亦有言，言子論詩，論解。若能游跡，安可數。
耶。則今饕風餐食，而時復惱人。衰翁眠食之不適，都在意計中。竹均

於此。寫以鐸雁疊疏爲老杉罨哉。葉石鼓之游。承念老杉。實饋清意。若他時。與之還。拓四。之静。兆。雲源。叢側。相與。研討。篆隸。並揮之暇。不較議。拓泥。之。之。鑑。攀。聊。蒲節以感思爲江南之遊。屋時果行。必先有函奉告。暑天珍重千萬

又

爲學有數難。境遇太善。一也。體氣太弱。二也。無師友淵源。三也。無書籍。四也。人事。多擾。五也。五者可以人力轉移之。惟無志則無法可治。吾嘗有一文專論此事。蓋人有志。則外境都不能困。師友可覓而得。書籍易致。人事可屏。以吾志輔之。雖雲騫可致也。君所自信。則既有志矣。此即是過人遠處。何謹謹之爲。或在篤玩至文可也。不必日日論用功矣

不可過勞。君三十一歲，嘗因為學過勞，病一年始愈。所失之時更多。
君之心，如每日用於友人已十分之六，以二分靜坐養心，以二分寫字看書。
但心不離書，則行、住、坐、臥，皆有為學之益處焉耳。

又

張遷碑從入手亦好，若習隸，似不若史晨、尹宙、禮器三碑為有鋒稜
可取。君意則欲探討字原，尤以習篆為最宜。習篆則隸楷在其中
矣。今年海棠極好，本上海棠花第一，小影先寄去之。此舊都海棠
最盛處也。

又

君又研史，有自得之樂，深足慰也。留心論人，於己亦有益，記云惟斅

學和良朋君語。日對山水。尤可以養靈襟。近天籟。通理詩情。蓋而有之。久之不有此作。幸以見寄。此間殊寂寞。可以意會。君亦極思擇里。僕小兒已黎回國。再作計耳。心緒鬱陶。草草敬和。不盡不盡。

又

奉十一日惠書。讀詩甚喜。寄云云。極有深趣。人生誠夢。境非學道。讀書。為佳。夢耳。前函說言四庫全書提要多纂。敘為第一等之門徑。至於別日所守者一經一史而已。諸先言經。之是君已讀過。可就性之所近揀取一部。以三年之功治之。儘不擇了詩經。則凡詩經義傳註疏。與乎釋解詩經之書。漸次收集。採其精要。加以思維。後來可集了自己著述。他經何況史長。至通鑑節本。此可徑治。漢書。至於則說文部首。每日記熟十字或五字。以段氏說文繫傳、說文句讀，可當途逕矣。詩集太多，須先探其根源，迺可造微，不可限於唐宋。以吾弟之明慧，三五年後，必成文學名家，是老夫所深望也。每日讀書之功，不可無筆記，寫一兩條亦好，有記便有意境。段氏未竟而刪之，非至精者亦一種著述也。此間雪已數次，獵鼓聲中，尊處樓中風景可以想見。尚有一二新詩也。

又

函刊收到否？此段續出當再寄。上面有醜形者，千萬以別紙貼之，多痠使人心先消餒也。為養靜讀書計，似未暇篇者是之。讀書先求其要者。四庫書目提要，凡數十類，皆有總提要，即總論也。每日抄一篇，約二三月可畢。此為第一步入手之大道。既夫名為士人，而於古今經史源流不能昭白。遑論其他。君誠有志。請先理此。以後應讀之書亦不多也。經史之類有定。人能熟一經一史。便成學士。子集要者亦不過數種。集部則尚存其更不必多。直瀏覽之知大指所要。即易成。汲汲則稍勤不息也。

又

海月漸圓。吟影想已安抵家鄉矣。廈門一水。究嫌易往來。此時梅花將蘂。橘子初紅。則是隆冬風景。天時人事。易滋感慨係之。君之聰明。所詣定勝人十倍。每日乘閒以兩三小時看書。提要鉤元。韓文公之言。真秘訣也。吾授學數十有年。及吾門者不下二三百人。所就成者極少。雖吾學識淺。而亦半途廢者甚多。志氣堅篤者。乃推余竹韵偶見之。願君將來樹立。種種出乎之上。能所深造者耶。為學必知。忽必急遍。內養精神。外羅書籍。寬以

觀序等以心思未有不大成者也

又

感寒遂病病之中心緒益不舒既而自悔衰殘之年復何所贅贅耶今於秋中隨緣料理小兒女輩婚嫁了便舉家遷置覓一靜處爲修心之所不戀朔方矣君竟捧里尺五文字亦不繳矣至於處館則多多（不爲之矣老年日食未敷會何爲復仰人耶）吾弟慧根靈性超越千萬衆宜再加以學力所爲文詞吾閲數多年來未之有也文字原是遊戲能知天之日月星辰地之山川草木皆文章也無人而無文何以人欲常不知以文字自鄙耳

又

來函語女子無多驕志將學子之謀是之之君竟凡人作畫論總是病子

久蓄中大家。學之固宜。然不必泥求之也。惟近年閱宋元明大名家畫。逾千數而頓。悟甚不可臻者。至太高者勿論矣。宋元明中宜辦香者。則董巨也。李成范寬也。元初趙子昂吳仲圭。而趙子固尤擅美。今吾人學畫。宜取二趙及黃鶴。以至明之文衡山唐六如。已是擷之不窮。若清初四王宜皆舍之。惲南田僅於石谷可學。雲林畫境四字。曰雄、渾、雅、潔。雄由字好。作字不勝。則畫亦不勝。吾弟善書。何懼弱乎。渾、無起止。細、雲由餘。雅、字有胸次。此皆君之所長。潔、非無作。君老來眼明手硬。此等深有望於吾弟。幸勉之。

又

畫北派也。古氣魄也。南派也。神韻也。各有所長。亦各有流弊。氣魄之失。獷獷悍悍粗野。神韻不足。亦纖纖蒐蒐弱。今之畫史。皆獷鄙自喜。失與蒐弱蒙。北派自大小李將軍來。金碧輝煌。精緻已極。（今年見李畫頗多。）世之爲北派者。皆學夏珪馬遠。又不見馬夏之佳。大抵爲吳昌碩蒲華欺罔耳。南派肇於輞川。所謂畫中有詩者。正自不稀。不可謂弱。即南派究南派不可必。鄙意宗元畫本難得見。今世尚易見者。故宫及三殿所見。何止千幀。吾嘗令睫即若宋畫之羅列於前。惜無工夫以追攝之耳。（今日傍得北宗山水橫卷長一丈六尺。北派也。惜不得同君觀之。）昨在舊王府見梅花道人四幅。遒秀不減張旭。（文華殿有張旭一幀。）因知畫家多工於詩。詩人之畫。之與君。常不同。吾不詩人詞人書畫家。苟擅之美。以之作畫。必至佳無疑。惟所謂不論南北派。得其生趣。則皆可傳矣。

又

畫宗董源。謙之所知。在此閱故宫畫千數百幅。近日始見董源山水長丈餘。

妙不可言。紛紛拓本。皆去之遠。子意碑君於此一事。探古人静淨一路。筆味雄勁中。求静。求淨。迥為上乘也。執館課一藝業。智者以勤儉蓄積為可以自食。則不須以玉寶之時器。換彼金錢。以求能藝事。安有不極美者耶。

與業生竹韵

夫揚純鈞而顯異。稱質非美。奏遮鐘而審音。應當以節。何者、器含於道。求久於途。形遺其神。應時必舉。惟坊表不足。非視聽迥殊。為可欽也。君嘗語我。汲汲忘達。常情類然。故逸詩賦廉棣而新尔思。古史含藏星。而搜靈圖。并無、殘野玄黄。櫟流汎濫。處。案未可言者。食。薺。有。不。敢。甘。僕羅樓林。寧不咎譏。徒以海術之鷄。崖極崖猿雪瞻。止。於。戾。烏。本無。心。枸。樂。埜。哀黔鄰躅。这逢萍水。推仁。達路荒涼。

且以車航資遠。棄煙。晨。碧。恨小。橋之。菡。向。鏡。席。鋪。前。季。登。蔀之。温。
故。於而繫。伊。所。端。徹。茫。孤。緒。迴。巘。四。繞。靜。對。無。以。導。至。歡悰。進。涌。飛。
淼。瀦。聆。不。於。清。乎。内。悟。不。無。仲。宣。依。樓之。懷。略。如。老。杜。同。谷之。感。因念
承佛有云。衆生無邊。重人亦言。在物無尤。有之。羣能思。繇。能悟。若事
無畫雲。體之眼。存安一諦。鎮日無罣礙於心。倘能小淨。竟以錄勘若
空。兆證靈。着。天然悉。登。乾。任用。暢。登。則。自。流。暢。通。无。始。輒以。戒。懼
之。功。常。竪。幽。獨之。向。以息。慎。已。亦以。息。歡。人。緊推竹韻吾和。慧珠。點。染。
智鏡。静。如。意。穆。神。遊。亦。純。氣。澂。任宗都之追。蹤。退遁風。氣。止而
國之吠。厖。無哉。承。恍。友邀二。流。涼湲湖。船。撈擧一方之音。美。唉園。蔚。全
鍾晨課。蓮。龕。武分祝之處。珊。瓮。晨。畫。竹軒寫四方之韻。畢集。語。

契既信而來之慶人無機心忘亦學莊生之忘物（君語人不害物，物亦不害君）物異於此矣
慶為老叟所不如更激玄機哉大道之可企勉之望也所願天心悔
禍世路息爭莽將經重君陶廬無恙撥陰鏗之句吟魂猶煖矣厥
親陸子之燈老眼仍書細字弟與君等爲約補所不讀之書脩所
宜習之藝刊落浮華屏棄名利勿驚搖窺寶讀秘上乘之說
詮樂羣無猜降澤有機敢不負香火之情因亦足樹吾黨之大
本也質語不雕並盼報知

與田生書

重陽近矣、回憶年時舊侶、若九鶴、無辯、筆結社祀陶之樂、不勝惘惘。烏石甕峯、葚榛塞道、崖石崩墜、非復舊觀。想足下一念舊鄉、必同亦感歎也。近多作詩否。詩句和人韻、句與人唱酬、總以自寫襟胸、意與造物者遊爲最上乘耳。吾病稽留未復原、故少出門、足下何時言歸。豈遂忘釣游地耶。

又

客臘殘辰承惠貺七言律二首、又題敖草一首、見愛之深、遂多過譽、媿不克當。弟以詩言、則字字鞭辟入裏、有情、有趣、有韻、有味、使人愛玩不釋。以視談詩者、皆以爲當於古賢集中求之。

亦今人所能问津也。然闻之益慕。以吾侪有此作手，是老朽所恃，以为先辈典型者矣。且然老矣，长更有能揭吾之绪者。舍足下其谁哉。陆辰钓云，而感未恨无人赏。实当出部怀。黄岳以下罗陈诡不可思议。次篇亦胜。惟第二首第三四句所缀旧语，似略换或加小注，以便诵览。题觉庵诗字之金玉诗。

又

来书并大作，甚感。与默君数十年交谊，契之深，不觉言之切。幸是谅恕。君诗才思绝好，勿泥滥体二字。滥体本非好字，三百篇十九首焉有滥体乎。音节须讲，少与人唱酬和。少作近体。多为古体。少用赋体。多比兴体。不必苦思索。不宜用陈言。君之所欲言

未有能而已。君德性純厚、學與養皆過人、非此等之作有。里居苦

辭、故友凋零。強令出門、無可語者、君來念余乎。書矣。

又

近年兩函、未覆歉歉。旅居異鄉、不能春居團聚、只得熱衷誦

詩、真使人悵惘。君於去夏、避地閩侯、衰年辛苦、幾攖大病。

秋初舊病、至今未能全癒。脾胃衰弱、每患腹痛、惟步履粗

健、耳目猶不甚衰減。故鄉宿儒、最善之士。還是讀舊書度日

甚耳。鄙集刻成、約八百篇、未能奉寄、深恐為鄉人所笑、蓋吾

鄉能詩者極多。至才華皆可畏。第一偶詞於人則應付也難。與君

數十年之交、特以奉覽、煩君為商證得失耳。惟君曲察鄙意、

為不負知己之深也。

又

年來今日手函，竟是至情至性之好文章，讀之，使人心動。然所說吉人天佑其，即此是也。君實能自覺，然積累一日之長，亦未必有以益於君也。然年七十三，君今亦甫大壯之年，此時仍當相勗相勉，以還善政，已為了，更降積之天命，豈人力所能爭哉。詩一卷已評點畢，大抵清削瘦挺，毫無塵之氣。更望舍所已能，更進一境，合雄厚深鬱造一新壁壘，能改換舊有面目矣。能友須精讀古詩（宋以上詩，以君詩近宋人者已多），尤為近體，多為比興體，少作賦體，數語畢盡之。若夫詩心、詩骨，君已具有，其無待言。鄙集俟覓可託之人付去，惟子察。

不可視人第二人。集中尚有訛字為記出、見者。丟君覺我詩細閱一遍

設乞依所見為何、詳書一紙、惠寄。第勿有褒、無疑。蓋雖古大家無

全美者。不可以師弟故而不敢言。言之斯不負平生相与之情矣。

與陳生澤鍠

往歲旋君浣秋同讀大撰古近體詩。新逸絕塵。定為詩人之詩。浣秋又稱閣下性情過人。念深人倫。并於清明節前弟李烈年初。叨承隆情。又加厚賚。詞謹意篤。愧感交并。然風骫骳詩和無實學。今更衰老。殊覺疏懶。往以嘗謂為詩之道於茲為難。嘗與之商論。而未敢苟為諜諜也。竊以人生貴相知。文字因緣最難。而詩之道為遠。合於天。而切於人。尤須同趣之人。逅而與深語。以開下之才之行。為然訖改是而未得。如今乃處己下詢。一則釋手時結想之私。一則遂得人共學之樂。何慰如之。溪山結隱。音書可通。自是之後。彼此一談相與。疑義共析。是陶公南村之詩所稱為素心人者也。欲言未盡，先此手覆，並謝。

又

承示為詩之道，不當專求之詩，而欲歸重於為學為人，此殊卓卓之識也。然此其蓋難矣。語云：得但行率，莫愁來，使世之人動以嗤怫。率之求，吾鄉至有大儒者，豈但為詩一道已哉。竊惟為學為人，初無二致。吾儕之為學，則尤在讀書篤志。為君讀書必深，未審於四部中性何所近，乞見示一二。然論隨無益，為有範測之域。皆思亂陳，以備采擇，不知大模二篇，僭易數字，乞原裁。

又

來惠函，分讀四部書無間斷，且作日記，自撿已過，內修之功無更切於此。夫孔子五十而學易，可無大過。蘧伯玉大賢，云欲寡過未能。吾儕凡人，一言一動，無非是過。改一分，便好一分，萬不必自欺自掩。到了澈改澈悟之後，澈如若撥雲霧而睹青天。世間歡境，莫如此樂。我年已老，纔知此等功夫，自悔太晚。足下壯強之年，遂能若此，真是福人。惟著手之初，不須太急，寬以居之，則不至助長；仁熟守之，又不至偶忘。淺見鄙言，聊以奉商，幸詢察之。

又

陶詩負痾頹簷下，竟日無一欣。陶公之賢，豈亦有所滯於中耶。我衰病窮居，無歡娛也。昨展君書，鬱結一舒。書中所云，皆余之所欲言也。上藥無近效，大道無近功。樂羣敬業，何競之

有。日與月無忌。卜子教人爲學。若是足矣。爾亦能停素氣。專力於
稽古。極是極是。今年菊花初上市。價貴無匹。東籬君趣。大非易。
事。可慨可慨。寧止此。一端哉。

又

所貴乎爲詩者。以其於時節景。皆有獨覺也。凡人自幼至老。景光節
處。即一晨夕間點綴。惜惜。於是與處俱往。了無所覺。爲足歎耳。若君此
詩。雲何以停。水何以止。溪人胡稀。林鳥胡懶。情蓋之緣。觀花之發。
皆若有詩遍。人所不覺也。獨覺之。而偏寫之。與時消息。一本於
靈心。心充此。意而精之。用以研易。學至可以至通也。豈第爲詩已哉。
承惠佳章。推許太過。愧不克當。然而什襲寶藏之。若茫茫天壤。

秋蓉實稀，兵火之餘，吾子特深，不能無感焉耳。

凡看一家詩，觀其所獨覺而出其所獨具，斯已可。大概若第尋

求於字句之間，則失之矣。君謂如何？

與李生心丞

詩境雅進尚有餘習更泯除之斯無憾矣大抵詩之為道以雅潔
為先雅而潔則離俗遠離俗遠則去古彌近既承見問常守
鄙言不可致疑從根基大處入後從化境心那得有成規之可循
韋默參記

与葉生超衆

詩文書畫，足以養性靈，然流俗人誤可冒爲之也。世之背此者多矣，然吾志在取悦於人，非求養性。然借之以此爲學，則亦古法不遠；爲人師友，借之以此相勉，則罪過莫大焉。朋友相聚，不將以此相研求，若書生潤筆，無此寄託，何以了此一日？惟本意須注重心性上頁。曾子曰：以文會友，託於文也。以友輔仁。此其實處也。吾弟根器不凡，文字已有可觀，此後爲學，向上一層，急急策勵，有無窮之益。乾坤何等時，千萬加意。鑒者切不可見潤人語、閱語、應酬詞事，可省便省，不過罪於人而已，不如以全寶貴光陰。輕易擲過，應酬擬字世間，不愛日之人，成千成萬，不及名强國處在此。吾曹宜有以異於是矣。

又

來函文字極其條暢可取，無用自謙。詩文一道，須常常心在個中，更時取古集觀覽。擷其精華不厭讀之。自然進益。昔傅青主先生、教人常誦詩送蘆年家尔何物能令我屢遷之句。語知此可以進徽。即是意也。君性明慧。又極沉靜。何患不過人耶。有作可隨寄來。如不拘今古體。閑暇偶倦治詩畫。寄來。若有餘暇。可以試作山水小直幀見寄。吾客居久。時有鄉思。今年歲下行。則年根時應冀与君晤面手。

又

凡人無有靈氣則已。若有靈氣之人。太忙太苦。則靈氣即漸漸消蝕矣之不覺為外境所化。此正可惜者也。故每日無論何等忙碌。總須放出一二時其樂靜坐。收合心魂。使之与太虛之清氣相接。務勿貪多先取有益於身心者。活潑于心。即一二語。亦有朱實受用。若益此而無之至有損于心光。實不少矣。以上數言。甚爲深切。以君之賢。實於鄙言有默契者。至於詩詞。不必強作可也。吾之悱心無日不切。現時何嘗不可行。而數學不忍舍者。非留而希望其有成。此所能讀不能盡者。暗薰因宜與討論修身達天之學。要由定。生慧。俾於吉凶消息。皆能參透。是爲莫大之事。第不可溺於文墨。以障心光。蓋此時之環境。有不忍以言語形容者。其中尤爲危險。只有勤修篤行。冀有以感神明。而退於劫數耳。將名享福之心。早早删除爲是。況敢少縱其嗜欲乎。君素不棄吾言。特與君深言之。便中亦望於此有所研究詳論。知隔數千里。以得長函爲慰。不能寥寥數語便付郵簡也。

又

時活佛心二日如，不禁三歎。君於此時，可謂困苦極矣，尚課又勞，不告何以
勝之。恨吾無力，徒以空言相慰也。然願君提起精神，我退吾境，每日無
論如何煩惱，總要抽出一二小時，靜坐焚香，種花煮茗，供養自己心
靈。此老人肺腑之言，不輕以語人。吾弟勿以空言而忽之。「秀拂拂」矣，此間
極窮寞，適卯以窮寞，窮寞為友。此窮寞者亦愛我，我亦愛之，而與之周旋，與与
之款曲，焉不覺就中生出滋味。此友正自不惡，無居為告趣共一絕介也。

又

作手書，皆係弟讀書之勤為慰。筆記尤所欣賞。古人為學無不劄記，宋賢尤多。
積久便可成書。且門類既寬，任記何事，皆有先例可循。吾弟講文法，則古文之
階梯也；以經證經，以傳證傳，則考證之基礎也。至錄論詩詞論書畫，論詩即詩話，論

詞即詞語。棖觸於作詩詞。詩詞僅天機自到，不能強作。課已篤。於課亦私也。天下惟學

不厭也。涵誨不倦耳。苟自己不悅學，定不能教人爲學。淵已印識。以淵人。

不能畢無牽之學。令妹移居何處。致君寫實乎。吾常歎人生離別最於

苦。偏是難。別之人必使之別。縱使不別，最後總有別時。真不若不聚之

爲念也。一轉到此，舍卻佛燈蒲團，何處是依託心魂之地哉。

又

患玉歎寒。腳氣成來食。宜多食蠶豆。煮汁服之亦妙。愈多食愈妙。此係

驗方。尚乞聞之。不可忽視也。暑假想不在遠。光陰迅速。轉瞬涼秋。千萬勿

以最可貴之光陰，爲無益應酬之用。多見一二人，多說幾句話，似乎無

形損失。不知已是費去神光。消磨靜氣。故凡有志於學者，一晷之光陰。

亦不能拋於人。君慧心靜志。超越恒人。一年之中。又少暇日。若係不足數十日。其亦靜坐。收拾心神。亦總當之靈機。養心之佳趣也。詩文不必多作。擇其可也。筆記以發明道理。（我抄日記瑣屑者）不可不為。此是涵學問之事。昔司馬溫公每日必記二三條。睡夢中有所得。亦披衣起記之。此可以為法。幸留意焉。此間花事。牡丹綠者尚多。芍藥玫瑰。則開到極盛。晨露猶濕。夕燈初張。意趣無盡。惜詩人不來同之。、

又

丹（洪友敬太太覽）

概離有兩種。悽離。又念昔此歡聚。入心契意者。十不二三。深闊多散。至情況大都如是。人生何者為久長歡聚耶。大概離有兩種。一為雲境。一為癡途。易曰。無思也。無為也。寂然不動。感而遂通。天下之故。當書序孔疏、道

本汁禪。非可名言。又語錄、重心常禪。君子喧文禪多。常人無禪。之之
為重境也。三教一也。學道有以反至本體之性。一物不著。纖塵不染。此是而
禪。樂不可名。是有志焉。而未逮者也。若夫喧怒之禪。本難矣。應有
雅之。即知。紀耶。君語和聚時要有真實鼓勵工夫。從此有益。即數去有
成績可觀。及其多成。勞不可停讀其書。從積罪業。分勞記我此說有此著
境化時。本性。豁然。可激入。禪。重境也。

又

文辭書畫之美。徒為人役。於本人本分上初無真實受用也。吾人之於
文辭。可造到古人境地。（有可以合及其、有不可以合及其）但此總是第三四乘工夫。至向
上一層。端不在此。君之以往精神。浪費於此中也不少。今已老知痛

恨無涯。近二三年，益覺此了之不足以安身立命。頗自反己磨勵，不無是。而行解相應猶未能也。朋友中可語此極少，則退與一二求學者言之，而益之人。君與蕙園，蘇為有志，雖云弱質，而有天機。當此天地浩劫之時，正吾人勤修之候。秉天承命，濟己以濟人，此念不可不有。有之便當實施於身。時人不云乎，男女年壽乎。於此年壽，正、强、和、以、弱、能自待。而能、以、遠、大、為、難者也。吾輩君望君之宗，以吾言為迂，試暢述其志何如。

又

得手書，以久未得我書為念，予究心境無他故也。幸宥諒之。此時危險不可設想。第一是保護身，勿使弱，能耐勞苦。次則小有積蓄，俾行之以儉約衣飾，切勿徇時。又次讀書求明理道理，勿溺於詩文。以上三事，吾似老生常談。至貫古今中外聖賢豪傑，不外此為之基礎。君慧而近道，不為俗囿，又不一厭老叟之迂言，故敢盡言之。

以上數言，皆用商榷。如謂君有不足於此，正以君之志趣宏遠，年盛穩穎，可能於大道也。韓昌黎云：師不必賢於弟子，弟子不必不如師。吾願君勉之進之，遠逾於我，則老叟之談深堪慰也。

又

竟日春陰，都是愁人景色。欲寫以詩，迺無一句，豈心力不足耶？欲詣人又無可語，欲過軒中，恐擾主人清課，遂移向陽樓屋前剔石榴繁枝，至數百條。已萌，作微紅色，然春氣已動，遠望但如枯枝也。此樹已栽十五六年，不作一花，抑由枝繁無力作花。今痛剪之，或仍而不花。則思改植他樹矣。

寧使人怪我不來。不使人厭我不去。昔賢名言也。老人尤易生人厭

時時存此想。彌覺無可諸處。

啼飢者多。飽人為餓人。苟思有以救濟之。雖不能遍濟濟。即一人便少一餓人。昔有鸚武飛集一山。山中大火。鸚武遙見。入水濡羽灑之。天神云。有志無補。對曰。嘗僑居是山。不忍見火。天神嘉感。即為滅火。此一節出出藏經中。可以人而不如鳥乎。此段亦入華記注

與竹韻浣鐵浣桐

書云。享多儀。儀不及物。詩曰。匪報也。永以為好。昔賢者於君子馳驅四國。

端木子實之。而九百之粟。以與原思。何其境有豐嗇。則取與有異致否

儕輩重人之道為之何不思此以向子賤辰猥承諸君隆貺遠道寄物
意義盛多焉敢不受惟念諸君皆我先後輩翔南北曉騰陽高空
鵷張未戢展翅遠方匿影重淵潛形諸君則倚我藉觀蒼且生魚
非是張扶翼鍊翅揮翰朱扉畫角放浪花之小忠是入家煩惱
昌勢之狂疾所以衰似自勝不足而老朽安無功之高意不恐之心無
慚隱是諸鄙人及至老且成痼以前與諸君高曉受之分還四分敗
畏卻之不恭況乎受之已足諸君儀多而我心亦少安焉幸而以默
再謀觴詠之酢相與言歡並聞揮灑之樂

又

憐伊之中經理詩稿秋色高爽乃忘貴心積氣不墜而極人之心

欹枯沈陰可消推泰否之萋是望昨昔目穿塞雁聆疾何魚晝食

而視噎夜寢而易醒慧言時往競氣莫鑲舜澤足慶習坎心亨

為至不然何以自遣文王四友敢望之從人沮溺耦耕座趣乎學類

與王生論情

來函已讀。語何日文字足自立。此即有志之語。但此志培之使長。自能學頭日進。况有淵源有根底如君者乎。富於吾人程多事。能强抽出兩三小時。温習舊功。不至虛擲光陰。約定三數人。共語一種。或一子史。以有劄記批評為其實工夫。覿面或笑謔嬉遊。不特成己。並可成人。亦功德也。大抵一人不好學。必害三五人不好。一人好學。亦能引三五人同好。至少亦到一二人。人人好學上進。於中國前途之福矣。極思擇來。與君等談論學業。或講佛學以老。此願何時償乎。

又

絕句之源。本於樂府。旗亭所唱。厥為正宗。韓杜機軸。韓為家則。

故蕭颯遠上猨似日邊潼洄花落江南晚翠峨眉半月三百篇不一
劉禹廿八字廿八圖彼能盡情識者不費今觀秦淮水流至揚州
芳吳橋何等韻致院前秋韻之言正指此種故絕句以意節落韻
有絕不用意而但以音韻纏綿使人誦之神往者如白香山之竹枝
詞是也此外名世之作大抵音節為勝矣若先師詩江田諸絕句不
源於樂府而探筆即是者為外道之禪終身不得見如來此意吾
於漁洋所選絕句所記亦可參窺大概君慧心人諸見亦深於詩
當不河漢是言僕每為詩途之駑不能學步以記悔言非誤只於此
中三昧更進一層幸不以武斷見譏然無負以文藝相知也
聞元旱不雨又風多損花南雨此風同為花之障礙天地無全功誠哉

又

六年來夢常繞東皋。一曉游心，還尋故壘。松翠滴衣，嵐霏濕帽。澗泉穿叢，瀧瀧求泉。壁石聳雲，峨峨時聽唄響雲際。不期萬緣而散，有自此安每每逢老衲，聽佛光。鐘韻風飄，使銷塵慮。以家山根未淨，一念繫誘，不能無對葉鬱而歎息。自此安泊，每逢老衲，毋羨彭澤園，到此三紀，祇及水雲亭前松閣略裹衰而已。抱人之憂，耿耿於中，不可泯也。若何之以，惟只與佛緣淺論人言切，指以法會，年來湖衰，思更振起，用新慈佑，報白水伯之呼。必得同人之助，君定有意乎？修處以三數天內為俾以樓，君亦思飾不使久廢矣。此意有雁足之便，聊無數行。

与劉生蕙田

北風南雨，合併騷吹，頗運不弦，何堪設想！連夕不安寐，四鼓即醒，畏寒且倦，百慮紛起，起來已七时矣。搖有差子撥置不開，撥一件又推一件，煩苦上加煩苦，無可以消。吾本適日作何思想，身為善善，多何善了。心維緣了大寬，洪洪擾擾，無事可言，此时何时，莫不敢作一樂。字相知矣，老朽肺腑之言，不敢向他人道也。

又

春雨方深，南居可厭，冒雨下鄉，何其急也。江村已寐，臨水風景雅極，須防有水，若不出，何人作伴？今年花朝已有小集否？詩社無差，能詩却之為是（義山非不可仿，惟空空依題為之，雖精工亦難得好詩）。人生日子，最怕碌碌消磨，東若一句，西在一句，積之便蹉跎到老。

又

行頭小楷，總是決斷南歸，必得而已。楷書南行，則行留滯於此，兄心許甘。詩商定付印。世人多檢，惟作者不予以隙。對議者口杜。故必慎重不慌也。詩社能不爲卻粘。然亦必經吾手不爲之，因仿義山。獨不易見，務因爲之，不皆中程。此稿流傳於人，一有可議之隙，豈不貽以話口實。吾求之才與吾慧心，修可作到工穩無疵之詩。何必與此般人較量乎。凡學問之事，蓋深其造學，文詞未穩，不欲流傳。要最要是純美工穩，免他時之悔。凡此皆出爲吾弟計，甚深且遠，勿忽是也。

又

日般聞吾家諸人，皆慣攝吾書也。七十餘老人所願者，以平生著作傳之吾徒。君云相聚使學無荒。是吾願也。若夫彼等。則以求考律設解問而已。豈有於學之意。愛我之真哉。以衰老之年。伴人閒談。供人解悶。則亦禽獸犬馬而已。我今其惟修身養性為第一要策。年近七十。豈可更容浪費光陰。向其以艱。難。之。聚。會。為訴。爭。之。時。光。回首一思。何等可惜。今若幸而再聚。而時光又為彼等分去。何益於君。何益於學。聰明人可察吾真心也。吾所設為有許多人欲我設其，不止此數居也。凡學然皆於我無才益，我亦不能益彼道之人。非我益人。則人益我。若彼。此。取不。相益。徒費。詞。費。時。且傷。罪。於天。地。何益。於此。彼等皆於書名。不知正學。又自負甚高。與我正學判若天淵。此只可為吾輩言之。

又

别，不可常；常，不可多。所負二語，是格言也。悟此，則為學修身工夫，俱宜密切。當於聚晤時深論之。

又

翔雁常來，織札不乏，傳來數闋，等各觀蓮花遠山樓唐詞社、蘇詩社為勝。詩之絕句可率尔成，而詞不能。詩實賢和不用心，況文章之事。微有新趣，極蘭之思，安得鳴球戛玉之音乎。

又

近理何書？史約宜早完，再理一過，求熟勿忘。碑本文，以古文觀止析義之數遍，分句上手。有暇乃日練小文，箋記俱是小文。月作詩數首，以古體五言為宗，切勿為七絕，七絕尤多。此中消息臨時詳之。詩題江村消夏，空有佳景，何不以小五古數篇紀之。

与桄禅上人

承访未值为歉。今晨又蒙赐菊四盆。秋斋生色不少。谢谢。斥诗三奏。须细心録耶。或加小批评。容暮腾選十六七日便送去。阅(欲)多録名诗佳妙者。极喜喜。有妙者係於诗段点足以增读书之兴趣。此必不可少者。聪可多捡多抄。大益为诗道生色矣。

平治詩草一卷

侯官林宗澤撰

武平馮氏望山小舍藏民國間抄本

平治詩草一卷，林宗澤撰。宗澤（一八七八—一九三五），字雪舟，號平治，侯官人。清光緒間諸生，福建法政學堂畢業，浙江補用知府。民國間曾任福建印花煙酒局秘書。熟於閩中書目掌故，羅致頗廣，多珍罕之本，有樓曰寒碧，聚書其間。民國初，佐陳衍任福建通志局分纂，往浙江訪書，襄助有力。又嘗任福州西湖志分纂。著述甚勤，晨抄暝寫，輯有閩中史料數十巨册，身後惜散亡，所著存平治詩草、平治樓聯話等。其母徐紹熙，亦能詩，著有寒碧樓詩集。

宗澤貌豐腴，生性温厚，識明達，好交遊。博洽有詩才，平生勤於社事，説詩社之創立，多所擘畫籌組，並延請陳衍爲社長。在里與陳衍、林蒼、陳篤初、鄭容、卓掞輩遊，出入自閒吟社、説詩社、託社等詩社，見人所作佳者，必手録以去。友人郭樊贈詩云：「城東林雪舟，名字近愈起。頓頓食豬羊，有時飢欲死。案頭積書策，家物得料理。高談雜莊諧，眼底藐餘子。作詩等兒戲，不入窮愁裏。」（郭樊林雪舟社兄索詩作此調之）頗能狀寫其風概。

宗澤詩不多作，陳衍石遺室詩話謂「林雪舟宗澤喜表章他人之詩，而懶於自作，有作皆絶去點塵」。張宗果林雪舟傳云：「君喜治賓客，揀擇山水林榭，可遊憩處，結社鏖詩，奔走甚劬。不足，復私淑所交，裹茗覓句，爾汝雜坐，有暱君者，如祭酒焉。人有詩文，恒力肆吹揚，而懶於己作，平生僅有詩三十餘首云。」是册録詩二十一題二十八首，加之説詩社詩録、國學專刊及他處所見，亦不過四十餘首，乃應陳衍謂其詩「是能以少許勝人多許者」。宗澤之詩，以神味雋永稱，尤工絶句，如壬子十一月出都口號、湖上尋邵飛飛故宅不得，若秋雲掃天際，淡而有味。汲古閣刊本月泉吟社題後、手購珂羅板書畫轉售他人書感，乃平日埋首書城有感而作，亦流利可誦。

是册首録寄題林社七古，詩後自注：「時族兄伯穎宰仁和，函屬余作，兄子宗孟代書泐石。」蓋代族兄林孝恂而作，又載林社二十五年紀念册。戲仿黄莘田西湖雜詠絶句八首，作於清季宦遊杭州時，第八首「今日西泠無好手，却從鄰省借詩人」，與黄任西湖雜詩「只今耆舊無新語，風月銷沉四百年」沆瀣一氣。集舜卿齋頭觀惲南田畫，則是民國初年自閒吟社雅集之作。

詩草末附筆記十七則，精而約，摭拾掌故，靡不洞然於胸次。

民國初年，諸名碩集宗澤家寒碧樓議修福州宛在堂，增祀閩中詩人，數年後，宗澤友人林蒼、鄭容、林翰先後入祀宛在堂詩龕。乙亥冬至，宗澤辭逝，陳震仲起悼以詩云：「絶茲書種能無慟，喚作詩人總可哀。香火湖堂終有分，同龕舊侶遲君來。」宗澤擁書無成，世彌惜之。

是册署「雪舟著」，詩不按年載，偶有脱衍字。書法拙滯，非宗澤手筆，乃是抄胥所謄録者。鈐有「平治樓」、「冷逋生」、「梔子盦」、「潄盦主人詩詞印」諸印。（連天雄）

平治詩草

雪舟著

寄題林社

古來杭守賢者多死葬鹵湖公也獨從民之請弁公志佳城不用寶龜卜九
原典史笑相迎導于見吾宗老君復在山出山去或殊粟時要不負初服惟公表
仕恂恂儒承明出守坐治穆植民有道光農桑創興蠶學宏教育文襄
督閩未竟功公以閩士造浙福惜哉天奪循吏年措施未逮十五六遺金門
外哭聲多一官易得淚萬斛句來文采穌白舲而今治譜龍共黃讀遍從
允示遺像古道哭人肅以目琳瑯題詠遍名賢如披佳傳光合族生人勢力
百年市蓋棺定論操老秀義無功德係人思一邱狐貉詐肯哭欒公社後垂千

馨香有道茲山麓梅花不作兩家春福星合受多士祝婺舟備有再來緣願從

社祭分胙肉

此詩之作則在光緒丙午距余客杭歲三十年駐矣兄伯穎宰仁和亟屬余作兄子

宗孟代書泐石

汲古閣刊本月泉吟社詩題後

一代風騷運悠契見尾聲田園雖好在空谷幾嚶鳴諸老饒高致傳觀及

後生若非毛子晉誰識社公名

戲仿黃莘田西湖雜詠

桂子荷花睿鑒留果契錦繡帝王州如何又送降元表白雁聲中塊肉休

生前抵死結仇讎身後堂堂屈膝羞莫道老奸思想錯流芳遺臭各千秋

金牌眼看岳師班　却覓清涼來栖山　馬背何如驢背穩　英雄退步一鞭閒

偶爾龍頭失意歸　青樓薄倖達宮闈　柳郎奉旨填詞去　從此江山重白衣

尋常上食有魚羹　宋嫂當年浪得名　祇為官家稱平言　一時貴過五侯鯖

紅粉青衫擋限長　一抔自後等蒼涼　鍾情我輩真多事　獨剗苔碑弔鞠香

江潮閱過幾場爭　馬逐殘孤山夕照明　賸與傷心人作賤　十三門罨似蕪城（時距髮逆入城才數載）

鞭絲帽影倦尋春　畧寫湖山十景新　今日西泠無好手　却從鄰省借詩人

疑雨集書後

相傳墜廁殆無稽　玉杵蘭摧事已淒　綺語佛天容懺悔　不應罰重過犁泥

曉起對花有會

潑眼繁華總化工　一花一葉不雷同　若教一一須人力　知有清新出[illegible]

初夏口號

懶甚嵇中散毋將禮法繩有身須喫飰世計達蚊蝇砌草機難遏盆荷蓋日升貪閒非是福陶甓努猶能

漫興

飽飯驅人向睡鄉空庭無柳那生涼已過白露天猶熱叵耐東山皜皜陽

手購珂羅板書畫轉售他人爲感

當年此物最流連今日都成過眼煙貫月滄江書畫舫蜀來不屬米家顛

花朝野步書所見

陌上春人漫自歌嫣紅姹紫較誰多春光也被人占多奈此洋花匝地何

湖上尋邵飛飛故宅不得

水軟山温出郭門遥來煙雨近黄昏討春不見飛飛宅小岸風流已斷魂

西平社兄出所著其亡室林夫人事畧屬題謹書四絶

離鸞一賦總神傷人去房櫳剩夕陽合有閨編酬淚債豈荃遺桂想容光

心哀欲斷短風雲氣情摯能柔鉄石腸好語詩朧須作達無向難覓返魂香

丁巳除夕感作

竹窓風味最清真壓歲無錢未算貧莫向泛逃作豪語明朝四十過頭人

同幼庭過碎紅館作

銀灯低擫一篏春料理情懷付曉人碎紙迷金無賴夜驚鴻瘦燕可憐身吹笙

月下墻遲試名風前雞笑顰慙愧破禪老佛印不持戒体就横陳

集舜卿齋頭觀惲南田画

時賢論画術首稱耕煙叟不知清暉名已在草衣後天生兩畸人藝宛為勝耦

後來鄒(小山)載(醇士)流無能出其右南田沒骨法尤膾炙人口郭家十二幀信為

世稀有風枝帶雨蕚霜葭及雪後啼紅閒杜鵑映綵迴鸚鵡活態在柔毫

奇姿入妙手豪生何汶汶蔽目千氣垢宁知如靜者心体物精且久流傳三

百年神守為所守君家富併藏寿氣盎窗牖何以援秋閒虛齋一壺泛

余與幼庭丈聚而別者屢矣近有都門之役送[illegible]作[illegible]之

別亦尋常事於君獨不堪苦將無盡語來作少須譚子立須能健余狂無豈諳夢中有顏色一共落江潭

侭有

瞥眼繁華一夢過病中顏色損春多桃花瘦盡楊枝老侭有銷魂余奈何

丁巳歲不盡二日往視殤女瘞處還作

如汝聰明最思清魂一去返無期人間今夕知何無猶作燈前哭女詩

讀某相奏議感作

我祖求賢意已殊人才只要用他途公然天上憑誰咏回首中原一悔遲

壬子十一月出都口號

斜日西山意易昏，眼看衰柳更消魂。海王村裡無多路，短髮騎驢出國門。

中秋對月

分明一樣月當頭，與向離邊便愁着。自笑今年來客裡，看人兒女作中秋。

二月二十五日書事

漫言挺挺號奇男，折芰終傷吾道南。多手似疑人盡熱，低頭彌見作多態。粉毫一味留奇論，亂注平生賺美談。省得天公顛倒意，未應何曾說餘甘。

翁覃溪刘石庵皆工書法翁謂刘無一筆肖古人刘謂翁無一筆肖自己實則翁刘之所短亦翁刘之所長也

王可莊仁堪由鎮江移守蘇州三年京州合奏天下循良第一

女子之性可以情制不可以威懾

況愚曰青向何肖雅即所得肖雅則舉勿繫戀既往勿希冀將來勿悠忽現在三語相告問者題之

宋杜清獻云盈天地間皆實理也理不實則墜事不實則壞人不實則危

謝侍郎墉獎汪明經中云吾之先之以輩行也若以學當北面事之矣

王小希一日與人吟會，每次玉在坐，小小展閲，亦次于以

對小希指次玉示人曰此未通籍之布衣也次玉御恨終身

陳石遺與林琴南積不相能至於罵詈不已

楊子恂杖希村所作詩多沿閩中擊鉢吟俗體識者非之

昔楊景度自稱癸巳人董思白自稱乙卯人潘四農戲用

其例自稱乙巳人見四農養一集

潘四農著養一齋詩話徐廉峯為之刊行四農有詩謝

見集中

鶴亭游盤山夢尉遲敬德求詩醒後作一絕句云

通夢文魂夢最奇尉遲敬德求吾詩吾詩未能千古

也有英雄首肯時　此字不知有錯誤否因原稿字不清也

鈍庵有青溝弔智林上人詩因過其墓作也京師崇效寺為青溝下院舊藏上人青松紅杏圖卷庚子亂後歸錫山楊氏

美人福名士未有不福薄者

朱文正嘗謂嘉慶己未一科得人最盛經學則有張惠言小學則有王引之詞章則有吳鼒等兼之者其許宗彥乎

汪秀峯啟淑客揚州日攜秦漢印章數百列置几案朝夕摩挲手不輟常謂客曰昔人錢馬皆有癖吾獨癖此冷銅數片耳

佛曰我不入地獄誰入地獄今通曰仁也捨己以救人今無人何如也

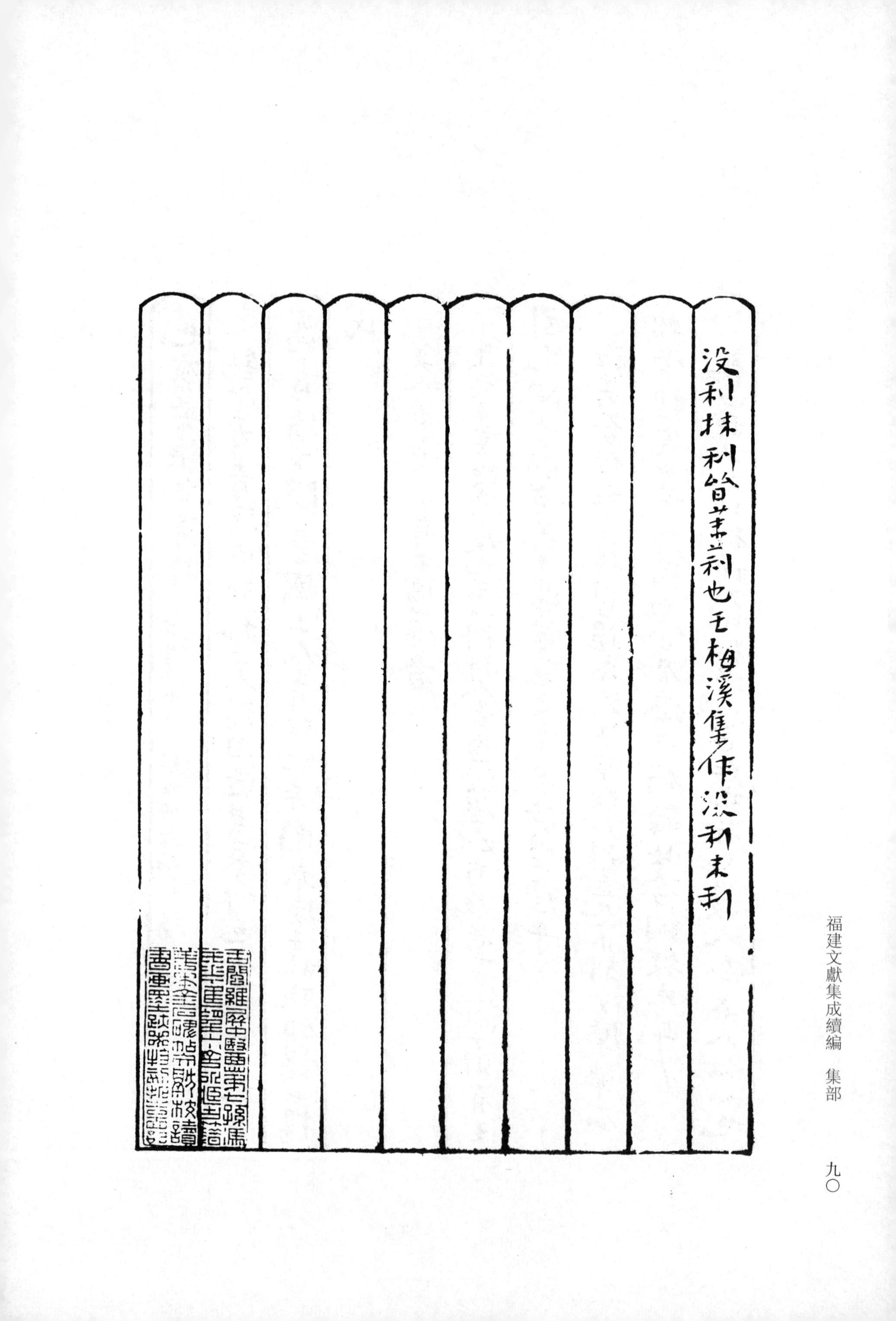

没利抹利皆茉莉也王梅溪集作没利末利

全閩詩儁六卷（卷一至卷四）

［清］龍溪黄日紀輯

福建師範大學圖書館藏清乾隆間刻本

全圖精論六卷（首一全圖）

全閩詩儁六卷，清黄日紀輯。日紀字協三，號叶莽、荔厓，龍溪人。乾隆十三年（一七四八），以生員入吏部中書科任中書，累官至兵部武選司主事。性好客，往来多名流。工詩文，撰有嘉禾名勝記、歸田集、荔崖詩抄，輯有榕林偶吹等。

閩人之論詩，以宋嚴羽滄浪詩話、明高棅唐詩正聲最著，因識解超卓，抉擇精嚴，久爲海内所推。閩人之評閩詩，保存鄉邦文獻，表前哲之風流，爲後學之宗法，當首推鄭方坤全閩詩話。而同時黄日紀全閩詩儁，則知者殊鮮。

是書所録，自唐晉江歐陽詹至清乾隆間閩縣林枝春，共三百三十三家，其中明代二百餘家，雖「品有高下，詩有淺深，要皆有真性真情」（王國選序）。其書體例，大抵循「紀其人可以論其世也，録其詩可以逆其志」之總則，略依作者先後臚列，先録小傳，次輯詩作一首至數首不等，末附諸家評論，間附己意。

目録後有題識云：「本朝閩詩家如陳夢雷、張超然、黄任、莊亨陽及王晉良（明末人）、謝道承諸公，皆不登，而漳地無名之士纍纍不絶，想其未及見者正多矣。」按，黄日紀生長閩南，丁憂後隱居厦門，偏居一隅，所見固以漳州一地爲多，此書選漳郡屬邑詩人近八十人，幾佔全書四分之一。然如葉氏所舉之南靖莊亨陽，知名士也，而未得選入。又如明漳浦徐明彬，有集行世，亦未選入，當是未見其書。於今而言，昔日「漳地無名之士纍纍不絶」者皆賴以存，其保存漳郡文獻，則較他書爲著。至於書中「中間編次亦錯」處，如真德秀誤置楊徽之之後，是爲小瑕，讀者當能辨之。

書中鈐「古閩葉氏芾南珍藏」、「芾南」、「葉滋棠印」、「芾南寓公」諸印，知爲福州葉滋棠舊藏。目録後手書題跋雖未署名，似仍出葉氏筆。（肖書銘）

吾閩稱詩肇自唐歐
陽氏厥後作者踵起代
不乏人發詠海隅嗣響
風人中原傑者莫能或先
也然而今已諸書散見各
一或記其一二而遺其詩或

熙十丁壽

錄其詩而略其人事素
之家藏書不多無由備
見鄉先哲之高風餘韻
大雅之士所爲嘅息也
樞部黃荔崖先生吾鄉
之望也尤深於詩所著奚

囊內史中樞龍江諸集
藝林莫不爭先覩爲快
乃因歸園暇日輯全閩詩
雋紀其人可以論其世也
録其詩可以逆其志也鍾
其中品有高下詩有淺

必要皆有真性真情流
露於楮先墨彩之中而
無不可以徵吾閩人文之
盛昔嚴儀部著滄浪詩
話高典籍選唐詩正聲
識解超卓決擇精嚴久

為海內所推服然是詩家
科律無閩故鄉文獻
先生斯集表前哲之風流
為後學之宗法詩曰維
桑與梓必恭敬止又曰雖
無老成人尚有典型益

先生之用意深且遠矣若
夫先生諸詩集之足以
接迹前人而流示後昆者
天下後世當有定評也
乾隆戊子陽月朔日同門
晚弟王國選拜書

國 選

全閩詩傳

龍溪黄日紀旪斧輯

海澄曾朝英編校

卷之一目次

唐

歐陽詹 字行周晋江潘湖人　周匡物 字幾本龍溪人人称明第[illegible]先生

薛令之 字君珍福安人號有明月先生集今不傳　歐陽袞 字希甫閩縣人

鄭良士 字君夢返仙人有白岩集中壘龍集行世　徐寅 字昭夢莆田人有詩集及探龍集行世

五代

翁承贊 字文饒莆田人　陳陶 字嵩伯南平人自號三教布衣

周朴 字太朴避地來閩遂爲閩縣人　黄滔 字文江莆田人

孟貫 字一之建安人人稱為孟夫子　鄭文寶 字仲賢寧化人

宋 黃裳 冕仲南平人有演山集六十卷　許將 字沖元閩縣人

鄭俠 字介夫福清人號一拂居士　楊徽之 字仲猷浦城人

真德秀　謝伯初 字景山晉江人

黃公度 字師憲莆田人　劉克莊 字潛夫莆田人號後村

徐璣 字文淵從晉江遷永嘉與趙師秀翁卷徐照號為四靈　胡寅 字明仲崇安人有斐然集行世人稱致堂先生

廖剛 字用中順昌人　蔡襄 字君謨從仙遊遷莆田

方惟深 字子通莆田人有莆田集行世　陳洙 字師道建陽人

楊時 字中立將樂人　楊億 字大年浦城人

卷之二目次

全閩詩傳

鄭昭先 字景紹閩縣人詩有月湖遺稿　張元幹 字仲宗永福人詩有蘆川歸來集

黃幹 字直卿一字季直號勉齋閩縣人　鄧肅 字志宏沙縣人詩有栟櫚集行世

真山民 西山之孫　嚴羽 字儀卿一字丹丘邵武人號滄浪逋著滄浪詩話羣從九人俱能詩世稱九嚴

嚴粲 字坦叔一字明卿邵武人　俞豐 字彥南建寧縣人

李安期 字泰伯建寧縣人詩蒙泉集　鄭震 字孟起號菊山連江人詩侠逸稿

鄭思肖 字億翁號所南連江人詩井中心史　趙若槸 字自木號蒼山崇安人詩澗邊集行世

謝翱 字皋羽長溪人號晞髮子　陳普 字尚德更號懼齋寧德人有石堂集等書

熊禾 字去非更名鉌字位辛號勿軒又號退齋世居建陽之鼇峰　邱葵 字吉甫同安人號釣磯先生著五經解又獨樂軒集

元

洪希文 字汝質莆田人詩續軒渠集　方瀾 字叔淵莆田人

全閩詩傳

周元　黃元

林弼　陳遇

藍仁

卷之三目次

劉駟　藍智

陳伯康　高嵩

葉俊　黃守

林真　林環

陳全　楊榮

全閩詩傳

陳　音　　周　潼

魏時敏　　陳　焯

黄仲昭　　黄文史

李　彝　　林　震

王　彛　　沈　源

林　瀚　　周　瑛

周　軫　　黄　榮

林　俊　　陳　烓

葉元玉　　鄭　瑗

卷之四目次

全閩詩傳

林文纘　鄭善夫
游璉　林大輅
林炫　戴時宗
林春澤　蔡經
張岳　陳文沛
林希元　王鳳靈
郭波　李默
謝賁　黄潤
田頊　陳大濩

郭萬程　張秉壺

何御　洪朝選

林懋和　王應鍾

鄭渭　魏文焲

蔡文　林爊

鄭茂　林命

吳文華　林烴

楊成名　林如楚

王鑛　郭文涓

卷之五目次

王志遠　林堯俞
謝肇淛　陳薦夫
鄭懷魁　曹學佺
蔡復一　林雨潤
魏濬　崔世召
陳翼飛　王志道
彭汝楠　朱繼祚
江于脩　陳昂
黃克晦　鄭琰

李瑞和　張若化
盧振明　曾異撰
張若仲　張利民
郭萬完　莊六成
郭符甲　李世熊
本鄉人
許友　何其漁
陳濬　黄徵之
宋珏　林古度
徐延壽

卷之六目次

李光地　謝天樞
謝亦驤　張霍
詹明章　趙潛
許濱　王之鄰
羅耿辰　黃宗濮
胡旭　李贊元
陳食花　商及赳
林茂梓　李雲龍
曾允祥　梛日生

李孚玉　鄭玟

王元通　方垓

陳元麟　黄江

出科聯　黄夢琳

薛登龍　黄國楷

蔡德輝　李正揵

林枝春

本朝閩詩家如張超然黄任田及王[illegible]良謝道承諸[illegible]
皆不登而浮地無名之士纍纍不絶想其未及見者正
多矣　中間編次亦錯

全閩詩雋

龍溪黃日紀旪莽輯

海澄曾朝英編校

歐陽詹

歐陽詹字行周晉江潘湖人少時每見江山形勝心獨喜之常執一編忘歸未解文字隨人而問或有契心移日自得吟嘯不止自此文詞崛興會常袞為閩觀察使賞識之貞元八年陸贄知貢舉與韓愈李觀李絳崔羣王涯馮宿諸人聯

第人號爲龍虎榜授四門助教時韓愈爲徐州從事朝正京師詹率其徒伏闕下舉愈爲博士與孟郊賈島張籍王建李賀盧仝劉乂等稱爲韓門詩派韓愈嘗賦駑驥吟以示詹曰駑駘誠齷齪市者何其稠力小苦易制價微良易酬渴飲一斗水飢食一束芻嘶鳴當大路志氣若有餘騏驥生絕域自矜無匹儔牽驅入市門行者不爲留借問價幾何黄金比嵩邱借問行幾何咫尺視九州飢食玉山禾渴飲醴泉流問誰能

為御曠世不可求惟昔穆天子乘之極遐遊王良執其轡造父挾其輈因言天外事茫惚使人愁駑駘謂騏驥餓死余爾羞有能必見用有德必見収孰云時與命通塞皆自由騏驥不敢言低徊但垂頭人皆劣騏驥共以駑駘優喟余獨興歎才命不同謀寄詩同心子為我商聲謳詹以詩答之曰故人舒其憤作爾駑驥篇驚取易售陳驥以難知言委曲感既深咨嗟詞亦殷伊情有遠瀾余志遊其源室在周孔堂道適堯舜

門調雅聲寡同途遐勢難翻頓茲萬恨來假彼
二物云賤貴而貴賤世人良其然芭蕉一葉妖
戎葵一花妍異無材寔資手植堦墀前梗楠十
圍現松柏百尺堅罔念棟梁功野長邛壚邊傷
哉昌黎韓焉得不迍邅上帝本厚生大君方建
元寔將庇羣甿庶此規崇軒班爾圖永安掄擇
其精專君看廣廈中豈有庭前萱詹又有翫月
詩其叙曰月可玩玩月古也謝賦鮑詩朓之庭
前亮之樓中皆翫也貞元十二年甌閩君子陳

可封在秦寓於永崇里華陽觀予與鄉故人安
陽邵楚萇濟南林緼頴川陳詡亦旅長安秋八
月十五日夜詰陳之居脩厥翫事月之為翫冬
則繁霜太寒夏則蒸雲太熱雲蔽月霜侵人蔽
與侵俱害乎翫秋之於時後夏先冬八月之於
秋季始孟終十五於夜又月之中稽於天道則
寒暑均取於月數則蟾兎圓况埃壒不流太空
悠悠嬋娟徘徊桂華上浮升東林入西樓肌骨
與之疏凉神魂與之清冷四君子悅而相謂曰

斯古人所以為玩也既得古人所玩之意宜襲
古人所翫之事乃作翫月詩詩曰八月三五夕
舊嘉蟾兎光斯從古人好共下今宵堂素魄皎
孤凝芳輝紛四揚徘徊林上頭泛灔天中央皓
露助流華輕飈佐浮涼清冷到肌骨潔白盈衣
裳惜此苦宜翫攬之非可將含情顧廣庭願勿
沉西方又題延平劒津云想像精靈欲見難通
津一去水漫漫空餘昔日凌霜色長與澄潭生
晝寒卒時年四十餘詹事父母孝與朋友信義

其卒也崔羣哭之甚韓愈爲哀詞李翶爲傳有文集十卷行於世

周匡物

周匡物字幾本龍溪人元和十一年進士及第未第時名譽早著嘗賦軒轅古鏡歌云軒轅鑄鏡誰將去曾被良工瀉金取明月中心桂不生輕氷面上菱初吐蛇龍久無雷雨報鸞鳳空踏蓊苔舞欲向高臺對曉開不知誰是孤光主王播見而異之曰會當與此子作孤光主耳後果為播所舉士御試學殖賦鶯出谷詩為時傳誦唐自開漳百二十年登進士者自匡物始以讀書

天城山改為名第山人稱名第先生仕至高州刺史兄匡業貞元八年明經登第為鄱陽令與之齊名

薛令之

薛令之字君珍福安人神龍二年舉進士開元中累遷左補闕兼太子侍讀時東宮官冷落久次不遷令之題壁曰明月上團團照見先生盤盤中何所有苜蓿長闌干飯澁匙難綰羹稀筯易寬未可謀朝夕何由度歲寒元宗幸東宮見焉以其怨望續書其後云啄木嘴距長鳳凰毛羽短若嫌松桂寒任逐桑榆暖因謝病徒步歸久之元宗聞其貧命有司資其歲賦令之量受不

肯多取肅宗立以舊德名已逝矣因勅其鄉曰廉村水曰廉溪令之有遊太姥山詩曰揚舲窮海島選勝訪神山鬼斧巧開鑿仙踪常往還東甌冥漠外南越淼茫間為問廣成子刀圭乞駐顏太姥山一名南太武在鷺島之南相傳令之晚年與子居鷺島又遷於同安鷺島人言唐朝甲第皆曰南陳北薛所居之地至今猶稱薛嶺以太姥山詩考之令之晚居鷺島似為可信省志僅曰福清人因記此以備叅考令之所著有

明月先生集今亦不存

全閩詩傳

歐陽袞

歐陽袞字希周閩縣人與項斯齊名其神光寺詩云香刹懸幽磴飛樓界碧空石門棲怖鴿慈塔繞歸鴻有法將心鏡無名屬性通從來樂寥寂尋覓未能窮又南澗寺詩云春寺無人亂鳥啼藤蘿陰磴野僧迷雲藏古壁遺龍像草沒香臺抱鹿麛松籟冷冷疑梵唄柳烟歷歷見招提為耽寂寞親俾侶莫怪閒行費馬蹄唐敬宗寶歷元年及第仕至監察御史二子琳玭皆登進士

復中鴻詞以詩賦世其家

鄭良士

鄭良士字君夢仙遊人性沉厚博學能文昭宗景福二年獻詩五百篇授國子四門博士累遷御史中丞天復元年棄官隱於白巖山號白巖居士有遊九鯉湖詩云仄徑傾崖不可通湖嵐林靄共溟濛九溪瀑影飛花外萬樹春深細雨中覆石雲閒丹灶冷採芝人去洞門空我來不是邯鄲夢取醉聊乘鄭國風後赴閩王審知辟遷左散騎常侍兼御史大夫有白巖中壘集行世

徐寅

徐寅字昭夢莆田人乾寧元年進士官秘書省正字時朱温欲移唐祚屢稱夢韓信授兵法又與李克用讐敵寅因飲醉觸温諱懼遂製游大梁賦以獻温讀至千年漢將感精魄以神交一眼胡奴望英風而胆落愈喜令軍士諷之一字酬一縑不責前慢寅得免歸卜居延壽溪上有詩曰賦就神都振大名斬蛇功與樂天爭如今延壽溪邊住終日無人問一聲泉州刺史王延彬

以禮招寅一見如布衣交日會諸名士以詩酒為樂人之辭歸寅有題天王閣詩云絕頂宜棲獨角仙金張到此亦同還三門裏面千層閣萬井心中一朶山江坳碧灣盤洞府石排青壁護禪關有時海上看明月輾出氷輪疊浪閒又題九鯉湖詩云到来峭壁白雲齋載酒春游渡九溪鐵嶂有樓霾欲墮石門無鎖路還迷湖頭鯉去轟雷在樹杪猿啼落日低回首浮生真幻夢何如斯地傍幽棲又紙帳詩云幾笑文園四壁

空避寒深入剡篠中誤懸謝守澄江練自宿姮娥白兎宮幾疊玉山開洞壑半巖春霧結房櫳針羅截錦饒君侈争及蒙茸暖避風又宮鶯詩云領得春光在帝家早從深谷出烟霞閒棲仙禁日邊柳飢啄御園天上花覩睆只宜陪鳳閣間關多是鬪宮娃可憐鸚鵡矜言語長閉雕籠歲月賒又畫松詩云澗底陰森驗華精筆間開展覺神清曾當月照還無影若許風吹合有聲枝偃只應元鶴識根深且與茯苓生天台道士

頫來見說是株株倚赤城其餘膾炙人口者尚
多難以殫述寅博涉經史詩篇藻麗著作甚富
有詩集及探龍集行世

翁承贊

翁承贊字文饒莆田人乾寧二年進士擢鴻詞科任京兆參軍天祐初以右拾遺受詔冊王審知為瑯琊王梁開平四年復為閩王冊禮副使終御史大夫因相閩閩主賜其鄉曰文秀里曰光賢又賜漆林莊曰晝錦其奉使封王次宜春驛詩云微宦淹留鬢已斑此心長憶舊林泉不因列土封千乘爭得銜恩拜二天雲斷自宜鄉樹出月高猶伴客心懸夜來夢到南臺上遍看江

山勝昔年又以拾遺奉使册閩王詩云蓬萊宫闕曉光勻紅葉舁麻降紫宸鸞奏八音諧律吕鳳啣五色顯絲綸蕭何相印鈞衡重韓信齊壇雨露新得侍丹墀官寵異此身何幸沐恩頻翁曾在審知幕是舊知已故曰二天

陳陶

陳陶字嵩伯南平人南唐昇元中將詣建康謁宋齊丘秉政恐不合築室南昌西山種柑橘令山童賣以自給自號三教布衣操行高潔累辟不起嚴尚書宇鎮豫章欲試之遣小妾蓮花往視陶拒不納妾獻詩曰蓮花爲號玉爲腮珍重尚書遣妾來處士不生巫峽夢空勞雲雨下陽臺陶答云近來詩思清於水老去風情薄似雲已向昇天得門戶錦衾深愧卓文君又歸山詩云

海岳南帰遠天門北望深暫為青瑣客難換白雲心富貴老閑事猿猱思舊林清平無樂志樽酒有瑶琴

周朴

周朴字太朴其先吴興人避地来閩遂為閩縣人喜吟詩搆思苦澁得句欣然自快人或戲弄之弗顧也黄巢入閩得朴欲用之朴曰我尚不仕天子肯從賊耶遂見害有頭湧白乳之異宋紹興賜祠烏石山巔祀之額曰劉顯紀事云朴甞假僧人丈室以居不飲酒茹葷每諸僧食朴携盂厠其下而食以為常有設供施僧錢者亦拱手丐其一錢或以數錢與之止受其一得錢償

茶藥費將盡復然僧數亦未嘗厭也朴苦吟每
遇景晦搜抉日旰忘返嘗野逢一負薪者忽持
之且厲聲曰我得之矣其人掣臂驚走遇游徼
卒疑為偷兒執而訊之徐告之曰我見彼適得
句耳得釋去嘗賦古墓詩少落句偶見樵者遂
足成云子孫何處閒為客松柏被人伐作薪朴
嘗有禹力不到處河聲流向西之句恒自稱譽
有一士跨驢行偶遇朴佯誦西為東促驢去直
追數里挽而告之曰此予詩向西乃佳向東誤

笑閩人傳以為笑朴有秦國懷古詩云荒郊一望欲銷魂涇水縈紆傍遠村牛馬放多春草盡原田耕破古碑存雲和積雪蒼山晚烟伴殘陽綠樹啼數里黃沙行路客不堪回首思秦原又題桐柏觀云東南一境清心目有此千峰插翠微人在下方衝月上鶴從高處破烟飛巖深水落寒侵骨門静花開色照衣欲識蓬萊今便是更于何處學忘機又送梁道士云舊居桐柏觀歸去愛安閑倒樹造新屋化人脩古壇晚花霜

後落山雨夜深寒應有同溪客相尋學鍊丹又哭李端云三年翦拂感知音哭向青山永夜心竹在曉烟孤鳳去劍荒秋水一龍沉新墳日落松聲小舊宅春殘草色深不忍此時親執紼石門遙想淚沾襟

歐陽公詩話云唐晚年詩人無復李杜豪放之格然亦務以精意相高如周朴者搆思尤艱每有所得必極其雕琢故時人稱朴詩月鍛年鍊未及成篇已播人口其名重當時如此

黄滔

黄滔字文江莆田人乾寧二年擢進士第光化中除四門博士尋遷監察御史裏行充威武軍節度推官王審知據有全閩而終其身為節將者滔規正有力焉幕府應用文及塔廟碑碣半出其手未幾朱梁移國足跡不復西中州名士李珣韓偓羅隱崔道融輩避地閩中悉主於滔家滔有寄湘中鄭明府云縣與白雲連滄洲况縣前嶽僧同夜坐江月看秋圓琴拂莎庭石茶擔

乳洞泉莫耽雲水興疲俗待君痊又有題鄭山人幽居云屐跡遍莓苔幽枝閒藥栽枯杉聲雪朶破牖觸風開泉自孤峰落人從諸洞来終期宿清夜斟茗説天台又寄南海黄尚書云五羊城下駐行車此事如今見載餘燕頷已知飛食肉龍門猶自退爲魚紅樓入夜笙歌合白社鷺秋草木疎西望清光寄消息萬重烟水一封書又送僧云幾年七歲便從師猶説辭家學佛遲新劚松蘿還不住愛尋雲水擬何之孤溪雪下

維舟夜疊嶂猿啼過寺時鳥道龍湫悉行後莫將翻譯負心期又別友云已喜相逢又怨嗟十年飄泊在京華天朝多事還停舉故國經荒私有家鳥帶夕陽投遠樹人衝臘雪往邊沙夢魂空繫瀟湘岸烟水茫茫蘆葦花

全閩詩傳

孟貫

孟貫字一之建安人初客江南後仕周世宗時幸淮南貫獻詩釋褐授官爲人性踈野喜篇章不以仕宦爲意有冬日登江樓詩云高樓臨古岸野步晚来登江水因寒落山雲爲雪凝遠村雖入望危檻不堪凭親老未歸去鄉愁徒自興又山中訪人不遇云負琹兼杖藜特地過巖西已見竹軒閉又聞山鳥啼長松寒倚谷細草暗連溪久立無人到烟霞歸路迷又贈棲隱洞譚先

生云先生雙鬓華深谷卧雲霞不伐有巢樹多移無主花石泉春釀酒松火夜煎茶因問山中事如君有幾家又寄山中齋逆人云煙霞多放曠吟嘯是尋常猿共摘山菓僧鄰住石房躡雲雙屐冷采藥一身香我憶相逢夜松潭月色凉貫少好學常遊廬山卜居其下以禮義文章節儉爲當時師範人稱爲孟夫子云

鄭文寶

鄭文寶字仲賢寧化人初仕南唐李後主以文學選爲清源公書記遷校書郎後主歸宋封隴西郡公南唐故臣皆錄用仲賢獨不自言落魄梁楚間後主以環衛奉朝請不納客謁仲賢被簑荷笠作漁者以見寬慰備至後主嘉歎其忠及後主云亡仲賢乃赴貢舉登太平興國八年進士淳化二年拜殿中丞奉使川陜均稅奏捐商人到岸錢行次渝涪間夔州戍卒變乘舸順流

一夕數百里至悉擒斬之使還面加賞勞賜五品服尋遷陜西轉運副使會歲歉勸誘豪戸出粟三萬斛活飢民八萬六千餘累官至工部侍郎嘗從徐鉉學文尤長于詩仲賢有送秦長官罷秩云衆論才名外新人似古人官孅容易達家愛等閑貧觧印詩權在移風澤國春歐聲交不得慚見故鄉民其郢中寒食訪僧舍題壁云客去愁經百五春雨餘溪寺緑無塵金花何處鞦韆鼓粉頬誰家鬪草人水上桃花流片段梁

聞歸燕語逡巡高僧不飲客携酒來勸先朝放逐臣又仲賢佳句散見者甚多如題緱山詩晏元獻守洛過而見之取白樂天語書其後曰此詩在在處處有神物護持又如題綠野堂云水暖鳧鷖行哺子溪深桃李卧開花歐陽文忠謂工部風味不減少陵摩詰其推重之如此

黄裳

黄裳字冕仲南平人博學鴻詞尤邃禮經元豐五年對策第一政和間知福州嘗爲端明殿學士禮部侍郎遷尚書方三舍法行裳謂宜近不宜遠宜少不宜老宜富不宜貧不如遵祖宗科舉之制世以爲確論冕仲有題山堂詩曰烟籠雲鎖幾千年流俗尋山豈得先一水中分吳越界四峰前卧漢唐仙閑遊東徑窺青海偶任西源翫白蓮却省内遊還有感杖藜看指夕陽天又

社日遊雲門山云不須扶我自登山脚力能勝十八盤一字雁低頭上過兩城人細掌中看雖知北戸緣猶在却笈南柯夢未闌忽見歸雲應是信滿襟先得洞天寒建炎中卒年八十七所著有演仙集六十卷

許將

許將字沖元閩縣人嘉祐中舉進士第一歐陽脩讀其文曰王沂公輩人也累官知制誥不試而除寔神宗特命士論榮之契丹以重兵壓境求代地朝廷遣使歲聘衆莫敢往者神宗以命將將請詣樞密檢閱而行至契丹館客果以代州爲言將隨語折之館客不能詰又與肄射將發先破的上聞之甚悅遂有意大用將矣累進翰林學士權知開封府會治太學虞蕃獄釋諸生

無罪者蔡確因陷之逮御史府踰月方觧黜外歴知鄆州故事每上元張燈吏必籍舊爲盜者繫獄將曰是絶其自新之路也悉縱遣之自是訖將去任無一人犯法者獄爲之空名爲兵部侍郎屢上言兵事悉中機宜熈寧中西方用兵上遣近侍問兵馬之數將立具奏明日上問樞臣不能對也將身兼数器雅為上知而同僚多忌之元祐三年始爲翰林學士紹聖初拜門下平章事沖元東山碧巖亭詩曰舊室魯留古岍

邊新亭同賞碧巖前日生獅子峰頭水烟伴榴花洞口泉黄葉入秋山出地白雲臨曉海垂天飄然踪跡今何定别去江湖又一年餘佳句甚多難以盡述卒謚曰文定

全閩詩傳

鄭俠

鄭俠字介夫福清人第進士調光州司法參軍秩滿入都見安石言新法非便安石不悅使監安上門會久旱俠繪門上所見流民困苦圖發馬遞投銀臺進之神宗覽圖唏噓罷新法浹日大雨用事者爭罝俠擅發馬遞之罪編管汀州哲宗立放還除泉州録事參軍元符復送英州建中靖國放還監衡山廟旋追毀前命俠遂不復出號大慶居士還鄉所存唯一拂又號一拂居

士宣和元年忽夢鐵冠道士遺之詩視之乃子瞻也嘆曰吾將逝矣作詩云似此平生只藉天勝如過鳥在雲烟如今身畔無餘物贏得虛堂一枕眠授孫而卒年七十九嘉定中謚曰介俠少苦學其古詩踈樸老直有次山東野之風不得以當行格調律之其和荆公何處難忘酒詩曰何處難緘口熙寧政失中四方三面戰十室九家空見佞眸如水聞忠耳似聾君門深萬里安得此言通

楊徽之

楊徽之字仲猷浦城人南唐時間道至開封中進士太宗索詩百篇進御以十聯寫御屏爲禮侍天府判官侍讀其漢陽晚泊詩曰傍橋吟望漢陽城山遍樓臺徹上層犬吠竹籬沽酒客鶴隨苔岸洗衣僧踈鐘未徹聞寒漏斜月初沉見遠燈夜靜鄰船問行計曉帆相與向巴陵又贈譚先生云古觀重重遠翠微松杉深處掩淒扉雲生萬壑投龍去海隔三山放鶴歸花洞宴遊春

全閩詩傳

日永石壇朝禮曙星稀每聽高論長生理擬向
塵中便拂衣又寒食寄鄭侍郎云清明時節出
郊原寂寂山城柳映門水隔淡烟修竹寺路經
踈雨落花村天寒酒薄難成醉地迥樓高易斷
魂回首故山千里外別離心緒向誰言

眞德秀

眞德秀字景元浦城人慶元五年進士初遷太學博士斥韓侂胄專政尋知泉州先是蕃舶畏苛征至者歲不三四聞德秀下車蕃舶增至十六艘聽訟惟揭示姓名人自詣郡無敢後者久之囹圄一空累官叅知政事其泊舟嚴灘云天色微茫入暝鐘嚴陵灘上繫孤篷水禽與我共明月蘆葉同誰吟晚風隅浦人家漁火外滿江愁思笛聲中雲間休望飛鴻影身即天涯一斷鴻

又興福寺云為獻市喧雜携詩来此吟鳥聲山路靜花影寺門深樓閣莊嚴地池塘清淨心松風亦好事送客出前林卒謚文忠學者稱為西山先生所著有大學衍義西山文集等書行世

謝伯初

謝伯初字景山晋江人當天聖景祐之間以詩知名有寄歐陽學士謫夷陵云江流無險似瞿塘滿峽猿聲斷旅腸萬里可堪人謫宦經年應合鬢成霜長官衫色江波綠學士文章蜀錦張異域化為儒雅俗遠民爭識校讎郎才如夢得多為累情似安仁久悼亡下國難留金馬客新詩傳與竹枝娘典辭懸待脩青史諫草當留集皂囊莫為明時輕譴謫便將纓足濯滄浪歐陽修

曰余謫夷陵時景山為許州法曹以長韻見寄頗多佳句余答云參軍春思亂如雲白髮題詩愁送春蓋景山詩有多情未老已白髮野思到春如亂雲之句故余以此戲之也景山詩頗多如自種黃花添野景旋移高竹聽秋聲園林換葉梅初熟池館無人燕學飛之類皆無愧於唐賢而仕宦不偶終以困窮而卒其詩今已不見于世其家亦流落不知所在其寄余詩逮今三十五年矣余猶能誦之蓋其人不幸既可哀其

詩淪棄亦可惜也

黄公度

黄公度字師憲莆田人紹興八年進士第一任簽書平海軍節度判官代還除秘書省正字秦檜以與趙鼎善不悦小人希檜意論公度著私史以謗時政罷歸主管台州崇道觀公度有道間即事詩云花枝已盡鶯將老桑葉漸稀蚕欲眠半濕半晴梅雨道乍寒乍暖麥秋天村壚沽酒誰能擇郵壁題詩盡偶然方寸怡怡無一事粗裘糲食地行仙又陳晋江宴同僚于二公亭云

百年遺址俯郊坰十里滄波帶古亭隔岸樓臺
春去遠兩湖烟雨酒微醒苔碑缺落庭松老野
鳥去來汀草青風物不殊天竺路扁舟鬢鬚舊
曾經初公度赴朝道過分水嶺有詩云嗚咽泉
流萬仞峯斷腸從此各西東誰知不作多時別
依舊相逢滄海中及公度歸莆趙相先已謫潮
陽小人附會其説謂此詩指趙而言將不久偕
還中都也檜益怒以惡地處之通判肇慶府事
攝守南恩檜死名除尚書考功員外郎無何疾

卒林大鹓誌其墓謂詩效杜甫句法逼真洪邁謂精深而不浮于巧平澹而不近乎俗其悲秋等作不知謫仙少陵以還尚有能窺其藩籬否似皆過情之論唯陳俊卿謂雖未盡追古作要自成一家其言爲差近云

今體詩作

劉克莊

劉克莊字潛夫莆田人後村其號學於真西山以廕入仕除潮倅遷建陽令移仙都嘗詠落梅有東君謬掌花權柄却忌孤高不主張談者箋其詩以示柄臣由此閑廢十載因有病後訪梅絶句云夢得因桃却左遷長源為柳忤當權幸然不識桃并柳也被梅花累十年後起將作簿兼叅議累遷廣東運判又奉祠起江東提刑名對以將作監直華文閣賜同進士出身專史事尋

入經筵直綸省無何出為福州提刑後村有小寺詩云小寺無蹊徑行時認蘚痕犬寒鳴似豹僧老瘦於猿澗水來旋磨山童出閉門城中梅未見已有數枝繁又錢塔寺云細認苔間字方知鑄塔時不因兵廢壞似有物扶持古殿人開少深窻日上遲僧言明受事相對各攢眉又贈翁卷云非止擅唐風尤於選體工有時千載事秪在一聯中世自輕前輩天猶活此翁江湖不相見纔見又西東又冶城云斷鏃遺鎗不可求

西風古意滿原頭孫劉数子如春夢王謝千年有舊遊高塔不知何代作暮笳似說昔人愁神州只在闌干北幾度来時怕上楼又西山云絶頂遥知有隱君飡芝種朮麋為羣多應午灶茶烟起山下看来是白雲又榕溪閑云榕聲竹影一溪風遷客曾来繫短篷我與竹君俱晚出兩榕猶及識涪翁論者謂江西苦于麤而冗莆田得其法而能瘦能淡能不拘對又能變化而活動盖雖會衆作而自為一宗者也

徐璣

徐璣字文淵從晉江遷永嘉與趙師秀翁卷徐照善號為四靈時唐詩久廢璣等謂昔人以浮聲切響單字隻句計巧拙蓋風騷之至精也近世乃汗漫而無禁豈能名家哉四人詩遂極其工而唐音復振矣後歷官建安簿龍溪丞長泰令璣有訪梅詩云訪梅行近郊寒氣初淅瀝欲開未開時三點兩點白清枝何蕭疎幽香況岑寂頗知天姿殊絕似人有德逢君天一方歡然舊

相識又投楊誠齋詩云名高身又貴自住小村深清溽門如水貧惟帶有金養生非藥餌常語是規箴四海為儒者相逢問信音又同友人登翠麓亭云緩行尋翠麓凝睇俯青灣舟楫蘆花外江山夕照間天寒雖日短歲晚亦身閑高樹梅初發與君相共攀卒時年五十有九

胡寅

胡寅字明仲崇安人受業於楊時得伊洛之學宣和三年進士歷禮部侍郎兼直學士院會丁外艱服除知永州以疾請祠隱於南山下學者稱致堂先生其和趙宣詩云冠月裾雲佩綠霞百年將此送生涯愁心別後無詩草病眼燈前有醉花落筆擅場聊寫意背山臨水遂成家也須南畝多栽秫休似東陵只種瓜卒謚文忠所著有斐然集行世

全閩詩傳

廖剛

廖剛字用中順昌人崇寧五年進士自國子録陞監察御史時蔡京當國剛論奏無所避以親老求補外出知興化軍欽宗即位台為右正言高宗朝累遷御史中丞知無不言人敬憚之有步張敏叔欝孤臺詩云一目江天萬里開世間那有更高臺烟雲縹緲千山迴島嶼縈迴二水來爽氣直疑侵斗漢仙風應覺到樽罍南州巳見澄清日大筆聊從賦早梅

蔡襄

蔡襄字君謨始家仙遊徙莆田年十八登天聖八年進士爲西京留守推官時范仲淹以言事去國余靖論救之洙請與同貶歐陽移書責司諫高若訥不言由是三人皆坐譴襄作四賢一不肖詩都人士争相傳寫鬻書者市之得厚利契丹使適至購以歸張於幽州館聞者悚然進直史閣兼脩起居注後以母老乞知福州改福建路轉運使仁宗親書君謨兩字賜之遷龍圖閣

知開封再知福州郡士周希孟陳烈陳襄鄭穆以行義著襄倚禮招延誨諸生以經學徙知泉州尋拜端明殿學士有寄聖俞詩云吾友多稱君思見寒附火氣温玉開籍才敏鏃加笴嘗於師魯書言詞屢及我乖踈久益新慕迎合已可奈何縻組綬無路動車輠近乃得百篇能詩今信果清寒水石春怪險蛟螭鎖遠念烟鴻去呈妍露葩娜古人雖巳矣風流未應墮東來勿後期山桃綴紅顆

方惟深

方惟深字子通莆田人父龜年景祐中進士仕至屯田郎中卒葬襶州惟深因居焉王荆公最愛其詩謂精詣警絶元白陸皮有不到處其和周楚望紅梅詩云清香皓質世稱奇試作輕紅更自宜紫府與丹来换骨春風吹酒上凝脂直教臘雪無藏處只恐朝雲有去時溪上野桃何足種秦人應獨未相知惟深舉進士不第晚爲興化軍助教有莆田集行世

陳洙

陳洙字師道建陽人慶曆甲申進士歷知長溪烏程二縣有治績擢侍御史嘉祐中儲位未定極陳東漢建儲不早之弊且云陛下以臣懷異日之圖莫若殺臣之身用臣之言疏入即仰藥死仁宗愍其忠賜錢百萬洙有游雲際山詩云清曉捫蘿踏嶺雲寒風吹濕衣巾上攀霄漢無多地直視城闉幾點塵古木半陰藏宿霧山禽相語厭遊人明年更補閩中吏來看桃花爛熳

春

楊時

楊時字中立將樂人熙寧九年進士河南二程講絶學於河洛之間時調官不赴往師程顥於潁昌及歸顥目送之曰吾道南矣顥卒又事程頤於洛頤偶瞑坐時與游酢侍立不去旣覺則門外雪深一尺矣張舜民在諫垣薦之得荊州教授德望日重四方之士皆從之游號曰龜山先生有冬至日聞雷詩云土圭日已南百年生有期新陽潛地脉慘慘羣陰微尚覺雲氣昏蔽飈

美寒威狂雷與驟雨奔逐如喧轟百虫誤驚蟄生理六已虧向晚怒聲息霰雪交餘輝凌寒山驛孤持盃空自疑又遊玉華洞云蒼篠秀木遶空庭叠石層巒擁畫屏混沌鑿開幽竅遠巨靈分破兩峯青雲藏野色春長在風入衣襟酒易醒採玉遺蹤無處問擬投簪紱學仙經高宗時自祭酒除學士乞致仕年八十三卒謚曰文靖

楊億

楊億字大年浦城人雍熙初應童子科赴闕御試
詩賦上嘆賞命內侍送中書特賜袍笏真宗在
壽邸書疏悉出億手既踐祚超拜左正言預修
太宗寔録冊府元龜義例體制皆億所定車駕
再幸繙閱命坐賜器幣億有春郊即事詩云黃
鸝百囀宿烟疎近郭行春獨駐車壠上勸耕聊
問訊棠陰聽訟且躊躇遠林桑盡蠶成繭野水
萍開獺趁魚幾處路旁垂苦李遊人不折意何

如又和戚博士雪齋云六花新霽自皚皚爽氣颸颸拂面来梁苑酒濃寒力減謝池風細凍文開天邊幾陣鬧歸雁江外千家見早梅此際何人能訪戴剡溪清景好御杯又送張兖下第云建溪曾共聽猿聲十載文場和策名流落只應孤劍在窮愁已有二毛生荆州暫去依劉表漢殿無由薦馬卿一路騷人舊山水登臨囬首莫動歸情又送吳航云井邑荒凉旅鬢斑經年索米佳長安囊中賣賦金都盡衣上悲秋淚不乾客

路飄蓬殊未定侯門置醴豈成歡擔簦忽起東游興庭樹西風昨夜寒祥符五年上將立德妃為后欲億草詔使丁謂諭旨曰勉為此不憂富貴億謂如此富貴豈願得耶後以憂悒終

全閩詩傳

陳襄

陳襄字述古候官人慶曆中進士與陳烈鄭穆周希孟倡明道學發知天盡性之旨時稱四先生初仕浦城主簿是時詔天下郡邑立學校襄卜基創學親為講授轉知河陽縣教民種稻郡守富弼薦為秘書校理富公入相特薦公官樞密直學士知通政銀臺司兼侍讀判尚書都省卒謚忠文世居古靈學者稱古靈先生其贈金華山人詩云幽居倚翠巒塵事不相干天地醉来

小琴棋靜裡歡雨苔春徑綠風竹夜窗寒若問長生術金爐有寶丹又樓上旅懷云樓上憶鄉關凭高獨倚欄遠眸天外盡愁思酒中寬澤國吴蓴老山城蜀道難客帆歸未得落月暮江寒又舟次巴峽云江流何險阻次第入三巴崖斷時無路山深更有家林疏饒竹筍鄉果足枇杷况有荆州酒淹留不用嗟

謝堯仁

謝堯仁字夢得建寧縣人淳熙改元薦于鄉以詩文名江湖間其題金山詩云半夜鬼神朝水府五更鼓角動楊州爲張于湖所知以畏友待之又九日登屏山詩云有約携壺九日游扶筇選勝豁雙眸天空晴送群峰翠野曠寒生落木愁濁酒故饒狂士態黄花羞插老人頭憑高不管風吹帽坐破屏山一色秋閩書堯字訛作克字故其姓名少有知者所著詩文名鹿峯集

全閩詩傳

劉子翬

劉子翬字彦冲以父韐任授承務郎韐死靖康之難子翬痛憤哀毁服除通判興化軍事以羸疾丐祠歸隱屏山學者稱屏山先生而自號病翁與籍溪胡原仲白水劉致中爲道義交朱子受遺命往遊其門子翬告以易不遠復三言俾佩之終身詩與曾茶山韓子蒼吕居仁相往還故所詣殊高五言幽致卓鍊及陶謝之勝而無康樂繁縟細澀之態有携笻詩云晨起偶無事携

節出潭川翩翩雙鳧飛宛若導我前林靜滴殘雨村深瀯寒烟當春足膏澤俯夏餘清妍野溜綠交貫山花紅接連雄觀發新奇勝地窮攀援據石爰驚急班荆蔭連卷幽懷脱塵拘如起混芒先向令作興來未必勝偶然縈觀事多乖内取樂乃全他時誰繼遊此意遥相傳

李綱

李綱字伯紀邵武人讀書明大義發言陳事風節峻厲毅然不可奪屢遭擯斥幾瀕九死愛國忠君之心以而益堅義聲達於遠邇每使者至金金人必問李綱趙鼎安否其為遠人所敬服如此徽欽高三朝稱賢相以身繫社稷安危者數十年為文不事脩餙自然合度詩每出一語凜凜有生氣其咏杜子美云杜陵老布衣饑走半天下作詩千萬篇一一干教化是時唐室卑四

海事戎馬愛君憂國心憤發幾悲咤孤忠無與
施但以佳句寫風騷到屈宋麾則凌鮑謝筆端
籠萬物天地入陶冶豈徒號詩史誠足繼風雅
嗚呼詩人師萬世誰為亞又咏李太白云謫仙
乃天人薄遊人間世詞章號俊逸邁往有英氣
明皇重其名名見如綺季萬乘尚僚友公卿何
芥蔕脫靴使將軍故自非因醉乞身歸舊隱來
去同一戲況吟紫芝歌緬邈青霞志笑著錦宮
袍江山聊傲睨肯從永王璘此事不須洗垂天

賦大鵬端爲真隱子神遊八極表捉月初不死
伯紀卒年五十八封隴西郡公謚忠定

朱熹

朱熹字元晦先世徽之婺源人父松尉尤溪秩滿假館鄭氏生熹年十三父病革屬之曰胡原仲劉致中劉彥冲三人學有淵源吾死汝往事之彥冲爲築室崇安之五夫里奉母祝夫人以居致中妻以女爲原仲彥冲皆猶子撫之後遷居考亭遂爲建陽人紹興戊辰成進士歷事高孝光寧四朝仕至轉運副使崇政殿説書煥章閣待制生平著作等身篇章甚富其鵝湖寺和陸

子壽詩云德義風流夙所欽別離三載更關心偶扶藜杖出寒谷又枉籃輿度遠岑舊學商量加邃密新知培養轉深沉却愁說到無言處不信人間有古今又和劉秀野早梅云不愛紅芳愛素芳多情珍重老劉郎疎英的皪尊中影微月黃昏句裡香胸次自憐真玉雪人間何處有冰霜巡簷說盡心期事肯醉佳人錦瑟傍又寄江文卿劉通叔云文卿句律如詩律通叔詩情絕世情政使暮年窮到骨不教吟出斷腸聲又

入瑞巖道間呈彦集充父二兄云憶昔南遊桂樹陰歸來遺恨滿塵襟籃輿此日無窮思萬壑千巖秋氣深翩翩一馬兩肩輿路轉秋原十里餘共說前山深更好不辭迢遞款禪居清溪流過碧山頭空水澄鮮一色秋隔斷紅塵三十里白雲黃葉共悠悠文公仕於外者凡九考為小人所沮抑旋仕旋已立朝纔四十六日故山林之日長講學之功深也卒年七十一謚曰文

葛長庚

葛長庚字如晦號瓊琯又號雲外子閩清人以祖有興司訓瓊州産於瓊父歿隨母適白氏冒白姓名玉蟾幼敏慧好道及長工書畫從漳州陳翠虛入羅浮渡遍游名山歸武夷居止止庵講法於沖虛之采隱堂嘗自讚云千古蓬頭赤脚一生服氣餐霞笑指武夷山下白雲深處吾家其題玉女峰云插花臨水一奇峯玉骨氷肌處女容烟袂霞衣春帶雨雲鬟霧鬢曉梳風又仙

掌峰云仙子捫蘿上翠崖巖頭舊有煉丹臺至今石上留仙掌十指春蔥積綠苔又題武夷云不見虹橋接幔亭空餘水綠與山青容來剔出些些奇勝五曲溪頭大隱屏嘉定間名對稱旨館太乙宮一日不知所往詔封紫清明道真人所著有瓊琯集行於世

鄒應隆

鄒應隆字景初泰寧人慶元中進士第一爲起居舍人値韓侂胄開邊與議不合出知贛州侂胄敗擢中書舍人嘉熙初拜端明學士參知政事遷諫官有言即日就道徜徉林下理宗親書南谷二字賜之應隆有題寶蓋巖詩云夙有兹巖約今晨得踐盟路從支澗入人在半空行六月如霜候四時長雨殼願求容膝地着我過浮生卒謚文靖

李方子

李方子字公晦，號果齋，光澤人。嘉定廷對第三，調泉州推官。真德秀爲守，以師友禮之。久之，除國子録。將選宮僚，不少貶以希合。或告史彌遠曰：此真德秀黨也。劾罷之。既歸，講學。嘗曰：吾於學問未能周盡，然幸於大本有見處，此心常覺泰然。虞集稱其於朱子之學確守而不變，所謂毫分縷晰，致知力行，蓋終身焉者。有郊行詩云：避人忽井邑，觥靜步郊原。落葉風能掃，寒花霜更

繁山空樵響答灘淺榜𣪺喧願結山陽伴長年
此灌園

林希逸

林希逸字肅翁福清人紹定中進士授平海軍節度推官以清散著淳祐中入爲秘書省正字登對乞信任言官以慰人望官終中書舍人有讀黄涪翁詩云我生所敬涪江翁知翁不獨哦詩工逍遥頗學漆園吏下筆縱横法畧同自言錦機織錦手興寄每有離騷風内篇外篇手分别冥搜所到真奇絶頡頏韓柳追莊騷筆意尤工是晚節兩蘇而下秦晁張閉門覓句陳履常嘗

時姓名比明月文莫如藴詩則黄黔南日月老賓客白頭去作宜州夢官楼家乗誰得之那知珠玉無散遺生前忍苦作詩句飄泊不憂無死處今人更病語太苛哀公不遇今猶故又題天風海濤亭云亭後千尋岢崩峯亭前萬里見晴空山蔵落照生新月海漲輕濤带晚風世事浮雲變今古客游鑱石徧西東近簷溜雨霜皮柏却是渠曾識晦翁希逸所著有易講春秋傳考工記解竹溪稿諸書行於世

姚東

姚東字明仲龍溪人寧宗慶元二年進士授長溪主簿嘗大旱禱雨立應民稱為主簿雨令丞廨舍被火獨簿廨存人以為誠愛所格再調保昌丞大府知其廉幹屢以疑獄見委無辜者立釋有寃者盡伸民甚愛戴終以通直郎致仕明仲有西爽亭詩云虛亭百尺跨嶙峋照眼風光自吐吞閒數炊烟分聚落坐收奇觀入壺樽岡巒設色雲生袂鐃柝停敲月在軒更有何人佩黃

犢耕鋤已遍落霞村

顔㦤仲

顔㦤仲字景正，龍溪人。師魯孫，以祖蔭補官。歷寧化尉、西安丞、知縣事，皆有美政。遷通判臨安府，除將作監主簿，出知嚴州。時錢楮中半之令初行，吏民憤怨。㦤仲爭曰：「郡入純用楮，而責以見鏹，是强其所無也。」朝廷不能奪，令用全楮。鮮幾明年，入爲司農丞，除直秘閣、兩浙轉運使判官。時禁旅饑，出誶語，衆且洶洶。㦤仲詣諸營撫定之。嘉熙改元，除廣西轉運判官，奏罷海外四州鹽錢又奏罷二十五州丁錢除大府卿兼權戶部侍郎淳祐改元予祠二年起知泉州七年除寶章閣待制因歲饑遣百餘艘往廣州收糴仍奏乞常平二萬餘石以賑之全活四十餘萬人累遷吏部尚書以寶章閣學士提舉玉隆萬壽宮年七十抗章請老嘗有詩云經畬望有秋譬彼田舍翁學道猶學醫百脈期流通立身尚名節峻若千仞峯勉哉蹈前脩毋與流俗同卒時年七十五

全閩詩儁

龍溪黃日紀叶莽輯

海澄曾朝英編校

高登

高登字彦先漳浦人宋高宗紹興元年正奏名調富川令甚著廉能以與秦檜不合竟竄容州其詩清峭超健如其為人有還山招陳希韓云乾坤莽回互日月相盪摩是身非我有造物如吾何觸事會心少幽棲發興多眷言意所適樂此

山之阿脩篁擢新榦老木榮舊柯谷聲傳地籟松韻荅天和獨石介而安寒泉澹不波園蔬掇纖嫩名菓仍駢羅隨意坐蒼翠絺衣掛薜蘿妻孥鹿門趣黃綺商山歌迢遞路殊阻崎嶇誰見過交親憶同調出處矢靡他每感傷弓鳥因憐赴燭蛾無心更懷槧試藝趣投戈自覺此生小相看鬢髮皤塵埃何日息歸隱莫蹉跎又夢遊故山云風際氅披鶴雲根杖策鳩幽棲知好在歸夢故難留山放数峰出泉分一派流把茆何

日辦縛屋護松楸又言懷云歸去東皋獨荷犂家林書卷有兒持一無可意身將老百不如人心自知夢寐摩挲元結頌經從省憶少陵詩體屢飢盡天難問依舊臞然山澤姿

蔡沉

蔡沉字仲默建陽人西山先生季子隨父謫道州跋涉數千里至窮僻處父子相對怡然父卒徒跣護喪歸時年三十隱居九峯學者稱九峯先生有游西山詩云紫荆相依倚緑篠自蒙密秋蘭澗中花山菓路邊寔沿岡引霜籐臨流坐寒石日暮陰崖開雲收遠山出踈籬尚存菊荒庭舊垂橘緜桐想虚堂簡策見静室俯仰今幾時漫然已陳迹摩挲蒼苔痕屐齒不可識朱子晚

年訓詁諸經大倫獨未及書沉乃註尚書以成
朱子之志卒謚文正

李彌遜

李彌遜字似之連江人大觀中進士官起居郎政和間上封事切直貶盧山令宣和末起知冀州時河朔有警遜募勇士擊之靖康初建康牙校擄城反遜時以江東運判領郡事单騎諭降誅首惡撫餘黨高宗渡以爲起居郎遷中書舍人會秦檜專政遂胡銓等遜請對力言不可檜嫉論落職家居十餘年朝廷思其忠節詔渡敷文閣待制卒謚曰忠肅有遊大目溪詩云造物隨

人意輕帆百里間舟痕風力健客枕櫓報閒山
合塵蹤斷秋高爽氣還望州相見處驀直透三
關又與諸禪侶同遊鼓山云啼鶯喚起清晝眠
澗松巖竹談幽禪秋曦忽隨壯士臂暮景已入
詩人肩塵緣咄咄魚吞餌勝事堂堂駒着鞭展
齒欲回還小立隅烟明滅見江船彌遜所著有
奏議三卷外制二卷議古三卷詩十卷行於世

蔡杭

蔡杭字仲節九峯先生次子也紹定己丑進士歷官校書郎奏對論内降斜封之弊又言權奸不可復用國本不可不早圖帝善其言還宗正少卿國子司業轉工部侍郎進端明殿學士有遊武夷山詩云脱畧塵世慮仙都共夷猶乘涼得風便快楫行扁舟神仙現奇異古木横岩陬振衣萬仞高天風動衣摳巍巍隱屏峯聳天峙中流良朋論心事撫景悲新秋浩嘆復浩歌一飲

還一酬南陽豈終卧東山諒同憂斟酌素有定
今爲試爲籌西風起暝色歸袂不可留去去惜
回首感慨良悠悠卒賜謚文肅

鄭昭先

鄭昭先字景紹閩縣人淳熙間進士初授浦城簿聞朱熹講學往游其門居官有惠政秩滿之京謁丞相葛邲邲曰君浦城鄭主簿耶擊賊不受賞吾聞名久矣擢知歸安累官諫議大夫知樞密院事進右丞相辭不拜昭先有題靈源洞東鏡公詩云鼇頂雙峯障海流天開勝槩冠南州江流澄徹通河漢梵宇高寒逈斗牛雲氣吐吞疑欲雨松陰蒙密不知秋此山佳處應須記已

全閩詩傳

辦青鞋約再遊卒謚曰文清所著有月湖遺稿

張元幹

張元幹字仲宗永福人太學上舍嘗於亂紙中得其祖文靖手澤知祖未第時壻于劉氏劉無出塋於福清元幹求之榛莽中為文刻石以傳子孫作幽巖尊祖録宣政閒游定夫楊龜山陳了翁朱喬年李伯紀洪駒父徐師川呂居仁諸賢咸題跋嘆美之有蘆州歸来集十餘卷詩清新而有法度蔚然出塵有送江子我歸嚴陵云久客驚秋晚懷歸更送君亂来俱避地老去惜離

群山閣杯浮菊江城雁度雲行〻經釣瀨時事
不須聞又宿宗公丈室云林表登層閣秋殷隱
暮鐘鵶歸苦竹寺雨暗亂雲峯屢乞留新句重
来訪舊蹤松門罕車馬似喜老夫逢又和江子
我遷居云平生自省宜三黜老去何心望九遷
避地湖山聊復爾脫身兵火想當然浮家泛宅
非無計坎止流行本信緣猶恐驚濤翻四海直
須化鶴作飛仙蓋元幹受詩法於徐東湖其得
力固有自也

黄幹

黄幹字直卿一字季直號勉齋閩縣人御史瑀之子劉子澄一見奇之以書進於朱子之門朱子見其志堅思苦蚤有傳道之意張栻亡朱子與幹書曰吾道益孤所望於賢不輕後以女歸之删定諸書皆與議論編禮書分掌喪祭二篇病革以深衣及所著書授之曰吾道有托矣歷官令臨川新淦知漢陽軍安慶府詩蒼老渾樸不為雕琢纖巧蓋將超宋而入乎唐矣其題一杯

亭云上〻一杯亭春風何浩〻今朝柳葉新昨
日梅花槁匆〻歲序徂人生容易老遊子惜春
暉王孫怨芳草芳草年〻緑紅顏不重好一杯
復一杯聊以寬懷抱又遊鼓山登大頂峯云登
山如學道可進不可已懸崖更千仞壯志須萬
里平生石鼓懷獨酌靈源水峩〻大頂峯欲往
輙中止今朝復何朝擊楫渡清泚好風從西來
縹緲吹遊子褰裳陟危巔萬象得俯視東南際
大海日月旋磨蟻烟雲隅州渚歷〻猶可指城

中千萬家䦨雜不到耳郊原與廛市瑣碎如聚
米同來皆良儔得酒共歡喜深林更叫嘯磐石
恣徙倚摩挲陳公碑歲月爲我紀更持未後句
歸以銘吾几又拜文公先生墓下云暝投大林
谷晨登崒如亭高墳欝嵯峩百拜淒淚零白楊
自蕭〻宿草何青〻悲風振林薄猿鳥爲悲鳴
音容久寂寞欲語誰爲聽空使千載後儒生抱
遺經晚年家居弟子日盛卒謚文肅

鄧肅

鄧肅字志宏沙縣人美風儀善談論宣和中貢京師屈於禮部乃補太學生時倖臣爭採奇花怪石以献天子東南之民苦之肅進花石詩以諷爲倖臣嫉之屏肅出學由是名震一時天下想見其風采後徽宗覺悟謂當時有布衣敢言而廷臣無一及此遂罷周武仲等淵聖即位以承務郎名對便殿授鴻臚寺主簿金人犯闕肅以朝旨押經版入虜營留五十日不少屈還朝遷

承奉郎除左正言遇事感激無回容李綱罷肅力請留綱執政怒欲重黜之上曰鄧肅何罪送吏部足矣還閩時母夫人羅尚在會順昌盜發奉母避地福唐其寄友詩云世人齪齪例畀嘶槍榆不識 南冥飛邂逅逢公能可意笑呼文舉作羣兒扁舟十日繫楊柳未忍憤然誇疾走官長雖嗔渠不聞且覔吾徒縱詩酒笑談便覺無樊籠勝景況復煩天公眼前突兀萬銀屋河伯欲以山為宮期公定非噲等伍愛公高氣塞寰

字此行須要上九天利磨干將斬張禹又遊東山云草木得新露馥人吹冷香泉水夜相激衾枕自清涼我携謫仙人眉目秀而長高懷洗塵累抵掌論老莊若人不世有此景那可忘終當跨皓鶴同作雲間翔又寒梅上李舍人云窮山觸目紛茅葦此意昏昏誰可洗竹間忽破一枝梅對月嫣然耿寒水吟詩索酒滿高堂穿簾的皪射晶光世上羶葷来不到翦翦天風吹冷香人言百花睡未起獨冠群芳差可喜那知和羹

自有期未用爭雄壓桃李但憐雨雪正濛濛寒意未舒萬象窮故作選鋒驅殘臘挽回天地變春風肅卒年四十二所著有栟櫚集十二卷行於世

真山民

真山民，浦城人，真西山之孫。痛值亂亡，深自湮沒，其名字不傳，但自呼爲山民云。所至多題詠，皆探幽賞勝之作，未嘗有江湖酬應語，如山間曉行云：出門誰是伴，只約瘦藤行。一二里山徑，兩三聲曉鶯。亂峯相出沒，初日乍陰晴。僧舍在何許，隔林鐘磬清。又山間和友人云：好山多在眼，塵事少關心。風竹有聲畫，石泉無操琴。許猿分野果，留鶴守雲林。不是閒中客，誰來此地吟。又

宿寶勝寺云苦吟々未了只向兩廊行月去墻
無影風來鐸有聲塵心隨水淨佛眼共燈明安
得雲邊住與僧分此情又山亭避暑云怕礙清
風入。丁寧莫下簾。地皆宜避暑。人自要趨炎。竹
色水千頃。松聲風四簷。此中有幽致。多取未傷
廉。又清明云清明今日是原上一經過新葬塚
無數未來人更多此生曾悟否不樂復如何莫
待澆墳土樽前且醉歌又和章劍溪山居云想
無書赴隴。林鶴莫驚猜。曳杖雲同出。開簾山自

來○池堪供洗硯籬不礙觀梅靜倚長松立藤花
點翠苔又宋道士同遊白雲關云扶携方外友
来入白雲關八九峯如畫兩三人倚欄棋鼔敲
竹外簾影落花間一曲瑤琴罷翠陰生晝寒又
溪行云春暖溪西路行吟又幾迴水清明白鷺
花落失青苔雲過日吞吐樹搖風往來漁歌聽
未了欲去又徘徊又臨江曉行云茅舍亂雞鼔
疎林淡見星霜輕留草綠霧暗失山青蹤跡去
来燕交遊聚散萍浮生原是客不必恨飄零又

冬雪云雪凍飛禽少林深落葉多寒塘倒山影空谷荅樵歌不有梅花在其如詩思何霜風吹落帽應嘆鬢絲皤又新涼云烟火林幽處田園秋暮時深村人到少閏月稲黄遅旋決渠分水新編竹補籬地炉煨芋栗莫遣貴人知又三山旅夜云獨坐本無况凄涼更旅中檻低簷礙月窓破紙吟風隣館笛三弄譙樓鼓二通半觴聊自遣新荔擘輕紅張伯子謂宋末一陶元亮其真知山民者哉

嚴羽

嚴羽字儀卿，一字丹邱，邵武人。生於宋末，隱居不仕，自號滄浪逋客。為人粹温，中有奇氣。嘗問學於克堂包公。論詩推盛唐，謂後之過高者多法漢魏而蔑視盛唐，不知詩之衆體至唐始備，唐之不能為漢魏，猶漢魏之不能為唐也。著有滄浪詩話。群從九人俱能詩，世稱九嚴，儀卿其一也。天台戴式之客樵川，納交儀卿。時郡守王子文與儀卿論詩不合，式之作十絶解之，有云：飄零憂國杜陵老感遇傷時陳子昂近日不聞秋鶴唳亂蟬無數噪斜陽是儀卿之在當時已矯然鶴立鷄羣矣有古劍行云我有三尺劍懸照光陸離削鐘不錚切玉如泥水斷蛟龍陸剸犀三軍回首繞一揮惜哉挂壁無所施使之補履不如錐吾將抱憤愬上帝手持此劍上天飛又訪益上人蘭若詩云獨尋青蓮宇行過白沙灘一徑入松雪數峯生暮寒山僧喜客至林閣借人看吟罷拂衣去鐘聲雲外殘又尋甯山人所

居云幽人以道隱結茅巖之東余亦避世客逢君於此中鳥因留食至泉為煉丹紅向晚下山去月高秋色空又江行去暝色蒹葭外著范旅眺情殘雲和雁斷新月帶潮生天到水中盡舟隨樹杪行離家今幾宿厭聽掉歌聲又江上泊舟云天際長愁客沙邊舊驛亭風低江浦雁雪暗夜船燈窮老嗟身拙狂歌畏酒醒此生何定着江漢一浮萍儀卿所為詩率皆音節清越筆底無塵盖宋詩之錚錚者

全閩詩傳

嚴粲

嚴粲字叔旦一字明卿卲武人九厳之一也精毛詩朱子詩傳多采其説有望彭蠡詩云萬壑氣交會今知楚澤碓水明繞辨楙霧合忽迷空逹浦沉初月孤舟亂去鴻闌干巳愁思漁唱入蘋風又宿石潭寺寄黄炳云昨夜湖心共泊船一天星露宿寒煙朝來極目無洲渚知採蘋花何處邊

俞豐

俞豐字應南，建寧縣人。乾道二年進士，由建陽尉累遷浙西提舉，剔奸除弊，所至有聲。孝宗嘉之，曰：「使在職盡如卿，天下何患不治！」除吏部侍郎。因天旱求直言，豐曰：「吾職在獻納，可爲立仗馬乎？」乃上疏累千言，不報。見藕師旦柄政，遂乞歸。卜室雲谷，號雲谷老人。同邑謝堯仁謂其出處可繼漢之二疏、唐之白樂天、先朝之范蜀公云。有遊鳳山詩曰：「差欂蕭蕭吹古風，滿階落葉鳴

寒蛩插天殿閣雲不鏁挺柱石笋擎太空鳳去
臺空秋寂寂瑶草離離自青碧玉簫吹徹湫遺
音十二欄干空月色

李安期

李安期字泰伯建寧縣人以詩名江湖間岳飛死。作表忠詩一百二十首。四川宣撫使吳璘雅重之一日謁茶馬使王涯涯奇其才將以賢良薦因奕爭道安期推枰曰公平章天下可如是反覆乎遂拂衣去所著有蒙谷集其贈黃介夫詩云老杜没已久嘵哉君子心時人任詬病獨自草浮溪美玉寧須琢朱絃豈在音鍾期如未見慎勿等閒吟又咏白鷺云漁父家風不設罾錦

全閩詩傳

鱗為飯水爲羹銀袍只當簑衣着自在江湖過一生

鄭震

鄭震字叔起，號菊山，連江人。早年場屋不利，棄舉業，遊京師三十餘年。歷主於潛、諸暨、蕭山學。晚爲安定和靖書院堂長，又開講於平江、無錫。淳祐丁未，鄭清之再相，震登其門，罵曰：端平敗相，何堪再壞天下！被執，與子女俱下獄。京尹趙與籌縱之，鄭罷相，乃免。詩有《倦遊稿》。所南作家傳云：得詩十五篇，此蓋流落交遊間者。所南未之見也。有《送友人之淮》詩云：積得讀書身，從教此道貧逢秋為遠客知已是何人天下方多事西風至不仁但於登眺處杯酒莫辭頻又再登南楼云客中重上倚層臺天濶雲收八面開雁帶岳陽秋曉過浪涵巴峡影西来諸營種柳今何在老子登楼得幾回自是江山雄壯處興亡不必問寒灰

鄭思肖

鄭思肖字億翁號所南連江人太學上舍博學宏詞科寓吴中元兵南下叩閽上太后幼主疏不報素不娶了然一身念念不忘君父每於詩文見之如題寒菊云寧可枝頭抱香死。不曾吹落北風中。遇歲時伏臘輒野哭南向拜人莫測爲素精墨蘭自更祚後不畫土根無所憑藉趙孟頫才名重當世思肖惡其宗室而受元聘遂與之絶居無定跡多寓城之南壽覺報二剎疾亟時囑其友唐東嶼曰思肖死矣煩為一牌位當云大宋不忠不孝鄭思肖之位語訖而絕年七十八所著井中心史以鐵函封固沉之井中明季時淘井而出越數百年而精誠不泯山川天地亦不肯埋沒孤忠矣有宿虎邱詩云到晚歸不去因而此宿休雲深千古寺月冷一天秋厓裂池如東天虛塔欲浮最宜初日上高處見烟汊又即事云山川不可望荒草苦何深故國英雄淚終身父母心清池函瑩玉落日墮圓金休

問愁多少芳年雪上簪又墨蘭云鍾得至清氣
精神欲照人抱香懷古意戀國憶前身空色微
開曉晴光淡弄春凄凉如怨望今日有遺民詩
六崛強多氣骨自出機軸不肯隨時俯仰

趙若槸

趙若槸字自木號齊山崇安人咸淳末進士性倜儻自豪宋亡不仕躭嗜吟咏遇佳山水輒止數日人以陶阮目之有即事詩云雲散青山出人間白晝長禽聲答空谷樹影畫斜陽種菓期秋實澆花趂晚涼行藏天已定隨分且倘徉又過樵川訪友云建水樵川隔幾重車塵邂逅大江東客行芳艸垂楊外春在柔桑小麥中雨過阪田流水碧日斜春杏遠林紅浮生聚散無憑據

有酒何妨一笑同自末所著有澗邊集行世

謝翱

謝翱字皐羽長溪人慕屈平托遠遊乃號晞髮子文丞相開府延平翱以布衣諮議叅軍天祥卒亡匿所至輙感哭挾酒登子陵釣臺設天祥主亭隅再拜號哭以竹如意擊石歌曰魂朝往兮何極暮歸来兮江水黑化為朱鳥兮有咮焉食歌畢竹石俱碎後往来杭睦間與方韶卿吴子善等厚每執筆遐思身與天地俱忘語人曰用志不分鬼神將避之古詩頡頏昌谷近體則卓

錸沉着非長告所及也有西臺哭所思云残年哭知巳白日下荒臺淚落吴江水隨潮到海廻故衣猶染碧后土不憐才未老山中客唯應賦八哀又書文山卷後云魂飛萬里程天地隔幽明死不從公死生如無此生丹心渾未化碧血巳先成無處堪揮淚吾今變姓名臯羽後以肺疾死其會友之所名汐社取晚而信也

陳普

陳普字尚德後以字行更號懼齋寧德人其學以四書五經為本宋亡不仕著四書句解鈐鍵學庸指要孟子纂圖周易解註尚書補微精聲律天文地理筭數之學兼嗜吟咏有野景詩云滚風柳絮亂溪橋一抹輕烟野外遥獨釣漁翁占江上耦耕農父伴山腰黃鸝百囀趂紅日白鷺一行登碧霄只怕時光如水迅前村忍聽一聲蜩懼齋隱居石堂山學者稱石堂先生有石堂

全閩詩傳

集二十二卷行世

熊禾

熊禾字去非後更名鉌字位辛號勿軒又號退齋世居建陽之鼇峰立志求濂洛之學咸淳十年進士授武寧州司戸叅軍宋亾不仕創洪源書院四方來學者翕然歸之有泊舟野望詩云樹色連雲色春歸物色妍落紅飄近岸新緑漲平川野鸛窺魚笱沙鷗避客船斜陽江上立搔首意茫然又江邊客舍云輕寒無賴入征裘野水閒雲總是愁滿目遠山横靄外数聲鳴櫓過蘋

全閩詩傳

洲卒時年六十所著有勿軒集行世

邱葵

邱葵字吉甫同安人宋末科舉廢杜門勵學不求人知號釣磯先生家海嶼中元時倭寇至其第他無所犯惟取遺書以去所著有五經解義剧禮補亡獨樂軒集有夜坐讀書詩云茅簷晚来雨東風忽吹晴不煖亦不寒夜氣覺自清書生澹無事復戀舊短檠開卷見聖賢愧我猶編氓便思滌塵慮兀坐待天明出門視斗極正色自熒熒盛年舍我去老學何由成又渡口别兄云

茅屋亦云好萍踪不自由看書猶几上解纜已
沙頭白髮兄和弟清江夏亦秋相看不忍别斜
日墜汀洲又塵世詩云塵世無暇日偷閒到晚
亭橋陰界水緑燒迹斷山青石瘦牛磨角簷空
雀墜翎暮笳風外響愁坐若為聽又獨行云孤
烟落日是何村向晚村春隔水聞白鳥遠来全
似蝶紅霞淡去却成雲愁同落葉飛無数淡比
秋山瘦幾分客寄他鄉原寂寞獨行不是故離
羣

洪希文

洪希文字汝質莆田人其父巖虎號吾圃宋貢士爲興化教諭希文其次子也巖虎有集曰軒渠希文因自號續軒渠集郡人林以順謂其詩得意處皆自肺腑流出有郊行詩云天亦自多事一春勞應酧哺雛衝雨燕喚婦出林鳩有累俱閑抱無生始斷愁忽逢林下士盖默但低頭又寄潘茂云别後聽鳴鱅君曾有夙期如何三閏月不寄一聯詩獨立海山對相思沙鳥知端能

秉興否一葦諒非遲卒時年八十有五生于元

壬午卒於元丙午實與元代相終始云

方瀾

方瀾字叔淵莆田人隱居吳中自少不娶閉門讀書訓徒以自給平生喜吟詠而不苟於下筆有題金山寺云江心勝絶處人歆不知源楚浪夜喧寺淅山晴到門清寒入僧夢太古結雲根欲問前朝事松風若有言又秋夕云揺落秋漸晩露香籬下花踈鐘出烟寺明月入人家蛩語日夜急雁飛天漢斜蹇余不能去塵世事如麻又夜泊云積雨暮天豁炊烟隔林起人喧落帆處

野語新月裏桑逕綠如沃麥風寒不已一夕舟相衝擾擾利名子又幻住庵聽松軒云不與俗同調風生高樹林老僧無法說滿院但潮音人靜野禽下雨凉山葉深悠然悅天籟宛自是閒吟其詩句如咏樂天云以詩為佛事隨地學山居臨平道中云煖容時借酒寒力曉欺綿梅花云香能占夜月春不棄茅檐夜雨云萬緒集雙鬢百年堪幾愁皆從苦吟中得之朱澤民曰壯年厭世務歲暮少知己則其人亦可知也

楊載

楊載字仲洪浦城人年四十不仕賈國英數薦于朝以布衣名爲翰林國史院編修與修武宗實録延祐初以科目取士首應詔登進士第授饒州路同知遷寧國路總管范亭父謂仲洪天禀曠達其詩亦傲睨横放盡意而止有題秋雨長吟圖云雨暗秋天黑如墨窮居茅屋出不得終日長吟復短吟吟罷令人轉悽惻飢猿抱樹凪

南山新翠色又寄劉師魯云想君遊宦處正值洞庭湖落日波濤壯晴天島嶼孤舟帆通漢沔風物覽衡巫天下文章與非君孰起予又送方韶父遊五湖云蕭蕭垂素髮渺渺泛滄波過眼江山好離家日月多詩名終不負世事復如何一往五湖上蒼茫問釣蓑又送王元禮歸平城云燕趙多奇士遺風有固然射鵰猶絕藝屠狗亦名賢形勢威天下風流號北邊送君睞此地亦欲奮吾鞭又送薛元卿歸龍虎山云金門詔

下羽人歸欲向山中採蕨薇琥珀懸崖松樹老琅玕倚澗竹根稀禹岩蓄雨星辰濕古石懸雲徑路微養性可無軒冕累遊塵原不浣仙衣又贈孫思順云天涯相遇兩相知對榻清談玉屑霏芳草漫隨愁共長青春不與客同睞薰風池館蛙報老落日簾櫳燕子飛南浦他年重到日湖山應識謝元暉

盧琦

盧琦字希韓號立齋惠安人至正二年進士授州録事遷永春縣尹始至則賑饑鏟止横征减口塩一百餘引鄰邑盜蜂適琦巡邑境盜遥見迎拜曰此永春大夫也琦立馬諭以禍福皆投刀槊請自新自是威惠行于境外時兵革四起琦屢敗諸寇永春晏然改調寧德歴官漕司提舉琦在元末與陳旅林以順林泉生皆以文學為閩中名士少受學于余子賢子賢每語人曰盧

希韓經學該貫為人簡重在吾門十餘年不見其有惰容真畏友也其寄張子震云南浦多芳草東風又落花相思頻入夢見說欲回家奇字從人問新醅為客賒自慚羈旅者猶滯錦江涯又汀州道中云七閩窮處古汀州萬壑千巖草樹稠嵐氣滿林晴亦雨溪聲近驛夜如秋雲間僧舍時聞大兵後人家盡買牛但得龔黃為太守邊方從此永無憂又和林子蒼元妙寺值雨云雨袖薰風緩轡遊粵王城下少淹留客衣半

濕松花雨鶴影先分竹院秋採藥僧帰雲外路吟詩人倚榭間楼憑君汲取前溪水為洗塵中浩蕩愁又過吴江云興隨流水共悠悠此地蘆花正滿洲落日片帆千里暮西風長笛数聲秋衣冠空帶英雄淚湖海難消浩蕩愁吟罷欲尋沽酒處傍人遥指隔江樓琦世居圭峰之下所著號圭峰集

黃鎮成

黃鎮成字元鎮晚號存存子邵武人篤志力學延祐科目行再試有司不利遂遊歷江楚名山周流燕趙齊魯之墟浮海而返翛然有蟬脫塵埃之志部使者屢薦之不就其後政府奏授江西儒學副提舉命下已卒年七十有五集賢院定號曰貞文處士有南田耕舍詩云離離南山田采采山下綠茲晨涼風發秋氣已可掬美人平生親零落在空谷顏色不可見何由躡高躅我

畊南山田我結南山屋下山交桑麻上山友麋鹿還肯過隣家隣家酒應熟又春日山行雜興云出郭晴光遠臨高逸興賒路經棲鶴地山入種桃家石頂尋雲母松根飲雪花故人留宿處朝飯有胡麻又乘涼云借屋依喬木乘涼愜病身日囬山有影風遶竹無塵除地平施榻攀條側挂巾應携龐老宅真作鹿門人又題林處士故居云先生勝隱得孤山小艇沿湖日往還自愛烟霞居物外豈知名姓落人間鶴無過迹苔

痕老梅自開花月影閟表墓有銘祠有奠高風千載更廉頑所著有秋覽集十卷鄭潛謂其詩如太音希聲天籟自鳴抑亦有所激而鳴其不平者耶

陳旅

陳旅字衆仲號荔溪莆田人幼孤篤志于學以薦為閩海儒學官御史中丞馬祖常使泉南一見奇之曰子館閣器也胡留滯于此勸遊京師學士虞集賞其文嘆曰此所謂我老將休付子斯文者矣與祖常共為延譽平章趙世延力薦之除國子助教出為江浙儒學提舉名應奉翰林文字遷國子監丞卒年五十六有題黄氏北墅詩云聞説黄家墅開門入翠嵐細岑依舍北流

水出城南雨暖蘭抽筍霜晴樹落柑千年讀書地更莫乞罕曇又題城市山林圖云城市山林路不分畫橋騎馬是徵君樹頭粉堞連青嶂陌上紅塵亂白雲水巷柳深鶯喚友陽坡草暖鹿為羣滑稽誰似東方朔更向金門避世氛所著有安雅堂集行世

元淮

元淮字國泉別號水鏡邵武人至元初以軍功顯于時而負能詩名官至溧陽路總管嘗有詩云截髮搓繩聯斷鎧撦旗作帶繫金鎗卧薪嘗胆經營了更理毛錐治溧陽又郊行詩云城東一簇野人家門枕清流淺帶沙籬角欲晴喧燕雀門前過雨濕桑麻橋因春水三分斷柳礙東風一向斜景物似知寒食近村村開遍野棠花又有句云閒歸行李輕如羽沿路吟詩有一船又

此来為遠客歸去作閑人其廉退之風亦可想見矣

黄清老

黄清老字子肅，邵武人。泰定三年登浙江榜，明年成進士，授翰林典籍，遷應奉翰林文字、同知制誥兼國史院編修官，出為湖廣行省儒學提舉。子肅為文馴雅，詩飄逸有盛唐風，學者稱為樵水先生。有尋故人詩云：「適興一尋君，君家在白雲。幽花秋後見，落葉夜深聞。隨意坐苔石，呼童煮澗芹。不須談世事，詩思正紛紛。」又登岸書所見云：「紫霞摇日花滿川，漁翁不歸鷗在船。白雲

悠然渡水去平野秋色青連天至正八年卒年五十九著有樵水集行世

危德華

危德華以字行，光澤人。元季隱居北溪，學者稱北溪先生。闡明理學，教授生徒。洪武初，累徵不起。有題崇安寺飛瀑云：「千丈垂流落遠峰，紫烟照日見長虹。銀河直向天邊下，應與廬山絕頂同。」又題烏君山云：「烏君澹空青，一見豁幽趣。蛟龍隱洞谷，白晝蓄雲霧。我昔登其陰，憑高訪仙路。朝擷菖蒲花，服食充養素。機閒心魄清，神定詩禪悟。真將駕臨樣（？）天潢水，東注德華所著有觀

海集行於世

陳有定

陳有定字安國又字永卿歸化人初爲明溪寨驛卒至正間寧化盜起至其寨取馬有定計擊之事聞於朝授明溪巡檢尋陞延平路總管及陳友諒寇汀漳有定敗走之所陷郡縣俱復遷行省參政尋開省汀州安撫使李國鳳上其功授爲福建行省平章政事固守全閩戊申明太祖遣湯和從海上進師直逼延平齎書諭意有定殺使誓以死報元及城破有定坐省堂按劍仰

藥飲盡餓而大雷雨復甦執送京師不屈而死有定為師八閩招致文武士是時張士誠據吳方國珍據慶元皆能禮賢下士而閩海之士昧於有定一時文士遭逢世難得以茍全者亦群雄之力也有定起傭伍目不知書卒能通曉文翰其子宗海善騎射佐有定據閩十年亦能賓禮賢士有定被執宗海自將樂来就死父子稱完節焉有定送趙將軍詩云縱横薄海内不愴別離顏幾載飄零意秋風一劍寒又被執後作

詩云失勢非人事壷圍戦似林乾坤今已老不死舊臣心一門忠孝氣節為元代之杰出存其詩以存其人兼存其事也

全閩詩傳

張以寧

張以寧字志道古田人號翠屏山人泰定丁卯進士與同年黄子肅吴學庭俱有聲當代至正中官翰林承旨尋拜祭酒明初召為侍講學士使安南凡三往所著春秋胡傳辯疑最為辯博有題米元暉山水詩云高堂曉起山水入古色慘淡神靈集望中冥冥雲氣深祇恐春衣坐來濕江風吹雨百花飛早晚持竿吾得帰身在江南圖画裡令人却憶米元暉又宿籌嶺云昔者也

兵盛甌閩此地分清時無寇盜比屋樂耕耘澗響不知雨山高都是雲明朝見親舍一笑慰辛勤又衢州詠爛柯山云人說仙家日月遲仙家日月轉堪悲誰將百歲人間事只換山中一局棋又杭州歌云西陵渡口潮水平十十五五放舟行樓中燕子慣見客不怕渡頭津鼓聲

吴海

吴海字朝宗閩縣人博學負氣節為宣城貢尚書師泰晉安林學士泉生所推重性不悅流俗慕鄒魯之風徙居不克因自號魯客世遭喪亂家益貧甚扁其齋曰聞過學者稱聞過先生洪武初部使者欲薦於朝力辭不出素與永福王翰友善翰死節後為經紀其家而撫其孤偁朝宗為文嚴整雄輿而歸諸理歿後偁為編次曰聞過齋集邑人邵銅為刻之有遊郎官峰云連山

如波濤高峰盪雲日崒然𡺒杓聳其勢孰可匹
危攀將欲飛俯瞰覺自失羅田幾聚落端坐見
纖悉南延川源深北望海水出處高視益遠縞
地豈有術天寒霜露交收穫事已畢仍年蝗旱
餘民物盡蕭瑟遘兹得非幸惆悵寧具述

林鴻

林鴻者字子羽福清人也少任俠不覊讀書能強記洪武年間部使者以人才薦授將樂儒學訓導居七年擢拜膳部員外郎明祖臨軒試龍池春曉孤雁二詩一日名動京師是時鴻年未四十也明祖治尚操切而鴻性脱落不善仕又以為散秩無自表見遂自免歸睎益閉門謝客肆力爲詩頗獨數遊三山時周元黄元皆師事鴻學為詩也世稱二元云浦舍人源者晉陵人故

與鴻同時仕而以詩來謁鴻鴻不見使二元問所為來其自奇如此源出所懷詩投之曰以此相評耳二元讀之至雲邊路遶巴山色樹裡河流漢水聲驚嘆曰吾家詩也白鴻出見之相得益歡因避所居舍源日與為詩由是浦舍人詩名藉甚其後閩人言詩者皆本鴻所稱林敏陳仲洪鄭關林伯璟張友謙趙廸諸人皆鴻之弟子也鴻有擬古詩云神龍潛深淵不在尺水池飛鳳將鎩羽亦擇梧桐枝玉以貞自珍蘭以幽

見奇君子莫屈身屈身道乃卑又贈彈琴黄生

云高館敞秋夕而多脩竹林讀書有時閑遊心

復鳴琴露月稍低樹清風遂彌襟持茲保貞素

庶以忘華簪又寄王校文兼呈吴太守云京師

三月春雪飛雪後餘寒添著衣曹官禄薄酒苦

貴一飲百錢恒不醉忽然停盃憶鄉里美髯校

文最知己作詩判不讓高岑醉後狂吟狂欲死

有時忽得意竟上金雞山彈琴酌酒送飛鳥心

比白雲閑更閑虎頭巖前柳拖地龍池溪上花

滿灣醉歸騎得將軍馬城上烏棲門未闌白頭太守别來久别後還能相憶否詞賦終為紙上塵功名不及盃中酒芭蕉葉長近何如前日人来不寄書莫言閩海少飛雁何事秦淮多鯉魚又咏月詩云玉宇淡悠悠金波徹夜流最憐圓缺處曾照古今愁風露孤輪影山河一氣秋何人吹鐵笛乘醉倚南樓又訪邵隱君所居云隱君讀書處門巷少行塵竹鳴琹邀月花林鳥近人衣冠猶古制泉石是南鄰散秩多閑日休嫌

問字頻又送人入蜀云把酒長歌蜀道行高堂千里見君情微霜半落青楓樹曙月平臨白帝城挂席不離江雁影沾衣多向峽猿聲錦江莫道無知已何限居人識馬卿又寄周隱者云卜築深依野鹿羣姓名何用世人聞平生身外無餘物只有秋山幾片雲其餘佳篇盈軸不可悉舉節錄數首存其梗槩

王恭

王恭字安中閩縣人也環閩皆山而恭家故貧則為樵往來群山中自稱曰皆山樵者恭善為詩援筆纚纚千言立就文皇四年有司以儒士薦强起至京師年六十餘老矣勅修永樂大典同郡王偁為翰林檢討同纂修戲謂恭曰君無以會稽章綬故來耶恭從容笑謝曰吾山中斧柯幸自無恙君無深誚我為矣居三年大典成試詩高第授翰林典籍居頃之投牒歸著詩數十

卷號曰白雲樵唱其在金陵曰鳳臺清嘯歸田曰草澤狂歌盧陵解縉稱其布衣蕭然不慕寵榮強之而起朝陽鳳鳴此足以槩茶其詩有舟經彭蠡云揚帆過彭蠡遠見匡廬色瀑布天上來芙蓉望中碧東林鐘磬遠沽酒潯陽夕楓林忽鳴猿凄然念鄉國又題諸葛孔明像云炎祚倏云季諸侯騁雄圖棲棲劉豫州三顧何勤渠漢賊不兩立一心抱區區臨崩寄大事忠憤常鬱紆鞠躬乃盡瘁賢哉此丈夫又隋堤柳云君

不見長堤柳何嬝娜廣陵二月三月時兩堤人
看青絲轡憶昔繁華大業秋此地曾經繫綵舟
驚報忽起黎陽變風光不駐江都遊千年往事
東流去柳色依依舊行路傷心不必嘆銷沉回
首唐陵幾株楸又梅江夜泊云卸帆依暝渚帶
酒宿沙頭戍鼓嚴更漏寒鐘落釣舟霜明城下
水月暗海西樓薄曉啼猿罷蒼蒼遠樹愁又田
家云野藤垂谷口林逕少人行茅屋先春補沙
田候水畊籬深孤犬吠樹密一鳩鳴花落家僮

掃寒〻遠市報又吴城懷古云姑蘇城外刺蘭橈却憶吴王古市朝香輦路邊春寂寞館娃宫外草蕭〻千年往事空啼鳥半夜疎鐘自落潮明發不堪回首處暝烟秋雨過楓橋又江南春盡偶作云郊外空林帶夕暉海天離思遠依依流年又逐殘春去華髮空驚兩鬓稀啼鳥落花孤夢斷白雲芳草舊遊非家園此日堪惆悵況是天涯客未歸又夏日遊碁山寺云塵中何處避炎蒸靜愛空王澹愛僧沙界樹凉晴作雨石

渠泉響暗流水青山載酒隨閑到飛閣觀潮倚
醉登水繞蓮花通寶藏路迴蘭若轉金繩仙人
棋局埋幽草開士禪扉閉古藤荒殿鳥啼時近
榻香臺猶卧夜窺燈老來行止愁無地病後歡
携愧有朋明發別離方外去何時清興又同乘

高廷禮

高廷禮長樂人本名棅字彦恢自稱漫士少與同郡陳亮王恭為布衣交著詩數百篇號曰嘯臺集嘗總唐人詩揚扢上下之自正始至旁流為十餘品然其宗指則歸於開元天寶之間文皇時被名入翰林為待詔遷典籍著詩數卷號曰木天集廷禮為人惇厚有至性事親以孝聞善與人交無新故賢愚其為山水畫極工客從廷禮覓畫輒戲曰令我作無聲詩耶以此人稱彦

愜有二絶云其詩有重陽前郭南山堂宴集示
海國霜氣涼秋聲落遥野乾坤肅以清收納屬
多暇出郭尋幽期同人命軒駕載酒入翠微憑
高憇層榭蒼山橫黃雲大江天同鴻飛雨霞際
晴夕陽鴈邉下江山滿陳跡今古成代謝千載
同時黃花咲盈把酣歌林壑暝新月松蘿掛高
興殊未平臨風獨悲咤又月下聞秦箏歌云孤
館夜寂寞秦聲轉凄然醉來聞向明月下客心
搖落秋風前飄〻十指聲猶訴颯〻長林驟飛

雨激若荆州易水歌悲如蘇子河梁語角羽初停又拂商四郊黄葉紛飛揚劍門滴盡邊人淚鏡閣啼殘少孀腸西江曾臨吹玉笛馬上淒涼聽不得祇今彈得心欲狂四座相看失顏色伶倫去後空有思世上秦聲誰得知偏同客裏歌楊柳長伴軍中舞鴈兒轆轤金井梧桐冷壯士衣寒心耿耿一杯何處酹平原酒盡浮亭不堪醒又寄林膳部兼呈林廣文云無諸臺下葉初黄客裏相逢值早孀秋館醉看仙菊滿禪房坐

識。雨。花。香。別來。塞。鴈。江。雲。隔。夢。去。青。山。海。路。長。白髮。廣。文。憑。問。訊。門生。還。有。幾。升。堂。又溪上別馮與云出門。紅。華。滿。清。溪。君。向。東。湖。我。向。西。今夜。青。山。明。月。在。相思。兩。地。聽。猨。啼。

陳亮

陳亮長樂人字景明故元儒生也其學無所不窺洪武永樂間累詔郡縣徵遺逸或推轂亮亮曰昔唐堯在上下有箕潁吾投迹明時游戲泉石間吾志㦖矣吾豈願仕哉竟不出作讀陳摶傳詩以見志山中為小樓號曰儲玉購四方名書藏之又作草屋滄洲中與名士王恭高棅日相過從以詩酒為樂暇則汎閩江歷名山投上方蘭若尋僧問偈意豁如也時時往三山中為九

老社以此自終亮有亂後入城逢故人之作云奔走避鋒鏑幽懷難復論今朝一握手少慰堪傷魂憶昔紀綱壞賊臣亂中原遂令狐鼠輩乘釁窺城門鐵騎從西来紅旗汎崩奔氛祲彌列境誅求尚苛煩竊愁兵火餘已作饑饉根相逢對盃酒悲憤不能吞九重高宴安豈不憂黎元安得補天手一為匡乾坤又古意呈陳漢臣云欝欝澗底松離離原上草春風一吹拂秀色相映好金商行素秋滋蔓已枯槁太材終不凋且

向巖壑老娟娟孤生竹托根在別島枝榦苦不
長風煙莫能掃寒暑更代謝霜雪正傾倒相期
抱幽獨貞堅以為保又送林孔逸從軍云脫却
縫掖衣更結曼胡纓安能欝欝事筆墨男兒本
自重橫行越王山下秋風起塞北此時嚴堡壘
皇家選士重防秋迢遞征途從此始從軍莫問
所從誰抱藝懷才無不宜籌邊亦自有奇策專
事弓刀徒爾為此行壯氣何激烈酌酒送君那
忍別萬里封侯非所難玉關功成須早還又晚

春云門巷客来稀閑居静掩扉微風花自落細
雨燕雙飛向曉披遺帙迎暄换袷衣年年此時
節惆悵送春帰又滄浪清隐云我愛滄浪水千
尋見底清月明三島近風定一波平清隐将遺
世垂竿不釣名何時歌鼓枻相就濯塵纓又元
夕與諸友同登神光塔云寶塔層層現天燈面
面紅玉毫光不夜火樹逈當空七級高標壯千
門屬望同朱欄明映月金鐸遠鳴風弛禁逢元
夕重修溢梵宫游觀多士庶登陟有文雄共喜

超群品應知仰六通迷津如可照於此息微躬又治城懷古云東西屹立兩浮屠十里臺江似帶紆八郡河山閩故國婁門樓閣宋行都自從風俗歸文化幾見封疆入版圖惟有粵王城上月年年流影照西湖亮為詩冲澹悠然有陶孟之風

唐泰

唐泰字亨仲閩縣人洪武二十六年舉於鄉明年擢進士第授行人歷浙江按察僉事陝西副使有江上書懷寄周元林敏云昔年曾共醉蘭舟明月閑情憶舊遊獨客荒村空向暮異鄉多病厭逢秋殘烟古戍聞寒笛落日楓林見驛樓為報別來憔悴甚漫因尊酒一銷憂又送馮華云古人得志苦不早送君今上秦淮道銀餅醉倒白日斜黄鸝啼向青春好春風衣綉登玉墀宫

花照耀增光輝千里離心邪可道萬言射策人争希官亭祖餞情何如酬歌携手仍躊躇平生交誼寸心在無因割贈雙明珠又寄林欽云千里一為别思君遠更親雲霄心獨冷江海業良貧古道迷黄葉寒汀覆白蘋秋風如有待帰計欲垂綸又訪陳逸人云久别頻相憶知君獨掩扉跡留塵外遠春向夢中帰幽戸寒苔淺深林暮鳥微近来詩酒興翻與故人違又送王秀才偁之春官云同遊冠盖正紛紛南國才華獨数

君名列上庠深問道年猶弱冠解攻文秋齋燈影花間見晝愓書聲竹外聞共喜窮經過伏勝誰能壯志忝終軍扶摇已縱圖南翮騕褭仍空冀北羣路向吳関飛翔雪朝趨魏闕靄春雲華裾想接金門侍野服将令社客分何處高吟可相送冬青葉落岊江濆又過賈誼宅云聞君放逐此淹留献納空懸漢主憂舊宅獨臨湘水遠遺文曾弔屈原愁青楓極浦烟光晩白鳥空江樹影秋西望不堪懷古意欲因帰去卧滄洲泰

全閩詩傳

少善聲詩與同郡黄濟爲詩友所著有善鳴集

王偁

王偁字孟敭永福人其父翰元季為潮州路總管故東阿人也為閩行省郎中已而以潮州總管棄官遂走閩為黄冠棲永泰山中十六年矣明太祖聞翰名詔有司强起之翰自刎死時偁甫九歲閩吴海者翰執友也義撫偁教之洪武二十三年偁以經義舉於鄉明年試禮部不第例就祭酒授業因而求鄒魯之遺風與海内賢豪上下其說居數年遂疏乞歸終養翩翩然有寘

鴻之思焉永樂間有司薦起之既至都下卻自陳願處校職以勵人才不許授翰林檢討進講經筵已而勅修永樂大典偁為總裁官大典成英國公張輔奉命征交趾表偁為護行交趾平輒復叛偁以故移官交趾而叅議解縉者偁故游也坐言事下獄或斥偁為黨遂同逮繫偁尚氣節雅志當世吐論英邁能揚人之善不能匿人之過竟以此死悲夫解大紳云孟揚詩欲凌駕盛唐顧元言云孟揚典雅清拔綽有天寶俊

聲穆敬甫云王詩從容典麗得風人體裁者曹
能始云孤揚詩本李白矯〻不羈其詩有車遥
遥云車輪何遥〻西上長安道不見車上人空
悲道傍草君行日已遠恩愛雖自保憂来當何
如一夕夢顛倒豈無中山酒一浣我懷抱但恐
三春華顔色不再好車聲何鄰〻風吹馬蹄塵
願隨馬蹄塵飛逐君車輪又短歌行云東風吹
花隨錦筵綠楊揺蕩青樓烟主人自爲鸜鵒舞
小伎更奏鴛鴦絃當杯入手君未醉落日已在

西山巔。短歌一曲心茫然。請看明鏡高臺上。何
須白髮悲芳年。又西山訪張隱居云兩崖噴飛
瀑結屋煙蘿裡山人不冠屐客至同隱几獨鶴
海上歸孤雲澗中起淨掃白石床風來墮松子
又邕州云五管推名郡湊江接上游人家蠻霧
曉山雨瘴烟秋遠客誰青眼殊方易白頭今宵
南極外分野望牽牛又楊秀才幽居云楊子幽
居處閑窓望遠空水喧明鏡裡雲落畫屏中巻
幔留山月揮絃送晚鴻何人問奇字載酒野橋

東又宿巴陵聞笛云玉笛飄殘月下聲空江秋入思冥冥怪来楊柳移關塞可是梅花落洞庭半夜旅魂隨調切誰家少婦倚樓聽曉来更覓龍吟處一點君山水面清又左江云左江江水日潺潺鳥語莎裳任百蠻莫道天涯應在此交州更隔萬重山孟揚才名與解大紳相伍其獲罪亦同然詩格華整遠勝之蔣仲舒謂其詩句從新鑄材自故来孟敭所著名盧舟集

鄭定

鄭定字孟宣閩縣人善擊劍工古篆行書陳友定辟爲記室友定敗鄭定浮海亡在交廣間久之稍還遂居長樂洪武末年徵授延平訓導歷齊府紀善國子助教著詩數卷號曰澹齋集其詩

有塞下曲云結髮事專征沙場卅作城軍中分虎節天上錫龍旌士卒全甘苦胡兵半死生至今西城地還數衛青名又六如亭懷古云香魂驢骨瘞崇阿瘴雨蠻烟奈爾何苔上舊碑行客

吊離深荒徑野僧過山花寂〻留粧髻堤柳青

青想翠蛾落日平湖風乍起餘情并入采菱歌

又寄紫陽道士云道人曾是紫陽君冠隱芙蓉

帔剪雲寶匣苔深龍劍躍石壇花落鳳簫閒漫

傳駕鶴邀王母幾見籠鵞贈右軍便欲携琹遠

相訪秋山黃葉落紛〻又渭上觀獵云草折渭

門霜蕭〻獵氣黃飛子秋萬里縱馬日千塲鵰

霧蔵沙迴鷹風入樹長將軍驕意氣射殺白河

狼又伏波祠懷古云荒祠衰艸已凄然猶有邦

人話往年銅鼓苔生秋雨後宮墻花落夕陽邊竹書早著平蠻策沙井空餘飲馬泉詞客經過休感慨雲臺麟閣總寒烟又笠溪簡朱行人云叢篁踈柳覆沙汀水鳥淒飛度鏡屏山雨来時雲樹白榜人歸後夜燈青笠溪共是覊人夕銀漢遥連使者星此地方舟期共賞玉壺春酒莫教醒

王褒

王褒閩縣人字中美博極羣書少有詩名洪武中以明經貢成均頃之擢舉應天郡歷瑞州長沙兩郡博士遷永豐尹褒治永豐課農桑興儒學縣無逋事永樂初年朝京師考上最已而以文學脩髙廟實錄擢為翰林修撰及脩永樂大典勅充總裁官褒性剛正居家以孝友聞與人交敬久而不衰人有善汲汲然奬進之褒有辟水瞻雲詩云征鴻度南浦慈烏别北林白雲仍在

目惻〻思難任雲飛滄江上日夕歸故岑高堂
曠千里倚門望彌深孝子愛寸晷哲人惜分陰
百年頃云邈歡樂當在今綵袖時獨戲板輿日
相尋願同白雲飛倏爾諧冲襟瞻雲念白首捧
日秉赤心狄公播英名價重淮南金又題王振
之思親卷云君子有所思所思良獨難高堂在
何許九原路漫〻食祿不待養衣錦誰為歡良
宵四五起中情詎能安春至霜露零秋深風木
寒感茲歲華改惻愴頹心肝宦轍天一涯顧盼

形影单努力播芳馨期以垂不刋又古洞閑雲
歌云古洞深幾許閒雲日来往惟應空門居相
知愜幽賞咲庭上人不出山身比浮雲閑更閑
松間石榻日應掃花底巖扉時自閑紛紛郁郁
古洞口白衣倏忽成蒼狗細觀色相了無蹤真
空境界那能有雲来碧峯夕雲去滄江陰上人
咲傲自無心知向白雲深處尋又題碧蘿猿洞
云溪上垂蘿幾百丈石洞陰々閟長日昔人學
道居其間塵世紛々未嘗識白猿一嘯下青山

藥瓢丹灶共往還巖扉自掩明月上石牀不掃白雲閑伊誰尋真百年後道機通元七閩秀寶笈仙書入夜觀鐔津霞氣淩晨漱秋風嫋嫋吹綠蘿猨聲時和步虛詞明年買棹七峰雨洞中雞犬知相遇又送王志仁歸餘杭云誰知縫掖貴東觀校書時待漏趨青瑣題詩立赤墀自憐心似石莫嘆鬢成絲後夜玉堂月勞君千里思又送僧還莆田云都門相送處無奈柳條長呪引天花落經翻貝葉香浮杯吳水綠飛錫海天

著後夜涵江月應期到上方又元夕觀燈應制云魚鑰春開虎豹關五雲星斗近天顏絳河月濕金盤露火樹香分玉筍班鵷鷺漏傳花外觀蓬萊仗列海中山萬方樂事同元夕恩賜千官十日閑又送張指揮云龍虎旌旗度虜河羽林將帥擁天戈銀潢淨洗腥羶野玉壘窮搜狐兎窠萬里山川傳馹騎九重日月共鳴珂邊庭不用防秋計沙漠如今總漢歌又俱慶堂詩云車書化日國詩禮德星堂蘭玉看聯美椿萱喜並

芳秦藩留宰輔唐室得賢良奠祖風雲會仍孫
德澤光杏林喬木古橘井細泉香活世名重播
傳家業愈昌雀閣趍石奮鳩杖侍玉祥玳瑁開
新席蒲萄進舊漿移忠同後覺養志獨先嘗五
季英髦域群編禮樂塲詞源韓愈並策對馬周
强易水勞詢訪燕臺肅紀綱郊原車送雨廊廟
筆飛霜致意須騏驥爭先覩鳳凰江遲京口棹
城駐石頭裝逸氣吞彭蠡高懷倒豫章巳知金
作帶猶憶綵為裳捧日丹心壯看雲白髮長河

流汝水碧樹隱朗山黄佇見推恩詔應歸介壽
觴又送王僉憲云車書逢泰運庠序毓賢良粲
若三秋月威如六月霜文章槐寺重法律栢臺
强奏對原推馬平反獨數張同心依夏省優秩
入春坊喬木鶯遷閣朝陽鳳在崗兎毫應載筆
鷄舌半啣香詔賜東寮服恩分北座觴侍臣崇
簡拔憲府出翺翔旆拂匡廬秀帆移蠡渚長新
吟憐二謝傑作繼三王攬轡澄清志埋輪論議
昌百司還惠政列郡仰洪縚近説西江上春風

幾樹棠又題鄭文志望雲圖云江城回首思紛紛秖是孤飛一片雲紅葉擁村隨縹緲青山隔峴半細縕使旌揺動疑驄馬綵袖光迴辨繡紋捧日獨知酬壯志為霖共仰策奇勛相如獻賦心猶在潘岳閒居樂不群晴帶孤鴻花外見陰迷啼鳥樹間聞朝飛滕閣庭幃近暮宿匡廬水國分出岫讓同陶處士橫空好擬鮑參軍興鄉作客應如我故苑懷親每念君努力從龍天上去河陽顧望莫徒云又題墨梅贈吳上舍云翠

屏山下水雲香别墅來月在林今日看圖詩興動渾如東閣送何郎又雨中齋居寄倪炯云空齋踈雨又黄昏那復孤燈坐掩門縱道異鄉常不雨舉頭見月也銷魂

周元

周元字徵之閩縣人永樂中以文學徵拜祠部尚書郎其爲詩瓌奇託興悠遠嘗賦揭天謠光怪陸離詭譎善幻不減李長吉其詞云巨靈吹空南斗死鬼哭如雲學流水桂闌天影白鶴秋兔光斜墜三泉裡泉宮暗虫寒艸根土燈燃露絓黄昏鐵心九曲滴秋血三十六帝閧俱吞帝遺淒童去不返楸梧參差牧馬苑青烟一點吹六龍芙蓉吐光海波淺又河橋送高大歸龍門云

江頭微暄氷始開河橋一夜春風来傷心究似叢臺下青〻草色青如苔二月三月青門道積素浮光不堪掃酒幔烟中望却無釣磯水畔看還好橋上蕭條人幾家芳洲漠〻楚天涯暝随断梗飄寒雨晴逐遊絲映落花龍門還家孤諸野清樽惆悵河橋下臨岐盡醉歌送君草上片時駐君馬又望浮漚亭云揚雄遺舊宅寂寞竟誰過野鳥能歌舞山花作綺羅池空秋草没樹雜暝烟多縱有琹臺月清光奈爾何又宿猿洞

送友人之湘中云怪石如雲起天上枯籐盤根垂百丈蘿深苔滑鳥不栖索漠寒猿卧相向兩兩三〻往復廻啣花映水皆奇狀清秋倒樹風礀號初日排雲雪厓壯醉客應為巫峽吟行人厭作巴山望洞裡愁殺誰忍聞別時對此堪惆悵又晚眺懷陳大云少年離別惜蹉跎南國登臨感慨多薛老嶺頭雲欲盡越王臺上雨初過戍樓夕照啼山鳥林谷春香送如蘿遥憶故人霄漢上荆州詞賦復如何又湖塘觀月云玉露

寒深鳷鵲樓桂花池館恨悠悠不妨歌舞留人醉一夜清光减却秋又漢上聞胡人吹笛云不識邊城路方從燧裡聞千載悲嘆月萬里遠秦雲響入天山動寒兼隴水分梅花今夜落江上正紛紛

黃元

黃元字元之侯官人初本將樂人林子羽為將樂學官時黃元為弟子子羽雅重黃元嘗為詩云青衿二十徒達者惟黃元而黃元益嚴事子羽及子羽棄官歸黃元挈妻子以從終身師事之已而以歲貢入成均老矣竟授泉州訓導卒元有度梨關寄冶城諸友云驅馬望鄉國朝行風雨中閩山鬱嵯峨何啻千萬重舉頭見關吏石壁摩蒼穹人生幾何時來往茲無窮魏闕豈不

戀知音非易逢命途或不臻四海如轉蓬前曰發京師淮天雪濛濛客衣丹陽楫旅食吴門鐘心憂路彌遠醉極歌且雄匪遇賢達士何由豁心胸滄波任垂釣兎苑甘為農身隨塵壒避與與魚鳥通憑將歸田意為我報山翁又北嶺陪殷大夜飲感別云故國秋風見仲宣悲歡都集夜燈前二毛對酒仍堪醉萬里還家秖自憐楫拂斷猿疑峽路月臨征雁夢湘川謾將草木同衰朽未必陽春雨露偏又河上立春云故國幾

時別殊鄉今早春青陽開霽雪殘日送歸人漸
與雲霄隔空驚歲月新不堪零落處愁淚滿衣
巾又金山寺云江心浮絕島古寺軼氛埃樓迥
中天起窗開向水開空雲龍影度海雨鴈聲來
故國登臨後如今又幾廻又送金秀才之溫陵
云官亭花欲洒初香白馬嘶大道傍醉客盡
隨歌舞散寒川空對別離長紫雲洞裡逢秋月
赤鯉潭邊度早霜休說故山多少恨軍中吹角
斷人腸

林弼

林弼字元凱初名唐臣龍溪人仕元為漳州路知事戊申內附以儒士登春官修禮樂書除禮部主事歷登州知府有梅雪齋稿其龍州詩云峒丁峒婦皆高髻白紵裁衫青布裙客至柴門共深揖一時男女競誰分近水刺桐知驛舍倚山毛竹即人家趂墟野婦沽甜酒候客溪童進辣茶白沙青石小溪清魚入踈罾艇子輕漫說南荒風景異此時真似剡中行又題秦皇廟云往

事悠〻逐逝波荒祠寂寞寄岩阿三神山下仙舟遠萬里城邊戰骨多東魯尚存周禮樂西秦空壯漢山河早知二世能移祚崖石書功不用磨又題西村隱居云西村竹樹靜朝暉萬事關來總息機一夜小溪春雨過半篙新水白鷗飛草堂築就貰誰寄彭澤歸來願未違最憶衡門凝望處平疇十里豆花肥又和韓南勝云白鹿山前舊草堂重來吟鬢已成霜花城衙放雨初歇竹寺詩題日正長水蓴作羨流筋滑溪魚釀

鮓透苞香野人喜見昇平象粜柘連陰古戰場

全閩詩傳

陳週

陳週字仲昌閩縣布衣有猗竹歌云脩竹兮青青中虛兮外直素節兮貞姿寒暑兮一色泠泠兮朝夕予含之兮焉適

藍仁

藍仁字靜之崇安人明初内附隨例徙濠尋放還有藍山集蔣師文云靜之昆仲切磨塤篪迭奏和平雅澹辭意融怡語不雕鎪氣無脂粉出乎性情之正而有太平之風惜其不列承明著作浮湛閭里傲睨林泉有達士之襟懷無騷人之哀怨即屢更患難而心恒裕如要其所作皆治世之音也張雲松云靜之詩平居時優柔沖澹處患難則憤激而憂思交朋友則眷戀而情深

箴規而意篤不蹈襲以掠美不險怪以求奇庶則而不苟雋永而有餘深得詩史之遺意陳廷器云藍山詩力追盛唐規員矩方靡不合度蓋十子之先閩中詩派實其昆友倡之其戲題絕句云朝野文章自不同壤歌何敢敵黄鍾山林别有鈞天奏長在松風澗水中又秋山懷友云天寒草木踈落日照平野孤雲西北馳獨鳥東南下仰聆寒蟬悲俯見驚湍瀉物情自索寞秋色正瀟洒良朋久相違離思何由寫又擬貧士

云蠨蛸網我戶蟋蟀號我辟被褐不掩脛采薇豈充食歲有飢寒憂巷無車馬跡豈知曠達觀不以貧病廹昔聞孔顏聖亦有陳蔡厄滔然忘世慮弦歌自朝夕蓬門有一士被褐恒苦飢朝飲南澗流暮食西山蕨雖有二頃園蕪穢亦不治妻子共寂寞彈琴詠書詩荒林積雪深古屋炊烟遲高卧自有適何必他人知又宿田家望武夷山云仙居蓄靈異怪石盤空曲一水隔花村千峰入茅屋金芝暖逾秀瑶草寒更緑雲中

武夷仙一一顏如玉白馬去不歸青猨叫相逐昔陪丹丘侶酣歌紫霞谷雞鳴洞天曉落月在林木空瞻仙子高舊夢那可續荒林激悲風曰入對樵牧佇立望歸雲解衣田舍宿又西山感興云久曠山水遊今晨願無違松林收殘雨郊原滌朝暉憇澗美清泚緣岡陟翠微池魚暖始遊巖花寒尚稀閒久坐空堂深竹對巖扉山中聞犬吠谷口見樵歸心賞適有契仙遊詎能希賴此一樽酒暫然息塵機古來朝市間榮華多

是非。所以首陽士。白首當采薇。又暮歸山中云
暮歸山已昏濯足月在澗。衡門棲鵲定暗樹流
螢亂。妻孥候我至明燈共蔬飯佇立松桂凉疎
星隅河漢。又贈武夷魏士達云武夷山水天下
無層巒疊嶂皆畫圖山川直疑混沌鑿秦漢而
下靈仙都中天積翠開宮殿石壁虹光夜如電
鸞鳳常驂神姥遊猨猱共醉曾孫宴洞中別有
昇真天瓔林遺蛻如枯蟬露盤仙掌千年藥春
水桃花九曲船。萬松岡頭羽衣客更入三山采

真訣神遊不計海天遥夢覺長懷海天白歸來髙隱萬年宫天香時降雙青童道參元始鴻濛外身寄雲空象締中嗟予久慕烟霞侶天遣空山作詩苦清歌曾遶幔亭雲涷筆空題草堂雨金丹凝就玉蟾分木葉西風鐵笛聞野老只知堯舜世樵夫或遇武夷君又寄張兼善云故人卜隱依山寺野老遷居到石村濁酒近篘謀共醉。新詩未穏許同論。南風吹筍初成竹宿雨移松巳引根肯向草堂尋杜甫百年地僻有柴門

又宿橋山田家懷蔣先生云蒼峰落日微白鶴

秋風遠客路入踈鐘田家背山阪孤煙桑柘寒

歸鳥茅茨晚欲覓紫芝翁山深白雲滿

全閩詩傳

全閩詩儁

龍溪黃日紀[illegible]輯

海澄曾朝英編校

劉駟

劉駟字宗道龍溪人洪武初以秀才徵試第一拜左都御史後坐事徙滇宗道講學遠師北溪其闢釋老甚嚴目佛為泥厮有同安歎云噫嘻吁嶪陽之化衰家〻阿彌儒也墨衣墨也墨衣滿城游遨誰我知不如帰也不如歸又感興詩云

浮屠日以興平地生棘刺大道為之荒聖門為之蔽嗟哉末俗流每〻謂之是觀古聖賢人顰蹙多因爾蹇子魯且蒙奚為生此世發憤遂前脩弱質安能至聖道雖云遠戮力應可致又游天盖寺詩云若無僧寺塔直是一唐虞斯亦能言距楊墨者已

藍智

藍智字明之崇安人明初應薦授廣西按察僉事有藍澗集二藍出處不同藍山藍澗二集選家誤有參錯今依明初雕本釐正之明之有將歸山中留別鎦典籤詩云入山願遠遊出山願早歸覊懷苦無悰芳序倏已非瀰瀰江海流紛紛花絮飛清霜變元髮游塵化緇衣囏危迹易乖少壯心轉違雲鴻每獨往梁燕當疇依野樹滯殘雨荒臺淡斜暉浩歌綠水曲空拂黃金徽又

書懷寄示澤兒云昔我南澗来遂謀西園居瀟瀟桑柘陰下有比屋廬交枝囀黃鳥澄波躍丈魚花香入戶牖草色連階除衡門閉白日高詠古人書目送遠山雲心遊天地初貧賤固可樂富貴將爲如又河池縣云連峰入河池路險徭人村喬木盡參天白日為之昏上有高石厓下有清水源蕭蕭篁竹叢落日聞哀猨職當觀民風載驅温與原俯念遠人苦来宣天子恩撫此風景異懷哉惟故園又雨詩云黯黯雲垂野瀟

瀟雨滿林晚山歸鳥盡秋草閉門深落葉蕭條
樹空城斷續砧煩憂兼獨立誰識此時心又曉
發來賓縣云宦遊同逆旅侵曉逐征途候館殘
燈小長江落月孤鄰雞催去馬城柝起棲烏物
色兼人事悤悤歲欲徂又出雲篠驛云又出雲
篠驛扁舟更向東地蒸秋有瘴江闊夜多風旅
夢驚啼狖鄉心託斷鴻天涯看月色不與故園
同又雨中同孟原食憲登嘉魚云高閣流鶯外
荒城駐馬前江寒三月雨春老百蠻天折柳悲

橫笛飛花落釣船乾坤總羈旅把酒意茫然

陳伯康

陳伯康字仲進，長樂人，浙江江山縣知縣。所著有南雅集。其寄郟縣喻知縣詩云：「寄語郟州長，何時過洛中。相看兩含許，不得一尊同。客思瞻秋月，鄉書遲早鴻。深懷臨别處，每憾太息。」

高嵩

高嵩字子高，閩縣人。洪武中教官。有立春日題壁詩云：漂泊江淮老廣文。昨宵黌舍又逢春。月支二石五斗米。錄著諸生四十人。鄉遠已拚歸夢斷。身閑不厭在官貧。笑看朝日盤中味。可有青青泮水芹。

葉俊

葉俊福寧州人有武夷詩云。武夷山下萬年宮。九曲溪頭一棹通。流水落花尋古道。平林過雨見群峯。幔亭人去雲連壑。華表仙歸月滿松。正好相期問丹訣。天風午夜容船東。

黄守

黄守字約仲以字行莆田人以汀州府學教授擢翰林院檢討所著有静齋集其題秋山蕭寺圖云○迴崖列岫鬱相連○兜率楼臺際碧天○飛鳥已○還○秋○色○裡○疎鐘○猶○在○夕○陽○邊○溪橋緩轡官人馬○野飯維稍客子船○記得官遊逢此景○披圖不覺思茫然○

林真

林真字汝實號木菴莆田人遷居閩縣中永樂乙酉舉人以薦選庶吉士侍書經筵出知慈溪江寧宜興三縣有粵王臺詩云。屠龍人去幾時歸。空有高臺對夕暉。回首舊時歌舞地。年年春草鷓鴣飛。

全閩詩傳

林環

林環字崇璧莆田人永樂丙戌賜進士第一授翰林修撰陞侍講有絅齋集行世侍講未第之先縱酒自放雖在玉堂詩無臺閣氣其題林泉清致云。春山佳氣多。白雲滿芳樹。幽徑絶塵蹤。落花映深戶。微雨灑林落。東風長蘭步。之子招不來。滄洲日將暮。

陳全

陳全字果之長樂人永樂丙戌賜進士第二授翰林編修歷侍講署院事有蒙菴集行世果之五言專法帝柳其夢游匡廬山詩云夢寐遊匡廬睎髮五老峯長天散氛翳削出金芙蓉林谷轉深邃溪迴路彌通澄江波澹澹霽日花濛濛陰澗長瑶草陽厓明藥叢樓臺霄漢上雞犬烟蘿中杳渺逢羽人相期躡仙蹤覺來玉堂迥彷彿聞疎鐘丹梯如可接共汝巢林松又送陳廷器

歸閩云置酒新亭上親賓儼成行蘭肴雜肥鮮綺席羅瓊漿頤兹繾綣情樂飲各盡觴中筵忽不懌援琴撫清商絲桐易為感離思擾中腸驪歌首前塗僕御促行裝故鄉渺何許路繞川原長顧為晨風翼送子東南翔又送叔韜兄歸長樂云攜手出都門悵然千里心悠〻河橋上送子歸故林川原鬱衆綠灌木澄幽陰滄波渺離思黃鳥鳴好音吾家南山下白雲澹遥岑別来幾何時歲月忽已深誓將從君歸爲能辭華簪

遥持一書札因之南飛禽又輓蘓伯厚先生云
寒暑有代謝節序忽蹉跎夫子乗運化悽惨将
奈何生存簪組榮死殁歸山阿向来歡娱人零
落亦已多西日不返照逝川無停波惝怳魂若
存感慨成悲歌又送人尹江右云窮冬正蕭索
離思苦悤悤風雨孤帆別栞樽幾日同雪晴淮
水急雲盡楚天空花縣絃歌暇題詩寄塞鴻

楊榮

楊榮初名子榮字勉仁建安人建文庚辰進士除翰林編修靖難後入直内閣更今名累官工部尚書謹身殿大學士加少師卒贈太師謚文敏有雲山小稿静軒退思等集錢受之云東楊久居館閣朝廷高文典册皆出其手而應酧題贈之作尤為煩富詩話云東楊詩頗温蕪上擬西楊不及下視南楊有餘其題馮敏山水圖云鳳池仙客天機精筆端點染真天成想當適意自

盤礴呼吸造化含元英欣然寫此得佳趣雲水
微茫帯烟樹左挐右攫森相樛恍若蛟龍飛不
去懸厓峭壁不可攀岧嶤直入霄漢間幽亭卜
築在深靄塵氛不到清晝閒是誰蕭散事游賞
短櫂輕舟自来往晚風不動碧波平歛灔寒光
映蘭槳斯人偉矣真罕儔飄飄儼若神仙流披
圖一覽發清興彷彿萬里江南秋又元夕賜觀
燈云象緯臨天闕瑶臺集萬靈雲霞紛掩映星
斗疊晶熒寶地春應滿金門夜不扃千官陪宴

樂拜舞在明庭又鏡湖為史院判題云見説山陰道湖光一鏡秋遠含晴日動迴帶晚烟浮花菼連堤樾帆飛隅浦舟横塘空有夢未許賦歸休

全閩詩傳

鄭闈

鄭闈字公望閩縣人永樂壬辰進士授安陸州學正改無為州終廣信府教授所著有抑齋集其懷林鴻云寒月照古楸朔風吹城樓如何咫尺居致我千里愁俯景暫自遣浩歌誰為酬思君若逝水朝暮長悠悠

鄭珞

鄭珞字希玉侯官人永樂乙未進士選庶吉士改授刑部主事出知寧波府有訥菴雞肋二集其

送高時旭還閩云祖帳連芳草征帆挂夕曛鄉心閩海月客夢楚江雲候館雞聲早平沙雁影分懸知霄漢上早晚薦雄文

林賜

林賜莆田人洪武癸酉鄉試第一官溧陽訓導有題翁石山房詩云玉澗隨處深蘿衣謝時早幽棲同鹿門勝地即蓬島緬懷京國游却戀雲山好何日賦歸来相將拾瑶草

馬鐸

馬鐸字彦聲長樂人永樂壬辰賜進士第一除翰林修撰有玉巖集其送徐主事孟睎回澄江詩云。京華二月柳垂絲。送子南行惜別離。陌上看山愁對酒。風前握手倦吟詩。雲連鐵甕人烟迥。月満丹陽客權遅。紛署嚴程應待汝。莫因鄉國緩来期。

全閩詩傳

林誌

林誌字尚默閩縣人永樂壬辰賜進士第二除翰林編修歷侍讀有蔀齋集其菊莊詩云别業依南山投閑忽成趣白露朝欲晞黄花满籬户餐英慨前修采之恐遲暮苦無三徑資眷此歸来賦

林衡

林衡字宗器閩縣人永樂辛卯進士歷官御史有

送沈空同詩云片雨江村外霏霏暗去程細沾

行李濕遠入斷烟輕帰鳥愁邊没離情别後生

不堪凝望處迢遞失閩城

蘊伯厚

蘊伯厚以字行建安人洪武中以薦授建寧府訓導遷晉府伴讀永樂初擢翰林侍書遷檢討有履素齋集伯厚五言詩神意閑審綽有魏晉風陳嗣初稱南閩偉奇超卓之士必以蘊伯厚為之首斯言信不誣也其齋宿聽琴云玉署宿齋居盡簪諧素約坐中有鳴琹宮商時間作波澄楚江秋露下九皐鶴流泉響幽澗靈籟起寥廓維時雨初霽微月映疎箔爐熏輕烟裊燭花紅

爐落春風送餘寒夜久覺衣薄清吟雜古今亦
足資一噱相對竟忘眠更取茶甌瀹雞鳴鼜朝
冠晨鐘動高閣又畦樂云青山繞我屋垂柳蔭
我門来往絶塵鞅世事邈不聞惟有衣褐徒鄰
曲相與言孰云生計拙亦有數畝園清晨荷鋤
去除彼蔓草根但使無饑饉豈惜筋力煩濯足
清澗濱矯首觀飛雲牀頭有濁酒欣然自開尊

陳輝

陳輝字伯煒閩縣人永樂乙未進士任貴州按察司僉事陞廣西副使有集號琴邊清唱其旅次期叔劉脩撰不至云寓宇闃幽寂羇懷轉凄其况茲梅雨候值此麥風時閉登溪上樓悵望吴天涯長風卷潮来倏忽銀屋移潮水尚有信我行豈無期緬懷同心人惻然起遐思

陳叔剛

陳叔剛名根以字行閩縣人永樂辛丑進士官翰林修撰遷侍讀所著有絅齋集錢原博云侍讀詩沖和贍麗諸體各極其妙有松坂詩云亭亭萬松林別構僅容膝席涘無冬春簾翠自朝夕主人愛松風静聽意自適清吟到夜分明月在巾舄是非曠不聞烟霞已成癖我有小山謡期君謝閒逸黄鶴遊青冥汗漫不可即

郭厘

郭厘字敬夫福州人著有鏡湖清唱徐興公云敬夫吾鄉隱君子百年來罕有知者其題青鋪嶺絕句云家林想在空濛外一帶螺江隱翠微又有門前湖白與山青分携空過白湖亭之句其所居當在白湖螺浦之間與趙景哲相鄰竝也又懷鳴秋先生云澄江晚悠悠離思杳難極西風鴻雁飛我憶鳴秋客遠樹帶餘暉前川起寒色即此待歸舟沙頭掃苔石又送友云我正愁

寥落君今又北遷春歸萬里外人去五雲邊寒柳迎征斾江花照別筵離情不可道去住各悽然

林枝

林枝字昌達閩縣人號古平山人所著名效顰集閩中自十才子外能詩而不與其列者有趙迪景哲林紹淳裕鄭文霖汝衆林敏漢孟陳本叔固及昌達也其寄彭韞玉云空齋寂落思寥寥荏苒年光逝水消憶得當時分袂處柳花如雪過江橋

全閩詩傳

鄭閬

鄭閬字公敔閩縣人有石室遺音蔀齋集其詩有暇日南湖莊上云門逕絕車塵惟聞沙鳥語誰識忘機人山間坐朝暮南風吹雨來颯爽溪頭樹白鷗知我閑相看不飛去又題秋江送別圖云美酒雙玉壺沙頭送行客瑟瑟荻花風寒江秋水白落日下長空返景明石壁去去入烟霞相思楚天隅又輓任本立云陸沉誰分聖明朝老向窮途怨未消荒塚已無行客弔歸魂徒有

故人招臨風短笛腸空斷落月空梁夢漸遥從此不須頻北望嶺猨江樹日蕭蕭又竹枝詞云十二灘頭水接天千山陰雨萬山烟自從前路風波惡不敢回頭望別船

廖駒

廖駒閩人有强恕齋稿其思親詩云戎馬何時歇奔馳倦此身青燈孤館客白髮倚門人書信連年絶家山入夢頻歸來未有日回首一沾巾

全閩詩傳

林文

林文字恒簡莆田人宣德庚戌賜進士第三累官太常寺少卿兼翰林院學士贈禮部右侍郎謚襄敏有澹軒集謝山子云林侍郎詩多韵外之致與絅齋相去不遠其秋景詩云水已澄秋色峰看淡落暉雁投寒渚下漁逐暮烟歸古寺初鳴磬孤城半掩扉行人從唤渡舟子去如飛

方熙

方熙字孟明莆田人宣德庚戌進士授庶吉士出爲潮州府通判有古別離云愁心不自聊撫我孤桐琴綠桐感人意紘急無好音拂衣起嘆息逍遥獨行吟遠望别離處江空烟水深

柯潛

柯潛字孟時莆田人景泰辛未賜進士第一授翰林修撰歷右春坊右中允遷尚寶少卿陞詹事府少詹事兼翰林學士所著名竹巖集翰林院有劉井柯亭井為劉文安所鑿亭即柯學士所築也至今翰苑以劉井柯亭為佳話而堂後栢二株亦學士所植李長沙受業於柯後李教習庶常以學士栢為題汪吉士俊有一日百回行樹底之句李悵然有感衍為長歌云我行樹陰

日千匝雨葉風枝自蕭颯惟有諸生識我情旁
人不解空嘲狎我見先生種樹年我身尚短樹
及肩枝蟠江山地可緇手斡造化天無權瓊臺
翠閣何森爽院柳庭花敢爭長芘蔭長留六月
陰盤廻直與孤雲上材堪五鳳難為用根列九
泉終不枉零落青袍幾故人琤琮玉珮空遺響
當時院長文安公柯亭劉井相西東百年遺愛
豈在此〻樹欲比人中龍栢猶如此我何似已
媿班白非兒童名收榱桷有先後壽比金石無

終窮下堂再拜想顔色仰面正拂長鬚風於是倡和成卷以貽學士之子使戢爲盖學士汲引後進孜孜如不及故三百年来樹猶勿翦勿拜至今人想其文采風流云其游囊山寺詩曰下馬松關外行行過虎溪鐘鳴知寺近雲暝覺天低斷澗流泉澀平岡古木齊何當謝塵鞅此地卜幽棲

全閩詩傳

彭韶

彭韶字鳳儀莆田人天順丁丑進士除刑部主事歷官都察院右僉都御史巡撫蘇松召入為大理寺卿累轉刑部尚書贈太子少保有集號從吾滞稿有進呈鹽圖詩其一盐場圖云兩浙山水鄉古稱天地藏西望出吴淞東行踰雁蕩利孔非一途監徂為海王泉布充京儲芻糧助邉餉庶哉用物宏生意不復暢薪桂與炊玉晨昏增感愴敝屋棲寒蘆新畬倚孤嶂懷土思依依

承家如草創其二 山場圖云山木非不佳林麓非不彦百年生聚繁分業薄如紙朝夕斧斤入不待黃落矣近伐嘅山童遠入虞虎兕肩重何足辭突黔良藉此而況責海功晷夜無停止菹薪茍不力公私亦何倚歲歲事辛勤猶勝棄桑梓其三 草蕩圖云海壖咫尺地一望如掌平材木不生植草莽徒敷榮廣牧良有害泛取亦難成瓜分給亭戶表絕自經營繁霜一以降百物俱彫零芻蕘忽萃止芟縛無留行輦運積官所

来䊒事煎熬負荷非為苦顧言公課登其四淋滷圖云旭日朝沮場欣兹風色競錢鎛寀如鱗沙塗平似鏡汲曬足灰泥層層白相映易地聚戕堆再淋鹹始盛方池藉以茅小竇暗通阱蓮實重且堅浮浮力能勝秖恐山雨来一簣功未竟般勤守餘漉坐待滷池定其五煎鹽圖云鹾液泛清泠牢盆戒修潔分畬忽後時及此旺煎月一勺盡傾瀉萬竈俱焚爇沈沈紅霧收蹙蹙晴波竭歛之白盈箕凝華爍如雪點檢入公私

中心更煩熱荆妻慰苦顏摩挲汗流血却嘆戍
邊人垂老有離别其六徵鹽圖云小汛風日好
大汛潮汐平袖長應善舞課羡易為征戳歎伊
誰知寧分雨與晴衣食豈不急國計良非輕擔
石四面至倉庾一朝盈鹽官唱簿歷折閲頻呼
散況乃逃亡多荒額重加徵展限諒未允努力
事餘生其七放鹽圖云三邊乏儲峙良賈勞委
輸償以権海利子母多贏餘水膏易消耗葺屋
難貯諸多年積逋欠折算盡錙銖渺渺太湖畔

盈盈東海隅雪山壓巨浪風帆恣所如每資藜
藿食亦薦王侯厨誰念味中苦搔首空躊躇其
八追賠圖云近寶固貧國厚貨亦貧民滷丁有
常賦催目何紛紜侵耗歲已久負緣具虛文商
算無從給鞭箠不堪聞富黠自應爾哀此顛連
人稱貸不見售緜縠無餘新寬減逢優恤感激
謝皇仁滄海未終竭更始重辛勤

鄭紀

鄭紀字廷綱仙游人天順庚辰進士累官南京戶部尚書有東園集林兩可云東園詩得力于靜故能舉止安雅如古塹斜連江樹沒飢烏低傍野人飛橋頭雨歇溪初溜天際雲収山漸多回自琅然可誦又送林慎學之官云相送東郊去秋雲驛路寒祇因為客久欲別故人難馬向花閒度琴攜竹外彈歸來不覺晚月色滿吟鞭

陳音

陳音字師召莆田人天順甲申進士官至太常寺卿有媿齋集其重九日會白雲觀云長春宮觀鎖寒烟駐馬斜陽老樹邊白鶴不歸雲影外黃花仍放酒杯前空餘譚馬王劉像莫辨龍蛇虎兎年燕子蹉跎重九至西風落帽一淒然

周漳

周漳莆田人號小溪官河橋主簿著有夢草集其寄弟詩云年來無處避征塵况復衰遲值暮春千里緑蕪江上路一簾踈雨夜深人白雲鄉國回頭遠青草池塘入夢頻兩載分攜歸未得强將封鮓慰慈親

全閩詩傳

魏時敏

魏時敏莆田人官無錫縣丞攺桃源有竹溪詩稿

其寄周鶴洲太守云風雨越江邊郵亭對夜眠鄉心孤鳥遠客夢一燈懸訪舊懷他日論時記昔年離魂將別夢幾度到臨川

全閩詩[illegible]

陳焯

陳焯字惟大一字文厚閩縣人有棲雲集其攬秀楼詩云何年構此山之東八牕相對山花紅桐山居士老解飲何當置我新楼中

黄仲昭

黄仲昭名潛以字行莆田人成化丙戌進士改庶吉士授編脩坐諫鰲山煙火𫎇杖謫湘潭知縣遷南京大理評事進寺副乞休著有未軒集先生遺文闡諸理者微徵諸事者核模寫窮物象之真吟咏淂性情之正以詞臣建言宜有巖巘氣象而詩特和易近人其謫居寫懷也有云一片歸心留不住非因故國有蓴鱸其歸田雜咏也有云悔殺昔年成底事紅塵鞭馬聽朝鐘其

澹於世味也可見已初自號未軒羅彛正謂曰君之未余知之吾道未至於孔孟吾功未至於伊周吾民未至於唐虞君之未也若士未大夫大夫未公卿則衆人之未也晚居下皋築俱樂亭更號退巖居士云其詩有明妃詞曰風起龍堆滿面沙舉頭何處望中華早知身被丹青誤但嫁巫山百姓家

黃文史

黃文史字廷實長泰人洪武庚午應天第一人五經亞作太祖閱其天下一家論特免廷試授刑部主事後以奏疏忤旨謫戍其天柱巘詩云石室嵯峨半入雲手披星斗欲平分一泓海水池中見五夜鐘聲天上聞人向翠微迷失路鳥啼深樹對斜曛登山歷落知多少爽氣朝來未許羣文史素號淹博其詩却又清幽古所稱讀書破萬卷下筆無點塵其斯之謂歟

李魯

李魯字師曾海澄人北京東城兵馬司指揮嘗和劉伯寧紙帳詩云誰將萬杵擣溪籐縫就書帷制作精身卧雲窩吟趣爽神遊雪洞夢魂清竹床石枕敦交誼繡被鸞衾遠俗情拂袖還山弄皎月不教鶴怨與猿驚又為錢郡守題扇云清似傲雪梅花潔比沉江秋月操之克盡始終不畏炎威為孽時行曰山林之作多蕭散而至於野臺閣之作多典重而近於拘如此詠物詩典

而不板饒有風致

林震

林震字敦聲長泰人宣德庚戌狀元官翰林院修撰有遊紫極宫詩云仙子乘鸞上太清孤山空鶴唳蓬瀛元都恍到琴三弄南岳如聞笛一聲鐘動客窗初夢淺月移花影半庭明爐烟細起揺還定縱有塵心未許生

王燊

王燊字秉元龍溪人有質行性至孝父母歿朔望省墓終身無間風雨人稱王孝子所由墓路名孝子路有題讀書樓詩云仲尼雄斷自唐虞鄴架徒誇萬卷餘三代以來方有學六經之外更無書蓋由其素有特識故有獨行也

全閩詩傳

汜源

汜源字澄之，龍溪人。天順甲申進士，監察御史。有詠志詩云：

袞職曾無一字補，芸窓空讀十年書。清宵步月數圓鈌，白晝看雲任卷舒。

林瀚

林瀚字亨大閩縣人成化丙戌進士歷官南京吏部尚書贈太子太保謚文安著有泉山集文安公父元美中永樂辛丑進士仕至撫州守以循良聞公有子九人康懿文僖官皆至尚書諸孫為尚書者復二人其他階大夫郎者不数焉門閥可云盛矣一門濟濟儒雅風流不特三世五尚書有集而已其寄鄭郎中云鳳臺一別四經秋羨子投閒未白頭為問濂江江上客幾人烟

兩櫂歸舟

周瑛

周瑛字梁石莆田人成化己丑進士仕至四川右布政使有翠渠類稿林雨可云先生奇語奇情出之簡易嘗自題稿云老去歸平澹時人或未知當為定評有感興詩云持刀斫月光月光何曾斷、縛帚掃樹影、樹影依然滿、人皆惡樹影礙此月明多、樹根苟不拔其如月明何又咏古送陳白沙歸南海云東都事矯激西晋尚清虛一時意自適社稷隨丘墟譬彼門户開轉運由其

今閒詩作
樞大勢一傾倒力救將何如君子閱世多立說
愼其初擇中而守固孔氏有遺書

周軫

周軫字公載莆田人成化壬辰進士歷官江西按察使著有章林藏稿嘗和竹溪見贈歸來亭詩云小亭岑寂四窗開坐看春風長緑苔爲愛多情雙燕子暫時飛去又飛來風致翩翩亦自可人

黃榮

黃榮字儼仁莆田人成化壬辰進士官按察僉事著有栁南集其題牧牛圖云江草青〻江水流卧吹孤笛㚈清秋放牛莫放南山下昨日南山虎食牛其用意可謂微而婉矣

林俊

林俊字待用莆田人成化戊戌進士授刑部主事歷員外下獄謫姚州判官復官南京刑部員外擢雲南按察副使進按察使轉廣東右布政使以僉都御史巡撫江西改四川陞右都御史工部尚書改刑部加太子太保謚貞肅有見素西征集楊應寧云見素詩宗子美晚乃出入黄山谷陳無已間初視之若有隱澀語久而咀嚼悠然有餘味焉有過門扇峽云瀼西一舍近兩山

勢迴合巨石壯此門鐵衣護周匝楚蜀錯犬牙乾坤互開闔當關一夫守萬馬不敢蹈雲龕嵌玲瓏元氣深吐納推篷見巫峰哀猨響相答又別鄉人云驛路迷煙浦官梅動越吟相看今日意同是故鄉心祖道寒沙上停橈綠柳陰滄洲有奇事未老忽抽簪又送方上舍云客路阻風沙離情迫歲華潮平今夜月梅作去年花囊澀書還購天寒酒待賒席珍逢聖主未許卧烟霞又寄友云山崦雲猶暮江天雨欲晴院深芳草

合日落野舟横古路稀人跡青林但鳥㲉春風
期載酒相對面柴荆

全閩詩傳

陳炷

陳炷字文用閩縣人成化戊戌進士有次毛忝將秋日江居詩云雲淨群峰出江空一鳥遲雨前蘿補屋霜後菊編籬巢燕非新主沙鷗是故知考槃人自取天地豈吾私所著有留餘稿

全閩詩傳

葉元玉

葉元玉，字廷璽，清流人。成化辛丑進士，有次龍門衛詩云：「龍門關外龍門衛，元是紛絲狡兎場。今日草枯蕃馬瘦，将軍穩卧緑沈槍。」所著有古崖集。

全閩詩傳

鄭瑗

鄭瑗字仲璧莆田人成化辛丑進士官郎中有詩云東飛伯勞西飛燕我所思兮獨不見𢦤云暮矣多霜霰日月推遷元髮變氷氷雯廓誰與鄰高山無蹊河無津車鄰鄰馬駪駪車馬縱横徧城闉獨不見意中人仲璧所著有省齋集

蔡清

蔡清字介夫晋江人成化甲辰進士歷官南京國子監祭酒卒贈禮部侍郎萬曆中詔特祀于鄉追謚文莊有虚齋文集林見素云介夫詩文别出體格掖人心而繫名教卒澤於仁義道德粹如也其別鄉汝愚謫雷州詩云識君未三月別君邈萬里吾豈小丈夫泬落不能止當時稱介夫詩詞簡意長粹然儒者之言信非虚語

雷鯉

雷鯉號半窗建安人汪良廸云半窗詩沖雅清婉曲盡物情錢受之云半窗詩畫江以西重之比於江左之白石翁亦有石田之風其題畫詩云怪石窓前墮流雲竹外斜薜門斜照裡一徑入黃花

方良節

方良節字介卿莆田人弘治庚戌進士官至布政使著有雪筠集其題李在畫云煙霏壓翠萬峰低楙〻陰濃路轉迷何處人家春不管落花流出小橋西神韻天然不減芙蓉露下落楊柳月中跡也

全閩詩傳

楊旦

楊旦字晉叔建安人宏治庚戌進士授吏部主事累官南京吏部尚書其小圃即事詩云池館圍春曲逕通虛檐掩映綠陰中入門頓覺風光別幾樹桃花隔竹紅晉叔詩清麗圓穩體格在元和長慶間所著有惜陰小稿

全閩詩傳

鄭岳

鄭岳字汝華莆田人宏治癸丑進士歷官兵部左侍郎著有山齋淨稿謝山子云侍郎深於諷喻之體其過水口詩云建溪昔隱險橫流多怪石參差列牛馬廉利侔劍戟篙工慣習水禱賽資神力前後互招呼分寸恐或失激盪轟雷鳴沫流飛雪白諦觀毛髮豎一命試輕擲逶迤過水口灘盡溪流碧櫂歌發清響貰酒娛西夕患至慮煩紆險過事愉懌物理固其然臨流長太息

又題劉伶墓云鹿車一壺酒荷鍤以自隨云死即我埋曠達不可覊如何此墟曲有冢高纍纍刻石紀道旁無乃好事為沉酣弃禮法車服馬得維遭危固有托舉世人莫窺苦節多煙沒惟爾名獨垂又秋水嘆黄河横溢縣成渠人家半在水中居水邊漁父持空網吁嗟無稻復無魚鄰居相望隔河汜借貸無從飢欲死樓船伐鼓晨夜過怒向縣官索夫米又江行即事云府江江水惡一灘九經過近午霧方散中流石更多

漁樵荒舊路豺虎據深窩最念沿江戍天寒獨
枕戈又簡姑蘇陳粹之憲副云吳苑鶯花滿舊
墟先生翻哭出無車一官棄去還憂國十口飢
来只賣書短屐香生泖迴暖踈欄雲傍草堂虛
悤〻登拜慚予晚更報詩筒候起居

許天錫

許天錫字啟衷閩縣人宏治癸丑進士改庶吉士授吏科給事中歷工科都給事中上疏劾劉瑾為瑾所殺嘉靖中追賜祭葬有黃門稿其楊白花詩云春宮深深春晝長楊花起舞春雲香隨風忽度江南水蕩漾楊花幾千里楊花流落向天涯宮樹朝鴉復暮鴉黃門奉使安南却其贐金賦詩云菁茅又喜重包貢薏苡何須滿載歸比踈劉瑾疑其金多不知其不受餽也黃門之

死瑾矯詔遠問潛遣人殺之而撰府志者或謂其自經或謂是夜尚草疏皆謬當以世宗實録爲正鄭少谷詩云風流不見許黄門遺字丹青閣上存却留詩句車盤驛黄犢青山何處村盖黄門過車盤驛曾題詩壁間有青山對面疑無路黄犢出林知有村之句爲時所稱謝在杭亦有詩紀其事

黄相

黄相字弼甫，莆田人，宏治丙辰進士，有一溪集。其槿樹花歌云：日出花始開，日没花已落。明日花開笑落花，不知向暮還如昨。人間勢利自有時，田竇相傾徒爾爲。獨不見東陵瓜，達人守法奚咨嗟。子如不我信，聽歌槿樹花。

全閩詩

林廷棉

林廷棉字利瞻閩縣人宏治己未進士歷官太子太保工部尚書贈少保謚康毅有江南曲云鳥鳴花樹緜春滿江南道不見花下人但坐原頭草所著有小泉録稿

全閩詩傳

謝廷柱

謝廷柱字邦用長樂人宏治己未進士除大理評事歷官湖廣按察僉事有雙湖集其水亭夜坐云今夜月上遲前夜月上早有月景固佳誰識無月好天高衆星明涼意在庭草風輕螢照榭夜定魚躍藻毛髮動蕭爽塵襟滌煩慄時序倏將代浮生嗟易老北雁今已南遊子在遠道昨夢江田村石林淨如掃獨坐望海亭把酒看雙島又茶園市偶成云微風散輕陰日色在雲裏

出郭天氣佳游衍心自喜肩輿歷青原瀰瀰見溪水農家住林藪前山若屏几因話田與桑欣然憶鄉里又九月六日早發新化云出郭問前路度溪望千峰曉雨送薄寒碧嶂回秋容人言秋思悲我愛山色濃歸興倘如此宦情渾已慵故園黄菊花正及茱萸鍾佳節不負人江海媿浮蹤又過彭澤縣云挂帆過匡廬檥舟向江縣彭澤舊知名淵明今不見巖松露沾盖堤柳風拂面雖非當時物過客生愛戀公如素玉姿不

以緇涅變又如瑶臺鶴凡鳥亦知羨我欲賦兮
詞清詩公所擅我欲酹一觴薄酒不堪薦漲澤
曉乘舟秋濤夜馳傳區區葵藿心瑣瑣芹曝善
因公懷昨非睞里今得便又宿永峰不果踰十
里改宿桐林云数程過百里天色已黃昏客問
溪頭館農歸樹裡村雞豚各籬落烟火幾業門
乘夜求安枕桐林更上原

全閩詩傳

林魁

林魁字白石龍溪人宏治壬戌進士歷官廣東叅政有秋日泛南洲詩云年〻八月秋風清舟入理棹江天平葛巾登舟涼滿襟咫尺已步銀河深青山點點海口沒白鷺雙雙草頭立漁舠放波風葉輕科頭黑背無姓名問之物族詫所得笱裡秋蟳螯似戟其餘釣戶隨烟霧短棹迴檣無定處當家生理言語踈似與人間不通路波中風景玩不足更艤晴帆步寒綠長堤婉轉蛟

龍蟠秔稻芃芃雲霧蹙野人面目無他異水鳥
沙鷗不相忌翠羽舢前作對飛白鱗扇底迎人
戲古云海水為桑田足踏平地非渺然窮天極
地理難索眼見烟波化阡陌君看此水化平田
此田化水知何年造化有常難自久百歳人生
復何有又南山云丹嶼照銀河長虹卧碧波寺
荒僧住少林密鳥聲多驛路催宵騎村烟散暮
歌山花不知數作意弄春和又村居云村舍閑
成趣柴門晝懶開樹因藏屋密泉似覓池來試

屐防苔滑掀簾候燕𤸱園人知竹醉移本傍庭栽又壽林納齋云作成霖雨老藩臣聖主恩深許乞身五嶺以南思保障九天之上繪麒麟樽前莫靳歌千載林下于今見一人晝錦堂中龜鶴老幾封忠孝課兒孫又憶王蘗谷云坐轉花間月聽殘寺裡鐘可人千里隔一見幾時逢有明三百年漳郡之以詩名家如白石盖繼元凱而傑出者

林茂達

林茂達字孚可莆田人宏治壬戌進士官至大理寺卿有讀淮陰侯傳詩云帶礪盟寒霸業空將壇寂寞幾西風中原草色纏秦鹿雲夢旌旗出漢宮人代古今淒淚眼王侯天地一樊籠赤松始識神仙侶圯下無慚黃石公所著有翠庭集

范嵩

范嵩字邦秀甌寧人宏治壬戌進士累官南京工部右侍郎有過太平府感懷云滿汀芳草夕陽斜長恨春時不在家昨夜月明鄉夢醒杜鵑啼上杜鵑花所著有衢村集

黃鞏

黃鞏字伯固莆田人宏治乙丑進士官大理寺丞天啟初追贈少卿謚忠裕著有後峰集其山中吟云春山澹無姿春雲濕將雨隔林有人家知是雲深處雲深山徑微欲往疑無路不如山中人只在山中住又冬日書懷云獨立蒼茫裡悠悠一轉蓬風塵連戕險湖海又途窮野曠飛鳶急沙寒落鴈空思君何處所斜日下簾櫳又謁穎考叔墓云封人千載後坏土覆孤墳天下誰

無毋如公亦爱君黄泉歌大隧白谷翳寒雲曠
世寻心感西風曰又曛又閔子祠云青山環故
冢古木護朱欄師友諸科最親闈一子寒里名
今不改廟貌久猶完茆土雖封費終非季氏官
又芋園發舟云西風又作扁舟客沽酒沙頭對
夕暉岈轉青山背人去江空獨鳥向人飛十載
塵迹今衰鬢九月嚴霜尚裌衣望極紫宸天萬
里未容回首戀紫扉林雨可云先生詩直而多
思澹而自然

周宣

周宣字彦通莆田人宏治乙丑進士除常德推官擢監察御史巡按山西諫南巡不死後出爲山西提學副使遷廣東按察使坐事免有聚書楼詩云楼外長河練帶斜河頭水氣欲蒸霞誰家艇子捕魚過衝落小桃一樹花所著有秋齋集

鄭良佐

鄭良佐號一齋宏治巳未進士籍本河南祖爲泉州衛千戶遂爲晉江人歷官潮州知府有潮署思親詩云無補明時愧素餐思親有淚枕邊殫廩分半祿君恩重天各一方會面難毋爲年齡憂又喜得知衣服煖和寒人生忠孝如虧欠讀盡詩書也等閑

全閩詩傳

全閩詩傳

龍溪黃日紀旪葊輯
海澄曾朝英編校

林文纘

林文纘字德緒侯官人宏治乙丑進士歷官湖廣布政司參議有再入計詩云冐寒發江郭隨衆述所職驅車策駑馬夙夜不遑息行山歷峻阪遡川履深澤昔来楓葉青今往霜林赤郡縣本舊遊轉盼非疇昔新知多遷除故吏半更易惆

悵時物移銅符猶未釋服役職所任詎歎如蓬
跡耿懷抱微誠天顏期再覲所著有漱芳集

○鄭善夫

鄭善夫字繼之閩縣人宏治乙丑進士除戶部主事改禮部以諫南巡杖闕下尋乞歸用薦起南京刑部改吏部郎中有少谷山人集其發越州、詩云生無冠組分祿〻守迍邅越南十二月盡室復遠遷故國眇天末扁舟薄言旋閩中地氣暖可免絲與緜舊業雖荒蕪尚有一頃田他鄉困寒飢胡為重留連且聞江海熟已不憂荒年此州固信美旅寓豈其然盤餐未易購薪水亦

費錢雖得山川玩顧非貧士便素癖厭人事況
乃居市廛毅然舍此去飄飄御風烟夜泊桐汀
雲朝登富春山行復經武夷髙招控鶴仙沆瀣
亦可飽安能遂鴟鳶跼跼禹跡裡衷情向誰宣
又早秋龍門舟中云艓子小於葉早秋江上行
風波千古撼天地幾時平病骨憐滄海凡才恥
聖明不眠聞短吹故國亦飄零又讀太初潯陽
歌云青春寄我潯陽曲長路思君鸚鵡洲此日
江湖須遠志浮雲西北有高樓嵇康竟少神仙

分尚子仍犇兜女憂居洛何曾定蹤跡終南渭水入鄉愁又卜居懷林待用司空云卜居為愛龍山好薜荔陰連湖上村海日帆檣動書牖天風鷲鶴到柴門清時定許潛夫遠散地還知靜者尊聞道平生謝太傅東山卧席未教温又秋日病懷云南州木落晚蕭肅蓟野風烟萬里遥病後客心惟藥物秋来人意滿雲霄平沙雁帶三湘雨横浦帆歸八月潮揺落應悲楚公子不將舊業問漁樵又孤山寄太白山人云為問仙

人孫太初交情戢晚莫教疎孤山梅萼春相惱滿地松苓日自鉏江夏肯容禰處士茂陵初卧馬相如知君不厭苕溪釣書帛能無寄鯉魚王元美云鄭繼之如氷稜石骨質勁不華又如天寶父老談喪亂事皆實際時時感慨顧元言云驗封賦才英邁往往有新語陳卧子云繼之雅質故鋪叙之言獨長詩話繼之在宏正間不襲李何餘論别開生面好盤硬語往往氣過其辭雖源出杜陵實有類山谷者集中感時之作可

觀可怨頗不猶人其論詩五言云大哉杜少陵苦心良在斯末流但吽㗅古意漫莫知鳳鳥空中鳴衆禽反見嗤蓋有獨立不遷之慨焉當時孫鄭並稱孫非鄭敵朱鄭並称朱亦非鄭匹也

全閩詩傳

游璉

游璉字世重連江人正德辛未進士歷官廣東按察副使有興田道中云興田驛路人家繞煙火依稀出遠山蕉園秧分踈雨外茶煙人語亂雲間半生戀闕心空赤五馬之官鬢欲斑獨坐肩輿懷正惡武夷遥望一開顔所著有少石稿

今門言作

林大輅

林大輅字以乘莆田人正德甲戌進士以工部員外郎諫南巡予杖繫獄謫判夷陵州嘉靖初起江西按察僉事歷副都御史巡撫湖南自劾歸著有愧瘖集其弔馬伏波祠云野灘維江舸荒祠薦澗芹魚龍喧永晝日月照迷津阻絶征蠻路艱危報主身只今嗟薏苡臨弔幾傷神又將子雲移居長安門外云南冷三載賦閒居春日長安近卜盧苑樹飛煙分客榻禁鐘浮月散朝

車楊雄天祿多奇字方朔金門有諫書相望西橋應不遠莫教風雨徃來疎林茂貞云二山詩在仕途者忠憤激烈無依阿取容之態在林居者冲澹雅澹無憤時嫉世之心要皆出於性靈非騷人墨客風雲月露之作也王應時云二山詩典麗雋遠采入堂奧謝山子云林詩樸厚可比蔡忠惠林兩可云二山詩鍛鍊而不傷自然静志居詩話二山與南泠最相契詩亦近之

林炫

林炫字貞孚閩縣人尚書廷棉子正德甲戌進士歷官通政司叅議有傷歌行云楚人不識鳳謂是五色雞魯人不識麟謂是麏而蹄天時苟不值賢聖終見嗤爰居避海風享祀將奚為寄言明哲士樂命安蓬閭又有感云將帥承新渥軍儲惜去年似聞千里霧猶蔽九重天貴戚爭開府烽烟近到邊玉關何日閉遺恨自張騫又十四夜對月云今夜揚州月清光已勝前遥升瀨

今聞詩作

海外先到客亭邊雲度同飄忽風來一灑然細
瞻金粟影猶少半分圓又贈朱青岡太守郊行
云聞得農人語鶯花未足憐夕陽牛背笛春雨
郭東田政簡官如水時豊俗自便村村鳴社鼓
歡喜說今年所著有榕江集

戴時宗

戴時宗字宗道長泰人正德甲戌進士歷官左僉都御史初為御史時諫南巡廷杖有舁山次張明府韻云停驂山谷口緩步入叢林綠樹煙光淡黃花秋意深夕陽天外燒流水坐中琴掃石移清酌松枝月半陰

林春澤

林春澤字德敷侯官人正德甲戌進士授戶部主事遷員外謫寧州同知歷吉安通判肇慶同知召為南京刑部郎中出知程番府所著有人瑞翁集其次潞河作云朝發都城闉夕宿潞河舟鴈落沙渚淨霜降菰蒲秋天寒節物換河漢曉夜流回望郭隗臺黃金不可求廢興已陳迹懷古心悠悠又中秋清源公署云萬里秋光旅夜清空庭倚杖轉傷情月明偏照干戈地風冷唯

聞鼓角欹東海魚龍俱寂寞南枝烏鵲尚飄零天衣欲把思無力愁絕長安北斗城詩話百年上壽世曰徒然朕或有過之者吾錄滕安卿詩既援崑山周大賓新昌呂翁粗舉其本末矣俟官林太守德敷百歲有司為建人瑞坊榮之集中喜元孫生詩云傳家二十有三世老我百年仍四春蓋即於是年卒萬曆癸未歲也德亭子應亮户部右侍郎孫如楚工部右侍郎

蔡經

蔡經字廷彝，侯官人，後復姓張。正德丁丑進士，累官南京兵部尚書，總督浙直軍務，改左都御史。為趙文華所劾，逮至京論死，追謚襄懋。有半洲集。其中山早行云：「客夢長不成，雞啟起偏早。既無夜寐安，寧似晨興好。銀河澹欲沉，朱炎寂猶埽。摇旆指秦關，駕車歷周道。古塔振風鈴，高槐護芳草。對此忘驅馳，聊以舒懷抱。」又鶩湖道中云：「鶩湖山下春可憐，野梅含雨柳生烟。遊絲細

細駐林杪浴鷺悠悠飛水田物候催人如過容
朔雲回首忽經年征衣尚拂紅塵路悵望鄉關
落照邊又蘭河曉渡云月落金城鼓角殘危關
曉色拂雕鞍黃河渺渺中原隔紫塞迢迢邊地
寒西望旌旗連瀚海東來風雪滿臯蘭萍踪萬
里休惆悵壳節龍沙亦壯觀

張岳

張岳字維喬惠安人正德丁丑進士除行人疏諫南巡受杖調南國子學正入為武選員外歷祠祭郎中出為廣西提學僉事謫江西謫廣東鹽課提舉遷知廉州府轉浙江提學副使歷參政以僉都御史撫治鄖陽改江西尋以右副都御史總督兩廣軍務名入為刑部侍郎掌都察院事復出總督楚蜀卒贈太子少保謚襄惠有小山類稿其留客亭詩云憑軒有所思所思在遠

岑我有青絲瑟欲奏無知音萋萋芳草色遲遲
美人心佳期不可敦離憂故難任冥迷風雨交
歎息河梁深歸来卧山中浪浪涕霑襟願乘空
谷駒翩翩夕巖陰桂枝聊扳折芳馨日相尋山
阿峩華晏莫受霜霰侵又同翁夢山游三海巖
云夙爰山水遊茲山屢延賞披雲入青冥巖屋
岈宏敞玲瓏開北戶峭壁排銀榜初駃溜石懸
漸喜璞芽長幽泉時一滴毛骨森蕭爽壺觴屢
獻酬清言激靈響天末多風波陳迹成俯仰徒

聞海上洲中宵勤夢想聊茲永日留真性非外
奬暝色望征途何由釋塵鞅又蔓山登欽州東
城樓云登高易爲感況茲萬里心高城餘百雉
翠色前山深詰屈水通海蒼茫日載陰美人隔
霄旦末由攬芳襟舉手招青鳥顧托瑶華音青
鳥不我顧瑶華日以沉耿耿還自念有酒且共
斟詩話襄惠初釋褐與林希元陳琛談理學時
目爲泉州三狂始以言禮忤永嘉繼忤貴溪分
宜幸以功名終文治武功所至登績詩其餘技

然如宛宛西飛日餘光照我裳江空流月華白石光凌亂理深物有悟興極感相因幽篁迷舊蹊田磴距飛轍微風萬里陰落日半江烟非熱精文選理者不能作也

陳文沛

陳文沛字維德，長樂人。正德丁丑進士，除工部主事，歷郎中，出知撫州府，調蘇州，遷霸州兵備副使，以陝西行太僕寺卿罷歸。有《懷遠堡和韻》云：「峭壁樓危石徒杠，漫遠沙河流隨澗曲，樹影逐風斜，客枕移更鼓，鄉愁起暮笳。官齋何寂寞，鄰舍兩三家。」所著有《世槐堂稿》。

林希元

林希元字茂貞號次崖同安人正德丁丑進士授南京大理寺評事條上新政八要時江彬用事彬有私人犯法法司欲輕之先生不可終致于法及爲大理寺丞又上王政二十一事前後諸疏皆剴切盡事理其學專主程朱所著有四書易經存疑讀史疑斷考古異聞次崖集諸書皆行於世其詩有出龍江田望京邑有懷云仲冬寒氣至百草萎嚴霜浮雲依鍾阜朱陽闇無光

俯視衆鳥啾仰聆孤鴻翔感此歲事非撫膺内
自傷晨車發北門走餞紛冠裳回首望舊都躑
躅以彷徨念我同心友列第半城中昔也雷與
陳今為參與商安能生羽翼奮飛集其旁又孟
冬六日發浦城寄敷武夷云五載客京師一年
居輔郡頭髮忽以蒼所立莫分寸肉食慚無補
壼譽衆所慍山行虎豹逆水行蛟龍忿俯心忖
所泼田園適予分掛冠謝朝列秋風賦歸隱武
夷有夙盟舟航為已近青陽逼歲除未能諧所

願春風桃李紅九曲增光潤考亭跡未湮舞雩
望不遠行將攜吾朋於焉一相問賦詩寄山靈
庸以致予悃又咏張曲江云飛鴻海上來嗷嗷
避寒暑黃鳥集高卭為彼金丸懼君子貴知幾
達人重斯舉吾爱張曲江矯矯馳貞素逢時旣
不容遠避賢者路美服患人指嗟哉獨名喻其
人不可作高風邈終古又送張衡山中丞歸田
云鳳臺花正繁石城春欲暮送別臨大江行車
安可住憶昨至留都傾蓋感如故投壺時引滿

披襟見情素將謂長聚首分飛忽異路重會未有期離思良獨苦人生一世間升沉諒有數富貴身外事翻雲或覆雨達人貴大觀安能掛臟腑又送周貞庵司寇歸田云人生覆載間俯仰無百年嗟彼夜行者苦被殺利牽風波或時起身名兩不全所以漢二疏今古稱智賢吾愛貞庵翁兩疏便歸田功成知止足高蹤疇能肩曰和淵明詩時操范蠡船箕裘有人紹至樂安可言又送林思泉之任泰州云佐郡潯滄海九重

寵獨新地偏事自簡物阜俗能淳萬卷承家學
百年報主身牛刀聊此試驥足喜方伸財賦東
南竭瘡痍天下均廟堂誰軫念我輩要留神難
以金臺酒攀君南去輪惟存方尺簡為子紀吏
循又自述云孫臏既刖足猶能破魏軍范雎既
折脇猶能霸嬴秦英布曾黥面而乃受茅分馬
遷下蠶室史記迄有聞曰予雖蒙難性命幸苟
存著述猶可勉天未喪斯文風雲如有會猶解
策華勳又雨中懷林汝桓同年云春闈花已落

況復雨淋漓寒到惟㪺酒悶來或點棋故人千

里外強項一官卑欲寄相思信何緣到海涯

王鳳靈

王鳳靈字應時莆田人正德丁丑進士歷官參政

有次梁學泉舟中夜酌詩云石仄江迴勁峰迴日易斜歸鴻迷極浦飛鷺落平沙越客同杯酒春光㕥柳花相看仍意氣行路莫深嗟又送林遷于還山云祖席初分酒半酡相看無奈故人何生憎柳色臨岐路况聽春報入櫂歌舊國雲山何處是他年風雨憶君多秪緣簪組能相絆未得相從訪薜蘿又次韻送鄧文溪刺伊摩云

青瑣黃門記昔遊諫書常出殿西頭須知九死
當年事豈分孤身萬里投瘴雨蠻烟仍壯節海
雲江月重離憂最憐孺泣扳轅意誰為中原赤
子謀所著有筆峰存稿

郭波

郭波字澄卿閩縣人正德丁丑進士戶部主事有詩名其宿坪塘鋪云獨樹郵亭影千山征路塵東鄉今夜月偏照未歸人所著有巖存稿行於世

李默

李默字時言甌寧人正德辛巳進士改庶吉士累官太子少保吏部尚書兼學士贈太子太保謚肅愍有夜泊下邳值雨詩云濁河元楚塞古驛自秦城旅泊河山異飄零風雨生波濤喧獨枕鐘鼓暗深更秋事方蕭索應知戢晏情又月下云鐘鼎非吾事神仙亦甚稀停杯忽惆悵明月上人衣所著有群玉樓稿

全閩詩傳

謝蕡

謝蕡字維盛閩縣人正德辛巳進士歷禮科給事中以議大禮廷杖又劾張桂忤邪不可用奪俸尋命出知太平府未上官卒于道隆慶初贈太常寺卿有白沙月下感懷云野曠霜空萬木凋歲寒孤櫂傍清宵江聲永夜驚霊枕月色中天上遠潮千里風煙勞夢想十年心跡媿漁樵白沙翠竹情無奈玉宇瓊樓望轉遥所著有給諫集

全閩詩傳

黃潤

黃潤字以誠號東石晉江人正德辛巳進士授武進知縣清介絕俗聽訟平允馭吏尤嚴積蠹一清累官至參政有孟秋感懷詩云玉衡指孟秋堦前鳴促織光陰良易邁坐覺老来廹四十道未聞眷言心孔盡空死讀書螢徒取譏有識迷途幸未遐周道矢馬直千里雖云遥終當勵餘力所著經濟備考四十餘卷東石湧稿十餘卷

田項

田項字太素龍溪人正德辛巳進士歷禮兵二部郎中湖廣僉事貴州提學副使有即事詩云聞道迷陽寇東屯信不虚風雲隨戰伐天地日邱墟列峒分旗鼓行營接羽書哀哀荷殳子生計本樵漁其所著有秬山集

全閩詩傳

陳大濩

陳大濩字則殷長樂人正德辛巳進士思恩府同知有十五夜舟中對月詩云水國人初靜江村月漸高九天開霽色百里見秋毫興已懷鱸鱠官猶滯馬曹孤舟對清夜湖海思滔滔又朱仙鎮岳武穆祠云駐馬朱仙鎮傷心武穆祠誰憐宋社稷竟失漢旌旗星墜天應憒師班帝豈知空餘祠外柏蕭索向南枝所著有雙溪集

吳益夫

吳益夫字惟格閩縣人正德丁卯舉人武學教授有晚歸詩云夕陽下西林草徑含暝色鳴蜩在深樹向晚猶不息歸騎且遲遲中天雲未黑又喜晴云朝日鹿郊原晴風動梧竹沙鷗不避人飛來傍船浴其所著有古迂集

王希旦

王希旦字維周侯官人正德癸酉舉人官禮部郎中有僧院訪蔡可泉云我欲重来此君能幾日留居然人外境已似故鄉秋别院幽芳雜諸天色界浮都無簪組意猶自問帰不所著有石溪集

袁達

袁達字德修閩縣人正德癸酉舉人貴溪知縣坐事下詔獄既釋補湖廣都司經歷有幽懷詩云冲懷悅魚鳥放跡棲邱樊永息諠中想方知靜者尊農人談稼穡稚子牧雞豚時有會心侶晤言孤樹根又獨行清澗濵覽物懷悽惻蘭生何芬芳草掩無顏色漆割乃自為木伐先其直林深不可留哲人慎日昃又美人天一方游子日千里相期青雲端乃滞滄江涘折梅寄遠心結

草酎知已野外號帰鴻淚下不能止又五月鶪
鳺鳴衆草愒芳菲堅冰翕而至碩果存其微醴
酒嘉早决杌肉迷先幾冥冥河上公流沙去不
帰所著有佩蘭集

方邦望

方邦望字表民閩縣人正德巳卯舉人惠州推官著有平洲集其春日別淇子云枝上曉鶯飛江亭春未稀輕舟移浦溆別酒惜芳菲風急寒潮響天長遠岫微此時頻徙倚空憶謝元暉表民與鄭澄卿皆喜為詩前輩謂鄭學杜而才頗短方學孟而學未充然皆矩步唐人脫盡宋元窠臼亦一時之錚錚者

高瀫

高瀫字宗吕侯官人有霞居子集其岳陽樓詩云巴陵城上岳陽楼楼外長江日夜流殘雨数聲衡岳晓暮霞孤雁洞庭秋仙人夜奏沙邊笛估客春移樹杪舟十二危欄閒極目满汀楊柳不勝愁詩話少谷居鼇峰北湛之滸者九人鄉邨目為十才子少谷詩所云一時賢士俱傾蓋滿地萍踪笑舉杯是也九人者高二十二宗吕居首傅二木𠷈次之餘有林九王七施二共名不

全閩詩傳

得而詳矣宗呂家最貧少谷稱其事母至孝事
兄至悌又称其甘貧守節安安然人無知者盖
高傳為鄭門弟子之冠少谷於傳感詩其文于
高則美其行云

陳篇

陳篇字德音閩縣人有竹居集其送辰翁還閩云飄零同楚越此别各風烟後會知何日相思動隔年孤燈雙淚盡萬里一帆懸誰見家園好椒花勝裡傳又寄訊云春風轉憶别衢廬淮水茫茫老客居却被故園兒女笑至今猶作未歸言又除夕感懷云郴觴兩見客中傳簫鼓喧〻暗自憐縱使明朝得歸去今宵還説是明年

全閩詩傳

陳宇

陳宇字時清寧德人有五真集其宜春舟次詩云客途寂寞晚風寒舟次宜春近石灘苦竹叢深山鷓响令人却憶鄭都官又園居云無事柴扉盡日閑嬾情幽興每相關却嫌新筍都成竹遮過門前一半山

朱淛

朱淛字必東莆田人嘉靖癸未進士授湖廣道御史建言廷杖放歸有天馬山房遺稿其戩暮山中詩云種梅山逕邊下有牛羊道童豎恣扳翻糾纏易枯槁殷勤謝鄰翁愛此寒花好放牧須前山前山足豐草又贈陳于廷云我愛豐山無俗韻時時来往小齋中野情自比天隨子詩句多師陸放翁環堵蕭然無一物、才名早已動諸公長吟盡日不知厭興入冥冥海上峰又草堂

前芙蓉正吐口占云清霜一夜老蒹葭墻角芙蓉漸著花猶憶昔年江上看西風吹夢客思家林雨可云損巖下筆清健一種疎宕之氣足以移人性情

柯維騏

柯維騏字奇純莆田人嘉靖癸未進士官南京戶部主事有藝餘集其别黄道卿詩云繁霜肅野草迴飈振城楸胡為子遠行值兹歲云暮我屨不出門為子臨岐路子驂亦暫停豈不以我故我如蒿下鳥子如雲中鷺動息各有宜安得長會晤會晤不須期努力慰所慕又宏路驛云雨歇江天净山廻驛路遲客愁新歲減風物故鄉宜花事餘梅蕊樵歌綴竹枝秖慙司馬病深負

閩詩傳

好文時謝山子云先生閉戶五十年放意著述自成一家詩以積學勝人非淺涉者可託

王慎中

王慎中字道思晋江人嘉靖丙戌進士除戶部主事改礼部復改吏部歷員外郎中謫常州通判稍遷南戶部主事轉禮部員外陞山東提學僉事歷江西叅議河南叅政有玩芳堂摘稿遵巖家居集其冬夜與張子玩月詩云高旻蕩浮翳仲冬淋氣清良夜何未央慭坐臨前楹舒景揚雲端皓魄委廣庭灝英鮮瑶席華彩鏖雕櫺稍稍風露重微微河漢明眷兹泰宇寛展席諧芳

朋撫景遺俗廹即事寡氛嬰豈惟怯煩積亦以湛心靈戒盈君子德和光達士情葆曜貞有孚養晦善自名又普光寺睡起云群動各有營慼慼不得息嗟哉尺蠖徒煩蹇牽物役豈謂塵中姿還寄雲外跡古剎絕浮氛法堂鮮來客首夏澹新涼偃臥不知夕覺來盼高峰近遠各異色草搖席下芳筠散尊中碧鳥語無俗音泉漱皆洌泎俯仰愜幽賞去矣從所適又章邱縣校士六月十七夜有作因示諸屬云日入群動息予

亦遂休玆稍喜喧濁屏徙步臨前墀仰見明月
出忽與心賞期湛曠神俱王虛明意自宜况逢
時雨霽宿潤含華滋品物各懷榮因得靜中窺
始悟元寀理寧為躁競知亦有盈尊酒屢進不
一持非此莫與同真賞豈因之又遊大明湖晚
至北極廟登覽云春城足遐觀携手復嘉客欲
極高深趣停橈理輕策林木飛鳥還蒼茫烟景
夕返照射巖丹遥空帶水碧山色晦彌明人聲
喧更寂燈光起閭閻漁樵散原澤當歌浩思盈

對酒沉憂釋不知驩娛滯天表生皓魄又遊白
鹿洞云素嬰卯壑情况秉英賢想寤寐懸宿心
遊盤得兹賞重陰始晦蒙杲杲旋開朗覽勝據
巉岩探奇歷榛莽境閑百慮空意愜二儀廣野
色浄巾衣秋容成物象菊含露下英泉作山中
響桑葉稍朝零剛柔非夏長景光易流徙今古
同俛仰躊躇悵囬軫何時還獨往又六合亭云
亭宇憑虚空結構出妙境扳援藉葛藟毫末凌
光景豁達四天通夷猶㒞目騁雲生當正襟風

起吹方領泉脈散千峰湖波澄萬頃霏烟自開
斂魚鳥各翔泳即事天機深忘言外物屏始知
世上日不比山中永

林恕

林恕字道近長樂人嘉靖已丑進士歷官雲南按察使著有西橋集其舟次白沙驛詩云長安何處所孤櫂發閩關白擁沙邊驛青迴江上山風濤添別泪村酒破愁顏羨爾溪中鳥閒雲共往還又同蔣蒙莽朱豹厓登合浦海角寺云共是天南客相携海角行山連銅柱界水匯越裳城落日潮聲起高秋蜃氣清故鄉回首望歸雁斷南征又宿唐浪村云黄精釀熟豆初花籬落蕭

金門詩

踈遠市譁地僻麇羅依岸曲天寒漁火傍江汊
燕尋舊壘穿重幕竹引新篁過別家對景蕭然
幽興疑可甘萍梗負年華讀西橋詩覺林子羽
王安中諸君面目猶在派流雖分澗源不二

曹世盛

曹世盛字際卿閩縣人嘉靖己丑進士歷官廣西叅政著有方坡集其送淩應賢判常德詩云雄郡開南紀行旌出北燕別憐孤館夕交憶故鄉年曉月沉平楚春山帶遠烟離魂與孤雁共逐洞庭船

林應亮

林應亮字熙載，侯官人，嘉靖壬辰進士，歷官戶部右侍郎，總督倉場，著有少峰集。其宿會江詩云：「古驛山城外，寒江客到稀。潮平見魚戲，葉落聽禽飛。遠火行人語，荒原古渡歸。徘徊不知夕，零露忽沾衣。」

全閩詩傳

林廷機

林廷機字利仁閩縣人嘉靖乙未進士改庶吉士除簡討遷國子司業出爲南祭酒遷太常寺卿陞工部侍郎改禮部進工部尚書復改禮部贈太子太保謚文僖有世翰堂稿其九日瑯琊山宴集詩云此日瑯琊亦勝遊眼中風物足清幽青山似識重來客白髮能禁幾度秋萬事無如行處樂一尊還爲故人留登臨況復逢佳節會取黄花插滿頭

全閩詩傳

康太和

康太和字原中莆田人嘉靖乙未進士改庶吉士累官南京工部尚書有礪峰集其人日詩云南國逢人日相傳卜歲華陰晴曾不定時序轉堪嗟地僻將舒柳山寒未放花草堂詩欲寄羈思正無涯又端午書懷云入夜潮聲急平明江霧開感時人競渡弔古獨登臺野樹疑分合沙鷗任去來乾坤堪一笑駛景白駒催又仲秋國學陪祀云吾道宮墻在清秋雨露多禮分三獻肅

樂奏九成和夜靜傳金柝庭虛聽玉珂歸途燈火遠星斗耿天河

康朗

康朗字用晦惠安人嘉靖乙未進士歷官右副都御史巡撫貴州有昌平道中詩云塵俗每相拘日夕不遑息暫輟簿書勞山間事行役驅車出北郊晴烟委園陌松梢露漸稀草際霜已白初與市塵遠忽見山如積明月含半峰流水時滴瀝良似故山中眷言素所適游子未能歸懷哉安可獲

周天佐

周天佐字字弼晉江人嘉靖乙未進士除戶部主事上疏救楊爵廷杖卒萬曆中追贈光禄寺少卿天啓初追謚忠愍著有績山存稿其過田家詩云五月過田父刈麥方暮歸徵租公府吏督責諠荊扉舍擔具雞黍向吏語依依非敢後官税去秋穡事徵晚場穫無穀婦織不上機此月幸有麥欲救眼前飢送吏行出門歎息淚滿衣千村多餉吏不見一農肥

陳元珂

陳元珂字仲韜閩清人嘉靖乙未進士有婁山集

其新構一笑亭湯述云曾聞劉隨州英采特高妙解印無與言見山始一笑伊余慚古人拂衣幸同調結屋傍山陰開軒面層嶠庭草愜幽懷巖雲增遠眺況有同心人啣杯縱吟嘯翠篠逗曉風薜蘿收夕照散地有餘歡閉門忘津要悠悠百年身此意知誰肖

郭萬程

郭萬程字子長閩清人嘉靖乙未進士刑部主事有詩云仗劍遊薊門蹉跎戢華晏中懷日欝紆結髮從遊宦一謝鹿豕群誤蒙犬馬豢宫殿生洊雷浮雲在清漢徒有憂天心無從隕首諫退而凝祿養進則涉誹訕悔作章句儒書空徒浩嘆忠義本區區焉敢私憂患耿耿平生心何由懇親串所著有雲橋集數卷

張秉壺

張秉壺字國鎮莆田人嘉靖戊戌進士歷官太僕少卿有謁楊文敏墓詩云豐樂橋前擁紫雲路人指視太師墳不為子姓干恩澤力與鄉邦寢運軍國有三楊翊社稷門無一字表元勳髙賢去矣餘封土落葉蕭蕭日近曛

何御

何御字範之福清人嘉靖戊戌進士歷官浙江鹽運使著有白湖集其別何子詩云北風吹袛襦與子重契闊仰盼淒禽翔握手不能發一似野中蓬一似弦上筈朝望在河梁河水鳴活活夕思隔河梁浮雲起天末悠悠生別塗慎矣無飢渴又青龍橋南遇山人汪旦云沿湖行欲竟前望青龍橋茅茨欝煙火稍已鄰紛囂故人倏相值雅見塵外標長揖立道左眷言相招邀山居

當甕麓轉岐路非遥松膏堪繼夜菽米足供朝畦蔬滴露薤林果炊新蕉慷慨珍来意宛戀停予鑣野風吹秋水征馬鳴蕭〻願留竟莫克投贈愧瓊瑶又鄭林二君就北園云僻郡稍無事而多載酒臨雨消秋後瘴雲薄竹間陰紀會賓朋寡看年鬓髮侵惟君数來往聊慰望鄉心又自東粤帰口號云懶湯時将棄逢迎世所稱歸與從漢水去矣學於陵鶴唳聞青野猿吟出紫藤君看山谷士未必盡無能又過慶原云野燒

萋萋尚雨痕，半山斜日近黄昏。驛亭阻絶来時路，烟火蕭條戰後村。倦鳥驚人移浦樹，寒潮帶月上江門。長年書劍催行色，肉食慚孤報主恩。

全閩詩傳

洪朝選

洪朝選字舜臣同安人嘉靖辛丑進士歷官刑部右侍郎有芳洲集其送黄明齋歸姑蘇云往歲禪林居逢君同棲止予抱子輿疾君洗巢父耳同賦招隱吟肯効彈冠喜嗟予學不就冠帶束疲薾黽勉江東行意君雲霧裡胡為塵土間逢子亦在市髭鬓半霜根垢衣露敝枲良久開口談始憶君名氏君有博古才五車在牙齒上精蒼頡書下綜姬公禮義易卦之初機經兵所起

全閩詩

星書甘石文地志神禹紀探諧各窮源名狀何
切理遂令侯貴間傳客播芳美頗似鷩座陳還
如使氣禰忽驚風露零損使家園邇去来本無
心别離亦倏爾夫椒山窈深五湖水清泚請君
具扁舟髙卧淽此始

林懋和

林懋和，字維介，閩縣人。嘉靖辛丑進士，歷官廣東左布政使。著有《櫟寄集》。其《懋元福宫》詩云：「碧殿依青嶂，丹臺入紫霞。聊因駐征蓋，復此訪仙家。洞隱疑無路，林凋尚有花。山童陳石髓，羽客進胡麻。石上柯初爛，壺中景未斜。赤松如可見，從爾學丹砂。」

全閩詩傳

王應鍾

王應鍾字懋復，侯官人。嘉靖辛丑進士，歷官山東參政。著有缶音集。其題謝中泉畫卷云：「林栖懷獨往，人境迥遺群。一徑通樵路，千山藹暮雲。埜禽當戶囀，澗水向田分。偃息亭皋上，元言不可聞。」

全閩詩傳

鄭渭

鄭渭字應清閩縣人嘉靖辛丑進士榜姓孫官至河南按察副使有望川存稿其舟次桐江釣臺云乘舟入桐廬山水得佳憩伏岸倚灘隈連峰上雲際傍石試躋扳臨流喜容曳目隨魚鳥閒心與漁樵契寂寞古釣臺青蒼遠虧蔽天晴靈境幽日暮長川逝邈矣羊裘人高名誰與繼

全閩詩傳

魏文焌

魏文焌字德章侯官人嘉靖甲辰進士歷官四川叅政偹兵松潘有石室私抄其遊武尼詩云躡步上昇真長揖紫霞客茲山多靈異想像銀臺闢瑶草吐金光慧泉注丹液仙翁挾茅龍棄世如遺跡回首謝所親尚留赤玉舄我欲往從之茫茫水雲白誤與軒冕期學道恐無益

蔡文

蔡文號敬齋，龍溪人。嘉靖丁未進士，歷官右副都御史。有《憶下巖詩》云：

嶮巇巖猶憶舊躋，扳小逕溪前入萬山。古寺鐘鳴深樹裡，晴空泉響亂雲間。仙禽有約親人嘯，野草無心滿目斑。丹竈茶烹無俗物，幾時復伴老僧閑。

林燫

林燫字貞恒閩縣人嘉靖丁未進士累官南京禮部尚書贈太子少保謚文恪有對山集其馬侍御宅偕同館諸友宴集詩云人生百年内奄忽浮雲馳隨風日萬里聚散難可期昔我同門友王事各乖離豈伊道路遠邈若天一涯三秋積晨暮耿耿懷相思何悟升斯堂復得一追隨豐穀列綺席美酒溢金巵相見各怡然獻酧吐芳辭蘭膏繼明晝良夜殊未疲烏棲戀共林魚遊

樂同池交誼古所敦久要諒不移今夕良宴會貽爾伐木詩又舟發芋江別諸兄弟親友云宦遊二十載幸始歸故鄉盤桓未及久戒徒復嚴裝豈不戀樂土王事有靡遑遑〻出郊郭回顧悽以傷秋風何飄〻吹我征衣裳兄弟送我行執手涓數行親戚送我行各携壺與觴日暮容程促踟躕猶路旁泛舟泝大江怨彼道里長落葉雖隨風遶樹自飄揚禽鳥失儔侶嗷〻鳴迴翔矧伊骨月情離別天一方暫且赴簿領行當

返畊桑努力各自愛引領遥相望又工曹後園
看稼云伊昔仕京華不忘畎畝志幸此南土遷
公署有餘地後園墾為田蕪穢舊已治陽春倉
庚鳴四野肇農事晨興戒農夫播種及時至薄
言勸其勤簞飧餉數器實閔東作勞豈要西成
利周行阡陌間嘉樹或時憇即日雖暫欣於心
慨未遂伐檀刺素餐鵜梁譏竊位自頋魯鈍姿
食浮久吾愧悠悠望故山懷古有深意寄謝沮
溺群高蹤庶可企又送二兄謫平樂貳守云暫

會仍分手離魂黯欲銷如何適萬里況乃傍三苗中土風烟隔征途雪霰飄颻將盤錯意持報聖明朝又詠史云朱雲折檻日賈誼上書年感激廷空靜飄零席始前白頭愧里令青簡汨羅篇直道元如此千秋世共憐王伯穀云先生詩文爾雅若璞玉渾金無詞人藻繪刻鏤之習

鄭茂

鄭茂字士元莆田人嘉靖癸丑進士除海鹽知縣擢兵科給事中歷官河南按察使有過莘萍驛詩云古驛荒烟斷征驂向晚停吟回江雨白坐對越峰青萬事皆蕉鹿吾生亦草萍勞歌猶未已短鋏復衝星

全閩詩傳

林命

林命字子順建安人嘉靖癸丑進士歷官廣東按察使有陽溪集共遊定惠院云言尋僧舍出東門紫菊黄橙處處村秋盡遠峰含翠靄天寒斷岸落潮痕山中花謝臺空在亭上詩成酒續温不見美人湘水畔數聲漁笛欲消魂

吳文華

吳文華字子彬連江人嘉靖丙辰進士累官南京兵部尚書贈太子少保謚襄惠有濟美堂集其、

謁岳武穆祠云幾楙蕭森岳廟東一杯懷古酹西風凱歌竟負黃龍飲信誓虛傳鐵券功無復翠華回絕漠最憐白雁入行宮神州恢復千年恨讀罷遺詩恨未終

林烴

林烴字貞耀閩縣人嘉靖壬戌進士歷官南京工部尚書有覆瓿集其諸公餞送城南楼寄謝云

冉冉歲云暮于役殊未休冠蓋集相送置酒城南楼微雨霽朝景騁望消人憂蒼蒼遠山色浩浩清江流丹楓羅曲岸白鳥戲中洲景物紛可悦驪歌促行騶衡門昨棲遲杖屨忝從遊奈何遠離別一日如三秋索居感羇旅久要慕前脩遣意豈非達狗禄良足羞山靈勿相誚早晚歸

林邛又府江渡云朝發陽羿崖暮次昭潭渡行邁千餘里孤舟日東騖川途阻且長耳目漸非故巉巖夾崇山杈枒羅茂樹四望寡人烟三時昏瘴霧深林蹊逕絶恠石波濤怒虎穴幸徙避狼烽猶置戍客子獨何為艱險常道路雖懷叱馭心寧免垂堂懼白日易蹉跎元髮忽改素人生苦拘束多為浮名誤萬事良悠悠達生庶可慕又苦雨述懷云我行赴京華征途纔及半渡江越淮南原隰何渺漫溽暑當節時氣候變昏

旦迅雷激中宵陰雲翳層漢山雨驟淋漓川流
俄浩瀚陽烏避何許水鳥羣相喚島浪沒危橋
飛湍瀉崩岸我馬淖不前我車軔已斷屈詰歷
羊腸回顧屢顛汗僕夫仰天號客子撫膺歎吁
嗟行路難徬徨日將晏塵中苦局促物外思蕭
散挂冠亦縣人何事長覊絆

楊成名

楊成名字志完，建安人。嘉靖壬戌進士，武進知縣。有遂初集。

其秋日郊行云：路遶溪流細，山迴樹色分。客沽村店酒，牛卧隴頭雲。林葉含秋露，溪烟淡夕曛。兒童迎我笑，拍手自成羣。

全閩詩傳

林如楚

林如楚字道翹侯官人嘉靖乙丑進士歷官工部右侍郎有碧麓集其初秋齋居詩云招摇指坤隅六龍忽廻軫清商應候至碧梧乘夕隕離居及素節徙倚步華楯睇彼元運馳徃澓良有準人生何勞勞年命如朝菌曩觀隨化徂新緒緣物引無以騷人悲将貽榮公哂吾其解天弢去來守元牝又會江驛云停舟異昔年城郭尚依然樹影浮天外江流會驛前暮帆懸海月晴磬

出山煙稍喜春來近居人話種田

王鑛

王鑛字公范，閩縣人，嘉靖甲午舉人，官思明府同知，有《治山拙稿》。其送謝行人使琉球云：「使節分星象，仙舟捧御函。絲綸宣海嶽，天地極東南。服荷殊宣賜，才推絕域堪。遠人胥樂附，異俗乃能諳。父老相如檄，詩書陸賈談。徵牢宵踰十，館穀日過三。牛馬風何隅，金銀氣不貪。兩階遐格舞，九扈乍開鄉。專對名非忝，周咨迹豈慚。歸旂應載石，赴闕及傳柑。國體從茲振，兵威不自戡。梅

花洋信近延竚慰朋簪又青魚灘云青魚灘上
野人家曲徑踈籬長物華漢漢午烟吹不散鷓
鴣飛出木棉花

郭文涓

郭文涓字稱源古田人嘉靖丁酉舉人官保寧同知有亨帚集其遊西山云緬維京國遊夙憶西山勝前期戒朋儕昧爽理征鐙連鑣出都門散轡遵郊逕尼猶望晴巒迤逦陟煙磴蒼茫紫翠分參差金碧映雲際鬱層甍風中發孤磬山光足怡愉池色湛清瀅覺花粲奇馨慧草紛延亘梵影空中懸經聲榻前聽行恐苔痕穿嘯聞谷響應翠巘屢攀躋朱欄恒眺凭取適情易酬息

機意初稱登臨愜賞懷攬結動幽興聊茲却喧
囂庶以慰蹭蹬又夜懷云踈燈孤館寂落木萬
山空夜色誰家月秋聲何樹風鄉園歸鴈外身
世轉蓬中祗益離群意凄然思不寐

邱雲霄

邱雲霄字凌漢崇安人嘉靖十七年貢士選南京國子典簿遷柳城知縣有止止齋集其溪月初出詩云溪月初出水照我清夜堂沈憂不成寐踟蹰步寒光飛烏深亘號遶樕林煙蒼有懷空自知默々心摧傷又怨詩云江石如龜甲隱々浮明沙不障東流水偏驚遊子槎遊子去鄉國長風吹斷霞斷霞尺在天遊子去無涯泠々秋已老飄蕩未還家又寒露同李洗松宿方塘書

舍云露重憐今夕秋深試薄寒溪敝亂籬落月色動柴門菊容欲蔵徑花嬌故傍欄相看疑夢寐秉燭問更闌又江晚云帆勢迎風疾灘聲入暮諠漁燈出疎樹客路問前村野鶴冲煙迥山花帶雨昏寒江何處宿幽思未堪論

俞大猷

俞大猷字志輔晉江人世爲百户嘉靖中舉武進士累官都督同知佩征蠻將軍印進右都督卒贈左都督謚武襄有正氣堂集其挽薛養呆云

伐木風不還今古幾心知我與君結契相期弱冠時平生一然諾盛衰永不移我善君相助我過君相規嗟君忽奄逝一老不憖遺昔爲暫離别今作長相思戚戚重戚戚良朋今有誰

郭造卿

郭造卿字建初福清諸生為少保戚繼光幕客有海嶽山房存稿其䆮退鄉人田口占代書云城南烽火近何如留滯無從訊起居百里便同千里隔家書𥳑比捷書踈清秋涕淚唯懷土白髮庭闈正倚閭欲寫愁心愁不盡憑君傳語到吾廬

全閩詩作

黃鳳翔

黃鳳翔字儀廷晉江人隆慶戊辰進士第二歷官南京禮部尚書贈太子少保謚文簡有田亭草其告歸發潞河詩云方朔恒苦飢相如常病渴明時許乞身初衣辭魏闕草車逐扁舟長河接溟渤舳艫爭唱呼鷗鷺閒出沒帆影日外落棹歌津頭歇舉酒酬暮雲卷簾對夜月悠然萬里心頓與江天豁又穆宗莊皇帝發引挽歌云垂衣方在御憑几那堪聞雨暗虞淵日星沉華渚

雲周宮開翼室漢曲罷橫汾百辟趋蹌地傷心望紫氛又萬曆宮詞云霜毛鷫鸘傍雕闌巧舌依人似結歡白髮宮娃空墮淚先皇寬到不曾看

方沆

方沆字子及莆田人隆慶戊辰進士歷官雲南提學僉事謫亭州知州有猗蘭堂槀其秋汎云山合松楸晚沙寒橘柚秋坐看魚鳥近歷歷鏡中遊又次長沙懷賈太傅云楚雲萬里望京華賈傅南遷路未賒誰料逐臣今更遠春風三月過長沙

吴中立

吴中立，字公度，浦城人。隆慶辛未進士，授禮部主事，歸籍。起尚寶司丞。有浪吟云：楚歌鳳兮鳳孔操麟乎麟，空爲世所瑞，胡不全其真。三山有若木，百歲無故人，去覔逍遥子，清湘采白蘋。又舟行白下云：江天澹秋色，斜日照孤蓬。漁艇沿門繫，蕭葭到處通。鳥飛帆影外，人在鏡湖中。始覺烟波叟，浮家趣不窮。

八閩文庫

福建文獻集成

續編 集部 七一

吴格 主編

八閩文庫

文獻集成

395

海峽出版發行集團
THE STRAITS PUBLISHING & DISTRIBUTING GROUP
福建人民出版社

本册目次

全閩詩儁六卷（卷五至卷六）

［清］龍溪黄日紀輯

福建師範大學圖書館藏清乾隆間刻本

全閩詩儁

龍溪黄日紀畊蒼輯
海澄曾朝英編校

林章

林章先名春元字初文福清人萬歷癸酉舉於鄉有林孝廉集其少年行詩云君不見長安俠少年酒底高歌花底眠鬭雞走馬千金散何曾盜箇官家錢一朝忽報邊烽起從軍不待別妻子但言割地與和親不愁戰死愁羞死又暮春登

燕子磯懷古云揚子江南燕子磯楊花燕子一時飛六朝人物空流水兩晉山川盡落暉草色遠迷瓜步去潮聲暗打石頭歸倚闌天際春三月惆悵東風動客衣又春日云春城柳色入東華莫惜驊騮過酒家記得去年江上別風吹二十四橋花謝在杭曰孝廉桀驁不羈才情楚楚信自可人

林纘振

林纘振字公悅，漳浦人，萬歷甲戌進士，工部主事。

有官軍來詩云

官軍來，官軍來，昨日江頭賊已回。將軍逐賊未百里，將臺且向江頭開。皎皎戈矛耀白日，轟轟戰鼓震奔雷。戟手罵賊奴，恨不蹴汝成塵埃。父老前致詞，將軍幸勿嗔。江頭賊過遺烟燼，江邊剗戮幾千人。殺者不可救，骸骨空爲塵。何不割取獻幕府，軍校猶博金與銀。公不見往年之捷皆如此，石壁城中二百家，三百丁夫同日死。總戎。腰玉。衣。蟒衣。擊鼓。傳觴。奏凱。
歸。官軍來。官軍来。海外。孤。城。未。解。圍。

游朴

游朴字太初，福寧州人，萬歷甲戌進士，除成都推官，入為大理評事，官至湖廣右布政使，有藏山集。其行役詩云：驅馬上高山，山高欲近天。及到山巔上，更有山在前。高山豈有盡，客行良可憐。又木綿菴云：凄凄木綿菴，賈相此裂腹。矯矯鄭虎臣，手代天行戮。戮死頗快人，所恨死不速。元兇僅就誅，宗社亦已屋。蒼生尚含憤，未得食其肉。一夫恣胸臆，九有被荼毒。生竊片時歡，死作

千世辱寄語當路兒此是前車覆又崇寧縣卻
酒云崇寧清酒如鬱金主人長跪晋客斟客行
欲飲迫程限不飲傷此主人心春花爛漫遍山
壑把酒澆花殊不惡客還有酒應留連只恐山
花已零落

蘇濬

蘇濬字君禹晉江人萬歷丁丑進士除南京刑部主事尋改工部轉禮部員外郎出為浙江提學僉事歷陝西參議廣西副使貴州按察使有三餘集其曉發界河云客路逢秋杪中原曙色分無情原上草不斷嶺頭雲醉月懷梁苑觀風過汝墳楚天看漸遠何處問湘君又卧病云華鬓星星短浮雲冉冉流客中千里淚夢裡五湖秋肺病傷春盡商歌入暮愁浮沉君莫問大壑一

虛舟又哭王恒甫茂才云何處悲風急凄然獨
掩扉斷雲空漠々宿草故依々一夢愁如聊千
秋事已非青山堪共老垂老怨相違

戴㷘

戴㷘字亨融，長泰人。萬歷癸未進士，歷官四川布政使，漳郡十三子之一。有贈別詩云：「未識西南路，隨風入夜郎。千盤黔嶺折，一別楚雲長。見月空憐影，聞猿亦念鄉。美人恐遲暮，之子已沾裳。」又題蔣氏山居云：「斜陽照西疇，空翠時凌亂。牛背角歌歸，田間人語散。」

葉向高

葉向高字進卿福清人萬歷癸未進士選庶吉士授編修歷官南吏部侍郎名為禮部尚書入直東閣以少傅予告再召為少師兼太子太師吏部尚書中極殿大學士卒贈太師謚文忠有蒼霞草其渡江即事云。無嗟風土異。已自邈閩河。村舍人烟少。旗亭酒幔多。春寒芳草歇。天濶斷鴻過。長路方茲始。微名奈若何。又送林客部南歸云。幾年共逐帝京塵。此日那堪別恨新。畫省

風流傳誦草黃扉事業婉綸綸故園載酒宜清
晝客路聽鶯屬暮春君到里門應北望長安猶
有和歸人又出關別江仲魚云心知惆悵對離
觴一望鄣亭十里長自與江郎黯然別馬頭春
草是他鄉又題趙子昂明妃出塞圖云三千粉
黛泣長門嫁得單于亦主恩貌取紅顏無限恨
集賢學士宋王孫

黃居中

黃居中字明立晉江人萬歷乙酉舉人自上海教諭遷南京國子監丞有千頃齋集其寄兒云愛子遥相送臨岐轉憶家囊空嗟久客歲晏又天涯鬓逐風塵短心驚道路賒離情兼旅思一倍惜年華錢受之云明立專勤學古得異書必手自繕寫僑寓金陵年八十餘猶篝燈誦讀達旦不倦古稱老而好學斯無媿焉静志居詩話云監丞鋭意藏書手自抄撮仲子虞稷繼之歲增

月益太倉之米五斗文館之燭一挺曉夜孜孜不廢讎勘著錄凡八萬冊墳土未乾皆歸他人插架深可惋惜也

楊道賓

楊道賓字惟彦晉江人萬歷丙戌賜進士第二授編修累官禮部左侍郎兼翰林院學士贈尚書謚文恪有梧江即事詩云春水萬山低江城宿霧迷征帆天上下去路粤東西荒逕餘亭障樓船急鼓鼙客心驚寂寞況復值猿啼又別徐尉之任廣昌云遺愛茗溪上新綸楚水邊人疑徐孺子尉即漢神仙柳色憐分袂春風動別筵當官三事在慎勿負先賢何稱孝云楊侍郎詩優

柔悅懌而出之以鏗然之韵可謂知言矣

何喬遠

何喬遠字穉孝晉江人萬歷丙戌進士除刑部主事改禮部歷員外郎中謫廣西布政司經歷起光禄少卿遷太僕少卿轉左通政歷光禄卿通政使升戶部侍郎有鏡山何氏前後集其湘南雜興云桂林秋色滿清湘天畔登臺百粵長南入交州多薏苡東來海國有扶桑雲浮衡岳窺三楚風馭羅浮限五羊鴻雁稻粱無信息不知何地望江鄉

全閩詩傳

徐燧

徐燧字惟和閩縣人萬歷戊子舉人著有暢亭集其旅次石頭岍云石頭城下水微茫回首鄉關驛路長瓜步烟波連斷靄秦淮雲樹隔斜陽秋高落木迷村舍夜靜寒潮到女墻客裡愁心已如此一聞南雁更淒凉又客中寒食云去歲燕山道今朝歙水濵如何兩寒食俱作異鄉人又丹陽遇陳十八云丹陽渡口遇同鄉欲語匆匆怨夕陽君返江南我江北雲山千疊斷人腸又

酒店逢李大云偶向新豐市裡過故人尊酒共悲歌十年別淚知多少不道相逢淚更多又元夕懷李伯賢云往事傷心倍可憐故人今夜渺雲天燈光月色鞦韆影已隔春風二十年惟和詩風格神韻全似中唐高手其為張幼于王伯穀所推許益信名下士果非虛也

王志遠

王志遠字而元會之孫萬歷己丑進士歷官江西左布政使著有吸鏤稿其水口驛舟中詩云問水路初平無湍夜不驚迎風帆片片搖月櫓聲轂渡口鄉音亂岡頭野燒明青青榕樹出知近越王城又大安至興田云崇安道上饒風景除却武夷亦自多刳竹誰家無水遞結廬何處不雲窩丹崖路斷樓為棧紫瀨烟開艇學梭覽勝不須携蠟屐巾車日日度山阿又崇安道中云

結廬武夷下還畊武夸田但麥村無吏不知山有仙而元獨攄胸次自具手腕已入詩家真境界視漳郡諸前輩直可與元凱白石分庭抗禮矣

林堯俞

林堯俞字咨伯莆田人萬歷己丑進士改庶吉士除簡討累官太子太保禮部尚書謚文簡有谿堂集其夏日集高梁寺云一徑隔流水沿洄到寺門瓢分香積供榻借給孤園山雨來花氣松風斷鳥言淹留未遽返暝色下高原又楓亭即事云落日楓亭驛秋風荔子園人烟山外盡漁榜夜深喧地迴潮當寺僧閒月到門群賢方竪義吾意已忘言又送海印上人住華嚴寺云雞

足峰前寺相遠知幾年山僧今易主舊路尚依然地遠黃茅瘴池分玉澗泉時來訪靈澈一榻伴雲眠何稱孝曰先生歷官太宗伯牴牾權閹不能久安其位歸一歲而遂卒其詩溫潤典則瀏麗輕颺見若甚易而不知其磨錯之難卑不可抑高不可亢淺而有章深而不窮斯太和之元音也

謝肇淛

謝肇淛字在杭長樂人萬歷壬辰進士除湖州推官移東昌遷南京刑部主事調兵部轉工部郎中出為雲南參政陞廣西按察使歷左布政使有小草堂集其雨霽寄陳隱君云新晴動花氣鳥啼漳水春出門見芳草忽憶山中人種藥斸雲母煮石炊松薪甲子誰能識空山無四鄰又十月吴江舟中晚望云年年歲歲長爲客無奈愁心付酒缸寒雁背風歸越渚孤帆帶雨下吴

江黃知霜後柑三寸白起沙邊鷺一隻日落洞庭天似水青山無數入雲窓又早行山中云驅車入雲烟連山齊雪色怪禽作鬼啼枯樹如人立又錢塘逢康元龍云黃梅細雨暗江關我入西吴君欲還馬上相逢須盡醉明朝知隔幾重山又鼓山采茶曲云雨前初出半巖香十萬人家未敢嘗一自尚方停進貢年年先納縣官堂又渡汶河云霜飛月落野雞啼霧鎖長林水拍堤夾岸人家寒未起孤舟已過汶河西又舟滞

安山云百丈加舟一綫泉待風待閘兩留連客程莫笑蹉跎甚拙宦何如上水船李本寧曰在杭樂府豐約文質適得其中五言贍而不俳華而不靡七古音節鮮明氣勢沉鬱五七言律長律比偶精嚴絶句意在筆先韻在言外春容警策短長合度大都率循古法而中有特造孤詣體無所不備變無所不盡今詩道向衰子將以在杭為砥柱焉又張幼于曰在杭蓄藻于建安騰聲於慶歷希蹤于少陵泛駕于長吉兼綜潘

陸妙契陶韋其辭婉以麗其氣雄以健其攄思
優以雋其援事典以則其振響和以平既美才
情又深寄興

陳薦夫

陳薦夫名邦藻以字行更字幼孺閩縣人萬歷甲午舉於鄉有水明樓集其海口城晚望云蒹葭藹藹樹蒼蒼平楚閒看盡渺茫驛路遠山多落木孤城臨水易斜陽潮廻近浦寒生雨鴈度遙天宿帶霜暫息征鞍瀛海上烟波千里斷人腸

又竹枝詞云荷葉田田柳色垂三船五船多女兒與郎暗約花間去不唱竹枝知是誰

全閩詩傳

鄭懷魁

鄭懷魁字輅思龍溪人萬歷乙未進士浙江副使漳郡十三子之一有盤山詩云塞近春遲得寒輕酒自堪玉虫飛野殿青鳥撲禅龕翠鬱松俱老紅殷杏欲酣怪來窮髮地風物似江南又咏龍眼云小院秋深熟荔奴離〻璀錯水晶壺海頭昨夜天風急吹落驪龍頷下珠

全閩詩傳

曹學佺

曹學佺字能始侯官人萬歷乙未進士除戶部主事移南大理寺副轉南戶部郎中出爲四川右叅政浙江按察使降廣西叅議遷陝西副使留任桂平道天啟中除名爲民崇禎初復官不赴家居殉節死有石倉全集其雪桂軒花開云桂樹山之幽予昔擇而處顧此山中雪盈枝何楚楚去歲花開時山川蜀道阻臨風祇相思馨香落何所暮春歸林下棲息淹時序月明花正發

露下清且湑飄〻入人衣採摘盈筐筥料全久
要義形影盍相與隱者信可招胡愧騷人語又
林守易新舫既成同游鼓山云木蘭舟既成圖
書載亦倏匪資登山興疇信涉川利渚花垂岸
榮沙鳥近湾戲浪洶峽門東帆側岩影墜寥林
屡移郵踈鐘遥傍寺徹月出浦口澹然見游思
又夜宿迎仙館云扶策入名山幽奇恣心賞顇
路欝且紆投林日已曛修渚留餘光元廬此開
敞止宿無别騄烟霞集吾黨以娱流水喧遂致

衆山響明月襲其輝盈〻照帷幌幽人有遐夢
夢到羲皇上金雞遶樹號東方色微朗晨起不
及炊浩然乃長往又棲霞寺云入山已深邃初
地化為城古塔無全影疎鐘尚舊聲佛龕沿巘
鑿僧舍傍泉成㭱昔梁江總幽居斷送迎又得
張林宗書云三秋望不見此日寄來書簡略無
餘字蕭條慰索居何嫌知我少惟恨與君疎安
得秦淮水能通浪蕩渠又病中思歸云累兩山
寒重今春花事稀長貧那免病百好不如歸海

樹遥閣嶠江津黯燕磯故園猶有路夢裡已多違又湖閒即事云仙源迢遞杳無涯拂檻齋開十月花半壁蘚苔千古色一邨雞犬幾人家珠簾暮掛峯頭雨玉箸晴餐洞口霞世路不堪回首望成田滄海日將斜葉進卿云能始詩刻意三百篇取材漢魏下及王韋其音沉以深其節紆以婉其辭清泠而曠絕其初為衆所譁久而世稱之周方叔云先生力追正始響逸開元正如皎月素波清輝自別朱欝儀云能始天才典

贍研討精深軒輊三唐吐納漢晋貌境必似造語斯真氣峭以潔而操調極平意鍛以鍊而擒辭若樸興會所至神情獨往又錢受之云能始詩以清麗為宗其送梅子庚云明月自佳色秋鐘多遠韻程孟陽深賞之又詩話云明三百年詩凡屡變洪永諸家稱極盛微嬿尚沿元習迨宣德十子一變而為晚唐成化諸公再變而為宋化治間三變而為盛唐嘉靖初八才子四變而為初唐皇甫兄弟五變而為中唐至七才子

已六變矣久之公安七變而為楊陸所趨卑下竟陵八變而枯槁幽冥風雅埽地矣獨閩粤風氣始終不易閩自十才子後惟少谷小變而高傳之外寥寥寡和若曹能始謝在杭徐惟和輩猶然十才子調也粤自五先生後惟蘭汀小變而歐楨伯黎維敬區用孺輩猶是五先生之調也能始與公安竟陵往還唱和而能皭然不滓尤人所難

蔡復一

蔡復一字敬夫，同安人，萬歷乙未進士，除刑部主事，歷員外郎中，出為湖廣參政，遷按察使，仕至兵部右侍郎，謚清憲，有遯菴詩集。

其秋坐云夕照盡歸水，秋聲半在林。飛蟬過別樹，未斷曳來音。又夕陽云：夕陽欲下山，一半戀流水。短笛牛羊歸，餘光照童子。

林雨潤

林雨潤字浴蒼，鎮海衛人。萬曆甲辰進士，官兵科給事中。有武夸山詩云：三十六峰秋氣清，翩然鸞鶴下環聲。客留明月山中宿，人共白雲天半行。溪路碧桃深九曲，洞天瑶草問雙成。神仙有約不可到，更擬重來話此生。

全閩詩傳

魏濬

魏濬字禹欽松溪人萬歷甲辰進士除户部主事歷員外郎中出為廣西提學僉事仕至右副都御史巡撫湖廣有峽雲閣存草其墟上詩云箬籃進放壟頭安却坐林邉解竹簞椶葉結衣幨避濕青紗裹額不愁寒萋根對語時還囑車騎来過亦聚觀此去茅虬應未遠滿溪澀勒翠園團紆迴岩逕轉嵯峨笑問蠻家第幾窠入市毎衣芒木布出門時唱浪花歌峒丁慣筈纖狨矢

獞女能拋織貝梭墟散盡投歸路去斷烟半壠
罥荒蘿

崔世名

崔世名字徵仲寧德人萬歷已酉舉人知連州有秋谷集其昔々鹽云妙舞低垂手聽歌昔々鹽閨人淒泪迸遊子五湖淹水餞春澌去堦延月影潛嬌鶯藏樹澀弱柳覆堤纖西舍徵簫极東鄰艷鏡匳燈孤煤漸剔被冷夢難魘雁過衡陽断雞催鼓角嚴碧梔花又落蒼蘚逕仍添帯减驚捉玦釵塵罷卷簾從来音信杳怕問卜書占昔々曾相約頻將舊語拈又重九章江門守風

云黑雲照空秋氣昏章江城外逆水渾封姨鼓浪掀江豚招招舟子亦銷魂酒罷問天天不言野雞午叫黃花村誰家買醉登高原我已挂冠君落帽擢髮數罪難具論崔徵仲令巴山有為魏璫祠請頌德詩者徵仲峻拒之遂被逮入都下獄此詩將被逮時作也崇禎初釋還補官桂東尋司浙中鹺務詩頗清徹無塵坌氣

陳翼飛

陳翼飛字元朋平和人萬歷庚戌進士除宜興知縣被劾歸有慧閣長梧二集己未庚申辛酉壬戌行卷其齋居詩云白水浮官舍青山塞縣門案頭塵未積麈尾禿猶存莽莽雲中樹瀟瀟雪後邨齋居春事少農務與誰論又溫陵道中云九日山前路登臨病未能烟蘿茫𣅜𣅜雲樹幾層層豹犬柴門月人魚海市燈不堪聞杜宇匹馬過溫陵又送別云挂帆直欲去忍淚亦沾巾

後夜知相憶今朝便愴神斷猿千里月春水一帰人惆悵城西路江風吹白蘋又摇落云每到秋将暮時生摇落心風疎牽雨過月細抱雲沉敗荻鷗眠少閒松鹿去深湖灣初撤網水寺遠聞砧橋戶貧於昔楓江冷至今紅乾無字葉青入故鄉岑覽鏡朝朝改開帆日日陰國哀頻到耳不覺泪沾襟

王志道

王志道字而宏志遠弟萬曆癸丑進士累官吏部右侍郎有題張四竹園云有園何必學辟彊竹竿数箇使人忻有門何必車馬轍花逕苔封意殊絕狂客逕造問主人掃地焚香更清發孺子教取橋邊履君今莫結王生襪世事紛紛總等閒五陵車馬何足看功名富貴若非寄胡為乎卿家封畱欲棄人間事久潞河舟次有懷山庄云黑貂裘敝始成歸遥指江南抱畫飛柳岸輕

風○鳴○鷁○首○坐疑○碧○澗○響○柴○扉○

彭汝楠

彭汝楠字伯棟莆田人萬歷丙辰進士除會稽知縣入為禮科給事中累官兵部左侍郎贈尚書

其讀黄維章辯疏有感云聞道欃槍未掩芒。鶩聞龍戰又元黄。赤眉豈遂移炎漢。白馬還宜鑒李唐。君子獨爲洵足恥。黨人不與亦何妨。聖明自是如天宥。黽勉同心定我王。

朱繼祚

朱繼祚字立望莆田人萬歷己未進士改庶吉士授編脩歷禮部右侍郎進尚書入東閣後死於難其絶命辭云嗟余生兮不辰逢慘禍兮攖身乾坤崩隤兮陸海為塵日星掩曜兮萬象沉淪人誰無死兮鴻毛泰嶽惟其所處兮殤延彭促旦夕畢命兮去將安之夫妻子母兮不得相依上告蒼天兮監此微詞雖為虀粉兮甘之如飴千秋萬古兮誰其予知與化俱徂兮於戲噫嘻

全閩詩傳

江于脩

江于脩字中夫漳浦人不應試行止岸異書判無論尊畀悉稱霞城市人其贈張虛舟云張老一生真好奇賣産携家往武夷歸来山雲載幾輛撫琴動操山猶響頭為雪霜面為炭盡日烹茶但飲蒜奇文怪牒堆箱牀所語往〻無涯岸古来達人多有癖今人但以為無益君家遠祖旭也顛有觸于中龍蛇蹟喜如卉木長新花怒如晴空飛霹靂君腕有鬼筆有神唐代之顛今復

得不速時来醉未帰酒盡箋窮揮壞壁

陳昂

陳昂字雲仲莆田人有白雲先生集其宿江邊閣云暝色江邊閣行吟易斷魂風前兩岸葉月下一舸猿夜哭誰家婦寒歸何處邨洞庭春水動催艇去荊門又閩南登楼云切莫登楼望令人更慘悽戰場多鬼哭息壞聚烏啼黃霧埋城郭寒風死鼓鼙深楼巢燕子来往亦御泥又移居巴陵云此即巴邱戍相傳魯肅城古今餘往事兵火剩殘生楚水為漁便湘山結室平地雲如

獲託亦足寄遐情詩話云山人以倭亂率妻子奔豫章織草屨易粟不給則賣卜已而入楚蜀轉客金陵閶賣文為活阨窮以死

黃克晦

黃克晦字孔昭惠安人有黃孔昭詩選其感時云繁霜凋草木谿谷正悽惻元冥慘不舒改歲固云逼萬物各有因盛衰迭今昔寧見武安門猶納魏其客又江行云江風来自北弭櫂江水南白浪聒不息游氣昏空潭曠野何蒼〻引步隨幽探鹿鳴求其牡豐草非所甘江燕啄不食念雛鷇哺〻物性固如此游子何以堪慨彼江中水衝波無定端古人忍飢渴旨矣非空談又夢

游武當山懷鄖陽江使君云祝融莫朱方五嶽有定目胡不以嵾山並列而為六夜夢登其巔游氣承我足千峰歷崘巇如車走平陸上為帝者居星辰纏其麓崢嶸羽人宮參差偏岩谷中有不死人終歲茹草木授我鳥迹書奇文不可讀雞鳴忽焉寤惋歎淚相續又聽話西苑云雷殿清虛太液秋至尊多在望仙樓樹深宮闕東西合月出東西下上流麟圃紫芝春曄曄兔園白鹿曉呦呦軒皇鼎在龍髯斷露箔風簾不上

鈎又送何仁仲鴻臚云下列鵷班黼座前懷山
歸櫂忽悠然蘼蕪曉過湘妃廟葭菼春迷宋玉
田白雪新聲供奉曲悲風古調別離蒿重來何
處偏相憶問我朱陵訪道年又病中風雨寄歐
楨伯云薊門哀病颯驚秋風雨蕭蕭獨倚樓四
海新知名下老頻年多病客中愁雲連北極迷
宮樹水拱西湖出御溝京國逢君歡不淺可憐
經月罷同遊又欵乃曲云五虎山如五虎蹲晝
對無諸舊國門無諸去後山空在秋草蕭蕭日

又。昏。微。茫星月下江鄉三十六灣江水長夜半舟人相借問好風日出到洪塘沈嘉則云孔昭多深沉之思本之雄渾發以舂容情以景生語必自鑄字不虛設氣完神定大雅之材朱秉器云孔昭詩意常獨造雖以古人為宗而不蹈襲片語何思默云孔昭詩如入幽林長薄其樹木皆世所有而欝然蓊翳秪覺老蒼歷下瑯琊但稱盧謝未能或先也詩話孔昭少為畫工壯歲以詩名其金陵游稾則張仲立刋之西山唱和

編則李于美定之金臺詩則林登卿鐫之登卿稱其古風天籟自鳴近體森然紀律青溪社集諸公允當推爲祭酒

鄭琰

鄭琰字翰卿閩縣人有贈顧小侯云甲第連雲瞰帝城畫簾繡箔照朱甍新開馳道千金埒舊領團營七較兵方士房中龍鼎侍兒花底鳳皇笙燕山二月春初好玉勒朝朝待曉鶯又黃山道中云微霜風物色淒淒路入黃山是五谿帝子不歸汾水上行人秋過穆陵西荒原曉露銅駝泣古驛秋風鐵馬嘶獨客傷神家萬里斜陽征鴈楚天低徐興公云翰卿工七言少遊邊疆

全閩詩傳

集中多悲壯語詩話云翰卿詩名藉甚興致故
超七言近體全得力於中晚唐諸名家

林世壁

林世壁字天瑞閩縣人有彤雲集其咏月詩云玉露晴初墜天河迴欲流誰憐今夜月還似去年秋影逐寒雲起先緣暮杵畱關山千萬里偏照漢家樓又早冬寄懷云嬾慢陶元亮經年獨掩扉不知秋色改但見菊花稀落葉階前度寒禽樹上歸停雲那可賦徒爾壯心飛靜志居詩話云天瑞為龔祭酒用卿女壻嘗從婦翁游鼓山分韻賦詩時天瑞已醉詩成題壁有眼中滄海

小衣上白雲多之句坐客皆歎以為不及徐惟和詩云閒尋老衲叩禅堂。墨蹟淋漓滿上方。一自題詩人去後。白雲滄海兩茫茫。

何璧

何辟字玉長福清人其詩有西湖尋曹能始云垂楊漠漠荇田田何處春風十四絃放鶴僧歸三竺雨聽鶯人過六橋烟詩尋蘿薜誰邊寺酒載𦶟花第幾船遊子天涯魂易斷非關春樹有啼鵑詩話云玉長任俠見知於黃陂張濤張後開府遼東將疏薦以布衣拜大將會罷鎮乃止濤卒入楚哭之遂以病死亦孙奇之士也其寄友詩有句云士到出山誰不賤術惟遊世最難工

足當阮生之泣矣

游及遠

游及遠字元封閩人有小竹林草其曉發九牧嶺云嘶馬促行役出門星月稀松風吹短鬢竹露濕棉衣鑒水秋容淨緣厓足力微鄉關今日盡愁對嶺雲飛又野鹿園雜詠云潭水瀏其清芙蓉亂紅影白鳫一聲秋蘆花明月冷又汝陽曉發云殘月挂高樹秋林生遠風凄涼千里色都入客心中又醉中辭竹軒宗侯云亱雨度花谿風花踏作泥惜花頻喚酒未得過城西

[illegible]

謝兆甲

謝兆甲字耳伯邵武人有謝耳伯全集其别意詩云○我行且登舸○子莫徒離憂眷〻戀我側去去難久畱歎息成参辰愁思不可抽丈夫在四海譬彼水浮舟聚散無定期感子叙綢繆詩話曰晋江黄監丞明立序耳伯集稱其喜交異人購異書摭異聞自墳典丠索經緯流略稗官璅語靡不甄録交游既廣槖中裝半以資方外半以市書籍有三十乘畱僧舍已散佚予嘗入閩購

其手鈔張伯雨詩與世所傳者迥别惜乎三十乘者悉蕩為烟塵矣

徐𤊹

徐𤊹初字惟起更字興公閩縣人有鼇峰集其感秋詩云朝出北邙山夜歸北邙路北邙草芊芊纍纍總邱墓傷哉九泉人一去無回顧往者既如斯来者復如故知愚雖異類薶骨只數抔貧賤何足悲富貴何足慕寄語賢哲士令名自當務又投宿山家云清流抱孤邨秋意澹林木水急衝枝橋山空響飛瀑殘葉水邊黃危峰天際綠日暮何處歸人烟在修竹又送黃伯寵之秣

陵云我泛白門歸君從白門去〻轍與歸輪相逢不相聚窮冬百卉腓遊子遵長路黯〻鍾山雲蕭〻秣陵樹峨〻石頭城渺〻秦淮渡千里涉風波孤身犯霜露送子感昔游勝事今成故離情不可諼慎毋乖尺素又送人臨邊云征馬嘶長路西山日欲斜送君臨絕域萬里盡風沙朔氣摧秋草邊霜慘暮笳懸知榆塞上定憶故園花又驛樓送惟和兄北遊云夜靜江空欲上潮榜人催喚解蘭橈離腸禁得幾回銷別夢不

辭千里遥沙赴交河隂漢〻風吹易水冷蕭〻
関山迢遞何時盡此是他鄉第一宵又送康元
龍之靈武云黄河宫路黒山程羌笛横吹漢月
明漢地烽烟三里寨隴西鼙鼓十年兵燕鴻度
塞寒無影代馬行沙暗有韵後夜思君勞遠夢
朔風吹過白登城又宫人斜云空山寞漠夜沉
沉多少芳魂不可尋莫怨埋香在黄土長門深
比墓門深又寄家兄書云年荒八口苦饑寒門
户支持事〻難藥債未還官税迫封題空自報

平安錢受之云興公博學工文善隸書萬歷間
與曹能始狎主閩中詞盟後進皆稱興公詩派
南損齋云興公聚書至數萬卷所居鼇峰麓容
從竹間入環堵蕭然而牙籤四圍縹緗之富卿
侯不能敵也其考據甚精覈詩自樂府歌行及
近體無所不備

王仍縉

王仍縉字伯雲，會之元孫。善擘窠書，有吾廬集。其

聞上人至云晤面無他事臨風數寄思飛魂千里外惜別五年餘未死身空在無生悟已遲夏蟲知此意淒切夜深時

又三平寺云尋幽六月去杜宇尚思春瘦竹疑啼露芳蘭鮮笑人青苔覆鳥跡古尾出蛇神妙色無多寶金剛已壞身階除餘唧唧窓外見燐燐木葉傳絲竹山精含咲顰安能七日坐重遣一堂新

黃道周

黃道周字幼元一字螭若號石齋漳州鎮海衛人天啟壬戌進士改庶吉士授編修歷中允以言事鐫級俄落職尋起官以諭德掌司經局再遷少詹事協理府事與經筵講隨謫江西布政司都事逮至京廷杖下詔獄遣戍福藩称制進禮部尚書南京既下猶督師出婺源師潰執繫故尚膳監不屈丙戌二月死于市有大滌函書诰然咏其就逮至水口揮手謝同人詩云買屩一

出門洒血已萬里六月踐青霜千秋沸楚水誓墓苦已遲懷湘無乃始大海欲枯乾孤棹將安理臣罪如傾河當於何者起親朋但道古引泣便不是危途心所經艱貞久自矢幸不當二人千勿語妻子又西湖忠烈祠迎送神曲云雷鼓闐兮龍在野雲離披兮龍血下龍上天兮星無光椒糈媮兮蘭不芳靈之集兮四國鴻八蹄兮驎九翼凌滄澥兮掐白日踏徂征兮何不得息歸休兮此堂水周兮中央寒雞蒩兮菖蒲羅百

珍兮瓚漿驂素虯兮騑文鶩柅靈車兮縶靈馬執靈袪兮淚盈把珮琚兮漉漉晝不足兮宜宵夜維舟兮鏤簏新夫君兮王正年靈參差兮無後先澹眉鬢兮馭青天靈何為兮中悁悁靜志居詩話曰詞臣無言責居无咎无譽之地需次待遷而已迨石齋先生入翰苑與上虞同年倪文貞公俱自任天下之重崇正去邪盡忠補過引裾折檻九死不回先生詩所云親從霹靂推車過又得滂沱自在春盖宴錄也及退而講學

於杭則大滌洞天於閩則蓬萊峽少長咸集遐邇俱來監史主賓琹瑟鐘磬庶幾濂洛之遺風焉先生璣象之學辭義深奥後生或昧其旨歸詩才亦未免踳駮要其光燄不啻萬丈也

蔣德璟

蔣德璟字若椰晋江人天啟壬戌進士改庶吉士授編修歷侍講諭德庶子掌司經局累官太子少保礼部尚書文淵閣大學士著有敬日草其至廣州聞黎撻志喜云重開幕府試琱戈七哨功成獻凱歌借問淩烟誰第一漢家鮫履賜蕭何

池顯方

池顯方字直夫同安人天啟甲子舉人有西湖詩云暮靄朝烟色轉濃微茫不辨是何峯堤花半上春人鬢湖水長函昨日容逐粒飼魚爭一隊同舟男女坐雙重南朝歌舞沉荒草愁聽黃昏兩岬鐘又題逭跡巖云身向水中坐水從耳邉過總是色與聲二塵未打破一竅終鳴雷萬壑爭呼和佛燈罥高松舉頭月雙箇枝尖露欲流峯腹雲自磨如何名此山僅枕夕陽卧我風烟

霞癖一勺療清餓住寺如住家問歸心已惰白
龍三載潛波濤念未挫鸞驂忽相迎猿鶴不来
賀瀑布石痕存泉道郤飛左空餘聯句詩千古
傳殘唾

沈起津

沈起津號鶴生詔安人天啟乙丑進士官無爲州知州善射有七日辛夸花開因索端卿詩云斜漢如練明黄姑侯河淺靈辰既喜會花情亦偏反所以三月花既秋香亦滿倩花乞君詩君詩多委婉倩君寫花情花情在今晚書空作粧詞臨河迎絲幰與偕曰文人而能武技又以豪致而作婉詞殆兼才乎

全閩詩傳

黃景昉

黃景昉字太穉晉江人天啟乙丑進士改庶吉士授編修歷中允諭德庶子陞少詹事以詹事掌翰林院尋以礼部尚書入直東閣加太子少保戶部尚書進文淵閣大學士有未央瓦詩云客來移甓漢時宮。丞相經營想像中。武庫不隨蛇劍火。鄴城空貴雀臺銅。猶餘龍虎真人氣。未蝕蟲蠡累代功。敢向玉池輕點染。更無雄句似歌風。

陳衎

陳衎字磐生閩縣人著有大江集其善才岫夜坐云江煙吐寒燄倒映星河明潮回石勢險孤岫西南傾扶筇倚危坐仰攀崖樕橫夜色一何曠波濤良未平奈何羈塵鞅促〻浮此生吾爱鄭子真谷口田可耕又送潘子木云送客上高楼楼高望客舟但見帆檣立不見客回頭始知登遠道兩情難自保又聽泉閣早起云山曉天氣肅衆星望已空殘雨戀宿雲猶在寒巖東物象

紛勞役明晦互有窮瑽琤石上泉日夜流無終

林銘球

林銘球字紫濤漳浦人崇禎戊辰進士監察御史有鋏匣集其𡸖寺小樓和壁間韻云為拾天頭月来分祇樹林樓空泠梵語塔静冥伽音一瓢雲足飯半偈雨開心得句秋初爽鳴蛩入夜吟又江陰道中云懸崖曲曲水潺潺九里江城十八灣兩岍幽篁深蔽日忽然斷處見青山與偕曰御史詩甚有幽思遠致

[illegible][illegible]言[illegible]

謝宗

謝宗字伯夔，龍溪人，崇禎戊辰進士，山東參議。有許山遺稿。其琯溪登舟寓張有民山房云：小舟偪岸入，接家○竹屋穹窿，望遠沙○烟雨微茫，揮淡墨○溪山○混沌○掃青○霞○烹茶對客，水為活○酌酒談心，天作涯○漁火黃昏紅一點○柴扉半掩落燈花○

全閩詩傳

陳天定

陳天定字慧生號祝皇龍溪人崇禎辛未進士太常寺少卿晚年祝髮名圓慧有慧山集其大峰山佛祖岩云寺古多荒圮僧貧只薦茶谷鳴千樹响人定一香斜鑑水形憐影安心客是家可将生滅理悟取佛前花又庚子立秋憶泰西湯先生云屈指流光迅璿璣又報秋所争一日異不盡古今愁天道方多舛人心叵百憂憑君工測候離亂幾時休又和林秋眉云買斷青山臨

断塵放寬天地宅愁身帝魂鳥語偏驚我皃面花開別誤人自有泉報捐竹肉不將斗氣混金銀途窮但指尊罍好犬阮終難示伯倫又元宵云朝来雲物又如何到晚燈花共笑歌良夜未醒槐國梦杞天無壞醉人多陳鏡庵先生晚年祝髮投空門自放於山水間其人爽豁瀟洒如白香山蘇東坡其詩亦畧相似

李世奇

李世奇字亮先漳浦人崇禎辛未進士翰林院庶吉士母老請終養再名再辭加左春坊左庶子有澹寧居草其述懷云伊余早失怙無以承母歡功名非所慕蔣水藉微官既簪承明筆倚閭人遂單陳情幸見許策蹇出長安私念報劉短報國時猶寬何期遽翻覆春魂隔啼鵑致死視所在人生非一端強拭興亡淚佯笑勸母餐悠悠歲月促山中倏素冠空有一身在君親兩俱

捐哀哉復何心視息於世間稍營松檟畢便欲
辭人寰又祭陣亡義勇許界張明云盡為封疆
出揮戈獨斷膂一抔壯士血三尺羽林孤賊在
兕猶厲功成骨顱枯國殤應不泯翦紙代編蒲
又暮年無歡門多索字者因用自悼云焚硯拋
書案滿埃扣門便覺擾生涯只應絹到留為禨
聞道篇成欲覆醅筆墨從人猶是累文章媚世
亦非才小窓且遣羲皇夢莫遣奚僮報客来

許豸

許豸字玉斧侯官人崇禎辛未進士除戶部主事歷員外郎出為浙江按察僉事以參議提督學政有春及堂詩其建州逢陳德輝云已分別離久何期此地同西城山路近南浦野橋通信宿情何極他鄉戢欲終維舟無限意相對有飛鴻又送友之瓊州云西馬珠厓路須防瘴嶺雲蠻童青箬笠黎女綠蕉裙潮有東西候時占朔望分臨岐還把臂不敢說離群又春日送客云春

光初荏苒客路惜分携露濕鶯花重風吹燕麥
齋孤燈茅店裡残月柳橋西别思千峰外猨聲
不住啼黄坤五云玉斧五律殼調委婉趣味清
幽誦之如流水平橋佳趣自在

文德翼

文德翼字用昭，德化人。崇禎甲戌進士，除嘉興府推官，擢吏部主事。著有燈巖詩集。其江口阻風云：

伸脚篷牕西日移，打頭蘆渚北風吹。沿城路僻多蚊蚋，到夏江深少蛤蜊。山色杳冥歸謝朓，笛聲惆悵憶桓伊。頽年白笑滄洲客，破浪那能萬里期。

全閩詩傳

李瑞和

李瑞和字寳弓漳浦人崇禎甲戌進士監察御史有寓言詩云衆齒問一唇爾完我何折唇乃顧謂齒爾能我守拙凡從吾前過奚物不爾決齒又顧謂唇無此爾不活两家相怨詈取平于舌末勸使息其争往来示勿絶設令唇旦亡夕寒齒不徹嗟哉骨肉間胡為費辭説又雨止閒行云暫霽山争出堪子曳屐行雨多花薄命流急水勞生佳日無如暇春天只在晴兼旬方見日

樹蛤莫頻鳴又藏山客寓云一秋只剩半来旬
紅葉如花欲學春不可久淹風過客如将相伴
月佳人山居絕俗還憐市佛閣清幽穩置身夜
夢還家朝旅寓南方豺虎不須嗔

張若化

張若化字羽玉漳浦人崇禎丙子舉人明末御史隐丹山絕頂足迹不至城市卒年八十八有七月廿日夜坐詩云悠悠天地心難問忽忽春秋髩已華半榻夜清心不寐開窗月近海棠花弗損曰丹山二張文章即宋之二宋而科名僅展清節則古之二墨而薇蕨長存及文明之門則濂溪之二程也不以儒學顯而以遺老傳各年八十餘蔬食撰著化及盜賊豺虎相遇不傷豈

惟完人亦異人也

盧振明

盧振明字文仲龍溪人崇禎巳卯舉人有甓广咏

其舟次天津觀劇云聯棹比鄰家群舟集淺沙

篙師羞福酒村婦戴籬花聲價文章减旅愁戕

月加逢場原是戲猶喜見烏紗又桃源洞口云

劈石千尋下安橋頂上行亭懸雲欲墜峰削鳥

無驚棲佛宜稱國避秦浪得名攜僧遊有待韋

負此翻程

曾異撰

曾異撰字弗人侯官人崇禎巳卯舉人著有紡授堂集其江北道中云客路殊南北蕭條景物新夕陽人馬影高岓犢車塵土屋蘆編戸炊烟糞作薪當壚卸店女破笑却如嗔又硜菴云天下何時定吾生忍苟安乾坤難閉戸出處礙纓冠穀賤農偏餓機張女倍寒追呼官縱急猶勝寇摧殘又雨經富陽云小縣飛樓俯驛亭竹間樹杪恣揚舲溪山兩亦開逢看風雨眠猶剪燭聽

永夜潮來江上白淨嵐畫入井西青石尤節路
無妨阻好住巖灘問客星

張若仲

張若仲字吉友若化弟與兄同鄉舉崇禎庚辰進士益府長史與兄同師黄文明同隱丹山化及狼虎相遇不傷不獨盜賊也卒年八十四有拾隱士詩云翳翳桑榆景凄凄蒲柳顏虚生天壤内假憩泉石間顧念無長策安知有大還游心竄海嶠縱眥入雲關户閉仍匡坐峯危阻共扳菟裘營暫老卷帙耒餘閒竊喜仙源近忙將俗務删衣冠忘野質肅揖幸隨班楚澤多蘭浦淮

陽恙桂山招尋能勇往靈異豈終慳又雨中訪
梅云微質泚刪翠清肌亦勝妝託身甘冷落受
命合芬芳莫訝輕風雨應知狎雪霜微范看絕
好一一佩明璫又春寒云待渴春深還苦寒碧
烟如楮褭峰巒山靈似喜人多病不顧囊空藥
餌難

張利民

張利民字能因侯官人崇禎庚辰進士除桐城知縣擢戶科給事中晚披緇入山自稱田中和尚有野衲詩略其過竹崎云憶昔讀書處溪山半已非飄零邨店酒寂寞草橋扉世變人愁老江寒鳥倦飛乘舟風頗惡歎息寸心遠詩話曰先生牽絲之日值張獻忠來攻危同纍卵而以忠義激勸將士執所佩刀殺白雞以血灑地曰諸公有二心者彼視又折矢誓曰利民今日藉諸

公力堅守有功不以上聞者有如此矣將士咸
感泣獻忠百計攻之不克賴黄得功援師至城
以獲全宰邑三年治行人推天下第一

郭萬完

郭萬完字翬侯龍溪人崇禎壬午舉人有旅聲詩集其壬子初度云週庚如石火拋擲果堪憐白髮療無藥青山到有緣蹉跎將壽補衰腐冀言傳可似龍鐘竹平安又一年又寒食云一百五朝春事賒梨花開遍雨風斜重來燕子悲新壘冷落侯門剩故瓜佛地逢人多魍魎戢時此日改龍蛇漫傳禁火存遺令亂後炊烟有幾家又除夕云作客三年後歸途兩地賒難逢烽外信

易別梦中家又潭陽水南晚眺云極目群山暮
荒村少四隣夕陽隨去鳥新月易愁人

莊六成

莊六成字儕鶴龍溪人崇禎壬午舉人著有麋可亭詩集其萬松關云萬松關外鎮門對虎渡長虹縈興廢啟禎之際海濤飛施公鎖鑰於斯在關因石壘石門開佛殿依山石作臺忠魂化碧廟貌圮殿冷山童遍草萊鯨鯢既逝猛虎赫鳴鑼喊虎驚魂魄瑞竹岩僧晝閉門瑞香亭下行人寂憶昔巖前攜杖遊關外時乘李郭舟勝遊如夢誰可語觸目盡是傷心處君不見秦時明

月漢時關于今唯見關前月出水潺湲

郭符甲

郭符甲字輔伯，晋江人。崇禎癸未進士，戰没奠海島中。有題寓園松逕云：長風何處起，清響落層湍。忽聽晴空雨，翻飛午院寒。蒼鱗移漢殿，鐵幹老秦官。即此開三徑，徘徊盡日看。詩話曰：顧漢石懸首錢塘，六月無蠅。郭輔伯戰死海澨，五百人尸糜爛，而四體不腐。忠義之足以感天地萬物也如是。

名臣言傳

李世熊

李世熊字元仲寧化人著有寒支集其和陶擬古云茫茫宇宙内美者長不完元豹裁為裘紫貂製為冠豈以文采姿助人為容顔所以養志者遘薰甘抱関胸中俶儻意微見于毫端趙璧寧肯獻隋珠詎輕弾尚父雖鷹揚不如鍛羽鸞編茅茹木實聊浮禦飢寒又和陶飲酒云鳩能知天雨鵲能知天風嗟哉此微禽託命風雨中用志久不分遂與造物通吾亦晩有聞天道猶張

弓又病懷云薄雲片片過溪樓門掩殘燈照獨愁南海寄書求益智北堂無地種忘憂藤枝刺月風簾細竹篠流光露葉稠白草黃沙千萬里看人屠狗盡封侯

許友

許友字有介，侯官人，著有米友堂集。其放鶴篇云：予與鶴一隻，親厚無間。然近日恒苦饑，人鶴兩可憐。老僧意悯悯，投我詩一篇，勸我縱遣之，俾其返瀛壖。予聞情惘然，招鶴立於前，拱手與之別。君今得遠遷，煩以許生貧，試往海外傳。長路多矰弋，君當慎弓弦。鶴亦白主人：世無如君賢。予久服馴養，多年伴林泉。聞雞君嬾舞，著鞭讓人先。獨我霜夜鳴，君起聳寒肩。長吟與予和，月落猶未眠前戕有估客自矜多腰纏購子以重價不惜費十千意欲媚權貴籠致東廂偏主人拒之去義不受一錢齋厨近蕭索休粮信所便不願入華亭不樂還青田長依小池曲飲啄終殘年又龍洞云怪岩幾千古藤蘿挂其膝有洞可行人僅容六與七謖謖聆秋風炎炎銷夏日雲從洞口歸水從洞口出又題淵明獨酌圖云黄花初放酒新香門巷蕭然意味長不管人間有風雨先生高卧過重陽又作画云靈谷官梅

放未曾石頭懷古不堪登無端縛就松鍼箠函出青山是孝陵靜志居詩話曰先生才兼三絶名盛一時虞山蒙叟最愛其詩録之入吾炙集要其篇章字句不屑蹈襲前人正如俊鶻生駒未可施以韝靮

全閩詩傳

何其漁

何其漁字樵仲，邵武建寧人。有梅口待渡詩云：野曠微風起，白蘋𧊧居三里。若比鄉江干風冷秋山暮，立盡殘陽無渡人。又碧簫洞云：石橋宛轉竹檀欒，松露侵衣夜未乾。三十六峰秋一色，碧雲吹出洞簫寒。周元亮云：何樵仲詩極有苦思，誦之音韻泠然。

全閩詩傳

陳濬

陳濬字開仲閩縣人列朝詩小傳陳秀才衎字盤生閩人自其父以上五世皆有集傳閩中盤生篤學好古少受學於董應舉長與徐熥徐𤊹相切磨為詩文老於場屋好談邊事利害及將相大畧窮老氣盡不少衰止子濬亦有才名其贈李小有詩云落魄誰知已先生六十身行藏皆不偶名姓自相親詩卷藏僧寺琴囊賣里人可憐天下士江上獨傷春

全閩詩傳

黄澂之

黄澂之字静宜福州人原名師先字師先一字波民爲史公可法幕上士才如王景畧節如謝臯羽而詩筆妍麗不類其爲人有小桃源山居詩云柄鑿方知入世非幽尋勝跡豈全違琴清榼月留僧宿酒熟春山待客歸自製竹皮籠短髮新裁荷葉理初衣平生羞乞胡奴米橡寔寒泉可療飢

全閩詩傳

宋珏

宋珏字比玉莆田人國子生有宋比玉遺稿漁洋詩話云宋比玉善八分而詩亦工嘗記其一絶題朱白民畫壁云來時梅瘦未成花别去垂楊金作芽他日相思如見畫板橋西望是吾家錢受之曰比玉為詩才情爛漫信腕疾書不加持擇

林古度

林古度字茂之福清人亂後居金陵卽卜生壙于乳山嘗綴一萬歷錢于衣帶間有入白門詩云白門迢迢如陽關千野關知一印還依舊宮情無別事逢人都問武夷山又過孔雀菴訪輝上人云早歲閩初地淩朝試遠尋依然一茅宇宛在千竹林芳草定時積清池雨後深對君論古跡寂寞起幽心又春夜同陸不淄尤時純子卯兄賦新月云新月出東林清光猶未深依人一

片影孤客萬里心夜深留餘態春寒助吾吟梅花更幽絶寂寂矣輕陰又送匡雲上人還盧山云十載參方罷一朝思故山應知塵世苦未若片雲閒白鹿古精舍青松時閉關空思舊遊處不得逐君還又同諸子觀潘穉圭家藏書畫次韻能始韵云相過情不淺好古意何深况有圖書樂能勝絲竹音光華陳白璧珍重比南金雲樹見楚色詩篇聞越吟神應遊上世客似半寒林竟日不能去因之敦素心又歲暮坐雪云一

年期又盡寂〻坐空林試問城中雪誰家門外深客情猶古樹詩思入寒禽莫道春光近春愁更不禁又立春日過萬松菴云萬松通曲嶺殘雪覆寒池今日已春色深山猶未知又過唐宜之澗上云迤邐尋山館依然在澗阿春風方自好人曰此相過流水到門響梅花繞屋多翛然物外者不值意如何又梅子庾曹能始約遊金陵寺訪月潭法師雨阻賦此柬之云十載金陵任金陵寺未知林僧初有約山雨復過期草濕

城西路泉深戶外池題詩問元度悵悵欲何之
又蜀僧索書寄曹能始大參因題云自憐經歲
卧巖扉每欲題詩懶溲遣今偶寄將非驛使峨
嵋山上一僧歸又同郭聖僕訪潘詠叔觀宋元
人筆跡值通上人至約過鄭園王孫云嘗聞潘
岳賦閒居坐對名香古法書野客琴尊真欵洽
山僧巾拂益蕭疎日晴晝永消花竹遣意游心
類鳥魚飲罷更尋林水去殘春風景問何如

徐延壽

徐延壽字存永閩縣人興公之子也家鼇峰藏書與曹能始謝在杭埒亂後并田園盡失之著有尺木集其登幔亭峯詩云孤峯矗雲起千仞何岧嶢峰巔平若砥滿地皆靈苗王子昔張幄曾孫宴通宵千人布瑤席萬丈横飛橋我来訪奇跡本為山靈邀晴雲生杖底咫尺通扶摇俯仰天地窄鶴馭安能招人間寔可哀曲罷風蕭蕭又題負薪圖云曉起入深林歸来日云夕持斧

伐丁丁雲重兩肩濕不與漁父言莫看仙人奕
狂歌忽一聲前山啼木客又五老峰後萬松坪
云濃翠侵衣冷迴環種萬松中間無別樹前面
是何峯林密遥藏寺山深晚聽鐘半空雲影散
青吐五芙蓉又南歸渡揚子云浩浩悲歌擊楫
聲瓜洲烟火聚寒城空言天塹分南北不使中
原罷戰爭漂泊孤身在有淚興亡絕古水無聲
惟餘兩點金焦在日見潮痕落又出又法海寺
訪空生上人云隨身瓢與笠此外更無餘懶補

破衣著愛尋貧寺居香厨三頓粥石榻半床書
日見禪窓下甘蕉緑漸踈

全閩詩傳

龍溪黃日紀旪莽輯

海澄曾朝英編校

高維檜

高維檜字西懷海澄人順治辛卯舉人廣東〻莞縣知縣有南湖行業詩集其東湖赴尹瀾桂吏部之招與陳元孝梁藥亭屈翁山凌天杓林叔吾諸子同賦云湖上浮光好我為漱清泉況值此秋際樓曲雜鳴蟬湖主尹大夫轉鷁以相接

談笑逸興開酒坐朋簪盍翁山靈均後藥亭風
騷首元孝真逸民狷吾狂使酒粤才挺出羅浮
上又逢江左天杓子風流文雅冠當時金釵十
二隨絲履地緣有主喜来頻賓愧非嘉將醉矣
醉餘角韻互催詩湖翠湖風入酒卮勿使水恠
山靈知又蘇涌云何地不饒水茲鄉與汐通舟
隨鷗往返樓驗月西東海蛤筐筐白山柑樹樹
紅我来探異勝冬日似春融

蔡司霑

蔡司霑字霏香龍溪人順治辛卯舉人江南宜興縣知縣有来峰草堂集其别戴華簪云終日籌帰計懷君未别先羈愁無定地偃蹇已多年宦海逍遥夢文場狡獪篇濡須豈絶域何處覓魚箋又别方岱云〻有能帰日此身尚自由微風憐病客明月護孤舟〻淂意人何在閑情水不流知交書畫絶與子夢中求又别杭仲選云馬鞍山上聽樵歌别眼盈〻看逝波三載佩蘭情宛

轉五更聞鴈意如何滄桒閱盡身仍在丹汞難成髪已皤自是霞関雲水冷故人消息熱官多

楊于鼎

楊于鼎字匡臣龍溪人順治辛卯舉人山西嵐縣知縣著有莘菴集其羅雲山云似約寒山曾尋拾得來峰峰羅作峽洞洞聳爲毫岩遂霞常到栢枯花自開禪宗何處是記說小天台莘菴集中自註云羅雲山在霍州山五峰峰各有臺相傳天台寒山拾得曾遊於此

葉先發

葉先登字峄伯長泰人順治壬辰進士山西副使有紀遊草其淮上遣病云文園病渴猶求妾子美哀年只好詩卻感微吟當七發全憑高枕浔中醫帶長誰解憐腰細髮秀將無慮齒危觀井繫繩何太苦懸崕撒手是吾師時行曰峄伯詩清俊鬆秀似初中二唐

全閩詩[illegible]

趙與梗

趙與梗字楚材龍溪人順治甲午舉人廣東茂名縣知縣有珠谷剩草其琴魚云藥化丹成日魚留被濯時盤飧且未免鉛汞亦何為暫爾濠梁劇終駼碣石期若逢拔宅者雞犬總相持又九日云寒食吊之推端陽悲郢客如何九九日不祀陶彭澤

全閩詩傳

陳烱宏

陳烱宏字涵哉海澄人順治甲午舉人廣東高州府通判著有下里卮言其送馬个臣還里詩云交道今全廢君胡獨遠遊旅貧難決計微病易傷秋腹笥終當用心旌且暫休莫教歸去緩更白老親頭又將歸留別諸友云所得非其罪投荒總不慚庸棋消永晝清話佐微酣久處朋儕戀將歸夢寐幷莫嫌衝瘴癘隔嶺是閩南又汀溪舟中云建溪奇不盡最警是臨汀際撼千尋

碧天含一線青攢崖群籟嘯覆峅野薇馨欲辟
官城子於山註水經又遊瑞竹巖云陟徑遵幽
谷凭欄問此君溪通滄海濶洞隱薜蘿紛戒亘
難承月當曦尚狎雲怡人是鳥語時在隔花開
又百花村舟望云小橋深塢徑門斜枕石臨流
數十家果樹成蹊春正盛冰関山叟愛栽花

陳垂

陳垂字次和漳浦人順治己亥進士廣東臨高縣知縣著有拄頰草其詩云一葛不遣冬一裘不遣夏結璘恒避晝鬱華恒避夜田父詎知蠶紅女詎知稼武庫奚必書膠城奚必射非時則不榮非事則不假阿嬌好晝眉老婦空舞柘穠桃昔滿蹊幽桂今盈把堅貞有竹筠軟美自蘭麝䍐䍐薄縱横瑣瑣晝姻婭達者樂乎天愚夫愁不罷

全閩詩傳

陳常夏

陳常夏字長賓龍溪人順治辛丑進士第一名授陜西米脂縣知縣不赴營江園以老所著名江園集有公逮詩其序曰公逮蜆子之屬公普也逮及也其爲物味最薄價最賤生衍最繁細民皆得以佐盤飧故其利普遍周及也產吾鄉最多偶於遷徙幾二十年每獲一筐如見故人低徊不釋感慨係之其詩曰物我同微賤生在水一方契濶日以久素交終不忘誰能負擔至佐

我毹糲香傾喜動顏色呼兒仔細嘗躁心俱難
用匕箸亦未將殷勤重握手滋味一何長微物
猶可見親舊半凋傷雖存亦遠竄跂足斷人腸
而況懷卭壟生死隔大荒天心既悔禍官府漸
開疆奉行多失實未盡反流亡古今同恨事遊
子泣故鄉又課兒云剪棘烽煙下酡顏信易衰
芳鄰三矮屋薄技一鈍椎抱膝憎予懶荷戈教
汝遲出門須縮足恐怒并州兒又和柳吉千春
日見過云未甘略負此芳晨筍蕨芽長喜餉新

家倚魚床分瘠土身從垂臂宿微塵擇言猶恐
傷時變䕯事誰當恕野人數尺桑麻君看盡如
何可擬武陵津又次劉幼安之燕還江園述意
中事云久向漁家羡小舟不知澤國有王侯風
吹遊子長安道雨壓溪翁鶴氅裘送客同寒三
尺劍避人更上一層樓自疑心眼蒼茫甚許大
乾坤盡種愁又荅張元闇云到處豺狼屬比鄰
杼聲斷續角聲頻勸君莫說催科苦君去催科
更殺人又漁家云催租人急比風烟一線清流

負稅錢釣得魚兒䏻滿尺官軍踏破半溪船又送僧歸頴還山云世情看到爛熟處欲入千峰萬峰去攜筇中夜起徬徨不能久立待天曙況是木落霜雪深靜嵐四埜空人心知君往還三千里總在烟霏白雲涔又贈僧聞渡二絕句云最爱休官白樂天從容文酒度餘年當時為有僧如滿香火社中共往還佛法差無世網牽亦須卓行故堪傳琴聰曾已字聞後得附東坡豈偶然

康孟侯

康孟侯字晉公龍溪人順治辛丑進士雲南羅平州知州州有詩云絶頂平臨四望通數峰隱々澹煙籠樹鳥啼上當牕月燈火吹斜入夜風誰遣夢回繁露下忽聞鐘動半空中寒蛩落葉如相應不解何愁聽不窮

全閩詩傳

陳箴

陳箴字于寶龍溪人歲貢士連城縣教諭著有晚簾集其畫松行云學堂粉壁白如玉佔俾似閒聲謖謖青天白日胡能爾古者畢宏韋偃紛在目鵝湖之絹并州刀不剪長江剪尺幅畫出天台第一株蒼虬欲吼幹鐵曲我生不辰安類此多君愛我為我祝珍重於今已三載不忍置之在空谷每將自寫自讚語翻作十日五日讀松下嘗來童子問畫中幸免大夫辱一生懷抱豈

在多區〻浮此亦云足但願年〻歲歲寒不凋
弟子相攜早入室君莫笑眼前老幹雖無用猶
勝枯桐死後中琴瑟又老至云老至依西序無
家暗自驚堂隨燕雀毚人比癭瘤輕枉顧皆殘
客常談盡老生蟻封雖半國終屬附庸名又挽
舟燕子崕云灘聲如萬馬片席上樵川水淺非
無浪人行不在船艱危登燕壘浩蕩息鳶肩似
浮漁家樂狂歌月照眠

余懷

余懷字澹心，別號鬘持老人，莆田人。有味外軒稿。

王漁洋云余澹心居建康常賦金陵懷古詩不減劉賓客其謝公墩云高卧東山四十年一堂絲竹敗苻堅至今墩下蕭〻雨猶唱當時奈何許又雨花臺云雨花臺上草青〻落日猶銜木末亭一綫長江三里寺千年鶴唳九秋螢又陳三品石云陳宮花午夕陽開三品官涍輦道來一自韓擒兵入後至今白石生蒼苔又登卧龍

山云薄暮登山阜寒烟帶雨痕竹梢三里寺桑葉幾家邨遠浪摇江島長燕入縣門舊時王謝宅今日只啼猿又吉山夜宿云殘雪積巖阜暮鐘來寺門犬吠白雲逕馬嘶黃葉邨山尊聊可醉旅夢不知暄前路崎嶇甚寒流落屐痕又自松陂至樵李舟中雜咏云一河春水漲桃花小艇隨風日未斜蝴蝶紛絲滿芳草獨憐遊子不歸家

林佳璣

林佳璣字衡者莆田人有東山詩集吳梅村送林衡者還閩序云衡者爲人質朴修志行詩文雅健有師法其叔父小眉公以前進士隱居著述衡者能世其家風云又曝書亭集有送林佳璣還莆田云林生磊落無等倫鳳雛驥子誰能馴一朝慷慨辭鄉里幾載飢寒傍路人平生崖嵬好奇服流離恥作窮途哭往往詩歌泣鬼神時時談笑驚流俗林生林生骨相奇昂藏不與弁

州兒看君富貴自當有不合憔悴留天涯嗟予
分手天南遠惆悵河橋送君返遠客休辭行路
難高堂應念還家晚衛者有過仙霞詩云閩塞
憑天險安危托武臣千山湘竹雨三月杜鵑春

黃虞稷

黃虞稷字俞卲晉江縣學生寓居金陵池北偶談云金陵黃俞卲徐都憲元文疏薦以諸生召入明史館食七品俸予時向之借書姜西溟題錢孝脩山中採藥圖云題詩舊日東華侶好句初看淚滿襟恨識斯文猶未盡九重泉下缺知音自注前有亡友黃俞卲七律四首極精工中有抽書盡日向東華之句讀之泫然故末章及之俞卲有贈王石谷詩云松老鍾山蘼苑空六朝

全閩詩傳

遺跡散飛鴻冬晴幾日聞驢背寫出荒寒落木
中

李達可

李達可字允行詔安人康熙癸卯鄉試第一延平府學教授有小隱即事詩云持齋非佞佛不作叅禪想今日謁大師頓忘人我相翳翳日初昏微月忽已亮去燭就明月徘徊石榻上出門正面山岧嶢若屏障清露浥荷香蛙鼓喧野曠竹徑及柳陰適興時自傍得近牟尼珠幽懷一以暢

許珌

許珌字天玉號星亭侯官舉人有梁園集其和周櫟園清漳城上感懷云春草寒蕪化戰場群飛海水動南荒燕歸故壘三年火馬踐平原六月霜道左人迹新節度軍中樂唱古臨漳東南瘴地元戎在夜色天狼不敢長又送林用始再遊粵中云老大辭鄉國殘春祖墊臯五羊江路近四月客星高出境惟羸馬隨身有寶刀英雄萬事左旅夢到臨洮又張桐臣移居云芒屩縱橫

五岳畢掉頭還山賦来日栄荊剥啄迎雞豚環
堵西風吹散帙一畝荒蕪亦借人主者偪側難
具述鳳凰歛止無良枝廣厦雲連處蟣蝨念爾
艱難道里中跼蹐新婦反須出座中名士老侯
艤江上小兒鷩步隲指掌功収丞相何磨楯書
與將軍弼妻孥十載消息真以此益悔其經術
入門轉覺貧如客破硯殘書色飈疾負戴歘罍
剌促行寂寞窮鄉寡車轍明月當歌鳥夜棲丈
夫安能守蓬蓽又同陳開仲徐存永峽江泛舟

云放艇𧻚蘆外為君理素琴酒痕霑袂重帆勢變秋深野菊牛羊涓寒潮天地音書生舟揖短無復渡江心施愚山云許子之詩氣雄力厚如嘷岩如猛虎凛乎其不可扳森然其不可犯君子觀其言即其生平之魁壘傳肆亦可槩見矣

全閩詩傳

藍陳略

藍陳畧字勳卿兆僯之子康熙己酉舉人建陽縣學教諭有碧溪倡和集其和王君正林常嶷山中上巳云令節重三日輕陰正養花亂離逢此際新服禊堂賒有兩能留客吟詩同憶家烏呼行不得暫爾玩春華又云休哀江南賦人生易別離且湛綠柳處共聽晚鶯時遠抱各難說幽懷祇自知山中婪尾酒聊可慰心期又山中送楊梅崕歸温陵王君正林常嶷歸三山和汀漢

石齣云吏治琴堂静師型絳帳尊如何同避此
将别黥銷魂晉水剌桐地榕城烏石村萁蕚招
隱士不久滞王孫

李光地

李光地字晉卿號厚菴安溪人年四歲能以炭摹地上燈字影五歲入塾力學過人十四歲舉家陷賊其伯父日爆募死士斃破賊砦拔以歸父兆慶篤嗜正學以明季講師蔑棄宋儒之書乃購六經性理蒙存諸書以課光地康熙丙午舉于鄉庚戌成進士選庶常時詔諸翰林各獻所學光地進河洛圖說拔置第一壬子除編修癸丑同考會試以親老乞歸養不數月耿逆叛福

州鄭氏踞泉州光地遁匿深山與叔日煋謀具
密疏言逆必敗狀爲蠟丸遣僕夏澤間道走京
師因内閣學士富鴻基以奏王師入閩詔護其
家擢侍讀學士赴闕至三山丁外艱歸有白巾
賊蔡寅聚衆萬餘人攻安溪光地設伏據隘絶
其粮道衆遂潰散癸未陞吏部尚書仍兼本任
乙酉拜文淵閣大學士卒年七十有七著有榕
村詩集其送四弟南歸云此夕亦何夕雁聲驚
客坐長連雲外直遠點天邊破茲物知天序飛

心相鳴和如何一瓠。翾云有簡書荷成業賴不仕予無悲坎軻誰為脫羈覊使子寬然卧徂徠已千株淇澳餘萬个昔人猶躊躇遲迴非所懦臨岐賦遂初末路思補過其言且分飛無令雪羽涴又澤州陳相國扈從南巡有詩留别次韻奉酧云先生落筆鬼神驚獨擅中朝雅頌聲綸閣同時瞻粹品泰山他日仰鴻名徘徊酧德君恩重直截當仁聖果成下士最嬿聞過暮般勤愧敍文人情又題韓城張司寇皆山畫卷云歐陽尋郡日樂此江淮介何如長河北崩奔几席在扶輿岐郃間夾岸崑崙派梧竹滿幽谿絲管搖天籟南宮昨同叨題目忽拈帶公遂寫所心德與知仁會因之想舊窩豈無峯與瀨白首京洛春未了飈塵債移文徒喧隧披圖紛靉靆彼美烟霞外悠然發深慨又餞宗伯許時菴致政云國朝論前輩蔚州魏先生公為下榻者于是始知名視學南中夫泪向孤寒傾文章咨賞外嘅息不能平瓠子浩未塞抱薪勞公卿惡

池挾漳滏東鶩勢雷砰三年雜丞尉風雨一茅楹拜賡俞河頌　帝嘉績用成倦鳥廿年飛夢繞舊林鳴臨風餞鴻鵠喟然嘆冥冥　君恩共友誼感惻有餘情他日辟雍啟還来備五更又

餞太宰徐浩軒予告云四海雲霖望未休超然元宰一身收看来自是蒼生病此去誰分　聖主憂慕府甘棠多惠愛家山堤柳舊風流髫齡相識今皆老旦晚隨公上小舟

全閩詩傳

謝天樞

謝天樞，字爾元，號星源，侯官舉人，官柳州府推官。有嶺外詩集。其大籐峽詩云：潯江流斷古籐蟠，百戰功成王伯安。鐃吹軍中陳獞樂，樓船天上擁儒冠。鐵衣亘響森松檜，馬骨山髙長蕙蘭。此地從来多殺伐，猶傳萬弩下危灘。西陂類稿云：余四十七年前與侯官謝孝廉爾元訂交輦下，後爾元自柳州司理歸，余正判黄州，盤桓數日而别。又二十餘年，棄世。今其子孝廉清裁令武

全閩詩傳

進得所著嶺外詩讀之不覺感悼無已

謝亦驥

謝亦驥字玉路，龍溪人。康熙乙卯舉人。江南丹陽縣知縣。有浩園草。其九日黄辛子招同高振公、王亮卿家天交遊三義閣云：昨日地濕天已晴，黄公約我登高行。今日招携恣所適，三義閣高高百尺。吴地千里衆山低，阡陌蒼蒼望未迷。憑眺與闌呼濁酒，酒酒榼從行已早。携黄公爲治衆謳歌，酒政因人亦不苛。無奈愁腸容易醉，酒情未極酒容酡。酒後同登七層塔，江南風景更延納我已微酣背生寒却畏高危風颯〻同儕登陟相追逐獨憇庭梧聊偃息望遠易生思遠心我意憐寺愛深竹又寓虎邱仰蘇樓送王伯起孫陸陶曹及其南歸云歎别真成别江頭日漸昏愁情難遽盡病肺不多言入里經荒郭詢家到小村為予傳近况流落住吴門又送子强姪歸里云猶子真如子臨行不忍行愁予官俸削累爾客囊輕吴越舟揺櫓楓梨嚬聽鶯應同春日燕歸認舊柴荆

張霍

張霍字一衡侯官人韓慕廬集中有送張一衡還侯官詩云往惠予琅玕氣與江湖奔真奇欣激賞交臂不可諼又云神物必騰躍高鳥欻飛翻三年泣和氏百里豈士元則一衡之見重當時可知矣一衡有讀史詩云舞陽變色後無人信童子何况来俊臣羅織疑人使童子没宮中宮中誰坐起前後左右間無不承后旨諸王縱有心何敢與接耳天心欲祚唐大誘於其衷昂昂

十歲兒從天降丹陛

詹明章

詹明章字我士海澄人有寓盱集其辛未初秋自瓊北渡卜築西江云老覺文無用帰来道未窮紆廻小徑路瀟洒大江東卧月千山碧尋秋萬籟空獨行頻顧影安強世人同又兼山樓秋興云定有浮生事無言出世難鳥飛寧辨路雲静合依山垂足懸厓外置身廉讓間人踪薄暮少隨意掩柴関又寄完伊上人云一自散材帰樗社不知見夢是何人得君謦欬来空谷愧我棲

今聞詩偈

遲此問津出世仍談入世法無生誰悟有生因

近聞郢上多吟客應少柴桑老逸民

趙潛

趙潛字濩白潼浦人以能詩名有怨歌行云雖有崇岡不止鳳凰雖有平陸不絕豺狼心馬如搏昌云能亡仰彼雲漢雲漢迷光涕下草木草木隕黃又已酉人日同天玉兩酌云蹉跎千里日浩蕩五湖身陰壑猶藏臘寒城不受春烟殘何處雁兩醉未帰人一水柴門路重〻屐齒新又初夏云江霽入新夏日遲扶短藜書逢山寺讀酒為野鶯攜客静于雲影官忙似馬蹄少陵飄

泊甚踪跡瀼東西又仙霞道中云鳥道千尋復
百盤小竿青接大竿巒幾家楓樹猿啼老一徑
秋雲馬踏残来日重陽何處度故園新菊與誰
看江郎窈窕疑相近秀石靈泉可當餐

許濱

許濱字水客，海澄人。歲貢士。有遠遊詩云：買屩欲出門，先向高堂拜。慈母意殷勤，問兒卜何卦。將以慰母心，不敢令愁怪。但言取功名，容易如拾芥。呼妻命早炊，奚囊早已戒。再拜與母辭，兒也從此邁。戶外即天涯，未知定所届。願母且自寬，千勿多牽絓。又古意云：憶昔臨別時，樓前揷柳枝。歲月忽已久，夫婿無返期。柳樹日長大，柳葉日離披。我欲登樓望，柳乃遮蔽之。眼前不可見萬里空相思伐郄樓前柳種蘆郄相宜鴈能傳書信蘆可宿鴈兒又賦得霜葉紅于二月花云霜威一亱園林變曉起驚看樹〻花半里紅迷沽酒路一溪艷入避秦家何須湿潤添春雨更覺鮮明妬落霞點綴山伆張仲蔚蓬蒿宅裡有榮華

王之鄰

王之鄰字美厥，龍溪諸生。所著號羽殽集。有過高齋次西崕原韵云：咫尺幽人地，来分静者居。烟霞療錮疾，燈燭費新書。照水花無數，攢峰盡不如。飄零為客久，慙此莫躊躕。又過謝玉路龍山草堂云：陰晴渾不定，纔見露華重。水滿帆依樹，山空月在松。秋枰花自落，盧桃石常供。冉冉芙蓉出，高低数面峰。

全閩詩傳

羅耿辰

羅耿辰字百水，龍溪人，有酌園集。其登白雲巗云：相携遠作凌空步，白雲深處桃花路。下臨千尺幾神寒，迅足前移莫回顧。紫陽真蹟五百年，墨痕斑駁猶如故。夢魂仰止十更春，今日經過應始悟。果然江山掌中看，果然日月肩上度。俯望前溪幾點烟，静影風微如剡注。此中又有懶残僧，向午餐余半煨芋。歸来猶染枝頭烟，隱〻雞鼔出寒霧。舟行遥指置身間，一抹輕藍一抹素又乙卯悲秋云挑燈閲史讀還疑叉手微吟似病痴曾見千金一馬骨空傳百里五羊皮行看破月淒清際坐聽寒蛩斷續時展轉傷心緣底事秋来自覺不相宜

黄宗濮

黄宗濮字仲莊以陞之孫有隱漁集其贈方禩千移居云聞道方君近卜居半床琴劍半床書門巡遶岫行移杖户接寒潮坐釣魚有道避人長自得多才結客久如初可無明月深秋夜詩酒招攜入竹廬

全閩詩傳

胡旭

胡旭漳浦人著有盤中吟其山中即事云老志戀邛壑誅茅便作家開窗收曉翠倚樹看晴霞酒熟尋新菜詩成問落花留將山水供客至不須茶又過太行道經泌水云青峰看欲了突送泌城來谿曲分官道村虛接草菜屋從高澗落樓背曉烟開不辨東西路停鞭問水隈又舟過建灘云蘆花影裡浪花平一葉漁舟出水輕蹔娌空囊那得酒隔灘尋覓賣魚船

李贊元

李贊元字匡侯，號素園，康熙間河南參議。著有梅齋集、遯園集、怡老集、遠遊集諸書行於世。其《燈夕杜于皇、曹秋岳、孫豹人、葉桐初集飲師白堂同用煖字》云：「予年漸向衰，性復好蕭散。入載卧衡門，幸得遂所嬾。日入遽登床，日出尚未盥。時閱古今書，不暇置長短。元夕天氣佳，雲日散和煖。燈豔欲薰天，笙歌動翠舘。此時冶遊衕，我行素已罕。悠悠飢渴心，所思在良伴。諸賢過我廬倒屣惟恐緩傳觴四五人猶惜坐不滿緬昔香山翁風流恣任誕相傳千百年忍令音徽斲逸興發清言山中安足算即此有餘歡何必絲與管又滇陽峽云禹功鑿不到兩壁欲相連水勢將崩石濤嶔已入天未聞猿嘯盡忽過鳥飛前太息風波險空傷白髮年又初夏即事云芳菲搖落送春光暖日晴雲晝漏長輕葛初裁金剪細嫩茶新試石泉香風吹楊柳綠當戶鳥啄櫻桃紅過墻小院日閒清睡足翠樓簾捲夕牕涼

又次笠居和尚長夏感懷云坐滿良朋書滿床老人自號隱中狂時吟好句呼天闕獨把芳樽對夕陽莫怪侏儒皆果腹可憐傀儡盡登場長江返照漁歌起一榻清風五㾓涼又潞王墳云層壁重門映碧空蕭蕭柏樹掛秋風玉魚金盌依然在猶勝生前翡翠宮又秦淮端午竹枝詞云綵幔朱旗五色橈琉璃光照碧溪遥家中粒盡廚烟斷猶着羅衣吹洞簫時行曰以春陵行之次山作歸去來之靖節而勝會效香山抑戒

同衛武古今詩人中所罕見者

陳食花

陳食花字子雲海澄貢士山東益都縣知縣著有支秋近草其夜坐遣懷詩云夜深竹風来敲窓發爽致起坐明月光湛露亦時墜冷然感幽懷欲逐流雲馭憑虛玩十洲五嶽如浮翠日月有盈虧人生易顛頓於此傷我心惶惶不能寐翹首揖飛仙願乞千齡餌又喜施潤石自海外歸二律云相將三十載結托在林泉故舊多零落鬚眉幸苟全天涯時獨往海外亦言旋入世憐

余拙啣杯覺汝賢相知能再遇及汝杖鄉年酒債仍如舊茶鐺亦偶然室人交謫慣兄弟友恭全風雅斯人在新詩海外傳又贈別云今日難為別春風那得知海天終有極無盡是相思

商及超

商及超字平遠漳浦人庚申舉人有蘧園草其和僧石航云不識西来意徒從貝葉求簫䇿觀未止鐘靜響仍晋珍重詩中偈謂余達者流楞嚴清夜讀新月挂楼頭又讀石齋先生山居云黄河古道見飛塵幾變滄桑幾悞人三逕依然荒未了可堪松菊最相親

林茂梓

林茂梓字仲仰雨潤之子善草書有花山集其懷王伯懿云蕭條不可望此日重沾裳小築臨流水孤帆下夕陽人家黄葉裡客路白雲長獨憶彈琴處寒花亱有香又偕王序甫登萬石山云方行萬樹中忽出萬山上樹容日光寒山空人語響又山居云孤館託空山山空何所托不知春去来但見花開落

李雲龍

李雲龍字漢澹，龍溪諸生。有九日家碩蕁侍御招飲印石山偕林仲舒家子箕限韵云：每遇佳時喜獨尋，也招阮瑀與陳琳。人間何物勝於酒，世路惟秋可入林。抱葉寒蟬猶短韵，含霜晚菊已貞心。長空嘒有風箏起，瑟瑟哀音異素琴。又洗愁云：欲洗愁懷覆一卮，眼中無可發清思。正當黃菊稀疎甚，縣吏催租到竹籬。

會允祥

曾允祥字長發海澄諸生有適溪坂憩舊寓山庄詩云尚喜荒廬在晚風似客清榻孤邀月共檐側倩雲孳蕃占殘畦鬧虎超越壑行窮村無穩睡淺夢亦頻驚又李漢澔江子融見過次其韻云疎竹出墻時相呼度疏籬坐烹秋露葉行對菊花枝世事如春夢文情託酒卮所歡能慰意貺我以新詩

全閩詩傳

柳日生

柳日生字吉千龍溪諸生有謝楊浩子自吳山携杖見贈詩云昔日登遍千峰萬峰上今日三里五里跛鱉樣濟勝無具衰老侵山水卧遊梦中悵君自吳山百里来為憐衰老贈一杖予拜受之試登臨堅勁輕舉任所向自嘆此身等枯籐還藉枯籐作儐相天老其材皆有用我頗與君内健中堅實無喪又平川道中云地僻崎嶇甚荒烟集一墩逢人疑作魅到縣信為村愁入雲

全閩詩傳

中雁悲來峽外猿深秋孤客况踈雨冷黄昏

盧有章

盧有章字子敏漳浦人有讀陶靖節集云淵明稱

絶俗又曰能達道讀其飲酒詩性亦不枯槁高

卧北窓下清風惠来早掛壁無絃琹其中趣自

好相對日夕佳悠懷獨潦倒我来潯陽居猶見

菊花老

周山

周山字十臣龍溪庠士有拳莊稿其酹王載卿云君住北溪中溪水何幽曲結廬托山阿泉般入茅屋山空木葉響長松侍著作風塵白雲外君子端清福而我牛馬走饑来且奔逐安得買山資柴桑共邛壑側聞張矰弋誤加雲際鶴畢竟烟嵐散月明照芳躅忽有素書降開函長跪讀何當扣柴扉連床聽飛瀑又過楊滿天云每来必信宿之子却天真不厭貧沽酒相期老結隣

亘殘蠟燭換天冷菜蔬新最喜西凉調三絃和幾巡又同遊朝斗巖云麗春門外踏沙行数里閒遊稱野情繞到山阿銷日影忽聞澗底欲松敲人烟不渡南橋水佛火長朝北斗城畫説梅花六百樹而今一望野蒿生又秦淮竹枝詞云水西門外莫愁湖莫愁人去亘啼烏而今湖淺無遊女菱芡花殘月影孤又云雞鳴寺上日輪高猶掩朱門曉夢勞傍午繅絲燕尾畢銀盤小點雪眉糕

洪鉽

鉽字又秦，龍溪諸生。著有東山集。其題南園云：地僻成幽致，柴扉晝半扃。鳥常芳樹隱，泉每隔林聽。野竹無心碧，晴峰特地青。不删當徑草，隨意步閑庭。又泊舟翠微云：泊舟閑縱步，籬落兩三家。茂樹招歸鳥，晴川鬧暮蛙。翁收溪外釣，兒戲竹邊沙。倍覺村居好，幽閑處處花。又題美人停針圖云：無那春來情緒多，停針不語欲如何。因看枝上鴛鴦侶，更有何心繡素羅。

劉夔龍

劉夔龍字伯讓漳浦人康熙辛酉舉人直隸南宮縣知縣有信陽州道中詩云曉發信陽道渡河未曉天遥隄終見日淺水自生烟寒氣侵衣帶波光上馬韉平沙蘆荻影驚動小鳧眠又邯鄲夢云蓬萊三月夜深寒僕僕風塵祇自歎便使偶然成進士何曾一枕敵邯鄲

全閩詩傳

曾應灼

曾應灼字俊心龍岩人南喬之子䊮貢士汀州府學訓導有道上吟草其早發錢塘云江口買舟返晨雞催泛橈踈星千點雪明月五更湖波靜人安寢風柔櫓慢揺輕烟迷塔影已過淛山遙又宿蒙陰云紆廻石路馬蹄徐信宿魯城三月初抽得野蠶皆織繭淪来蒙茗試清渠夕陽驛路風烟老茅店孤燈客夢踈方擁寒衾眠未穩雞報又唱上征車

李閩言作

劉勃

劉勃字幼安龍溪人康熙壬戌進士吏部主事有寄園草其河北道上云貆行常苦寒晝行常苦饑南人遊北道無乃非其宜酒家亦有月歌樓亦有姬顧我而色笑爲我彈絃絲我聞此絃絲報音一何悲雖云作客好不似在家時又建陽破廟云野徑絶人村荒阿古廟存爐灰餘鳥跡屋角染蘿痕日色寒升殿溪聲晝打門坐閒更不穩秋草欲黄昏

黃希宏

黃希宏字彬子，龍溪人。有梦松山上人詩云：益友悲凋謝，離群歎索居。師結武夸茅，来往但素書。何以忽相會，廣嚴舊佛廬。夢覺知是梦，落月屋梁餘。何時同一宿，坐聽轉三車。人生幻泡影，有梦亦空虚。又梅片云：别却南枝成浪迹，瀟瀟颯颯一天白。却疑暮雪穿簾帷，那有蘆花沾几席。幽香若欲繞客衣，冷韵猶留寄泉石。人間裀涵孰依歸，仔細封姨須别擇。又咏螢云：勿悲草已腐猶喜化為螢斜點花枝爍輕依月影青江邨分夜色野店落天星讀史欠宵燭囊君坐小亭又咏萍云水上渾無迹風迴東復西根微原暫托體弱豈能齊未可同蘭芷如將入澗溪悔供魚腹滿堕絮任沾泥又春日獨坐云四郊草緑知春意何事蓬門無客至麗日桃花相映紅不妨爛漫渾如醉

趙晟

趙晟字朗雯漳浦人四川通判有棧道詩云不覩崎嶇險誰知客路難人從天外度影落水中寒鑿石危懸板沿山曲架欄還思膚髮在叱馭亦回鞍又南園云茅塞胸中久雄談去已鋤無心雲出岫不意水成渠露白蒹葭外人聞鴻雁初秋懷唯自理俗毀反成譽又旅病云無端旅病倩誰知正值秋來聞雁時落葉無情猶戀樹哀荷有恨總歸池中宵鼓角他鄉夢萬里關山故

國悲兩袖清風惟藥裹半簾烟雨足朝飢又舟
中云江水悠悠逐浪回凭檣共賞芰荷開風吹
画舫香猶在雨過高楼月漸来

曾汝遂

曾汝遂字羽人龍溪人浙江杭州衛經歷著有萍水紀言其秋江即事云處處可人情更兼是水程烹茶聽鶴唳擲飯看魚争細竹東西徑漁歌上下聲勝馳千里目一曲一山横又秋閨怨云月静碪沉沉秋聲到遠砧緑桐猶寄恨刀尺亦何心旅鴈無遥信寒蛩作苦吟相思知自古誰似妾如今

林鶴雲

林鶴雲字元白，詔安人。有宿坐詩云：亂後門常閉鐘鼓到我家。庭虛風動月，逕僻鳥呼花。逐俗一樽酒，解酲數椀茶。三更猶未睡，霜影隔窓紗。又同李漢澹對月云：宿永香司漏，天寒月續燈。如何相對坐，不語到天明。

何聖任

何聖任字莘叟號搭閣鎮海衛人著有窺日軒詩集其宿東溪云為宿東溪裡烟霞又一程岫雲寒已濕野火細還明雨色連江暗松濤入耳清客懷原不寐況復夜猿鳴又送孫皓几司馬出都云江寧才子擅騷壇肝胆知交分手難無那其人自此遠應知使我不能餐西山夜月杯猶熱東嶺朝霜帶欲寒漸煖三春將日近故鄉梅蕊正珊珊又伏虎洞和黃衡表云倏忽十年心

事違同人于野扣僧扉一潭澄碧魚知樂千樹無聲鶴早飛淺淡戶每存古蹟蕭疎菜甲趁春肥牧童山下頻吹笛日落平沙未忍歸

魯大文

魯大文字文三龍岩庠生有偕謝方山諸友遊半天岩詩云為愛山行好偶行如宿約逶迤鳥道幽危仄羊腸錯雲向杖頭生峰從天際落榛関歷幽奇怳是五丁鑿五色現空中曲〻皆屢閣促步下巉岩驚濤起萬壑又竹廬吟云数椽茆華傍山隈曲折池臺稱意栽庭小每留雲影度樹幽那辨鳥聲来日繙古史常千卷時對高朋可数杯學蹟閒觀魚羡墨梅梢月色幾徘徊

全閩詩傳

蔡衍鎤

蔡衍鎤字宮聞漳浦諸生著有垂露草其峩眉山詩云近水多風近山多雨人亦有言我聞其語峩眉一山旦夕皆寒不雨而霽雲繞而環茫然無雨雨在山間又古歌謠云雨不在田不如勿雨妾不同衾不如勿娶又叅禪云認佛為佛杳不見心即佛求心幽渺難尋悟者自悟不在鐘音昧者自昧不在絃琴又築城云築城不猒高城高損人力鑿池不猒深池深沾人臆哀哉此

時民勞苦至此極勞〻有誰憐不勞安可得勞民不敢怨〻復不敢惜有身付塵泥有淚付潮汐淚落未及收鼓聲催行役又鼓山言歸云登臨興盡却旋車夾道松聲日欲斜山水豈堪長作客神仙未免〻思家携来銀漢何年石折出桃源幾樹花正値飄風吹我去此身安敢寄雲霞又贈優云新聲一曲向人歌背立風前意若何自是周郎頻欲顧洮関曲裡誤聲多

陳峻

陳峻字小崕海澄人有海邨詩云海倚城為岸人畊海作田帆檣行屋角島嶼列樽前邨暝霞餘照天低水與連鷗心盟已久時或狎幾邉又敝裘云何嘗敝緼恥遣體燠而安不可典春酒猶堪卒歲寒浩歌回雪暖讀史坐更闌帯索誰知樂抱琹時一彈又閒適云草屋無塵莫厭低名香半炷小窓西新添勺水資魚樂高蔭幽篁借鳥啼又偶興云竹洸踈〻放月竹柳搖嫋〻受

風輕酒因鄰舍易賒貸客為通家免送迎

黄錫祚

黄錫祚字遠章漳浦監生元埈子任江南華亭主簿著有芸香閣詩草其集王氏別業值雨云埜興濃于酒春寒雨欲零朝烟含壠樹宿霧起沙汀人倚芙蓉閣簾開翡翠屏緑陰剛缺處又補一峰青又雨中踏青云細雨清明後梨花雪滿谿望中春樹迴回首遠山低新緑揺魚鬣殘紅襯馬蹄誰家簾半啟小語畫樓西

全閩詩傳

王敬

王敬號道峰長泰人著有一軒集其春日寫懷云新裁客来稀櫟頭早燕歸臨流磨古劍入市典春衣澗淺寒泉疾沙平細草肥山居還自得花片滿柴扉又日暮云日暮傷幽獨閒吟謝朓詩不孅花落盡惟恐月来遲苴色因秋歛江䅲隅峤移離重吾計拙何以慰相知又江東云江楓摇落水漪漣恍似秦淮八月天邛壠高低龍與店烟波出没鷺門船

全閩詩傳

林介石

林介石字豫六海澄人著有松窗集其風竹云每向空庭裡因風傍月鳴蕭踈三徑影蒼翠一溪聲節勁身難定心虛意不平此君真可愛瀟洒自逢迎又春日云但覺尋芳好春来景倍加垂楊千縷線深杏一村霞蝶舞山〻草鶯啼樹〻花夕陽催緩步林影亂歸鴉又山行云鳥語喧山徑松枝壓路斜行〻何所見紅杏两三家

全閩詩傳

洪朝相

洪朝相字山友，漳州人，著有雪蕉草。其虎卯秋夜云：勝地名區似有緣，酒帘茶肆每情牽。楼閒灯影花閒市，溪外歌殽柳外船。劍氣剩留泉澗寂，講堂長賴石頭傳。香塵縠霧頻邀月，未覺秋風冷夜天。又大防灘云：石勢巉如劈，湍殽怒若雷。頗能佳處領，似覺險中来。

全閩詩傳

李孚玉

李孚玉字温生平和人李賛元之子有元日過洞庭湖詩云洞庭湖景竟如何元日乘風破碧波急櫂乍驚幽鳥散輕帆常礙白雲過水光萬里連天漢山勢千廻鎻汨羅極目鄉關空悵望楚江春色且酣歌

鄭玫

鄭玫字文玉龍巖人康熙庚午舉人著有聽松軒詩集其石鐘山云惟石臨長江玲瓏直透麓清風吹古洞異響振山谷山静鐘常鳴潭虛月可掬漁翁知此趣夜夜傍巖宿又金陵懷古云金陵王氣已全消豈獨傷心是六朝宫闕年〻生碧草秦淮夜〻漲寒潮花飛別殿香魂冷樹鎖荒臺玉蕊凋莫向城頭高處望江南江北正蕭條

王元通

王元通字伯達南靖人太學生著有樂志堂草其夜雨云風雨今春半瀟瀟入夜来輕寒侵枕簟細響散樓臺漏遠聽全泐灯残梦卮迴不知上林樹明發幾株開又春閨云朱上簾鈎月一痕㲉㲉杜宇叫黄昏如何不入征人耳偏向空閨斷妾魂

方垓

方垓字燕胎龍溪人著有楚遊草其過醴陵縣云我來两月餘總及荆南界古道萬峰迴輕舟雙槳快城烟意外詩湖水眼前畫尚去故人遥不知何日届又泊蕭潭云籬落皆星散兒童下賣薪村姑多質朴挑水不肴人又自安陸至許灣舟行六言詩云帰舟下水上水作客經秋再秋廻憶去年對菊花〻葉〻鄉愁

陳元麟

陳元麟字子紱海澄人康熙己卯舉人少負才名善古文詩賦著有洗竹齋稿其幽居云所居營獨坐小牖向墻開畏瘦將移竹驚寒欲避梅月高人始見秋盡客方來寂歷存吾素空庭長緑苔又画菜云喫斷菜根者其人如可得援筆寫吾容添却霜華色

全閩詩傳

黄江

黄江字岷水號巨川同安積善里人雍正甲辰舉人授内閣中書為人重厚簡默寄情物外樂志林泉喜吟咏工書法有詩文集行於世其客逭詩云客逭無人伴更深動客情山窗留月色戍柝帶風聲病倦眠常早憂多夢不成去鄉多一月心緒幾時清又謁孟廟云嶧岫鍾靈秀宏施大禹功因尋千緒墜力障百川東象具巖巖氣林深奕奕宫當年遊歷地何在七王雄又辛未

京田宿漁梁有感二絶句云扶筇過嶺日西斜
野店欣然見菊花屈指去京纔兩月買花人已
在天涯寒烟翠竹亂泉縠依舊千雲一嶺横去
去来来三十載筍輿吟望不勝情

出科聯

出科聯，字乾甫，號淑渠，泉州惠安人。乾隆戊午鄉試第一名，己未進士，授翰林院庶吉士，歷官檢討。天性淳樸，屏絕浮華，中有所見，確然自守，不為外物所移。與人交，謹始慎終，無愧於古人。有聞施山亭述荔崕近況，知入都有期，預邀枉顧詩云：鴻臚報道近興居，勝似千函往復書。鷺渚春深移遠棹，鳳山秋曉曳輕裾。天涯粉署題名久，雲外高軒拭目餘。早向從遊誇有客，迎來司

馬是相如

黄夢琳

黄夢琳字球卿晋江諸生侍郎徽孚之孫性清介與人交肫然至誠少得吴喬詩法古今體詩恍惚中晚唐人著有雪舟詩集及詩學正宗行世其鷺江懷古詩云極目滄波外安瀾頌禹功津楼涵蜃氣魚市帶腥風城鼓春雷響船旗夕照紅還宜花月夜高唱大江東又云楼櫓三千壯英雄百戰勞英雄不可見潮水日滔滔野戍皆歸馬征人久賣刀空餘羈旅客弔古首頻搔

薛登龍

薛登龍字建章海澄人遷居同安之鷺島爲人重意氣敦交誼篤志好學屏絕浮華晚年日與二三老友尋山問水飲酒賦詩有翛然物外之致其秋日同諸友遊中岩詩云舊約經旬未忍忘中峰後到值秋涼芒鞵踏處溪山古竹杖扶來䖍月長耳把滄江浮晚照石攢野菊度幽香因耽梵刹多奇趣鎮日追歡醉羽觴

全閩詩傳

黄國楷

黄國楷字皆木漳之龍溪人遷居同安嘉禾里乾隆間詹事府主簿性倜儻不羈工書善畫能詩歌古文詞弱冠遊京師多為前輩所賞識名藉甚公卿間而天年不永弗竟其才惜哉有遊萬壽寺詩云石逕荒凉别一邱壘囂迥絶寺門幽松林子落僧稀掃岩犬敎驕客偶遊列嶂似屏山不斷迴溪如帶水争流許多新景添詩料數舉吟鞭又滞留

蔡德輝

蔡德輝字子耿龍溪人太學生為人倜儻不羈卒時年六十四臨終自作墓誌銘其畧曰嘗讀王震澤文集有自作墓誌一篇且歷引昔之通人曾自為之者其胸懐洒脱有足稱余伏枕兩旬自揣病勢不起力疾作此詎敢媲美前哲聊以省諸兒轉卬他人亦一快事也叟名某字某晚號自號覺昨叟性樸拙不屑仰面干人待人嘗留餘地又不竭人之歡時或吟咏自遣有鳴秋

草五卷蠡測文集十卷又嘗旁通星數算法堪輿卜筮及壬遁諸術以之自怡焉耳其詩有招飲黄荔厓駕部云金門歸定省逸趣暇中參時對聖賢酒閒詮姑婦談梅花終滿逕蓬戶可傳驂豰日常晴霽遲君一盍簪又謝張其在見惠花箋云不嫌老大匪知音十樣鸞箋寄惠深滑等松花光逼玉柔方蚕繭價逾金留題未敢稱詩癖染翰祗教笈墨滛雪案鱗鱗充指使無勞覓葉向蕉林又咏信天翁云羣動皆爭命斯禽

獨信天山林宜靜性雲水結清緣饑飽由前定
窮通任自然應嗤梟鷺輩淂失日憂煎又宜坐
云清宵愁不寐對影嘆蹉跎當户微風入穿簾
淡月過情長知巳少秋至淂詩多嬭々誰家笛
其如猒聽何又過秋林峡云望去疑無路行来
有逕通人烱空谷裡秋色乱山中嶺樹經霜老
烧痕入暮紅客途誰訊問獨自賦西風又秋宜
訪蔣楨士云柴門宜寂掩寒花幽雅居然處士
家畦菜經霜甲轉緑庭柯着月枝偏斜興来戲

墨毫濩下時或閒吟手八乂座上豪談嗁吻渴
輒將活水煮岩茶又次韻贈別黃叶莽駕部云
詩思居然皮日休曾陪唱和在清秋霜籬共賞
陶潛菊卮月同登庾亮樓一棹輕移人濶別千
山遠去緒綢繆凌雲賦就應承寵勿靳郵筒報
鷺洲又梹溪晚眺云低徊秋水上芳草望萋萋
一鴈晴江外片帆落日西山因暮霞紫樹為晚
烟迷欲返城中去前頭月印溪又江城卮泊云
短棹依城角江空水自流雲垂千點雨鴈叫数

殺秋讌鼓增鄉思漁燈引容愁曰歸猶未賦夢
與美人遊又百丈岩和韵云危峯懸百丈高擁
梵王宮秋樹連雲白斜陽隅水紅千山趨榻下
萬象吸窗中俯見沖霄鶴翛然興不同又經伍
相故宅云相國當年宅於今僅廢基夕陽牛下
上春雨草迷離覆楚存三戶興吴起一篙丹心
君不諒千載嘆鴟夷又遊館娃舊址云晴日登
高舊館娃琴臺有石鎖烟霞採香逕冷生春草
響屧廊蕪集暮鴉一代美人魂已杳百年霸業

志空奢可憐歌舞風流地變作禪房掩落花又
咏蘭云帶葉護新枝羣芳第一奇月侵魂冉冉
露裛態猗猗隱德高巢父清風類伯夷深林香
自足豈待有人知又送友之安平云送君欝欝
向安平雲樹相違六幾程深念長亭人獨宿空
懷永夜月孤明一肩行李風塵滿百里溪山夢
寐縈戢暮曰歸宜早賦好將詩酒續前盟

李正擿

李正擿字遜之，安溪人。能詩，工書，善鼓琴，深究天文地理，兼精劍術，惜其中瓶耳聾，或與問答，人須以筆爲舌，彼則以目爲耳，故儕輩中罕有深知者。所著有《月山詩文集》。其居無廬，云：「此形真局促，賃住三間屋，其高知幾許，入門躬須鞠。室家團圓聚，十人如一束。春夏在塗泥，濕氣蒸床褥，秋冬一凜冽，閉戶風滅燭。年年租無欠，主人來相逐。問之將何爲，云欲興土木，此别無所用可以容糞濁出門急問舍海岍復城隅大者貴如玉小者亦如珠望之一長嘆自探囊無餘計窮思長結一亱夢華胥唐虞邑之里夏商田之廬不用一錢買長與子孫居又荅宗兄見寄云居諸倏忽已成翁回首當時蝶夢同老去渾身皆是病衰来兩耳竟全聾百年心事絲桐上一世功名酒盞中喜恨詩章君細看無勞覿面問情衷又送蔡子耿之蕪云時維二月正春中千里關河送李通馬度青途楊柳雨帆依紅岍否

花風他山過眼情應異好景催詩句更工且喜
君心無内顧歡離不與苦離同又寄王爾光云
近来貴恙想全除且倩飛鴻問起居不為酒壚
耽卓氏能教消渴病相如江東一片暮雲遠刻
曲千回寒雪處擬待龍舟下禾水相携江上吊
三閭又漁家樂云生計年年浩渺中浮家泛宅
任西東一篙直挿蘆邊月雙槳朝隨柳外風道
異三閭荆屈子心同七里漢嚴公桃源隔絶無
人到惟有扁舟識路通又新居云此生無大志

豈有望華居但淂遮風日將為好舍廬短床不用帳小桌尚宜書敢謂陶彭澤易安心不殊

林枝春

林枝春號青圃福州閩縣人乾隆己未進士第二人官通政司副使躭吟咏淡於宦情書法尤稱神妙其常州迎　鑾舟次和余詩云又看江南黛色山入雲樓殿杳追攀投来驪頷三千顆擬試霜蹄十二閑中散多情分石髓省郎高調領仙班迎龍橋畔迎　鑾近他日方舟記此間是作一時揮毫立就而風流雋雅之致即月煅年煉無以過也

國朝閩詩選二卷

[清] 建安黄景裳輯

福建省圖書館藏稿本

國朝閩詩選二卷，清黄景裳輯。景裳字芝山，號丹霞子，建安人。生平未詳，志乘無考。書前扉頁題「古溪丹霞子手録」，卷端署「建南玉山黄景裳芝山手選」，鈐「黄景裳印」、「芝山」、「瑞芝堂家藏」諸章。據鈐印及題記，乃知其字號鄉貫。所著丹霞詩，載詩六七十首，存否未知。

閩人選閩詩，代有其人，或通代，或斷代，或通省，或郡邑，彙而存之，雖去取有精粗，存亡有參差，然保存文獻、以資考證則一也。清代閩人輯閩詩，以乾嘉間侯官鄭杰全閩詩録爲最。而景裳所輯國朝閩詩選，知之者甚尠。

是書分二卷，無序例，有目。卷一立目一百十四人。卷二立目七十，而姚作桂、丁又顯、王穎諸人未列目内。全書共收録清初至乾隆間全省作者一百八十七家，中福州府各邑居十之七八，卷二多録古田籍作者。録詩三百六十餘題，四百餘首。人或一首，或數首不等。

縱觀景裳選詩，多參閲乾隆間閩縣林從直之閩詩選七卷，林書原有刻本，今已亡佚，鄭杰輯國朝全閩詩録亦多從採選。同一家詩作，景裳選録每與鄭異。如鄭選林從直詩二首，景裳選二十二首，爲全書之冠。又如張遠無悶，鄭選未録林從直評語，景裳録其評語，謂「無悶以詩起家，名播海内。古作氣幽而味清，近體則音響疏越，尤具老致。吾閩康熙中，蒼嵋、松址外，直推無悶」云云，僅見此書。景裳所選多不經見，尤其詩前小傳，述作者仕履、著述、詩評等雖較簡，然於徵文考獻助益大焉。
全書編次，大體以作者時代前後排序，然子居父前者有之，如次廖騰煃置其子廖長齡之後；誤録者有之，如莫奎名下誤收友人贈詩。重出缺漏，更不一而足。如陳層巒、林國樑均兩見，丁焯傳載「丁焯從弟」，而詩名更著之丁煒未見録。他如卷二翁文達至彭帝時共二十四人小傳，體例與全書不同，蓋景裳選詩不止二卷，此僅爲初稿而已。
書中前後均鈐「陳敬之印」。書後有民國三十六年（一九四七）、三十七年跋二則，署「江田鄉人在古樓」，鈐「吾道在倉州」白文印。陳敬當即題跋者，其人曾於一九四七年持丹霞詩手稿贈送建甌文獻會，後於一九四八年持「此本歸福建省立圖書館保之」，一九四七年建甌文獻年刊載陳敬輯建州練夫人全城事跡輯略，蓋是致力於鄉邦文獻之藏家。惟其跋中言此本爲嘉慶間所輯，或失考。按，卷二立目最後一人爲鄭方坤，其小傳有「現任兖州府知府」云云。鄭氏任兖州知府乃乾隆十三年（一七四八）至二十年間事（詳乾隆兖州府志卷十二職官志），知是書當選編於是時，而非遲至嘉慶朝。（陳旭東）

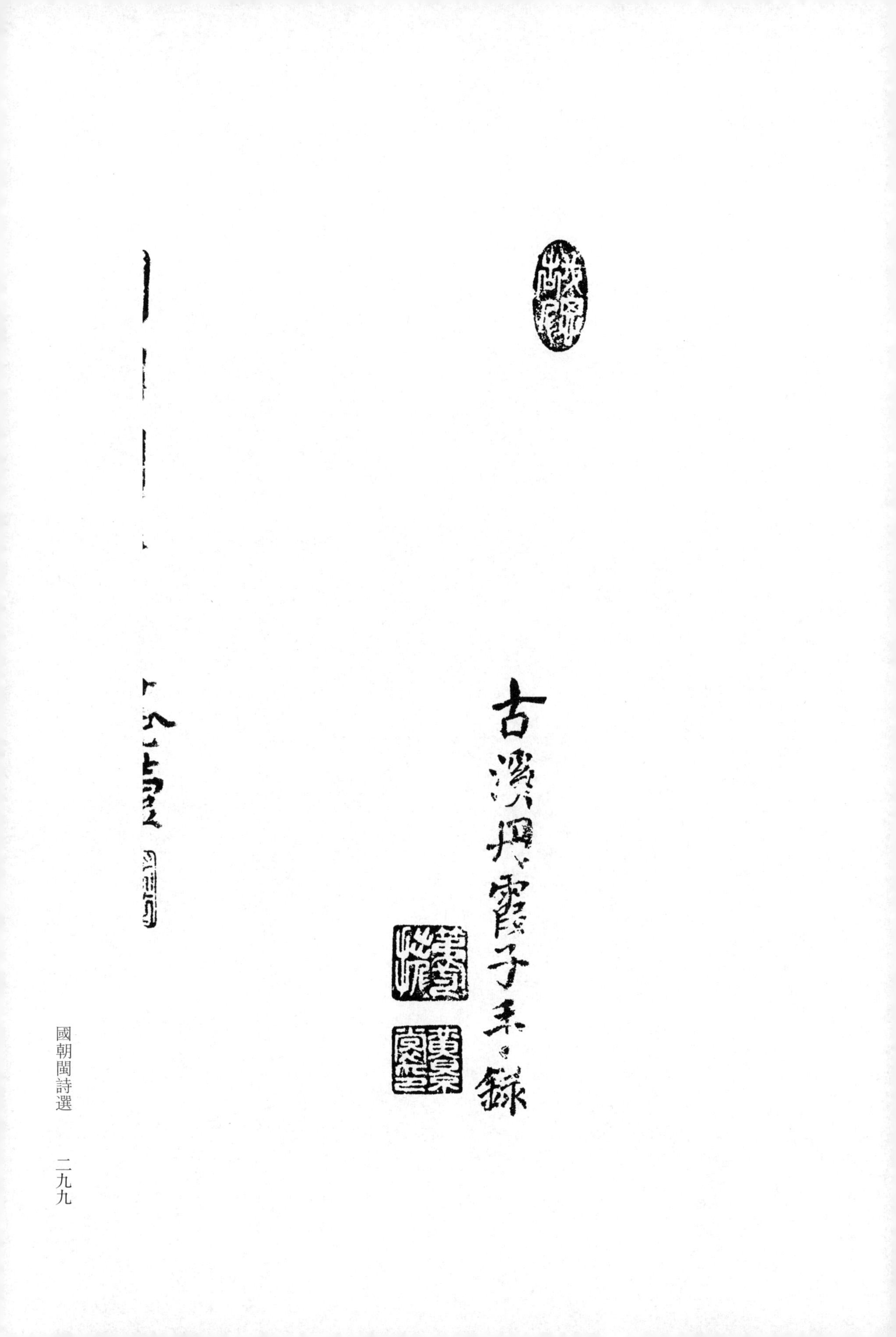

古溪丹霞子手錄

鄭重
鄭翡
黃譽驥
林葉芬
陳聖泰
陳丹赤
葉騰然
魏天申
王國璽
游紹安
周紹龍
許鼎
施士岡
吳[illegible]滄景滄
郭潤

王應元
陳光垂
洪理潤
謝詮鍾
官于宣
李贊元
陳廣鑰
黃瑾
林蕙
林日毅
黃虞稷
陳筏
李時楱
林人中
紀汝礪

高謙受
蔣玢
陳文曾
張棨
鄭備緒
劉日章
陳詮
黃西輝
黃錫袞
連城
陳箴
趙有聲
陳肇曾
鄭承祉
黃元驥

鄭炎
鄭磊
丁煒
許遇
李夔
蔣晟
吳鉍
薛集
李馥
周成雲
黃從謦
張崙
林儀
何連城
廖長齡

莫奎
陳尉宗
吳彤
趙廷芝
林豫吉
鄭青
陳潤
張遠
施霖
葉紹芳
官莊
陳子威
朱任弘
林雲從
龔璉

廖騰煃
李光地
林麟焻
吳楷達
鄭梁
侯胤柳
李士衡
洪焙
魏憲
趙晟
陳之輔
林錫疇
陳學夔
孟凱
傅爲霖

黃九牧
郭登龍
蔣衡
張鋾
陳登禧
林衡
張天禱
陳祈賡
張彥
陳祈永
陳文邁
黃任
張文旻
李鼐

李廷極
劉兆基
邵言綸
謝誅
林佶
郭雄
鄭三才
陳萬策
許均
何瀚

右作者
一百十四人

國朝閩詩選

建南玉山黄宗裳芸山手選

鄭重 字威如，號山公，建安人也。順治辛卯賢書，戊戌進士，歷官刑部左侍郎。公慎自矢，不徇不阿，居官卅年，精白以一室云侍膝，著有寓園集。

澄江舟行

炎暑秋尤烈，途心自冷然。凉風吹巨浪，待月印晴川。勇退喧猶寂，偷閒吏亦仙。江干垂釣者，渾可在忘筌。

西谿早發

漸見東方白，殘星耀遠天。山花迷古路，碎石臥崩田。澗晚飛雲落峯，青變日光。蕭蕭村居外，鳥語碎落烟。

送謝傅公之新安

河山地隂隔，離歌奏念程。黄山催臘殘，白嶽望行旌。眼低烟樹潤，情寄一聲孤。帆青當時嘯，傲旅魂清。

聞雁思歸

云端孤雁來三聲，望斷音書倍憶情。萬里關山何處是，一泓清水暮雲平。

鄭翡 字羽人，候官貢生，官建寧司訓，著有毅遠堂詩集

二

早發竹崎

百里溪山路，恍疑連溯洄。猿聲兼雨集，節屆晚烟開。殘雪千峯斷，垂花兩岸催。潛心看去浪，家思與方來。

黄肇熙字悟溪福州戊子舉人有家中楚行集

和陳子升秋閨韻

自從別淚滴征衫，人已天涯孰解緘。萬里颶風憐短夢，一燈明月照孤帆。秋催砧杵聲聲怨，書到邊城字字函。為情畫操變蘊去。在深也含情呢噥。

林榮茶字芸室號東海候官人原籍福清順治辛卯舉人官翰林院待詔工詞翰尤長于詞係俍直曾祖也

紫姑詞

紫姑紫姑汝是何神能下乎。不栖雲宇卑栖廁。亏手將月出

三五。飲羅愷收和擣戶。少婦潛注鄰家呼。參劝錄來問紫

姑。束身加服肯姑形。翠眉朱口畫分明。攜。姑。跽。跽。劍中

去。更。畫。嘹。嘹。叮。嚀。語。先卜蠶絲後麥谷。家口平安達六畜。

吉則畫頭過則否。切切朦朧不宣說。紫姑紫姑若為語。

三

啞三一聲但聞喚，我謝姑夫姑而拜。還家甘道今夕識。
有如稱呼不相識。只斷來年再請姑。

佳期竟不歸

良人萬里戍金微，少婦三春照玉徽。容貌全瘦蝴蝶省，音書斷絕雁鴻歸。曾樓羞對堤邊柳，臨水愁看池內鷄。鷄濛濛花帶落遮柳，絮紛紛日三眠。誰把魚目照寒夜，獨得了音度幾年。紅顏出塞易爲老，白首回家不見道。寄衣昔日情人難，浣紗慵懶逢伊稱單情說向包訛。更遠關河數十重。借問胭脂山柰舊。前緣十載萍浮蹤。

署中夜坐

坐慣禪忘寐。積每覺漏長。嚴城三鼓柝。冷署一簾霜。研筆墨雲生。徹閒硯聽翻。月在床蒼涼燈下新秋吐望間忙。

白燕子

剪碎春風語畫屏。怪你來紫雪為翎。御泥不累身。

全潔語主還留眼猶青生入玉門驚皓首今居樓上
敢將舊家近日凋零長王謝堂前有白丁

過洛陽橋

遠逸十里跨長川攢造堅牢仰昔賢永作東西通
利涉廢興元宋近千年蝦鰲浪攪湖邊雪鰲背山來
海外天為開寶手下浮海醉路曾否臥江邊

濤樓

濤樓日日對青山青有濤山豈解顏草綠過橋連

樹暗紅圍憚權抱城灣鄉村對犬烟雲裏巷陌人歸去
柳間似在眼前雖劉壻莫嘆鷗家未渠還

陳聖泰字太中，候官人，辛卯元，壬辰進士，官邵武教授

溪行

層嵐疊翠霞晴沙直北猶看古道斜日日江頭尾艇村村樹裏兩三家蒸堆曠寺江邊火霜咽危樓幾笳畫角催人徒白髮不似山月在梅花

陳丹赤字獻之，號真予，閩縣，辛卯舉人，歷官江西道　遺獻按：師祖弘勳，任通政，覺楊無爭，計發丹赤降，丹赤不屈殉

國雅賜謚忠毅有
家吟草

晚泊下雨

一葉臨孤岸，微茫烟雨中。濤聲都帶白，霧氣漸流紅。層巒擁殘照，漁燈映彩虹。陰晴渾未了，身世托飄蓬。

方開驛字郁木閩縣壬辰進士歷官鳳陽道

遊西禪

愛此長林下，輕烟变素雲。田歸山寺繞，湖向石橋分。鳥語[illegible]僧背，蝸涎譜梵文。座前指枸樹，妙義自西

8

閩

蔡矯然號思菴，候官人，壬辰進士，知滦城縣。康熙壬辰重宴鹿鳴。博洽經史，兼作古窗詩，文多高古沉雄，筆格直接王孟，有敦樸堂詩

短歌行

朝見海上湧紅輪，暮見山影霞白雲。山摧為谷海栽桑，惟見雲日長絪縕。人言快〻歌舞場，歌〻舞散場轉悲。

漆文言神仙不老，仙人棲寂終枯槁。春風下開不日花，蛾眉柔骨沉枯草。人生安得長美好，短歌一曲僧懷

上

抱。

浴佛日和王霞初宿天一园

金粟伊蒲供，东春荔荔丛。花晨蜂酿露，竹午燕穿风。

苍壁青峰暎，恺留白日红。西江无限意，一二问征鸿。

暮归

草树平湖绿，烟花荡暮潮。断云低去雁，残照送归樵。

远火看明灭，春鸡噪穿窗。东风吹鬓乱，回首漫倚倚。

山海园

神州鎖鑰古雄關。鐵騎雲屯重此間。一旦六飛興朔漠。遂令彩鳥下燕山。樓船橫海滄波壯。烽火邊城白晝閑。多少征人羅遠戍。深閨幼婦奏愁顏。

蓬瀛宮闕望中誇。薊北燕東總帝家。曠代衣裳來遠譯。開天形勝擁京華。嫖姚甲帳屯[illegible]殘壘。風雨屯田有勁沙。殊嗳飛飛心力盡。女墻長在暮栖鴉。

龍城迴合海連山。王氣東來第一關。塞嶠雲陰鴻雁沒。星河夜靜鶴飛還。中原豺虎經年盡。南國烽煙

上二

尚未聞。欲看壺漿迎嶺上。欲看嶺在閩外八千里平西和迎王師云

雲霓端不負人間。

澄海樓臥月掛東。潮來吹散閬山鐘。分明寫道千盤峰。斷絕狼烟萬里烽。塞曲晚風聽牧笛。邊人夜雨話桑農。只今九土車書日。天險河防百二重。

魏天申 字宜仲莆田甲午舉人知石首令

寄惟度家弟

天涯落宦一身輕。望斷吴江話不平。赤壁寒風

共鶴夢白門夜雨悄窮吟文字千載知君席費病三春倦短檠汝不肯來余華往再生應了子由情。

王國璽字海印萩良丁酉舉人良宗州知州有王海印詩集

同謝傅公陳佩芳遊東山寺

松花柏子滿共山雲碑穿來第几灣遥指煙巒翠絶壁貪看來草繞稱閑來青多立諸峯上飛白書聲霄漢間僧各枕頭論往多不地流行日潺湲

上三

游紹安　字鶴洲號心水福清人癸卯進士由刑部郎中補南安知府歷二十年以清宦致仕卒

招同友人西湖夜泛

梅雨初晴綠漲畦。夜遊汀鷺泛堤西。風生水面波微縐。光透湖心月漸低。只有流螢穿遠嶼。更無裊柳拂長堤。泛瀾高閣今何在。漁唱三聲報曉雞。

周紹龍　字允乾號瑤峯候官人癸卯進士歷官通政司右參議工書法能詩

旱起書懷

敢將青髩負乾坤。濁酒朝朝灑旅魂。繡被有餘誰

秋鄂金雞舊夢舞獅猊十年心寄空懷刺七尺從人愧揮門牀上征韝更激辭旋束如雲手重捫

許鼎字伯調遇子均兄侯官癸卯舉人任遂昌令有少少集

濤園坐雨喜晴

多病耽幽癖茅齋誰往還詩心蓮社雨春色四圍山屯家琴尊樂窺人松竹間悠然聆清磬繞舍有禪關

地僻塵難遠林深鳥獨還雨聲秋在樹月影澈

收

亂山花雜照崖靜，宗陽小圃間。更攀高處望，翠滴江回。

夜泊姑蘇

金閶門外一孤舟，旅泊蕭然憶舊遊。夜月猶明秀學運，春鴉秋草故宮愁。費值鐘聲依山寺，醉聽吳歌過酒樓。燈火人家光似畫，杭州寧否比蘇州。

施士岡 字伯根，世禮子，晉江人。由蔭生歷贛州知府

江中望羅浮山

晚後隨風合小溪。一峯高聳萬山低。好尋勝跡烟
霞洞。遙望芳深嶺岫迷。仙子只遺丹灶室。美人空惜
玉梅堤。扁舟無限蒼茫裡。落花江干鳥亂啼。

吳宗淹 字希道，鍾子，龍溪人

詠史

祖宗名節漫打傾。借口邊疆若用兵。肉食顯皆
為將相。嗟吟盡是此公卿。一枝毛穎殘天下。半卷
文章論太平。時喚衣冠先解体。半生誤國屬書

生。

大江懷古

源流滕滕遡荆門。岸草洲莲一望昏。地拆東南霸業。江連吴楚。共乾坤。鷄磯尚立英人廟。魚腹空歸先主魂。徒使卧龍遺恨在。漢家無計復中原。

郭潤字隋汾金鷄子甲辰副車

揚子江望金子山

滾滾長江晝夜流。無人對此不生愁。千層雪浪

萬天湧一片金山映日浮蜃氣君試驚海市蓬
壺縹緲現瓊樓休言萍水風波惡作楫功能濟
九州

王應元 鄧陽岷閩縣丙午舉人有植三堂詩集

越王臺懷古

榕陰王氣遠寒潮霸業荒臺夕照稀千舸樓船怨
地去六朝劍璽恨東歸水晶月亂埋花逕威軟單
勢阡戟衣猶有閩王真塚在秋風黃葉亂山飛

錢王陵墓夕陽微秋入南天霸氣稀石馬嘶風金盌出銅駝泣雨玉魚歸山河八郡遺何處松栢千圍淚濕衣極目高臺憑一眺只今惟見暮烏飛

田家即事

萬頃平疇接水田半橫斜照四山然村中笛家喧鄰犬碓裏舂雲碎落煙白鷺掠風秋浦岸鳴蛙敗鼓夕陽天近溪牛背歸來笛兩足桑陰信醉眠

南山郭下把山田，茅屋斜書借榻懸。
響磴石泉千嶂樹，梨花村店一溪煙。
雲隨犁犢深如畫，春到農家別有天。
社鼓聲中方撒播，門前垂柳已三眠。

陳光璽 字思南，連江諸生，有水字居吟

題桃源圖

漫道桃源昔避秦，錯教漁父認迷津。
桑麻逕裡村邊屋，雞犬聲中世外塵。
從閒花開三月雨，洞門雲鎖一溪春。
仙蹤究竟無人到，祇恐丹青畫未真。

三

洪理順 字文孝號濱溪丁酉舉人知揭陽令

日夜渡飛花潭

移舟日下淺沙行（浒）栟聲波光月有影我惜飛花〃不見孤舟一往移移情

謝詮 字傳石甌寧人戊戌進士官江寧推官

賦得霜葉紅于二月花

自試籬邊菊長送花魂一墜疏林几樹繁勁節不招蛺蝶留朱顏猶帶杜鵑痕霜飛叟〃成飛鴂稿

成。家。々。有。杏。村。青女東君誰伯仲。此情留待與鶯論。

官于宣字仲甫號雪湄閩縣戊戌進士工文詞歷試安杭州司李尋改安邱陞知澤州以吏才著聲有雪湄集

山居

只得此山靜。烟光午始開。病餘難出戶。老去獨登臺。樹。偏。驚。飛。鳥。苔。深。擁。落。梅。凭欄須我友。不見一人來。

五日書懷

千峯臥病足間遊。纔未覺時興已收。佳節異鄉

又

還命酒。邊城五月尚披裘。沙田多重禾苗晚。山壑藝惟草木稀。苦憶南天風景好。中流簫鼓采蓮舟。

菖蒲幾度尚天涯。雪磧風沙見物華。酒後有心皆憶國。年來。空夢。不還。家。家廚充日供饒筍脯團斜陽課灌花。地勞西川稱極迴。草堂第榻插雲霞。

之秋林任

長安羈宦漫逍遙。忽捧　天書促打腰。蜀地昔勝松嶺雪。越西今聽浙江潮。花間煮菜鷺三月。余抱病經此

馬首垂楊柳六橋見說當年歌舞地勞身安得輿偏倪

李贊元號棗園，龍溪人。明丙戌賢書，國朝官參議。有悔菴詩集

春日江村雜興

溪水自潺湲。去來不閉關。空山月出早。靜樹鳥歸閒。潮殘渴春。岸雲飛孤動。山從晝頻眺望。長嘯不知還。

夜過楊子江

十

輕舟帶月渡江濱。揚子江頭夜色新。寺郭俱由烟裏過。清歌半在夢中聞。總知南北長河恨。遠憶割吳一夕分。白露蒼茫雲變盡。寥鐘已濕滿江雲。

過烏衣巷故里

徊細往乃非舊神。閭閻銷沉淮水濱。屋有棲烏啼樹冷。梁空舊燕落泥新。空聞江左衣冠地。不見風流王謝人。寄語行人休嘆息。晉來陵寢亦灰塵。

陳寶鑰 字綠厓，晉江人，明丙戌舉人，國朝官青州道，有藥山堂集

瞿塘圖

山不巢雲水不深。水翻奔石似山沉。巷啼猿殺峰影。杳靄滚蛇蛇穴下。嗐一隙孤留天地。罩崖柯共護雲。霾心。逢人但說瞿塘險。出險誰存入險恍。

黃璂字基玉，號君長，永福人，文煥子，官廣東肇羅道。負才不羈，逾年即乞歸。詩豪雄崛健，酷肖其人。著有岱心集。西江日譜

雨中觀兵船南渡

北府傳箪帖。南荒易戍旗。百千雕羽箭。一萬虎所覘擊。

鼓中流淚飛風細雨催清天兵令漲楊家又天涯
問是湖南去今年又易班復兵知未必此地豈能閒
少婦空閨老將軍百戰還往來江上客蕭瑟對雲山

林董字魯一棠號長洲生有讓竹亭集

送林卞玉之元城依原韻

握手頻言別恨生畏看孤棹短橋邊還三年機夢憐
人遠二月花風送客行雲遍溪山青自媚柳垂江岸
綠如雲聲解鞍沙際營歸去下榻應多總舊情

林日毅

從直祖，字君肅，号浪谷，候官諸生，年三十二卒，著有浪谷詩鈔行世

舟中三見荒花

紅林百步啓鷺新道岸年二領半垂雲店斷魂情
浣女小航入夢秧漁人一聲乃破山光動數里烟籠
黛色真几愧汀橋迷岸棹花源珍重出來津

虔江霧泊

野外荻蘆洲不驚千帆遠帶晚霞橫雲雜島嶼接
人語日落峯巒借水聲靜悟乃坻汀色古書懷不

仁

繁草痕生烟村原可賴沽酒打魚漁歌又遠城

黄雲稷字俞邵晋江人曾孫鴻博

清涼臺

荒亭猶記舊徽名幾度憑高攬客情人以豈臨增勝恍天于秋霽倍清洲藏林雨筆全揮壁繞郭波光羽動城依仰江山今昔異滄茫翻覺百憂生

陳筏字于登號澄溪諸生

賦得風雨落花

小苑鶯閑花亂飛花深秉燭出重闈文禽巢樹中
翩翩美女嫩妝臥脫衣褪地胭脂亞恨濕半籠翡翠
晚薰消可惜帶雨偷來家枕宿房中未思歸

李時榛 字則韡侯官諸生

夜泊沿河

懸纜圍河石濤聲急斷沫雲烟環古驛波浪動晨
樓漁火千家晚螢燈萬聲秋好情天際月斜照一
孤舟

下

林人中字中子莆田諸生有我之集

寒食

清明節近草芊芊一望平湖思悄然細雨沾衣南陌裡
東風吹面夕陽天棠梨花落登江上榆柳垂紫叢帶
烟悵為山郎坏土在相逢何更不堪憐

紀汝礪字石巖侯官諸生

秋日懷陳昌薩

颯颯涼風起迷覺何文樓江楓初落葉岸草盡

鷺羽雲去千峰照天空一望深何當離別減兩地思
悠悠

馬謙受字道益長樂布衣

吳江夜泊

蒹葭烟波一葉舟半篙日暮繫中流魚龍夢落
蓬壺水風露聲寒桂月秋人靜不堪聞夜笛江
空何處讀書樓艱難霜鬢休相問塵三年遙看
島外浮

蔣玢 字絢臣候官諸生有玉笋堂集

烟雨樓

鴛鴦湖上泛蘭舟。獨眺離離芳草洲。寶塔雲移天半斷。石橋斜落水中流。登樓有客懷王粲。看竹吳人詩子猷。興盡莫嫌歸去晚。千山林木暮烟收。

陳文曾 字昌期長樂人

雨花庵小飲

惆悵齋庵望帝鄉。羈人情豈酒杯留。烟中古寺

鐘收殘雨後殘山樹已秋綠新不隨紅葉墜青苔

祇對白雲懸歲年說法僧何在衰草斜陽一坂邱

張傑 字震公連江諸生

同鄭羽侯醉宿花塢

路沒村墟隔沙汀碧几浮灣烟收殘雨楓漸醉秋山

斗酒詩成敵連床夢不聞魚紅何要覓流覽欲忘還

鄭纘緒 字哲孜南安人拜朝封貝伯 梟

寄懷洪遯菴樞曹

蒹葭秋送罷。獨此望江門。潮清。魚。爭。市。霜。寒。鳥。棲村。澹泊行客夢。風雨故人恩。遺恨孤鴻外。叢鹿集曉昏。

江夜

寒雲倒照數峯斜。碧水光含十萬家。惆悵月波堤上望。空山一箇渡蘆花

劉日亨字君閣，候官諸生，有還拙堂詩集

和林介山先生翁舫西湖

轻舠遥对夕阳斜，添得湖西又一家。近寺钟声来早参，傍邻渔火宛烟霞。醉中觅句频敲枕，醒后风泊远沙。家存文情秋水净，散云踪迹寄天涯。

陈诠 字克简，闽县人

西园春思

青山界断筑编篷，涵地烟霞少许通。萍散曲池鱼戏绿，花繁遥径鸟翻红。梦回竹枕空帘雨，暖透纱窗远树风。独爱萧斋一室静，间调隻鹤不开笼。

上

黄而輝字述之閩安人著有衲園集

題畫

漪漪清溪水不流。魚罾晃網繫船頭。斜陽樹色柴門外。坐對溪山兩岸秋。

廢寺

草覆荒碑細雨天。空山寥落益悽然。春深古寺人未到。滿地啼花哭杜鵑。

黄錫袞字素公閩縣人有墅亭集

秋雁

繫帛未還使，寒梁（凉）化候臣。飛鳴沙磧冷，雁占海天春。陣擁蘆花月，行斜灘水津。高飛避矰繳，燕雀莫猜嗔。

連城

字石菴，候官諸生。

山齋夜雨

憔悴何其甚，風聲豈可聞。水流兼竹響，葉落碎波紋。有酒難邀月，無山不帶雲。鳥眠夜盡濕，兀坐

林平齋

陳箴 字子寶號訒沙人順治戊子選拔訓導歷陞國學康熙壬子歲貢任連城教諭年九十二卒有晚篁詩文集

遠別離

妾有青銅鏡純金纏百鍊藏在百花樓覆以一尺練
蒼雲罩明月經紈擗團扇今日別贈君照心不照面
照心長相思照面恥相見

聽潮庵

岸草風波外山扉款曲通月明鳥靜迥僧參石

樓空晴好灘花雨亂憶吹潮出潮聲聽未慶宵夢過江東。

趙有聲 字和生，閩縣諸生

雨中過青塘即景

荒村深數里，蔓屐不曾聞。溪色全依石，流雲半礙山。烟呼遠壑徑，雨過集湖灣。千樹人家裏，雞門亮日閒。

陳肇曾 字昌箕，長樂人。明天啓辛酉舉人，再朝官南平教諭

己亥之役舟抵梁溪阻江不得北發聊述所聞爰以誌慨

孤月淒涼上柳梢，樓船簫鼓擁長堤。
姓名空負藏梅市，歌吹誰聞過竹西。
十載星霜寒雁唳，二陵風雨夜烏啼。
不勝今古傷心事，難寫新詩半失題。

殘更在聽園閉城，聞道前征又接營。
鎧甲尚留秦士卒，衣冠空寄漢公卿。
滄江未必枯魚泣，野岸先傳風鶴驚。
自昔長江天塹險，故教鍾阜輦陪京。

誰家細雨倚樓看。拂拂西風怯救寒。嶺外音書鄉信杳。城形鷺柝漏聲殘。巖關羽檄馳銅柱。荒寺藤花落屋檐。未渡桑乾秋色早。月明何處是長安。

鄭彭秋字兼山，福寧辛酉舉人，官延平教授，有魚倉集

楓橋夜泊

東風信宿闔閭城。回首家園百感生。人在雪花連峽白。傍人燈火偶橋明。霜帆作落鐘聲近。家夢初迴殘月橫。萬里長安何日到。畫橈枕自繫離情。

收

貢元禩字德臣號天叙晉江人官山東布政司參有省齋集

歷下吟

小山叢桂訪鳴珂。得遂初衣製薜蘿。兩岸蒹葭秋水遠。四鄰砧杵夕陽多。蘋畦喚僕鋤雲去。茅舍逢僧踏月過。偃蹇匡床驚旅夢。誰家夜靜送笙歌。

東秦百二此雄州。縱目閒登北極樓。村樹渾疑千嶂夕。岳雲征壓一天秋。不緣對客閉蓬戶。肯為兒孫覓桔洲。自是黃粱夢不覺。五湖生計有扁舟。

鄭炎 閩縣人辛酉舉人任南平教諭

白雲寺

不知山有寺，只見白雲堆。宛轉沿溪去，危橋帶月回。林深藏梵韻，瀑響起風雷。聞道二三月，花開客又來。

鄭磊 字三石候官歲貢少谷之從爲人豪放不羈工字書有南湖草

感懷

江南依舊逐衰流，王氣中原一綫收。漫昔有懷空望
劍，祇今空夢不封侯。風雲三變芙蓉國，日月雙垂

薜荔秋。誰說開元前世子。斷腸歌曲古涼州。

丁焯 初名徹緒，字韜海，煒澄子，丁卯副車，有澹雲詩

登劍津城樓

瀠潭龍去已千秋。夜夜寶光動女牛。有客攜琴瞻碧落。何人說劍倚滄洲。孤城削壁全臨水。八面青山不到樓。取次高懷生意趣。一聲長嘯起鷺鷗。

許遇 字不棄，號月溪，侯官許友子，工松梅竹石，官陳留、長洲二邑令，有紫藤花庵詩鈔

家山雜咏

荆门零落歌臺前，月黑萤飞叫杜鹃。熟字十年枕有梦，可憐稠雨对床眠。

萧條深巷有人行，携菜过墙弄晓莺。马尾结篷园茉莉，夕陽人聽賣花聲。

李慶 字丹鳳，連城諸生

題鳴玉池

翠微深處澗泉鳴，恍若宮商指下生。派自雲根流出遠，音諧石罅溜來清。滴滴端今古無絃調，奏部孔

小

坤和歌聲達似高峯宜雅興結廬林下遣幽情

蔣晟字景孝號鶴汀侯官甲子舉人歷官監察御史有大山堂詩稿

中山懷古

請王宮殿久湯〻昔日兗封半夕陽雪浪秖留蘇子跡春園誰嗣魏公堂西睇恒嶽烟雲杳北望滹沱草樹荒不盡低徊渾欲暝鐘聲月色上迴廊

登西山

瘦策攀躋最上頭蓬萊宮闕望中收山分左右

雄三楚地控東南作九州岱岳遠邇乘野盡河源爭入大荒流飄然身在雲霄外翠壑蒼崖汗漫遊

吴鈔 字宣生 連江諸生

重九遊玉泉巖

天高風急雁聲催縱目危巖九日來起髮短杖陵巔尚稀林傾彭澤菊初開寒泉響帶秋聲入巻色山嚮暝月來扶杖徘徊蒼靄淨不知落葉滿林隈

卞

薛集字千仞，晉江人。弱冠能詩，風流痛飲，貧，填詞尤清艷絕倫。

舟中漫興

書劍蕭條萬里遊，窮途六月尚披裘。閒愁悄似長江水，流到何方是盡頭。

花朝

東風片片雨絲絲，又是韶光一半時。梅子着枝如豆小，舌中酸苦未曾知。

李馥字汝嘉，號鹿山，福清甲子舉人，歷官浙江巡撫、都察院。為人和厚謙謹，所至皆有賢聲。郡守顧煒倡詩壇

曾入平遠社乾隆甲子重宴鹿鳴年八十五有李鹿山集

仲秋鎮海樓眺望

玉露凋零八月天。去諸城角探樓窗。眼中滄海晴光闊。衣上風雲爽氣鮮。金鎖水橫西峽渡。蓮花峰繞北門烟。凭高不盡登臨興。君閣巍巍自昔年。

周成雲 字佳受福清諸生過目成誦詩書不覽幼以才子稱為人疎狂放逐能詩善音樂

漫興 十二歲

黑雲毒霧壓江城。嗟大乾坤太不情。禽獸可憐

作

豈知假語為鹿馬不知明。

蛾兒趁火蝶穿花，逐逐營營各升家。折却花枝吹滅火，看他何處覓生涯。

江南江北盡風波，一斗傾來吊汨羅。楚國當年天亦醉，屈生何用賦離騷。

東鄰昨夜說封侯，北里紛紛覓蒯緱。獨有閒人閒不管，倚欄長嘯碧天秋。

黃從馨字秀思，南靖歲貢

鄭用之招邑白鷺洲

踏青還渡小江東叢草深開一院新池種白蓮邀
客士達磨楊柳送行人影橋斜鎖孤帆亂落日還
充兩岸產收拾晴嵐堆晚翠坊收錦浪漾沙津

張崙字文圃一字蒼嵋侯官監生授河間府中河通判有晚
香堂集

西泠橋

載酒平橋畔御林嗷鴉醒浙潮連夜白吳岫傍雲
青飄泊恨漠鬢艱難爭一徑羣鳥啼夕照淒切不

收

坫聽。

移家柘浦

孤舟遠渡萬峯遥。聊以躬耕半學樵。三載齋門也寂寥。一朝吳市罷吹簫。董霞人散西江月。楊柳家居南浦橋。愁見東山猶不起。碧雲秋水照迢迢。

懷林榕友

嶺畔烽烟赤羽旗。山川猶是坟宮妃。兵戈兄弟愁何處。風雨田園夢未歸。蘆荻湖前還浩淼。芙蓉江上轉稀微。故人白社如相依。秋水衡门一布衣。
銷夏灣頭一釣徒。窗前楊柳夜啼鳴。鹿门妻子山中
春安道學樽家裏孤酒徑秋花淹藏月訛峯霜落
落江湖蒼茫何更芊原道。螺女烟波隔畫圖。

楚望

江城笳吹晚風涼。紫霧沉沉望湖荒夏口雲偏江滸
月衡陽雁阻洞庭霜貫牛峽水連湖落白鶴峯烟
帶岳長夜聽猿聲雙下淚。故山何日不迴腸。

淮陰夜發送陳阜羽還盛寧方魯參還襄垣

東風雜鳥百花前
酌酒臨岐別意天
橫雨湖增渡澗水
平原日落幾家烟
二陵寒去晴逾遠
三晉雲歸瀰澤遠
折柳西行啼鳥外
淮南夜思故人憐

季秋旅次書懷

霜寒日暮雁雙飛
短褐迎寒獨掩扉
淮浦月明客家醉
秣陵秋盡幾人歸
清江錦浪孤蓬遠
鬢落葉出山一釣磯
五十雅生歌舞歇
少年時事未來非

林儀 字羽倩庚官甲子副車入平遠詩社

古鏡

匣中古鏡塵埋久。點紅堆綠銹已厚。古色斑斕雅可觀。相對無從知美醜。一遇良工用藥磨。中如明月照清波。佳人持此心歡喜。觀面猶如見嫦娥。嗟息此鏡姿貌好。未經刮垢誰傾倒。從茲顯出無限光。孰不珍重如至寶。

何連城 字璞塋福清庚午舉人官國子助教

楚中

唱罷銅鞮白日長。烟波滿目悵瀟湘。美人西去山樓古。公子南來澗芷香。十二雲峰迷旅夢。千竿淚竹動愁腸。未知舉世誰醒者。我亦行吟入醉鄉。

蜀中

魚水歡成漢業西。劍門設險映雲齊。青衣有道傳金馬。白帝無情祀碧鷄。琴操不聞沽酒市。草堂猶占浣花溪。海棠開遍繁華夢。何事杜鵑坎坎嘯。

廖長齡字西纏号乐騰燈子甲戌進士官御史贈廣东粮驛道有西園集

望西湖

西湖西子比名齊。山色空濛翠靄依。碧。水。曲。環。青。草。峰。朱。楓。斜。界。綠。楊。堤。歌泛菡萏叢中出。人向鶯花局內迷。試倚蓬窗開倦眼。一鉤新月映清漪。

莫奎字宏璧閩縣布衣

村庄

忙

為家莫貪貧。貪貧苦閉門。荒。羅。薏（榛）。鑿。山。鬼。上。君。村。地

況知余拙。家貧見母尊。此身搖落後。端不受人恩。

別陳衛英

兵革去寧歲。家山日寂寥。天涯成獨往。羈旅自今朝。塚。靜。孤。裡。堂。時。危。義。雀。稱。直悲江上語。不待家魂銷。

答莫宏璧　此首誤錄

復見年華是。春風過驛亭。梅。村。千。樹。白。簫。舍。一。燈。

青。耳熱懷於邑。原家思杳冥。頗君羅韋轉。不可鍛老萍。

陳尉宗字亦友閩縣布衣

送曾明府歸隱濮峰

澤及蠶師友。姻親忝弟兄。艸予同雨獲。鄉國遂君情。別調三秋壯。空囊一棗輕。銷魂吾有賦。寄入嶽猿聲。

吳彤字維卿閩縣布衣

恬

訪陳睿思村居

细草芳洲路，陳籬傍竹墩。遠山連土屋，小櫂出江村。楊柳平拖地，梨花半掩門。先生操詠史，行見日黄昏。

趙遲芝字采商號滄洲生

登吳田絶頂

素負登臨志，于今到絶巔。萬峯分日月，一海鎖澤泉。遠〻孤村落，低〻古木煙。移時雲氣伴，呼吸近

識天。　　松真調古

林豫吉字不飛號松址長樂人寄籍福安康熙甲戌進士為子株連被褫著有松址詩集及三才叙對南華約旨詩經禘解曾子刪定續離騷等書

三月三日懷鄭陟涯

芳晨不可孤。清曉攬衣起。緩步河梁間。何以酬知己。

黄鳥時復啼。林下光日繞下果。泗。歌。采。蘭。依。泗。思。彼。美。觀。

我。心。中。曲。折。思。望。不。己。ミ。水。曲。觴。可。流。心。曲。还。難。理。問。君。知不。

知。穉。聲。花。安。徵。

收

姑蘓

吴國归千里。高臺五霸成。紅裙方響屧。烏啄忽称兵。江左繁華地。城西麋鹿臺。深秋江上月。曾照故宮明。

南康守風

浪闊知江險。風顛怯櫓柔。陽崖傾白日。陰岸動清秋。身世飄飖路。乾坤老病舟。寸心明萬里。水宿此淹留。

倦遊且自謫。風浪歇行舟。蠡水魚龍狀。匡山草木秋。

西風揮窮淚，南陌攬鄉愁。五柳經蕭摵，陶村逕時過。

雨晴

湖海真吾分，乾坤賦此生。花光流日色，帆亂春風勁。渡鷁天涯遠，三春水國晴。采蘭歎彼美，筆管為誰清。

溪上夜泊

孤宿孟秋亭，釣篷天自高。漁燈明霧樹，鶴唳淨

川

觀畢知懷為童子節知心力勞兩舟殘信次先夢

科蓬蒿

李忠定讀書樓

河東河北久分流塞馬邊笳落日愁魂哭蓬瀛留二聖人亡風雨見孤樓詩書此日君親志慷慨他年戰守謀誤國由來多白面如君籌略可無羞

中秋前二日遊城北山廟

白露前秋平亦涼沙平望蒼茫鳥低樹色

溼螂蠂蛩繞螺影帶夕陽雨後丹青山鬼廟霧

禾黍壓人鄉陰晴三五還先宇龕得南樓興自生

秋興用少陵韻　選四

沙白霜夾照遠林煙嵐滿目景森森盤空鸛鶴山

風急歸秋魚龍海日昏鬼火欺人噓墨哭胡笳收鳥

碎邊心閉門莫遣秋聲入何處高樓少辨砧

山亭硯繞曲欄斜白帽藜床契已華十載徵書無

津語一年消息有竟槎黯腸月秋山中留剩肯秋

風塞外笳儀仗繆觀星斗闊不地雲霧上黃旗
西轉崑崙走雪山擁多降壘紫垣間銀河下洗三
千甲塞月高懸百二關何處翠華旌東貢几時
逢賢尉天顏封侯年少人咸晚剩得新霧鬢兩
斑

第一開國執王功鐵馬金戈百戰中南樓國海船浮
霸業西湖宮殿起孤鳳水影晚霧連天白柔染晴
霧匝地紅攀鳳說俱沈滅去秋蒿廟走村翁

丙申中秋

井梧葉落碧霄高，望斗搖空見羽毛。山色作愁天桂熟，江聲遙接廣陵濤。愁聽月下新絃曲，羞愧樽前舊錦袍。問道防秋西戍急，涼州莫再換蒲萄。

衰草

娟煙縹緲三山白，壓草支離一院黄。回首垂時曾惆悵，鷺心彩後轉淒涼。寒根凜去（不禾 沼）敗葉還爭雨露光。脆卉芻華已萎在，蕭憐知斷使君腸。

送同年陳眉川之任湖南其二

雲泥偶更見交情。少壯今成老弟兄。衡嶽峯形游。屈郭。黃陵廟口。鷓鴣聲。遐方好吒聯星馭。渡海曾利鼓浪鯨。沅芷湘蘭清暇日。相思可惜越王城。

鄭　霄字玉磬號丹麓連江丙子舉人歷官刑部主事有蕊石織集

春日汀遊

驛路稀相伴。逢迎水與山。千帆紅照外。一寺白雲間。虎跡迷花逕。漁歌出柳灣。經年車馬夢。對此覺神间。

九龍春浪

溶溶潭水沸晴波。萬馬奔馳帶怒多。曉雪斜飛穿鐵石。地名鐵石磯 春雷倒捲上銀河。舟從瀑布岩頭落。客向花花浪裏過。試問神龍躍去後。禹門消息近如何。

陳潤 字肅雨蓮江丁丑歲貢

邑李筍潭釣庵

悠然垂釣水雲寬。千載高風想掛冠。遺蹟疏終寒杵檜。膽叢蒼以峙子陵灘。題詩收得煙波活。日月沉時草樹蟠。繞吊靖康傷晨子。飛鷗居上下層灣。

張遠 字超然，侯官人。己卯解元，任祿豐令。有無悶堂集。林白雲云：無悶以詩起家，名播海內，古心苦學，遐而味清。近體則音響激越，尤具本色。吾閩康熙中，蒼嵋松坨外直推無悶。

宿甘露庵聞松聲作

挂來孤壑衲。蕭寺寄行蹤。枕簟涼侵席。江濤疑入松。月明何處雨。風斷一聲鐘。不為盤根大。飛騰已代謳。

春暮葛滘上　　林豫吉

鶯老花殘春忽歸。晴沙獨立淚頻揮。山。吞。古。堞。村。烟。澗。天。擁。雄。關。客。道。灘。對客畏題鸚鵡賦。遊人須覓芰荷衣。扁舟梅雨憑晨鼓。還憶僧園筍蕨肥。

秦人峰　　林豫吉

麻姑巖業既仙踪。西望秦人尚有峰。瀑。布。挂。天。晴。

收

六雨雲門積雪夏如冬同埋幽谷千章宿炬代阿房一點烽此地都忘何代歷陰崖斷澗見蒼松

寄懷王仲山　林豫吉

銀箏一曲唱涼州撥撥思君感百憂山斷崑崙羌右臂河來積石塹西陬黃沙風起白狼嘯紫塞秋深畫角愁三受降城知不遠農耕女織足邊籌

寄黃梅明府曹紫巖同年　林豫吉

壓夢汀蘋試小叢九江城下駐雅篷不禁今朝興彩

前白却惊衰颜酒溅红。八斗文章真独步。十年庭俾亦争雄。稻粱偏水谁为设。碣石秋来有断鸿。

中秋　林豫吉

丝弦清管唱吴音。惆怅持觞参不禁。四海中秋三几家。万家凉月半鸣砧。霜围荡郭山尽度。霜信寒怖塞风侵。晃朗明船林东帽。钩簾愁对白河沉。

九日望越山寄郑陈逢　林豫吉

惶空沙白望茫茫。乌桕红梨尽肃霜。海阔东南洲島小，城欹西北片雲長。一樽聊對青山老，兩鬢相憐晚菊黃。尚有淮王鷄犬在，年年風雨憶重陽。

酬楊美東贈別　張遠

世事不可說，予亦憚舊山。握手一長嘆，臨岐淒淚顏。有母干戈裡，老家天地間。與君相厚意，惆悵不能還。

廢府

古牆殘圮禁城東，故宅淒涼指舊宮。三戶人家零落後，五侯第宅有無中。瑤階雨過芳蕪長，畫棟春來燕剪空。惆悵夕陽西復去。隔江還報大王風。

仙霞關

三載雲霞護戰塲。雄關真可一夫當。淋漓金甲飄殘雨。想像降旗掛夕陽。戍卒揮鞭調色家。牧人呼馬卧秋。霜荻聲蘆葉吹孤峰。回首南天正渺茫。

寄泓月表舅氏 舅令于楚因家焉近但兵吴门

一身江左栖遲客。八口湖南夢寐邊。識苑秋風彭蠡雁。藕香木葉洞庭波。睇鳥棲遲聞吳語。啼鵑聲中想楚歌。三戶無人烽火息。澧蘭沅芷近如何。

止

登吳江城樓

高城縹緲越吳間。澤國煙雲最上關。天氣空時分左水。夕陽西處一痕山。征帆欲盡江皋外。鷓鴣秋風草屋間。正值閩南烽火急。戈船戍卒幾時閒。

登延平八角樓 選二

畫棟飛甍倚逝川。九峯山色正蒼然。江湖招我千尋攬。霄漢親人尺五天。風雨綜林鷺旅泊沙憶曰青損悠煙。座中亦有曾我家。一咲相逢說去年。

諸峰不斷舊時青。劫火乾坤此暫停。剩水殘山存獨樹。株雲籠雨護精靈。健兒歸牧來城外。孤鶴橫空下遠汀。薄暮舟人催解纜。落霞飛急晚暝暝。

黃鶴樓懷古

獨倚高樓百感生。芳洲寂寞浪無聲。青蓮未必輸崔顥。文章還應負禰衡。幾雨收來黃鶴杳。雄風和起白雲橫。江流滾滾催華髮。湖海飄飛意未平。

此

施霖 字循張，號澍岩，閩縣人，庚辰進士，歷官戶部主事，著有雲樵逸響

漂母祠

荒祠寂寞傍城陰。誰許當年一飯心。胯下偏成垓下績。釣臺為出將臺勞。塵埃豈掩英雄色。巾幗終慙雲夢擒。留浮漊珠地剖待。肯將圖報論黃金。

蔡紹芳 字際泰，號芸三，閩縣人，庚辰進士，任江陰令，有拜撖堂稿

困閩

三上公車汗漫遊。今朝去地八停舟。波濤見慣慵開眼。對

孫傳君畏孫郎岩桂嶺梅皆驚徐江風峽月又深

秋。不知前路誰知己。濁酒新豐醉馬周。

題楓嶺僧寺壁上

岧嶤古剎踞雄關。閩浙分疆咫尺間。二十八都今夢

月。那不是故鄉山。

良莊 字則敬，候官貢生，授建安司訓。為人好義，有古風。著有拙叟詩稿。

舟秋書懷

雨散水雲浮。人家古渡頭。出門值菜忙。入秋訪漁舟。濟

悵

咽氣銷恨山聲不斷愁寒心黃葉亂蕭颯已深秋

過藍江桃源洞口有作

野橋綠草踏風塵立馬藍江問津雪鎖洞門泉作雨花開谷口鳥啼春山中日月誰知漢世外桑田足避秦只訊南陽劉子驥武陵今是太平民

陳子威 字其畏，候官諸生。嘗詣軍門上書，征臺募慣海三千人，自備糗糧給膳給道。劉冠平叙功，授廣南韶道。

柘浦山行

輕舟曉到柘城邊南浦橋西一整鞭鷗夢尚疑灣上月

蜀帝已歸嶺頭烟，岩霾藤影金侵澗，雲捲峯出入天。幾度東風啼杜宇，聲聲咽下百重泉。

朱任弘字起華，號惺齋，閩縣癸酉舉人，友歸東發諭入平遠詩社

迷樓懷古

誰問繁華剩肆遊，風流帝子建仙樓。千重錦樹搖宮扇，十萬蛾眉擁畫舟。一自舞掌傳艷曲，空餘明月照荒邱。神仙誰道同迷惑，今古興亡幾千秋。

林雲溪字劍舟，連江諸生

收

秋日寄懷陳肅宇

那堪好友嗟顏遠。日對黃花獨掩扉。醉踏碧雲行鳥道。閒鋪紅葉坐魚磯。簑衣樂到人何在。亂插烟霞未歸。惟有夢魂無阻隔。千山風雨覓君扉。

薩漣字云將，侯官布衣，工書畫，以詩遊江湖，著有薩采飲詩集

仲秋鎮海樓眺望

畫棟飛甍嵌碧巔。南浮海氣浸平川。暮潮城郭千村雨。日落樓臺萬井煙。紅蓼作花秋漸老。銀河漙露

那似圓白猶誰假豈照興。目斷伴鴻手按絃。

廖騰煃字占五，號蓮山，將樂人。康熙己酉舉人，歷官户部侍郎，居官勤恪，盡職以廉自守，鞫獄尤明，典試號得宜，智名士。以壽乞歸，年七十有七。著有廖蓮山集。

水斗行

水斗灌田疇，不如桔槔好。桔槔得水多，水斗得水少。半日禾未濕，三日土方飽。既以重桔槔，莫衷慰懷抱。世人利其速，君子惡其役。水斗誠苦辛，積漸潤枯槁。人生既力心，何用尚機巧。不見天地以雨露，周覆幬，春耕復夏耨，百穀成

对

等宝。頗学抱甕丈。守此拙勤。

西湖

大化何年闢此湖。徑洞瀰瀰望如無。凭欄宛似清虛合。對水偏宜皓月孤。渡泉綠楊橋外艇。小帘紅樹酒家壚。他時許我尋鷗侶。身種寒泉學老逋。

李光地字晉卿號厚菴又號榕村安溪人康熙庚戌進士歷官內閣大學士公好讀書至老不倦學問淵醇爲文根據理要有榕村集

高仲常迺

廿年紫禁已淹留。始信行藏不自由。郡羨埃塵三載後。便將江漢一身收。新詩舊稿抽風燒。雜竹閒花砌露秋。拼得榕村權鎖閉。连宵未覺雨聲休。

成雲洞裏白雲留。幾度移文盡有由。木落山空須一掃。梅肥筍嫩未曾收。離魂渺渺路成夢。寡露瀼瀼文洗秋。但以君恩待德馬。行行余季亦來休。

林鶴倡字石來號玉岩莆田庚戌進士官四川提學僉事有玉岩集

送叔穆之遊雲中

閩道雲中郡，秋深策馬肥。白雲勞滯至，青塚泣明妃。
嶽樹參天出，邊沙帶雁飛。覽今並撫昔，臨眺共依依。

木蘭秋狝

李廣祠畔几株花，錢女洲前一抹霞。蹦遍水門卅六
不漾秋思渡蒹葭。

吳濬達 字尚功，連江癸卯舉人

石屏

孤刹憑凌崖立，千峯擁寺出。雲添江口岫，月掛洞門幢。

海岸趣秋晚，山光浴古藤。地迎人罕到，古佛亦堪朋。

鄭梁 字梅亭，莆田人

張筏先生移居

遙情已付冥鴻，鎮日忘機一海翁。吾道盡能容世界，玉人應許住壺中。杏花村裏春雲賴，桃葉溪頭夢可通。策杖定須乘興往，城南買醉渡城東。

侯襯榔 字樽友，洋如人

冬日索居

又二

古驛頹垣已放梅。淒涼心事托寒灰。鄉愁江上人吹笛。歲暮天涯客送杯。日瘦昭陽宮夢懶。春寒長信漏聲催。六時親筆揮新曆。車馬京華幾回。

寒寒村莊烟怨風。何必彈琴心事同。茅居鷄聲知月白。驛亭人執帶花紅。征衣沙磧音書苦。少婦機前織錦工。嘹嚦如聞鴻雁急。潯陽流謫共西東。

李士衡 字小友，寧化人

旅懷

連晨隻槳水雲中孤旅愁來萬壑同偶觸寂山都到雨遠林鳴樹半移風孤猶揺惜花無賴春將雅歲思有叙四鸞麗煙嵐誰染翰匣舟都盡木南宮

洪斌字簡民良泰我閩郡人有麗澤艸

登上都鎮朔樓

飛樓直欲擁雲霄縱目方知地軸遙一縷長城橫地塞百重遊欲起東湖李陵臺上霜初落班固碑前木盡凋作客經年萬里懷人搖素寸蕭條

炘

出張家口

柳營晝靜羽書休。攬轡時聯驛壯遊。河水千灣來朔漠。雲山萬疊界中洲。岩關樹挂秦時月。邊笛長吹漢代秋。去病不須遙出塞。請君何事說封侯。

魏憲字惟度福清諸生芸家枕籍早年間以詩文海內選有詩持初集二集三集行世

舟中早發

灘聲催短夢。帆逐曉風斜。嫩綠初歸柳。輕紅淺著花。宿煙籠水國。殘犬乞漁家。回首山城裡。淒淒起遠笳。

山中秋坐有懷諸同學

一天月色靜如秋。空向雲巒照獨愁。偏水歌聲來遠艇。斷橋燈火出高樓。支離瘦骨千峰合。撩倒春風五載浮。遙憶竹林諸舊侶。夢魂今夜到滄洲。

趙晟 字朗雯 浮浦人

旅病

無端旅病倩誰知。正值秋來閉戶時。落葉無情秋急樹。衰荷有恨損歸池。中宵鼓角他鄉夢。萬里閩山故

××

國恩兩袖清風惟菜裹，半簾烟雨豆朝飢。

陳元楨 字昌甫，侯官布衣，有桃山樓詩草

遊石蓮菴

為愛山門傍山（水）涯，引來一路盡幽遐。石潭泉滴長將雨（月），曲徑斜深半積花。疎竹扶羅編古寺，流虛雲の榻卧僧家。坐峰四望雲濤上，幾點輕舟泊淺沙。

月夜聞書聲

樓外浮雲忽攬舒，滿林蒼翠晚風梳。偶從曲逕入遲月，何處鐘聲家讀書。柳已孤眠藏醒眼，鶯將多夢那聞居臨邛猶有憐才者。可是文園病子虛。

林錫疇 字晨遇閩縣布衣有榕隣堂集

春興

山中好鳥亦能言。日日呼聲度小園。芳情草有情留蝶夢。春風無意護花魂。鐘聲出岫。雲遮樹色侵樓。月。那門。好採松枝攜勝侶。天台何更訪仙源。

陳學夔 字解人候官已酉舉人歐逸安心匿跡不受偽命逸平詔徵博學宏詞少司寇任文唐學夔遺服未闋赴京獻終丧得請歸山丑授官歷戶部郎中著有杜詩注解榕城零物等書

文子

客懷

不有懷人夢。如何至夜深。燈藏孤客淚。雨滴壯夫心。文字懸窮賤。江山爲古今。狂歌歸鳥亂。獨我入山林。

秋夜留別

丹鳳城西畫角催。離筵草間爲誰哀。邑蓬進剝盡心。還攜菖蔻枯時柰。始開風雨一天吹。夢去都家弟杵。搗秋來瘦碧八月去。安道不見伊人夢重回。

王凱 字濬楨閩縣人

落花其二

尋芳兒女罷閒遊。躡遍江南葉滿洲。荊棘叢生藉小塋。豔容墜落綠珠樓。可憐白骨埋青草。誰説吾閨不白頭。眼見繁華今落拓。千錢買醉不須愁。

傅为霖字廿揚號石犄晉江人官雲間通守有綠綺堂集

讀朱冰壺和草再依元韻

孔坤詩大笑蘇郎。張鶯勞年語虎關。日落江楓紅葉盡倚歸。山寺白雲幽。人間獨有嵩隱將世外無如水石出吴越子皆成短篇。煙波縹緲五湖舟。

行遲短櫂過前邨。領略風光半日留。携眼蒼茫天地闊。一尊潦倒古今愁。曲未郢雪聲難和。人恰山陰喜共遊。卷帆歸江上去。遙峯隱約望中收。

黄九牧字荊山，候官人

淮南客舍送友還閩

他鄉握手惜流離。斗酒對對忘羇泊。五月河晴新櫂駛。十年家送故人歸。榴花照眼紅含淚。楊柳牽舟綠繫愁。

衣。话到家园应愧我。秋风几度忆鲈肥。

郭世龍字御六福清人

清明家雲间

东风吹雨散前溪。野鸟无情到更啼。有女携来过陌北。谁人载酒出桥西。云迷越岫家难觅。青到吴门客尚稽。举目凄郊增感慨。白杨兜拂草萋萋。

步岳生兄吴门舟次留别

片帆高挂近斜曛。何事东风手又分。忘岸红飞三月雨。

大上

一江春送兩堤雲。畫中有劍終酬主，囊裡無錢乞賣文。且盡天涯今日醉，朝來驪曲不堪聞。

蔣衡 字堯平，閩縣人，同姓鋌等稱十二生

送林子穡田賡仲還閩予尚留武林

一路停橈伴索居，客懷風雨半年餘。新詩還勝青山湖，故國歸人綠柳初。兒女春深應計日，煙波江上獨愁予。臨岐絮語堪千悔，賴爾能詩續好書。

張鋌 字明長，福清人

遊虎靈巖

每到靈巖思便遐。淒清况是一天秋。萬椽茅屋偏依戶。千里叢林居入眸。烟氣浮沉分樹影。鐘聲朝暮逐溪流。獨憐松竹岩還翠。十載親朋幾白頭。

大東道上

客路何時是。中原一望賒。叢煙吹曉月。瘦馬踏霜花。樹禿支頹嶺。蓬飛攪究河。離懷辛苦役。亦自夢京華。

陳世積字曙閣侯官人

炷

遊桃源洞

遊人到處失西東，忽尔岩光一線通。何事桑麻忘世界，悠然雞犬覺仙風。沿溪流水秦時綠，洞口桃花漢代紅。人自古今春自老，無勞漁父醉村中。

三月晦夜送春戲吟

今宵莫聽補蹉跎，九十風光須幾何。回首都從愁裡去，偶以況在夢中過。酴醾開後鶯啼倦，梅雨行時花落每。郊柳千絲離絮住，曉鐘一響度前河。

林衡 字羲孺号草庵旧名玑詒生漢直父也

秋夜

不寐起危坐。晴宵萬里穹。疏螢明地草。殘響逗溪風。鼓角孤城裏。關河百戰中。故園書斷絕。幾有雁相逢。

維揚懷古

澤宮無城地。隋朝作帝家。百年窮戰伐。千載競繁華。粉黛迷堤柳。樓臺起暮鴉。至今亡國恨。猶惜後庭花。

過相國葉文忠墓下

四顧蒼涼柏葉森，滿山芳草欲沾襟。七年相業叨清晏，瞬見神州嘆陸沉。竟獄何緣異北寺，黨碑空自說東林。夕陽再拜吞聲去，淒絕筠篁啼鳥音。

杭城懷古

茫茫城闕帶江斜，煙火重城幾萬家。烏喙霸圖千載夢，紅裙傾國一溪紗。宋陵秋雨冬青樹，禹穴春風楊白花。竹箭會稽才獨秀，祇今惟見種桑麻。

淮望

凭虛一望几徘徊卷色極煙萬里開滄海遠帆多地勝黃河穿塞自南來雲中豐沛墻就宇樹裡彭城戲馬臺澤國關河達二楚英雄遺墨歲英才

送春

春來春去揔羈栖歲歲偏多惜解攜青眼尚留河柳在紅裙爭妬石榴齊天還冷暖晴無雨鳥卻叮嚀歌又啼獨怪東皇情太急別人猶似買臣妻

送陳介石庶子致仕旋里

西風江上雁偕鳴。南望溫陵去馬輕。海運歸英花歸故里。萬山紅葉送秋聲。錢恩國士離情結。古道河梁別思生。遙想晚來亭畔月。也應來亂到柴門。

送宮允沈心齋夫子還朝

遙聯絳帳春重逢。何事歸旗興復濃。門士推思留孔孟。蒼生豈詠臥夔龍。江干暑雨心千點。雪澤青山一萬重。更有不堪相惜處。夢中金闕叢聲鐘。

懷杉倉故居

柴門靜掩長扃扉。藤牽石蘚半畝餘。小院參親嘗臥病。閒堂深夜獨抄書。水知人意來茶竈。花慰茗時鬧索居。回首廿年歸喚更。竹風松月冷邱墟。

同池樓懷毛仁仲外妹祖

少時曾讀此書樓。東李交香（柑）碧水秋。籬菊未開人載酒。茶煙初罷鶴卿甌。蘇鄭歸島山查蔭半畝叢。

壞。旅。商。愁。尚問當年事。漫勞行客吊山邱。

張天麟字玉斯，候官諸生。詩工五柳，懷素書法。晚年右臂以軟病，以左手書尤精工

古秦

秦國百二據崔嵬。帝業恢宏敵國摧。陸。海。金。城。墻。道。渭。河。銀。潮。衆。天開。未成海上求仙迹。旋見車中載鬼回。崖土至今傳底事。沐猴一炬祖龍灰。

古漢

今日方知天子貴。未央漫弄子孫謀。千。秋。魂。魄。棲。豐。沛。

四塞封疆擾，一逕細柳爭閑。回帝輦長楊，誰復接

家？可憐一片關山月，不照宮花照稻花。

古隋

三神山下鑿龍池，四品夫人主院時。西苑別來無色

在，東鄰行去故宮移。太平空參河汾策，深樂何華

璧月詞。綠楊瓊花同歇絕，燕泥吟斷古今然。

古唐

御宿川逢遲子陵，壁中為憐李唐基。一時偶應楊花

於

識。他。日。名。傳。棣。萼。詩。鳳。闕。冠。裳。依。鵷。翼。漁。陽。烽。火。起。蛾。眉。北宗容易有家缺。何怪長傳五亂離。

陳祈庚字濟如福州郡庠生博學能文入手遠詩秘有望雲樓詩集

賦得春風未動寒先覺

朔雲塞雨閉乾坤。凍合圍河氣易昏。萬。木。凋。傷。窮。黍。谷。一。枝。消。息。到。衡。門。灞。橋。已。動。催。春。思。庾。嶺。先。銷。隔。歲。魂。好待條風噓回暖。江南江北滿名園。

張彥字承英侯官布衣有自怡草

秋夜客懷

憐笛吹殘淚已傾。孤燈明滅斷腸聲。池塘有夢懸春草。鄉國無音問紫荊。十載紅塵雙屐遠。半生行李一身輕。愁分雲斂晴宵月。猶照離人下五更。

其二

陵陽有淚向誰談。復有千金了更慚。傾國蛾眉終塞北。哀時詞賦自江南。賦罷九辯魂應斷。猿到三聲耳不堪。回首紅塵搖落後。擬將蹤跡懺瞿曇。

陈祈永 号洪源，侯官人，任詔安訓導，有苔化子集

經蘆溝河

蘆溝環繞帝城西，一望桑乾萬里堤。浪撼遨江朝殿闕，氣吞淮海跑鯨鯢。橋橫碧落長虹渡，月映晴空曉樹依。駟馬未乘虛壯志，經過有柱為誰題。

曲陽野壁

紅潤郊原綠潤阡，北來春色悅南天。故園蘭芷空相憶，異地鶯花倍可憐。半壁荆吴星野闊，遠瞻淮

海知。雲。連。地嗟百戰吳王地。惟有栖烏泣暮煙。

陳文遴 字荏彩閩縣太學有南園集

鎮海樓懷古

踞山蟠郭勢橫穹。聳立危樓鎮海東。霸氣久沉歐。冶劍雄圖猶憶越王宮。洲浮螺女蒼煙外。春峙龍江斷靄中。惆悵翠濤今不見。銅駝荒草泣西風。

黃任 字莘田永福壬午舉人文煥曾孫官四會令詩蘊藉風流古體尤勝工行草書凡所著必推吾閩者無不傾倒有香草齋詩集

用韻格 葫蘆 轆轤 進退

先二後四 雙出雙入 一進一退

鄭谷 黃損 僧齊己云云

詩債春來年變趣迴

雜然南醉斷日時云

身閒不厭常某客 年老偏憐最小兒 徐寅

鶯掠琴弦穿靜院 吏收詩草下閒庭 王處則可再

管東無對 揮不同 但願尽無忘 射鉤 取厚無權

賦得一陽來信到梅邊得梅字五言六韻

幾度尋來信，誰知竟到梅。一陽天氣復，六出雪花胎。

味饜蜂脾飽，芳滋鶴夢猜。晴陰疎影淡，月色暗香催。

玉樹千枝暖，瓊林萬象回。消寒圖繪座，吟玩白雲隈。

古詩

灼灼籬東菊，婉娈芳自保。嚴霜萎百卉，棄置墻下道。豈不稱晚香，歷盡亦凋槁。東鄰征戍婦，對此痛懷抱。結髮登君堂，二十初爲早。三十長別離，四十顏已老。晚色奪君歡，誰憐不言好。寄托桃李姿，盡輝以爲寶。

西湖雜詩

珍重遊人入畫圖，亭臺繡錯與茵鋪。宋家萬里中

原上博山錢塘十頃湖

荷花十里桂三秋。南渡衣冠思卧遊。爭唱柳屯田

牧司汴州原不及杭州

珠襦玉匣出昭陵。杜宇斜陽不可聽。千樹桃花萬條柳

六橋無地種冬青

梨花無主草堂春。金縷歌殘翠黛顰。魂斷蕭蕭

松柏路。閒天梅雨下西陵

擻慢無心一畫橈。青旗沽酒不曾招。不式細雨裙腰草

綠遍春風第几橋

張文炅 字辰玉侯官乙酉舉人任長汀教諭

好

冶山懷古

海天城郭澤桑麻咫尺平疇倚萬家北接五雲聽
鳳嘯南來句紅躍龍沙樓閣烟霧瀰鰲桂池上芙
蓉拂劍花此日登臨思勝事青青山色掩蒼霞

李羅 字梅子德化監生道泰子有益吳学壓松編

過貽君故里

故里閒情字不禁長楊秋老怨雲深黄金不買生前恨青草空留死後心

上雲居寺

躑躅花開擁碧栖清歌天外送春犁湖煙水秦源路不似人間黑鳥啼

李建極字文中候官人号瑤峯年十八登壬午賢書五上公車二十九卒

閒遣

閒來一枕傲羲皇覺後方知半夢長晴雀噪前樹

熱墨寒蛙外喙龜魚原得穴竹龜留毒眼靜聽泉聲洗俗腸三徑未叢思種林只應日與醉爲鄉

劉兆基字開周號石湖閩縣戊子舉人任平和教諭有石湖集

伍子胥故里

慘淡陰雲泣鬼神叢荒墩夜草走沙塵兩朝易主然亡父一劍存吳愧致身入海有天然國士乎郎若把葬孤臣指魂何處還護眼應在鍾吾烱水濱

邵言綸字思餘號芸山閩縣己丑進士任息縣令有邵芸山詩稿

寄陳翁濟

詩新裁附八行中。天際傳來出塞鴻。三晉風烟寒驛鋪。九邊霜鬢喚孤蓬。歡情昔雨陪峯晚。愁入深秋菊圃紅。回首今來樓閣遠。幾灣流水小溪東。

謝琛字成庚號嶽華庚戌辛卯舉人

春日同張玉斯林蓂羲儒吳太士陳怡山王仲彝趙中子遊石蒼倉站賦

幾人問步石倉園。鶴唳猿啼不敢言。琦鑿岂存銷義

於

憤紫臺空自弔詩魂梅開洞口誰為主月上峯頭半有痕昔日風流今已盡夕陽無語怨黄昏

維揚懷古

蕭索城郭對金隄何處東風廿四橋隋苑烟花如夢寐年年惟有廣陵潮

林佶字吉人號鹿原閩縣人己卯舉人壬辰　欽賜進士授內閣中書工隸趙帖著有樸學齋詩稿

舟中詠

逆旅光陰去不停頻年蹤跡擬浮萍人生那似青山

好。一度。前。來。一度。春。

過黃勉齋先生墓道

先賢遺塚草芊芊。五尺殘碑枕墓田。離。郭。未。能。修。一。舍。宗。行。已。是。近。千。年。南。來。道。統。從。閩。洛。北。望。神。州。委。澗。瀍。我欲挑燈論往事。碧。雲。籠。山。外。有。啼。鵑。

鄭雍 字仲穆別字書禪又號約園福清癸巳舉人工詩文詞精于書法

疏食日示宗文宗武

疏食吾長家。他年汝耕家。殘。陽。至。遠。眼。衰。臥。飯。煮。茹。

綠迴千門柳，紅迷杜曲花。蒼茫遥寄淚，墳樹北邙鴉。

送李潛芳先輩

郢客迴孤棹，秋亭悵別筵。江涵殘雨氣，風起夕陽天。白髮塞垣外，青袍旅雁邊。著言不稱亨，夢澤有微田。

鄭三才　字廷贊，侯官人。癸巳進士，知東光令。有參子存稿。

送方以菴回閩

旅館蕭蕭借一椽，軒車無復嘆談妍。英金稜骨羞無

红芳草玉驄馬不前惜別流鶯聲渺々風情楊柳度
地憐遥去驛路相思處樹、、斜陽帶暮烟

陳華策字謹齋號對和晉江遷鶴子戊戌進士由廣常歷庶子著有畫道詩集

晚望桑園

桑園東岸是齊州古渡晨征記舊遊月魄可憐今夜
河風蘆葦几時休天京北極行千里海嶠南歸棹一
舟已春晚涼蝶晃濛黃飛也桑即清秋

晚渡柳暗花明又一村

前村值柳復尋花。嫩綠殷紅一望賒。霧把深巒封澤國。晴天還映越樓霞。仙都似隔無多路。隱士如今有几家。愛逐風雲覓野馬。不應塵鞅累生涯。

許均字叔調，號雪邨，遇之子。閩縣戊戌進士，授廣常熟補部郎中。有雪邨集。

山居曉起

殘暑清於曉。山光入靜收。好風隨桑落。高木任雲流。懶性宜千壑。衡門恰對秋。但頻展几硯。無與卓尊遊。

金陵

山形依舊擁嵯峨。馬鬣松身碧蘚多。今日江南前惆悵。漫天風雨李陵過。

何瀚

字君濟，號北海，閩縣。丁酉舉人，任澄江令，改崇安教諭。有平遠臺集

登金陵報恩寺塔

琉璃撐漢聳雲屯。直上環臨十六門。朱雀航通桃葉渡。鳳凰臺在杏花村。江山天已無分恨。王謝人還有幾存。極目蒼茫生百感。敢誇風雅踞臺尊。

古溪丹霞子手錄

國朝閩詩選卷之貳

鄭亦僑
雷鋐
鄭方城
李松齡
林正青
李達勳
周正思
鄧尚濤
黃姝純
林鏵
林長楠
吳元龍
黃姝達
葉廷梓
葛光祖

游友夏
林雁袁
鄭天策
孫振寰
李肇杏
方廷珪
葉三錫
劉元嗜
毛健行
張鶴佺
林從直
翁文達
林為翰
丁顯祖
姚作桂

盧見龍
陳儋巒
鄭如璧
李斌
李生春
林三槐
陳琛
施松齡
林首達
陸萬寶
鄒式金
林首運
黃銓
陳勤宣
林日詔

陳登元
林國樑
鄭植
葉標元
姚人鶯
陳松齋
丁寀
余長瀚
彭帝時
謝道承
李開葉
黃良佐
林國器
戴炳義
張鶴年

黃帝臣
陳修士
董敬受
鄭金鑑
葉縉榮
項椿
陳昂
吳文煥
陳天機
鄭方坤

右作者七十人

鄭六僑 字東垌一字洞霄壬子副車有枕烟樓草

長至客鰲江

十載九爲客。江村倍黯然。梅魂疎夜雨。海色去寒天。浮子求〻酒。生涯寄〻船。無心紀雲物。一任歲華遷。

漁溪道中

于役緣何了。郵征更渺然。燕衚江店雨。山斷海門煙。邑窮艱行潦。居人傾剩田。桑麻雖搖落。風景尚有年。

雷鋐號翠庭寧化人癸丑進士由庶常入現任通政使司通政

特簡浙江提督學院

遊西湖

不知。覺知。不知。單知。不知。說知。禪。暫。作。西。湖。自。在。仙。寄。語。玉。堂。拙。

學。士。清。風。容。我。竹。間。眠。 楊貞一參

遊臨江閣

臨江一閣氣雲浮。山自高高水自流。說向。老。僧。茶。

未知。了。不知。禪。香。裡。又。三。秋。

鄭方城字則望號石幢方坤兄癸丑進士任新繁令有行

彖集

二

和吳剡虹太史苦雨韻

樓上濤聲挾雨驕。瓷梅春色太寥寥。水添溪曲圍三面。霧宿山高出半腰。種秫難期來歲酒。栽花好護去年苗。問君緣底低頭坐。何似銜泥上半翔。

南浦舟中

半明半滅樹影。乍添乍減春流。七尺烏篷夜雨。三分雪岸歸舟。

李松齡字鱗蒼，浮浦拔貢，有日强堂詩鈔

枕上

星橫斗轉月痕斜。枕畔聲聲喚賣花。購得幾株供奧室。任他紅白各開家。

林正青

字洙雲，號蒼岩，信子，福州府貢生，考授刑部學習，出任兩淮鹽政，以州判署小海場司事，致仕歸。有龢青堂詩集

早秋登道山

望眼不在遠。隨意入松關。衆港看歸海。孤帆自出山。蟬鳴深樹靜。鳥啼古苔間。寂寞人誰得。行吟獨往還。

改

李建勳號樹子建極胞第授刑部副郎以親老解組歸里著有織雲集

閶門阻風

極目鄉邦咫尺間天風不借一帆還愁看斜日墜三下夢度清宵澤三閶邱壑有懷歸故里浮沉無計渫園閑于今羞慰高堂望枕笑當年易出山

遊吳將軍園林

開府當年鎮海疆堂成綠墅寄江鄉樓臺鳥下青霄外松桂陰森錦石旁曲沼遠分清澗水雕檻

斜搭碧參墻，肅像大樹然風急。至今興衰氣象腸。

周正思，字君履，號謹齋。紹熙子癸丑閩縣進士，官翰編。

送李霖村別駕之姑蘇任

霜刀初佩快欣行，勝地雄遊復壯年。朱紱氣搖東水月，綠琴聲澈洞庭天。行春聽鳩花如錦，吟韻茶麗吏羽仙。衣載爭詩逐市撥，賞家蝶蝶騁長鞭。

鄧尚湧，字君泉，號原川，閩縣壬子舉人，任歸樂教諭。

郭外青山遶翠隈平臨一鏡破天開風迴細浪收漁網日落殘霞照客杯晚樹倒流隨月去秋荷擎蓋送香來水晶湖没宮何在猶有鐘聲半夜催

黄以純字秉丹沛滔子晉江人學有緣情集

建州道中

山山疊翠竹千林谷口人居在竹陰激水作舂沿澗負編籬為壁入雲深鑿開茅逕遥天接高架橋亭絕壑臨細雨溪西嶺外肩輿愁斷旅人心

二

花發山桃樹〻紅香飄禪語正春風雲生澗衣點
間出峯偏灘聲鐵霧通竹屋蕭〻清淺外稻田漠
〻翠微中嵐聲啼鳥添鄉思萬轉層巒去不窮

林鋒字歆穎號蕉村庚辰歲貢有蕉樊自存集

久寓三山有懷村舍

故園此日正堪憐門外也〻江更濶斜楓熟〻有聲秋
畫地壹花氣〻隙水〻遠〻天十年相問拋沙嶂半世心
心〻夢鈴〻船華〻以滄桑生感慨隣羅枕抹舊黃悃

林長楠字介康號楚山閩縣丙辰副車任會稽二尹

金陵漫興

漫向金陵訪舊都。石城烟雨長蘼蕪。六朝脂粉隨秋謝。五代絃歌起暮烏。收拾霸圖還宇宙。銷沉王氣落江湖。龍蟠虎踞當年地。談笑兼陪斟酒壚。

同友人早渡黄河

天開絕險華神州。滾滾乾坤日夜流。萬里風濤鄉九曲一帆詩酒渡三秋。雄談敵拂筆欲席。仙侶同舟郭泰舟。同道途中遠碧潭。對君真似泛槎遊。

文丞相故里

江頭渡口一孤村。勝國相傳故里存。有君只好殉社稷。忘家何處覓兒孫。經過直下西江淚。遍眺難招起忠魂。一曲浩歌留正氣。畢生遺恨未除元。

吳元龍字允濤號曦江連江辛酉舉人著有曦江詩草、北拉遊草、海陵草

廿

登長干塔望秣陵形勝

登臨原何際。淩霄若摘星。湖光天外蒼。樹色潭中冥。古殿斜陽長。遺宮芳草青。江山頻眺望。於驛更誰聽。

黃琳達 字芥舟 號鈍峯 晉江太學 著有拗堂稿集

晚眺

極目送殘暉。推歌出翠微。雜聲孤犬吠。潭影一僧歸。樹密蟬移噪。風高鳥側飛。迢迢烟水外。漁月照漁磯。

送林白雲南遊

故國秋風裡，行行重別離。長亭多挽手，衰柳不成絲。薄暮蟬聲急，霜啼馬跡遲。孤山催放菊，真会好相期。

雪舟兄鷺江寄春夜坐見寄次韻奉答

離懷遙憶鷺江湄。消息因情恨到遲。三月園林花落盡，一天風雨昏床時。憑君破夢吟春句，記我魂消唱折枝。戊午秋與兄舟中聯句有離魂消楊柳枝之句

依然夜夜窗人不寐。家心

六三

那得月明知。

蔡廷漳 字志喬號汝階閩縣人現任刑部郎中有粵遊草益之唐草

白雲岩

疊峯披巘興悠悠。鳥道依微曲逕幽。鬱樹陰垂双屐亂。平川晴瞰五湖秋。紅塵市遠懷多寺。翠壁泉生不斷流。路轉丹梯天欲近。一聲長嘯滿滄洲。

葛光祖 字元羽閩縣田子舉人

劍津樓上雨坐

危樓空卧倚，雨色静中看。瀑滚垂珠泊，浮平洗石滿。雲拖千嶂白，霧渡萬峯寒。打繞原如此，供之興未闌。

游友夏字實之，平和甲子舉人

石人山

萬礎崚嶒只一人，空山誰復與爲鄰。雨侵時下乾坤濕，草長邊多麋鹿親。曉帶白雲遮半面，夜來明月現全身。青顏不向塵中老，古古今今自有神。

改

林應震字鯉湖同安甲子舉人工詩古文詞能琴精書畫著有蒼筤詩集

萬年宮

問津總諳路。手下孤維舟。碧嶂孤燈雨。丹崖一屋秋。僧歸深竹寺。鶴歎晚汀洲。宴罷橋何處。仙雲自去留。

謝疊山先生賣卜處

落跡生涯託地秋。汴陽宮闕付寒流。先生閉構成高隱。故國聲家不下樓。壓穀晚含江市酒。春風村落坟山裏。樓西有客無人渡。小雨隄前行不舟。

仲宣樓

徙倚危樓一望賒。英雄此日笑無家。東江浩浩聽流水。南國茫茫浸落花。自有故人能雜易。更無宿將解囊沙。登樓莫作悲來賦。蕭颯樹頭殘暮笳。

泊舟光岸即事

陳純基 雪漁

落帆營口岸。雞犬雜聲喧。古寺斜臨水。漁燈到門看

許

春楊柳市沽酒杏花村墨興渾無極揮毫月色寒

孤村

行二三五里驛外見孤村水落沙痕白山深樹色昏渴虹吞斷澗饞豸背殘曦將有高人住終朝掩閉門

行至上洋

不得上洋渡行經五星峯市橋黄葉酒蕭寺白雲鐘隙地編籬密依崖結屋重危灘至此滅吾

亭亭稍從容。

鄭天策 字宗華號对梅閩縣進士刊有尺木編制義

琴裝一束上名場。恰當晨征近帝鄉。古寺霜鐘鷄夢醒。荒堤柳月馬蹄忙。七千里外家書少。十二時中客緒長。回首白雲何處是。春風南去慰高堂。

春日郊行

深深曲塢幾人家。屋角疎籬柳半遮。馬上綠楊遥指處。春風吹下一枝花。

六

孫振豪 字汝西原籍福州浦城學癸酉舉人有賡颺集

早行舟至金墩

村晚迎行棹。人烟有几家。柴门閒古樹。柳岸濕蝸花。碓聲和雲搗。山空傍霧遮。孤航難倚枕。惆悵迫天涯。

李攀杏 字芸交閩縣貢生工古文詞家窮不著書存有紅雪樓詩草

滇行

山嶮浮烟抱晚炊。路紅一縷草浮曦。暝因迴岫看常早。月落層峯樹每遲。零落戍樓歇斷谷蒼苔

寒犬吠嗚雞夜分未忍推篷臥枕自聽潭歌楚詞

方廷珪 字伯海福郡歲貢

月夜泛行

卷色遠雲流清泛漾洄流香激花濺霜白洗月

鄰舟村店依寒犬沙汀靜浴鷗鳴柳樹探遠游真賞

寄滄洲

蔡三錫 字世晉永福歲貢

登高蓋山觀二石室

三六

崚峋石室是仙家，水閣蓮池瀉玉華。鐘磬空中傳籟響，樓臺天半倚雲斜。栖岩穿袖千峰月，補衲偷載一塢雲。恰有短節供高逸，芒鞋踏遍紫藤花。

劉元嗜 字子岡，兆基子，庚戌秋生

西湖晚眺

物換星移幾歲華，寒山一抹夕陽斜。九龍帳殿共蹄月，六代烟花散落霞。湖裡水天千萬里，堤邊茅屋兩三家。紅飛綠柳今何在，白白蒼蒼霧與霞。

毛建行 字須雲 福清布衣

房村夜泊

依沙繫纜宿房村。村口桃花水到門。愷大几家沽酒肆。藩籬一帶萬疏園。更深殘月迷煙樹。未近篷舟夢魂。客路不堪驚歲晚。滿懷鄉思共潺湲。

陳鶴儕字洞三蕭子鶴年弟庚賢布衣工山水精秦漢古籀 鐵竿有陳洞三詩稿

舟次竿源不發

晚秋竿塘十里潮。孤舟一繫自朝朝。飛峯煙雨迎杯

六三

落几夜秋聲入枕邊。荒戍愁深金鑰月。家懷碎盡玉樓簫。水何三百譚。歌琼枕左洪河古釣檣。

暮春重登龍王臺

不用桃源續問津。小橋流水迴雲崖。情他柳綠斜照日。松浮榆。龍慣見春懷。傑桑麻天外家眼前芳。寧亭中人。劃縱一嘯龍座上。聽匡座多宿世因。

過宮保省青陽墓

日暮巴山灰逕斜。暮門野丶注棲鴉。銀魚綬掛尚書冢。

石碣枕詩少保家。雨洗銅駝荒草沒。雲鎖幽篆如蠶。遮沙明岸遠。今雖合。古讖洪河沙合狀元出寥落江天一望際。

林浚直字白雲，一字古愚，甲子舉人，工詩古文詞及書法，精于篆籀，刊有閩詩選

題沈濟王駙馬故宅

六朝收拾舊繁華。南宋猶留駙馬家。烟冷銀臺荒草。碧泥乾畫棟。夕陽斜浸風積積。怨殘碣江水年年攬。白沙帝子有魂何處去。鷓鴣啼處杜鵑花。

又題

三二

金風颯颯撲窗紗，獨倚危欄日又斜。秋草綠凋公子鬢，芙蓉紅隕美人家。多因別恨傷孤旅，未必芳心怨落霞。夜聽江南江北曲，不堪腸斷古琵琶。

秋聲動處怨黃昏，粉黛飄零易斷魂。有客好啼蘇小墓，何人更住苧蘿村。雨殘楓葉銷紅淚，雲擁青山鎖黛痕。怪說餘香衣尚在，佳人騎馬傍柴门。

秋日山居 有序

出榕城北郭十里許，有峯名象來峯，峯下有寺，即玄沙寺也。寺吞山谷间，幽邃紆曲，人跡罕至。寺邊有精舍，茂桐皆雕欄畫

敘

檻杉壁上香灰、夜來森於乃停之静室也、己酉秋予借於讀書既呼童剪緑藤掃盤石、置茶灶其上、日以炭煮白米為飯、飯熟復煮茗穀無雜味、只乳菜一二豆、食雖不甚飽、於情前暮夜河漢雲住云生已非人間烟火笑卧起手清泉一盃、灌濯眼耳、登猶嗅衣香茗與杯、澈瀞腸胃、閉竹門、且復竟夕出耳廊、聽頭陀念楞嚴經聲朗朗、頓生清淨、小頃寒蝉鳴、木葉落、忽讀南華秋水發、及至穿六才子批書、情致綿緲、不能釋手、偶暇穿草屨、踏石逕覓幽蘭香冷、芳菊含寒、詠陶元亮孟襄陽詩、又未嘗不想見古人逸韻、午倦生碧紗籠、卧緑陰床、松風謖謖、紗帳生秋、遇雨瀟瀟、蘿衣侵冷、醒也夢耶、几不知為何地、至於間趁游蹤步寺口、憇磯仰頂上削石、摩其白雲去際、回視禾黍青青、流泉潤落、雖昔日之金壇石闕、久已淪落荒烟、而青山無恙、此中仍剩着天地亦何必桃源輞川始信奇山異水也、若夫夕陽下林外遠岫滅、猿啼鶴唳、望月投床、余每孤坐床上、聽寺鐘歇、翻得了書讀數十遍、胸中了了、快於有得、或紫簫度曲、送秋月、停歌緩解衣酣睡、萬籟俱寂、遂復夢中尋趣矣、噫、名山勝迹、非異人不居

詩

寻梅息隱處，自朝至夕，情景兼盡，余樂亦若終身，但不知山靈許我常住否。因賦一律，未暢幽情，故復書而序之，以誌山中佳趣云。

浪跡歸來問故居，飛來南下寄吾廬。一聲磬響僧敲月，半榻雲堆客讀書。蟋蟀亂鳴秋色老，木樨開盡菊花疎。籬門犬宿何人到，墨客清幽過古初。

春江晚望

銀濤滾滾霽晴沙，萬里蒼茫日色斜。山樹雲霞啼鳥市，江村烟火野人家。綠遮馬背嘶黃柳，紅罩漁舟襯蘆花。極目天涯魂易斷，倚欄長聽古琵琶。

春暮過陳逸人幽居

一灣流水幾家村，茅屋幽幽出短垣。燕嘴啣殘春柳絮，蜂鬚鑽碎落花魂。聽鶯客過煙橫樹，種菜人歸月到門。莫謂蓬蒿無勝跡，此中清僻即桃源。

清寧道中有懷

七千里路近何如故國青山偏釣居北地也有懷人了鶯聞天上夢魂音煉池生綠草春殘閉門攤[illegible]花樹讀書爲問竹樹香怪從真情爲懷下云知

又宿遷閘

宿遷閘上酒初酣，惜別春風月又三。水合黃河流冀地，帆從淮浦下江南。平沙埗岸千灣白，堊字遠天一色藍。惆悵鍾吾俱泯滅，孤城落日起烟嵐。

又釣臺

一尺漁竿勝萬鍾，江山千載弔遺蹤。早知富貴終黄土，何事衣冠拜赤龍。便殿不驚天子卧，高臺寧用漢家封。只今草木含羞色，烟水蒼茫杳靄鐘。

入仙霞嶺

重關絕壑攀岩嶤。鳥道盤來入漢霄。地隘金甌閩海國，峯高直見浙江潮。孤秋籟響殘鐘落，古戍樓空暮靄消。倦客憑欄一長嘯，萬竿修竹亂蕭蕭。

同諸友宿極樂寺步徐幔亭先生韻

山中蕭寺靜聞香。日日閒雲繞卧床。蟪蟀夢殘

訂

幽棲雨芙蓉門閉老秋霜入達東地千疊愁思孤
峯一帶長若攜酒鐺俟未竟鐘聲催晚白東方

晚宿岩頭店

斜陽繫馬豆黃昏人境蕭條不可言半幅溪聲第
草香幾家羅薜蔔花村泉流一夜長歌攬月濤千
山獨閉門幾家那地離別路荒雞啼夢更銷魂

赴延郡憲胡海槎聘別秦杏漁周章亭洞推仲

幾年浪跡復飄零玉水纔乏又別津幾家不地

也說恨離家鄉客只依人北地深淚飽饕眼羞逃
風花春一身化去故文章情香春雲青樹夢中親

漳州渾遠感賦

漳堤衰柳不堪枝千里孤行去復還世路欲去白
眼心情許我屏書山文章讒盡風塵引歲月共勞
天地間北望鄉園在何處秋風蕭颯動秋顏

夜宿漳山旅店東莫橐舟齊舟

携手郊原淚共枯征塵知已眼中無魂銷今夜何

交秋湖共山月自孤千里風霜難別路百年詩酒性吾
徒倚憐羈客歌紅荳夢陽天涯渺綠蕪

雨後晚渡揚子江

片帆風送月黃昏山色微茫草雨痕塞北淮徐千
里斷天南吳楚半江吞雲連碧樹橫京口潮打孤
城入海門騷客幾回空渡葦金焦悵望黯消魂

入黎嶺

肩輿直上畫欄前澤國蒼茫思渺然雲罩亂峯

千澗雨竹園孤巘蒼竿烟南來鎖鑰天門險北出咽喉地臂雄古壘烽銷波海靖行人猶自說當年

耿逆之亂 王師至閩神鋒題壁

秋日寄洞樵

劍溪別後又經秋何日山中訪舊遊一紙書來鴻雁遠萬重峯嶂海天愁可憐種菜依為隔無柰思君易白頭回首廣陵相見日幾番風雨夢孤舟 洞樵

與余乙丑公車偕晤于廣陵舟次

又同安道中作

溫陵疋馬走滄洲。風攪長天旅雁愁。身世百年多去國。江山萬里獨悲秋。樓空王粲家何在。井傍陳遵轄未投。極目蕭條西日暮。白雲黃葉思悠悠。

都門別庶常徐繩庵先生之一

四月都門草色勻。征鞍南下起沙塵。七千關塞然俾路。百二樓臺別故人。枕上魂消家似夢。天涯全盡白如銀。成名勞大勞打尉。臨去躊躇愧此身。

春日出郊

細雨輕烟柳半斜。行人履破歇山家。獨憐有女聲聲喚。唆槿籬門外杏花。

竹崎秋夜

此夜棲何地。江清涼正生。殘砧催夜月。蟋蟀亂秋聲。草盡村籬闊。林疎澗戶明。寂寥多遠意。斜倚待潮平。

遊西湖和真吳甫韻

対

平波一壁鏡天開，面面青山曲路迴。三竺雲迷園洞壑，六橋烟鎖斷樓臺。人尋鶴逕孤梅裡，港入漁舟翠柳隈。眾鳥已歸漁棹息，南屏風送晚鐘催。

翁文丞 兼卿，字樵溯，丁巳進士

和拉書偶得乾蝴蝶

辟蠹窗前芸葉香，開函驚見蝶衣黃。不貪春色生憐謝，物化南華死讀莊。百軸牙籤硯柏板，六朝金粉夢尋芳。頓教幻化成文鳳，飛去飛來傍玉堂。

八月十五楊子江遇風久而後濟

瓜洲堆擁廣陵潮巨浪奔濤一系飄秋月秋花鄉
思杳江南江北客情遙驚看墅霧迷天塹古今迎
慣光出石橋舟子也貪今夜醉吳歌和罷說金焦

西湖

領畧湖光第一回客懷都向眼中開荷浮水面珠呈
畫魚躍波心藻湧腮山色有情環岸積苔花無語繞階
秋來沿堤何步傳今昔千古豪事猶未灰
移船傍岸樸手操淺水深波曲曲來十里湖光搖漾

刈

樹一天秋氣淨樓臺蘇堤柳暗笙歌迴吳苑雲平雉堞迴自是世間無覓處淡粧濃抹莫相猜

浦城發棹

仙帆天上復飛還南浦終逢九月間黃菊有情秋待我白雲無恙鄧嶂山回頭頻有峯千疊開戶遙憐水一灣船上且將囊檢點新詩留待故人刪

銀中題壁

半掩柴門傍小溪一番疎雨破新泥花因謝易枝

三放鳥翔聽鸞悠悠啼嚶鳴亂絕人上下澗雲輕墜水東西誰能覓同源已筆墨淋漓對雙點

遊禪岩憩亮來閣烹茗而作

三秋秋和禪關竹杖斜穿翠石間徑繞忽通深洞出岩迎客待野雲還人將仙去雲生腋閑坐飛來翠滿山遊興此時濃於酒昔年蹤跡半苔斑

讀三國誌

飄零半世着征袍西蜀君王馬上勞爵奔中山核

文〻

社稷詔傳衣帶建旌旗英雄昔日原去操正統于

今不是曹縱有托孤遺恨在永安松柏淒哀濤

究世奸雄竊袞袍欺人心事只也勞出沙音訛萬終

存漢草檄陳琳大破曹疑塚妻二喬革遍雀臺

窮〻鄴雲長當年伎倆真如鬼怒激横江起波

濤

碧眼紫髯映錦袍江東基業守成勞白衣搖櫓

氣傾荊赤壁鏖兵枉敵曹魯肅規模存臥榻

周瑜風雅怡醺醪。石頭王氣終埋盡。鐵鎖橫江劍怒濤。

贈蔡杏漁別業

風吹書卷靜聞香。讀破周秦趣更長。人在山中心獨遠。才生天上語飛狂。雲連樹色千峰碧。雨華采聲一味涼。夜坐每從書劍問。滿窗明月照行藏。

步林釣雪春日寓居

窗日遲遲日尚賒，半生春睡任橫斜。枝飼魚已清汲，火尾碓陌忙農，谷雨茶懶着衣，紂因中酒勤修，籬圃為栽花。年來更惜村居好，兩岸桃開萬樹霞。

九日陪學師招登奎光閣飲賦步韻

湖光山色眼中收，今古文章共一樓。天作晴時逢九日，人登高處攬三秋。醉心不用萸為酒，曠懷何材花插頭。讀罷新詩覺自穩，置身百尺自風流。

送姚榕園前輩陞帥代家諭

九十春傾鳩杖持文將經術答清時道中疏學
光文教江上名山策勳玉夔綠鑿堂開新淨月木
蘭花秋舊題詩伏生有待何年參晨都繙經雨
絜丞

寄答趙伯任

讀羅君詩一惘然詩名終染即貴拿舊山尚有
故人約沽酒魚莊非日謀十載雄心逐夜雨半篁

林

疎竹攙春烟。我今況味差相似，頗用貞守掌種田。

答陳稅岳臣寄梅花雜詠一冊

讀君百首梅花詩，如在晴香疎影時。江上有懷吹別調，隴頭何處寄相思。草堂茅舍春如夢，月下風前悵轉迷。可惜孤山林處士，自憐遺稿畏人知。

因林白雲徵詩通索諸先輩集予不遜

蠹魚未得蝕何深。喜年負當年風雅吟，光焰豈

能埋李杜。憐才誰不痛人琴。譚書鄧誄千秋恨。流
水高山一片心。漫道枕中曾秘惜。中郎原也待知音。

送林允六任壽寧訓導

肩輿落落出門去。行李祇隨一擔書。坐設高氈邀
月伴。圃栽苜蓿。葷強攜尊嚴道重長犯淺濟
泊風高僻有餘。見說屏山饒勝概。故鄉山色翠
何如。

鏡花

好

奇葩無數傍粧臺。映入菱花各自開。柳宇春山愁裏種。炭容秋水恨中栽。紅顏洞口尋芳看。亂動西廂待月來。雨雨風風渾不管。可憐枕畔蝶蜂猜。

乞菊

乙卯孝廉　林為翰　字瀛洲　号豹岑

主人有癖似柴桑。種菊年年十里庄。門閉不容俗眼賞。花開偏許酒徒狂。自慚懶散荒蕪徑。都羨蕭踈滿草堂。願乞籬間三兩本。小分秋色度重陽。

不深

漫山飛李猴人聯杯對春光幾溪流文字誤人驚欲知
琴樽待客伴寂愁老生有育負心痛吾意同心
食不謀近況都是何處去一罷風雨獨登樓

陳蓬舫席上一律

小窗留客話彈琴琴羅還發渭酒卧處世依稀
悠悠故我讀書從不負初心人生幸值逢賤吾貴
文章自古寫語醉時肝膽見花前是都枉沉沉

有感

如

秋山雨後卷雲烟撥動愁懷兼鼓亭外病發收朧心悅救窮窺雜備硯為田赤心有待酬風至白髮生端怍少年讀罷杜詩聊自慰從來稽古合迍邅

花朝和芸社衆會友原韵

偶遇能文不少詩談詩都自與文宜暇時誤我羞言用附會逢人恥說傳況值有樽酬月夜何堪無句負花時當前惆慢看如許恰與社君共賞奇

仝孫茂谷丁昭先遂遊蘆洞

憐淡千峯為。紆迴一徑幽。人隨雲斷續。天與水沉浮。急杵孤村外。殘陽古渡頭。蟬聲來遠樹。淒絕使人愁。

秋夜懷友

美人期不至。憶坐倍生愁。色色無心月。聲聲總是秋。難為塵世眼。易白恨人頭。夜半閒吹笛。誰家少婦樓。

白雲云豹霧豪放風流鍾於情比余嘲以二語但恐世間無艷色去教詩家減了霜

賣花吟

丁顯祖述文秋生

狎子街頭叫賣花。賣花聲徧日頻加。閨。人。喚。倩。花。
未。看。淚。從。儂。花。不。要。賒。

古塚

君生何世系。孫孫一叢邱。碑古書難曉。人稀字易稠。
野、狐、穿、穴、裡。山、烏、泣、墳、頭。

美人瞻把圖

籠蓋一聲鶯破瞻。雲髻斜嚲欲將墮。扭。來。伸。手。
立。背。窗。兩。眼。含。嬌。將。界。小。醉。

姚作柱 執圭 秋生

文二

江浦懷人

盧見龍 德升 附生

水落江痕淺。山迴岸引斜。遠烟孤古樹，獨鳥下寒沙。舟子截流渡。漁翁對浦家。所思杳何處。徒自賦蒹葭。

直逼唐人

山樓秋夜

陳虞岳 叠山 附生

山樓高臥擬元龍草樹幽窗亂重五夜一天千點雁半床孤月影聲鐘霜砧有信催寒柔雲自去心露遠峯光際秋懷起夢短斷橋流水烟村暮

清明郊行

明經司訓延平　郭如璧　書府

宿雨收殘啓禁烟。山光雲歛借怡然。杏花未落孫節外。楊柳絲牽古佛前。晝靜薰風聲語燕。春深何樹不啼鵑。倚岩立盡斜陽亂。競淨青驄載道還。

秋懷

武庠　李斌　升如

寥寥旅館易淒其。只對魂銷黯別離。望斷江流二百里。驚飄桐葉兩三枝。頻將詩思沉香夢。那愛秋客。入。冀。逕。揭生無聊天地晚。几多星斗下疎籬。

遊鳳林寺

鳳林禪室夜初更。萬象幽閒寺前一望。收。月。印。霜。華。侵。夢。榻。風。飄。袂。思。待。梅。清。壺。裡。寶。樹。亂。空。中。杖。烟。石。泉。聲。世。外。情。此夕何須聞古偈。卻從是處悟無生。

采蓮辭

李生春

采蓮采蓮未開。青錢水面堆。向儂空手返。見蓮來未晚。儂思量。花似花不。鑄。見錢不見蓮。儂心。大不打。采蓮摘蓮子。采來與郎瞻。郎撓心已苦。儂道心更苦。試看埋入土。年年心不死。采蓮須得藕。哄郎吞入口。七竅代郎心。千絲在儂手。絲牽心不去。何必別尋藕。

寄楊紫岸秀才　　貢生　林三槐悅山一字植岩

君在劍水北。我在劍水南。偶越三十里。望樓望夕嵐。秋蕪迴塢壘。秋月映塢潭。我有舊田園。稔[illegible]

俾坳山坟山多戚友。飲酒且閒。錦雲觀秋稼。打對共歡顔。

從軍詩

諸家今出塞。莫漫寄寒衣。一别功成日。封侯定自肥。

醉菊齋習静

諸生 陳琮 季璧

逕僻稀人跡。從余躡屐過。池平春水淺。山失暮雲高。取目稱魚鳥。琴書近薜蘿。忽生元外想。身是老維摩。

點頭石

亭〻一峯石。長與野雲偕。撲。面。松。花。入。當。階。蒲。草。
掇。所。說。云。盡。雲。花。到。自。開。時。不語元樣在青山
六解頭。

登塔城坡嶺

夾道松篁午轉迴。捫蘿盤石上高頭。人。援。坡。嶺。千。
峯。月。目。盡。南。臺。一。路。秋。雉。堞。遠。環。平。野。界。虎。門。
截。斷。大。江。流。平生胸次洞湖海。筇掛山巔看日浮。

楊子江

壬午舉人官松溪教諭　施松齡壽康

晴烟漾漾水泠泠。鼓角聲臨鐵甕城。萬里江濤秋色遠。一天海日半潮平。山分遙遞南朝寺。地控常屯地險兵。兩點金焦勞望眼。登臨不盡古今情。

桃洲橋

諸生　林首達上而

桃洲橋畔覓桃花。何處流來片片霞。世上已編秋甲子。洞中曾種舊桑麻。雲生隔壁泉聲沸。日落孤峯樹影斜。欲問避秦人在否。可能同上舫

文山

魚查。

平湖橋

晴湖極望水天遙。烟井參差隔一橋。蓼菼洲傍漁艇繫。杏花村裏酒帘標。人行人憩今猶昔。川涉川岑復朝。遙聽牧童吹短笛。孤帆飄颯破曉霄。

西峰寺失道

布衣 陸萬寶

失道西峰寺。尋來一洞天。雲浮山以外。人在水之邊。古木支危邑。殘碑卧墨田。遑遑村火少。雞黍向誰延。

遊白雲寺　　洪生　鄭式金子度

手攬雲山步白雲。白雲深處氣氤氳。千峰松嶺依天盡。一逕桑烟。萬壑縈曲曲。橋邊秋水碧瀟瀟。楓下夕陽殘。禪帆快覽名山趣。滌盡凡塵幾劫氛。

有感　　洪生　林首蓮閬帆

大雅遺音嘆僅存。二三友外詩誰論。時流坐井雞。開口世態翻雲雨。閉門前。藝花樹釣艇還憐。

社

竹屋枕山根奇書次第嘗千卷洞口閒雲任來屯

黄　銓　諸生　簡齋

春晝招遊

休將春晝擲春輝花飽春紅丘未稀曲路游魚唧疾

翠方圓巧鳥喚朝曦山含潤氣全歸樹村隱流嵐

半掩扉樽酒可酬今日興杖藜扶步莫相違

陳勤宣　宣三　荷洲　庚午舉人任長洲令

劍潭

荷閑一釣叟家在劍潭門閒看烟中夜靜看

潴出鷗小筝楓樹暝古岸募花秋漁父偏堪趣呼亭

醉釣舟。

雪桂軒懷友

諸生 林日詔 子召

散步東城下，來尋雪桂軒。雨低秋到樹，風引條敲門。補竹留雲影，移花鬬蝶魂。自憐葭外何覓王孫。

避亂山中回家

漫道歸來未有家，更無雞犬與桑麻。荒椽屋下知啼鳥，罕敲林中自落花。且剪薜蘿邀夜月，綫鐵

於

古郭樹秋霜許多心事愁雲盡蕭瑟西風日未斜

兖州晚行

丙辰舉人
授提轄大使 陳世元朝欽 金粟

孤衾總倦促征程殘月憑人夢裡行古路繞長隄
馬蹄荒村遠近聞雞聲霜飛河岸天難曉惆悵
平原樹樹明攬轡更拋翹首望五雲多處是京
城

晚渡閩關

扁舟逐浪下閩關一片平沙灣復灣蘆葉染霜紅

貼水帰雲擁樹白鷗山。新詩漫寫江天暁，渭酒聊斟客棹間。遥望家園百將里，猶隨明月雪時還。

北寺秋懷

砧杵頻催日已昏，旅懷何事不銷魂。蕭蕭古樹雲帰塔，漠漠寒烟水遶門。霜迎敗葉傷李子，秋深露夢驚王孫。朱樹從僧看新月，默默清輝照淚痕。

觀太液池和白雲兄韻

丙辰舉人任大冶令 林國樑 洞樵

長虹雄視九天開，玉柱雕欄聲色回。仙闕新澄波

材

裡出宮鶯聲度柳陰來。千行藻荇依朱鯉。一島烟雲散碧[illegible]。自昔漢廷多獻賦。凌雲共羨馬卿才。

望長干塔

摩霄一塔壯吳天。幸看憑高寄興偏。漢國鶯花春渺渺。鍾陵雲物草芊芊。前朝帝業多歸寺。此日空門慣索錢。我也江南[illegible]客。消災都向寺前眠。

山洋道中

壬戌進士　郭　植　于岸　月坡

倏轉羊腸盡。穿畦又滑泥。危橋青草逕。跑石白。

鷗浮雲散峯巒出林外鳥晴啼半斜梅更斜曲〻
抱村西。

登南城樓望烏石諸山詠古

城郭崔巍立插烟霄。霸業雄圖百代遙。人往銅駝埋蔓草。日臺荒金碧走寒潮。飛仙去住也〻三島。南宋興亡似六朝。只有越王宮不改。年〻鐘聲送浮霄。

舟行即事

濛〻霧起半江昏。瀰〻深漆水岸痕。疎柳小橋河北驛。

旧

況烟古屋水西村鴉啼蒼雨漁罾浦人語蘆花犬
吠迴門惆悵此行秋已老天涯吟望几銷魂

洪江金山塔晚望

塔身天半倚岩懸晉霞護蒼茫客思迷曲岸蟬聲
秋後斷亂山雲亂鳥邊低蹤雲破衲松花寺鈎月孤
舟蓼葉溪莫向石倉懷舊跡冷烟荒草小橋西

山房秋感

淒切七八山屋角聲曉霜吹徹月鈎橫夜如有恨支離

瘦。島。六。鷺。秋。憭慄。鳴。峯外白雲吳子國。家君家姑蘇個中
衰柳越王城。嗟臺殿缺渾閒事。可奈蒼茫百感生。

過仙霞關

山東陵縣大尹秦標元首札 杏漁

鳥道盤迴一要衝。仙霞真受削芙蓉。劍關地盡
閩山信。陽水潮停浙海宗。奇。出。積。叠。嵐。十。丈。人。行。峻。
嶺。雪。千。峯。南來於此紅塵淨。恰醉僧敲樓寰鐘。

泊舟廣陵

下馬登舟又入吳。歸來著眼說江都。金陵地近條

加

王氣。鐵甕潮分限霸圖。垂釣江邊遺蹤否。吹簫橋上有人無。惟餘一片平山月。還照歐陽舊草廬。

北上自水吉至吳汀

朦朧霜露斷沙堤。曉起肩輿至吳汀。寒浪雪生河鯉凍。木棉春曉鷓鴣啼。地分南浦風烟古。橋接西程梵宇低。倚水有村知不遠。竹林深處[illegible][illegible]鐘聲。

出門上京

早春物色上行裝。遙逐前程去漸長。巘攬將山秀翠眠。試聽蘇聲綠沾裳，綠林晚起萬風月，小艇人停渡。夕陽。遙望酒帘沽處近，杏花村裡一鞭揚。

遊極樂寺

閒步松杉古道邊。夕陽斜掛遠峰巔。牧童吹笛，霧生澗樵子，荷薪月上肩。遍墨移珠千樹柰，滿城卷起翁泉烟。也知此景從看慣，不用青山枉費錢。

遊彌勒寺

陳履安

閒尋古剎夕陽低，麥浪風搖綠滿畦。鶯擲柳梭山逕北，蝶翻花板石橋西。一樽許我追蓮社，三笑何人過虎溪。記勝每慚無好句，醉來浪向壁間題。

征婦吟

松生　姚作桂　聞香

英雄萬里取封侯，不顧年華逐水流。少婦紅顏孤照月，征夫白髮老驚秋。擣衣石上聲聲淚，織錦機中字字愁。夜靜何人吹短笛，分明一曲古涼州。

端午回暑

林國樑

停舟未登認誰真。又渡姓家湖水濱。五日秧針翻宿雨。三更螢火照勞人。疎慵自分難為吏。菽水空慚難孝親。卒托戟門誰大度。同聲契嘆之（惜）頻頻。

春日郊行

姚人鸑 敦仁一字丹岩

躡屐徐行遶逕斜。苔痕踏碎訪人家。林鶯撲蝶穿深荼小。水鷺窺魚立淺沙。千隴白飛楊柳絮。萬山紅放杜鵑花。春晴景思真如畫。何必仙源覓釣槎。

舟泊

加三

畫船停棹倚江涯。日暮秋生處處家。山上柿紅霜葉染。渚邊蘆白月籠花。可堪流水陪殘夢。畏聽寒砧咽暮笳。此夜棲遲徒信宿。更添愁對片雲斜。

秋江暮眺

何事來江上。淒涼每過秋。落鳧烟水岸。叢草夕陽洲。赤網撐漁艇。青帘隱酒樓。行行增海月。容易照人愁。

桴洲

何夕蘋洲港。輕舠客未還。月明秋在水。雲暗樹連山。螢火來沙際。蟲聲出草間。一燈江市迥。沽酒破愁顔。

向晚

向晚西風起。蘆花水自波。共江沉月小。塔遠掛雲多。煙外秋聲落。天邊旅雁過。小舟寒擁被。歸夢夜如何。

寒夜聽起

空山鐘聲遠。衡霜人與寒。惆共一床。夜半烏啼催客起。梅花門外月蒼蒼。

荅林洞樵釣雪昆仲

陳松齡筱谷

聊以江湖一散人。筆床茶竈未嫌貧。糧同野鶴全無粒。夢繞高山半在雲。竹逕溪閣尋月早。柳塘春鬧覺鶯新。恰看門閉閒吟處。猶容重敲不厭頻。

蓁香漁先生見訪不遇詩以荅之

綠水灣頭小隱居。盧君來此扣門閭。不知只在煙波裏。閒傍蘆花獨釣魚。

秋江晚眺

丁寂 昭先字守愚

圍圓渡口夕陽斜屋傍青山有萬家牛背吹簫渾竹塢塢漁舟沽酒宿蘆花雲迷貢桑山中寺鴈落邊天島外沙極目蒼茫頻眺望莫將煙水問生涯

今夜一山月

余長瀚 浩臣

昨夜一山風今夜一山月山風吹我衣山月照我髮風月不相期往來雲水窟

金陵懷古

昇平不解子山哀。惆悵滄桑付酒杯。元武湖中青草滿。石頭城下白沙堆。十年築壘金甌缺。一炬橫江鐵鎖開。誰道洪濤天塹險。慣教飛渡北軍來。

八藩魚肉晉東來。根本何因自剪裁。七夕宴遊張宇盡。一炬東火十王灰。蕭林園裡啼猿慘。采石磯邊飛燕回。肇國屏藩千載業。叙倫須把九疇排。

彭帝時　仙遊人　庚子舉人

咏八月红梅

秋英仍是去年丛。花放今年特不同。珠颗半窥篱菊梦。洗和金露木樨风。右犹睡眼羞开句。难禁樱唇唆缀红。除是一番光得年[?]。教人熟识岁寒翁。

谢道承字又绍，号古梅，侯官庚子元，辛丑进士，由庶常历官内阁学士兼礼部侍郎，工诗古文书法

秋日登镇海楼呈诸同辈

漳[?]唐[?]倭[?]案[?]叠[?]嵯峨。劫[?]火灰蚪[?]见鬣[?]波。春号钓诡[?]荒草遍。潮迎骏马夕阳多。千年故国凭[?]登眺。百代遗

48

風委遊没。文獻凋零那可問。高樓且莫醉婆娑。

李開棻字奕友號碧林福清辛丑進士改翰林院庶吉士有崇雅堂詩集

白沙驛雨泊

亂雲飛急雨。壓火暗江漂。秋老山村夜。寒生水驛天。平津雖半逹。騷首易衰年。魚鳥窺人了。相親不計眠。

白溝河

沙白雲黄壓日荒。天高風急水微茫。地傳宋代多戎馬。收擅樓臺作戰場。關塞祗今空虎旅。河山何處想龍

卄

穫。他言財印獨如斗。白首貞金兩可傳。

同年陳翰音題詩連天寺陳如輝錦江余亦有長沙之行次韻並別

空澗雲天萬壑明。詩思霄漢興縱橫。行藏身世憐兄弟。詞賦江山重姓名。梅。雨。催。春。沙。口。寺。杏。花。沽。酒。錦。江。樹。楚歎重疊思君子。況送湘蘭結戀情。

少陵先生成都草堂

擬築如銀任笑狂。百花潭水浣夜花。側身天地頻回首。涕淚人間舊草堂。君父兩朝臣在蜀。春秋一代史成唐。錦官城外長祠廟。梁甫吟魂弔澣花。

貞良佐 字淳可晉江元禮子官石阡太守有清源山房詩集

湘江遇雨

宿雨連朝暗。長空入望迷。江添湘水漲。雲壓楚山低。社近歸來燕。村孤早聽鷄。不堪南浦上。芳草日萋萋。

浣花溪弔薛濤

斜陽柳色畫樓西。惆悵芳魂百舌啼。隄水無人還自綠。空發春瀨浣花溪。

林國器 字天遇福清諸生白雲元

西湖楊柳

絲絲著雨草朝煙。十里延堤五里船。曲逕鶯藏青字地。影隨橋馬蹈艷陽天。折來陌路誰憐夢。醒汜塘思惘然。閒坐小簾春又去。風流空自惜韶華。

江閣曉鐘

上二

北斗橫共曙向南。鐘鳴鳳送出仙雲。清聲敲破千山月。屏開轟使亡尚闈。嵐帝座上通天尺五。家船初卧枕更三。云端喚醒封侯夢。金闕仙班何處參。

戴炳戣字彥翰莆田諸生

建溪舟中

峰色殊無限。寒風復剪茅。暗溪魚躍網。近樹鵲成巢。露下山泉滴。煙開石火敲。舟來溪邊市。水酒雜山肴。

張鶴年 字興五崙之子侯官諸生耽酒工書長古歌行其填詞尤然艷豪壯有佳作僅隨見錄

烏石山

極目危峯遠。孤城倚綠灣。江光和瀨樹。月色照湖山。游屐為誰去。風花長自閒。中華多勝地。却悔去後還。

出郭

驅車西郭暮。日落萬峯平。寺裡泉邊亂。山中鳥外聲。魚艇喧晚浪。風雨上孤堞。何多彈未改。桃

上

行去國情。

觀海

銀濤滾滾尾閭開。十萬游龍戲碧隈。外國有山皆北向。接天無水不東來。光搖島嶼三更日。氣吐乾坤萬里塵。身是當年槎上客。乘風重覓舊蓬萊。

貢帝臣 字竹趙 莆田諸生

漁溪旅邸夜坐

乍別壺山一日程。驛窗閒坐對孤檠。月同故里懷偏放。秋到孤村色更清。參和迎涼人語靜，疎星兆旦鳴。歸艇漁郎勝跡知何處。水自滔滔永歎聲。

陳修士 字孝齋，連江歲貢生，子有曉廬詩稿

釣龍臺

荒諸臺榭倚江濱。霸業興王浮淚中。雉堞煙銷歸馬日。鼓鼙秋據釣龍風。千家煙火山河壯。百道樓船浙粵通。惆悵越王叢塚蘚。年年濤吼海天空。

以

董敬受 字有人候官人建寧府籍貢生能詩好寫水墨

李西峯招同林天生王觀苑遊濂浦別墅舟泊大若
岩畔雨梅浮渡因坐水畔花煙浮江面白苔點石頭蒼
不憐花瘦詩因遣夜長清遊同吾癖況是水雲鄉

郭金鍾 字威予閩縣歲貢有金陵遊草

九日坐雨花庵

鍾山紫翠抹斜暉虎踞龍盤舊帝畿秋淨長江
澄素練烟迷疏柳噪昏鴉六朝勝了成衰草千

古叢庵記雨花。強進蕪杯拚酩酊。免教離思動天涯。

葉繼榮字耀南閩縣布衣有摟僧詩稿

暮春遊西湖開化寺

春殘閒步出郊西。花自飄零草自萋。寺。古。烟。迷。鐘。韻。寂。林。深。日。暖。鳥。聲。低。湖光十里垂楊色。千條已拂堤。畫棟珠簾成往事。古今興廢不勝題。

七夕讌集双江庵

好

兩水環橋晚色幽。凭高春眺看牽牛。双星情重雲千疊，翠流光浮月一鈎。漁火湘花楊柳岸，鐘聲寥落海門秋。凭欄吟就應須醉，莫負攜觴此夕遊。

項榕字拔云，侯官附生，精于醫，有環環樓詩集

虞美人草

托根芳草霸圖忠。幗幟皆前素馳抱。藥堪驚初。魚蝶舞風還怯。舊從戎魂依楚國。千山綠色映江東。一片紅雲恨傳心，拋不去。年年風雨泣重瞳。

新月

夕陽迷遠岫。新月傍荆扉。
映樹剝秋落。侵簾色自微。
蒸哉凄剪去。華一痕輝。
漫送光和逗。羣星亦見稀。

陈昂字軒年，侯官諸生。生来渾身皆白，人称为白怪。工詩古文词。著有海外狂吟草

秋懷

蓬島桃源何處尋。且將書劍寄江潯。
南來天地還秋色。北望山河有暮陰。
月搗砧聲驚遠夢。風吹

感。亂。起。鄉。心。百年身世兵戈裡。中夜悲歌自不禁。

山

秋夜

秋夜客心自覺孤。空齋東閣讀潛夫。網籠月色兼明暗。風送簫聲乍有無。漳。浦。芙。蓉。家。遠。夢。幽。閨。砧。杵。亂。啼。烏。音書斷絕吳江冷。翹望銀河憶故廬。

吳文煥 字觀侯號劍虹長樂辛丑榜眼歷官監察御史

都中感懷寄故園諸先輩

落拓京華暗自憐。桂椒松竹故園煙。風霜得得催雙鬢。

囊橐蕭蕭剩一錢。宦況十年孤月照。文文遊兩地寸心猶舊。

巾杭在吾歸矣。漉酒酬歌晚菊前。

陳天樞字獬斗號潛齋候拔貢生

殘臘同門士孫文蔡郊行

歲晚孔坤淨。行行步步遲。短筇扶仄逕。長肅落疎枝。

雪散山修育。風翻九颭度。鉏一狼塵外趣。竟日亦忘機。

鄭方坤字則厚號荔鄉閩縣人寄籍建安雍正癸卯進士現任兖州府知府博雅工詩著作甚富刊有蔗尾詩集

隋宮

咭

珠簾十里木蘭橈指點隋堤舊板橋一曲清磨湖上酒
千秋未去廣陵潮迷花錦纜牽明月空剩柔條學舞
腰太息雷塘田幾畝精靈私語夜蕭蕭

詠柳

亂絲長條復短條輕黃淺碧間妖嬈遠樓曉渡湧湧
和黛夢消楚乙女春慵慵一捻腰古戍淒風寒弄笛清
溪殘月住停橈如何不種靈和殿征淚年年滴灞橋

姑蘇雜詩

櫓櫓蒲帆寶帶橋。姑蘇城外暫停橈。風雲霸氣銷
兒女。十里朱欄出翠翹。
吳江有女擅纖腰。丁字欄干亞字牆。一代（自）雲奔月去。
人間腸斷返生來。
吳宮花草付啼鶯。越艷書成代又更。銀海花花吾
不恨。春風綠黛可憐生。
伍相荒祠浩劫塵。生公片石泣青憐。寒山碧霞錄
如。詩解帶與知有幾人。

讀書八詠

立品　　何文述

讀書立品做名儒。獨往獨來字味孤。洗白梅花真色在。清遠秋水俗塵無。胭脂未敢逢時畫。美玉還應待價沽。寄語豪門休妄睨。案頭筆架是珊瑚。

安貧

讀書貧字不關心。世味何如道味深。彭澤先生甘乞食。遼東高士荷鋤耕。寒廚煮粥塵封甑。敝席然門月照琴，俗眼凡多於是痛。入歌商頌遍綸音。

寡欲

讀書寡欲莫勞形。欲寡才能養性靈。流泊每看真士傳，逍遥原是攝生經。簾前月補更深淨，檻外山徑雨後青。自有風流成獨笑，落花未掃戶常扃。

惜時

讀書憤樂每相因。先聖遺言可問津。白髮豈所忘我老，青箱滿架不云貧。吟邊千遍方知味，坐徹三更

二

迥。有。神。補拙以勤休怠惰。寸陰尺璧果誰珍。

稽古

讀書眼界放常新。日對匡床尋古人。羽。翼。春。秋。推。左。氏。騷。胎。風。雅。是。靈。均。文推傳世皆忠孝。筆到專家有鬼神。充棟汗牛多著几。精深畢竟讓先秦。

居今

讀書稽古亦居今。博友淵源道義深。化。雨。春。風。門。外。雪。高。山。流。水。案。頭。琴。攻錯頑石方成玉。惊就紅悟始是全。莫使離群求獨悟。忘我變為是君心。

作文

讀書下筆有神俱。一字成時值一珠。閒。慢。天。真。求。腐。史。涵泳奇。字。學。韓。蘇。清。新。和。逸。風。雲。幻。俊。逸。獨。標。全。粉。汗。自古文章先論品。於人作孽即凡夫。

游藝

讀書游藝莫妨閒。有事何如無事間。鄙。事。大。都。由。少。賤。多。能。奇。濟。時。艱。才人游戲皆三昧。名士風流見一班。不為專門成小道。適情無把放心閑。

三

不如來飲酒

御前侍衛　丁又顯　古邑人

莫道官皆好。官皆最苦辛。君恩勞寤寐。夙夜勞精神。秉直終須黜。持廉究是貧。不如來飲酒。且得此腰伸。

莫道多財好。多財與禍隣。蚌因珠毀殼。象以齒焚身。賜布彩臣賤。須麻愧帝親。不如來飲酒。遠勝石家春。

莫道營謀好。營謀枉費神。死才能了我。但命不猶人。消去須臾了。愁歡未了因。不如來飲酒。[illegible]慢卓吾。

真。

莫道吟詩好。吟詩益旅愁。情生風月夜。興逐海山陬。琢句眉頻蹙。成章鬢已秋。不如來飲酒。差免苦冥搜。

莫道評花好。評花失便宜。栽培非一日。賞玩幾多時。粉褪蜂須懶。香銷蝶亦癡。不如來飲酒。休悔負春遲。

莫道粗豪好。粗豪最悞人。全憑三尺劍。拼去百年

二

身。自命肝腸熱。誰憐骨肉親。不如來飲酒。亦足葛天民。

莫道朋情好。朋情比日疏。我揮求米帖。人心絕交書。因想孫龐後。亦曾管鮑初。不如來飲酒。休嘆食無魚。

莫道去遊好。去遊骨肉疏。每翻窮旅篋。重看多時書。有念徒擲筆。無方慰索居。不如來飲酒。決計咏律興。

原陳　　王穎

早趁西風獵海隅。天將兵法落孫吳。笛殘水寨三
秋月。吹徹關山一夜笳。湘浦亂迴揮壘未。衡陽敎彭
斫衣。笑他鳥喙功成後。宮女如花唱鷓鴣。
幕借寒雲足非柔。隨陽萬里轉御愁。二陵雨霽撫
斜日三楚風高。戟卷秋鶴列諜蹀。擒衡懿鳥投
陣古極。盡九居情華領難揮灑。老去仍為塞外袞
飛將南來勢似雲。符從白帝闈中來。行。奔曲曲去
蛇法。亭展威儀細柳軍。沙磧聚時多偶語。莊山

變有奇文經橫不避淋漓雨甲子鷹揚正入殷
共窺月裏兎兒肥獨入銀河亂漸迷風動翼收揮羽
扇雪消身已卸征衣夜酣雞濟營整鼓時狎鷗眠
也鷹擬鳥鵲三巡江畔樹一簞鷥星洋兵圍
秋臨水國藉防邊千里糧齊得飽無漂表忽行
司勾法沙邊重演陣龍國肅肅康耕鶴如今鮮鮮
更深守有收閃逆用奇機破敵藏身一一伏塞營
七澤雌雄鬥幾場涇天宵下駭龍穰雲飛峻嶺有

標。建。風。攪。平。沙。心。未。狼。聲起鸛鵝衝寫亂。鷹防矰繳入雲忙。弟兄急解離鄉困。八陣挑出缺一方。

呼群逐隊暗雲邊。似報秋深殺氣連。滿。背。晚。霜。銀。甲。重。半。灣。新。月。寶。弓。懸。遠來未是瘦千里。萬朵真飛入九天。箇裡元棲驚夢漏。寒汀中夜不成眠。

翩翩鳥隼駐蒹葭。傾國南征幾歲華。倘肯層城衛月下。幾行間道潮迴風斜。祝。融。峯。畔。迴。前。翼。杜。若。洲。中。布。平。花。列隊未收琴試撥。此雲註蒙落平沙。

乂

南升滬池舊羈輕逶迤可道與天平晚江雲起焚
丹去秋運慳激減杜行為老寧傳賓石畧未賓胃情
黑山程霧中突訝尋雲處遁甲依稀學孔明
烽火雲開振隊來軍聲嚟嚦夢魂哀涼秋帛聲
皆為擲光日蕘御捷星枝秋聲銅刀凌斗辟朝流
鐵鎖渡江隈路逢元可催收汛洗淨鋼刀向北回

山左劉相國勸世詞

我勸你不必尋人算卦。吉凶了去。只問你自求。怎麼是財帛祿馬。怎麼是刑沖尅煞。八個字。送生狼狼。上了善惡簿。還有個閻羅老子緝查。死板板的個六十花甲怎能躲盡了。南北斗弄神通。活潑潑的個古今天下。種豆的得豆。種瓜的得瓜。大都有一寸心田。只要你自己詳察。你請看。百歲榮華。他必是為人正大。短命孤寡。他必定行了很狹。力田的衣食豐足。讀書的功名顯達。這俱是他

一

自已挣的雅道那贵人财星会上门儿去我他宗存家
安居乐业逞强量军镯把梆我没见怀心狡计的浮贼
家我没见残悲刻薄的得昌大我没见仁人義士人唱骂我
没见孝子忠臣天雷打让你使尽了千伶百俐瞒不过天
聋地哑聪行哭尽了万苦千辛到底还你个结果闹
花你若是敬君王孝爷娘登保那丧门五鬼他也会
春的笑哈哈你若是灭天理违王法行奸使诈不怕
的那天月二德他也会恨的咬碎银牙也不用你慌来择

二

懺也不過你修寺造塔積陰騭自合着玉皇的法沒良心怎見佛菩薩濟人利物功程大讓着些兒耐着些兒罷人家的財產如何好白拿人家的美色如何好占霸古往今來都只爲貪財好色念頭差人若能跳出這水个圈的總免得陰騭路上跌下我這里把孝弟忠信在心坎上掛輪迴報應擔頭上擱他那裡人面獸心兇濕奸邪族類朋黨只遭殃煞吁嗟讓他有命待算怎麼

嘉慶庚申四月，侯官鄭易英輯刻國朝全閩詩錄，初集二十一卷，作者五百五十人，續編十二卷，作者三百八十人，以視此本，奚翅倍蓰。此本為嘉慶中建安黃景裳手選，凡二冊，不分卷，成書稍後，鄭氏無從作者止百八十又四人，必其未見鄭本，然取校所錄，有軼出鄭本之外者，而取舍甚殊。大抵尚簡。易英家富圖籍，欲合方崧卿、魏仲舉、廖瑩中諸家之說為韓集輯注，名所居曰注韓，而事弗就。詩錄甫授梓，不逾月，殁矣。景裳字芝山，歸丹霞子，達之布才里人，驗於餘印趼識得之。志乘無考，亦遺憾也。予藏丹霞詩手稿六七十首，如橋樓雲外翁

寺繞雨中煙敲門僧問僧何處放鶴峰叢佳古松
雲眠古樹秋客老寂丞幽林鐘夢聞諸句可誦
丁亥上元夕江田鄉人在古樓
丹霞詩手藁經建甌文獻會此本歸
福建省立圖書館保之　戊子五月補記

八閩文庫

文獻集成 396

吴格 主编

福建文獻集成

續編 集部 七二

海峡出版發行集團
THE STRAITS PUBLISHING & DISTRIBUTING GROUP
福建人民出版社

本册目次

豐州集十四卷首一卷（卷首至卷五）

［清］南安陳國仕輯

廈門大學圖書館藏稿本

豐州集十四卷首一卷，陳國仕輯。國仕（一八五一——一九二四），字穀似，號璧堂、谷叟、春臺，南安人。步蟾子。幼承家風，科考不利，捐納監生，以課徒自給，謀食四方，曾下南洋，於馬來西亞設館數載。返國後，入浙江嘉興乍浦防署幕，後回鄉，任豐州書院山長。工書，擅篆刻，作蠅頭小楷，有古人風。家有天白閣，藏書二萬餘册，潛心著述，尤留意鄉邦文獻。撰有璧堂錢譜。

豐州自隋唐以下，屢爲南安治所，此稿所輯即唐宋以迄清同光間南安文獻。全稿凡十四卷，卷首一卷，收詩五百五十餘首、文三百六十餘篇，故顔之曰豐州集。内封作豐州集稿者，緣分卷與目録頗有出入，各卷朱墨筆批注亦夥，非最後定本也。卷首載例言、題名、明代南安人物、詩文總目，纂輯旨趣則詳於例言中。前賢著述，有關邑中文字者等，無不訪求之、甄選之，抄録之，保存之。而乾隆中四庫館奏準全燬者，雖詩文集有傳世者不録，餘如貳臣不録、存世者不録等，知其嚴守舊例，不稍逾雷池一步。

原稿卷一至卷六詩，按體編排；卷七至卷十四文，按舊序、表、奏、劄、疏、題、書、啓、序、跋、記、碑記、賦、論、頌、贊、文、銘、箴、言、答、策、誥、辨、説、篇、述、考、引、解、傳、哀詞、祭文、墓表、誌銘、行狀、神道碑爲序，亦據文體編次，以舊序冠首者，示淵源有自也。惟卷首詩文目録所開，卷一至卷四爲詩，卷五以後文，與之頗有出入。按目録或編於此時。而稿中批注或用朱筆、或用墨筆、或出簽注，陳氏或署名、或鈐印，間偶署時間，如「時光緒三十三年丁未三月初七夜雨」、「時卅四年四月十二夜記」之類，知時已至光緒三十三、三十四年。足見此三四年間，國仕陸續修訂，以臻盡善，可謂丹鉛爛然。原稿裝訂後重出目録散於正文，兹調整至總目録後。

此稿於陳氏生前未克梓行，身後由葉健秋購得，本擬刊行，因故未果。抗戰間，葉氏身死南洋，稿本入藏厦門私立海疆學術資料館，書中鈐其藏印可證也。一九五〇年，轉入厦門大學南洋研究館海疆資料室。（李　軍）

豐州集
卷首

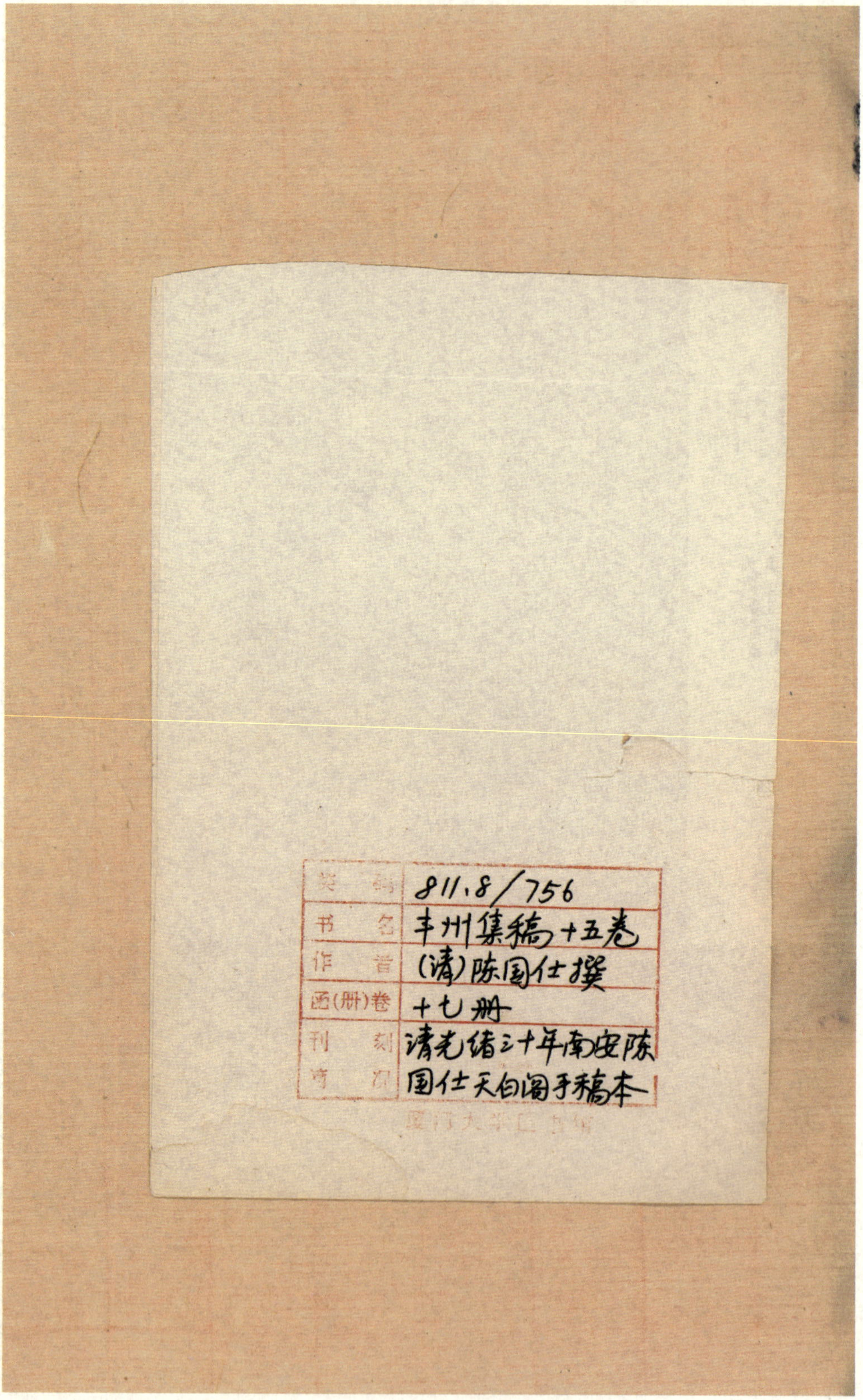

类别	811.8/756
书名	丰州集稿十五卷
作者	(清)陈国仕撰
函(册)卷	十七册
刊刻时间	清光绪三十年南安陈国仕天伯阁手稿本

豐州集稿

卷首

李方子字公晦號果齋光澤人嘉定七年進士為朱子門人

豐州集稿

例言

一八閩文字皆祖於四门先生四门先生邑賢也自唐而降代有名人其文字湮没豈可勝計於兹而輯誠萬燭光中僅分一點奚堪再緩

一宋真子文忠公初守泉時（初任在嘉定 再任在紹定）刊前任程公諱卓命李方子（光澤進士時為泉州觀察推官）輯清源文集詩賦雜文七百餘篇合為四十卷集已斷種僅存真子一序敬錄以弁首

一勝國何思默先生輯清源文獻十八卷邑中文字而登選者亦甚寥寥凡有所登一槩錄出

一乾隆間柯先生諱輅（先生之號上一字犯司冰廟諱下字）輯閩中文獻八十卷

以家刻活字版印行無多搒羅不易惜未之見當不知所得

邑人文字若干耳俟搒羅比較凡有遺漏再行補入

一鄉先正有刻詩文集如唐歐陽公集嘉慶戊辰福鼎王氏翻刻郡中苗派翻刻後附乾隆初在莆田控佔塋全案一卷明傅錦泉先生集板在溪口鄉餘如傅忠肅公集三卷福州有翻刻 聚珍版本黃蓬峰先生集刻於粵東王晦生先生之滄明齋集刻深坑鄉今皆有罕傳本偶得傳鈔乃吉光片羽皆輯錄之

一所輯自唐以迄 國朝凡文字有關乎邑中者無論人非南産一槩輯錄從明程敏政編新安文獻志之例

一勝國之賢邑侯如唐公愛袁公崇友二公有惠政於邑中其

詩非為邑中咏者皆輯錄之以誌去思

一康熙間所修邑誌藝文一類或以私事溷廁公書或以生存誇揚文字或以登名妄書朝代一類如此他類可知雖有摘錄非敢任意

一乾隆四十七年　四庫館正總裁英公　奏准全燬文集之諸公凡有題咏於邑中不敢輯錄敬遵禁例

一所輯邑先正文字或功名得乎兩朝或官爵縻乎兩朝雖有佳章一槩停輯而他邑之賢豈末學無知所敢輕議

一輯錄文字謹遵梁蕭統不選何水部之例

一凡有文字輯錄者謹將列賢題名并時代功名官階著作註明名下庶可因人而知其世系無從稽考者闕之

一邑先正宋諸葛公諱廷瑞及諸葛公諱琖從祖陳公諱龍復皆無詩文可採而麟之先生有宋理宗之御祭文及神道碑、像贊載於家乘諸葛公有白玉蟾一贈載於武夷志本叔先生有文子信國公在獄集杜句一咏載於集中之集杜及崖山志一則為朝執節弔金時真子文忠公守泉題執節二字為之立坊於家現郡中北隅有執節鋪乃公之故居一則友仙為侶一則為國捐軀南劍州有大忠祠公與信國公並祀是以登名餘不得為例

一是集詩得五百五十餘首文得三百四十餘篇釐為十四卷另題名一卷共十五卷顔之曰豐州集從其實也而卷帙頗多難免無勦襲之憾願閱是集者恕之

光緒甲辰九月陳國仕識於天白閣

豐州集總目

卷五

劄　疏

申南安知縣梁三聘劄　真子

災異疏　宋 傅堯俞

罔終惟始疏　傅堯俞

請孝養太后疏　傅堯俞

題

題夫子泉　宋 傅自得

恭書第一林泉 姜相墓及石壁隸書題字　明 鄭普

書傳忠肅謚誥後　宋 洪天錫

九日山集題詞　元 可庭釋

書　啓

與黃曉江書三則　王慎中

臺灣答友人書　国朝　諸葛晃

卷六

啟

上董相東風啓　唐　歐陽詹

回壽詩啓　宋　傅伯壽

謝送荔支啓　国朝　諸葛晃

代陳維明與張婚啓　仝上

為徐明府玉浒復許比祖澇婚啓　国朝　陳步蟾

重修福清寺募啓　国朝　陳慶鏞

勸修南塗二関外跡橋啓　陳步蟾

重修福鼎县学文廟并考場演武所劝捐啓　陳步嶠

序

朱韋齋先生文集序　宋　傅自得

黄蓮峰先生文集序　明　陳道基

黄曉江先生文集序　明　王慎中

傅錦泉先生文集序　明　何喬遠

歐陽行周先生文集序（王慕蓼先生檸全集序）　明　蔡清（呂圖南）

坑邊呂氏宗譜後序　明　呂圖南

文徵私志序　明　李廷機

涵江陳士初囈言限韻詩小序（布綠窗詩稿小序）　明　傅元初

清溪閬湖李氏族譜重修序　国朝　李天寵（陳桂洲）

怡志序　国朝　梁廷珪

蔡思日印譜序　国朝　諸葛晃

卷七

序

卷八

跋

跋採芝圖　國朝　王玉書

跋桐陰吟榭詩甲編　國朝　黃梧陽

跋金笑題言　福州楊觀察沛浚　國朝　陳步蟾

跋金笑題言　觀察晉江蔡佑侯安　國朝　陳國試

卡記

泉州大成殿記　宋　洪天錫

泉郡博胡時軒先生修學記　明　黃河清

重修晉江县學記　黃河清

重修南安县學記　明　陳琳剛

重修南安县學記　明　黃養蒙

南安县重修儒學記　明　傅夏器

劉邑侯重修儒學記　國朝　應國貴

重修南安县學記　雍正十二年　周學健

南安金溪桥记　明　朱鑑
万歷癸巳重建金溪桥记　明　蒋如京
万歷乙卯重建金溪桥记　明　柯有燮
崇禎庚午重建金溪桥记　明　周维京
万石陂记　明　洪显
修南安万石陂水利记　明　傅夏器
邑侯静泉甘公疏万石陂水利记　明　黄养蒙
永利圳记　明　黄河清
南安县孩頻苍双井修復刹石记　明　黄养蒙
重修大盈桥记　明　傅夏器
通安桥记　国朝　洪科捷

卷十

碑記

除

性焉安焉之謂聖論　国朝　吴宏謨

孝悌通於神明論　国朝　徐雲驤

詩屈原離騷論　陳步蟾

王導論　仝上

頌

德勝頌二章并序　歐陽彥

卷十一

贊

宋諸葛文肃公像贊諱廷瑞　明　諸葛應科

宋諸葛子嚴公像贊諱直清廷瑞子　仝上

宋諸葛諱玻公像贊直清子　仝上

文

戒子遺言摘錄　　明　王文昇

爲孝烈傅氏女乞言　　國朝　諸葛晃

答

答問諫者　　唐　陳黯

答門人諸葛誠之二則廷材　　宋　朱子

答門人李子能亢宗　　仝上

答門人李誠之二則 兩說　　仝上

策

上大觀察泉州東西佛策　　國朝　陳步墀

問械鬥擄搶策　　仝上

卷十二

邑中受業於朱子者有三人朱子全集僅載二人邑志不載二人而諸葛廷瑞公之胞弟諱廷材字誠之朱子全集誤列爲杭州人邑志前傳也爲失考

此策所問答問卿之惠依不存恐未畢海濱鄙魯之義務也

考

引

解

卷十三

傳

哀詞

祭文

宋故朝散郎尚書吏部員外郎特畀徽猷閣待制恩卹開府
儀同三司謚忠肅傅公墓誌銘　李邴
宋朝散大夫守光祿卿知懷州軍兼管內河堤勸農使上騎
都尉中都县開國子爵食邑六百戶賜紫金魚袋呂氏琦
墓誌銘　王安石
宋從政郎英府僉判呂公岳墓誌銘　洪天錫
宋朝散中奉大夫吏部侍郎祕閣修撰知漳州軍事兼管內
河勸農使樸鄉呂先生墓誌銘　沈忠
洪霽士墓誌銘　陳琛
大中大夫浙江布政司右參政萠泉李公墓誌銘　傅凱

皇宋故權桐柏县知县　郎陽知郎　陽寺祠祭莫南安潘
公墓誌銘　陈槩仁
行狀
朝奉大夫直祕閣主管建寧府武夷山冲佑觀傅公行狀
奉雲南道監察御史东溪陈公及妻賴氏行狀　王慎中　朱子
吴愧菴行狀
神道碑　李光地
宋守尚書兵部侍郎少保諡葛公神道碑并銘　傅伯成
丁三廿二查
卅五

書　啓

三

○三

跋

文

南安修復水利記　元　黄貞仲

萬石陂記　明　洪顯

修南安萬石陂水利記　明　傅夏器

永利圳記　明　黄河清

南安金溪橋記　明　朱鑑

萬曆癸巳重建金雞橋記　明　蔡如京

萬曆乙卯重建金雞橋記　明　柯育爕

崇禎庚午重建金雞橋記　明　周維京

通安橋記　國朝　洪科捷

青雲橋記　徐時深

黄旗山報恩禪院記　陳國試

卷三

文徵私志序　李廷機

重修南安縣志稿

陶器銘　歐陽修
蓮花峯巖銘　宋黄庭堅
箴
暗室箴　歐陽修
維僕議輕諫言　黄楚中
拜岳言　唐陳黯
答
答問諫书　仝上
説
禹説　仝上
説鳳　仝上
辨

辨謀說　仝上

本貓說　仝上

禦暴說　仝上

倫鄉字說篇　明　傅夏器

養心篇述　唐　陳黯

唐天文述　唐　歐陽詹

甘露述敘　仝上

祭蔡虛齋先生文　明 黄鉞

祭陈紫峰先生文　明 王時

祭彭泉童揮使文　明 傅夏器

祭歐陽東田都閫文　明 俞大猷

誌銘

大唐故輔国大將軍兼左驍衛將軍御史中丞馬公墓誌銘　歐陽詹

有唐君子鄭公墓誌銘　歐陽詹

宋故朝散郎尚書吏部員外郎特累徽猷閣待制累贈開府儀同

三才謚忠肃傅公墓誌銘　李邴

宋朝散大夫守光禄卿知懷州軍兼管內河堤勸農使上騎都尉中

都县開国子爵食邑六百戸賜紫金魚袋呂公璿墓誌銘

豐州集題名

唐 寓賢

秦系 字公緒別號東海釣客天寶末載沈九日山結廬大松下穴石為研注道德經年八十餘卒士人為之立秦君亭稱其峰曰高士峰有宋蘇才翁書高士峰三篆字尚存

姜公輔 日南人唐德宗朝為諫議大夫同中書門下平章事貶泉州別駕居九日山憲宗時以禮部尚書

韓偓 字致堯又字致光號玉山樵人京兆人龍紀元年進士翰林侍郎大學士有金鑾密記詩集香奩集行世

宋 寓賢

傅堯俞 字欽之先濟源人十歲能文未冠及第熙寧初自知廬州至吏部侍郎謚獻簡有草堂集

孫補察院

孫補自得

陳瓘 字瑩中號了翁沙縣人侍父補偁守泉讀書九日山元豐二年進士官左司諫贈右諫議大夫謚忠肅有文集行世

李邴 字漢老自號雲龕先生濟州鉅野人官參知政事累贈太師謚文肅有雲龕草堂前後集一百卷

李訦 邴之孫字誠之號矐庵知建寧府還戶部侍郎有文稿叢設七卷

矐庵十七卷

續通鑑長編分類二十八卷

寓賢 元

黃貞仲 至正間居邑中餘莫攷

周朴

字太朴吳人唐末隱於安溪崖坑山下黃巢攻閩求得之朴曰我尚不仕天子安能從賊賊鄉人立祠祀之後書剛題

唐 邑人先生

歐陽詹 字行周貞元八年進士第二名官四門助教有集十卷邑志有傳

歐陽秬 詹公從子字降之開成三年進士官幕府 有文集

歐陽澥 詹公之孫字及友莫攷

陳黯 字希儒號昌晦又號闇公十八科不第人称为陳場老唐藝文志載南安陳昌晦續莊集三卷而南安志漏修同安志修入外紀以況於同安金榜山故有文集三卷稗政書三卷四十九篇朱子序之

續莊集三卷 收

宋 邑人先生

劉昌言 字禹謨太平興國八年進士殿試第二名官工部右侍郎 有文集三十卷

118

錢熙　字大雅，雍熙二年進士，官殿中丞直史館。邑志有傳。有詩文集十卷，擬古樂府及雜詩。

呂造　號心敬，天聖二年甲子進士，官朝散大夫。

林杞　字卿材，天聖五年進士，官光祿卿。

呂璹　字季玉，號吉甫，景祐元年進士，光（官）祿卿。邑志有傳。

劉濤　字壽公，昌言之孫，官未詳。有靈巖山人詩集。

呂夏卿　字縉叔，慶歷二年壬午進士，官兵部員外、知制誥。有唐兵志三卷、唐書直筆新例一卷、唐文獻通考、古今系表。

呂惠卿　字吉甫，嘉祐二年進士，王安石執政，擢知政事。元祐初謫知福州，紹聖改累歷藩鎮。有春與季御史滄葦先生振宜藏書目載有國宋槧本呂太尉惠卿經筵進莊子全解訂五

陳傅獄 未州人 號邑中之傳獄

此書郡邑人鮮有知之

柯述 字仲常嘉祐四年進士 友龍圖學士 福州志名宦有傳 邑志有傳

改名霖 熙寧三年進士 官大理寺丞

有考經傳一卷 論語義十卷 易經注 又有詩十卷 文集一百卷 奏議七卷

又有叢書十卷 叢用記二卷 弓試一卷

戴忱 熙寧時人 餘莫考

柯述

有易泰十有八卦義

温陵張貴傳一卷

傅自得 字安道號竹院 負文名 三應博學宏詞科 淳熙中為宣城太守 与朱子交最厚 有至樂齋集 竹隱集

又十卷

傅宗教 自號子友 龍圖學士 餘未詳

有

傅伯壽 自得子 字景仁 官至參知政事 樞密院

高宗實錄五百卷 孝宗實錄五百卷

光宗實錄一百卷

王克恭 字彥禮 淳熙十四年進士 知興化 邑志有傳

林景淵 杞之子 字深父 崇寧二年進士 歷官知惠州

麟之之孫
直清次子

諸葛廷瑞 字麟之，紹興二十七年進士，官兵部侍郎，邑志有傳。

傅烈 字承仲，慶元五年進士，知梅州，邑志有傳。

諸葛珽 字綿未詳，官邵武軍光澤尉，終於信州令，子昕。判官，与白玉蟾交厚。

洪天錫 字君疇，寶慶二年進士，官端明殿學士，謚文毅，有奏議雜著及陽岩文集。公有作劇后村先生行狀一卷，刻附后村大全集。公帥閩時，嘗書桃符云：平生要識瓊田面，列處当堅鐵石心。

呂大奎 一作大圭，字圭叔，撲兜鄉人，淳祐七年進士，知興化運轉漳州，有易集解、春秋或問二十卷、孟子解、春秋五論一卷、論語集解、學易管見。公遺蒲壽庚所拘，逃入海島，旋遣追殺之。今同安志修為同安人，以死於海島收。本邑志亦失考，重複修入元代。有傳。今撲兜鄉子孫昌熾。

陳龍復 字本然，號少卿，別號濤波先生。寶祐四年丙辰進士。從文子天祥開府南劍，在潮陽為虜追褁遇害，年七十三。任玉带行大府少卿、福建提刑，嘗府參議。文子在獄中憶殉难洪人，各（相從）集五言杜句為之詩，見文山集杜及崖山志。

呂肖翁 字希聖，又字惟宗，號所盤先生。寶祐間擢兜鄉人。

傅定保 字季謨，號古直。咸淳七年辛未進士。官平江教授。有四書講稿、古直文集。

明 邑人

洪顯 字懷德。宣德元年舉人。官蜀府長史。邑志有傳。

王疇 字偉範，號簡齋。天順中貢士。官常寧司訓。邑志有傳。

傅凱 字時舉，號敬齋。成化戊戌進士。官戶部郎中。邑志有傳。有文集。

黃河清 字應期號蓬峯年十八舉於鄉宏治壬戌進士官太常寺少卿有蓬峯稿邑志有傳

黃璣 字允衡宏治八年乙卯舉人官清遠知縣

黃潄清 字號未詳宏治間山人 字應旁號曉江 有曉江集

黃鉞 字 正德二年舉人

傅櫟 字廷濟 正德六年進士

黃澄 字廷肅號竹溪嘉靖二年進士官廣東僉事邑志有傳 有詩集

黃瓚 字宗獻嘉靖二年進士 知縣 年九十一

黃濂清 字應奎 號月坡 嘉靖七年舉人官戶部員外郎

傅夏器 字廷璜號錦泉嘉靖十年亞魁庚戌會元官吏部稽勳司郎中有錦泉集邑志有傳

鄭普字汝德嘉靖十一年進士官雲
南知府有海亭集邑志有傳

號海亭

王承箕字維肖嘉靖十九年舉人
官湖廣沅州知州

黃養蒙字存一號肖竹嘉靖二十年進士第二名官
南京戶部侍郎邑志有傳欽賜祭葬

歐陽模字宏甫號八山嘉靖三十七年戊午舉人己
未進士官廣東副使

陳學伊字宗聘号志齋嘉靖四十一年進士官禮部
郎中知揚州及郴州有譚五顆鈔世紀諸編
邑志
有傳

沈洪字　嘉靖中歲貢官
增城司訓邑志有傳

陳嘉猷字　嘉
靖中貢士

戴元佐字　號蓋山隆慶元年由
廣西中式舉人官南城知县

蘇希栻　字于欽　隆慶四年庚午舉人
甲戌進士　官許州知州
號阜山

傅鳳巍　字萬
歷癸[illegible]生

鄭維嶽　字申甫　號孩如　萬歷四年舉人第二名　官曲
江同知　有四書正脉定說　知新易經家義意
言　步書　邑志有傳

黃潔清　字應萃　號東水
懋中之父　有毛詩歙說、歷代史評、觀我日參、詩文各集

潔清之子
黃懋中　字有及　號受我　又號岑溪　子　萬歷五年
選貢　官蘇州通判　邑志有傳

洪有復　字懋純　號心菴　萬歷八年庚辰
進士　官湖廣左布政　邑志有傳

柯有斐　字原夫　萬歷十年舉人
官貴州郎中　邑志有傳

府志作
倜朝氏

黃鼎象　字甑銓　號朝台　萬歷十三年
舉人　官南雄府通判　有清源居士集四卷

戴廷詔　字道階　號贊徽　萬歷二十三年進士　官江西
按察使　有詩山草家訓　寶鑒　歷代帝王紀要

書邑志
有傳

呂圖南 字尔搏號天池萬歷二十六年進士官戶部
侍郎總督糧餉有壓觀集邑志有傳

王振熙 字君含號晦生萬歷三十八年進士官山東
按察使有滄明齋集邑志有傳

黃懋宗 字赤待万歷末貢生
官建寧府教授

陳學潛 字尔昭□□
時国学生

陳履貞 原名蕆蒨字喬岳崇禎六年癸丑
舉人癸未進士官給事中

沈佺期 字雲又崇禎十五年壬午舉人由晉江
中式癸未進士官吏部郎中殉難

國朝 邑人

洪承畯 字彥灏號紫農文襄
公同懐弟院

傳景星

豐朝
停勝

字子汲萬歷四十三年舉人佑籍
晉江崇禎元年戊辰進士官工
部給事中

有詩文集

右副都御史我朝都察院

洪士銘 字日新號畏軒順治十二年乙未進士官礼部主事有詩文集

傅爲霖 字世揚號石孫又號暘谷夏嵒之後順治間官直隸通判有續綠堂集

諸葛晃 字元階號朗園康熙歲貢生有專稿一卷

鄭纘祖 字哲遠號遠公康熙二年癸卯與妹嗚駿弟纘供率家歸朝授泰政戎隸旗籍以子廕職有雪泥集遠齋集

鄭纘緒 字哲孜康熙間贡慕恩伯

蘇鐸 字 康熙歲貢生

蔡士舢 字諳霖號蘋村晉江人佔籍南安康熙三十二年癸酉舉人官魚臺知县行取試刑部廣西司主事歷監察御史工部掌印給事中甲辰典湖北鄉試署揭察布政司以都察院僉

大中丞奏議　曳蟬集　捲蝶集　破蝶集　來岑舊常集

都御史任浙江觀風整俗使權

浙江巡撫有蘋村集（詩文）

府志作晉江人

殿

陳石鐘　字敘樅康熙三十二年（癸酉）副貢有閩清教諭（非蘊號）

字式季號唐叟康熙四十七年戊子舉人五十二年癸巳進士安曲轉知府

有安集十餘卷

潘晉晟

李天寵　字世來號鑑塘安溪人佔籍南安康熙四十七年戊子舉人乙未進士翰林院編修以子時貴貴贈榮祿大夫

六經疏注

洪科捷　字成仲號默齋康熙五十年（辛卯）舉人乾隆三年（戊午）進士翰林院庶吉士乞養歸有集（詩文）

陳　垣　字　號柳亭　雍正十年（壬子）舉人

徐時深　字澄若號　中副三次　乾隆六年辛酉舉人

陳桂洲　字文馥號修堂乾隆六年辛酉舉人壬申會魁翰林散廣東廣西提督學政順天府府丞　有希綠窩詩稿一卷

白蹇叢集　依稀　彩　書

洪士輔 字台卿 乾隆九年甲子舉人
安詔安教諭 延平教授 號台
戴標香 字桂文 乾隆九年甲子舉人
洪世澤 科捷子 字雅時 號艮堂 又號艮園 乾隆丙辰
以廩生薦舉博學鴻詞 己未補 召試取二
等二名 授翰林院庶吉士 散館授檢討 掌教
鼇峰書院 有集數種未刊
安台灣教諭
號盈浦
洪應心 字 號義園 乾隆十五年庚午舉人
癸未甲進士 安武陽知縣
黃乃傳 乾隆壬午舉人
柯菁莪 字台 號台 乾隆二十五
年舉人第三名
字見一 號屺菜 乾隆二十五年庚辰 康寅
吳煥彩 進士 安鶴峰知州
洪近光 字宗觀 乾隆三十五年舉人
黃升 乾隆二十七年舉人
李度
梁廷珪 字伯寅 號主齋 乾隆間廩生
旌表孝子 有日新錄一本卷
吳宏謨 字遠思 號 乾隆五十七
年壬子解元
字 乾隆三十九年甲午舉人
李鑾 字 號月恆
嘉慶五年舉人

李峥嶸 字緯萱號葵南嘉慶十五 庚午
年舉人官雲南知縣同知

徐雲驤 原名玉卉字弥韞號庚陝又號春陝嘉慶二
十五年舉人道光二年壬午進士

吳文璧 字乃山號小光道光十四年甲午
舉人第二名大挑教職藏书最富

許廷奎 字錫瑤號瘦生道光
十四年甲午舉人

潘澍霖 字应祺號雨亭道光十七年丁酉舉人大挑
任河南桐柏县轉濬县再任桐柏咸豐元年
據賊殉难 欽賜祭葬柩馳驛入城归里祀
昭忠祠准入乡祠 国史館立傳 予雲騎
尉世襲 罔替

稔匪寧力兵守城力竭埠陷

黃以瑾 字琳瑑號藍園道光二十六年丙午舉人同
治元年壬戌舉孝廉方正

曾天眷 字乃西號樫林道光二十三年廪生
咸豐間議叙訓導

王菁華字燕英號萃亭道光二十九年己酉舉人

葉鴻元字光墀道光間歲貢

陳元策字甲道光間歲貢

黃錫奇字貽績道光間諸生

張家駒字濟文號斐屏咸豐元年辛亥舉人

王玉書字燕仁號巖庭道光己酉拔貢咸豐元年辛亥舉人己未進士

王丹書字塏岐號晴波道光己酉優貢咸豐二年壬子舉人

黃梧陽以瑾子字孫翔號嗜希道光丁酉拔貢咸豐二年壬子舉人

傅炳煌字涵伯號雪湖咸豐元年辛亥舉人

鄭超英 字刈拔號咸豐五年乙卯舉人

陳步蟾 字壽臣又字壽齋號桂屏咸豐五年乙卯優貢中書科中書辦理團練奏獎五品銜掌教豐州書院有詩文集不知非齋紀聞八卷豐州先正文存

陳國試 步蟾長子字智桓號蔭階咸豐八年戊午優貢教琺溪澤浦教諭漳州教授議敘知縣

陳椿 字希敬咸豐間附生

陳仁士 字沛亮號悵堂同治九年庚午舉人

王昌南 字台新號同治間尤溪訓導

呂煥英 字耿三先鉷弟廪生

陳國瑩 步蟾四子字楚白又存魯繹先鉷弟優附生辦理團練奏獎六品銜

蔡景璜字彥之光緒癸酉貢

林化時字君贊號妙峯重游泮水光緒八年壬午舉人時年八十二、恩賜國子監學正

謝家樹字鴻友光緒間諸生

鄭懷陔字紫垣號補庵光緒十四年戊子解元

傅國英字光若號菊生光緒十八年壬辰進士

宋
住邑釋

惟慎 居大羅山棲隱寺天聖中遊京師謁呂公夷簡以詩

國朝
住邑釋

超宏 字如幻惠安人明諸生丙戌後祝髮於平山業後卓錫於楊梅山雪峰寺有瘦松集八卷

德萃 字岱英南安人明廣州牧陳聖恩子年十七祝髮為開元寺僧有春夢草集九卷詩集六卷

共[illegible]名

有詩文為邑中山川人物而作

唐 列賢

韓愈 字退之，鄧州昌黎县人，貞元八年進士，官吏部侍郎，卒贈礼部尚书，謚曰文，元豐七年從祀聖廟。有文集四十卷、外集十卷、附遺文、遺詩，宋朱子為之考異，王伯大為之音釋。

（自少府少監拜官，轉萊州刺史，轉泉州。）

全县志誤作仝

盧全白 泉州刺史，大中間任，餘莫攷。

李貽孫 大中間福建觀察使，里居字号莫攷，嘗稱歐陽詹公為外甥。

徐寅 字夢昭，莆田人，乾寧元年進士，官秘书省正字，有探龍集ㄥㄥ。

黃滔 字文江，泉州莆田人，乾寧二年進士，官武威節度推官，有集十五卷，又有泉山秀句三十卷。○按唐秀莆田、仙遊皆泉州屬邑，至天寶元年改清源為仙遊，仍泉之屬邑，至宋太平

興國四年以改析置興化軍以湆祐宗州

志則有……及莆田

莆田歸之興化

張為 年攷

五代 列賢

詹敦仁 字君澤，固始人，從王審知入閩，改周顯德二年任安溪縣，有清隱集

劉乙 鳳閣舍人，字子真，錄莫攷，流寓安溪

宋 列賢

理宗 諱昀，秀名貴誠，在位四十年，年號寶慶、紹定、端平、嘉熙、湆祐、寶祐、開慶、景定

周震 邑侯，紹熙三年任

趙宗曒 邑侯淳祐中任

曾會 字宗元，晋江人，端拱二年進士第二名，官集賢殿修撰，贈楚國公

呂言 字晋江人，淳化三年進士，官侍御史、廣東轉運使

蔡襄 字君謨，莆田人，天聖中進士，官端明殿學士，謚忠惠，有集（詩文）蘇文讓茶録

王安石 字介甫，又字半山，撫州臨川人，慶歷二年進士，官尚書左僕射兼門下侍郎、觀文殿大學士，謚曰文，追封荊國公，有臨川集一百卷

蘇軾 字子瞻，號東坡居士，眉山人，嘉祐元年進士，官翰林學士、兵部尚書，謚文忠，有唐書辯別及詩文集

黃庭堅 字魯直，號山谷，黃州分寧人，治平三年進士，官起居舍人，有集分內外別集共七十卷

收

黄陳軒允

字元輿建陽人（嘉祐八年）進士第二人元祐中龍圖閣待制累加學士

鄧柞

字材見沙县人建炎二年進士官知泉州廣東經略有焦桐集

吳棫

字才老建安人重和元年進士紹興中泉州通判有書裨傳詩補音論語指掌考異續解楚詞釋音韻補字學補韻

趙令衿

字表之號超然居士紹興間泉州太守太祖五世孫襲封安定郡王

龔茂良

南安主簿字實之莆田人紹興八年（同）進士累遷禮部侍郎參知政事謚莊敏

周必大

字子充又字洪道廬陵人舉進士紹興中博學宏詞官起居郎給事中以忤旨改福建路提刑謚文忠有文集二百卷

黃公度

字師憲莆田人紹興八年狀元官考功員外郎累知（遷）兼金部終左朝奉大夫有漢書鐫誤及知稼（翁）集十一卷

吳剛

字稚山自號耐閒翁惠安人紹興八年進士有詩集六卷

陳知柔

字體仁號休齋永春人紹興十二年進士知賀州秦檜當國退隱遠遊有易經本旨十六卷易經大傳二卷易圖一卷春秋義例十二卷論語后傳十卷詩話五卷詩聲譜二卷

朱子

字元晦一字仲晦徽州婺源人生於尤溪紹興十八年進士謚曰文累封公爵淳祐元年從祀至唐嘉靖間改稱先儒　國朝康熙五十一年陞祀哲位稱先賢

王十朋

字龜齡號梅溪樂清人紹興二十七年狀元官龍圖學士謚文忠有梅溪集

梁克家

字叔子晉江人紹興三十年狀元官右丞相封鄭國公謚文靖有三山志

傅伯成

字景秀晉江人隆興元年進士官龍圖閣學士謚忠簡

鄭鑑

真德秀

字景元人稱為西山先生本姓慎避孝宗諱改姓真浦城人慶元[illegible]進士叅知政事[illegible]

贈光祿大夫謚文忠明正德中從祀〇〇聖廟
有大學衍義文章正宗及文集（卌世）

趙時煥 字元晦蜀江人宗室嘉定十二年進士官廣東通判

羅浮山志作希戴 閩書作希武

王胄 字希戴永春人春秋擢省試第一嘉定十六年進士官廣東惠州教授輯羅浮山志（号[illegible]人）

陳炎子 字〻〻連江人端平二年進士與兄高子齊名（九日山有勒來遊）

文天祥 字宋瑞吉州人寶祐四年狀元（号文山）有文山集二十一卷集杜詩四卷（二十三年從祀〇〇聖廟）（封信國公追亮）××

集本待載 十年閩書不載

熊禾 字去非号勿軒又号退齋崇安人咸淳十年進士友月郡參軍有集九卷大學講義標題四書易講義及

沈忠 泉州太守寓武州不戶 府志漏載

李侗 號炅橋河南人

廖信孫 号濱遊（閩書稱允翁）

黃允 晉江人元興五年特奏名進士

鄭鑑 字〻〻莆田人著作郎立朝敢言孝宗謂其直出於肺腑非矯偽者朱子謂其有古爭臣之風

劉子翬 字彥冲歸病篤居屏山下學者稱為屏山先生初以廕補承務郎辟真定幕通判興化軍謚文靖有屏山集二十卷

宋 邱葵 字吉甫為訥生時居海島號釣磯同安人宋末科舉廢絕意進取有易解義書口義詩直解春秋通義禮記解四書日講經世書聲音沈濟圖周禮補亡釣磯詩集受業於呂大奎洪天錫之門年九十卒元徵不仕

梁知錄

王觀國

張思 号主齋

郭正

宋濤

趙源 察院

趙曾護 主簿

王建 主簿

宋仙

以上十一名与攷

白玉蟾　字如晦本葛長庚變易姓名廣東瓊州人居
武夷自號海瓊子又号白玉蟾又号武夷散
人又號神霄散吏沒以水解人呼救之白玉
蟾立水面搖手止之

宋　釋

藏叟

法輝　號仁人居廣福院禪餘以詩自娛
千頃傳考

元　列賢

黎崱　字號東山晚年自號靜樂安南大德時人官安南
遷州同知有安南志畧九卷

馬祖常　字伯庸號石田河南浚儀人延祐間進士官
資德大夫御史中丞有文集十五卷

薩都剌　字天錫號直齋代郡人泰定四年進士官御
史彈劾權貴不法左遷鎮江錄事後陟官閩憲

陳駭字元甫至正間晉江县尹府志名宦有傳不載何許人有方山堂集

卅

陈駐

辛文房 幕有雁門集
字良史西域人始末不見於史傳有唐才子傳十卷
永樂大典本作八卷

陳樂所 同安人因安志無攷

龔丙 留五書 清源人

歐陽至 以上四名無攷

元釋

大圭 字恒白歸夢觀晉江廖氏子至正間泉州開元寺僧格識物理有夢觀集紫雲開士傳

可庭 無攷

明列賢

胡器 泉州太守字士璉莆陽人洪武中任

郭䡘 通判長洲人正德十二年任舉人

黃濟 邑侯字翊時江西臨川人成化間進士宏治二年任陞太僕寺丞修邑志興學校民立碑思之邑志有傳

唐愛 邑侯字有德蘇州嘉定人嘉靖辛丑進士二十六年任擢兵部主事邑人思之[illegible]潘山市邑志有傳

蔣如京 邑侯号宏溪常州武進人舉人万歷十七年任邑志有傳

袁崇友 邑侯廣東東莞人万歷乙未進士二十二年任陞刑主事有功德於邑邑人為之立生祠於县右邑志有傳

李九華 邑侯号渭龍江西新昌人崇禎戊辰進士三年任邑志有傳

程秀民 泉州太守字天毓號習齋浙江西安人由進士以郎中陞嘉靖二十七年任

丁一中 泉州同知號少鶴丹陽人隆慶中任

陳恩 邑訓導東莞人舉人宏治二年任

馮澄 邑訓導南海人宏治中任

羅倫 號一峯江西永豐人成化二年狀元謫泉州市舶提舉謚文毅 庠治東隅 在[illegible]書院講學

豐熙 字原學浙江鄞县人宏治十二年進士第二名嘉靖旁謫戍鎮海衛

朱鑑 字用明號簡齋晉江人永樂十五年舉人官都御史歷門閱總督壽八十八有簡齋集先生之次名子瑊入南安庠

蔡清 字介夫號虛齋晉江人成化二十年甲辰進士官國子監祭酒謚文莊雍正三年從祀

廬
庭有宏商集四卷
蒙引易經蒙引

立列傳
李源 字士達，號竹坡，晉江人，宏治五年壬子舉人，十八年乙丑進士。
王宣 字子鍾 字元佐，號一臞，晉江人，宏治十七年舉人，受業虛齋先生之門，養親不仕。
黄潤
陳琛 字思獻，號紫峯，晉江人，正德九年甲戌進士，官提學僉事，有四書淺說、易經淺說、文集。
史于光 字中裕，號□□，晉江人，正德十二年進士，官給事中。
林希元 字茂貞，號次崖，同安人，正德十二年進士，官南京大理寺丞，有四書存疑、易經存疑。
王慎中 字道思，號遵巖，晉江人，嘉靖五年進士，時年十八，官河南參政，有遵巖集。
莊一俊（宗襄） 字君斐，號石巖，又號山石，晉江人，嘉靖八年進士。有詩文集，官至浙江參議。
字以禮，號見□，晉江人，嘉靖十年辛卯解元，壬辰進士，為御史時論劉東山誣狀，號敢言，處仁壽宮及止逆臣獻□，有功社稷，嘉靖中□光祿寺少卿，有文集。
魏文焲 字德章，號南臺，福清人，嘉靖十三年甲午舉人，甲辰進士，官廣西按察使，年八十餘，有石□集。
刊存於添
二鄉

邵惟善邑主簿金華人洪武三年任

陳叔剛閩县人永樂十二年甲午舉人辛丑進士官侍講

黃潤字以诚號東石晉江人正德八年癸酉舉人辛巳進士官河南副使有经濟倫致東石漫稿

康朗　字用晦号磐峰惠安人嘉靖十四年乙未進士官至
僉都御史

戴一俊　字惟宅號卓峰惠安人嘉靖三十一年壬子舉人癸丑
進士官至廣東按察司副使有石室藏稿

王文昇　字子騰號居布晉江人王熺之季子父子孝子府志載入孝友

丁啓濬　字亨文號哲菴又號蓼菴晉江人德化籍萬歷十六年戊子舉人
壬辰進士官至都察院有平圃詩文集刊

康朗

寶私鈔

朱梧　字子琴，號玉橋，晉江人。嘉靖十六年舉人。

戴一俊

黃□

陳道基　字以忠，號我度，同安人。嘉靖二十九年進士，官南京刑部尚書，從君郡球。

詹仰庇　字汝欽，號思亭，安溪人。嘉靖四十四年進士，官監察御史，上疏指斥中貴，廷杖削籍。神宗起用，乞歸家，贈尚書。

俞大猷　字志輔，號虛江，晉江人。嘉靖間武進士，官都督同知。有正氣堂集。

蘇濬　字君禹，又字紫溪，晉江人。萬曆元年解元，五年進士，官廣東參政。有易經兒說、三餘集。

号賓梅

諸葛應科　字卿甫，號甫齋，晉江人。萬曆四年舉人，官益王長史。

李廷機　字爾張，號九我，晉江人。萬曆十一年癸未會元，榜眼，官東閣大學士。有燕居錄及文集。

謚文節

仕蹟

蔡應麟　字子瑞，號心可，晋江人，萬曆十一年癸未進士，官少卿。

楊道賓　字惟彥，號荆巖，晋江人，萬曆十四年榜眼，官禮部左侍郎，謚文恪。

黄汝良　字明起，號毅庵，晋江人，萬曆十四年會魁，官禮部尚書，年九十六卒，有樂律志、河干集、東宮大學講章。

何喬遠　字穉孝，號匪莪，稱鏡山先生，晋江人，萬曆十四年進士，官户部侍郎，有閩書、名山藏、萬曆集、天啓泰昌集。

史繼偕　字世程，號聯岳，晋江人，萬曆二十年榜眼，官大學士，謚文簡，有越章錄、雲臺花稿。

蔡獻臣　字體國，號虛臺，同安人，萬曆十七年己丑進士，官光祿寺少卿，有清白堂集及筆記。

王畿　字翼邑，號慕蓼，晋江人，萬曆二十二年甲午解元，戊戌進士，官浙江督學，遷布政，有樗全

蘇希栻

杜詩全集注　杜詩選注六卷

選詩集解　文選摘注

漢魏詩注

莊子注鈔四十卷

騷賦類萃　箴班存質

劇生彙艸　拾存零艸附詩文賦

雲峰志略彙錄　吡

黄思近 字与仁號
安雲南叅政
作
嘉靖三十一年壬子舉人
壬戌進士

邑人
傅景星 字乙山號
國子監博士

有寶研齋近吟一卷

明 山人

陳鷗

號忘機晉江人山人與邑中朱汶江一躍宋梅于宗亮結詩社

為五子王慎中序其詩鷗與娶黄克晦為海角圖題曰放雉朝飛

系以詩那了

黄景昉

字太稺號東崖晉江人萬歷七年乙卯舉人天啓五年

乙丑進士官文淵閣大學士有館閣舊事讀史唯疑宦夢錄

經史互論經史彙對雙聲疊韻謠古今明堂記

碠四十三年中進士

集

蔡復一 字元履號遯菴同安人萬歷二十三年會魁官兵部右侍郎總制五方賜尚方劍卒尚書謚清憲有遯菴集

周維京 字　晉江人萬歷二十三年進士官通政使

廷鑑父

李光縉 字宗謙號衷一晉江人萬歷十三年乙酉解元杜門著書有易經潛解四書指南千百年眼讀史偶見等集天啟間徵召不就 有景璧集

又號景璧居士

丁啟濬

黃克晦 字孔昭自號吾野山人惠安人萬歷間布衣善畫永春顏廷榘授以詩遂善詩有北平稿楚遊集匡廬唱和集

陳鷗

鄭之元 字道圭號大白晉江人天啟二年壬戌會魁官右贊善有易經解克薪堂文集

黃景昉

周廷鑨 字元立，號芳公大白，晉江人，天啓五年乙丑進士，官吏部郎中，有樸園詩歷、水徑注鈔。

張守質 字所蜀，號仲含庵，晉江人，諸生。

蔡道憲 字元白，號江門，晉江人，崇禎十年會魁，官長沙推官，罵賊死節，謚忠毅，有文集及悔沒集。

黃淯 字叔化，就会人，進士，纂修匡山志。

陳繼儒 字仲醇，號眉公，江南華亭人，年未三十取儒衣冠焚棄之，隱于小崑山，其詞章并作傾動寰宇，屢奉詔徵用不赴，年八十餘卒。

蔡獻臣 字號虛臺，同安人，萬歷年丑進士，官至浙江按察司，常紀鄉考，有……自號稱為直心居士。

陳國鍈 於茶山之精舍

往在外

李贄 字宏甫，號卓吾，晉江人，嘉靖壬子舉人，官姚安知府，致仕，年八十餘，稱龍湖和尚，著有焚書、藏書、續藏書、說書、叢書及九正易因等部。

張雲翼

李延基

張守質 字心可晉江人布衣

蔡道憲 字元白號江門晉江人崇禎十年會魁官長沙推官罵賊死節謚忠毅有文集及悔說集

黃 涫 字叔化廣東新會人進士纂修匡山志

陳繼儒 字仲醇號眉公江南華亭人年未三十取儒衣冠焚棄之隱於小崑山其詞章翰作傾動寰宇屢奉詔徵用不赴年八十餘卒於茶山之精舍

陳國璵 字鎮海人崇禎六年癸酉肇八十六年癸未進士未殿試

本朝之人俱再斟酌即鈔

國朝列賢

劉三傑 邑侯號納菴湖廣江陵人由進士出身康熙二年任致仕

劉佑 邑侯字伯啟河南鄢陵人順治十六年己亥進士康熙十一年任

李光地

周學健

黃開泰

柯輅 字 號澹 蒼乾隆舉人官有詩文集

鄒召南 邑侯字 湖北漢陽人乾隆二年丁巳進士

伍煒 邑侯字 江西安福人雍正八年庚戌進士

應國貢 邑廩諭字如日延平南平人康熙戊子貢士康熙十一年任

龔必第 字倬升號天階晉江人順治五年戊子舉人壬辰進士翰林院江西南昌知府鄉飲大賓

王命岳 字伯咨號耻古晉江人康熙十八年乙未進士翰林院工部給事中有耻躬堂集

丁煒 字瞻汝號雁水晉江人康熙間以人才舉授漳平教諭歷官至湖廣按察使有問江集問山詩文集紫雲詞

龔廷耀 字〻〻〻 晉江人乾隆三十年乙酉舉人官國子監典籍

汪志伊 號稼門安徽桐城人乾隆三十六年辛卯舉人任福建巡撫部院

孫珩 字汝苐號蘭陔惠安人嘉慶十四年己巳進士官河南汝州知州有歸田稿

陳慶鏞 字乾翔號頌南晉江人道光八年戊子舉人壬辰進士翰林累官江南道監察御史奉旨回籍團練有籀經堂

稿類

黃朝陽

張雲翼 字又南，關中人，襲侯爵，康熙二十五年授福建陸路提督，有式古堂詩文集，收

李延基 邑侯字介持號肖堂奉天鑲藍旗籍宛平人康熙三十二年任在任時延渠鄉地理師方對田先生為之移學宮造護炭瓶改水溝堆畀沒土山學外立五箇砂碑以前五貢始中鄉榜立此即有彼時學宮得運得令則博學鴻詞科全省舉十名惟我南有之至乾隆七年陳公諱桂洲入翰苑越一年卯進學宮逢退運日久以至光緒三十年計停一百六十一年而再復元回今則有林杭再入翰苑自此後科目靡李邑主有大功德於我邑惜邑人不知之雖有父老相傳亦不知其妙處方先生真名士也

黃開泰 字 號

周學健 字勿逸，又字力堂，新建人。雍正元年癸卯進士，江南河道總督。有周勿逸稿、內著編 作 貴朝尚摇此注在內

柯輅 字 號圖菴，晉江人。乾隆四十二年丁酉舉人。官永定、寧教諭，江西知縣。

党敬立

楊浚 字昭銘號雪滄又號健公晉江籍侯官人咸豐二年壬子舉人候選道華作古富

王念修 字號蓉邊仙遊人同治九年庚午舉人

陳棨仁

國朝隱賢

賣柑翁 晉江人姓王名倚賣柑市歸即焚香掃地烹茶吟詩所至多題咏邑令見其詩物色之則已遠遁矣

夏繡〻

黄彬〻

夏元椿 〥

夏士淙 〤

傅以貞 三

黃季楊 二

盧日文 一

東志珠

以上七八名俟考

國朝列賢

劉三傑 邑侯號納菴湖廣江陵人由進士出身康熙二年任致仕

劉佑 邑侯字伯啓號河南鄢陵人順治十六年己亥進士康熙十一年任

張雲翼

李延基

鄭居南 邑侯字湖北漢陽人乾隆二年丁巳進士

伍煒 邑侯字乙山江西安福人雍正八年庚戌進士

應國貴 邑教諭字如日延平人南平由貢康熙戊子貢士 康熙十一年任

龔必第 字偉升號天階晉江人順治五年戊子舉人壬辰進士翰林院江西南昌知府鄉飲大賓

王命岳 字伯咨號耻庵晉江人康熙十八年乙未進士翰林院工部給事中有耻躬堂集

丁煒 字瞻汝號雁水晉江人康熙間以人才舉勇授漳平教諭歷官至湖廣按察使有淛江集

黄開泰
閩山詩文集
紫雲詞（龔廷耀）
號稼門安徽桐城人乾隆三十六年
汪志伊 辛卯舉人任福建巡撫部院（孫珩）
所學促
陳慶鏞 字乾翔號頌南晉江人道光八年戊子舉人
壬辰進士翰林累官江南道監察御史旨
回籍團練有
覺紹之 籀經堂類稿
楊浚 字昭鉞號雪滄又號健公晉江籍侯官人
咸豐二年壬子舉人候選道著作甚富
王念修 字丨乙號蓋廷仙遊人同治
九年庚午舉人
陳棨仁 字戟門號鐵香晉江人同治十三年
甲戌進士翰林廣東知府
龔廷耀 字以以晉江人乾隆三十年乙酉舉
人友國子監典籍

孫珩 字汝莘號蘭陔惠安人嘉慶十四年己巳進士
官河南汝州知州有歸田稿

党敬立 字以仁河南桐柏人道光十七年丁酉拔貢

賣草翁 蜀江人姓王名俤賣艸市歸即焚香掃地烹茶吟詩卧玉多題咏邑令見其詩物色之則已遠

明

陳國璸 字遁矣 鎮海人崇禎六年癸酉舉人十六年癸未進士
未殿試

夏緜

黃彬

夏元椿

夏士淙

傅以貞

夏志琰 字 晉江人

黃季楊

盧日文 計九名 侯考

黄朝陶 字景樣號悾夫晉江人佔籍惠安雍正元年癸卯舉 廿

歷長壽縣令有瞻屺齋集 卅

康侍素

田傅

明代南安人物錄附

從明邵捷春閩賢書錄出

尚書　泉州共十三人　南安一人　洪承疇兵部

侍郎　泉州共二十人　南安一人　呂圖南戶部

都御史　泉州共十二人　南安一人　李夔龍左僉

五世科第　泉州共三家　南安一家

洪廷實　洪廷桂實弟進士

洪有第實子進士　洪啟睿有第子進士

洪承紱啟睿子　洪承選有第孫進士

洪士宏啟睿孫

三世進士

泉三家　南一

侍凱

俊璣

父子進士　泉州共二十六家　南安四家

黃澄 嘉靖癸未

黃瓚 嘉靖癸未

洪有第 嘉靖己未

洪有聲 萬歷甲戌

祖孫進士　泉州共十四家

洪有第

兄弟進士　泉州共二十家

傅履禮 萬歷庚辰

少年登科　泉州共十三人

傅檝 正德丁卯年十六辛未進士

黃日燿 萬歷丁酉年十五

三兄弟科第

泉州家　南一

傅履禮

履階　嘉慶戊

履重　午舉人

黃養蒙 嘉靖辛丑

黃近思 嘉靖壬戌

洪啟睿 萬歷壬辰

洪啟初 萬歷癸丑

南安一家

洪承選 萬歷癸丑

南安一家

傅履階 萬歷丙戌

南安二人

科目眉壽　泉州共三十七人　南安三人
黄　瓚知府　九十一
傅夏器會元吏部　八十九
黄　澄僉事　八十四
會元　泉州共四人　南安一人
傅夏器嘉靖庚戌
解元　泉州共二十三人　南安二人
章日閣嘉靖甲午
洪承選萬曆丁酉

811.8
756
(1)

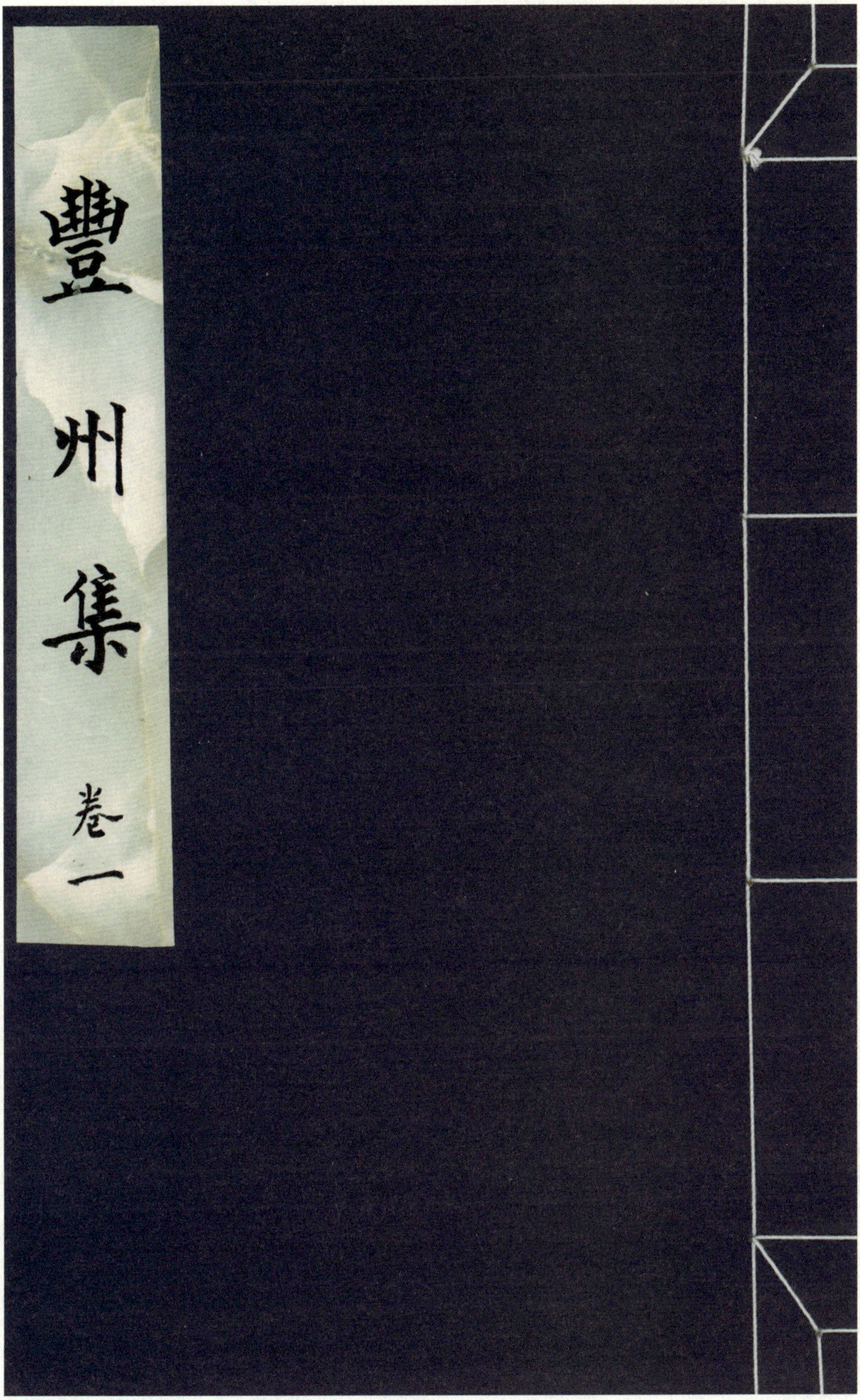
豐州集
卷一

豐州集稿

卷一

豐州集卷之一

臨漈陳國仕璧堂輯

四言古詩

東風二章 有序　　歐陽詹

東風美隴西公也貞元十二年相國東都守隴西董公牧于浚浚軍自劉淮夷二孽[靈曜 希烈]矜功多悖師用匪律人亡由殘隴西公和為謀與仁為化車既去兗渠黎甿以蘇東風解凍發蟄之不若作東風詩二章首尾去兗渠之其卒章美蘇甿也

東風叶时匪沃匪飄莫雪濁川莫陰洹郊朝不俟夕乃銷東風之行也上兮上德臨憑匪戮匪梟莫暴在野莫醜在階以蹈以殲夕不俟朝災西公來淩郁兮

東風叶时匪鑿匪穮莫蟄在泉莫枯在條宵不俟晨乃歸東風之行也上兮上德為政匪食音寺匪招莫頗於家莫流於邇以飽以迴晨不俟宵災西公來淩郁兮

明大雅　傅槭

維滿滿之間孰渾孰淪其上九穹兮其下壤泉其有維何是與是權其有維何是戶是輪

維上穹之心兮於穆不渾權與則有戶輪二端為陽為陰為昇為穹維上穹穹之心兮賦之愔愔

維穹在上衆冒與垠其間廓廓四方巡巡下土隆隆百彙紛紛維
穹是尸蓋毛而畠倫
維物在下兮一塵一埃一毛一支一蝤一鈎一吹一塤以一而分
蓋穹心不僭以尸下氓
維穹在上兮其道匪偏乃鑪乃錘乃埴乃埏匪夸匪窳匪漫匪慝
其維尸之維穹使旗
維物在下兮道々倫々其一曰物其二曰癩維穹在上訓之申申
察之昭昭其道大環
乃物曰氓謂生自溷謂有為與謂癩為人乃侮穹之權乃干二端
既為鬼為蜮又罔以詮
乃鬼乃蜮兮乃沴穹之間閔之二辰訶穹可瞞其下之辰漲隔混

混蓋炏上之原穹心猶存
穹曰噫若人兮人膈丌扪上穹之大匜人膈丌扪人眡丌睧穹眡
匜可睧且有蜻之心大鈞圄兹
穹曰噫若人兮人心匜泯男匜可为帰跖匜可为颜枉匜丌为直
泽匜丌为萬矧上穹之心圄匜丌渾
穹曰噫若人兮有中國孰萬自明有祖追孝室有孫炏中於於九
廟丌覩維穹之心於於倚兮
穹曰噫若人兮孰蓋殄於還維孝宗子嘉君之純乃穹之心於託
自君維上自穹自本自原
維穹由諟中興之原維君承之道之祏壇乃穹是敕乃廟是憲既
亶憲之四方由憲之

憲曰今茲之岌殫其風其刊上端由若二屋其滿以對其穹以縫
以贊維穹勑之道其存旃
曰自有国典礼其曰有庸有敦兮今茲其宜其訓其印其版其理
其品其釐其言不維其初維憲其存維旃
維上穹愔愔維君諤諤維於道綿綿維詩書嘐嘐曰是在類只則
所職匪文臣檝述詩以告今人

九穹十六章章八句

於蓋天兮極兮由名有儼承明有天孰徵兮於蓋天兮極大由名
有儼承明匪天孰明兮
維兮之道孰量孰稱庶物犹微孰遁其形彼物而妖維畏天中兮
彼物而眚維畏承明兮

曰八方上下孰道孰斡上下八方孰礼乐由出承明之户是則北
極有儼其居維正其北
曰流五常上樞孰轄綦布八方兮卑孰括維大靡敉維兮靡梏兮
於父母斡維庶物
維居上帝匪可測兮維道承輿匪可斥兮維尸闗軸匪可畛兮維
制大拂匪可遷兮
維北其正維物是則古曰風貽亶維礼極如矩而方如繩而直如
截而嚴如畫而一
曰維極北八方權衡烜以大火動以迅霆乃物是治乃遷是刑曰
燥曰穴曰陽曰冰
有治有刑匪維礼乐有權有衡維匪極北厥治之大肆妖至則伏

厥權之極妖所自没
既庶吏不治或參或差帝居是詰（詁）曰治以禮乃申以命其北南兮
俾之直指其東西兮
其北時孛其南時熒其西時狗其東時槍詰之三子吏由是眚帝
居曰吁彌維刑兮
禮雖小大明堂維綱不聞周官率拜大方法維三千維父母是隆
不周聞官是訓四方
曰維禮兮各正其居曰維刑兮怙終是阻曰五常兮不若其初乃
四方兮与咸与忓
曰茲匪天維帝是制維帝是命匪維禮治其以世兮其命与斁与
四吏是德敢慌其職

於蓋天十三章章八句

題香圃黄君翊玉照　　鄭超英

於穮靈芝在人為瑞移植斗根攣生有自毓和之天流膏之地七明九光神仙爰餌采而擷之萬福駢臻棣萼花輝蘭蓀葉翠以兆科名以躋高位兆壽且康靡不如意偉哉香圃鍾𡻕承嗣料玉宜三投金環二紫珠在握筠籃隨侍澤畀詩書躬逢靈異泰成叩音夜光辨字義在其中駐顔蘊粹惟儒林宗為香案吏芸鞋從之仙方勿祕

五言古詩

李評事公進示文集以詩贈之　歐陽詹

風雅不墜地五言始見君希微嘉會章杳冥河梁篇理蔓語無枝言一意則千往來更後人澆蕩醨前源傾筐实不收朴橄美争繁大夫護微旨哲人生今孫高飈激頹波坐使横流翻昔日越重阻側聆滄海傳遠蕤覿清揚幸覩青琅編冷冷中山醅片片崑山璠一杯有餘味再覽增光鮮对寶豈皆鑒握攀良自研吾其告先師六義今还全

太原旅懷呈薛十八侍御齊十二奉礼　歐陽詹

前來稱英俊有食主人魚後來曰貪才又受主人車伊予亦投刺恩煦胡彫踈既覩主人面又献主人書銜口百家周賃庑三月餘

眼見寒序臻坐送秋光除西日愁饑腸北風集絺綌升堂有知音
此意當何如

詠德上韋檢察即韋相之弟也名纁　歐陽詹

少羲類太羲太室似少室亞相與丞相亦復與異質渟如月臨水
瀟若松照日輝影互光陰澄陰森兩蕊鬱連枝鸞鳳下同氣龜龍出
併力革車心通籌整師律英豪顧廻席蠻貊皆屈膝中外行分途
寰瀛溥清謐

答韓十八駑驥吟文公原作集中并録　歐陽詹

故人舒其懷作爾駑驥篇駑取易售陳驥以難知言委曲感既深
咨嗟詞亦殷伊情有遠瀾余志遊其源室在周孔堂道適堯舜門
調雅聲寡同途遐勢難翻歔欷萬恨來俛彼二物云賤貴而貴賤

世人良共貌芭蕉一葉妖茂葵一花妍異与材实資手植堦墀前
楩楠十圍瑰松栢百尺堅罔念棟梁巧野長卯壇迯佑郡昌黎韩
焉得不述遭上帝卑厚生大君方足元实得庇群甿庶此覩崇轩
班尔罔永安掄擇其精于君肴廣厦中岂有庭前萱

紀柯述瑞鵲　　宋　蘇軾

昔我先君子仁孝行於家家有五畝園公凤集桐花是時鳥与鵲
巢鷇可俯拏憶我与諸兒飼家观群呀里人驚異瑞野夫笑而嗟
云此方乳哺甚畏鳶与蛇手足之所及一物不敢加主人若可信
衆鳥不君遐故知中孚化可及魚与豚柯侯古循吏惆愊真与義
臨漳所全活数萬江干沙仁心抵異族双鳥棲其衢但限不能言
相对空楂楂善悪以数应古语良非誇君看彼酷吏所至鴉鬼車

五代 詹敦仁

鈔 復留從效問龑詩

南漢王劉龑墓在汰口驛時寓居邑中詹
公之詩斷書儔入汰口山條內龑音儼

伏羲旁畫卦蒼氏乃製字点畫有偏傍陰陽貴莫比古者不嫌名
周人始稱諱始諱猶未酷沒習轉多忌或援代代易或變文迴避
濫觴久滋蔓傷心日益熾孫休命子名吳国多王意霣莔覔弄僻
詎虽寇發異梁復鍾已始時亦迹舊予覩杰自其一蜀闖是其二
鄙哉仍僭名陋矣戔黹義大唐有天下武后擁神器私制造字取
古音实相類乘龑因囯星龑思居丙瑩岀圀及塑龑作史难详備
唐詐值傾危劉龑恢僭偽吁嗟毒蛟輩睥睨飛猛佳龑儼虽同音
形体殊乖致磨学愧未宏未問辱不棄奇字难雄持摘文伏韩智
因诵鄙所聞敢布試下吏

吴主孫休創八字名其子長名𩅦音灣字苢音迄次名𩃀或作

𠅤音覥字𣆀或作䨐音礥次名𥦪音褒字𥎞音擁

梁有四公子傳一曰蜀閩上音擕下音琛入声二曰𪊿杰上音萬入声下音昌三曰

𪊷䵶上音厥下音湍四曰仉脣上音掌孟母姓下音親◯

唐武后制字曌音照𠀑音天埊音地𡆠音日囝音月〇音星𠁈

音君𢘑音臣𠁊音幼𡕀音載𠡦音年𠙺音正𤯔音人𥠢音授𠤏

音初𡔖音生圀音國𨲢音聖𢑱音證〇見宋吴縝新唐糾謬

按𡖑冥君之銘末署大周神光元𠡦丁𡆠歲拾𡔖壹𡆠風閣舍

董其昌刻入戲鴻堂法帖

人河東薛稷為文并書丹〇𡔖作月不作生

按梁師亮墓誌銘月作◯

鈔

遊秦君亭探汾風字

宋

陳　瓘

世梗賢跡塞途人識窮通機槍天寶沒美士如飄蓬聘君當此時卷跡雲霧中嗣了稻粱外不学低飛鴻音塵万多遠軒冕一笑空垂釣綸滄海超然謝樊籠清吟寫真率孤標激頹風織令千載下咲息詩人窮登臨忽終日俛仰尋高蹤山巒一回玩松蓋青童童

此处補入趙嘗巖一首 鈔

諸妙

宋 傅堯俞

千屋虽喧卑頗不去草穢置席屋中間坐卧群步内横風吹急雨入屋汙我背展卷殊未知心与昔人会有穴自外来笑我苦痴昧且問何為尔我旁尚不対强我不汙已起容穴去退卿復汙此心沾渥安足悔

以此補鈔傅宗夷年名未一首

鈔在外

次韻王季鴻游九山日 鈔

元 大圭 釋

季鴻王君攜友游九日山過姜相墓感秦忱君誠為卜藥

予不暴於世而以詩余未識其人愛其詩亦次其韻

有客車馬罔動秋在雲巘幽尋意方愜周覽涕竹泣碧草滿地生
白石抱空轉下有丞相墓奈此牛羊踐況君昔深邈芳木足幽搴
維時涼多艱此地憩重趼日長耕晝尽岁暮越山遠初月闊嘯歌
歸雲同息偃鶴足存松高魚心畏池淺有懷莫与同尚古一何緬
姜公实英材怪主片言善位及台鼎崇戢当諫垣選骨骾乃左遷
時運蓋多舛漂泊兩相求綢繆未云展吁嗟日南英梁棟先摧翦
微雨收白骨当时委蒼鮮逸予侍海陬史氏溯光顯千載有若人
游歌聯相勉往古凜高蹤来今戒駑蹇友道日以婾殷勤何繇遣

鈔

次吳朴齋　　明　黄鉞

客跡逢秋風扁舟況晚發水旅見丹崖雁声天宇闊欸乃鳴橈声

宿鳥驚林樾推枕起与言独对江心月

國朝 王丹書

（此处補入倚夏荅）

題黄封翁（香圃）採芝圖

郭外多峯峦绝頂𣈆烟霧峯上有芝田神物常呵護翔浮五色雲

夕缀三危露不逢商山人嘉植自朝暮翩翩佳公子靈根天鳳賦

寄意採神芝躡

（三弟詩在外　又丹）

（補在外）

擬陶淵明读山海经

國朝 洪科捷

邈焉天地間逆旅山水際光陰為過客春回夏又繼读书安平素

不觉陋巷閒静对欣弦琴上睬羲皇世跡雨濟茅庐和風吹人袂

欣观山海经歷歷畢巨细瑰奇廣異聞名勝谐宿契端坐遊九垓

胸懷復何滯

江郎三片石

國朝 洪科捷

遥观三片石洪冶太云奇日月在呼吸雲霄作藩籬置身千仞上
俯視群峰低流泉濶清響草木绿修眉学閣仙子在爛柯一局棋
名利身羈縻何处不解怡嗟予未脱俗蕭然向天池出门瞻遠道
平生老在然同遊非虎豹謀議似鵾兒昇氣蒸人懶旅鈹排悶时
銀河尚漫漫身聊強裁詩

題黄考菊香圃採芝圖

郭外多峰峦绝顶沉烟霧峰上有芝田神物常呵護朝浮五色雲
夕綴三危露不逢青山人嘉植自朝暮翩翩佳公子靈根天凤赋
寄意採神芝躡屐山腰路撥雲陟危石攀藤通曲岩僮僕荷鋤從
皎若臨風樹閒隨樵子行偶与幽人遇岂但学長生忘聊安平素
往昔陶潛菊怡情自成趣当时处士梅於今尚爱慕此中有真樂

王丹書

誰能識其故世人枉榮枯艸木同朽腐豈知物外身邱壑胸中具
茲圖亦千秋風流仰姊度

鈔

題同安康節母行樂圖　門人康嶽修之祖母

陳步蟾

冬嶺秀孤松年年壓冰雪孤松何其貞冰雪何其潔貞潔誰與倫
康家母昔節鍊石作肝腸春秋幾閱歷皓髮得歡心藻蘋勤採擷
羽翼雙鳳雛英姿稱峻絕遂爾苦回甘輝光生棹楔佟勿容易設
神驚鬼泣題我今披此圖皆昔賢母列貞潔報自天綿綿咏瓜瓞

送別李潤九太守慶霖　陳步蟾

鈔

遊桃源回憩帽峰雨中走筆寄家驄兩兄　國朝　德萃　釋

春日遊桃源飄飄隨所適雲水本無家逢樹便作宅偶爾懷故廬
薰風吹返策取道逕帽峰因而憩數夕夜來夢眷念促裝還未獲

山色岂羈人積雨自留客且待海天開方来敘睽隔世道渥如泥
厥言守清白

再入焦山　德萃

昔去兼葭蒼今来蒹葭白来去瞬息間草木尽变易惟有大江流
亘古如練碧去去復来来悠悠得自適

蜕岩　德萃

乘興来蜕岩时届三春暮残花落满階好鳥啼盈樹信宿不言歸
主賓歡道聚南窗共剪灯促膝傾情愫睡去到三更瀟瀟闻雨澍
中心一何怵以兹及时收朊起不見山满山皆嵐霧晝永何以消
閒搜長短句当且待晴明言旋理杖屦

鑁邊语　德萃

澗上樹陰森澗底水流急独木为小桥年久无人葺攀藤跰踖过
势险不敢立过桥寻路行草深无比觅取道崎且岖行行通原隰
借问田家翁终日何汲汲翁徐对我言耕鑿多劳役岁岁忧饑穷
时时念旱湿豆瓜窃鹿猴禾苗灾蟊贼况復征又征终朝无宁日
我闻老农言心中亦忧悒谈谈日将晡还庐一偃息追思向来事
如梦不可拾

木生於深山而无樵采至若或在周行应患斧斤利清泉渟古澗
毛髪明可視虽流出人间浑然仍元气奈此学道人只把烟霞弃

附鈔 補在上

鈔無名木 在九日山

宋 傅宗教

峨峨九日峯下有千年木巨異岁岁宗姿命受蘇也独十围錦幹古

百尺虬髯矗不以壮名顯肯為尚爵辱畏名如畏虎終焉托岩伏
何当大厦求一枝亦自足

鈔

清秋

明 傅夏器

遠遡斗高與清秋伴白雲辛勤古昔予沈吟風雅文雲出何寐寥
烟景自昕昏簾幙隣烏鵲户牖旁薖芸瓊糜和露飲菊英陪涵餐
飄零已如此暮憚豈堪聞收功〻何似騷〻倚華門

鈔

秋樓

傅夏器

樓上常極目世情似已闲緑樹夾流水白雲掛遠山黄鵠来何处
翩翩烟波间羽毛参天宇东西摇風圍雲漢尔撇翥飛旆收谁攀
孰与白鷗鸟水際自闲顔與随潮汐泛機忘飛宿闲錦田恣飲啄
松江时往返九日登堂閣一見意闌潜孤樓仍寐去畏途苦乃难

琤琤猨金璞叮叮悲倚闌況復淒風動蕭蕭錚錚斑此多忙何子趑趄罹百艱

鈔

巖野行

傅夏器

家在岩山下岩野主人居雖近郡城外總為小院廬巢燕初旅構旋馬僅容車垣墻不圬飾茅茨不剪除三千塵裏界六一窓前書默探艸元訣白守太素初朔風常作客彩雲時映渠學常聞一貫騷乃比三閭孤庭嘆涼月奇意獨晏如

鈔

廓然亭和朱文公韻

明 陳恩

清源逸巘西兩峰疊其右法門六六開眇視蓬山窄天風知寂過為掃塵埃翠轉盼神遊間風致窕如萬廓然從倚處物我渾忘失蜀巒烟同然古人先我得緬懷不可招長嘯仰空碧謾與此山靈

雙眼分黑白

鈔

贈南安林婦李五娘　　明　蔡獻臣

慷慨殺身易，多在剎那間。未聞矢死殉，去之十八年。立孤誠不易，死義亦良难。李豈愛視息，隱忍淚前言。家單妹未子，门户谁与肩。前夫沈汐归，穿穴望所天。似倚欣有託，持此報黄泉。在昔奇男子，嬰臼千古傳。濡忍嬰非緩，決絕臼非遲。況復閨閫流，孤立身終捐。嫂彼美林家媛，貞心炳丹鉛。

鈔

戊申仲秋登九日山讀石上朱文公廓然亭詩次韻　　國朝　劉三傑

康熙七年

我生不恋俗，雅志在泉石。咏此廓然亭，敢曰海天窄。長嘯对層峦，延攬倚翠壁。姜相秦恍君，酬唱感往昔。激烈弔忠貞，積愁忽若失。

遶与賞心遇元風豈外浮遠溪抱星漢曲寄通海碧群木杪如薺
雲散乱峰白

趙崇䕶一首補在陳耀之外傅先俞之上

鈔

遊延福寺　宋　趙崇䕶

行〻出西郊稍覺囂塵遠風景況已殊磽确歟忘倦南安古榮州
今古壯郡县九日一景佳居然在郊甸地高瞰川原林杪露堂殿
晉朝松百年存此才一見岁〻月不當錢宍〻畀幾经变当年秦阮君
軒冕非所羨間闗剡溪来至此獲勝踐结庐巢其巔穴石为之研
城市不到足公卿罕窺面避近有至交相從情繾綣緬懷與元年
致位在台鉉扶持公道開不绝幾如线一言才見疏斥逐遠遭譴
天教流落餘栖遯山林願当年梁室处遺址了难辨獨有高士峰

千載猶鶴怨

鈔 次朱文公廓然亭韻　此首在後　宋 李侗

清晨出西郊，危徑躡滑石。徐登九日山，眼觀天地窄。滄溟渺無涯，雲林森削壁。從倚極遐觀，感今悵往昔。而我遊幽尋，塵事忽如失。頎然悅君子，亭未審果何。以磨崖古題名，半含蒼蘚碧。日夕促歸鞍，青山雲亂白。

鈔 再題廓然亭 九日山　此首在前　宋 朱子

昨遊九日山，散髮巖上石。仰看天宇近，俯嘆塵境窄。歸來今幾時，夢想掛蒼壁。聞公結茅地，恍復記疇昔。年隨流水逝，事與浮雲失。了知廓然處，却不從外得。遙憐植杖翁，鶴骨雙眼碧。永嘯月明中，秋風桂花白。

府志作王十朋之詩誤查

鈔無名木　　宋　傅伯成

堂下有奇木靈根植何時非無棟梁用所嘆識者稀匠石不可恃山中聊自怡

鈔哀惠廓上人　　元　大圭釋

甲午冬惠廓上人死象運山中竟不知其何如死其死何時死之信否且不可知也明年冬乃得問故於其徒惟質惟質能言其死狀廓初辟乱山谷間久也以侍親歸尋往奔其姑喪至則為人所殺寔去歲十一月十一日也在吾門者如廓不多見而死非命天其謂何悲吾欲哭不得其故不敢哭焉今哭之矣先哭為詩哀之

象運山即翔雲山以山形似象得名在邑之廿八都山有龍鬚岩又有佛漈岩蔡忠惠公嘗遊之

喪乱孰為之哀哉自蒼昊昊覆下土胡乃不我仁此邦失綏馭

干戈起齊民，一州環七邑（泉州自昔七邑。國朝雍正十二年春，永春县升州，德化属焉，今僅五邑）。何人匹王臣，官車久不出。郭邑多淊淪，之子在溪上。奔竄如驚麏，負母入巖谷。承顏無賤貧，辛苦復来归。六曰問巖飄，流離不忘孝。如此端可人，老怙实老党。赴救寡無困，奈何嬰奇禍。清血遂濺塵，席口諒不免。就淵宜自珍，物情固多变。前知詎能神，總風东南来。死生若难真，别哭殊不敢。涉岸今已旬，因人一問故。猶識遺此屯，衢究即夜長夜。萬古嗟無晨，松栢信为材。刀鋸终与鄰，茨棘一無用。成蔭弥冬春，为子獨永歎。榮枯竟誰陳

鈔

全然退斋游九日山 退斋先生勿轩之别號 補在宋之宋卯未癸

八荒去求友名山在天西雲石長掛眼云何不攀躋々々有卧亦林木心卧歡欣々豈

在木昔有秦係君々々天上去尚有姓名留想當嘉遯时煮茗共倡酬々々者為誰曰唯

姜歐陽於昭忠与義追琢而成章々雕摛藻一字不出山最没有致炎亦復共盤桓

々々尚如昨人生幾陵谷至今荒祠下凜々人如玉々々復如玉千年仰高風誰者

共我遊又陪退斋翁々詞朱紫陽穆々千載師昔年此遊歷尚有妙句

遺々句尚可詠於焉且徜徉則尋廊然处但見山蒼々

鈔 秋日再遊九日山

明 周廷鑨

秋氣尚氤氳秋山靜可悅況茲佳勝區從風足攀掇姜公鯁直臣脫骨
餘芳烈肥遁有秦君泉石蘊高潔余別往從之垂老共覊紲荏苒
十六秋重來攜短髮仰盼峯霞興俯視溪雲滅石磴躡款危以印
屐齒周扑臨風悼歎歔松徑不下咽荒村擁牧稀豺虎終搏
齧丹灶瘞劫灰光炯漸銷歇今昔理不殊空用戀往哲寄言謝山僧鑿
石暫可輟閒卧半間雲飢烹一壺雪稍待菊花開再展重陽節沙瓶
還復來飲君石上月

鈔 梅花山 在三十都

同朝 黄朝陽

幸自與俗情抗懷在山谷及茲覺彌耽山嵐淨如沐林棲拂暝飛磴石侵
雲矗坦步登其巔遠近見喬木邃甚野人居荊扉數間屋菜甲摘來烹
新炊火未熟風味宛桃源澗流飲鳴犢願言買此山結廬依密竹

七言古诗

题姜相臺（鳌）　　宋　吕造

陪鸾先诗诛贼臣鸾臺继入持洪钧文石抗辞忤万乘武泥谪发来七闽旧臺可认翠萝荫馀基犹古苍岑新林际红泉摘嘉叶岩中缥纱青疏筠松（烟）斛黄徒偃盖雨苔叠碧空成菌捲首虞风不足振可怜满腹筹经纶

吊姜相旧隐室　　宋　郭正

青山为主身为客主人借客青山宅白云自在千里飞长松不换三冬碧藤枯谁与写作龙龟老何年代为石藤花流水发源深鸣雁过江悲晚色家乞妻子心乞累顶冒穷霜蹉跎息月明舞影聊尽欢一点尘寰不留迹偶来轩冕真可嗟朝为公卿暮遁逃屏原

賈誼泉為誰，問君何似李山窮。

以下擬明邵惟善

鈔

送柯秘書三子歸泉應詔

宋　蔡襄

秘书昔共官臨漳時呼三子侍側旁脩瞳闊顙善應对舉止不類群兒行遥知成就在他日尔時迄今十載强閩州太守年技術乞持符竹返故鄉近覩詔書下郡国選訪行实登俊良疑猶三子復过我衣裾飄灑濔秋霜如攜編軸幾百幅互以理乎究詞章久之潛思叩幽渺角牙騰觡声礌硠言归温陵入場屋争奮筆舌論短長海鷹上雲出爪翼天馬歷坐（地）羈韁秘書多材晚未遇有此四子侍義方吾從昇況不須議且看少者騰声光

柯秘書某柯公諱慶文也登天聖二年進士官秘書終屯田員外郎三子即諱述諱逑諱迪逑原名世程後改名逑登嘉祐二年進士述与迪同登嘉祐四年進士謀署江柯公諱輅

之詩文集皆知柯秘書即公慶文也

時光緒三十三年丁未三月初七夜雨

鄉後學陳國仕謹識

補朱氏遺十首在朱本鈔本不載卷十三卷

七言古詩

賦九日山仰天湖

明　邵惟善

居山不如近福清構屋不如翠光亭流水迴環此亭下一派百折繞桐鳴禪家老衲仰天湖面黄待来人不識九日山下放牛归摸沙擦天白日隙一入深山四十年高卧禪床听雨眠常时会客此亭下班床列坐如神仙近来亭前山水碧古冶龍泉匣中出昨者我遊九日山天湖娱我青眼纖慳与纓瑶以足报且胡松柏同歲寒

羅浮山

明　傅烈

洪水未必能流山别島安能居人間扶桑夜半光吐焰洞龍白晝飛塵寰初聞其事驚且奇傳言豈或流於寓試将圖牒為考订山中祀載皆班班扶藜春作山中行勝处不復戀天慳樓臺自是人

隔絶峰岫直与天，回環懸虛搜冥。一眺望日觀朱明，兩相向乃知雲浮山更浮，二山總在三山上。從来凡眼不見識，怪怪奇奇千万狀。我朝靈寶皆國寶，不待山人劉三匠。丹崖佛迹直末丹，天鞏名山世基伏。干戈昔日開馬崑，有壇百尺那很開。坐山一笑失道士，國勢隨滅如烟埃。清朝祀典豈豈舉，慶基福地源源来。歟以此山比南山，歌詩直紀山之隈。

長安道　　明　傅夏器

青眼陽春白眼秋，世多炎涼巧拙謀。薰風拂袖烟飛度，雪山昫日冰消流。棠枯自有蒼蒼命，高低為我問君平。君不見呂霍焰時窮，丹轂朱輪騁柳陌。瞥似菌蕣落玉魄。

过淮安舟次　　傅夏器

我为服阕赴燕台琴声未调筑声哀一望洪水连天阔挂帆东指
临淮来临淮访古更悲伤闻说淮阴昔断肠胯下忍惊一市笑麾
中谁识国士强漂母不过怜王孙仗剑西归未肯闻不是滕公奇
言貌烟树尽笼十辈魂归坛数语三秦空送出木罂背水奇囊沙
堤块垓且碎俩王勇略震一时一时雄杰谁与比拔山力尽舟空
艤江东子弟看何在赤帝山河奠鼎足三分固谢蒯通策伪遊猎
信良弓藏功成惟有拂衣去扁舟驾泛五湖中五湖便与浣纱处
辟穀应须从赤松由来难与同安乐孰似蠡良最高踪烟霞遥啸
会稽月口吻绝谈黄石书多名俱全归上节岂恋秦越驷马车沉
吟往日泪满襟淮水東流夕雾阴骚吊湘累我扼腕族如信越我
残心不知持盈总有道宠誇烜赫忽西沉

五言詩

此处補入黄昇詩一首

采桑行

明 陳嘉猷

采桑復采桑，大姑小姑祝携筐，三三兩兩去道旁。今年桑葉好，晝夜飼蚕怕蚕老。園麥青青田麥黄，軋軋鳴車當戶。繅車未停声綠未分，富家索債官家討，阿母見之不敢言，大姑憔悴小姑惱。阿嫂誇類了功，姑莫辛苦，不見蚕食葉絲还人，我姑只怨自家貧。

題黄子培源泉杖笠圖 柏梁体

明 呂圖南

桃源不知漢有秦，況何關索句類戒。誇漁郎頗意真重輕，陶令寫出春仙人寄寓，共埃塵自有丹邱在水濱，杖月搜風花作茵僑，戕一笠無恤民，尔時別訪已迷津，覺憶伊人向我陳，邱壑風烟幻与神，洗我囂垢清冷身，置田二頃老姑祝往古來今只夕晨。

弔蔡門李烈婦

明 陳履貞

嗟呼蔡门烈妇李家女，女则娴习笄而字，于归辨色娱高堂，篝灯洴澼佐夫子，方春泮水蜚英声，旋惊玉楼召修史，悲恸血枯绝水浆，汎彼柏舟岂忍侣，繐帐暂称未亡人，羞道剪发予与汝，从容一死安厥心，夜台相殉犹逆旅，墓木拱兮问谁庐，身彼遑计一盂黍，自古愚忠死难不求名。节烈秉渊恰如此。我闽劇宫異惨多偷生。深愧女流泪盈洗。濡笔哀诔备采风。他年汗青照丹心。

此头補十二座七律十首

鄉先輩歐陽行周先生坟在莆田为林姓荒矣久齋争而沒之同人为诗以纪

国朝 洪科捷

吾鄉先輩予踦奇，生在潘湖居高盖，名振京師葬莆陽，到处山川駐行旆，廣化寺前落日曛，松楸呼風不忍聞，問君坏土埋荒草，樵牧犹能識舊坟，君不見魯子敬蒋子文，死没精靈蒼霄雲，何者古

塚蝕驅雨伯文寄札与兒孫自古鍾英多不死豈長白骨任鋤耘
同时詞君白桀天遺下孫枝多名賢積累如山揮如水斷碑重出
㳫崗阡炭前塔没考馬鬣子〻孫〻拜牛眠

公卒於京師扶柩葬札莆田以莆田先贤林公祔藤弟祔
蘊皆公夷舅也是以葬札該处乾隆间被林姓滅坟改葬
作林氏坟有裔孫祔芳鬻别卿试順途祭掃物知其子即
控争林吴代孫不以為迟没吴代孫白公祔瀛陛吴泉亦送
泉中绅衿咸出争执即判归泉版文集没附控案一卷即
此事也　陳國仕附識

銅鼓歌　此陳筠亭先生得一策沙是鼓而绘图徵题　国朝陳垣

補過堂前花草香補过堂下多縹緗中有奇器騰寶光蠻州銅鼓
花一双四小蟾蜍蹲其面四小耳環貫其旁雕鏤花纹穷微細篆
刻卦畫分陰陽上宽下廣腰中束瓜皮古色何蒼〻摩挲叩擊發
長喟指形論古疇能詳或云製自馬伏波漢書可據維荒唐南海

神廟尚留一規制大小殊相妨或云製自武鄉侯苗壓獠人埋山
岡考圖按器略彷彿南征未到西粵疆大抵東都西蜀乃千載々
况难臆量何况蛮中多新鑄十千便值相煜煌奇器自是地寶惜
真偽無用苦低昂登堂搥鼓欣千觴放歌懷古神揚々一擊如見
銅柱外據鞍矍鑠蹂炎方再擊如見渡瀘水指揮三軍縛蛮王當
今車書大一統八蛮不敢逞披猖書生抱膝坐無事日揮掃千兔秃
毫芒試向夜深望牛斗應有紅光紫氣萬丈長

題黃寺尚香圃年大人採芝圖　王菁莪

商山芝歌一曲仙骨珊々離塵俗漢旁遂老避秦來遁跡高山阬
深谷汪洋非度自風流洒蕊胸中有邱壑寄意采芝寫為圖毋乃
希蹤黃綺相追逐呼僮攜鍤劚霧苗淩雲逸氣風飄々人言此草

可延年服之令人成飛仙何況芳蘭玉樹呈階前君但銜杯及时行樂
全其天商山芝一曲逗焉山常有五色雲氣繞荆関

此補入王五岳 鄭趙英 陳步蟾 三首

蒙引樓懷古　　陳步蟾

肃清门外屋周遭誰並紫雲双塔高一登蒙引樓上望双塔聳起
山戴鼇孤撐直拍洪崖肩葵羅清紫環其近泉山间氣蔚人傑介
去蔡子搜図篇心領神追尋道脈妙悟直入秋毫巔上溯堯舜追
周孔顔曾思孟穷鑽研四書義易深理会理小其内大其外衆説
紛如恒河沙一筆掃除障与壗辞簡意该人易曉引我童蒙指旌
旆在氣浅説拜下風乃成録筆字鑄銅對樓不滿十弓地大儒小
儒衷其中即起紫陽子朱子許以尼山接圣功于今二百有餘歲
宇内文章勤砥砺海濱鄒魯留蘇傳登對樓其識勿替叔庚宜經

七古

幾兵燹叵護宝有鬼神繫岂与袖雄金財袖菴金思廣居宅暗沈吟誰知後覺思先覺千秋萬秋重璆琳廣君居不見京口芙蓉鎮黄鶴擕榼來觀收眼福又不見揚州文選秋風高穿簾紫乙蘚婆娑自古人物皆思舊岂有將樸付消磨參差瓦縫疏櫺缺丞道從此恢包羅勝似紫雲雙塔壽如此盛蹟存岂多况復溫陵文長思踵武我引勤以碑与大石碣俾之千古負神靈

金粟洞懷古

陳尚巘

紫帽山頭雲繞屋祥光萬道當空矗天飄金粟粒粒圓傳說羽衣鄭文昧緬昔滄海變桑田仙人跨鶴下雲烟天花雨珠萬雨玉滴培力地報豐年貿易淨此富盈餘又占仙人洞裏居每覓留畬何處是移為孫子世犂鋤可惜世人只愛金此粟由來在人心能把

礼耕萬義種何須洞裏費搜尋于今名同薜蘿青仙人從此渺無蹤嘯傲烟雲來岌守凌霄高塔鎖重重南望北斗尚高懸天亦憐我孰可憐待何刹桐花再放等牛犇出下峰巔

題香圃封君採芝圖

王昌南

齊雲山麓瀰蓬壺中有瓊芝間如珠擷采三英入畫圖小奚荷鋤笑相呼先生胸中有邱壑襟期脫灑何疎疎野服芒鞵古清福齊雲山下自往復功名盡付與阿郎南極老人光壽昌老人家世本青箱經師望重培蘭堂尚書蜚声開甲第人文從此風雲際事兄同折蟾宮桂春風人鏡芙蓉飄只獨物外容間身當厥嘉蔭庇沒人芝蘭氣味玉精神歷閱八千岁為春抗懷高卧戀碩邁其奈蒼生待極何公起為民造福多消兵洗甲挽天河歲荒野黎與菜色

康熙十四年

雀角鼠牙怨争息更为道路剪荆棘與碑屹屹纪实勒惟公知止
自不辱手携鸠嘴偕健仆采采灵寿三十六自指自寿迺自嚼君
不見後仙桃实能駐颜金灶丹成占清班君笑不答心自闲高歌
绝顶齐雲山

祝黄太翁守缕七秩　葉鸿元

吾輩恒炯寿算延寿算如君正绵绵刚逢七秩焕星缠问筹尚是
乔春天君不見春八百（千）秋八百（千）瑶池桃实献三千况復蓍師意甚
度雅（承）嗜古香啓汝賢允列明经府選銓翰林津曆好翩翩即今戲
綵列階前崇寿叠貴擲
善箋願君如山如阜更如川

乙卯秋洪畏轩奉常招集　賜莊金鱼池次和元韻

丁煒

首錄在上

昭代元臣真兢爽鈞衡手握平于掌太傅難忘九伐功午橋特勅
三公賞邸第舊傳戚畹家銀塘碧沼最堪誇与敉錦鱗浮荇藻爍
如雲漢罷朝雲輦成繼相西京裏休澣閒來俯芳沚蒹葭浥露何
蒼蒼折簡招余對秋水三徑頻過跡不疎雕盤渠盌羅紛如御盃
春共公榮飲就庭猶悵皐子居年來未覩欃槍落嘯海鯨鯢何跳
躍如沙君家舊孝寬指揮如意都銷却、我但与君痛飲辭清淪、不
講干戈講礼樂鏗鏘謎錢躍河濱

雁水先生此首可鈔在邑人之外

補入在上　七言古

鈔　靈應岩祖師竹　明　黄具象

佛性原来物々有次復耽経解脱久生老病死苦根纏枯竹生菲根復受来岸青々色空浮植自道人牧牛手道人牧牛狂純白鞭笞不用尽回首生意長在万劫秋償鉢羅花对總々今人指祖師竹牧却自家心上牛

題黄孝君水園采芝图　王玉書

清紫葵羅鬱崔嵬中有雲氣護紫芝雲成五色芝成田誰剧靈根来峰巅翩々逸致佳公子採芝写入画图裏祗今不是避秦時底予商山追黄綺披攬此图思元妙问君寄意君自笑君不見甘泉宮裏産九莖芝房献頌来帝廷又不見延英殿畔生東希東求宗

祝製靈芝詩備收此意題此圖但願獻之　楓宸玉陛作符瑞

送別泉州李太守潤九慶霖　鄭超英

李公蒞泉民所以有如慈母勤願復同行艸偃未期年來何遲兮去何速我民嘵嘵願留李李公公此行非得已一十五任年春心未是神君去孝子孝子以行以行闔郡愁家家安業賴郎侯裝輕不載清源石恩重要競擁東門驪東門轅動攀不得泉民相送苦相憶未知新守復何如可似使君安作息使君答言亦思泉旧雨尚留未了緣談礼畢時仍出守再來重使見青天青天迟迟白日晚從此双旌望中遠我亦泉南山下泯惆悵獨向東門返

和沈太守吉田應奎留別　鑾　陳步鑾

清源之水清且潔清源之人來濯纓樵夫牧豎思解渴掬以一飲

胃

胃•腸鳴三台齊雲瞰鯉郭迎來郡中鄙儇薄敢從鄒魯海濱稱頼

有主持术(為)鋒謂士之貴首四民勉以太上德立身直如父兄(於)子

弟延師課讀不言貧謂農竭力勞耕作勅勸安良民雀躍公瘦民

肥公不知感動瑞麰生滿篝（同治丙寅秋間晉南溪三邑小稔生麥塞滿山野）工肆商廛

各生之城狐社鼠斂夜行共說長吏父母我晝獲安樂夜無驚鼛

鼓声喧廢斗華籌畫宜勞忘穴具（行春東鼓樓圯廿餘年公捐俸重建）行春門外車

馬馳燕飲蔭成奏鐘鏞東樓不日以成之西樓對峙後修治樸斲

梓材塗丹雘迎暉挹爽皎列(眉)（東樓舊額迎暉東樓今額挹爽）双溪源流分而合竹

木交柯來雍容商民感德戴二天為從犛今免(納)（公詩大關撤東西二溪竹木抽）

廛公更酌水勵冰清積寸成尺處而盈掬出葩金培多士講堂灯

火澈三更（公以局釐充入書院）大憲聞公清慎勤褒曰善哉培穴畯士人卿

小行注

獻野人芹壽以爇香記先進士人奉公祿住於書院惜也海濱名杜耒碁月

大展校時才公任一年倘洵有成繼已可冀黃懋績云乎哉自古循儒

為循吏以司鐸奏陞發軔新研稱平治治宗初政源山流水長涓涓永鑒公心清無二

高盖山 何年矣 相传乃周先生藥丹此

明 杨道宾

漢人拓土今人有，唐人名山今未朽。山高雲霰独崔翔，髣髴当年题诗叟。乘雀一去杳不还，独留古调满空山。白雲穴侵月華色，隔春長駐旧山顏。由来此调千古绝，万木萧萧泉声咽。莽莽愁雲只恁飛，夕陽古逕自明滅。东山携妓共車騎，踯躅立馬天為秋。白石蒼苔双屐遍，千峰万壑坐中收。瓊樹千年閟不発，一発千尋掛山月。玉簫吹处穴光回，依稀人在清霄闕。吟嘯桥引和声菩，声声葉底泣杜宇。洪復怨風疏客心，小院閒閒淚如雨。知君不作汗漫遊，~~千年谁与~~倘仰千年谁与儔。奚囊亦有诗千首，山名不獨屬行周。

鈔

秀才堤步月

國朝　黄朝陽

薄日有餘輝蕭蕭林木聲冷然歸蹊暝樹杪月已生湖光与山色蕩漾片明久久坐露寒棲鳥時一鳴湖山可棲泊已愧未成名

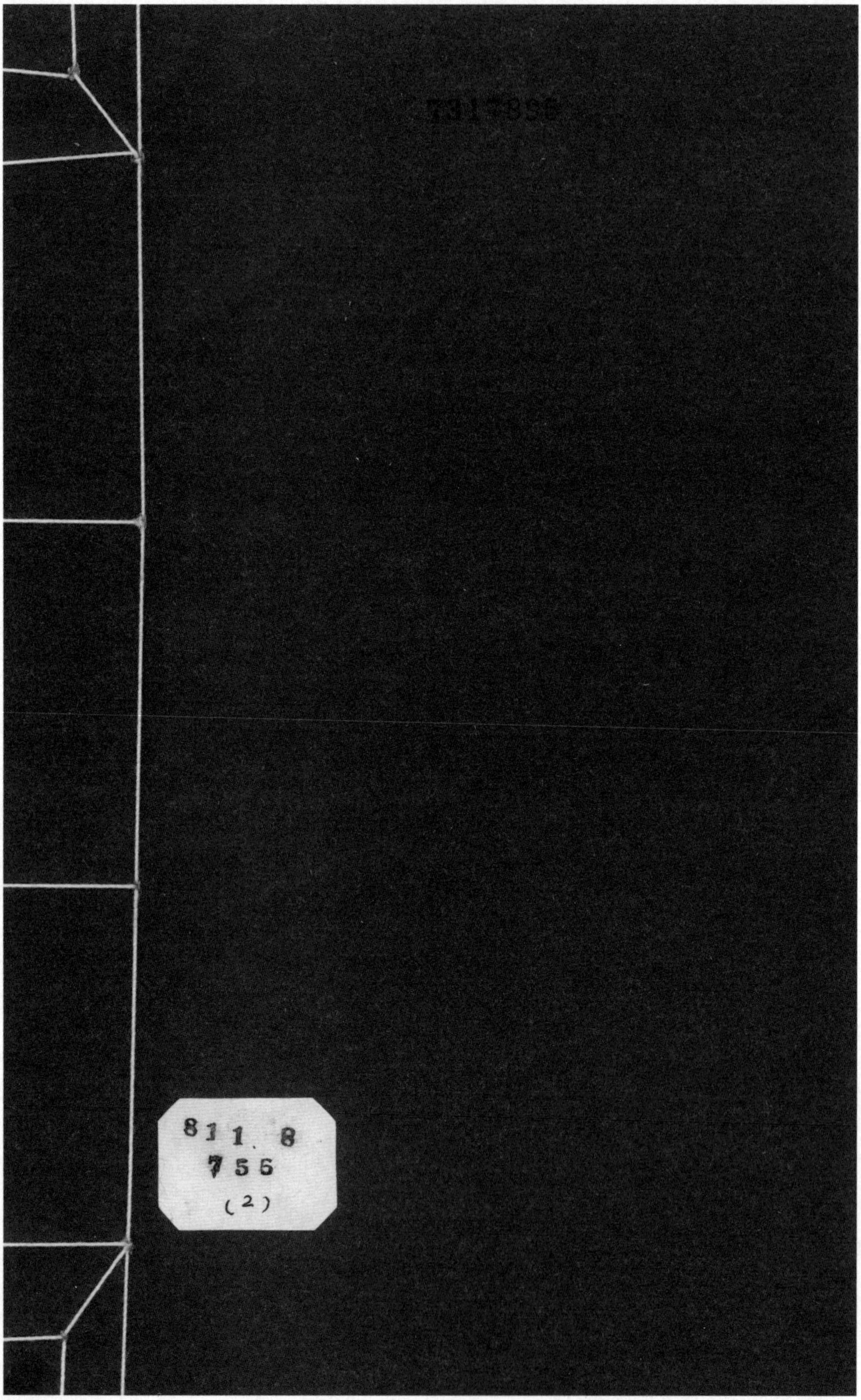
811.8
756
(2)

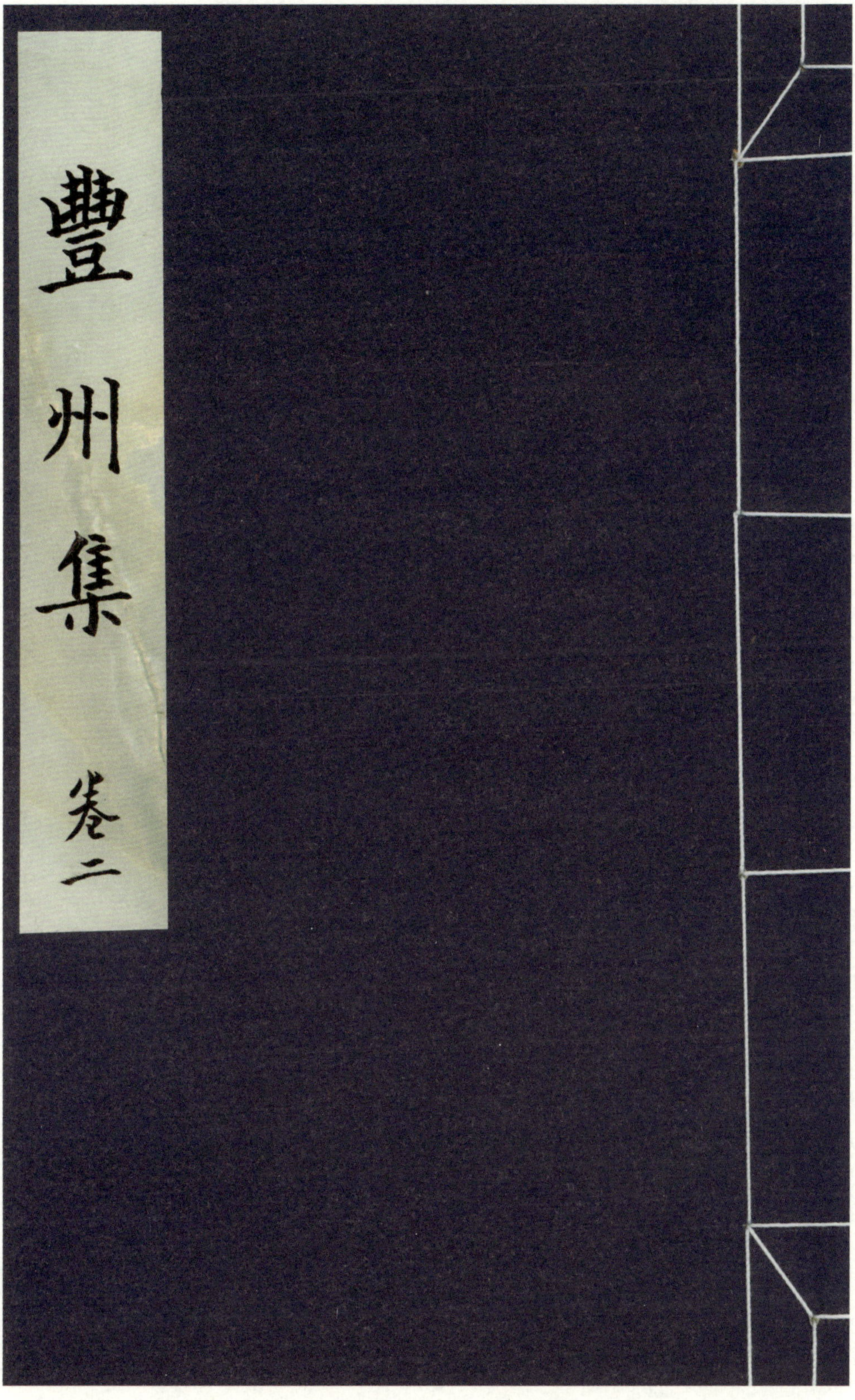
豐州集
卷二

豐州集稿

卷二

五律、

五言律詩

山中枉張員外書期訪衡门　　唐　秦系

常恨相見晚，朝来枉數行。臥雲驚聖代，拂石候仙郎。時菓連枝熟，春醪滿甕香。貧家仍有趣，山色滿湖光。

山中贈張正則評事　　秦系

終年常避喧，師事五千言。流水闲过院，春風与闭门。山家邀上客，桂実蔭義軒。何事長余起，微官不足論。

自若耶溪移居南安留贈嚴維秘書　　秦系

雞犬漁舟裏，長謠任興行。那邀落日醉，已被遠山迎。書笈將非重

荷衣芬正轻谢生斗箇事忽起为苍生

九日山中閒居　秦系

一似桃源隐将今过客迷礙冠门柳長驚夢鶯院啼澆藥泉流细

圍棋日影低峯頭与外子共爱艸萋〻

其二　仝上

客在烟雾裏間〻适狎鸥终年常裹足连日半蓬頭帶月乘渔艇

迎寒绽鹿裘已於人事少多被挂冠留素業惟千卷清风擅一邱

蒼苔掛藜杖偃僂覩银鈎适媿巢由隐才非爱楽侍從来自多病

不是傲王侯

秋日过僧惟则故院　秦系

衰艸经行处微灯舊道場门人失譚柄埜鸟上禪床科斗书空古

五律二

旃檀鑄自香今朝數行淚却遥約公房

徐侍郎素未相識時携酒命饌兼命謳詩客同訪山居

秦系

忽到仙翁至幽人学拜迎華簪窺甕牖珍味代藜羹洗硯魚仍戲移樽鳥不驚蘭亭攀叙却会此越中營

晚秋答拾遺朱放訪九日山居

秦系

不逐时人後终年獨掩關家中貧自樂石上臥常閒墜粟添新味殘花帶老顏侍臣当獻納那得到空山

此處補入黃滔一首待鈔在外

題嚴光釣臺

唐 歐陽詹

弭棹歷陳跡悄然關我情伊予昔时節豈有今时名辭貴不辭賤是心誰復行欽哉此溪曲永独英風声

新都行　歐陽詹

縹緲空中絲蒙籠道傍樹翻蘇葉間吹惹殘花上露悠揚絲意去
苒蒻花枝住何計脫纏綿天長春日暮

陪太原鄭行軍中丞登汾上閣　仝上

并州汾上閣登望似吳閶貫郭河通路縈村水逼城槐臨柱渚
巷市接飛梁莫論江湖思南人正斷腸

送少微上人歸德峰　仝上

不負人間累棲身任所從灰心聞密行菜色見羸容幻世方同悞
深辰願繼蹤孤雲與禪誦別後在何峰

黃滔補此

九日溪景偶成　宋　錢熙

漁家深處住鷗鷺泊柴扉雨過山迷徑潮來風滿衣岸幽分遠景

波冷漾晴暉却憶曾遊賞嚴陵有舊磯

題処士林知墓　　宋　劉濤

林知字子默熙寧間人
墓在晋邑靈源山

處士墳三尺吳山松萬株空餘舊書業不見煉丹炉道古言难合
年高勢最孤清朝礼楽備与処用真儒

九日仝朱子泛舟金溪　　宋　傅自得

秋月天然白溪流鏡樣平喚船因勝賞挹盞話平生擊楫魚數躍
忘機鳥尚驚并遊还不继家醸為君傾

思古堂　　傅自得

何人鑿山腹高堂跨崔嵬悠悠百年事滚滚随塵埃棄置君莫問
且復共此杯

和王景彝舍人九日作　宋 呂夏卿

節物登臨舊風光老大前放歌杈酒闌長日菊花天秖有隨群子常開送客筵归心悲城郭枕手夢林泉數負提壺约重经落帽年離居相見少百过诗新篇

遊琴泉轩　呂夏卿

野寺抱縈至古臺终日留暖風宜酒病好客伴春遊勝子田頭改浮名到不休手懐真放曠又强落林卯

四賢祠次韻　宋 傅定保

四傑唐遺迹千年此妥靈草荒丞相塚雲鎖隱君亭助爰衣猶绿翰林山尚青因懐水南令愁思遶春汀

寄九日山僧　宋 呂言

目極閩南道，雲山隔幾層。深秋城外寺，白日定中僧。野蔓穿松甲，幽泉漱石稜。遙思茶話夕，敲碎玉池冰。

傅丈載酒櫂被風過九日山泛舟弄月劇飲二首　宋　朱

扁舟轉空闊，煙水浩將平。月色中流滿，秋聲兩岸生。盈觴同辭極，嘯罷獨魂驚。歸去空山黑，西南河漢傾。

又

誰知方外客，亦愛酒中仙。共踏空林月，來尋野渡船。辭躍非客趣，心跡兩忘緣。江海持何恨，秋生蓬鬢邊。

九日山送客　宋　趙時煥

頻年因送客，携酒訪山靈。歸去成何事，重來愧此亭。天寬野水白，松潤石崖青。倚杖思今古，寒鷗旅遠行。

又題　　宋　趙宗曒

蒼松叢野寺山以阮君靈何仰千年事縱高九日亭抗壓頭漸白

巾古眼猶青有客馳幽討吟詩愧鶴汀

補入陳巖一首

又題尉習之遊九日山　　宋　吳閎

村旗晴明淡旌旂杳靄間春心看花柳詩眼掠江山遠樹疎烟合

斜陽獨鳥還相看倦行役慚愧白雲閒

聽泉軒九日山一景　　宋　黃公度

搖落江城暮招提訪舊遊泉聲終夜雨竹影一堂秋露浥衣裳冷

山空枕簟幽故人憐寂寞抱被肯相投

黃滔唐人詩鈔補在秦系之下

鈔 遊东林寺　　唐　黄滔

平生愛山水下馬虎溪时已到終嫌晚重遊預作期寺寒三伏雨
松偃數朝枝翻譯如曾見白蓮開滿池

補朱子一首在上

鈔 南安道中　时為同安主簿过此　　宋　朱子

晚澗淙流急秋山寒氣深高蟬多遠韻茂樹有餘陰烟火居民少
荒村草露侵悠悠禾黍晚寥落歲寒心

送客九日山　　宋　莊叟　释

石灶斷苔紋摩挲弔阮君風吹遊子袂月照古人墳舊子殘碑在
荒祠流水分永懷山忽瞑黄葉墮秋雲

廣福院寄吴山人　在三都靈秀峰　　宋　法暉　释

夜召山翁酌花間聊持槃酒香來竹外古意入雲深月色臨[illegible]（訛）水
溪光射遠岑擲長塵壒客對此滌煩襟

題陳君亭　補在上　　宋　陳炎子

隱君在何許把酒喚英靈已矣成千古悠然見一亭雨淋碑自墨
竹柏老長青大笑下山去湖平月滿汀

四賢祠追次趙使君韻　　元　歐陽至

唐像衣冠古空山筆硯龕（靈）老仰新棟宇陳士舊池亭茶灶雲根白
出灯鬼火青殘碑蘚化碧小篆雁出汀

对月寄姜相公

唐　欧阳詹

中宵天色净片月出沧洲皎洁临孤岛婵娟入乱流应同故园夜独起
异乡愁那得休蓬特从君上庾楼

游龙首山　今名龙日岭

宋　务迟

残年仍买园五日恰相逢迎春携酒客独赏敲门僧不嗔双松如拱立
万井自横陈精舍俯盘礴元规尘上人

題延福寺　元馬祖常

托鉢千峰裏拈花洞未開哀猿依講席飢鳥下生臺潭影留雲在住
鐘声送月回山中太苦雪誰寄一瓢来

五峰巖　即一片瓦　元大圭释

一朵五峰老孤塔在雲端鉄策已古色石房空晝寒風流吳尚輩
山水入多盤兒説潜公院天華雨滿壇

正月遊片瓦巖道人留竟日適興成詩　元大圭释

片石成岩屋高扉寂寞濵雪晴来野客春早見幽人烟火空山近
盤蔬午甑新留連愛林麓城郭有囂塵

病甚廓上人饋来　二首　大圭

卧病百餘日擁衾山雨寒世人不我愛之子独相看市菜饋盈裏春蔬亦满盤一聞此問訊吾道挽艰难

乱餘錢又盡雲散我廬空時運方如此人心莫与同病身須一壑天下付諸公吳郡平安友途今処處穷

宿多鄉樓 樓在安溪县

明 唐愛 邑侯

晚宿多鄉地，樓高景最幽。插茅圍屋宇，折竹引溪流。炉火松烟暖，盤飧夜雨稠。談兵感往事，夢見海烽收。

其二

石磴連雲暗，肩輿帶雨行。足知山勢險，身為國謀輕。野鶴依人立，靈鼉掛竹鳴。風寒春未透，趵浥聽泉声。

和泉州知府程公朝京仝諸公遊開元寺角巾登塔有序

明 袁崇友 邑侯

開元禪寺其來舊矣，鐘声一片，佛火猶紅，塔影双標，法雲長紫。時維春日，雅序勝遊。郡候程公停旆至止，二郡姚公侍純臣吳郡人解帯對仝七級次登，四賦爰題於是。肖源先生名黄文炳

從而和之玉塵齋揮金音並唱元言如肖倚白雲以猶孤攬衣遂臨攝青雲而更上可謂神襟邁古勝致無今者矣

友朋人必孟夏之日明蒼徐君与寓目烏首源公復執主礼乃出琬琰以為觀叩宮商而並儔形神可釋魚兔皆忘命步和以菲才媿追跡莫及雖文謝作者而意悟昔人用申兩章以酬一諾因貂續為慚亦謔雕已盡云爾具書于左

塔出日不暝雲莊殿故幽緣心消聖偈佛意解逢卽擲作出塵侶權參濟世儔請君臨眺處高詠一回頭

東騖追隨覓勝遊題詩轉覺紫雲幽凡從白社騰千頃未種紅蓮惣一卽塔影自懸空不染鐘声長寐意难儔神宮且莫論興廢堪淨餘生到上頭　此七律不純移入本數姑附前作五言

此詩明崇禎間鼓山僧元賢撰溫陵開元寺志寺志爲松
已沒傳本亦少予家僅存殘本采附此志古思陳衍識

（朱筆：有修）（朱筆：采出）（朱筆：抹入而）

題石佛巖

明　黃河清

佛国開奇像居然壓萬形身前原一石幻後憶三生焉具說還嘯
銅駝跡亦露乾坤終不朽腐骨更惺惺

築永利圳

黃河清

社鼓三更裏千夫一望中氣霖分澗溜有力補天工野老先憂舊
臣心後樂同因思吳楚地頗效半年功

新圳成岸行有感時太守葛公上其事

黃河清

萬壑中江下流分小泓東折當添石髓種樹禦溪洪豈祝三農糾
人歌比屋書黃堂煩一諾千載有餘功

遊九日山一眺石待月 二首 明 黄淋清

被衲出山房，石盤已暝色。作收叠峰青，犹見一溪白。林鶴要遊人，松風炊辞究。梵鐘遠近声，漁火兩三隻。

暮嵐倏已淨，明月胡遲來。石灶茶烟冷，金溪漁火回。白知山夜氣，究覺水雲堆。且与山僧約，竹门试半開。

家事遠已復作遠遊杪秋還茅谷乘船下归金溪对景感悵 有懐王道巖蔡可泉 明 黄淋清

早發茅谷口，秋波放船便。静陰谐鸟声，微雨碎溪面。耳目說为娱，心情聊自宴。如何持一杯，二子不相見。

寄福城社故人 明 黄淋清

萬事不掛眼，故人牽夢多。閑门终日裏，辞究九秋高。子任扶田耜

畫舫緝約艤深期一致海听我白蘋歌

紀变有序　　黄淋清

嘉靖六年冬十月在縣二十七都有耕牛生人孩其家識为怪異懼有剮其即死而瘞之近方見其比人道其子頗详但忘其日耳余謂愚夫未悟上天垂戒之意不有其人一發則大子竟淪非天假之敢用特筆告我同志

愚夫莊至怪隔岂昧連卬不有其人發誰明为国憂野恨勞憂寐天命托歌謳寄托調之其今应速問牛

泰君亭　　明 黄澄

潮落汀沙淨風高木葉乾振衣雲不亂坐石鳥相看白髮明江水青樽对釣竿结庐人已去桑灶火猶丹

贈南湖丁隱士　明　黃瓚

湖海有高士逍遥水竹居江空山入牖雲淨月侵書臥釣滄洲上行歌白雪餘猶開仲蔚逕松菊日教鋤

賀方双江守松江　明　傅夏器

天子憐民瘼江城特借君蠲舟千里别鳳侶九霄分白苎城中雨金山海上雲他年訪政績遺愛有碑文

春日懷旧遊　傅夏器

遨遊憶暮景耆旧久分風車馬虽遺跡声容半處空水浮涛勝会鴻怨旅途穷世事春波泛徘徊四顾中

巖野秋樓在錦田鄉　傅夏器

金洞既淨域仲春常廹穴生涯采蕨易迷路出花难江静日初就

雲归龙已蟠更悲凄绝处萬里見長安

過项羽庙　　明　王承贤

试剑秦関日咸京即故宫重瞳氣萬国一火失三章赤帝元天定
烏江晚自傷故鄉富貴也芳艸映斜陽

秦君亭　　明　黄具象

千里入閩家選勝九日山灶冷緇衣裂夢覺白日空今時聘出貴
所貴在怡顏回坐会稽道蘭亭水漫々

七月十五日暮登永安臺　　明　陈学潜

夕照当空飲嵯峨向晚登蒼々嵐氣積藹々暮烟瀰城上鳴双杵
天近渺一灯山高遲月色经险倚蘿籐暗水沿崖急疏鐘入岩仍
何须愁路瞑攀足躡雲屐

五律十

初夏新晴　明 陳學潛

翠袖輕烟斂，青郊宿雨餘。薰風飛絮盡，暖日小荷舒。晒翼喧黃鳥，翻波戲錦魚。燭龍廻赤道，神女息雲裾。未燥囊中琴，初乾桌上书。生憐殘溜放，紅片滿階除。

題四賢祠步舊韵　明 李廷機

往哲遺香火，聚英托地靈。懐人多有待，吊古已乏亭。旧多怨田禄，芳名照汗青。臨風重搔首，落日映沙汀。

題菩薩泉步舊韵　李廷機

石泉名菩薩，水以聖僧靈。垂蔭生名木（有石刻在泉之左），廻流懐古亭（旧址在泉之右）。閱世歷多眯，何人眼独青。緋細今古予，归来月半汀。

鈔

蓮花峰　明 黃克晦

一朵秋蓮碧玉天削翠峦可憐雲外見宛在水中看香滿隨蘿合

花明过雨残如逢太乙子莫忘問金丹

明朱栝

此处補入黄克晦三首詩在外

鈔双老亭

二樹懸空界三天宿客亭狎鷗心逐石巢鶴性氣丁飛露要林白

平茎入海寺宿醒幾許坐卧片时醒

鈔大小潘山

明周廷鉞

崗暮潘山道蒼茫旅思低眷烟威惠廣沙礫秀才堤夹岸坊牛矢

迴飈逐馬蹄何时将斗酒深樹听黄鸝

鈔天竺山 在十四都臨漈鄉

明詹仰庇

山結毫光勝叢緣天竺名雲陰連片瓦楚色遠孤城急葉松風静

清夢夜月明兼能忘依處萬籟定鐘声

鈔

一片瓦巖

明 黄汝良

石屋乾坤永神工結構真上方窺萬井下界坐千人躡履寧知險
振衣已出塵翩躚双鶴跡髣髴在嶙峋

鈔

觉海巖 在五峰山

明 蘇濬

獨有林間客尋幽帶雨行江峰横地出海樹接雲平鳥雀空中語
烟霞洞裏明轻風吹覚跡夜夜听泉声

鈔

唐婁江明府邀遊九日山同黄竹溪東石 四首

明 王慎中

夫君善為政自鮮簿書情張幕人皆悦傳杯吏亦清花衛壺矢席
雲邊鳥鈎生造次成遊賞應留此地名
最有登臨賞兹之達貢俱旌英粧藉草鳴鳥看提壺古寺花林裏
輕霞映海隅青春雲外暮莫遣興情孤

簪為襟期盡檐因名勝携篙烟陰白石花水漲清溪佳卉當春發
轎鸎近庭啼如何更辭飲斜景竹林西
處室何其起坐為城郭拘稍看山色遍頓使伏情生此地寧須罷
今茆即可誅且將狎鷗意暫尔伴飛鳧

鈔

遊延福寺　黄克晦

何年延福寺松竹抱山幽井涗釣龍日巖侍出米秋冷烟消佛骨臘雨濕
僧憩坐久心生遠人生更覺浮

明 補陳國璣一峯詩稿外

五言律

九日秦君亨同張郡公賦（名程，自礼部謫判延平）

黄克晦

昔貢容小憩，岩壑尚餘光。沙嘴銜漁艇，松陰冷佛堂。開樽山鳥啼，移席野花香。詞賦誠何物，登高興自長。

泛舟游九日山分韻得

北汎金雞去，伊人况復同。江星偏好雨，水鳥自知風。魚美剩投網，芹香乍出錢。今宵溪上夢，併入櫓声中。

何处訪秦君，捫蘿入鳥群。山行常帶雨，石坐不離雲。樵徑林間沒，漁歌水上聞。何時还築室，重注五千文。

灤陽逢歐陽八山月節

高亭秋氣夜蕭蕭，下界人家鼓角遥。何处山光如九日，一年月色

鈔 高士峰

朱栻

仙衣餘薜荔苑石散芙蓉竹老侵樓风巖深想卧龍墨池秋草徧葉灶暮
雲重無出予能敢此代謝巢松

鈔 宿報親寺三首

周廷鋭

晴峯納野寺毒鼓应潮音鹭雀栖双樹旃檀馥滿林山幽紅葉落師老
白雲深古殿蒼苔遍羞憐佛面金
寒影閑松寮灯闌人靜宵峯高遲上月溪峭易归潮梵響移前度
空香宜没燒忽思清淨理攜手步長橋
溪光秋汎汎山翠日沈沈樓闌生虛想松篁有靜音雲横孤棹滿香
定一鐘深幸甚支林樂逢人説布金

鈔 再遊石鼓山

明 蘇濬

山靈迎故客樽酒罄交歡殘菓星星落輕風泛泛寒步出紅塵外地僻
懶衣冠大塊容吾拙浩歌且自寬

鈔 大小潘山

明 丁啓濬

乘閑謀選勝暫此息塵勞軒檻臨流險烟雲送目高網懸閩甫夕市帆掛急
春濤小飲江天暮歸途首重搔

鈔 登九日山

黃景昉

似爾供流寓休夜策未遑駁班秦碣眼夭矯蜀松鬚蟲食碑苔盡雀窺丹火
與相傳舊舶使從此祭天吳
捫葛拔蘿上千年此度看日風生靜曉人鳥避高穴海老黃龍徙秋深白
露殘詎知烟影裏一簇是南安

鈔

登姜相臺

明　黄克晦

姜相登臨处，青山客落暉。古人今不見，来日去如飛。一逕迷芳草，孤坟隔翠微。川知消而感，惟有辟时归。

鈔

翠光亭

黄克晦

寺外山亭古，今人借不如。簷喧聞乳雀，池聚放生魚。積翠含堤柳，涼風泛水渠。百年应有尽，一飲願無餘。

鈔

明心山寺

黄克晦

怪石千迴角，高松徑尺鱗。猿枝低復掛，蛇徑險难遵。水奏林中曲，苔生坐处茵。川拚终日飲，蒼翠湿衣巾。

鈔

雪峰寺

黄克晦

日落多山氣，林深步自涼。梵鐘过水斷，樵逕入雲長。坐石喧禽語，開簾散佛香。清樽從此夜，蘿月白如霜。

鈔 其二

星軺臨此發意氣轉相傾人有千年想山餘九日名乍雲峰聳翠先月水波明安得偏師手當君萬里城

黄克晦

鈔 遊杯祝寺 在金雞山

野棹青莎岸繫舟古樹藤山雲盡列寺溪雨送歸僧花落鐘聲歇林昏水氣騰平生今已賞有興直須乘

黄克晦

鈔 其二

廣庭時縱步舉目是蔡山岫岫蓮花色層層薜荔闌禪心終岑寂客思一時閒橋水金雞上扶攜相與還

何喬遠

五言律詩

寄賀楊新總鎮度五六　　国朝洪承畯

上將宜分閫，雙旌復出秦。關河三晉路，賓從五原人。孤戍雲通海，平沙雪度春。訓恩看玉劍，何處有煙塵。

此詩寫於立軸絹素，長六尺一寸，闊一尺四寸半，行書有勁節，肖其為人。款署溫陵紫農洪承畯，鈐印一曰朱文兩朝院士，一曰白文紫山農人洪承畯草筆。是幀与洪六生先生神清鼇在豫省軍營作家書別仰人絕筆之函一帖，藏東瀛洪浦南家，予每過訪，屬索閱之[illegible]真至寶也。

過邵伯湖　　国朝傅為霖

昨曉出維揚高舂經邵伯秋風吹葉紅江鳥掠波白兩岸水浮山
千家船入宅年年頻過此僕僕孤征客

畫眉　　　　　　　　　　國朝　蔡仕舢

燕雀樊中質迦陵世外音娛雙惟顧影見類必爭心戰苦塲猶突
吟多思不禁車來雲壑裏何未解招尋

萬石巖 石在廈門城東二里許　　　　國朝　鄭纘祖

洞壑猶彷彿依稀記昔遊山空餘万石海濶有孤舟天地車難老
風烟容易秋窮心何所感惆悵大江流

虎溪巖 一名玉屏山與虎溪相對　　　　鄭纘祖

滿眼旌旂在晴波辨劫灰虎溪浮地出鯨石倚天開夜月誰吟嘯
秋風自去回不堪懷往事腸斷水雲隈

宿僧舍　　鄭纘祖

夜静群情歇高懐寄小庵微風旁列樹殘月半窺潭蟲響空窗白
鴈飛天蔚藍孤灯迴無寐夜漏已催三

早發黎嶺　　国朝　洪科捷

旅次青山外黎明趲嶺程天陰禽不響雨滴竹間声折屐憂岐路
長途望化城僕夫頻告瘁杖策且行々

望古跡寺时下第抵家　　洪科捷

古刹横门峻亭々遠望中青山依故態綠樹發新華日出禪関淨
雲生佛界濛归来頻仰止即此悟穷通

遊雲頂巖　　国朝　洪世泽

方丈連清淺蓬萊半紫氣双湖林外合二郡望中分竹外瑤池底

衣笛玉洞雲幽尋殊未厭出岁已斜曛

生芝州堂詩板題詞　洪世澤

追風騏驥力拔地棟樑材袖裏一編出蒼紘萬象來　張均　菴評　汲光

宏奬蒋漁朌堂亡文推稍幸名山業盤枝自剪裁

英溪洪上即事　洪世澤

小洪朧凄了臨流意轉迷輕雲遮半嶺殘雨過前溪水漲芳洲綠

烟含野逕低人村何处是漏浦有鳴雞

空亭憑綠浦乘興倏離群坐对千峰面平臨一島雲洲連書州舍

樹向碧溪多自愛羅浮近归时日已曛

遊樂山寺　国朝徐时深

古刹鸣濛入深窩宿白雲吸呼通帝座仰俯排天門海外魚龍变

山中帝豹文鈔卷第一　義仙景印長洲

遊樂山頂庵　　徐時深

山巔復有寺一覽松關開石磴牽風上鏈鏁连漢表天声渺若樹
日色老荒臺万古蒼茫裏飛靈祕莫猜

高郵舟中　　國朝　洪士輔

南下淮流急三湖水勢連野帆青艸外茅屋白鷗邊江送千山雨
客生六月天吳歌應可熟鄉思轉予年

閒居　　國朝　許廷圭

興來揮一醉閒酒不妨除雲外看飛鳥風前數落花嬌兒紙應究
少歸學持家何意忘言際裴回日以斜

寂寞　　國朝　徒　萃釋

遊白雲室　　国朝　戴標香

峰腰幽曲处石室傍雲卿花落岩頭翠苔迷窮跡荒微吟迎岫花

蕩約帶泉分雅慕開科跡流芳（傳）芳古芳

寂寞

補入蔡景[?]二首在此

国朝　德　萃釋

柴门終日掩幽径绝人来睡起惟秀菊心閒獨上臺山深宜用拙

世险莫悵才寂寞閑瓢杖樗绕挂壁隈

鈔

洪瀨渡　　明（国朝）　陳国璵

去去町畦遠萬家一水湄屏沽争野店稻黍熟塘陂鹭没桥边洪

蝉鳴塢外枝嗟予何所務斗笛正催诗

登臨漳樓望南安縣山之勝　　国朝　夏　緑

群山環海国曲水绕鱼城晋代江犹在唐碑士汋名穿波垂釣艇

犂雨帶蓑耕風從笛渲朴登臨見物情

雪峰生雨　　國朝 黄彬

遠峰雲氣合釀雨更留行泉瀉秋聲响山含太古情寐来真景現
塵隔道心生鎮日僧房裏焚香禪話清

送友歸南安　　國朝 夏元椿

故人南邑去天外白雲秋風急江鴻杳霜棲旅客愁消魂不在酒
載恨只孤舟相送應难别思登王粲樓

蔡詩補在德華之上

鈔

題黄考翁耆園采芝圖二首　　蔡景璜　璜

猶有寉遊人清容自葆真兒童娱杖履草木促精神芝石延生海
桃源邑避秦瀛洲仙小有明月悟前身

世德清芬誦家声閭閻傳風流芹藻頻月滿紫薇天君是嵇中散

人稱魯仲連藍田騎鶴之公子又神仙

五言長律詩

延福寺送封虞佐　　宋　李邴

夐絶天南郡岧嶤海上城亂離仍究寓祖餞春山行磴道緣雲上
嵐光惹幰輕雨餘秋葉墜日落暮潮平地勢金鈴出神光寶殿成
姜墳餘馬鬣傳釣但訛泓義國標前史騷人滌筆耕亂源清不竭
巖樹老無名小憩濤驚枕高談月從楹扶傳幽岩響樂語亂泉清
別岸孤烟起遥天一雁橫登高還送遠誰識異鄉情

詠鼇石制軍以蘇州明倫堂立扁題名之例行於溫陵府學

明倫堂紀盛　　国朝　黄以珪

清紫鍾靈地溫陵禮義鄉衣冠來溯晉文物盛沿唐代有賢豪出
垂為志乘光流傳今已久景仰倍難忘錄牓成新製明倫紀學堂

宏規期不朽大節壽先揚孝弟为人瑞忠貞为国良邑邀旌獎美
聿播姓名芳盡歟君親誼登祀上下庠序忠孝祠之廟旌 特書昭鄭重亘
古振綱常次及登科第群堪表令望科名能不愧爵里必兼詳德
業垂千古標題各一行榜先開進士人尚說歐阳行周先生詹与愈齊馳
譽为閩首發祥冰銜祿助衰文筆破天荒嗣是人爭奮因之運寖
昌覌光賓上国濱海擅名疆学校培英俊勲猷立廟廊士承鄒
魯[illegible]首數邑梁梁丞相克家邑学士從[illegible]俱廷对第一執政免私謁蘇子容先生頌宋史称其居政
守潔己奉公門無私謁傳家有義方邑公諱会五子登第詩声誰勝謝謝名伯景天季間甲科庠陵称
其詩生煥唐賁才子合推黃族祖姊才先生宗旦有神童才子之目登咸平旁及第汗簡爭彪炳儒
林共頡頏公卿原袞袞理学更煌煌蔡虛齋先生清陳紫峯先生琛諱大倆淺途千
秋業朱程一瓣香高樓輯蒙引掌世仰文莊虛齋先生謚文莊從祀廟庭大

力扶经傳遺書溢縹緗地靈鳴玉磬祀典列宮墻共述功洵鉅淵
源朔正長元灯并傳許傳会元夏署許会元獅篤行有蘇張蘇崇濱公濬張襄惠公岳致
用宏经濟乘時慶拜颺賡參黄閣務有明一代入閣共六七人爭看綠衣郎
李文節公廷機会元及第莊襄善公際昌会元狀元山有兜鍪石人㵎甲胄柴大才生將師
重任寄勳勷俞大猷洪公经綸洵並備風雲正赤央右文逢。。圣代
應運集天閶蕊榜魁孫屏陈公常夏順治閩会元仙班翊鳳凰安溪隆相業
李文貞公光地靖海奮孫驤施襄壯公琅封靖海侯茅土酬勛伐五等爵之扁倫扉侍贊
襄京職三品以上之扁作肱股翼宣力掃欃狼皇使乘軺貴鳥臺佩玉鏘
學政臺使之扁處牙開府壯專閫巨材當總制中丞提督之扁廉訪勤明弼屏藩任
保障方伯廉訪之扁搢紳難悉數儀羽共高翔集紀家階寵○恩承湛露
濃特科實士峻直宿上清房洪良董先生世澤以科生召試鴻詞科擢翰林重宴沾優

瀝着英俾壽臧皇恙叨策遣冊使達梯航（御会試重宴及冊封使均主扁）白水錢

徽夢奎躔風吐芒瓚閣推弁冕射斗耘文章（春秋兩闈元御主扁）謙自名倡

（倡之扁盛舉　鼇石先生實倡之并為作記以垂不朽即人士賦詩紀盛焉）人欽峻望彰謂菲懸扁額

恍類樹之坊曩推名氏香斧敬梓桑文明開五邑盛予炳千霜

璀璨登科記崢嶸選佛場迓胡接步武特達尽圭璋帖每泥金報

才憑玉尺量彙征占叶吉積慶卜餘慶汝進材爭礪年窮願庶償

從茲覘蔚起萬萃詠梧岡

題黄孝君香圃采芝圖　蔡景璜

獨有宦遊人清寒自葆真兒童撲杖履艸木仰精神芝石迓生海

桃源豈避秦瀛洲仙小謫明月悟前身世德清芬誦家聲閥閲傳

鍾瓊

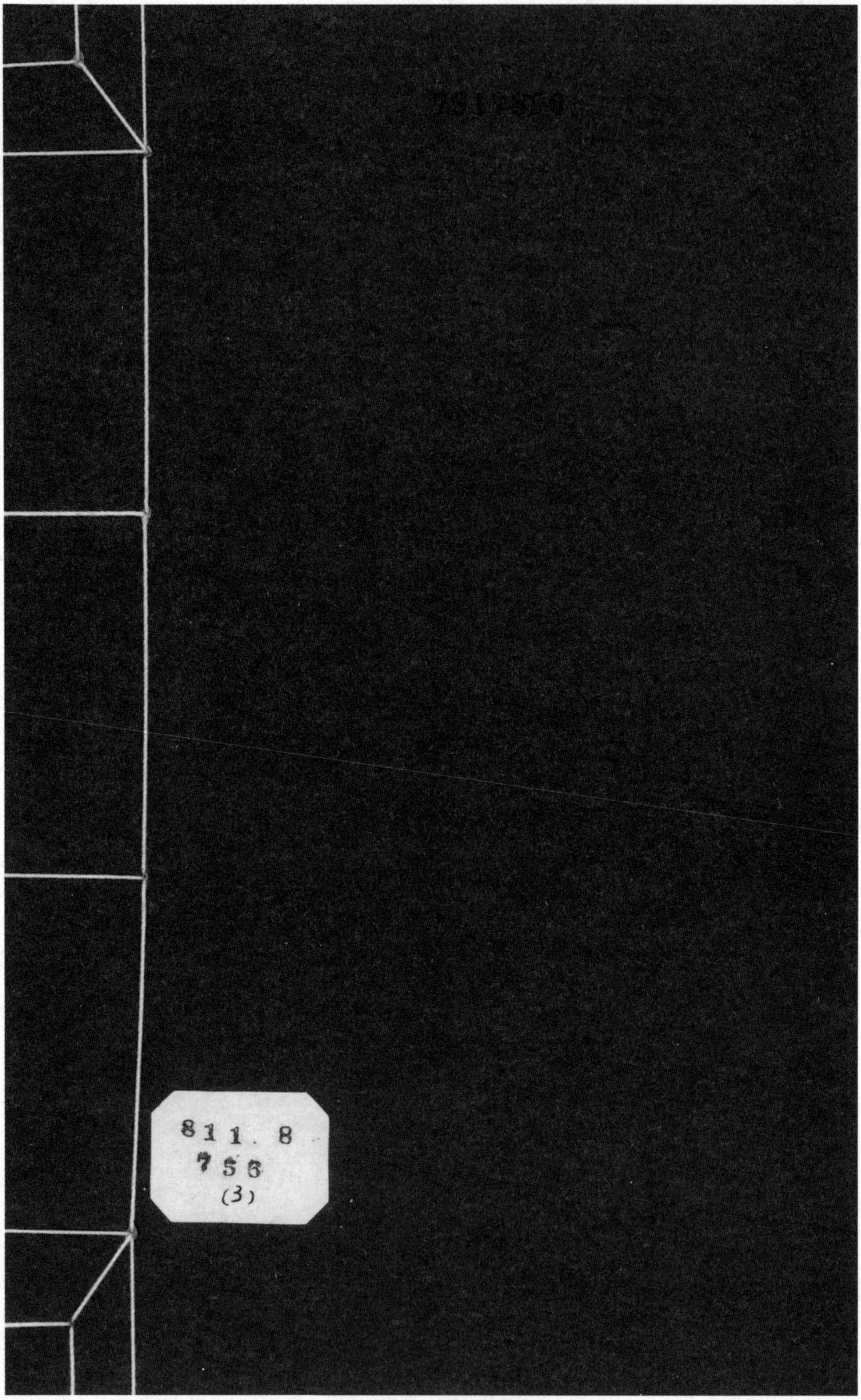
811.8
756
(3)

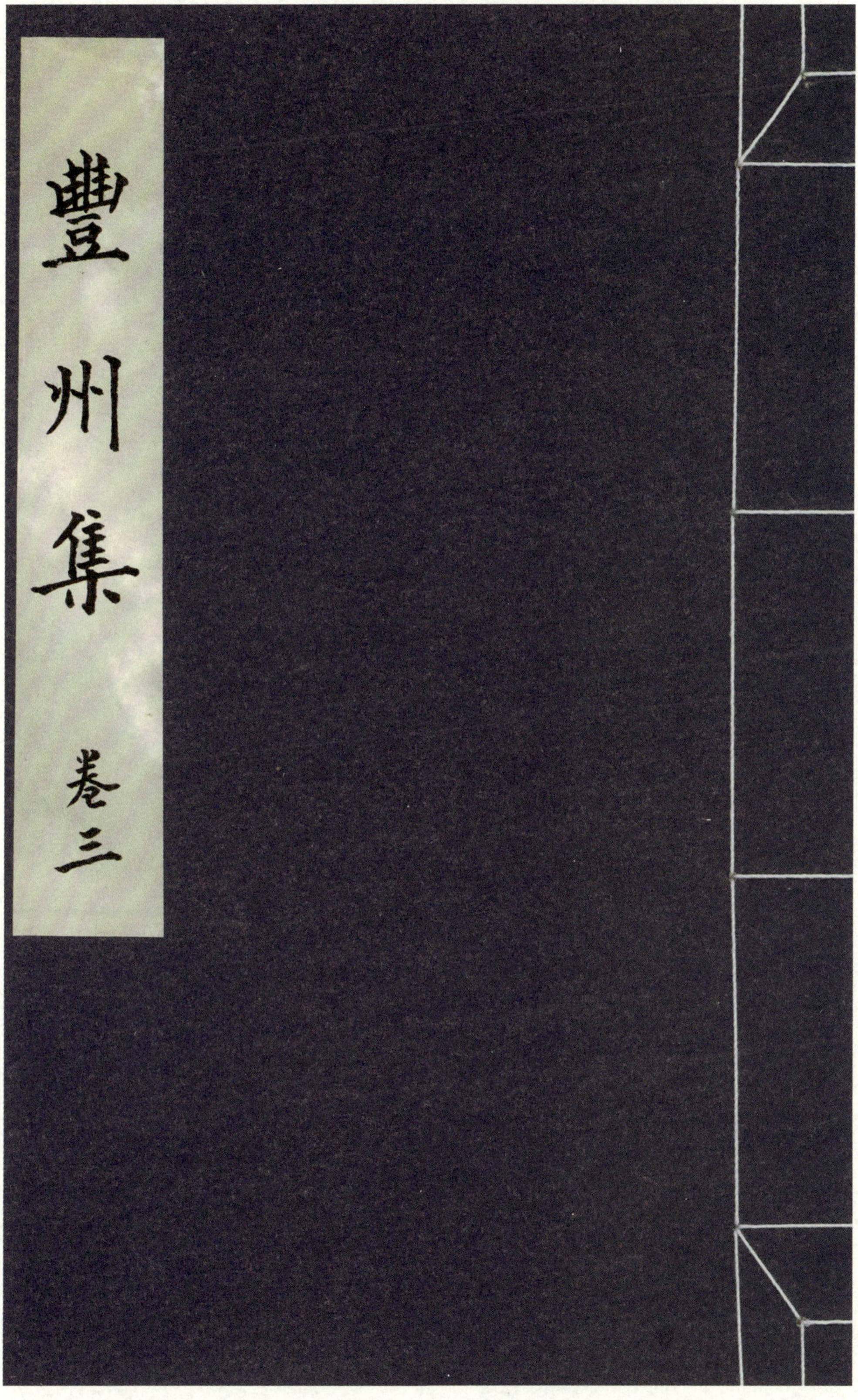
豐州集
卷三

豐州集稿

卷三

七言律詩

献薛僕射　　唐 秦系

由来那敢議輕肥，散髮行歌自采薇。逋客未能忘野興，辟書翻遣脫荷衣。家中匹婦空相笑，池上群鷗盡欲飛。更乞大賢容小隱，益看愚谷有光輝。

山中書懷寄劉長卿 移居南安作　　秦系

時人多笑樂幽棲，晚節閒行獨杖藜。雲色卷舒前後嶺，藥苗新舊兩三畦。偶逢野菓將呼子，屢折荆釵亦為妻。擬共釣竿長往復，嚴陵灘上勝耶溪。

贈九日山僧　　唐　韓偓

盡說歸山避戰塵幾人終肯別囂氛瓶添澗水盛將月衲掛松梢惹得雲三接舊承前席遇一靈今用戒香薰相逢莫話金鑾事觸發傷心不忍聞

釣龍臺　在九日山　府志載在清源南崇巖　韓偓

無奈離腸易九迴強攄悵抱立高臺中華地向城邊盡外國雲從島上來四序有花長見雨一冬無雪卻聞雷日宮氣紫生冠冕試望扶桑病眼開

南安寓居　韓偓

此地三年偶寓家枳離茅屋共桑麻蝶矜翅暖徐窺草蜂倚身輕浪著花天近函關屯瑞氣水通吳甸浸晴霞豈知卜肆嚴夫子潛

指星磯認海槎

夢仙　　韓偓

紫霄宮闕五雲芝九級壇前再拜時鶴舞鹿眠春草遠山高水闊夕陽遲每嗟阮肇歸何遠深羨張騫去不疑澡練純陽功力在此心惟有玉皇知

苑中　　韓偓

上苑離宮處處迷相風高與露盤齊金階鑄出狻猊立玉柱雕成翡翠啼外使調鷹初得按中官過馬不教嘶笙歌錦繡雲霄裏獨許詞臣醉似泥

春盡　　韓偓

惜春連日醉昏昏醒後衣裳見酒痕細水浮花歸別澗斷雲含雨

入孤村、人閑易有芳時恨、地迥難招自古魂、慚愧流鶯相厚意、清晨猶爲到西園

元日陪早朝　唐　歐陽詹

斗柄東迴歲又新、邃旒南面挹來賓、和光仿佛樓臺曉、休氣氤氳天地春、儀籥不唯丹穴鳥、稱觴半是越裳人、江皋腐草今何幸、亦與恒星拱北辰

及第後酬故園親友　歐陽詹

才非天授學非師、以此成名曩豈期、楊葉射頻因偶中、桂枝材美敢當之、稱文作藝方慙德、相賀投篇料媿詞、猶著褐衣何足羨、如君即是載鳴時

許州途中　歐陽詹

秦川行尽颍川長吴江越嶺已同方征途渺渺烟茫茫未得还鄉伤近鄉随萍逐梗見春光行樂登臺关在旁林間啼鳥野中芳有似故園皆斷腸

題金粟洞景祥院　唐　徐夤

一溪挹碧遶崖嵬瓶鉢偏宜向此偎農罷樹陰黄犢卧齋时山下白衣来松多往日門人種路是前朝釋子開三卷貝多金粟語可銷心鍊得成灰

題建造寺 後改名延福　唐　張為

疊嶂横空向郡西迴廊高峭衆山低樹杪缺处見城郭日落影时聞鼓鼙風觸薜蘿鴻鵠语出生烟霧鷓鴣啼遊人步步出林去碎月玲瓏满石梯

題九造寺　　五代　劉乙

曾見畫圖勞健羨如今親見畫猶麁減除大半石初泐欠却幾株松未枯題像閣人渾寂寞集生臺鳥謝城烏我來一聽支公論自是吾身幻淨丟

琴泉軒次韻　　宋　李邴

但怪朱絃韻枯木那知古澗墜寒泉鳥啼靜夜應停譜風入空松擲綺絃妙律難尋斷處高吟寫膝橫送飲光到此如欣舞笑倒雲門逸格禪

謁廸上人　　李邴

數眷招提四面山羨師終日掩禪關遙憐人許風烟上乞食僧來紫翠間𦶟木深藏雲泱莽一溪空鎖月彎環十年不踏門前路只

遣松風送我还

上吕蒙正相公　　宋　劉昌言

重名清望遍華夷，恐是神仙不可知。一舉首登龍虎榜，十年身到鳳凰池。廟堂只似無言者，門館長如未貴時。除卻洛京居守外，聖朝賢相復書誰。

題威惠廟　祀唐陳公元光　　宋　吕璹

當年平賊立殊勳，時不旌賢事不聞。唐史無人修列傳，漳江有廟祀將軍。亂營夜雜陰兵火，殺氣朝參古徑雲。靈貺賽朝多響應，居民行客日云云。此詩府縣誌均失下四句，從家譜補全

題姜相峯前祠和韻　　宋　傅伯壽

草間荒塚沒麒麟，古寺何人為寫真。義表不歸空怨鶴，長松半夜

奉酬九日东峰道人溥公見贻之作　朱子

幾年回首夢雲關此日重来兩鬢斑点检梁间新岁月招呼臺上旧溪山三生漫说终無據萬法由来本自閑一笑支郎又相恼新诗不落语言间

此生鱗艰难曾藉扶危力鯁介原非素直人安汐正元辰正观表怀忠思愤一沾巾

浯江瀑布泉　　宋　吕宵翁

萬仞懸崖势欲飛下平如石深漣漪虽云島嶼非吾土未必江山有此奇荒艸蔓蔓斗穷墓朱门寂寂馬風嘶何時取汐巖頭瀑筆寫未乾幾首诗

九日宴蓮花峯　　宋　陳知柔

多病登臺今古情菊花摇動午凉生山前木落石巖出海上潮来秋洪平野異已隨芳艸遠归鞭更傍落雲明愢斗十丈開花句独卧禪房心自清

題隱君次鄧经畧韻　　宋　陳知柔

入境初斗車馬喧卜居元净近姜村山圍古寺苔生砌花落前汀潮打門已許揭身如日月不妨爲客任乾坤清詩海内流傳去亭下空餘石硯存

謁姜相墳祠次鄧經略韻　陳鼎柔

北時興廢問洪鈞未謁孤墳獨愴神千載高風餘凛凛一池秋水自粼粼門前帆影來天際林杪鐘聲落海濱此道寥寥今復振不應漁水是東鄰

題廓然亭　宋梁知録

危亭縹緲斗星傍倚檻連雲掛碧蒼航快遠隨飛鳥下樹穠陰覆海樓涼胡床坐久景方見詩句評多味最長况有青山對揮麈每逢高論費仇香

題隱君祠 有序　　宋　鄧祚

因遊過此有感漫賦二首題諸壁

九日山前避世喧，級蓮踝足卧荒村。軸书漫送登芸閣，抗志終朝
老華門。頑石自怡供研灶，老松相与卧乾坤。幽懷儻為微安展母，
汐高名萬古存。

謁姜相祠墳有感　　鄧祚

布衣掘起秉洪鈞，料而当年若有神。三尺孤魂墳去馬鬣，一時直道
犯龍鱗。從容未見回天力，流落空劳棄海濱。賴有高人秦處士，不
妨築室作居隣。

題白蓮院 在四十都　　鄧祚

古樹紛紛千峰雨，遠寺鳴鐘迷處所。一水東流浮落花，隔雲應有

秦人任海風不斷長松跡茅籟空生蒼玉塵幽古淳南山更深枕
柳葉暗猿啼苦

遊延福寺　　宋　王十朋

十日同遊九日山山中好處畧躋攀桑田改變松猶在車馬往來
僧自閑昨日風應吹紫帽今朝菊已帶衰顏登臨稍慊南來意好
遂飛飛倦鳥還

題阮君祠次鄧佺明韻　　王十朋

去對遊閩避世喧清風寥邈典型存峰前烏宿無名樹祠下僧敲
有月門高尚端如上九蠱含章更類六三坤偏師勝後無敵手正
要公來與共論

題姜相峯前祠　　王十朋

姓名端合上麒麟当世那知相是真遗塚尚餘青馬鬣孤忠曾已
犯孤鱗三巴流落知音士九日追陪弔世人精爽不迷祠宇在依
然唐室舊冠巾

佛巖塔　　宋　吴栻

灑落塵題宴殿高旋添香火掛青袍霜頭不懼九侯劍雪臂應甘
二祖刀月出瓦根眠鹿兒風吹石室嘯猿猱窗前旧雨天花处循
想眉間兩白毫

登姜相墓　　吴栻

滿林红葉墜紛紛蒼老猶言别駕墳舊序光華開右日故鄉蕭索
海南雲泛杯湖上同方伯茶灶巖邊共阮君二百餘年真一夢
遶牆荒隴半耕耘

其二　吴栻

苑门北出祸多多，叩马何人独记公。药厚讥裁宁诈直，谋南谗利
信真忠。刚名腊没乔林雪，庙迹秋来败叶风。华表千年相对鹤，长
看碑锁旧亭中。

题秦君亭　吴栻

芸阁誉书谢处士，生涯潇洒一枝筇。曾为刿阮云横水，更作倒游
月满峰。子美藩篱传可造，长卿城郭巧难攻。拂碑又复尘埃想，落
落霜风一晋松。

其二　吴栻

秋月春风飘向亭，先生天上少微星。满炉松影随香碧，一砚苔痕
带雨青。姜相笑中应斗隐，步公从外祗函经。何人为我传邅蠛示

洗蒼碑墨妝廳　吳栻

題清洋院　在廿一都　吳栻

瀟洒堂中晚披襟紅蕉花裏葉成陰飄來片雨水長急飛去有雲山更深苔蘚細痕緑巨石藤蘿密影掛疏林上人莫作人間想此地人間不可尋

勸農　宋　周震　邑侯

飛廉怒息海天明十里藍輿出勸耕陂麥低頭須雨意林花迎面笑春晴熙察群僚勤田予父老傳杯識至情及物無功慚竊廩與年有願是忠誠

九日山中宴集　宋　趙源

九日登臨老奈何強將幽恨寄悲歌瘦欹巾帽愁風動病對飢腸

壓湲多東嶺荒榛藏馬鬣西巖空榻鏁蛛窠獨憐堂下千年木跨

歷齊梁未改柯

南安道中　元薩都剌

天錫以彈劾權貴之不法左遷
鎮江録事宣差役階官閩憲幕

筍輿初下上江船点數青山入枕边幾處猿啼愁入瘴五更雞叫

夢朝天不堪歲月如流水賴有文章似湧泉歸日鄉人問何往云

從海上覓神仙

題金粟洞　元龔丙

紫帽崚嶒天與齊共山似揖向人低千年世界藏金粟半夜星辰

遶玉梯石鼓聲沉蒼蘚合丹炉火冷白雲棲雛中羽士無消息十

二峰頭前日又西

題陳元光父子舊築雲樹　　元　釋大圭

老屋危臺雨氣昏石苔不見舊鑱痕当年覇業旌麾去故国秋声樹木存度海雁行鷺断角近城螢火没荒垣与人去罷長鉼遥一酹陳王千載魂

懷惠廟　象運山仰　　仝上

閩道崎嶇盜賊間為祝扶侍入深山竹林晨泣时供饌萱草忘憂不解顔乱世幾人能色養故園何日遂生還我家亦有高堂在音信寥〻道險艰

宿華嚴院 在四十都

宋 劉子翬

淺水荷花閙傍橋，蜕鐘樓殿碧山椒。松林繞路行不徹，野鳥迎人飛更遥。春有高情共邱壑，應須長嘯混漁樵。老僧將了錢延客，未覺山房寒寥。

遊九山日

宋 張守質

步入禪關一徑賒，攜衣登眺夕陽斜。金鋪碧蘚千條練，紫塔光涵五色霞。月黯扁舟漁火渡，風濤古碣説君家。遊人亦卧東山麓，辭倚烟蘿学種瓜。

鳳凰寺 在二十三都，五代刺史王延彬葬母徐氏於此

宋 黄公度

一代衣冠罷業休，半山金碧梵宮留。傷心廢宅松榆老，滿目寒塘菡萏秋。馬鬣未平餘葬地，蛾眉不見但妝樓。憑高明問豪華事，耆舊無人伴白鷗。

七言律詩

高士峰　明　傅凱

世多恂非此避名先生蹤跡有高亭一庭芳草埋丹灶千載清風聳翠屏浩蕩乾坤浮海島優游鷗鷺滿沙汀登臨自覺身窮思富貴都輕水上萍

錦田鄉新居遣興　傅凱

卓尋幽僻多潛蹤雅景相迎到草堂碧水蘸光澄遠漢青山倒影入幽塘花間飛鳥隨來往林下分魚任短長自識盈虛消息意未

坤斗处不徜徉

吉元室次陈考功思韻　　明　黄河清

栗山随处为山留，白鸟清篁箇々幽。蹊裏菊花应笑我，病餘神槩却逢秋。百年难了江山債，终夜多为夢寐遊。暫服刀圭飛未得，雲犹隔小蓬邱。

題金粟洞　　黄河清

披雲迢遞覓仙宮，老鶴巢中一線通。文殊何心開罔象，玄羲有意繡天工。（文殊玄羲二仙名）輝煌碑刻千年字，幻化金成一粒功。就裏尋真真未得，海天雲樹兩濛々。

題明心岩　二首　　黄河清

委蛇小徑入懸崖，为訪劉郎到上台。向我曇花偏索笑，傍儂青鳥

不氣猜明心自遶參禪跡采葯学收醫国材我亦問仙醒經訣也
何独燈一鹽梅
何乃登山自作勞我情隨处寄林樂若處佛醒仙應醒一任山高
我亦高綠竹滿林搖白鳥东方幾度窮青桃農桑自是羲皇里不
是陶翁亦賦陶

不老亭候向陰程信使丞郡伯　　黄河清

幾度朝登峰度砰天風今送到蓬瀛溪山歷歷情秋菴雲烟依依
不夜情公瑾縉紳應自醉盃觴破帽有餘醒月来更立風前坐若
見东吳幾樹榮

題小身瑞跡岩　　黄河清

誰結蓬壺碧漢淮公輪何事費輪材天奇只為高僊設地勝不杇

墨客来庥守門呦随泮渙猨吟径下自從袖坐忘塵海三更月偕（借）

問禅心門未開

題覺海岩　　黄河清

胡麻水泛覚秦村以叩秦家幾逸民菊爾冬窮黄更好鳥欣客至

詩又真蛋膊海遠濤聲樹山夜庭空月近人来得却愁歸不得竹

枝遍謁問前津

題蓮花峯　　黄河清

出躡烟雲上翠屏石蓮朵朵倚空青山靈秀處應生巧地以幸時

自倩靈玉井泉清花独放若耶溪涸夢還醒我来却把寧名附日

日瞻依不老亭

題一片瓦次一峯先生韵　　黄河清

鍊脚搜奇更闖幽分明今日愜情遊他吹山起聊成句石貼天邊
偶尔浮讙洽讙陶隨幻化佛理佛空自春秋荒烟已鎖桃源路為
種桃花列上頭

與友人約遊清涼室

明 黄淋清

十年夢寐憶清涼山自高〻水自長明月滿岩簃笑空好風吹帽
究誰觴鳥啼常作留人話花氣還開撲鼻香我欲乘秋尋舊跡擬
君先掃白雲床

南安新城訖功扁四门曰熙和曰拱義曰文明曰平成作
四詠以紀之

明 黄潔清

熙和门外双倆山逶迤十里開名寰新城百雉中屹立夾說兩水
会前湾邑中父老相顧話昔年溝壑今粒餐南安之民今復安熟

知此功成独难

拱峯门外峯如蓮八石天開势自然此峯万古称不老直待夏玉

倍增妍维昔濂溪爱此峯为与君子相比賁孰知我公百世功直

与此峯同貞堅

文明门外紫帽峯上有高塔凌蒼穹長溪西来走其下汪汪百顷

蟠黄龍新城控帯原平上水若增深山增崇我以題塔殊擱績縣

借巨筆如長杠

平成门外九日巅捧駕寺中祝萬年南安新城今縣建下与皇图

歷億千東峯姜相西高士勲德及民孰公前年年九日人登高座

有長刹峴山篇

題姜相墳次韻　明　黄璣

長安萬戶鎖棠扃車駕蒙塵晝晦冥曾託股肱登鳳閣肯朽風雨
斷雞聲咫中豈用扶危策相國何繇嬴汐名莫恨忠魂閣海泊宣
公不起忠州城

渡瓊海　明　黄瓚

夜發滄溟聽棹歌飄蓬遂客任風波蒼茫雲水連天闊杳渺帆檣
一葉過星月翻濤驚漢僅鯨樓結蜃入秋多鬼門生度三千里魂
斷朱崖五指何

遊鯉湖仙宮紀跡　明　傅夏器

烟雨微茫古殿陰一燈明滅翠光沈清都杳杳鈞天夢方丈懸懸
化極心萬里功勳生枕席百年懷抱滿衣襟此身自惜逃名寐起
坐聊為梁父吟

惜時　明　傅夏器

江水无情日夜流百年身世一孤舟朱顏倏似驚風度白髮勝於野草稠新息多功嗟已晚永康学術愧难酬憑君似話前賢事蘆荻蕭蕭起暮愁

遊高蓋山资福院　明　戴元佐

高蓋山頭晚樹陰秋来乘興此登臨参禪不索杯茶去採药方知艸徑深烟火近村催落暮山禽傍寺促归心名贤仰止思难企跂屐声称冠古今

九日山書室　明　黄养蒙

即陳了翁讀書之室旧址

曽楹茅屋九山曲时坐金溪小徑通堆葉掃雲尋老子烹茶讀易夢周公幾年司计慚明主何日乘舟掛曉蓬江上清風犹旧否沙

汀为栈问渔翁

送别省斋归田　　明　陳嘉猷

邯郸尘梦一朝醒笑指云山访旧盟袍笏送将官里去琴书携带
马头横从教桃李争春发便把罍樽对月倾别后有怀空伫想临
风还听雁来声

题清水岩　　明　歐陽模

千寻鸟道见山巅四绕螺亭倚涧边树挂烟云迷野色径迴翠蔼
入禅天摩碑细认前朝字凭槛常思出世缘此际凌虚真境界携
杖对酒伴闲眠

过歐陽坟　　歐陽模

慈母千秋有古坟青山缥缈带晴云傍林鸟雀今何在滴泪丛荆

自古芬雨溫黃泥逢晚到風高蕭表作秋分倩氣待信君休問總是文章孝行關

題一片瓦　　歐陽模

巍峰怪石峭淩空，天作空中片瓦庐。幽岩茗生佛步怯，土階井冽客來疎。四時風景烟霏裏，一榻禪灯日月餘。吊古怯悵羅太史，當年棲托意何如。

題郭山神廟　　明　陳學伊

突兀來峯勢若騫，石梯百級到山門。原疇一望平流水，烟火相連遠近村。棟宇半成棲佛像，藤蘿幻跡從將軍。别尋舊記今与致，指點群山笑白雲。

丙午秋杪拉友人登九日山石佛岩謁郡守程信丞公執祠

明 黄懋中

嶙峋一柱削孤根，紫霧黄雲互吐吞。湧出真身通地脈，鍊成石骨劃天門。古松声響氣長嘯，高士神遊伴晝昏。应識寧家原是佛，今來鑿破舊乾坤。

菩提趺坐对溪深，万壑松風白晝陰。不見不聞同片石，何生何滅到來今。雲烟長繞舊香鼎，灯火新懸古佛林。已是點心空色相，猶留半地待知音。

鴻漸山 在四十三都

明 黄懋宗 京

寒声吹地不霏微，处处孤村已掩扉。石上苔生遮野殿，泉頭雲冷問秋衣。長空半暝人初辤，滿樹殘紅鳥未歸。回首紛紛車馬路，何如此際一漁磯。

金石峰在二十都

明 黄懋宗

楼海相携对客吟将軍遺跡在孤岑青山豈動悲秋意白日偏穷
吊古心烟火幾村含樹色牛羊一笛下溪陰逢人莫問殘碑字与
數蒼苔没已深上有石刻周將軍印四字

辨高盖山非有歐陽公哀母詩

明 戴廷詔

紛紛浪說古墳奇高盖山頭哀母詩誰撫陳窩空淚祇枉成歐士
早归同没时视老简犹墨死没友伤予豈剝如破脊东習見祇詩
披韩卷检哀辞

遊古山在三十都

戴廷詔

歩入名山萬丈溪藥苗競秀滿山畦潺湲曲澗紆餘出壁立高峰
嶂崒脊未向澄潭探古樹先從石逕覓仙蹤飛流瀑布千尋急双

闕翅曉望轉迷

遊高蓋山　戴廷詔

名山高蓋幾經遊覽古直須到上頭草蔓石門迷舊室雲連穹宇護靈邱三峰並峙台階疊二水中分玉帶流千古破荒鐘間氣于今仰止憶前修

遊郭山廟　戴廷詔

山門縹緲倚遙岑雲樹蒼茫玉洞陰疊石崚嶒氣鳳馭環溪洶湃隱龍吟當年遺蹟藤蘿杳此日明神帳殿深却喜高僧如惠遠焚香誦偈一相尋

遊高田山　戴廷詔

凌雲蒼翠接魁躔恍惚桃源別有天勁柏倚山移步爽名花繞逕

拂衣鮮町畦獨向雲間瀨棧閣多從漢外遷帝室樂烟出已久于
今倒閬尚昭然

遊天柱岩　　戴廷詔

選勝岩遊眼界寬尋幽登陟幾盤桓間光信徑逢人笑古木護門
为窮閬石柱高擎天外迴達奇向遙海中看俯視諸峰皆渺小竦
身已出白雲端

雪峰岩汐月樓　　明　黄景象

高山汐月最宜先况有危峰百尺懸生魄隨人分冷煖清光原自
不尖圓移花穿影驚僧夢入鏡淨心澄究禪为問風飄來桂子幾
巖会在幾重天

題雙髻山白水岩　　明　陈学潛

峭壁悬空艸径斜高低古涧绕烟霞双堆鸦髻云中髻两结芙蓉
天外花马甲（地名）一支千涧水雄城片掌萬人家孤根绝巘殊年障
目断沧溟那有涯

陈山人远游旁归访而有赠　　明　陈学潜

飘飘书剑身一轻十载相逢白发生四海浪游空寄迹千山题编
不留名雨过旧堂懽舞鹤春回故国认流莺楼前却忆当年别几
度相思对月明

潘山市　　明　沈佺胡

县革百年竟莫成谁分逸兴共寻晴安排叠峰半床穩锁鑰双虹
一水横洲浅参差柔短檝云烟断绮幻巍城忍長残雪留緑鬓卧
听东山屐齿声

楊梅山 在二十都　　明 蘇布栻

古寺前開沙月樓長夜明月到山頭出林疏影隨杯轉依檻清光入夢浮未散天花来作雨收移雲樹動先秋知君对此能相憶一任禪棲半榻留

此處補入鍾鳳居題門許烈女一首在外

星石峰 在二十都　　明 黄懋宗

姜相峰　　明 黄濟

瑶颜曾犯進規箴一寸忠貞百鍊金流落閩山終白首匡扶康祚有丹心幽潛表揭名卿筆苔蘚摩挲过客吟千古高山人仰止乘閒我亦樂追尋

第一首在外 補鈔在後

九日山宴集留咏 二首　　明 程壽民

空山木落驚秋暮为惜黄花載酒过樹阮禪宮栖白鳥水深沙界

滿青莎疏望日午侵棊局遠浦風生起棹歌三十六奇何處覓凴
仿犹說阮君寓

此处補入胡器一首詩在外

不老亭

明 丁一中

海上丹邱不老亭乾坤終古此山靈雲霞遥映童顔好松柏高盤
佛髻青福地自宜鍾上壽翁天應為慶遐齡岩翁莫秘長生訣羨
表未歸舊姓丁

丁中齊一首……詩在外可補此處

五峰山

明 羅倫

翠微深入興偏多世飄然閬風遊天界青山雲外斷也分滄海
日近浮仙象白晝座與夜玉樹長春未覺秋歸去窗前孤枕夢悠
悠多在五峰頭

此处補入鄭讜一首詩在外

宿康店驛

明 林希元

肩輿凌曉指歸程，山嶺烟埋雨氣橫。綠草連阡迷客跡，青苗遍野春農耕。每聞桴鼓傷時事，慣見炎涼識世情。遠覓御閑東嶺外，郵亭高柳且停旌。

高蓋山

明　何喬遠

歐陽侍士事已久，千載詩山獨著名。今日真同公一至，何峰淨與此爭橫。吹笙老鶴歸無地，執玉群仙有太清。東去登高同此日，清溪翠嶺若為情。

郭山

何喬遠

佳節登臨興引飛，虛臺獨上遠巍巍。陰沈林氣幽人語，蒼翠山光逼客衣。楓葉嵐晴還不動，藥苗秋晚正應肥。主人愛客情方滿，十日流連歸未歸。

明心山　　　明　李源

曾經蘆口見明心，一疊連雲碧樹森。春曉鐘聲催鶴舞，夜分燈火伴猿吟。泰山好比胡魏篤，長岫應如范巖深。寄語高僧多釀茗，詩仙不日再登臨。

雪峰岩　　　明　楊道賓

雨後城南春見招，孝廣因載木蘭橈。登臨已動經年思，選勝何妨信宿遥。九日青藜懷舊火，一江白練湧新潮。雪峰隱隱樓前出，可奈輕雲騰小橋。

次韻題小丹邱二首（小丹邱在紫帽山）　　　明　陳琛

紫峯先生嘗主講於王簡齋先生家，家在紫帽山之下。正德乙亥，紫峯先生曾借寓於小丹邱也。

白雲縹緲四時留，青壁迴環俗自幽。露竹珠涵滄溢月，風松波撼

洞庭秋寓中已足逍遥樂顶上还堪汙漫遊待看羽翮生向日人
间临信有丹邱

又

渔郎到此可能秋好鸟一鸣山更幽正奇涛樣宜对菊那知白髪
解驚秋高情直与千峰合環堵真堪萬里遊頗怪忘槩閑精節峡
嶇何予又往揆

紫峰先生有二首可補入此处詩在外

初発康店驛别黄平野　　明　詹仰庇

巢雲迴首北山隈实跡風塵曉騎催萬里離情依碧草一天愁思
满离臺逃名久学谢安卧报国应惭贾谊才入夜御関烟雨外停
驂且醉故人杯

忍亭公又有一首在外補此

宿康店驛　　明　黄克晦

收十

離筵暮散古祠陰，处处青江水氣沉。半夜驛亭浮家夢，一灯風雨別家心。穷来好友偏相似，老去名山尚可尋。天地翩何越（翩）所着，仰憐孤鶴在空林。

鈔　瀘溪　　黄克晦

瀘溪上暮停車，路入空林一逕斜。野叟（老）迎人归草閣，稚童问姓过鄰家。疏林半出前朝寺，殘菊猶开十月花。栗里尚存敦朴处，他年就此学桑麻。

補宿雨登凭君亭一首詩在外

覺海岩　　明　莊一俊

覺海峰頭五老峰，仙人手種玉芙蓉。時騎天上双飛崔，扒访人间一卧飛流水。不知花落幾青天，久与究相從。丹砂自古鑿塵俗，黄此千秋学赤松。

鈔 旦 題重

金雞橋 一作金溪

明 史繼階

逶迤遠勢卧長虹西引地形接郡雄一日興梁思惠政万年舟楫屬神功絃声满邑隨風轉桃色盈庭映日红自是仙郎深雨露蹇裳不必沐恩同

鈔

金溪怀古

明 史于光

九日山頭向晚開疏嵐飛翠護舟來當巖春岸嬌啼柳犬隔穴溪漫吠梅携手朗登聚奔閣悵金如昔釣魚臺可憐姜相峰前石獨宿無心雲一堆

鈔

瀘溪

明 蔡復一

秋澇乍驟满天痕逸檻溪声过雨渾红樹忽驚浮遠浦白雲常退抱孤村烟迎落照山如洗苔繡殘碑字半昏归鳥欲言棲有託久

陌何多月消魂

鈔 登九日山　明 張守質

步入禪關一徑賒攝衣登眺夕陽斜金溪碧落千條練紫塔光涵五色霞月繫扁舟漁父渡風清古碣洗君家遊人亦卧東山攀躋倚烟蘿學種瓜

鈔 登雪峰岩謁祖葛廷瑞墓　明 蔡廷憲

再拜先賢露未稀青楓白馬黃金鞿樵眠有路無心淨僧老何年帶雪歸秋色一江分窮供暮雲千里旅書帷層樓猶有高未極片石峰頭好振衣

鈔 題賓月軒　明 龔廷耀

仙人結洸倚崇阿待月閒軒隔翠蘿杯泛餘光澄野色簾分片影

蕉秋波解襟对坐成賓主散步相邀入嘯歌予亦寒蓬風雪夜不知清興屬誰多

以下所鈔均補在上之漏

鈔

遊九日山　　明　胡峇

郡中年予少從容眺望間登九日峯雲影半巖來紫帽江流一道透黃鵠林中載酒惟瓢飲石上題詩盡蘚苔與許可韓軒覓繫归時猶听晚来鐘

鈔

程秀民　第一首

翠光亭上碧山頭千古登臨九日秋風掃林陰雲半落烟濃石室雨旁收秣陵东去懷高士臨海南来笑古卸謾說群賢追勝予浪傳羈迹作閒遊

鈔

九日山 有引

明 郭鏜

正德戊寅夏六月望前一日，泉别駕行西郊，至南安駐節。省風之餘，拉蓮峯子黄河清、方峯彥子登九日山。三人情志同，必因睽近，倖付諸石。

九日山終一日登，山靈應待我來曾。入亭野色浮詩案，旅石溪声雜夜鈴。古岫何心留靉靆，南薰有力掃炎蒸。乘高莫道肩輿穩，我自攀蘿我自升。

鈔

歲除月習儀九日山因偕府令登眺

丁一中

青陽淑氣正熹微，九日山巔一振衣。巖出千年餘勝槩，冠裳萬里共春暉。秦君亭廢名猶在，姜相祠荒世已非。别負遼东旧时鶴，馭風仍向海天飛。

鈔

題姜相墳　　馮澄

相国何年擁夜扃，年年風雨过清明。夕陽遥斷麒麟影，古木啼残杜宇声。壽直油識原来直，借名遭貶不求名。翻成别駕孤墳起，碑碣年年对郡城。

鈔

題金粟洞　　陈璟

拔地淩空失象卯，雄奇庵油數南州。白浮雲出真堪玩，青映丹扉若可收。滄海遥看深处淺，仙壇幾見昔人留。亭亭老柏丹崖下，外挽浥稚備萬[illegible]牛。

鈔

題古元宫　　仝上

抱素真人曾此留，排雲掃榻助居幽。也知有雪偏憐煖，尤許無風亦作秋。石澗潺潺驚水逝，塵纓袞袞嘆人遊。半年待我西銘了，紅

菉抽春定滿卯

鈔　遊覺海岩同陳瑞山蔡可亦　　明　王慎中

平生寡好独耽奇，更接良俦汗漫胡。嘯向空山成節奏，行窺止水鑑鬚眉。坐茵無藉林中草，解佩时懸石上枝。顧謂同心高蹈者，便堪脱屣視妻兒。

鈔　由覺海岩訪石龜巖　　王慎中

迴環疊嶂亂迷方，來往微通一徑長。怪鳥啼多山更寂，閒花落盡樹還香。鳴泉數處塞衣屐，側石千盤策杖防。沈病嬰身形已瘦，独於遊賤力能强。

外補吳黃庭秀二首、寄黃小竹道昌一首

詩在外

鈔　九日山留題　　詹仰庇

九日風高向晚天，馳車迢遞蹋孤烟。岩幽有客扶乘興，雲宿尋從

可問禪一水波光連樹杪千山秋色落樽前微茫月影迷归路萧鼓中流入夜船

黄有及拉余再登九日山遊不老亭次少鶴丁大夫韻

明 蘇濬

一蓬峰上势亭亭十丈開花若有靈貞质不隨塵劫染高標遥映海天青時帥羨德思君子漫説深根结晚龄自是天公呈大巧剖開巨璞役神丁

詩山

何喬遠

歐陽侍士已久乎千載詩山尚並名今日真因公一至何峯得与此争横吹笙老鶴翻身比執玉群仙有太清吊古登高同此日清溪嶺翠若為情

鈔 賦王門許烈女

明 傅鳳翔

紛紛世子那堪聞，漫道幽閨烈薄雲。人到九原方識面，魂銷匹練已留芳。不爭丹史千秋重，為惜綱常一念殷。肯使蛾眉皆女子，應看許國淨妖氛。

此首補入邑人

非十

七言律

晋安江明府邀遊九日山同黄竹溪東石四首

王慎中

哭黄座旁山人二首 碧山

丈君長在人何处豪氣杯中恍可尋靈魄應隨遼海鶴遗風猶寄
廣陵琴同盟猿猊鸞多舊（夢）投松筠怨獨陰佳句卷中時把玩
嗟已是古人吟

峯樓跨汝知何用涓澮常入地下無星象還天仍是海壮名着岩
空旅遇鮮躍誓婦當今話叢畫誇神守坟厨還幾桑扈真長已双
淚空垂楊子朱

同陈端山蔡可泉遊覚海巖山

王慎中

平生少好独耽奇更接良俦汗漫期啸向空山成郢奏行窥止水

鑑鬚眉坐茵每藉林中草解珮時懸石上枝煩得同心爲蹈此便此脫躧視妻兒

鈔 寄黄小竹遂昌

王慎中

聞君領县括蒼东潇洒为官有道風每夜猿声如舍裏四时山色在城中難聞置水姦皆息花下鳴琴訟自空遥憶潘生多賦興别收佳句賫来鴻

鈔 宿雨登隱君亭奉次張植田公韻

黄克晦

清遊已記遍岩峦一跳石近几度看陈跡那此如落葉流年谁为降狂瀾空聞列处逢丹竈不見当时戴鶡冠愚閣萧條松桂晚鳴琴猿自向人彈

鈔

其二

雨过晴峰錦作纹，維舟访古最憐君。千年人去惟流水，万壑秋深且白雲。橋断天雞何处舞，江空野雀有时闻。題詩坐拂莓苔石，猶有沙鷗不亂群。

黄克晦

鈔

中秋遊九日山　再

高亭秋氣夜蕭蕭，下界人家鼓角遥。何处山光如九日，一年月色在今宵。風吹桂露沾衣濕透，潮送溪雲繞樹搖。潦倒不知東外白，金溪声下錦溪橋。

本与名山有宿缘，一年兩度此山巔。風流不落孟嘉帽後，强健还居杜老前。出壑野猿迎舊識，孤從石牡起新烟。秦君物色憑誰領，細揭荒碑弔葛贡。

黄克晦

鈔

題隱君祠

松桂空山久寂寥，新祠舊卜近驪囂。吳国多賢思季子，箕山有道却神堯。添瓢猶掛巖邊樹，毋固釣艇空隨月下潮。想見秦君詢我否，江南小阮不須招。

黄克晦

鈔 明心山

明 黄克晦

山顶峰生入望新山腰蒼翠積松筠禪房有客閒清磬樵径無人見束薪
金字经残講品静丹青殿古一僧贫下山蘿月紛紛白米汁從君
更数巡

鈔 枸梅山雪峰寺

明 陈甌

寺外秋山冷明霽晚村烟火隔林長雲深闇闇虫鳴宇夜静幽幽螢入堂獨客
感时聊对隱老僧礼佛自焚香结庵幾[illegible]明居布野银漢遥瞻清夜光

鈔 报祀寺中望月

黄景昉

風露浩然隱氣消清華兼裝只傍鏡不覺六月寒侵坐氣奈三更白滿橋荔
菓舊傳陈氏紫鰣鱼新寄潤州遥鳴榔何窮獨宵近一棹蔵黄陵幾尺潮

遊清源巢雲岩　明彦仰府謫歸於此

明　黄思近

誰構禪居此一所，迢遥從昔羨彦何。亭流曲水坡環麓，石老盤松可倚歌。和卸客來芳草碧，石閑閑人空白雲多。只祝巖際尋真院，何事滄洲製芰荷。

遊清源南臺巖

黄河清

絶崖高掛小岑樓，鳥自低飛雲自遊。留矚齊海天難獨，闢山分閩越景全收。江清樹老今還古，石峭苔生景亦秋。悵入尋真真已悟，稜文休到此山閒。

潘山市　其二

沈佺期

機久隨鷗出未閒，駒陰不肯駐衰顏。相將辭謝消人事，剩將風流在世間。雲絢雲蒸粧澄水，花殷鳥微静空山。此时春色猶無賴，一曲漁歌一棹灣。

鈔 覺海巖 在一片石岩之外

明 詹仰庇

棲息山中忘卻歸，相攜去踏叩禪扉。亂禽鬧樹僧聽慣，一犬當園人到稀。荒殿經殘疎雨過，空臺秋盡落花飛。驅車逼迫增惆悵，何日重來登翠微。

鈔 天心洞 在二十一都瓊山

明 黃開春

江山嵚崎嶇碧翠，迴遶蕭蕭紅葉滿蒼苔。仙人遠乘白雲去，遊客西從碧澗來。萬壑松聲天外落，千山樹色霧中開。洞猿野雀歸何處，月夜疏鐘鎖石臺。

鈔 再遊報親寺

周廷鑨

荔陰一抹夕陽低，巖浦西山路則迷。哀壑嘶風餘石馬，晚潮吹雨過金雞。池荷無力驅殘暑，野鳥何心戀故棲。留得半龕松種在，不妨蓑笠帶雲犁。

高士峰秋日遊

明 朱柢

芙蕖浮丹繡罽紋，浣窩何處弔徵君。層鈎穿挂蓬峰月，藥灶秋濃竹樹雲。潮下前洲漁火現，日銜西浦梵鐘聞。天清木落人踪少，仰視長空雁一群。

高士峰

明 戴一俊

早歲歸來構碧山，巖前風景謝人寰。嵐光映牖青霄落，松影搖階翠岫環。幽鳥忽來音自好，行人坐看意俱閒。誰人故訝蘇門阮，清嘯風鳴不可攀。

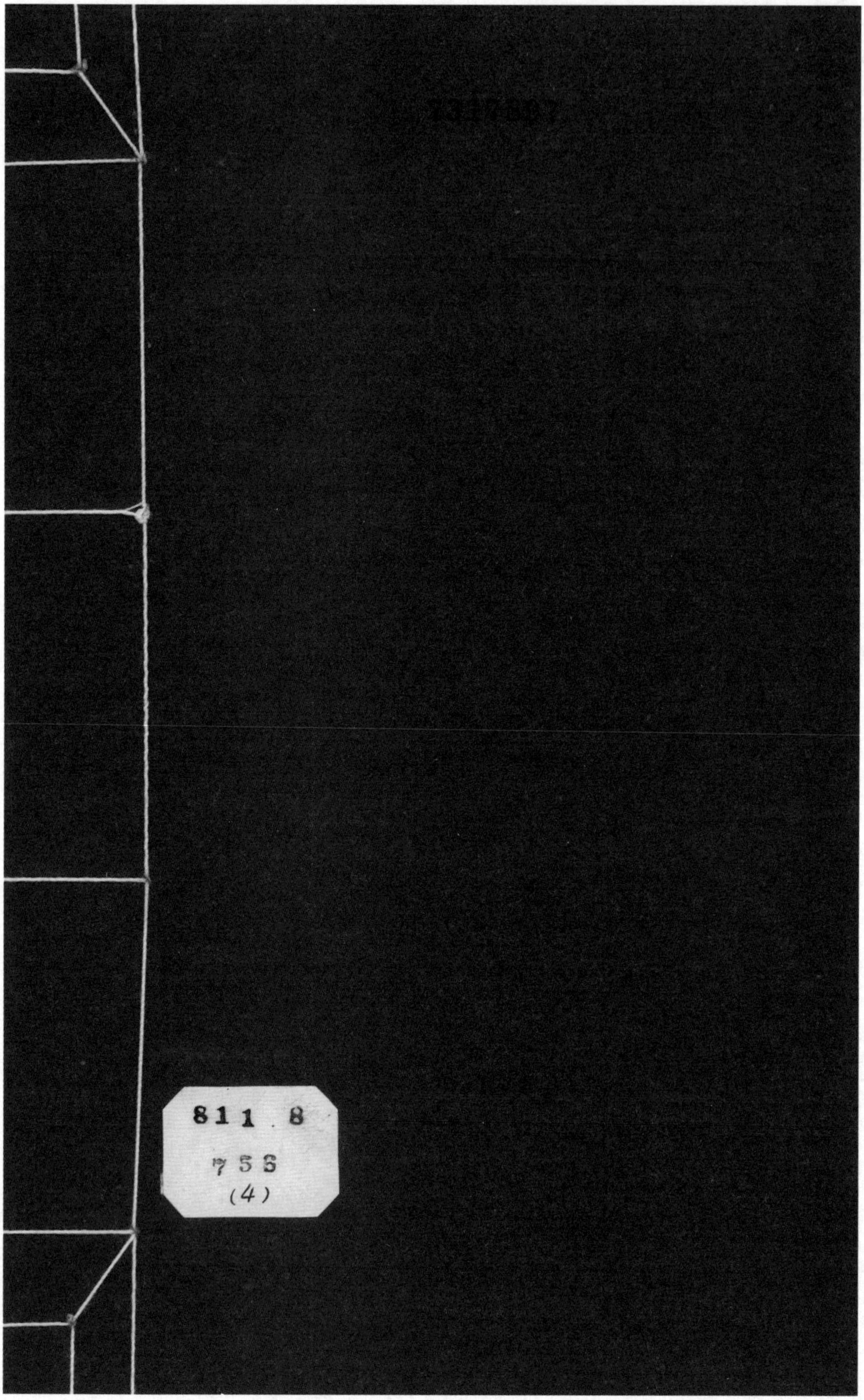
811.8
758
(4)

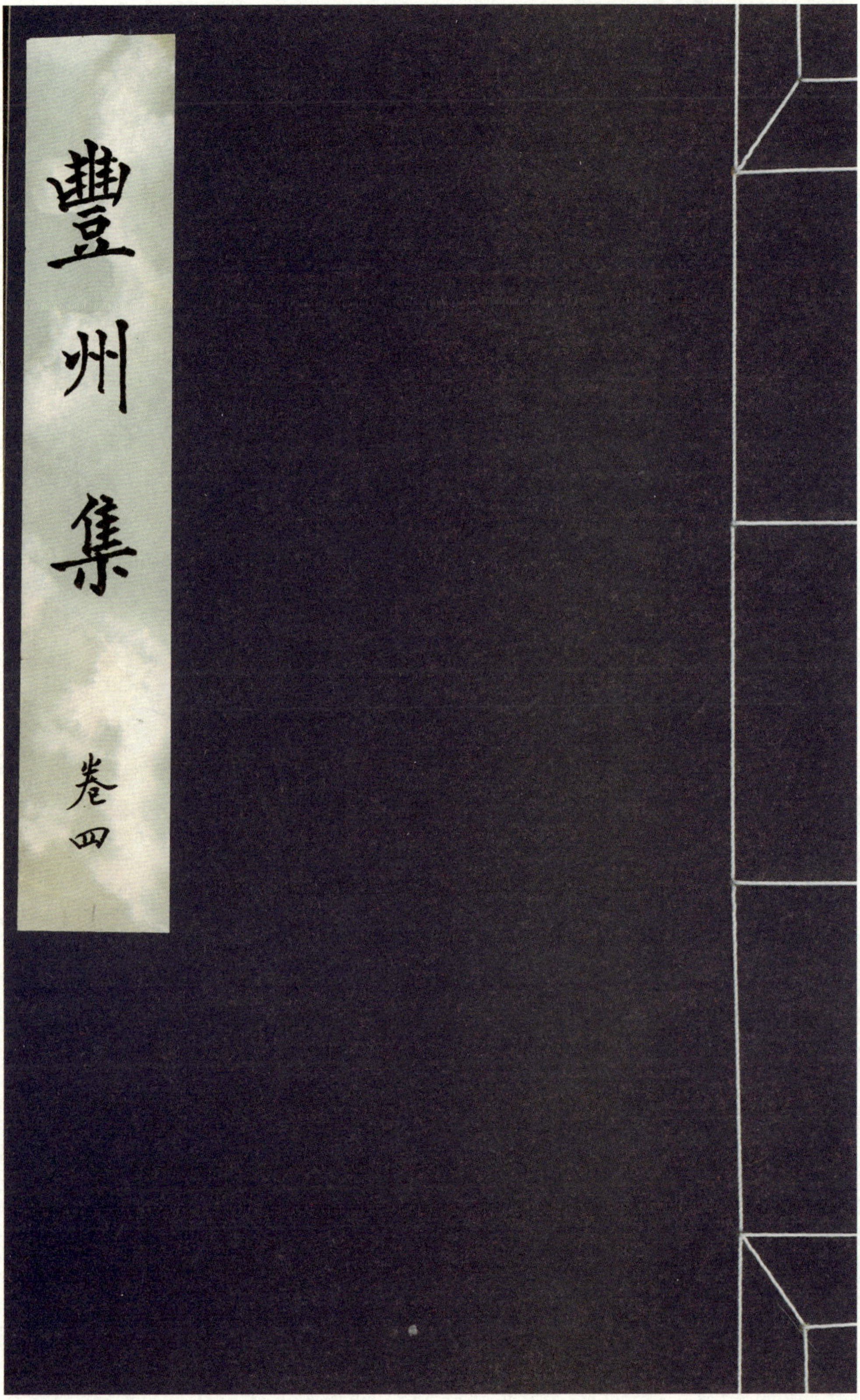
豐州集
卷四

送友顔崇巖之任安南

國朝 洪士銘

金臺倏爾來高人，萬里晨昏重此身。楚水謳歌時互答，燕山劍舄日相親。張羅别駕雲中履，折角頻誇雨後巾。顧借匡廬竿許竹，扈梯百尺上星辰。

潘山八詠之一

國朝 傅為霖

畫舫清箏碧綠陰，横飛逸興聽龍吟。鶯花待客開三徑，風雨懷人共一琴。野色全收春色遠，鐘聲半落水聲深。偶從坐挹前溪月，涼

氣侵裾白滿襟

清源山　　国朝　蔡仕舢

别下源山日昇曈崙心入夜礼元君中峯一塢閙寺望半嶺千松鎖白雲春水自縈深草徑夏虫咕低旧氷紋碎眼不辨仙凡隔離大声了刹楔閙

金雞泛舟登九日山二首　　蔡仕舢

一彎斜遶僻堆西窓艇畄榜尽日攜綠望波紋来返照傍洲魚沫噞香泥歌穿菡萏因風度枝掛嵝巖破蘚題夢裏乾坤誰晚唱桃都亦自有天雞

不知炎夏顯然消似瀨穴門冷氣饒露湿晴空煮細艸月隨溪水漲平橋秦君亭古堅城在姜相峯高旧子遥望是爽鳩行樂否向

来时地底王潮

送阮畴生南归鹭岛　　国朝　郑鑽祖

千载燕云托适同，骊歌旁唱出城东。他时对景怅诗伯，此日临歧送阮公。归去山江曾记识，梦来烟月总朦胧。知君到处哦吟编，好把新诗寄驿筒。

渐溪舟雨旁晴　　国朝　洪科捷

艳渡天涯霖雨霏，忽闻楫子唱朝晖。一竿作映布帆温，两岸猿添溪腹肥。荡漾时惭流水咏，菁葱饱看翠山归。何年汐打舟窗用，实梦卿阆对月扉。

雨过仙云　　前人

跋涉风尘抵投阆，攀藤冒雨上云端。披云有路嗟千仞，捧日斗梯

繞鼓灣去〻祈神人幾許來〻歇足家衣単依稀学汐謝公屐自
此年憂造頂难
端午舟次劍津二首　前人
年端〻午泊延津繫鼓催舟鬬捷人共識当年屈劍化杜勞徒手
捕龍神聊揮斑管付流水那汐蒲醪解俗塵遥想弟昆千里外春
朝返憶遠行覿
此度龍门莫問津劍溪船繫有心人家〻滌例開蒲節處〻波涵
鷺窕神懸擲当空輝万象誰驅陰翳淨纖塵乘流解纜辞旅去归
把珩璜兩親
黯淡灘　前人
已入故鄉愁不刪非真黯淡此高灘不驚欸浪三层湧自有心思

九曲灣滾〃中流誰砥柱蕭〃古遒付狂瀾吁嗟準備渡江楫勿使亂塵过浙閩

偕归留别南埔諸友　三首　前　人

告归信宿舊鱣堂碧草屏波意渺茫幾度归雲催去馬一天晴霭勸題觴浦桥景發春前思夢筆花添别後香滌倒斜陽携戀处滔滔未似此心長

忘形主客兩淹留又喜篙師漫解流只为帳前惜款〃非関柳下去由〃巨杯满勁欢無算小菜微添幅不修向夜月明猶把臂蹈歌南浦望仙槎

勇退急流識者稀前程去色满重闱深朔侍膝双親孝寧覚空囊一物微秀草遲添书帯瑞春花早發榜金緋相思何处堪相慰桃

讀此四作風雅直人前數作何其與毋俱出稱人

李成蹊日□□ 䆹

柳烟　　洪科捷

輕烟着柳抱行塵漏淺韶光到處來漠漠和風低拂草霏霏映日遠隨人濃粧鶯織將成幻潑抹蛾眉畫未真氣是九天旋雨露依稀彈汁着袍新

荷雨　　仝上

方塘灧瀲漾出瀠馥郁（微）閱君君子叢擎蓋圓（園）圓迎曉氣散珠點點蕩濤風聲隨夜幔侵書卷香引春踏遍瓊筒十友推君姿最淨更受濯洗好粧紅

桂月　　仝上

一葉飄飛忽報秋水天澄景共悠悠高枝掩映金皮轉翠影參差

筆意識不可解也　陳望堂注

玉鏡浮露洗清輝添香色風吹皓魄動空愁敲詩乏得卷阿句斷對朝陽彩鳳遊

松雪

森森雪幹擁清都歷盡窮冬心不渝偃蓋連雲瀚秀挺懸池布月晏廬斗穴飛玉層標貞質凍繞蛇鱗老白鬚也看東風吹泮渙着葱不改舊時圖

九日登白雲岩　陳石鐘

為叩以周列此山白雲助我遠躋攀最憐開創文章久乍識依稀笑語艱左洞千尋秋色裏常郎半壓夕陽間傾細未了登高興忽覺風吹插鬢斑

李邑侯新造金雞橋　陳石鐘

巧匠工成巨浪吞弦歌晚日度高轩何须烏鵲秋前望恍似龍蟠
雨際翻帶映長江推堞降襟連瀚海作籬[藩]籬似筆將把橋名李滕
閣蘇堤号尚存

步登紫帽山　　　　陳石鏡

削從凌霄墻上秋風飄不淨好招遊幾多佳士來題筆難淨名山
一點巳古洞遥吞滄海氣仙雞自报午天歐[幽]何時覓句驚神鬼携
列高峰瞰數洲

遊双𣲙（正名朋山在晋江轄）　　　　仝上

兩岫嵾嵾若本先崔巍並峙[峻]自天成岩前翔鳥交峯舞洞口幽花
对戶迎霧散烟瀨均曉暮林輝石潤共陰晴好將此地叢書卷二
酉高山可與京

遊金溪观晓日　陳石鐘

夾岸山来十丈高長溪春晓湧洪涛朱丸忽起鹭浮鸭赤轂初翻動睡鼇贤相濯缨神億歆（姜公辅）徵君滌筆氣增豪（秦系）年年九日峰頭宴未敢轻題一字糕

次剡邑侯登九日山高士峯原韻　国朝　蘇鐸

不缘牒控向前垌咫尺何從到此亭弔古尚烦蒐志乘凭高正好問蒼冥可憐九日樓遲廢犹自三冬草樹青儻有公餘能載酒重来幸莫献荒廳

遊鳳山　国朝　徐時深

九載青林一别难冷風吹面不知寒共盟泼水形骸外独赏芳蘭陌路间南北东西人異地春秋冬夏尽家山閑心便有閑情处四

首蓬萊嶺樹丹

九日山登高

国朝 洪世澤

人間盡愛重陽節，此地偏傳九日名。落帽風流今已矣，憑欄眺矚不勝情。烟埋古蹟雙峰在，秋老空江一練明。菊蕊山中閒自發，傳觴石上且同傾。

登不老亭

洪世澤

策杖重躋不老亭，蒼藤峭壁祕仙靈。晚潮海上旁迴紫，春艸洲前遠送青。陸地孤根延八石，閒花遍謝任千齡。登臨今古消塵劫，華表何從問姓丁。

懷黄巷荔子

洪世澤

黄巷十里荔爲鄉，六月炎天有蔗漿。火齊含風千樹爛，水晶凝露

本山

五更凉主人置酒林间晚宴子归舟水次晋亨李来翁安可致悠
悠川路一何长

忆培园荔子　洪世泽

雨过培园访荔卿绿阴深处护名庄池中菡萏娇相映盏底春醅
潑共香坐倚雕栏时小阁晓剥甘露快先尝盛园仙菓年年发清
梦遥应忆渭阳

宿梵天寺　国朝许廷圭

曲径通幽莫露侵风泉涛籁发禅心一龛佛火洲天静万壑松声
下界深孤窗梦闹疏磬晓乱鸦啼散落花低坐来怀净旃檀味独
自烧香燕水沈

旁知桐柏御丛没与士不唱和　国朝潘澍霖

夾道依依父老情，漫勞爾輩送行旌。綠殘紅遍部光煥，雨散雲開氣象更。守分定長消外侮，逢年多是在深耕。我今解組離居日，當聆空言本至誠。

其二

是處難忘父母情，如何今忽動行旌。桐山雨潤恩膏洽，淮水風清習俗更。愛士原憑五夜讀，憐民卻在九秋耕。當歌拜送人盈路，和到新詩也獻誠。

香圃貢咸房題采芝圖五絕四首　　黃以挂

沖穆胸襟世罕儔，最清幽處最風流。（是七絕）

催菊　　國朝　黃梧陽

荒厨無火瓶無粟，猶自逢人不說貧。半畝秖將花作伴，一秋常與

月為鄰待簪緑叢鷺閑晚自憶黄花来訪類老圃正須攜点綴西
風吹嘯猶諳之

冬月戲作　仝上

筆硯於今総不卑衡門生計一般与予如龍鶴行多礙人比鑫俗
坐更枯时節小春梅並樹関山荒月雁啣蘆遥林漸染丹黄色当
作南宮好畫圖

秋海棠　仝上

何年幻出此花魂惟悴深閨日易昏夜雨似添悲尽淚秋風先長
有恨根顔因薄命翻常好生来幽恨却避喧千古相思同一例国
風度標逸仍存

春日陳二衡廣文招余同謝定甫拔萃遊錫恩岩

仝上

自是未遊不厭頻風光一到一番新偶雖學紙求詩句究子携觴
訓古人草色嫩於旁櫞女山究癯似苦吟身男兒子業纔粗就長
与訴岩結淨因

憶梅　　仝上

楊州古閣寄幽衷無限相思在此中北使憑將芳訊訴南枝可有
暗香通情深院落三更月夢繞關山一笛風老鶴如人依旧侶梳
翎靜對夕陽紅

種梅

幾番料理費工夫宿榛新條倒復扶不怯尖風揀（揮）鋸去每將殘雪
古文榛字亦作榛
当泥鋪好排尺護窗三面繚繞多栽水一隅最好橫斜千万樹就

中吟賞花詩臞

尋梅　　仝上

江店村家不斷香騷人日日為花忙雀声林近知春曉驢背風來忘歸長愛讀孤山詠畫本頻攜灞水舊詩囊去時踏雪歸看月十里行吟興欲狂

折梅　　仝上

繁英密密樹垂垂擷取園林第一枝鏤粹有花開滿處玉人和月掬來時搴將褭底粘霜重插向瓶中搁水滿持較牡丹多品格畫圖重与問徐熙

題三山楊茂才春寅令節母紡灯課讀圖　国朝陳步蟾

春風秋月減宵眠剪得銀缸映翠鈿雞鳳声諧鍾貴相霸羈更短

勗詔年母為前世天孫女子朱上清謫降仙蓀泮槐聽通霞逸五

花并諸敬姜賢

輓李悵庭先生三首　陳步墀

先生邑人也諱式耀壬辰進士出宰四川遠威县授江西南安知府

山川間氣萃彭溪蕊榜聯翩姓字題先生辛卯壬辰聯捷江右未終歌衮補

蜀中先已慰雲霓授江西南安府省親故未赴任以十年宦跡冰霜凛八代文章

華嶽低自是踏儒為踏吏也應壽與柏松齊

一點星軺堂梓桑非因郵驗投恩卿北堂萱草回春健南國荊花

浥露芳本以愛親為愛國每思餘力積餘慶予生也晚誤聯御

春貽而今謹夕陋

螢窗猶剩紙墨緣先生惠贈尚用未完人已餐雲脫劫仙年力竹探將佛靖

有言斷石作刀鑲公車時有友人戲於某某先生正色曰人當楚騷內並招魂寫魯經傾円濟淚涓地不備文名畀海底犢狀誦蓼莪篇先生有太宜人在

夏日仝金羲章子芳司馬仙遊王蓋廷孝廉遊海印寺二首

陳步懋

環泉地脈本皆山濱海峯迴勢自還蘿逕人來尋寺遠菩龕佛古笑僧頑潮田天亞舟如葉樹茂風多戶自閑六十年來閩福地丞今消夏想追攀

榴花接引稻花迎共到寺門思益清樹外有天忘夏氣階前有水送秋声侍杯碎波添詩膽健筆題時補畫情飽喫風烟勝塵飯又（尚）低回笥輿輕

臨漈八咏　陳步蟾

仙漈懸流（此处乃予鄉水口捍門，通志及風土載曰仙人漈，共仰此也，予鄉因名臨漈）

天弦磚玩市重〻，漈水懸流出飛峰。樵牧陰晴氣海亂，田疇灌溉幾村農。松低路曲難驅犢，壁峭波深風奮弦（鄉中岩旱禱雨，此处請水每驗）。石攬石床遺跡在（六月處暑鄉人此处洗澡，予此洞玉深处歷〻紋状之），不知何处認仙蹤。

南湖殘雨

天邊雷声撥黑雲，南湖殘雨〻驟云。松杉恍惚收晴盡（畫），烟霭連茫掩夕曛。籬角衣衫忙疊〻，田溪頭蓑笠送歸〻。人家何事听娘噪，翹首咸知作息分。

天螺晓日（原名天竺山，俗名向天螺，上有祖坟两穴）

高峰列案结旋螺，观望朝曦坐柏柯。幾点石尖光磊落，一痕嵐氣

本時和銅鉅從轉恒春樹數東方有樣樹數百年物銀海分明絕頂阿領識黃人

天竺尚傾葵佳哂咫亭哦明詹咫亭先生有天竺山一詠

旗纛晴雲

孤峰若削透清霄雨後雲痕帶束腰山似漁翁霄肅立此山象漁即此象鯉

登其半雙塔收入眼界天友獸舞晚涼飈唐詩云秋雲似獸形御村鎮日居停老此山為一鄉主山

御聚散乘風變幻消厂宅依然苔蘚剝壑間狂草何人雕此山

右有厂宅壑間雕狂草兩行不可識必唐宋代高人所書又殘其半

赤壩狂濤

雲垂雨立遍山低萬派坑流赴一溪赤壩上游皆倒瀉碧村兩岸

齊平堤校乘大筆秋風老伍氏清神夜廟樓怒吼奔騰逢八月廿

聲渾似曲江西予丙三十四此日兩次濤始知山景之妙農夫牧豎真夢夢也

壑間狂草大不肖圖仕另註

在郵致毒先生台下

青泉茂樹 青泉地名韓姓世居致庵先生之雲礽世居於此

旂巖東迴翠色懸青泉寺刹不湄湄山因缺角陰歸日院在當頭

石沙等七具沙天至四年丙寅改和八年戊戌黄鐘院必宋以

青泉之右有報恩禪院不知何代而院之內外有石槽

前所處 妙景可清川上地化工為繪雨餘天嗟予陟此空流淚塚塋

畔松楸曉煙 地為太宜人葬處 明代

松跟怪石 松乃始祖所栽大可百圍以空幹去 陸軒公

百圍松幹老龍鱗怪石崚嶒四面扶龜蛇形天與壽 下有石龜背穹窿

石蛇長二丈許 筍尖木底地分區 又有石筍矗起底木 横排皆松跟盤注 山植清夏安樵局

野客停蹤遮茗蓋柳藉祖宗培植意雲礽遺蔭種程途

墈面梯田

萬頃鱗塍裂作堆大墈層壘臺苺苺 美田苺苺 秋風黍熟遶緣梯割夏雨

蒙鼻無虞

秩分拾級裁同井鋤雲聘苑杏收粵戴月印畦苔　聖恩優渥
高低遍田賦均揄免役催

登高蓋山　黃錫奇

崔嵬直上誰爭先步到峰頭與洒然澗水互環玉帶拔嵐山北拱
翠屏鮮遠浮海外千帆艇俯瞰村中萬灶烟莫愧與携謝朓句還
未搔首仰歐賢

送別二首　黃錫奇

故交情友策回鞭冠劍飄飄古道前雲捲琴書紅色翠雪沾行李
旅途鮮听鶯聲口宜停蓋立馬津頭便問船此去列家春色好沒
逢共嘯碧溪邊

聚首經年喜樂群今朝折柳惜別君情憐花卉一時痒心恨山川

兩地分東篋朝辭羈旅日揮鞭夕破收卿雲別携漫作相思賦新

迺重來也覺殷

此處補入陳椿四首詩鈔在外

遊石室岩

國朝 陳仁士

山形三面勢高危石室中間拔地奇古樹亂張蟠屋角清泉梁築

咽階坪登臨到此神俱爽結伴多人志更怡最愛松風声不斷歸

途鼓吹遠相隨

題十四都東門鄉敬文亭 二首

國朝 謝家樹

同人協築一新亭早共識風偕識丁鍾意迎來敗斷簡敬心在處

翕殘經濃烟散彩鋪痕碧熱火純光映掩青從水付流長洗淨胸

羅腴味字含馨 迴文上青詔下冬款

星躔奎壁仰輝煌上古庖羲字跡崔柳骨顏筋未許散蠹篇鳥篆

祇被忘文光高射文章比贺具濃蕙寶樹卿卿省謝姓從史爛时成脍
炙祖孫作俑尚留名

楊梅山二首　　国朝　超宏　释

古寺楊梅山一半檻外旋剪群峰乱安田人去已陳迹佛閣年深
猶壯觀甜霜红樹錦千層溪带平蕪練一疋人事往来成古今山
律如舊那曾換

巖畔梅梢蕊尚纖鑑毿一衲住冬巖悬崖水落微垂練小雪輕寒
不散鹽觸石雲閑仍出岫喧枝鳥墜忽投簷道人未免韋詩思吟
戲双眉八字尖

宿天心寺呈異木之　　国朝　德萃　释

当年那觉行路难十載馳驅始識艱一杖懶攜归故里把茅以待

卜何山江棲旅榻春頻枕風雨飛花晝掩關幸有故人勤慰問川
愁不鎖兩眉間

山行值雨　　德華

風瀟瀟又雨瀟瀟頂笠扶笻過板橋複嶺縈紆雲裏上行裝短結
霧中挑崖頭飛瀑聲加壯樹尾殘花色尚嬌駐步回看烟靄散許
多詩思在芳郊

遊壺峰　　仝上

攜笻出郭探幽棲細草如茵見滿蹊遊興自隨春色動吟情不逐
夕陽低舟橫金浦烟波渺路入壺峰雲樹迷賓主從來忘夜永月
明不覺轉松西

金雞橋　　同朝　倚川貞

高士峰前草色萬汀沙雲影共迷迷何年古渡空流水此日長虹駕遠溪过客須经催寶馬行人恰自唱金鵝政平随在皆棠蔭留取當碑載兩堤

題不老亭步明人丁少鶴韵　同朝　青州翁

蓮花峰上起孤亭亭自肅疏峰自靈垂地倚藤千丈碧參天古柏萬年青仙蹤秘鑰無尋处怪石幽花不記齡他日名山投老去飄然塵外作閒丁

大盈送别二總戎赴鎮碣石　同朝　夏士宗

十載知交憶舊蘿每逢樽酒共甜歌三千席士祇帷駐一道旌標祖席过旧路漸隨闽樹遠故仙偏傍越溪多為知到处流遊尽时送东風与碧波

大盈途中

國朝 夏志琰 晉江人

結束行裝策蹇驘，千峰万壑眼中過。山浮遠浦渾如髻，塔露疏林半吐螺。埜店樓陰垂綠蓋，村墟竹影蔽清波。僕夫也解詩人意，待我停鞭試放歌。

龍江春水 在金鷄下流，宋時有黃龍之異

國朝 黃孝楊

龍江一曲接銀河，分得天家雨露多。新漲受風牽翠縠，好山隨月湧青螺。峰因高士懸餘澤，船載先賢溜碧波。獨把臨流泛春酌，倚欄同唱濯纓歌。

高士峰秦君亭

国朝　劉佑

偶偕公子出郊坰，道造秦君處士亭。投餞机今餘蔓艸，伊人已久付沈冥。
金溪曲抱梵宫静，倒影平臨乱岫清。老我惭無公供節，迴車忽忽入翠屏。

遊九日山

县主　李延基

約客攜樽上翠微，山光冉冉襲秋衣。松杉挹翠涵朝露，鷗鷺銜波弄夕暉。
秦硯草荒高士去，姜碑苔蝕古祠非。双鳧何日朝天去，空羨凌雲一隺飛。

遊蓮花峰不老亭　國朝　康侍素

水繞旋高閣，循堦步覽勝。人傳不老峰，鐘鼓常懸千尺石，雲烟時抱幾株松。斑苔染座天仙跡，寶蓋泥金古佛容。更立山前看晚景，輕風頻送一溪舺。

非九日山

仝南安主李公登遊九日山敬步原韻　國朝　丁煒

高閣涼生暑氣微，溪雲拂拂颺輕衣。山含細雨浮空翠，樹擁殘雲説落暉。石古空傳秦硯在，烟深莫辨晉松非。遙聞山叟留佳詠，化筆何年此地飛。

此詩現時所刊詩集缺選

七言長律

題温陵明倫堂之圖紀盛　　曾天眷

人材地作閩里先濟之衣冠萃海疆垂裕先型高甲第相承旧德
重縹緗標題粉額千秋列輝映美堂万古芳月旦評論符志乘風
規肅穆傍宫墻蟬聯共羨簪纓盛鵲起欣看運会昌勝扢八閩留
準則基丕百世示周行廟庭俎豆徽猷副閩閣声華樂未央從此
弥昭邦国堂山川間氣益靈長

此詩補在上陳仕士之上

送李太守潤九夫子　　陳椿

北平射策旧家風佩綬分符蒞刺桐從見南陽来杜母又隨西蜀
送文翁閩歌城裏詩书振杏雨亭前黍稷興猶是莆中蔡学士松

陰乘道遍泉澤东

第一流罕冠七閩與歌載道口碑新堂懸明鏡無私照澤下甘林有腳春一代是魚清自致三生呪佛化偏神何常宿雀推取便是龔黃侍裏人

從來循吏出儒林校藝曾收爨下琴坐我春風門士福兩人夏兩長夜心文章有價珠船獲衡鑒無私玉尺臨慚愧蘇門陳師道双

双拂拭重南金

張門佳士忝知名祖帳莫詞謁寸誠江上蘋蘩催去櫂秋邊琴鶴儀行旌人思借寇攻声將改已是蒲桑判清代日香驄重莅上家

家載德字陽城

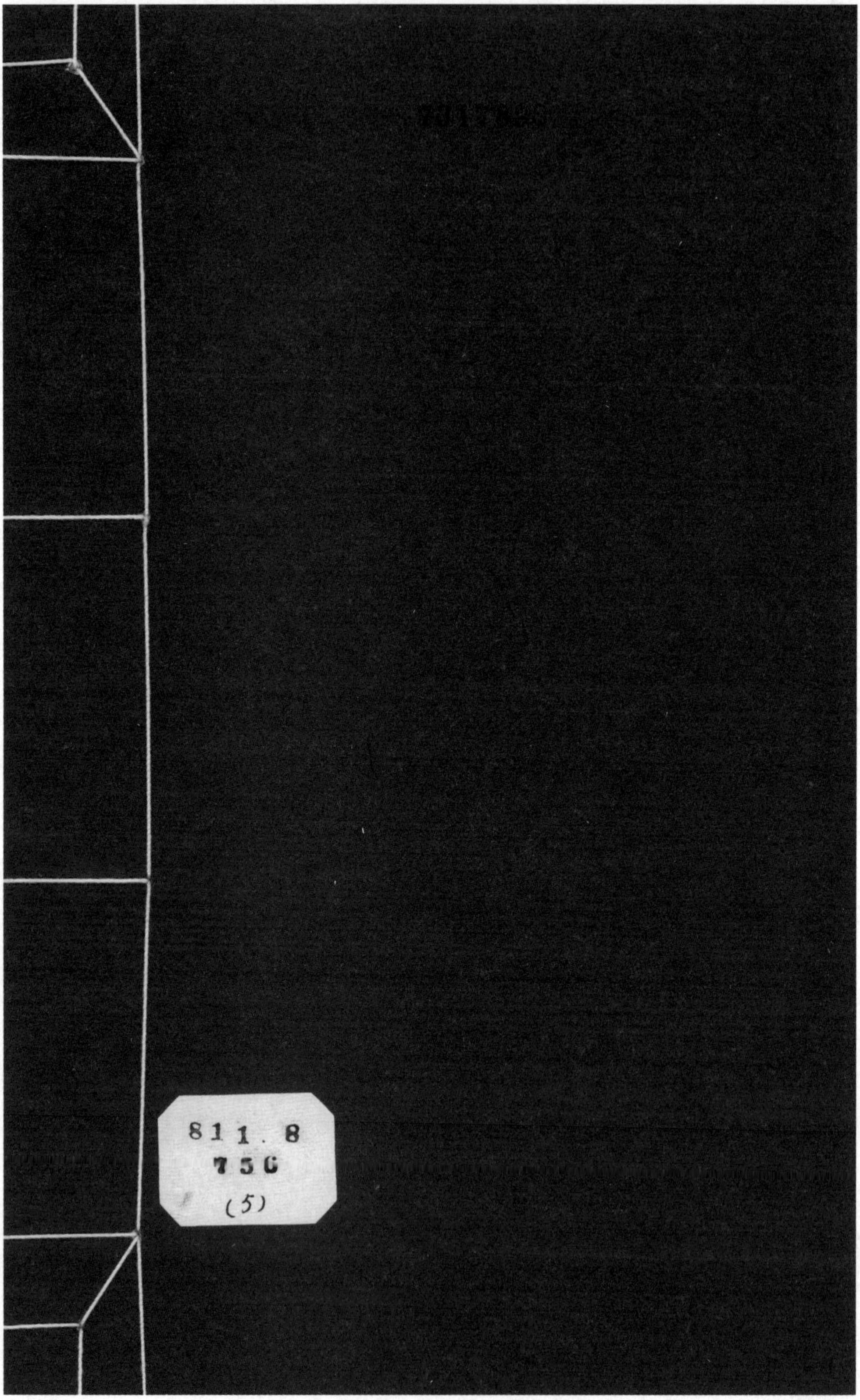
811.8
756
(5)

豐州集
卷四 五
乙

豐州集稿卷五

五、

五言絶詩

張兵部大夫奏系為校書郎因寄此作　唐　秦系

久是烟霞客，潭深釣得魚。不知芸閣上，遺校幾多書。

効崔國輔体三首　唐　韓偓

澹月照中庭，海棠花自落。獨立俯閑階，風動秋千索。

羅幕生春寒，綉窗愁未眠。南湖夜來雨，應濕採蓮船。

雨後碧苔院，霜來紅葉樓。閑階上斜日，鸚鵡伴人愁。

補歐陽公一首在此处

十三歲戲答清源牧　唐　陳黯

玳瑁应难比班犀定不加天然末端正满面与装花

時公瘧病初痊清源牧
今自咏之故学此辞答

鈔 詠秦君亭　宋 傅宗長

况君在何许遗踪此山河春风闭门处回首空烟蘿

補傅宗長一首 戴忱一首在外

鈔 和王龜齡詩　宋 傅伯壽

名節士所重当如護眸瞳立朝与行己本末要可攷

補朱子三首在此外

鈔 集杜送陳琪復　宋 文天祥

又補傅伯成一首在此鈔在外
又補黄公度一首在此鈔在六言之外

卿月昇金掌老氣横九州前輩復誰紀吾道長悠悠

信國公在獄时憶殉国相從
难许人各集杜句以示之

鈔 古意二首　明 黄河清

流螢渡珠簾秋夜長無極為郎製羅衣淚痕多如織

五二

桃花红復红江水深復深花红强似面水深不如心

鈔 沙溪呈使君　明 傅櫆

溪汀逢農夫丁寧与使君迎来不得飽莫上東風寺文

鈔 看荷　明 傅夏器

蓮船乘晚浪歌舞逐風归人競摘花去誰憐花摘稀

鈔 秋興二首　傅夏器

鳥跡風吹尽孤雲山際閒逐臣不尽意隨日到函関

露滴秋光碧天高月魄清但看花落尽誰听落花声

補入黄克晦一首在弋妙補内照一首

鈔 古意倣黄莘田体二首　国朝 許廷圭

為儂惹相思相思不能主儂喫蓮子心只知個中苦

製得紅羅襦即前试先着誰知消瘦多当时失斟酌

此处補入頌南公四首詩在外

鈔 題香圃老伯採芝图　　国朝 俞国英

携鋤刈金草金草蔚趣々君是蓬萊叟白雲笑未遥

鈔 謁曽公亮座答　　宋 惟慎 禪師

曽公曰 歎下山禪侶如何駐浄君 惟慎答曰 敢言知己少性本類孤雲

鈔 山行　　国朝 德華 聲

聞步听（補入唐）啼鳥々声觉断老僻徑少人行落花堆不掃

鈔 題玉枕山东林寺（在四都）　　唐 黄滔

已列终㩗晚垂遊預作州寺六三伏雨松偃数條枝

鈔 舟中对月寄姜相　　唐 歐陽詹

村步如近寿川原似福平年人共相識猶自放卿情

鈔 題九日山石佛院乱峰軒二首（賦石佛岩）　補入宋　　宋 朱子

因依古佛居結屋寒林杪当戸碧峯稠雲烟自昏曉

巖中老释子白髮对青山不作看山想秋雲時復還

五三

鈔 題蓮花不若峰二首　朱子

群峰相接連斷処秋雲起雲起山更深咫尺愁千里

流雲遶空山絶壁上蒼翠应有採芝人期相烟雨外

補入明

鈔 卓雲山　明 黄克晦

怪石千廻角高松逐尺鱗樹枝低復掛蛇徑險难遵

再補入宋

鈔 金溪渡　宋 傅宗彥

長江渺天末照此兩山青落日空潮上蒼烟孤艇横

鈔 蓮花峰劖石　宋 戴忱

此石非頑石成因浩劫塵一蓮開不若过盡世间春

六言絶詩　六言僅二首

鈔 次韻題控巴臺　宋 李訦

誰道地拘偏仄，須知天閼幽圻。一段丹青臺閣，何人潑掃松烟。

補五絶在上

鈔 題姜相峰　宋 黃公度

抱琹歷高岑，拂石就晚陰。空山對搖落，懷哉千古心。

鈔 題五峰岩　明 豐熙

片石千人宇，天工大渾機。海風吹不到，座待野雲歸。

鈔 題姜相墳　宋 傅伯成

三尺坟孤古，秋風草自衰。淒涼埋玉地，想像逆鱗時。

五絶終

鈔

丙辰七月十一日陈祖培太学邀同李蔡南司馬楊義賓上舍陈仲義太学遊紫帽山上凌霄塔趨金粟洞得诗四首

许瀓甫比部以事未去

陈慶鏞

秋色從西來旅帽与之俱卻付戴鼇去頭銜接斗樞

一躡上凌霄天端万山小山小亦朝趨蔡羅青未了

偷暇指金粟傍來最上迎衲袍並跣足役笑敵彌明

遊屐下長坂雷驅雨亦隨回首雲深处已懸跡九道

鈔 一片瓦岩

明 蘇濬

石室劃然開春雲归一片夜静衆山空清風自相扇

鈔 自題桂芳亭三首

黄懋京

叢桂芽抽新芽疏花亦细静坐閑焚香引袖取香勢

開门邀見山鬱然元氣厚雲出山不先雲归山不後

因山光与水氣淋漓青對簡側耳聞天風飕飕过松柏

鈔 觉海巖

国朝 傅景星

旅日山行處穷烟野霭中萧條覺海寺冬日不秋風

鈔

康店驛題壁　六言

黄公度

西風落莫空館暮色迷濛遠巒家近不妨漏盡夜寒不怯衣單

七言绝诗

即事呈韋郎中使君　　唐　秦系

久卧雲间已息機青袍忽著狎鷗飛诗興到来無一事郡中今有謝玄暉時公試秘書省校書郎

秋日送僧志幽归山寺　　秦系

禪室繩床在翠微松间荷笠一僧归磬声寂歷宜秋夜手冷灯前自衲衣

答明惠上人房　　秦系

簷前朝暮雨天花八十真僧飯一麻入定幾時還出定不知巢燕
污袈裟

期王鍊師不至　　秦系

黃精蒸罷洗瓊杯林下從留石上苔昨日圍碁未終局已乘白髮
下山來

答泉州薛播使君重陽贈酒　　秦系

欲強登高無力也籬邊黃菊為誰開只知不是潯陽郡那得王宏
送酒來

咏荔支三首 感前朝事寓南安作　　唐 韓偓

遐方不許貢珍奇密詔惟教進荔支漢武碧桃爭比得枉令東朔

彌偷兒
劣開玉簪雞冠浥葉襯金盤鶴頂鮮想得佳人微啓齒翠釵先取
一双懸
巧裁雲片裹神漿崖密天然有異香應是仙人金掌露結成赤义
蒨羅囊

宮詞　韓偓

繡屏斜立正消魂侍女移灯掩殿門燕子不归花着雨春風應自
愁黄昏

仙山　仝上

一炷心香洞府開偃松皺澁半莓苔水清無底如山削始有仙人
跨鶴来

贈孫仁卓葛師　仝上

齒如冰雪髮如鬘幾百来年辭似泥不共世人爭浄坐卧床前有上天梯

遠廊　仝上

濃烟隔簾香漏泄斜灯映竹光参差遠廊倚檻此惆悵微雨輕寒花落时

江楼二首　仝上

夢啼鳴咽覺知話杳杳微微坐烟浦楼空客散盡交飛江静帆稀日亭午

鯷魚苦笋香味新杨花隐旗三月春風光百計牽人老争奈多情是病身

日高　　仝上

朦朧猶認管絃聲噤瘁餘寒酒未醒春暮日高簾半捲落花和雨
滿中庭

深院　　仝上

鵝兒唼喋梔黃嘴鳳子輕盈膩粉腰深院下簾人晝寢紅薔薇映
碧芭蕉

泉州赴上都洮陌亭留別舍弟及故人　　唐　歐陽詹

天長地闊多岐路身即飛蓬共水萍走馬將留豈容易弟兄親友
滿離亭

題梨嶺　　仝上

南北風烟即異方連峰危棧倚蒼蒼哀猿咽水偏高處誰不沾衣

望故鄉

曉泊漳州營頭亭　　仝上

迴峰疊嶂遶亭隅數上烟霞勝畫圖日暮兼軒卷長留太清雲上送蓬壺

贈九日山老僧　　仝上

笑向來人話古時繩床竹杖自扶持秋深頭冷不知剃白黑蒼然髮到眉

咏燕獻主司　　唐 歐陽澥

翩翩双燕畫堂開送古迎今幾萬迴長向春秋社前後為誰歸去為誰來

贈佛巖禪師　　唐 盧全白

九日峰前八十秋，禪庵遙枕寄江流。師心應共山無動，笑指雲霞早晚休。師名与芳，居石室中四十年不下山，九十九歲茶毗。

行田因安題康店鋪　　宋　李郇

短衣自獵南山虎，正好漁樵不亂群。妄以宿獲誅辭尉，令人翻恨李將軍。

題梅堂　　宋　李訦

物梅作雪已非真，用雪名梅未轉親。幸有西山橫爽氣，品題留與箇中人。

題清源山　　宋　務照

巍巍峨峨堆壓郡，坡險秀出天涯幾萬尋。翠影倒時吞半郡，嵐光瀏處罩疏林。

蓮花峰　　宋　林玘

天開五葉蓮花峰，神龜引子巢其中。千年皮骨老化石，玉色不与

凡工冈

登石佛巖　　宋　劉濤

唐时贤士今何在蜀代寺松此独存往事悠悠何处问金雞山色又黄昏

題白雲巖　　仝上

白雲巖在白雲間巖下千山与万山莫向公卿容易道總伊来此一生閑

思古堂　　仝上

今人思古不如古後代思今亦似今古往今来祗如此溪山伤尽幾人心

和武夷九曲櫂歌　　宋　王克恭

一曲磯頭上小船道人指点过前川丹炉發处今蹤跡唯有深林鎖翠烟按是作乃和朱子櫂歌十首之一又當其原韻餘今存武夷志亦闕載

題姜相峰　宋　傅伯壽

早岁声名起日南暮年病骨卧烟岚死生有化皆天命不用人间更疾谗

一眺石　仝上

一眺人间萬事非海鷗山鳥更忘機林端势聳见帆影知有扁舟天際归

碧玉峡　仝上

野迥方知天廣大身高更觉石岩嵬泉人识为平事看勝绝何如透碧霄

釣臺　　仝上

倚空絶壁勢雄豪，引招山風接海濤。不與他人爭名字，嚴臺何似此臺高。

刺桐城　　宋　呂造

閩海雲霞遶刺桐，往年城郭爲誰封。鷓鴣啼困悲前事，荳蔻香銷減舊容。

九日建造精舍　　宋　呂夏卿

日暖江空水漲沙，白雲平處見人家。獨憐此地重陽近，柿葉傲霜菊有花。

次翠光亭韻　　宋　傅定保

墨妙銷沈萬丈光，人間流落句文香。青山不受兵亡手，暖翠浮烟

2

竟日長

述夢神人贈詩　宋 林景淵

平生萬事皆安分須信靈臺一點清歸去分明知障礙蓬萊兜率是前程

石佛岩　宋 朱子

卧帐埋雲不記秋忽然成殿坐巖幽紛紛香火來求福不悟前生是石頭

此二首全集無此詩

廓然亭　仝上

遲留訪隱古祠傍眼底樛松老更蒼山後千峯應改觀坐令無窮自生凉

蓮花峯次敬夫韻

月曉風清墮白蓮世間無物敢爭憐如何今夜峯頭雪撩得新詩續舊篇

次韻陳休齋題蓮花峯之作　朱子

八石天開勢絶攀算来未似此心頑已吞繚白縈青外依旧箇中
雲夢寬

贈南安巖主大巖禪師印志 添
宋 黄庭堅

蒲團木榻付禪翁茶鼎熏爐與君同万戶参差寫明月一家寥落
共清風

題九日山奉先東院并序
宋 蔡襄

慶曆四年二月二十日入延福寺登秦君亭觀白雲井訪
北臺还書奉先東壁

日照溪山生翠光春深花物雜幽香登臨誰識遅留意門外塵埃
去路長 院內以忠惠公詩榜重遊名曰墨妙堂

補端明公游[illegible]在此詩在外

次朱文公蓮花峰韻
宋 廖信孫

石巖天然不可攀八風莫動却真頑我心匪此花能並十丈何如方寸寬

懷古堂二首　廖信孫

深入林泉避世喧幽人已往迹空存登臨懷古懷何多山不能譍石不言

我來未暇訪疇昔先拜文公戲鑄畫盤桓上下坐忘歸月影婆娑散林際

補休齋公詩一首在此詩鈔在外

詠浣君　宋陳知柔

長松鬱鬱午風清茶灶烟沈春草生句律森然誰敢敵偏師元已破長城

送梁狀元題廓然亭　陳知柔

隆興改元人日錢送梁叔子狀元於九日山詰朝京茗廓

然亭上邊菴索題壁偶成絕句

廓然亭上少遲留萬壑風烟眼底收飲罷征車已催發都人待看

上瀛洲

次陳休齋韻

宋 梁克家

已行更為玉泉留好景煩公傑句收紫帽峰前雙鷺下幾多清興

滿滄洲

補王龜齡和禱雨詩一首在此詩在外

題名木五首

宋 王十朋

一木蒼然老更奇肯將名與世人知我來不具知名眼深愧平生

未學詩

題朝松二首

王十朋

孤山陳柏已物化九日晉松猶汝生以問東西兩朝多風枝濂泊似淺情

老節蒼了不計年傳來恐在太康前蚪枝翠髮梳風韻猶似清淺往昔時

和韻題秦況君

王十朋

山中高隱以逃名不謂名隨隱處成鑿石一泓詩數首也曾攻破五言城

題姜相峰

王十朋

相國忠如宋廣平危言流落晉江埠天資自直無心壽何自青山不汝名

題報功院 在廿一都

宋 吳棫 棫

山列三峰未不断水交双港送斗窮帆近洲渚漾漾雨牆外園林
淅淅風

補吳才老詩二首在此詩鈔在外

題棲真院在四都　　宋　王觀国

野行晴晝飯僧家刹地霜風撲面沙独春山間春到早隔墻無数
妙梅花

題北巖院在廿四都　　王觀国

雲岩乱石嗽寒泉通夕泉声到枕边宛似昔年巖瀨上五更風雨
宿溪船

題報慈院　　宋　龔茂良

洞寒艸木孃秋光山底雲烟度短墻洗几塵埃心已老閉門風雨
話偏長

文

贈真覺大師　　宋　陳軒

車輪馬足走塵烟，競看成都萬炬然。獨我踏開庭下雪，伴師同坐一爐禪。

九日山　　宋　張思

九日為名亦異哉，好將萸菊繞林栽。海風正共山風急，說與孟嘉休上來。

題秦君亭　　張思

蟬蛻真為一世豪，雙嵋遙遙笑爭曹。秦君已去亭猶在，莫向山頭更覺高。

辟席在高士峰頂　　張思

席地為茵寄此生，窪樽獨酌有餘清。簑衣和月卧不醒，江上數峰

挾

雲自橫

題廣福院在三十五都　　宋 王建

小松新檜未成行功皆栽培想上方聞外老松知幾出亭亭孤立傲風霜

詣飛陽廟禱雨題　　宋 蔡襄

年年乞雨問山神羞見耕耘隴上人太守自知才德薄彼蒼何事罪斯民

題郡守蔡君謨禱雨飛陽廟詩後　　宋 王十朋

賢侯去久道猶遠乞雨詩奇字更奇世俗妄論公政猛愛民心有彼蒼知

遊九日山宴蓮花峰　　宋 陳知柔

一蓮峰上幾人攀千古清風起懦頑指顧乾坤千里目世途隘處
此中寬

白雲岩二首 在三十都五峰山下　　宋　吳栻

雲烟杳靄環諸峰石徑詰曲穿疏松更斗飛~~塵~~埃趁短屐抵有鳴溜
迎修節

玲瓏穀竅明相通造化恍惚真難窮陽回三冬照暖日陰納九夏
吹寒風

贈諸葛珹　　宋　白玉蟾仙

指點篇書說向誰武侯之後獨公奇許瓢却大堯天小嚴瀨座高
漢座卑

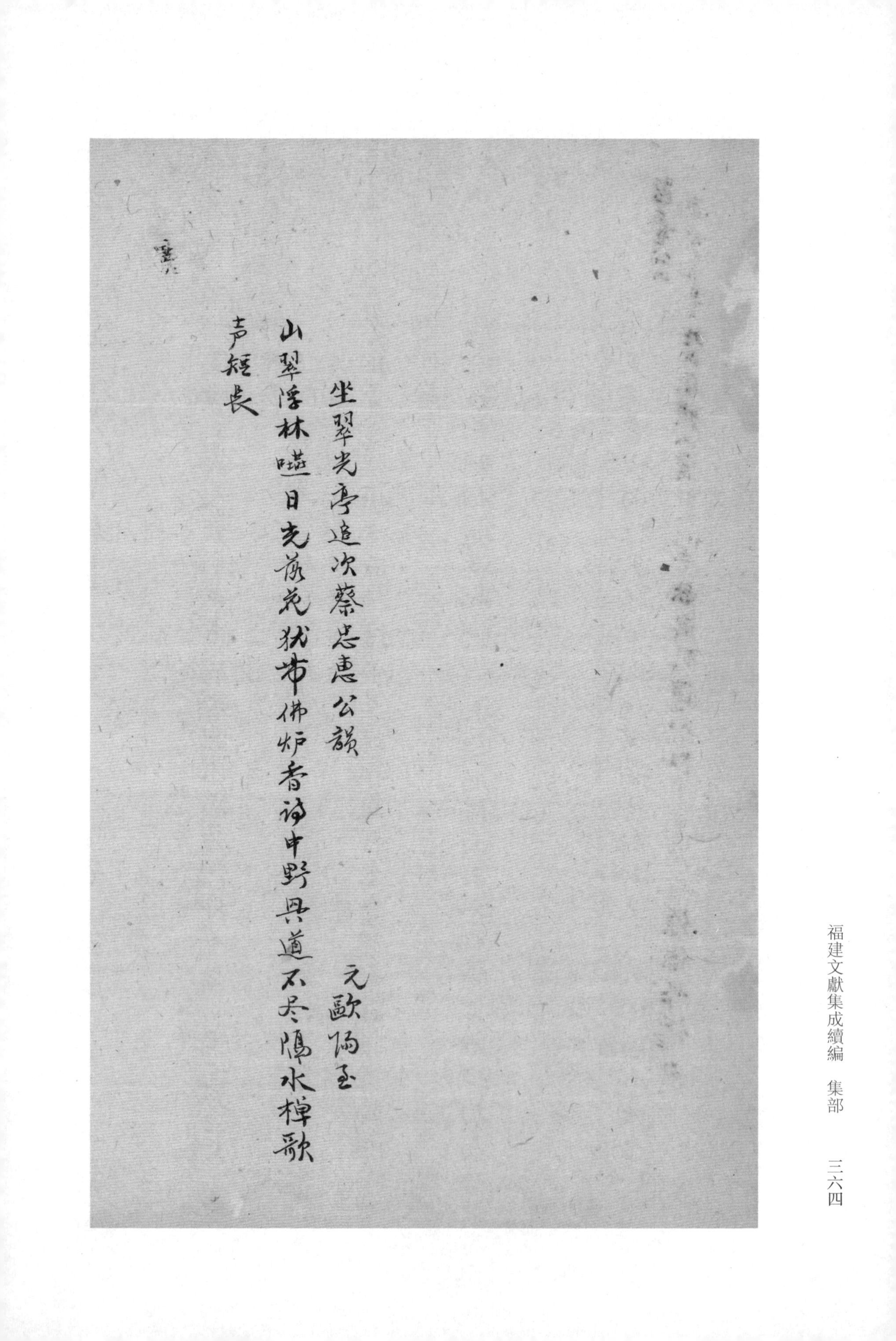

坐翠光亭追次蔡忠惠公韻

元　歐陽玉

山翠浮林遮日光旋花猶帶佛炉香詩中野興道不盡隔水棹歌声短長

觉海岩　　明　詹仰庇

乱禽啼樹仰听惯，一犬吠園客到稀。荒殿經殘疏雨過，香臺秋尽落花飛。

题莲花峰　　明　黄河清

濂溪時送舞雩風，無極都歸太極中。萬古此花應不老，巫峰都與此花同。

寄太平節推應奎弟　　明　黄琳清

十月金溪秋菊天，白衣来到葛巾邊。分明想象龍山頂，落帽誰家有弟乎（万年孟嘉之字）

陈园有睡影　　令上

题壶公山

壶公来見我，我山慨慷入莆阳，识我秋，我亦携公归去也，好将綵綵作缨冠

五季干戈一枕間擡頭天子起義山陈桥匡海須臾了公在夢中開笑顔

烟雨　明　傅夏器

烟霜含風暝不收丹楓未落已知秋江流衣漲形平岸愁了飄蓬一片愁

京邸候補遣興四絶　仝上

塵漲長安陌上陰空声散入五雲深獨騎瘦馬衝殘雪世路茫了何处尋

風鳴万籟暗塵飛彈鋏絃歌何所依肇不若無家是地海濱應有釣魚磯

十載郎官為世輕春風未改布衣情月光四壁空吹骨兀坐东窗[illegible]以

上十

二更

清吟讓與祖生先愁卧牛衣又一年更作書生辛苦態孤灯殘照亂風烟

秋感　　仝上

梧桐落葉滿天愁野桃歸來更上樓山郭水村風月夜猿氣先景在孤舟

春遊　　仝上

溫湊洲景新春跡泰系青山暇泛橋無限日斜江上趣紫簫玉笛泛清湖

九日山

疊峰横空向郭西，迴然高削衆山低。樹梢缺处見城郭，日影斜时聞鼓鼙。

唐　張爲

建造寺

只造上方勝影寒，高僧往々似天台。不知名樹簷前長，曾問道人巖下來。

唐　周朴

九日山御書閣

黄龍溪上祥雲覆，紫帽山前瑞氣蒙。佇眼数驚侍佛光現，不知宸翰在山中。

宋　王十朋

拜善利王　廟在九日山，宋嘉祐間蔡忠惠公禱雨輒應，奏加封善利王

王十朋

有德於人廟貌崇，我來端爲謝年豐。日暘日雨皆神力，不必南風与北風。

香炉山 在十七都　　宋　鄭鑑

峙立交輝紫翠間疏簾半捲鎖長閒神仙似有新争術一縷奇烟起博山

碧玉峽 在九日山　　宋　張思

野迴方知天廣大身高更覺石巖嵬泉人試為平章看勝絶何如透碧霄

府志載是張思他處載為傅伯壽之作

靈秀山 在三戶宋梁公藏硯且其山下　　之　陳驗

靈秀山前日影斜尋仙因到梵王家年来不減登臨趣獨倚寒梅嗅蕊花

石鼓山 在三十都

明 蘇濬

滿徑蒼苔烟雨深，長江浪擁曉雲沈。江頭不斷清商曲，留與春風寫客心。

穿雲斜倚雨三松，踏遍蓬萊第一峰。古洞老人春睡足，园中半擁聽疏鐘。

春風吹到野人家，夾道芳痕帶落花。散步江村吹一闋，閑聽野老話桑麻。

亂雲堆裏一峰孤，隨意江風送舳艫。夜靜月明簾又捲，風吹片片入冰壺。

翠屏山 在三戶

明 黃潤

花柳垂垂藏蕨肥，翠屏春色倍光輝。呼童攜酒獨登眺，搔首長吟送落暉。

遊玉枕山東林寺 在四都

明 康朗

閑門遠數石泉声，坐亭时聞山鳥鳴。廬岳高僧誰復在，白雲作伴步溪行。

7317900
811.8
756
(6)

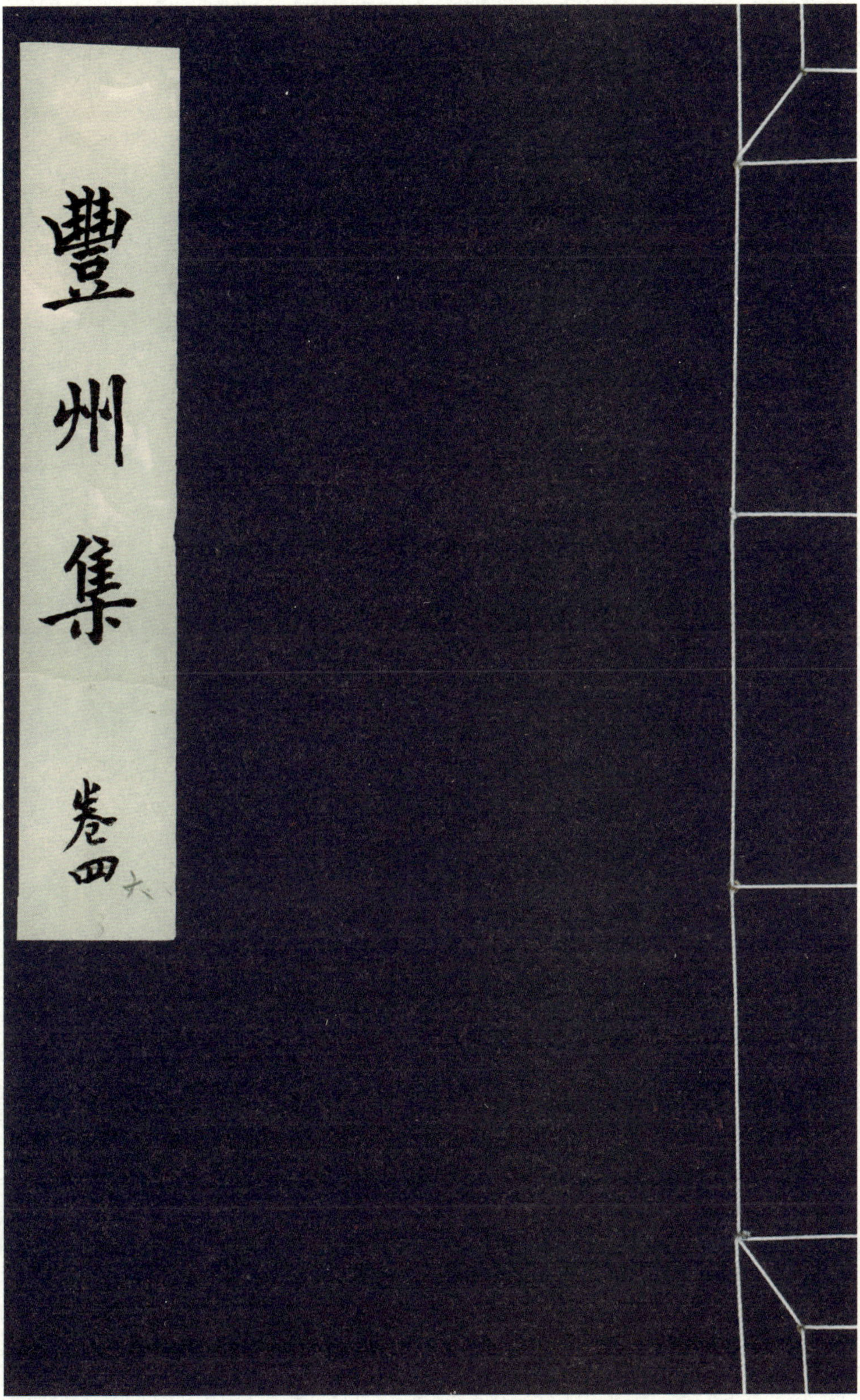
豐州集
卷四

豐州集稿

卷六

即接卷五文第一卷

豐州集稿卷六

寒

江夜

國朝 鄭纘供

寒雲倒照數峰斜碧水光含十萬家惆悵月坡堤上望空山一笛

滿芦花

武夷九曲歌步朱子韻

同朝許科捷

一曲灘頭泛小船嵐陰四合漾晴川無邊風景初過目不盡山原

疏翠烟

二曲臨崖玉女峯千春不改少時容雨收曉沐青搖濤雲繞粧臺

翠幾重

三曲撐仙架壑船維虹泊霧幾千年丹卯留有舊仰在翹首飄飄

祗自憐

四曲巨靈劈兩巖東西日照緩迷迷羽人不解着鞭去靜听金雞

唱碧潭

五曲雲深山更深石门精舍蔚平林峯迴路轉稀人迹流水高山

萬古心
六曲舸行綠水灣蒼屏仙院倚雲關雲孫尚有勞勞意不及仙翁
盡日閑
七曲懸流急石灘銀河挽瀉月中看布帆送棹青山外高並院屏
仙掌寒
八曲鼓樓向曙開津頭碧澗自潆洄岩花隨水繞紛青嶂沙劉郎
去又來
九曲目窮景渺茫晴嵐簇簇擁平川乘槎別覓歸來路回首數灣
別有天

建溪即事　仝上

一片青山一片灘孤帆遠繫白雲間舵工知我歸心切速放扁舟

下急湍

金榜山訪劉公石室三首（金榜山在同安，劉公陳黯，號[illegible][illegible]，不第隱此）　國朝　洪世澤

金榜山高對玉臺，阮君旧業半蒼苔。讀書人去成千載，洞外空花閒自開。

迎仙片石倚巑岏，場老當年此閉關。欲問藏書何處尋，白雲空自鎖名山。

前人著述沒人傳，考獻徵文此必先。石上摩挲深剝字，風流又見令威篇。

蓮河竹枝詞　國朝　許廷奎

月白衫兒高髻了，沒盧溪口路三叉。春心大半無拘束，白日田中拾菜花。

双江竹枝词　许廷圭

刺桐城外筍江湖，襆被呼舟带月摇。消受水晶宫世界，满江风送一枝箫。

玻璃水面镜光铺，小艇湾溪载小姑。六月荷花香十里，星湖端不让西湖。

此外補入黄以珪四首　陈元策四首　钞在外

灯谜　国朝　王玉书

擘出鳌山五夜时，编题隐语费寻思。聪明绝顶先猜著，笑问旁人知不知。

虞美人花　仝上

晓露风前如起舞，疏灯夜半几闻歌。兴亡刘项须臾事，占得春光尔独多。

中秋偶成　　国朝　黄梓偶

谁家絃管小楼头吹彻浓云竟不收如此朦胧今夕月人间潦草过中秋

刺桐城新春词三首　　仝上

容易春風又一年三江烽火尚連天小窗书罷宜春帖背寫穰苴第幾篇

昼卷冬炉间海杯东坡生日会新開迎春曲並迎神曲破例先期兩日来

湘帘簷外日遲遲新種红梅兩三枝窗紙绉痕全不補愛他冬氣透来时

送泉州太守閩九　李慶霖　　仝上

十首選二五五

壓裝应有鬱林石，归橐惟餘蚓竅多。只飲清源一杯水，如公何遽讓前賢。其二

已辞印綬促归装，猶為泉民计久長。他日万安橋邊樹，是公南国舊甘棠。廿五六首選二

题仙遊王薹廷照像鏡　陈步蟾

金相玉質好身材，摹入菱花鏡裏来。莫道此間天地小，須弥芥子细心猜。

荔城松孫修昉同年翼恭聯別四首时光緒甲戌三月廿五日序

慕校閣已踐予約，曉發田泉　陈步蟾

鷓鴣声裏雨交相，糁逐泥花馬不前。自是黃蘭山水好，故将名勝阻歸鞭。

廿六清晨偕莊上舍蘭士茂才春士兩昆玉張学博秋翔遊廣化普门二寺登五雁塔展拜唐御先贤行司先生墓

衔斋听鼓乐趋公履跡衣香擁蠟紅誰道廣文官独冷满階桃李暖薰風（時学屬駐節兵化）何须扈從说流連七字珠璣契夙緣其奈中書羞髮秃勿怜子固笑同年（孫詩有未奉寒斋涵一扈句）荔郡城桐郡跡絶遥繫雁傳魚只隔宵合取桃花潭裏水研磨墨瀋寫祠（孫詩有随風應有雁书来之句）

弥陀岩瀑布　　侍炳煌

珠璣飛过遠峰迷坐听泉声倚樹低一嘯臺前雜清磬昔闻鸞起老衲茶、

九日山懷姜别駕　　仝上

唐安坐敗狎廷争羈寓閩南默忘崇高士峰頭同慨慕将袁忠節

埒诗名

虬髯客观弈　　傅炳煌

刈须纸上更设兵，隋李具亡一局争。偏是英雄[illegible]对垒何人寓品评。虬髯豪气尚争衡，中原大局输全胜，独有扶馀一面生。

豫让吞炭　　傅炳煌

独向烘炉拨兽形，变音为哑泪先零。热肠漫逆成灰烬，伏剑三呼仔细听。

残碑

荒烟蔓草自年年，篆籀模糊缺角穿。吊古今从稽壮字，断桥西畔坏墙边。

膽瓶　　傅炳煌

水氣渾瀜五色款淨瓶斗大翠屏環照來應秦（有）宮鏡一朵菱花斜插間

漢武帝畫周公負成王圖　　傅炳煌

顧（元）公負扆繪芳蹤蹤猿湖甘泉墨瀋濃畢竟霍侯承顧命吾謂終不辱周宗

抗戰供職雜詠四（六）首（時艱逆甫退）　　陳國試

一行車轍列南州浩劫遭逢記昔秋學罷成灰衣廢織滿城枯骨待西周

瓦礫頹垣遍四鄰別尋古剎寄吾身兩三層斗更番至俱是焦頭爛額人

七十

冷笑印綬覓何年，鈐記須來樣亦殊。雕字真如〻長授，黃堂繫木戳相俱。鈐記所頒先須木鈐記，作長方形，真書「漳州府儒學長授〻鈐記」九字，知府亦用木鈐記。

不完經褐上堂來，細叩方知舊秀才。應對勉餘雙淚墮，全家遺孼隻身回。

循例庭參褐上司，分巡觀察駐荒祠。轅門不設堂廬靜，吏舍蘐持插竹籬。

滿地蔓草與荒烟，曲巷通衢總蕩然。惱殺迷途（逵）年如問（指點），躊躇四顧不似前。

陳國試

樓東怨

秘殿春深覓念奴，君王行坐玉環扶。却珠去後宮車遠，猗曲何心學李謩。

煮蔗词 陈国栻

車中碾出蔗漿来灶上蓬々火候催十里霜風香撲鼻鞭牛声裡
鬥旁開

冰筋 陈椿

玉骨枝々四散交蒼髯掛处莫輕敲此應借与瓊姬会雪脯霜漿
佐酒肴

瀏碧池張宴 吕焕英

絃索丁东映水遥胡兒沙意語椒添清魂怕憶兼涛夜三叠霓裳
度緑鬘

月下剝桔槔声 仝上

紅樹鄉村白板扉月痕如夢韭花肥一声伊軋秋宵寐知是灌園

人未归

跛驴　陈国莹

溪桥板窄雪霏离背上寻诗句句豪评是吟囊偏压重不拈一步一辞劳

佩韦　仝上

韦本温柔性卧存刚强赖此把心扪仲由好勇曾破佩箴蹊何如学圣门

洋屿　超宏释

亭池错落互高深怪石崚嶒涧壑阴翠篠苍松垂岳西天风送作海潮音

访异木　德萃释

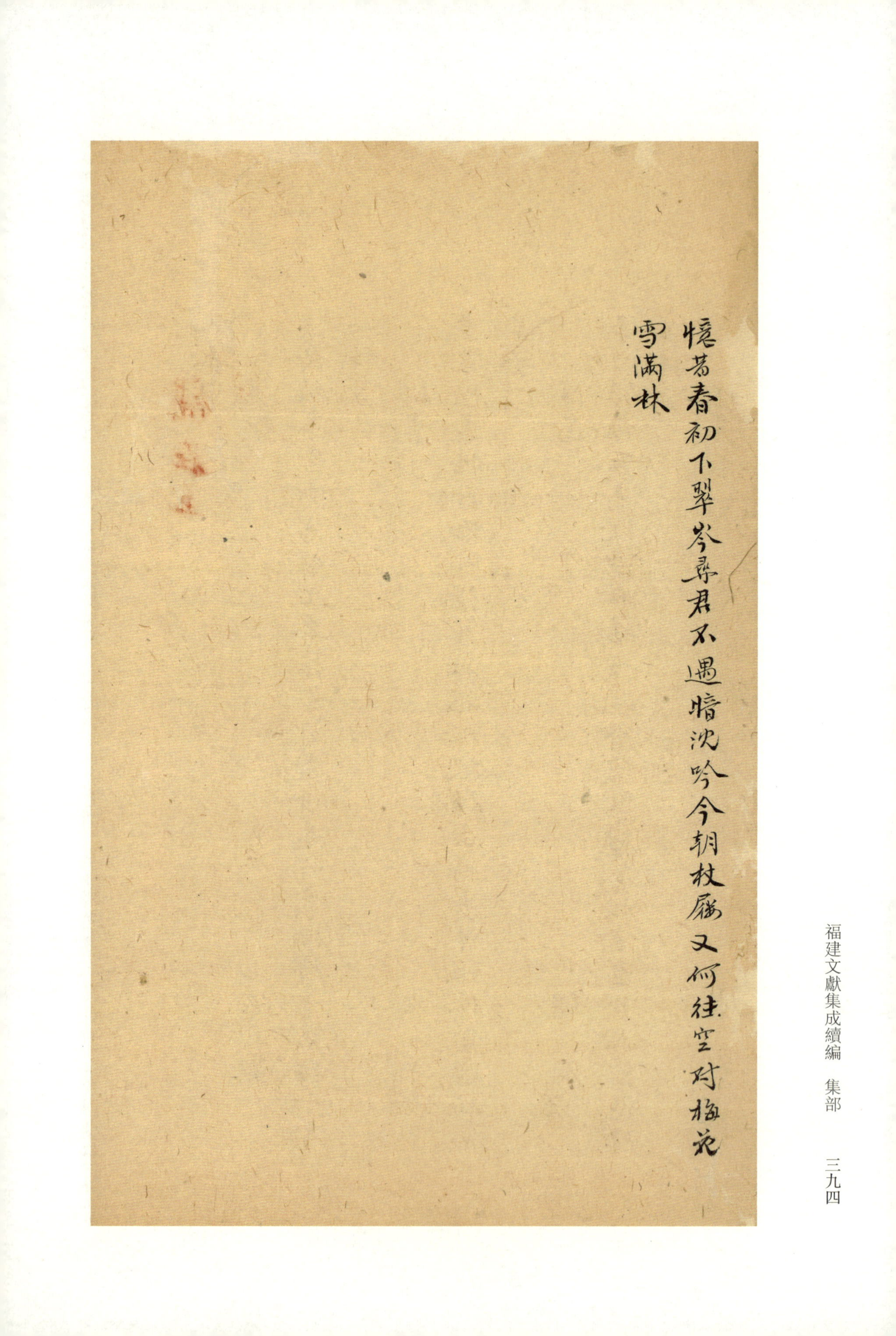

憶昔春初下翠岑尋君不遇暗沈吟今朝杖履又何往空对梅花雪滿林

三忠宮　蔡仕舢

千載之間此廟存，誰人吊得古忠魂。我來只解瞻遺像，手在何勞奠一樽。

五鳳樓

丁亥二月二日代芸連初王錫蕃蘇用廷合遊栖梅山雪峰寺

呂煥英合作四首　立

緩步尋蹤一徑斜。山有後去徑雪峰登眺樹杈枒　洗心偃听泉声

還又有洗心泉悟得禪机理不差。

躡衣独上眼尤賖。梵書回憶登高處洞裡尋

山有朝天石　朝天勢更遐。

真樂嘉山。又有樂真洞　去又

上僊祀佛記名山。又有上僊山　前度游蹤任往還。道是昔賢

最高處最高間　注波

東坡雅白羲之筆。叙度才合筍班。晚我來游空倍伴

文陽閣

峴山閣望不追攀

補在上

香圃賢戚屬題采芝圖玉照　　黄以理

冲穆胸襟世罕儔最清幽處最風流旁人莫指商山老此是君家馬少游

石古泉香靜不喧自携鑱柄劚靈根拈來微笑緣何事得意深時已忘言

踏入烟雲縹緲間爲尋仙草到仙寰小奚也解高人意緩步相隨看好山

夙契曾從訂竹林清譚幾度欵塵襟披圖今見圖中景同是庭階種植心

補佚上

祝黄考前守綣七秩　陳元策

白髮朱顔長壽仙　趙抃　綠楊低映畫鞦韆　韋莊　四時最好惟三月　韓偓　多少歡娛簇眼前　黄滔

玉盤珍菓漫堆筵　李祈　白髮朱顔長壽仙　趙抃　隨分笙歌行樂處　韓琦　錦堂鶴算頌三千　孔文仲

外人先卜宜春喜　王珪　最愛笙調聞北里　陸龜蒙　白髮朱顔長壽仙　趙抃　月光當照金階裡　李白

鑿井燒丹八百年　蘇轍　瑞露明麋滿晴天　李商隱　願將雅樂調元氣　王轂　白髮朱顔長壽仙　趙抃

試帖

賦得雨過琴書潤　洪科捷

積雨對琴書新晴澤未除瀟瀟声已歇藹藹吐方徐開卷光斗極張弦韻有餘雲和庭更~~料~~濕料定还舒幽令消夏日蘇樑騁目旁猺希來早岸強循起進漁

賦得山川出雲得和字　陳桂洲

清明開志氣雲物吐祥和岫合天鋪翠川飛水漾波氤氳孩彩煥舒卷鶴文過緒盖旁迴嶂浮輪復映河溟濛原合射繚繞似攢柯影苗長空轉游含四野多陰陽轉吸呴山澤氣摩掌行見為霖雨

楓宸春且歌

恭和

御製詠雪元韻　陳桂洲

凍雪旁窓布空際瀰瑤華冬令占時叶農書紀歲嘉玉河隨水漾閬苑壓枝斜自是涵清白真能淨垢瑕提頸飢柳絮嶺上詠梅花襆被聊為御珠簾不用遮山陰思訪友閒殺春烹茶何吝

天章煥勤民意有加

賦得靜裏乾坤大得坤字　陳桂洲

靈臺寬朗鑒、个裏見乾坤、浩浩渾終間悠悠自有原須從微処認怡恬靜中存太極胸为蘊鴻鈞手可捫八紘游莫礙六鑿徹其藩境寂餘蓰息心空任際蟠觸來皆月窟妙看盡天根

黃升
黃汝清
李度
李豐

康節詮名理宏開橐籥門

壬申六月　　　　陳桂洲

御試風動萬年枝得名字

萬年枝不老採卑入風清景飄春長在時和氣自迎垂々含
雨潤晨々常烟輕露薦元功普吹噓碧樹叢植未依
禁禦拂處近軒楹對育
皇心春芳叢愛此名

再補鈔春風扇微和二十韻一首

此處補入李豐一首另鈔在外

賦得讀書用三餘得勤字　　　　徐雲驤

讀書推董遇績學益精勤百遍生新義三餘獲創聞研鑽真
力倍卓犖務觀群並覺中宵焠膏緣繼晷焚高吟風与雨之
用史兼文敷積歸千策文成重一斤倚窗披以尺陰更惜光

分

睿藻淵之蘊

宸衷邁典墳

賦得臨深履薄得冰字　徐雲驤　陳桂洲

絃歌侍夙訓戒謹惕淵冰履薄加危懼臨深凛戰兢隕之心自慓涉矣志彌戀水濶驚狐度波寒躍鯉登底須防足失莫致嘆陰淵

帝祉汪於海如川莫不垸

賦得目送飛鴻得彈字　徐雲驤　陳桂洲

絲抱囊琴奏飛鴻過影寒心遊千仞遠手把五絃彈便覺輕風帆渾忘去調瀾高吟思別鶴逸興寄離鸞指下精神遇空

中的翻搏飛從雲際渺趣想靜時觀槲葉山風徑芦花水月
陡曲終泥迹没沙意對漁磻

賦得飛泉漱鳴玉得鳴字　吴文壂

非玉非泉響琤琤轉莫名漱原邕水石勢總挾飛鳴洞口因
風想峰腰帶雨傾巖峦何屈曲環珮不分明芳潤雲同潔玲
瓏月有声在知緣磴瀉未改在山清幽光諧築筑凡音洗笛
箏漫勞招阮士珊瑚貢群英

賦得詩情又入早秋天得詩字　張家駒

消夏常留課吟秋又有詩遠天臨水淨漲(派)驛泊船遲樹影涼
蘇憂山容瘦入眉容迷明月夜江上晚雲時信手蕉箋拾閑
心節序移盤雕双翮健味蟹一螯持元白誰能壓丹鉛肯告

再補　先父

先兄之詩

疲代年梅市过重与续新詞　　林化時

賦得翠壁蒼崖晚更奇　得奇字

探勝攜筇且悠然晚更奇崖蒼衛夕照望翠映時添暮靄依

山重浮青隔浦添嵐光迷遠近雲繞散紛披樹古籐苔磴雲

多擁蘚碑空濛添秀色蔥蒨掛殘曦石骨高懸巧秋寒瘦削

宜游蹤傳妙景忠定記題詩

賦得花開鳥鳴晨　得晨字　　林化時

無心知時樂花逢此日春開花当破曉鳴恰值芳晨鼓翅風

前個含苞雨後匀香迷金粉地韻雜管絃入簇錦瓊枝飛調

喉玉瑛新露叢甜蝶夢雲彩羃鶯身娶待欄移午声傳漏转

寅○○帝律多淋景春氣萬象真

賦得窗間風引茶烟　得烟字（茶旁朱批：葉）　陳仁士

窗靜微風漾，烹茶雅興延。半甌和曉露，一縷引晴烟。絮撲風（旁注：輕）颸颺，蘋添活火鮮。青痕盤蔓曲，碧篆暈紗圓。團鳳香初沒，後雛味品先。瀹泉修竹化，（朱筆：吸茗）雨花天。鈴索音徐動，瓶笙韻別侍。〇逢瀛邀拜〇。〇賜清賞稱群仙。

賦得慢亭峰影蘸晴川　得晴字　鄭懷陳（朱批：緒元題呈）

慢亭君不見，一櫂認仙蹤。影蘸雙溪水，晴烘九曲峰。團屏天幕麗，倚檻浪琤琮。鳥吹停雲久，螺痕染漲濃。鏡涵紅日飛縟，憶紫霓縫乳。接晶宮路，如描錦佛窟。烟巒開疊幸，水石遺詩胸自傲。中秋宴何年勝會逢。

賦得移柳待小鶯　得鶯字　傅国英

不有盈隄柳難邀出谷鶯鳴來新簇柳密何須好音傳細雨
鋤根早春風刷羽輕一枝憑寄託百囀記分明撲絮連根影
攜相異日情
上林多義植鳳翎協和鳴

李淨補居士徐詩之上

賦淨晴天养片雲淨初字
山徹濃陰收參殆急溜餘四圍青峰翠一片白雲舒靉靆排
空工霓微入座窗淺滿天色迴蕭遙日兼疏滂沱三春暮情
和四月初太平休养見紀縵霖

李黌

宸居

交

詩餘

立春　調寄小重　宋　李邴

誰勸東風腊裏來不知天待雪惱江梅東郊春色尚排徊双綵燕飛傍鬢雲堆　玉冷曉粧臺宜春金縷前拂香腮紅羅先繡踏青鞋春又淺花信更須催

中秋月　調寄念奴嬌　李邴

素光練靜映秋山隱隱修眉横綠鳷鵲樓高天似水碧瓦寒生銀粟萬丈斜暉奔雲湧霧飛過盧仝屋更無塵氣滿庭風碎梧竹誰念鶴髮仙翁當年曾共賞紫巖飛瀑對影三人聊痛飲一洗離愁千斛斗轉參横翩然歸去萬里騎黃鵠滿天霜曉叫雲吹斷横玉

詠雪　調寄青玉案　　宋陳瓘

碧空黯淡同雲繞漸聞枕上風声峭明透紗窗天欲曉珠簾纔捲美人驚報一夜青山老　使君命宴金樽倒正千里瓊瑶未經掃歌壓江梅春信早十分農事滿城和氣發取來年好

811.8
758

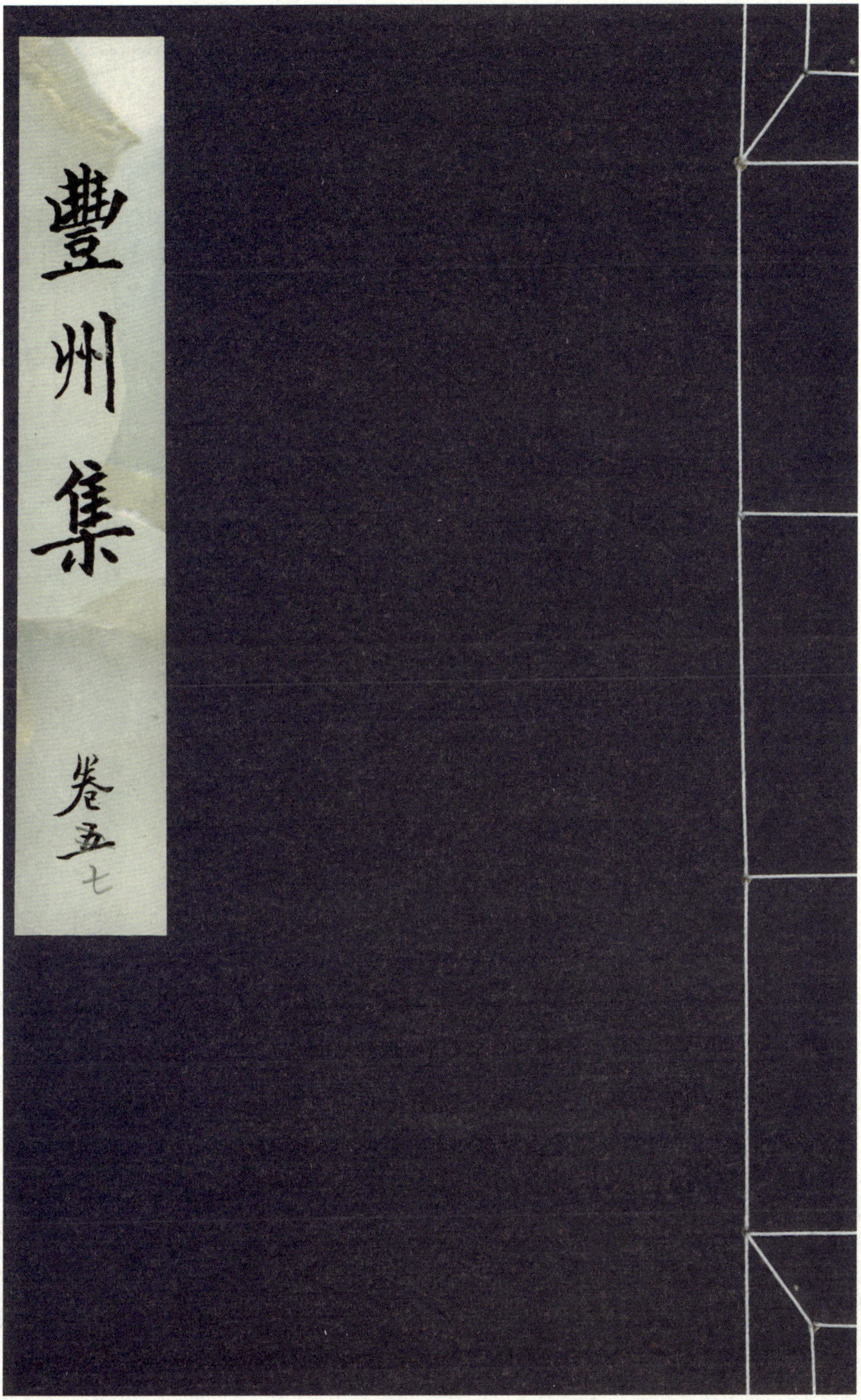
豐州集
卷五七

宋清源文集舊序

真德秀

郡有志何始乎昉于古也郡有集何始乎昉近世也有志矣而又有集焉何也志以紀其事集以紀其事志存其大綱集著其纖悉也志猶經也集猶緯也可以相有而不可以相無也清源郡志成於嘉定之初元山川封域人物風俗登載蓋略備矣至若卿鉅儒之論述騷人詞伯之賦詠散見于國史于家集與夫碑碣所志楹壁所題可以驗賢才之衆多風物之盛麗而志不能具者尚多有之新安程公來鎮之明年謂郡從事武陽李君方子曰此邦號文章之藪而有志無集非闕歟子其為我集之李君既承命則退而羅網收拾得詩賦雜文凡七百餘篇合為四十卷而公括田廩士之本末與郡人所編島夷志別則為之帙以附焉其纂輯之例則

或以理或以事或以調詞而以理若事者居十之七大抵主於閭教化存典法否則詞雖工弗錄焉集成而某至竊以為此邦之吏者不可亡此書蓋凡昔者明哲之官忠信之長教條風績之可尚者皆其龜鑑也有一事之弗逮其能自安乎為此邦之士者不可亡此書蓋凡前修故老德行學術之可師者皆槼度也有一節焉之不相似其可不自勵乎若夫咀含其英華漱濯其芳潤抑末耳

公名卓字從元其為建明施以幸吾民者斑斑見之集中云

對覆

臣瓘言臣六月初五日准通判牒准編修政典局牒奉聖旨取臣所著尊堯集臣依稟聖旨不敢違滯緣臣昔撰此集未經奏御今具狀申編修政典局乞為繳進合於御前開拆

廿

進四明尊堯集表

宋 陳瓘

臣竊以畎畮(愛)愛君精誠雖至芻蕘議政迂闊難行葵向不習而常傾芹陋敢期於清(汝)獻獨因睿(睿)斷許貢危衷申謝伏念臣冀土下材犬馬賤質數罪固多於擢髮舍生無意於兼魚初欲糜捐終難緘默圓(因)續前言之緒聊輸垂絕之忠非敢有善善惡惡之辭但欲明尊尊卑卑之義此螻蟻所能知也在縉紳安可藐(渺)然八十卷之私書奪此與彼十九年之懿績可從而違陛下於繼述之初首辯明於茲事微臣持將順之志在流竄而靡忘鋪張痛詆之言編類孱(孱)誣之語初謂熙寧之輔不媿有商之臣於成湯敢肆厥欺疑安石有所弗忍及究觀於懟筆始粗見其游辭因思大典之久誣益願忘軀而往訴合浦十論申舊疏之餘言四明八門撮其要於一序

後漢書桓譚傳昔楚莊王問孫叔敖曰寡人未得所以為國是也叔敖曰國之有是衆所惡也恐王不能定之王曰不定獨在君亦在臣乎對曰君驕士曰士非我無從富貴士驕君曰君非士無從安存人君或至失國而不悟士或至飢寒而不進君臣不合則國是無從定矣莊王曰善願相國與諸大夫共定國是也

光燮注

實欲彰大德之盛不敢畏王氏之强寧碎首於邦誅。忍謾心於國是。彼效尤於往轍亦苟逞於陳編難以縷闕畧舉綱要謂藝祖濫誅無罪謂真宗矯誣上天訕薄裕陵攘奪先美以托訓為籍口之術以歸過為自譽之媒但矜詆訾之極工罔顧威靈之如在幾乎罵矣豈不痛哉讀其書寧忍終篇稽其文可為流涕代言之筆盡目其徒為儒宗首善之宮肇望其形為坐像禮官舞禮而行諂吏書獻佞而請觀光乎仲尼乃王雱聖父之贊比諸孟子實下等輕君之情彼襃周之僻王棄真儒之將聖當時不得配太廟之饗後世所以廣上丁之祠令比安石為欽王之臣則方神考為代何之主又況一人幸學列辟之班隨至尊拜伏於爐前故臣驕倨而坐視百官氣鬱多士心寒自有華夏以來無此悖倒之禮神考之再

下由蔡京之

半山臨川人

相安石始終不過乎九年安石之屛跡金陵棄置不召者十載八字威加於鄧綰萬機獨運於元豐豈可於善述之時忽宗此不遜之像因壞先朝三舍之法遂費今日千倍之財人材之可擢不殊國用之添費徒廣朘吾民之膏血增彼像之精神美成其私怨集于國陸贄有枝顛之喻。承業以財盡為憂。忠哉古人愛君之誠異乎今日養士之意又況臨川之所學。不以春秋為可行。謂天子有北面之儀。謂君臣有遂賓之禮。禮儀如彼。名分若何。乃此哀世侮君之非豈是先王訪道之法。贛川舊學記。刋于四紀之前。辟水新廱像成於一堺之手。唱如聲召應若響隨使王氏浸至於强梁。乃元祐助發其氣焰。昔宣仁權國之際。謂介甫節行甚高。宜贈崇官。仍加美謚。司馬光書之于簡。呂公著行之於朝。不以稽敝為心。徒發鎮浮之議。負安石者重加黜責。欺神考者畧不誰何。遂至於枝蔓而難圖豈非由偏助之太過雖當時未見誣史而先朝自有聖批恬不奉行養成乖悖蒙蔽裕陵之衆美貽耀鍾山之一書四輔之行謀畫本生於日錄三衛之設規模初定於新經容容乎鄧寒之安排草草乎京攄之傳授考其聲音則麗唱而壎和譬諸手足則左弱而右強凝若冰山烈若原火愚公老矣。益堅平險之心。精衛渺然。未舍填河之願。歿而後已志不可渝望雖隔於戴盆夢不忘於馳闕丹誠上格天語遥詢要觀尊主之恭緩議奸時之罪淵冰在念梟磔竄逃恭惟皇帝陛下天大普容日月偏照覽熙豐記動之史倣虞夏採詩之官咨輿議於多方證私書之百毁舜篡堯緒孜孜乎善繼之勤武廣文聲斤斤乎丕承之美茲所謂一人有

辜 古文罪字

慶可以得萬國之歡凡有識知孰不將順天地尊卑之已定首足上下之宜分孔志在乎春秋漢律嚴於名分戴上者皆知此義尊堯者豈獨臣書燕馬者市骨為先鬻驥者以必將來矣鄭校決防川之壅有舌者其忍默乎臣命可危衆口難遏伏望皇帝陛下念臣役志於享上憫臣積禍於敢恭以尺朽之廢材貢一得之愚慮言多妄發事則有稽宣宗當紹憲之時盛容德裕之奪語武帝以述景為事忍視馬遷之短辭父子至情古今一揆不徵謗史之辜則何以謝過於宗廟不毀生像之悖則何以示順於華夷國是方強勢難遽改大器至重要在深思庶乎苗莠之分始於冠屨之辨至美成於剛健大患生乎因循儒宗數人自是一家之說聖主獨斷乃為我宋之休天心篤愛之甚明人情企想而有待解神考在天之怒成聖主奉先之仁克果斷於

恭毋卯人將大覺善光揚於堯績上可無為於一顰一笑之中成允
武允文之業臣將獻駿惠太平之頌豈特進狂簡不裁之書胸臆
無奇但盡恭於文字筋骸已憊當致命於君親仰酬再造之恩退
聽一成之議闔門待盡殞首知歸臣無任惶恐戰汗激切屏營之
至臣瓘誠惶誠恐稽首頓首謹言

○是表當與尊堯集前後序並讀即知助舜尊
堯之時務後序已鈔在其中而前序在忠肅公全
集未鈔暇時須鈔補入　光燮記

忠肅公始並（經廉）合浦尊堯集尚未敢顯詆於王半山也及經台州並四明尊
堯集與王半山日錄對敵如冰炭也專攻半山之誣謗神宗之聖明四明
非今屬浙江寧波府有四明山得名而宋之屬台州

九月二十一日都省劄子

台州羈管謝表

宋　陳瓘

奉聖旨陳瓘自撰尊堯集語言無緒盡係詆誣不行毀棄送與張商英意要行用特勒停送台州羈管令本州當職官常切覺察不得放出州城月具存在申尚書省臣即時望闕謝恩發離本家水陸兼行不敢住滯今於十一月初十日已到台州城内者畎畆之志一書可通芻蕘之言萬里不隔集辭而上達遭一覽以為榮竄路雖遥陳情已畢中謝伏念臣材如糞土身若梗蓬非敢以著書為能所陳者戴君之義如詆誣之不可志在尊堯豈行用之敢私心惟助舜語言無緒議論至迂獨歸美於先猷遂大違於國是不行毀棄有誤咨詢虚消十載之光陰靡恤一門之溝壑果煩揆路特建刑章若非特庇於九重安得延齡於再造由淮入浙自通至

坎一作大

目一作明

酬一作忘

台怒濤雖阻於重江，毒瘴幸殊於五嶺。尚留頂踵，獨賴君親。此蓋

伏遇皇帝陛下，天地并容，日月洞照，以至慈而善貸，推親過之深

仁，憫此顛隮，欲其存在。以身償怨，螻蟻之命至微；徇國捐生，犬馬

之心未替。望馳丹闕，目賞清光。重干擢髮之誅，徒鬱戴盆之望。餘

生易捨，大德難酬。

忠肅被竄台州，乃合浦等處集也；及竄台州，有名四明等

處集也。合浦之作爲十論，四明之作爲八门

對覆

賀冊皇后表

宋 傅伯壽

離日麗天、休益緜於寶祚、軒星耀象、位宜正於璿宮、大冊渙揚、群情欣抃、恭惟皇帝陛下、懋昭聖德、克謹化源、念宵旰憂勤、眇斡萬機之務、而夙夜警戒、實關中壼之賢、爰登天作之良、用即坤承之重、對二南之風教。揭四海之儀型。臣備守潛藩、欽聞盛典、以歸道率下。況追美於葛覃。頌聖人多男。尚伸虔於華祝。

奎朝州之

對

覆

代河湟父老奏

唐　陳黯

臣等世籍漢民也，雖地沒戎虜，而常畜歸心，特未可謀，則俛僶偷生。比遭休運，詎可緘默。伏思中國之患，邊戎其來久矣。唐虞夏殷之前，則淳風未漓，華夏自判，故干戈不興，亦宜矣。由周以降，或侵或伐，無代無之，然則享國長久，君臣有謀，惟是，其餘不足徵也。周漢討逐之事，臣知之矣。請較而論之，以為國朝比。且周之伐獫狁也，以斥逐為心，不常事之攻，進則遏征，退則息兵，致其邊鄙無備，壘壘不營，此乃周之謀失於不固矣。漢之討匈奴也，乘時之勢，恃兵之雄，深入窮荒，莫計遠近，援雪山青海皆為內壽，其役財匱力殫，厥功不就。遂予和親之好，自悅帝虜、延德殘時，斯為漢之謀失於太廣矣。唐有天下，逾於周漢之道，一家其六合，一心其兆人，唯許

東西曰廣南北曰袤

為掌兵柄者孰籌之嚴西鄙

犬戎未能為患當開元中有將臣善於攻戰振張皇威殲殄醜虜
自秦渭而西有地數千里此則展拓周疆剪截漢域計許廣袤殆
其中矣頃從國家以內難時起不遑西顧其蕃戎伺隙侵掠邊州
臣等由此竊為慮有能雖力不支而心不離投居河湟間世相為
訓今尚傳留漢之衣冠裳每至祭享時則必服之示不忘漢儀亦
猶越翼胡啼有巢嘶之冀噫其怨慕也有是陛下統寰區以慈
仁化育閩之深不測涯而軫念乎夫子有云勢有必趨苟懈而
不為是失古人見機之义今國家与予三方底寧獨取近陲猶反
掌耳劍投老之心融雖復強從天兵一臨孰不向化今陛下采臣
之言則先選良將不以前負勛業者與更授節制者為之將者彼
功崇矣彼任極矣復將悉力當之執以此臨予必多自顧願陛下

詔班行之中、蓄識有殊、籌畫可用者、躐一資一級。授鉞將兵。俟見
功序。而後加之爵賞。必能摧兇破敵。然後所愛矣、我瞿者亦天地之
間一氣耳、不可盡滅、可以斥逐之、伊周漢之事、如前所陳、今之所
取、願止於國朝以來所設秦渭之西故地、朗畫疆域、牢爲備禦、然
後開近田、飽士卒、可以爲永遠之謀、迥出周漢之右、則臣濟棄我
即善世之子孫、與流離之苦、生死本長、

劉疏

對

申南安知縣梁三聘劄　　宋　真德秀

證對某去歲蒙恩再守泉州是時已聞本郡年來民窮財匱大非昔比意謂此特未知節用之方而已曩自江東移守之時郡計亦自甚匱多方撙節甫及年歲遂可支吾今者不過力守前規必無可及到官數月推尋顛末乃知昔年之患在枝葉而今日之病在根本夫一郡有一郡之財賦一歲有一歲之財賦量入為出豈不可為而今之泉州乃真不可為者蓋由根本戕伐之幾盡生意蕭索而無餘故雖極意撙節而未能救也根本之壞其事多端某不敢悉以瀆朝聽姑舉豫借一事言之蓋自十數年來諸邑令宰多非其人產錢失陷而不知考覈版籍散乱而不整頓鈔書失積壓而未嘗勾銷奸吏豪民相為欺隱於是常賦之大虧而預借之弊

始出二三大縣大抵皆然而南安尤甚緣其間中屢不得人或以他官攝事故其積獘日以寖深而通直郎梁三聘適承其後倘其人稍有材力到官之後於前三者用力整頓亦不獘壞若是之極而因循廢放以預借為當然紹興四年已借至今年而五年已借至來年矣自某之來不得不行禁止而三聘乃謂預借者縣之所仰以送府者也州既我禁矣使我何所從出於是自今年正月至於五月一錢不復上州某既為縣竄縣吏之尤姦蠹者數人以其家貲代版帳一月而自餘月份仍前不輸截日終拖下版帳錢上供銀錢大礼錢共一萬五千貫有奇本州即目困於宗子之廩給無所擘劃又須為人戶理豁預借錢為本縣代出上供大礼銀錢又將何所措辦某考其人本無貪暴之行深欲保全之每諭以振刷

精神興起廢壞而其材力終不可強漢人有換縣而治者亦欲倣
而行之又適無可換之人不免委惠安簿吳子良往助其鈎考而
事不專猝未見效顧念南安爲泉壯邑訟獄財賦倍於他縣三聘
在官非惟財賦不辦獄訟亦多不理又其到任甫一考有半來日
尚長深恐邑事日甚一日至於不可扶持而後已三聘亦自揆其
材不足以振起彫弊欲自爲去就用敢冒昧申陳伏望朝廷特賜
敷奏亟降指揮令三聘赴部别行注授而選擇賢能之宰整頓此
邑磨以歲月庶幾浸還舊規乞賜指揮施行申聞焉

小貼子某聞下任已自差人亦非材士偏郡守臣不敢輕易
申辟竊見奉議郎新除南劍州尤溪縣徐鹿卿材識不凡彊
毅有立欲乞堂差改知南安縣事則本邑庶有興起之望其

已差下人乞送部別行注授伏候指揮

十月十日奉聖旨依梁三聘與祠禄徐鹿卿差知泉州南安縣填見闕

對災異疏

宋　傅堯俞

臣伏讀旧史見前世已然之風國家將有失道之敗而天乃先出災害以譴告之不知自省又出怪異以警懼之尚不知變而傷敗乃至今陛下操有為之心以恭儉求治而大雨壞廬舍殺人極衆水入宗廟冒宮闕其譴告警懼可謂丁寧切至矣如是者何哉臣伏思其所以然之故蓋有所為傳曰簡宗廟逆天時則水不潤下昔至和大水當時議者亦以為簡宗廟之罰先帝納諫予即旋復今陛下受天下於先帝而昭陵之土未乾執政之臣導陛下以絕義將以濮安懿王為皇考於仁宗之廟簡孰甚焉是以大失人心上下天譴予著於昔故害亦過之陛下倘不感悟臣恐大異仍至更有甚於此者陛下縱不能盡逐執政猶當黜首議之人以謝天下此

固天道抑又有人事焉夫兩日之雨京師之患如此陛下謂人事修乎齊乎賴天之霽始爲禮懼備更一日未止者豈與傷敗之憂陛下何不爲之寒心哉臣願陛下取禮官兩制之議遂定濮王封罷黜歐陽修以暴其所以誤陛下者使天下較然知此意不出於陛下然後進修子道通廣言路切責三公以圖改效重黜水官以懲不戒庶幾可以壓塞人情消弭災變此所謂應天以實不[illegible]以文動民以行不以言者也若謂降詔責躬許有位粗陳得失便爲札事已足患至則惕然知畏事緩則置而不思讜正之言一切不入於天人之際適足有所激而求福則未之聞也況公議鬱而不申乃復匿之以求直言臣恐天下不以朝廷爲至誠也方今佞邪之臣衆將有以天時常數上惑聖聰者又將有堯湯水旱之說願

門下今幸未死何敢以毫辭惟公端莊而樂易寬博而沈確正不矯
俗和不詭隨聲色玩好澹然無營平居簡默言若有不出諸口耳

陛下深拒絶之勿使此曹壹誤天下此繫國家安危成敗幸陛下
留神毋忽

對

罔終惟始疏

宋 傅堯俞

臣聞之書曰慎厥初惟其終又曰慎厥終惟其始始則念終不敢不慎也終則念始不敢不勉也臣愚伏念陛下考古御今修明法度恭儉以克己慈惠以愛人登崇老成開廣言路大義明舉仁聲流聞總攬萬幾於其綱要所以欽崇祖宗導世成俗為子孫百世之慮亦備矣臣筆舌所能形象雖詩書所載丹青所傳殆能有以過也可謂有其始矣臣愚不勝拳拳謂陛下雖聖性得之然當加聖心焉夫天地無全功聖人無全能此不可不思傳曰審好惡理情性而王道畢矣治性之道必審己之有餘而強其所不足有餘則養之不敢矜不足則勉之以為戒然後無間可窺而巧偽之徒不得比周而並進今陛下不出房闥而天下嚮風百僚奉職其無

伏以陛下通達平鈞而政出於太公云可篇一時有所偏則好惡之情露百邪群枉必爭隙而入矣陛下前日積勞之所成就將中廢而不完矣可不兢兢業業日慎一日以圖厥終哉敬願陛下留神省察則天下幸甚天下幸甚陛下不遺臣愚廢以言責紀臣衰拙所當嘗被仰贊盛明罷絕就職臣輒自惟忖蓋志有向背而材有能否事有大小任有重輕陛下使臣拾遺補過以輔盛德明善正失以平庶政舉直錯枉以正大臣方是之時臣於其力以死繼之若夫窺人之私摘其細故有聞必達遇事輒言則紀臣之任又紀臣之志也伏惟陛下責其大節寬其近功因臣所能俾效其力臣終不以狗馬之年為子孫計畏首顧尾以孤負恩獎惟將之之難陛下既臨之矣顧不能善其終乎殊不可不戒也伏望陛下察

對

臣懇款不廢其言特賜覽觀則雖死無悔臣不勝大願

請孝養太后疏　宋　傅堯俞

竊惟皇太后有旨更不於內東門同聽朝政臣伏以皇太后佐佑先帝擁陛下於藩邸有不得已遂權同機務及清躬和豫舉神寶以歸之其勤勞恩力可勝道哉陛下天畀仁孝思所以報塞罔窮已然自古以來讒說或妄意宮禁中事頗有浮議流於人間此庸所以見惡者也今陛下於九重之內雖日極溫凊之志行以奉事皇太后天下安得遍聞臣謂宜順承顏色以致其悃愊之文取奉養隆顯之禮可以使士民共知其速講而數為之自然至孝之聲函聞於四海如是則端拱無為長享天人之助矣至於給事皇太后之人內外淡未得盡力於陛下前見皇太后復得慮其智

識鄙短未能測乾坤之量不免有負氣畏臣謂宜歸於勤勞少推

恩例上足以慰母后慈愛惠之意下足以安左右氣懼之心愚慮所

及不敢不言惟陛下矜其狂愚而特加收採則不勝幸甚

題

對

題夫子泉

宋 傅自得

此泉與皀莢芙蕖並瑞圖諜㨿五季間廟庭有皂莢本州人舉進士視其生之多寡以為驗梁貞明中忽生一莢有半人莫測其祥是歲陳逖進士及第黄仁頴學究出身後唐同光中仁頴亦進士及第半莢之枝遂生全莢

書傳忠肅謚誥後

宋　洪天錫

靖康之禍尚忍言哉列聖之所封培諸老之所樹立一壞於新法再壞於紹述而盡壞於黨禁一時公卿無非誤國迷朝甚者賣以為利其能見危授命不辱其身惟劉忠顯李忠愍傅忠肃三忠而已或者尚擬劉李二公不得不死而死傅公可以無死而死當時此一種議論入人骨髓人知身家耳家耳識君臣大義為何物夫是三忠蓋天理民彝之僅存而不與世變俱廢者一葦障河雖不及救然使醜虜知中國有人遺黎知我宋有主則不可謂之無益也為国家者謹勿自壞其金城也哉

莆陽林公卬林枅湻熙十二年乙巳倅丙午卬十三年黄汝嘉亦莆田人湻熙五年進士

姜相墓後石壁隷書題字

祕書莆陽林公治泉之明年秋七月沈浹命有司給公錢三萬指授南安攝吏黄汝嘉曰唐直臣姜相墓㞢久荒圮不足昭遺烈子为葺治之毋侈故度毋役齊民環植之以松宜木俾來者起敬焉汝嘉奉命惟謹越二十有三日報成時湻熙丙午後七月戊申朏謹識攝尉錢塘朱孝謹書

宋之黄汝嘉乃文雅人也宋槧本之書居多黄汝嘉重刊刻於每卷之末行九日山剡石之字甚多但㞢月遥遠苔蘚消殘难以句读

光緒丁未三月望日滌園仕謹識

惟蘇才翁高士彙三字未残

枅〇〇作枅非

至慶元间又知为何處校文彼时有刻西江詩派二十五人之詩卷仕家有影宋槧本饒節之倚松老人詩集三卷每卷末有慶元己未校文黄汝嘉重刊一條又有見其晁沖之之具茨詩集一卷卷末亦刊一條江西詩派

仕

謹按甚二家一求衣司直弟頌之詩及康熙間新刊本

當不知詩派中黄汝嘉重刊幾家而黄汝嘉在宋之世

必風雅之一流也惜家藏已與化志遺失矣

可檢查閱識出識乎 陳之識

李光地 字晉卿號厚菴安溪人康熙九年庚戌進士

官大學士謚文貞有榕村全集 附

列傳

對

恭題第一林泉後

明　鄭普

嘉靖乙巳年閏正月二十四日户部湖廣司郎中臣鄭普兵部車駕司郎中臣程秀民户部雲南司郎中臣張邦瑞以部命赴内科填銷出内之數其日天和景晴相與循宫墻望舊關苑外花園者我太祖高皇帝時遊息之所也内宫監太監張宣適率人掃除其中因得入觀之修竹千竿老樹百餘本土山一堆環湖石數層上有御亭一屋僅數椽楹旁立第一林泉一石又一石刻龍穴二小字中有龍形無奇花怪石崇臺深沼以為樂因慨然有感於吾高皇帝之垂訓立國其儉質類此如此乃因張宣摹刻刷一幅置之静齋使窮邑委巷之人或得與觀之庶知我國家所以長久者固有在也臣鄭普謹題

九日山集題辭

元釋可庭

夫境不負人人何負於境也然境因人而後名著者人勝也人因境而後名顯者境勝也人境俱勝而兩不負者其惟泉之九日山歟攷諸地輿山水勝絕為泉南第一麓有寺曰延福寺三十六奇昭人耳目寺自典午太康九年剏始至于元朝後至元間再造遷徙離合建革為禪廢而復興者數矣而山水効奇獻異猶如故態可謂境不負於人矣古今人士有善鳴者一獲登覽則必嘯江山之精華泌乾坤之清氣命毛穎浣龍香韻正始之遺音瀉絕塵之旨趣或留諸蚉壁或鑱諸翠珉則人於境亦無負矣首衆苾芻逆流順公懼其歲久湮滅採摭古今名姓留題及碑刻金石之文各得若干首目曰九日山集謀任持石堂王公耆舊湘江月公募緣繡梓

嵓 李升音義

流通於世可謂攻尺壁於荊山拾𤣥珠於赤水使世無遺抱之恨
豈惟人境不相負哉時至正辛卯佛誕日可庭嵓中題辭

嵓氣窨之娛　窨音蔭說文地室也

對

與鄭伯義書

歐陽詹

居方足下胡稱物故仁孝多感想慟如何遠朋悽惻秋祿偉與神
康僕素寡悰暢逐亦可悲羨下素人居方居山之陰羨承今冬以前明經
赴調殘舉進士何頗且不浙逝而能復與居方哉丈纔有必行則
陳必有拒忤情懷歡在入敗難雖僕於居方亦不易之今流史沉
川美沃歸根輒分間布白致以殘素居方忖覽知及蘧瑗四十九
年之已往陶潛今是昨非之悟焉漁者所務唯魚不必在果在筍
弋者所務唯禽不必在樹在繳國學設第友厚祿為人民也為社
稷也在求其人非與人求在得其人非與人得唯道德膺厥求唯
賢能膺厥得賢能矣而後見道德識之而後信為能矣苟欲
識之則必要以務命以成治而蠶之四海之大億兆之眾不可逢

而委命之是用登精異之間特致其我樂而自耀其談往載究前
言則曰明經屬以詞賦以子則曰進士中夫程度其取政子最輕
小其命以狀文令公係子孫卿大夫子弟竭力效供給其曰千牛
進馬三衛齋郎限以年月終之試之其有成則陟之不已乃第乃
厚其有敗則黜之不已乃戮乃亡取之於科科暫殊用之於科科
則一良吏即以進士貢而明經不貢也但以選才如選材焉以規
則先之於方以矩則先之於圓於方圓畢其能改擇其利用其實
之中方則善於圓中圓而善於方木材也其在堅貞而久人才也
其在德行有恒而不久不有恒雖告之於今必不告之於後世
之人貴此賤彼是不深達國家選士之意見近而迷遠其居方寓
於人之徒與況目覩進士出身十年十二年而終於一命其有之

明经科色入仕须臾而践卿相其有之忠与孝相生君与父相随於家美即於国良为闺门重则为朝廷尚此古今至贵绝虑万不失一之陟也仆忝居方游自负元之旁于今十有三祀熟陟居方之为人其为可求则已在前长之前矣衣食可让则已在兄弟之之近矣急难当以则必在交游之先礼义当往则其在时贵之后最晋其方之性爱悌友于之情长长之敬下下之眷与同之信接物之道居方其不足则於家於闺门至矣於国於朝廷非少哉尝陪宵月下穷庐火近或辞或蹑接以余论君子以其暗然而彰恶自衒自媒沽名其二年间见居方求试於词场仆恨之为失才如居方比如居方方如卧陟非止乎陟然科科中升乎一科矣宜有一渠一筒一规一缴之义乎乎识识之旨中规中矩之求委恒久循

黜陟侯騎乎瞻然之來也況近聞宗懿之中畢行居方彌篤焉上以居方遠慈於下々侍居方申愛乎上居貧孀孤遠宦親榇悉居方竭力已可行咨乎可及饑飽不異魂倖皆歸年幾弱冠行跡如此豈徒生哉偶如居方束帛到門而有未起居方以藝自竭虽從家命亦以紀矣愍哉更迺商人之役耶僕竊以為知人最得居方以為居方必泊聘視卧行則紀居方今聆嘉聞又居方矣如共知如共知竟履之和以叶愿念得之以道為善為德不得以道為固為愚時之令人也是善哉面叙不周此亦何云

對

上鄭相公書　歐陽修

將仕郎守国子監四门助教歐陽修謹齋沐裁書再拜遣隸子布獻於相公中纘之車下庶及乎閣下當今主上聖明宰輔賢明而乃已乃而止已止其或未乃未止不知也能不念也未而乃而未而止也修愚嘗竊謂所見則在知之之後念之之閔矣又敵敢復言今夫有言自言而已人有百行修乃多精內和潛鳴外听其声能不顧用而人不用能其顧施而人不施雖和平之代至老至死其相公以為有之乎修將十有十百有百千有千也何以其知之近之有修嘗讀論語得孔子曰古之學者為己今之學者為人修肆之學者不由所學務所學也修不敏傷窮之然從稟美華鳴歷之性未資訓導而斂順和合乎長者十或四五際多畏人直拙自

守將亦以孝弟忠信約禮從儀人生合宗博閱游藝以義修詞人
以生圖然殊不以有為而為之幸屬昭代世故人敬趨條目道希
銓擇五試於禮部方售鄉貢進士四試於吏部始授四門助教兩虎
應博學宏詞不受一舉選去人而引座幾萬予留心不仕則已仕
被駁又一舉選授助教
則莫就高衢遠途展其素蓄垂名于後代播美於當時邇徒利斗
粟布片帛校窮昇給糴夕心計以利斗粟布片帛升不以之萬與
其而行座幾萬予留心之流則必虎彪對人之徒跂其慕彼人
之徒跂企夫高衢遠途必噎四門助教限以四考格以五選十年
方易一官必自前循資歷級然後太學助教其考選年數又如四
門若如之則二十年矣自前循資歷級然後國子助教其考選年
數又如太學若如之則三十年矣三十年間未離助教之官人壽

百歲七十者稀矣今四十年有加矣更三十年於此是一生不覩
高衢遠途矣況先三十年就存亡哉其或素蓄當在重泉之下矣
時已方人所以知而行脩乃予精内扣隱鳴外听無声能不願用
而人不用能不願旌而人不旌雖和平之代亟老亟死其十有十
百有百千有千也嗚呼今之高懸爵祿廣設名位實待乎德行與
乎能予也德行也其孝悌也忠信也不可於公然則須而得試之
須漸乎父母昆弟之言洽乎州閭鄉曲之譽處遠人也父母昆弟
居万里之外州閭鄉曲在三江之布孝悌之言與由漸朝廷之耳
忠信之譽莫得洽徹下之聞也能予也其兼持也宜年也不可露
处其後而得呈也須形乎政令裁製之序義乎役藝使才之致矣
況夜也政令裁製一月撕術之謂役藝使才二莫陪行 音航而已

秉持之序才可形考課之目應事之致是亦絶選舉之見也縱有
顔閔之德游夏之學宰我之政子夫子之文章其非是也但父母
昆弟自非知州閭鄉曲自相許非海隅嶺徼其奈拳拳之分何夫
大田於穫而有遺秉滯穗也萬秉稀一萬穗稀一其豈遂當其一
乎且天地之命之翅必與之羽翮副其巨細使得其飛也命之足必
與之蹄蹠稱其長短使得行也若命翅而不與之羽翮與之而巨
細不相副飛則墜命足而不與之蹄蹠與之而短長不相稱行則
顛命遺之墜與遺之顛則如無命無與也其序愚不知造物
之為耶視之則不之怪其明貢深探理原耶其得天地何邦國也
勸人以德行用錫之爵禄必契其分量使得行道也勸人以職事
用錫之名位必權其輕重使得榮分也若勸以德行而不錫之爵

祿錫之而分量不相契送則屈資以就予而不錫之名位錫之而
輕重不相權分則厚功適遺之屈資適遺之厚則如其功其資也
其序愚不知造化之爲其視之則不之怪其明賢深探理體者其
禍邦國何屢代居閩越自閩至於吳則絕同御之人矣自吳乎楚
則絕同方之人矣過宋由鄭踰周到秦朝其一命之祝與廻
睟之舊狀紆根害不食之田也人之耘耔所不及家之沈灌所不沾
其濯乃條枝咸乃暢實其上天至仁之膏澤厚也其私之陽春乎
相公爲上天霖雨佐厚也發生也何以屢處焉夫華善不遺机微
陋使就必養其材器真宰相之任也自唐及虞有其人自夏及
商有其人自周及秦有其人自漢而迄其代無之洎國朝歷之而
數也相公能以屢爲手下濫觴乎似善然升真善以至似能然拔

真誠古人所未行此天下归仁也相公行之哉行之哉今則猶古

冥度遙遠蒼皇造次某惶恐再拜

對

移陸司勳浰書

唐 歐陽秬

日月歐陽秬移書郎中閣下夫百女蕩一女貞蕩者紛然為貞者笑脱使貞者始貞而後蕩奈百人之笑一人耶嗚呼一之笑百百者有比恥於人而已百之笑一一者舉目無比其如恥何伏惟閣下少垂聽覽秬在閩中時聞閣下之名十年矣及來京師又逾一紀嘗期閣下不出則若南陽劉子驥會稽謝慶緒出則如蜀孔明殷傳説不然亦如賈誼朱雲之徒庶幾於直道也今皇帝起閣下為郎閣下俁俁而來秬謂斯來也享數年有見必言有聞必諭今日復一日僅三百日矣豈九牧之民皆治矣無有術耶四夷之患皆平矣無有策耶天下之無賢者不可舉耶天下之無倖者不可黜耶天下之無贓者不可劾耶天下之無寃者不可雪耶天下之

逢萌漢人見王莽殺子語人曰三綱絶矣不去禍將及矣即掛冠東都城門

無屈者不可伸耶天下之無驕者不可誡耶既無可所聞又無所見則樂堯舜之道讀周孔之書劉驎之謝敷斯人也閣下亦斯人也豈徒鼓動以朝廊飡而退是何前踞而後恭若彼始貞而後蕩如此且一之笑百雖有比也正今百人之反笑矣閣下欲何比焉夫名利之心不可卷正直之心亦不可轉矩謂閣下今之為不及昔時不為明矣且逄[逢]萌不掛冠孰有萌耶孫楚不漱石孰有楚耶閣下始心為直茍在為郎國家有明經進士史傳諸科孰不郎也後達者雖在閣下之左先達者果在閣下之右矩所謂為郎不若不為蓋悲閣下身未死而名已滅雖然尚有可復之計何者閣下有所見勿恃其位而言有所聞勿顧其身而論論或不行言或不用則乞骸歸去斯謂可復之計也已矣吳越暖景山川如繡鱸鱠蓴

羡放歌長嘯夫如是永為陸司勳庶幾乎不朽伏惟念之秬再拜

与曾布書

宋　陳瓘

瓘聞之古賢未嘗無過周公孔子顏淵皆有過子路聞過則喜許以為聖賢之徒成湯改過不吝所以為百世之師故曰過而能改善莫大焉匹夫改過善在一身大臣改過善[福]及天下閣下德隆功大四海之內所贊頌然謂閣下無過則不可尊私史而壓宗廟緣述贊而壞先政此二者閣下之過也違神考之志壞神考之事在此二者天下所共知而聖主不得聞其說蒙蔽之患孰大於此瓘之所撰日錄辯一篇已進之於上閣下試一讀之則所謂尊私史而壓宗廟者可見矣瓘去年所謂陝西河東事未盡詳悉近守無為軍得朝廷詔敕乃知天下根本之財皆已運於西邊比緣都司賤子看詳內降劄子因述其事名曰國用須知亦已進之於上閣

下試讀之則所謂緣近費而壞先政者可見矣主上修繼述之效閣下乃速志壞事以為繼述自今日已往其效漸見可以保君者不亦大乎效之速者尤在於近費巡穿條例司之所講究與右曹之所守舉朝公卿無如閣下最知其本末今閣下獨持權柄首壞先烈弥縫壅蔽人未敢議他日主上因此兩事以繼述之事問於閣下將何以為對當此之時閣下雖有腹心之助恐亦不得高枕而臥也且近事之費外則帥臣內則宰相帥臣知一方之事而已雖竭府庫之財而傾之不可責也至於宰相之任則異乎此矣豈可以坐視天下匱乏而恬不加意因壞先政因務蔽蒙閣下則辟其過可乎竊比緣禀事閣下之言指尚書省為道揆之地竊謂閣下此言失矣三省長貳宜守法而已若夫道揆乃天子三公之

多邑太宰之所以預乎兩年日食之變皆在正陽之月此乃臣道

大疆之危急閤下之計當畏也宜守而揆邑抑畏之謂乎周官曰居寵思危今天下旱蝗方數千里天變屢作人心憂懼造費敗壞國用耗竭而閤下方且以為治道揆之儀可謂居寵而不思危矣閤下於瓘有薦進之恩瓘不敢負是以論吉凶之理獻先覺之言冀有補於閤下若閤下不察其心拒而不受則今日之言謂之負恩可也負與不負在瓘察與不察在閤下予君之任與高下參以其志孰以而奪之乎瓘去年九月三日上書事皆乞奏知東朝計以尊人主而抑外家也欽聖未見察則瓘被貶黜没来慈意開悟則瓘以尊復人主察識臣之盡忠欽聖知忠言之有補母慈子孝

主聖臣直此國家兩全之道廟社無疆之福也今欽聖納忠之美

未白於天下而諫官不二之心治罷於廟堂脇持之風甚於古昔乖離之論唱自大臣所以厚欽慈者果在此乎璀前言辭都司之命而陛下未許其去者陛下必有以處璀矣此士大夫之所共喻也主上念欽聖納忠之意察孤臣不二之心獎勸之恩至深至厚璀以擇死所以圖報效與負於人主與悅於外家一身之安危豈暇端計哉則今日之言安知不見察於陛下也陛下深思而已璀不敢供職重取煩言又不忍嘿嘿而去惟陛下留聽幸甚前者夢克集表蓋與此互見惟求譬諭之懦不厭屢也已彙异乎蓋可嘉設奕世罪流削坎壈不自悔云

對

與大慧書

宋　李邴

某近扣籌室承擊發蒙滯忽有省入顧惟識根暗鈍平生學觧盡落情見一取一捨如衣壞絮行草棘中適自纏繞今一笑頓釋所疑欣幸可量非大宗匠委曲垂慈何以致此自到城中着衣喫飯抱子弄孫色色仍舊既無拘執之情亦不可作奇特之想其餘夙習舊障亦稍輕微臨行叮嚀之語不敢忘也重念始得入門而大法未明應機接物觸事未能無礙更望有以提誨使卒有所至庶無玷於法席矣

對

再與大慧書　　李邴

某比蒙誨答備悉深旨某自驗者三一事無逆順隨緣即應不留胸中二宿習濃厚不加排遣自爾輕微三古人公案舊所茫然時復瞥地此非自昧者前書大法未明之語蓋恐得少為足當廣而充之豈別求勝理解耶淨勝現流理則不無敢不銘佩

李雲龕先生有書一碑在我家庵

為諸生時上南安王大尹書

明 沈洪

人之所以生者以有元氣也學校之所以振者以有士氣也元氣索不可為人矣士氣索不可為士矣然元氣之索病止一身士氣之索病關天下昔張橫渠為雲岩令禮進學者每有惓惓接引之意程明道倡言於朝曰治天下以正風俗得賢才為本之二公者誠知士氣在天下猶元氣在人身不可一日失養也不特此耳周公元聖也一食三吐哺一沐三握髮猶懼失天下之士今之士去昔遠矣執事之德之位去周公亦遠矣而侮慢自賢顧欲駕周公之德之位之上其亦弗思甚矣已士者朝廷所儲以為世用者也故所作養期望既優既渥而有司今日之爵朝廷之爵也有司今日之祿朝廷之祿也擔爵享祿曾弗念所以作養期望之意豈忠朝廷

者哉南安泉巨邑也菁莪棫樸之化舊矣加以陳公廷忠植之黃公濟培之楊公濂從而克長之故一時之士各自矜奮固有所所謂可親而不可迫可近而不可刼其過失可微辨而不可面數者矣邇來文風雖盛士氣實索譬如佳木花葉並茂而風霜摧剥摧求其端一折於周公銘之用壯再折於顔公容端之用罔三折於陳公楚華之用愚夫以堂堂正大之氣摧折三令之手遂索焉弗振可嘆也厥後三公摧亦稱是然則士氣之振否豈特關學校之盛衰亦有司者吉凶禍福之所係矣執事涖政以來方其始也接士以禮待士以誠車轂之下凡得於見聞者皆歌咏歎賞以賀茲士之遭也夫何甫閱載餘輙渝其初口説騰焉而無其誠倨傲施焉而無其禮茲則狴犴之囚復加無罪之士夫士無罪而可囚則民

無罪亦可殺矣以一人之身二載之内其施為太致懸絶如此此豈無其故哉誠恐執事向也德政昭蘇如日之明未陰翳也今則浮雲點矣向也本原瑩淨有如水之止今（未汚）則濁（也）今則止水波矣又或者曰語云周士貴秦士賤其自取也夫人品不齊士之甘自賤者固多而知自貴者亦不少顧上人遇之何如耳獎恬退抑奔競崇正道（直）遠諂諛遇士之道也執事于奔競者則與之而恬退者下焉諂諛者則親之而正直者遠焉無惑乎一二苒々相習而趨于秦也雖然亦有不容弗秦者如上無期功下無應門事之訟于官者或有孚見窒無辜籲天斯時也雖欲不秦而周其將能乎有司弗原其情揆其勢槩以秦士目之挫辱横加稍拂咈則援法以恐之曰恐（故）違卧碑嗚呼苟充是説必傾背拱手以與敵而莫之或抗

含垢忍恥以受挫而莫之敢争然後為可耳我聖祖之卧碑雖嚴
恐不若是迂且刻也詩曰無罪無辜讒口囂囂士以之又曰君子
不惠不紓究之執事有焉泉縮而潛魚驚鐘鳴而巢鳥怨盖懼夫
川之竭林之落也魚鳥且然况士之索乎然往者不可諫來者猶
可追誠以孚之禮以接之非分干焉正辭以謝之誠孚則知所感
而士心悦禮接則知所奮而士氣振正辭以謝則知愧而士習美
追來之道也願我執事留意焉

紫峰先生之淺說舊名通典非杜佑之通典 必堂注

對

復林次崖書

明 鄭普

前在方洲處得讀易經存疑此書一出通典蒙引俱可無矣近有小疾未能遍閱中間可疑尚有一二節普以質明、諸者謂當請執事更改之如謙象裒多益寡本是舊說但覺於義理未甚明當或者當於謙外立說不必拘泥謙己意蓋君子體易只取其意不必執定卦義何如且如常德行習教事於坎何與只取一重字意獨立不懼遁世無悶於大過何與只取一過字意若裒多益寡稱物平施分明是均平天下之道只取過而當損有謙之意耳不識然否理氣道器之論如尊劄所言更何改評整菴公尚未肯釋然相從甚矣舍己從人之難也然其說破陽明數語真痛快可喜但陽明之學固有偏處今人動輒排之亦未為是蓋人之為學隨其所

毫當作豪說文無毫字〻未〻釐从之○柯本空白序竹〻

見皆足以適道何必俱出於一然後為是如象山晦翁二氏之學本不相同自今觀之孰是孰非而二先生亦未嘗明目相擊如今之人也孔門諸子有侃々者有誾々者有行々者有狂者有狷者有文學有者〔有〕政事者隨其所長而各造其成雖不足擬聖人中和之極然亦成人而為君子均不負於為學今人無諸子毫末輒昂昂然便以聖賢自任擇古之有名於世者極力攻排謂是足以驚人而峻己地位就使立論皆是於己性分有何干涉曾能使得身修家齊而國治天下治〔平〕否乎此令世講學者所以重得罪於世教而自身取禍往々不少說來說去只是成得個惟口起羞四字耳大抵君子立身只尋得正經道理循々做去成得一善便成一善之人成得十善便成十善之人彼聖賢道理典籍所載已詳

不必日講是非也執事先生文章德行海内何可多數然未嘗立
門戶縱辯說如今之講學者此方是實學此方是真儒吾泉風氣
乖漓士俗日病先生如大厦一木人未之知普雖不敏竊知向慕
久矣舜臣令壻刻意向行日求諸内未嘗津津然談人長短即其
所造何成人之難普輩一接一見有益私幸吾泉産此一人勝一
處而數元老也蓋其得於尊教者多久失候問偶便布此不覺多言
惟先生進而教之不任拳拳

林次崖先生之存疑明板已殘近年有翻刻　陳岩史注

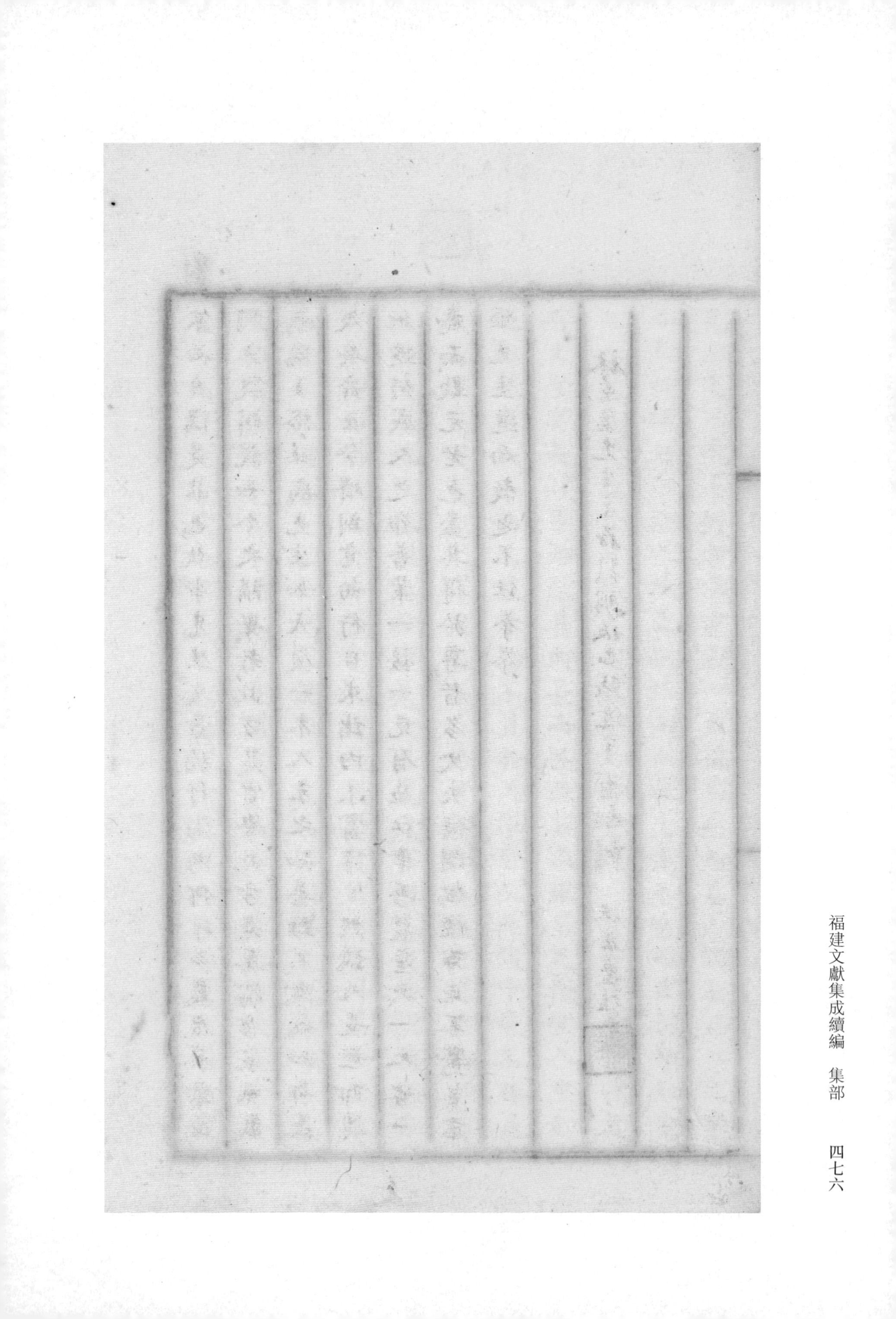

與黃蓮峯文選序書

明　王宣

先生仕而處至劇日讀天下書追兩漢先秦三代以上探萬卷續千篇矻ㄟ猶未已雖然使先生以嗜學劬書不已之心待天下之賢知人所不能知如其爲學用人所不能用如其爲文而其心之不忘不已殆有甚焉則天下豈復有遺才哉僕尋常讀韓昌黎三上宰相書則厭菑鄙惡俱作一日讀程子與韓公范公泛舟於潁湖有屬吏謁韓公求薦舉公不悦程子曰公爲州太守不能求人顧使人求君也尋乎韓公無以語愧且悔久之程子顧范公曰韓公可謂服義矣使令之在内閣翰林吏部臺諫内外百執事皆以程子之心待天下之賢亦能如韓公之愧且悔則雖上書如昌黎猶當尊榮推挽而不厭不忘不已者而况於道誼高峻如陳白沙公

甫陳布衣剩夫胡敬齋居仁陳如賓茂烈輩顧不能識其人聽其老死於山林不用者耶此事自李文達彭從吾朱郴陽諸老没後都無人主管且將休息數十年俗吏腐儒恣意横流在今日會當有任其責者先生仕而知学学而知道者其何以辞為

復呂天池書

王識

平二人者行同蟻慇同舍食寢同居起追隨同談笑幾三歷矣不
佞弟竟以友蹤彷徨剖翼分飛言之何不令人悵怛也去秋今芝
宇佳溫無日不展轉寤寐計使旌從武林必棹遊剡溪不守舊約
而藉口子猷訪我延竚在先我是無心人奚遽怒爾拂裾受予以
來無一善狀徹床确篤依我窮措大家風而鞠躬來帶送迎江浙
僕僕從從邑大夫之後塵分宵晝晝皆令墨卿隨索隨應使一副
腎腸皆我乎有幸圖揄攤反揜煩癢鈞之亡羊耳何予獨揶揄揜
塞為之悔也：：畫錦之羨枌榆絲絲羊酒倘有垂問不佞弟無
則請曰陸沉玉生我吏我佻採蕺稽山明賦歸來而未可得貌㊅
不加腴毛則增白此真消息也塵垢纖滕重累行李瓶缽雜屑又

煩未識仁之恤念我艱困若此哉

与傅錦泉書

王慎中

南宮奏名為天下第一再覺之者可知也然不敢馳書備賀聞之
儀已於家間中屢承來道原為述此意不罔執事者不罪僕以自
外而辱賜之書仰知執事所處之雅矣書中詞旨見待尤至鄙人
何足以承之此誠執事不得自諉雖海內一時魁宏傑出之才猶
不敢越執事而當此也況以責之極疏至陋之鄙人乎皇恐不敢
聞命人之才分賦受各有所至不可彊然亦難以相易以韓昌黎
之好古而經訓不敢贊唉陸贄之詞史法不能與劉知幾之論雖
晚作論語解及為順宗實錄實錄他工筆論語解不能行也有宋
蘇氏之賢而窮經訂史亦自為人二公不能兼也是則執事所論
乃唐宋二三名家所未能及僕又何足議於其間而猥以見待耶

此僕所以皇恐不敢聞也抑所謂憂勤惕厲使天理常存人心不死此僕之竊有所聞焉而能如執手見命之謂也末由奉質書不盡言

原本作未字

与郑海亭书　　王慎中

手子所与于蕙川人书因没书见示牒往取而涉之流遣人候子时未见此书故不及唁丧子之戚也人生遭此真是东门吴乃能不悲手乎自有性情焉有硕然不痛者耶要当以理命自胜勿过为所累乃不失正此际最是工夫勿云常情细事也向闻庶常州已考绩入都兑因朝觐人便寓书问之如子所示则书莫由致矣有欧巡按便新识庶常州士之相治固能尚能取人与取于人皆必有道今人但言受知于人者之难而不知知人者之尤为不易且如手子为政受毁固多能使彼毁者毁举尽变而举子亦不足为子重手乎须识得此意端的收敛不夺所守而深于俭素怨哀乐中节为达道而又有闻誉不喜闻毁不惧之说与乃近于木石

其心而能情邪彼以为其毁我者固不足惧而誉我者固不足喜如使贡者誉之毁之亦岂有不喜不惧者哉善者好之不善者恶之能但观人君子自考良亦若此孟子以为何如予近来读易稍见圣人之用追念昔者所处所履何以免于灾戾大抵乾震之卦必多危辞虽乾六爻亦不言吉至于用九言其所以用刚之法於坤称吉德已极矣亢则有悔乾健知险坤顺知阻此何等作用而其归只在吉人躁人之词之多寡此与老子知雄守雌大辩若讷之旨何异但圣人无私心而老氏一意自私其身所以为不同耳易之告人未有不正而得吉亨者而亦多贞凶贞厉之词是凶厉亦正之所不免也太过刚则不吉多言不免于险阻而守正亦有凶且厉之时此所以为易之道一也孟举处世固不宜必有亨

且吾之心而亦自有免於凶厉之道每每以此意自检括颇能不
以世故累心但踈信道不笃旧習未除终不免於補耳子去年锡
想亦不久时过必行亦易之道也李生灊其僕未详其行能潜
心讲究有稽古之長与虚诞浮荡之士作字写画其大不同也今
之所谓富贵贫贱其何必其人之材德足以当之直有幸不幸岂
为士大夫者皆足以致富贵而此生独以不肖宜贫贱哉不必深
議之也应常州为此生判二礼集解向曾许以作序未就也应君
見寄一部已为人取去子到毘陵能为予寄一二部来尤当僕病
尚纏绵不能脱然去体第为薄禄羁此不赀之軀岂有行志及物
之效哉子居彼颇与人接宜详访僕过失以相告晓而第以二三
好言見慰何也子以为此便足以塞明淛之责乎然予之所望於

子心相見未審何时臨𠀤耿耿

與黄曉江書　三則　　王慎中

子所長者為人解紛息爭，而不能爭首。今公已數挑沙芳洲，深壁堅壘，絕不一出，子雖有宋牼之辯，無所用。無已，則當為子貢交關，鬭諸國而徐收之耳。然子方以方多言為戒，公之言又不為少者，子不能禁而願助之耶？尚此袖手以觀公與沙芳洲之間，以起其爭乎？縱不相助，亦當有以解兩賢之阨，必其努力圖之。

其二

兄遣詞奇崛，險刻自有一段出塵之氣，成其為倪者之言，若文從字順，聲比律諧，自難以一一論，必按予格見之詩，但取其過人者而不復置論其間。茲示聯句，尤制作中之末事，更勿用詳評，况又最短于此，亦何以相正耶？必欲不吝見命，則亦有可論者，大抵只

以下失一帙
係十九卷卅六頁想不多字

聯只是品題形容某山水某堂寺之風物景象不合把自家意思來用惟自題窩舍室廬則有之上洞對云濯足未成星海去振衣閒嘯嶺風來此純是說自家矣當曰氣如愛其句佳不忍棄則足成一絕留題壁間可耳然吳道士聯以玉質對庚申能徒不的道家經典無玉質之文乃妄杜撰三彭對一洞尤不的妄意則易之曰甲子則言雙樹知蓋云則問至寶蓋千轉觀雙樹可蓋樹古則嘗閱多也但雙樹是佛家事莫若雙鶴似與憾令威化鶴本仙家事鶴固壽考可以諭年也本堂一聯如壽閣任長生地中日月意雖未嘗不可會而詩已難通不如人間日月字面

其三

振衣濯足能是不知先之高節遠志第因評論對句以為于此用不得不如先此等掬見何由甚益也列山高又解以窮崕日月盈歷益失其意果如此又莫如僕為人之說雖能鄙出本意猶為得力也呵了天地由他大風只發乎身有一段光霽便是真樂今不思嘗坐到風雨迷之富而訊為脊女孤霜遊士蝕鼎之感激雖精足以變天地總得調性情中和之效詩先思之百歲與幾之話極為徼切令人愯然知省然學問只涵詠兢業中有真味獨得吾意迫為之亦屬私己且恐退之反速而其法不圓也毬中與野外兩各有用力處未可以先之在野而亂乎毬中為涵也

臺灣答友人書

諸葛晃

某一自離居七總秋氣岁岁月鶩過鄉土雲遥人孰無情能不蘊結昨者荷惠新篇淋漓百韻金石相宣宮商迭響併壞窮居舒之朗誦所謂飛雪隨冰之地忽載三陽氈肉路衆之鄉俄聞九奏也故亦粗述吾懷輕塵藻鑒乃过荷獎詡又復索我近作吁其失何以應郡此地近來詩道殊盛蓋平戌日尋學校久廢科目不設雖復學富董子策冠賈生賦若揚子雲文如韓昌黎制義如王唐瞿薛俱吾所用惟許遊間公子才情相競建鄴下之騷壇待汝南之月旦固自謂家蘇子而入王孫矣亦常廣宴邀題分箋索和雖強應一二而終非吾樂何必韶光易逝修名未立雕蟲角技諧聲鬭靡可壽與於遠猶而能資心之實務也加以危葉易飄驚禽易散也

期渡江我牧别愁王粲登楼情思懷土猶未足喻此也于是懷土之
蕭萃遞丙吉之晦沈抑節抑心類敬通之慘愴蓋趙景真所謂物
不我貴而莫之與又思傷之斯至矣斯居之地荒沙一帶前後皆
海數椽竹屋与營卒漁家相錯處樹木臃腫皆非中国之植夏秋
之交潮一盛至則几席之下皆為巨浸坡公詩所謂小屋如漁舟
茫茫水雲裏者旅此三載不特美景良晨歡情永絕舉凡世間奇
籍(异)異書名花时鳥都与耳目勿闊清愛矣猶思同学少年俱盛
五陵衣馬而某尚作羈人遷客冷落机荒烟衰草之區望知已机
雲中思故鄉若天上每皓月圓时悲風起处登高北望目与天長
足下視某此際何以為心即哀吟狂嘯之餘綴而成章亦愁蛩困
蚓之声不堪為知已道也言归之期杳然未卜蓋此别人從足有
人从兔有

敢作此想耳当听许造物乃葆爱寿畫感極涕下玉札故宇焉顔

自当置之度外邇有沂鹭中来耳为送风来椿舊寓大暑乎病人

向之所谓花明柳媚耳今变而为烟尘露泣矣盡評莺语耳今变

而为蛙喧鼃啸矣苍桑变灭即在须臾何况故乡而遭兵燹郡乎

郊足下有子晋水访我旧庐或邀游鹭江適经门巷盛基樹之倾

頹憶芳蹤乎彷彿未有不人恢永嘆而焉作長吁耳必從予难逆

料也知臘尽春初天涯之奇一第所如遂視颜色亦未可知意迫

情荒详無倫次敬候新祉臨風謹泐

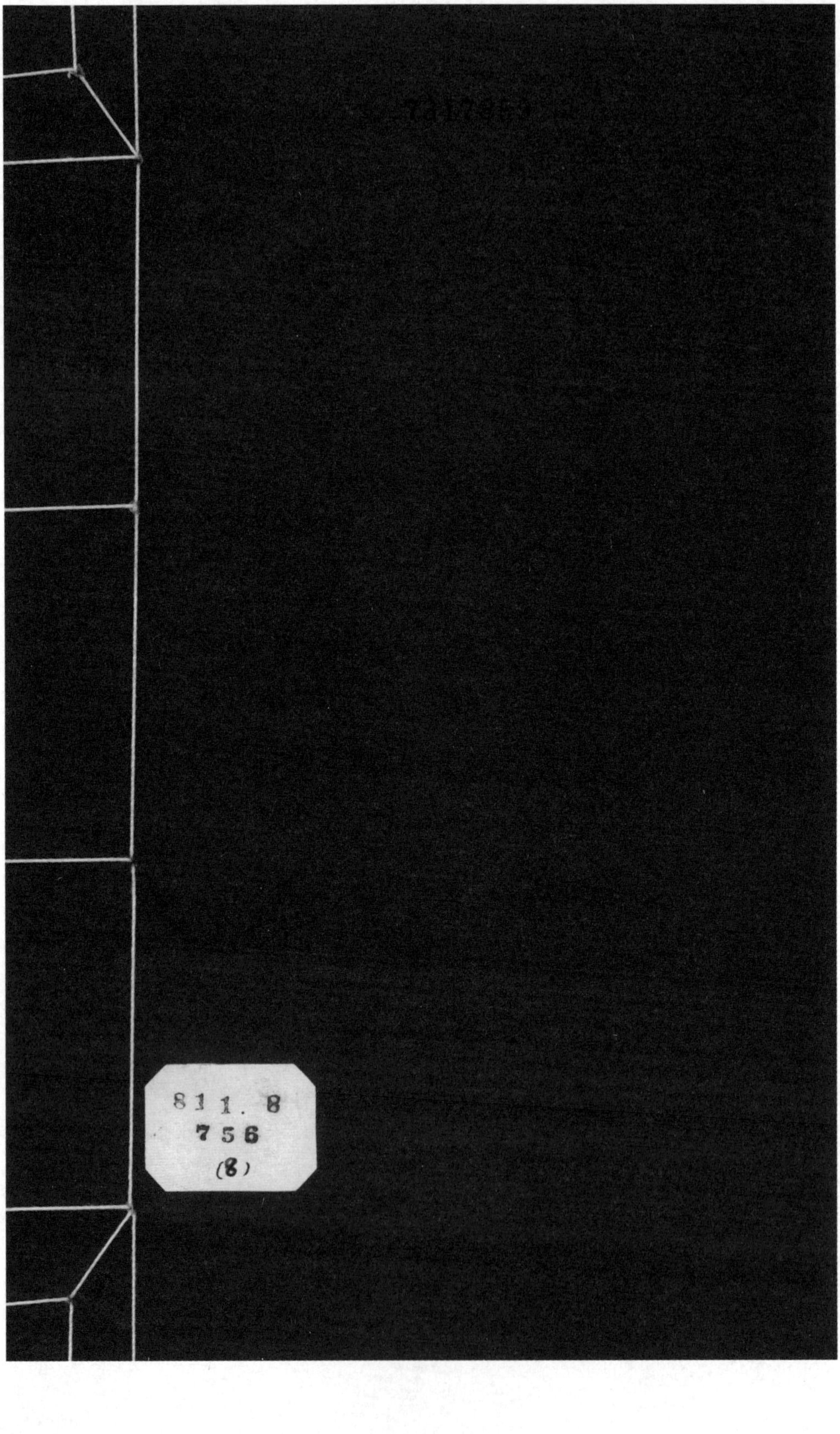
811.8
756
(8)

八閩文庫

福建文獻集成

吴格 主編

續編 集部 七三

八閩文庫

文獻集成 397

海峽出版發行集團
THE STRAITS PUBLISHING & DISTRIBUTING GROUP
福建人民出版社

本册目次

豐州集十四卷首一卷（卷六至卷一〇）

［清］南安陳國仕輯

廈門大學圖書館藏稿本

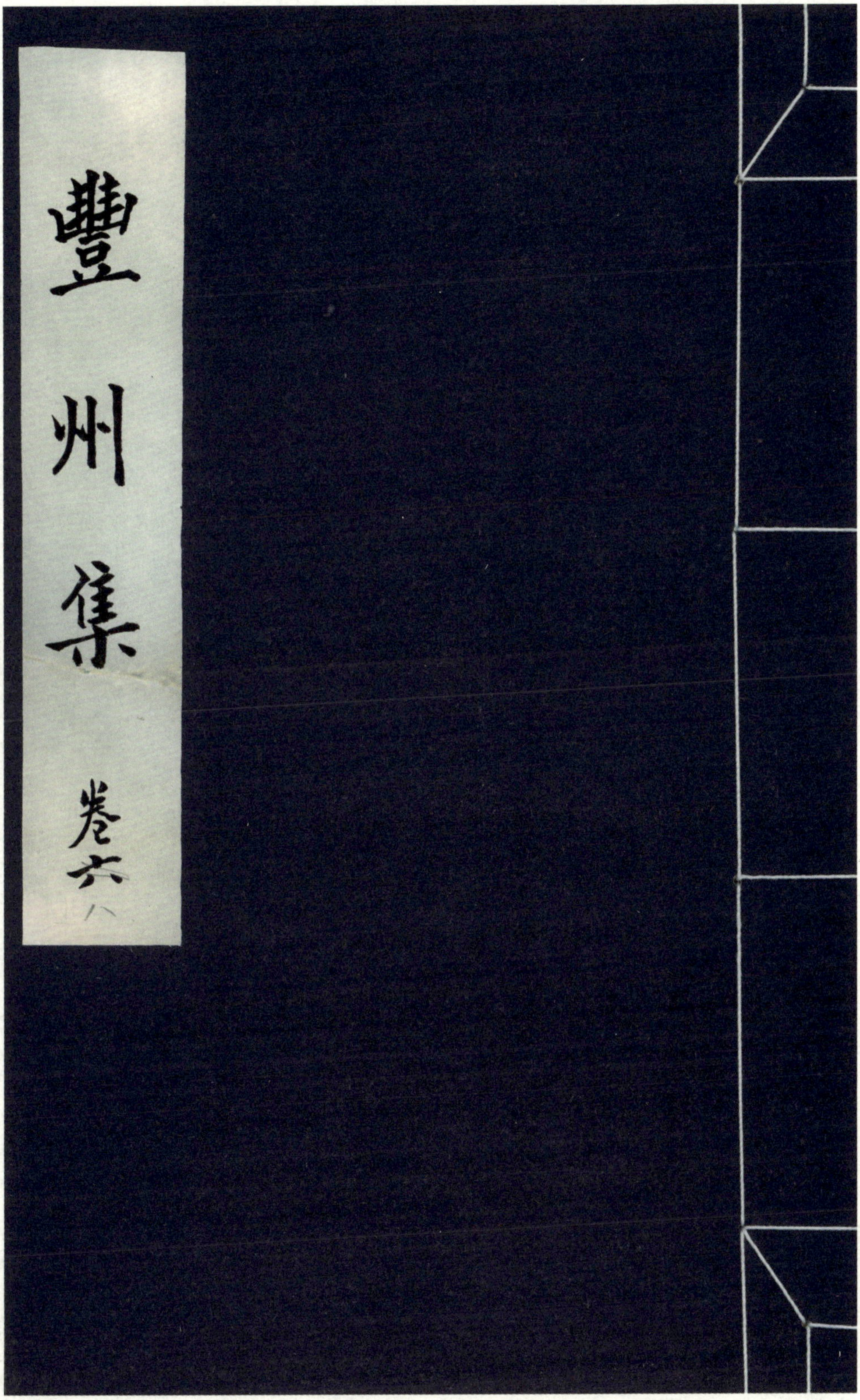
豐州集
卷六

對

上董相公東風啓

歐陽府

啓啓業文學相公甞發大司成則欲相公訓人成材之美中爲大司農則興相公合莫務風之地及籌廣署則陝相公調元之學生之化竟未能歌謠芳馥兆叙茂實下展瞻室有煥明神昨以赴調東周又聆相公此方鎮與之美陪輿人誦作東風詩二首兆祢謝途瀆塵左右干犯明白不任戰懼

對

豐州遺稿

回壽詩啟　　宋　傅伯壽

大塊勞我以生辰之安在君子褒人以德譽乃過情蘇蓋其寵惠顧陳人冺光初度寒知松柏儻獲保於凋遐報瓊琚第拜謝於永好

謝送荔支啟　　諸葛晃

紫綃紅縠艷伶香山之圃瓊液瑤漿美哉君謨之譜一函（經）題品倍益珍奇荔支夙傳南海摇緗枝黛葉之稱更盛西川標紅綿縹羅之叢剔科閩土嘉植萬株迨此朱明薰風千畝枝垂碧玉。迎水甸以交陰。實結珊瑚。映火雲而爭燦。敘其嚴質。人揮合浦之珠。詠彼濃香。寄將荆山之玉。怪未有如綸、山、師分種摘詞隨君寫照淋漓而數彩藻。筆有餘妍。宛轉而叶清商。物與其美。卿函作啓。香瀣寒玉之脂。緗帙旁翻。艷透絳紗之幙。分其墨妙、爰及荔奴、類靈草之九莖、洵明珠之一斛、五里一置、十里一堠、笑飛塵之徒勞。如蓋之張、如帷之垂、覺卧遊而倍適。是真吾師之蘗、抑亦佳菓之遺云爾、

代陳維明與張婚啟　　諸葛晃

伏以桃符煥彩，春憑尺木以乘龍；梅蕊舒香，更列修篁而引鳳。誼良由于繫足，歡不覺以揚眉。恭維邃學金声，高標玉映。鳴琴員嶠，抒滄海黄石之嶽；耽書藝林，耘龍肉見毛之富。風雲生筆底，詞傾鄴下之雄。星斗蘊胸中。藻潤曲江之秀。積慶遠垂。子治凤翥。凰翔。奇姿並毓于門楣。芝榮玉茂。私幸芽型可卯。契已結于三生。重以嚴訓恭承。姻好聯於再世。適指腹而言侍玉。本同心之契如蘭。令弟以蒨宜偶繫。蛋燕閨久瀾。每时屢暮雲春樹之思。而兒某稱之出嗣、泚詩礼未㵎、尤宜切喬木絲蘿之附、際茲鵲巢之應候、爰占凤卜以欣諧。文定聿昭。厥祥合卺。僉云迨吉。屏開雀影。聯花燭以增輝。篇既鸾声。与瑟琴而交叶。一之日。二之日。洽景好逢。佗

貽虹流綈屋。九女儀。十女儀。素友自遠。行炁瑞靄蓬門。賢地坐之

斗懷。信天緣之有自。伏願鑒茲葑菲。俯就蘋蘩。宜室宜家。此日兆

瓜瓞之慶、。以似以續。千年昌熾翼之麻。惟祈首肯、統賜原納又宣、

壹補

為徐明府玉汝復比許部祖滂婚啟

陳步蟾

伏以梅筐吉迨飛盞聞荳蔻之香柯斧詩賡畫圖繡鸞鸞之譜玉田壓種銀裳望調燕維　太宜徽声汝南盛族侍御勳高將軍擬金吾之節鉞天卿望重太史樹玉鑒之權衡簪笏蟬聯声華豹蔚華姻翁老大人藻麗文章芝齡耆德種福田開麻綿百世恒春樹茂蓀普雙江机雲棽扶我津桓李紫叨蜀翁館陳庚之宿學叶莫卖之匹年敬諾雄媒殷承雁奠綜結紅絲未效晉秦之締天開黄道虔修桃李之車兩煥鵲巢緣成鴻起穷衍倫掃深閨鳳態四德何幸調羹卓第偕老百年從茲琴瑟和鳴堂上奏克諧之韻爾繼擺叶吉夢中徵田載弄之璋雀躍陳言息趨復命統希芙慈俯賜鑒照弗宣

重修福清寺募啓寺在邑三都

陳慶鏞

泉築大士林祇園與慮數十旗也貝葉與慮數百樹也三乘五宗七寶與慮數萬卷也而稱最古者南則鼓山寺北則福清寺二者為冠鼓山兄自隋而福清兄自五代王延彬築以寓高麗僧元訥也地居靈秀峰下亦曰翠屏山焉南交界之區而郡北一大屏障也廟貌與廢數數更嘉慶丁卯重修其時說青烏者以地沮洳測土圭捐徙而上迄今四十有一載矣蒸成菌不勝戴棟阢卬有罅

藹

藹又不勝瓴甋蜉蝣有殷掘闕為患西北觭不周風杌棿如累卵友人林茂才廷琮議倡修請啓于余曰屢修屢廢修其如廢何而屢廢屢修廢亦其如修何哉必更詳爽塏俾風烟沕與蝕焉蟻螘沕與穿焉請曰相其陰陽觀其流泉度其隰原財為大矣林君曰

必境字之
鈔佃

忍忍今以二麥未登農方衛均田大興畚挶勞民与傷財交困且易置方位今人未必遠勝前人不如毁其裏之斜其甃之扁其弥之蠹其窮之翼以窗廔廔然通以闌軒之然淘以井甃之然濬以渠坎之然氣疏則風直風直則蛇不僵蟲不穴茆說常取更衣与煩改作如之何余曰善天之所壞不可支必而天之所支亦不可壞乎倚小人皆有廬庐以避風雨矧神靈翔泊之所忍令鞠為茂艸而莫之顧是宅不任相之過乎因思泉多好義衆志成城固与难乎是必有起而應之者昔高忠憲公出為令凡意内古先聖賢及山川祠宇載在祀典者隨塌隨修用力少而成功多民到于今稱頌詩宅鳩貲之法就農出屋粟其猪醵与種樹作旃檀將在德矣記曰凡有功德於民則祀之能捍大災禦大患則祀之神為保衛全邦出雲降雨呼之輒應則其有功德而莫能捍災禦患者也其亟修之毋緩是為啓

外則刊言男女而左右
月目溝渠流
來往風塵
褰裳而涉水

勸修南塗二關外路橋啓　陳步墀

蓋聞造橋修路，爲文昌陰騭之條；集腋成裘，乃人力贊襄之舉。郡南塗孔道，泥濘坎坷，負販通行，溝渠又淦，紳商垂憫，思砌石以途人。憲典森嚴，立科條以勸御，梗道阻且長，指題攸賴。伏願殷盈門戶，恭捐林頭之金；紱助舟車，樂解腰纏之費。他日石渺旁名，途歌厚德，是所深望，應湛也此啓。

[illegible]

光緒乙亥

重修福興縣學文廟并左場演武廳勸捐啓

代門人黃維祺作

陳步墀

於戲至人德侔天地，廟貌煥然，師表萬世，闕里崇經之學，昌明禮明樂，備春秋二丁，示民之則，王道正直，义路禮門，威儀兼武，鐘鼓

無声金絲不奏礼乂闕如伊誰之咎奉祀有資斋稱首蓄凡厥士
紳共聞木鐸玉于秀良咸知礼表理宜贊襄修治學校各供爾子
勉出乃力集腋成裘或以或番黽勉同心經之營之凡亦盛舉不
日成之兩潤流丹迨跡歡欣執籥秉翟声容雅嫻則有餘力并修
演武此邦之人事未晉字藤荐以繫運呈以新与執事共名勤貞
珉謹啓

對

歐陽四門集序

歐陽君生於閩之里幼為兒孩時即不与衆童親狎行必多自处年十許之里中無愛者每見河濱山畔有片景可採心独娱之常執卷一編忘归于其间逮風月清暉或暮而尚留窅不能釋不自知所由蓋其性所多也未嘗識文字隨人而問章句忽有一言契於心移日自得長吟高嘯不知其所止也父母不識其志每嘗謂里人曰此男子未知其指何如要恐不為汨没之饑氓也未知為吉凶邪鄉人有覽予多而熱於聞見者皆賀之曰此吾家之寶也奈何慮之过哉自此遂日日知書伏聖人之教慕愷悌之化達君臣父子之節忠孝之際唯恐不及操筆屬詞其言秀而多思率人所未言者君遂之窮易由是振發於鄉里之間是中貞元時文詞

崛興遂大振耀歐閩之中不知有他人也會故相常袞來為福之
觀察使有文章高名又性頗嗜誘進後生推挽於寒素中中[唯]恐不
及至之日比君為芝英每有一作屢加賞進遊娛燕饗必召同席
君加以謹德動不踰節常公之知日又加深矣君之聲漸騰於江
淮且達於京師矣時人謂常公能識真尋而陸相贄知貢舉搜羅
天下文章得士之盛前無倫比故君名在榜中常與君同道而相
上下者有韓侍郎愈李校書觀洎君並數百歲傑出人到于今伏
之君之文新與所襲才未嘗困精于理故言多周詳切於情故叙
事重複宜其司當代文柄以變風雅一命而卒天其絕耶君於貽
孫言旧故之分於外氏為一家故其序文之內名為予伯舅所著
者有南陽孝子傳有韓城縣尉廳壁記有與鄭居方書皆可徵於

集故予冲幼之岁即拜君於外家之门太和中予为福建团练副
使日其子儇自南安抵福州进君之旧文共十编首尾凡若干首
泣拜请序予诺其命矣而词竟未就儇微有文又早死大中六年
予又为观察使令访其裔因获其孙曰澥不可使欧阳氏之文遂
绝其所传也为题其序亦以卒没嗣之愿云
福建等州都团练观察处置等使正议大夫使持节都督福州诸
军事守福州刺史兼御史中丞上柱国赐紫金鱼袋李贻孙纂

對

公十八科不第首兩狂詩天狂詩命[illegible]恨嘆怨筆從人以潦場老稱公列碍此也

袖

陳希儒先生集序

唐　黄滔

唐設進士科垂三百年有司之取士也喻之明鏡喻之平衡未嘗不以至公為之主而得喪之際或失於明鏡或差於平衡何哉俾其負不羈之才蘊出人之行歿身末路抱恨泉臺者多矣嗚呼豈天之否其至公之道耶抑人之自坎其命耶潁川陳先生實斯人之謂與先生諱黯字希儒父諱贄通經及第娶江夏黄夫人賢而生先生兄肇無姊妹十歲能詩十三袖詩一通謁清源牧其首篇詠歌河陽花向時痘新愈牧戲之曰藻才而花貌胡不詠歌先生應聲曰玳瑁應難比班犀定不加天嫌未端正滿面與裝花繇是聲名大振於州里十七為詞賦作蘇武謁漢武帝陵廟賦便為作者推伏二十為文先生松姿柳態山屹波注語默有程進退可法

早孤事太夫人彌孝熙熙愉愉承顔侍膳雖隆雲霄之望終確綵
衣之戀既而及其子蔚冠太夫人勉之曰付蔚於潘岳之莛俟爾
於郄詵之桂方起於鄉薦求試貢闈已過不惑之年矣及會昌乙
丑逮咸通乙酉其間以寧家兼在疚之日斷絶往來吴楚之江山
辛勤秦雍之槐蟬嗟知己之許與同郡王肱蕭樞同邑林顥漳浦
赫連韜福州陳蔇陳發詹雄同時而名價相上下嗚呼斯八賢皆
以不羈之才出人之行懇乎進趨恂恂乎鄉黨而無所成豈天之
意否其公耶抑人之自坎其命也俾有司失其明鏡差其平衡之
如是結寃氣於冥路之中永恨於泉臺之下豈不甚與先生之文
詞不尚奇切於理也意不偶立重師古也其詩篇詞賦牋檄皆精
而切故於官試尤工滔即先生之内姪也自丱趨隅洎隨計之歲

先生下世後二十年而忝登科第東歸之日求遺藁其家經兵火也少得其文三十首他處得詩若干首敬俟增而後述天復元年滔叨閩相之辟旋使錢塘與羅郎中隱遇曰咸通初與先生定交於蒲津秋賦則五老化為流星詩則漢武横汾先生之試官嚴郎中下都之吟諷秋塲五十人之降仰令遺藁可褎願為之序既還不及求增謹以所得之文賦詩牋分為三卷收淚濶管為之前序蔣隅正郎為之後序正郎負宇內之雄名也用釋泉臺之恨時天復二年壬戌穐七月十日

此篇集序乃序之變体也實則作衡之体裁 呂东莱先生云凡

序文體當序作者之意。此篇記載事蹟以傳於後世，即傳之體例。司馬子長作史記，創為列傳，以載一人始終之事。此篇子首之，而序有大序小序之殊，載傳有史傳、家傳、外傳、托傳、假傳之殊，載古文家自能知之。

陳藍史揮汗評

香奩集自序

唐　韓偓

余溺章句信有年矣誠非大丈夫所為不能忘情天所賦也自庚辰辛巳之際迄辛丑庚子之間所著歌詩不啻千首其間以綺麗得意者亦數百篇往往在士大夫之口或樂工配入声律粉牆椒壁斜行小字竊咏者不可勝记大盜入關緗帙都墜遷徙不常厥居求生草莽之中豈復以吟詠為意或天涯逢舊識或遠地遇故人醉咏之暇時及拙唱自尔鳩集復得百篇不忍棄捐隨時編錄遐思宮体未降稱庾信攻文卻笑玉臺何必倩徐陵作序粗得捧心之態幸無折齒之慙柳巷青樓未嘗糠粃金閨繡戶始預風流咀五色之靈芝香生九竅咽三危之瑞露春動七情如有責其不經亦望以功掩過

對

縣法序

宋 呂惠卿

天下之民事皆領於縣則奉朝廷之法令而使辭訟簡刑獄平會計當賦役均給納時水旱有備盜賊不作衣食滋殖風俗敦厚必自縣始然古之官學皆有師法雖工官猶莫不然況於為數萬戶之縣而當古一國之任獨可以無法乎惠卿之有意於此也久矣玆者出守太[大]名當荐饑之後民卒流亡盜賊多有隨宜應務粗亦竭愚復召畿內之知佐問其所以施設之方而監司部吏之歷縣道老民事皆諮訪焉既盡其所長矣於是又附以平日之所嘗講聞試用者為法令詞訟刑獄簿歷造簿給納災傷勸課教化凡十門目曰縣法以趣時便事宜與敕令合而易曉故不敢甚高而文以其意與所學於先王者不異也故時及焉而其事多河北之風

俗則以行之部內而已然愷悌君子有志乎民者亦所不廢也

對

禆政書序

朱子

禆政書四十九篇凡三卷唐終南隱士陳昌晦撰某所校訂繕寫初某被府檄遍閱府內先賢碑碣多傳此書洎最後余詳其詞調殆出於晚唐偶儷而特創以奇澀殊難以句讀也相傳久遠字多偽謬無善本可以參校時於私室訂其一二而其不知者蓋闕焉觀其高潔岩阿不汙紛垢博逹舊聞以著此書雖紀有險奇放絕之行彪炳偉麗之文其微言奧旨亦有發明義理之致而切乎名教者真可謂守正循理不惑之士矣惜其著述不少概見於世亦足悠哉語曰世亂則思其君子不改其度若昌晦者可謂近之某因校其書而為之序　宋熙寧三年甲辰花朝望前二日新安朱某撰

四明尊堯集序

宋　陳瓘

臣聞先王所謂道德者性命之理而已矣此王安石之精義也有三經焉有字說焉有日錄焉皆性命之理也蔡卞蹇序辰鄧洵武等用心純一主行其教其所謂大有為者性命之理而已矣其所謂善繼述者亦以性命之理而已矣其所謂一道德者亦以性命之理而一之也其所謂同風俗者亦以性命之理而同之也不習性命之理者謂之曲學不隨性命之理者謂之流俗黜流俗則竄其人怒曲學則火其書故自卞等用事以來其所謂國是者皆出於性命之理不可得而動搖也臣昨在諫省所上章疏嘗以安石比於伊尹伊尹聖人也而臣乃以安石比之者臣於此時猶蔽於國是故也又臣所上章疏謂安石為神考之師神考堯舜也任用安

石正於九年而已矣初用沒棄何嘗終以安石為非乎臣乃以安
石為神考之師其臣於此時猶薇於國是故也臣昨其以言取禍
幾至誅殛賴陛下委曲保全賜臣餘命臣感激流涕念之循省
改過之義為蓋臣之所當改其為性命之理而已矣孔子曰乾道
變化各正性命又曰地道無成而代有終也性命之理其有以易
此乎臣伏見治平中安石唱道之言曰道隆而德駿其雖天子北
面而問焉而與之迭為賓主自安石唱此說以來幾五十年矣國
是之淵源蓋兆於此矣臣聞天尊地卑乾坤定矣定則不可改也
天子南面公侯北面其可改乎今安石性命之理乃有天子北面
之禮焉夫天子北面以事其臣則人臣何面以當其禮臣於性命
之理安得而不辯也傳曰君之所以不臣於其臣者二當其為祭

主則弗臣也當其為師則弗臣也師無北面則是弗臣之禮也豈有天子而可使北面者乎漢顯宗之於桓榮所以尊之者可謂至矣而所施之禮亦不過榮坐東嚮而已矣若乃以君而朝臣以父而拜子則是齊東野人之語慝勵無父之義以此為義豈不亂名分乎亂名分之義豈可學乎臣決誤學其義豈可以不悔乎易曰不遠復無祇悔元吉臣於決往之誤豈敢祇悔而不改乎臣昔以安石為神考之師是臣重安石而輕神考也臣昔以安石比伊尹之聖是臣戴安石而誣陛下也臣為陛下耳目之官而妄進輕誣之言臣之罪惡比邱山矣臣若不洗心自新痛絕王氏則以明臣改過之心乎臣之所以並著尊堯集為欲明臣改過之心而已矣莊周曰明此以南嚮堯之為君也明此以北面舜之為臣也莊周之

道寃誕妄实而不可以治天下紀於名分之際不敢不嚴也飛蜂
走蟻猶識上下豈可以人臣自聖而至於缺名分哉孔子曰名不
正則言不順言不順則事不成安石北面之言可以謂之順乎宗
此不順之最則所述熙寧之事何日而成乎廢大法而立私門啓
攘奪而生沒患可為寒心孰大於此臣請序而言之昔紹聖史官
蔡卞專用王安石日錄以修神考實錄蔑神考而厚安石等私史
而壓宗廟臣居諫省請改裕陵實錄及在都司進日錄辯當是之
時臣於日錄未見全帙知其為私史而已未知其為增史也自去
邇以來尋訪此書偶得全編遂獲周覽竄身雖遠不廢討論跡過
長沙從留轉徙之後待盡合浦又為垂絕之文考詆誣譏玩之言
見蔡卞偽增之意尚謂安石趣錄皆可憑據卞之所增乃有誣偽

当先之時臣於日録考之未熟知其為增史而已未知其為悖史
也蓋由臣智識昏鈍覺悟不早追思悚省奏章乃至合浦舊述得
乖正理隨從妄談況輕神考又誣陛下若他時改日陛下以此怒
臣臣將何以自救敢不悔乎日録云卿朕師臣也乃安石矯造之
言又云嘗責朕有為豈神考親發之訓決託訓以自營別驕蹇陵（旁注：又託訓以）
犯前與祖宗其語實繁聊舉名分自營別矯蹇陵犯前與祖宗其（旁注：輕君輕君別訕侮譏薄凡棄）
語實繁聊舉一二日録云朕自覺材極凡庸恐不足與有為恐古
之貴君皆須天資英邁此縱託訓以輕君乎又云朕頑鄙初智識
自卿在翰林始得聞道德之說心稍開悟此縱託訓以輕君乎又
云卿勇任講筵勸朕以講學為先朕意未知以此為急此縱託訓
以輕君乎又云卿莫只是為在位久度朕終不足與有為故欲去

此能託訓以輕君子又云臣以为君臣著形而已矣形故不足累
卿此能託訓以輕君子訕侮譏薄以棄名分可以略見於此矣日
録又云王安石造理深能見得衆人所不能見此能託訓以自譽
也又云如安石不是智識高遠精密不易抵当流俗天生明俊之
才可以庇覆生民此託訓以自譽也又云卿無利欲無適莫能獨
朕知卿人亦盡知若餘人則安可保此託訓以自譽也又云卿才
德过於人望朕知了天下事有餘此託訓以自譽也又云朕用卿
豈与祖宗時宰相一般此託訓以自譽也驕蹇陵犯前無祖宗可
以略見於此矣聖主以奉先为孝群臣以承上为忠明知其誣誰
敢覈实則可以箝塞衆口可以熒惑聖聰誑脅之術莫工於此始
則當身乞批以脅制於同列終則兼書矯訓以傳述於後人誣脅

十條起

臣鄰何足縷道上干君父而不辯乎自列劄以来亟为參政之政
不錄經筵之欵奏但書七对之游辭載神考降問之咨詢每一問
仰及於三代言神考但譏慕葛諸厥身不異皋伊仍於供職之初
辰首論理財之不可恐宣利而壞俗陳孟子之恥言凡他人極論
之辭掠为己説彼所執管商之術歸过先朝或神考之諱辭則曰
以朕比文王豈不为天下後世笑論太祖之征伐則曰江南李氏
何嘗曲理恣揮悖躁之筆盡係烈考之詞矯誣上天孰甚於此祖
宗之威靈如在聖主之繼述日新若不辯託訓之誣何以解在天
之怒而況託訓之外肆詆尤多神考小心慎微彼則曰好察細務
神考畏天省事彼則曰畏謹过当神考以除苛細之法彼則曰元
首叢脞神考以究疑似之獄彼則曰陛下含糊神考禮貌勲賢彼

則曰合室姦慝神考嘉納忠言（直）彼則曰不戀小人又謂姦罔之徒
陛下能誅殺否比忠良於元祐責神考為憲宗謂不可以罷兵當
必勝而沒己神考毋祖宗不殺之戒以天地好生為心厭棄其言
眷待寖薄先逐鄧綰次出安石至熙寧（寧）之末而（安石）前日之所惡毋思
者復見收矣至於元豐之末司馬光等前日之所言毋復見思矣
卞等不遵神考末命但務固己之私以妻紹安石為心以必行誅
殺為事請於哲宗而哲宗不許請於陛下而陛下拒之人心歸天
仁助有德遂使姦謀內潰逆党自彰卞兇不敢居金陵人亦不復
聖安石悔從王氏豈獨臣哉朝廷縉紳協心高立（上）庠序義理士所
同拔科舉藝能孰肯遽陳其所蘊有用之士亦將先忍而沒為變
王氏誣君之習合春秋尊元之義濟濟多士何患無人又況安石

設施其事況往若不自述於文字設人安知其用心與爲此書天使之也然安石與世之意豈是便以施行天下所安排然與次序自許輩與遺策何乃急於流傳宣示遠近太不速乎然則流傳之速天促之也天之有啟於宋而不助王氏亦可知也如臣者其妄推安石謂之聖人如視蟻蛭以爲泰山如指蹄涔以爲大海易言與責鬼物而誅駟不可追齰舌何補聖人人倫之至也傲上亂倫豈聖人乎聖人百世之師也憂人誣僞豈聖人乎孔子集大成者也尚以不居爲謙光武有天下者也猶下禁言之詔豈可身處北面人臣之位而甘受子雱驕僭之名乎雱爲安石畫像贊曰列聖垂憂參差不齊集厥大成光乎仲尼蔡卞書之大刻於石與雱所撰詩書經義並行於世臣昔以谷義席輩析字設經方務趨時何敢

立異改过自新請自今將於是書取名曰録編類共得六十五
册釐為八門一曰聖訓二曰論道三曰獻替四曰理財五曰邊機
六曰論兵七曰處己八曰寓言予為之論又於逐門總而論之凡
為論四十有九篇合為二門為一卷并叙一卷共為五卷臣以憂
患之餘精力困耗披文索義十不得一加共海隅寡陋又無賜書
神考御集無由恭閱又日録矯誣與御批日曆時政記牴牾同異
無文可考以校不得但妄擬私書畧分真偽雖不能盡究底蘊亦
可以觀其大槩矣凡臣之所論以紹述宗廟為本以辯明聖訓為
先蓋所述在彼則宗廟不蒙誣詆未判則真訓不白何以光揚神
考有為之心何以將順陛下述事之志凡今之士學古入官身雖
未試於朝廷心亦不忘於畎畝戴天履地寧忍同誣日拙心勞徒

唱尔偽犯古今之通公義極典籍之所非陰奉竊言顯違格訓安石
則置四輔神考以為不可神考罷建都省安石以為不然今則四
輔成矣都省毀矣遂踵為之流弊至主誠不痛心人皆歸罪於一
京安知謀發於蔡卞至於宿衛之法亦敢更張變亂舊規創立三
衙用私吏包藏之計披剝經穿鑿之文以畏憚不改為非以果斷
變易為是擬出定計以使其兄當面贊成退而竊毒京且由之而
不悟他人豈測其用心予過而觀蹤跡乃露濟咨痛恨雖悔何追
在私家何足備論於國是豈宜如此詔塘濼未必有補可以決水
為田詔河北兩省民徭可以減州為縣至於言江南利害則曰州
縣可析論民兵將領則曰獎拔豪傑四海本是一家何為分彼分
此大法與過宿衛安得率然動搖棄舊圖新厥意安在昔元祐更

原本作尺又作冊

張之始方安石身殁之後衆皆獨罪於惠卿或以安石為樸野優
加貶典刑鎮浮薄司馬光簡尺具存呂惠卿責詞猶在深懲在列
曲恕元台凡同時議論之臣無一人指點安石往往章言釗似或
干裕陵致下以闚伺為心包藏而待潤色誣史垢污忠賢凡愠懟
宣布之言与怨罵惠卿之詆例皆刊削意在牢籠以使其述私書
收以濟其大姦布在其術內下計無一不行良由議從之初不
矯其弊若使早崇名分何至橫流司馬光誤国之罪可勝言哉臣
謂熙寧之初論安石之罪而中其肺肝之説者呂誨一人而已矣
熙寧之末論安石之罪而中其肺肝之説者呂惠卿一人而已矣
呂誨之言曰大姦似忠大詐似信外視樸野中藏巧詐驕蹇傲上
陰賊害物呂惠卿之言曰安石盡棄素學而隆尚縱橫之末數以

爲奇術以惑聖聰脇持薦賢黨姦移怒行狠方命矯令罔上要君凡此數惡莫不備具雖古之失志倒行而逆施者殆不如此平日所望一旦掃地不知安石何苦而爲此也謀身如此以之謀國必乏遠圖而陛下況以不可少而安之臣固未易言也又曰陛下平日以何如人遇安石安石平日以何等人自任不意窘急乃至於此又曰君臣防嫌豈可爲安石而廢哉又曰臣之所論皆中其肺肝之說臣瓘竊謂元祐臣僚於呂誨之言則譽之太過於惠卿之言則毀之太過此二臣者趣向雖異至於論安石之罪誠忠於神考則其言一也豈可專譽呂誨而偏毀呂惠卿乎偏毀惠卿此王氏所以益熾也元祐之偏可不鑒哉臣竊以天下譬如一舟舟平則安舟偏則危臣之以言取禍初緣此語然臣自視此語猶野人

之視芹也切於愛君又以貢献前日之以殺臣者必益賤矣然臣
之肝腦本是報國之物臣若愛吝此物則陛下不得聞安石之罪
矣陛下不得聞安石之罪則人之利義咸在凡我為宋之臣豈可
以不思守廷其天子幸學拜謁宣尼本朝故臣坐而不立蹕此逆
像下唱之也輔臣從逆而養文禮亥舞禮而行謟僭自内始逆於
四方萬國寒心外東非笑鷩冕東僕義鸛所坐竊加於冠何以示
訓自有中國以來五品不遜未有此比然則觀此一像而八十卷
之大衆可以未讀而知矣蔡氏鄧氏薛氏皆塑安石之像祠於家
廟朝拜安石而頌之曰聖矣聖矣暮拜安石而頌之曰聖矣聖矣
國學風化之首也豈三家之家廟守臣故曰廢大法而立私門啓
攘奪而生改患可為寒心莫大於此萬主愛國之士孰敢以此為

字作此

是乎是非之心人皆有之極天下之所非而不以為（衍）之國是乎（哉）嗚
呼講先王之道而以咈百姓為先論周公之功而以僭天子為禮
咈民歲久蠹國日深僭擬為胎遂產逆像以非為是態度日移靡
道任情今甚於昔昔者初立國是使情行之情況竄逐移是於布
布又竄逐移是於京京三是皆發於下謀三罪同歸乎誤國然則果
國是乎果不是乎若以下是為是則操心頗僻賦性姦回如鄧玫
不當逐也若以下是為是則以塗炭必毀之語詆誣神考如常立
者不當竄也神考逐玫可以見悔用安石之心哲宗竄立可以見
斥絕安石之意而朝威斷天下皆以為至明陛下光揚六以去下
為先務掃除舊弊允協人心布澤日新上合天意樂於物順縉紳
臥同夢（對）闕馳識各恨踈遠彼元祐元符之籍雖漸紓弛而人未見

用應詔上書之罪雖已釋放而士猶沮辱沮辱者不可復問未用者自當退藏其餘雖在朝廷或非言路明哲之士又務保身祗有疆埸之流且無私史之際唯臣因論私史禍際至深得存餘命全由獨斷臣之所以報聖恩者敢不勉乎兹臣年老病多決知此世難久與其齎志於殁沒寧若取義於生前義在殺身志惟尊主故以臣所無日錄論名之曰四明尊堯集云

四明尊堯集後序

宋 陳瓘

右四明尊堯集者蜀莧改过之書也昔諫省所論合浦所述妄推王荆公以为神考之師又妄以王荆公擬於伊尹議論乖錯沙罷公議窒愓悔恨故不敢不改也亦蜀莧丹西夫之采藉者尔其人未必有知而其言或不可廢心竊效之此集之所以作也聖主詢知因命取為此集之所達於上也野人之芹非獻無路適逢詔索鼓舞而進之自以为適及其时不知其可不可也集有序集進有表自沙罷至台又有謝表瓘所以改过之因并所以沙罷之由皆具於二序一表之中矣亦存靡坐像天下之有目者無不見天子也無北面之禮天下之有耳者無不聞也神考任相先輩沒默之序合於虞舜天下之有心者無不知也蜀莧雖陋是亦有目有

爾有心之民爾四海九州豈獨一蜀義士哉衆從而進之此乃蜀義之任易輕生此爾其心以我宋為重而不合守明哲保身之義下愚不移不可改也已政和元年十一月將至竄臥二年正月尚書省劄子委台守取索著堯集副本副本在明州徐瑋秀才家台守於朝旨之外遣兵官突來追攝因之於石佛寺然後遣兵官入家搜索并牒明州遣兵官搜索徐瑋之家初權之時撰著堯集有二合浦其一也四明其二也凡合浦所著不忍以荊公為非故其論皆回隱不直之辭每自攬此書內愧外汗是故離家之日獨取改過一集置於行篋到台不敢復閱即以寄於數百里之外屬友人藏之及自石佛寺得釋又遣僕往通州本家取索前集之稿以候再索五月果又有旨取合浦集副本然切考批中之詔辭旨溫

潤然後知正月之索奉行峻切雖聖主之意必權自抵丹印軀硊尤極人情畏惡日甚一日當此之時察之於衆毁之中知其有愛君之意雖在危辱或庶幾乎無憾然復何人哉賢士大夫嗟憫之餘或惡其以訐為直或責其干時而動或亂其所以茲者初緣私憾或謂其所以忘生者專為取名往往多中其病嗚呼直而不訐動而不干時以公滅私名實相副此皆賢知之事也愚不肖者而責之以此是乃賢士大夫樂成人之美生汎愛長厚之情爾又或以謂善善惡惡者春秋之義也竊美之書曷可僭此權則以為不然孔子曰吾志在春秋孟子曰乃所願則學孔子也夫孔子乃萬世聖賢之父孟子乃百世學者之先父其父先其先者皆子弟也父之志先之願皆奉於春秋則天下之為子為弟者當繼其志隨

其願而已矣義當繼隨乃古今子弟日日常講之乎若以是為僭
則是棄此而取彼者為不僭矣又況天尊地卑即是君臣之義凡
在覆載之間有心知血氣之類皆由其理由之而不知者然不具
也父坐而子立羔羊有之君一而臣二螻蟻有之夫羊蟻窮竟其
性雖異而同具之本皆出乎一理自太古以來至於今日亹亹而
不斷者然此理乎冠履衣裳一易其位則此理倒矣窮覓之所論
者論此而已爾故瓘進四明表云它敢有善善惡惡之辭但明明
尊尊卑卑之義何嘗有僭擬之論乎取證羊蟻驗諸天地然後知
拜靡坐像及天子北面之說為不然可初見中靖國元年蒙恩除
實錄院檢討官瓘辭不敢受當是之時未有拜靡坐像而王氏自
聖之書已在史院矣鋪張短薄之詞紀述我宋之事知而為之其

亦忍乎自王氏作畫贊以來宗王氏者皆以荆公為過孔子矣畫
贊唱於前坐像在於後迨今三十餘年元祐學術雖已焚蕩而熙
寧之異論其在人心者未泯也如中丞呂公所陳十事瓘盡取其
言載於集中又日錄所造熙寧之旁對上之言曰他時共致太平
惟呂惠卿一人可望又嘗稱呂太尉之學出於生知又熙寧之末
呂太尉究即奏劄之言曰安石聞望一旦掃地又謂臣之所言皆
中安石肺肝之隱瓘於弟亮集亦載此語因繫之以言曰呂某呂
某其趣雖異而中其肺肝之說則一也凡集中所載如此之類雖
曰涉之公議擇而取舍之際亦繫芻蕘一時之見豈敢以私意斷
其是非乎更在後之君子審辨而已瓘竊謂天下大理譬如一身
眾賢之身猶手之有拳指也其為拳也融結而不貳其為指也分

布而不一指縮而为拳〻舒而为指或弛或張皆此手也一動一
寐皆此身也身着天下〻大理也鼓身之物其惟手乎圣主圣度
如天無不包覆前日放廢〻臣時一敘復不終棄也一日舉而詢
之則必各有对上之言矣開陈大理博访公議則神考任相終始
之意我宋强盛不拔之本何患不白哉今日芻蕘〻死生何足
算也俚諺曰市無丹砂勿棄赤埴盧扁並试野醫退落此亦自然
之勢也敢不知乎敢不知乎前年初抵丹邱即杜其門默自喻曰
心所欲陈简已無憾而今而後可以忘言矣然而緣取副本內外
紛擾又半年而後定方追逮因〔四〕閉〻时旨外施行詭不可測顧計
目前有因係吝之意既而愧且歎曰口從致命而心則動搖將何
以善其死哉念自離合浦以後十年〻間光陰精力畢此札集矣

終謏咨詢声实俱隨尚敢操之而不捨乎初政典局奉旨取索耀

以此集來经奏御紀人臣所淨先見故函書具奏請於御前開拆

由是逕達乙覽方舜主继堯之時開萬堯之說舜心開纳留中不

復降出昔者竊聞之矣及尚書省取索副本劄子付台守乃云其

萬堯集元初進本在張商英家已下衡州取索蓋乃实書不下司

察劄之所紀萬方疏遠所可遽閱者也今除副本之外尚餘此稿

不敢復藏私室矣則盤其餘所跋於此集之後以俟後賢而心力

疲乏恍惚健忘每思索文字則悸眩不寧臨紙數休勉强累日僅

能終篇人知其骫骳且死而不知其衰耗又如此矣雖復戀此餘

生將何以哉又况绝祿以來薄營活路積垢如山死有餘愧雖並

舉百川之水其將何以自滌乎就使鷦鷯之命幸脫寬網而身心

垢德亦明时之棄物矣敢不知乎安養不在彼浮雲於我有此涑水公所謂安樂国也洗心之藥莫良於此晁文元公亦云但以無生一方編治衆病前哲之所自悟先覺之所躬行實告之矣心不頓革敢不習乎淵冰之地死將及之尚敢懈乎蓋捐書不讀亦不復为文冥心待盡自今日始嗚呼生为太平采薪之民殁作我宋無憾之鬼復何予哉而今而後真可以忘言矣此可与知者道難與不知者言也政和六年八月二十八日特勒停送台州羈管前宣德郎賜緋魚袋陳瓘書於寶城之南

王初寮先生文集序

宋 李邴

本朝承五季之後楊劉之學盛于一時其裁割篡組之工極矣石介憤然以楊公破碎聖人之道為世巨害著論排之甚力然當時文宗鉅儒司翰墨之職者亦必循本朝故事如近世張公安道高簡粹純王公禹玉温潤典裁元公厚之精麗穩容蘇東坡先生雄深秀偉皆制詞之傑然者譬之王良造父策驥騄而騁康莊一日千里而節以和鑾馳之蟻封亦必中度豈能彼而不能此哉初寮先生太保王公自布衣以文稱天下由東觀入掖垣由烏府登鼇禁皆天下第一選司內外制者累年其所製体大而義嚴事覈而旨深奇而不失正雄而不為誇褒勳勞則有帶礪丹青之信施霈宥則有雨露涵濡之澤文治平則祥極乎鳳麟申戒飭則誠著乎

金石嘉武節則毅乎彪虎之威美文德則昭乎藻飾之華極其致蓋與本朝數公不相上下而馳騁乎燕許常楊之域不若以体体製拘之騃〻乎漢氏矣蓋公天才英邁學力有餘於文於詩皆瓌奇高妙無所不能故出為世之賢如此自徽宗皇帝即位以來擅制誥之美者公一人而已得不謂一代之奇文歟

初寮集八卷王公安中撰今此書尚有之○公天白閣注周邑之寓賢也葵於葵山邑志有傳天白閣注

樂靜公文集後序

宋 李邴

東坡罷徐守時伯父以書抵之坡答書歷道黃張晁秦數公且曰此數子者挾其有餘之姿而騖無涯之知必極其所如往而後已則此安所歸宿哉惟明者念有以反之其意蓋以彼為不然而勉其有所至也惟伯父往誠乎忠厚故其為文橫騖別驅曲折演迤而一貫于理有萬折必東之勢志樂于靖退故其為文崒然其立淵然其止不侈衆目而風神自遠有久幽而不改其操之美學博而思精故其為牋奏應用之作博古切今琢削穩密不傷夫骨敘事外自為文章才贍而意廣故其為詩奇麗愜適章斷句絕餘思洋溢得詩人味外之味此其大畧也

是集今名樂全集四十卷張方平撰今尚有之 天白閣注

對

傅忠肅公文集序 公諱察

宋 周必大

二帝三王時人才多出於國子蓋其見聞積習作成有素非如秀民必俟族黨州鄉賓興之然後用也觀舜命夔典樂教胄子曰直而溫寬而栗剛而無虐簡而無傲及命契為司徒教民則敬敷五典在寬而已周官大司樂以樂德教國子曰中和祗庸孝友及司徒以三物教萬民則置禮樂於六德六行之後其視成材詳略次第固有別矣夫子不云乎興於詩立於禮成於樂學至於樂則義精仁熟和順於道德而性成焉故以之事親必孝事君必忠臨大節大節必不可奪文其餘力也晉唐以來各學與監置祭酒若司業皆冠以國子亦古之遺意也故本朝世臣巨室前後相望在仁宗時有若獻簡傅公諱堯俞未冠以進士起家平居揖稱長者及事

四朝屢歷言路忘身狥国有不可奪之節遭時遇主致位二府生
都美譽没保令名遂為大家其從孫忠肅公諱察年十有八復踐
世科宣和末以吏部郎假宗正廷勞金国賀正使行及境上會幽
燕交兵或勸其歸公不可猝遇斡離不強公使拜公又不可竟抗
節死之詔贈徽猷閣待制乾道追賜今謚其諸子皆以問學才猷
翺翔仕途至孫伯壽文采益高方以直煥章閣按刑獄部與念前
烈況編裒獻簡公草堂集又裒公遺稿成三卷將傳布四方屬必
大序其首惟公文務俾乎辭約而理盡古類獻簡詩尤溫純談贊
間次韻愈多而愈工惜乎享年纔三十有七名宦未達高文大冊
與日而發其淵源則可考矣竊嘗論之獻簡當生太平無事時止
於正言不諱是以為宋良臣公則不幸值命艱難之際仗節死難

遂在忠臣之目焉之忠孝大節易地則皆然特所遇不同耳故為
推本帝王之褒以及本朝之盛使学士大夫知公世濟其美不隕
其名者如此
按忠肅公文集三卷後附行狀晁公休撰是書
四庫簡明錄並錄及張月霄先生藏書志亦載之公乃侍公諱
自得之父諱伯壽之祖惜此書不得而見之是一大憾天白閣注

以下補入李雲龕先生文集序　朱上賢

俟鈔稿補

朱韋齋先生文集序

宋 傅自得

文章之工拙繫乎人時命之通塞存乎天天人之適相合也為甚難是以古今負文章之名者未必得貴仕而都公卿之位者又未必以文章顯也故吏部員外郎韋齋先生朱公建炎紹興間詩聲滿天下一時名公名公鉅卿交口稱薦詞人墨客傳寫諷誦如不及予少時學詩嘗以作詩之要扣公公不以輩晚遇我而許從游間宿于閩部憲臺從事官舍之東軒夜對榻語蟬聯不休比晨起則積雨初霽西風淒然公因為予舉簡齋開門知有雨老樹半身濕及韋蘇州諸生時列坐共愛風滿林之句且言古之詩人貴銜口直致蓋與彭澤把菊東籬下悠然見南山同一關鍵三人者出處窮達雖不同誦此詩則可見其人之蕭散清遠此殆太史公所謂難

與俗人言者予時心開神會自是始知為詩之趣别去未幾而公下世予既為詩以哭公因求其遺編伏而讀之愛其詩高遠而幽潔其文温婉而典裁至表疏書奏又皆中於理而切事情乃喟然嘆曰公之於詩文可謂至矣今世能言之士非不多也然淺則及俚華則少實是無他徒從事於末而不知其本之過也公㓜小喜讀書綴文冠而擢第未嘗一日捨筆硯年二十七八聞河南二程先生之遺論皆先賢未發之奥始捐舊習朝夕從事於其間既久而所得益深故發於詩文自然臻此非有意於求工也使其時得通顯於朝廷施諸潤色而見於事業必有大過絶人者不幸位不婉德雖兩入東觀三為尚書郎卒不得以其所長發紓又不得年而没天人之難合也如此可不太息也哉雖然人定亦能勝天故

公之嗣子今南康太守熹能紹公之訓早踐世科而益篤志于伊洛之學安貧守道深山窮谷之中者三十餘年明天子用寵嘉之即其家拜二千石君懇辭不獲命强起視郡事逾年而政成訟簡一旦走介二千里書抵予曰熹先人遺文江西遂將刊行而未有序引冠篇首先友盡矣不孤之惠誠有望於門下敢以為請予覽書悚然追思東軒之集恍如隔世而緒言歷〻猶在公之木既拱而予蒼顏白髮摧然其亦老矣愴歲月之不留懔餘年其無幾為之感慨不寐者通夕而病憊廢書筆力衰退文不逮意獨念自少至老遊南康父子間為最知相知為最深得其父子之賢為悉故不敢以不能為辭若夫公之詩文自足以行後而傳遠豈待區〻之鄙言顧予蚕歲承誨追老無所成乃得挂名集端以託不朽其

其媿且幸為何如哉公名松字喬年韋齋蓋自號云

按傳公此序末署湻熙七年庚子夏四月既望傳公名上有河陽二字是集十二卷前有年譜行狀墓碑祠記後附玉瀾集一卷朱公弟諱槔撰建寗府於雍正七年以宋本刊重刊又同治七年再行重刊 天白閣注

雍正間之刻有李月階先生序之先生諱丹桂中副次即登康熙戊子正榜晉江人僑籍永春居水門城內竹街今子孫無一讀書者亦撫此難禁有過墟之感嗚呼耳泉先正何其與朱先生有筆墨緣也於宋有南邑人序之於雍正間翻刻而有晉邑人序之何幸如之也 璧堂居天白閣再注

對

黃蓮峯先生文集序

明 陳道基

蓮峯先生妙齡舉進士陟華要志槩不群尤善著作閩小泉林公嘗賞其初稿而集序之莆省吾林公擕刻於粵以傳焉先生以嘉靖乙酉没于留都享年雖不永而所著作已甚富先生季弟應萃乃偕諸子姪輩益收先生遺稿合初稿編次之凡若干卷愚嘗受而讀之既而仰思國家更造華夏文章著作至於弘治滋益精醇猶之淑氣渾噩品彚涵濡乎其間莫之遺也先生生於其時以年少遺際內承家學外友天下豪俊同時若蔡虛齋王陽明湛甘泉董中峰何大復鄭少谷諸公咸以經術著作有聞於世先生與之往復議論道契志孚故其所得益深由是抽思灑翰出入意表與諸老並称為一時之盛三衢崇陵方公固以文名家者而推崇先生

謂文所為動以先秦為則斯非漫語也愚嘗歷覽秦漢以來大家著作各有專詣若唐韓子之於貞曜受其所作神施鬼設間見間見層出可謂奇矣然貞曜之後天獨嗇之豈非天地精英忌乎太取若已羨於才者而其餘有所靳耶乃今讀先生之文精英蹟發追前大家而年未及艾奄作古人乃二子謙誨亦無肖者竊為浩歎天之不吊而至於斯也愚非能序先生之文者追慕先生之賢不可得見而執役於遺文則竊願云

黄曉江文集序

王慎中

三代而下世何其多佚才也方世之盛人不慕□士为之者傍於庠序賓於司徒論於司馬冢宰□焉王者必得而用之故才与賢者必具於在位而不遇之歎不作於其時後世人莫不有好功名之心而为士者雖多为之多則其僣之不至詖窳濫窮之弊出於其間而不肖才否之辯不明於是者有才且賢而終不遇者以其聰明才智不可苟同於凡又欲置其扶世救物之憂退焉而自佚則有所不釋于中見於言語文字以諭志意達性情□汲汲期其言之行於遠也而義理載以行焉雖欲不遠不可得也次焉者亦且以其不樂之心發憤於意氣陳古諷今依事感物彈擲議之工而備形容之變如近世騷人才士所为言亦其聰明才智之所至

也自科目用人士多依途以登名舉一世聰明才智併力於此以
伸其功名之心為士之衆莫盛於今日蓋已落於有司從官得
位而沈於卑冗困於斥竄終老且死猶謂之不遇若吾友黃君庭
初卒乞卧合於有司以儒衣自老可謂不遇之尤者也君聰明才
智絶出同舉每試有司輒黜之君以科目之學為不足好且惡夫
脩者之不至而偷為詖窳濫竊之儒恥與之群也長揖謝有司棄
庠序之籍拂衣入山中然則君之不得於位非不遇也自舍以去
人不得而用之也予謂之不遇者以其果才且賢而老於野言之
也君既入山遂與俗遠蕭然自放於邱壑水木之間孤高介特踈
接幾絶而形容朴野流俗頗以為怪君益自得也既死胠其篋
得詩歌雜文數十篇皆有可喜以其聰明才智之異使發憤而工

为之視近世騷人文士未知孰高下也然君自舍而去乞不棄之
感以搖撼其心精神閒暇而志意宏肆未嘗頗頗期以言語文字
聞於人也故所作不多以其行高而節介鷙傑之氣終不能掩於
言詩之者自見其奇奇怪怪離塵出囂紀驅驅拘謹鍊字句律(模)□
者所能及也是雖不與發憤工為之者競其所主而亦不為与乎
於載義理以行其言者之歸趣也雖傳以示同好可也豈直其家
子弟藏之而已君弟濂詩與予標仲好學勤行不替父兄之志濂
詩尤才而有文皆偉然名家子也予為之序使其子弟刻君之文
傳之同好正不在以多為貴也君名淑濤別號曉江與予交最善
方謀銘君之葬而先序其文

傅錦泉先生文集序

國家以經義取士雖卿相繼起而精於經生之業以出身者數人而已其襃然南宮之選首子大夫以應明廷所治經義膾炙人口者自國初以來亦僅得五人焉吳郡王公濟之毘陵唐公應德海虞瞿公師道吾武榮傅公廷璜今太倉王相公元馭是五先生者皆以經術鳴而嘉靖間居四焉蓋國家之運至於肅皇之代文章彪炳煥爛極矣而以五先生之作吳郡巨於質毘陵擇於理海虞蹈於氣太倉相公號於才而吾傅先生沈理瓌瑋蒼然鬱然尤陶鑄於六經而型範乎群儒然吳郡四公皆致身卿相有人倫之望先生浮沉郎署間由禮部郎丞光祿轉吏部郎遂以樸直廢不偶當世公治經義老於孝廉者二十載而其游世之年差及孝廉之

半坡公經義至今為後生諷誦之宗而其功當世創為公所以創於世者由其沒後無競納然而多內歛其言貌聲光無足使世有所駭而奇之端而世亦眯然去之公固不怨不尤其邑之南有坡山迫而築室老焉灌園種樹與世俗絕凡離支龍目來禽青李它諸美果皆身植而手蒔之接葉交枝翳然西麓繩其數畝公既取其重葩累蒂以暢四時之觀又藉其嘉實蕃子以代力食之入世既去公亦果於去世竟以終其天年夫文詞之業皆探元鉤深有出世之想（思）然後淨之史稱千頭橘千畝竹千畝卮茜其人皆有心計之畫乃能埒戶者公所用於治經者精於彼治生者（纖）於此豈其漫無經世之術士之無競內歛者當就其無競內歛用之置之廊廟比於夏敦商彝以為一代寶乃嗇之言貌聲光之間公又

拙於用世世何拙於用公使一代名人終老林麓可惜也公歿之四年其子著寔步彙公遺文刻爲大要公之文皆其久精於六經群儒之論故之見許倬其説能飛於聖賢之言而卓乎不詭於正公與四公之媾會而心術學問直伯仲之而與夫麒麟鳳凰山出陬澤之中皆可以瑞世豈必其儀帝廷遊群先生之苑囿也故敘而歸之以存乎鄉前哲之槩且以見肅皇一代所謂人文之盛云論仕於朝宅於邦其莫不皆有先正君子焉

萬曆二十五年八月之望邑後學何喬遠頓首撰

歐陽行周先生文集序

明　蔡清

閩人登進士第自歐陽詹始昌黎韓公之言也夫以一第倡一方此其人物似未足多也其何至動韓公之紀録也蓋閩自漢武帝徙其民於江淮間而虛其地至唐中世民之生聚猶且無幾而況於文物乎獨歐陽先生秀出凡民之中早知從事乎周公孔子之道文行蔚起觀察使常公深奬異之至京師受薦陸宣公與韓公及李觀李絳崔群諸公聯第皆天下之選時號虎榜焉則其視尋常一第者固有間矣詎非一時之豪傑不可也自是閩士始知知所向慕儒風日以振起相師不絕迤邐至於楊龜山李延平輩分河洛之派授之朱子而正學大明道統有歸乎閩遂稱海濱鄒魯矣是正有數夫瓜瓞之勢其蔓不絕至末而益大者詎非先生

實為之根柢又不可也先生故有文集十卷行世前輩稱其精於理而切於情可知其非止工於辭者而近世罕傳焉今冢宰福郡林先生始自內閣録出以傳乎師信粤尹莊世平先生得而刻之於梓力未克成乎郡守弋陽吳公克明聞之曰是吾郡中文獻也乎當有以表章之遂捐俸以卒其工而屬濤一言顧先生家世履歷行業詳載唐書本傳及李公賢孫之序并已刻其卷端與庸濤小子之贅矣茲特揭其所係於斯文一脈者如此使後之人知先生之功在乎閩者不必為進士第破天荒而已也

王慕蓼先生樗全集序

吕匡庵

余於王翼邑先生譜則雁進年則父行文則不啻蓍蔡而禴禘之也先生早岁失怙恃以海东孤童依倚荒郊屋有四壁家无片轴瓶无储粟塾有书声於先王仁義之说壁听而乐之时辍耕时窃读古人顾欢燃松之照邴原闻书之泣不过是也积久而心灵功深而年逹学几而立於蔚然黉序间先生尝为余言平昔而学易以易试而格不利因学春秋春秋苦寡侣然皆演与师之智而意匠之卒不利如故也又学诗诗之几蓼莪矣乃反於易卒用易生平惟取乎夫子词达躬行之旨为宗先不能艰涩以自难彼不以靡思以径易尤不能为不文之行以自缩不远復不敢为无行之文以自取坠落唯是行止於卧不浄行止而强立於卧自强立

以求知質乎人世而已矣先生之詩余如是今日始賞先生之集
而信以其集質先生之為人而尤信居恒聆先生談汎瀾談洽六
經諸子百家供其揮麈與聞不躊與理不透而丞澤於雅非先王
之法言不言絕先王之法行不行也論文則以韓柳歐蘇為
世獨服膺唐應德王道思而於王元美袁其材濟南李京山樵之
取為論學則以濂洛關閩為派近世獨服膺蔡文莊薛文清而於
王陽明袁其賸泰州徽庐陵泛與取為論子業則舉常國家與輕
豢寵餌之爵祿世上與便宜富貴之聖賢二語自勵故自粃糠于
計部持籌於邊郎儲出於守冰鏡於文典試於蜀滇護漕於江右
總司於首藩皆致之砥之凡綜而經委而緯次第而標本莫不抵
窾導會以究竟學仕仕學之訓而時見之文章議論其又鍊極暢

氣相質披文無非從心性發揮率道德流注雖精思不能擬其富
雖鴻筆未易證其簡也嗚呼余之習先生也詳而先生之即余也
篤每念余每見先生而益也無論聲律身度可以步趨印徵言靖
謔亦且道存蓋余窮自奉專愚無所似人獨友之一字于晚年最
為淨力往其已矣存因可屈指數有作必示有往必攜惟恐其劇
削之盡而思振之其張子環也有作必示有往必攜惟恐其劇削
之不盡而思冥之其翼邑先生也無自不暇之輒從笑入三昧超
然於天高地下之外而活我其黃瑩甫也無月不暇之輒憂盛危
明惻然於臨深履薄之際而免我其翼邑先生也先生今亡亡矣
余其夢之猶人也哉惟有手先生遺編涵濡而詠歎焉以庶幾無
失有述之戒而不至為入門之寡也哉嗟乎無意於文而文積焉

有意於行而行成焉若先生者其亦無愧於人世矣其亦可以世矣

韩退之曰仁義之言藹如余持之以为先生俎豆之券

年友弟吕图南顿首撰

對

坑迖吕氏宗谱後叙

明 吕图南

贵富贵之重族乎哉一身之餘一日之善来若缀業去如辞柯是乌足重地望贵足重族乎
哉朧西之李羞居门下王谢之遊久去望前瑯琊太原人人抵称处处皆写是乌足重繫指
又足重族乎哉深山大泽实生龙蛇匪人緣攀附翼翼弥雄肆螯弥毒盖乎尝受繫指
哉之螯矣而持议者未尝不及启彼氏也是又乌足重夫辈数者而皆不足重则将尽寡
人贱人愚人单人而後足重乎哉且以寡人贱人愚人单人为重於贵富地望与众也故使
贵富地望众而重不在也即使寡贱愚单而不重不在也盖乎见乎门之寂然者矣岂以倚
倚之观也而抑情歛器不得不然竟其终弃反为延之因乎又见夫高门之烜然者矣岂不
与倚倚之观也而招高呼疾不觉其然竟其终烜反为侄之因其所为延且侄者默造
於已不自知之地而明受於子孙所不能免之券且其延之極至有不必其子孙而顾名为子
孙而不顾为贵贱之所唾其侄之極至有为其子孙而羞为之子孙而庶乎智果之别为辅
此而识足重也重安在乎故乎得与取轻足矣然与论延保今夫一手也戟而向人人怒拱而揖人
人人喜一舌也君人公人人喜尔汝人人怒彼四一情此又一情也与一世情与万万情以情情乃递足矣安
所置种种隆窪於怀抱间而差等之为高此而卑彼不如彼此之两置也乎吾聚族於此自
寿章公而下迄於今为世十二总其系六三百年间阀也虽培塿之形势与松柏而寸畊之迄迄萬有
會蕃生则相与聚首没则相与聊首出则以庚末用入则以勤本用即当代更世移千二萬析
之后而宗祊如昨昭穆犹明也岂非祖宗厚德之效欤因叙延世之徵欤孔子曰慎终追远民
德归厚矣慎终之时哀擗踊之时也同气分形以来忽而离隗慎也情乎异日远不可追之人
亦即今日终不忍捨之人以恔心追求自身而考而祖高以上如生如存之念固有油然而不可
已者矣此善本之归根水之返源也則不厚焉得而不厚德敬诗天者也厚驤诗人者也民德
其为人也归反其自天者也故明於天人之際而又何乎门高门之足轩轾哉史称汉邓禹之后

子也有子十三人各使守一藝修整閨門可為世法今不知所守藝何業耶亦不至任放違
秉裘騶者何事之又倘貴人之不可問其矣馬伏波戒子書至華不願爾曹效之之人今
觀其所舉猶名使其也已斤斤若是況以吾宗區區不振之敝而漸沿不可纂效之習
之更下者乎吾自思惟誓不敢毀壞祖宗之初脈亦不願汝人之自溺其厚孔孔而因
使有識者之用為戒也民乎異哉吾窮有一辭亦告我壽年以下列祀祖公曰願
捐家福靈遺百世無惡海上桑麻百世無惡錢肖一掌大學渥堂序子子孫孫苟思
相保百世無惡又以一窮措大語告我兄弟若汝人曰凡子孫但詩書則詩書之不惟
詩書亦不可失詩書之意惟仕處之清白惟農惟商賈處之勤儉毋奸訟毋
矣侍富毋縱於市賈毋淫於四方行四方與孰過天下太平願世世作太平
有道之民而已審如是即鄉黨目為窶人賤人單人至愚人也乎終以為平所
重其自有在也謹成因志其私於汝

文徵私志序

明　李廷機

黄君有及与余为文字交有年矣君在庠負文名籍甚不得志於科第以選入太学積資出为粵令继擢姑蘇郡佐满三载当之京時余为南少宰貽書与予訊我将賦归矣予以勉之云君資望已深昌需之当入为京秩不則且典方州此时归未晚也余今亦倦且返矣将從子於清源九日之间平子姑待我顧未幾而君果决归兩臺代为請得予告予嘆君果不負斯志纵漫許予卦定辛亥予自内閣蒙恩賜归君时家居十載矣相見懽甚且謝踐盟言晚為君时过予山庄相与談往予尝則偶国朝實錄觀之云向在長安相郎中王对南先生曾以全书發予行

正汗漫未能悉指归今再求观恂以摘而录焉予讶实录浩繁

予既年乃而以好忘自弃遂不及抄子仕矣且君质良史才何

不取郡邑志雠覈之以纂今启没实录不必观可也越数时君

出来访余有所修南安文徵私志盖邑志久废然修之以备野

史以副其授余观之且属予序焉余讶君备史家三长而不得

任编摩之责以窥金匮石室之藏顾退而専于邑志其叙述典

雅即公为信史可也曷私焉顾予自乞归以来弃笔研谢绝文

诗久矣不得破余戒为君叙之然观君所自叙其意微矣俾备

矣何俟赘焉乃君亦不得强予然相与论订而题数语于编端

使他日有贤士大夫诗而传之知文献之有在也君安得遂私

之耶因题以復黄君二字有及晚更号步溪云

涵江陈士初嚶言限韵诗小序

明　傅元初

自三立难言大雅不作潘江陆海谁汎津涯授蝶梦乌莫窥秘奥纪多闻为馔貧之糧则穷于叩铜刻烛纪诗一为拯药之業又何以含沈吐佳文彩不瑩责在英流僕索居紫帽山下值梅花旁放诗苏犹兼咏梅诗话快之殆是寒香和雪嚥以吐其不可一世之思嗚其先德褒当世之志几乎尝窥和鼎窥笈見豹矣旋诗陈士旁計为錢嚴紀遊诗及限韵诗玉天包大海其穷外人在青山绝頂时不觉浮白叫绝令我如漢帝读子虚赋神遊天地之間也其诗如縣圃積玉五河吐流佳句豪致嗟赏不尽然二语者何以見其生平之梗矣錢嚴紀殊觉题目壓手君颇易之揮毫運腕与半点凡氣几了乎况与清源争勝何其勇也盖君家涵江应梦見江

中沙石皆翁貓之文具於八公前少宗伯先生昆仲為中表許與

氣殖玉局蔡氏每與今為備斟酌於斯唔濡染并實多抑其

天性也讀鍾僕縣來閱面壁書生自可上凌烟之句君自此遠矣

崇禎辛巳年王正月人日漢溪山人傅元初拜手書于杏為堂

按邑先正傅元初字子汲萬歷四十三年乙卯由晉江學中式舉人崇

禎元年戊辰進士官工部給事中

此篇必備字須檢點校對

堃堂記

士初先生諱雲鶚明末諸生晉江涵口鄉人入國朝沉於鄉

凡有書年不署順治均以崇禎之年遞出亦有書及隆武之號

堃堂再記

清溪閬湖李氏族譜重修序

惟吾宗遠有代序自元初迄於明之季年族姓繁衍其世次名諱莫不粲然著於譜牒入
國朝而增修者三始於康熙之己未歲繼而丙子至雍正癸卯又增修焉蓋支派之蕃昌歷二十年而生齒滋多不可以不誌也自癸卯迄今又適丁其年數矣我宗人是以有請既事竣天寵乃為之言曰嗚呼遠哉惟我祖宗種德襲訓勤劬於厥躬以能迓天之庥子若孫繼繼承承歷年五百迄於今食舊德服先疇者人蓋四千有奇咸具備於譜嗚呼觀斯譜也嚮善之心可以勃然興矣天之道福善而禍淫或驗于一時或遲之又久要之未有或爽者然而陰陽造化推盪之理間

有參差不齊之數惟吾族姓則如龜之卜如響之應甚善人也必孫枝暢茂科甲連綿譜之所載者可指而數其或不然也則否蓋萬萬無一相左者是何也人之生於天地間也芸芸然非如蓬之浮游而無根也統之於厥初而莫不受其範圍故天之於人也有命哲吉凶命歷年惟祖宗亦然祖宗往矣而其神靈常陟降于窈冥之中其大者如詩所稱曰在天曰在帝左右赫赫明明有如耳聞而目見之者聖人深知其情狀而垂之於經以為世教夫豈空談其理哉然則祖宗之靈昭昭也生為正人歿為明神必加福於守道之子孫而異己者則譴及焉固其理也今吾祖考妣如 玉山公之種德 玉山公妣之守節 樸菴公之規模宏大。尚義賑窮。排難解紛。

人若此者振古用希其立心行事如此其所以施好惡於子孫者可知已而有不善惡各以類報如適之卜如嚮之應者哉觀斯譜也嚮善之心可以勃然而興矣夫無欲而好仁無畏而惡不仁者斯已難矣故吾之叙譜也爲之指陳善惡感應之理俾我後嗣子孫知勸戒焉

乾隆九年甲子春正月十四世孫天寵謹序

牧志序

旌表孝子 梁廷珪

予輩初生四德具備最明文侵天理遂去主志畢下有愧貴圣礼
友亡昭竟不深省幽独弗敬内而多私措履弗慎失志徒虚同是
天生我独不肖神人鑒觀俯身恥笑置身於世竟不振擢抑何蚩
蚩自待甚翦翦是以生皆我徒類我而身良彼曷知愧生次窮知
死而身同一以不飭禍及以身亦此夜清忽起佳議自顧身解惡
從有志祖宗靈不使我宅身多戾鬼神亦不使我合污於世孔顏
可師復何搖豫肥与为懷可少自懲求殫厥職矣必端名求尽厥
性於以踐形世雖予鄙圣賢於我世雖予誚天地信我滌乃心奮
乃力忠孝節廣義大神圣在此畢矣不可不誓

蔡思日印谱序　　诸葛晃

论篆法於今日盖亦难矣，而论印章於今为尤难。盖自秦程邈变小篆为隶书，后世舍繁重而趋简易，篆法遂致置不讲，而印章亦因之。故论者谓印章之法自秦汉止，唐宋以降无传，至明而文始盛之。然印有明观之所称擅草绝之工者，亦寥寥不数人，信乎其真难矣。盖非摹拟篆刻之难，而辨溯源流，手与心会，力与笔俱，正而能变，奇而能醇，无愧乎古者之为难也。思日蔡君幼即好为古文奇字之学，弱冠读书辟雍，益覃精制艺，然篝灯之暇，时取篆籀许书旁稽参攷，以三代碑铭彝鼎以及六书说文许家金石之刻，靡不广其搜罗，恣为渔猎，因以其所得于心与手者，运而为笔与刀，期年之内为章至三百有奇。今秋遗我印谱一册，以索余序，展览之

明之刻印，最有名者文徵仲之子，名彭，号三桥也。

刻印之工，此四件缺一不可。

間覺芝英雲氣之奇鳥跡龍精之秘燦若攤金鑽如披錦美哉技乎虽其天姿之峭潁抑亦鳳嗜龍文噫印章亦一道也自世人忽于玫辨。往往以翰墨之珍。付之拙匠之手。而妍醜遂汩沒。而不可勝言。何幸作者雅好古如思日斗與之論列流賞則不特印章之法存即篆法亦于斯存也不亦藝林樂事哉因書而序之

大小篆之減色

蔡思日撰是蔡元襄之字序志載有梅軒印品一卷侯查

布緑窩詩稿小序

余自維謭陋不工於詩生平有所作輙隨散佚其存稿不及什之三四擱之巾笥未敢以問世也今

聖天子加意作人奬厉風雅岁科兩試及鄉会闈並以詩取士則帖括家應舉又不得不揣摩及此余謬叨学使凡所屬多士可不倡率而導之先路詩雖不工顧其責有所難辭因檢稿中應制及餞課并近作約有四五十首頗知説声律有宜於科場之程式其授之梓人以便多学步趨一助至於古体洎五七律与絶句諸近體俳仍有待而未敢問世也不然驟坛藝苑其作如林而余顧斤斤焉炫此數什不幾貽遼东豕之誚也哉

乾隆戊寅仲夏朔日　陳桂洲題

自乾隆二十二年丁丑以後則鄉會二科

科試皆益以五言八韻詩而刪去表判

修堂先生嘗學於粵時郡州為之首逢

時功令新頒是以刻此為諸生津程也

继成堂趋避通書序

星学一道难言之矣自大挠首創甲子羲和分职授時欽若之典
尚已至若鄧平改閏劉洪立差与夫前漢之初書建武之乾象隋
之皇極唐之戊寅察时立法亦详且備焉顧術数之家更相推衍
吉凶禍福不无矛盾而一二魁择者流又泥于舊之神煞愚庸衆
之聽聞宜忌混淆是非倒置星学之道愈晦而不彰矣我 朝時
憲採西洋新法并協紀辨方登数理精蘊诸编集古今之大成非
其書頒行虽久或則闻之而弗及見或則習焉而不能察无怪乎
魁择之家互相牴牾迄无定论也元池洪先生世以堪舆魁择者名
備书京師考订粤南乙卯下廉温陵与余時相致証觀其所造通
書原之本之一道協纪以方数理精蘊与 憲书无不脗合洵趋

進之津梁而吉凶之著鑑也夫星度運更況有盈縮神煞宜忌不

與混淆苟非研求至精推步何由均洽余於此蓋有以見先生之

學矣因書以弁其首時嘉慶丙辰端午月

賜進士出身奉直大夫原任湖北鶴峰州知州年姻家愚弟吳煥

彩拜序

考卷斑窺序

入彀之文，非具有性靈、熟於機法、助以卷軸者，難詭遇也。操選廿六國，是以別擇之語含此論文，則藝林無以奉為圭臬矣。予閩八郡二州文風日上，近時歲科院試、縣府童試及各書院課，佳文美不勝收，茲特拔其尤者梓之，取窺見一斑之意，以名是編爾。選雖隘，僅登若干首，而於性靈之勃發、機法之圓促、卷軸之飛蕩，已足覘其概也夫。道光戊申冬日豐州潘湖霖雨亭氏書於嫏嬛巖書閣

重離於陵子序

李峥嵘

陳仲子齊之世家也亦名田仲子趙威后稱於陵子仲与史記鄒陽上梁王書班氏古今人表及列士傳同韓非子則稱居士田仲姓氏族譜考陳媯姓也書堯釐降二女于媯汭孔穎達謂舜居媯水旁故周武王賜陳胡公之姓為媯封於陳以邑為氏後陳敬仲完世家徐廣曰應劭云始食菜地由是改姓曰氏正義曰按敬仲既奔齊不欲稱本故國號故改陳氏為田氏而陳成子亦稱田成子追田太公立為齊侯傳至宣王以下皆姓田氏是田姓實祖乎陳之仲子乃齊之公族索隱曰陳仲子字子終則向於陵子云序於陵子名終世稱陳仲子是也夫仲子因兄戴蓋祿不食不居則避兄遁世離母孟子謂不義与之齊國而弗受亡親戚君臣上下

蓋戰國縱橫捭闔之流皆急於仕進非如春秋時楚狂接輿長沮
桀溺丈人輩遁跡銷聲者亦多故七篇中惟得一陳仲子之隱逸
沉晦不以富貴薰其心而且孟子以守先待沒數過時不思則弃
治天下舍我其誰視夫泉石自甘久不齒及況與以入倫之仲子
能不深惡而力詆之乎彼夫趙威后譏其率民而出於無用屢教
指其無益人國亦堅貌之歎猶此意也全紹衣謂仲子辭三公而
灌園豈是易事不食於母不過不食於兄觀其他日之歸則於鶃
門之敬亦未嘗竟絕孟子責之過深矣故王厚齋謂其清風遠韻
視末世狗利苟得之徒如腐鼠乃公允之論周柄中駁之謂孟子
以仲子為巨擘自非狗利苟得之徒但其避兄離母不可為訓蓋
稱為鍾愛之先君待之祖父有何不義而汲汲去之他日之歸亦

僅予可篤寢門之敬此固如是乎於陵齊地顧野王輿地志齊城有長白山陳仲子夫妻隱處一統志謂去訶長白山在濟南府長山县西南三十里山跨鄒平县西南一十里又名会仙山乃泰山之副嶽濂江源發于此離鄒平县南二十里太平御覽以山中雲氣長白故名酈道元水经注濟水入于隰水又西北至梁鄒东南与鱼子溝水合水出長白山东柳泉口（案柳近刻訛作抑釋地亦误）山即陳仲子夫妻隱處仲子避兄離母家于於陵即此处也唐張説古泉驛詩下注於陵子宅詩云昔聞陳仲子守義辭三公身賃妻織屨樂亦在其中豈知窮賤苦羞与飲巧同長白臨河上於陵入濟东我行弔遺跡（一作錢行至此）今感歎古泉空山东通志亦載之古泉四書釋地訛刻作石泉計於陵仲子家離其母居幾二百里矣又一统

志於陵城在長白山北曰齊仲子所居之地漢置县屬濟南晋改曰烏陵是於陵為齊地而集中辭福篇末云遂去齊之楚居于於陵高士傳亦謂適楚居於陵又以於陵為楚地何也然細考於仲子未嘗指其適楚而於陵為楚地並無考據豈以在齊舊說之地名為於陵在楚移居之地亦名為於陵歟然孟子前後兩及齊陳仲子係宣王時人與匡章設論及之而戰国策齊王建時趙威后問於陵子仲尚存乎鮑彪注謂趙威后乃惠文后孝威太后而於陵子仲則曰此自一人若孟子所称已是七八十年矣然不臣於王不治其家不索交諸侯則絕二人可知特仲子前後自齊適楚何以晚年竟在齊而不在楚也细玩未信篇楚王聘於陵子為相於陵子辭而謝其使者因入告其妻之謂窃恐乱世多故不保夫子

朝夕遂信其妻与逃去遯楚之重命抑或復由楚反於齊仍归於陵乎蓋为人灌園未详其在何方耳於陵子兹书十二篇经训中壘作序校定与荀卿子之義子並为之序以行於世其文辭古峭幽奇千变万化於尹文子墨子鬼谷子列子莊子惠子申子韩子慎子鶡冠子公孙龍子外自樹一幟斷非周秦以後人手筆所能为也余素爱莊书自遠宦滇南家多散失今所存者不过十之二三眂日偶检於陵子一卷係民國陈先登周彬评注遵祀叢二衡陈君家藏祕书内有於陵子一本乃明徐渭评点题曰齊田仲兹并为之序陈君博雅好古遂合二书之评識註解寄余及陈君之十二篇跋語總彙一集付之剞劂以公同好因撮其大略如此以見有其书尤当重其书读其书传其书庶不负古人兹作之精意

而刊布之功為不朽也夫

咸豐戊午花朝南安李峥嶸蔡南題於温陵城西樓鳳山房

黄封君香圃採芝图序

国朝　李峥嵘

六英献瑞瑶光發象德之精三秀浮真玉質含延年之蘊掇霛姿於華頂挹露焚香吸絵色於仙都飛丹鍊液杜荀鶴斜名有草蓄山川雲雨之華兼景喬環澤不根通晝夜陰陽之氣香圃世講采芝圖所由作也夫其簪纓累世冠蓋盈門卻紈袴之奢分芝膏之潤汲汪洙度身居廉讓之間繩正士元人在羲皇以上詒陰功積德可獲嘉祥孝道慈悵能臻盛美探月精于元圃蔓之朱柯擷雲母於丹田煌之翠羽蟬聯滿手垂寶葉以貫珠蟠錯盈胸捧瓊葩而運鼓握石木火金之產神明可通餌赤黃白紫之光天地相極真能萃延禧之慶而溯遐福之宗也僕慧業多疏缺根未化歷天刑与地棘羡杖竹与鞋芒溯師友于四十九年淵源若接抱簡書

於茲三千里鞅掌未休惟慕君子修真至人恭寿万年兩目時暌遐算之春三拎九枝常挹長生之樂迓天休之澌至不隨衆卉同芳齊繁祉之茂佇定有群仙来引

不知絕齋紀聞自序緣起　陳步蟾

行年五十有置冊一本記見聞瑣事積之首尾三年自家居棗頭務置高几忽焉遍覓不可復見古人云年華近老境則習見之人恍忘名姓故再置一冊聊復爾爾　咸豐十年庚申十月念日南安陳步蟾桂庵氏記於不知絕齋此部計八本記事四百七十餘條係六不肖国仕注

輯豐州先正文存自序　陳步蟾

予於先正文稿多所搜羅於我南安尤極意搜輯正以重鄉先正也其前有刊稿行世作後進之津梁其皆可彙為成冊即或年月湮遠鋟版散佚尚可求之朋儕於墨鈔補綴凡入吾手其缺可獲完至於顯宦名流孝子鴻博登鄉會其間有一二藝文經刊刻儒林膾炙復錄存之者曰豐州先正文存第不自知區區之意

究竟何説耶歟而思之古人拈題課游藝之子弟之收拾古人游
藝之作亦游藝之子也予否之以適予之心予之心如面則予之
意以采并坐没之人不賢則道乎意而收拾之賢則擴乎志而刊
刻之俾卿先正一腔熱血搖留數十百年於亦當日文場之苦心
所不料其如是之想亦勝於局戲烟銷游設曲説者之自為快意
也夫　同治紀元壬戌八月十一日南安陳步墀記

此部分釐為十卷文有二百餘篇因功令改制其劃誠為不合
時宜仍舊藏之高閣以附於光天興先生之温陵先正文藏之後也
想不合時宜姑藏之以俟　光緒甲辰嘉平　六不肖國仕注
三十年

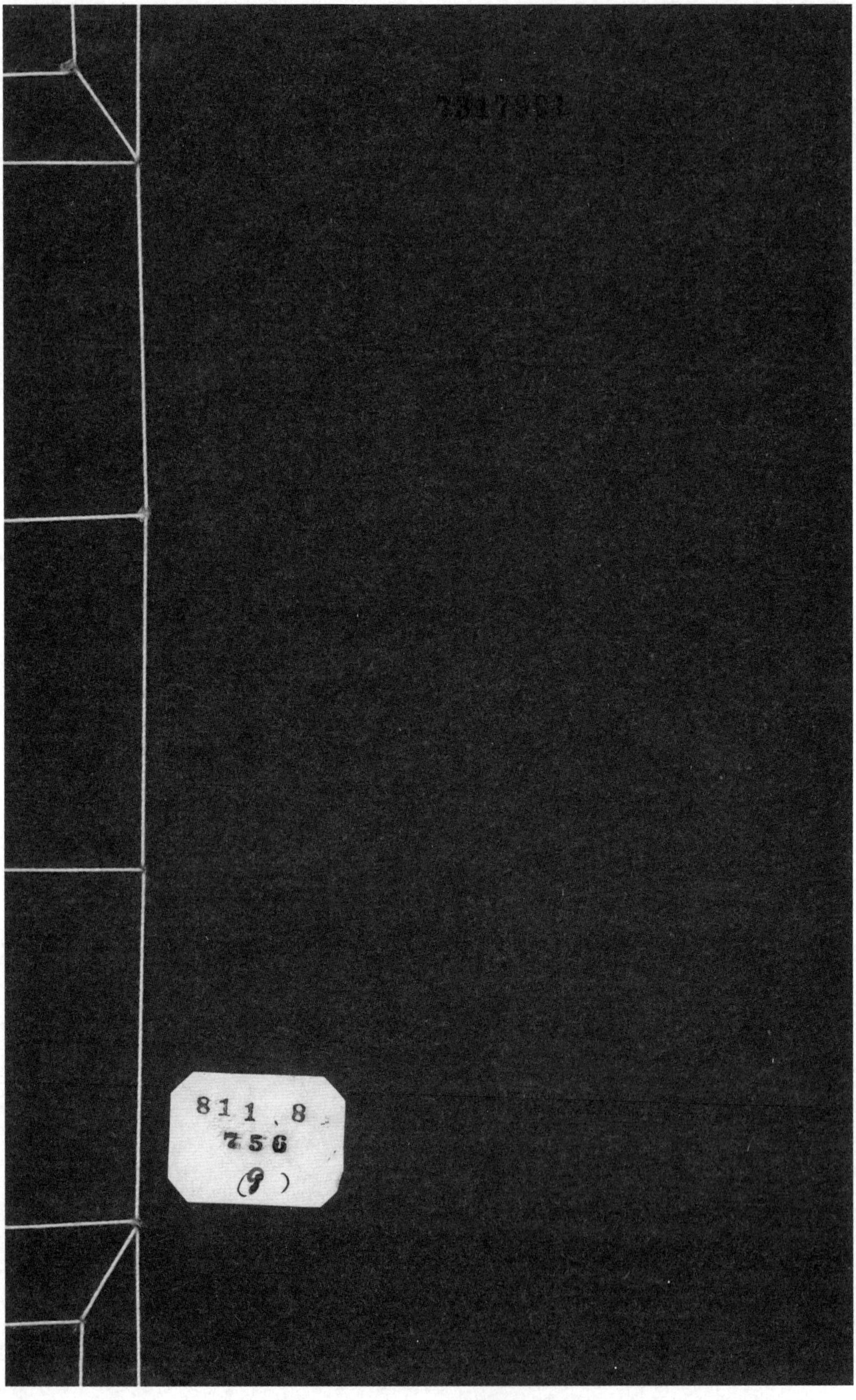
811.8
756
(9)

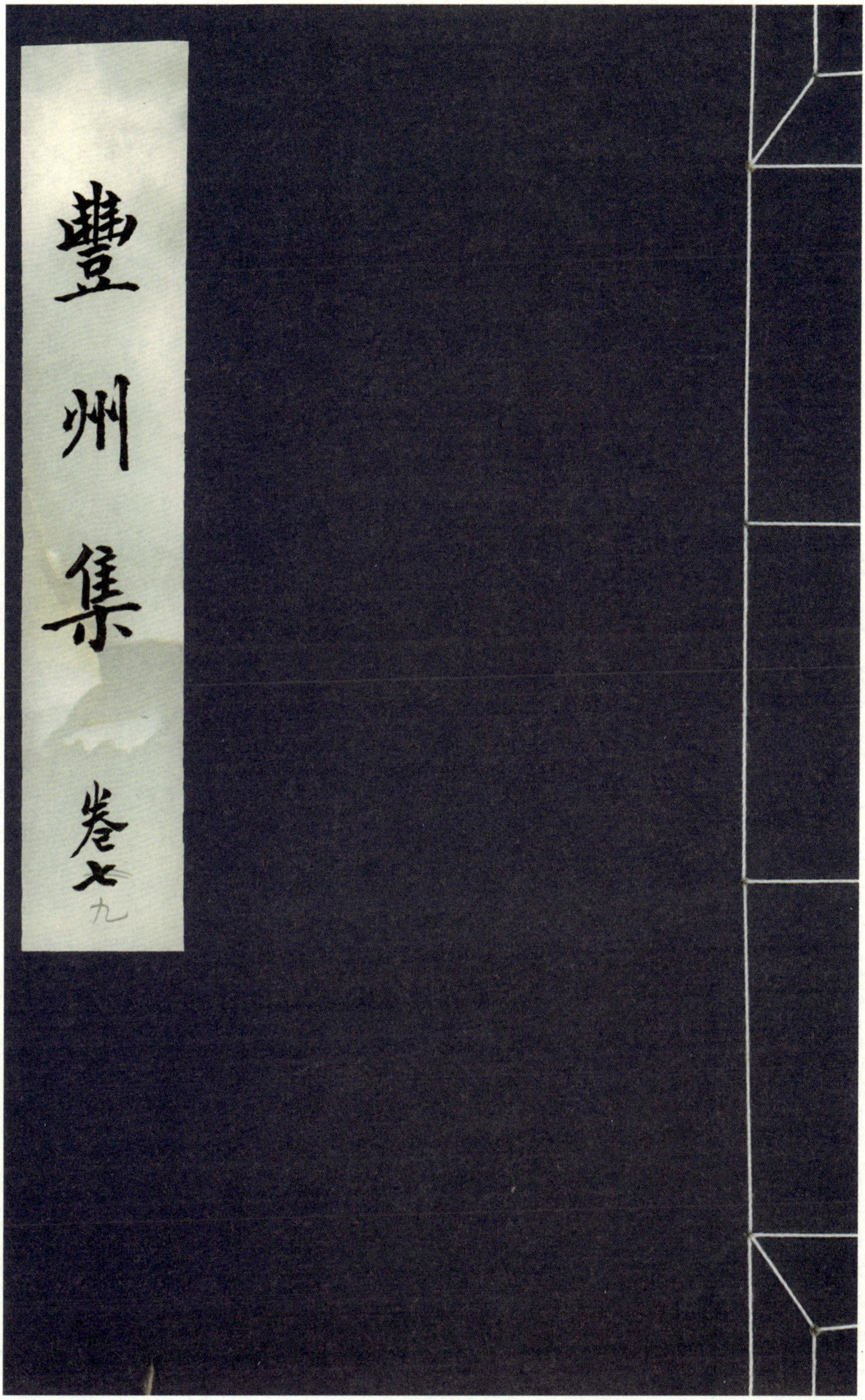
豐州集
卷七
九

宏治甲寅南安邑志序

古者列國皆有史以記事邑之有志猶國之有史也然則一國之事無所稽非志則一邑之事無所考志固不可以不修然使見聞之不博去取之不精則不足以傳信而示遠志又可以易修耶此楊子雲所以必勤拳於纂輯而江文通又有修志之難之論良各有以也南安自古為郡為州而復為邑山川之清淑風俗之淳厚人物之傑出皆非他邑比舊嘗有志歷兵燹而廢失已久或傳聞於故老或襍見於碑刻或手録于人家或附著於郡志又往往多謬誤缺畧而不足信宏治己未江右臨川黄侯濟以丁未進士來令茲邑甫下車首以邑治沿革民

情剎病之類發策考士蓋深有意于修志而未暇也比六年政成乃屬予與邑諸生黄旗柯信洪文韋互相攷校而纂修之於是訪之人家撮之郡志採之碑刻詢之故老而彙叅衆見首以地圖繼之以建置沿革形勝風俗與夫戶口財賦山川人物官守典祀守禦物產邱墓寺院之屬而終之以文辭缺者補之謬者正之繁複者去之分為三十六目總為一十五卷裒次成帙送侯訂正侯以最績久著天子臨軒特垂詢閣部使者上其名而內召之徵書旦至以趣入京故未獲鋟梓乃増修金寄邑庠以之為資仍屬予纂以畢其事荏苒未就昨蘇常熟沈侯誠繼令茲邑即欲畢此而貴侯擢丞太僕又屬寓書遠之因復訂正

而鋟梓以傳僉謂予宜有言以序之夫南安之志久廢因不究以不修然繼黃侯勤之以倡之於先沈侯拳之以繩之於後而文繼黃生舉持治之相資也予固陋惡能以窺乎測閑厥成鉅典哉是志一出庶幾可以傳信而示遠矣古今時天地古今此形勝古今此人心也設之衣乎時者觀前人之善政必知所務武而就乎正大生守此者觀前人之芳躅必知所興起而進乎高明風俗亦將轉而復厚矣其有補於治化有關於氣運也不小又豈但為記予之書而已哉因僭書以為序

賜進士出身奉直大夫戶部雲南清吏司郎中前陝西司員外四川司主事治生傅凱頓首拜撰

對

崇禎壬申南安邑志序

武榮設治，視郡城尤先。文歐陽乃周先生以文章首起，應常觀察其文之治卓然名世。嗣後進合進分，或州或邑，千百年而旅定。明其治仍具，而附郭視晉江為二巖邑，有大了兩画焉，有監司兩禍焉，有土有人有子弟兩隸焉，如縣之於鄞，輔之於車乎。泉西偏一大都會也，文人輩出，文治不乏，獨志乘一書附於郡，而邑嵩冊致徵文者問焉，而無以應。夫物箋書之未遑攷乎，文獻之無徵乎，抑運會之有待也？古者襄陽之傳耆舊，汝南之傳先賢，王仲宣之記英雄，郭璞之注山海圖，酈道元之注水經，彼徒以以其人與予與時重可無闕政令體，且勒成一家焉，有包

絡山川奠置圖版政長治行暨關兵賦田土暨欽風俗淑慝暨
攸繫有司視為大簿帳而士民視為道舊事者而可任華靡不
詮次乎豫章李侯暨以懇然己任而思就此志也誠識其大也
於是以不自暇逸之暑下如許長之椽筆摘其綱而條其目芟
其煩而補其缺未備者犀然而炳照也其凡自輿地規制攻守
防禦以至雜志詩文若干則皆剖晰窾会隨手附見井井不紊
蓋文徵志武榮者為謀野之獲而侯不啻國僑之潤色矣余不
文無能贊一辭竊謂設志難而設志於今日之武榮為尤難异
時難志其率詞難在名宦鄉賢人物再其意以不虛美不隱惡
乃為董狐可傳之筆固也然鄉貢責在督學使者以寧戾毋寬

為主寬於上而明核於下毋乃孝子慈孫之心乎至文憶三山
林楚石之對葉文忠也曰但出西郊外非生祠去思碑此即為
負父母公祖嗟乎人心一時直道千古其然豈於然乎吾夫士
大夫之朝居卿蓋棺之日淑慝可坐而知或取全瑜或取一節
或取清戒以其素還其人至倚與為至倚之役此均足以受也
未右難也惟夫國家多故積朽無聞當事此勢不得不亟於民
閭閻之輸凡食土之毛日就削瘦矣而名目屢空有增無已
上之為民豈寬與下之恩寬於上無別識卧為畫一之奇歟而
不可知也萬之干振失賊海氛波競勇怯于因公義樹于寇汛
移于內兵耗于籍鑲削于扣而吳蘊邊桑之爭不在民而在盜

其禍延乃之於民求如前者置巡司設弓兵遺意蕩然烏有而又寺田日清而日竄新塑时復而時消徙淤民蠢乞取寸補蓋余謂凡置防團練役田土加派裁減諸條而不勝國恤民艱瀍漫紛拏紼發之慮焉候皆氏榔而鱗次陳之矣記曰為上者可望而知也僕如政而人知其仁知其明又知其修潔今又為邑長數百十年可知之文獻以昭之彼使武崇不丞杞宋對忘與泰於為上也已矣至於山川之清深可以悅情而娛意古哲之寄寓可以思齊而景行如節婦義士之凄清可以維俗而慰幽納士外道之逍遙彼乘可以超玩而滌煩觀百草木百葉之森然者可以該物而多識究祥禨志之纍纍然者可以管聽而

慄念此又琬琰之餘光而載乘之剩馥矣亦使继今而讀其手一編而巨細精觕瞭若指掌继今而有事茲方其日修日備以与替此文献而已

時崇禎之壬申孟夏朔邑人治生呂圖南拜手撰

年　月鈔

崇禎壬申南安邑志序

南安邑去郡城十餘里無附郭之名而有其實凡拜謁交際之煩與晉邑埒而贏其往返之程驛傳之設遠在六十里之外當道抵臨必造焉田賦視晉邑稍溢而多為晉紳衿寄庄粟麥輸札隣邑而徭役每丐旁貸石井四灣巡司之設界于晉同之海濱鞭腹之虞近日尤劇邑多殷繁視晉蓋倍之矣江右渭氣李父母在公之餘致一邑之紀載而無從也慨然曰夫志其淪忽何失之林也經理之要控御之方與夫徵文徵獻皆於是焉在而蘇邑瀕然司是邑者將何辭以脫于固陋是用廣詢博採汐黄有及先生之文徵私志何迺義先生之武榮全書繫之郡邑之

秉以及縉紳庠士宿儒之所聞見彙集之為志一十有一而於
戚川示邑人王振熙命為之序熙蓋卒業焉而有得於論世之
說也邵康節經世書曰至變之說世之變而歲長行乎其中矣
陵谷之有遷徙也而後剝變為川澤之有流復也而水剝變為
村郊之寥落而生聚也生聚又變而爭奪衣冠之朴野而文明
也文明又變而侈靡又或變而爭奪如志所載山川版籍典禮
防圍風俗有沿有遷有盛有衰有正有變補而救之則政善矣
章而明之則盡善矣政盡善而世變之升降且準挽于其中是
志之所必傳者哉乃又有進于是者國家祀典以名宦鄉賢附
于学宮與聖賢春秋並祀此志中一盛事也士民為父母輩名宦

则为敬子孙为文祖晋卿贡则为孝当道因呈诗而允之则为
勤我政或未莫乎爱而乃或未副其文搏擊之与矜循而荣命
之曰良吏卿原之与猾狂而荣命之曰贡其至圣临之群贡质
焉未知其能享而妥乎否也往者不可谏来者犹可追惜其名
而慎之是在没日哉是在没日哉

山东提刑按察使司按察使前奉勅提督山东学校副使晋陞
浙江布政使司右参政兼金予奉勅整理温处兵巡道予通家
治生王振熙顿首拜序

封

明天啟元年安溪縣志序

呂圖南

清溪志者志清溪之山川土田民風建置與文若獻也棣其事者穉孝何先生也先生博極群書慕古修道材宏而筆無曲志之信也始之者清溪邑侯賀君也始賀君鄭重邑乘而屬之何先生方屬草而賀君行矣成之者灌陽王侯也王侯方下車數月不急辦期會而即委刻事於諸生黃曦陟氏亟成此志者何一邑之典章叅錯不整次當吾世而名士大夫高節懿章不表錄如椽之筆委諸紙上為政者之過也曙其大盛也刻成而南寓目焉其義例自原縣分野至紀裒凡十八則覽之燦如也秩如也彬彬乎倫哉蓋仲尼嘗論述夏殷而致歎杞宋之文献彼傷當時之君卿大夫不能有所別識發明令天下之遺跡名憲不獲前耳目而舉後耳目

而傳遂爾泯泯者盡杞宋也廼其自砭砭洙泗間則以禮樂易詩書春秋為文以祖述憲章為献而以萬世為系故當仲尼而命文献實難其人即禮之聃官之郯良史之董狐博物之子產君子之籧瑗好惡與同之邱明遍觀六代禮樂之季札皆身遇仲尼而得其襃讃則之數君子者固一代爛然之文献也夫文献而山川風俗輿建名蹟大官貴人乎此可按名籍而臚列者也凡文而不擘畫朝家指切邪正献而不麟鳳郊藪鴻儀世宙識者雖載筆不愜志焉文而擘畫指切献而麟鳳羽儀則一郡一邑之文献固天下之文献也何也賈生治安數策可以洛陽之文目之乎汲長孺古社稷臣可以濮陽之士目之乎天下一大方隅也古今一大簿帳也郡邑而天下則無負郡邑志郡邑而天下則無負志郡邑與杞

宋並時者小至邶鄘衛微咏片簡世知有邶鄘衛也然則授事茲方與其杞宋之也毋若邶鄘衛之也吾觀太史公書成而欲藏之山川山川亦不杞宋矣禹穴二酉非是書不知是山又令太史濡毫時而即有殺青播之通都大邑者太史吏不言藏矣王平子行陳留郡而問士人吏以蔡子尼江應元對因歎賞此邦有風俗則子尼應元者陳留之文獻而停車一問姓名彌香平子亦識所以傳之耶釋孝先生世方捧古文辭盤皿與之而躬行一本之仲尼正學自身具文獻矣嘗承臺使者陸瑞亭氏閩志委詮次數載已脫藁特未授梓又嘗修泉郡志茲志清溪其一支也清溪多君子不具論如詹汝欽公父子侍從侃侃天下大計直聲在隆萬間李克蒼氏以一郎署上書言事無所不指斥白首偃蹇斯豈復一郡

國士執、王侯不頃刻忘斯志也亦君家平子停車問士人意也、余故論其大而為之序、天啟元年辛酉春三月

對

泉州刺史席公宴邑中赴舉秀才於東湖亭序

歐陽詹

貢士有宴我牧席公射禮也中赴舉秀才於東湖亭序（旁書：貞元癸酉歲邑有秀士八）人公將首薦于闕下古者相覲相祖有享有宴享以昭恭儉宴以示慈惠二典之用鮮或克並諸侯升後造邦天子遺之曰唯以鄉飲酒之禮則享禮也胾肉之酒莫飲莫食公念肉不使食則禮不下浹酒不使飲則歡不上交方欲激邦俗振流端致主人乎德行而貢其仁未伊浹才者歡未我及其善歟之何秋七月與八人者鄉飲之禮既修乃加之以寡餚移已膳醴出家釀求絲桐匏竹以將之選勝軒勝境以光之後一日遂有東湖亭之會削（旁書：公）桑梓之禮執賓西主之儀揖讓升堂雍容秩筵樂遍作而情性不流爵無算而儀形有

肅鏘鏘焉濟濟焉於是老幼來觀學室盈岐繞其祝謠則其閭里
皆因訟而誓廷善焉於戲行其處不必可提而口授發其風不必
門扇而戶吹公於安則風發處行其間矣真足以心謁識奉主化民
之宰也烟景未暮浴德俱飽有逡巡遐往而言曰吾詩序有川義
盛德之形容君侯因片善附小雅佃一邑之心成文（一）衍圖民（邑之行）而昭
乎人恭儉於嘉享示民人慈惠於詩宴因人心成人行周孔之才
也昭恭儉示慈惠覺民之貴也不有歌詠其如六義何是日人有
甘棠頌宮之什客有天水姜閣河東裴泰和潁川陳詡邑人濟南
蔡沼佐贊盛事亦賦雅章小子公之甥幸鼓微聲先八人者鳴撰
豈因微時在公之側觀象君子之作遂從下乘之後也大為首

序

對

送蔡沼孝廉及第後歸閩覲省序

歐陽詹

昔人論別有賦論恨有賦狀仳離陳感憤未其兄予於蔡侯是日之情蓋古人之還情也人之懸慕莫先乎同有求而一不得人之慕莫長乎偕遠遊而一先歸蔡侯沼字產中予之邑人文藝親也客中以學予謬以文共受遣乎長吏皆求試於宗伯客中登太常第歸寧故園予有曝鰓之困猶留京師同求在予則不得偕遊客中則先歸堂俱有親予亦有親違自負遠顧旅羽之恥對人悲鳴就養之慶悵寸方為文夫稟太和曰人子不包羞不痛心行送之人也客中胸中有心斯以予此辰之意如何歎恨之懷之渾之迷之飲餞以茗茶視春光其如秋周秦九軌之道吳楚千里之水騁逸驂揚輕舟激泉清風歡拜親遠人則姻昵家惟里閭列日榮賀盡室

当在合法名之不異想出門之是因父也母也兄也弟也是毒人之善別有而從予之不肯岂其重堪予鬱結之端矣明鏡前平衡下姿媚與取錄婦不登才致命致不自知也烹乳為醍醐鋉金為干將予煉烹鈍以變化處中共行守勿誤業就不堪修勿得名成有所忽及此方遠大處中志之

對

泉州泛東湖餞裴叅知南遊序

歐陽詹

泛舟餞行別礼之重也昔李郭有之降自近代名望之士亦往往而用其皆殷勤憂出於人意文雅足賦乎時物俾攄抑之實可观風景之媚不孤理未符此予罔以攀清源郡春正月客有河東裴叅知以南遊郡司戶置同正前大理評事抗風審公固攜俎豆展故實蓋厚敘而昭己德也奇哉秀英哉其敘發明蔚乎風姿瓌麗乎詞義朗如嵩如輝如煥如予輸范十年之遊飽觀四方之彥九霄寸步一日千里斯予所識之如其人如其人是餞也主賓賓主登古者作指方舟以直上繞長河而屬迴弦管鐃拍出沒花柳勝趣則深離觴且甜斜日危程賓辭及園噫停棹一挹敘其昇車美哉敘何往而不利況此選列郡莫非哲人有知之鑒其豈相失遊

意儻盡睹為時起予從此更福承明審公不日應召宣室秋風似
緊當共天衢作羊角而來一舉摩蒼蒼矣詩人同志乎

送王棨序

唐 陳黯

黯去歲自襄中迯輦下辅文出新試相示其間有江南春賦篇末云今日併為天下春無江南兮江北某即賀其登選於時矣何者以辅文家於江南其詞意有是非前朕耶今春果擢上第夏六月告归省於閩命序送行某辭以未第言不為時重辅文曰吾所知者惟道与義豈以己第未第為輕重哉愚謂是不可讓鱗群之衆也必聖其龍羽族之多也必瑞其鳳鳳兮四翼龍兮二首所以异於鱗羽惟其希出耳儻使日百吋千盈川溢陸則蚯蚓鳩雀等兮龍鳳矣其誰曰聖且瑞哉進士科由漢迄唐（今）為擢賢之首也寰瀛之大億兆之衆皆貢其籍其數僅千有司升其名者復止于三十其不為貴而且稀乎辅文早以業儒而深於詞賦其体物諷調

与相如揚雄之流異代而同工也故角於文陣而声光振起今之中選是業者炷想窮慶之晨為鄉里改观孰不謂人之龍鳳乎懿哉輔文是行也足以自重

王棨字輔文（或字輔之）福清县人咸通三年進士官至水部郎中并有麟角集一卷天白閣注

送迎陽呂堂長归武崇序

元 陈泉所

閩之文風興於唐閩之人物盛於宋乾淳端祐間考亭朱子以先聖之道学集諸儒之大成文風人才愈興愈盛閩為南方鄒魯豈不信哉宋之季樸鄉呂先生生乎泉私淑於朱子之徒釣磯邱先生生乎同親炙於樸鄉之门於文一脈天將不墜愚生晚不及見考亭与樸鄉矣猶幸北面釣磯而從之遊相聞一葦師予其四十年所務式而聞其緒餘迨来木壞山頹朋徒彫落殆尽小儒曲学妄議高談独障狂瀾蕩蕩寡合深為吾道慨至元庚辰春呂君惟宗奉府檄來長泽江書院前吏部樸鄉呂大奎之孫也天資聰敏足繼文獻之風儀表端莊足稱縉紳之胄負卓犖之才而能有所施為養剛直之氣而絕無所剝悔觀其道学同一淵源文章同一杼軸意氣相孚言語相得詩所謂如壎如篪如珪如璋者其猶乎泽沙君之驥也泽江立学自司馬令將虽云州創而学制咸備遂移文省府漕憲二臺且旌以愚令長子九年而代其去逾没更易不常再十年而領学者四五指惟学舍頹没而徑门学宇尽靡而弗顧孔殿岌然僅存神人咸共嗟憤君將至奠其大傷心因灑涕祠下而矢之曰所不能再興廟学者有如先聖聞其或笑或剝惟愚独深信之君乃奮励謀之同官莫不贊美先修殿宇而壯麗之次飾列像而先舊之左右翼其室内外閣门兩

祀焕如從祀肅如肖構新功絕勝舊制力雖億而不以為勞財雖殫而不以為費今則笑其愧服則其歎羨然後知君之誓言為不誣余之信心為不苟矣是役可以張風化之本原可以增科文之風趣上以慰先聖之神靈下以黍祖先之名賢大賢之後世不乏人豈前尸學祿之所可同日語哉侍曰見義不為無勇君於是絕勇於義矣又曰幼而學之壯而行之君於是絕以所學矣叢泉書院未究設施使進之為肆其大以必有可觀其千尋之木固宜棟樑於廟堂萬斛之航々々々々山斗港哉友士義其盛德而惜其歸沈滯祠於廟左又徵序於錢章予故述相愛之真且致相期之意君歸益自勵余老尚及見之

時至正三年癸未元日也

送太守李君之任泉郡序

明 黄河清

泉郡宅于海山間閩越奥區也山海之產視九州之得於山海者貿繁而異山而居者歲食其山之入猶出其餘以貿易於海々之居者亦食其海之入舉得而有焉盖山海之利居田之半其民亦侈然安其利以自足矣民樂安其利相覦而善故吏于土者恒不勞而理號曰佛國數歲以來有賦其山之利于官巴蜀山楚山之所未需也有賦其海之利于官曰東海西海北海之所未需也皆上方之所欲致也始而開若賦既而倍若賦今則殫其山海之出而賦之而山海之人俱告困矣夫賦之止於山海之利猶可為也致之又十百倍其直焉則并其田之所入者亦告匱矣遞々相傳以至於獘由是有顛連而僵者有倚官而為市者有乘風而囂者

胥戕胥虐而獄訟滋矣如是而猶號曰佛國盜不誣哉然則天下之急賢守孰有先于泉者哉莫先於泉雖以李君抑之之賢天子固不得而靳君亦不得而辭也君初舉進士令崇陽其為政廉而睿惠而安剛而不撓入為工部亦如之今日稱賢令與賢大夫者莫先焉然則泉之急賢守孰有先于李君者哉廉而睿則民威惠而安則民懷剛而不撓則漁吾民沮吾法者不得逞其欲上不得逞民懷而威則訟獄息而禮樂興矣嗚呼泉之理佛國之號其將復于故也耶泉大夫士之萃于朝者皆喜於得公因役河清識其喜為送行序

送鄭御史師舜往南臺序

明 黄河清

論人易知人難論事易識事難論時易濟時難故論時必究其常變論事必權其輕重論人必察其心跡固不可因事而病人亦不可因時而病事亦大要歸於能濟乎時而已矣（耳）嗟乎居今之世欲濟今之時不過用今之人行今之事耳使易而言之天下將玩而弗信若槩以為難而自默上下之間又將無所感創而趋舍恐於治体有乖於世道無裨也河清尸素十餘年常竭耳目之力考論今之世與人若事而得其端緒然豈敢以不肖之身而律他人亦豈敢以迂腐之見而畫他人哉昔趙閱道為臺官於君子有過則保全愛惜小人有過則力加遏絕程明道為御史裏行嘗對神宗言使臣拾遺補闕裨贊朝廷則可使臣掇拾臣下短長以沽直名

則不能是二君子不惟知人而且欲全人不惟識事而且能成事皆濟時之鉅材遠器也然則難易之際固有体要者在矣吾能持其体以充之（其責）實若吾之責者亦與吾同則國是公論归之臺諫何疑耶友人鄭御史師舜為行人時常奉使四方能周知四方之故其所謂常變輕重心跡皆已得其槩今兹之行乃歎然以難為憂蓋思欲持其体以充其責者河清因道所以處難之道而併以程趙二君子之事語之

對

別方豪序

明 黃河清

正德庚午夏四月浙人方豪以進士出宰崑山閩人黃清〔河〕清以司封員外郎留京師豪與河清盖密遊從為兄弟者一旦言別此情易耶豪嘗與河清言吾輩用功處在不為時俗所化性情為時俗化或為徂詐聲音為時俗化或為謟佞氣節為時俗化或為萎薾又嘗與河清言今天下之勢歲饑饉而吏不懼故民是用困民告困而賦斂愈急故心是用離人心怨離而上罔聞知故兵是用熾在我者當日斯邁而在天下者不可謂非吾憂河清方領之以相激勵遽為造物者忌而渙焉欲強為情得耶豪今宰東南鉅邑事得乘時而為之將懼其所當惡而紓其所困知其所怨而導其所趍殆不化於時而於時有補視河清之纍然居此愚身心而敗之

其於平日之所期以相成者何如也與豪去者有四明王應鵬與河清居者有增城湛若水會稽董玘交相戀勗咸亡有窮已也人各有詩河清又為序

方豪字思道開化人

送吕积中冠带归养序

余泉武荣吕君积中，孔伦甫之冢嗣也。少负瑰笃之资，远大之志，以通经游邑庠，习举子业。屡试两闱乡闱不利，乃于成化壬寅年从有司贡于京师，试辟多士，将升之南雍，毕业以俟用。君叹曰：吾幼而力学，将以显亲扬名，依逮章制。迄今年几迈，先君已不禄，幸慈母张氏年益年，跻七袠有四。吾尝闻天下士游国学，必五六年始得历政，又一二年始得注名于铨曹，又七八年始得入选。如是乎年不愈迈，而吾母亦敢必为我留乎？年愈迈而壮志或以衰发，恐不能矣。万一母不我留，虽禄又不及养，于吾心歉乎何有？孰若抗疏援例，取冠带以归养，使我母犹及见之，庶几有以慰其心。且先人遗我以安，有宅可庐，有塘可渔，有圃可蔬，无待于外，亦可以陶乎志，而供甘旨于百年之余，虽不禄犹禄也。疏上，诏许之，遂冠带将南归。乡缙绅咸请余言以赠。余与君居同邑，游同庠，而交且善，虽不请，当有言，况重以请，为昔尹和靖先生少孤，奉母陈氏以居，为进士业。年二十，师事伊川程夫子，应进士举，以策问不对而出，告于伊川曰：吾有母在，辞先生归告其母。其母曰：吾知汝以善为养，不知汝以禄为养。于是遂不复就举。伊川闻之曰：贤母。夫贤其母，则所以贤其子者可知矣。今君积学有素，擢用有日，年尚未迈，而虑其衰，不敢为不能之发，幸母之存，欲慰其心以终

其恭敬無愧於和靖之為矣雖然臣之於君猶子之於親孝於親者不以年邁
而衰其心忠於君者不以年邁而忽其志故和靖先生亦聘應召而出矣君之
子親不衰可謂孝矣吾出而事君豈以年邁而遽衰乎聖天子以孝治天下俾
日求忠臣於孝子之門舍君其誰致勉為一起毋曰九重仙詔休負丹鳳銜書
一片野心已被白雲留住有負平昔之志也遂書以為卿
賜進士出身承直郎戶部主事同邑傅顯書

翰林院編修李仁傑　太常寺少卿張苗
兵部都給事中吳愿　監察御史陳紀
戶部浙江主事陳睿　戶部山西主事史盛
刑部江西主事謝寔　獻陵衛經歷蔡智
順天府儒學訓導陳經　浙江嚴州府遂安縣學訓導苗臣表

對

袁義溪泉州府節推序

明　傅夏器

吾友袁義溪授泉郡節推。維泉介在海隅，去京師八千里而遥，其去藩城亦千處三百里，故下民之困抑欝不得其平於上，不能直之於輦轂，次不能直之於臺省，皆求訴於而直焉。又地其阻山跨海，奸宄剽盜出沒濱海，航漁之民習見擊刺，武勇鷙悍，動以忿悁相及，相靡殺傷不避誅，其於獄訟為繁。節推司刑，繡衣使者行部，輒以節推隨，凡民間獄訟皆先以節推訊服而後上之，其故節推代兩臺蒞事，其斷獄又為繁。夫典刑者，民之司命也，君能之，泉司命而泉民之所為生死耶。言刑則律令具矣，它其所具哉。又昔者聖人議事以制，不為刑辟，世之偽也，漸長隄防不能也，乃徵於書，而律令寔非聖人之得已也，故得其好生之意，即法令具備而不為苟不得其意而惟法是狥執盈尺之紙鉞鍊囹圄中罪狀某也當某律令某也當某例律格式具備不過費一翻檢閱而足也如此則一吏可矣菓菜之饌集之可以成獄言笑之微摘之可以為罪識所謂大可論而小可斬者而民將無所措手足老子曰天地不仁以萬物為芻狗聖人不仁以萬民為芻狗其言則過殘自用刑者之不得其意也而民將措首觸目輒扞法網桁楊桎梏相望不幾民天下而芻狗之耶世常譏趙禹張湯夫見知腹誹之法自湯作將深文巧詆得譏名宜矣禹常抱法守正亦不免焉其吏不得其意而惟文法是繩雖以蕭何之律禁動民之不聊生者已過半矣矣雖比之湯亦可也義溪君明經高第其立心常以冀其卓然自期邑以申韓刑名為君過計哉君善刑法而于儆邑之萌隸是董故為儆邑昌言之也

對

邑侯凃桂泉旌奬序　　傅夏器

余邑南安聠比府城不十里而拔山帶海故泉之諸县而山而海有之則南安均受其瘁以其聠比府城則承府之文々与附郭等异故南安於七邑為劇凃侯桂泉以大理寺司務拘王国例出掌令之始余謁侯於京邸見其懿然坦然不矯异不詭隨知其為德讓君子也而竊意余邑之必受其福及至余以制归籍視見其政如春風披拂物品慘刻不形民不幸有罹于法者為之戚焉憫焉原反欽恤之旨開其生出之路即之斷上爰有直之不得者守亦且言之弗置或以取尤於上亡恤至如細務尤當情自朝視之至昃故余邑虽劇以侯之寬処之無病民亦罔㢡之則余向所臆於侯者果其然也虽然篤实者乏皦皦之績平易者無赫赫之名以侯之

悃愊寬厚，或其札近民易而獲上爲難。及至當道諸大吏，咸侯於
不置吻而迎撫，許（胡）南公又特旌異（奨）其賦性溫諧，用法平恕，勤敏於
政，而摩壘畢備，宜民而循良允稱，可不謂知侯之深哉！則（侯）愛知於
上，又有出余臆計之外者也。況余臆之嘗中矣，則南安民有幸焉；
而出於余臆外者，則尤爲天下民之幸。蓋自循良風邈，吏以酷爲
爲威，以刻爲明，束濕繩於詆毗，救火而揚其沸（其）烈已久，至於（于）悉
識惻怛，置之和平之鄉，與以安全之福，而吏治蒸蒸，世少其人焉。
此由上之大吏以計尚慘刻，其風之故與屬新起之員，此民所
以爲淵澈也。侯治以循良，而滸南公又以循良異，彼居官爲長吏
者，知上之獨用而象指於此也，則誰不效於長厚，慘刻之風庶有
瘳乎？於天下有大幸矣。余托桑梓，沐在侯涵煦之中，羨滸南公之

知所尚而余邑之沙所天也又以所尚之風乎天下而天下之尽獲所庇也於是乎紀其事而具丞崔子主簿應子典史倪子以俟僚屬來徵言因为诸公叙之且以观風焉

對

涂侯桂泉入覲序

傅夏器

天子以賓礼親万国，率三年而天下之省府州縣各以其職入覲。丙辰歲屬當其期，歲乙卯，南安涂侯桂泉以十月北轅，詣大夫祖道，屬予序其事以祝其行。序曰：粵古初平世，礼行而治立。惟昔礼有朝覲，所以諧万国之情，聯而省成之治寓焉。按礼歲必有成，百官既質，司會既考，冢宰所授，皆以成言。夫勞施於予而予立焉之謂成，勞施於民而民安焉之謂成。涂侯桂泉之蒞南安治也成矣。吏予與曠民情，周諳四野之外，靡譽四業之民，常遷以仁，用刑不怨，自威以德，行政不令自服，以礼觀之，洵可為成也，以是成也，可藉以見天子矣。且夫礼之有覲也，猶水之宗于海也，不順其道而滙其潤，故海受之以為大。予觀其潤下之性，山下故出涓涓乎漸

渎州木国已滋养生息於此矣及其盛也腾为百川为四渎以资
灌溉川利舟楫成其功於万物而後放之于归墟之壑水之朝宗
也愈远於其海之裨纳也愈大百川致成物之功而海受之百工
致成民之功而王受之百川不盈海於詠乎成其大庶尹克谐王
於詠乎成其大一也今国家威德洽於西方仪礼被于殊俗异域
绝党之君長靡不来王来觐况我南邦虽远万（在）里限海而邹鲁其
御洙泗其入又以桂泉公为之長流也三年之内腾残若田国未
烟於以课成於考功也已最亡亦如水自崑崙岷峨以朝宗海东
耶於此见我明太平基隆蒼海内外物亡不得其理而丕倚躬逢
盛際与俟之丁其盛也詎不猗与休哉於是乎孚虞夏之辉发陶
殷周之砥範熵皋夔之翔風襄衡韙之藻黼而奏功成也在此行

矣涂侯桂泉公曰予何敢言成予日思勉焉明年戾於汴京予曰此侯之所以有成也詩君子曰然命予書之以爲桂泉公贈

揮使歐陽新田守銅山序

傅夏器

銅山水關缺守將嘗薦上其事於朝以歐陽新田君樞掌其事君東田公深子也公死事於莆推其蔭次及君道由指廣生世襲指揮僉事又推公績進襲署都指揮僉事又以崇武斬獲倭級進署都指揮使守銅山將之鎮偉某芳請余言以崇其行余於東田公爲舊知聞之嚱然者泫而嘆曰古之名將多出於死事之門何也其忠烈義勇之氣感天地麗日星凌霄雪貫蜺虹不可磨滅故肇而隆于其胤嘗讀五代史晉王克用破黃巢後帝京史敬思爲先

鋒當上源驛之變免晋王劍揮間而以其身死其子起壤繼父擧卷甲持戟并朱梁柏鄉之捷棗疆之捷梁日以蹙而晋業遂成有父之志有子之功有為之前有為之後此紀忠義鋭烈而天道顯忠之常耶公之勇於義也倭方猖獗民不識兵望風奔靡公奮自民間犯白刃蹈流血與豨突角於武榮之野卒招携以安遠黜及丞甫郎攻陷公又承檄救甫寧群帥衛蹶鋒為东兼之戰以力不敵隕於陣令子某襲公没思掌軍政思樹勳閥嘗受屯粮而督徵高浦所崇武所支糧餉其子嘗受清軍而逃亡軍士三百餘嘗傍莆衛羅字而功成士悅其軍政去殘肅安崇武所而生獲倭級於大岞一十有六名其軍績之著東田公之勵身殉國也新田君之以子克家也处危处平奉職子與玷缺肯堂肯構萃忠孝於一門

於史氏實異焉或謂新田業自書生構蘇平世文墨之儒乃踈於劍術太平之世安所奮乎武術是又不然夫兵以政立武惟文經東漢盛時祭氏之後有祭彤耿氏之後有耿秉皆名將世家際太平起儒業揚勳數千里之外降車師拔鮮卑文墨之儒太平盛世其終樹功乎其不能樹功乎余即新田軍政積闕知其必能揚偉績而萬里之勳自銅山始也余將日望焉新田君謂予言何

送張盅軒夫子之邵（郢）序

陳步蟾

別之有送，礼也。蒹葭之雅誼，芝蘭之同心，皆有行之者，所以致其情也，况弟子之於先生哉。抑又聞當今之為勢利者衆矣，輿馬喧闐，郭門絡繹，爭先而恐後者，為慕勢來也；錦綉在前，短褐在後，遮道而望風者，為趨利來也。究亦不必秦越吳楚，人亦不必氣節文章，稍有微爵厚貲，遂爾軒轍呈露。噫！送者與其受送者，皆瀆瀆焉不足為當途者一盼也。今先生將之邵矣，春風之披拂，時雨之沾濡，被其澤而望其光者，類皆言之，詳不贅。而其守於身也，以廉潔清介自持；其事於君也，則必以利之無不興，弊之無不剔，不拘拘司鐸是事。人曰出位謀政，先生所不免，而先生固非敢出位也，第以利弊所在，冀當道行之，以無負設官之意，即明知必不能行之

亦必宣諸言以冀當道之第一推此意也雖與日月爭光可也惟
見利不趨見勢不慕故非以勢利相動者咸不躡於先生而先生
自若也先生名寬丙戌名進士歲授溫陵自丙次丙申迄辛丑秩
滿以卓異例應遷以東逆猖擾鷺島府送制憲留先生查營新閘
壬寅履端六日行有期矣帳僚崇禮之松軒李總戎送先生東郭
外而不知閩先生治裝者有文武諸孝廉暨茂才太學已數十輩
送且餞矣先生不以勢利趨慕是為弟子式弟子之送先生亦
能以勢利趨慕是為先生信今先生歸矣弟子思之何日忘之是
為序

送林（福州）殿撰奉使琉球序 道光十七年

陳步蟾

欽惟

聖人馭宇之十有七年也，鳳俎膺釐，鱸圖錫極，治光衍德，書負馬圖，調玉燭於蠢假，循絃拓金甌於東西南北，普離明以昭景爍，稽乾則而紹清和，遐區宣福祉之庥，絕域布威靈之懋，蟆巢荷德，蟻穴覃恩，瑞獻龜文，符昭鳳籙，日欣王字之呈，祥徵烏趾，河出榮光之耀，砉動青龍顏，是以重譯來貢，盡恒山弱水而遥，抗手称臣，悉斗北星東之遠也。於時。桂殿澄霞，楓宸啓旭，雲官峙鵠，月使停鸞，敷弛誥之克寬克仁，沛禹謨之乃文乃武。皇猷如玉，臨夏屋以綸宣，士行似銅，登春臺而鼓俗，惠此中國，綏及外邦，不必陳涿鹿之師，夫何侈長蛇之陣，普天同慶，率土皆生王，雖金根之不通，亦玉旨之可至，化彰有日，赦

訖無雷、屬有血氣者莫不尊親、托芘帡幪焉、幸皆畏服、高麗、式教、

交趾、承風、羌四夷之咸賓、實一人之建極、況蠻島嶼之流虬、

敢不俯伏而馴象哉、其為地也、昔隸清都之版、今為款納之邦、據

遐陬以外、地勢數百里而遥、當建安之來、水程五百里而近、巨浸

千尋、龍潭激三三之浪、名山七島、馬齒連六六之灣、土產則琉璜、

胡椒而外、悉多貢材、物華則熊掌狼皮之餘、尚蠃殖貨、且其地有

大小琉球之分、猶之國有南北中山之別、男則束髮通簪、寬衣短

袖、女則擁頭跣足、彩襖明璫、士習詩書、開甲科以上進、農歸田洞、

秉辰來於平原、工賈交通、官民異制、蓋彼都之人、豐物阜、實我

朝之海晏河清、敢忘王號自尊、異民安而國壽、必待聖恩特

簡、斯雨順而風調、皇上爰命臣新殿元林為正使、以臣高副

翰林院修撰臣葉衛

之大書特書冊封馬鸞翔鳳翥之英蓉鏡蘭臺之選 甲觀忻
懽 宸居訓誨於是蹈(中庭)蹈虎拜鉅(旁)砌鳧趨將保赤之一篇用謄
黃而四諭無論東西新疆庚郵叠遝何只西申遠略亥舍週知璈
笙奏夏歌九有於 鸞墀松(衍)管生春草三無之 鳳詔雖
舜狩 堯巡未及 湯趨 禹步(奠)而鵷班鷺序應煩崔
軸龍舸仙仗誇其整齊臣心凜如把蜀歷飛驃騎彩徹驊騮紫芝
與(秤)翔鳳文(呈)柯(祥)煙(縹)栁共春(征)旗母(熱)色由陸而水舍車而舟適浪静而波
恬快天清兮雲霧蟠戶煙銷鴨頭漾綠黨帆飃起鷁首連青欣利
涉之順風副微區之仰雨至馬則玉符金簡煥北斗之輝煌星使
月卿普 南天之德澤呼嵩遍市祝華頻聞蒼髫絳老以為不
見 天子猶見 天子之威儀壬婦丁男僉謂未拜 皇

家、先拜　皇家之雨露、夫惟天之生民、有主乃治、斯我　王
其敬德、用即乃封、緣纏紅錦何非玉檢金泥、　詔啓黃綾、盡是
赤文綠字、鳩羽雖來武功疊耀虎皮不栽、　文教旬宣、琉球於
是听　命馬、百家雷動而騰欣、千乘風趨而壯采、士郎鎖金之
甲、金鳴佩玉之珂、行臺內外、駱駕雲屯、使館東西、鸞旌霞布、縱中
華之日月、別外地之衣冠、隔水波遥戴天心、一既膺　褒典、共沐
浮洪、使臣復勉其政、肅民和、彼國將何如歡歌忭舞者矣、遂乃
蘭唐擁捲、綠靄頻添、花路車移、香塵鮮動、垂鞭惜玉、贈策却金、欽
恤元元之思、敬畏蒼蒼之意、登舸艦以乘飈、裁波再煩風伯、肅旌
車而指日、清道又賴雨師、駐馬言還、趨　朝告至　上慰辛勤
於　遂觀、下抱寅畏於蓂階、溯厥天高水潤、鯨浪花浮、　詢

及風土人情、魚箋草起、金液披章、 乙覽愛凌雲之筆、玉堂握管、寅恭頌化日之文、不雍雍乎中外咸和、 君臣共樂也哉、

逸丞先生友
辛未知是洪
成之忍條查

贈洪君逸丞拜益府典序

陳讓

丞姻英山洪君逸丞去歲在己丑應律拜益府典膳掌祭祀賓
客之事受八品服戴烏紗束帶以美其躬匪直以華其躬也將致
勞王家形其所志遭值聖明凡天下有志之士孰不欲憑藉威
業為階以自見於物值阿春冬天喬小大形色類皆欣欣吐幹露
英以媚造化而朝廷風動四方氣象亦若鈞曹與物為倅之德固
可以見朝廷之大凡有志之士皆欲附名卷為事是亦稟受鈞曹
元氣之美者而波浮與於是也洪君逸丞居南安英山今泉州凡
言山水深厚秀沃者必曰英山洪氏言文物衣冠美盛者必曰英
山洪氏言務本實尚退讓忠信厚積不驕者亦必曰英山洪氏而
丞逸丞與其先君若泉翁務本實尚退讓忠信不驕進於將禮蓋厚

邢文偉唐咸亨中為太子典膳丞上書諫太子云云高宗曰文偉切諫吾兒此真臣也減必典字之偽

德於吳山北觀其祀先具備濟濟之有孫提悊祀之思遇祝賓又有孔北海座上客常滿樽中酒不空之趣今佐益防而典祭祀賓客之事必能以孝其先助王以孝其先以禮賓客助王以禮賓客致王於孝祭必受福而華福於國皇家致王於敬賓必盡其事寧蓄患而助敬於皇家逸乎於是職能求所以盡之道則聖賢之學亦無不在仲叔圉治賓客祝鮀治宗廟保其國而顯諸侯聖人所與而邢文偉減膳一事亦雖汗青逸乎未可以是故為小而易為之君子亦未可以是故為無所繫而易視之也受鈞造之氣之美而沒與於衣冠逸乎亦當自愛其所受之美亦未論及但逸乎之為是故人皆曰是善人也則逸乎之所以為榮此亦至矣豈專在於冠裳束帶之間哉

對

送陳責吾先生南歸序

明 魏文焌

陳先生予閩南安人癸酉以拔貢選上春官戊寅受融邑博士歷
官十四年强毅特立時坐諸生於春風中而閑處義正靡不見憚
爲初涖政首進諸生語曰予南安去而邑計程不及旬日誼同鄉
井分實師弟予懼率處者以近而翫也諸生唯唯惟命先生曰今
與諸君訂之予融多士之藪也藝苑文運處學相長均與有責諸
君念之予以開闢道處使願學者嚮方也顧明正經術使他岐之
途不惑也勇進者欲其不凌人卓絶者則其不矜己分門立户者
約之大同飛藻飾華者規之實德去委靡之習以伸剛大之氣崇
恬退之風以杜干謁之門夫處若培樹可紀根不之學若濬川可
紀源弗衍庠序與善士知天下與善治諸君勗之由是多士競奮

砥砺與行壬午岁领荐书者十人全闽蔚然盛称先生之長泽居
多歟先生歎然若不有焉彼十人者上试南宫謁谢先生先生执
手为别作而曰诸君行將逹茹彙征於蒼然闕下矣予固不敢以
義庄相覷也君芳甯能阻我不为詩山猿雀之遊乎蓋先生尝從
芗甫公牧樵读书高蓋山歐陽公屡讲学之所景念科甲之宗冀
光揚乃業以大發於世歟牧樵公竟於廣州司训十三年先生復
蹭蹬不第屈融文学博士牛刀小试孤憤有懷每每疏求歸诸生
虽日勉留大尹羅鵬公百为谕上忩不能为先生一解也今許洞
遂旁盟矣先生跕跕以春若脫沈疴歟诸生不能为情焉予文以
揚南归予昔總憲廣臬已知陳司训牧樵之賢因牧樵而知先生
且重诸君之别惜乃为解之曰诸君知劍乎濯清水範南金缀日

再鈔此注須移在許名之外

月之光華干象緯之元英必有怪術如意探机公孫庶幾騰霄沖漢其不然則鐔鍔淵沈已矣况先生乎是故白陽柱山景倩金門彼且須臾焉用之則抗乎彤雲麗日之表不用則歌乎南山白石之濱固宜先生之归其樂陶陶也許生曰然足以尽先生矣請書之以贊行李

先生諱際可字克遇號貴耳邑之十二都林柄鄉人佔籍永春县登弟歷癸酉選貢授融邑博士在支十四年其父諱時謙號牧樵任廣州府訓導 天白関謹注

賜進士第嘉議大夫廣西按察使魏文焲

按察司照磨冷文燭　县丞方　鏡　主簿翟　傚

後捕務大使趙問派　鎮東衛指揮葉文選

儒学袁榆敎　琇　　訓導李昌朔

賀南安唐令婁江奬勵序

王慎中

徵為令者之美於民其謳詠蹈舞翕然戴之如或恐失乎知其賢
也徵為令者之美於上其褒異嘉嘆隤然任之不復有間乎知其
賢也民之得失有常而上之好惡無靡定執其有常之機以求得
下而應靡定之好惡於是有違咈牴忤蘋在上之猜忿以危其躬
而設可以不得罪於下是則為下所歌詠蹈舞者未必皆得嘉異
於上也徵於民者存乎我可以無所不得徵於上者存乎人有遇
不遇於其間寧獨如此而已亦所謂民者固亦上之下也不得於
上而設可以得下則其形勢之所格繰文法之所拘攣不得於己
者必多其及於民者亦鮮矣以其如此為令者益有以明其若刻
卓鷙以犯上而要下之集其及下也鮮而取舉也無乎恃何徵焉

又非獨詳也矣所謂上其國家民之長也皆長之而皆治之德之不一心之不孚精神之乖隔而意氣之背馳徒持其苦刻卓鷙以為明己之能而自解其及民之澤焉云有不遇實為令守之未至焉爾蓋有處其至而幸其遇如吾虞婁江君之在南安邑能吾之所徵而慕其邵君為南安牧以德化摩揉其民導之於相收養必以本業教之以為父子兄弟必於孝弟忠信其儀刑務以為感孚鉤稽以見察其曾不一出於政而未嘗有不淨之伏漏失之科由其剛決明晳發於仁義慈祥而不為弛懈而不為迂用其求瘼去害之誠以開籌畫起事功而百里之事情偽赴於一堂千年之利計慮收於今日民之謳誦蹈舞洋溢旁皇歸美行路之謳謠而采而記也君之為吏有以淨民如此尤不自伐其治而思與守

長同心合德勞之独任而乃出於交脩力之事成而謀本於叶贊
其惻怛懇至方始融乖隔為和同反背馳為推挽而守泉州某又
方侯西川純德君子也寬心盡下而恭己以責成泯然遺去知名
勇功之累独執偉畫以先一时之有司推其意始使不能某奮悖
德某與而况於南安之賢上下之間相為交勉如家人父子不知
有形勢之拘間文法之牽繫君於此益治殫[illegible]其力而不愛其勞
其惠民之事尤多其最鉅某履田度地以平一邑之寬税蹊跂阻
深峻嶇迫阨廬朝廬夕芟草而舍櫜餱而食而不以為病侯為之
出處下南安若曰盛明之治九牧率屬以阜其民太守牧必治率
列邑之屬以共阜民而南安之令克副彼率於民之康太守其愧
崇成實嘉與其亨平理賓令宜思所以休節勤苦益宣令猷以終

不患一處之衰，何足以為君榮，而心乎德一之意藹然可見，何其盛也。縣之不得於郡，而有志之士快於澤之難究、功之難成，其已久矣。君之所遇，可不為幸與？為令者之於上，其自為有未至，則幸與不幸之論不得施於其間；惟其自處至矣，而不得於上，然後可以致憾於所遇。今君之所遇若此，故予於其僚之未請文，而特論其所處之至，以明其所遇之幸，而徵君之美，蓋亦君之志也。是為序。

唐公之治南邑，為之立祠尸祝，即漢之召信臣、杜詩亦不過如是，太守之舉誠知人也。兆叟錢長

霞浦先生岁章
沙濤

李孺人八十寿序

柯輅

乾隆庚子辛丑余並試春官，京邸識霞浦黄先，見其性樸而温，学醕而持心向慕之。田籍以来，先家武營之蘆溪，余家晋江之南塘，相去不过百里，而役於奔走，旋分長送山島沙之間，不相見其已十八年。嘉慶己未，余司台灣武府訓，霞浦亦長是邑，以同鄉為同寅，復同義誼，喜可知也。晨夕聚首，悉其伯母李孺人之賢。黄為興州著姓，唐以来名人傑士代多偉者。翁歷國公，器量恢闊，磊落慷慨，投筆為韜略之学，登年擬巍科，試兵恒方。翁之教上公車，必太母王孺人操縱之劳，甘旨之供。孺人奉事惟謹。王太孺人晚沙風疾，卧病床蓐間，起居食飲動輒須人，需孺人事之益周且至，三年如一日。孺人有三子，次即霞浦，庶陳生二子，樱木下逮，人多

其慈宦甫以乾隆庚寅舉於鄉七上春官報罷辛丑大挑一等
以縣令辭就教職庚戌選受侯官教諭以
萬壽覃恩貤封母孺人翟茀之榮以德受祉宦甫秉鐸三邑人稱
以師季弟及孫國屏皆爲博士弟子餘多緘謹守身封孺人景福
未艾也嘉慶辛酉花朝前一日孺人八十悅辰宦甫以羈宦海外
不獲長跪進觴爲悵然曰重洋險阻板輿難迎明年歲在壬戌先
時考績西歸長依膝下誰復不遑將母哉於是武夷人士以宦甫
之教咸樂壽母孺人作爲詩歌置酒於泮宮青衿儒雅彬濟一堂
跪酌而祝曰昔閟宮之頌壽母也以母之壽徵魯侯之福今泮宮
之壽母孺人也祝母之壽教師之貢義各有在然奉觴趨進附登
堂之末率抒數語爲序以代祝辭

侯梅峰七十寿序

王慎中

嘉靖二十八年十月望日南安侯梅峰翁生七十矣同姓子弟与夫外姻宾友乡閭之長幼咸以寿为翁祝而请予文其则其姻李歇舉而因予外弟陈子和以来子和在翁外姻之卑属而特为翁所爱者也故其请尤勤予谓子和若举所以致爱敬于翁長者谒其诚心以愿之则又治其酒食之美以進爲飾其筐篚以侑之作其鐘鼓以行之以安其口体而樂其志意斯亦可矣而必以予文何哉蓋翁虽伏处田野不以文見其身其于诗书之言皆能習而通焉挾冊吟诵与儒生無異其閱史最详設其行事名蹟齊之不休至与人論难往復处其可否有條贯也故于文知贵之而尤知贵贵者之文而姻戚之所悦翁之心以祝其算以为幣帛之奉將

金石之考擊皆未必神氣之在於人患其難全而亦不明其與時
用於詩書之士說若其泄越而不全田野之老又牿於歉固而不
用於先其它獨其性智有不足哉其於永年之理亦有所偏而不
得遂其宜也使者說不以文見其身全其神氣老於田野之生業
其於詩書之言泛然而情獨焉以免於歉固之陋撰以永年之理
者於所取為要而不偏矣其享壽宜也子和樂求其心之所悅者
之在乎此詩而得圖焉以致之於者蓋予之文能有幣帛黼黻之
黃之章金革鏗鏘鞞鞈之節能適投乎者之心耳則而知貴其於是
焉而設之以筐篚奏之以鼓鐘則其所飾者皆足以為侑耳作其
皆足以為術宜有以樂者之志意而增益其年壽之算而李歐樂
然視之誠它不得辭故諾其請而為之序

呂天池先生六十壽序

明　鄭之元

上臨御之六載即家居起天池呂先生拜左納言還朝於是先生以直指按節浙歸尚半林皋之下者十四年矣縉紳士夫相與祝先生之壽而歎其出之已晚也會是年十月十九日先生嶽誕其歲六十祝同觴而致先生且以有執命不可無一言某予先生晚年窮有以論先生之大而窺先生於出處之際也乃執觴颺言曰文明主之知其臣也豈不審哉昔蘇子瞻以神哲二廟間元祐初年擢之封主之知焉子瞻再磨再起翰端未有一日之用而究之身林壑一日之安可嘆也上初嗣服蒲輪之輪被于藪野勇退之英懋遠之老身不蒸之登進對先生時以

持服山中不即徵去之幾年而召用誠貢亦皆成功之退亦遂
有升沈不可聞其今工錢精振刷意有所分別天下士大夫先
生釋服久之乃召去不用先生於山林畢進之日而用先生於
用舍分別之際上之所以用先生何其遲重而審也當先生自
省秘而無營不務正色之操不爭持擊之名所至按粵按閩精
明渾厚炭霽旭日寓內視之威風也陪京學政與足重先生
此先生所以不避忌其之以嘗學危先生也先生稍一言自理
所以與歸其時士君子之從容口誦先生之與化然而先生之
席蓋已恬然于梅嶺之下也先生今起為今吏主爵其嘗以先
生貳太常會為廣議其所以上國亂其人而信先生矣已何補

年　月鈔

子騰以七品服入侍延和系五十一時哲宗元祐元年原本二字誤 岱学注

徙太常寺而仍用先生於門下省先生於人主之知真不數數矣士君子之於進退也我蛇也泯然奉身以退而有所不自歟然奉身以進而有所不辭先生出处之大其榮如此究曰君子功駕之言從南山之指也余曰固然詩不云乎天保定爾亦孔之固夫公論者国家之元氣言路中外之咽喉往往其病非鯁則噎方今时事之急孰急於此先生起為納言於民生之休戚軍国之利病視其哽而通其噎使天下若一身君国之固孰大於是若夫先生起居儒素登朝服官無改寒士山居藿食步行山野中恬淡而無營東猷而不爭此皆足以為壽之道余又觀先生好作書多子騰海外之語用以自寓子騰五十二歲以七

品入侍延和賜銀緋比六十滯惠州荏苒以老先生早歲入秘
書省簪筆為名御史年六十鄉用方新予賡虞之主紐子駿尋
及貴時槐棘之次統均之重是癸廿一十四年林泉之氣以為
霖為雨而厥特養性情浚東猺以為金石為松柏皆先生不朽
而饒有之其必敬為觴

年　月鈔

潘雨亭先生蒞桐柏德壽序　党敬立

○○今上御極之元年励精圖治宵旰勤勞大小臣工罔不祗肅而○○心簡所尤屢念者莫重於州县以州县為親民之官民情之通塞閭閻之利害地方之安危悉於是乎在居是官者果上無負於○○朝廷下無負於百姓庶幾無負於吾心焉如我邑侯雨亭潘公其真能無負所負者乎公以是歲七月来攝邑篆下車咨詢民疾苦知桐境南連楚省北接泌疆素多捻匪出没搔擾民間有以案来報者急往勘驗比捕勒緝一有所獲不惜嚴刑究治又恐宵小窃發匪徒潛匿須制之於未然也城内則親出查夜四鄉則親出閱邊櫛風沐雨備極勞烦其禁奸保善除閭閻之害而利吾民也如是桐虽僻壤獄訟頗多鄉里勃谿動輒烦官公隨到隨

結案無積牘是非曲直剖判如神愚夫愚婦無不知邑有清官民有被譴者出語人曰吾被譴理也責即釋我並不我罪吾獲幸多矣其明決服人俾民情之通而無壅塞也又如是從是豁勸民之易見者桐西百里與桐邑接壤忽夜聞人馬之聲遥望火光炯爍遂驚相告曰寇至訛言鼎沸男女奔竄問其實乃不知所云是則有急難措手者矣警報至縣公方當工理事即退語同寅曰城池根本地也宜先設守備安置既定星夜馳往語民曰此妖言惑衆耳寇來矣爾民毋恐查鄰民為妖言擒之民遂安堵如故昔蜀人有警張益州鎮之而安老泉語如蓉之歎未嘗於此公顏色不變徐起而正之即若非之危而安乎非當八月之吉為公懸弧之辰邑人士製錦稱頌屬敘於予予謂公清操盛德昭昭在人耳目行當

擢遷不次黼黻○○皇猷必能為生民造福為方夏立功豈僅以百里羈縻士元哉然而宰桐碁月至桐民已受賜多矣況可上對○○朝廷下對百姓而公之心已皎然共見矣公論具在固非僕予言以為贅是為序

丁酉科拔貢候選儒學党敬立撰

吏部候選县丞王秉正書

桐柏必彈丸小邑以此為紳士中之篤者而文字至末稍有不接之病饒舌〻〻

贈陳公誠魁樹德堂序

明 朱鑑

武崇為泉郡名邑，誠魁為武崇故家，平居樂善，為人好義。一日築室數椽為燕修之所，自扁曰樹德堂，於眉俾朝夕對目觀心，解有所警省。昔司馬溫公所謂積金以遺子孫，子孫未必能守；積书以遺子孫孫未必能讀，不若積陰德於冥冥之中，以為子孫長久之計。此樹德之扁所由以立。易曰：積善之家必有餘慶。此之謂也。成化丙戌，郡都紀吳道積輩素與交遊，時相往來，歷談在今人物賢否，汐先之跡，武許世態炎涼，善惡成敗之由。論門第則遙遙之華胄，與國同休戚有之；論簪纓則金紫貂蟬充盈幄內戚有之；論田廬則又有田連阡陌，門容駟馬，高車之盛是皆人情之所對而不可必得者也然門第有時而盛衰簪組有時而貴賤田廬有時而消長要之傳遠遺安於子孫者莫如樹德焉蓋樹者種也積也德者理也善也得於心而不失也識魁得其理於心知其善之可積故取此名豈其賢於人也遠矣今送楨與識魁方外之交者其主志有虎公之賢故特謁予論述其情詩言以狀之予惟君子樂道人之善言烏得辭因告之曰世所謂故家巨室紀以其門第之高簪組之貴田廬積蓄之多故也惟其平居御曲處心謹和制行端嚴子視以孝閨處子有義方擇子貞固接[illegible]人禮遇玉於治家之業咸得其道與出位分外之思然後可以為君子矣否則烏能逃士林之清議而取

重於鄉里之獎与也哉今識魁兄能以仁礼存心見義勇為樂善不倦又且積而能散安之而能遷日与文人才士時相講習延師儒以訓子孫修譜系以謹宗祀不諱知友子之方水木本源之義哉矣是皆不出也吁乎知識魁心涉其理躬行其事而樹德之扁由此益哉玆見為子若孫之賢出為明時之用者繼之承之於後詎可量哉視彼盛衰消長者大不侔矣是為序

榮山即榮福山
在廿九都

贈榮山洪氏耕樂序

明　朱鑑

人生天壤間所業有四曰士曰農曰工曰商業於士者有崇序之憂係焉業於工者有造作之役係焉業於商者有舟車之險係焉皆有所係何樂之有惟業於農者與崇序之憂與造作之役與舟車之險春則力耕秋則登成守乎本分聽其自然其樂為何如哉此耕樂之名所以不可不尚矣自古有國家者未嘗不以重農功耕為先務也知所先務則國可富家可裕所以能知其耕之樂也富矣今榮山為武榮之勝地原出營乎林麓許流通乎渤海其地膏腴厥田平曠宜黍宜稷宜稻宜粱至於百穀二麥靡不用成屬其荒者經焉雉兔者經焉誰知其耕之樂者

罕有其人。惟洪氏名宗字勉道者，世居是地，能讀書知義理，於功名勢為外物，於富貴胖若浮雲，無一毫慕外之心，惟知守西疇，樂於東作。當其莘野之時，父子畢出，耕之種之，稂莠之害必除，耘之耔之，螟螣之蠹必去，殆見黍稷薿薿渠渠榛榛。於以釀泉為酒，于以擊鮮為殺，萃昆季以敘天倫，祀八蜡以報神功，舉酒相勞，咏之以詩曰：倬彼甫田，歲取十千，我取其陳，食我農人。又曰：我田既臧，農夫之慶，琴瑟擊鼓，以御田祖。既惟自知其樂，而神亦且有以享其樂也。衆皆和之曰：以介我黍稷，以穀我士女。熙熙焉，陶陶焉，不知天壤間復有何樂如之。郤雖鹿門之德公，彭蠡之靖節，其樂耕且樂，殆不是過也。吁，然則洪公畊樂于詩能尚友於古人者與洪笑曰宗也愚昧幸生於聖朝明盛之時際乎太平無事之世養生無術惟竭三時之功以收一歲之利賦役之外別無苛政故得優閒脱逸以耕且樂焉敢自擬於龐陶二先生之在鹿門彭蠡者邪聞斯説其言予志嘉其謙乃為之叙其事以復徐耀之詩云

重脩歐陽先生祠序

清源為温陵巨鎮，一郡之文章氣運繫焉。遡閩未開闢以前，固已謂家纓弁人詩禮者鮮有也。厥後生聚教誨，郡南邑始有歐陽行周先生置書院于源山之麓，以啓後学，旋与韓昌黎同登貢舉，此非温陵文運之所自始乎？嗣是郡人士又以桐城之北為清源入脉之處，於城隍廟之後祀　朱夫子於中，而以周歐陽先生之祠亦在焉。其有關於文章氣運，故所云講堂以及祠宇繇來舊矣。歷宋而元而明，時廢時興，至我

本朝數年來，廢瓦墜垣，荒穢不治，登其堂者餘年梁空燕雀，古壁丹青之思乎。康熙甲戌歲，予判温陵，郡人白其事於予，予視履其地，愀然嘆息，若綿力不克肩其事，至究當始捐俸先倡　朱夫子講堂重

必獨行周一祠像被塵封塵不勝拂甚非所以妥先賢而崇文教
也爰修齋葺堂崇文重道此士君子之心也翔行周先生之事業
經邦文章華國為此地於文主則不忍剝蝕頹壞諒必有一片同
情此是舉也正當三年比士于鄉之期若鳩工庀材適與賓興相
值備國中之俊秀進而登
聖天子之闕廷其嗣之速秩以膺光昌之選其有不捷若影響也
都是因一以生彩筆之華一以奠龍脈之固人以地傑地以人靈
相須以成哉君子幸毋以予言為贅爾
汝學知通判予徐之霖序
鑲藍旗官學生康熙三十三年
修

對

金溪泛舟序

宋　傅自得

紹興丙子八月十一日携酒襆被謁朱元晦於九日山向晚幅巾藜杖相与彷徉於金溪渡頭喚舟共載信流而行老蟾蜍徐上四無纖雲兩岸古木森然微風搖動龍蛇布地溪光山色隨月照耀遠近上下更相輝映殆非塵世境界朱子曰樂哉斯遊乎攀杈引滿擊楫而歌楚騷九章声調壯大潛魚為之驚躍棲鳥起而飛鳴予誦東坡先生赤壁前後賦以和之每至会心處輒連起相献酬時常飲酒不过三杯皆大醉至是連釂十餘觥而月愈好舟愈快氣愈逸飲愈豪興愈無窮酒且盡艤舟岸側命老兵貸多於酒家操瓻挈一榼來解維復去洗盞更酌少焉斗轉參橫風作浪湧余曰樂不可極將安之耶鼓棹而還会宿於東峰道場明日朱子賦

詩以紀一時之勝次韻爲謝殊恨筆力衰退乏傑句以稱佳遊也

菊酒序

陳步蟾

（咸豐六年）歲丙辰夏秋之交，天作淫雨，城之西南地称卑湿，水溢溝渠，泛衢巷者六七次，花木之根荄少舒暢焉。九月重陽前四日，飛廉震怒，拔木壞屋，鱗瓦紛飛，商旅為之息市。菊之蓓蕾摧折而零落者莫得而稽何也。温陵種菊之家，若上峰王進士芳川、范志吳茂才克範者，素称爛熳之圃，今歲殊如將。南關內天妃殿後，比之去秋倍加榮耀，此皆人力之調護。实家竹坡〔師海〕孝廉之培植有方，故物亦報之彌甚也。竹坡處館授徒，涉經之暇，即治學圃，察其燥濕，勤於扶持，得標佳色者二百餘種。庭之中畫十字，而兩人偕步往来，就而观者如市，戚侯門者勿阻焉。折柬招陳大尹〔毓书〕琴船、許比部〔祖澇〕少山及黃君〔福潮〕小海、李君〔企文〕古塘、薛君戒庵、莊君〔紹雲〕維韜、王君秋嵐〔昀〕、李君〔時中〕劍亭、許蒼

廉及予与遠门成均士设席命觴徵談竟日予曰竹坡三人得

门人

趣功

福必平樂尋香攬勝眼福必是日必天氣晴和樹声寂静佛堂

鐘

磬而鳴声上下胸中塵慮一旦俱消滌如之趣是人是菊雨不自

钟声

如洗

知適有双蝶翔翔然自花間来予即起而同之时十月下旬四日

羣雀噪啼集於花下

呼人逐

十月焉得有蝶是　先君子誤記之也

六不肖國仕改正

喜雨序

元 留玉

至元之十八年夏深不雨燥氣風挾日播植焦黄農夫紅女蹙頻相弔喇侯淮邑南安憂民之憂泉源涸竭何以佑命乃令為壇福叩神禱告天於禱而天不雨抑余識有未至也乃引咎責躬合衙屬素不復茹葷躬詣羅山龍潭以致禱湫往來徒步不啻三百餘里每視予之貌詣壇焚香禮拜浹旬踰月不懈益恭一旦片雲自西北而作旁若元衣須臾變為錦駭蒼狗晦冥靉靆空濛綠瀑用昭厥應明日沾濡四野又明日震電交轟遂大傾注溝澮皆盈人民歡欣謂侯誠悃以感動天地旱而賜之以雨蓋古之長民逆祥愷悌殆不過於是唱和詩歌侯之德遂繪圖以示不忘予惟元氣之融結為山川山川吐雲霈為潤澤天地陰陽之氣與人氣相為

流通精誠懇切乃有感動故遇水旱必禱之禱之而有應也古今
同是理也今侯應列宿宰巨邑念百里生民之寄於旱而禱之以
雨使呻吟之人轉為謳歌憂其害而病其愈安衽席是宜美盛德
於無窮先作者而序以為贈
元至元十八年秋七月吉日致政七十三翁清源留玉書

光緒庚寅甲英國檳榔嶼波池滑重修福建全省公冢序

鄭懷陔

金盤玉魚腸斷冬春之曲白楊衰草心傷

金盤玉魚腸斷冬春之曲白楊衰草心傷夜碧之燐況乎七洲遠客重譯孤魂莫正狐邱誰封馬鬣迢遙故國空瞻萬里於秋榆悽愴夜臺孰奠一盂之麥飯閱滄海桑田之變切溝池道路之憂爰有仁人情深桑梓建茲義冢蔭蔽松楸波池滑冢我閩人之客檳榔嶼者所以周恤而公之同里也創自咸豐之代規畫未周迄今光緒之初荒蕪遂甚於是募貲修葺鳩工拾其殘骸無使暴露芟其灌莽無使蟠根除舊亭之積穢会萃可憩賓朋化灰逕為康莊悉掃儘容車馬擇人守冢器皿俱全編籬為垣牛羊勿踐駕双橋以通流水春潮無泛溢之憂植嘉木以

廣濃陰、夏暍有招涼之快、凡茆綿搆具見周詳、原有舊處、當為
工款、是役也、經始於丁亥年、告蕆於庚寅年、計用銀萬六仟有
奇、李君丕耀為之倡、而偏請董事襄其成、夫西伯掩胔、能作遊
魂之主、文成瘞旅、同為中土之人、今死者無所歸、何妨聚魂
魄以相依、而生者篤念鄉情、宜乎獲鬼神之默報也、爰因友人函
索、而樂為之記、以垂不朽云、

檳榔嶼英國屬地、我閩有三嶼山一名峇抵萬峯一名
峇低眼當而波池潤小居其一也以地脈則峇抵萬峯冠以景則以亭
之軒豁壯麗則峇抵眼當冠予於遊蹤三到是以知之詳也

又檳榔嶼志略力君名鈞已採入矣

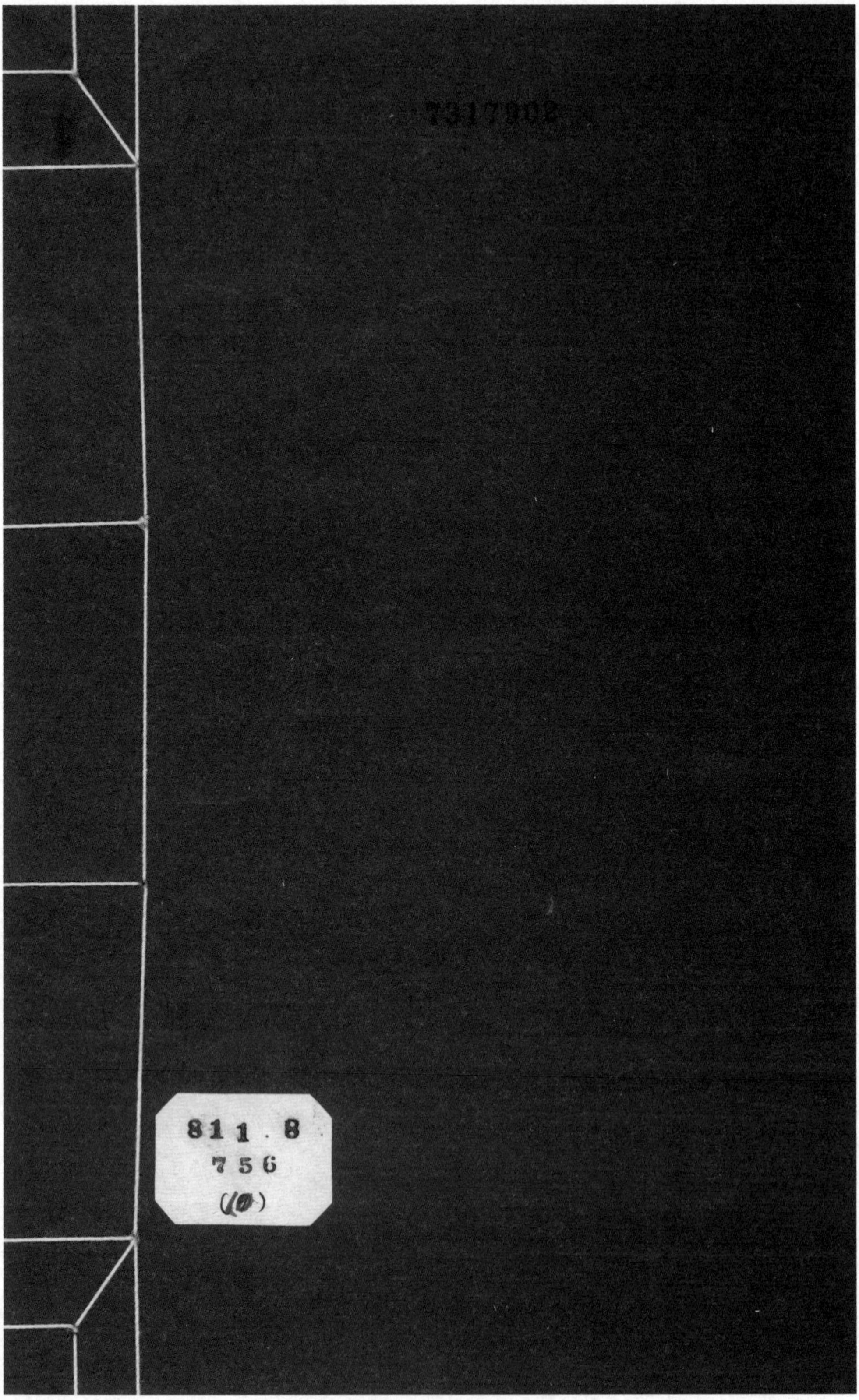
811.8
756
(10)

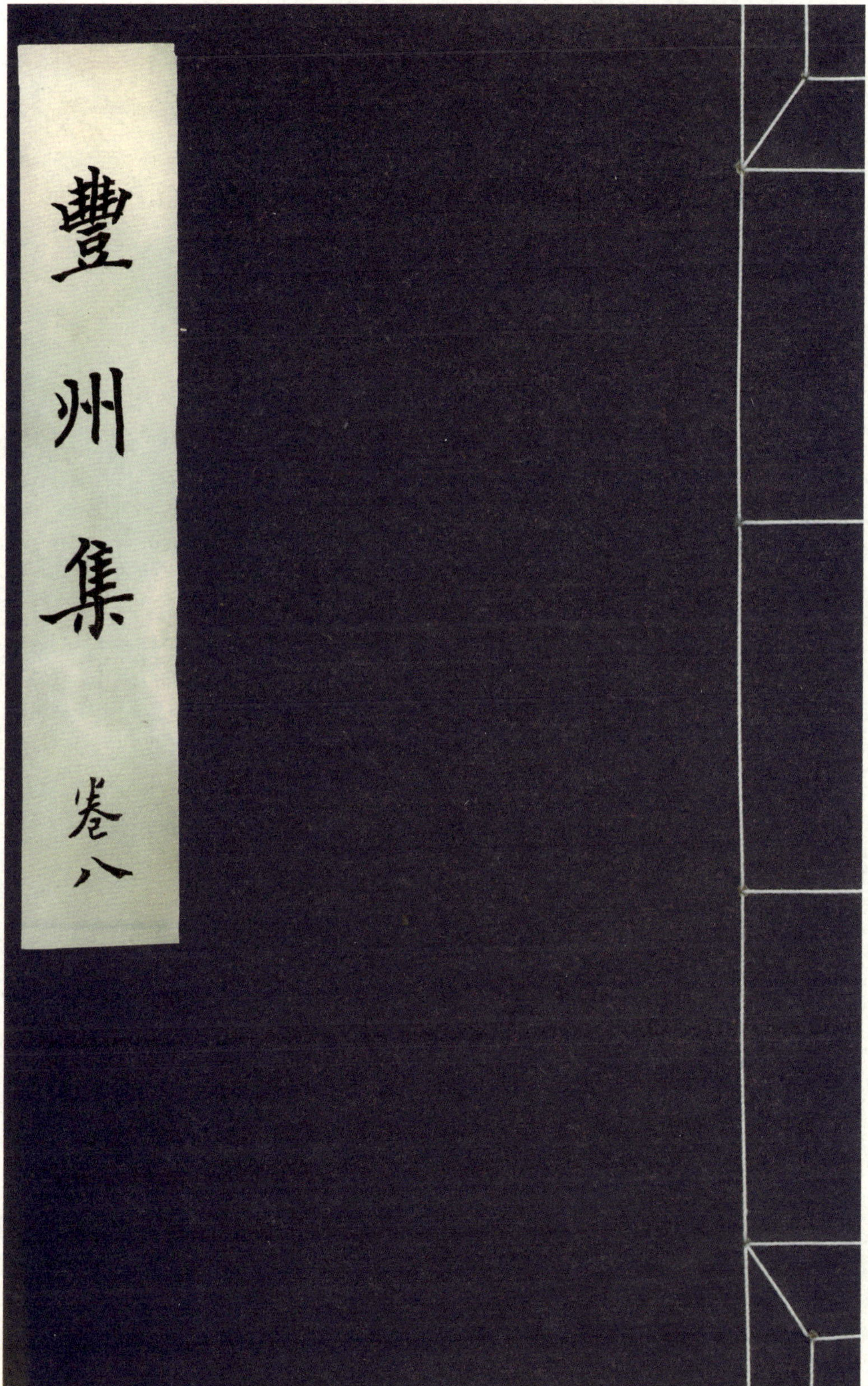
豐州集
卷八

跋文公再遊九日山詩卷　宋　熊　禾

此淳熙乙巳文公先生與休齋公諸賢遊山唱酬集也前三十年紹興丙子文公嘗遊九日山與竹隱傅公汎舟金溪劇飲盡歡歌楚辭其音激烈悲壯夷考其一時先生之志其孰能測之今集中懷古等作乃其再至也余嘗同釣磯邱君歷覽遺迹則懷古猶存嘗語寺僧以先生前後遊山詩刻置堂中併繪為圖使後之登攬者想見一時風猷之懿而寺無好事者徒有感慨係之因思宇宙間無一物非道則亦無一處非可樂太山之登沂水之浴夫子豈好遊乎要其胸中自有樂地故隨其所寓自然景與心會趣與理融無不自適也兒童誦東坡赤壁前後賦但覺有動心悅目之趣而不能自已夫水月之喻豈不自以為至而莫悟其然元裳縞衣

之夢亦竟何所歸宿要之此等語見盖自陶謝王柳以來諸人所所罕者留連光景直徇目前高者怡曠神情傲睨物表千人一律如是而已視文公廬山紀行南嶽唱和與夫雲谷武夷題詠竟何如哉嗟夫漢唐諸儒不見道其不識此樂也宜也紹興丙子距今凡三閱甲歷企典刑之無存覩風景其如在獨無慨然於其心者乎予來清源與公四世孫與義過從甚稔與義學明行修克世其業與予有再遊之約而未克遂敬題其末以識高山景行之思云爾

免鈔

釣磯邱君諱葵字吉甫號釣磯同安人宋末諸生出邑中呂大奎洪天錫之門天白閣注

跋日新录

平卿梁君之齋自幼颖异不为世俗之学曩余尝一接之於舟次色温而氣峻言談動作必於儒者盖可謂不苟之士有志於古之学者也惜乎天不永厥年而未及見其成然觀其遺書察其生平所以自策励与其發明先儒之旨者剀切奮励使人感興益信其为卓然有志之士而絕世俗所可及也因書數語於其後次以自勉且以告同鄉之有志者

乾隆丙寅孟春泱堂同邑洪世澤書於英山学舍

跋立齋梁先生日新錄

笑檢飭為迂腐，指正論為鄙陋，意見各殊焉。有人之見，在勵而志之立難矣，知之致遠矣，勵功倍以協之，從抑又難矣。先生卓然自奮，洗心以畜德，曰敬義正固；治家以四禮，曰冠婚喪祭。涵濡邃密，漸萃其靜而遠，持履精詳，操守其確而堅。每以所對察印之宋五子之書，以及薛胡之緒論，由此溯前，因分求合，匪徒知之，必勉行之，匪徒不苦於煩難，且深有企於精熟，或且以餘力誠勞盡齋盡禮，末矯拂拘固之識，而大本斯存，設識致以無敢懈，必而歸此之刻勵可知矣。南軒義利之辨，鵝湖心性之幾，析辨之異趨，功利之雜，習自其髫年，固以聰之，忽之，判黑白，析氣例，為發穎，悟於簡編，凜欺慊於幽獨，證聖凡於幾微，獲梯航於前哲，節與日而不惕省哉

乎偶有著述貫穿經史可埒文苑之光總其生平之大端必享年

不永而可以壽世者自有不朽之盛事在人不在天諒哉

門人柯善義頓首拜跋

跋采芝図

王玉書

香圃年大兄生閥閱之家靈根夙具敦倫常之誼懿行可風崇儉黜華不苟同於流俗急公尚義時襄助夫餉輸除花会以正民風衛桑邦而籌練費翦荊除棘安危繫於城池挽粟飛芻窮餓蘇於蒼赤信遠孚於郊野鬬息觸蠻心尤切夫解推澤周涸鮒俾上天好生之德堂議及乎育嬰憫對人行路之艱力亟勤於治道濟人惠大修數百丈之長橋築室謀藏復百年之古蹟揚表閨門苦節採訪必周延稽志乘遺編搜羅無失凡茲盛舉幾於美不勝收景彼高風洵為世所罕見者矣予於癸丑歲挹蘭芬越在丙辰奉題芝照自慚俚句徒摭浮詞蓋其時但服寄意之高猶未悉制行之卓也及今久居鄉里互証見聞君實果是端人宜稱名於歸儒

彥方真為長者，共薰德而善良，則景仰芳型，咼禁心為花而心為寫，送揚盛德，猶是美於愛而愛於侍云爾。時同治癸亥二月初吉

弟王玉書再識

跋桐陰吟廚詩甲編

黃梓陽

桐陰吟廚者，數年來同人吟集多在刺桐城西，遂以廚之中許詩七言絕句三百餘首，鬪捷催吟，間有未盡研鍊，然志墨緣，具錄如右。各人存詩多寡懸殊，由其所作有疏數，非甄錄時有所軒輊也。近謀付梓，俾余手鈔，既成，并識如此。同治甲子花朝。

跋金笑飈言　侯官楊浚撰

盥誦金函上部則殫見洽聞元之車々廿漢儒之箋經參法家之講律下部則握珠截玉炳々琅々推一時之豪傑揭萬古之心胸具作此才真以救世婆心兼摩天巨手為文昌覺世經為吏部驚天集此陳思王之隸事非玉谿生之祭魚也在鄉國可為善士在〇

〇殿陛定是名臣安得不瓣香頂礼

陳步蟾

跋金笑飈言

陳国试

敬讀十三作如游武夷諸峰曲々入勝如觀河漢之匯滾々紛来是能以六籍之筌贊運一心之規矩也自班孟堅張平子左太沖而後世罕有傑作當今安得不以此為推袁

文信國公在獄憶殉難諸公各五言集杜句 見文集及厓山志

詠陳神龍復公一首云

夘月昇金掌老氣橫九州前輩復誰紀吾道長悠悠

國佳再錄

泉州大成殿記

宋　洪天錫

天下萬形皆囿于數惟形而上者非數所能囿故巨浸不能汩五行之倫烈焰不能燔六經之理此夫子之道所以超衆有而獨存閱萬變而亡獘也𡽪蒙赤奮若之歲冬十月辛巳泉州大成殿火宗正行守事趙侯希宅以兵救止故學不燬申旦率僚佐及有位于學者臨夫子之庭三提學使者移問火故校官林起東黃以謙震悸承命郡帑素枵侯悉少府用度輟師生餐錢命别駕虞會元幕史霆聲涖其事大漕寄公各致助里之喜於義者願受役焉明年六月甲子礼殿告成用舍萌礼釁廟重檐四阿視舊加壯塑繪就章各按儀式先儒從祀一如穆陵詔事竣事二校官以侯命來謁曰典教亡狀貽禍聖師無所逃戾茲幸而濟未知能自贖不記

事之成敢重奉以請予謝曰此童子時所詠歸也雖老且病曷敢曰不可春秋書新宮災而新宮成不書今書春秋意與二君固謝曰謹知皋也顧微以復侯命予不得謝乃曰侯命辱矣紫陽夫子侯之外王父也文獻在焉朱子嘗議白鹿礼殿欲接（按）開元礼臨祭設位不果欲改跪坐又不果豈像於古未有而礼以義起亦莫之敢廢與我朝通祀之典所以度越前古非但門二十四戟冕十有二旒錫之鎮圭扁以宸翰而已列聖以儒立國諸老以道覺民緯義經仁祖性宗命億萬斯年賴此一脉學官像設特收（以）斂人心之敬夫子之道豈依形而立哉嘗聞至人入火不熱是雖寓言可以以喻道善學者能於温厲恭安而得夫子之氣象於踧躩襜翼而得夫子之步趨於鑽仰瞻忽而得夫子之博文約礼於及門歷階

升堂入室而得夫子之宗廟百官道在人心火固不能熱也特患人心不火而熱如朱子所憂耳（尔）內媿由緼也外誘抱薪也吾為此懇二君幸以復侯倘以為然願與承學交相儆焉侯方築精舍祠紫陽尊師重道不以乏辭蓋政出於學故知所先後云咸淳二年六月朔旦朝請大夫洪天錫記

泉郡博胡時軒先生修学記

黄河清

泉郡学甲于天下盖極其規尽其制然亦天下之所未備前人遗
之之所以修具瞻示景行而崇化本也至矣因仍岁久势且就圮
正德戊寅錫山葛公志貞来守是邦周遭学宫歎曰大非宫乎予
弗忍弗續前人之烈以役泉郡之勝也其將图之越明年己卯塾
江胡君道明来蒞是邦公覘其才具曰是可与共图者乃合生徒
白于臺察于藩臬援剏祠宇之弗經祀典者悉毁之掄材为材直
也为直經度出納率委重于君四之日与生徒談理道論正体若
弗剌相予多者閲數月告大成殿新又數月兩廡过泮桥及肖像
新又數月告明倫堂告戟門泉門告斋房號舍告貢守名宦鄉先
生祠新間凡前人之告时其損益者又進详而備竹苞松茂金輝

玉映所謂甲于天下者，至是益修于齊魯燕秦吳楚之區矣。昔
子產相鄭伯如晉，以崇大諸侯之餞，至數而言，君子謂子產有
辭，諸侯賴之。夫諸侯之聘會，非時猶以崇而安之，況秉聖安靈生
倆施修之地，都使子產而當此會，其所以大公之功與君之盛美
不知又幾數而言也。河清嘗訪君時，軒坐少間，君控予遍觀
目力所至，洲庭不暇，互見伊聲若武城絃，私喜曰：泉之人士所以
甲于天下者，其肇於乎晉文誠大諸侯之餞，猶足以霸其國。今日
之所以昌文人而運化機，固王天下者之所宜先也。況聖明更化
之初，泉士之鼓舞彙征，又適逢其會者乎？他日學以人勝，人以學
勝，公與君之功，世載學宮，可乎？公之功，中丞林公紀之；君之功，泉
之大夫士得吾職太常氏直紀也，隨紀之。
嘉靖改元歲在壬午仲夏吉旦　賜進士中憲大夫太常少卿[illegible]河清撰文

重修晉江县学记

黄汝清

正德己卯岁春正月重修晉江县学成，以來告詩書之大復古也，後而大之，大其事也。先是学之徙置弗常，洪武改元始定于今县治之东，僅再修于正统之乙丑，嗣是浸以敝圮。中更守若令若倅贰丞尉若師儒，率仍之然，待代以去。岁辛未，教諭朱君文簡來，蹙然曰：士有家弗可弗飭，祠廟宇弗治，尚忍言哉！乃与司训黄君宛、霍君球議備力為。適郡守李候鋭、向候一鳴、節推鑑候一中相継役手工，就修治，其甫十之一尔。次而丹錫葛侯來校其事，愀然曰：修事，丞責也。乃经費度力，以次修葺，又拓其未備，規制貌像煥然改观，多師多士之氣皆鼓舞興起。汝清再拜颺言曰：士為之学，豈待於官之修学哉？今官必修学以居之，士俾為士，其必於是乎

學焉事之也事之責之也責之厚之也上之事之責之厚之者如
是士之所以自責自厚者何如耶故居學而不爲學者自荒也爲
學而不知所以自（學）詩也所以學何學也正學也即所謂道也道全
惚傖之至固未敢望人以遽至七十之徒之學之淨於師授其漢
人淨之鳴于漢唐人淨之鳴于唐至宋則闡其秘廣其義完其正
而大鳴焉其實有赫傑於廟庭可據也據其人論其世以淑諸身
而見於用則今日居學者學以天下修學者功以天下成而大之
非勸功也功之興衆和會之功之成而条萬事力焉成之序當先
之次兩齋次櫺星大成集英三門又次廟階兩廡又次晦翁祠及
倉庖廨舍成之費出發之羨餘與地說以沒入於發者相成之費
則沈令松陳丞敘董成之役則主簿者徐瓚代襄之者唐臣與生

員留志及陳恒檢黄鰲皆宜附書，故備書之。備書大書之後，又宜特書，則王侯葛与王友朱也。葛多善政，朱善教，蓋治政學而鳴者。

葛名恒，知府。　朱名文簡，教諭。　霍名球，訓導。

邑志此记不载，又有正统十年重修汪公伟凯立记，当又知学中尚有碑否。府志载此碑记，有节略之，暂俟他日查之。当年修邑志者为草率至极。

重修南安县学记　宣德二年

陈叔刚　福州人

泉为八闽大郡，而南安逮郡治最近，号称剧邑。治平垂六十余年，深仁厚泽之所甄陶，地百里之间，弦诵相闻，英才之出而効用于时，彬彬而兴。庙与学相沿宋元之旧，址湫隘仄陋，规模未备。粤自缔构以来，阅岁滋久，栋宇挠败，赤白漫漶，日就倾圮。宣德二年，临海包君原明以进士乙榜来职长谕，予顾瞻庭宇，惕然于中，锐以重建为己任。是年冬，谋诸郡经历麻城黄君友忠，为建棂星门、学官廨宇，并崇垣坊，甃街道。明年冬，知县新会余君庆又为构旁近地，以广泮池、射圃，作亭圃中。而孔殿工费夥繁，卒难具举。越三年，为六年，适通判山东朱侯旭才足以任事，与长谕并志一虑，首辍俸赀为倡，而县丞四明张君尹刚、主簿李君祖、训导韩君勸皆协謀助資於鄉之耆老邑之士族黄達黄光生諸人亦捐財勸相匯懈市財材以直僦工以資而絲毫不以厉民經始于六年冬十二月明年夏五月殿成以間計共五高五丈二尺深亦如之廣六丈四尺餘宏壯顯敞丹彩焜耀而宮門邃庭東庭峻級堅緻華飭或倍於曩昔聖像中處配侑就列師生有所學而與廟次第聿新落成之明年夏諭君走書三山屬叔剛記其歲月聞之廟學之設所以廣夏育而新士習也邑士子群居聚講於斯執籩豆駿奔走於斯仰瞻宮墻而佩服謨訓將何以仰報聖國朝造育之仁與酬良有司賢師範作新之勤也若魯頌之詩又曰濟濟多士克廣德心叔剛不佞庸因屬記併書此以為諸士子勸

追布金磨院田地充为泉州府学田记

明 黄河清

士之学也，以其学养天下之才也；士之仕也，以其才易天下之养也。士能以其才易天下之养，亦能以其才还养乎天下也。士能还养乎天下，而不知所以预养之以人予君者之责也。士与所于养而能力，惟颜子能之，端木、冉、季之徒亦或有借于养以资其学者矣。第今养士之法，朝有定制，制外之需亦有定业以周其养，以廪其降固竭心思者之所难聚也。正德丙子，御史胡公按泉时，有以布金磨院田地为请于公，遂责其租入以赡邦之坡庠生员泆而尼于缁流之说言。佥宪潘公檄其实以上于御史程公，又属郡士而均惠之。长授林君瓒春士之养溢于常供之外，而长择之易溥也。命周生溶辈谒记于河清，河清曰：是举也，宜记也。不劳之功不

費之惠君子之政也君子之政衆士嘗之衆士之幸也百千年反
政之數也衆之宅田半爲緇流所據羣然坐食不力之入以傳于
鄉邑而朝經暮誦分猶君父哉水飲蔬食日不暇給豈人情哉布
金之賢緇流所據中千百之一耳七邑之士雖郡士也嗣今師與
歸七邑之田其守誠有之別數盈而聖人之學興士將繩之然以
其才易天下之養而返養乎天下不啻倍然受善養乎善多于一
家一邦也哉詳公之功之於一時而愜於萬世碑而功之可改耶
郡守葛公碑于學宮又命訓導余淮來述記道燈燭記之善公之
所以爲功哉人不將碑而功矣公名恆錫山人胡公山陰人程公
潘公俱徽人院之田地凡二百畝有奇税十二石有奇

重修南安县廟学记

明 黄養蒙

南安学宫舊在邑治之東宋绍興中邑令劉孔修改于邑之三都元至正中令李宗閔復于邑之东址洪而以廟学逼尉司仍復于今地国朝因之嘉靖乙丑邑令顔侯恢闢舊基改作新廟壬寅節推葉公奉令建啟圣祠公祠于廟左己丑邑令唐侯改築雲津橋翼以鯨俊庶奎二坊中鑿泮池潮滙其中邑学遂為大观戊午己未倭寇煽乱民居尽燬惟学宫巍然独存盖異数云是时学宫寡寓郭内洒掃弗常蘼墜益甚甘侯来令于兹乃週視学宫喟然太息以为廟貌弗肃神人異处精神氣脉之罔孚非所以妥靈而育士也乃凋度用费課工擇材於是廟宇焕然一新官有序宿士有肄業克復舊观師生輩因来請文以记其成窃聞之学也者所以学

乎其心也心者人之所同具而常患於不自知先王詩書礼楽之教能順而達之化能强其所本無也士生其時周旋揖讓於詩書礼楽不離乎日用躬行而自得其道德性命之实其論而選之也足為天下国家之用而未及用者亦無躁進競取之慊流風所被虽衰季之俗猶有先王教化之遺意焉噫何其盛也三代以降漢人講经術崇師门數傳不变若董仲舒之春秋京氏之易伏氏之書王式之詩終身立朝議論奏对不出乎一经之中而取予進退率能自度於礼義其風節猶足以懾奸雄而奪之氣安可以其訓詁章滯而少之也至宋諸儒發揮義理之精微窮極道德之根本評學術則卑游夏論治功則陋漢唐似乎其过之矣究致其所樹立之多没於漢而事功更不逮者何也無乃利禄之途既啓則得失

之患已深議論之功日勝則躬行之实益微故天下国家未有以收士之实用而当时之好議論者亦未見有以用乎天下国家也夫虞廷之告戒精一之外無数語而所交警者惟水土工虞百穀之事寇賊奸宄之憂而已孔門之言性與天道則罕言之而所告語者孝弟忠信居處執事子臣弟友之道豈不以百工庶績固精一之所寓而庸言庸行即性道之所存歟今之工文詞以取科第況不必於漢人訓詁之陋而高明者則又剽宋儒之緒論以附於道德性命之微夫道德性命之微皆發明其所自來使人歸宿於实用今者躬行講説岐為兩途不能忘情於富貴利害之際而妄自託於道德性命之微此其用心乃與学者締章繪句以鈎取利禄者等耳且道於愚夫婦之所知而極於聖人之所不能盡今

必求工於聖人之所未言，而所行未有以服匹夫匹婦之心，烏在其發明夫子之道哉！下斯則廢舉業而言道德，立己見而誇獨得，所言斯施於其所用，好名之士靡然從之，使言之而是也，已非夫子從周之意，而況乎其未然必也。故六經之訓具在，而諸儒之說已詳，有志之士不患乎言之不精，惟患乎行之不力。誠使因所讀之書，反求其所言之理，守所習之業，以究其所施之用，為子言孝，為臣言忠，在官言政，在士言學，內不欺於乎心，外不欺於其人，則所謂道不遠人，親親長長而天下平，斯在是矣。若夫紛紛於異同之辨，汲汲於功名之途，則非所欲聞也。今邑侯之亟亟於修學宮而勿敢後也，夫豈其意哉！是舉也，費凡百有餘金，出於公帑之羨、罰贖之錢，而佐以書生之義助、役附廟民工以數百計，堅緻牢實，視昔倍之，皆甘侯克成厥終之功也。侯姓甘，名宮，江西餘干人，鄉進士，在官修廢舉墜，績多別紀。

對

南安重修儒学记　　傅夏器

学校之关於天下也非不称盛典哉唐宋来郡县非各有学有庙貌以秩多崇有明伦堂以萃英俊师生肄依讲习其中南安儒学在邑治城东郭外黄龙江之湾潘山之阳朋山之原村落联绕鹿防禦嘉靖辛酉壬戌之乱倭寇凭陵震荡我城郭掠燬我邑庐黉宫徼有天幸年爆烬惟是岁月之侵淫风雨栋倚趾颓是咨博士停讲诸生废业不振古矣知府朱公炳如雅意作兴畀县事同知丁公一中谋修饬未毕也邱侯凌霄以乡进士知县事而来慨然以为倡迺鸠材敦匠董其勤而学博樊綦宣亦竭心力各捐俸—助经始於隆庆某年某月蒇事於某年某月肄依之地聚备之堂焕然新矣公凌霄乃立诸生谕之曰学校弗修责在有司学之不讲

德之不修則惡乎責？古者設為庠序學校以教，非責諸生以修德
講學邪？學以明道，道在彝倫，而君臣之義，尤處其繁欤？洪範所
陳彝倫之叙與斁，凡百政事布滿宇宙，敷錫謀猷，其孰非彝倫？凡
倫之以協而叙，以斁而斁，其孰非皇極之用？以盡其義於君臣，五
則五事弗叙，不可以用極而事君；八政五紀三德弗叙，不可以用極国
極而事君；徵氣福極弗叙，不可以用極而事君。君臣之義講明而
攸叙之，以聖人為聽依，以稽古為實務，明經則標的端，習史則變
故審，詩書說則嗜欲淺，禮樂教則中和生，好善惡惡之念篤而實，
忿懥好樂憂患恐懼之發篤而平，親愛畏敬衰務賤惡傲惰之偏
篤而正，老老長長幼幼之施篤而擴，興孝興弟不倍之化篤而成。
是諸子之修身叙倫以事也，君亦有羽翼之之忠，庶几一塞乎？若

徒高矣是僥弁髦是棄又欺矯然不師古而師心言空言無以資實待後樹風度塗蓋塵哉繪土偶木措之天下國家一無所用亡益上以土苴置印諸士且唉而殺之責之謂何是非先學之意也耶是諸生唯唯與學博某某述侯爰取夏器也因援筆而為之記侯凌霄廣之雷陽人

劉邑侯重修儒學記

國朝

應國貢

學所以明道者也學校興則道興學校廢則道廢古今以來紹千聖之統開精一之傳者惟　孔夫子一人當時從學弟子各有所表見故顔曾思孟配於堂而十哲兩廡以次從祀凡皆所以明道有功聖學不少也自是而降得其傳者或寡然羽翼經傳使聖賢復燦如日月之麗天惟程朱兩夫子程子倡自河南朱子繼起於閩歷宋元明咸得從祀廟廷我　朝重道崇儒仍其祀典使天下學者咸宗焉厥功爛如南安舊學在邑治外東郊不便周貢蔡鐸詠地入其宮拜謁禮先像惟夫子四配十哲猶儼然如在兩廡諸賢諸儒僅存什一蓋由宮墻柵欄頽尺兼洪水浸淫愈加敝失余朝夕兢兢廢墜是懼懼學廢則道亦廢也己酉邑侯劉公自河南來

己酉係康熙八年

謁禮畢即慨然有重興之任進諸生詔之曰若志知學所由起乎育才必有其地學校者教化根本之地司教者於斯而致業受教者於斯而問字而且崇廟貌以肅瞻依明道德以端士習尚廢之不修如是學何爰鳩材敦匠盡捐其俸助之今者若殿若廡若祠若櫺星戟門煥然新矣而旁及文昌宮奎星閣鄉賢名宦兩祠亦次第舉之自定鼎以來蒞斯土者不乏求其實心實政倡率修飭以崇報我夫子竟鮮其人則數千年以迄今日復紹孔孟聖賢之道闡濂洛關閩之學者亦惟我劉公一人而已吾道南矣宣其然乎諸生傅廷璘蘇鐸等勒侯功德于石徵言不佞故輒為序之如此侯諱佑字伯啓己亥進士河南鄢陵人

重修南安學記

周學健

唐貞元七年陸贄知貢舉所取士如韓愈李觀崔群李絳馮宿諸人皆天下重望而閩人歐陽詹與焉詹故南産也說者謂閩中進士之選自詹始閩中文風之興則自南安始然是時南安尚未有学觀察使常袞思有以振之見能治書典通文詞者接以賓礼尤雅好詹之遂以文学为八闽冠盖袞之为功如此洎宋靖康中乃建学於县治西闕紹興又遷東郊外距郡境凡五里許迄今因之其地为吳亭山雙陽之支脈環黃溪挹紫帽靈秀殊绝故形家言建学莫如此宜而民间亦有水繞吳亭山之讖云余維三代盛時樂育人材鄉国異制天子之学小学居外大学居内文王世子凡語於郊者取爵於上尊是也諸侯之學小学在内大学在外王制小

学在公宫之左大学在郊是也以其選士由外以升於内能沒達
於朝故居内以真（其）選士由内以外於外然沒達於京故居外南之
学其猶王制在郊之意乎非獨形勢異也欣学既居外邑人未沙
朝夕就肄守者易疏自建学以来只毀於流寇漂於水災圮於圮
震者亦數矣又以故明中葉沒道喪文敝黨禍蔓延天下至以講
学為大戒吏於土者朔望釋奠視為具文雖有縉紳先生慨然修
葺而振興之然士氣沮喪勸（協）力者少此其所由興廢無常而不可
以經久者也。。皇清受命。盛平之化。翔洽百年。仁漸義摩淪浹
膚髓。。。世宗憲皇帝詔諭直省郡邑大修。文廟於是南之人
士聞。諭踴躍爭請勸輸司鐸林上錦以告令尹劉浴具詳各憲奖
藉士氣益奮鳩工庀材剋日興作自正殿兩廡櫺星戟門以暨崇

府誌少此五句

諭作詔

藉作偈

與作具

羽異

聖祠紫陽祠文昌宮奎星閣節次興建規模嚴如金壁輝如自雍（加作如）
正十一年三月經始迄十二年五月落成光飛且固迥非舊觀夫
今之士大夫猶昔之士大夫也昔也阻而今也勸向也弱為今也
同作何也惟　君王之教化鼓舞天下而不知其從之故悦學也（上）
深而趨義也勇所謂聖之道必待聖人之立而益彰此故適余奉
。命督學閩中歲科兩試按臨泉郡於南人又多通經學古之作
手披口吟乃知此邦人士之秀而文際休明之運而益大發其光
令人想見四門先生與歐李更唱和時也倘使陸公而在亦將有
目不給賞之矣繼自今由外而貢於之京以備馮易孝德之選意
者水繞吳亭山之濤其將驂乎會此邑侯曹君來請曰願有記以
示來者余光希賢令表率之意與貢大夫鼓舞之誠而余之遭際

原讀作肆予來適際其盛也

其成也為述其詳如此令尹曹牲鑾太名賢士大夫共進士傳奏

啟孝亷洪國科捷黃用賓戴時新歲貢生吳肇煃蒼率尤力側淨

並出科捷有子曰世澤即余首拔士也方以鴻博薦改庶常云

南安重新文廟記　洪科捷

文廟建于三都吴亭山之陽，始自宋紹興中，既而移于縣治西之南，旋復今所，不知凡幾更矣。今所承其敝者，即明嘉靖辛酉所重建者也。歷年既久，朽蠹剥落，都人士咸議更新，請于邑侯劉公，偕兩學博周視諏度，議以克協，筮日鳩工，乃相乃理，自大成殿、兩廡、櫺星、戟門、啓聖咸用重新，祗慎將事，榱甍瓴甓，塈黝丹漆，悉如法。其朱子祠、奎星樓、文昌閣、土地、名宦、鄉賢等祠，廢者復之，雜無序者更之。肇工于雍正癸丑年三月初六日丁酉，越甲寅五月十有五日庚寅，竣事，靡白金二千六百有奇。爰諏吉釋奠，以告成事。初集諸狐，給百役，兢兢業業，惟恐弗勝。費重工鉅，鳩衆財而用之，若难為力也。總武榮而計之，坊五，鋪八，都則四十有六，地異人殊、而　先聖神明默相、上自薦紳、下逮編氓、莫不踴躍趨事、共襄盛舉、鼛鼓無煩、告成不日、非天縱神化、安能若斯之速耶、宮墻巍煥、士深向往、且益濯磨砥礪〔力〕底〔期〕無負于吾　先師之教、此尤多士所宜共相勗者也、

雍正甲寅年菊月重陽前一日記、

修文廟凡例記

洪科捷

董事曷為不記名隱也何隱乎爾昔葉公好龍天龍聞而下見葉公見而懼葉公非好龍也好畫龍也務名而不務寔因人而不任已罪莫大焉攻之者都人士之向義成之者　賢有司之作興清夜自思何労之敢紀夫鰲則冠山蟻則戴粒力不同也恭默人信誓誥人疑德不同也才難措大孚不盈缶而力小肩鉅嘖有煩言得一而過百君子弗取也故從而隱之抑亦聊以救其過也見原獲戾則在乎　高明之鑒別云

功不可掩善在必揚是舉也邑士皆為鼓舞而勞勩之最著者如陳經邦之殫精詳核梁閒汀王綸礼王聯登黃通理呂王珩葉長源之跋涉徵催黃爍趙育麟黃維樞傅珪之疾呼倡義皆心乎宮

墻、息私濟事、故特表而出之、俾来者有述焉、

事必需財、数必可稽、諸凡題捐其樂輸如數者固為尊　師向道之誠、間有力不從心者、原其初捐雅意、亦匪有他也、而必付諸剞劂、非敢暴人之短、第以有入必有出、出入朦混、事何由集、故或完或否、毫髮不敢涉私、以示核也、涓涓小諒、忠恕君子其亦以為然否、

貲富冠乎一邑、而鄙吝浮於四悪、此亦過之無可原者也、第思含齒戴髮、皆沐　聖人之教、樂効涓滴、而彼猶悍然不題、甘自外於門墻、斯亦可哀之甚矣、躬逢盛事、家擁厚貲、而空名亦不得與、自是有生大不幸事、又何必過為暴揚、有玷包荒、故且無彰之、以附春秋隱悪之義、

完

四卷

對

重修明倫堂記

明 呂圖南

先王之教民也甚簡而其責之士也甚重夫士也才視民則敏也而就之守民之心也先王設教於遠寄士於教群天下才俊於泮宮而廣造之春夏秋冬以為期而詩書禮樂以為業笙籥羽干以為器而擊磬樹奏升降俯仰以為容若是其備者何也夫子固曰民可使由之不可使知之夫有可由不可知之民意必有能由而能知之士矣知與由合則由為知之寄徑而知為由之精微知與由分則知將為滑性攖心之具而由且為狂瀾叛道之端此聖人所以有可使不可使之說也使之由其所可由而不使之知其不必知夫非士之責乎哉又孰有切於人倫乎哉齊之華士魯之少正卯所稱賢士聞人而太公夫子疾而去之若恐後太公猶曰以

尚功與不究以虛名爲功實夫子溫良恭儉讓何不誠究一有譽之大夫而斷斷輒歎申韓之刻乎豈能以不臣不民之倡無以率世而僻堅偽辯之言行徒以振衆取黨計士民之望也望隆而隆望替而替矣使之全其可由可知之人而已大學四子之首也其初章曰在明明德在親民德無有不該倫其明德無有不明倫其章明德以明倫則不特道同俗一民與民親而明明之心旁皇周浹亦無有不與民親矣天德王道同條共貫此不責之士而誰責計孔孟當時所歷群國自王公大人卿士陪隸所為君臣父子夫婦昆弟朋友其輩可知矣強而平日計諸之以告衛靈魯哀梁齊滕宋之君猶皆以達道九經孝弟忠信井田學校為首稱而極丞於彼淫邪遁無父無君堤坊之不遺餘力固不以世衰道微而少

變其學問也聖賢若曰明於此道而耳目之所在固有目擊此矣
率於此處而手足之所約固有舞蹈此矣由此計設之處而成此
材由其所成之材而交相為處代有偉士相託以無窮則聖人以
三代待斯民之心也乎故曰先王之處民也簡而責士也重也知
先王所以責士設處之心則知乎李侯所以重修明倫之心矣侯
生於道學之鄉而廉簡溫仁民信之久風範洸舉文獻肇興手取
久缺殘廢之邑乘而次第成了又以為歐道本處在于五倫于是
以此有本之學問貴人文而觀化成輯新學宮之明倫堂費出許
俸捐不以迫諸子之役此堅密壯麗視昔有加侯既往以了藻飾
黌宮標修文之故予已也侯識加意于士也乎夫今日之士改日
之搢紳乎搢紳而君臣之倫在肩矣肩遠而途岐漢臣有言士修

之家而壞之天子之庭夫且有修之天子之庭而壞之家者壞之家而父子兄弟夫婦朋友之交又舉可知矣并其君臣者亦可知矣此雖絕可知可由之倫其弁髦之也嗚呼爭其姓字於見知聞知之接而猥其实於愚夫愚婦之下矣以淑人維世之权散寄於天下之為士者矣又以淑世開世之权尚寄於天下之長士者斯先王建明倫堂之處也於侯修明倫堂之處也南安之士自是有異乎侯姓李諱九善江西瑞州新昌人戊辰進士董修事者訓導陳慎修福建漳州龍溪人陳君道貴州安順府平壩衛人

南安足文明閣記 万歷四十一年

明 何乔遠

南安学之左方，所由入郡城道也，田畝錯雜，溝塍駢貫。前邑令唐公愛為橋高之，以便行人。前郡丞丁公一中來縣，篆曰是在学宫之東，橋實如龍，而周道東繞於此，興起人文，不稱，即橋之首亭焉，亭曰見龍，若龍驤矣。今侯史公曰：曷若閣之。捐俸金与廣文先生龔君、陳君、吳君，閣名曰文明。於是巍翼改觀，学宫之勢益壯。三廣文先生徵何乔遠為文以記。乔遠曰：於易有之，見龍在田，天下文明。史公有加於見龍之上，意其是也。公之名於閣也，其繼此邑之人聲名焜燿，事功宣朗，振起光大於無窮乃事。推公之意，則所以對之其遠矣。士也有不篤實而能光輝者乎？備大人之事，則本於尚志矣。民達可行天下，是豈漫然應世者比哉？学以聚之，問以辨之寬以居之仁以行之所以培深其中含宏其外而要之序言之信序行之謹規矩準繩不能而越也士倫科舉之業而兼通詩賦文詞猶以為無害也有倫科舉之業而不可自準於聖人之道其學古之人一郡一邑之長皆得之君故曰雍也可使南面治百里之地而君之德博而化利見大人以為君德則吾士修其德物以學君人也畎畝之與居溝塍之與侶非士其誰見龍在田也當時舍之日而有文明之兆大人之予備矣然則我史公所以期望吾邑士之意識則其先於序言序行以立其基而後以造篤實光輝之盛則其於宣明焜燿光大振起有不期然而然其吾惟於邑之士設誠行之然後能貢有司於學規測之盛心也三原文先生皆曰善遂以為記

朱子祠小記

洪科捷

閩中所在郡邑類祠祀朱子、盖南来道脈係焉、南安故有祠、建於元至明嘉靖間、倭寇燬後、復即其址、建敬一亭、而朱子之祠遂缺、如吾南人士盖悵悵然、仰止而無從也、今既重新 文廟乃卜建於廟之左、以為翼、攷朱子生平、矻矻著述、訓釋極詳且富、然其指歸不出於窮理以致其知、躬行以踐其寔、為能謹守聖門博文約礼之傳、使学者有所持循、上之可以希聖賢、而下亦不失為寡過、然則求聖人之道者、舍朱子何之焉、邑故為朱子游息講論之所、金溪九日餘韻未湮、南望石井、則又淵源在焉、祠宇既立、多士升其堂、讀其遺書、於以求聖人之道、循宮墻而探美富、其庶乎、得其門而入也歟、

對

移建文昌祠記

洪科捷

古星辰多秩祀、天官書文昌六星、為天之六府、而道家稱上帝命梓潼神、掌文昌府事、司人間祿籍、自元以來加號司祿宏仁帝君、天下學校多有其祠、歲以二月三日祀之、則今所祀蓋梓潼之神、而第冠以文昌之號者、舉其所司而言、精爽既合、則神明無二歟、邑舊有祠矣、 文廟崇聖之間、偪迫弗稱、今移建廟殿左廡前楹、攷古志、載上丁月、林飛神觀察見帝君絳袍周視殿廡、察識否然則下掌祿籍、上相精禋、皆聰明正直攸司、祠祀於此、知 神之必能扶樹聖教、以大啓此邦人士也、

對

移改土地祠記

洪科捷

山川井邑建造之區，皆有土地之神司之，況靈秀攸鍾乎。學宮舊有土地祠在廟前之右，西向護明倫堂，厥制不稱。今既建文昌祠於廟東廡前楹，乃改土地祠於西偏以配之，皆因廟向面南，規制既肅，位置無訛。神尚其永護聖域，無負鍾毓之職乎。

先生深於經學，而曰位置無訛，似有未妥。周只曰：道路男由右，女由左，是地道以右為尊，當（漢儒鄭氏之注如此）南向，改土地祠於西，之即左也。於祀土地，宜居右為是。

陳毅似駁

年錯

乃小子誤

謂也須

罷、、、

重建文明閣記

洪科捷

南安學宮之左直雲泮橋、舊有文明閣、閣奉奎星、而以文明名、非第以奎宿光昭文府而已、蓋此閣與見龍亭對峙、實綱絡雲泮橋、相為表裡焉、在易見龍之占、曰龍德而正中、又曰天下文明、然則有正中之德、斯應文明之祥、以此命名、其屬望於邑人士者、不其偉歟、歲久閣圮、過雲泮者、欲瞻奎宿布光曜而末由、文明之義、斯其晦矣、歲癸丑鼎新　文廟、爰就故址、伐石創建、為閣再成、棟宇皆石也、牕櫺則疏以木、登之以眺、朱鳥翔於南榮、帝座通於呼吸、文明之兆、其在茲矣、若夫依類考義、本之以学問、居而行之、以寬仁、脩其在田之德、將善世不伐、文明在天下、豈惟瑞吾邑而已、爰述其旨、以詔來者、

重修温陵朱子祠记

国朝 洪士铭

神者都

吾郡为朱文公过化之地，比屋弦诵，私淑其遗泽者五百余载於兹矣。郡有先生祠，革兴没军旅频仍，庙貌倾圮。沛国王公来守是邦，乃允诸生请，捐俸余以倡修治，撤祠而重构之，又于祠北辟十堂，置号房数十楹，以为诸生讲习之所。盖鸠工具材，不逾时而告成。于於是堂宇聿新，遗像俨赫，拜瞻考肄，罔不祗勤。诸士因属予为言记之。予惟我国家文教覃敷，道化蒸蒸，倬于云汉，独闽滨溢远峤，二十年来司是土者率未遑礼乐。予今属当清晏之会，而公以彬雅儒宗，宏圣天子作人至意，以振兴斯文为己任，噫何其盛也！夫温陵夙被文公之化，蔼然有邹鲁遗风，然前此固患奖进之与其人，即有其人矣，或阻于时会之未得为，而今乃幸觏机於是知斯道之將興殆非偶然異日必有真儒踵起以紹紫陽氏之絶学於鬯惟公实啓之蓋与宋田梅溪西山仝有功于斯土并比列矣予懼久而湮其姓氏也因為之記

對

修社稷壇记

明 李九善

南安舊有社稷坛不知何年更为南址崇禎五年春季鄉老洪世臣以復舊制請余竊惟土穀皆滋於水若南其位則不免过燥從舊为是即以世臣董其役工不日而告成耕鄉老有詩在以張大之并余竊愧焉勉誌其一时为民之意以釋好事之譏云尔

此卷暫釐为下卷

重修南安县秩祀壇廟記

明 王慎中

南安唐侯為政之期年，補助興廢，既有以佑民之意，使衆共生殖滋長之，以相親睦收卹之義，服習戒令，蚤通而鮮犯，邑以靜治，乃始用其力於其可勞，而社稷山川城隍之祀以次修舉。棲主之坛與像之廟，繚坛之壖，翼廟之室，木堅石密，崇碩壯麗，與夫齋舍庖區各得其所，如新作然。而器服之有事於祀者，考之法式，無有不備。其財之所出，則民相勸以多寡，期以集事，而必致入不待會而足，各執其役以赴所事，奉侯之命如奉于神。訖事之集，侯未嘗少見聲色，既成，相與鼓舞歌詠以樂之，莫有以為病已者。方未事之勞，侯以朔望之謁，春秋之祠，有事于坛廟，肅恭蠲潔介神之听欣其傾壞剝蝕蓋慨然有意矣益究度其所以勤於民者至於婣爭而後知其時之可也爰役之羣果以不勞而成侯復有予於神牲肥酒清苾芬通徹登降奠獻牲率有究肅恩之誠有加於初神益欣饗霽貺昭答民來聽祝嘆慕悅壽祥氣休應疵癘不作侯懼後之廢其事而卒無以相民也乃來請記夫祭之為義深且遠矣其最著而易知者以為民而已有水旱之變過則社稷可得而變順成之年蜡始通焉此其易知較然者也民之所求爭上不越憂樂好惡之端而憂樂好惡生於安危得失之際先王圖民之所以安為之聚其所必得其始必在於居與食彼有好惡之情起於微則視慕驩欣以遂其來

年 月鈔

嗟嗟佛靈以送其去亦理之必然者也而彼不可使明者民也故立之祭焉使其思之於不能知之表而常冀之於可有獲之間而祇慕瞻嚮嗟嗟佛靈之精有所寓而無溢越壅閼之患此其明之之術而所謂鼓之舞之之盡也天子以命諸侯諸侯以自足其國未有廢此者然君之所以致力於民則有政矣取予歛散功董誅賞所以與民從事皆嚴於社稷於山川以爲降其施設出於仁義之盡而感通動於精誠之極玉帛之沈燎血毛之割瘞從其文之所爲享而說義之所存也至於風霆雨露迭出而有節暘雨寒燠之行不失其時以相民出作入息安衣飢食之求無弗得所樂而不逢其殃則以爲神之所爲而不知其

年　月鈔

政之出於仁義有以莽播嘉祕攘郊乘出其犧殺之而降其終
執其權以助其施設不可明其徒以為神之所為必民之所以
與神交有祈有報以奉焉予之常滿其視慕驩鬱之心而雩祫
崇禳之禮雖設其名具其儀以待物以宣其啼嗟怫鬱之情為
之術去其所惡而卒免所用之是政之所為貴上之所以治善
於民而君子之所以脩身其必嘗之學於孔子之門其蓋講之
矣曰有民人焉有社稷焉他日復以事鬼神為問嗟夫是猶未
免惑於幽明合其所以治人而謂有可事之鬼神則所事其物
在乎玉帛血毛之物齋沐薦纖之節而取予斂散勸董誅賞之
施於民以為有司之法而已果如此則所以治人而辨且辰蓋

府史之能，其齋祓祇敬之接於神明，何以異乎祝巫之所執？蓋其義失而虛存，則貴其不免於戲而從於禮樂，靡缺若數沉失之。設吏不學道而有與土民，是以卒與善治而民亦不可得而使。而唐侯獨能奮於今日，其出於政者未嘗不貫乎禮，而興於祀者未嘗不通乎予。侯其學道者歟！故予樂為之記，且使繼侯而來者，有嚴而不戲，勤民而不為府史之政，敬鬼神而不為祝巫之禮，而民之亦有相也，其亦侯之意也歟。

南安臨城記

明 林希元

昔者聖王之治天下也為之安養以濟其生為之教化以若其性為之禁令以防其淫縱設道德一風俗同災害不作禍亂不生是與城郭而守國不幸寇盜交侵奸宄並作天與保障則城郭之築又不在所後南安自唐元年於郡西北別置武榮州復崇南安之名於今千有餘年無城郭而守者世在承平也自倭寇昌熾而築城之議始起時則巡撫都御史阮公巡按御史吉公必以其事責之分巡盛公或其以發郡方面議移縣治於府城若泉則南安舊地荒為盜區衣冠仕族富室千餘家置之何所識者固知其不可矣而縣令觀望遷延而莫舉及縣治火縣令去分巡方公加意經營尹夏侯丞臨自以為功縣令之觀望者蓋多懼之難料量經界之

難疆理版鍤之難也植匠作之難驅馭夫役之難徵發能知其以
慮事能力其以任重能公其以服衆於是見侯之才矣南安有城
實自侯始且其地居蜀江上游穀粟竹木薪炭之財羽毛之利永
德二溪浮於南安下金溪橋輸泉城波及永寧福全諸衛所皆出
自南安則南安其咽喉也南安不守則咽喉塞府城以下皆困故
南安之城最當要害侯之功於是為大侯於是城也寢食不安日
臨諸匠而敎督之一寸一尺不容苟簡故功集而完美相其役者
縣丞焦蕃主簿陳鵬監其功者鄉宦知縣黃源傳陶明表諭蘇民
望貴秀也源尤當事功多於城經始於嘉靖己未秋九月越辛酉
夏而功告成諸士大夫述其本末請余記夫朔方之城以命南仲
東方之城以命仲山甫詩人美之城緣陵城楚邱齊桓之功春秋
書之侯之城南安何以異是故為之記

南安新城記

明 黄養蒙

凡郡邑之有城池所以宿兵守民禦防奸宄古之制也顧承平之世視為迂緩而識治者每先之南安舊為武榮州後改為邑以隸郡郡之屬惟南安居上游為郡襟喉地最重而要當元至正間以罹兵火僑寓郡治嘗一議築城而罷明興垂二百年又嘗屢議之而又罷蓋自先朝以來休養日久民生不見兵革故議者咸以是為迂計嘉靖戊午歲倭入犯且急先令涂侯光祿申議舉行未就會賊破縣民居蕩燬於是天子震怒易置守土之臣涂侯以謫去而廣右夏侯汝砺自通城簡來代侯至慨然曰城固當築雖勞民不佚道也乃力以請於上官咸然之於是度地正方程工計費維時兵爭方興公私告匱首請發公帑之羨約得金七千有奇而餘

則以闔邑之丁田与役地之金濟之群材胥具衆工畢集侯乃躬
率士民祗告于神曰汝殇豙簡命守茲土夙夜祗懼肇兆斯城所
有赦狗私于神其殛之又合士民諭之曰余為南安用圖永逸凡
諸勞費紀為若厉所不与同心于共棄之復申飭于衆曰惟茲大
多盡慎厥躬惟石必巨惟土必固惟基必深乃庶幾其汝悔于是
執役之徒受命罔敢不恪經始於嘉靖己未秋七月以辛酉四月
告成其垣墉之堅厚完固皆足以垂不拔而臺闉雉堞之峻棟宇
樓閣之崇又皆煥然美飛翬威肅觀下逮城壕馬路堤岸橋梁与
夫防禦之具莫不綜理經画曲得其宜蓋自是南人衆悄懣之底
而百世享金湯之利矣余嘗綜其始終以為侯之功其不磨者三
而其難有四始邑遭倭患民庶流移井邑蕭條自侯城成而民还

故業世享其利是功在南邑一也邑距郡十里凡薪蒸粟米之費郡所取給該邑者皆由南安而達自侯城成該邑通郡道郡無咽喉之患賊亦不敢西向而窺伺是功在郡城二也永春安溪德化皆僻介萬山賊至則群竄郡城人多積少其勢易困而難久自侯城成可以捍蔽該邑賊有腹背之虞則不敢越秋而攻是功在鄰鄰邑三也然當侯之始事民多不便或則謂邑多水患亦萃必困功是其為說善能惑人若是者難郡惟晉江附郭該需皆晉出而利於協濟者則以入邑於郡曰是可與晉併力固守且多省費于時一和群附而持議者方盛其氣力以相攖若是者難遭時詘乏大工遽興意之則胥怨以諉又泰川不與者之心則其說易行而諉易入若是者難與事之旁不免壞室廬毀田地存此佇彼則不

與不平之憾而怨謗由生若是其難夫侯履艱危之衝際此衆難
之會使其心少一氣阻未有不免（為）其所怵而奪其而侯獨斷然為
之從容周悉竟以成功豈非卓然有主者哉侯先擢福寧邑之士
民相與建碑以頌侯德而以記來請余因備列其始終之端以付
諸石使人知侯所以成功與其難如此侯夏姓諱汝砺御進士廣
西融縣人

城之週圍廣袤雉堞若干均不敘及
執筆者亦一漏

對

南安重修城隍廟記

傅夏器

邑有城隍其神佐守長安治百姓天所司也以幽佐明以陰佐陽春生開陽秋殺閉陰俾無縱洩天關為生霧蓄民於是乎之如守長水滲旱熯於是乎禱之年蝗疠疫於是乎禳之善惡畢戾於是乎鑒之夫既已神乎矣何亡為廟貌重乎既已重廟貌矣何亡時修乎南安邑治已旧城隍之有廟則在邑治東偏其來亦已舊唐公愛邑宰時常增修其制未幾遭倭寇文我邑廬廟虽幸不毀而殘破已甚郎公復霄蒞任之二年政洽人和乃慨然嘆曰廟宇之不修勢且日就圮有神不能其居焉將治人無倆之不克歸安耶取办於是捐俸以為倡而僚屬百姓皆承公德意欣然子來共成也乃飾前堂宇以聳外觀乃廣後堂寢以邃內居棟樑楹桷代

其廣其瓦甓磚石易其隨其丹堊圬者材其墁其儼之金碧堂
若瓊瑤貌之威嚴歟若干戚旁之羅猝森若榱曹蓋規制乃備而一
新也古之君子勞於民治惟日不足明之而制政幽之而禱神宣
化洽處之和明罰勅法之嚴斂賦調役之均興利除患之勤雖日
孜孜而遇乎天災流行何代蔑有然殆為民憂亡惟求諸己而不
足也復于神乎是求序詎能惟日不足盛心哉公之舉也其心惟
不足耶公明察而有威清惠而有節不苟媚不詭狥可以予神矣
敬為公記

姜秦二公祠记

宋 趙令衿

泉为郡界閩海之陬，唐都長安距泉五千餘里，閩人勝士罕有至者。貞元末，丞相姜公輔以直諫迕旨，貶謫為泉州別駕。先时院君秦系居南安九日山，晦影收光，不事誇耀。姜從之遊。姜歿，秦為葬山下。姜常料朱泚必叛，張鎰必敗，逆相帝以濟奉天難。秦以詩名，權德輿嘗云：劉長卿自許五言長城，秦用偏師攻之。二公皆唐偉人，名在簡冊，邦人景慕之。昔山斗為姜之墳，号曰姜相峰；秦之故居，榜曰秦君亭。而又命其山之巔為高士峰，以示後人，使仰其高躅而不忘也。令衿假守亦土，旁見吏民時訪遺跡，幕有鄭丙好博學能文，飾以吏事，因為之言。今亭故俱存而祠非獨爲能懷古尚賢之意於是悠然快嘆亟作堂宇于延福寺之東以奉祀焉俾來者永共於火而不墜且爲之銘庶幾百世之下聞者竦躍而興起也銘曰鱗攖神孫蹇之匪躬姜相之忠塵視公卿惟義是崇奉君之清懷哉二魂作於九原英風如存

重修秦君亭記

明 鄭維嶽

名山勝境閱遊人多矣然非收良牧賢君子之識別此乃以人重貌名不磨如柳子厚之西山歐陽子之醉翁亭是也夫是特以施賞（文玩）閒而人難名之至今猶其具感大臣不在烟雲泉石以娛目暢志耳也武崇邑治之西有九日山其下為延福寺祀圣坛在焉對峙為報親寺金溪橫其中旧有橋為金雞橋之久燬屹然中流基而布其故址也九日之上一名高士峰由延福寺面陰躡數百級而上為秦君亭之西迤邐數武折北十餘級而上為石佛岩之前為一跳石有二古檜蔭其上自亭徑岩前至一跳石地坦平皆跨山之頂前無遮塞凡遠近群峰大小溪流

斗不修伏拱揺行崇廊曲以逞技献巧於前洵奇观也自古名贤多游咏刻石如高士即秦君也秦君名系字公绪会稽人也徵辟不就避难剡川从阮四于此没人声慕其贤以名峰而为亭亭已毁残礎断墉阮没学艸弘溪蒋侯丹莅剡荣之四年四方来辖百寮具举尝移县之进楼改为门新南堞楼开县治左右二街拱合于内门而後积土为山以资屏之已而修学修仓修延福寺发修报祝寺延福寺既修而祝圣有所俟便道从寅缘扪藤蹋岩道至秦君亭卧怅然想慕其人求所谓穴石为砚注老子之处相与道大历此中間薛兹刊奏旌仓曹参军故事讶有名贤遗迹鬱不章乎于之过也择日鸠工幽営而成盖将

侯於茲凡再十稔矣自蒞政以來屢身為民無少休暇凡廩祿時錢之贏不以飽饑則以具篋絕不入私囊亭成復從寅僚游遊俯大江民往來病涉見橋故址屹然闕其磨臥由故老盛傳稱茲橋乃泉州天關之砂而降一脈昔人相傳有金雞之讖其闕係甚大燬後經許多良牧營度竟以動費不貲計無良出而山尊侯乃起而曰在昔以一叟平太行王屋而漢陰無能顧斷然予不已與吾有何難一橋乎於是不回向日而畚鍾動矣佛都百年缺功乃待今侯豈天運有數然兆於茲亭也鄭維嶽曰謝康樂豈不勝遊乎疲民自快民不病之竟出西山辭篇二貝子牛皆以功澤及民時一勝焉以節丈戴星之勞民則忻之然

顧之於亭之建也亦自為遊觀地乃若建不以遊觀而以景仰

抑此以景仰之遊具感大慈垂叔百世尤於勝井之由二夫子

觀之遊雖使地重刻蘇閣係且十此斗宇是烏可以不記俟性

為名如京別號弘溪直隸武進人亭之建為萬歷癸巳（二十有一年）閏仲冬

朔日

南安學諭龔劍峰先生生祠記諱鏢，仙遊人，萬曆間建

李光縉

郡邑吏有功德于民，去而民思之，既去而思不忘，則立祠祀之，以春秋不絕，此古誼也。故南陽桐郡鄉流稱千古，沒世相沿為故事。挽近滋多，郊關之外，畏壘俎豆之宮，往往相望，然未聞有祀及於廣文先生者。廣文先生之有祠，自龔先生始。龔先生以明經起家，繇建寧訓擢南安諭，振鐸三年，士遊其學，佩其德，依依絳帳，不啻成蹊。念先生任滿且擢去，相與鳩金伐木，築宮構亭而祠先生。南子中故多貧生，不人人樂輸，祠成，儼然門牆在望矣。亡何，擢王官之報至，則相與欷歔扼腕，嘆先生不宜去，尤不宜左遷去。留先生席，北面立雪者三餘月，復勒石而碑之，問記於不佞縉。不佞灑然異焉，待試聞之龔先生臥居其治，罕所坐其室，憶所遂事而位

并崇公厥而杖不重非有寺城之貴能使人畏奉亦与神明之政
所以人稱述其率先諸弟子勝其任而愉快粗不過鼓篋來學之
規精不亦出乎說經講藝之爭其何以當此負聲于膠序間而使
諸君思不忘也且諸君尸而祝之社而稷之何為哉先生遂去仙
遊去武榮不遠宿舂糧而可至剝問易以相質造請可及其庐而
窮窮然以先生為去已也亦惑矣乎是不釋于諸君之言倚啓光
黄光藻步爭前言曰不然乎倚何可一日離先生也先生之長人
也以道不以杖絕以文而以行也先生之為人達乎篤母涂孤人
食貧者施不逮祿養先生以為恨故自為先生時每雞鳴夜必誦
孝經一通曾子問喪禮篇有泣下者痛父母荼苦沈入仕飲食節
嗇寸絲不以着体未諭乎庠先德行次文藝以孝道迪諸生時時

舉其弟人质行为言而鳴咽隨之每凌晨先叩首啓圣先師既没
及其弟人當时忌節设奠必恭作三日哭諸生偶有遺饌其先生
以献攀几跪號竟不忍食乃以頒其左右諸生自是相誡無敢遺
饌其此先生以孝友人之大也其子先師尤恪葺砌圣祠補諸貴
神主置籩豆祭器七十餘種皆出自其俸餘廩中焚亦不絕上丁
臨祭牲必躬閱既净圣胙廣頒諸生無私寸臠諸生以文詩謝却
非任間与设論原本六經月試課士既評騭俱確辭進見之贄新
進修脯听其自将賀其却不受也諸生中有未伸冤狀自为白之
上官不使其人知之或出自上官批辭为具申牒而必終不受謝
其人固請先生曰安有服冠裳而身市井其乎拒之益峻故先生
虽居官而贫益甚有不逞之徒揭火露刄强掠先生斎先生篋無

文明閣史札
万歷四十一
年祀內不叙
年月必在四十
一西十二三年也

長物僅搜敝衣數襲以去時有史文明閣公银三十兩然先生既
盜搜之不能得先生揚言曰幸也此未入盜囊即其忠信廉愍造
次不違如此吾儕何可一日離先生也今先生去矣于何考德問
業老以思而祠之噫之此寧可再結勉強得哉漢文翁以文雅誘
蜀之人立祠堂祀之彼猶挾大守之勢而執行其飭厉之权然不
过遣諸弟子明經史傳授令吏民崇其名跡覬而慕之耳于修身
淑人之道概乎未有聞也先生一博士官無其权而能有其道士
爲四民之首孝爲百行之冠原先生靡詩人人羅社其感發與異
文廟多昔仲尼論居下位獲上本之順親信友先生廉愍有于身
而孝慕動乎人思親之念無日可休于身能誠于友不爲不信歟
不能使上官大吏一疏一牘而旌先生篤行倫下僚左轄以歸豈

資格之限人抑士論与衆評或錯迕而相左与此假令先生不左
轉擢格而例遷亦擢一郡授而必于先生乎何俾自古仁人君子
名垂千秋而道師百世寧必盡高位顯庁之人哉誰弟子俎豆先
生先生存而送存乎故知先生不以此而易彼也

既曰生祠豈有稱諱此世俗訛也讀顧亭林先生日知錄卧載生而稱諱於古則有大人究竟於今以諱字稱於生祠者不合

教諭龔公生祠記

何喬遠

廣文未（故）有生祠，廣文之有生祠也，自南安掌教龔先生始也。先生諱△鏢，字某，別號劍峰，莆仙遊（人）也。持身廉重，敦行孝弟，風木昊天，昕夕在念，二釜之思，篤於寢寐。每值諱晨節序，哀悌有加。誠生時有饋美食飲，即以奠奉几筵，承睫不御。人謂從此先生之痛，與復敢饋先生者矣。至於爲弟子先登籩豆，有庾齋沐，載邀盈庭，遜予未敢，即安臥以待。諸弟子課試訓迪有盡，與阮東脩之饋，一與訖闕。其居約辞與恥心，塞舌赤着於頰，汗沾于背，若恐汙浼。至夫振貧申抑，惟力是眎，哀以辭苦，色不見德。首蔭之餘，節日縮腹，群從姻婭，讓哺分啜，盤至胈切，孚於儔衆。忠實誠信，自士追民，而謂先輩之懿，執學者之方型矣。銓曹以例遷先生弋陽王府教授，諸弟子熟送德於耳目，洞肺腑於内外，不忍先生淵抑以去，聲實不彰，空學越境走告何生為文記之。何生曰：蓋某伏觀我高皇帝隆師之盛矣。高皇帝立紀處極，為生民統其傳，最嚴於縱吏之罰，一時為國學師者，惟宋文憲公納最稱上意，謂其以道長人，有功於文究之子。東昌鞠馬幣帛踵門稱謝，適足明恭，一時萬菲衣厨並置，殊東其所以隆師之意，何其盛歟！孟子曰：無為其所不為，是則其所不則其論義必則人自其有所不為，違之於其所為，支其不為不則之心，蓋露於卒然勃然之間，而成其介然決然之舉，稍有遲疑顧念之情，則貪持怯忍，且從而隨囯其後。先生以正大光明之操，發慈祥忠孝之實，達徹於本原，而行峻於坊表，雖頹沾背若懇汙況所謂施設也，傳不言而喻，令先生而當鞠馬幣帛之加，必有所

逡巡避却而不敢受矣幸而值高皇帝之時眷注褒獎必且出宋
文憲之上而猶然不免於王官之行舍曰棄之而必訶之遷然以
先生取予辭受之介已決矣何況於進退仕止之大而許弟子之
爲祠以祀先生也吾將見羹見墻景先生而高山爲抑以是牧義
之公人人之所同然而不爲不取推而至於不可勝用其許弟子
且守先生之處共明而共行之也

泉州晦生王公卿貢特祠記

陳繼儒

勅臣從祀大廟儒臣從祀　文廟重建也其次有卿貢祠即在學
宮旁卿三老與博士弟子員德舉貢其上之督學使與異議乃許
并主入祠有司時予彌謹厥惟重之郡江右羅念菴先生手卿陞
勅恩先生抱父主出祠並驚駭見聞而識其感慨係之矣泮中其
其泉州晦生王公之特祠乎公諱振熙字君含別號晦生按譜唐
光啓間王審邽公從兄潮隨光州固始入閩後刺泉郡因家焉十
二傳而後居武榮之金坑山歷毅齋公琦靜菴公良贈中大夫豪
山公阡為公高曾祖贈中大夫俱栝公公父也天性發慧奇翁呼
而告之曰孺子而亦聞淡泊明志寧靜致遠之旨乎蓋摩頂授記
時即以俎豆予業期許之不沾沾青紫為矣己酉登賢書庚戌成

進士筮仕長清釐物價革羨征不煩五伯追呼而郵人襁負輸租
奉令若流水調煩章郵適福藩之國道出汶界中供億之外中貴
無敢索一錢有訶詰者公以病謝免之大旱饑民易子而食公齋
戒步禱甘霖隨之而獲請賑清蠲之廿八萬餘有奇溝中瘠不化
為若敖鬼矣骯髒忤時僅以常調轉工曹請假省覲假滿除西
陽太守時彭宣慰已露叛萌而安苗復蠢蠢思動守道入黔莫適
為主公叱馭鼓行而前繕甲登陴勇氣百倍郡士賴有議于監司
儀門者公出指諭之立散去而守道成心未捐轉羞成怒公笑勿
辯也適報外艱行橐金不滿百徒步還家質貸以安喪予服闋補
大名府狀去草督山東學署公彊立執法閱卷焚香如對上帝所
拔知名士摩天而飛嘖嘖稱人倫之鑒轉浙江參政尋轉山東按

察使下車不數旬中從遂獄歸來矣廬墓挑燈手鈔詩文直追古
先作者而尤邃於學庸羲易平生不殖生產不闚戶外事不撓郡
縣權豪卿援敦放交營搆墳屋祭田船皆風饕雪虐中洎疾不起
春秋僅六十而終識者歎息而追悼之必欲事祀於學宮之旁而
怡快其亦三代之直道哉公清不近名類胡荊州介不樹黨類司
馬君實練衣蔬食則其澹泊也閉戶著書則其寧靜也文苑循吏
俎豆廟祠無沒言亦無愧色雖百世不遷可矣長公舉儒彥奇男
子自清類八山勤詩而同御史奎吳使君且以以記見屬使君謹
嚴月旦信曰有徵故不佞臚記其概終以壽公于斯言之石
崇禎己卯五月華亭八十二翁陳繼儒頓首撰

重修御賢晦生王先生特祠記　　洪应心

蓋聞源遠者流長德盛者歷久而不儆余於先贤王先生有感焉先生晦生讳振熙字君含　朝廷右俪重道崇之特祠報以春秋附在吾邑　文廟之左自未登第时丞為督学總憲其生平学術品行多業文章炳炳之麟麟之详之悉之前兼亭陈眉公已为志之列在祠中与宫赘也顾数十年来先生庙宇甫就颓壊振與殊难为力今闔邑绅士重修　文廟復鼎新先生祠堂搆聿焕栋宇生辉大经营雕琢視曩时有加焉轸歎先生之盛德歷久不儆实赖绅士爹贤慕道之诚有以共维於不儆者在也先生没裔时表聆拜庭下不禁銘恩於诸公并深銘之於臆不若宣之於文因诗志大余予素仰先生德业诸公今日義舉爰率筆记此以告天下後

世爲大首子宦爵詳載廟碑

乾隆庚子蒲月　後學洪應心拜撰

兮華圃

洪瀨鳳凰橋陳觀察祠記

李廷機

士大夫羔羊蟋蟀之風微，往往背公言而蹈在沙，當其服官處位，將爵在前，文網在後，宜有所顧惜畏憚，而簠簋不飭者已多有之矣。及其免而歸，前之所顧，後之所忌，受取之柄解而不復操者，殖之私後而不可饜，則有以御井之人供其求，左網右弋，明攫陰牟，蓋受其享甚饜，逐其東拓西益，以貽所不知何人者，輒於此取之。曾不念夫人也與我相居，聯世相處也。彼見我一日而青其衿則喜，一日而戴其冠則大喜之，亦謂榮可割，芘可席，餘明可分矣乎。為之太息不能舉火，為之乎仲令即不然而秦越視之，又從而外府之，其可乎？使其捷音而心悸，目樹幟而首疾，猛者擇肉，瑣者噆膚，群苦群沮，將何其物化及其子孫而釋憾焉而不得者，猶以

数字前删
李仲贤翁
有烨沟文
節公集稿
候查对
以下失
候衍樹
法先鈔
補

張公諱冕
字莊甫號
惺予嘉靖
丁未進士
永春李剛
芳勤四篆
字表正遺思
乎石乃指公
也

为外伍也夫爱人人爱桃李投报固不爽存乎卿先辈惺予张公
尝为德于青藻里而殁里人祀公余尝持以励躬风世廼今南安
五都有生祠尸祝之者也先生强直鲠介不谐于世垂橐两市風老
屋城隈以居子孙而自迁于其故乡所谓楪溪壩田者湾持身严
训家表正其乡而薦田吕氏之意朕屡承束之有争质之而平有
为不善惮之而必有宽状闻为白之不令知不受谢盖环五都之
村落有先生在而雀角鼠牙之讼稀椎埋胠箧之奸寝疆不弱食
巧不思给隶卒不民蠹其民而相与耕凿树艺辑睦和协以安于
以芟田亩之间若梁津磴道其小者可该称是亦为政先生有手
是先生仕宦未竟之绩迺尽究于乡而主爵者靳之啬之方盛年
而或遄其归希将以私其乡之人者其乡之父老子弟处先生宇

下顧其長生久視永庇此一方人而為之祠以寓其瞻仰敬共之一念又焉能已乎祠在鳳凰橋之南枕山臨道前披平莽迎溪流徙祠下縈廻若帶山水之勝恐畏壘許未有堂若干楹堂之北為寢為龕塑先生像其中前為庭為廊又前為門左右為室敞豁完美經始於萬曆某年某月以某年某月落成適予請告家居郡人請記再三余辭弗獲既奉召命入都乃為之記

泉府志鈔補

811.8
756
(11)

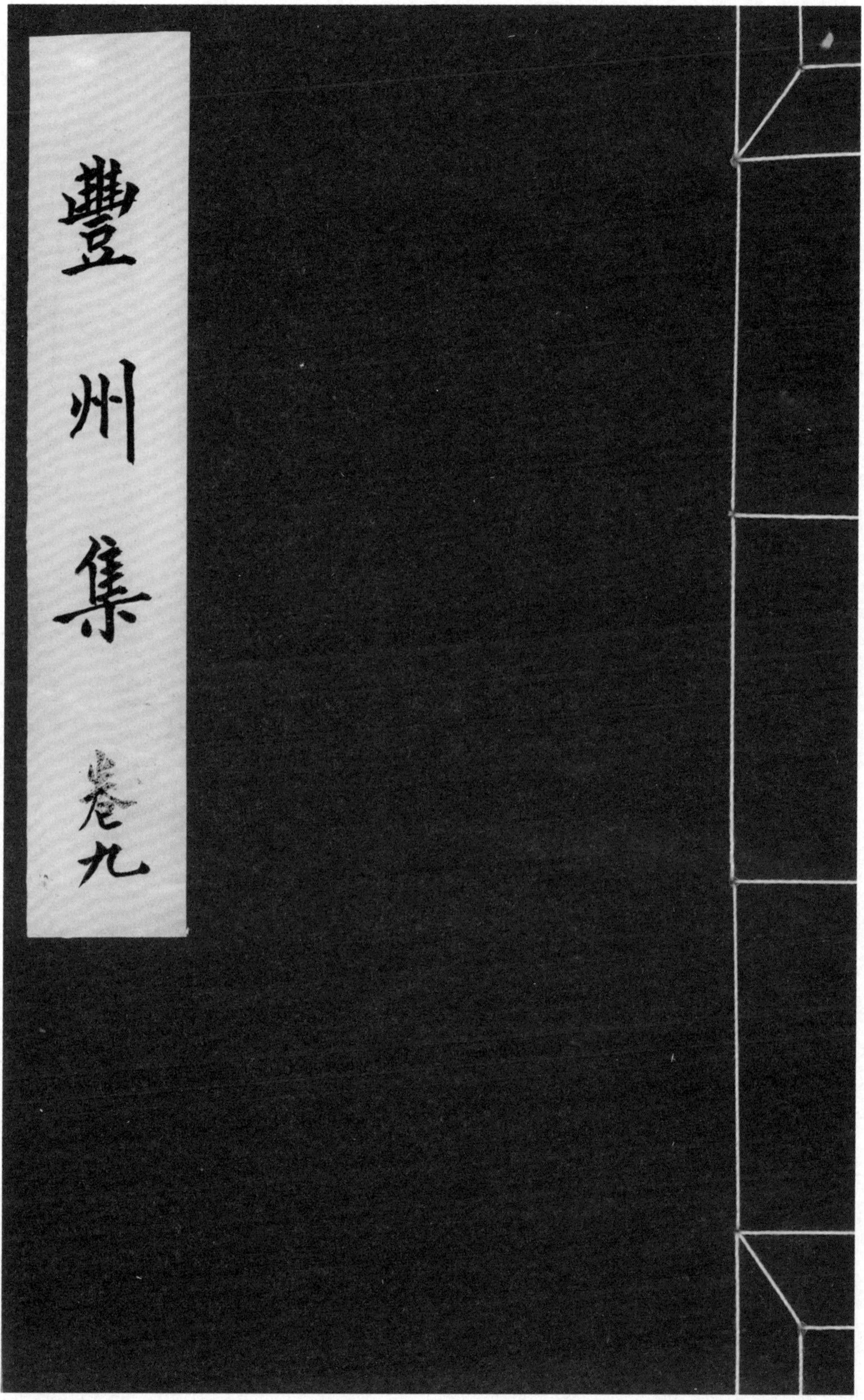
豐州集
卷九

宋解元進士王胄　惠州教授

封

郭山廟記 見宋碑

世之士大夫必廟食而封侯、非徒曰美秩嶶號、瑞圭華袞家君之寵而已也、非徒曰潔粢豐盛肥牲旨酒、享民之祠而已也、其勞在於國、其功加於民、則山河同其誓、日月同其休、是所謂垂名而不朽也、今郭山廟祀是已、其姓郭、幼名忠福、其爵侯、其廟威鎮、其謚忠應孚惠呈靈、於五季顯迹、於國初廟額錫、於紹興之間爵號增於慶元之始、迨今二百年間、國家寵渥有加而無已、井邑香火相傳而不替、是豈無所自而然哉、生而英異、化而神靈、工則為國保障、佐時太平、下則為民休庇、相世榮達、禦災孚祐、福善禍淫、消水旱之災、屏盜賊之患、利國安民、周且悉、悠且久、所謂聰明正直者也、則侯爾封、廟爾食、壯爾廟宇、永爾祭祀、咸曰宜哉、昔初立廟、凡百草創未免隘陋乾道間邑尉陳君大方等從而廣之恢其隘修其陋撫幹陳公君説為之記凡士之輸材助力者備記其姓名侯之呈靈顯迹者詳述其始終自是鄉邑之祈於侯者皆有稽焉歷歲既久祈禱益衆侯德所庇鄉人富繁文物殷盛已非昔比士庶僉議以稱侯之德又從而增廣其所未備者歲在癸未鄉之彦倡始其謀鄉之士協力以贊有財不怯其費有力不憚其勞有木有石皆爭輸之鼎新廟宇翼以兩廊後立寢殿可以燕息前闢門庭可以趍蹌由階而升八十有二層巍其高也煥其麗也成之日判簿戴公夢中作歌落之曰槃荔丹兮蕉黄奠桂酒兮椒漿儼冕黻兮輝煌參鸞鶴兮翺翔㩧牲薦兮簞香鷄卜陳兮歲穰驅百疫兮導千祥蝗螟銷兮蛇虺藏明綸巾兮天澤滂嶽名烏奕兮日月齊

光、我民報祀兮永不忘神人相和如此、其廟背負文章面挹高蓋、
龜山育漿聳於左魁纏天柱聳於右、水環而山秀地靈而人傑攜
牲酒以受鼇、喧管絃而召和、四時不斷也、自是侯之封號日增、而
里之民人日殷、日富、日相繼而顯達、夫昌時一夕假寐於館、有神
相訪、出一篇示予、予受而覩之、乃侯之履歷也、晨興有人來自郭
山、以奉侯之意命予為記、乃以夢中語、援筆而書之、
宋寶慶二年九月朔癸未

王冑同永春人字希載省元嘉定十六年進士通判惠州羅浮山水之勝題咏殆遍

詩山郭山廟記

明 陈學伊

出南安县治之北八十里餘為詩山詩山十二都之巨村為社山村之北可二里許為郭山山有廟廟有神郭其姓山以故得名山之脈自文筆山而來龜山育泉高田高蓋諸山環左右而向之一澗之水自西而东紆回曲折以入于溪於邑东北一奇觀也山以神名亦以神勝神之名忠福居山下以十六世蜕化於山之左藤上里人異之又以其屢有靈应因建廟祀之蓋倣閩時也其後益靈于紹興慶元之間宋天子亟遣使勅考之侯其稍廓大其廟勅凡三珍蒞於大姓黄家蓋四百~~年~~餘年廟凡再拓宋有指揮陈君說友授王冑為之記王之記則樞密曾公

從兹為之書兩碑並樹廟門外亦已四百餘年嘉靖辛壬之季
島倭不靖䧟張於詩山永春呂寇復起詩山人復應之鄉大姓
築堡廟之北与里人三四百輩避其中堡中乏水賊更番困之
鄭堡垺鄉兵三百以半夜銜枚直趋廟門外邀賊去堡中因汲
取水而賊死者十餘人賊意為神也詰朝縱火焚廟宇殆盡仍
更番困之堡中炊米而飯幾不支是夜天大雨而賊所用攻堡
藥亦驟熸於火遂終以為神遽遁之他方當是時廟中二祀俱
燬而黄家所藏誥勅亦為賊裂棄無餘其後賊平里人稍稍復
居因以次漸葺神廟完麗金碧雖未必遽如昔時規制宏敞則
大都不失其舊蓋余再遊時視前遊既有間三遊時則視再遊

惪古文德字

時又義徙改既矣余嘗讀八閩通志南安祠宇僅載五六城隍（唐）之沒遂繼以此識重之也詢之里人又云勅之端有宋人記述里人有吳惪者素予（神）一日以椽往京邸奉旨火僧往宋帝宮火神麾以白旗火遂止是以（有）綸與侯爵之考其詳在勅中通志亦頗言及之果宗則亦異矣然神能滅火於數千里外帝王之邃宮而不能止賊火於咫尺自揆之所志中又載宋時賊將入境神引之他往里得無患乃不能遏嘉靖辛壬之賊使之猖狂得田野剽而去又不能預阻里人之邪心使與之叶謀召賊以重污里名則何以稱焉豈污隆盛衰天實為之神固不能為耶亦以降一夕之雨焚囊中之火藥出三四百人之命亦不可不歸

之于神。呂賊倡亂，里人誤附，竟不終朝而撲滅，又安知其非神歟？故人詩云：聰明正直為神，蓋郭將軍之謂耶。余重遊，備詳神之終始，因具筆之，俾後之遊者考焉。

武荣黄氏祠堂记

黄河清

吾黄元司令忠勇公裔也，故燕人，南安籍焉。自是世远而衍，子孙
貌公之像各祠於其家。正统丁巳，五世孙乾捐己地入于公吾高
祖，捐己赀以创祠，六世孙銮嗣拓而饰之。第像未尝立祠，且　方
宏治己未，五世孙寿、六世孙庆、孙睿、孙銓、孙琛復议重修。吾先子
復捐己赀为宗倡，乃易腐以坚，益卑为亢，改嘁而唅，随像公及许
宜人祀而族焉。堂之足两序足前堂，又堂之足门坊，皆如度。正德
丁丑，河清自京归越，己卯，造還许像於正寝，以正公位之二主。亡
爵復列左右，十室二世祖及妣主，依侑而焉。岁祭以为禘，日从予
今冬至而祭，禘则蒸，朔望则荐，出辞越旬而归，谒冠婚告，齐告诞
告争告，终直告，善告恶告，其於义乎礼乎情。亦肃矣，宗人懋其久

造字剔
有误

此句剔
有倘字

而墜也援祀所由窮惟高祖之祭古所未有程子方以義起朱子
仍廢之以氣於禘也朱子廢矣豈卑族人一祀於墓是其情亦有
不安其先王制禮緣人情而設因義而起農祭先嗇畜祭先牧樂
於夔禮於周其高曾與我相維也而祭之追本也則相維之祠
可廢乎祠之中宗法寓焉而又可廢乎始祖之祀士族所尚也朱
子亦紀廢留也乎黃其敦之祠之大較亘二十丈有奇衡五丈有
奇楹以百計若架若梃若椽以千計費以子孫之産計禘入其倍
貲其謝於義其昕是皆祀之以詔於宗人
賜進士出身通奉大夫南京通政使司右通前翰林院提督四夷
館太常寺少卿吏部文選司郎中驗封司吏司員外郎主事十
房八世孫何濤拜撰

臨漳通淮迎春三門水利記　　黄養蒙

郡城之南為大江上接屬邑諸溪下通巨海城内濬鑿長河股引海潮一自臨漳門而入一自南薰門而入一自通淮門而入潮水时至皆達扵郡学之前而通淮之潮其入尤為最先皆可以通舟楫民稱利焉按郡志河旧在郡城之外為城外壕元至正間監郡偰玉立南拓羅城今遂為内河約溝砌名东西相距数里許夾河皆民居其城之内又有八卦溝以導市巷泛溢之水有放生肃内板倉泉山行春諸橋勢相聯絡疏溝水以入河大率城郭諸水与長河皆相為委注而会归扵通淮以出扵江通淮之水則自东南入与臨漳南薰水会說者謂当後天巽位巽东南也万物潔齊之方也宋紹興中郡守劉子羽嘗扵学宮鑿河浚池以通巽流葉廷

珪仍闢通淮水门引巽水入城尝语人曰令通此水後必有大魁天下已而梁文靖公克家果应其期以状元拜相则此河之濬於科第人文尤有关系徒为民利已也嘉靖间郡守高侯越童侯漢臣尝再濬之然必疏内溝停蓄之水而外潮竟淤不入先是河於関外斷以積石蓋昔人为防禦之備後遂與閘之并而废日凋汙淖日積以致外水不入内水不出雨水时至溝潦衍溢民咸病之隆慶戊辰適靈湖蕭侯治郡之三年民沈大治乃致郡堂典錢意修復而尤究心於是河以白於兵憲心泉蘇公予时蘇公方練兵將民留意封疆深然其議而郡丞丁侯一中别駕潘侯璘署江令羅侯名士实相与贊助之於是撤積石以通江決壅土以入潮而各於门内设水関置閘板以使防守时蓄洩於是臨津南並通

滙之水復其故蹟而潮之抵於郡學者如昔矣候乃定爲啓閉之期自旁三至旁五自十八至二十皆海潮盛長之候每是日皆辰啓未閉以通舟楫蓋月開閉者二爲日者六餘不得擅啓而扃鑰守視則以屬於衛所之官復閘於內聚石級置小舟以便不時轉運或遇有警則仍以撤所之石堅塞如故其於興利防虞之意亦既周且悉矣大工既竣候以三月十八日乘潮放舟是歲適天下就發首科是日又爲傳臚之旦而黄君鳳翔殿擢第二人遠近嗟歎以爲符於梁文靖公故予云亥川峰之灌注猶血脈之周流於一身而使有所壅閉淤底其理一也自三門之所既闢而舊水所消新水所入以鍾其美以出其惡佳氣磅礴人文宣朗理有固然而予又有適然者宜乎人之喜談而嘉頌也然余又謂爲政有本

興事有機自昔賢人君子莫不以水事爲重而致謹於溝洫坊圩之制然其忠信之心皆有所以本之者侯自蒞郡以來直方廉毅慈惠惻怛凡可以安和斯人者務之堅勇不倦終日劇其於興無功濟物固宜若此其汲汲也向當侯之未至也上下五六年間海氛不靖震動閩嶠即侯以從事於此其可得耶自侯之來年穀登海波不揚穀米充羨士民晏然此又天時地利人事之機緣合符會而其微渺未易以究詰者他日道德行誼之士彬彬然以科第顯出而爲山川人物之光者余固知其自今日始矣昇署江邑事臨代令何君謙偕邑學博余君采董君秋輩請余徵文以紀侯功因爲記之俾勒諸石永垂於後祀侯名慶字子餘和州人己未進士由刑部郎中出爲今官靈湖其別號也

南安修復水利記

元　黄貞仲

南安邑令張侯夔作邑之明年，政通人和，民沐安之德之而歌之矣。其父老復相與造其庭曰：是邑也，創始于晋，迄今垂千禩，雖歷代建置不同，而其治所則未嘗易也。比以給予于郡友邦寓居其邑，遍境環县之水亦失故道，而不可溉，民甚觖望。今公以復治縣，百廢具舉，而水尚汨于行，識不能無望於公也。侯慨然曰：是吾責也。監县忽赤馬丹、符判昌齋、幕僚翁崇輔，合謀協同，遂致其水之源。蓋县之北有大蔡山焉，東迤而高起為雙陌峯，折而南馳為蓮花峰，由峰曲折而下，是為县治。左右諸山趨而翼之者，莫不蜿蜿蜒蜒。綫山有岩有泉，縈磴而淪演循

其翼而下注奈乃其至于九皋橋而行其至于大坑橋其勢略
大建会于县之南亭而田之灌溉其不可勝紀苟不防而導之
又惡乎以澤物哉侯於是倡以已俸而趨乎焉其洫其溝堙其
閘之決其窒之堰以抑之牐以節之抑之則可以入田而不置
于川也節之則可以限其去留而不底于溪与涸也其堰其牐
悉諸石為之費虽浩而民弗擾質郭之田賴以無旱潦焉民共
利之既畢工父老徵余言以記侯德且以示將來嗚呼水之為
利於人也尚矣識為政者之要務也故國家定勑有司以修[illegible]
其防役罷都監以流之誥有司不以文具視之者幾何人哉是水
也廢塞況久又紀若陂渠湖浦之類而侯乃銳於父老一言之

頃復數十年不治之防以利民非知其政之要務耶誰能如是宜乎人之利其利而不忘也傳曰因民之所利而利之侯其有焉余少讀河渠書蓋以天下之水為憂也今侯決城不以溝洫之微而忽之則於其大者有弗力乎苟推是而勉焉則西門豹鄴國之功又豈讓美於前哉且孔子之贊禹也不過曰能盡力乎溝洫矣如是則功不一出乎太史氏矣予何足以傳之辭然不獲辭請其歲月以俟致焉

平　民堂

南安金雞橋記

明 朱鑑

泉之南安縣西數里許有大溪古名金雞渡環溪之前後有金粟紫帽清源翠屏諸山東則翼以黃龍江西則殿以飛陽廟郡邑之勝槩於是為最讖云金雞通人行狀元方始生宋宣和江（給事）公江公謹因桑母造舟浮橋建炎丁未始告成梁文靖公適生久舟廢嘉定間郡守葉廷珪命守淨募緣創為石墩架以本（木）梁覆以樓閣人甚便焉是時文靖公名魁天下其言足徵也入國朝洪武二十二年鑑始生又九年道經于此橋之規制猶有存而未毀者永樂初梁閣没于灾僅三五石墩存焉人復病之又十年為今成化乙未太守徐公憫人病涉乃謀諸同寅欲脩繕之有工師李王生者告云水深數丈無容措手足未可為也公乃率同僚友往視果如言

數越日王生走報云沙漲數丈功可舉也公又與同僚友往視之復如言乃鳩工市材命知縣馬燧經歷鍾强董其事與凡趍事施帑者咸出於歡心迨茲歲五月朔日落成沙忽去〔退〕去水深如故然則橋之作殆有數與其規模視昔有加墩十有七每墩架桃木九十有九鋪巨梁有十上則建長亭八十三間傍則翼遮屏三十有四雄哉斯橋也僉曰功成不可無紀太守曰知斯橋之顛末今之老成惟都憲朱先生在遂以記請予曰先正謂平政君子歲十一月徒杠成十二月輿梁成民未病涉也若太守者其知所以為政歟

萬歷癸巳重建金雞橋記

明 蔣如京

金雞橋由宋宣和間造浮橋嘉定間壘石墩梁以木而屋之延毀延修載在郡乘中迨今距正德四年燬閔又有幾十年秋矣梁毀石墩猶在至万歷十二年有当道惑於險說者引溉渠灌南方斥鹵興遠衆之役折墩為壩会撤去乃止完未折者三墩而已人益絶望是橋無復興理每部使者至詢問民疾苦耆老請益志從有司益難莫敢動也余不敏承乏茲邑諸靡墜者每於公餘漸次修葺及重建秦界亭落成之日余乘高寓目焉則九日山之從双陽而來者盡於一眺石若將舒翅展翮盤旋而南而圭峰山之擁紫帽而突者奔于金雞山若將昂頭竪肩跳踊而北兩情相授而一水徑絡潛穿其間周圍抱以諸峯識山川血脈所関若有橋為之

联合其隔而構其交何啻涉险一便而已余猶快然信賦役之不
可已有坊里徐士采黄向樱柯蓬毓洪有纘步復陳其利病工役
浩繁上供兜不可損歸鏝又以積穀饑民所待命也乃有称前令
夏碧泉築城時按户按籍計産出率錄役撲滿攔水道稅船及往
來行旅渡舟者撤運則謂民夫可番役也余曰是其户窮無强所
不能都奉以利民而强之為德幾何余悉不用先捐俸以倡賦民
為募簿五十餘委坊里約正副就民题之有無多寡隨願又為簿
紹介晉江寅丈蘭皋惠公以請于彼县之士大夫得賞若干余壽
賦役之可成也乃敢以聞于上而按院許公撫院劉公與泉道柄
公太守汪公不以余不勝任偏而听余柄公汪公又各捐俸助歸
有差余乃禱神擇日庀具鳩工果有神明相余營度之日石墩在

中流者深不可測衆惧难鍇趾一夕而水漲沙平若徐公源李公
哲倅足时亦有材祥數固不偶云規画究定行邑工匠皆受直
令亦七耆老分功而皆而民寅丞江君景浩寅僚倅君懋霖典史
吳国定廵簡陳宗貿輪日監之末又動官帑半鏹不役民間一夫也
石墩之拆者高之墩架以木横六直五相枕由短漸長以承梁之
闊有八尺袤一百十七丈有奇梁平以板之鋪磚石防火翼以扶
欄亭九十三間墩舊十蓋亭多則連綴園颶風災虞振亭蓋以瓦
而庋西大領縫領下梁旁各有遮屏东西竟其亭南北各有庵塑
观音真武像于中荅神贶也庵各立守祝人王蕃李逸吉捐倅二
十四㮣可延福报款二寺田各十二畝以食之給以券工始於万
歷癸巳年十一月十二日成於甲午八月十五日橋成遠近观者

冠盖士女拍塞与虚日笙歌喧沸灯毬灼天知民心之欢也余始不揆川蛟力当任今而没可幸与罪子曰未信而劳其民以为厉己也又曰不獲乎上民不可得而治矣南安民幸而安余始余亦安敢自必其必無興厉可也少於民而不可必于上有如上所發一中丞言余且为皋府安尉仰成乎惟是上下交赞盖山川勃鬱之靈奇鍾而假手于余之適數会其敢自以为功也今士民独賓之然構祠侍像俎豆余于橋北真武之設余安敢無作爰立石記興橋始末及有大功于兹其上而两院下逮耆民皆書其爵里姓名于左其諸助貲少者不勝悉書榜其數于各鄉約所是記也非今日之为亦詔来者知慮始之艰無忘修治之也云尔

對

萬歷乙卯重修金雞桥記

明 柯有斐

金雞桥肇自有宋其間興廢不具論第就今日所由廢而興者備述以志不朽桥延亘百十八丈横寛二丈桥分十三洞每洞相距八丈或七丈六尺有奇往歲邑侯蔣公宏溪始工修築架亭其上費金千餘閱二十春秋而桥亭及梁日傾以圮行者凜之懼焉岁当乙卯桥壞日正濱於斷絶邑侯趙霖宇公悼民病涉鋭意葺之而集思採謠議者盈庭或謂無亭不能蔽雨或謂有亭勢且張風或謂積灰不能踈水或謂疊石勢必壓木甲可乙否漫無定議不佞某耄年無所可否第受成於主者嚴命而已蓋此桥全收四县双溪之水以達瀚海兩峯崎立其旁高風巨浪撼山擁崖非若新浮桥之平波赴海地勢寛而水勢稍殺也客岁仲秋余不佞與邑

紳黃受我諸君隨父母同至桥相度桥壞幾何自陸登舟往回數四舟首甫東而桥亭轟轟有声不移時而亭傾數十間旌旆方抵县而报亭壞者踵至趙侯憮然曰亭無風而壞神告我矣岂可復延岁月已而悵然念以比岁荐馑民力竭矣以濟人者援人弗忍也乃捐俸銀百五十金继以鏹贖佐政李公捐俸金十兩佐其费邑搢紳士民待有慕義而輸工者乃召耆民黄鳴昌等市巨木而令耆民柯乾夫等董其役剔其腐蠹而葺以新木斥其污土而砌以灰砖兩旁欄石二百四十丈中搆桥亭三間以便遊憩凡五閱月而功成费鏹三百餘而手跋是役也神洽而民獲永濟皆侯一視之力与独斷之功也是为記

對

崇禎庚午重修金雞橋記

明　周維京

金溪自諸山發源而下據筍江之上游建瓴急瀉山川霽氣所渟滴也溪之有橋也實自宋嘉定始歷我明吏於土者先後修葺之纍石架木覆以亭屋長百餘丈厥後不戒于火僅石墩巋巋存耳迨万歷十一年手衆兵使者折石為壩以遏水道墩壞過半蓋橋運之百六也二十一年县尹蒋公如舊制稍葺之四十三年县尹維揚趙公尽撤橋亭築石墩其旁覆兩翼中搆一亭以備乃憩南北各顏之崇礌僥然玉蝀大觀也崇禎三年巨浸觸墩漸將傾圮行者患焉幸邑侯李父母來涖茲邑過而嘆曰此非前人已就功緒耶若之何其坐視其墮耶且及今不圖後益衝決何政之為也於是捐俸鳩工令耆民洪邦楊芳董之凡上梁下墩旁翼中亭漸

見地端者咸力舁之十閱月而功告成諸紳衿士民共樂觀其成而又喜其成之之易也然使為政者不凛一其難於胸中慮及他日則安然奮然而勇為今日之易儻或玩狃其務在循文具予戒徒庀工之際一切稍寬其苟且則其勢不得不遺後人以難於是邑中息謳而鄭国無政矣侯於難易之幾灼不踰時戴星肅給之賑移注其神精於此以故指麾一動而百覊效應其在戒令劝勉之下者可知凡侯所為收功於易者皆他日其難一念有以成之然在今日之難尤愈然為士民所共知者盖不築舍難不後時難費靡帑出役靡農妨難知人而誠任之無扑扶呼召之擾難功成而垂之永久毋隳前人已竟之緒而克有功焉又難之難者也橋去壺峰寺咫尺余以習靜時往來听禪空說法暇則共步橋上水

天一碧恍然有懷前人艱難之功睹所為地端者徘徊焉默之思

一轉語焉乃未幾而長慮先之政通乎果不異人意哉故因耆民

之詩記而為稽其來歷修侯之蹟若侯之善政種種則又載在通

國之口碑不能盡也侯諱九義別號滑氣登崇禎戊辰進士江右

之新昌人

玉

章

外臺

執法

當不知誰人為御史時用

之印記是勝國之物其

玉色甚舊

萬石陂記

明 洪顯

陂以万石名，蓋用万石累築而成陂，故曰萬石陂。县西三里許即其処，元至正戊子县令張燮為民興利，募衆而築之。源出葵山之陽，延流而下十里許而抵陂，復由陂而逶县南十里許而接潘山之湖，溉田万餘畝，讲象最當其利，虽遇水旱，人民自若也。厥後陂為洪水衝決，奔入大溪，莫有疏導，溝洫皆涸，田成龜拆，而东作莫施。值雨暘时若，則秋成可卜；遇亢旱，則其苗槁矣。不惟失西成之望，抑且乏供国之输，如是者有年。继知是邑者目为泛常，虽有如張侯之用心而勇於必為之。天順元年，吉水鄒侯璉至，循良岂弟，子惠人民。莅政之明年春，倫閲陂頹民病之由乃惻然曰邑令民之師帥民失利則邱令之失職也於是率耆老詣陂所相度其淺深廣狹計諸家田畝之多寡量出夫人力以修築之凡承委令者莫不同心畢力經始於天順二年正月念五日訖工於三月二十五日其民樂於修為蓋與靈臺經營之詠無以異矣是陂也可放而放則無水溢之患可收而收則無旱乾之虞由是人民悅懌罔不舉手加額曰豈弟君子真為民父母矣雖然思昔孫叔敖起芍陂而楚人蒙其惠鄭國鑿涇水而瓠口受其恩民到于今稱之今邱侯修築隄障水鑿灌田疇利澤廣被功流後世矣故下民為之歌曰民社寄政卒易築万石其水利昔無苗今有穗其功效之速有如此豈俾孫鄭二公專美于前哉邑之耆宿凡若干輩同徵余為記用鐫諸珉垂不朽云

對

修南安万石陂水利記

傅夏器

南安邑治因山起之傳源大葵掎之蓮峰迤之自是瀰為原闠堞處為山環水滙左自罔山東北折而西又折而南至鵬溪入黃龍江右自罔山西北折而西又折而南至万石陂入金鷄江維陂障水东注抱邑聚与鵬溪合是为山川融結乃壯都会大观也久

回19

陂壞水奔放入金雞東流不交地脈解竄買郭田畝苦西流靡蓄
既易於旱傍山谿暴漲苦東流壅淤陂不任洩又易於潦傍地邦
招延相度陰陽決排地利之意圖乎沒矣甘侯宮以嘉靖乙丑蒞
茲土識篤其德平易其政明發於吏胥即倡議于縣役用鐵惠
懷于我有民登臨從眸悅然嘆曰美哉洋洋乎邑有山川相之在
人邑有水利興之在人惟我耿淦之有灌溉焉我利導之滑溝珠
玉乃畫便宜上請捐俸首唱計畝均力庶民趨事恐後鼓舞于於
是乎疏圳道自萬石陂引水東行經延福寺達城壕以會鵬溪陡
門於金雞口陂兩旁溪岸度水勢與田高下築堰堅厚其灰石蓄水
水之匯洩水之溢以待旱乾備泛濫繞邑南門東會鵬溪陡門入
江源則並由金雞而洩相度水會若天為整若神輸工平疇耕作

卷四十三　恢心

䡾轤成渠激水上旋亢旱若雨一望千頃秀實離離漠若橫雲錯若綴珠民於是乎仰事俯育有厚藉實維懋功有可則濠塹迴環隍積水而深棟遷險而高守禦不鑿而固實惟懋功其盛亦閒阳會合山川孕毓衣冠之英日熾昌甫之榜接踵實惟懋功考之元至正張夔始建此陂今二百年餘矣惠澤猶在侯亦修復盛二百年惠遐邪陂以萬石名侯方起家是令數未盈漢萬石君家祿亥亦惟子之數而滿意者侯必有沒守山川靈秘亦始兆矣僭為勒諸石以俟識

邑侯静泉甘公疏萬石陂水利記

黄养蒙

夫古今言興利者多矣利在天地間夫人能言之而今之君子亦未嘗不以興利為美政然而卒不能以必興或興於數百年之前而復有待於數百年之後者何也有非常之功則必有非常之人功固有待[illegible]乎其人也得其人矣或氣數之未通而時與人之不值則或垂成而中沮若陰有譏之而莫得其效者欲利與人遇人與時遇而後非常之功可得而建此古人興利者之所以難也余邑舊有萬石陂為元至正間張夔所建迨我國朝蓋數百餘年矣陂之水發源於西北諸山轉折而南下合而東注抱邑治而入溪潮會而甃石為門以時蓄洩之天旱則可以灌溉而潦亦可免於淹沒之患蓋邑人莫廢之水利也嘗久湮塞水無復東注而南

溲於溪利瘵而民病矣寥寥數百年間率莫之有興者豈皆為力之難耶蓋亦所謂人與時之難遇也邑侯餘干甘公以嘉靖乙丑春來蒞是邦甫至則博詢民間利病計當興業者嘗以暇日登九日山攬万石陂故蹟因拊髀曰此利源也奈之何弗興乃於是簡邑之耆民而蹈陂丈遠近而相其高下廣狹之所宜湮者疏之隘者拓之計費鳩工而使田之隸於陂者出其力而捐己俸以助之於是民皆知侯之為利己也靡趨而競勸不數日而工告成夫侯為此舉特一時閒見之敢爾以費則不支以力則不支難然前乎此者以數百年與之而不足而侯以頃刻與之而有餘公帑一無所費而利遂與南安相為悠久將能所謂非常之功必有待乎其人耶矧天下之事亦不難為惟患不為耳使侯皆如前人之因循

卷十四頁 止此

而待代以去則誰得而議侯者而侯斷然為之而竟以成功得非
氣數之通適逢其會而天然乎於侯與不然何數百年來舉之
典而獨舉於今日也自侯之疏浚陂也陂水流通沆滿瀰漫余嘗
城以望則見夫金溪黃龍之水繞乎其外而此陂之水匯乎其內
海潮西入陂水東下而陂之水東與潮會者復西折而入於城溝
以達於縣門之左右縈紆回互若襟若帶蓋煥然一邑之巨觀而
山川融結之氣係之矣異日鍾秀效靈人文蔚駿之內盛侯此舉
豈獨灌溉之利乎郡侯直亮其心平易其政自蒞任以來輕里甲
平徭役省浮費袪宿弊其所裨於民者固不可一二數至於脩舉
廢墜尤其夙心若修九日山祀聖殿宇及凡千石陂翠光亭社壇
潘山凰鳳康店步橋以通人行而議修高士峰名賢故蹟固皆侯

明作之政而此波之建則尤為百世不磨之功古所謂有功德於民則祀之者非與惟時邑耆民洪宗耀等相與勒石以紀侯功而徵言於余余惟侯之功其經理規畫之詳錦泉倪君已記之矣今復因士民等已之請而重為之記者蓋慶邑人遭逢之幸而值時與人以舉此數百年未舉之典而又因侯之舉而知天下之事不難為也於是乎書燈

隆慶元年歲次丁卯仲春吉旦

賜進士出身通議大夫戶部右侍郎前吏部考功司郎中黃養蒙撰

永利圳记

明　黄河清

去南安县治二十里许有山曰柄梅势特耸秀山之麓平畴绵亘可百顷餘土着盘互若市廛然盖县治之外一大都会也畴之洼而田者可十之九阜当其十之一山之泉溉田不能十之三雨弗时稼穑弗奏功民病之故老穷水利抵通溪之源溯源而下至姜溪姜溪水骏駛鑿圳引之可达于田顾未有执其柄者正德甲戌越丁丑旱涝太甚民益病汹汹然议转徙適河清自友归累然来言曰相公活我相公活我予愕而问故乃具以予白随往阅圳相其平险衡水与地之高下谂于众曰利可兴矣第兴利之中有大政焉予乡人也弗可以政乃白于太守石

崖葛公光大其子嗣有咻田丹公厉共罚遂命典史唐必盛宣 若
令耆民黄弼贵子光戴毓祓董若役众大和会筹田出粟筹丁
出力桌粟出直鸠工子之更番以佐之自董渺泝于芦口以达
于郑山又自郑山以达于琉瓖达汨港达涧堤闢峰以锁隄沙
以石砌洪以树禦沙以栅续断流以櫓由是溪与圳会圳与水
会水与泉会此招而来此遶而归蔓衍转注支合脉凑盖四时
雨也经始于戊寅春二月讫于己卯秋八月又修缀筑坚于辛
巳秋七月以步计四万丈计一万雇工二万有二千佐佣工众
万有三千佣费百金有奇粟六百斛有奇佐之费莛之咒淨穗
可万镪有奇可谓一劳永逸一费永利矣因名曰永利圳文仁

人君子利一時功一人且樂為之矧千万人千万世乎守以千万人千万世之利而成於一時數万人之功豈數適然耶乎嘗聞前守亦有知而欲為者多竟輟盖其利之心旋發而旋為畏難者格于公力足以易其難故併餘者丞而債修焉鄭國渠涇西門豹治鄴亦因水舉勲史氏書之以為美談公勳之史可也元祐擊磐石詩予記之之為史氏地云公名恒字志貞錫山人石崖其别號也起家進士歷刑部郎中丞今官即修廢舉墜急鉅畧細皆可史此其一節耳

南安县龙鬃巷双井修復刻石记

明 黄养蒙

南安之山自双髻西北行至莲华峰又折而南向面于大溪转换南以龙之变邑治拟其高阜仅门之外闢二逵以通往来又凿双井以便民汲故老相传堪舆家名二巷为龙鬃双井为龙眼肖形取象术家之说不可知要之古者凡邑居民溝涂井巷之设皆有深意然後可以蓄民育材锺美孕秀历岁既久二巷为民居所侵僭纔尺许渟秽倾積不可以行所谓龙眼井者考之郡志惟云九龙井在县之东龙眼之名实本于此西井民居其上漫没已久志亦失载郡侯来令南安既以善政和其民乃陟相降观以度民宅所附郭之地民居日稠勃鬱歊蒸之氣当预有以宣泄咨访故老寻二巷故址而闢之廣以八尺为度翼以圜门南折而達于通衢砌

以石基以防侵移東井仍舊而濬之新鑿西井以配东深廣如之於是憑高以望邑宇崚嶒而昂譬民居櫛比而鱗附掖道夾而内庥井泉冽而上出老幼嗟嘆以为大观矣夫道茀不行春秋所讥改邑不改井大易所著故宅民者相其陰陽之和辨其方位之向審其经術之端通其水泉之利此政之大綱也候於茲舉可識知所先務矣於是士民相与刻石以大後去永诏汝人

對

重修大盈桥記　　傅夏器

甘侯宫以江右餘干卿進士令南安飲冰蒞政越二年稍以政和其民而民是用休蒿祝我南安之民困於倭倭供營葺之葛靡弛亂供也不可以急弛理弛修万石陂水利修西山垻千石陂以溉近郡之田百靡蒸之起矣而康店驛之南有大盈桥上吞大羅山東來四十里之水以注于海旁溉西南北腴田無慮万畝其路通閩廣往來西衛部使按郡邑及商旅之負販陸出者皆經由此創于宋嘉熙間屢圮屢修近復以倭亂圮來往艱涉至移驛曷傍於江安平鎮㊐以通使客甘侯㊞乃愀然嘆曰桥梁之不修詎惟行旅阻嗟寔王子不供是惧而胡以邑為胡川守邑為於是以匠石役委者民某甘捐俸首倡鳩材聚徒而砌焉不徵遠不煩公帑令旁居民近

以成終始於星宇騰游於陸埒掉星旆於雲衢即時水溥波砰
过者歷塊其轍逝邈徙以南西南北通天下經始於丙寅年二月
初三日橋成舉入林大桂生員周濬耆民陳登之等請余記其事
文此一橋可修圯而治亂徵焉若之圯也以倭亂也今之修也已
六惟天其悔禍而俾手于我甘侯以鋪治平卯使車電拂旅塗虹
通方來與虞刹徑有功亡惟惠必政其有知守若斯人設斯何今
斯人設斯何侯承亂餘勤此明功余承亂餘勤此明功秉筆揮毫
感極而傷而年年治平之情不自勝必因為之記而系以詩勤碑
送左詩曰
維彼大盈水自中注逶北而南萬里通度天作之橋以代方渡嘉
靖已未倭夷作蠹浸淫不已四塞蒙霧蕭蕭飛風冥冥亂雨蛟起

蠭騰莫測変攸我侯之来洪慎舉揭靡共以舉類共以固有橋中
峙惠声載跋我水維悠其流播播淺有葦菼深有魚鼈我道有蕩我
行于于公有车骖私有转输侯在有悵侯去有慕此邦是休与我
遺斁

案

通安橋碑記

洪科捷

大宇地當安南二邑孔道，舊有橋，直今溪迤東三百步許。後溪徙而西，與西澗合，橋遂堙，而溪之滙益潤，流益駛，霖潦泛溢，厲揭維艱。余頻年徑行，心竊病之。歲乙亥，議欲成梁，謀之樂善諸君子，咸有同志。筮日鳩工，叅址駕石，垂成，復圮於雨。於是深其址，增其崇，飛梁亘空，釃水為三道，在東者二，在西者一，中為石壩窒之，以殺水。蜿蜒穹隆，若虹若龍，從茲川慶安流，人歌利濟，命之曰通安橋。計靡制錢一十三萬有奇。共其事者為傅奏功、黃得先、王崇超、黃啓輝、趙翼鳳、洪應悌、榮長源、洪紹業、顏國選、國選家橋西，故命董其役。夫道路橋梁，所在皆是也，公其善則可大，繼其事則可久，諸當告成，爰紀諸石，以廣同人，且有示於來者。乾隆戊寅年十有二

月吉旦、

對

青雲橋記

徐時深

彭溪永德抵泉要道也、考邑志故名浪溪、溪有橋名青雲橋、或曰浪溪高山四塞、淫雨傾盆時、萬壑爭赴、走平原、勢不可制、巨浪翻空隱隱、蛟龍交鬭、逆折奔流數里許、然後達巨川、以故橋圮於水、蓋今父老不能記其年矣、秋冬水涸、或作椎、或置小石、隆然出水上以濟、雨甚則不可以濟、濟則虞出意外、春夏之交此為畏途、識者病焉、李君正煜年七十矣、篤於義、傾貲鳩工以營之、舊上有址、更徙於下、其北傍石、南抵岍、甃石焉為基五、從幾丈許、横七尺、旁樹石欄、起於癸亥仲冬、三閱月工竣、糜金約三百餘兩、險者夷、陂者平、可不謂李君之篤於義哉、夫除道成梁、修廢舉墜、士大夫之責也、而李君獨毅然行之、青雲橋今復偃然龍卧矣、遠客里人

之過若其可幸也夫其可感也夫於其成也相與酒而落之石以紀之是爲序

乾隆歲次甲子年肆月　日

水陸堂記

宋 李郁

凡人居其家以孝弟雍睦教告其子弟子弟順以從必其人孝弟雍睦有素故其出諸口也無愧辭施諸人也無怍色否則其家不誠其言且弗從之矣非惟弗從又從而慢易焉家其易者也移而施之鄉以禮義廉恥（教告其隣里朋友）有素然故其出諸隣里朋友順以從必其人礼義廉恥有素然故其出諸口也無愧辭其施諸人也無怍色否則其鄉弗誠其言且弗從之矣夫（非）惟弗從又從而靳侮焉鄉其易者也移而施之國之天下則又難（有）焉人其易者（也）移而施之鬼神斯神斯極矣神與人異乎曰好惡同人視聽有形神無形人可欺神不可欺則神之難也滋甚人能以責於人者望諸神而出之無愧辭其施之無怍色神誠其言而從之焉必其人仰不愧俯不怍者

而後能之不然則殃咎作焉其為慢易靳侮也豈直其家其鄉之比乎泉之南安有精舍曰延福其刹之勝為閩第一院有神祠曰通遠王其靈之著為泉第一每歲之春之冬商賈市於南海暨夷蕃者必祈謝於此農之水旱人之疾病亦然車馬之蹟盈其庭水陸之物充其俎戕物命不知其幾百數焉已而散胙飲福觴豆雜進喧呼狼藉有禪師慧邃以紹興元年尸是院其特身也靜而通其蒞衆也簡而嚴逋責之未償者償之規繩之未舉者舉之未幾院之徒循〻焉異前之有惟神祠仍舊師愀然曰吾教以牲殺為大戒神依佛而守焉猶人之於家於鄉者而弗從其教可乎此非神之意特人狃於習俗耳質於神曰其能易殺為仁者則兆吉卜者曰然又曰其能却葷茹為蔬食者則兆吉卜又曰然師曰神其

許我矣又踊於衆曰吾教有所謂水陸會者能化刀鋒為金淨土化鑊湯為花池化鍼喉為火喙為天人化洋銅熱鍊為香飯以一色一香為無邊以十方三世為一會其德莫大焉神許余以不殺余將為是會以報神之功且與人為請福之地其可乎衆唯然曰諾於時闢祠之左為屋若干楹其環外中設十六位堂宇靚嚴繪事煥列不勸而事集不督而工成作於四年十二月成於五年六月月涓日之良師即其堂設壇場為大施會受戒以五戒如其法之儀自是凡祈謝於此者其牲饔牢餼鱻羹之費易之為水陸會救物命歲不知其幾千萬人不作罪業而作福業神不享福報而享淨報其利益不既大矣乎或曰師以佛戒信於神其有不信於人乎神以佛戒惠於物其有不惠於人乎是佛與神交致其道人與

物雨蒙其利將見泉之人無皐疾無災殃年穀順成壽考且盈水
陸堂其相也雖然吾聞世間法以鬼神和為貴出世間法以鬼神
不知為貴者昔玉泉山神受教於智者大師嵩嶽神受教於元珪禪
師與師故無以異名障蔽魔王隨金剛齊菩薩一千年覓起處不
得而提婆尊者與自在天神相見以心不以形王老師遊庄土地
神預報以為修行無力為鬼神覷見與今日是同是别師學雲門
禪得其奥旨者也必自有關鍵其尚有以語哉

墨妙堂記

宋 陳知柔

泉州之西有九日山焉俯金溪江為寺其中蓋閩之一奇晉以來士大夫避世亂多游息賦詠於此至唐益盛宜其筆畫與詩山俱傳今訪求亡幾也晉遠矣唐自馬懿公為郡以儒雅稱而相國姜公寓廬山下席使君秦隱君從之遊詩益多而字不可復見其後內相韓公偓居南安尤以詩名其家刻之碑有年伯祖龍學公簡夫之跋可信邦之文士如歐陽四門林御史先事史因黜盛昭州均與李山人沂周處士朴輩往往有墨蹟在巖崖間卒磨滅不傳獨四門書是造寺額在焉國朝進士題名由大諫錢公始從楚公龍學公繼之太師曾公丞相蘇魏公諸先

贡特尝留题今存者贤良公姜相峰三字与舍人吕缙叔所为
林卿墓志铭而已中间陈君荦再为本州太守堂中有书房在
山岭邹志完郎中肃过之尝题叙胪漕往来亦题名以其寺改
律为禅屋老而碑记惟端明蔡君谟之刻岿然并存题名为诗
文凡六其三在寺三在州治郡庠若雒阳江之溪摹榻者无虚
日愈久而愈完岂非山灵海若之所护致抑世情好恶有偏厚
也往山僧与予一日合蔡公碑刻敞旧奉先院为墨妙堂以栖
之与苏东坡柯氏瑞鹳堂辛黄鲁直蓬莱岩铭陈莹中诗并帖
近时大参李汉老谢任伯郎俩冠先温叔皮郎留诗赞列于壁
属予记其事予老矣文不足垂世且素不习字而嗜古学之心

猶在也嗚呼自古文廢於隋學書不見古人制作久矣然由漢隷以考周秦籀義書絶無盖唐蜀之帖鍾王顏柳多工行草書世人跂慕終身惟恐不到尚暇及其他乎君漢人物風流不居王顏下其行書亦今日第一此所以獨倚然書之工不工無深泥也學書要當論世尚友考其行事例無愧於天地間足矣而汝寄略古今之能是悼石經之缺補奇字之亡猶不失為蔡伯喈揚子雲若夫臨池嘔心追筆成山以謀一時之名果何益哉

乾隆六年冬至後五日也

不老亭记

明 黄河清

去县治西北二里许峯峦耸峭奇石矗立中通外绽若吐若舒溪光野色藤浮萍衬俨然一莲花也因名曰莲花峰峰之原实遡於双阁山双阁为泉具瞻其气之秀特雄浑孕巧幻奇固如是耶在昔达宦骚人元儒钜夫游迹尚新泉之登览赏祷必之焉正德丙寅春三月不雨外翁赵先生省庵偕叔祖竹崖公家君玩槐公祷于石莲之巅翌日雨二日再雨三日又雨翁谂於众曰景胜地灵众所趋也盍宇以休之乃各捐己赀鸠工伐石亭于石莲之麓榱甍楹栋瓦甓欂栌皆石也亭与莲称因名曰不老盖取宋戴忱一莲花不老之诗之义乎呜呼丕诚无息

天地常在峯之壽依于天石蓮之壽依于峯亭之壽依于石第

人之禱其實其登覽者或世而更或世而屢更亭若峯遇之而

見之可感也惟進德文章有壽而不老者則在人自力之耳何

清荒穢年代謬竊峯之名以為號其敢依于此峯此亭共載于

不老矣乎亭成于正德之旁載高一丈四尺廣二丈六尺深如

廣傍創歐陋書宅一區宅僧以守高深若廣皆如亭唱役之勤

省庵翁最董役之勤竹崖最相役則宗君最詳凡功于役者皆

列于左方

對

見龍亭記　　　　　　　　傅夏器

南安邑庠上迎大帽山大葵山之水下通黄龍江之潮環庠爲泮旁洩民田一望汪洋先是邑大尹唐公婁江改庠前馳道築石橋於田中以通行旅望之蜿蜒若龍步觀了公昇邑篆廟謁畢覽而嘆曰茲雖龍與在田見龍象也而首下伏其蟄未伸因捐俸築亭以象其首命之曰見龍亭是亭也前向黄龍江而昂此江之神騰躍兆文自石起宗以來咸以此徵休祥公之作亭也因此知往矣也詎有神默相耶其成也若神所使其兆也人世所異公博聽任仁政祝嵩洩甸聲稱炳蔚神之相矣天造地設而去以兆啓乃今而後有應龍祥并乘滄雲翼疾風鶩九閽而耀八紘也詎不稱異耶亭成訖士庶讙龍嘆南安人文之盛自茲愈熾也邑博樊桓王

士魁象記於夏蕃於戲易取龍象飛象君也見象臣也見龍在田
臣之盛節也龍飛嘘風雲騰霖雨散熇蒸以澤潤六合萬物所以
蕃盛也易之見龍傳曰龍德而正中也其所以為龍德惟是庸言
信庸行謹閑邪存誠善世不伐德博而化夫乘時以澤物龍中之
龍也懋德以應時人中之龍也表裏山河襟帶日月亭躍景之樂
拱翔雲飛蜚騰霧亭吉兆也眷之以烟雨濯之以清波長其鱗鬣
布其爪牙有司之德而學博之功也持之以敬慎主之以誠信善
以一世德其下許士子之國成龍而有司所圖也樂其成而共其
予大爲和州萬公慶也其作亭二安丹陽丁公一中也其記亭邑
人傅子夏蕃也其時日則隆慶二年孟夏之望日也

對

蓮花石巖室記

傅夏器

南安附郭之勝有蓮花峰屏峦叠石累累若蓮花之錯落蓬者几張臥者倈盤錯者綦設架者鍾懸鏄者劍斷呀者鰲伏怒者虎踞貫者魚頡突者鳥瞞逸南崇崗磷碕竅犹為石室如豎有棟如覆有暈上有箭道通天光朗融下照屏宮岭熒而崖巘与蓮花峯峛峞施礬崟爭奇瑰向之蔟蓀土湮草翳蔡茔者不知幾麻禩矣孫履約略披剪蒙茁艾刷荊榛鑿石門闢石徑甃涼亭砌欄榭雜植嘉木異葩皺蘭桂鬱芷蕙而紀以八勝余嶙履嶸攀危石攝衣而上四顧巘巘峭峭崔巍壁立稜峭縈骨歎卿跳陵騰清霄而馭雷霆抗節危言批鱗折檻叩百折而不屈姜公輔氏以是流寓此間今北望姜相峰是也余至石室入坐烟火邃窈靄霧蒙朧軨軒焯

約寥廓靚邈水瀾不驚山青長環迴絕乎塵壒山水大觀有在是
者古之賢豪覽其勝而樂之則有挂巾投劾鏟采埋光即沒世而
不悔秦系氏以是盤游此間今西堂阮君亭是也余從登其巔遠
瞰日尽海色烟浮天光雲繞列嶂雲屯溪流蜿蜒吞吐万千曠荅
躡閬風閶闔之閑閒山水大觀有在是其古之賢豪覽其勝而樂
之則有神契真侶與造物遊俯百川迴狂瀾宇宙無低為廣大江
海無涯為盈虛朱紫陌以是勝覽遊憩此間九日而還今西堂九
日山是必予之攜蘇勝也古未有開發之自此始不知山川有助
於人耶不知予助山川靈耶不知乎子與山川之靈兩有待發耶
因為之記

而博學
超全閣

對

石跳記

洪科捷

環山之下有石跳焉夫石跳皆石也此何以名曰以其於中流激湍之處而有數石橫排於其間狀若列盞雖大雨參傾山泉怪浪橫空而來而水去則依然如故似籐漆水盖毫黍未嘗動也或曰是石也固天之所造地之所設而收四面之水使回聚於此以朝於大宗之前者也然則我洪之富貴冠南邑科第甲泉州雖曰祖宗功德而石與有力焉矣夫由前以至於今不知幾千百年而跳石鞏永如斯則由今而推之後雖萬億年而跳石之永遠如斯可知矣跳石永遠如斯則我洪之科第富貴亦永遠如斯又何不可知之有哉然而人之稱我洪者群曰天馬來其後發源長也獅子當其前錦屏秀也古跡翁山列其左右擁護堅也而石未之及焉

石有及之者、亦不過曰此天生之、俾東西行者有砥矢之安、無揭厲之勞、如此而已矣、而豈知間氣之所鍾固在此不在彼也、予故表而出之、俾後之議地脉者曉然于形勝之區、不特山水供其職、即頑石亦爲之效其靈也、豈偶然哉、兜已記之、又從而歌之、

歌原本失鈔

如归下疑脱一希字

重修雪峰巖樓記（在杨梅山）

明　蘇希栻

南邑迤西許山莫大於禾鄉之杨梅禾家世宅於其下山之半有雪峰巖焉為真覺禪師葬祝之所而樗拙和尚作為巖宇以奉其香火也真覺禾鄉人出家於会省之雪峰此亦因以為號当唐末五代季閩越作鎮时其葬父母也不过窀穸苟营封樹与識而樗拙為作別在宋南渡後理宗紹定之朝去之三百七十餘年遠矣乃一会皈依大作巖宇以為崇奉今巖之中堂只為大樓上塑三世尊佛大像下列真觉傳授禪祖別其所崇奉者继真觉毛裏之父母乃真覺渊源之大父母也道固一脉以相傳心亦曠世而相感印者論其傳灯微旨誠諦真如而於巖於樓实山中第一蘭若也往时閭里殷富檀施者多有僧數輩為之住持賓主如归當題

公卓明翔人
可免提一明
字

滿壁近數十年以陀日遠蒲塞風微香積廚空給孤跡絶徒使寥寥琢從躬耕自給而危樓廣殿任其風雨漂搖議修葺其工費實難矣此豈惟蔬蒻之罪抑亦杌樾之羞乎余乃遍閱其摧剝殘堅木完璧尚有半存及今圖之備得百金便可集事乃計巖前後雜樹為薪可鬻五十金遠近善信聞而施其亦可鳩五十金遂召一二巧匠為之設機張轆先正其衰圮而後漸易其頹朽可周其役可革其新事命從弟子矩及從超鏡董其事而余時程督之始於乙巳季冬越明年春盡畢而畢工蓋費屢百金而粗完此構其餘山門方丈前後尚容余不暇及焉余謂此巖興廢每與吾家相值方樗拙經營之始吾十世祖諱一鳴公捐貲助構而未幾有子諱敬公登第歷垂兩世逮明宣德之務功德主柯氏大加修廢而

手梅祖為之栽至于時子立一身故以子孫為禱而及今七世族居生聚逾五百口祖德深厚佛力果報有自來矣余惟持以勸世也故特揭此以樹之標云時在万曆丁未春題

黄旗山報恩禪院記

陳國試

天下事莫难於創而易於因然因之而实創其难尤甚邑之十四都黄旗山距郡六十餘里中峰插天陟甫及半郡城已歷歷在目如棋枰然洵巨观也山之腰有報恩禪院志乘失攷殆即唐天成中從文浩所建之報慈院郡志載在天竺山天竺与黄旗毘連慈恩二字形似或傳寫有訛抑鄉音錯改耶國試先世宅山麓自徙於郡未嘗一游竊以為憾同治甲子与四弟埜白族姪拔仁躡屐登眺度其故址凡五層尚髣髴得之前後已成園圃石柱傾圮率卧於荒煙蔓艸間古松古柏剛為風拔獨桂与柳存焉然古殿大殿鐘已缺僅一嘉字可辨為宋之嘉祐嘉定嘉泰嘉熙耶抑明之嘉靖耶不可得知再起頹垣得石槽大深廣各數尺重剔蘚苔上

有天聖四年丙寅三月改政和八年戊戌春造弟子王助并家室（旁注：此字）
余五娘捨另行存宋字以下存丙寅五月記永充大衆洗衣位令
從造年字俱不可識是為硯盆之亞證接天聖為宋仁宗號政和（朱筆旁注：其文以高低不等）
為徽宗號相距九十四年而政和只有七年至八年已改重和或
海濱山僻須去未及周知猶襲碑之年月鐫書例也誌云僧文浩
見已磨而天聖政和石槽具在則宋復見矣去院百數武敗如壁
立有厂室劉望州出南行如龍蛇飛舞摩挲視之不可識讀必宋
以前高人隱處無疑厂室依然禪院奠淨詳考父老相傳明万歷
有黃氏重修今年稽殿中奉其觀音而靈感最著上雨旁風不勝（旁注：作石　其實據）
感慨係之從則補葺之役似因也而實創矣家大人曰是當為其
所難者於是倡捐命族人董其事告成有日欲書為識緣起如此

完

真覺禪師葬父母墳記　坟樓梅山

宋　黄允

真覺禪師法諱義存泉州南安縣澗亭村梅山下人俗姓曾有考妣墳於五代時葬於本郡靈感里乃西林蘭若地號招林山水盛顯年深久不整治迨我宋宣和二年庚子春鄉隣黄諭黄祖舜并最壯子特為一新植柏其旁刻石示之令後人不忘真覺之親又以金彩繪師真寶自撰碑文讚之置龕室香燈永鎮於保安禪刹祠奉今已頹廢且澗亭之村梅山雄秀碩德貢哲孕於其下崇耀鄉閭使人瞻仰豈易得哉噫間生異人年協五百不可里中無記闕於後世於是本郡前知清果泰同鄉老德士蔣有用次黄諭黄先生讚後畧述其始末刊之於安巖瑞泉塔庵之西壁云

南安錦溪斗山修築義冢記

周官等冢人墓大夫之職所以正墓位蹕墓域屬墓禁者至詳且備洎月令布政復有掩骼埋胔之典而文王葬枯骨當時尤嘖嘖然後為仁政然則古不修墓之說諒哉其紀夫子之言也南安壤甸褊窄窮櫩氓隸弗克有私兆域義離磽确之處若錦溪若馬坪若佛跡若翠屏若石角汶茂靈秀鵬溪大小潘斗山藂欑浮瘞鬱鬱焉纍纍焉蓋萬里即山勿翦也星霜綿亘漸即毀陊每當冷節酸颸淒晨苦潦遠骼眾露哀燐亂飛蛇鼯穿臨陷之封牛羊碎收枯之骨恫心感目莫可名狀日而月之風而雨之其不幸而犁為田車為蹊者比比矣其或幸而不田不蹊而隴退隤圮終無以保其一坏之土而免於剗車此樂善好義之君子所為勤勤懇懇

掩之瘞之而弗忍其暴露也抑嘗更有慨于海禁大開而沒他族迫处東塲錬跡塹山堙谷源高埴埤其劇削故塋于何限哉地卑而不当其衝復汐衆善好義之君子倖先王仁政之意經营而書樹之杳冥有知当必能安其魂魄而不為淫厲於茲土也審矣況則虽与先王設交布政施仁之事而其意之善也將与同是役也經始於光緒丙申年三月蔵工於戊戌年十月最凡修築一萬一千二百餘冢縻白金一千六百零兩募諸施于戚友諸人皆樂善好義之君子也光緒二十有四年書說在著雍嘉平月吉前史友陳粲仁記

泉州六曹新都堂記　歐陽詹

貞元八年刺史安定席公為邦之二祀冬造六曹之都堂公表微而慮遠也天子建六官以紀綱天下分刺史六司用經緯土中猶天之有四時而人之有四肢一時不若則歲罔成功一肢不和則體莫全用公以六司之掾如股肱思安之與身之安也火流空中將壞垣郭視覽廨宇首視於署既隳而隘於澂神撓務之所日損人民不則有國營宮室是志為政乃量羨帑以度用指於宇而命易又曰處湫居卑非智也煩人蠹財非仁也乎執全仁而就智藏予茲志之有司於是審基趾程廣袤山節藻梲僭也削而不取土階茅椽逼也革而是捐非約非豐允執厥中非役計具材量日力山木則酬之如市人功則税之若時物集民歡未旬而畢宛梁三

道而通奐連楣六接以都歔陽軒迤引陰室旁啓搦以重屏翼以
迴廊腌黯〻以秘邃屹崇〻而宏敞夏处大達則受天以涼冬暖
大隩則凄風以溫足以盪肌静心釐厥戢其也夫哲人有作不唯
利身在利人不唯利今在利後相好堂其公侯卿士禮隔殊品公
不之降也好不亦利人不唯利身於故堅固壯護於延千祀人不
之遠也好不亦利後又唯利於今故觀斯堂見公之意時某处某
乙為司功某处某乙司户司倉司法司兵司田皆外莊内融恢材
抱忠無同邪以蔭下有蹇諤以承上当时之彦也請列于記左座
後之君子觀名訪德知夫是日堂有人焉建堂之明年記

對

泉州二公亭記

唐　歐陽詹

勝屋曰亭，優爲之名也。古者創棟宇，終禦風雨，從時適體，未盡其要，則反寢東室，春囷秋户，穴暑踣受，不能自滅。降及中古，乃有樓觀臺榭，異於平居，所以便春夏而陶堙鬱也。樓則重構，功用倍也；觀亦再成，勤勞厚也；臺則版築，榭加欄檻，暢耳目，達神氣，就則就矣，量其材力，實猶有蠹。近代襲古，增妙者更爲作亭。亭也者，藉之於人則與樓觀臺榭同，製之於人則與樓觀臺榭殊。無重構再成之靡費，加版築欄檻之可處，事約而用博，賢人君子多建之，其建之皆選之於勝境。今年暮春，月邦牧宜安席公、別駕置同正前相國天水姜公，念蘇邦川逼溟渤，山連蒼梧，炎氣時迴，溼雲多來，又臨日冐次斗，見辰位，和氣將徂，畏景方至。月令云：可以升山陵，可以

居高明蓋謂是月況地理卑痺而不擇爽塏以蕩夫汙盧予固問
從相原隰郭東里所共游奇阜高不至崇卑不至事形勢廣袤可
闊若一舍之以隥湖万頃揖之以危峰千巖點圖水之心當奔嵯
之前如鏡之鈕狀鼇之首二公心旋輿以回睇依浥舟而上陟幕
烟茵艸歇悻務日心謀意籌有此亭之冥而未之言也二公先回
邑人踵公遊於斯其如市登中隆觀媚麗前來沒至異口同詞曰
漢帝不曰百姓安其田里而無愁怨之聲其亦由良二千石乎是
謂政乎友成使從泰而民以寧其心虞也不曰股肱良哉庶民康
哉是謂翼帝藩皇調陰序陽使物阜而民以昌其心康公今日之
化育于後是以寧善公昔之鄉諧于後是以昌且以之寧又以
之昌愷悌君子也詩曰愷悌君子民之父母二公其真民父母矣

蘇阜二公攸選而尚加愛務休訟簡必復財丞上露下莫忍令父母
慧之乎遂偕發爲公就亭之以牆而前陳誠於其尹其尹允其請
而爲日之辭方經蹠步周環當上頂識奇訓簡以授予來於是家
有餘糧圃有餘木或擲一坏土焉或剪一枝材焉一心爲身蜂逐
蟻往榛莽而去以自薙瓦甓與脛而奔萃一之月斤斧之功畢二
之日埒墁之墉息再晨而成二君莫知屋梁亘以中歘飛甍翼而
四翥東南西北方不殊致糊白墳以呈素臒赪壤而垂繪通以虹
橋綴以綺樹叢而絕修儉而不陋烟水交浮岩峦疊迴特會奉其
旁達都城企其遐際窗影光彩搖漾入澗指朱軒於潭底閱雲岑
於波裏繽繽油油如飛若動又釣人飄飄於左右遊禽出沒乎前
没一眄一睞千趣万態稅息之身若在蓬壺方丈之上二公垂清

牘札舊賞納忠懇乎群庶尋幽採異常於斯勞處祖實常於斯加
以舉疇間闌通途在下可以歉耕耨可以採謳誦謠作一亭而竊敘
具噫天造苏阜其固與人為亭故不能何不遠鄙郭而搆敞詭奇
之若此非常之地意待非常之人彼越千萬祀而遇二公方覯也
邑人想之復言曰予乎訖義物有正名地為二公而見亭從二公
而起斯亭也可署曰二公亭雖芻蕘之云中實有謂二公不忽遺
以為吾小子藝恭于文節觀光上國去之日歷越遊吳歸之辰蹈
荆泛漢會稽之蘭亭匪蘇之喜亭襄陽峴首豫章湖中皆古今稱
為佳境或棟宇猶在或基址未沒山川物象遍涉而覽方之於此
遠有慙德懿哉二公智周慮厚下地如此感民若彼屢非飾說入
乎邑人升乎亭并知之古之製器物造宮室咸有銘頌以昭其義

斯亭也岂与数吉而为之章句者小子蒨劣不敢议其子粗述其旨趣为之记兼借二公之名托记左以为邦荣在位元寮亦以次序从公而列贞元九年三月二十五日记

對

泉州北樓記

釋名曰樓者膢也謂其高明靚遠勝之貌也是於第宅則以閱園林有媚樹於雉堞則以警寇盗不虞故墨子曰城三十步一坐候樓百步一立候樓亦樓者蓋此郡北坊之立候樓也下架之眺微而具之裒不倍常廣唯再尋製造日遠土木力殊左騫右陊上露下圮有年數矣邦牧安定席公貞元七年下車至九年月之三祀重民力而未形言是年暮秋當興農隙有司率常典告有事於土功公曰於郡之南樞也元后帝御實在於北詩不云乎心乎愛矣遐不謂矣况因戀主向方瞻睎惟北有樓半頹半摧日夜蹶登陴擊柝之所風雨憂折榱複隍之患政因時令爾共營之俾有布席跪立之地間更人防卒之莅予予歸時躋展北面拱辰之心焉而

郡下車集多一國字國出至之

受命斯感公之意如公之意野人群庶感公之誠如公之誠川朝
子来築崩易舊址有餘而不劉基墌自延材有長而不剪棟宇自
崇況堂庑徒未晚成功倚扆霄於軒檻納千里乎牕坊如鱗之廨
署若峙之軍壘洶之之狀若連山之有重峦長江之盛洪濤氣勢
縣是以雄焉公無子年情来莊爲思生倚仰於斯紕細於斯夫完
埭壯邑有邦之本也悉闕愛君为臣之節也善矣乎公廣前棲也
遠洶有邦之本近貞为臣之節執邦之本曰公謹臣之節曰忠惟
公与忠公斯昭矣小子家在委巷多聞嚶欽藝黍倆術無侍公居
上恚不衰兩獲而達敬出共予为之記以獻至若眺四維〻雲物
臨万井之烟景遐象佳致睇莫勝觀絕公有樓之素故不之載焉
元九年秋九月三十日獻

室与作記之，吾均紀我邑之，而歐陽公則邑賢之，是以操存。

□□堂記

修歐陽書室記（室在賜恩岩旁）

明 陳讓

清源巍然，台壁昂伏而東，歷九侯山，始轉為南，諸石益壯以奇巍其碁累路甬蹦列其坳墻，聚其瓦屋，烟龕風竇，若門若屋，若探營窟以訪葛天氏之民，若闔陋巷以尋顏氏由子之居，俯而下躡而登，折而東，又折而南，反出軋若門屋其之上，乃天空地迴，山岳開而溪海會，怪石環錯，屋然翠微，固歐陽先生讀書處也，久且荒其商務環大惧先蹟弗治，捐己資，伐木陶土，招舊址而新之，考極相方以定其義，中為歐陽子讀書堂，兩湖小軒，南北其戶，便風月雲烟以來往。東巨石援山而橫出其二，如承露仙掌，浮以為亭，望滄溟而臨千里，南俯泉，球如膵盤膓，豆羅列几下，午夜書聲可以相聞。紫峰在壓，浸以晉江，若可架長虹，研珠而濡墨焉。此則歐陽書室之大觀也軒之西矮屋數間闌東牖以迎朝曦牖東石如崖門由以入北室奥然小區可以居休觀妙室右巨石如立蛙前仰後俯僂以入可坐數十餘人固樓之之祕閣也是歲三月告成屬兩山見予與陳讓作文以紀之某惟吾閩風氣在漢如長夜在唐如晴爽而歐陽行周奮興於泉乃能修詞立誠挾策上國感動陸宣公名實與昌黎諸賢相上下是固未可也以首登進士破吾閩天荒論也日出扶桑風氣移而入文茲安得不為楊龜山朱晦翁之諸大賢倡漸列天心文治宣朗則吾閩泉既以自源而流此又豈可量哉則斯室也又不得僅以可遊觀山水論矣亦固其所願有言者也若公平生行業之美載於史傳備矣禮曰先祖無美而稱之是誣也有善而不知不明也知而不傳不仁也則歐陽生修其祖遺跡以明著于後禮也宜籍之乃鐫之於堂西之石

完

獨善山房記

在卅九都大學山下
明邑人歐陽秋詩書足

明　蔡清

予少有山水之癖，雖家居闤闠，而心未嘗不往來於泉石間。嘗一携雲岩矣，未戏日以思，挽往念之，輒悵然。每登高以望雲岩，沉沉在东山之隈，舊日之松竹杳藹猶依依有迎人意。北顧清源，巍乎高哉，先民之景行猶在目睫也。南瞻紫帽、金粟、飛仙之事，不知有無。西望九日山，庶幾猶有秦說君子其存乎，不得載琴書而從之遊，此而靜言思之，是亦濫也已。丈夫生世，蓋自有許多分內事在所當經營乎，奈何直踽踽然山間水涯，自諉為宇宙一閒人而已哉。彼海濱之老，商山之皓，大抵皆非其夙志之所期乎，此何時也，而可引以自況耶？用是不自揆其愚不肖，猶时与一二士友窮論當世事。適友人武榮歐陽時察來致其尊甫元之君之命，屬予為作獨善山房記噫嘻予方讀岳陽樓記而有味也君乃索予盤谷序何耶世有登山而採玉者亦有入海而採珠者予以是又私喜向日之説又有與予同者則亦未為全非也且古之君子達則兼善天人窮則獨善其身二者固不同矣然兼善之心獨善亦善也君子亦善而已何必同洪君汝言武榮之望也予往見其所為壽君一序備述君既居雙山之下孝友而善處又能推其餘以賑人之乏其大為士論所歸則君之善固已章之在人耳目而於獨善之義果不負矣予復何言故于此獨詳予區區之衷臆之見者與君同而終則不盡同者能惟以廣君之意亦因為時察告而相與勉之也王篇不云乎子虽不做吾子二郎必做以予觀君之種德如此而時察又穎敏出學而忠信仁厚能不失其世守然則歐陽氏豈終獨善也耶是為記至若山房之形勝歟則時察當自修記之矣予之記者備以記其意也

重修鵲鳥桥记

陳步蟾

予少聞故老曰鵲鳥桥古蹟也在郡之南盖門内左转不数武过街而桥联之上通乃人下通湖汐桥之石條有三别一條離半尺許以寀闌之收放其従其象有鵲蹈枝之形桥石惟中條光润鮮潔有自然黑纹恍惚如梅鵲细雨霏霏时狀雖详辨之或杞人蹤稀少朝陰夕晦石上有鲜鵲交鬥見之其六年卧诏休咎徵旁人以是為常不之訝会有麻瘋丐人过之手持拳石琢之三而去從遂不見有鲜鵲交鬥其岁咸豐癸丑　月馬自城逸而下桥折而此所谓光润鲜潔者独存馬亦無恙附近居人慮其履之跌也谋修之長闊如其旧予怪夫馬之自城上而逸也何以不折則俱折而偏於古蹟者留之豈天將以壽斯石故有神靈呵護之也桥成

予為之謠曰橋之固兮鵲其眠兮且人其有餘慕兮橋之成兮鵲之靈兮俾州城永息甲兵兮是為記

重修花橋廟記

陳步蟾

桥以花名美称也予阅故家志秉知所谓花桥者矣古来东塗二阕内外诸花携结市於此時猶架木为之後易以石桥之工有坛夏暑雨冬祈寒貿易者賴之以花名桥以桥名坛因以坛名街其源远矣予又闻之故老曰前明中叶是街为郝姓者所聚族迄今氏裔皆与于所致忘犹之文山铺新门街一带为丁姓者之居月异而岁不同里閈門閭幾易姓氏也桥之左祀吴真人庙之所由妆与真人之所由来碑记谱系详之兹不赘我 朝雍正间火修之乾隆间又火是时圣像及古铜炉瓶外荡然无存辛卯二月興工迄甲午臘月告竣费白镪二千三百有奇董其事曹鐘讓等勤石於庙之旁迨道光庚寅惠蟻蛭太守翁陈君樹蕊又修之未勤

捐資

石陈君已作古入越丁未臘月念五夜火起於橋之右渋胭脂巷
轉出府学口十字街焚燒於三更蔓延於四更時附近闤闠狼藉
炒廟為寄頻焚貨也五更時風力愈猛更难撲滅予於是議遷真
人像及一切於代黎明火至廟而熄真人之力庁依婦孺咸知欽
之是特瓦縫之蹂躪棟（樑）宇之焦枯旗杆之焚於廟之中丹墀變黝
白其變置安寧友善信謀以修之時費白鏹若干皆好義其捐輸
有不敷其員君貽櫃墊之自經始至落成陳君壽勉倫籌畫肃君
維芳掌会計予輪替工匠參酌事宜不數月煥然一新焉初四月
制憲壽臣黃先生任粵東雷瓊观察也夢真人語之曰予有难制
憲郵書來家未旬餘而廟有回祿之警紀壽臣先生之福澤足以
庇及梓里不能致真人授之以夢非真人為郡之福神不能於火.

当燬而燚息庙不日而告成凡予纪创之难塑其予之为难黄君
之功昌有淮郡今石未勒而陈君寿恕又作古人予恐其予之颠
末泯之人罔闻知也爰为之记
花桥坛自道光二十七年丁未火至光绪七年辛巳正月念六
日申刻火从十字街常平之维第一间起延烧广褒四百馀间
至寅刻毕方腾空四火俱灭庙则祝融呵护以存一无所损庙
外有盛世名贤坊为嘉靖三十八年己未科郎中进士九名北
我本邑黄褒欧阳谟洪有第登是科也坊圮于火越十四年戊
子重火仙坊宫又罗于火以广之并修真人庙至甲午落成旋[illegible]
[illegible]郎伟而上梁石时又缉勒石纪事　六男周仕附识
董其事者登鬼录

對

福州南澗寺上方石像記

唐　歐陽詹

萬物閟閟各由襄沿無襄無沿而忽以然苟非妖怪實為珍慶於
石像者其珍慶歟孕靈韞質兆眹未見則峨峨巨石岩峭山立
鎮郡城之前阜壓蓮宮之上界海若鞭而莫動天時泐而終固皇
唐天寶八載五月六日清晝忽騰雲旁涌驟雨來集驚飆環駭軒
窗杳冥雄雄者雷驁從中震迸火噴野大聲殷空岑嶺轟踞潭洞
筱蕩須臾風雨散雲雷收激劈輪囷新從中闢南委池以梯岩北
干霄而碣樹不上不下不西不東亭亭厥心化出真像三十二相
具八十種好倫列侍環衛品覺有序莊嚴供養文物咸秩端從慈
面儼矣儀形似倚雪山而授法如開月殿以趺坐異矣哉不曰博
聞乎未聆於既往不曰多智乎罔測其所來且物之堅莫堅於石

况高厚廣裒又群石之傑一朝瓜剖中有彫琢其為造石之勞致
有形於外者乎其為有石之設入氣間以內攻乎噫不可以人爭
徵試詩以神化察巍巍之釋氏發揮道精其身究傾其神不生苐二
儀以通變齊四大而有力散於時有所頹靡人於處有所忸怩則
為不可思議以照以吹故示此與跡之跡難能之能俾知我在之
我之門經曰千百億化身蓋隨感而應菩身者則千百億之一焉
昔諸佛處報現皆託於有命有命則生、有有生則有滅曷若因其
不朽之物憑其不動之基形既長存法亦隨是與夫童男而出世
修長者以來化立之之徵則雖一承之之利則不俾可以禮足而
悔罪寄形以安樂予則求福不同其焚炙跪仰或從釋子之設故
於峰之之餘因聊書其所由來貞元六年七月十五日記

對

同州韩城县西尉所壁记

唐 歐陽詹

说文曰尉畏也亦慰也主也故字从尸示寸寸者寸量礼度以敬上示者示陈長令以谕下尸者典職司以居位敬上所以畏谕下所以慰居位所以主全其三者以莅王爵則仕義周是以古之人嘉用尉字為官号陶唐有太尉周有軍尉秦亦有太尉輿尉東南尉洎漢則後命县掾曰尉自是以名至於我唐無或易所命善也我唐極天啓宇窮地闢土列县出于五千分為七等第一曰赤次赤曰畿次畿曰望次望曰緊次緊曰上次上曰中次中曰下赤县僅二十萬年為之最畿县僅於百渭南為之最望县出於伯鄭县為之最緊县出於百夏陽為之最上县僅三伯韩城為之最上之最次於緊之最非緊最之緊耳與馮除之最次於望之最紀最之望

名与焉量之最次札畿之最紀最之畿名与焉最之县長於餘县
如麟鳳五靈之長於群靈也數長不數歎則赤城之称与万年渭
南鄭县夏陽並自聚而上僚尉皆再命三命已往而授資歷至之
而至也上县而下則自解褐授赤城吏上县之最僚尉解褐之貴
其惟三員同其闕紀手之之有或一員之闕天下皆知之授之日
亦皆知之曰某人授赤城尉是其人則欣紀其人則誹蚤一命之
官其爲人尚必如此則主司慎擇才地精美县亦有六曹尉二人
一判功户倉其署東所一判兵法士其署曰西所兼所兵法士之
所也武之国則司兵司法司士尽在刑之国則兵部刑部工部尽
在兵主武法主刑工主土今武未大戚務尚繁刑未大措訟尚生
工与人兴年时休州县司或双曹六人分其職国則郎属寮八九

十人分其賤一人理亦人八九十八之理無大小有異而撰併不
殊安其安其安不易維至於易此則人無敢易之人無敢易之則
固必重之固重之則踐洪鈞大柄所由乎此也貞元十五年春余
友人崇陌鄭伯義授為鄭自上黨声名為天下聞鄭以明經登科
又三年舉進士屈於命詞學亦流輩推内行第一其受命之年五月
余謫為十月又謫為見東所有記西所無詩因記其姓氏序於
左其或先於鄭芳馨狀在此亦淨之色於鄭繫於鄭若土壤齊狹
物產有無尉旅伊主不敢僭序十月十五日記

重建考亭書院記

陳步蟾

玉枕之麓錦水之濱有書院焉傍屏山之講席近石鼓之書堂擬以紫霞之州亦溪山一覽也顏其名曰考亭考亭者何文公因父志而徙居不忘厥考也考亭書院者何宋理宗詔立所賜之匾也然則考亭之地忠孝之所萃乎夫聖學日在人心人心胥本忠孝教者溯本窮源以為教學者顧名思義以為學親親尊尊天下平治之理日在几席是菴雖號為晦而道統昭垂則顯也自宋代與至今有歷年矣圮而脩者不一廢而建者不一正以忠孝之故經之於天是為日月星辰也鎮之於地是為江河嶽瀆也用之於人是為布帛菽粟也若夫碑題程子之詩石鐫文公之字此則園林之勝概也臥羲皇於斗室課風雨於升堂此則肄業之勤脩也門

停問字之車户脱來遊之屣此則仰瞻之嚮慕也文章煙景開悟性於四時魚躍鳶飛澈中庸於一貫此又神而明之默而存之迴越乎懦頑廉立者之自成活潑也此其中蓋有候焉而亦原於書院範圍之曲成斯可以馴而致之焉惟然則重建者可嘉而遊於重建之考亭者更宜勉矣爰作歌以落成之曰建之陽山高水長亭之中養正聖功可以教忠教孝兮正軌是宗可以卜世卜年矣與古爲無終書聲鞺鞳聖道昭融枕藉者流衣被者流咸謂重建維何兮重以徽國文公後之人因以名書院者名文公尊文公親文公

謹按考亭乃五季時黄端字子稜隨父入閩見建陽勝地遂居之父殁葬於三桂里子稜乃築亭山下以望厥考因名曰

望考亭朱子家於此後人竟以考亭稱朱子雖人以地傳自古而沿誤也　先君子以文公因父志而徙居不忘厥考因沿誤而証以韋齋先生欲居三桂里而未果至朱子居之雖然實事究非稱名之實義子稜先生居建陽有詩云青山木笏尚初官未老金魚是等閒世上幾多名將相門前誰有此溪山市樓晚日紅高下客艇春波綠往還人過小橋頻指點全家都在畫圖間

六不肖國仕謹註

金溪遊記

王慎中

一畝之宮環堵之室墐除而牖明畜妻子於中而身與為處出戶而行前有擊轂之車而後有連帷之袂騈而之乎空曠之野窮寘之濱蒼山峯崖而高起緣波濟蕩而長浮則為之忽然而喜如出幽室脫縛束耳目為之加明手足為之改適此何異乎飫粱肉者悅蔬茹之食酣酎醴者賜清冷之漿其舍鐺鬷而即疏泊而不得謂之知味也由其牽所於此徒以迫熱於喧湫嚻雜之甚意煩氣悸急於有所投而自解者知其為山遊者知其為水而豈為遇於己哉嘗試登高即汎長川見夫樵夫牧豎罟師估人爭道而捷馳疾榜而擊汰以家為趨望望然不及如其去山水之不速而恐其或後以彼觀之則鐺鬷之不舍固在山水而城郭室家其蔬

泊而思即其矣物之美惡與常態而有定形山水豈為佳而城郭
家室之為垢陋亦美惡之大齊也由推吏牧監署師佐人觀之則
所謂佳與垢陋其舉易方而僨處此之偶得放於山水輒自謂絕
去喧湫囂雜之患方多其臥遊之適以傲乎城郭聚而室家居其
之人吾亦未知其美惡之臥常也飲漿冷其暫快而飽甘嘗蔬食
其少蘇而不美其甘美之常固在酒肉也彼驟之而忽奪其意割
於久煩之餘氣舒於積倦之後喜且未幾厭已生矣何必不為推
吏牧監署師佐人而何以笑彼之嘗〻凡物之美惡與恒而人情
之欣厭有而昧其挈情以徇物中之厭欣變於外之美惡迭欣迭
厭而不知自主惟明其為能以情御物〻變於外而不足以易其
中之臥柴〻之取於物未嘗與臥寄而皆其自足於中其之所取

則惡者未嘗不美，而況於其美，然後美惡者卒归於有恒，而皆予之臥御。欲且不得而有，而何有於厭苦？其身所厭，則遇物皆適身之，而不奪而奚待於忽然？蓋予泉州之江，自諸山發源而下迄領而急瀉玉於金鰲，而收演洋渟潘。山起於兩溪，高深之景相得，艸樹互映，雲烟相鮮，亦山水之勝处也。之焉而忽奪焉，不知其何人，而不独与黄庵秀、洪舜臣二君往遊而樂焉。当其舉杯相屬，唱詠方希，而諧笑間作，計彼驟之而奪者，亦必有以同乎此。而山之映然而靜，止水之沛然而流行，接於耳目，聳於予心，形蓊郁遺，而情神独遇，信有彼臥不能同，而予三人者亦可以目擊而交存，而不可以口說喻也。然而其樂可以忘言，而其遊不可以無述，故予爲記其意如此，使世之遊者知予三人之遊而識樂，蓋其有以御

乎物而發山水之美者必出於乎而後為山水之美常也遊之日
為嘉靖戊申八月七日應初名洣清南安人舜臣名朝選同安人
而予晉江遵巖居士王慎中也

遊明心山記

明　黄河清

出縣治十里許遥見一峰若立若卓若文筆若削玉若蓮花高出水際者明心山也予素望而愛之一日遊至岩巔岩道陡絶但聞入耳声瀑〻訊輿者曰紀泉乎岩樵信宿覓一籐杖令二僕隨携散躧迤邐到閑处出岩百餘武樹林茂密風習〻有泉自樹杪鳴叢薄間琤〻琮〻斷續相應循樹根出入於深潭〻畔多田畦歲飲其潤地之良久又前數武一樹之道周若張蓋樹下小池一區周遭可丈許上有乱石流泉瀧〻嗽石齒注於池予席池傍流觴焉又里許泉自高蓋山尖飛動蜿蜒如舞白虹而下至山腰一石跨之如青壁泉循壁瀉如垂乳如懸瀑声瀏〻趋於壑〻趋於溪予跨一石平如砥面壁而坐观且听〻且吟〻且酌移时仰曰前一

泉更清瀠可愛留餘與往移里許遠望氤氳銀漢浮閃古木樸藤
蔓纍〻然蔓中如蛇如蚓迤演而行初不聞声遇石穿罅狀研〻
然赴於洼〻中之石凸者凹者跂者伏者卧而僵者皆成奇象草
木生泉中作四时青擷泉噬之泉清入骨瀠溢洌泉投蔽核為侑
從者報日暝予弗知也將登輿見一坪約可坐十餘人衆僉曰亟
為作四泉亭予將記之應曰諾

遊九日山記

国朝 張雲翼

泉州之西山川盤鬱有江自北来会南安双溪之水歷金溪黄龍逕于石筍橋下是称筍江溯江而上十五里有山曰九日輿衍明竟侍為士大夫探題登高之所今年雨暘时若万宝既升余以行郊原睎其盈寧之象因偕賓從遊焉出臨漳門夙于橋畔連三艘為方舟載絃管壺觴于汝乘風潮揚帆先之以漁艇縱横水面計烹鮮以供客是时曉嵐依浪新日朣沙洲渚之間時有野老結綵于竹鳴社鼓相迓而從行列校人馬雜岸知讓道襁褓負婢各攜嬰扶杖以觀余屬停舟詢其〻計涸于方言殊不多解但指欣箬屋稻畦雞犬烟火色欣〻有喜也因命射于浦使糾桓甘決拾破的少示扞圉衛民之意日中始抵通濟橋〻沈圮剩緐址以封堠

玉虹偃波不可以跨橋而為金雞山東即九日迺登岸經延福寺齊松先陟姜相塋是以直諫忤德宗從此築室與秦系相近者也系之穴石往老處則在塋西逆由東西峯凌頂俯瞰江光縈繞群山衆壑間布放于海蒼之茫之目不可窮降自石佛巖沒折而前見系所為爐釀盆硯遺跡宛然并看蘇才翁所篆高士峯字蒼勁古質如其系之為人日將夕自秦君亭移坐一眺石于碧玉峽躡仄磴而下過與芳巖尋前徑以歸余顧謂客曰山以人重盛衰之故山不能不聽消長于人方九日之盛于唐則高隱如公輔公緒于宋則遊詠如朱文公陳休齋而磨崖紀勝則又有若蘇魏公蔡忠惠之所揮題乃俱湮滅于巖壑之間與瀑泉雲井三十六奇鞠為茂草今九日沉衰自有起者追踪古人重為山靈生色山即厚

仄

自欽寫餓凶林木之不復滋蔚乎然山終亭亭無意樹義惟知簡石興雲為雨降以相化育而已何有于人事之消長耶客曰諒哉此公言此大臣端朴不事緣飾殫靖共以亮工之義也詩書共許以為記遂相與登舟泛月欲極至石筍橋此記已成其時則康熙三十年閏七月十五日也

簴 丨天上神獸鹿頭龍身懸鐘之木刻飾為之見釋名

對

遊石佛巖記并詩二首

洪科捷

歲在辛亥二月初旬、獨坐小齋、研硃点易、神遊羲皇上世、忽聞叩門聲、則伯儔叔騰侯弟邀為妙峰之遊、躡屐以赴、一路蒼山綠水看着入眸、晚到山麓、岩徑蕭條、松幹槐根、半為樵夫薪火、至梵王宮叅后佛、孤亭巋然、騷人墨跡、若明若滅、苔侵半榻矣、轉觀音閣、鐘簴不改、炉火無烟、沙弥出迎入方丈、水流灶缺、徒有四壁耳、而數椽不蔽風日、夜宿寺樓、工山阿寂寥、惟聞泉聲潺潺、與檐風相和、感慨係之矣、夫佛持慈悲、昏衢巨灼、苦海寶航、多以濟世為心、夫何凄凉之甚也、清晨飯依香積、散滿、山僧引人入勝、步仄徑、尋幽穴、名花墅草、鳥語虫吟、頗有山中佳致、叩叢石、石門荒蕪、斧以斯之、俯伏而入、中有一竅、可通石背、背脊嵯峨、推挽乃得上、意在探奇不厭也、背上復負疊石疊石半壁空洞如龕形、山僧告余曰、此神仙宅也、佇立以望、飄飄然、仙矣、龕旁古樹盤結、鑄隙中、枝葉扶踈宛然、一道佳畫、又其上不數武、則土地石、石平可坐四五十人、一躍登之、生安穩心、支体婆娑、結跏趺坐、四畔虎豹蛇龍形容瑰奇、目不給賞、天下名山半屬僧、信乎、同人間有倦色、余曰、遊名山、如詣名理、不造極不止也、夫乃攝衣而上、石壁千仞、下臨無地、中有鳥道、一線可通、蜿蜒邐迤、亭午造其巔、迴視培塿、俯伏如兒孫、其西則雙溪迸流、布帆掛風、片片飛来、東則郡會金鷄晓日、筍江夜月、依稀在望、而極目渺茫、海天一色、始悟佛法無邊、空諸色相、天地吾室廬也、日月吾戶牖也、八荒吾庭衢也、又何有區區數椽耶、向之感懷、不覺當頭一捧矣、因書以誌其事、而係以詩、爲愛崚嶒試一臨。碧峰路轉日陰陰。禪門不鎖烟塵舊。寒犬無聲戒法深。明滅龍蛇紆客思。離披棟宇惹風吟。獨餘奇石參天在。不共浮雲變古今。有洪紫農書大慈大觀四字。俗呼龍蛇字。

誰道妙峰特地偏。亭亭壁立點頭禪。他爭土梗煩雕塑。此却神工肇自然。月照松林分寶炬。雲興澗壑一爐烟。何時索得鷩人語。搔首携來問彼天。

遊清源山記

諸葛晃

泉名山有四清紫蔡羅是也其巍然居四山之長開温陵一郡而毓唐宋以來人文之盛与海內名邦相頡頏者清源也三峯具立左北巘而右南臺皆具奇勝者雲巘居中石室嵌空名清源洞為宋裴真人斬蛇昇仙之所遺蹤在焉山實秀麗多以泉石標奇自山麓至峰頂十餘里初上為碧霄巖層臺飛觀青楓怪石相為隱現再上為中巖峰行迴曲折率皆絕壑幽崖足令怡神動魄將陟山椒有巨石如蓮泉從罅中出琤琤琮琮潺瓊漱玉甘冽而瑩澈蓋乳泉也山与郡仍名以此達奇雲巖則峭壁夾天長松匝徑躡百十級而上濤聲黛色恍置身於縹雲滄海中矣凭欄俯睇見郡城形如赤鯉躍沆瀣中而暴鬐碣石之上九衢朝煙萬家春樹歷

歷在几案下城以外大海滙于东南群山拱于西北春燚若雲秋禾如綠傍有亭曰天然圖画盖实録之丞若山之峦岫逶迤其因石成龕臨湍架閣如蓮巖歸山弥陀靈鷲為関尹瞿曇氏作勝場者夜靜山空則列峰燈幽徹天磬響各自成一壑不可殫紀而唐歐陽詹以甲第聞先勝詩然廊讀書臺庭然長在覚雪腮螢爝与欲月岫雲千載下猶相輝映也盖以地論之則旂山為主而紫帽羅裳葵山為輔以形勝論之則衆山亦分衍縱侵之才而旂山則玉堂之英金闕之彥必宜其毓秀鍾靈卓然為名山之冠乎春觴况具俊侶交携相与扪籐蘿扣雲扃磴迳蒼森芳莎綠軟壓襟凡想已蕩滌於清泉一勺中且觸目忘疲賞心独往如行山陰道上與到則凌絶頂瞰大荒聆山花村酒之歌吸海濤天風之勝然後可以盡清源之巨觀矣」

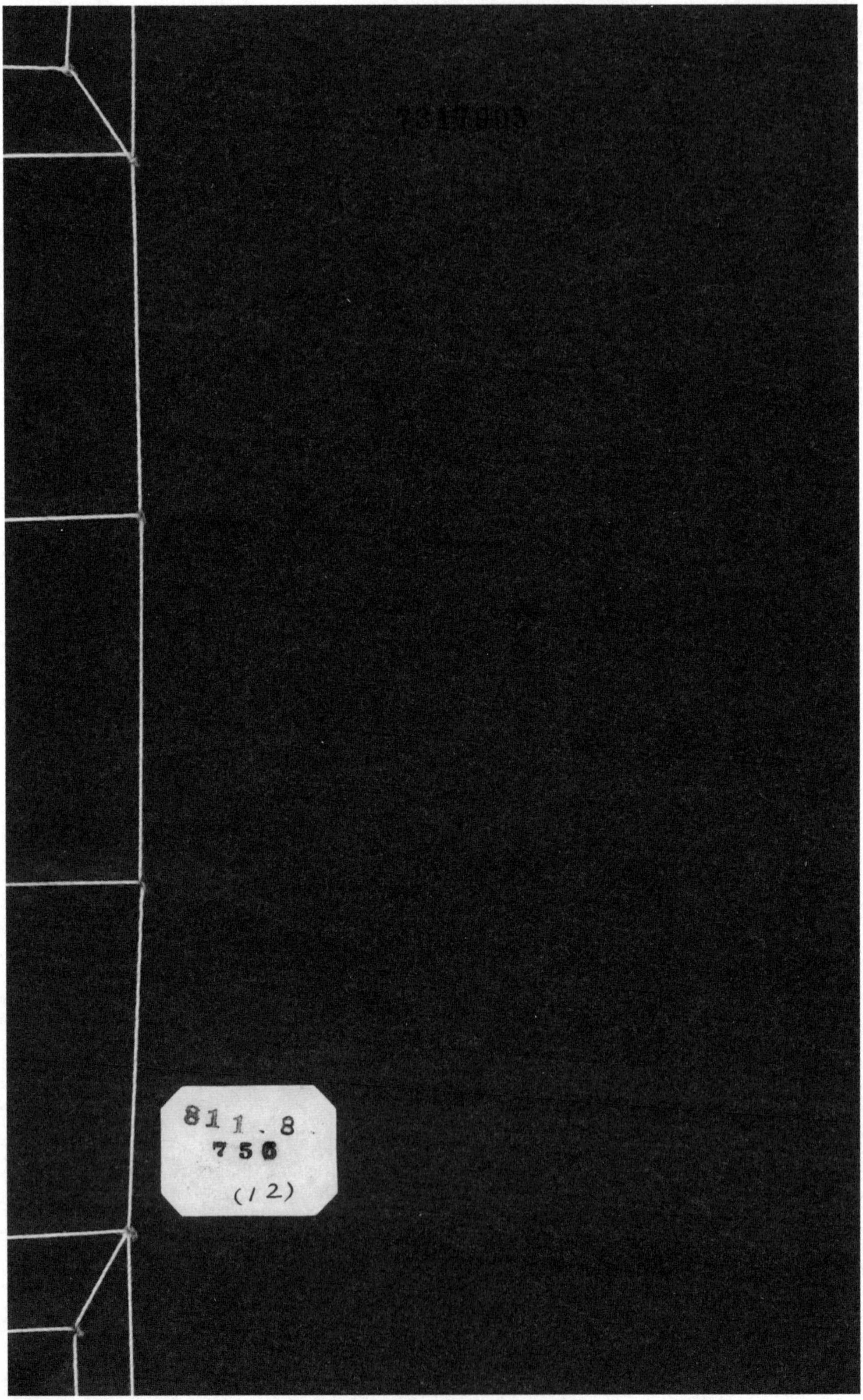
811.8
756
(12)

豐州集
卷十

重脩清源郡武榮州九日山寺碑并銘

宋 曾會

夫山川之秀者閩中為勝絶閩中之勝者清源為霱異故其著地形辨土脉陰協於鬼謀憑高峰俯空谷幽居於佛刹者其惟建造乎東去郡城十五里南去大海三十里左則南安屬邑市人之所遊集前則晉江通津海潮之所吐納獨其西北岡阜連絡若虎蹲[而]蹲若龍而奔黛滴藍噴藏烟泄雲自遠而來豁然屏開双峰对峙中坦數里疑其融結之初已張本乎造寺也始晉太康九年在县西南至唐太[大]歷三年移建於斯會昌廢之大中復之五年賜其額有沙門宣義者諭衆以輸財邑父老洪玉丁潛同謀而市基庵崍院落總五十有四得錫額者凡二十有一故其托平地瞰懸崖架石梯跨澗水高與[下]相疊背與面相倚艸樹陰森藤蘿交盤簷窗隱

映以廻合鐘磬舂容以遐舉樓臺輪奐乎半空門徑委曲於絶頂每海日明天籟生虹蜺掛峰苔鮮縈壁逍遥澹泞若在鷲嶺沃沃洲之上雖勞塵俗慮至而頴脱曾不知心因境靜境逐心閑優之游之真趣自得允所謂東南之美為幽人之窟宅造化之功開後世之基址故唐之周朴張為聆風嘉尚寄詩美之其大殿者唐咸通中將取山材先齋祷次忽遇人指其处果楩柟杞梓者是夕又梦許与護送既而一日江水瀑漲其筏自至了無遺失大壯既隆目為神運自開寶中連帥中令陳侯割俸增飾兼重建三門焉其東南隅別立奉先報劬榮於考妣也寺之講堂者先是連帥鄂国留公造經藏於招慶禪刹功既成而財有餘陳侯繼舊治補遺事乾德中興建立至端拱中寺用常住作亭於前因以集講學而示宏

敞也殿之前衆作石幢石塔以引翼之殿東南鐘樓者周廣順中募衆財而造之薦冥祐於含識也殿之西北星宿堂者濟南郡夫人建之資景福於陳侯也寺之東浴室者勸群緣而描之用以滌外塵而植淨因也講堂東影堂者通判團練使陳侯奉孝終於此也西堂西堂五百羅漢者邑尹翁留二君勸吏民以植福也東峯亭基唐相姜公輔左遷是邦也尋幽致而營棟宇也西峰亭石佛者獨標奇形控壓列岫唐徵君秦系昔為阮君勒篆曰高士峯乾德中連帥陳侯鐫而為像擇僧尸之峯之下搆以亭因石為炉碾盆硯皆系之遺物也亭之右古松二株偃蹇盤屈異於常者昔寺未遷有老僧獨坐誌之謂晉時所有今或天地陰晦有龍盤攫其上也北峰之南白雲井者泉味甘涼爽人肌骨唐進士傅荀寄福在

高士峰三字蘇才翁篆才翁書法宋代無能出其右今存

茲旭旦汲之見雲霞波湧中有龍躍者也井之左壇樾林者青葱聚秀昔殿甫成夜有神人擁徒歷覩俄隱是所令陰雨中有灯自明也林之下菩薩坑者出大盤石莫測其源奔湍潄響有聖僧時見也坑之右石龕者危岩虛室人跡罕到無等禪師昔常宴居唐大中中郡守問道留偈旌德今猶存也古金剛經者昔天竺三藏拘羅那陀梁普通中汎大海來中國塗經茲寺因取梵文譯正了義傳授及今後學賴也凡得法要分為人師者由大悲至巖頭由观音至朱溪由天王至隆壽由西庵至招慶皆是寺所自出也大大哉如來之教見性以成道假相以遷善外以因方便內以契真實故塔廟者攝以執滯而發信根由迴向而通覺路念念自在塵塵圓通三界毉王四生慈父將必興者待於時縈於地乎吾皇帝平一

區宇百姓無事是教於天下得以更始也布告正朔百越覃化是寺於閩中得以勃興也不然者何窒於彼通於此若斯之盛者與知沙門惟峭主領有程誨導不倦始余閭里閒屢然來登樂作嘉賞及端拱初首與鄉書息駕精舍越明年登甲科授勳丞直史閣得暇東歸來追舊遊寺之黑白衆僉謂熟山水之趣知廢興之本作記事官見命論撰奮筆摭實乃作銘曰

天地成氣融結著形山澤之秀東南炳靈通海流澗排空聳青中有佛宇昭然福庭唯禪之門亦覺之路本乎虛空孰為堅固運以慈心拔其苦趣瞻此儀形與之齊度巍峩月殿重疊雲樓石徑幾泐烔巖半浮松寒不夏桂煖長秋彷彿鷲嶺依稀沃洲緬邈聖賢杳然長逝肸蠁鬼神聿來加衞古物斯存靈蹤益熾發揮寶乘振灼

遐裔真人出兮書軌大同諸佛來兮教法載隆梵刹維新兮郡邑
其東勒銘豐碑兮昭融帝功

漳州二守北门许公生祠碑　　傅夏器

嘉靖丙辰仲夏漳庠生魏文琳沈震監生張甫舉人蔡若愚介於蔡子烈以漳郷先生及其士庶之意謁余曰我漳二守北门许公德成政立民至俱不可泯忘於民而生为祠維我漳之受恵渥而祀礼弗可廢已也请有以纪其实維侯名鑰字準卿浙之多塘人舉辛丑進士授進贤令改授复授松江晋赣州推官以及今職淹於官途者十五六年于茲矣而持身居官終始斩丁吏初謁时例有公堂供奉侯一与所受至於餽遗蒸糈纖细率尽却不染漳俗囂於訟而多繁侯案与當牘朝至夕發处之若与所多其精如此而尤恤於刑讞最詳平縉紳有有過力为保全不以精故为深文刻詆当此时海防急议者欲增税桥房灣船命已成矣侯执不可大畧

言橋房水波蕩析之勢小民無以為生其賈屋其上以資糊口課
額不可為常旧額已為民累矣而況坍之字丞於灣船捕採水居
之匠船筏之小者課無幾乃方艘巨舫今編号聽調用已出不訾
已計若複徵其税則必以為名而陰博厚利莫之能禁也老奸巨
猾由此造番船生意於海外為患大矣於是議遂寢并坍浮納等
處課鹽俱不行孫渓八都港口衆謂可以築陂興利僕親為相度
籌利害泄田無慮數千頃岩礦賊千餘勢且煽亂僕命武生峰林
時化諭以威信中其忌諱賊遂遁去威信旁孚丞諄率感化之寇
聞之亦盡解甲其有德於民者溥乙卯之夏淋雨不止且害稼僕
齋戒徒步涉水以禱於神之庭僕節雲駮日穿天地開除晷漲不
涌禾乃大熟及丙辰春旱予將與又久不雨民皇皇僕自引咎齋

爲禱雨雨亦應侯節如往歲之禱晴斯應治之東有廟七八爲群
侯爲文以告於神募民驅之失於廟遂引去禱晴而晴禱雨而雨
禱廟而廟害息其精誠之格於神明如響蓋侯孝友根於家學
聲於世秉身潔己一介不取有四知畏之節毀譽黜陟不入其
心有三公不易之操而其施於政者如此亦禮法施於民者皆從
一代之祀典朱邑之於桐鄉文翁之於成都既居民治既去民思
爲之立祠久以不廢澤人窮二邑之高義遂前世之大禮則永之
傳誦以懲思慕惟先生有以發其思也惟先生圖許侯之德於永
也於戲循良之風邈矣以剥爲明以矯爲高救火弗沸者比之而
民滌擾不聊生許侯琢䑛爲民與民相安而民自不罹于網且感
恩而生願爲之祠乃知天下之吏治在此而不在彼澤之祠侯也

匪私亦以劝天下之为吏者也余嘉其多因为之序而係以颂曰
於休許侯金玉涵德学積淵泉玉性悃愊匪撟春華乃見秋实淳
俗囂囂惟侯正直淳俗桓桓惟侯允塞一誠所通百偽俱息天应
休徵禱（隨）靡忒物從風靡咆暴感格淳山巍巍淳水湜湜有鬱佳氣
作廟翼翼侯之在斯父母是即朝夕敬事如恐不克侯之去思雨
霖万億淳沾餘澤特致於式於休侯德懋卲無極

崖山碑

明　黄澄

皇明嘉靖十二載春正月甲寅總督軍務廵撫兵部左侍郎兼都察院左僉都御史陶總兵官征蠻將軍咸寧侯莅鎮兩廣時維陽春西山蠻寇負固滋蔓貽患最急乃恭行天罰閲兵七萬釐為三軍維僉事黄澄都指揮李森為中軍由瀧水進屯羅銀右叅政祝續右叅將程鑾為左軍由新興進屯灣口僉事鄭允璋都指揮高膺為右將由陽春進屯凰鳳拱受成筭尅日俱奮一鼓而擒凡擣巢百二十有五馘魁從趙林花等三千七百有奇俘執如之罔有遺者於是復田賦七百二十餘石奠民居一千八百餘家威德大沛遐邇懐慴獠寇殞膽革心兩廣用靖夏四月丁已振旅而還嗚呼昔漢銘燕然唐刻劔閣考烈徵勞何以加此僉事黄澄謹拜稽

首而志諸崖山

厓山在粵东新会宋帝昺为行宫於此元張宏範在此滅宋没有輯为厓山志 李安言稱太后帝昺張文陸三大國忠节予

堅堂

南安邑侯唐公生祠碑

明 陈讓

南安令唐公名愛，字有德，號婁江，蘇州嘉定人。登嘉靖辛丑進士，宰茲邑三年，欽召内補。去之日，君子執爵餞於郊，小人簞食送於野，兒童擁車轍先後，遠者百里，老弱不能百里亦二三十里。返舍於潘山之上，相顧而語曰：自此公到任，年二三之令，年紛紛之政，年二藝之征，追呼之吏，寬滯之獄，清德之愛，從來未嘗有此公也。皆对曰：然。又相顧而語曰：此公今已去，百不可留，惠在吾民，曷云能忘；思在吾民，曷云能已。惟立祠塑像祀之，庶幾朝夕若或見之，答惠愛而永民思，其於國家勵庶政、子惠元元之意，亦有所贊發，没世有述矣。皆对曰：然。相地潘山通衢之南，捐資市材，会工为堂三間，崇以棟題，中塑公像。遠近來觀，莫不歡欣，曰：肖我父母唐公矣。

有未肖則令工易塑至肖則又歡喜羅拜公得民若是其深必於
聚其所欲勿施其所惡得其心百姓至愛一念至誠惻怛之微與
民感通無間不然豈可以聲音笑貌為哉耆民　生員
禍予言公美政不可殫書今撮其大而可書者清鹽戶詭中寄
以免借編計畝均糧以省賠徵於糧省運以餌侵漁以省民數千
金願乞一言以永誌予嘗得觀安江之政之美安江之可思者
正在於可書不可殫書之間此三言者尤公聚其所欲勿施其所
惡之大端實政以侍舍視皮之吏思慮皆不及此知及之亦漫不
肯為卒沮焉而不敢惟公獨覩於利害之原冒浮議一滌滌而釐
正之小民得其所欲者若更生大家違其所怫議然皆信公心無
私君子行政必先無告而後富人共革之始未有無怫議者惟有

愛
愛惡無私之心可以俟後傳遠必有誹議從後此心可得而見苟
此心不信於民雖無誹議君子必不肯以彼而易此不但誹議縱
設公之政小民失其更生之歡大家失其無私之信得失之際是
又在彼而不在此也今小民悅其惠大家信其心則公之道其能
行也遠矣公好深沉之思宰茲百里而心無一時不形乎百里之
內為政三年其為民慮每及乎千百世之遠神思運行乎千百世
之遠若無一日不在乎武榮百里之壽愛民一念出於至誠惻怛
之微與民感通合一則其享百里之祀以至於千百世之遠也豈
踰德哉昔羊叔子守荊州強魏窺吳至誠一念洋溢人心登峴山
墮淚一點至今人思之不忘杜元凱勒功二石一置峴山一投漢
水而人思元凱不若羊子之為深蓋元凱之用在跡羊子之用在

在心天理不蔽形器貞泯固形器吾文公牌以公之心理神思在
南安不蔽形器也

是文從舊鈔本見丞公文集傳鈔係坐帝師之僞当
援尋原碑校正　唐公之祠勝國凡於潘山今潘
山未見有此祠抑傾圮其基址祿必有父老知之也
俟齋
[illegible]

南安邑侯吴公老父母去思碑　李光缙

邑侯吴公令南安三载，政成，邑大治。中丞王公具疏荐吴公，是以得满考给由，奏最天子，下綸音锡之，所以褒嘉能一。今天启元年，侯将抱功状入觐，適邸報至，擢为均州太守，吴公乃释觐而趣装将归而抵州任。诸荐绅士民难其去，相率攀辕留之，不能止也，谋所以纪吴公之绩以垂永思，於是介文学王生铸丐言於不佞缙。不佞谢主臣曰：揚休述美，此盛事也。有邑中贤公卿在，能鄙儒所宜能？王生曰：不然。吴大夫高得先生久矣。大夫识礼贤下士，及门者延见无虚晷，然未有先枉车骑自造庐而请者。先生足不及邑庭，寄傲山中，大夫再请而得见，此上世式庐折节之风，而武城宰所以得人於澹臺君子也。国士之遇，是在先生，愿先生勿辞。不佞

唯唯退而思之耶谷之老人涇陽之樵夫是皆以山翁野叟不識
官府之民而能頌郡邑吏之美使萬世下不但仰其所頌者之
清風瑞政而不可得并其所为頌者人可仰而名不可聞兩有餘
休焉且予夫子论先從進左君子而右野人則野人虽嘗於位
而學於礼樂亦有时为士大夫君子之藉者不倭樸遨方今野人
也縱以足下诗而頌吳公政吳公其惟若耶涇陽我與出罪我吳
公之政甫出也可得通治理識时直矣昔之稱賢令者不过曰持
身欲廉也讞獄以平也徵賦以寬也以是三者可政今日不过得
一廉靜長厚之吏已矣今有大不然者遼左用兵国課日急加徵
增派名色多有諳征緩輸不可得而行也姦偽萌生獄煩訟端起
诗托盛行枉直樊乱执法停讞不可得而問也邑与晉鄰山川林

鬻田園之利二邑共之豪右為政畝古成風毀屋奪田怙不知畏
而豪家之子弟皮室之門幹撤徒之集黨橫行州域搏擊劫掠之
事起矣主名不可問笞箠不必設有司之法能行也吳公之為本
邑亦難矣吳公惟是本之以廉潔先之以平恕而後行之以震肅
嚴屬訟所為戒暮金寬儲鏹禁役市物所例供之類皆已布信於
民故令必行而禁必止征輸急以應上供程之限與力之闕間訊
獄平以達下情參之理與法之際亦間有追呼但使完逋而已弗
加究也亦嘗聞關說但使依法而已弗枉情也勢趨相激時事俠
然非吳公意也吳公既盡心力其在決河渠引城西南之水以繞
東北之疇其所最目力其在童生試騁己雌黃之見以通守畯之
路是皆摧豪強抑鑽刺而一意行其也故雖晉人有欲未遂爭未

平与才未尽録報遣而訴之吴公之庭就吴公之試吴皆有以使
得所欲而去独其於投獻人室廬墳墓其甚極權貴不少曲狥必
痛懲法之而没已代如儒文廟涛義廪嚴保甲鄉約賑旱饑優老
䘏孤種種具舉大氐吴公精於其職治以嚴輔寬而行其得之英
敏振刷独多余觀其最没畀晋篆月餘壹何寬大長其以拙字為
催科以蒲鞭行寬化衎楊不事民亦樂輸南人嚴之晋人和之南
人以為神君晋人以為父母此余所稱吴公通治理識時宜其率
是道也夫治亦審所尚而已何必畫一吴公今行矣九日山之下
黄龍溪之上故有延福寺壽聖習儀於是吴公搆堂於傍為更衣
待福之所大夫國人謂吴公所茇舍棠陰托焉相与勸石不誤其
思余且以溪山当耶其筆札当樵言后有读斯碑而峴淚其淨其

曰吴公真德讓君子大夫踰垣闭門容也豈其仰天薰艾大呼若
先於頌吴公不誣不漏質勝文也是則野人已矣君子野人兩相
引重有餘休也寧非天啓初武榮一盛事歟吴公名廷諫號如素
江南西南昌人以鄉進士授令兹邑今擢州判使辛酉陽春月吉
晋江守下景璧居士李光縉宗謙甫頓首拜撰

此碑朴在九回山下延福寺口左畔之路相
距不遠又一碑豎立圯亭以護今亭圯碑殘
字無多也尚不知何事也

璧堂記

支祈即与
支祈水怪名
禹治水三至
桐柏山乃獲
禹授多人
得其練刺
授之庚辰以
鎖之詳見
太平寰宇
記乾隆
皇上嘗一見
之
形似猴
同理刑家也亦稱
李

重修武榮文廟并興建文昌祠碑記　鄭之元

武榮去郡郭十里鱗氏相望文廟在邑之南郭其地踞奎阜而瞰金雞郡邑襟帶文章為盛然嘗聞滌山水所趨溪流在趾恃士先生蛙黽之與處時之苦沉竈矣廟貌之觀丹青常剝守土者嘗謀修葺發之與支祈爭非一日也異時士大夫之言曰聖廟之製沿襲故元塑像而祀淪於東鬼蓋自宋[illegible]兼見廟堂設持土肖像先神而明之之義嘉靖間行天下釐革而郡國庠邑因仍未改武榮其一也又上雨旁風俎豆不肅使佛老之宮縮黃之黌宇猶敝焉宛陵唐侯司李于郡明刑正俾以振起斯文為己任來署斯邑顧瞻宮牆卑細而嘆況而辰禍聖像瞿然譏

文昌本文昌星名星有七在北斗魁前天帝主營計天下事化為孝黃帝子名揮始造其神乃

博士張君仕達曰魁禮之亟謀即以恭蒞之斗乃自捐俸鏹於衣冠之座前施坐障示不敢毀与張君為炯約庀腐飭窳綴以丹采闢門之內言言翼翼齋廚盥簋莫不備舉譬於霽光之殿庭然後宮矣齋舍後有書籍之庫尊藏淡即其中創文昌帝君祠而祀之於是士子益踴躍鼓舞不謀合志曰非唐公乎尊寅有此張君使余書於石余竊觀文廟沿革左今非一而易像以主尤尊聖之大典自宋金華發之及張永嘉贊行之而武崇之奉及唐公釐正之明禮若此其難也世傳梓潼化書不足深信然文昌之位象尊于天其爰主陰陽力行積功累善与乎夫子文行之爰差合其為張翼之精司文章之命固与氣斗祔於國

年 月鈔

四川梓潼县張惡子也，以文昌而祀其神。金牛千歲。神在宋時於科目甚靈驗。朱子訪梓潼与灌口二郎兩個神，我爭竊擬了兩川也。元代遂以文昌帝君號之。今國例書文昌帝君，實則無人議奏，以祀典改正之。

學宮爲宜也唐侯父子以理經世先後並起名進士先爲司理平明廣慈哀矜勿喜誦法孔子者不當如是乎張君博雅君子人士歸心剝蝕跋予才如鳳志如日唐侯獨重而以序之若唐侯者可謂好賢如緇衣矣

[redacted]

按崇禎二年折縣推官唐公諱一澄建文昌祠於敬一亭之左此邑乘載之未聲明以書籍庫地改建也

唐公天啓五年乙丑進士寧國府宣城縣人

年　月鈔

唐相姜公墓碑記

明　傅凱

樹直節於當時，流芳名於後世，此大丈夫之心志。臣之於君[illegible]明弼諧，相與都俞吁咈於一堂之上，而共成乎德業，勇不見其所謂直也，固其所願也。不幸見有過，在所當諫，諫之不聽，而譴怒隨之，黜罷隨之，遂使君有拒諫之失，而臣有直諫之名，此豈其所欲哉？然與其貪位固寵，依阿而不言，竊祿公餘而不失其私圖，則婦寺之所爲乎，惡足爲人臣，惡足爲大丈夫乎？故肝可裂而口不可緘，首可碎而志不可奪，嶺海之瘴可犯，而此疏不可以不陳，是其身之利害而有所不顧，計名於我何有？然書之簡冊，播之天下，而傳之後世，其名自有不可泯而揜其芳不知乎此人不重乎此人則是無人心矣此唐相姜公墓之所以修而碑於以立也稽之史傳公愛州日南人德宗時為翰林學士預知朱泚之將叛諫誅之而不聽涇卒之將亂復諫徵之以從行而不聽及德宗以駐風翔又諫以張鎰之不可倚及在奉天又諫以朋衛不可不察後皆果如其言除公諫議大夫同平章事既而德宗欲厚葬唐安公主公諫宜從儉約以濟軍興德宗遽怒其專直以求名雖有陸宣公之解不能釋遂罷為庶子未幾又貶為泉州別駕當時盧杞保朱泚之忠貞而致乘輿播遷宗社幾覆德宗尚不之咎公何負於國家而一黜不可復原德宗何如君是固不足尤而直道不容于時可慨也公至泉日與

阮君秦系往返于南安九日山，適終於此，秦貝為葬之此山之麓，即今姜相之峯、秦貝之亭屹然砥柱並立，而故邱斷城頹址於寒烟荒艸之間，幾莫能識者。別駕桐廬羅侯憓以御進士來治郡幾五載，廉介公勤，崇儒尚道，雅慕公之直節。宏治辛亥冬出按南邑，屬余為訪公之邱墟，將修之而立石以示後。乃謀郡守李侯、通判張侯、節推楊侯，同心協力，命工修葺，卜日具牲醴以奠，屬予書于石。嗚呼！天地有正氣，人心有正理。正氣不窮以一日息，正理不窮以一日泯。使公在當時若盧杞之奸，則雖蒙一時之寵，至今人將唾罵之不已，其枯骨之在地尚有則穢而累之哉？况豈其垂而哉？惟其直節不回，可以質天地而無愧，此

其所以虽历于一时而起敬于千载之下者尚未艾公其可以
小丈夫比哉睹高山而仰止启后人之具瞻则侯之可得知所
重而无愧于公之为人皆可想之因系之词曰天地交而万物
通时有直臣而不显其功天地不交而万物不通时有直臣而
独当所难公之在唐安社稷之将危而黄巢之穷凶未平朝上
而亡焉夕出乎闽山之中忠言逆耳王臣匪躬公盖以之古今
孰不仰姜相之高峰满林红叶环塚朦胧不有我侯孰起其崇
谨镌石以记实盖将使后人知异世而同风

重建鰲頭石井書院碑記

鰲頭石井書院爲宋韋齋朱先生暨文公先生父子而建也。紹興初，韋齋嘗爲是鎮官吏，外□（進）民之□（秀）者教以義理之學，士向慕之。後文公來莅同安，屢過此，見其父老與其長上論説理義，且詳士用益勤於學。嘉定間，鎮官游公絳因士民之請，白於郡守鄒公應龍，相地於廳之西爲書院，如州縣學之制，建大成殿、尊德堂及富文、敏行、移忠、立信四齋，繪二先生之像而祠焉。仍給五庵寺田以廩士之肄業於斯者。當時家禮樂而人詩書。由宋至今，田沈迷失莫追，書院爲風雨所震壞，地基爲豪强所侵并，而黉緣蓋屋集墳於基內。郡庠生莊槩等白諸（楷奏）巡撫張公，行核未復而去。汶國子生莊□恭行县邑核實，收屋屏傾，復建中殿及門樓，而四齋猶未舉

石井鄉序
南安石井書院在安平鎮，另轄也。康但間修邑志，有修入石井書院記，究竟與南何涉。石井此宋安平鎮，間開一井，數十丈而及泉，大底乃大石，朱子書「石井書香」四字勒於石，而泉深字中出也，佈於井欄，可見四字不明

記 歷生 是 秋迹 悦鑒 也門人 泊而究 自宋石 報法字 一碑溯 年有 家近 今在人 是井

此數句府志不載

宏治丁巳十月貳守桐廬羅侯憓出按海濱慕二先生之遺跡有感於夢寐而往拜焉見齋北鞠為草莽肉仍被侵蓋屋門㮕傍出入中殿黜罣亡幾毀漫漶咨嗟良久而遂有興復之念歸謀諸同寅郡守四明李公哲咸壯之因立折其屋捐俸金十兩以致仕江陰邑丞伍君環偕諸耆民黄隆海等各勸捐貲之助有差隨伍君而下九人董其役重建四齋如舊制改建門㮕三間而大之傍葺中殿而塑文公之像於中東小山蔽竹亭西杏壇外仍樹以石華表而扁之曰石井書院興工於丁巳十一月十一日畢工於正月二十六日躬行釋菜礼而告成焉仍以建後堂而塑韋齋之像於中以九載秩滿當行乃計於民許助未入之資今書口口世志謹從入之改日輯衆鳩工以完其予伍君偕諸耆

然世之俗吏
起及下語
志不載

民以侯之功不可泯也屬郡庠生伍超芳援来侍祀嗚呼周室既衰憲法不行堯舜禹湯文武周公之道幾晦孔子出而集群聖之大成刪述六經表憲萬世群聖之道失明厥燼於嬴秦駁雜乎漢唐孔子之道幾晦文公出而集儒之大成研極精微解釋經傳孔子之道於是乎大明然則孔子有功於群聖文公有功於孔子而淵源有自則出於韋齋與仲素討論之日不可掩也故皆得從祀於孔子之廟宜矣而此石井乃先生父子處化之地處澤之及人者深石井如親炙之人安得不軒昂其棟宇巍峩其貌像而致尊崇於無窮哉然世之俗吏以是為法令所不及而略不加之意侯以御進士來宰於泉清白是守政務之餘一以崇儒重道為心彼為人之所不敢為亦可謂有功於聖道不可以不書也後之士友

相率而肄業於斯者繼以先生長人之法而從事焉進以是道而

行於國家退以是道而善於風俗則書院之重建寧不為有光耶

因書以并勗之若脩汶為德慶州判攻莊槩今為陸川令云時宏

治戊午七月下澣

賜進士出身奉訓大夫致部郎中予南安倅　凱書

賜進士第觀禮部政雁峯李　雍篆

董事九人及書碑人不录

碑汶沕題捐人不录

對

平寇碑記

明 鄭普

海巨寇曰阮其寶、四師老、林剪毛者十八種，為患閩浙交廣間二十餘年。嘉靖某年四月，掠同安小嶝，死与被执者二百餘。入小嶝遂墟，掠东石、围头、深滬，而惠安虏地則一岁三四至。郡侯習齋程公講求備禦策，治戰艦，募水兵，分遣文武材官截守。是年五月，其寶寇围头，统二十餘舟。千戶貳丞馬一洪、指揮孫廷槐承侯命，發四灣兵船攻之。侯下令曰：能得賊者，悉与以其所有。又曰：勿浪擊，勿妄殺無罪民。乃用命。五月二十一日，与贼戰小嶝南岸，自巳至申，破其三舟，獲賊三十餘人。贼退保草屿。是屿万石所結，峭崖環出。忽夜間風浪有声，争解維避之，舟悉衝没，是月二十八日也。贼党奔遁，其寶独携八十餘人屯屿上，覬援绝而烟火已绝，势將自

艂先是石井有鄭汝暢張卓应數人為賊所執至是归且以報侯
侯命馬丞攻围之六月朔日舟四集賊夜輯残板谋遁衆合擊之
殺其賓斩其首獲其妻妾并賊徒畨子浮屍蔽海先後奔遁者指
揮張文昊守浯洲尽索得之械送侯庭者二百餘人次日賊援至
已尽殲矣未幾林剪毛合党寇蓮河方揚舟登岸賊檣忽壞心悪
之乃自焚舟去是月十八日寇晋江石湖又寇蚶江侯復命馬丞
亟宵赴集諸社有力者百餘人自隨往衆力倍奮遂手殺賊獲十
四人焚其二艘賊乃遠遁侯視川海上携酒肉召勞諸効命者張
十一張尚魁身被數鎗面慰賚之登石井壞臺料賊所向呼諸父
老諸之曰浩浩乎波濤之大渺無涯際而浯洲一山乃逆流离出
此天地造設為環海藩屏尔民務自為守乎且申諸戍之令責尔怠予斗使山前後無所乘之
隙則汝屬保無虞矣於是民忻忻樂有所倚相屬車下三十里不絕不肯家居是地自數乎
戰功敘勞叙祀輯為實錄庶觀風者有采焉

福建文獻集成續編　集部　四八六

對

武榮邑侯吳父母修城功德碑記

明 王畿

南安去府治十里許埭坊古未有也城之自王融夏侯始之侯當嘉靖之季寇夷江侵民鮮寧宇是用條便宜度地擬扼以衛我民蓋此然京西一重垣云嘗承平久烽燧不驚即小有竊發一虞侯之力能制之故有司緩視城築幸得安堵稱奉賊与害從秋以去足矣於濡袽乎何有南昌吳侯之蒞茲土也滄槃拔葵慈赤礼士所厝注恰中利病尤圖所以葺壍峯廢为久安碩畫一日登城垣四顧喟然曰南邑處府治西偏与晉安相犄角而梅花九溪之間實濤溪永德所籍咽喉地惟茲保障雉堞在奈何置頹圮勿問而以委土壽虛有其表為令猝有不測彼乘坊斬關之夫得与生睥睨也耶於是捐俸貲如千斤鑄鏝如千度同予邑簿胡君廉幹勤

敏遂与分董其役仍石於城藉土於濠因工於仿不糜公帑不妨
農收不兩月而櫓堞埒坂之砥者堅隳者堙委頓瀸濾者飾邑城
百城雉煥然改觀金湯之險弥增而固將其事於万歷丁巳之夏
月而卯其秋告成侯且咨民瘼壽物力羨廪精蒐卒乘纚之實政
漸次具举蓋自是南安誠安矣哉真百世澤矣夫粤秋出城甫牢
重設險也莒特僻陋詎孰以我為虞丞使楚陝辰克其三都君子
賦茇蒯剌焉頃者公膺不遑揚舲窺我內地海壖村落之民扶攜
遞奔坐城郭如鶩賴有固志然則侯之綢牖徹桑豫設險以固民
圉政春秋特筆所必出哉諸父老不能一日毋恃城直益不能一
日忘侯矣先是城功成父老謀刻碑之侯不可曰古司空不視塗
猶以為非国岂其城復于隍而秦越視諸予不敢特陋廢倫而與

竣役既告成予復攘以自勞人其謂之何已而侯以述職行適不佞從豫章歸過里門猝有海氛之警詢父老環城而頌曰微侯其孰遺我以安而碑矣邑舊祀夏侯于縣治之左茲將碑侯于其中与夏侯並尸祝乎不朽乃藉手謁子於碧石以請於不佞今而後乃知士君民之不忘侯有以哉侯在邑政多善不第特書其城功并揚其歟伐也

南邑祖父母築城碑記

龔必第

武榮故粵州也，濱海依山，風稱淳厚。舊土城創自夏侯汝砺始嘉靖之季，倭寇内訌，延以三十八年己未秋興工，越辛酉夏告成。閱今百有餘年，邑居聚族安堵無恙。壬辰春，閩東祖侯涖茲土，敬士撫民，百凡励精，沐浴歌詠於兹一日。甲午冬，寇氛匝蘇，變生意外，城之壞蓋似有氣數焉。侯目擊心惻，議築新城，爰勸諸里役計見年之丁米，扣全年之供應以充工資，而印以下年接役焉。上無煩於公帑，下無損乎錙銖，遂不日報竣，殆若有神助。於侯經營課督，心力俱殫，周遭行視，劃若塹，若雉堞，門樓如舊，隆聳倍之。邑父老爰鍥石以頌侯遺愛，窃心慰焉。經始於丙申正月初五日，告竣於二月廿日。為門四，營以高樓，數如之，為敵臺六，為炮臺百七十有六为埰子八百五十有九高二丈七尺週围九百五十九丈木瓦灰石之材以数计之缩揉度削之役以工计之费实不赀皆惜协众擎谊切乐输隳之冯之迄用成城昔人云众志成城今也众力成城矣用力之难也百倍於志则能用其力犹之能用其志也今我侯能用其力尤能用其志焉以是知我侯岂弟惠之深而吾邑风俗淳厚之犹仍旧也是为记侯讳泽茂号渋渊岂进士闽东人

南安县重修学宫碑记

刘佑

自皇畿至於郡邑皆立学而祀孔子能特以尊崇先師而必以萃处一方之俊士使之朝夕肄習其中成德立業以備。国家之用其必若然則堂庑斋舍庖庫器具羽籥干戚经史書傳必備必具始有以居士子而劝懲其率教不率教者顾自古治少乱多民力困於挽输虽通都大邑往往不能備物以敬学宫虽设止於春秋释奠以應故事而其訓诲教化之实究未有能行之者又况乎僻陋下邑财赋告詘之地也哉南安虽為泉郡巖邑而城垣湫隘不足以立学校故前贤相土宅基独处於城东三里许吴亭山之阳负山面水地理為優唐宋元明以来迄於今日名卿硕士代不乏人然而斋厨器用干羽書史之類不備不具不能如古教化之盛

之康熙甲辰水溢為灾門庭廊廡半付波臣卧石丹僅　聖殿六
楹耳余於己巳之冬方疏告募而學博應君國賁董其役於是戟
門欞星大殿兩廡以及啟聖文昌奎星閣名宦鄉賢兩祠漸次復
完雖一時屈於物力廣文舊署未及營建然較之向日殘瓦頹垣
觸目蒼凉之象則亦大不相侔矣嗟呼士生今日其亦猶幸而被
詩書之澤不淪於固陋其亦不幸而不出於古之世沐被先王之
教修德勵行不區區見長於文詞也余生平讀古人書竊見古昔
風
教化大行之世士行猶樸民風敦樸私心竊而慕之以為苟叨一
命當必興學育賢敦崇教化雖不能如古昔盛時亦庶幾使一方
之人移風易俗不染於舊習之汚乃待罪於此且三年而學宫一
役尚未竟該多邑廢墜已久為之必以其漸故抑余涼德薄植不

足以感格群心而使之樂從鼓舞士庶居國貴賤生業之安請余記之余辭不可得乃為書余之所歆慕修營之月日以遺之後人俾得漸次修葺備物廣長以臨此邦人士於三古之盛是則余之志也其若其捐助姓名尤不可以無紀茲故併刻碑陰以示來者

重興九日山延福寺併清理田地租税寺産碑記

潘晉晟

九日山為武榮名勝，東西二臺勝蹟三十六所，中殿延福寺，遡為祝 聖道場，邑志詳載。傾頹日久，康熙甲戌，邑侯李介持捐俸鳩衆，衆樂輸千有餘金，復為增構於神淨宮，式煥堂相，重輝捐買田園，及清出本寺原業，以備香燈齋糧之需，田畝糧餉刪定印冊，交僧收管，其有功於禪林而增耀於山水，豈偶然哉。壬子春，余宦遊歸里，躋九日，訪延福之勝，乃昔之焜然金碧者，忽而頹圮於瓦礫；昔之巍然軒翼者，忽而漂搖於風雨。祇園之功德，曾幾何時而遂幾於淪沒，方為感惻未已，因諮詢其故，乃知住持不淨其人，吳姓棍謀變蕩所致，不勝慨然。夫以千年之勝地，闔邑之福田，若不整頓

而維持之六士大夫之过於时方思图復其田適當值司馬刘公
祖借補武榮甫下車即以振興百廢為己任如明倫堂城隍廟县
堂一一贊襄重修余已知九日山必漸次而理矣未幾而邑之陰
陽學黃天佐等以情具請公祖可其呈即吊訊鄉保耆民查照前
邑侯李印册寺業逐一究清議擇謹慎文行僧入指出住持發掌
供課奉佛而寺宇乃煥然一新噫嘻凡事莫為之前雖美而不彰
莫為之後雖盛而弗傳内使九日山寺非逢刘公祖為之畫一區
處別田業廢尽雖有名僧亦將望而思去鐘鼓之聲奚以时聞於
林壑是今日妙擧其功力為尤大也然則刘公祖義積福緣安得
不勒之石以垂不朽而寺業之土名租額米數安得不附此以貽
將來乎樂哉茲臘月既望黃天佐僧指出以余留心於九日山索

余為序余唯唯不能辭去

州公祖諱浩號素庵直隸真定府棗彊县人

雍正十二年十二月一日

賜進士出身　中憲大夫雲南曲靖府加三級邑人潘晉晟頓首

拜撰

时宣公知
贡举

新建豐州書院碑記

南安古豐州地也負山抱海名代起自唐歐陽行周與韓李諸君子同出陸宣公之門時號為龍虎榜至宋劉禹謨柯仲常明傅錦泉鄭孫如諸公並以學問文章顯天下迄於今積學輩出科名疊起出入承明者大有人也鄒魯文物何多讓哉縉士大夫家自為學興育就正之地由來闕焉夫人才之興先視其學凡學之道先立其教也曰教學半說曰肆成人有德小子有造古之人無斁譽髦斯士記曰時教必有正業退息必有居學周禮國子舍於王宮教子師氏萬民居於閭里教于塾師朱子謂王宮國都以及閭巷莫不有學蓋不特士之俊秀者設教以教之而凡庶人之子弟亦莫不擇德行道藝為之師而彬彬就學此教之所由興也我　國

疑有脫字

家崇儒重道　聖天子加意作人名公鉅卿相與廣勵學宮其自海隅徼塞四方万里外莫不仰体右文至意郡邑黌宮而外循倣党庠術序之制并白鹿鵝湖遺法建書院興義學勸宣教育鼓舞人材嗚呼盛矣南安以沿海大邑御前輩不乏詩書有志之士蒞於土者歷來俱有知名而書院尚未及議雖亦朝廷延請山長教習義學而因循故事体制未協者及大負　朝廷造士之法而重貽此邦人士羞乎岁甲戌余承乏許土忱然引為興之而水旱洊臻之後桑梓山集民情未洽弗遑及此次明年時和岁稔圖固一空百姓安余之拙而余亦幸都人士之可與有為也乘大會紳士相时度地議以丞署故址為書院毗县署而起建焉委群材鳩衆工糜金錢百二十餘万而人不以為多木工石工土工積五千

乾隆二十年

亦有奇而人不以为劳有斋㵂之室有讲论之堂有肄业之舍有憩息之亭东西夹室周以迴廊轩庭庖湢毕以法堂厰以亭门肃以墙而复带其左为奎星之楼突其右为乔木之荫严之翼之闳伟壮丽而人不以为侈盖经始于乙亥之十有一月而观成于丙子七月虽创从古昔未有实则顺人情所同然也书院既设士相与讲贯服习乎其中明先圣王之遗经佩圣贤之成法不乱于百家不惑于传疏而穷理窥其奥勿竞乎声华勿炫乎幽独而提躬峻其坊积之以勤浸之以渐其贤者超然自信而独立中材之士亦将勉焉而不自知则处为经明行修之儒出为公卿将相之选人材蔚起而变化大成行将驾唐宋有明而上之宁仅欧阳诸公光照邑乘已耶虽然有造士之地不可无养士之规士收於书

院而給以膏火乃沙旋其愧厉而责以成功適予方奉 旨入〇

〇覲而膏火之資有志未逮一切章程未及釐定上之不能為〇

國家宣揚華從稽古之鉅典下之不能與諸生考究明體達用之

實功則所望于後之君子以成予志者正其窮也夫是役也與予

定其議者進士吳君汝元孝廉邱用贊諭旋君寅亮監生傅奏功

洪永洲葉天達生員戴霈時旋君為義學長傅洪二生總理其事

監生傅其言董率成功進士吳君戴葉二生共襄厥役均可例

沙書投于其旅成也刻辭于石而立于其序以識矣

賜進士出身文林郎知泉州府南安縣事加三級紀錄三次鄒邵

南撰

豐州書院膏火碑記

閩為文物淵藪郡邑多書院南獨未建亦計及常餼所資遲有待
云云乙亥漢陽鄧公念謀而鼎興之庭舍輝煌規模宏厰洵鱣堂
一大觀也旋以北上但肇善後予宜未及籌焉余適成承其乏見
夫爰士有地養士無資為吾閩一缺憾予乃喟然曰責曷可貸哉
夫事必待其力之可為而後為之則曠焉未逮者多矣且必待其
可為而為之則其力之未可為而不為者固有以自安也是終無
可為之日矣堂構既充蔬水弗給晦明風雨間操尺幅咿唔將無
藉以自謀矣縱力學雖日取院宇而塗塈之丹雘之究與羽流緇
客崇飾梵宮者無異於身心性命之學何與也余纔力不逮顧則殊
殷爰偕學長蔡君鳳邑紳吳君汝元施君寅亮戴君時秋邑士傅

生奏功洪生永洲葉生天逵諮詢商勸確集諸紳士以勸輸計得
白金壹仟捌百錢營息度支俟捐資加饒用以市田購租垂為經
久計並就中參酌臚定規條有十款　憲許可諸紳士公同攸戰
是舉也況弗格於例復不限於力乃父兄之餘橐潤子弟之書囊
則積錙不為派出入皆卑於公捐絲毫無假乎私耗則營運不為
屑執經有資登雲有自從之鐘鼎能云多今之升斗能云少則分
議不為擾如是余安問其可為不可為哉南號濱海名區唐宋
以來歐陽別傳諸公後先振出迄今讀書秘閣視草木天者蓋不
乏人山川磅礴應時疊起諸生肄學會文其間方將養潛鱗奮健
翮以為邦家光是今日之所為正可卜多士異日之大可為也用
壽貞珉以垂不朽　時乾隆貳拾貳年歲次丁丑涂月　賜進士
出身文林郎知泉州府南安縣事安成伍煒撰

堪輿家不知地理，以八煞位何以為煞？又以利器戳件而絕斷山腰，此等邪惑，且見不知地道之至理，真以為可與天戰，又可與地戰也，好笑云云。

好笑云云。

對

復浦城縣金鳳門碑記

洪科捷

運會之於地脉大矣。祇驗之事後，歷歷可數。夫君子創業垂統，幾費經營，繼之舊章，是率廼為無弊。閔子欲止魯人之改，晏子終復景公之吏府宅，且然，況城闕乎？況城闕之休咎乎？浦堞東門原在龍山之首，出於巽方。右山抱左，去水環來，形勢翔集，林木聲若翩翩然，故名曰金鳳。于時名賢輩出，理學神童聞乎今昔。自明季為堪輿惑改，移辰方八煞位，且以鋏剪一刀一义四釘五雜瘞於闕下，絕斷山腰煞方，直埽西極。余聞之邑人云：

愚公鑿穀太行王屋，未見絕斷山腰，邪術惑人，真可殺也。

無此可以與天戰，抑以與地戰也。

清興八十載，旱潦烽災，莫不疊見。庠序人民委靡彫敝，登賢書者鄉科僅數人，甲科則自故明萬歷辛丑後百三十載無聞矣。此浦地運會之咎也。在復之六二，休吉。有心者思欲復之，復其休也。時有

明經徐芳桂毅然首倡邑人咸悦乃於
世宗憲皇帝御極之元年癸卯與紳士劉君璟張君顕謨僉告前
制臺滿　撫臺黃　府臺張蒙察輿情咨　大部准復舊址而前
邑侯徐公球暨城守楊公守金者則因民之利與衆紳士醵金伐
石塞地爬之斷者以續復古制之窒者以通新樓櫓於雲間治道
途於山麓皆刻期以成信如呂氏云遷善之門翻手可闢也
今上乾隆七年壬戌距復時已十九載矣余自雍正十三年乙卯秉鐸
浦庠見其歲序豐和人民庶富家禮樂戸詩書士為民表俗醇而
風振文武登會榜者三捷鄉闈者十有七以斯門未復之先八十
載與既復之後十九載校之運會之休咎不大彰明乎且驗之事後
不特有利於民併利於官十九載中之邑宰如張公杜公則陞趙

公揚公則調皆前所未聞即余之叨列詞垣亦未必非由是而見故此碑遲至於今而未立者待有徵也既有驗於文風民俗而理學神童之緒將來接踵而起定有休徵故此碑遲至於今而後立者示後人知運會之所自也適余歸省過浦從紳士之請而追記之以見浦邑東門之復非若春秋南門之復作也猗歟休哉爰書厥工肇於雍正甲辰五月十三日至夏杪工竣鑱石以告來者其樂輸姓氏胥列于碑陰

大清乾隆七年歲次壬戌冬月立

重修路橋碑記在郡城外南塗二里外　　　　陳步蟾

疇衆苦斯途泥淖久矣當澤雨釀膏原田洋溢溝澮窪盈橋梁傾欹輿者為之息肩步者為之裹足凜乎若臨深履薄焉郡中樂善壯施諸君子自省會以抵厦津旁通安平窄隘險巇倡捐修築鋭易危而為安獨此南關車橋以通法石孔道猶抱憾焉毋乃難者易之者難与孔子曰見義不為是為無勇諸君子勇矣哉一嗟同處共襄義舉浹辰得白金兩千購石於山召工於肆修之卒之為磐為梁如其途之曲直而碚之長五里寬五尺有奇坦平如砥造橋四翼以扶欄曰登洲曰河溪曰沙墩曰院前又路亭一可避風雨而蘇疲憊往來行人心焉德之經始於同治壬申六月越癸酉八月告竣首捐者即補道黄君贻檀洪江侯補府何君鴻文

二字俟查原碑

陳君祥都轉陳君懷德貢生黄君恩元暨工貢生方君碩声監生
陳君文波樂捐其芳名勒石共垂不朽也是爲記同治甲戌立石

白雲照春海賦 以鮮碧空鏡春海爲韻

唐　姜公輔

白雲溶溶、搖曳乎春海之中、紛紜層漢、皎潔長空、細影參差、匝微明於日域、輕文燐亂、分炯晃於仙宮、始而乾門闢、陽光積、乃縹緲以從龍、遂輕盈而拂石、出窮巒以高翥、跨横海而遠摭、故海映雲而自春、雲照海而生白、或杲杲以積素、或沈沈以凝碧、圓虛乍啟、均瑞色而周流、氛氣初收、與清光而激射、雲信無心而舒卷、海寧有志於潮汐、彼則澄源紀地、此乃泛跡流天、影觸浪以時動、形隨風而屢遷、入洪波而竝曜、對綠水而相鮮、時惟孤嶼冰朗、長汀雲淨、辨宮闕於三山、總妍華於一鏡、臨瓊樹而昭晰、覆瑤臺而縈映、鳥頡頏以追飛、魚從容以涵泳、莫不各得其適、咸悅乎性、登夫爽塏、望茲雲海、雲則連錦霞以離披、海則蓄玫瑰之翠彩、色莫尚乎

潔白、歲何芳於首春、惟春色也、嘉夫藻麗、惟白雲也、賞以清貞可

臨流於是日、縱觀美於斯辰、彼美之子、顧曰無倫、揚桂檝櫂青蘋、

心遥遥於極浦、望遠遠乎通津、雲兮片玉之人、

紅芭蕉賦

唐 韓偓

瞥見紅蕉、魂隨魄銷、陰火與朱華共映、神霞將日腳相燒、謝家之麗句難窮、多烘簡紙、洛浦之下裳頻換、剩染鮫綃、鶴頂佟伴雜冠、詎擬蘭受露以殊、杰楓經霜而莫比、趙合德裙間一點、顏同白玉、唾壺鄧夫人頰上微殷、卻賴水精、如意森森嶷嶷、脈脈亭亭、蒨玉之瑳、來若指彤雲之翦、出以屏鸎舌等端、妒天桃而未咽、猩唇易染、蹋浮蟻以難躍、在物無雙、於情可溺、橫波映紅臉之豔、含貝發朱唇之色、偕虞蜜炬、爍桂棟以難藏、潘岳金釭、蔽綃幃而不隔、大凡人之飛者必動物、物之尤者必移人、不言而信、其速如神、所以月彩下蠙珠之水、梅殘生鶴唳之津、窮閨巧運、自合天真、有剽先知、無聲已認、体疎而意密、跡遠而情近、天穿地巧、幾人誤絕色難

逢、蔣古千秋唯我勝紅英不盡、

黃蜀葵賦

唐　韓偓

色配中央心傾太陽拆葉近臨於玉砌移根遠自於銅梁蓦綠叢
未遇楊羲冠簪駿騣杜蘭香奇逢張碩巾帔飄揚銀漢之星機乱
曙金壺之漏箭初長動人妖豔馥鼻生香千里鵲雛濫得名於太
液三秋菊蘂虛長價於紫桑向日微困迎風欲翔周昉神疲吮筆
而慚深思拙江淹色沮擘牋而誤恨才荒蝶翅徒憎蜂鬚可妒幾多
之金粉遺窮一點之枟心被污何須遍視漢宮人之鴛寝多羞不
待含情晉天子之羊車自駐激電窮膛跳丸烏兔得不淹流深勞
欣慕懊恨張京兆唯將桂葉添眉悵望齊東昏却把蓮花襯步驄
人易老絕色多愁豈忍在綺窗側畔唯當居綉戶前頭目斷猿駐
魂消未收映葉而似擎歌扇偎欄而若墮妝樓感萵藥之慇懃誓

乞纖芽、怨謝鯤之强暴、未近風流、已鶯啼、黃昏宴散、鶴唳兮長引、猿腸兮屢斷、攀條之處、林鳥應笑於彼栖、款枕看時、梁燕或聞於長歎、已而已而、唯有辭眠於叢畔、

郭集

對

明水賦

以玄化無宰至精感通為韻
貞元八年及第題

唐 歐陽詹

智之不測有明水焉方諸在手圓月居天象質遥分列過遠而迴遠英華潛合遂滴瀝以流漣可謂妙自然妙玄之又玄此道之自何而來彼靈也從何而借越杳杳之蒼旻阻冥冥之永夜當蟾魄而光彩殊流端蛤形而清泠忽下苟陽燧之通感實柔祇之秘化豈不以我惟陋德伊乃陰徒精靈合契氣類相符共稟坤而配坎諒交津以有濡此理焉自取之乎必有於水也遂生之於本無精潔可嘉清明於在浴玉壺以無垢入犧罇而有待處罍實爵今則由於聖人置下升堂已不闕乎真宰猶夫所自原夫所致臨庭目擊雖從陰鑒而來向月心祈又似工天而至來莫我挈至莫我精弃本不仁投存名而曰水從宜豹號遂表性而稱明信可薦宗祏

郊上清故河師先享此告帝功成冠三極而首進掩五帝以先乃
招百神之景福致萬姓之元禎無益於人鄙玉紫於夜漏自求其
溢吸珠露於金莖遊原習坎固有冥感外陸浮空不無玄通發吟
雲而致雨虎嘯出而來風動于千里之效潤從百里之功詎若以
極中之瓊田內天上之膧朦精液下融神人以宗而福祿攸同者
乎

對

出门賦

唐 歐陽詹

出门辭家兮人有志而所遑予將去以遠遊別天性之至戀去人
情之所狎慈訓誡予以勿久指蒲柳以傷秋弱室咨予以遄歸目
女蘿而起愁心眷眷以纏綿淚浪浪而共流惕悵安以敗名兮何
可以少留於是驅忠信以為車執藝業以為贄越三江踰五嶺望
堯旌而求試庶以呈功取爵處德揚名獲甘旨以報勤光晝錦以
迴衢如弦於張如鳥於征射百步而期中飛三年而必鳴飈飈天
寒崢嶸兮晚鵾鵬翩翩以不定蓬悠揚而自轉遠前程之尚遙顧所
離而日遠予將拏以爭拔情交戾而不和退藩籬則弱羽戀於雲
路激龍门則纖鱗限乎尺波身遠日日之晨昏戀懷懷而莫遣視
益年年之羸老思搖搖而若何懇靈翰於困窮舉冀缺於望畝一

仁声之永大一孝德之祚久伊锡類以拯穷邑今年而昔有尔乃
循否泰而俟命默風塵以愴艰蔔疏溟而納流歎粟簣以成山跡
实多岐緣乎空色但元黄之濡染信疆理之南北笈因媒而解縛
越自遇而升車虞先榮而設悴姜將卷而终舒伤斯數子之稅駕
乎未知其所如

皐作古字卽非古字乃罪字也

對

懷忠賦

唐 歐陽詹

丙寅歲因受遣季冬之月次於殷墟歷周訖逢墓焉昔聆其風未嘗不迴腸霣涕覩其塋壟心又愀然遂寫憤于言為賦以弔先生以忠諫致命故以懷忠命篇其辭曰

天生彼辛兮用殲衆於夏家明悠々而罔極毒浩々其無涯與辛頗身肆市朝之若莽有道併命委炮烙之如麻伊先生之諤々為踣烈之既加嘗披圖於往載每摩卷以興嗟蕭條舊邑溝滄空陂隳陵成坎古木無枝或人曰此其墓也又一信以增戀嗚呼麟紱騰噬之儔詎豺狼之共穴鳳實於靈之數豈鷹鸇之同列惟玉石之明兮亦薰蕕之自別是以寒々心競昂々面折彼叟々之原燎信撲之而不滅盜歸死以申懷不貪生而結舌痛矣哉古人有言

輔仁於天福善於神抑為是日力不如人使典章之不信俾忠義之空勤律中大呂日臨崇岩風颸々於衰艸烟范々乎平陸思懷懷而填臆淚淫々以盈目義則紀於知友親故遠乎骨肉節臨危而不撓行於艱而彌篤惟於有之是以傷之而慟哭

指佞草賦 以生於堯階有佞必指爲韻

二等二名 洪世澤

稽上靈之致理且休徵之克生伊和氣之召祥光似鳳之在庭覽嘉生之徵植亦獻瑞而効靈蓂莢抽辰允協司天之紀屈軼指佞迺契知人之明時則帝道隆皇猷清玉衡正泰階平元首起而君倡勅天咏而臣賡國已懷禳福乎群后盜兮讒頑之力爭能以帝道允恭光懷民難之靈皇仁廣運尚屢包荒之囊彼峻德之克明信孔壬兮何畏乃天心之仁愛產瑞草而徵予向茅茨而擢秀迎化日而長舒挺勁操於靈世秉貞心以相於結芳馨於松棟表丹誠而自輸悅君子以無言指邪佞而必誅依日月之末光助四聰而無餘雖弱質之所指究垂象夫招搖大君無爲以穆

穆兮灵草有指而昭昭焉忠邪乎獄未分兮盡俯眡此柔

條惟茆之佞美兮傾葵心於帝堯陋每每之桃李吐繁華

於掌外同有心之松柏托芳節夫俊彫与神羊兮觸邪符

秦鏡兮照妖匪孤妖之為供故圜三層夫灵圃唯奸佞之是

識独抗節夫君倚濯雨露之清氣蒲雲日之芳英拂干羽

之陶陶受栖鳳之喈喈觸四凶而不忌視八元其無猜誠

可以身特立丹陛揮耀三台窒比夫禹蒐祥蓂之拱与夫

淳宝豫章之材若氏亭亭蟠拗矯矯龍首垂主之所照臨

百辟之所趨走傾茆密葉每依太阳之光植彼纖莖直並

灵蓂之久如逢稷契匹同有杖之枝倘遇共驩似別若茵

之芳邑無尋夫斧柯恃重明以免各敌能風清百僚垂蓆

九有論功聖世不在夔龍之後誠以人之所履莫大於忠
國之所遠莫先乎佞是以大君開國易垂勿用之占洛岳
分官書紀納言之命自古保泰之休明每戒辯言之亂政
以大聖之神之智不廢靈草指佞之聽於此見自用不如
用物而聖人心不自聖唯不諱指佞之名故周受任人之
病爰是切恭交讓之風於斯為盛也天啟昌朝
聖人復出穆師々於寘庭燦濟々於周室以玉鏡以照万物麗
通情御大明而受群言人無異說聽蒭罔之鳴風士藹々
以多吉固無佞之可名詎有讒之可畏乃
宸衷淵然無意無必以忠臣為堯階之祥以正士為靈草之匹
故佞賢者輸其誠頑者化其邪同動寅恭隮於上理於斯

時物

聖化所被可致之祥莫不畢至九枝茂於西域應中國之

聖人洛如產於吳山占太平之瑞紀雖有指佞之草從生於

堯舜之階而不知所指也

花發上林賦 以瀛洲春好宮花競發爲韻　洪近光

春回。御苑時轉光明風習習以布暖氣融融而獨盈雪漸消而瓊液若湧日旁出而靈曜輪晶百花同吹鄒子之律第彙共仰大皞之驕時也玉燭調春階平。帝道隆。皇興清百花齊秀衆卉向榮舒舒之春容時臨風而擢穎沐温温之之嘉氣每當曉而吐英独贈一枝步崑山之片玉常標五色繞祥雲於蓬瀛爾於葩呈香披蕚絢綵流撒也北山茶綠跗而徐開馨口報魁北江梅絳蕚而幾翻回眸碧藻生葺于崖畔白蘋露莖于中洲葉槲蔓兎絲之縈方砌昂庭蕙之列玉砌之玉針迎玉輦而刺棣呈媚金階之金粟開金鐘而報喜豐收若夫祥光既耀秀綵独匂粉壁爲箋木筆空題於年宗

原本千字与上句合換作某字可否

殺似擬

花磚作席水仙脚坐繡于茵蘚芍羽麗嬌無力於虞氏睡芍藥
起醉餘跎於太真半含半馥一笑一顰無非羽向。玉階以
貢瑞入。禁園而趁春也。蓋其化育天工氣候大造運以自
然合於至道吹不鳴條輕微偃草紅者藹々碧者皓々有文
而章洵美且好比一刹於千金羨春光之為寶醉賞園中原
不傷於眠遲粧閑曉鏡其何待于起早更覘其輝春徑燦園
東或垂帶而倬約或出墻而搖紅或兼實並茂已擅雙美或
天香國色獨冠三宮一片錦明光映眾邕之盛風雨扇肆
色輝分天際之彩虹馥々飄來早忙斷魂之蛺蝶翩々弄起
獨沸繡蕊之遊蜂其惟沙栽培於。紫苑沐雨露於。。天家
登。彤庭而立節向。。御階而抽葩欄中靜養其孫根氣回

自茁其秀芽檻前不推其勁質時來而發於奇花灼爍兮凌
駕瓦〻陸離錯彩兮上風窗〻絳紗明媚兮照翠蕭〻羽蓋
爍爛兮騤宣詔之白麻丞若独立其負氣昂〻而难攀並臥
其含情依〻而莫競輕盈映日百尺画楼皆春賦媚臨池十
二雕欄一淨其容亦可以見其婆〻雅情〻正有得時則見之
悵其芳蕊殆棄之病枝條入〇上林而大顯其光輝對〇〇聖
主而郁〻以稱慶也乃知物得其時則敷榮花得其地則勃
發叢蘭毋傷於幽崖辛桂何憂其見伐而悵香抱豔振彩含
馨則得銳志培植其為之一移種於〇上林庶不与朽樗兮
同泯沒

擬宋廣平梅花賦 有序

陳步嶢

唐垂拱三年，廣平授鉞东川，抱病畏月，欣瞻墻梅，春以榛莽悄然，嘆曰：绝代之姿，託地何卧？感而賦成，没人识其貞姿厲質，有鐵石心腸，而於賦却饒柔詞婉麗，氣然其手故有宋李忠定公所補之説也。謹援筆而擬之。

幽齋晝静，曲巷花深。風潮穴而料峭，景低迷而沈陰。对琴瑟兮寡歡，嗟匏落之窮吟。扶杖藜以獨步，香暗襲夫予襟。蔚有宮梅，矯然挺特，魁衆卉以先春，结高標而自得。堅金石以貞心，謝丹青之雕飾。冰可为肌，玉堪比德。羌抱質之清修，竟托根於蒺棘。倒彼美於深閨，極名流之生色。若夫幽姿爽朗，素質清妍，儼如軟玉，是為飛娟。幽馥遥聞，清芬暗逼，儼如温香，是为合德。晚来帶雨，曉起溜霜又如孫壽愁眉啼妝朝旭初烘胭霞乍染又如碩人巧笑舒臉濃雲掩擁冰雪瀰漫又如明妃出塞衝寒粉蕊飄香銷魂別又如韓娥僅甚守節若近若遠以遨以游水窗妃習禮明詩不穠不纖或舒或直漢宮婕妤閨箴壹則或高潔若孟光或緘默若息媯或憔悴若翾風或豔冶若虞姬擲之難遍實為多姿彼其蓮出淤泥菊芳籬落夏秋之間既逸所樂漢苑之杏樹森森武陵之桃花灼灼乃太露其英華不當春而綽約縱必和煦而揚芳者安知不遇窮而失之弱必點染以趨時者安知非失真而偽於託一昌若蘇梅耐冷爭妍精白逾鮮不隨乎俗自沒其天者雇与守孤月為息超超凡骨洒落癯仙玉若也靜心閒春遲睡起小築依山短垣傍水誰授文通之筆恨賦兮未成聊洒彭澤之悵杜門兮有以超塵慮心抱真友竹松之君子守汶著樹猶如此

對

片言折獄論 懷州应宏词试 歐陽詹

夫子從季路於人曰片言折獄者其由也與夫子之言蓋張於季路之云也後之人不窮聖旨以為夫子美於季路任一時之見輕而折獄者十有八九焉迂哉於人也夫兩訟之為獄獄々之折而有刑刑者例也一成而不可變不其重歟古之帝王恤刑一人循三槐歷九棘訊群臣訊群吏訊萬人億兆絶議然後致法獄於朝於市於野昭然與眾方棄之所以不易也君莫聖於堯加有舜禹稷契佐之莫明於舜而有夔然縉雲高陶佐之莫哲於禹莫賢於湯莫察於文武莫敏於成康于時皆濟々盈朝明々在位豈無獨見而可聽斷慎刑之道如斯不敢失明刑獄不可輕也凡委獄訟多在[illegible]小人至於訟也皆以己勝何則不勝罪戾隨之若是則君子時或

妄訟於人未有小人而能自訟者片之爲言偏也偏言一家之詞
偏詞雖君子不足以信其矧况君子乎且先師曰人而無恒不可
以作巫醫巫以鬼神占醫以筋脈体無恒之人筋脈且不足以自
体而况有言乎鬼神不足以爲占而况視聽乎以妙折獄也小則
肌膚必有拱撲之濫焉大則性命必有鈇鑕之冤焉夫子祖述堯
舜憲章文武師老聃而崇周公此六人無非輕信於人者而文子
豈肯輕信部脫夫子實爲片言可以折獄也不幾乎一言可以喪
邦哉夫子之言絕於季路賢其審之片言不可以折獄必然之理
也

對

自明誠論

歐陽詹

自性達物曰誠自學達誠曰明上聖述誠以啓明其次考明以得誠苟非將圣因未有不由明而致誠者文王周孔自性而誠者也無其性不可而及矣顏子游夏得誠自明者也有其明不可得而至焉從古而還自明而誠者衆矣尹喜自明誠而長生孫弘自明誠而爲卿張子房自明誠而輔劉賈南平自明誠而佐齊明之於誠猶玉待琢器用於是乎成故曰玉不琢不成器人不學不知道器者既於不琢而見於琢者也誠者既於不明而見乎明者也无有琢玉而不成器用明而不至誠焉嗚呼既明且誠施之身可以正百行而通神明處之家可以事父母而親弟兄遊於鄉可以睦閭里而寧訟爭行於國可以輯群臣而子黎甿立於朝可以上下序扯

於天下可以變化乎明之於識所恨不識也苟識之蹈水火犯闘害彌天地而必咎豈止君臣鄉黨之間乎父子兄弟之際乎大哉明識也凡百君子有明也何不急夫識先師有言曰生而知之者上所謂自性而識者也又曰學而知之者次所謂自明而識者也且仁遠乎哉我欲仁斯仁至矣夫然則自明而識可致也苟致之也與自性而識異派而同流矣知之者知之

春秋論

宋　呂大奎

是非其人心之公，不以有位無位而皆得以言，故夫子得以因魯史以明是非賞罰。其天王之柄，非得其位則不敢專也，故夫子不得不依魯史以寓賞罰。夫子匹夫也，固不得以擅天王之賞罰；魯諸侯之國也，獨可以擅天王之賞罰乎？魯不可以擅天王之賞罰之權，而夫子乃因推而予之，則是夫子爲其實而魯獨受其名。夫子不敢自僭，而乃使魯僭之，聖人尤不爲是也。大抵學者之患，往往出於尊聖人太過，而不明乎義理之當然，是故過爲之論，意欲尊夫子而實背之。或謂兼三代之制，其意以爲夏時、商輅、周冕、韶樂，聖人之所以告顏淵者，不見諸用，而寓其說于春秋。此皆一切謬妄之端，其大要皆主于以禮樂賞罰之權爲聖人自私之具爾。夫四代禮樂，孔子之所以告顏淵者，亦謂其得志行道則當如是爾，豈有無其位而修當時之史，乃盡正之以四代禮樂之制乎？夫子魯人也，故所修者魯史；其時周也，故所用者時王之制，此則聖人之大法也。謂其于修春秋之時，而竊禮樂賞罰之權以自任，變時王之法，兼三代之制，不幾乎誣聖人乎？後之觀春秋者，必知夫子未嘗以禮樂賞罰之權自任，而後可以破諸儒之說。

春秋之作，謂以權自予固謬，謂以權予魯亦非。蘇老泉春秋論謂天子之權不在周，夫子不得已而以予魯。其意曰：武王之崩也，天子之位當在成王，而成王幼，周公以爲天下

不可以無賞罰故不得已而攝天子之位以賞罰天下以存周室周之所以正也夫子之
權當在平王平王昏亂故夫子亦曰天下不可以無賞罰而魯周公之國也居魯之地
宜如周公不得已而假天子之權以賞罰天下以尊周室故以天子之權予其子孫所
以明見思周公之意也田恒之亂夫子沐浴而朝告哀公而請討然則天子之權夫
子固明以之予魯矣是說也似之而非其也許子遜先生春秋論辨云周公雖聖
不先文武平王既不肯不下從桓以後之公周公不敢以其聖加文武而從桓以後之君
乃以其不肯加平王此理之必然其所謂孔子為之節孔子而予魯以天子之權
則魯之郊之禘之雉門之兩觀不當刺其僭而季氏其亦周公之裔也魯可僭
周季亦可僭魯八佾之舞不當譏其忍然而僭也忍也夫子且侘傺而不堪矣
然則邪予魯以天子明矣然則春秋之作將謂予守曰天下其居天子之權魯不能有也周
亦不能有也而有道者有之道非天子之道而文武周公之道也亦非文武周公之道而天之
道也以文武周公之道而賞罰文武周公之政人以天之道而賞罰乎天之子與夫天子之臣庶
其理直其辭順矣病而不可舜禹之禪也湯武之放而弒也其旁亦能有天子之位也然
且易之而不亂天下後世且安之而無譏其亦曰道在我故也道之所在舜可以擬唐禹可以擬虞
湯武可以擬夏商孔子亦可以空言擬周家之賞罰夫空言之與實事也相去則亦遠矣
誰謂舜禹湯武以實事而孔子以空言失與舜禹湯武孔子之所為皆以天下古今所
有之理行天下古今所無之事而已

世变论

宋　呂大奎

讀春秋者先明大義，其次观世变。所謂世变者何？春秋之始，是世道之一变也；春秋之終，是世道之一变也。則知程子云孔子述史，始於堯典，終于獲麟，蓋書之終，春秋之始也。孔子述書至文侯之命而係其文侯之命，平王之始年也；隱公之元年，平王之末年也。平王之始，不共戴天之仇未報，而其命文侯之辭曰：汝多修扞我于艱，憲已彌矣，用賚爾秬鬯一卣，功已報矣，其歸視爾師，寧爾邦，国無復矣。即此一編而观之，已無興復之望，然而聖人猶不忍絕也，蓋歷之四十九年，而無復一毫振起之意，聖人於是絕望矣。錄是而上則為書，周錄是而下則為春秋，此獨非世道一变之会乎？此春秋之所以始也。入春秋而戎狄橫，然猶时有勝負也，蓋至于獲麟之前歲，而吳以被髮文身之俗，儼然与晉侯為兩伯矣。入春秋而大夫強，然猶未至於篡位也，蓋至于獲麟之歲，而齊陳常弒其君，齊自是為田氏矣。在魯則自季孫逐君之後，魯国之政盡在三家，則魯如贅旒矣。在晉則自趙鞅入絳之後，晉国之政在六卿，而趙籍、韓虔、魏斯為諸侯之漸已具矣。向也夷狄之交于中国者，其大莫如楚，而今也以望国東方之魯而奔走于偏方下国之越以求自安矣。向也諸侯猶有伯，今也伯主不競，而諸侯之爭，肆爭於其日以擾之，而無一息寧矣。故自獲麟之前，其世变為春秋；自獲麟之後，其世变為戰国，又非世道一变之会乎？是春秋之所終也。又特此也，合春秋一經观之，有所謂隱桓莊閔之春秋，有所謂僖文宣成之春秋，有所謂襄昭定哀之春秋。伯主未盛之时，莊之十三年会于北杏，合天下而聽于一，此上無有也。僖元年而齊遷邢二年城衛四年伐楚五年會世子九年盟葵丘而中國攘夷狄之權皆在伯主矣伯主之未興諸侯各有所統也而天下猶知有王故隱桓之春秋多書王伯主之既興諸侯有所統而天下始不知有王故僖文以後之春秋其書王者極寡伯主之興固世道之一變而王迹之熄非適世道之衰耶僖之十七年而小白卒小白卒而楚之猶横中國而無伯者十餘年二十八年而有城濮之戰于是中國之伯昔之在齊桓者今轉而歸晉文矣晉襄繼之猶能嗣文之業靈成景厲不足以繼悼公再伯而陵鄭駕楚尚庶幾焉自是而後晉伯不競蓋至于襄之二十七年而宋之會晉楚之從交相見昭之元年而虢之會再讀舊書于是晉楚之弊矣四年而楚靈會于申實用齊桓召陵之典蓋不預中國之事者十年平丘之會雖曰再主夏盟而晉之會諸侯繇是止鄭陵以後參盟見矣參盟而後諸侯無主盟矣天下之有伯猶美事也天下之無伯猶細故也天下之無伯而春秋終焉故觀隱桓莊閔之春秋固已傷王迹之熄觀襄昭定哀之春秋猶以傷伯業之衰此特其大者爾猶也諸侯盟諸侯于前則大夫盟諸侯矣猶也諸侯自相盟于前則大夫自相盟矣猶也諸侯僭天子于前則大夫僭諸侯矣猶也大夫竊諸侯之柄于後則陪臣擬大夫之邑矣合春秋一經觀之大抵愈趨愈下愈久愈薄遡之而上則文武成康之盛可以接堯舜之傳沿之而下則七雄分裂之禍不至于秦不止後之作編年通鑑其托始于韓趙魏之爲諸侯其亦所以繼春秋之後歟學春秋者究須先明大義以究理之精又須次觀世變以研事之實則春秋一經而思過半矣

性焉安焉之谓圣论

吴宏谟

且夫人受天地之中以生，然之以成圣之性，笃之以希圣之才，是人皆有为圣之望者也。然而伦类虽繁，纯德为难，求其全体大用完备无缺者，则必全乎天而不杂乎人，且尽乎人而有合乎天，然人极之所为立也。试取周子所谓性焉安焉之谓圣者论之。夫性者禀乎五常之理也，安者行乎五常之道也。五常之理为人生所同具，自有圣而性焉之名为所独居；五德之形虽众人所与能，自有圣而安焉之品为所独擅。岂能有全乎不杂乎人而合乎天者乎？抑又思之，古之言圣者，昉于禹谟，然第言其圣而不言其所谓圣；言性者，昉于汤诰，然第言其性而不兼言所为安；言安者，昉自尧典，然第言其安而不先言所谓性。自周子合而言之，则性其体

也安其用也體之所立必獨備乎五常之理用之所行必與拂乎
五德之多合全體大用而稱為性周子之言蓋參徵往古而觀其
備者也且周子之言更有與太極圖說相表裏者圖主靜而此言
性安者主靜即所為性安也圖言中正而此言禮智者中正即所
謂禮智也然則誠者太極也幾者陰陽也五德者五行之謂也性
焉安焉之人極之謂也周子之言不有若合符節者哉
鄉試次場有論承明代以來為　士今至是科而止以設次場
耳之是篇吳先生擒元進　呈之作也　天白閱注

對

孝悌通於神明論

徐雲驤原名玉章

今夫幽明之道與二理也感應之幾有同原也以幽明之道微感應之幾惟其誠為常人求神明於孝悌之外而所以不見不聞者為神明則日見其隔君子求神明於孝悌之中則所以體視體聽者為神明則日見其通君子所云孝悌之至通於神明每都言乎詩申論之至閑邪誠發感于神明神明之道雖微至顯誠不可掩也誠者五常之本百行之原也孝悌亦誠而已矣以誠感誠將見臨之則在上也質之則在旁也故酒未嘗不在樽而曰神具醉止肉未嘗不在俎而曰神嗜飲食然與異端有所以通之者也蓋天下可爲年年奉神明之人必不可一日無謹孝悌之人世之降也大義不明淫邪迭勝所謂合祈御射炙之御飲酒禮射此風與閑

焉乃一言及錄慶餘殃遂悚然動于其心究之精誠不至則二氣之良能亦捍格不相入。是以土田之賜降于莘桑林之禱見于卜睽孤之象載以車高明之家瞰其室必氣主禍福易動此其明徵矣然而惠迪從逆冥漠之災祥不敵日用之邪正氣數之淋憑動罔幽獨之從違也。茍其明王能通神明之德其於人治蓋極詳耳故近王近廟易別也明堂太學易由也敦和別宜易明也於是廟祧壇墠以識奉之禴祀烝嘗以識犧之牲牷酒醴以識薦之琴瑟鐘鼓以識奏之郁郁乎煥哉天人之孚盛矣鬼神之理允塞仁人饗帝孝子饗親脩禮地祇禍歆天神洽於一念之真終及百靈之感其孚同其理一揆厥所元豈不懿哉。由此以設孝悌其理也性也窮理盡性以至於命斯可與天地合德與鬼神合吉凶夫孝莫盛於虞舜悌莫隆於元公乃父母是慕歸洽深而聲名至誠之感獨真審先是代珪璧植而疾克瘳數佑之言斯應博觀前代曠覽遺文苟非至孝至悌其孰能與於斯乎乃移從於感通之道爲至微矣仰觀天文俯察地理是故知幽明之故精氣爲物游魂爲變是故知鬼神之情狀今言孝悌而神明之格時露機緘彼之愛惟親之敬惟長明王亦祇自盡其心以敬天下之爲人父人兄者可乃知平之聽竟若感而遂通焉書曰惟爾有神尚克相予詩云昊天曰明及爾出王言神明之日感在茲也而豈知父子篤兄弟睦一誠所孚俾信達順且使光天之下至于海隅蒼生罔不共被孝悌之化也哉

讀屈原離騷論

陳步蟾

六經以下無文章離騷何以特於得乎性情之正也屈原以國戚之臣抱懷忠悃卒遭讒謗款款然以冀君之一悟故其聲哀其詞苦記曰言之不足故長言之長言之不足故嗟嘆之其離騷之謂乎太史公以為天者人之始也父母者人之本也人窮則返本故勞苦倦極未嘗不呼天疾病慘怛未嘗不呼父母可謂知屈原矣人君無知愚賢不肖莫不欲忠以自為舉賢以自佐懷王則內惑鄭袖外惑上官大夫以是為賢者不賢為忠者不忠屈原能無痛心疾首哉夫屈原之時何時也而能言不詭於經怨之以誠款是以歷世貴之雖大賢如朱子猶惓惓焉古者始學宵雅肄三取其識君之義也屈原有皇華四牡之才邂逅不辰音紀和正弦以視

周衰大夫憫時念亂繁霜十月每以益其衰矣學者讀其書論其
世豈不慨然於人生之大倫今按其編味其大旨自皇考命名以
至如嬃訓誡直述己身自陳詞重美以至問占遠逝託意寓言述
己之身世多之已經述其志行以據其憂鬱託以寓言者意之未
已而決其時之每不爲斷以志行之所不屑爲以矢其貞也是皆
性情之正也内之治騷者七十二家往往惑於舊註之傳訛而好
奇之士又復憑臆穿鑿削趾適屨遂使千古奇忠争光日月者幾
爲所掩嗚呼其何以讀離騷與

王導論

陳步蟾

自古才難、而德更難、才德兼全則猶難、才有餘而德不足者、以之濟治、則以才誤者多、德有餘而才不足、者以之坐鎮從容、亦足以立國之基、彌禍之至、納忠諫之言、消奸雄之忌、而收才畯之望者、若王導其人乎、當瑯琊王之建業也、以之為謀主、推心親信、每事必諮之、以致顧榮賀循輩、道拜傾心、江東遂以歸附者、皆資導一人耳、維時海內鼎沸、獨江東差安、中國士民避禍者多南渡、導能說瑯琊以收士、時人有百六掾之說、恒彝一見、擬之夷吾、其實瑯琊固非等之齊威公、導亦不得擬之管仲父也、當瑯琊之即位也、導遣從事、行揚州郡國、獨顧和無言、及進以明公作輔、何緣以察察為政、而導稱善嗟咨不已者、其氣量何如哉、當朝廷之疎王氏權也、導獨任真推分、其中澹如、可謂鎮定矣、而隗協勸帝盡誅王氏、帝之不許者、蓋以導有可取信於平日也、輔明帝、帝親征破王敦、其帥千人渡水、皆出於帝之謀、導惟遺王含書、陳其明日張膽而已、成帝即位、導負德望、以老成自持、傅幼主以安社稷、如庾亮欲徵蘇峻、導以為不如包容、峻兵犯闕、侍中抱帝登前殿、其所以兵不敢上者、以導為有德望也、抑何以不能弭峻於機先哉、至議遷都之說、導以建康為王者所宅、苟務本節用、何憂凋弊、若農事不脩、則樂土為墟、且北寇游魂、伺我之隙、不宜示之以弱、特宜鎮之以静、此皆由德望涵養而出、可為千秋金鑑、倘加之以才、則內建威而外銷萌、江東一方人物、輻輳之地、土物膏腴之區、則明帝成帝安知其不恢宏大業也哉、甚矣、才德兼全之難也。

對

德勝頌二章并序　　歐陽詹

唐貞元八年歲庚午陰陽家流曰歲在午人馬食土人之所食也穀馬之所食也草今言食土明歲乏嘉穀而野無青草則運數於術合凶災之大者朕是天尋舊步地持恒軸文斗迴旋將有佶常沴自春三月至于夏五月或赫日杲杲或密雲深深為燋灼為霖霪似不日而至皇帝宿布太和人神鳥獸魚鼈咸若騰懽心揚臺靈欣欣熙熙休氣中積浹磅礴浮蒼蒼潛相戛磨力强者勝九陽構旱而莫展六陰作潦而不就氣祲靄為慶雲烈景皦為祥光油油熏熏宛復如春塊不破而雨足條無声而風暢日者眚氣引亂沴氣猶競彼虽罔洞為禍此亦未減為福縱細相持時澤不降五稼含萌而待藝百芳蓄穎以思斯至是土膏融甘液宣吾決渟泉

如開涌烟與來坍岐芃芃綿綿无硗瘠与良沃獲一十九千百塍
蔬雲矗以委囷餘糧嶽峙而棲畝夫倖病不能害心心平必能制
倖古八日入其天地之心必沈和且平則天地之病又焉從成致
况奔走游泳之物曰靈曰祇之類皆吁歈怡逸於其中乎宜其療
乾元之福疹愈坤元之常疾以平於是泰如斯之盛邪古先帝王
至聖則堯至仁則湯有黎甿以祿理歷水旱而莫禦豈不以道未
全洽而德尚涼哉皇帝龍德繼禦之又易之為大慶殊祥其於道
德无所究塞洋溢宜今而邁古矣元元蚩蚩鳴鳴啞啞歌聖代其
動天殷地以夜繼晝而其詞曲昧引轍為頌二章用飾於康衢庶乎
明而声暢流乎无窮而以德勝目篇頌曰
歲在午天災于常昔人食土今我飫渠逕徒我飫渠歸實千箱盛

矣乎丕皇之德变眚为祥休哉德兮

比在年天灾肆虐昔马食土今厌菽犬豕粱肉盛矣乎丕皇之德

转祸为福休哉德兮

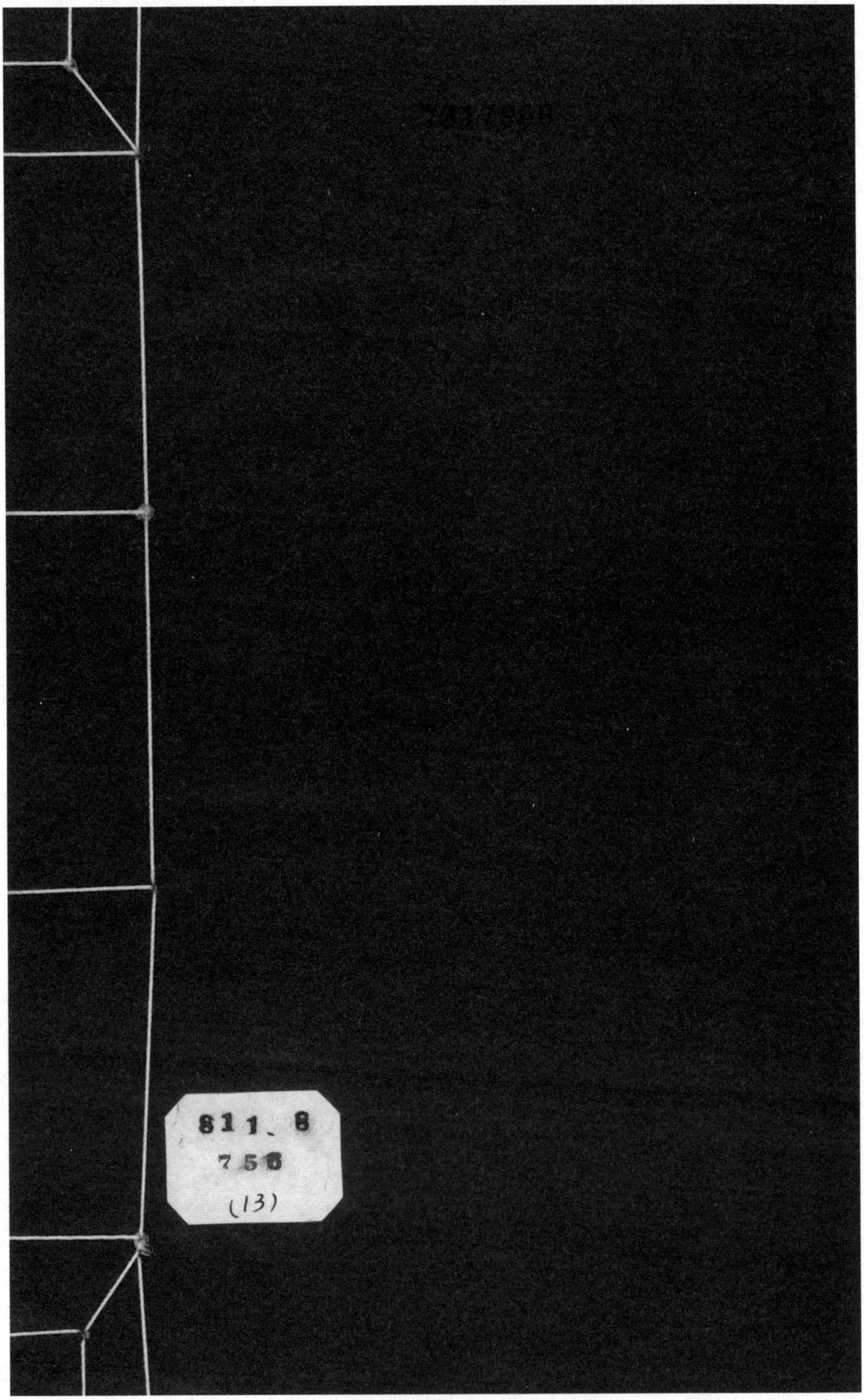
811.8
756
(13)

八閩文庫

福建文獻集成

續編 集部 七四

吴格 主編

八閩文庫
文獻集成
398

海峽出版發行集團
THE STRAITS PUBLISHING & DISTRIBUTING GROUP
福建人民出版社

本册目次

豐州集十四卷首一卷（卷一一至卷一四）

［清］南安陳國仕輯

廈門大學圖書館藏稿本

豐州集
卷十一

宋諸葛文肅公像贊諱廷瑞　　明十五代孫諸葛應科

天鍾英喆誕縱異質望之如雲就之如日胸次浩湧下筆萬言才雄千古學濬百川初官尉尹惠政亘流召杜卓魯實維其儔爰擢郎署登對稱旨天語褒嘉鴻名欽起奉使虜庭巍巍勁節逆龍履虎烈踰霜雪完節歸朝天顏有喜邦家之光君子樂只陟居銓曹寵冠百僚屢疏引嫌志彌漢霄樹節耀星辟名若逃頑膚既遜帝心益褒爰成美德俾參祈父方倚柱石須臾今古禔衡萬象冠冕諸儒踐形惟肖昌忝扶輿

欽查無此字疑敀之誤　丨与逆同

宋諸葛子嚴公像贊諱直清　　　　明　諸葛應科

維公誕育麟鳳之郊不問而知肉角九苞豐姿偉質蘊負恢宏細行罔缺大受克勝初仕海陽民困塗泥公諭彼衆築此新隄十保利周義役畢集水患永除烝民乃粒歷官十二節播政聲榮親庇子勲莫與京報德至今俎豆宮墻瞻像儼然俾也可忘

宋諸葛　公像贊諱玹　字失傳諱亦缺　公上

天賦特達兼灼才藝腹笥群集掌帝之制亥守廉平和煦子惠敷政優遊父母豈弟叢薄宵吠遠近為戾奮身式遏器精兵脫鑿彼兇醜歎忽殲殪厥功惟茂上達于帝帝曰噫嘻汝績廼細加爵進秩用以勵世致政而歸卜山居第繩繩振振隆我後裔

公始遷居古樓今祠堂即其舊第此譜族載之

南安巖主大師真贊 印志添 黄庭堅

石出山而韻自卸壑松不春而骨立冰霜今淨雲门拄杖打破鬼窟靈床其石也將爲萬里出雲雨其松也猶與三界作陰涼此似昔人非昔人山中故友住劉 [illegible]

南安巖主定應大師真贊 黄庭堅

定光古佛不顯其光古錐透穿大千爲囊卧象出象舞方泰達亦從其一體 三寶彼逆我順

彼順我逆建印追求虚空鳥跡驅使草木发
誨蛇庯慈霖出日枯旱下雨无男得男无女
得女法法如是誰奪誰予今君威怒免我伽梨
況而釋之遂終白衣白帽素履髭鬚皤皤
壽八十二与世同波窮巖草木枯腊風雨七閩香
光家以為祖菩薩埵御天宋有國下萬姓乃
錫象服由曰空居

題呂圭峰像贊　名/宋卿　蔡

泉南名賢紫陽高弟造詣既深踐履復至致身予君舍生取義既以之
計[illegible]守於公矣媿

梁立齋先生像贊　　柳菁義　人

肅貌正容文獻廸躬淵微澄汰明旦就物隆禮由禮學傳說詳義
仰壁立千古豪雄群氣終釋潛德必揚丹青莫罄當鏡其衷

弔九江驛碑材文

歐陽修

弔傷而有辭者也噫九江驛之碑其可與辭而弔哉碑之材昔太師魯國顏忠肅公所見祖亭之碑也公負辭業代之銘誌多公之辭亦好採異留名之甚頃為湖州牧産州碑材石每使工琢之與國同益行磨礱而成常心所用者不可勝數彼碑也終山之窮僻洶之材自然跌峯有龜蔽頂有螭雖不足成而峯躩憤興如神如靈公神而珍之精選所處湖州無稱之羅守迴朝載而逐下出蘇臺入毗陵亦無稱之轉丹陽由建業亦無稱之次江州之南有湖之東有嶠蛟奔螭引直至湖心頓跳之處則茂林峭石勢壤氣勝非往時所睹而神祠曰祖將軍廟在焉公觀其詭秀與碑材叶即日以酒脯奠白移祖神出緡五萬造亭曰祖亭南臨爐峰北瀉湖

原本失一之字

琳九江為庭千艘歷階亭次就公製創亭之文手勒好碑而立之公文為天下最亦為天下最好亭之地亦天下最庶資三善加以好碑之奇相持万古而採異留名之致一何必改典州吏札州之九江驛有修城之勞狀其末績乃取好碑剗公之述實已之述今為九江驛之碑焉予旅游江州税于茶驛祠部員外郎鄭熙同之鄭與州牧處士良共為予說而俱以視嗚呼先賤後貴世之常也先貴後賤亦人倫也以祖亭方九江驛則蘭室鮑肆矣以魯公之文方人之文則牢醴糟糠矣以魯公之札楷方人之札楷則錦繡桑麻矣以魯公之用方人之用則許夏事狀矣痛哉好碑出祖亭入九江驛失魯公之文得人之文削魯公之札楷題人之札楷亡魯公之用就人之用是去蘭室而居鮑肆捨牢醴而食糟糠脫錦繡

而服枲麻黷諸夏而即東狄乎怨之甚哉況我質天成必將乎名
魯公尉以卜擇敬慎如彼而常人與良懸厚如此與有道而懸與
罷而削投四裔魑魅何以別耶否不能言其豈與寬故弔之文曰
情速以侈理拂乃寬人實有之物亦應為嗚呼子犀寬乎子知陰
騭子材豈曰與意必有以殊方欲以異與頗表勝以殊則名從吏
居卑以異奚旌子虞洪授不子終致慾之彼蒼何嗟及矣美玉抵
禽高冠藉足有數子犀先榮後辱繼世生哲祖與貢芳將靚于所
將悼于斯庶滌所黷而復位宜屹之子犀如神如祇人得以事天
造何為其不然矣其不然矣

弔漢武帝文

歐陽詹

閱太史氏書見漢武之御機雖非求仁蹈道之主亦英雄之君也然觀其内傳有學神仙築三山為飲露餐霞希升汗漫激流企石用擲丹泉嗚呼殞其位而不知所以安好其身而不知所以從夫一物各異道万彙不同致帝王之與神仙丹泉之與朝市猶鱗羣毛族川陸分之日居月諸晝夜常之然鱗不可有處淵蛟龍不可更居藪玉兔莫延於旦金烏罔眺於宵附其翼其兩其足與其角其去其齒不兼之義天理昭彰帝其宜幸於親人仙其宜先於遠世以丹泉為意其可居於草澤以天下為念其可謹於朝廷是以唐堯虞舜登野心子晉許由辭寶祚識以帝王與神仙有隔林泉與朝市難并也今擬唐堯虞舜之地而求子晉許由之志不亦迂

而可痛哉况君子所以推心屈服为僕御之之所以刲膏割血为
飽煖紀圖好林泉而学神仙也故予览其侍四伤心久之戊辰岁秋
八閩览秦原次茂陵之下哭觀亦归之地彌懐卧行之予且夫承
天统物岂足称之德哉盖欺日月尚明有时虧異珠玉贞潔不
免瘢痕縱細路隅具言而弔云
赫赫芳姿霸降神造漢焚秦四葉重茂翹英俊豺首出群卓为
世珍秋風揚文夏日昭武柔不化之人開未名之士虽殊仁圣之
后是异凡庸之主伊可膚寸明有不周予紀卧予求紀卧求惟此
帝謨想夫仙道遺處重淵數居茂草辭守朝市别以林泉日由旦
陸月麗宵天蹤况兩分理难齊克吾紀將生狀奉与北贫臣王公
鞅掌是可以勤万機則升汗漫四道遥哉可以为匹夫爱深宫秘殿

此可以連旅續好古山綿水此可以樓江湖飲露餐腥傲流貫部
菊綠同致实曰殊途堯舜曰圣由爲匪愚雖乎守一亦以难僕況
乎小人唯〻罔〻山水君子乾〻孰爲神仙嗚呼哀哉前鑒孔彰
高臺深池夫差以戕尋山越海嬴政其亡有一於此未或不殃胡
爲不辰亟窮厥方舟全虎臂車出羊腸已臨隘岸幾絕苞桑反衆
前聞痛心疾首藥石與人瑾瑜有垢畀未完往时務代久长望物
頹罷声不朽日臨宇宙有时而虧目覩毫釐或不見皆物爲而不
知後知而故爲嗚呼噫嘻

對

補漢高封雍齒冊文

歐陽詹

曰臣節貴忠后德貴公忠則為其主公則為其人罔以私咨爾雍齒爾有臣節孔明予以公心獎爾其敬聽予言罔惑嗚呼昔嬴氏不臧流毒四海天怒勤絕厥類俾手于予一人爾主項氏昧厥命木豪猾突附振旁撓予在衆末湧用困扎割地爾為厥主未戕予實有必戮之志罔若天之歷數徂于予躬俾泰山萬乘薇于一葉予札所自悅有見爾心于時爾為楚臣予為漢人予則爾仇敵爾宜討之之予罔彼憾今大寶歸予東嬴殲項予欽若上帝惟天下君爾則率土之濱罔非予民予宜子之爾罔彼惕夫爵以華德祿以壽貴爾誠致身于厥主孰若爾貴德予分爾茅土以勸所予君爾奉上之誠罔易乎舊予俾元元之政咸用維新砥礪爾修轉

作予人鼓之慄之共閲大獄生使齊桓管仲專于弃瑕之義念之
哉

陳山聯如聞梅花味香而嚼之
四六話二卷

柳亭詩話作四串妙賦無人繼三字妙於誦字

對

○田壽詩啟　宋 傅伯壽

大塊勞我以生辰之安在君子愛人以德譽乃過情玆蓋某官惠顧陳人寵光初度寒知松柏儻獲保於後凋匪報瓊琚第弗諼於永好

此啟另抄移在上书啟類　此免再鈔

三鈞璈文　碑聯　宋 錢熙

渭川潋碧○蚕抱釣月之流○商嶺排青不逐眠雲之客○叢薇第春風徒泣於遷鶯處之羈遊夜雨空悲於斷鴈

三鈞璈文在宋稱為精絶全文今放僅見王銍四六話載此兩聯有鄉人李慶孫哭之曰四串妙賦無人誦○三鈞璈文舉世傳○邑志本傳敘及四串未王賦等餘言而已而三鈞璈文府志有叙及也

李慶孫惠安人咸平戊戌進士

王銍自号汝陰老民

邑後学陳國仕識

對

辭廟文

宋　傅伯壽

某假守此邦，顛末三載，荷神之佑，雨暘時若，年穀登稔，繩治豪强，因被重劾，荷上寬仁，許解郡章而罷去。惟神聰明正直，必有以鑒臨之。其去不敢不告。

諭子姪文

宋 陳瓘

幼学之士先要分别人品之上下何者是聖賢所為之事何者是下愚所為之事向善背惡去彼取此此幼学所当先也顏子孟子亜圣也学之虽未至亦可為賢人今学者若能知此則顏孟之事我亦可学言温而氣和則顏子之不遷漸可学矣过而能悔又不憚改則顏子之不貳漸可学矣知埋鬻之戲不如俎豆念慈母之爱至於三遷自幼至老不厭不改終始一意則我之不動心亦可以如孟子矣若夫立志不高則其学皆常人之事語及顏孟則不敢当也其心必曰我為孩童豈敢学顏孟哉此人不可以語上矣先生長者見其卑下豈与之語哉先生長者不肯与之語則其所与語皆下等人也言不忠信下等人也行不篤敬下等人也过而

不知改下等人也悔而不知改下等人也附下等之話爲下等之
事譬如坐於房舍之中四面皆墻壁也雖欲開明不可得矣
此言下愚之子當背而去也下等之話下等之子

責沈文

宋 陳瓘

適粤而北轅粤不可至徙粤人而置於齊里則粤語可易而爲齊然則氣質一定而不能自易其習者能以其不學故氣質之用狹道學之力淺習其所自習者未嘗察也天氣而地質者物不能人藐乎其間亦一物耳物與物奚以相遠或哲或愚不繫其習乎思識之道莫先於學務學之要在於求師顔子不遷不貳得於孔子希顔之人將孰師焉葉公問孔子於子路子路不對夫葉公有知人之明有謀國之忠愛賢而得民慎微而憂遠其言皆可有指其遺語之寄於緇衣者亦可觀焉楚國之賢者出其右子路能慢賢者也魯有仲尼而彼不知焉則於其問也何足對哉陳良楚產也而能使北方之學莫之或先故孟子以良爲豪傑之士爲其能悦周

公仲尼之道而已不知仲尼则虽贤如子高亦孔门之所不对者
也为士而务者其可不监哉予元学乙丑夏为礼部贡院查检官
适与校书郎范公淳夫同舍公尝论颜子之不迁不贰惟伯淳
有之予问公曰伯淳谁也公默然久之曰不知程伯淳耶予谢曰
生长南东实未知也时予年二十有九矣自是以来尝以寡陋自
愧沿其传者如中立杨先生亦未有识也崇宁之初见孙渐叩渊陈
被学其门时予在合浦始获通问余之内讼改过赖其一言渐于
是时亦许以開警余之谬余始思其言久而后知其为药石也今
渐来天台考其学益进闻其言益可考陶染薰铸有自来矣華修
昔于南溟观洪澜于北壑然可远之基也斯之不谋何以得此者
之善学者心远而莫御然后气融而与间物格而不惑然后亦熱

而迸澗山上有木其進也漸矣合抱之材豈一朝一夕之可俟哉
人之患在不立其基之立而不勉之何以愈於彼乎物之終將可
不慎哉將識而終成因乎一默紀言詩計誠究也余以多言取禍
尚未誅殛載恩自幸不知此月之久而生死之有二也況老且病
手痺目昏簡編筆硯殆將捐棄今於漸之行不能与言作責況以
貽之為漸之能謀其始而篤之使有成也政和二年八月九日了
齋書

讖病文

諸葛晃

朗亭子体羸氣弱癃瘵以瘁戊寅迫臘劇熱為創厥冬凝冱鬱而蘊隆手如握炭面若当煬欬枕而歔豆泣焦釜擁衾以喘魚喁井湯炎炎赫赫罔知其方若寐若寤恍見巫陽乃祈為請於帝曰臣之病也以火而積火也以勞勞如勞薪火從薪厝抱薪上火之以益怒臣以志大才疏周身乏具動与志期則軀蹇還綆短汲深墻高基汙外役萬有内損百慮中宵求衣臨餐廢哺汲汲惙惙瘁窮失度精義彫竭臣猶不悔今在病中臣勞狀故巫陽見帝為我上訴臣將收視反聽還影屏蹤圖書束架車轂是型歸真抱素斲雕廢飾去而鞅掌抗塵守寂惟帝其允庶延餘息巫陽曰嗟子何言子何言耳知帝將貸子於病而正以玉子以勞也間吾語汝惟聖

踐形子能大歎靡思息勤夜厥虔恪穉孚積久惟勞是視富哉逸
獲子遇文留不稱不狩胡國與特惸翱惸翔冥食而力上有仙昆
子居其沒拾遺補鋪服勞奔奏予或靡斁就執其祭從子如林以
子為師先之勞之各殫厥職如影隨形就範協則當時伏臘禴祀
吉蠲烝嘗悽愴式禮莫愆秉以跛踖神不享焉母櫃在殯祖兆未
安仲必從師陟巘尋巒子寧高坐徒予簡編存伸頫瞻典型攸歸
趨承嚴憚豈特師資危而與援昔賁臥訊良師益友砥礪磨礱解
珮然繞出門有功行歸負笈而從從實制義之學淵乎浩矣以翼
經傳以衍緒業子才未竭柔縣振起詞賦末技六藝之華鏤肝擢
腎國攄藻揚葩漫言莫賞亦有嗜痂至若門祚衰薄予每悵憂持
荼苦據未雨綢繆墳山小艱啟疆癸難急起圖之乞使瑩庭內

洒掃且戒不虞盜竊潛伏社鼠城狐士未試用雞豚亦察徑杏卧
周竹卧木屑又或吉凶幣慶繁縟實多子則脫略其如禮何族黨
寥寥耗饑以先子或一言紛解難釋徵催獷卒急嘈當門子或一
見遂戢其猛蠢茲丁佃弱肉彊食子或一剖遂脫其厄凡茲種種
庸以庸德固詩詠明發易稱夕惕猥云無咎庶曰鮮失乾元旋轉
大海潮汐烏飛兔走陰翕陽闢仰觀俯眎疇乃自逸越主卧薪蘇
季發策武肅枕鈐元凱運甓彼豈好勞勞乃異績大任將降斯艱
備歷仁逆至大先難後獲乎恐子勞勞未至若何以病而思適予
乃渙乎若醒皇宇若失稽首再拜敬佩無斁須臾火退病亦旋釋
寧輕治煩據昧理贖予與大小敢遺餘力

祭虎文　　劉佑

維康熙八年十一月某日泉州府南安县知县劉佑謹遣某官某以羊一豕一致祭於司虎之神而告之曰本朝驅除禍乱海内乂安設官置吏撫馴對民天下之大元元之衆下及禽獸虫魚莫不各安其所强戰畏服莫敢肆其吞噬茲武榮虽濵海叢山之地亦

聖天子撫御所及之區也而大小盈二嶺間南北三十餘里界之内外頗多猛虎窟穴朝夕陰霾之時往往成羣遊隊中害行旅不知尔神所司何事乃敢縱尔悪孽以吞食長吏所撫綏之民耶本县

受命作牧誠以使一邑之民利興害絶以是日夜憂勤刻无寧晷不惜功名不畏强禦苞苴不入請託不行豪猾漸已斂跡小民漸已安生而虎患未除余竊羞之惟神秀秉西方聰明剛正其不

與泉郡豪惡同識解所不知其心今予與神約其驅爾所屬醜類
令為卒兒孫徙居他境凡本縣所轄之地毋得更居期以三日毋
使一留則是神之有靈助予善治為令　天子愛此一方之民
予且德爾不忘如其冥頑與知縱爾愚畜依然逼處予土殘害予
民余雖孱弱亦生豈肯甘心將必盡起卿勇糾合軍卒以窮搜廣
捕盡其窟穴而掃蕩之然後已惟神其善裁之尚饗

咸豐八年鎮雅宮 文昌夫子巡遊第三日路關文

九月十二日起

黃根陽

維時肅洽九秋之序，正巡遊值三日之朔，帝君韜乘金鳳之輿，爰出玉犀之里（本廟起駕）。時則熙春民樂，被通政與愷澤旁流（由迎春入通政巷）。節孝風高，列仕胄與芳徽遠播（過節孝鋪出仕胄巷）。文章光吏部，玉明占井汲之文（入井亭巷過吏部宮）。嘉瑞獻仙妝，夢兆燦筆花之果（由仙妝亭出夢果巷）。駕經莊前巷內，仰莊敬於冠紳（入莊前巷）。珂鳴丁厝堤中，聽丁冬於環珮（上丁厝堤）。輦路則芳生疊疊（出疊芳橋），塗由市馬蹄皆香（轉塗山街）。花橋則玉立亭亭（過花橋亭），通津門毓登不遠（入水門巷出水門）。遂乃由一堡而達五堡，遍錫福於民人（過一堡五堡）。從浯江以登蜀江，長發祥於土地（上浯江土地后新橋頭至海關米埔）。富美仰宮牆之盛（過富美宮），宏敞直列亨衢（出敞口街）。蓬瀛登御殿之高（從登瀛御殿頭）寶光遥連渤海（轉寶海宮）支孰不欣瞻斗極（過斗門頭入斜巷）拱珠垣於聚寶街中（旋聚寶街）高躡鼇峰（入小巷過鼇璇宮）揖琪樹於水仙橋上斗宇（轉小仙橋）而 帝君猶復示人以陰騭種福須憑德濟之心（入南門直上宗仁街至南岳宮）訓士以忠貞奏名尽列元魁之選（由双忠狀胭脂巷入奏魁巷）是蓋與東觀西臺之美科第聯芳（從東觀西臺今改吳氏大宗）〇惟以祥和風甘雨之祥寶仁澤溥心已（過寶仁鋪）乃斗休徵富庶麇集殿庭（轉富埕後）與何愆伏偶臨氛祲宜淨 帝君大發靈慈之願方相氏索寶而毆（入鄭巷宮溝）宏施袁海之方選佛場降魔最速（由袁場司過梹盤園）法沿東粤覺侍驅疫孔聖之丹（入東魯里出塗門街）旆出東郊以覩迎春於曲臺之冊（出迎春門隨轉入埠）豈獨臺閣擅會人新樣（入會人巷）後先輝映於禁城（過學識街）方使海濱復鄒魯遺風（轉海濱鄒魯）逦迤率由蘇義路（從府学埔出义路門）寰海清而遵王道

由海清亭轉道口街清源郡長樂昇平過清源出院口盤石園而承天庥巷承天寺過石塔近

刺桐城咸新景象旅新府口所以观風而昉时儺之典出观东巷顾於民悉

納於中和由东街过中和旋蹕而標鎮雅之坊俾大衆同躋夫仁壽焉爾

由双門前轉南街引入玉屏里　駕回鎮雅宮

咸豐戊午郎中大疫九月十二日連十三十四恭迎鎮雅宮

文昌夫子以銷疫氣凡道蹤經過預為擬定名曰蹤鬧裁成駢偉

一之日有歲貢陳世濤之作二之日有太史張端之作三之日

即我邑黃格陽之作臨製文字風氣開先輯入集中以備一律

嗟呼嗜南世叔令嗣早逝文字亦皆湮没身後無傳思及此深悲

悵惘

陳璧堂識

第一百及二百鈔入勝函之本附於喈
菊先生所作之後世稿本係為
日補行　醒堂
時卌四年胃月十二夜記

祝陳桂屏先生七十寿文

陳桂屏仁丈大人七十覽揆之辰敬祝之曰今天下一机心也虽尧舜禹湯文武周公孔子復生亦無解於机之一道其来也若億萬千人人同此心求如漢陰老圃而不可得予尝味乎圃者之言曰有机械者必有机事有机事者必有机心机心存於胸中則純白不備純白不備則神生不定其寓言之大為养生者所莫能外耶丈今之忘机者年且七十养心若魚时而見朕蕩之天時而游活潑潑之地不深不烟口無所嗜也不好樗蒱手無所恋也然則将何好曰好聚書捐百金而購散亡非易易事夫人在日則典釵珥以佐之不寶金玉亦能化於机者曰好善舉作郵邑措大所能辦乃独肩其小者以其大者與同志共為之自化於机無能化人

其夫天下之机莫至於爲律迎之隨之料氣勢而爲之牽奔走恐
後其也文則非公不至又慎於机也御校或以正直称或以廉潔
許若曰正直廉潔則我豈敢第不作機予耳太守如平和沈公金
善章公蘄州陳公太倉孫公咸折節下交与之商榷文字久而益
敬未嘗以他予涵蓋爲天之机而不爲人之机也夫人之机猶弩
牙也日蹈於危也天之机猶北斗魁星第三爲机運轉於自然也
文少孤祖母及姑母撫育之姊文友之六歲入塾四書毛詩俄背
誦十六歲出授徒爲饘粥計十九歲補弟子員旋食天餼　歟
廣五年乙卯舉優科論文輙冠朋儕預大比以額溢見遺其三登存
剡其九帖括物宇咸倚人繼學昆素存風骨逼肖非矮屋卧刹殆
爲圃畦其鑿隧而入井抱甕而出灌搰搰然用力甚多而見功寡

庸詎知有机於此乎歟及其門者掇巍科貢成均游泮水已六十三人以其餘而其机之捷又如此歷試每以藝示予嘗戲之曰誒楊浚能以一第君当入彀矣蓋其應最厭机巧不能强我以合趋不僅阮為之傷亦以自傷然何傷也堅箭利金不以强机之利不能遠殺固也乃今非堅非利之菑逢时自詡相習於不自知勢不至以机自賊不止乎寧渾乎机以全乎天俾後世見有杜德机者善者机者衡氣机者乎亦足矣閒為詩学韓昌黎又学李義山予進之曰夫子猶有蓬心乎何不学淵明絢爛而归乎淡循乎天之机也受知大宗師江都史公吳县吳公上元溫公大興李公長洲彭公吉安黄公重其文誠入於机而出乎机也子長国試戊午亦舉優貢仕至津州長授四国榮今茂才六国仕七国佺皆世廿

業孫亦岐嶷，一女擇壻亦門。甲子舉於鄉，是名元熙，屑不役役
於机而能引机自致也。嗣由推廣例得中書舍人，予笑之曰：天地
之中有大海焉，黿鼉叫嘯其間，不知凡幾，獨鷗為碧海舍人之職，
目相忘於机。其後稱其人也。甲子預執里主國法，今湘陰爵相上
其功，晉五品秩，祖父及父貴如其官。會典五品服白鷴，鷴為閑寂，
又曰元素先生，亦忘机鳥，更稱其人也。嗟夫！今天下不惟人有机
心，即物亦以機。重車堅管轄，舟利櫓檣，極天下之耳目心思甚舍，
力於机，生以取悅。曾是讀堯舜禹湯文武周公孔子之書，其亦貿
貿然溺於機而不返，何也？夫欲天下長治久安，豈机所能為乎哉！
乃以机為絕机，不机為机，抑何顛倒耶？然亦知古往今來消息之
微也。能寂然不動，而萬物為我用；能塊然元默，而衆機為我運之。

机之为用尤大矣矧更神生而定静于人者虽当静于大者必豐有所操烟欧以为券也与代一言以箴之曰无机心者必寿

诰授中憲大夫　欽加侍讀銜内閣漢票籤中書　國史館分校改選用道愚小弟楊　浚頓首拜撰并書

對

棧道銘并序

唐 歐陽詹

秦之坤蜀之艮連高夾深九州之險也險絶窮山萬仞直下奔崖峭壁千里無土亙隔呀絶嶢嶢冥冥麋鹿無蹊猿猱相望自三代而往蹄足莫之能越秦雖有心蜀雖有情五萬年間曼絶不相接且秦之與蜀也人一其性物同所宜嗜欲無餘源委化無餘門不貿遷不視昵擧坼地脈睽離物理豈造化之意乎天實溷清而成地實溷濁而形當其溷也如鎔金因下鑄騰雲上浮空際有所不周迴翔有所不合澄結其空竅缺生乎其中而有漏天下之竅缺也杌然有裂地下之竅缺也天地也者將以上覆下載含蓄萬靈而通必使而通其也苟有不通而未通則聖賢代其工而通之故有為舟以濟川為梯以踰山唯裂地有川不可以舟涉有山不可以

梯級粵有智慮合全玄造玄巨衡而舉追氏縋懸繂以下梓人猱
坐絕冥鳥旁危岑鑿積石以金力梁半空於木通斜根玉壘旁綴
青泥截斷岸以虹矯繞翠屏而跣蹠堅勁交固雲橫磴平總庸蜀
之通塗綰岐雍之康莊都邑之城等山川之與脛若水決防以鴻
向而南之北之踵武湯々蹄峨々以自若臨蒼々而不懼懸是贊
幣以達人神會同稽禮樂之短長量威力之汙隆於王與王於公
與公而吹以風或曰受琢之石也存於構之材與國家列代彝材
道也未始有終嗚呼為上懷來在乎德為下招德在乎文德之
以今日別國人之言有字其反之則石雖存恐不為琢材雖多恐
不為構想其往昔有時而有之時而與是用惕々天下當々知聖
質創物之意之人宗明德義周物之道之人稀敢陳兩端之要鈞

諸於道之左座主德義其在今日之所履踵武湯了其於人之攸
作銘曰
天乘地遠車亦同設大象難全或漏或缺損多益寡至貴代工彼
虽有缺与無缺同惟北曰秦惟南則蜀地缺其間坤維不續斗超
岸斷岐為兩區秦人路絕蜀火烟斷天實又通負於背造鑽金劍
勁無踐以道巴川通舟吾陸通車緣危轉虛無驟變如構壘在功
在亦由德頃怫訓怒從完以踏隋旅我營自顛而植地紀革勢才
不易林踏植之致惠怒之心勿為於道不恒勿為於道而久禮不
以禮而有而無恭不以恭而無而有創之之意如彼固之之物若
亦彼知不易亦而易知勤銘于左共同我思

陶器銘并序

唐　歐陽詹

嘗侍論於長者儕有之曰近代之作玉盃朋列朋矣愚以不如古人之為陶長者韙之以為知言退而思其所自多亦不忝伊人之爨器以利用道從易簡利用貴者與往而不適易簡者取之功而遜勤今天下之至富者土也不勞而成者火也夫陶搨壞以製樊焚蒸以溉就其不勞因其致富不瑩而冰清珠皖不鍛而金固石堅一工致功千室以給斛鬲罍甗餅缶盆盂大穷倦石小概圭撮經鼻鑊而自若在燀爇而莫渝滿虫絶後靡之識提挈與剽殺之患其功則易簡也其實則利用也其能又保與也易簡二儀之理利用五行之本保與言多之方執人之方履物之本從天地之理叶三皇五帝所以內户不扃外户不閉者為之德所由生也豈夫玉

盈之獨勞其餘孰治而倚焉則刲材搜璞窮山越壑礱磨雕琢鑄
鍊丹雘力盡終年之功財殫不訾之產量終升合質忌湯火寶家
所寧盈之議中悵生賤害之恩其功則非易簡也其實則非利用
也其旌又能保安也惇二儀之理達五行之本乘之易之方此夏
桀商紂所以亡亡頗邪比屋可戮亡易之禍所由生也省費鮮勞
皆備利物德且如彼而人賤之凡人蠹財不周利用禍又如此而
人貴之久矣舉世之迷也物有賤而可貴亦有貴而可賤惟貴其
能審之小子不幸億而有中識背常人之見故為銘以廣之銘曰
黜汙易抔聖人製器易簡作程利用為貴矯詐往哉匪實攸興哉
因埴壞成伍焚蒸不雘不丹不雕不刻自結金堅天然冰色財無
害產功匪殫力量盡紅纖用窮出瓦物有千金相异我取不費之

利物有積功相崇我取不勞為工物有患禍是以我取往與不可
物有剝殺焚軀我取悵莊不虞心存目視奪尋彼玉室滿堂盈侈
莫我生省庸周用所賤訶何費勤害人所貴此那可貴不貴物以
其類曰昏虽隆必墜可賤不賤物得其選得選曰明虽幽必見上
惟五帝下洎三王實有以興亦有以亡鑒之而工孰若我惕敬銘
有器永告諭之

對

蓮花巖銘　　宋黄庭堅

自古在昔雷雨電擊天開八石青蓮趺鄂中有巖壁狀鷇寓息大士容蹤置鉢倚錫蛇虺避宅虎豹服役行人護戒如龜藏六以戒為甲如蓮生泥不染衣色維此巖居與數

古今云何意時如虎狹一出意時如龜藏六虎狹一則有胃如一字在（形）歛與左右耳闕不相附出施威賴淺骨歐陽什組語如乙字形縮龜藏六首尾四足皆縮而不伸也宋饒節（字德操）倚松老人詩集類（綜）昌府代仁詩云年（仰名如愚）來林下龜藏六一見道人聊解顏饒氏為江西詩派祝髮為僧

墨堂識

福州社壇銘 并序

宋 柯述

或問社實銘予：祭主敬，不敬如不祭。社稷歲再祭，所以為民祈報，而政莫先焉。予守茲土，視其壇地汙且隘，不足以行禮，廼廣而新之，壇壝營宇靡不周備，敢不以告於後之人？於是勒銘於壇之東南烏石山之頂，前為亭曰致恭，以其當州之坤焉。柯述仲常

后牧民，天廼食。維社稷，作稼穡。風雨雷，贊生殖。協時日，祭有秩兮。庚午夏，率職卯，坤維眡，壇域地，汙隘制，廼式爰，廣新告，是別辛未春，工告畢。齋有所，營有室，賜若雨，予咸飭。後之人，敬毋斁。

元祐六年三月晉陵柯述撰　王祕民書 点泉州人

銘與序分兩石，勒是以序末題名也。

天白閣注

經義治事二齋銘

陳步蟾

胡公海陵人也，為湖州教授，訓士有法，從之遊者數百人，公以身率先，盛暑必公服坐堂上，視諸生如子弟，諸生亦信愛如父兄。時方尚詞賦，湖學獨立經義治事二齋，以敦實學。宋仁宗朝甲寅四月，興太學，詔下湖州，取其立教為式，由今思之，中歷四朝，而敦士脩以培國本，千秋之鑑，昭如日星，故知考亭過化，猶傳畏壘之菴，詎比元載留名，空弔芸暉之閣也。為擬經義齋銘曰：六經之義，曠如奧如，參稽考鏡，踐履勿虛，疏通貫串，其樂只且，道德以立，人才以儲，入其門者，視為菑畬，春華秋實，擷採連茹，經明道脩，品重璠璵。更擬治事齋銘曰：朝廷養士，籍為經綸，通天地人，萬彙陶甄，以學吾仁，以淑吾身，求志行道，志立道醕，入其門者，恭己惟寅，大學

綱領明德新民、知所先後、與物同春、

經義治事二齋銘有引

陳國試

胡公爲湖州教授，訓士有方。是時士尚詞賦，獨公立經義治事二齋，以冀諸生踐實，是齋也可爲。擬之以銘

尼山大筆，删定贊修兮，藏之名山，上下同流兮。精華採擷兮，機緒任抽兮。淹通貫串，振靡式浮兮。古有大雅，經術經猷兮。惟華其春，惟實其秋兮。寢饋於此，與古爲儔兮。夫何事引商刻羽，爭歌咏於唱酬兮。

經生達政，有爲有猷兮。饑溺由己，素抱斯優兮。乾父坤母，伊周爲儔兮。一夫不獲，是誰之尤兮。隱居行義，晨夕講求兮。春秋管晏，聖門共羞兮。士爲民首，勿託虛浮兮。夫何事剪紅刻翠，藉風雅於嘔吟謳兮。

暗室箴

歐陽詹

行之檢身兆以為人無溪無伏出处宜一致〻欺人冥〻暗室罔縱尔神罔輕尔質遠詐小惡念彼元吉勿謂旁帷上蓋天監無外勿謂汝掩前扃神在無形天不長慝神实正直神怒天誅未始有朳昔者趙盾假寐兢莊天迴厥害鉏麑以亡又有符堅窃為制度神敗其類蒼蠅以呼天窺神窺人無不知天怨神怨身無所恍惘松抱節幽蘭有熏豈穷不變無人亦芳草木猶尔人其曷云戒慎乎其所不見恐懼乎其所不聞先師有言敢告大君

維條鞭議

明 黃懋中

按各徵悉串入條鞭以便料追而民之輸納亦明白易曉誠良法也予向宦吴中聞之管東溟之言曰徭賦之法莫善於條鞭第慮其不終耳蓋法宜期於可久而奸每伏於未然杜之不早則物腐虫生矣且以往事論之南安先被同安詭米借編另兵八十名每年加差銀五百七十六兩是猶羸馬而以双車加之也民安得不病乎此攬法之奸所當杜絕一也南安對納同安嘉禾倉本色米八千二百石阻海之險難於裝運積受攬户制騙勢固然也往年当道灼發其私有追價給領之議誠一擧而兩利者攬户等緣爲奸屬藉軍名生詞告攬追價之法屬更

矣近奉明例每米一石追價伍分三分三厘發倉給散訖惟民
免浮費而軍亦淨實受其澤莫善於此已但攬戶束手是庫衙
其口也安得不跳踉思哺乎此攬法之奸所當杜絕二也均徭
力差如庫子夫保之類舊每傾民之家而今追銀給役民蒙更
生矣服役於友者無不嚼民膏脂況復責民自當獎淨乞復生
乎其奸所當杜絕三也本县十排之長旧係土著居民催督以
時追呼不遠與甲下十戶亦相安也近者別县奸民以里長為
奇貨有托庄戶而頂當者有代催科而催役者辦糧則多科甲
下見役則嚇騙通都其奸所當杜絕四也至於邑中公用之費
裁削太过每一舉動或承上片檄則往往顧橐匣而躊躇凡所

有餘之積閏月之剩盡歸司餉而經正之費一切報罷盧上方崇儉已不敢冒奢之譏而卒受其病上方橫斂已不敢犯上之令而必應其取此將此議法之時不為三思故至此也若不調停而斟酌之則況千百年之大利坐變矣夫自古無不敝之法而有不敝之人識得其人則法雖敝猶足稱治況法本良哉井田世祿王制稱善而孟氏猶以潤澤望之人夫潤澤經變法之得也由今之宜通昔之窮妙善用法者也東溟之言其有所長慮也夫

對

防海議

洪科捷

竊惟閩屬九郡、濱海者五、魚盐蜃蛤之利、外國重洋之貨、國課民生、交相賴焉、明洪武間、自福寧達漳泉、置衛所二十有五、巡司四十有五、水寨五、各處要澳、又添巡簡司一員、兵丁器械、修整齊備、而嘉靖間倭寇為患、且數十年、本朝定鼎、鄭氏距命、汎棄于外、界移于内、濱海一帶、荊榛滿目者、又數十年、曁乎臺灣底定、海波不揚、生長開復界外、乃為聚落、未雨綢繆、誠當事之要務也、今夫臺灣者全閩之要害也、澎湖者臺灣之咽喉也、而兩島者又漳泉之門戶也、提設于廈鎮、駐于臺澎、設叅將、而金門海壇閩安等處、各置總鎮、星羅碁布、地非不密也、船非不多也、而姦宄時聞、豈海之難防歟、抑防之不力耶、夫賊以海為巢、禦之于陸、不若殲之于水、兵以船為營、修之于郡縣、不若委之于武弁、盜賊之所恃者、以大海風波不測、瞬息萬狀、彼以生以長、委身一葉、固于磐石、乘風破浪、殺人刼貨、如探囊取物、彼武弁安享富貴、一遇飄搖頭眩目暈、安能與之爭舟楫之利哉、況戰船者、又武弁之奇貨也、 功令有大修小修之法、然皆委之于不相統攝之郡縣、郡縣視為故最、彼即借為勒索、奉承者、報什一為千百、正直者、誣修整為因循、郡縣受掣、勢不得不刻減估價、專意奉承、始而包攬、繼而隱冒、終而朽蠹、循名則有戰船、核寔則無戰船、泊于內港則有戰船、用于大洋則無戰船、海可防也、其何以防之哉、至於清盜之源、又莫若弛晒鹽私販之禁、寬商船連鬃之法、而准其各備器械、以自為衛、閩省土地、半沒于海、半填于山、田園不滿三之一、其所以借鹽以生者、無慮數百萬家、盐禁不弛、則晒者販者、坐而待斃、而生業落矣、商船一隻、内有管船搭客柁工水手數十人、閩之商船不下數萬、此其所借以生者、又何止數百萬家、大海之中、船難銜尾連鬃、既屬無用、而十隻一鬃、動需旬月、柁工水手等人、坐而待斃、而生業又落矣、生業既落、啼飢呼寒、聚而為盜、兼之軍法嚴重、商船不許攜寸鐵、是所謂借寇兵而齎盜糧、如之何其可也、之二者、其利與害較然易辨也、而當事不行者、動以盐餉姦宄為辭、豈知國家盐課歲有定額、就各處盐埕、計區均配、令盐丁自為輸納易易耳、紛紛盤詰何為乎、盜之與商、行踪既異、而商船重載、行每舒遲、盜船輕揚、動輒剽疾、一望可知、又何必以罷械為厲禁乎、夫生其地者習其俗、覩其弊者諳其情、某生長海疆、目覩時弊、謹献一議、當道誠採而行之、修船責之武弁、彼必澆蓋愛護、不致損壞、而以守道核之、使不得隱冒、船既齊整、水師提鎮、遊校兵丁、各配在船、晝夜巡邏、慣習水性、訊察賊形、而又開諸屬禁、使借海以生者、得以謀生樂業、則既有以清其源、而遏其流、又何海之難防哉、謹議

弭兵言　接此　在外

、戒子遺言　摘錄　　明　王文昇　晉江人歸州牧

吾於南安許玉孝為儔行人西巖先生以祝故猶狂視棄官如敝屣民與許而稱之

補在外

谈茶 原八则摘二则

蔡献臣

近言茶者欲之松蘿長興之岕南安之英地称其足矣英香冽歟

松蘿岕中土氣息另自一家 三則

西番以茶为生命吴越以茶为雅緻閩南人冬湯夏水然茶不

煮茶者需壶少然亦过於活泼今則漸於吴下之風争言茶矣茶

僅亦遊騰踴英之幾与松蘿岕清水岩覺海樂山僅亦不賤士大

夫家尤尚之今平家亦每飯設茶口之於味何常之有 覺海樂山皆南安地

此茶八則

清水則屬安溪矣

○見清白堂筆記

康熙二十年

可堦名而升，邑之貢生

為孝烈傅氏女乞言

諸葛晃

歲辛酉冬，傅別駕被執，家盡殲，氏女子自縊慨死，最烈。時余在海東，知氏子甚悉。吾友吳生可堦所誌，皆實錄也。而或者曰：惜哉，傅女可無死。如俟氏既忍一年，而臺灣破，身得返矣，其與吳生燕婉之諧，年猶無未笄。如傅女不多一死，字而不知非也。夫傅女死節死父，如彼別駕之觸法蒙難，在女子以無死而不得不速死者，以沒入陳將之家，如覬氏者延數月以俟泉城之信，氏不必于死，情已見乎詞矣。遠乎嗚雁之息無聞，而衆巢之禍已烈，計惟以死自全，不俟白璧有纖瑕之污，則今毋以肯歸吳，殺之以身歸吳，而更快矣。毋論後之得返非所逆料，即能逆料之，烏能以須臾待耶？女氏真明於義之大者與？嗚呼，婉弱

髫齡志已光乎日月而湮迷雲海名不出乎荒陬坐使懿揆不彰
孤貞永晦可勝嘆與所賴賢人君子藉竹素以揚幽假詠歌以旌
烈庶幾垂諸琬琰慰彼精魂余故為道其阮志以見侍女之事
於處死而更求所以不死侍女者我同人寧無意哉

對

拜嶽言

唐　陳黯

黯自閩東隨計來闕下經華嶽祠有巫導以祈謁乃徽蓋整衣磬折濯觴頫首拜而前俄默而退巫曰客是乃乞務名耶務官耶胡為乎有行禮而無祈詞神之聆靈而答盡舒乃識曰余之來拜以嶽長群山猶人之有聖賢草木之有芝蘭百川之有河海鱗羽之有虬鸞屹屹乎崇崇乎干霄柱空載國祀典宜人崇拜之思是乎余之敬祠之豈懼乎神之聰明且神視果高聽果深必福其善而禍其淫余行合乎神也必照而臨如欺乎神也祈之乎何心巫今余言無妄焉為妄言之箴

對　戒子表述言

答問諫者

或問古之士能直諫不畏之畏甚其誰為最曰有諫者齊人茅焦

曰夏無龍逢邪殷無比干邪曰不諫之無革功德相遼乎夫諫者
不獨以言之忠而亂其氣雄不亂以名之彰而亂其子之四者克
備是為難矣昔嬴政吞噬群雄以取天下暴豪奢侈古初無先故
犯必無而諫必拒當遷太后於雍有及泉之誓凡戮諫者二十七
人矣天下忠赤之士莫不囚氣鎖詞是時焦能獨奮勇敢不顧其
威肉視虎狼冰顧鼎鑊諤諤造廷折其四失俾暴主悔犯遷善而
從其言由是骨月之恩斷而復續君臣之義捨而再交諫議之路
塞而再啓皆由焦之功也噫亡軀徇忠亦諫者之職然死於二十
七人之後不亦難乎其心哉進諫於二十七人之後不亦難乎其
詞哉於可謂言忠氣雄名彰子立備矣豈若龍逢諫桀比干諫紂
徒自柔恭貌詞而又身不免子不立其足為茅先生之 徒故問者唯而退

答諸葛誠之 矩材

朱子

示喻競辨之端三復惘然愚意比來深欲勸同志者兼取兩家之長不可輕相詆訾就有未合亦且置勿論而姑勉力於吾之所急不謂乃以曹表之故反有所激如來喻之云也不敏之故深以自咎然吾人所學喫緊著力處正在天理人欲二者相去之間耳如今所論則彼之因激而起者於二者之間果何處也子靜平日所以自任正欲身率學者一於天理而不以一毫人欲雜於其間恐決不至如賢者之所疑也義理天下之公而人之所見有未能盡同者正當虛心平氣相與熟講而徐究之以歸於是乃是吾党之責而向來講論之際見諸賢往往皆有立我自是之意厲色忿詞如對仇敵無復長少之節禮遜之容蓋常竊笑以為正使真是仇

敵亦何至此但覷諸賢之氣方盛未可遽以片辭取信因默不言至今常不滿也今因來喻輒復陳之不審明者以為如何耳

又

所喻子靜不至深諱者不知所諱何事又云銷融其隙者不知隙從何生愚意講論義理只是大家商量尋箇是處豈有彼此之間不容更似世俗遮掩回護愛惜人情纔有異同便成嫌隙也如何如何所云麤心害道自知明審深所歎服然不知此心何故麤了恐不可不究其所自來也

誠之先生即隣之先生之胞弟朱子全集及門姓氏列為杭州府人誤邑志前修亦漏載

答李子能元宗一作亥宗　　朱子

累承喻及為學之意甚善甚善但如此用力引徵太多令人紛擾無進步處故程先生說涵養須是敬進學則在致知若只於此用力自然此心常存衆理自著日用應接各有條理矣近思録前三四卷專說此事近修定大學解亦說得此次第分明近思必已有之大學今往一本可細考之依此節次做一兩年功夫自當見得門路立得根本也陳後之持守見識皆不易得不知今年曾來城中否與之講貫當有深益則姝文守得亦好但未知彼來時見如何耳為為學十分要自己著力然亦不可不資朋友之助要在審取之耳朱飛卿遠來見此相聚但亦苦多病未嘗不相與談及子能也

答李誠之說

朱子

特承寄示新刻二先生祠記并杜長書一通記文鄙淺而書意勤厚然區區所敢當也然先生之道即伏羲堯舜禹湯文武周公孔孟所傳之道先生之書即所以發明六經孔孟之意豈別有元妙奇特自為一家之說而與古之聖賢異轍殊轍也世之君子固未必嘗讀其書而驟讀其書亦未能遽曉是蓋不唯不知程氏之學實乃并與古昔聖賢之學而不知之也舉世皆冥情不覺悟而其聰明辨博能為文字語言名有氣概才力者則其惡之為尤甚今以門下之才之美宜其愧此數者而其用心獨不然蓋不惟立祠伐石以尊其敬慕之意而來書之諭又能不鄙迂陋而辱問津於此其志豈獨賢於今世之士也哉竊感下問之勤敢粗論其梗

枕如此近敢刊定大學章句一通令致几下敢别言其不能外此
幸一讀而三思之其必將有以信之而異時敢以見於文章多業
其愈有光矣僭率皇恐

又

非蒙不鄙俾撰先正文集序叙自知不文不足以副厚意顧以先
契之重御往之深且别托此以少見景仰節義别體明微之意以
是不敢力辭而輒草定其説以求商訂區區之心蓋未敢自以為
是也敢别更定第後明行四字刊去繁冗其評精切前輩敢評自
有執字正誤此也玩味歎服不能自已但平賊之功雖由外濟之
説乃是區區鄙意分功紀實以息爭論之微指朱丞相敢記當時
之事能不詳明正以别章其功而反詆吕張為敗事又其後深詆

李趙諸公誣謗已極故讀其往往心非而鼻笑之并與其可信者而不信之也願熟思之恐不可改如何

上大觀察泉州東西佛策

陳步蟾

昔提帥藍公始分東西佛之號其時亦祇就地勢分耳提帥精於青烏之術以泉為鯉郭宜動不宜靜故賽会迎神凡以祈 國泰民安之意也嗣是某鋪之塑神像者亦象國泰民安等字樣而郡中自此嘖嘖多故矣東則分為五倫為七血西則分為七舍為三相公其曰五倫者則以五兄弟相稱也其曰七血者則以当時割牲歃血有世相好與相背之語故水僊於是有誼長之號雙忠於是有盟府之稱其曰七舍即祀七舍人者或曰祀日月太保之神亦謂之舍人其曰三相公即祀田都元帥者雖然帥之神即五倫七血中亦多祀之嗣是非在五倫七血七舍三相之列咸相背焉相背必由相棄相背必有相附相附相棄則東西於是綿錫亦东

西於是滋釁矣昔有居東之太封翁某遽於居西曰东方朔帶劍出於宮斩古榕樹驚得西牛喪膽西施女遣人入熙春達和衷情越惹东君起與訟於宮古榕迎春和衷皆东西佛境之地犄也遽此極睽其禍若火不可撲滅故市人謠曰东风池西奉聖打死人免賠命伊昔賢有司疊鬪疊辦大則遣决小則枷杖末如之何也已遇鬪之日值班亦以东西袒護故任其上下而莫之知当鬪之时文武皆出为諭止差役已先寄其從何街轉何巷務使某鋪以为擺脱计至今 大憲駐縣適奉聖慈濟兩鋪游予視臨背拳當目於鋪戶良民弱肉強食最甚者又莫如夾縫之界婦女亦被剪其髮而剝其臂鐲者至於民房蹂躪更不堪言矣惟 大憲明並日月辨此兩鋪而外思欲挽救百年之陋風蒭蕘不採亦惟当

此來闈之時傳卅六鋪約保練當堂供出某鋪某匠某次之某又次之大鋪十餘名小鋪五六名亦此存案出示若干張將所供匠名開列于左併諭所供若有栽陷良善者听其親族聯結沒如東而有闈則以所存案匠跟究查治無他起于某鋪匠勒索鋪戶打點衙門從中抽豐某各鋪匠也必盡拔本塞源徹底跟究窮恐積弊中於人心非一朝夕所能其療痺也已

是篇乃劉觀察諱耀椿甫莊年庚辰會魁觀風泉房之命題也先君子嘗取閩房第一名從此頹風於今愈熾昔時闈之旁起尚存人命攸之虞今則起於匠之一闈命案中鋭意成命案矣哀哉

六不肯園仕注

問械鬥擄搶惟泉為最何以治之於已然之後何以防之於未然之時会營嚴擄是否可行其悉言毋隱

策問　械鬥擄搶事

陳步蟾

泉之民何以好鬥也豈班固所稱吳粵之君多好勇故其民至今猶輕生歟當鬥之時罷械蜂擁惟鳥銃大礮為害最烈是以鬥之致命多由銃斃命斃亦不遽訟之於官因而擄人勒贖擄其富者百金可致擄其貧者金無可致死期至矣其欲擄之時先籌其何家何人夜則數十成羣或剜其壁或壞其門而入焉一得其人則以布幔包灰裹之此黑夜之擄也又或某人與某鄉附近某家與某氏聯姻此牽恨之擄也其施禁之酷則有如穿棕靴卧雙房種種橫逆難以殫舉是可痛也擄禁者乃起於冤家而搶奪則不論何家矣三五不肖僻處聚鳩致令行李往來吞聲飲恨前十餘年於廈漳一帶則以放荷包為名於福興一帶則以搜禁物為名於

濱海一帶、則以走私餉為名、於入山一帶、則以藉寃家為名、此犹
搶奪之有主名者、今則弱肉强食、雖亦知不肖之踪跡、而投之鄉
老、告之親族、而鄉老親族之袒庇者無論、其有顧名思義者、竟莫
之何、此風胡可長哉、之數事者、大抵多出於大姓、而大姓之中、又
恃手强房、械鬥之起、大姓多倡之也、擄禁之酷、大姓多為之也、搶
奪之慘、必大姓有人馬為之主、而小姓之不肖、乃依而附之也、至
於小姓而敢出於械鬥擄禁、大抵報復者多、今日 大憲駐驂行
臺視事、遐邇聞風、諸患稍戢、以為必認真辦理也、 國法昭然、曷
敢置喙、而又不敢諱疾忌醫、窃聞鄉有鄉長、族有族正、古之法也、
惟舉其一鄉一族之行誼素著者、予以長正之權、給以木戳、俾朝
夕之間、耳目之近、得以教誨之、稽察之、有司或有公出、隨所至之

鄉而下詢焉或有甘為不肖者長正報之於官而官捕之此或弭於未然之一道乎假如二比盛鬥官臨諭止先息者從輕發落負嵎者加等治罪每鬥必辦雖千百金不許贖罪一人而又專治無賴之徒不許供累及富而無辜者此或治於已然之一道乎如是則械鬥擄禁之患息而搶奪之風亦必漸銷如有窃發其處係何人慣匪某人係何處失贓遂該處自行拿送則以慣匪之人在失贓之地照法重懲清風和之風可計日俟已令欲移營會擄以靖地方民之望之如望歲焉然好生惡死人心所同不肖者雖有敢心猶有懼心也故凡官之下鄉人無論良善家不分老幼棄井離鄉以避陷阱未見有犯之能獲案之可結也官或一再宿焉因而回署於是幹役遂與鄉人打点買犯坐地抽豐滿𡏖作戲何可勝

言惟不必多帶兵役，均令文武各官嚴督兵役，秋毫勿犯。其有淫人一婦女，掠人一財物，則如殺人之罪論，將善良者得以安其生，并可為官長用也。賈長沙治安策曰：一脛之大幾如腰，一指之大幾如股。又曰：及今不治，必為痼疾，後雖有扁鵲，不能為已。是今日之謂乎。惟 當道裁之。

是策亦劉觀詧觀風命題 先君子之對，誠儒家慈祥之見識。眾鄉鬥搶，至於同治年漳州克復，後有羅景山提師大春、沈吉田太守應奎、宋湘亭邑侯保璟会辦，剿營樸山，梟示戮十人，擊獲近百人，布卿一帶有三十年之安寧。當年若無辣手，豈有化險道為康衢也。 六不肖簠堂識

迨至今已二十餘年，風氣之變，愈熾一鬥而蔓延數十鄉，有司以富鄉而先飲賄，索其兵餉，甚佃田亦下鄉為之鎮壓，說者甚為魁首，以亂方為保安，與予兩鬥起則指亦起，大路十里之平搶掠及城外，城中之盜亦與之俱起。去至夏夜之強盜，在行一夜有三四處失盜。此时小家門戶真是不安也。安得有路不拾遺，夜門不閉之良風哉。

7317997
811.8
755
(14)

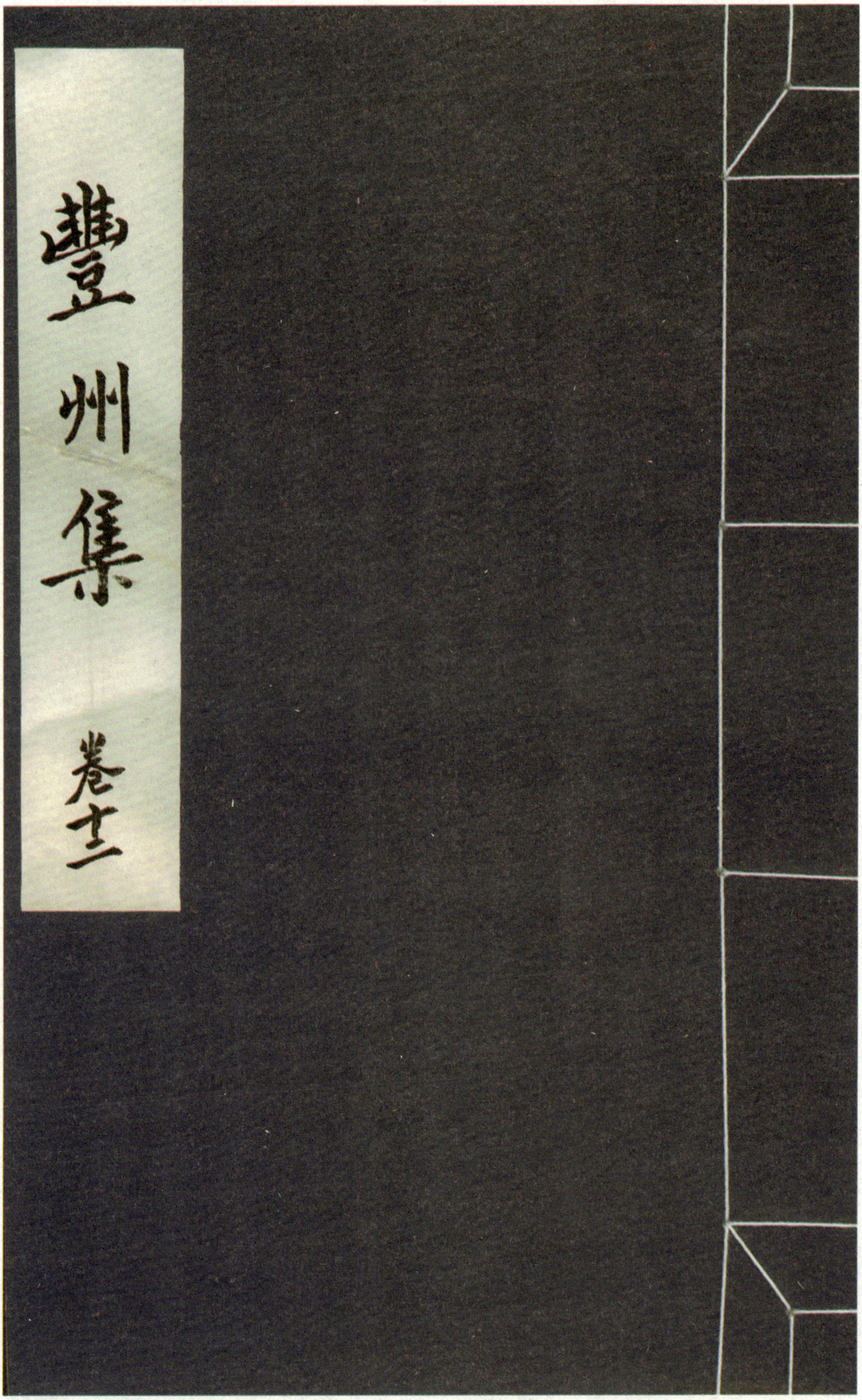
豐州集
卷十二

對

禹謨　　陳黯

禹貢益以天下授益秉其樞謠之歸之讓於啟故啟不由父授而書其典刑顯追其旨作禹謨

嗚呼惟位於君惟德於民禪受無疏親之惟其人德之肖仇敵可任遂之速昵愛不可苗裔寄堯舜傳人今乎傳家孰不知其私仰啟以能其天人之意然也必其念之陶其土之器也持之沙其人則完否則毀位其國之器也持之沙其人則治否則亂乎沙之惟艱必繼之毋忘其難故必役之不克肖宜復乎堯舜之道以歸于有德勿以乎傳之為世有之嗚呼不貢而毀其器俾汝原私而罪乎七汝其念之

詰鳳　　陳黯

嘗聞揚雄云君子在治若鳳在亂若鳳詞說見之謂宜也收其神之以為鑒追覽其劇秦美新則有異乎是雄仕漢過新室之亂況不能去之又懼禍及乃為新文以媚而取容嗚呼鳳固是聊耶果若是則鳳遇矰繳而猶迴翔其間耶君子之仕也既以行道道之不行也則可以明其節彼莽不臣雄時在仕列宜以君臣之義與亡之理匡救之以行其道苟畏其威愛其死則可以拔簪高謝以明其節詎有苟祿貪生猶飾詐廣引秦過以諭惡德則是稔其篡逆也與古之持顛危死節名與背而馳也向其所并鳳若之說得不

為經風也哉雖常禽也咳晦而不迷其候風霧鳥也理亂而不知
其時耶噫言之不思有如是耶或曰古人臨危制變之權道也雄
知莽之不可匡也故矯為其說貽務脫禍是亦權道也何過之深
歟曰不然夫權與聖人有事時以不失其道未見舍其道而從其權
昔仲尼仕魯以季桓子荒齊樂知其不可匡也乃去之不尚矯為
其國辭以求序於魯雖仲尼日月其德人之不侔然揚雄忽慕仲
尼之為者以事於亡言為予何自誣哉夫亡言者豈不似人之從
為耶且已不能信况求信於人乎詩曰君子先行其言而後從之
於言可欺也哉

宋寧宗罷待制仍舊宮觀誥　朱子

敎具位朱某從者至人之仁尚謙者君子之行眷我執經之老辭夫次對之榮既諒悃誠其欲茂命以示心耽墳典性樂丘樊被累朝之特招稱疾屢矣於十連而趣召肯起翻然既陪東学之遊爰侍西清之邃見卿幾晚方善桓榮之説書髙論未闌遽若賁生之懷土仍夫義職秩以真祠蓋彰優老之風且示隆儒之意逮亦累上牘復有陳前受之是今受之非誰能無感大遐如慢小遐如偽矣豈其然顧而務徇於名髙在我詎輕於爵馭俾解禁嚴之直復居論著之聯蓋雅志之勉從在至懷而良咈噫厥承明勞侍從汝迹持橐之班歸鄉里授生徒往究事門

年　月鈔

之業汝祗予訓用蹈于中可依舊秘閣修撰宮觀差遣

慶元元年十二月　日

中書舍人傅伯壽行詞

此篇須在禹謨之風之下

鈔

夫日用而不知也故文公因以辨之且引貪不肖皆公其心爲貪不

肖皆公其心則三古之風自可復矣

對

辨謀

此篇須在宋寧宗詔外

辟天居士

粟菽之中，胸有心者必有謀，有其謀則必為其己，而鮮為人也。故有孜孜汲汲力於謀者，得之則力身豐家，不得則嫉時怨命。噫，此真澆風薄俗者之心也，豈古聖賢之心乎？大古聖賢未嘗無謀，而不求利於身而利自及也。何以明之？堯舜有大寶之位，不傳於子而傳於他人，是為天下之謀得其人也。大禹疏鑿橫流，過其門而弗顧啼嬰，是為天下之謀得其溺也。后稷躬耕播植百穀，是為天下之人謀得粒其食也。其謀信何如也哉！古今稱帝王者必首堯舜，稱功德者無出於禹稷，風聲億兆不復磨滅，其利民又何如哉！逮世之謀，不能小者不過謀衣食，大者不過謀禄位，皆之利天下者或未見謀。嗚呼！持其心而希其迹，侔於古人，是猶越山海而捨梯航，其進亦難矣。矧今聖人在上，賢人在位，其謀豈為不能？然嗤嗤

再鈔查
目錄照次
序

朱陸異同辨

陳步蟾

紫陽為小孔子、亦萬世之師也、渊源独遠、其學皆由敬而入、敬則以理作用矣、同時陸子九渊、學由心悟、獨主乎靜、觀其語錄、曰令人畧有些氣燄者、多是附物、原非自立也、若某則不識一字、亦須還我堂堂之地做人、其不欲傍人如此、朱陸異同、所由來歟、慨自南渡以後、風氣滅裂、士習果勁、二子稟皆剛明、特以從入異路、而氣頗相忤、朱曰學先知止、而後力行以求至、若涉高遠即是躐等、陸曰、道理只在目前、即到聖人地位、亦只在目前、如此之類、所謂異也、朱曰莫先於存心、陸曰莫要於求心、如此之類、所謂同也、至於論太極圖辨多不合、或以諫陸、陸曰建安亦無朱元晦、青田亦無陸子靜、或貽書於晦翁詆子靜、朱曰理會着實者、惟某與子靜二人而已此其異而同也晦翁又貽子静書曰某邇来日用工夫頗覺省力無復向来支離之病未知異時當有異同與否則又朱子不厭其為異同也夫朱則謀純篤志陸亦簡易直捷必疵陸之所短而忽其所長亦太過矣當時学陸者悟心自足輙訾聖賢棄經典學朱者日研於訓詁章句泥以累高自邇行遠自卑遂不免分門别户致相牴牾耳吾儒於二子之間學朱不成是刻鵠之類也學陸不成則畫虎之類也能無慎哉能無辨哉

對

末猫说

昔有兎類而小食五穀於田及穀熟農者獲而歸之兎類而小者

穴隨而去遂潛于農氏之室善為盜每竊食餘伺人出入時主人
患之遂題曰鼠乃選才可捕者而舉言其人曰莽倉之野有獸其
名曰狸有牙爪之用食生物善作怒乎稱尊捕鼠遂俾往須其乳
時探其子以歸畜既長果善捕而遇之必怒而持之為主人捕鼠
既殺而食之而群鼠皆不敢出穴雖已食而捕人獲賴乎鼠盜之（此句疑有失字）
患即是功於人何不敬其狸之名遂號之曰貓々者求也莽蒼之
野為本農之氏為末見尉於人是陋本而榮末故曰貓々乃生育
於農氏之室及其子已不長怒鼠蓋治其母許殺鼠食而食之以
為不持而饑食不見捕鼠之時故不知怒又其子則亂與鼠同食
於主人意與害鼠之心々與鼠類反與鼠同為盜農遂嘆曰貓本
用汝怒為我制鼠之盜今不怒鼠誠失汝之職又反與鼠同室遂

亡乃祖爪牙之為用而有鼠之為盜失乎望去矣乃載以復斯（訶）野
又探狸之新乳歸而養沈甚遏捕鼠如羆之哉

禦暴說

或問為物之暴者出於狼虎也何暴攫搏於山藪之間而權倖之
暴必禍害於天下也狼虎奮吼而欺詐夫虎狼之暴炳其形狀可
知也權倖之暴萌其心不可知也自口者不過噬於人之腥咋人
之膏血自心者則必亡人之家毒人之族為害其不甚乎然則權
倖之暴不能抑亦有國者不能設備以禦之俾民罹其害曰虎狼
吾知其能禦者乎矣也權倖如之何能禦也曰刑法曰彼秦漢其
弛刑法耶何趙高王莽之肆暴而不能禦歟曰彼秦之高漢之莽
得肆其暴者皆由刑法之不明也苟明暴何自來噫田鄰者猶能

执弓矢以弭其暴于有国者反不能施刑法而禦其暴岂有国者

重其本不若田鄙者重其生哉

此說移在義心篇記上此歸類

對

綸卿字說　　傳夏齋

史子書言既冠其祖父西崖君字之曰綸卿謁予予告之曰若知而祖命之字義乎綸以治絲其義闡於天下者大用之王政爲經綸用之王言爲絲綸史氏之先以典籍命氏成周以前在王左右于言則書于予則書今日其予彌璘璘矣寄其職於翰苑若修撰若編修若檢討其職掌也推之爲宰府於之爲宰執國之交治詎有重於此者天下之治安常與予則經綸之用爲再排亂解紛則絲綸之用亦其急者也唐武宗削平僭亂李德裕一制而三鎭奉命恐後振城毛抵之間折衝樽俎之上則之如風動之如雷威厲百万者則此絲綸之功也功業一旦振耀絲綸爲天下重命之曰才積學也者從間養其才邦匠士身在天下卒然遇之丢大不驚國[illegible]

至煩不亂一言而定國是能以其所養其錐耶乎觀悟祛才氣
双至其陳古箴銘論議其學有過人者是爲名家之子孫而不以
名家累代謂富貴不驕沈溺者能耶丟子之積於學必於絲是做
已矣觀編之予而學亦庶有成矣仲春之吉蠶母是禰締用清明
然用穀雨言及時也爰求柔桑切若細縷燥濕是候起止淨臥言
致功也東愛日景安坐餘陽逍遙偃仰進止自如仰如飛騰伏如
寐臥此編之始縱者相屬橫者交連解以湯火擘以纖指其絲万
千其白霜雪此編之成起於綿之成於翼之時積日摩殼勤劬
君子之學亦若此矣史子坦腹予家予道有父師之義故詳其義
而告之

來同別墅說 在厦門水師提督署內

國朝 鄭纘祖

大將軍施公受命專征次平海國秉鉞坐鎮於禾郡之厦門城小而壯為東南舟楫輻輳地左挹山光右收海色萬頃漣漪諸峰競秀有負山襟海之勢軍旅之暇公於府治後因地高下為園為堂為齋為亭為軒窗臺榭亦極幽曠地故多巨石又從而松之竹之梅之桐之大不盈數畝高出城上俯瞰內外如列眉睫間予客其中四閱月悠然忘返客有問予曰美哉園亭既門命名其義可得聞乎予應之曰可矣園曰涵園言海也涵萬象也堂曰足觀觀於海而足也亦示不驕不吝也亭曰帶礪曰介亭枕漱也帶礪也介于石也不苟取也高曰旭高軒曰辭月照其明也曰指昇遠不忘君也曰羅浮懷美風彼也客曰美哉園亭其義我知之況別園之

外有曰來同別墅其從何居子其更為我言之予曰難言也雖然嘗試言之矣其在詩曰徐方既來徐方既同天子之功公其以臺灣新入版方猶徐方之來同歟論曰有朋自遠方來易曰同人于野公其與賓從遊歟抑外國之梯航來此者于以見車書之會同歟或曰公起家于同厦同地也公其復來見牙歟別墅然甚也其以詩彭海之奇捷歟是皆未可知也然予見公鑿海築堤引流入池蓄巨艦焉其易也如覆杯水於坳堂則芥為之舟公固有移山倒海之概矣園亭結搆其小焉者嘗贈予旁度詩曰臘月李霜梅吐妍乾坤運轉却知乎公之胸懷高曠又何如知其命意遠矣然則未可知者未之知也其可知者又豈能盡知之哉客亦而笑相與據石引滿陶然而醉不知月出於東山之上

完

對

洪範説

洪科捷

嘗聞洪範五行之書也、自陰陽變合生水火木金土、而凡盈天地間莫非五氣之所順布、是故得五氣之秀者爲人、而貌澤屬水、言揚屬火、視散屬木、聽收屬金、思通屬土、五事一五行也、周官六卿配天地四時、食貨掌於司徒、祀賓麗於宗伯、師則掌於司寇、而凡歲時日月星辰曆數之政、皆以其屬統之、凝庶績所以撫五辰也、其在皇也、與天地合其德、四時合其序、操節宣之權、以建民物之極、而正直剛柔之治、皆本陰陽以爲設施、推而至龜象之有雨霽蒙驛克也、占兆之有貞悔也、庶徵之有雨暘燠寒風也、何一能外于五行、以斷吉凶休咎哉、且也五行之順逆、生人之福極係焉、順五行之理、則爲壽爲富康寧好德以攷終命、而享五福、逆五行之常則為短折為疾為貧為憂為惡為弱而受六極此其理同條而共貫明白而可通吾故曰洪範五行之書也雖然洪範之理雖原于五行而其要則以皇極為主以五事為功葢神龜之數有九而五居其中自一至五五居中自五至九五亦居中戴九履一左三右七而罔不居中禹配以皇極而居中御外執簡御煩之義昭焉彼惟皇者誠能接心法之傳純主敬之學則敬以作肅而貌極建矣敬以作乂而言極建矣推之作哲作謀作聖而無不敬即極無不建也由是而五行布其氣八政奏其績五紀順其序三德稱其施治既極于平康人自協于會歸稽之于幽則龜從筮從卿士從庶民從有吉而無凶徵之于天則時雨時暘時燠時寒時風有休而無咎歛用敷錫民不夭札物無疵癘有福無極有嚮無威猗歟

盛哉、祥風被宇宙、休氣滿八埏、而要惟皇不過敬用五事以建極
而已、堯之欽明舜之温恭、禹之祗台、皆是道也箕子法授聖而命
曰洪範信不誣云

對

擬朱子觀心說

徐雲驤

心者人之所以主乎身者也湛然虛明無所偏倚其體廣大而精微其用均平而方正如水之正如穀之種不淪於無不滯於有參三才游八極致中和統位育仁義禮智植其性喜怒哀樂抒其情故為全體純為偏體較此正苗莠朱紫之間尤不可不早辨顧或者曰佛氏有觀心之說是說也將謂心一而二乎將謂心為主而為客乎抑謂心命物而命於物乎夫此心可以觀物故靈心應物則物物皆順逆私心應物則物物皆失則豈此心之外復有一心能反攝此心以觀心者哉聖賢知其然故戒慎恐懼存理遏欲未感物之時至虛至靜所謂天下之大本也隨感而應正大光明所謂天下之達道也孟子曰以心存心荀子曰公心辨仁心說學心

所謂吾關心見佛即心是佛分心圓妙散見於佛與禪皆易地而
觀彼蓋謂大本此一心達道此一心而所以不過此又一心也是
何異於以心為枘彼以心為鑿耶蓋自本體而言吾鑑之未有所
與則空而已矣吾衡之未有所加則平而已矣至論其用則以其
不空而好醜無所遁其形以其不平而輕重自不能違其則聖賢
之論心大類如此嗟夫釋氏不知天命以心法起滅天地以小緣
大以本緣末其不能窮則謂之幻妄又烏足與言聖賢之道夫聖
賢之道本心以窮理順理以應物如身使臂如臂使指二帝三王
之道詩書六藝之精此心同此理同也乎亡惜夫致空守寂其流
於造極審端之學亦不可謂無其志然未嘗深探其本而能盡力
其實顧乃挾其窺覘想像之彷彿毫無空見隔膜以觀謂心之所

以爲心而一而二而爲主而爲客而命物而命於物者焉蓋既不自知其學之不足以窮深遠又不復於淺近求其端而徒欲以是紛紛於此而效之於形似影響之間不亦謬哉學者於此明辨而熟思之則加功有序庶幾屆乎其正而審其差繼其異而返其同也已

雜説

梁廷珪

事師

生我者父成我者師尽诚祇予罔弗兢兢有问必起有言必听有责必悔有侍必習朝夕奉湯服劳不倦師虽和平弟益敬谨日日精勤求赴師志勉哉無斁方乃有濟

处友

有善相劝有恶相规为仁相率致知相诲遊樂相戒踰閑是斥莫存骄谄莫分贵贱甘苦共尝勿致乖忤遇事同議須於犹将莫從間後真心相处一言許諾千載無移朝則叫起暮則提卧日日相勉有如師弟時時致敬若臨父母進予我后謀定人民同心共濟同道相益序在乎覚汝敬之敬之

視

人有五官本於五行惟肝離目稟氣最清故能司視鑒察衆形異端奇衺皆非正道勿覽其出以亂心性中庸平淡大道攸寄行有餘力精察其遺女色妍姿能移乎志須臾頃刻之間亦當遠離孔孟詩書圖非先型熟視精察不可有間

听

惟耳司听以目司視厥听不聰实害天性非礼是绝圣门誕告听闲之端因当须審察听淫声便驰厥失好听淫辞詖能惕励二者大病皆務決去朝夕授受细心鑽研身体力行永久不懈焉知後来不赴斯願

言

言者心之聲也可以驗靜躁可以驗誠偽故于覺之言不可率不可疾不可誕不可詐不可毀聖賢訕長上欺同儕毋多毋伐毋揚人短矜己長毋作怪話毋談邪說毋羨人富貴咨己貧賤毋評論女色毋講求飲食毋相評以不孝毋相詔以非理凡此數端有犯之者實為敗德言話無易口說不勝入道之基實非於此子曰仁者其言也訒

動

哲人知幾誠之於思志士勵行守之於為順理則裕從欲惟危待說重處善學參日三省處在乎覺端素行毋苟情苟恩毋恣情欲輕佻毋爽晉接之儀毋起詐偽之肇毋見利忘義毋悦色弃德毋從偏僻友毋作貪饕態毋好逸而跛倚毋頑傲而距毋粧飾欺世

毋庸碌自待毋馳情於花木毋妨害乎心性毋失喜怒之宜毋乖哀樂之度灑掃應對忠孝節廉皆當自盡豈得自寬小惡必懲去小善必集與其過義毋寧過仁與其過奢毋寧過儉凡此數者皆本於心之所識敬慮而毋懲惟予小子其自勖哉

尚志

志堯志舜志孔志周

讀書

讀一句書反己自問能則加勉不能愧勵

力行

天行之健卞莊之勇忘憂忘食一往無前

去私

壮士殺敵直前不顧死惡之與鐵甚兵除

學礼

勿厭其煩勿苦其難知礼成性入道之門

晝而復習夜而計过五日課功十日省德半月鼓志匝月考福

格物致知說

陳步嶢

大學言格物致知物者何自身至天下皆物心與意別身內之物也知者何識也脩齊治平也格致旨一事言之如識意心識到十分便是格是致分擒程朱之說固為正宗張陸說亦非盡謬誤乎不詳則有之如羅近溪訓格為式黃太沖訓格為通終於物字之義有牽強處及陽明本孟子良知之說謂不須外面更添一物竟以磨盡講求工夫是也鄭氏訓格為來見於禮記注謂知於善深則來善物知於惡深則來惡物若從則惡直於經知至而后意誠不合、司馬溫公訓格為捍禦言能捍禦外物而後能知至道其說較鄭為長然又略卻物字惟宋黎氏大學發微謂格物是格其物有本末之物致知謂致其知所先後之知說與程朱不悖姚承菴四書訓閱郝京山禮記通解主之朱子雖未嘗明言然觀其以至切近者言之則心之為物實主於身次而及於身之所具則有口鼻耳目四肢之用又次而及於身之所接則有君臣父子長幼夫婦朋友之常極其大則天地古今之所不能外盡其小則一塵一息之所不能遺夫何往非物有本末之物知所先後之知乎程子云自一身以至萬物之理了會得多自當豁然有覺自一身至萬物是物理會便是格豁然有覺是知理會得多便是致知朱子云此以反身窮理為主而必究其本末是非之極至便是物一主字包却天下國家窮理便是格究其本末是非便是知究其極便是致也此諸家之説皆以譌傳不詳而程朱之説為正宗耳

此篇移在外
接下一說

對

另

華心篇

大中初年大梁連帥范陽公得大食國人李彥昇薦於闕下天子詔春司考其才二年以進士第名顯然常所賓貢不得擬或曰梁大都也帥碩賢也受命於華君仰祿於華民其薦人也則求於夷豈華不足稱也抑夷人獨可用也吾終有惑於帥也曰帥真薦才而不私其人也苟以地言之則有華夷也以教言之有華夷乎夫華夷者辨在乎心辨心在察其趣嚮有生於中州而行戾乎禮義是形華而心夷也生於夷域而行合乎禮義是形夷而心華也若盧綰少卿之叛亡其夷人乎金日磾之忠赤其華人乎繇是觀之皆

化其趨嚮而今彥昇之來從海外能以道祈知於帥帥故異而薦之以激夫戎狄俾日月所燭皆歸于文明之化蓋其心而不以其地也而又夷焉作華心

以上八篇皆昌晦公之文上五篇選入唐文粹

對

唐天文述

歐陽詹

天虽衆育生之然其情則或予或否其与也紀徒与其否也紀徒否受命育生之者率其道反其道之致焉率則与反則否斯理也固必信至皇帝以孚皇唐百七十五載皇帝御宇之十四祀也歲在辛未實貞元七年其受命率道天与生之然情之秋哉神哉靈哉明允惠和哉是以之天也亭乎其正润九霄以清徹之中若有何者有求者鬱乎其變浮五色以薰之郁之之中若有察者所厭者稱物之性應時之然乎是之赴人心羽翼之循鳥情農夫在畦蚕歸在林育或角幸之或挺艧頴燥頴湿固不從志其餘則三光序流六氣時行上丞予之下洎營之羽毛鱗介句甲芽萌求者濡濕則常雨求者煦旭則常晴求者吹蕩則常風求者恬謐則常寍

求詳烟雲則常陰求詳日月則常明然不雨也然不了雨也然不風也然不了風也然不陰也然不了陰也合雨而沒雨物不乏其雨合晴而沒晴物不乏其晴合風而沒風物不乏其風合寧而沒寧物不乏其寧合陰而沒陰物不乏其陰合明而沒明物不乏其明實皇帝知上帝以生了為已物與其禍福既已得失而寘之欽若兹若溫如穆如心性二術文偉四時似倚上玄之効與夫人子緒領文之要承文之命繼當紹構與其心踐遺獻訓慎其衷則財賄萬物唯意是役牧圉臺隸唯意是用以其役多不當也以其用多不宜也上德勝隋天實維皇唐帝則唐天第九子之兆克負荷上天所以惟意爲且烟雲風雨亦天之財賄也日月星辰亦天之萬物也神祇精靈亦天之牧圉臺隸也是以皇帝動息神祇莫不

隨旨趣精靈莫不申肅穆寂寥駱驛虛無橐籥日月發鑰風雨敬恭誅責而啟閉多少之故物茲休施烟雲若自然帷幙而使舒張矣物洒潤散風雨若自然盆翣而使澆扇矣物烜渰晝布陽德若自然炉灶而使燀灼矣物光幽夜啟陰靈若自然燈燭而使照明矣處置惟深含靈不折若乙既乙蓋子祇父慈相為福釐也凡書惡記善雖文視官之職箴謠述德或人所通規諷生則人之一失立謳吟日用而為之志若簡冊已載復何言哉微猶未必庶補其闕是以扶風竇公參河中董公晉輔政之三年趙郡李公紓為天官之四年范陽盧公徵為地官之元年范陽張公濛為春官之三年昌黎韓公洄為夏官之三年吳郡陸公贄同為夏官之二年京兆杜公黃裳為秋官之一年清河張公式為冬官之五年夫太宰六

争於天子之為理勢澄派而清洪流者故列於圩志之末

甘露述

歐陽詹

述甘露昭孝德也貞元壬申守福州福唐县尉清源莆田人邑宰南林公攢太夫人終公每一痛至水漿不入口或三日或五日內外羸憊殆至殞滅癸酉秋与先府君偕合葬之礼公之執子視存歿竭其力送終思盡其勤曰含襚品章則有王度不敢之越也塋域固護實在我功當懇而行之執是躬開坎窆自擬埒覆与兄弟手攻肩負以鑿以築虽率情性然而儆法度不違典禮而有異常儀載考載理而未之空春三月五日忽異氣自天氤氳下濛然雲然烟冪冪綿綿新耀光鮮馥然馥然起翔及暝然細不散先是繞塋已栽松柏洎晨枝葉間遍懸露滴其膏音大如栯子公奇之与兄弟及鄉人時相懇封而嘗之其味甘異於人間所甘之味日漸

高不銷不晞轉堅轉明瑩然珠相鏗然玉声如是者二日觀者爭
取或食或嚥噫天冥之其間蓄靈地昧之其間蓄神露無形神無
身無形無言無身無声苟有可褒以物而旌苟有可褒物不虛行
其惟常其物常其惟稀其物稀予聞甘露之説莫覩甘露之实其
為稀也不亦怪乎今為公而降因公之德豈常德哉況殊香啓途异
彩相宣瀾结如圓向日翻堅者哉則其至誠所招又多矣予拂帋
礼幸獲而見珍答不足遂為之述

閩歐陽詹考

戴廷詔

唐四門博士而為七閩破天荒者歐陽公也諱詹字行周自總角
時不與群兒狎稍長常手一編隨人質問或有契心欣暢移日事
父母至孝與朋友信義工文辭善歌詠著文集十卷李貽孫序之
謂其身無所褱才未嘗困精於理故言多周詳切於情故叙事重
複宜其司當代文衡以變風雅也初閩人未知學會故相常袞為
閩觀察使興學校正風俗延詹領袖諸生奇其文器之特加推拔
每遊集必致之德宗貞元壬申陸贄知貢舉賈逵翊為試以明水
賦御溝新柳詩詹文章蓋世氣誼千古擢及第第二人授四門助
教與韓愈李降崔群李觀馮宿庾承宣等一時倚列號龍虎名藉
甚昌黎嘗謂閩越人舉進士由詹始信已公父溫州長史允囊困

安承詧潮州司倉子標有文名孫澥賀詩稱俱早夭從子秬樹幟
騷壇亦開成三年進士昌黎文詩自序以上皆為閩越良益信焉
考其先擇美我甫邑十一都高蓋山下以歐陽有詩故名詩山村
亦稱詩村地以人重也县乘志之詳矣而或以譜入晉江或以籍
隸莆陽世遠人湮幾於杞宋嘗稽我邑治內有應魁亭為公登第
立有衣錦坊為公歸榮豎有歐陽亭為公游憩處況李貽孫弁公
文集謂公之子標自甫安來求序則公為我豐州武榮人審矣郡
志載公與王式讀書莆陽距家四百里許晨昏之思忽起便棄馳
慰奉不憚往返則公非莆陽人尤大彰明較著者也更有異唐寺
稽考莫如歐陽墓一說舊傳公幼讀書高蓋山白雲母每命發歸
赴舉時母沒里人為葬是山沒歸作詩哀之曰高蓋山頭日影微

黄昏鳥雀傍林飛庭前空濶徑空流淚不見叮嚀道蚤歸大明一
統志亦載是詩設之好事者竟枉為母墳翻誣作吞人墓噫亦惑
矣我先邑侯劉祐字伯啓鄢陵名進士也來董斯土修志及此剔
之蓋律文公自徐州從予至京師遣率其徒伏闕下舉薦之為博
士未逮而卒年僅四十崔群哭之慟李翱為作傳韓愈為哀詞之
中有云詹今其死矣閩越人也父母老矣則公沒時父母俱然昭
然也墓之者何為哀之者何說然是詩亦非若謂穢之永福縣志
陳嵩詩也永福原有高蓋山乎邑亦有高蓋山或因其並名而竄
其詩以誣先鄉賢錙係直以為郢書燕之訛不例於夏五郭公之
義而析之最精者則設人信其目勿沿其口也余旁亦可而聽之
聽而信之追閱志及之不覺十餘年之誤瞭然一解論世知人若

劉侯真可謂讀書有眼矣夫毋而死而歌又非礼㝗中人也況未
死而哀之乎在庸人且不可誣而誣四門博士為七閩破天荒者
乎去公之世去遠与公之居甚近有愧車書大愧椽筆緣世柾先
賢未得歐陽公之致謹攄征據携就韻感題以自解倚白仰了泥
說左枝奇高蓋山跋哀毋詩誰陳嵩空淚誣枉成歐士早歸詞
沒时祝老簡狀墨死後友份予剝川破齊东沿習見诗披𬞞卷检
哀辭

說文爾疋訓詁異同考

陳步曉

說文一書十四篇五百四十部九千三百五十字南閣祭酒許氏慎撰也云說文解字者依類象形謂之文形聲相益謂之字蓋本乎史籀而上取古文下參秦篆期求古識然此莫由從亦不能漏略也晉呂氏忱作字林以補之若祧禰之類可謂集裨說文者夫說文與爾疋訓詁書均藝林撰製也唐陸氏德明撰序云爾近也雅正也言可近而正也釋詁一篇周公所作釋言以下或言仲尼所增子夏所足叔孫通所益梁文所補張揖論之詳矣郭氏景純詳悉古今作爾疋注學海津梁為其音義字體二書不無異同爰觀之見從經臚舉其異為此釋訓云介說文庶〔作〕瓜從〔佌之〕久說文引詩作佌佌釋詁云侯說文作矦釋水云太史說文作吏如此類者

字之异也释亲云昆孙之子为礽如陵切說文如乘切释天云奔
星为彴鄉角切說文徒歷切也如的歟廿音之异也鼓古文競从
文作競释诂训戒劉古文鎦說文作殺释诂作陈、卯、古文丣說文
食也释诂尼也近也剽释乐谓之中钟說文谓之砭刺[illegible]释乐谓
之大埙說文谓之高声如灼数廿义之异也其他更仆难数矣其
同焉廿吉古文嚚固說文识前言曰古与释诂之古义同也堂古
文堂臺說文堂徒郎切与释宫之堂音同也君古文酉燃說文从
尹从口与释诂之君字同也吾古文吝从文与训诂俱作栽剳古
文劍从文与释言均作竊此字音义之同也劉吉文劉释诂廞氏
音斲从文许氏亦音斲刊拂破作劉彼甫田音同而字不同也各
释训目上为名說文引诗作猗國嗟顯兮字不同而义同也他如

力口為加，說文作拁，加釋詁作重疊。瘥懃同勤，說文作勤勞，俞正作勞力，且不可以同通之，其餘可類推矣。古文篆體隨世變更，至漢猶有說文，然重義而略音，故世謂漢儒識文字不識子母。六經為四子注腳，俞正文為六經注腳，然攷其篇目當逸釋禮，攷其釋獸猾缺，鯢屬丢杌脫文，兆裯々襸々四字當以說文為據。俞正說文考其或同或異，又當參諸梁之玉篇、唐之廣韻、宋之集韻、金之五音集韻、元之韻會、明之洪武正韻，則音義字體豈不燦然也哉。

閩學源流考

陳步蟾

閩邊境也，山勢崔巍，川流浩淼，其閒鍾毓偉人，以肩聖學統緒，作儒林圭臬者，代有傳人。昔者明道程子送楊文靖而嘆曰：吾道南矣。是濂洛之學又衍於閩，其源正也。夫文靖再學於伊川，益恭一傳而為潛思力行之羅豫章，再傳而為充養精粹之李延平，又傳而為朱子。朱始學於籍溪胡原仲、白水劉致中、屏山劉彥沖，登第後為同安主簿，徒步謁愿中於延平，精思實體，所造益深，而閩學於是大著。此所以紹勳華之命脉，探孔孟之薪傳，實為啟派。後之人以朱子為小孔子，不誠然哉！夫源之遠者流必長，流之長者雖百川支分，究之師承一致。俗學無能鼓其波瀾，異學無由阻其趨向。歡於江淮河漢，其流湯湯，總以朝宗于海，而知道學亦猶是耳。

夫明道伊川、倡道東南、時有與文靖同師、稱程門四先生、之二者
為崇安游酢定夫、立雪之勤、與文靖並著、其後學益進、朱子稱為
清德重望、皎如日星、又如崇安之胡安國康侯、性本剛急、比老而
風度端凝、氣貌雍穆、入仕四十年、講學論政、以及行已大致、去就
語默之機、如人之飲食饑飽、必自斟酌、所以渡江以來、儒者出處
合義、必以彥明及康侯為首稱、其時游朱門者五十三人、如侯官
之潘炳、長樂之劉砥、劉礪、古田之林用中、莆田之方大壯、晋江之
張巽、順昌之廖德明、建陽之劉爚、崇安之江默、浦城之張清彥、邵
武之何鎬、李方子、建之劉剛中、汀之楊方、福安之楊復、其最高焉者
也、而莫著於閩縣之黃直卿、龍溪之陳安卿、又若建陽之蔡季通、
八歲能詩、長則於書無所不讀、朱子一叩其所學、輒曰吾老友也、

不當在弟子之列其四代相承名儒有九元定父發（字神与）號牧堂老人
三子淵治沈四孫格模杭權皆能以道自任乃宋史列元定於儒
林而不列於道學可謂疎矣真西山大儒仕於泉州未竟其用而
所著之書皆有關於心性治術有明一代若晉江之蔡文莊發明
心學與其徒陳紫峰琛精深理奧皆能闡明聖道漳之黃石齋道
周晚出雖承姚江之派而實於紫陽獨契真傳故能學貫天人節
堅金石可以接朱子之緒而衍文靖之傳者也我　朝崇儒重道
如蔡漳浦李安溪一代偉人仔肩所任不愧海內大儒惟桑與梓
示我周行生於閩者躬逢　郅治觀感興　宸脩亦嘗聞其略
矣是為攷

東園引

許萬昆

昔人云：有胸無全部古詩不可以創構園亭，豈非以詩與人生自有之情合天地自然之景，而景復生情，情復造景，層出而不窮者歟？故其感然而有會觸焉，而成聲，如水之遇峽而鳴，如雲之觸石而起，則情生于景者必其。或聚為臺閣，錯為亭榭，散置為水石花竹，而濃淡疏密、高下掩映，各極其致，則景又生于情矣。於文秉施君之造園亭而益信焉。文秉別業在蕳江之上，亘數里，山水果木收西南之勝，而葺園在堤東隅，峙元侯第宅之左，聚書其中，有取於東墅園者之義，故以名焉。余遊而樂之，曰：美哉！其皆詩也。園之中有堂焉，閎敞而軒敞，雅慕山陰之集，額曰「群賢畢至」，日與名流清言觴詠，賞「群籟參差，冥心真寄」之句，其可倚乎？有室焉，靜密而幽

文秉乃宮保提督謚勇果施公世驃之字

邈漂湘弟帙乎戩璀璨羅曰論經君家長卿石渠之學淵源其可
溯乎有曲沼焉芙蕖文鴛與高柳鳴禽相映乎知春草池塘應入
眺臨之夢也渡石橋踰小山仄逕逶迤居然巖岫乎意蒼蘚危磴
恐礙生香之屧也園為埭中最高地展闊踞其巔臨扉四啟一望
桐城則雲壹雲棟春樹弟家之桃皆成妝眉睫也沼之上為月臺
戲然寥廓東眺鳳山周道則油壁輕車春風十里盡搖襟袖也更
迴而為危欄為小閣高與臺齊則桃山一帶以迄雲海乘潮帶雨
之帆耕月鋤雲之衆皆可為几席之江湖屏風之圖畫是則竹園
之最勝也他若雪房生虛白之象紗廚致窈窕之娛花纔瀨舒之
爭迴巧以成詩思之奇者未易更指數也蓋文秉机詩金科而玉
律吉質而新聲固已洞其源而挾其微闢其中而肆其外矣于是

以胸中之邱壑为當境之布置何一而非诗之然后知昔人之言

为不诬也

东園与西園角立争勝桐城中佳山水也今其地歸之澗香

李勋伯一经修葺房櫳是庐山真面目由勋伯以前則

归之三省總憲裔陈君廣世由陈君以上則旋氏主券矣读

此文即以昔之所记证今之所見殘缺是在予此持觴携榼

再游其地一寄慨於門第之興替無常也噫

咸丰十一年辛酉三月十九日　桂屏陈光燏跋

東園自归李勋伯嗣君興替不齊於光绪十一年归持长斋

加植梅数十株春来發香袭人……更易其点缀更盛大观矣

齒師雄之夢可以仿佛想此

此則改为佛堂時大興土木西不意命婦与𡡉守多奉佛處

亦入斋類時有巨绅鸣於太守以正風俗将其地入官详请興为崇正書

院矣　光緒十七年辛卯四月七日　男國仕附識

論禪宗金剛經解

宋 陳瓘

佛法之要不在文字而亦不離於文字不必多讀只金剛經一卷足矣世之賢士大夫與嘗於世而致力於此經者昔嘗陋之今知其亦不癡也此經要處只九個字阿耨多羅三藐三菩提梵語九字義言一字一覺字耳中庸誠字即此字也此經於一切有名有相有覺有見皆歸為虛妄（自注佛非佛法非法衆生我相非我相之類）其所趨之者獨此九字（自注惟阿耨菩提則不曰非阿耨菩菩提蓋世念盡空則實理自見也于）其字九其物一是一以貫之之一非一二三四之一也是物不識其物之物非萬物散殊之物也年過五十宜即留意勿復因循此與日用事百不相妨獨在心不忘耳但日讀一遍讀之千遍其旨自明蚤知則蚤淨了

尚書居東東征解

陳步蟾

詩以東山次鴟鴞，書以大誥次金縢，同一理也。金縢曰：居東二年。大誥曰：肆朕誕以爾東征。非即鴟鴞詩序之居東二年、東山詩之東征三年之意也乎？夫周公當流言搆難，謂公將不利於孺子。此時沖人踐祚，中外未安，成王疑於上，國人疑於下。周公苟不居東，將禍患忽生，國家傾危，無以見先王於地下矣。東者何？孔氏穎達謂不知何處，集傳謂國之東，王氏肅謂洛邑，鄭氏謂東都，其實皆謂東國洛。或曰：洛邑未營，何以有洛？考之春秋傳曰：武王克商，遷九鼎於雒邑。唐陸德明注云：武王克商時乃營洛而後去之。時但謂洛邑，未言王城耳。孔氏讀我之弗辟字為如致辟管叔之辟，居東謂東征。信然，則周公誅謗以滅其口，豈所以明天下哉？鄭氏箋詩讀辟為避居東謂避而之東宋項氏安世是之朱子與弟子蔡氏沈手帖則曰弗辟之説從鄭為是蓋晚年確見的有可據夫當日事介危疑成王之意艱重而難回二公之辞徘徊而未察百執事之心堙鬱而不吐使周公惆然授兵以出討謗己者而戮之此霍光所不為也而周公為之乎伏讀

欽定書經傳説彙纂以朱子與蔡氏董氏前後未决節録兩存又以鴟鴞詩註究未曾改則讀金縢者未可盡廢孔説非以學者不集衆説不知一説之長欲衷一説必會衆説以定使考是事者薈萃焉而深思以自得也夫

予曰有奔奏解

選僎　陳步蟾

詩奔奏陸德明經典釋文奏一本作走劉熙釋名走奏也從有此奏至也走奏同聲通用說文奏進也從中本從廾從屮與㒸同義奔奏謂服役趨事之徒即詩清廟駿奔走在廟中也武成駿奔走執豆籩禮大傳執豆籩逡奔走左昭三十一年傳將奔走之聲義皆合毛解奔走為喻德宣譽以奏為奏白之奏攷虞書敷奏以言益稷暨益奏庶鮮食偽孔傳謂進于民詩六月以奏膚公傳奏為也王充論衡對作上書謂之奏文選表題注劾驗政事曰奏尚書大傳御史奏雞鳴于階下注猶白也廣雅奏書也釋名奏鄒也鄒狹小之言也奏有言義故毛訓宣喻是讀奏如字鄭箋則謂奔走使人趨附之趨附

犹奔走作转音读孔冲远申其意而解之曰奔走者此臣能
晓喻天下之人以王德宣扬王之声誉使人知令天下之人
皆奔走而归趋之故曰奔走合本训次训並释为奔走自属
臣说不属民说文王圣德广荫颂成自然嚮風何待宣扬声
誉且本文予字训我若谓我有喻德宣誉之臣殊非圣人语
氣观上下句疏附先後禦侮皆指自臣不应此句独指自自民
则诗言犹多士攸服奔走多方今尔奔走之意竝无异解毛
诗未出三家诗盖本作走王逸楚词章句引诗予聿有奔走
文選李善注引同曰聿奏走皆声同義近是齐鲁韩诗本有
作走之证而亦有作臻者孔丛子周文胥附奔臻先後禦侮
语之四鄰以免乎牖里之害伏生解尚书亦作臻奏臻皆走

之段周礼大司馬予臻徒趨臻疾也是其義按奔走二字連語偶備字亦轉注字説文奔走也从夭賁省声与走同意走趨也从夭止会意与奔同義石鼓文奔从犬不从夭字亦作犇从三牛荀子議兵篇犇命者不獲注犇命謂奔歸其命者疾言也漢書司馬相如傳犇然與道而遷義又劉莅卉歙凡犇焱猋〔三兔〕麤驫轟三比之字多迅疾意奔迅而走舒徐故尔雅釋宮中庭謂之走大路謂之奔中庭狹故言走大路寬故言奔以其行道廣狹名其地曰奔走即其以趨予緩急名其人亦曰奔走奔走執予通稱史記報任少卿書太史公牛馬走注走猶僕也後漢書蘇竟傳注走謂馳走之人謙稱也藁詡傳走卒注伍伯之類也是皆奔走之義也奔假為賁礼有虎

貴者低為趣也有趣焉然則奔者自是趨予服役之人不必
指為喻德宣譽其義郅確左傳季武子賦緜之卒章杜注義
取文王有四臣以致興盛本大傳四臣謂閎夭泰顛南
宮括然詩自是泛指四方之臣如股肱心膂耳目之類必求
其人以實之則鑿矣者與附後侮皆韻左昭七年者叶僂傴
俯侮口莊子列禦寇者叶傴僂俯軌文子道原篇者叶遊則
後者自韻後侮自韻附隔句為叶此猶未考古音之合也

文武吉甫萬邦為憲解　　陳國試

詩小雅六月鄭氏箋云是詩最稱美吉甫之功要歸美宣王能命將以成中興之業也吉甫者尹吉甫也玁狁內侵此時大將也凡為大將者非文無以附衆非武無以威敵必文武兼備而後可以安國家定社稷也其五章曰文武吉甫萬邦為憲憲者也法也陳氏鵬飛曰萬邦可以為憲則雖一玁狁是其所優為也輔氏廣曰吉甫之文武兼資德威並用則進止有度縱舍有法可謂全材故萬邦皆以為法也說文云文序也依類象形謂之文易坤卦文在中也疏謂通達文理是記禮者云貴本謂之文親用之謂理兩者合而成文者充典文思安安疏謂發舉則有文謀左僖二十三年吾不如衰之

文注以文为辞礼乐记云以進为文以反为文注以文为善
为美故史记谥法云经天纬地曰文道德博闻曰文勤学好
问曰文慈惠爱民曰文愍民惠礼曰文锡民爵位曰文也武
也北威也断也书禹谟云乃武伊训云圣武左宣十二年止
戈为武又曰武有七德禁暴戢兵保大定功安民和众丰财
也汲冢周书云刚彊直理曰武威强敵理曰武克定祸乱曰
武刑民说服曰武夸志多强曰武也文武二字於义无所不
包不必以武克祸乱文怀远人遂为确解憲从害省从目从
心说文敏也徐氏锴云心与目相应故为敏谥法云博闻多
记曰憲诗大雅文武是憲郑氏笺憲表也言举文武之表式
周礼天官小宰憲禁于王宫注谓表县之若今新有法令也

詩憲为表式之義故人之取法亦詩憲詩憲有表是之義使
人知所觀法也为憲大雅云憲憲令德中庸作憲为顯上声
則憲有顯示之義使人知所昭著也詩憲也甫者男子美稱
本說文儀礼士冠礼永受保之曰伯某甫仲叔季惟其所當
注詩丈夫美稱也詩倬彼甫田鄭氏箋甫之言丈夫也吉甫
之稱即左傳周大夫嘉甫宋大夫孔甫之例考万姓譜尹吉
皆姓詩大雅彼君子女謂之尹吉鄭氏讀为結毛氏如字尹
氏吉氏皆周之舊姻廣韻出馮翊尹吉甫之後漢書漢中太
守吉恪周礼天官以佐王治邦国注大曰邦小曰国王制州
二百一十国凡九州千七百七十三国言万国者在易乃比
之大象先王以建万国言万邦者如師之小象王三錫命懷

万邦万邦万国錯舉為文就其成數而言前漢書律歷志紀
於一協於十長於百大於千行於万也劉氏瑾曰上章言合共
武之服必本戎翼之德末章言吉甫飲至必及孝友之仲文
予武備誠非兩途王于出征以匡王国於此詩可以見其武
吉甫作誦一曰其詩孔碩再曰穆如清風於崧高烝民詩可
以見其文吉甫誠允文允武也或則以司馬法冬夏勿囯用師
朱氏公遷云師所以愛民今乃飭戎車於六月殊非君子愛
人之道則非尚文德而專尚武功不知詩之云戎車既飭四
牡騤騤之比物四驪閑之維則是平時之整軍經国何其文也
玁狁孔熾我是用急薄伐玁狁以奏膚功〔公〕是臨予之敵愾功
成何其武也元戎十乘以先啓行我服既成于三十里是行

師之部伍從容何其文而武也四壯說信說信且閑薄伐獫狁至于太原是逐寇不長驅直搗何其武而文也又與俱作詩以贈申伯嵩高而稱張仲乃以一見時之文德是當與采芑之方叔江漢之召公築齊之仲山甫同為周家屏翰也之屏之翰百辟為憲也柔惠且直其揉此萬邦也儀型文王其萬邦作孚也矣其文德其洽此四國也及未若文武吉甫萬邦為憲於辭為未義於義為兼賅也憲毛氏又訓為欣大雅與頌憲憲為欣欣若以萬邦欣於吉甫則義猶之未淺也文武鄭氏訓為金鼓禮樂記始奏以文復亂以武疏云金屬西方可以為兵刃故為武鼓主動衆與兵器之用故為文若以用金鼓征伐獫狁之吉甫則於文又不雅馴也憲叶上原

閑軒步韻平声音虽異而義仍取乎法也

7317903
811.8
756
(15)

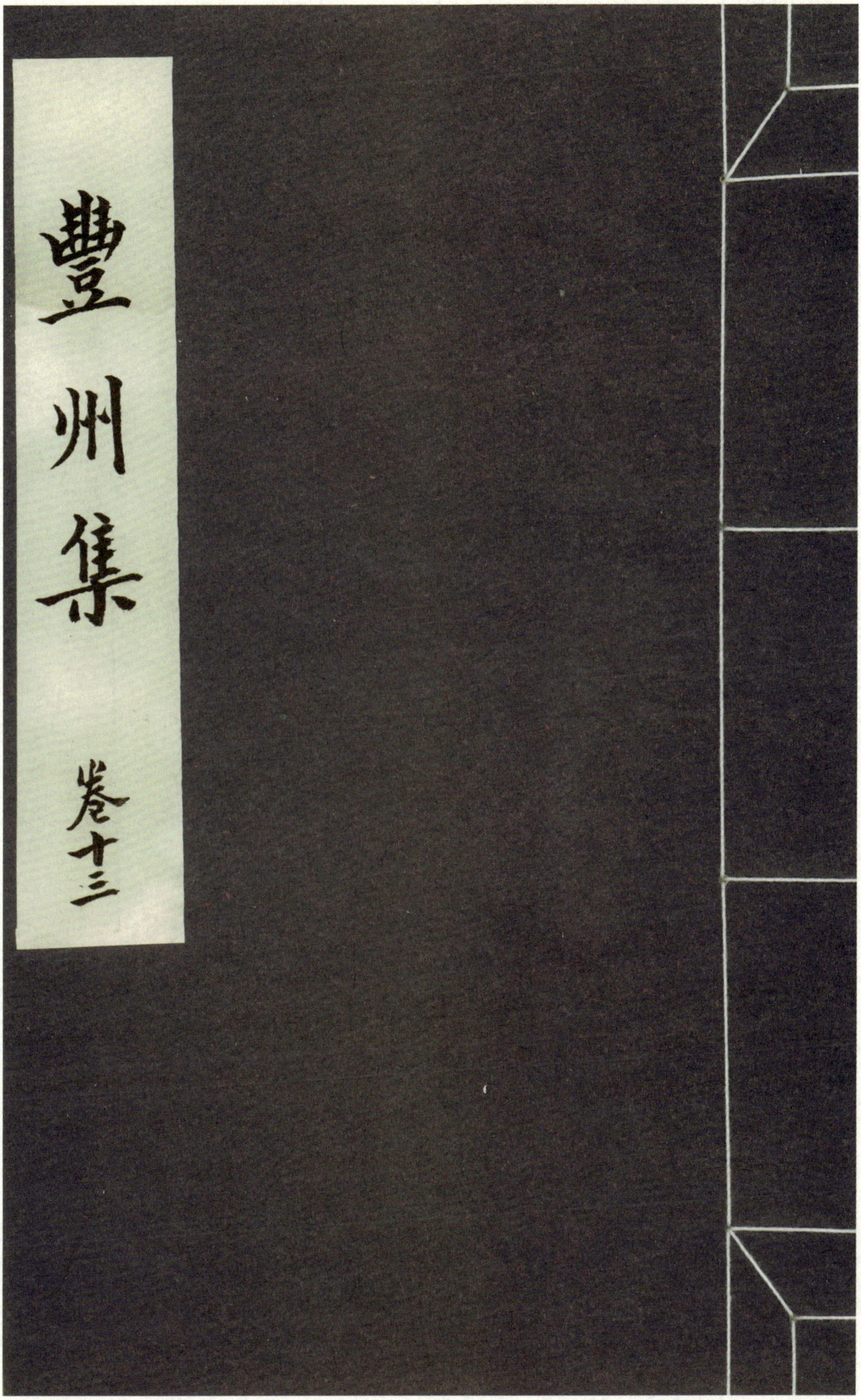
豐州集
卷十三

姜相公公輔傳（見安南志略人物仕中國） 黎崱

姜公輔神翊孫挺子也唐德宗朝第進士補校書郎以制策異等授右拾遺翰林學士歲滿當廷以母頼禄而養求為京兆户曹參軍公輔高材每見數奏詳亮德宗器之朱泚返京師公輔諫曰陛下不能俎依恃泚不如誅之養虎自遺害帝不從俄而京師亂帝自苑門出公輔叩馬諫曰泚嘗帥涇原得士心向以朱滔叛奪其兵權居常怫鬱請馳捕以從毋令群兇得之帝倉卒不及聽泚行狩駐鳳翔倚張鎰公輔曰鎰雖信臣然文吏也所領皆朱泚部曲漁陽突騎泚若立涇原為蛮非萬全策也帝遂之奉天有言泚反者請為備守盧杞曰泚忠直篤實奈何言其叛傷大臣心臣以百口保之帝知羣臣勸泚奉迎乘輿者乃詔諸道兵距城一舍而

正公輔曰王者不廢羽衛所以重威靈今禁旅單寡而士馬处外為陛下危之帝曰善悉內之泚兵果至如所言乃擢公輔諫議大夫同中書門下平章事從幸梁州上長女唐安公主道薨上欲造塔厚葬之公輔表諫以為山南非久居之地且宜儉葬以濟軍中之急上謂陸贄曰公輔正欲指朕過失自求名耳贄曰公輔友諫議職宰相數替宜其務本主輔臣朝夕納諫徵而鄉之乃其所以帝曰不然以公輔才不足以相而自求脫朕先許之因知且罷故賣直售名遂遷太子左庶子以母喪解復為右庶子久不遷陸贄相公輔數求遷收贄密謂曰丞相竇參嘗謂公擬改屢變上不悅公輔懼請為道士帝問故公輔不敢泄贄語以參言為對帝怒貶泉州别駕遣使責參順宗立拜吉州刺史未就改卒

秦沈君系傳 唐才子傳

元 辛文房

係字公緒，会稽人。天寶末避乱剡溪，自称东海釣客。北都留守薛兼訓奏为倉曹參軍，不就。家泉州南安九日山中，有大松百餘章，俗傳东晉時所植。係結廬其上，穴石为研，注老子，彌年不出。時姜公輔以直言謫为泉州別駕，見係輒窮日不能去，築室与相近，遂忘流落之苦。公輔卒，妻子在遠，係为營葬山下。每好義如此。張建封聞係不可致，請就加校書郎。与劉長卿善，應物多以詩贈相酬答。權德輿曰：長卿自以为五言長城，係用偏師攻之，雖老益壯。年八十餘卒。南安人思之，號其山为高士峰，今有麗句亭在焉。集一卷，今傳。

韓學士偓傳見唐才子傳

元辛文房

偓字致堯，京兆人。龍紀元年禮部侍郎趙崇下擢第。天復中王溥薦為翰林學士，遷中書舍人。從昭宗幸鳳翔，進兵部侍郎、翰林承旨。嘗與崔允定策誅劉季述，昭宗反正，論為功臣。帝疾宦人驕橫，欲去之，偓盡策稱旨。帝前膝曰：此事終始以屬卿。偓因薦座主御史大夫趙崇，時稱能讓。李彥弼倨太，因譖偓漏禁省語，帝怒曰：卿有宰相日夕議事，奈何不欲我見韓學士邪？帝勵精政事，偓處可機密，率與上意合。欲相者三，四讓不敢當。偓為侵侮有位，朱全忠亦惡之，乃貶濮州司馬。帝流涕曰：我左右無人矣。天祐六年，復召為學士，偓不敢入朝，挈其族南依王審知而卒。偓自號玉山樵人，工詩，有集一卷，又作香奩集一卷，詞多側艷情巧，又作金鑾密記五卷，今並傳。

南陽孝子傳

唐　歐陽詹

貞元九年詹旅行鄧州稅於村店有一叟先已息老翁一人丈夫一人婦人一人孩幼兩三人丈夫出絹兩疋賣其囊褁衣服皆稱有其絹余視絹有字乃故人鄭師儉手題其名焉問所從曰來自襄陽去臨漢之北郊有閔氏父年老而所乘驢弱者遺此絹便與驢換驢問從姓名乎曰其人挾護靈櫬迴上京不知姓名也詹既占鄭故又知鄭侍君靈櫬自南當由彼而還也意其必鄭焉不復問焉各道所往貞元十一年獲與鄭遇因述所見鄭歔欷為言之曰豫章之回次南陽大澤見一貧翁乘驢驢乏瘠一丈夫肩負雜物可三十觔妻抱半歲嬰孩童稚殘行兩人山路初盡以行陂澤天久霖雨泥水深老翁瘠驢往往顛躓丈夫常隨之必每見驢倒

情之所在有主張也

抑其負若泥著小兒狀惜扶抱其翁淚輒盈目俯泣數怨不自勝道以所負寘訴驢而負其父卒因積雨潦淖到脛不至店舍竟竟無慙歉父在子上殊自安暢子在父下亦盡歡心父與子笑子與父笑以同乘高車連衡逸騎怡怡焉欣欣焉與之行山其三月日無易日特愛其子父母竭其力也又痛自削竭所有無其所贈絹一匹令與驢博驢代以載父其人將求驢者三居知而不與卻其絹曰無驢不博願復來絹每愛其孝又貴以忠為度一絹博驢來就更與一絹自稱而去足下之見豈對人故詐以如其人所以是難也是亦皇底純孝一人焉行說而述遂依鄭說為之傳其間問其姓氏亦不知何許人實於南陽澤中見之迺以為南陽孝子論曰孝子偕孝矣而贈絹繼孝故惟其有之是以似之鄭公師儉孝子偕孝矣

南安翁傳 周蔭書 代李卓吾先生旅出錄此

漳州陳元忠窮居南海日赴省試過南安會日暮投宿翁家茅茨數椽竹樹蔽密可愛時人稱曰南安翁竟不知其名誰也翁葛麻衣草履而舉止談對宛若士人几案間有文籍視之皆經子陳忽叩之曰翁訓子讀乎曰種園為生耳亦入城市乎曰十五年不出入矣少焉二子歸捨鉏揖客翁進豆羹享客不復共談遲明別去陳以事留城中翌日見翁倉皇而行陳追詰之曰翁云十五年不入城何為到此曰吾以急事問之乃大兒於關外鬻果失稅為關吏所拘捕送郡翁與小兒偕詣庭下長子當杖翁懇白郡守曰某老鈍無能全藉此子贍給若渠不勝杖則翌日乏食矣願以身代之小兒曰大人豈可受杖某願代之三人爭不決小兒來父耳旁語

若恃有詩所翁叱之翁郡守氣之呼問所以對曰大人之像帶戟
正郎宣和間畢典州郡守詢諾勑在否兒曰見作一束寘甕中埋
於山下守立遣吏隨兒發取果得之即延翁上坐禮謝之而釋其
子次日枉駕訪之室已虛矣

外接鈔 唐書四門先生稿

宋许葛诚之先生传　　阙名

公讳廷材，字诚之，季文公第二子也。季文公博综经传，尤讨礼疏，氣为世儒宗。少时即以德性为学，初多陆象山先生。于少保公知崇安县，与朱晦翁友善，公因得就正焉，遂游其门。晦翁深器之，屡有书与公讲明其要，为南安学友，以诚正接引后学。从游日众，授政和县，以疾辞不赴，曰：吾斯之未能信，漆雕子若早已发我。晦翁谓其诚于克己，不让上蔡除根去尤，有语录十卷。为公为巍巍公胞仲弟，为朱子门人。邑志失考，特从族谱。（朱子全集误载杭州人）

公遺像外所載各出不署撰名氏明裔孫彌甫先生諱應科撰之先生為明益王長史而族譜有益王諱潢南親筆序為之

邑後學陳國仕敬識

清波先生傳 見匡山志

明 黃滈

陳弦復泉州老儒號清波先生寶祐丙辰進士沈厚朴茂歷州县以清儉勤著名有前輩風文丞相開府南劍辟舉務皆知名士如三山林俞林元甫皆卒汀州弦復以老成重一府尋往漳潮循梅趋潮陽为虜追襲被执遇害年七十二仕至帶行太府少卿福建提刑督府參議

夢德以淳祐誤為延祐列入元代真含血噴天也

吕圭叔先生傳

盧日文

吕大奎字圭叔，泉之南安撲兜人也。受業於陳北溪先生名淳字安卿之門，於紫陽先生統屬見知者也。北溪見而奇之，教之以致知力行，且曰：知而不致，則真是真絶無以辨；行而不力，則雖精義入神，亦徒為空言，而盛德至善竟何有於我。公因衡文作，無書不學，無物不格，不倦勤焉。宋理宗淳祐七年登一甲進士，授潮州教授，改贛州提舉司幹官，秩滿遷調袁州、福州通判，升朝散大夫，以尚書員外郎兼國子編修實錄檢討官兼崇政殿講書，以南音不能喧北韻，出知興化軍。邑之戶籍逋欠，公不忍民艱，捐俸代輸中戶賦稅，官清政慈。後兼莆陽拙政錄之書以見志焉。恭宗德祐元年轉知漳州，奉檄赴任，過家門，泉之招撫使蒲壽庚叛已也，降元迫脇公譽降元袁公不從公門人爲總管軍總管扶出之寓於泥寺日夜集書叫呈於天子之廷壽庚遣兵追及逃入海島問公姓名公不答壽庚怒肆誅市時端宗景炎元年春秋四十有九泥寺之室盡爲元兵燬公門人崔先生易學蔡見春秋或問論孟集解少於世居朴兜鄉人稱朴鄉先生公殁元孔公俊任同安縣尹建大同書院於縣東大嶝輪山塑祀朱紫陽先生像公之像配於左門人邱釣磯先生贊曰永南名賢紫陽高弟造詣沈深踐履復至致力于君舍生取義所學所守於公奚愧公被害之日又作詩三章以哭之辭曰已擬持荷槖俄抽似葉身甘爲地下鬼不作朝中臣又曰湖士勝錦木莆民愛召棠名隨天共遠人與瑟俱亡又曰秋風壇上木夜月墓邊廬每與諸孫道相看淚滿裾公之讀書義

理貫通條鬯洞見加以倫完理愜知明行固故雖大難臨大節而屹然如山從容就義莫之或奪識者謂公得力於北溪先生致知力行之訓為多云

是傳從他處鈔來盧君不知何許人其傳後 先君子嘗許許之

壁堂注

仙溪佳士

傳之亂敘出詩三章識目所未見

壁再

壁堂

武榮黃氏始祖司令忠勇公傳

黃河清

公諱真燕人故黃姓燕没於元元主賜於黃乃沿東姓姓答喇氏世祖至元中以為南安尉遷泉州路庫大使嗣遷漳州路龍溪令改令興化路之仙遊又改南安縣達魯花赤又遷司令偕忠勇主福州路海口之總場官凡六遷歷世祖成武仁英四宗及泰定凡六朝澤半於閩而於南安獨久且厚民依之然弗忍舍公公亦弗肯歸於燕也因復故氏而籍焉比卒于總場命還而葬焉嗚呼意微矣東主義大變也變而定則常矣公抱官于南安四十餘年寧忘宗國墳廬之思哉使思而復歸身世一燼孫子一俘耳烏乎以義人而東其氏東其宗安耶籍於南示歸義也公没汝子孫日繁迄今聚食弗下七千指出而仕亦世傳而歟公之微意至是彰矣

公生於宋理宗淳祐六年六月十六日卒於我元泰定三年四月初一日享年八十一葬於是年八月十三日預卜於縣治西關外獅子山之原竁壬丙枢丑未宜人許氏合窆焉男十人長沙祐早世次沙的次以子配薊門次海達兒次安童俱以例即我行次武賢折居慈濟宮　次賽哥次榮馱次淳童亦我籍次富童亦早世次貴童即河清七世祖也武賢貴童皆葬於墓左論曰自古哲人達士之避世也秉樸匿光更諱易氏或託於傭於漁以自放自污世固有知而諱之公佔籍南安時心亦況七人鮮有知者及淮泗兵亂陰山之哭無處日幽燕之人民土地皆將墮而侍那至是而知公者慕公矣張宏範留夢炎輩相與覊兼九京之慟可悔乎惟宋遺之後柴桑之陶矣葉於今弗襄論世者有餘論矣

賜進士第右通政前翰林院太常寺少卿吏部文選郎中八世孫河清撰

南京太平县知县荔亭黄公传

洪有復

荔亭公讳源字子沚惕齋公長子幼聰敏以文名年十四補弟子
员二十五食餼於黌二十六中正德癸酉科舉人第廿八名三试
礼部不遇就職湖廣京山學長谕京山舊需於才公丕祥为講習
工为裁製五年而文体丕变科第輩出特擢岁贡率保荐太平令
太平地局北控江湖南連嶺嶠寇盗留都其民悍於訟深於譎而
难於法绳也公闻识布公予与大小理以质谕以宽有不悛其持
之以徕其平不二三载人和政举七径指院荐奠竟以親老告归
嘗自志曰進慚折腰五斗退学明農三冬身棲荔畝之陰命与決
嗟之嫉厲交積一十九岁归故卿二十七年以分自閑不軼於理
不泊於情敢謂尽己尽人矣未知論我之世其以我为何如人也

是公以侍交未虎之年再施东郊修斉之政龢琎愛日吹壎和声

鸾凤叶共谐鸣兰玉佩以蜚英丞如倭奴之变賊多侵入民閒公

之德類擾多都邑不入公家鄉閭賴之此尤脉鱼之吉必公生宏相

治戊申年十月初三日卒於嘉靖辛亥年十二月十二日享寿七

十有四与妣玉碧林孺人合葬安芹山子四余外文守丞公居長

焉

賜進士出身通政大夫湖廣左布政使司前原任兵科給事中孫

女壻洪有復拜書

對

松莊先生傳

明 黃濂清

泉有望大夫蔡先生諱元偉字伯瞻世居晉江之蔡莊莊多松號別松莊先生莆人宋端明殿學士忠惠公之後忠惠兩守泉州其三世孫槱再蒞是邦四世𣆶因移家焉大父耀為湖廣倉尉最有隱德父思誠母蘇氏先生自少異常兒三歲能識字十工歲二歲能文章縣尹楊公太古奇甚之年十四歲試四篇未夕而就郡守葛公恒大加驚異由是知名耆老蕭銘家温許以女妻焉總角從新齋洪先生之門下筆輒屈其朋儕入泮試皆居前列忽值母疾服葯必親嘗晝夜侍側不離病篤促娶婦凡裝送之物悉代父還官輸充日費無幾微見顏面母歿哭泣盡哀思慕不置大祥後凡延請聞有優者輒辭不往服闋督学吳公進之廩憲副方崇陵淅

開化人也求易師於泉聘得先生先生至独居一樓严師弟子之礼夙興夜寐以身先之見程端礼家塾日程皆宗朱晦翁教人之法嘆曰学当如是矣即手抄服行慨然有求道之志其徒徐吏部文浵徐諫議公遴皆稱佳士師事之礼終始不衰登嘉靖辛卯鄉薦屢試春官不第而先生以文学名聞縉紳数延登講席泉漳魯越之間貢士出其門者最多凡束修餽遺之儀悉以供親甘旨不入其私於諸弟友愛尤篤衣食百需皆仰給焉辛丑又落第慨然曰今親老家貧尚不揣己知命求升斗之祿以為養乃奔走馳逐冀不可求之獲不孝孰大焉遂決意就祿授湖廣黄州之羅田時年三十六也適在都下值同鄉周公蹟山陳言救侍御楊公爵杖死獄中都人士凜凜莫敢往視先生独臨撫其尸哀賻作祭文二通

七难論一篇挽詩三首周公无子僅一從外弟在側為之沿途護
旅櫬答拜祭以归人服其勇篤教羅田端模範戾規程重祭祀崇
廉節恤貧匱和僚友与諸生講論每至夜分雖隆寒盛暑不廢择
其資之可与者就舉業中默誘之以進圣賢之道後擢德安令德
安邑衝役繁粮多逋負国初迄于今令無有遷者先生至一以節
愛為本操励氷蘖心劳拄字不以外至者嬰懷才之所施先其要
者事之所集先其大者中有定裁而人不敢干以私利有定示而
人不敢乱其條歲有定輸而增減者无所庸其巧刑有定斷而回
阮者无所庸其奸仕未半載一县之精神煥然倍新課農桑舉鄉
約恤貧困戒遊惰公宇郵舍橋梁道路色色修繕訟平而刑不煩
費省而民沐其澤清理夫馬而劳役以均勦除群盗而境内安堵

簿書清楚迎送安閑賓至有備其來如归辨鄰邑之疑獄力抗臺
院蠲潯陽之支用歲省千金他若迎書院置学田厎考校立会規
表先哲奬節義士皆彬〻嚮風政暇則進庠士之聰敏有志者語
之以讀書之法作人之方士皆欣〻以听省身克己日有程課虽
日在俗冗中而其心实尚友乎古人故其政為㒷有得於学道愛
人之遺以故清声四達譽情緇服一時士大夫称学識操行及才
具之可大任者必归爲諸当道咸喜其有古人風遇以殊礼几叅
会考論一時作县人物輙居其最以身勤戢七載経奬薦者屢矣
卒不遷後門生徐公遴掌科目以公論告銓曹竟得判杭州去之
日老幼攀鞭塞路越明年民為去立思碑杭東南首郡迎送絡繹
簿書雜沓應之裕如事上有礼不為詭隨御下有恩不事姑息持

身以介不徼近名处心制行不混流俗受檄軍門艨艟以備水水
戰措粮餉以充軍資築樓櫓以扼險隘労瘁实多賊燒北関人人
自危時委署運司兼守艮山城門亢守城之具措置無闕而労來
拴摩民賴以安運司有庫銀二十四万先生計曰賊入城予必於
此司死爲時諸門皆牢閉独艮山開門放男婦數千以入及賊迫
又於城外縋入數百人全活甚衆冬復推應朝考察畢將以親老
致仕吏部尚書李公古冲命考功司懇留之归署鈠塘印一月民
甚称平因總督趙公甬江至嘉興委昔運軍餉散兵粮乃辞印專
董其事追憶覲時無儀物以見及是行勢皴熏灼多為先生先生
危之陰助以求通者先生曰死生荣辱命也吾可以貨免卒不從
趙公亦初無害意未幾报擢貳拴州時㝬賂章甚私計平生無求

何以得此後乃知其為吏部冢宰吳公默泉銓司查公近川所拔也先生自筮仕至今秩未嘗有一書通問政府未嘗遣一价至京分餽礼儀嘗曰比而得禽獸虽若卯陵弗為也故其自守之操至老不易如此捡下車數日代巡徐公五台適臨其郡委署樂安邇粮樂安素称刁邑民習舊俗聞之望風先逃先生下懸[县]悉寬命令去鞭箠慰喻再三逃者漸復輸粮相继三月之間完粮三千五百有奇復取回署有事者民送者盈路謂自髫稚至于今目見徵粮官㑅有如公者㑅何值樂安之[故]变[庫]之变守巡以先生之貢会達徐公復委先生再往捕盜補庫至县未幾忽流賊數千焚掠南興[等]鄉邑县㑅城羽檄交馳乃出令嚴禁移徙從操練兵事召各鄉精銳之兵設險把隘分布有條躬親戎服揚兵演武場衆心始安賊聞

風不敢近先時县獄不脩風寒無蔽每遇雨荷傘以立至天明逋
負枉問軍徒數百人獄不能容時蒸疫疠接踵以斃先生聞之惻
然尽縱以归命如期即至民歡若更生及期無有違者即預辦瓦
木刻日與工越三旬監房具新县監無一人疫者賊退後催補庫
銀文移日促時獲真賊十三人攀誣良善數十家人人自危悉為
申脫設法措处兩月而事竣告復取回署府事大約如德治德安時
其善政不可殫書冬覲推北上見士風大壞每拴膺長嘆徐公澗
濱時為礼部郎中声名籍甚一見語之曰子要做好人慎勿出權
貴門下徐公懼然答曰此事決不敢負師門回復署府事見府城
傾圮惻然申都拴修之後太守陳公李山至謂是役非先生不可
復申委馬經畫周詳出納明慎費省而城復完固金谿有生員王

科凡之獄東鄉有里長陳利三之獄其人命事、皆究而迹疑咸力為辯脫会委至九江迎景王道經德安舊治民歡迎車擁不得前至公署塞滿麾不去有醫生饒姓者隨行見之不覺墮淚事畢归委署崇仁未有數日報賊冦至县東西二耆县無城在北耆與二耆僅隔一河水淺不舟先生以煢然之身與凶鋒对壘親督兵过河馬上口号云平生俠忠信今日任風波身先士卒率戰數合殺賊三十餘人五日賊乃遁散而鄰县之警報又至時鄉兵取給賞於内官兵需粮餉於外賊勢逼迫警報時聞民心恟恟各思逃散先生悉力調停綜理激勸以忠義县賴以安無何以積勞成疾申回調治未朞月報賊已侵入各县冦至臨川論者謂先生預申修城之時已有先幾之哲曲突徙薪之功大矣冬復推應朝仲春聞外

艱之訃號哭不絶奔至建甯探賊攻興泉甚危道梗不通暫駐旬
日間道以归哀慟瘦瘠異常居喪盡依家礼念諸弟祖居屋毀捐
貲修葺家鄉已置田宅悉分與之既而料倭寇未靖喪葬畢復卜
宅建溪以所餘俸金買菑田縮衣節食僅足自給志哀居約終三
年不聽絲竹之音深藏陋巷日惟掩扉左經右史毫末不干有司
服將除所親以貧故多勸之仕曰吾之仕一以行道一以為親今
親終矣貧吾能甘之可再往乎遂隱於建為終焉之計晚又喜易
曰吾於易沒身而已矣所著有讀書日程四書折衷易經聚正考
德錄文集行世憶昔居鄉時知先生舉業恒喜讀其文壬辰歲会
京師同舟归又得上下議論知其趨向端嗜学篤未稔其政也及
先生令德安予節推姑就每遇江右諸士夫有識先生者咸称德

安之政虽卓魯不是過後在戶曹日久見吾弟養蒙為予言謂來江西者皆稱松莊為漢朝循良之吏徐五台亦親與予言曰巡按江西時如貴府康盤峯林象川蔡同知真好官也已企慕於心不忘及致政归以賦梗寓循於建者數月乃知先生之行实最詳先生心地平易賦性質直孝友出於天成行誼隆於鄉曲與朋友处不修縈戟温然可親然有過必忠告不能茍容非義之事退怯不為至遇患难死生之際則以身任之不择利害為趋捨也奉身澹泊恥事華靡凡百玩好不少經意所志不存也莅政愛民如子所至去思志有所不為而才又足以有為故庶民安其政而官評重其守也惟義所在為之必果伸人命之寃力抗三臺遭四番之寇與民效死其明且勇何如也平生節操自励其避權貴若將浼焉

辞受出处了了分明歴官年久皆在有司家猶未至茍合也慕古之志至晚益篤窮達壯老皆有日考進德修業孳孳不倦学由程朱以泝孔孟直以聞道為期死而後已也四書論着皆由心得不事口耳真有發程朱之所未發者虚齋以後僅見此書非用力之深者不能知其味也其為詩文以為末技恥之不為然至其秉與所作思深詞達自成一家能文之士不能及也嗚呼士無論窮達茍宅正心正大制行端方皆足以師世而範俗官無論崇卑茍建明有利於國家著作有關於世教皆足以化今而開來若先生者庶幾所生之無忝矣然先生之進又未見其止予不文何足盡先生當有後之君子繼之者

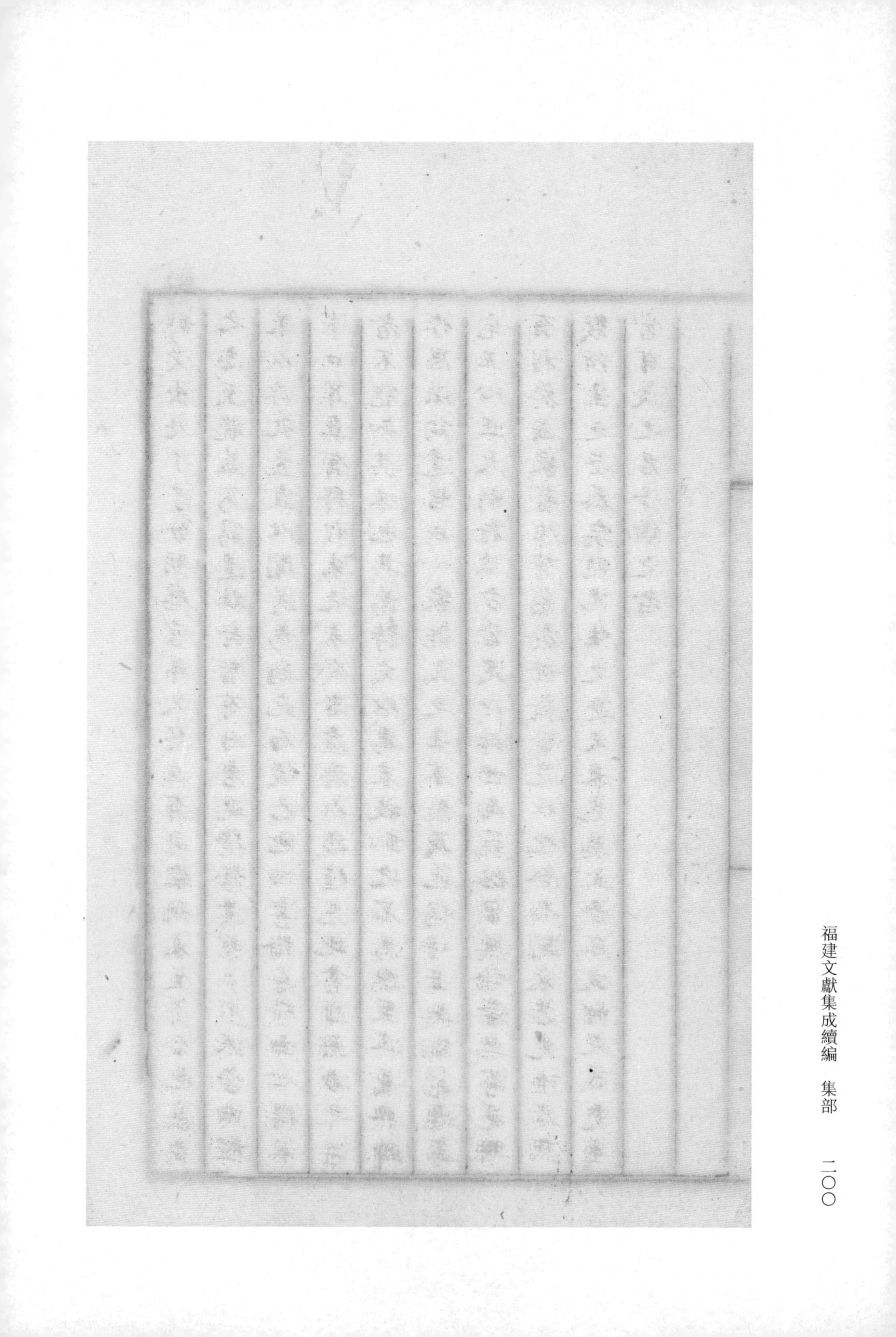

對

山東僉憲石坡趙公傳　　傅夏器

公諱勲字彝伯廣番禺人宋太祖裔也少聰敏过目成誦弱冠遊郡庠博学有重名德性渊厚器宇轩昂皆学歐陽石崗長器之戊子領鄉薦辛丑授瑞金令瑞金土苛民少多寄籍以賦役不均為累公至部覈知其弊立法均編民疾苦乃釋已又處兵役以復民業興学校以作人才謹婚礼以正風俗重喪礼以隆孝弟皆鑿鑿而語沒世而於学校尤勤日与諸生考課論藝講質经義一以成就人才為己任冬暇復習冠射礼皆邑士素所未聞時邑庠生徒大射耦亡以備乃選民間俊秀而補旁庠之科目久闕及至是科丙午戴生汝器遂中式邑人謂公作人果應若符契也县務简時委署別邑篆或賑飢或均田賦或覈冤獄处分無不妥服稱效黃

鄉賊巢党氏代夫帥洞賊肆掠村夜屬為所攻中丞虞公聞公方
畧召畫策公請單騎往諭可不討而服虞公壯而許之遂入巢推
誠撫慰宣布威德賊果信服自縛首惡十二人以獻誅之復請党
氏二子札虞公赦其戾送入郡学观礼仍往築城寨设廵司以守
其地經營凡數月往返巢穴十餘次初入賊巢驚氣再入則如家
人父子矣貴底績虞公上其事于朝具疏以賢勞由是声名藉甚
任政五載而兩臺之交薦者四丙午之六月赴都下考績以治行
最優欽奉承綸褒以父桂為瑞金令母梁氏為孺人時二親俱存
邑士庶与鄉邦人又以為公福慶且承綸壽考遇果若日
升州丞之会天夜奏缺風憲則取天下賢能公与其選擢侍御史遂
陳時政五事曰禁坐名之差役曰革夜司之借辦曰嚴竊盜之工

價曰屍巡捕之考覈曰省引稟之員勞皆一時之弊而引稟乃公
候官寺因襲旧例害民尤甚其公疏一革之輦下民賴以安業
時有武臣犯法憲臣穷治太过波及無辜公閣命察衆獨持風裁
元惡首服無辜獲安不動声色平決大獄其役數等軍士有求糧
之激竟成其變乃知向之消禍未形功匪淺也壬子春晉山東僉
憲巡東兗豈大飢以州县拘文移不即發廪躬自馳賑復移檄旁
县賴以全活者幾億万轉巡濟南審録因徒平遣寬抑多所釋放
囹圄為之肅清蓋公之才其當務者固與不悉至於平黄卿之賊
決大獄之變賑飢民之急又其應變而當大艱錯不撓者豈能卧
詔貢豪間者也甲寅冬以母喪釋政繼丁父喪服闋遂不起賦息
流勇退以見志廣藩袁参議屍分宜壻也去公歆以不次之秩公

訓兒輩曰平生平履歷砥礪至此今晚節乃濡足獵勝仕哉固託
烟霞成癖不附也甲子歲以壽卒于家焉是見公之才之優又見
公之德之貞是可以不朽矣瑞金人士思公德澤久愈切立去思
碑名宦祠春秋尸祝之具載郡志萬曆七年廣東按君懷川龔公
廣公仁賢明實特明皆學使孫公舉祀于府庠鄉賢祠至今兩省
俎豆公咸得享祀焉公子趙思基以鄉舉司長南安學明濬雅類
名家子乃得詳公政績及承郡大夫姚洞庵明狀並以瑞金及廣
中立祠之多信之也因為之傳
論曰古人不朽以德以功功之德宏不在民哉漢世良吏如文翁黃
霸朱邑龔遂召信臣其徒所居民安其去見思生有榮號死則祀
焉是足不朽矣然王成獄以偽聞余觀趙公功德施萌隸奠社稷

予至偉終不朓中貴川希炎煬也此豈粉飾文具人耶時平有甘
棠之咏時塞有枳棘之歌山垂峴碑之淚水永穎川之恩豈惟瑞
金天下共孰不仰之

同登己未不知何作者先生也

對

洪默齋先生傳　闕名

洪默齋先生諱科捷，字成仲，世家南安英山，其系出載行實墓志中。先生賦性剛决，見義敢為，而寬平踏易，即之温温然。通才敏識，負經世大略，而撥華存實，細行必敦，風規高邁，非公事不履有司之庭，而桑梓利病遇諮詢，必懇款披陳，曲盡。詩古文詞，一涉筆，工雅絶俗，而不肯多作。余與先生同登己未進士，每相見，先生開襟亹亹，歷叙生平，見肺腑，余由是知先生之為人也。踰冠舉於鄉，頑屢躓公車，晚乃由浦城學教諭登第，改官翰林。於時先生長公（少君）良堂先以大科入詞垣，父子承恩游陟清華，物望巍然，而先生念二親篤老，即於其冬請急歸養，林居二十載，其勇退如此。先生訓子姪曰：居官當盡職報稱，斯不負科名；若退而家居，上治祖宗旁治昆弟、推而及于族黨、此儒者家政也以故未第時躬率族人修上世墳塋、新大宗祠、倡邑人士新孔子廟、釐鄉規、定祭儀、遇歲凶勸族人平糶、遠近賴以濟、及官翰林歸自京師也、沖沖善下、雅俗輸心、敦飭族事、彌加詳密、一權一量、亦鳩鄉甿手較而頒之、使歸於均、遵制為封公立廟、居喪戒用浮圖、訂喪儀六則、俾子孫世守之、邑有豪侵先賢詹司寇墓域、衆莫誰何、先生毅然白有司清還其地、余觀艮堂所紀先生行實、譜年月而後先書之、具有本末、難乎其矯拂婾婧、皇皇仁義、常恐不及也、假而操物柄、古云靖恭匪懈、非先生其人歟、先生任浦城、士服其教、至今人猶稱之、洪氏南安宦族、多達人、先生一支猶鬱而未顯、以文章起家、自先生父子始、嗣是鄉書榜發、昆弟子姪雋秀者不絕、至一科數人、甲科之盛、州部罕有也人曰世有隱德亦惟先生本行篤修光而大之故至此先生卒于乾隆己夘年七十有三戊子有司修邑乘先生宜有志艮堂以書屬余草創余不能辞也謹按行實墓志撮其大要著於篇而私論曰孟子稱伯夷栁下惠百世師然而廉立寬敦各因其性所近而不能相通觀先生居鄉惇行孝弟如漢萬石君陳仲弓故事族黨化之卒歸於厚矣乃束身修行皜皜乎寘鴻之羽可用為儀抑何廉峭峻特君子也

冥

佳種有著栽不讓磽确　薯

南安县陳明经太君傳　　孫珩

太君忘其氏晋江人父頗豐於貲太君年十三四為家婿少長莫不憚婿少孫姑愛溺甚以故然与賴太君為處女稔其行恨次骨甫成婚入門要婿約曰吾与尔終身事也尔能改吾從尔不改吾回吾家老矣婿堅誓必改遂合巹焉明日然如故太君怒遣人縛婿促不至比夜归太君怒甚唾罵交加婿遂奔出即時索思日与訖將家故濱海傳其以為新婿投海死矣姑以婦殺其子哭向新婦索子太君泣曰婿已死不復生願婿在而姑臥不安食不飽新婦且為乞人婦不可得今即死姑与婦猶得以相保且族中固有可継續田其安在資嗣孫之不如不肖子耶遂命駕向父母泣索

銀數百歸還族嫂姪年七歲八歲二為夫嗣傍室營書屋數椽延名師課讀而自紡績以養姪太君之訓以嚴夫者如此則嚴子可知已故每夜三更書聲與紡聲相和也越廿年而二子一中副車一食餼費庠家亦稍裕門閭尽改觀姪亦續娶以禮而婿方自臺灣旅靦歸坐見門族自以為毋已死妻已嫁房屋沒他人手矣旋訪得情遂竟歸為時二子俱舌耕在外太君挾二媳坐上織家法嚴閨人莫敢至此突有人闖然入太君怒其人以婿臺灣令致書也因索書曰遺之矣太君怒益甚自持棍起撞其人奪棍還撞正喧鬧聞而太君夫從南至曰莫非即是哥也太君煩發亦忙入室閉門焉論曰太君性過烈然能使呼盧夫婿坐享榮貴視秋胡婦殆為過之婿以然故至乃棄慈母拋新婿浮海入異域而仍旅靦歸此古人之所以致論于惡業也

施上舍傳

陳步嶠

上舍施先生諱大觀字尔仁樵之君子也父科名孝廉諱標芳昆仲凡八上舍諱大烱戊申科孝廉諱大炎茂才諱大熺皆居長先生序六父兄皆晉籍先生食壆新餼峯家談多年餘積毋氏陳爲丙子科名孝廉諱淑均女婦無东方未白聞聰樗予針黹并課讀子背誦之出先之循之承志不閒[illegible]昇寒假讀昆相繼不輟先生肩一切治家嚴而法捉所入而出之積贏勇於爲義親眷之喪葬無資者悉給焉學有根柢博而詳所試策歷之條對八比多簡古蒼而不售其數妙謂果報令日其止坐其起計度甚三十六往返舟皆利涉吉人天相也郡中修鎮雅宮先生裹糧東渡捐貲助白鏹千有奇甚人知先生確實士輸其響應處躬樸質衣履徑

年猶幼歸張氏鑑湖名族為雄於財者令媛以相先生持家稍溢
先生能化之男二成童時家課先生恐其好弄也以己之歎拘束
之俾以不動不踰則宿去立以俟命視旧過從不敢少延此紀在
長者風致春秋未五十賫志以沒後嗣甇甇先依夫亦報之太當
乎世豈其守士一旦稍不自立輒睥睨視鄰其此不足道即欣名
義者亦往往以得之難而吝之誰肯破慳囊而出俾仰給焉與十
年如一日除之闲先生風者亦不少愧矣先生貌白皙肩則聳肩
眉髯清秀倚經癯声如擊鋍鏗之然其相不足論而因有其寿者
大都有其德也乃竟不永以寿者此豈人所能測矣

先鈔袁州謝而疏 在外

重修四門助長歐陽行周先生不二堂疏

郡溫陵福地舊為資壽寺釋氏梵宮之所也嘉靖初郡守童南衡公別駕陳公改原城隍為參戎府將移城隍像祀之華浮屠之居為神明理幽之宇此政之善者也郡人今賴之先是寺後有小山亭祀朱文公遺像右有不二堂祀歐陽行周先生塑像按之郡志不詳其構於何年然父老相傳是為文公為同安主簿每抵郡城必登小山稱其山川之美為郡治龍首之脈每徘徊數日而後去自書曰小山叢竹而於不二堂文公嘗修之今既懸對句曰予業經邦閩海賢才開氣運文章萬国温陵甲第破天荒此文公為表之言也若龍則不二堂更古於山亭矣大抵前代構此良有深意郡龍脈發於清源轉碭恩從東北隅入 △ 沼起崇福嶺過府司

山中抽為今福地資壽寺剎之。當是時有識之士不能使為治正脈為浮屠氏所攫，據構此為先生之祠，以高壓其後，一為閩開道學之祖，一為閩甲開甲第之先，不徒寄高山仰止之思，且以寓五百年道脈歸儒之意，別寺之所以廢與郡人文之所以興，未必不賴於此。去今千百年往矣，歷代久遠，迭廢迭興，修遠予不可考。蓋萬歷壽郡太守邱原山公嘗捐俸修葺，近年太守寧淮南公蔡五岳公設先賢除其佔住之人，以隆崇祀之典，均有功於斯文。今小山之亭傍流績處，殘濤沉世而不二之堂墻壁傾圮，戶牖不存，所予中為居民往來之徑，至有毀先生像而剜擬其壇位者，俎豆荒然草矣。不佞遷卧病山中，鮮出門庭，偶造於堂，見先生之像不存，不覺愴心淚下，安以先正故宮而一朝埋滅若是，乃勞募僻間善見

先生之臨吾前迫而視之見先生於堆土中衣服毀碎頭面猶存
乃扶而起以授道士范而奉之而先生之道貌尽在不俟繪双胖
爲接中矣因以告同余年黄仲召公謀其復之議未及舉而先生之
没裔如觀察使八山公之子孫善狀相率造不佞請疏刻以崇上
友再塑而像之以修其祠宇此義舉也亦孝思也先生遠裔可謂
有人矣先生崛起於唐之中貞元間與韓昌黎諸公同舉進士稱
龍虎榜其道德文章聲稱至今在人耳目而先生所居之里所遊
之地輒錫使之為重山以詩名標以歌嘯名讀書之巖以歐陽室
名堂以不二名手書墨蹟千百年而不菲磨則先生之精英霽爽
何時不與朱文公並流於清紫間夫寧以像之興廢為存亡從邪
人所縣尸祝而善與治之學其未始不於像焉寄之烏可廢也夫

褒崇往哲，誘進來學，斯貢大夫之業也；追繩祖武，景慕前修，斯貢子孫之事也。文翁修學宮，破蜀地陋風，班孟堅以冠循吏之首；孔甲爲聖人後裔，懷詩書，燔炙抱祭器，爲陳涉博士，太史公列經術世儒之前。昔人重文教而不忘遠其先業類如此。後之視今，猶今之視昔，然則爲先生後，斯當何如耶？嗚呼！斯文未喪，大道若揭，烏號之弓已墜，曲阜之履猶新。蜀之鄉近多斌斌鉅卿陋儒，項背相望，苟遡其詩書世業之所由來，與冠帶衣履之所由盛，則於先生啓後開先之功，當有逌思焉，毋徒曰此歐陽氏子孫事也。願相與協力共成之。謹疏。

後學解元李光縉衷一氏拜撰

重修南安县学宫募疏　　刘佑

清受天命有天下首崇文教命各直省郡邑有司悉遵故事以春
秋敬祀　孔子庙庭毋怠南安七八闽五十有八州邑之一也而
学宫独倾圮不修康熙七年戊申十有二月余奉　命来令南邑
未至邑城三里许遥望道傍背临山崖有巍然庙貌而颓靡不完
其间之左右则本邑之学宫也太息心为伤之矣下车之日百务
丛脞令之一身且惫精疲神併夜作画以整理其棼乱振起其弛
玩而不足又何暇蠲金鸠工重为吾夫子完此故宫乎然而朔望
拜谒目击败瓦颓垣不能无怅然于余衷吾友谕孝廉庄君国贤
每与余言未尝不以修复为念余维南安人文之地其自科出登
甲第为　圣天子侍从耳目之臣其载在宪纲指不胜屈而忍

視廟学傾壞不肯少出財力助成其役岂前之為長吏為学博者
年有倡率助募之輩即抑南邑紳士卑皆卜居郡城遂視役籍為
膜外因併学宫而棄置之不問耶如其年有倡率助募之人必余与
應君固不敢辭其責矣木本水源人情誰則能忘彼郡居紳士其
旁入黌序有不藍袍銀雀鼓吹迎尊拜謁於邑学之階下者乎嗣
茲賢书有不青袍金雀旌旗侍呼拜謝於邑学之階前者乎將必
由此地以出身而仕繼必經此地而拭目以觀若今之棟折榱壞
瓴缺瓦頹能無惻焉興感思以庀材命工再復丹雘輝煌之盛乎
顧人各有心則渙必有萃其渙者而使人人之心將克歸於一而
有以告成乎則余与應君又烏能辭其責耶於是不避寡陋而為
文以告於郡邑之紳士幸惟各抒素志共勷盛舉俾春秋釋奠足

以告虔以仰副　聖天子崇文之意是則不惟余與應君得藉手以告無罪而後進之士亦庶幾有所觀感相率而勸於學以克續此邦人文之盛於不替焉

南安县重修城隍神庙募疏　　刘佑

城隍者生民之保障而惟神实主之则是城隍内外凡隶户籍于南邑者作善降之百祥作不善降之百殃神固宜日夜伺察明示彰瘅以佐　天子之命吏治之所不能及余不敏以郡李政令南邑入城之次日即恭谒神庙誓与神明幽相赞以惩恶而劝善除奸以安良顾近世以来县令权轻而　朝廷之法禁往〻为奸伪之所窃遁投虽有恶或终莫得而诛之以安乎民夫令既有所肘掣而不可行则惟神之赖而仰瞻神庙固已榱折桷坏甎微瓦倾与令之职无异其邑众依之不严乎令亦辄不质乎神欤毋亦当今之世文法相尚惟神亦有不克行其意如余者欤七月朔日恭率僚属修常事于神庙住持道士吴完请余修葺夫余固朝夕

冰兢自謀不暇之日也力不能以新神宮與已則指為劝募借衆力以成之爲可乎余聞人情不甚相遠彼趋吉而避凶亦之人当不异於天下之人其或富者樂輸其財貧者樂効其力共為神完此故宫爲是未可知也蓋令之法止及於顯巧者可遁也而神之威能及於微倘其冥罔爲否則以不畏乎令者因亦不畏乎神乎恐神之未必真有所肘掣而不可行也惟尔卿大夫士暨父老子弟共寔图之

對

袁州謝雨疏

宋 李訦

郡處僻隅溪淺土燥雨暘稍愆則水旱之憂立至矧苗方徙植而舟運欲行失時不雨吏民其不遑惑乎比者奔告祠庭甘澤下沛如鼓應枹王之惠民而憫吏亦至矣丕昭靈貺敢或不虔然吏民拳拳猶不能無望於王者以農疇未極霑之而舟人猶未可順流而東之惟王其終賜之

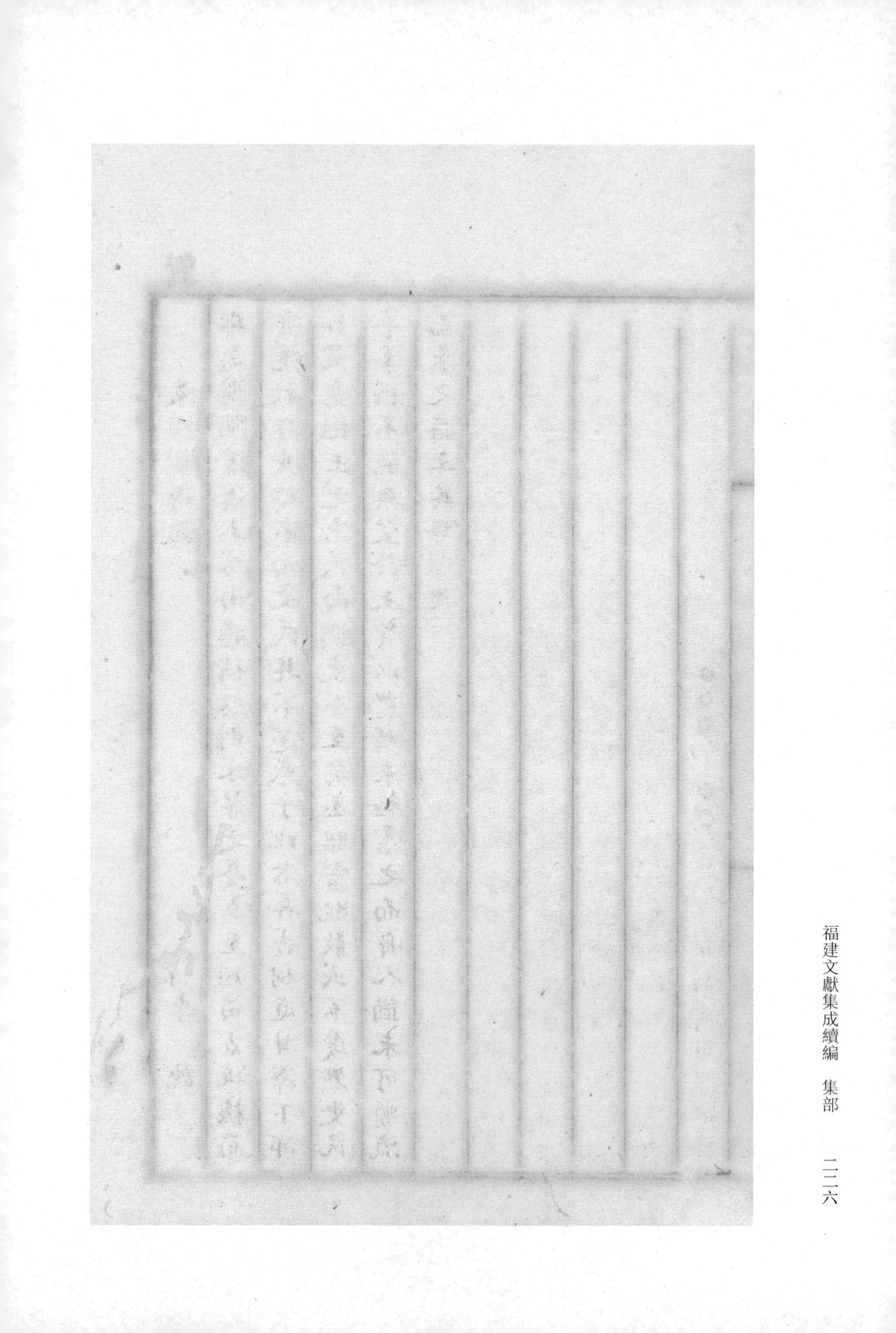

採訪忠義疏

陳步蟾

蓋聞心平衡量人才以表率口碑實錄作風化之權輿自昔唐虞稽古元凱布盛代勳名爰及夏商當年益伊紹心傳濟美至周則文以文治八虞咸慶同升武以武功十亂胥歸一德此皆忠不言忠士氣醖而聖功懋義能度義皇風邕而王道平秦漢以下柱史則珊網宏收唐宋以還編家則銓衡畢致是以忠昭天日義溥雲霄照青簡而鬼泣鬼驚神表丹忱以調元贊化於焉像圖麟閣名紀龍旌效忠者思踵武前徽慕義者振斯文後起元明繼統豪傑遞生然未有如我　朝之盛者也　聖祖受天永命敷十全之武功誕四海之文德　恩露渥及四方民春和秋湛　天章垂諸萬世戶曉家知是以○○○聖○○聖相承源源默接民生常

厚士氣陪敦何非文恬武熙於以風清俗茂至今日而史館纂脩
武仲文詮
大則配以春嘗秋祀小亦著之表里旌門報忠之典字勒金泥尚
義之徽名藏石室而 廷臣犹恐人堪題筆事或漏邑體 聖
主之恲懞發幽光於隱微窃以閩山疊巘偉士由毓秀而生海嶠
横天名流亦隨波而起則有文職承宣秉心貞固清流澡雪峻節
清風四知黙企凜暮金夜之袖金三載维勤勵官箴而酌水露冕星
軺不辞劳瘁春寒夏暑恒憫悲咨布恵涵有一脚之春陽謳歌叶
無聲之夏診又復事君以人有不迴親不避仇之舉淆治未乱有
汝作舟汝作楫之才德政碑鐫昭忠典鈇此其可採者也又有武
臣用命偉績樹聲布燕楚之勛庸奠河山之表裏願馬革以裏屍
身先士卒遇狼封而陷陣血濺旌旗吏乃守節睢陽戰同武穆嶺

陟磨刀、三年雪灑石、橫貫矢、六轟雲屯、重鎧忘蟣蝨之生、旅軍奮螳螂之臂、沈舟破釜、斬將搴旗、是天上之將星、作人間之柱石、此其可採者也、又有兵民人等、棄家室而從征、集編民以禦寇、執戟前驅、脩同袍與同澤、作君後勁、識固國即固家、急公奉上曰忠、有勇知方為義、舉畫旗以靖妖孽、拔隊登陴、捐私財以報國恩、毀家紓難、听戍鼓於將臺、不過卒徒三百、策奇謀於耆老、已率子弟八千、忠豈忘心、義以為上、此又可採者也、凡此公侯之干城、宜歸蔘苓於藥籠、作忠原於移孝、取義自能成仁、其小者表以忠肝義胆之忱、其大者入以忠臣義士之傳、史策汗青、垂芳徽於百世、山河石赤、勒姓字於千秋、足使立懦起頑、移風勵俗、士具史才、寄春秋於皮裏、人懷卓識、判玉石於胸中、為鄉之善、為國之善、闡潜德以

共彰。既生於斯。既長於斯。預窮搜之使罄。敢擬先民之諮訪。以為
後輩之仰瞻。當舉所知。敢擬斯疏。

封

募修龍山寺後殿疏

鄭懷陵

安海龍山寺奉觀世音菩薩、泉之名刹也、建由東漢、屹鎮南邦、修淨業於優曇、一粒沙過而卓現錫、繞樹瑞光於榕樹、千手眼由是現身明季倭氛、神躡却寇。國初遷界、寶殿靈光、所以靖海將軍拓地酬恩、效順安溪傳相、鎮國垂之區音也、千載如我十方隨喜、祈晴禱雨、逐疫驅瘟、八閩有活佛之稱、重譯救波臣之脫困。已靈昭中外、福被人天矣。同治間修飾中宮、宏開後殿、黃金布而地滿、如分鮫客之珠、大木飛自天來、獻龍王之藏、璇宮琳宇、映佛日以同輝、鹿苑鷲峰、引天河而潮潤、然而黑風外盪、白蟻内生、雖中宮之莊嚴無恙、而後殿之塵劫可虞、雖飄飾之丹青未剝、而心腐之霉草僅充、棟梁彈之有声、榱桷垂

而如扎隆、俾坐禪而憂乎壓亂，同穴而喜乎寬洵、飛栱栗所附撐、
亦高常固之莫放、似不及時修葺、雲護華鬘、客恐積久傾頹、鳥
巢佛髻、夫頭陀製碣、稱釋氏之更催、淨慧摛文、幸法螺之再唱、
豈有名山巨剎、莫庇袈裟、前代梵宮、半荒瓦礫、而罔加被飾、竟
聽淪胥、豈不令菩薩愁眉、金剛怒目、客加以天壇未築、而濺犧
牲、旁舍就隳、雲眠禪榻、頂祝者露立、心齋乎風餐、鐘鼓樓臺、昔
議增而未果、高王祠塌、今偏廢甚何如、不得已捧草唱緣、繞花
作禮、托阿難之鉢、踵檀越之門、伏願長者發心、寧恪喜捨、結五
根而成性、宏六度以為檀、或指上而流泉、或掌中而雨寶、合千
花之剎、萬族蓬壺、累七級之功、圓成乎墖、則回頭彼岸、彈指化
城、捨之善士而綠珍、說與世尊而點笑、樓臺突起、方知海沫之

吹嘘、功德無邊、普受佛家之富貴、

歐陽生哀辭

唐　韓愈

歐陽詹世居閩越自詹已上皆為閩越官至州佐縣令者累累有焉閩越地肥衍有山泉禽魚之樂雖有長材秀民通文書吏事與上國齒者未嘗肯出仕今上初故宰相常袞為福建諸州觀察使治其地袞以文辭進有名於時又作大官臨莅其民鄉縣小民有能誦書作文辭者袞親與之為客主之禮觀游宴饗必召與之時未幾皆化翕然詹于時獨秀出袞加敬愛諸生皆推服閩越之人舉進士繇詹始建中貞元間余就食江南未接人事往往聞詹名閭巷間詹之稱於江南也久矣貞元三年余始至京師舉進士聞詹名尤甚八年春遂與詹文辭同考試登第始相識自後詹歸閩中余或京師他處不見詹久者惟詹歸閩中為然其他時與詹離率

不歷歲移時則必合合必兩忘其所趨久然後去故余與詹相知為深詹事父母盡孝道仁於妻子於朋友義以誠氣醞以方容貌嶷嶷然其燕私善謔以和其文章切深喜往復自道讀其書知其於慈孝最隆也十五年冬余以徐州從事朝正于京師詹為國子監四門助教將率其徒伏闕下舉余為博士會監有獄不果上觀其心有益於余將忘其身之賤而為之也嗚呼詹今其死矣詹閩越人也父母老矣捨朝夕之養而以來京師其心將以有得於是而歸為父母榮也雖其父母之心亦皆然詹在側雖無離憂其志不樂也詹在京師雖有離憂其志樂也若詹者所謂以志養志者歟詹雖未得位其名聲流於人人其德行信於朋友雖詹與其父母皆可無憾也詹之事業文章李翺既為之傳故作哀辭以舒余哀

以傳于後以遺其父母而解其悲哀以卒詹志云求仕與友兮遠違其鄉父母之命兮子奉以行友則既獲兮祿實不豐以志為養兮何有牛羊事實既修兮名譽又光父母忻忻兮常若在旁命雖云短兮其存者長終要必死兮願不永傷友朋親視兮藥物甚良飲食孔時兮所欲無妨壽命不齊兮人道之常在側與遠兮非有不同山川阻深兮魂魄流行祀祭則及兮勿謂不通哭泣無益兮抑哀自疆推生知死兮以慰孝誠嗚呼哀哉兮是亦難忘

對

題哀辭後　　　　韓愈

愈性不喜書自為此文惟自書兩通其一通遺清河崔群群與余皆歐陽生友也哀生之不得位而死哭之過時而悲其一通今書以遺彭城劉君伉君喜古文以吾所為合於古詣吾廬而來請者八九至而色其色不怨志益堅凡愈之為此文蓋哀歐陽生之不顯榮於前又懼其泯滅於後也今劉君之請未必知歐陽生其志在古文耳雖然愈之古文豈獨取其句讀不類於今者耶思古人而不得見學古道則欲兼通其辭通其辭者本志乎古道者也古之道不苟譽毀於人劉君好其辭則其知歐陽生也無惑焉

安石印晋谢安之字非王半山也

皇帝勅命祕書省著作郎兼給事中許應龍諭祭故特進金

紫光祿大夫少保諸葛廷瑞祭文　宋理宗

惟卿天賦清標人才磊落品節擅東南之選文章藴經濟之猷獲

隽魁科蜚声大尹歷績郎署用注起居仗節著君国之威抗言破

鐔袠之膽屢聞嘉猷啓沃堅辭寅諒清班坐繫蒼生數辭榮之安

石名高白社便倍重於雞林方懷前席之懇遽應騎箕之兆殲良

萎哲实恻朕心錫以遵贈尚其歆格

紹定二年十月初五日下

皇帝勅命祕書省著作郎兼權給事中許應龍諭祭少師諸

国公諸葛廷瑞祭文　宋理宗

維卿氣鍾山斗品重璠璵抗擅卿命引禮以折天驕載筆納忠遠

嫌而辭元輔○逢國大慶嘉爾寵榮籩豆有加靈爽其格

紹定三年三月初十日下

皇帝勅命秘書省著作郎兼給事中許應龍諭祭少師靖國

公諸葛廷瑞祭文　　宋理宗

維卿經綸啓沃先朝大臣遣官造塋松楸生色三壇加祭永賁泉

臺冥漠有靈尚其歆服

紹定三年三月二十八日下

工部奏銷少師文肅靖國公諸葛廷瑞係先朝上品大臣該造

墳工料銀伍百兩

夫匠三百名每名該銀壹兩通共該銀捌百兩

公諱純仁謚忠宣，文正公之次子

祭范忠宣公文

宋　陳瓘

昔文正公在仁祖时忠於谋國衆正所依心直而明照了不欺先事而慮有如蓍龜兩遭勅榜益奮不移外禦元昊數蹈禍機国勢沉妥奚恤我危若公行事允也似之安不擇地难不敢辞至於言兵則曰不知邕曰為異各遂其时不述其迹是乃其遠三年邊改生事者誰蔡相南行公独救之一勝一復其兆在茲公可以默又進忱辞人亦有言公尔忘私孰敢臨義捨安取危一斥四年盲廢將歸天子哀憐拜命涕洟其心不盲意則有施入覲公當為帝説變病不能对人所嘆咨天子曰吁疾尚可為錫以上劑臨遣国醫丁寧訓飭速遼勿遲云何不淶竟以於斯嗚呼哀哉公果已矣舉世思公公不来矣人之於公有合有睽聞公之殁睽者亦悲情隔

生死公論乃出悲公之人臨自今日臨終不昧忍死有述小其一
身大則王室置小恤大自初託終可使聞者勸而作忠太宗征遼
喬死不忘心之所憲矣獨一方願惜生靈願各用賞願為宣化一
洗誣謗願正其子願辯其入願以中道行帝之仁嗚呼哀哉言唯
心聲孰無此聲孰有此識神器至大如人之形愛養胃氣可以保
生陽明之經徧於四肢呼吸之間無有不差左絡連右首脉應趾
中經流行寔有定位彼執一者棄異取同异我曰偏同我曰中詎
各有心心各有物孰識審是而不彼恤公獨有言繼者誰乎公薨
我悲豈緣葭莩公昔南遷我在北陲側身以望心往從之及公之
還我有言責陳留至近孔往不淨平生想慕独未識公見公之心
何心形究文正殁沒公又忘矣仲季方與公後有子其門益大於
道益光公可無憾我亦奚傷

封

姜相公祝文

真德秀

嗚呼公以鯁亮之資盡言於猜忌之主一斥不復没於遐陬然清風直節千載而下猶懔懔有生氣彼脂韋軟美寵竊一時而遺臭無極者未知孰為得失也某因祠事庸款幽宮酌以一卮喟然三歎

封

謁姜相公墓祝文

朱公上

嗚呼史中貞元之相垂二十人而以清名直道標百代者公與陸宣公而已公謫於泉陸謫於忠皆不果召而没天豈無意於忠臣乎何其厄窮至是也嗟夫靈均弗還瓌辭孰傳曲江既死勁節

愈偉是則天之厄公也乃所以榮公也岐嶷之姜公嶼之東峰之

以姜名千古並崇我再來思而再謁公詩以一卮悵挹清風

對

祭蔡虛齋先生文

明 黄鉞

嗚呼聖賢不作道在六經有得其精萬化以成寥寥千載此意誰承考亭云遠為昏為冥操瓢與翰豈無豪英剽竊緒餘有愧宗盟嗟維先生吾道之楨爰及早歲撫膺如京驚陋彼俗學千里于征循伊及洛以達考亭毫分縷析啓鑰開扃風雷之變日月之經爰暨兩間色色形形一以貫之天高日晶持而後發孔思周情謙沖凝寂規矩準繩或山而峻或海而渟須臾萬變無有留迎先生之學于焉大成觀其翱翔于帝之旁天曹之準縉紳之望以人事君薦引推揚亦既秉鐸于彼豫章循循善誘綱舉目張學術既正士以知方中途偃蹇方出而藏不究所學天下徬徨急流勇退無乃太剛矰矯之下何有鳳凰收名北斗有爛其光謂當百年以廸小

子為梯為航命之不融孰執其綱愛莫起之有淚淋浪計其生世五十又七計其在官惟十之一豈天有意累以著述四書之讀膚見之作爬梳櫽括靡有餘作究極天人整然脉胳詖淫邪遁莫得而托一時之屯萬世之福譬之荒蕪朱實經營豈無瓦礫以待先生揮而斥之吾道日星人孰不死有此令名嗟予小子渴飲滄溟先生何人可得而名脩身補過以畢餘生敢使墜緒缺然無承先生是臨以翼其行嗚呼哀哉

祭黄曉江文

王慎中

嗚呼木之有癭石之有峰皆不中材適落匠者之所施其繩削磨琢之功棄捐於深山大壑汩没泥沙穿穴虫蟻沮洳薈蔚之於藪叢而其奇形怪質輪囷㟪壘突兀玲瓏往往呈露變怪嘯夔魅而怒雨風至其置之耳目之須摩挲睥睨則足使人愛玩驚嘆而繫卉温珉追琢自失其可悦之實於好事有力者竭意搜取不忍其長捐山壑而二物者雖其無所用而亦不能於所遇之窮惟有力與好事所處殊勢於二物之所遇或珍重寶惜於廣囿華軒雕欄瑶砌之上亦或與畸人勝士朝夕徘徊娛遨獨而媚幽沖在物如此人亦有因然宜乎兄之懷靈含奇怪怪奇奇非有力者託所而使予之寡陋鄙樸窮取以自快而成乎好事之高蹤惟此形之難

久沈埋於淵泉別遇與不遇皆何足介於其胸中嗚呼曉江今其亡矣其形質既不復存於山澤精魄靈氣猶將升天入地熙揚光景而變滅幻化予顧嗷嗷然於死生之際哀悼歔欷而不能已其爲摳拘吾固之人而不足以語造化之大終

祭陳紫峯先生文

明 王疇

嗚呼大道久荒正人希濶談理學者多隱而僻不經張氣節者每詭異而無實原其設心初欲自附於賢士君子之名究其所至未免為鄉人也求純粹無瑕高明不累如吾先生者天下鮮矣先生之未仕也窮經涉史索隱鈎玄上會聖賢傳受下集諸儒大成成著書立言剔髓入神深而明微而顯今之經生文士朝夕几案未嘗不讀先生之書先生之學可謂深矣先生之既仕也不為勢誘入華樞不為利奪謀孫子兩京卽署各羨清苦之名再起儒宗不易終養之孝二十餘年間詩酒以為歡花竹以自老日月古今豁視大觀世俗城市之囂毫無所預先生之節可謂高矣論者謂先生有渾雄之文章不知先生所以開來學者有出文章之外謂先生

有恬退之高節不知先生所以立大本者不專在恬退之間也蓋先生平日之心不求知於人求知於天不求同俗惟求同理故其功名不必大顯天下而教澤垂后世其特立不必盡悅當時而行誼擬前賢修嗚呼先生行實如茲與世之虛名取大爵軒然自耀於兒童走卒者固無足齒與夫高談濶論隱僻詭異顛倒古人千載之上夷考其行而不掩者賢不肖何如也先生未遇時讀書予館著述三年蔬粥共歡如兄如弟既仕之日往來書問以陳情共隱為教告歸之後時常携手秀林之麓紫帽之巔談吐平生蓋相知者四十年而吾兒某又荷教育之恩德言在耳手書在目感德懷義不能不哀思也瞻望靈几老懷不堪陳辞遣子聊以慰生平之私爾惟先生鑒之

祭傅汝源文

明 陳讓

哀哀汝源、命在此兮、天錫善人、未庇舍子、子之心胸、閒雲靜水、漠漠時空、汪汪千里、三世彙登、謹之素履、瘦骨凍肩、勝衣而已、志之所至、飄風弗靡、及至接人、從溫且旨、山川艸木、騰爲飛青紫、子之文章、其亦若此、聃可怪也、世之觀人、徒狥其外、不究其裏、偏者視鮀、宋朝之美、沅湘屈平、長沙賈誼、昔在京師、与子交手、知子爲深、用舍之際、無預於己、人惟不知、乃是于是、未死其稿、遂以沒地、嗚呼哀哉、沒殊方兮、致命於君、厭濁世兮、遠棄離群、作述善兮、公而無憂、德愈光兮、雖死猶存、手澤新兮、友人之書、白鶴歸兮、孤臣之魂、朋山立兮、子神其間、駕飛廉兮、舉我之樣、

汝源先生神淺、即敬齋先生伊凱之令嗣也、歷至山東轉運同知

樓注

陳見吾先生諱讓字以和由解元進士任邵武推官徵入御史巡視東西二城旌忠諫臣碣旌忠坊廟祀忠孝祠鄉賢兩祠著有見吾遺稿奏稿詩文集紫峯陳先生親筆此文從其文集中錄之

對

祭新泉童揮使文

侍夏荅

嗚呼新泉天地有正氣鍾為男兒一氣浩然為忠為烈適有大變吹風怒霆亂雲泣雪晦冥兩間神鬼駭慄萬物遇之隨手摧折而大節輝煌如沈霽景霄瑩潔天地賴以不墜日月賴以与蝕嗚呼新泉平生孝友忠義奮發倭賊煽禍萬民暴骨惟公受命不震不急恩威並立以率士卒而送蜀戰賊幾敗亟援師不繼公力道遏頭多流前怒氣冲髮至今誦公遺事猶將了乎日月自有倭冠奭（塗炭）越當我時臣或以釁端生受斧鉞古人擇死先務免胄於赤狄來濟投身於突厥蓋盛血膏乎草野聲名猶不至於有闕新泉雖死其亦足以不沒予獨悲腐血化瑩亂魂棲埻草色短兮烟雲霧光冷兮冰滑更千秋而萬世兮識誰公魂於荒野斷碣

加鈔入祭大宗伯歐陽南野公文

文徵王太夫人李氏文　即道岩先生太夫人也

未鈔稿四存

對

祭歐陽東田都閫文

明 俞大猷

維嘉靖四十二年歲次癸亥夏五月朔署都督僉事會生俞大猷謹以牲儀奠于亡友福建都指揮僉事東田歐陽公之靈曰古稱士為知己者死名之為士天地綱常此身攸係而區區一知己慨然以死許之豈為無故哉夫士生於世学古人之道數十年來未有知之者則嘗私自嘆曰苟有知我者雖為之死可也彼其為士之知己者則當愛惜曲全求其能成天下之事以報君親相安於勇功智名之俱無然後水火塗炭之民有所利賴以奠安嗚呼吾於東田之死不能無悲亦不能無恨悲者謂宇宙內事業尚多而至於是而止於是然而死忠死孝死於知己其古志士仁人之流矣恨者謂為東田知己者徒知其志之所存不知其時之未可羽檄

交馳督責日急必欲其致此身而後已正兵法所謂不知三軍之不可以進而謂之進是謂縻軍嗚呼悲夫知己者乃適以縻己東田往矣成仁取義夫復何憾余所悲者廟社之事欲俟東田以共濟者今皆虛矣少小同讀書以報明時澤斯世種種論議今皆莫酬矣壺山帶夕陽之雲清海鎖恨結之霧余悲東田之情與此山海同悠悠於千萬載之間而莫能解也嗚呼哀哉尚享

慕恩伯鄭公祭文

王命岳

惟靈歸種名材，侯家望族，含閩海之渟滄，挺蓮峰之英肅，鷹耀翮於茂林，驥騰駒於洼歲，少而甫已燕頷表飛食之殊，稍長而豹略弢鈐，聆神授之祕錄，歷怯譽以彎弦，不失堅而飲鏃，鄴灌雄慚鄂英勇，縮躍侍三百夙蜩步伐之儀，劍敵萬人，兼覽詩書之閾，孝友懋於至性，忠義肩洪，初服養士，見於散金沙衆，顯于投醪戡謀略之壯，桓魏古今，而煥煜靜以俟時，動而沛福，水安流以朝宗，共捍棟於高木，率海巨匪之艨艟，听皇朝之撫育，項伯歸命，遂專射隅之侯，寵融披忠，仍享安豐之祿，蟬冠奕奕以垂纓，螭陛鏘鏘而振玉，撲俊傑之識時，實英雄之亞，勸方宏懋其壯猷，群瞻仰其勳勠，夫何墜星驚其櫪馬，集陽觀彼庭鵬，爰在盛年，遽歸泉壤，嗟人世

之蜉蝣嘆蒼造之倚伏飛鳶跕水喪馬革之伏波漲海浮天隕檝
船之楊僕嗚呼哀哉校尉營内惟餘服食弓弧將軍幕前猶有卒
生部曲听蕭蕭之大樹邈矣無声壞矗矗之長城奪之何速嗚呼
哀哉冀地共梓桑緣慳蘭菊聆幽岡以仰神攬涕淚而盈掬繐帷
蕭瑟躋紫陌之無幾素几寂寥歉生芻之一束希靈遊之洋洋座
鑒歆於穆穆

祭洪畏軒太常卿文　丁煒

嗚呼！吾畏軒先生之殁，京師公卿百執事哭之哀，四方旅游諸君子悠之甚痛，而余之心傷神悼，尤不覺其涕之交頤也。先生父太傅文襄公佐　世祖皇帝入關，為我　朝開國功宗，賜襲三世壽爵，入为上公，出而经略天下，舉朝歐贵半係其门。又以先生弱冠聯第，歷官儀曹、勳卿、廷慰（尉）、奉常，諸要秩公卿百執事视太傅之桃李，即先生之交遊，哀之宜也。先生忘其殊贵，折節下交，設餕授餐（粲），不下吐哺倒屣之風，待以舉火者無慮數百家，患难有求，虽未及谋面，皆过所望，予之先生之於四方士君子何如，宜乎相与痛惜無穷也。若余於先生，生同鄉，子共主，余之子男忝为先生館甥，且有三世之好焉。往吾祖大司寇公居林下，結里中文社，每課成令善出者重錄不具姓名以第甲乙文出而太傅輒居首丹黃淋漓題品繽紛極遠大以相期時太傅年方少獨受先司寇物色爲異人不敢坐未幾果以早歲魁省闈捷南宮入西曹改丞總制王延尚取向時司寇公品第藝文集成卷帙出入自隨不忘司寇公之知之也及余待罪河間獻陵太傅深為司寇有孫馳書慰勉嘗語先生曰吾感司寇公深知此恩久未報今之獻陵丁令君即司寇世孫若與令君當親結為兄弟令君有子則以若女配之以誌吾之不忘於司寇公也以故余自縣令入備曹郎太傅已捐館舍先生與余敦莫逆許以愛女字兒嘗爵蓋遂太傅意也嗚呼三世締交情親誼篤一旦聞訃余之心與公卿百執事之心四方識君子之心宜有過焉者矣先生孝於親忠於主篤於宗族師友獨

憶先生約與余為婚姻，予兒嵩爵方幼，即令讀書其家塾，五經子史手自講授，視其所為文，每月集士園亭校藝，俾獲觀摩益。予兒及冠，愛女嬪予門，諄諄戒以事翁姑、相夫子大義，至則朝夕跪上余夫婦食，與嵩爵相敬待如賓。觀其衷及有齋如是，則南國詩侯大夫之風化，不問而知矣。不幸于歸一歲以脹亡，先生視嵩爵益親，不以女之存亡改易轍，厥德至矣。嗚呼！太傅公所感於先司寇，其先生能如其意以翊，而余父子之感戢於先生，又將何以報耶？以太傅之勳在國家，澤及天下，意天當有厚於先生。以先生之孝謹忠恭，慷慨濟人，年未中身，遽棄人世，膝下之孫藐爾僅十有一齡，而南中家族罹寇殛竄外海，門內執喪靡有胡服，不知所詔。報施善人者竟安在耶？雖然，宣孟之裔是必有興，畢萬之後其昌

必大公侯後胎予又竊為先生之孫信之矣先生有知尚其翩然

而式鑒也哉

哭黄御伯文　　諸葛晃

嗚乎黄子御伯子何可死耶八十秋闌崦嵫日暮子職未盡何可
死世家閥閱望重鄉閭艱鉅之任惟子獨勝何可死易簀而没其
文通半畝之田無子雲十金之產孤惸窮息四壁蕭然何可死且
縱横變化之才徒展轉於牖户繆綢繆左右之内未獲一登
於朝何可死凡茲數者皆其一可死也乃於一擲千鈞前無卻
擔之際劃然而絶劈然而斷嗚呼哀哉天耶人耶然吾觀御伯之
子不外乎太守公溫凊無愆敬養薑玉男女兄弟四十餘人吉凶
賓嘉之費躬服其勞不以煩賠公至公之佳婿亦豫營築焉宗族
有大氣难乎告於太守者皆決於御伯宗之人欲声歷了也又念
弟多業落已逆不有文產仍以其私佐公需处鄉党間進退有節

張弛合宜公卿大夫士皆賢而禮敬之號列御伯雖天固已為克家之令子亢宗之賢裔家雖不給而所致自稱名雖未立而所就已宏蓋其所無憾於人而其不能無憾於天也而天固有深悲於當孟夏間吾母之旁得疾也子為我慮即憂形於色遠我以藥餌告我以良醫問視之勤累日無息旋而余母不起以訃聞矣賻賵弔祭有加無已復私相悼嘆以告不得與此秋闈坐困三年為念嗚呼疇昔余之御哀方其極而子之齋志乃遂終那數年以來善相賞过相規緩急相左右吾有憂而惟子是告子有患而惟予是籌乃攢眉目扼腕之態狀恍惚于余目而屋梁落月之思堪蹉辛于余臆那嗚呼哀哉吾烈而家而音徽去邈人琴俱絕痛難具陳也吾為子倚而以敬以孝克諧克敏美不勝書也吾謂若㝠列憂從

中耒退嗇而孫涕不可蘇也死而有知將為雷為霆乎滌九區横奮八極揮斥幽鬱耶其藹為浮雲蕩為冷風泮焉漠焉与造物遊耶抑冥冥中尚能潛旋默運以衛而宗而護而室耶是皆未可知也而余今者青衫未換。白雪滿身。汗窮愁之間。歌式微之章。人之云亡誰釋予憂誰慰予侮耶是真不可以死也又不可死而卒死非夫人之為慟而誰為耶

誄桂屏陳先生文　王念修

誥授奉政大夫晉封文林郎　恩奬五品銜候選中書掌教豐州書院桂屏陳老伯大人己卯八月念三日以疾卒於溫陵里第春秋七十有二嗚呼哀哉念修以道里睽隔弗獲躬伸留奠恭製短誄用表素旐其辭曰

猗歟先生神明之冑有物肇基實開壯系源遠流長美乃爲世篤生偉人越今弗替先生自幼博涉典墳旁及子史腹笥儲繢嶄然頭角擷節摛芹笥山試藝疊冠全軍意氣鴻騫聲華藉甚起壓白非誇汝盧爲恥乙卯之秋適逢大比射策明經學優則仕於對時心錦標作奪鐵度之推家欽鄭僑人説項斯華帏不捲馬帳宏披芝蘭秀發桃李芳菲曾幾何時漳城下臨吉特飛災紅羊煽劫先生

悚園雲屯当雲保園泉南民情戕洽維章太守旌祢东来惠鮮鰥
寡拯育嬰孩先生分任耦俱無猜達窮不啓種福田闢薑棘松堅
詩名遠西島公礼羅陳蕃設榻橋涵論文競相結納袖金悉却綢
珠不雜僕以出記慕遊溫陵忘年契合景仰弗勝情逾骨肉誼託
友朋梅巖數笏桐罣一燈訊竹当春話舊入夜或訪名區炯欄月
榭或抒閒懷倚庐涵含各昜千秋後時則駕詎知分袂八稔於許
郵簡殆答山川間之霜落望切雲樹神馳久而加敬別益相思突
臘今春殆我兩札詢主粵州實司甄拔鏖戰秋風八月初八忽動
獵心雕眼重刮嗚呼哀哉運紀李廣何乃數奇才似孟郊何乃發
遲文悖命達天送無知歟唐一老竟不憖遺嗚呼哀哉先生昭謀
七薛競耀元方秉鐸玉樓登召叔季機雲出群才調世德作求象

賢克肖嗚呼哀哉先生之品金璧珪璋先生之学馬鄭程張先生
之操翕惠安康先生之風山高水長嗚呼哀哉尚饗

7317909
811.8
756
(16)

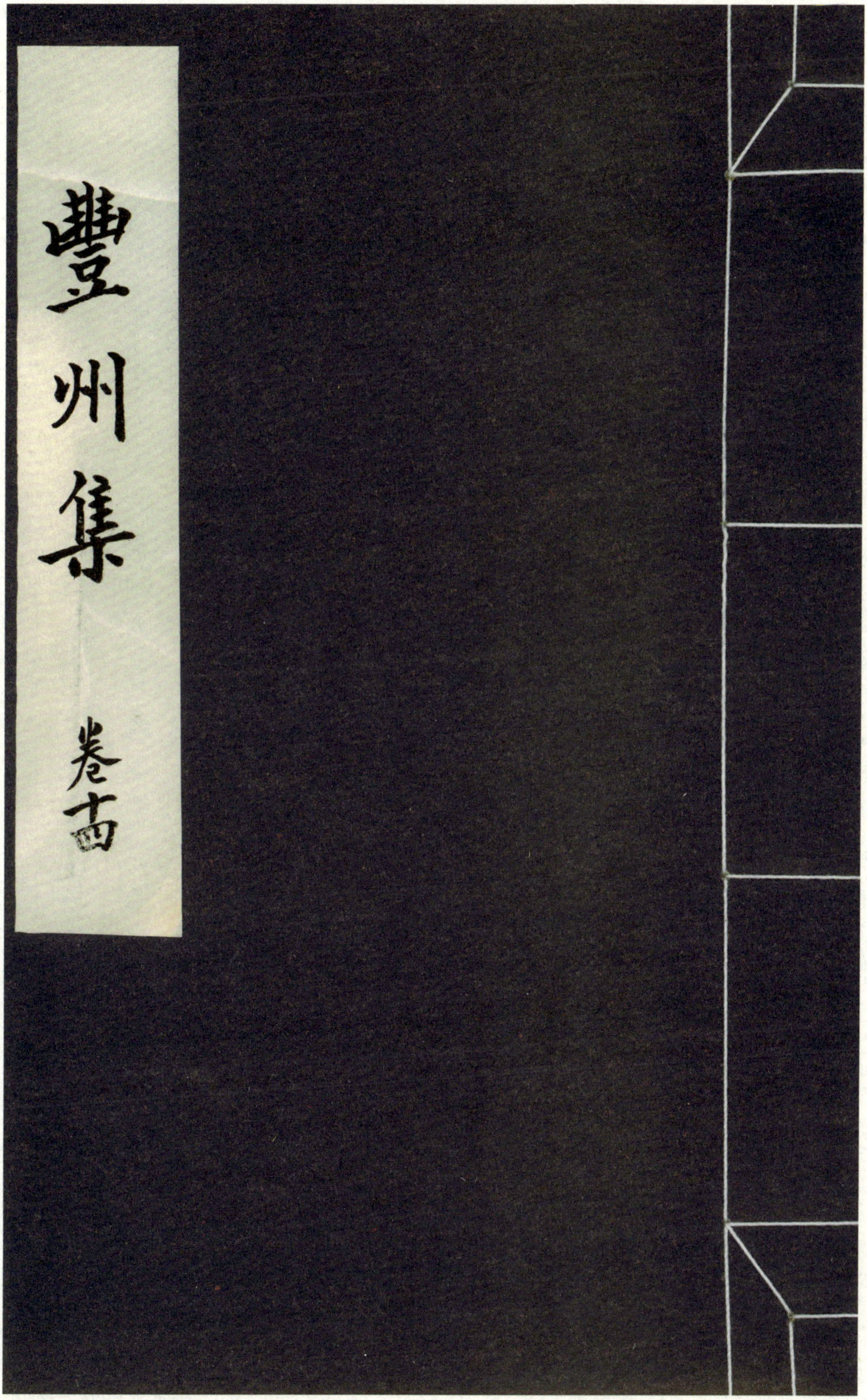
豐州集
卷十四

扶 音硁
说文皆擊也

户部郎中郑殖菴及妻伍宜人墓表

王慎中

往予谪倅常州今户部郎中郑君汝德为县於是余以予至县县人言其尹不多扶人檟朴棲於廊間庭中浄訶常空矣尹故早起晏休生朝夕变细民一物之餽不敢至其室予况善郑君得其言於县人私以为君贒且勉卒之君语予曰此纪善之责维其父母之爱赔民至县欺疾民之不如法者杖之患其不痛其视閧之辄戒曰夫孰非人之肌膚痛在人之肌膚而心不少动何其忍也且不不如法爱之可否乌在杖之痛乎其以親在邸数入内問省辄必之曰堂上须臾不坐县衙庭中门外之人积矣有裹饭嬴足而来者卒不得见县官腹枵涕而徒予反者得不滯而下之情者得尽也吴中人士最善治瑹巧飲食一日有士持餉以見其受而

7317910

進焉問何所從得此能舍中具也予以實對且曰是士人所與禮接兒為親設受之可終不肯嘗曰吾家設蔬糲今每食有魚肉蔬致口亦甘之此能所常食當不甘也固勸之乃言曰吾能不甘欤而為具於此乃以親設受餽具固與他士人異是可以禮接孰能可以禮接其而胡以拒其他民將覘意伺間有獻偖味當漸廣而虽不受彼已費矣吾終不食此以杜其漸蓋善之幾不以形毒其民而知勤於政慎於取與能敢自貴實重吾親之訓勉而不墜云宋越岁余有山東督學之行過县問起居鄭君曰归矣將吾親之來能以就吾養蓋以視吾為政欤以兒為可長也遂去不復可留曰海濱之序將我田園其蕪矣吾少所治習其勞而安焉冀除芸植还吾鄉予岂以而為吏輙忘設所業茍耽微俸之養遽渝吾樂

之常哉蓋鄭君之父母所以自安其身與諭其子者其言如此鄭君既以貢進顯於世為郎尚書省天子嘉之若曰維爾有才且能其職其考鄭普父某為郎中母伍氏為宜人吏部司考郎中行其事久之鄭君喪其父未畢喪又喪其母其銘父葬者故少司徒顧公新山為之而張司馬半洲公為母銘蓋鄭君自力於世以褒顯其親又託不泯於名卿之言足以酬劬勞之恩而慰其無窮之情事矣猶哭而告余曰願有以表二親余既仰其安身諭子之詳可記也而與鄭君相好久益深其胡可辭乃為表於其墓曰是為考

南京戶部郎中鄭公之墓字曰某號殖菴配曰伍宜人

公諱元字乾明殖菴為之別號享年七十有二府志載入篤行類

陳國仕謹識

對

大唐故輔國大將軍兼左驍衛將軍御史中丞馬公墓誌銘

唐　歐陽詹

墓有誌之有銘誌記也銘名也名以記墓庭高岸為谷幽壤或呈恃當揜其有所歸認於馬公之墓也公諱實字某其先扶風人生於幽州高祖某官祖某官父某官昔千子皆以雄謀果斷稱公則第三人長八尺有羨雕姿鷙靈霧巖壁峻桀而沒笑時而沒言孝弟忠信介義節榮觀究可見將史學歷代英豪得失皆覈其精又正不直辯論慷慨若加詳已明陰符善司馬法起家為范陽軍延籍本軍氣政畫多自出迁千夫長万夫長三軍兵馬使莫州近邊戎鞍為害本軍元帥請統鎮之戎遠兆遁莫人大乂拜御史中丞莫州刺史俄薊州之患如莫州移薊州薊人繼康攝州刺史貞元

旁本軍之子有大者合議於天子自發內二千石已下擇貢旅以
公當其選天子異其議奇其詞決所議答於本軍而留近侍拜左
驍衛將軍宿衛十一年長松在材利錐處囊森竦穎脫鋒捽獨見
天子併而將用未有所當貞元十四年寢疾其年七月十一日終
於京師常樂里之私第出多浣子若干年舁戕蒞衣若干年政春秋
五十一當時俊傑懷材抱器者年不驚呼嘆息嗚呼駿驥有騰千
騁万之足伏于櫪下將有剸犀截象之鋩閉于匣將用未用一朝
變化為冒蓋市入泉延平為知人之痛惜公其北娶夫人雁門田
氏雁門郡王氏之女哭泣之慕痛而中禮子七人男五人一先公
四人在曰僾曰績曰某曰某僾年十八績年十五其餘幼稚不言
而知女二人一先公一人在四歲至性攀號感動飛走以其年十

一月二日卜窆於京兆府万年县洪固鄉延信里司馬村之少陵
原礼也其承眷長沙歐陽屑執佛及墓誌而銘曰
骨肉归土貴愚共门英之馬公亡寿此原大常大成平生所志貞
心壯氣松孤埜峙掄擇虽致材成则未参崟蒼翠俄摧忽墜修短无
涯彷彿之何
以

以下接鈔有唐故朝議郎鄂州司倉楊公
墓誌銘一篇　稿未果
豐里手記

有唐君子鄭公墓誌銘

唐 歐陽詹

貞元十一年歲次乙亥某月某日清源郡晉江縣男子鄭公年若干終於其居州閭親識遠近漣涕垂吉人也嗚呼杞梓植於深林人雖不知不妨其為天下之材也珠玉碎於重泉人雖未玩不妨其貴天下之寶也公之生則深林之材公之殁則重泉之寶不知而有未玩而亡哀哉公諱脫字季實其先宅滎陽永嘉之遷遠祖自江上從（更）於閩今為清源晉江人曾祖某官祖某官父某官太夫人同郡潁川陳氏育子三男三女公則長男也自七八歲則明敏異常年後童心洎十二三則温良貞亮有成人之德洎冠儀表國可觀孝悌惠和侔於前哲人望與間時琴皆歸風不近腥說多自盤傍游仁里四十不試處有若人之姝獲配於公之太夫人早逝

殊不逮予別見公霜露之感蒸嘗之敬公第爲君近捐甘旨殊及
同養別見公晨昏之愛懷斬之至事公居閨門御党者十有五年
顧聽於公善良內外莫汝受命不永如其命何蘭芳蕙馨或亦中
敗惜哉子二人皆幼公在日名之曰彥方彥亨詹況在京師不遂
扶櫬來人有述實孺誠號妻亦聞哀有過人禮不踰制定取遠日
坐殯三年以貞元十二年某月日永厝于鄞城東偏閑儒里常熱
湖之北原禮也殊有遠告咨予題誌況忝親懿實舊知人江嶺則
迺想象不昧取思芳茂爲銘以寄銘曰
有堅季實君子之禎忠信溫良自幼而行少不改俗長更推識材
植遠林寶瓊迺壤無知無玩自生自喪骨肉歸土用瘞於原嗚呼
於永棲君子之魂

對

宋故朝散郎尚書吏部員外郎特贈徽猷閣待制累贈開府

儀同三司謚忠肅傅公墓誌銘　宋李邴

宣和七年十月詔以吏部員外郎傅公察充接伴金國賀正旦使

是時金人將渝盟而我未之知也十一月公至燕山府聞虜入寇

或勸其無遽行公曰銜命以出聞難而止若君何遂行二十一日

至涇州韓城鎮使人失期居數日虜騎暴至夜圍鎮詰旦有酋長

數十騎馳入館公飲以酒問其故知有變强公上馬與副使蔣噩

偕行至界首公曰迓使人故例止此不肯進虜輒易公馭者擁之

東北去百餘里許遇金國二太子斡离不者領兵至虜人曰見太子

當拜公曰吾若使至金國見國主乃拜耳今迓使人境上若脅我

來止又見太子太子雖貴人臣也當以賓禮見何拜之有斡离不

怒曰吾興師南向海上之盟不可恃何使之稱耶凢汝國失德與
向我善意為我併道之不則死公曰主上仁聖海内乂安與金國
講好信使往來頂相望也何為失德太子干盟而動意何有所欲
還朝當具奏知斡离不曰汝尚欲還朝耶虜左右促公拜白刃如
林公曰死則死耳豈有俱人臣而輒拜者哉或抑捽公使伏地公
愈植立衣冠顛頓終不屈反覆論辯者踰時斡离不怒曰爾今不
拜我後日雖欲拜得耶麾令去公知不免謂隨行書表官侯彥等
曰虜脅我以拜我以國故義不辱我死必矣我父母老素鍾念我
聞之必大戚若等得脫幸記我言以告吾親庶吾親知我死國少
解其無窮之悲也左右盡泣是夕官吏隔絶不復相見十二月七
日虜次燕山郭藥師迎戰殺傷甚衆再戰遽麾軍以降侯彥等不

知公存亡累日乃容以訪虜〻曰數使不拜太子昨知藥師戰勝有色喜太子慮其劫取且銜積怒殺之矣(侯)彥等即為公發喪燕山將官武漢英者識公尸焚以薪命虎翼軍士等三人裹以歸間行至涿州亡其三人者獨沙立在遇虜人繫之土室凡兩月伺守者怠即毀垣出會宋伯友奉使還因隨以來以靖康元年五月至京師蔣噩武漢英及官屬歸者人人能言公不屈狀侯彥又具列本末聞于朝大名府路安撫使徐處仁河北轉運使副孫昭遠諫官李光相繼論奏淵(聖)皇帝臨朝歎美下詔曰死有重於泰山生有有輕於鴻毛顧所處如何耳苟激於義雖死猶生也察以一介之使馳不測之虜臨以白刃毅然不屈卒以身殉於義得矣延閣次對告于里第以旌高節特贈徽猷閣待制公喪至公父裕之適為屯

田郎中遣公弟寘歸濟陽〔源〕縣權厝先塋之佛庐曰資忠崇慶院嗚呼公之節著矣或曰自軍興來死節之士凡三人李若水當淵聖出郊之際嘗預聞其論議非死不足以塞天下之責劉韐虜人知其才欲用以為帥〔帥〕非自引決將反為夷狄用二者義皆決不可為故仗死而不顧若公者單車之使耳事變初已預聞虜人又未嘗欲已用公之死若有異人之為者何也鉅野李邴曰士之所貴勇於義而已當其兇威外逼忠憤內激履刀鋸如坦塗安鼎鑊於几席烈丈夫之操也何暇反覆計慮得失輕重可不可而後為之哉曰然則公不必死而死與夫彼不得不死而死公之為其賢於彼者歟邴曰義者士之所甚重死者人之所甚難三人者特所遭事異耳要之皆輕所甚重易所甚難揚之朝足以知國家有仗節死

難之臣書之史足以為萬世臣子之勸皆古所謂見危授命可殺不可辱者又奚擇焉謹按傅氏世為孟州濟源人公字公晦故山南東道節度使(推)官知磁州昭德縣贈太子太師立之曾孫故通直郎知京兆府奉天縣事贈正奉大夫君(堯)俞之孫右朝議大夫主管南京鴻慶宮裕之之子曾祖母王氏贈昌國太夫人祖母張氏贈碩人母錢氏封恭人公幼秀穎異凡兒伯祖父獻簡公尤愛之年十七崇寧五年同進士出身蔡京柄朝勢薰灼天下聞公名遣子儵往見將妻以女公力拒之士論翕然歸重滌差青州司法參軍帥守率前宰執貴重不以少年待公多委以事移文林郎洺州永年縣丞改通直郎淄川縣丞時朝議公提點南康軍逍遙觀公創逍遙堂以便親養淄川多名士朝議公與之酬唱往來公日奉温

清雍容其間公娶趙氏清獻公抃之孫女清獻三子皆博雅有遠識公久在淄青間益得周旋切嗟其器業遂大進通判萊州改順安軍皆不赴除太常博士久之召對除兵部員外郎改吏部死時年三十七妻封安人男女五人自强右直功郎自得右承務郎監潭州南嶽廟自修右承務郎女長適右宣義郎趙悰次尚幼趙氏賢有法度嫠居訓諸子皆修謹勤學問有成立公端厚粹夷自幼時書不去手同舍或遨嬉公介不屑舉進士有聲長益專於文温麗有典裁平居恂恂然言若不出諸口家人輩未嘗見其愠怒遇事若無可否而胸中辯天下賢不肖如白黑與人遊惟恐傷之至其意不可卒然不可犯尤恬於勢利在京師時平生故人列侍從公稀至其門間見談笑道舊而已未嘗及其私士益重其賢凡所

為必一度於義有絲髮不慊於心必大愧赧若將有誅責至退省
無悔然後色和而氣平蓋其天資如此故倉卒之際能有所立豈
苟然哉紹興五年邴寓泉州自强等亦自廣東來始得哭公而吊
其孤自强曰先子與公最游舊公知之深惟是撰德之事所以信
後而行遠者敢預以為請他日國家恢復疆土尚獲遂其志焉豈
惟不肖之孤是幸抑先子寔寵臨之邴曰然宜為銘銘曰
學綜貫于群言文秀發也行矩矱於前修稱其家閥也器韜而養
渾涵不為縹白也義有所必伸萬鈞不吾壓也臨難不顧侔古烈
也生不極其施死不磨滅也銘以訂諸幽萬世以為質也

宋朝散大夫守光禄卿知懷州軍州兼管内河堤勸農使上騎都尉中都县開國子爵食邑六百户賜金紫魚袋吕公琦

墓誌銘

吕氏其先河南汝寧府光州固始县人也自君始祖諱占移居福建泉州晋江县七都曾埭吴坑占為始祖也曾祖霈無仕爵曼有貲行轉運使辟薦泉州助教亦贈工部侍郎累贈尚書母曾氏封南郡太君夫人楊氏封清源郡太君夫人公楊氏生也諱琦字季玉年十六其時侍郎曼使治農事佃家久負債多至數十萬君至悉焚其券諭佃皆聽曰仁人君子也侍郎曼聞而奇之亦弗問也景祐元年舉進士除補筠州新昌县尉以清源郡太君夫人故而丁憂去官追服滿調為邵武軍主簿典尤溪場其浮銅四十万觔

以功迁漳州漳浦县令其地多山林旁有雾瘴虎豹蛇虫之害不得耕耨君至县督发民焚山林虎豹逃匿民得耕种其地大治民咸悦服又有汀虔民千余人因贩盐纵掠攻劫所至莫敢当其君度且至乃集吏募民有武艺者设伏擒捉之其盗遂息秩当改官而君归不肯自言其功时以磨勘改校书郎著作郎後又迁潭州府衡山县获强盗废淫祠大变其俗乃迁宜州通判既经桂州值侬智高反转运使檄君进兵会县且权知邕州邕郡残破部内往往为盗贼蛮皆有骄志或劝君勿赴君不许仅得人二千以行蹑智高之後获贼首以归器械甚众于是招复逃亡怀辑溪洞赖以安宁在宜州蛮有欲叛者君亦谕之朝廷乃皆录其功磨勘一官迁湖州後迁开封府司录参军事有内都知史志聪有狱多为志聪地

者君之審鞫之盡且上言當以東漢為戒志聰以謫去故多有疑
必白郡乃敢治君之先鞫之後獨具案上之有非法當白及朔望
未嘗之公府以故郡無留獄終君職多凡獄空者八次後遷知濰
淮二州在濰州時農民耕田開闢曠土甚多民因致富及之淮州
為政清明簡易又盡開河灌溉之利方將有為而君以熙寧三年
八月二十七日病赴道告終於州宅寢疾八日而終時年六十四
君為人聰明敏達之於為吏善於斷決料之無不稱職到官皆有
治狀漳浦人祀祠祀之惜乎其卒於淮州也性恬於進取不苟求
知於人薄於自奉之於周給無所吝也其先邕州有婦人其夫先
沒陷於蠻不能自歸君資而遣之得歸之家及婦人之兄來謝乃
知其姓名凡所周給多類此先娶鄭氏繼娶楊氏封仁壽太君夫

人有子二十九人長子惠卿官至參知政事次子德卿官至太子中允集賢校書理崇政殿說書次子溫卿官至看詳編修中書條例同判司農寺次子和卿官至河中府知府次子虞卿為知縣次子康卿官至台州觀察推官次子諒卿官至太廟齋郎升卿方第同丁憂送卿季卿未仕餘五子皆幼夭餘皆前君死登歟仕八人女子三長適溫陵張澈次適婺州節度推官郭附次適溫陵宋仲遠孫男十人曰淵汴淮游惠卿子法洵德卿子鴻虞卿子濬康卿子液洞溫卿子孫女四君戩授光祿卿朝散大夫開國中都爵為子食邑六百戶惠卿等以熙寧四年葬公墓在南安縣康安鄉禮順里之原銘曰

天作高山下有吉宅卜惟貞者龜墨皆食百世之後乘此下之曰

惟名卿呂侯在齊

朝散大夫右諫議大夫參知政事太原郡開國侯爵食邑一千二

百戶護軍賜金紫魚袋王安石撰

對

宋從政郎英府僉判呂公岳墓誌銘

岳字高仲呂姓系出唐丞相呂諲之裔唐季时入閩遂居晉江县

高祖琦宋仁宋宗景祐元年進士官至光禄大夫尚书侍郎生有子

二十九人成人歟而仕者各隨所寓為家或居南安惠卿在焉或

居毗陵康卿在焉或居衡湘虞卿在焉餘仍就祖居曾孫哲宗元

符己卯二年諒卿登進士时为温州观察推官上書言紹述之非

崇寧編類入邪等尤甚列名党籍竄亳州以死南宋紹興間贈宣

義郎是為曾祖祖諱洌父諱應再世而無仕版其至君早以大名

顯君名元作其記識敏達书無所不通凡先儒精詳詁老快筆往

往成誦異於場屋之士舉業外叩之空空如也年四十始登寶祐

四年丙辰進士除漳州龍岩主簿郡無留君自助積案滯訟多以

亮

委君垂任滿道撫令留意學政益廪市出邑人以為便外移潮州
甚授予使嶺南戴君以俱出檄翩翻無滯思再造經君手莫其情
洽俱長述真硯僉判留萬濂泉山長每講議出士友愜服相率來
謝余曰濂泉淨師矣詩甚頗重焉余數奇君銘氣君□垂犯遠於
騰工者詎謂奪之速耶忽若顯揚余度君□□□知不可為寢疾
不亂以改予及經世表序為噫越日而逝時癸亥六月六日也年
僅四十八而終娶邵氏繼娶張氏男一人名尚翁女一人君雜著
詩文講義合若干卷藏於家嘗釋邵氏經世圖史述年表法以易
詩春秋繫自黃帝紀起河圖下訖獲麟列之一元四千三百二十
世之中愚以為千當作十十當作一說本詳之所作十五論附焉
僅脫藁而君病沒有所見噫乎此也余亦衷苦忘攀詆多潰惟君

及元周差起人意託輙多日昔人有云正索解人了不可得□□
与君及元周俱不可得矣慨夫其男肖翁以是年葬君吳明山祖
母河南郡夫人墓之陽肖翁有書来徵予余余許諾於是誌之何
敢辭哉銘曰
士病於陋学弗能充或学或輟弗克厥庸焯焯高仲沒世之雄史
而不文儒而能通隱跡如流寓筆如風逝不壽考逝不顯揚世表
之序謦置予聰何以酬之勤此詠宮
宋吏部尚書洪天錫撰文并书丹

宋朝散中奉大夫吏部侍郎秘閣修撰知漳州軍事兼管內

河勸農使樸鄉呂先生墓誌銘

公諱大圭字圭叔號朴鄉少嗜學師事王昭復昭復師陳淳淳師朱文公故圭叔得紫陽道學之傳泉之通經學古擢高第者皆出其門登理宗淳祐七年丁未第一甲進士因上書言及執政授潭州提舉司幹累迁吏部侍郎兼崇政殿說書以操南音出知興化軍恭宗德祐元年轉知漳州軍事未行值蒲壽庚率知州田子真降元捕圭叔署降表不屈將殺之適門人有為管軍總管者扶出至家乃以生平著書泥封一室遂變服逃海島中壽庚遣兵追之將迫授之官追者問其姓名不答怒而殺之時七月十六日壽僅四十九圭叔著書尽燬於賊其易經集解春秋或問孟子論語集

解学易後見于世此皆門人所傳娶何氏生子四温和正直以

景泰元年葬公於学埭頭吳坑内穴坐艮向坤兼寅申銘曰

山高水清吉宅惟靈爰君葬此名顯德馨忠義之氣萬古流傳抗

賊不服性命难全四方弟子心服三年千秋之後秉此下斬生芻

一束其人如玉有才無壽令人慟哭

朝散大夫同知泉州府事年家眷弟沈忠撰文

洪處士墓誌銘

陳琛

洪處士諱某字某號某世居南安之英山曾祖某祖某父某母某氏兄弟四人處士其長也年九十一正德二年正月八日卒妻吳氏先卒於宏治丙辰年十二月十八日年七十有六子男一曰某娶某氏女女二長適某次適某孫男曰某以俊秀補庠生聘王昧太守公腆之女處士嘗營二壙于陽山之原以其地卑濕遺命改上穴某如命以今年十二月壬寅日葬迁吳氏祔焉先期奉狀乞銘按處士朴而儉然亦肯賙人困乏有告者輙貸之逋不責其償之不取其息歲時有出穀而畀歲饑民是好善而力之積也鄉飲大賓冠帶榮壽冠丕獨全而詩以考終

于正寢炌固足以見為善之獲福於天然猶未足以盡積善之
報果如狀之所謂孫共福當源源而未艾也敢銘之以為後日
之徵銘曰
別而無厭匪家之肥積而能散匪家之瘦造化秉公慘舒異候
有感即通無疏不漏故竇燕山產五桂之芳而王晉國鬱三槐
之茂信處士之濟人卜洪氏之必有後

年　月鈔

對

大中大夫浙江布政司右叅政菊泉李公墓誌銘

明 傅凱

叅江浙藩政李公既卒之明年其子敷持乃從祖叔進士雍所為狀踵門拜而言曰不肖孤不能延先君之壽而宅兆已營奉葬有日顧知先君之悉者無踰先生願乞銘諸幽以示來葉於乎余安敢銘公哉然又不可謂不知公者烏可以不文辭公諱汝嘉字士美號菊泉道人始祖念四由光入閩居於泉晋邑雁山之陽裔多業仕自伍世祖于盤至高祖伯鞘曾祖思聰祖邦幹皆隱德弗耀于盤有詩名于世邦幹亦善工詩從乃叔父斯義進士出判武岡而卒祖母陳氏年少孀居甘百苦不改節考松嵓二歲而孤賴其鞠育以續如綫之脉縉紳士夫若翰林修撰羅先生倫輩咸立傳

賦詩以美之松嵓稍長讀書知大義遂為鄉邦領袖母王氏有賢
行公生昆弟二人公行一自少頴敏比長就学乃從叔父合浦令
紹日記經傳數百言為文下筆立就似不經意合浦異之弱冠遣
游郡庠学益進郡守張公岩郡博黄先生結考諸生每定公優等
以科第期之至天順乙夘果領鄉薦甲申登進士除戶部山東司
主事持身出納惟謹三載考最封松岩如已官母王氏為安人時
有貴倖侵民田者上命公覈實遂據理斷歸於民禍福非所計奉
差往湖廣金沙洲榷商人舟賦一毫無私取未幾復奉璽書清兩
廣財賦搜剔蠹奸無敢干以私時巡撫都憲韓公雍方伯張公瑄
輩見其操持不易咸作詩文以贈上嘉其績陞本部員外郎後張
公陞都憲巡撫八閩盛稱公美不置公亦尋陞浙江金華守時本

部尚書楊公鼎嘆曰李員外吾方倚任銓曹何遽奪以他職適之任道遭母安人訃即匍匐以歸哀毀未已復丁考松喦憂服闋轉除江浙三衢守公治郡不立赫赫名一以至誠御下因民所好惡而張弛之大脩郡縣之學以崇文教而城垣樓櫓之有圮壞者亦以特葺之不忘武備府藏積餘白金數千兩交代之際盡發義倉以賑貧民人益信其清白又有富右遺孤尚在襁褓族人利其貲訟非彼子多方陷誣公鞫是而獨斷之俾孤得以父其父郡人皆輸服其他善政多類此三載述職榮膺旌異比六載政績益著勅陞浙藩右叅政階亞中大夫總督諸郡粮儲有方民受其惠公時年五十四衰病相侵遂乞休致後鄉人有謁見今文淵閣大学士邱先生濬詢及公起居自惜當國之遲不能留用公歸第日教子弟

讀書課僮僕務農暇則邀二三故老對酌聯詠於風晨月夕之下
略不以功名事介意人方覬其克享遐齡詎意弘治癸丑六月十
二日遘疾卒於正寢距生正統丁巳九月二十二日享年五十有
七配王氏封安人有婦道子男二側室龔氏出安人以己出愛之
長敷次剔宅兆在行輦山之原公在日所卜也公為人氣象岩岩
人初見之若不可親久則見其一誠相與有不容舍焉者博極群
書文章正大亦象其為人詩有古意事親孝处兄弟怡怡待内外
姻戚各得其歡心修族譜以紀世系尤善於誘進以至人有過而
責之退無後言亦無廿言悅色以媚人治家不事華靡而在官在
京有聲可謂真丈夫矣昔與公同從合浦先學生学易又同領鄉荐
癸未同試易於職方江右劉先生忠至秋公試捷遂登第為美官

予屢敗北蒙公奬許無間後僅濫第從諸大夫之列而駑鈍蹇拙實不足副公之厚望予歸未幾而公亦引疾正相期結社林下而公不作矣令子不忘公之故舊來强以銘嗚呼予奚足銘公哉然誠不可謂不知公且悉者銘曰

李氏之先世有令德篤生于公士林之特質美而學文行可則早聽鹿鳴聯奮鳳翮有聲地署秉南北氷蘗自持奸倖以革守節忝藩不尚烜赫仁施義翕民受其澤帝心簡在方爲側席鱸蓴思歸乞疾以獲優游林泉風清月白九老未會二豎爲厄行輩之原山光水碧公卜其佳乃子克力我無椽筆爲公備勒爰述其大千載弗泐

久改十

珍

鄭海亭墓誌銘

王慎中

嘉靖壬辰進士待銓吏部凡若干人江南北巨縣以缺令告者數十縣之人仕都下者為其縣擇令爭引得鄭君而無錫有秦鳳山尚書與諸朝夜毆其十數人竟為其縣得鄭君他縣不能得皆若有失無錫諸毆其與尚書交相賀以得鄭君其時予方佐銓司以與無錫以鄭君受德於其縣人無錫故名為富而多仕者為令者往往朘取孅用其財而逆以機數搆媚士大夫君至按都鄙賦役之籍資以取訪得其礼[illegible]所由壞嘆曰[illegible]邑生迫而斂重若此乃謬以富得名而予以輸後邀使招四方之目其奚以免困[illegible]以奪叙儉存役條得失禁戒明白發於愷惻自以裁節一身服御為率至其張具上供饋遺過客交際士大夫舉損於舊度[illegible]約之中使

财僅足以成礼而不为浮无启興作舍館舟輿苟有可因不妄变
革曰劳民以悦人非吾心也既不匱财以伤民心收捕所境内一
二巨室横放难谕者重寘之法以示威曰如是足以弭刑矣一与
民相安为宽平顺则与士大夫相宾接驩不失節士大夫惮以私
溷君听退勅其家亦莫敢有挠也究或見君坐县堂從容不苛庭
中常空异於东西行过县廷见怪胡然哉君曰惟不擾人以自累
耳君固精经学善为舉子業邑子多才而講習乖刺文不傳於经
君为指授大義日開月益邑子咸知所以为文至今科目接踵猶
出君門下士为多張運使公愷清德純行一鄉耆望張徐子選以
直諫廢貶王進士問病免家居專文学君敬事運使公与徐子進
士游加禮貢士施子羽錢詩老倫李淵工註話皆優与为礼君与

人生性其溫而有辯又不苟從也擢授中丞新使其蒞毘陵壓外
錫治行為畿內最受薦之君性澹簡寡迎將又其錢治苞葺以時
進秩滿僅陞南京戶部主事回去留都千曹予簡君益為深厚閑
戶讀書恥與猥捷之士競泊然也以其閒為古文詞據理確質有
師術之律重自掩匿不求以名在職隨事展力未嘗苟且而惡為
徼之維揚置分司榷舟有大小二關舊皆征之君往司榷設其序
吏曰征利而為是纖細髮家雖取贏胡足貴通其小關恣舟行莫
誰何之榷計以足乃知識為細察其紀事為國圖計也積資員外
郎之中擢雲南司郎未赴郡以父喪歸喪免侍母不忍去左右
居以餘母病卒旅免父喪母勉之行君戀戀膝下竟陞奉母之從
君為戶部以其友考文殖菴公元為戶部員外郎母伍氏為太宜

人在無錫迎父母就養禄治喪葬合礼於二親生卒具致其情也
明爲子服除赴銓驟感熱疾嘔血數斗醫莫曉臥療旅卒都下实
庚戌十月十日距生宏治乙卯年五十有六耳君將至銓江南大
郡丞則以君而毘陵人以無錫治最枝則以之尤力聞其卒皆相
弔君名普字汝德籍于南安之郭前村其世近以庶察公爲祖庶
察生厚菴公傳劉高公某履菴公某而至奉議公世未有顯而發
於君之貌豈器度寬深心平明坦宜極壽貴詎處是止知與不知
咸加悼嘆喪过無錫士民走哭道路相屬津衢咽塞舟阨不得行
久之二子則大壽孫人楊氏出則成女一人繼室壽宜人李氏出
則大壻於副使陳瑞山公衰究邑弟子員能持家助予卜滌陂就
塘山之原以葬述楊孫人之居合焉而發以癸丑十二月某日六

吉行予君固悅滌陂山水之佳卜從其志君為人外渾朴不立町畦而中斬然有限界色詞絕去誇汙擇處其中臨事踦物誠款有足動人予嘗嘆世末難與成功高患招忌卑患取侮每語君持養濟其所稟兩去其患宜可游世遇合伸於獲用遽以是亡吾以為君恨銘曰

氣彊矣有悍而挫傷才給矣有流而難孰不悍而亢是為彊之方固不流而集是為給之立可以用之宜莫然踰而卒不究於用乎不知所以為之吁

處士曾君素菴墓志銘

明　陳讓

泉曾氏宋稱多賢一派守塋域安南安白石山國務名應祖始遷居於美琁眠生岡五傳而生處士處士諱某字某别號素菴少孤而貧與母傅氏相依爲命傅時時引處士襟裾涕泣語曰汝父早世内無期功彊近之親至一寡婦與汝稚兒獨守荒山將何以自立今惟淬勵勤儉營家業上託祖宗之靈俾繼嗣昌衍庶幾可成汝父未就之志而慰吾心處士亦涕淚漣漣對曰敢不唯命淬勵勤儉披風帶月茹蔬服敝墾荒蕪力穡樹藝樹則喬實禾則有秋田漁則獲棄取皆逢會適陳氏辛勤如處士克相宜家樛木逮下撫妾卓氏許氏如妹愛其所生如己出處士家日益昌大子孫振振皆課以儒書嶄嶄頭角終成傅母之志傅母乃喜語處士曰吾

兒果能遂乎訓誨不墜家声乎没無憾矣处士亦壽侍卒年八十有九处士亦六十老兒哀慕慈母不自勝喪葬祭皆以礼人謂侍善處子处士善事祝陈氏能相夫事姑家道昌者有以也方处士貧时用財纖嗇有畀而無假貸不以餘食人及其居積乃有假貸餘食人死而無所歸者就之矣修汝陽橋捐数百金無難色人謂处士能处貧富之際而非常情也勤儉一念始終不渝焉方处士壮时視寡遇横逆必較曲直底終始及家富子壮又退然謙讓若懦人又謂处士能处强弱之際而非常情也乃若耿然剛介一念則始終不渝不有德慧堅忍孰能察於彰微剛柔成之卓然偉者聊足為無志不立者之効矣未可以俗論也銘曰

松柏不飲霜雪材不貞深泉激於砂石流始清車無輔不可以行

兩美配德困而亨。处士之教惟天成。就山有松泉瑩瑩。曾氏夫真
髯妍瑩。子孫觀之率源生。不朽不泯在之銘。

免鈔

素菴先生以志修入篤行，載為南安人，系從見于公國撰
銘志採入，而志中不叙及何邑人，当年修志必有確據，查详
而載筆

陳国仕識

卞示

林素菴先生亥二年丙學昌 晉江

對

仲弟廷璉暨弟婦黃氏墓誌銘

傅夏器

仲弟廷璉之疾革也余執手與之訣欷噓不自勝曰天乎余與汝同學業而汝當厄余稀年相從而汝先逝數也何語璉曰不怨天不尤人吾其悔於我不援上不陵下吾其求於人危也命矣夫之之命矣夫嗟乎怨尤之不知而遯世無悶貞之至也上下無求可不謂剛乎葬之日余乃與諸親友題其墓曰貞剛先生夫易名[illegible]六猶古之道也子宇寀泣請余銘嗟嗟余何忍為吾弟銘然而仲弟賢其心直有名於世而名為造物其危微一言以表幽貞懸蔡子鏌終沉沒泥沙乎則余涕慟余何忍不為弟銘念吾先人盛德弗當世厄舊矣我先府君以旅祖[illegible][illegible]銀青公十九世孫居錦田有子四長為余次即璉奇器其諱廷璉其字別號錦里先府君侍我

祖智電山公家学電山川御進士諭高安為皆学郡二泉公爱重手书
大拔会状二元字選之入試春官以鎩羽恥就县職請致而归此
為造物厄一及先府君以邑青衿領袖廩貢宮辛卯已及貢試弗
利即余幸附御榜亞第璉亦以佩應試而先府君溼筆飄然謝業
高説此為造物厄二延璉侍通五経於易尤邃旁及十九史從子
簡编靡不淹贯為文如是河东注幽蘭莊芳潘公樸溪江公午坡
田公豫仍绝嚣异皆拔置第一当辛卯南安應試儒庠一人為廷
璉南安佈之有應試自璉始江公廪之庠甲午場中題名已登畫
一矣適当予其特欽賓舒雅者卷至争之急遂為所奪而未僅獲
與此為造物厄三庚戌、余侍一第廷璉益工学業恥同侯门干請
歷文宗使者輒置高等場中屢與荐偶甲子亦已当貢尚以優最

入試而貢例友為班沒黃姓者刺奪璉第竟以命數自安不爭辯

丁卯試拂刺引去告休蔡文宗檄留不就遂授以閩學訓不受此

為造物厄四上乎自處貞高有拂予能君拂友許侯之介瑣之禍

刹祇苔芥物詐數奇屈蹶此天之厄我光罔有北白當世列已在

安餬復俛首浮沉烏雀間為五斗折腰當余守銓時璉第素籍聲

庠序每以德望見推獎有司多愛重而第璉羊度偉然巖巖之山立

能公予不造蹈憲廻育吾弟公余年友詳京數年以世誼雅愛璉

自家見外無私謁公開璉事精星平丟遣術士依武生以星學通

殷勤邀致卒辭不濡躡見人之善如舉惡在御其遇不肖嫉若鳥

噫不厭聲色而見者知不可犯其貞剛數如此痛惟我祖積善困

學而來子姓奮於詩書者幾百其人伸而屈之而伸即余幸從大

夫沒六以貞孤故不能附離荆棘嶮巇挂冠归田与弟璉及盧与
球也徜徉木石之間而三年皆傒爲逮去璉又以數奇爲天厄抱
鬱蓋根誑不理於覺謂其共沒幸享天助乃弟璉獨遭困嗇花滂
有言乎汝使汝爲惡則惡不可爲汝使汝爲善則我不爲惡不知
天之報施爲何如耶抑德不當世將必有達者于厥後而未發耶
嗟嗟其天余胡忍不爲乎弟銘弟婦黃氏海門學長瑜黃金從之
女黃於先府君爲金石交友年十七归乎家德方而順精而勤事先
府君先安人府君方嚴能委曲承歡妯娌四皆能和樂以順乎二二
親未嘗有間言逮乎雁行憂仲弟一意學業不問家而黃婦能爲
息有年以拓貲產余四弟暨弟者析箸同一第田畫而居至今小
大廉嘖嘖余處分爲是弟璉未嘗以爲非余指畫祖宅兆弟璉未

尝不以为是余为弟卜葬山麓即有烦言弟毅竟弗改其画是其

肝膈与我同矧内助之德不少焉云云夫惟吾弟我知亦惟我知

吾弟於是乎銘之曰

維子陂臣东海兮将翼搏于北溟維子志凌華岳兮将翱翔乎泰

清揮千軍於筆陣兮一掃横梗也圜羞儈莊於草稗兮五柳争榮

九径盈笥兮鍾采上英双茁元孫兮臨相佳詩冥之与已太醮兮

桂蘭尚亂之乎其長聲

皇清賜同進士出身　誥授中憲大夫順天府丞提督学政前提
督廣東廣西学政翰林院侍講学士修堂陳府君洎張恭人合
葬墓誌銘

乾隆庚寅之冬予師少京兆陳修堂先生卒於京師又二十七年
而予奉　命蒞閩始知先生与元配張恭人猶未葬也乃捐俸助
窀穸予其孫夢岳以狀來請為誌銘予義不可辭敬誌其略如左
先生諱桂洲字文馥修堂其號先世諱大育者宋時為侍御史始
家泉州之浯島其沒有任潛江令諱綸者先生之本支祖也文行
卓越詳見府志曾祖諱兆賢避海寇遷府城祖諱郢岁貢生　贈
朝議大夫分居南安父諱志弼鄉飲賓　封文林郎　贈朝議大
夫先生生而穎敏稍長即嗜学殫心經史家本儒素　封公授徒

書

於外厨下往往不舉炊且頻有外侮艱苦萬狀從先生力學之志不因此稍弛晝夜與其弟文相切劘並為學使取賞首選入學先後登賢書先生則於乾隆辛酉壬戌連捷成進士以　朝考高第入翰林授檢討屢司文柄分校會試者一順天鄉試者一典雲南鄉試者一所識拔多知名士寒畯吐氣翕然稱公明焉累遷侍講學士視學粵東西取士以崇實踐抑浮競為諸生勸校藝詳慎恒至夜分嘗曰試官屈人無異刑官最宜慎重故每一榜出必愜輿情雖被斥者咸心服之也訓飭士子期於整齊遇亂法者必懲治而亦多所平反在粵西時有一縣令以事牽累諸生請褫革十八人先生察其無辜駁飭更正其不肖枉濫類如此訟案或當詰訊即親提剖斷令跪神明有感且泣者先生性純孝始丁母黃太恭

人憂尽哀尽礼自粤东扶榇归躬歷山巖披榛跋莽以求善地卒
得之既服闋念　太公年高不忍遠離膝下而旋奉　簡命即家
起視廣西学政蓋異數也及　太公即世哀毁骨立先生素以学
行為　聖主特達之知癸未冬至京即借補通政使司参議遷
順天府丞府丞例兼考试予先生悉心甄拔於寒士尤加意焉予
即所擢取第一者也京師向有金臺書院先生延名宿主講席每
閲诸生課卷必親為開示经義俾了然於心又谓士先器識而后
文藝見趣以樹品相勖成就後学砥礪孜孜二十餘年如一日任
府丞八年而卒距其生康熙丙戌得年六十有五先生嘗言士大
夫之簠簋不飭其大抵听内言為兒女計耳簪珥服飾務崇奢皆
家識累也配張恭人端淑嫻礼法織以勤儉相之姻族推賛助後

先生卒享年六十有六生子七長县坰生夢　先卒次县学生夢
岳次元晁次元台已故次元綏次元保已故次臺郎学生鍾岳女
四孫十女孫十男曾孫二女曾孫二餘俱〻未艾婚娶皆望族緊
不備載以嘉慶二年丁巳十二月朔合葬于蔡山之欑銘曰
如水平如鏡明嗚呼先生德以成惟石白惟土赤嗚呼先生善以
積君子偕老卜允臧清風颯〻松楸長侍〻爽世其毋[illegible]忘
誥授資政大夫兵部侍郎兼都察院右副都御史巡撫福建等处
地方提督軍務兼理糧餉受業稼门汪志伊頓首拜撰文

南安府知府李君墓誌銘

陳慶鏞

四川威遠古南安地也有賢邑宰曰李君諱書耀字茂亮號愫庭福建南安人由宰而守復選南安人甚奇之生閩南安也宰蜀南安也守江右南安也地不相襲而出入壹以是為緣則其生之有自來也耶世居安溪石壟遷今邑之長消復遷彭口祖登鰲附学生父芝乾隆戊午科副榜君少受学於其父并就外傅與先廣文書燦砥礪為業在籥試輒頡頏冠軍一時瑜亮辛卯舉於鄉壬辰與余同譜成進士釋褐以知县分發四川假歸省母居三年出為令補威遠到數之間疾苦举利病皆畧有曰先知民曰直如弦南安人也君曰我固真南安人也凡訟平反皆允九年并移篆兩校御闈瓜期而往循廉以奉其父母若祖父母尋內粟增秩選江西

南安府知府其地距蜀南安自西千里而遥距閩南安自南千里而遥風土雖不同而民情抑又近焉牒下人以為賀君獨慼然有憂色曰母老矣恐弗及子也蓋昔夢神人有示以南安當其界之語遂自京引疾歸未幾左右唯謹越三年卒於家年四十有七實道光丁未八月二日也母蘇黄贈妻皆恭人君黄出也娶鄭氏子三慶霖慶麟慶蘇女一以咸豐三年八月某甲子葬於南安某所之原前子其孫以狀來丐銘爰敘其次如左復為之銘曰

其人樸而誠其性和而介為縣為郡仍不出南安之界羊祜有碑馬援有誡凜然法守猶存宜其稟之行而勿懈

皇清鄉進士　例授文林郎截選县知县斐屏張公墓誌銘

賜進士出身　誥授中憲大夫晉通議大夫軍功賞戴花翎甘肅即補道前翰林院編修甘肅西寧府知府署西寧兵備道加三級忝姻弟莊俊元頓首拜篆并書

賜進士出身　誥授朝議大夫四品銜刑部浙江司主事加三級年愚弟王玉書頓首拜撰

同治六年丁卯八月十一日孝廉張君家駒卒葬有日矣其孤屬余銘幽余知君久矣歲辛亥忝附譜末遂同北上赴計偕晨夕起居晦明風雨兩人者相賞益深因得於言詞丰采間窺其底蘊未嘗不厚相期許也今君竟賫志以殁回憶春明聚首剪燭論文恍惚如昨日子乃以使余銘君其能無臨文感悵欷歔以泣耶况覌

其喆嗣秀出班行克守青氊投業又窮以是为君慰也乃撮其畧
而为之辭君諱家駒字濟文號燮屏先世自明永樂間有諱錫者
以歲贡任廣东雷州府知府改任泉州其子孫居武榮豐樂里至
君祖父擇郡城之衮綉里家焉祖父宜庵公本生祖竹齋公郡廪
生父毓俊公本生父鬱山公邑增生鬱山公生君兄弟四人君其
季也君幼而慥定聰穎異常鬱山公督之嚴長兄師洛登庚子副
車君亦師事之年十七補弟子員二十一食餼名噪黌序而棘闈
屢蹶未售用是益肆力墳典規撫古大家咸豐旁元 慶榜以第
三人舉於鄉主司令羅尚書羅椒生侍講徐稼生兩先生也闈文出
一時紙貴長安許老交口譽之然君僅於壬子一上春官不報罷
南旋阻于家遇早喪塤篪子若姪俱幼沖因此不獲再試其技以

竟其功名此乃天之所以限君乎然君自此學益粹養益邃從遊者日益衆郡中歌鹿鳴詠采藻者多出其門下君亦夷然杜門不介意得失矣瑩鎮呂藍田聘君設絳帳瀛課其子弟時呂鎮瑩澎將弁校尉爭識君以致意於呂君却苞苴辭拜謁幕府者然無敢干以私無得以此益愛重之家居戒鑽營府縣庭無足迹又以見君之風裁峻整非徒以文章名世已也嗚呼天既豐其才矣乃嗇以遇又奪之年豈真文人固造物之所忌耶抑白玉樓成蓬萊殿啟天之所以位置之者又別有在耶君卒之日距生於嘉慶己卯四月二十日春秋四十有九配林孺人歲貢廷颺公女子四祖培祖齡俱業儒祖培聘邑庠林士禧公長女祖齡聘莊觀詧為瑤公長女祖聖祖聲俱幼學女三長適附貢黃啟元君長子邑庠璜

次適林玉佩君長子三未字餘未艾以本年十一月初九日午時葬於北關外水流坑泰嘉山坐未向丑兼坤艮辛未辛丑分金銘

田曰

劍在匣秋水湧玉在匱声價重梁木壞墓木拱蘭当階更有種松柏鬱鬱環卯塋嗚呼此其冢

封修職郎霽嵐許先生墓誌銘

陳步蟾

蘭譜兄霽嵐先生壬申春謝世，余適就双溪胡明府校閱幕，未能向霽几而哭之，心甚憾焉。葬有期，令嗣季方上舍屬余誌，不得辭以不文。噫，痛哉！憶道光丁亥，令姪季長仲經與余同受知於學憲史閩山夫子門，即聞兄之為人。己亥庚子間，司郡鐸於樵川名進士張盅軒夫子，挾朱鍔虞君存菴茂才衡齋肄業，余與兄及龔似梅城蔡君約之、許君芥帆、王君秋嵐、詩庠士以文字相切磋，盅軒夫子從而裁之，七八針芥相投，遂訂蘭譜。由今追昔，三十餘年矣。兄少奇貧，晝傭書自給，夜秉燭讀書，邑學博趙君芸渠勉之以學之成，出其業時机為惠，兩邑鄉先輩交譽之。年四十補弟子員，試輙優等，補增廣生，鄉闈薦戢捷者再，退而設席里黨，貧而才者卻

其修脯為文敏捷進質其詩以滿志去門弟子升於黌宮二十有
奇負亘性坦然每一言飲飾有所感慨寄諸詩歌所識窮乏者雖
厨無宿糧每因典春衣以卹之於身作梅花耐冷余嘗戲之曰此
先生真鐵骨必有挾其又年以祈之其人笑先志與笑周旋世故
動引古訓以解紛遇盤根錯節鑄靡鑿為蹈破不言疲勞年六十
許比部少山先生敘先生平實言以壽之曰此乃不失本來面目
真知己也七十大慶比部侍養在籍敘文仍出椽筆然不雕不
琢渾然太璞以序壽徵此先生咸之類歐而勝矣回越數年驗矣
竟去追維古貌古心未嘗不恍惚乎撫髯談笑於左右間也樵川
存庵劉歸籍後以茂才沒而約之志終上舍蒼帆孝廉以已亞榜
第二人應春官試竟卒於葫蘆山舟次梅坡司訓俗今嗣編修詠

樵先生之京没於官舍旅櫬南旋越三年而又復弃世惟余与秋
嵐老歲視茫々髪蒼々齒牙動摇矣後民其先生於順理至天
胡不假以上寿俾之老境優游使余得以恒脩杖履聊慰痛哉三
代生（神字）卒姻戚子孫墳穴葬烟按狀銘曰
性卓其真古道照人与交与游儆德含蘊持躬植品矩矱常新世
頌其德口碑貞珉有道必昌有福必臻視此馬鬣千秋千春

誼伯諱學中字南仲霽嵐其號邑人也

皇清誥授奉政大夫 恩獎五品銜中書科中書陳公墓誌銘

南安先生

楊浚

先生氏陳諱步蟾字修鏡又字桂屏閩之南安人也其先為漢太邱長微言未絶百世景行至唐令隷安溪依仁里後居今邑后汀鄉有明末造再迁臨漈三徙成孟子之名一脈衍文範之緒曾祖賡悅祖亨蓁父元晁耄耋多壽耇鄉里稱善人妣吳氏 恩贈宜人 先生穎器簡亮勤学淵邃襁褓失恃祖母莊氏及姑母撫育之叔父教之六歲授四子書毛詩涉目成誦記事弗忘嘉慶二十有二年年十歲父挈之泉州郡城世居文山鋪上帝里巷坳僅立錐宅如懸磬恭正有功安貧自奮年十九受知於学使史公

陞候補弟子員甫冠而材藝已焯及壯而廪餼告歲充咸
豐五年學使李公輔聯琇拔優行第四人充貢成均之選
旋進中翰之科軌里立圖 大府入 告與以五品職
銜給以二代 封典通任陞用榮名反先乃見參於當
軸更邀勸予文衡凡預校試卷於郡則興化者五於邑則
同安者四安溪者四一累擢真才不干他事至介也如柳
東平清和如伯夷性嗜載籍喜藏古本出束脩以購散亡
襄中饋而典釵珥依之為命食古能化授徒將及六十寒
暑門下士與聲黌宮蘧廟桂籍者五十有八人今春應興
州掌教之聘所造就更溥里門若峻入座胥眷粹然為精
金美玉藹然為霽月光風碩雄於文乃當於遏度鮮渊二

十餘屆類溢三屏粤薦七登之一第薪羅院之名万口讀
刘貢之策文章無窮亦復何憾　先生於先人喪以禮
於兄弟冠葬及時為孝為慈而做而則且勇於善星牽郡
守所籌恭老恤嫠育嬰以及倉俬義塾為民營端力請而
行閘復脩本里報恩之院充三房廢祀之田造橋以免病
涉瘞匱以妥滯灵惻齋見則捐金以完背肉斥淫帙則焚
涧以厚人心若斯所難处於窘鄉窮不独善善而延年胡
夢夢不遺一老磬欬如聞梁木忽萎　先生生於嘉慶戊
辰年十二月初三日酉時卒於光緒己卯年八月二十三
日丑時春秋七十有二配恭人林氏枲絲自治椎布能賢
生十二年辛子七長国試咸豐八年優貢漳州教授議敘

知縣生有文名能讀父書惜早卒祔母葬於葵山別有誌次国瑞例貢生候補令縣卒於光緒丁丑年四月十七日亥時年僅四十有一三国相幼殤四国瑩邑庠生五国式出徒三房亦殤六国仕業儒七国佺国學生孫六家孟家銑家鈿家鈞家錡家鏞而孟承徒族人智棟子錡已幼殤曾孫二承沅紹祖女一適辛人曾元熙孫女一字邑庠生張清渠曾孫女二霜露已降日月有時陰昫崇尺壤之封永卜佳城之固以十二月十五日亥時葬於鄉之大湖山次兜国瑞祔之穴坐丁向癸兼未丑分金庚午庚子淺辱交道義相勗先愴山陽之笛爲書有道之碑其辭曰

於休先生鄉党恂恂善於誘導仁而愛人偭冠偭服克守

清貧忠山終老抱璞懷珍克為德表允稱士則仲弓有後

爾無慚色吁何昊天黃鳥集棘勒此蒼珉哀寧有極

中憲大夫選用道內閣侍讀銜中書　國史館分校官侯友愚弟

愚弟楊　浚撰文篆額

文林郎試用知縣甲子科舉人惠安受業婿黃元熙書丹

皇清故權桐柏县知县 卹贈知府 賜專祠祭葬南安潘公墓

誌銘

粵逆洪秀全花县人起議於金田村

定陵元二而沒金田赭氛弗滅益肆由鄂蔓豫西捻蹈釁蠢涌樣（槎）栫於雒山信陽泌陽之界豫之民無數寧維時吾郡宦中州者二人曰南陽鎮總兵邱公聯恩曰署桐柏县知县潘公澍霖皆先沒殉烈炳然在耳目間顧邱公以鎮衛統師屢建殊勛烈立身殞己無負馬革裹屍之志潘公釋書奮膺民社墨綬未暖驟遘逆烽白手空拳与巨憝鏖逐於鋒鏑之下以死報 国名幾湮於汙吏烏虖此尤天下士夫所重為憫惻也共異時之喪至自河南同人為位於開元之寺素服而往哭之余時未弱冠輒施從諸君後觀踐奠有知公者歷歷道公殉節事甚悉聞之悵感感然愓繼怫怫然憤

佟且屑屑然引涕不自知激昂感動之何從也及今計之蓋已四十有餘年於茲矣先伯己亥臘月乙巳公嗣思忠啟公攢殯葬於其邑二十一都之錦亭公孫孝廉翔墀与余有文字一日之雅持狀乞銘謹最其族出行誼盛殉烈時地之實以告來者曰公諱澍霖字應禛號雨亭先世居漳州府時有存實者以進士起家負詩名數傳移居泉之晉江又三傳復徙南安爐山遂世為南安人公父成棟邑增生大父隆遇贈大父從龍均国学生公生而穎異食貧而劬学道光十七年丁酉科以廩生舉本省鄉試甲辰大挑一等授知县分發河南庚戌奉檄到豫越歲為咸豐元年七月代理桐柏县九月卸事二年三月權杞县四月卸事七月權信陽州印月卸事八月署濬县是冬仍調署桐柏公所至皆不久於任而

實心任事未嘗以傳舍視官其在桐柏時俗好訟公清釐積牘一月而竟數百起日坐堂皇狀入立召兩造至手批口答曲直纖悉無遁情告者均釋然以去嚴治伏莽恒躬任緝捕縣西百里與唐縣接壤奸民潛謀起事警報至闔署無人色公曰城池根本也宜先設備既定立馳赴起事地方呼曰吾來矣我民毋恐查明首犯擒治之安民皆比戶去縣者老焚香伏道旁擠擁不得前其在咸于民也蓋如此其在濬也值所轄大水公親履田野勘災尤甚者三十餘村請大府寬其賦復為分溝疏流疏其水道窪地倏成高壤畝多收數鍾竟月蕆工且利後以期經久其用法嚴於役而寬於民故民尤感念會移調命至民呼號赴府乞留者數百輩父老塞轍留戀如去桐柏時設餞款行三十餘里不絕於道初大吏以

桐柏鄰楚賊氛方逼思得一良吏拊循而鎮懾之以公前治桐其
循聲遂令仍領县篆既抵桐桐民讙迎相慶曰潘青天来矣公為
诘姦置守聨络绅民團结丁壮乃漸就绪三年夏粤寇犯豫確山
捻匪復作闌入桐柏界六月十有三日公率役勇会營馳剿追賊
於县境吴城九里岡及之公身先士卒礟彈雨集不少卻陣殺賊
目黄老九復斃其悍党多人会我軍藥彈不继賊偵知分道包撲
營弁受傷潰水兵勇遽退公策騎直前手斫數賊之益聚戕公坐
騎公徒步搏戰賊圍之數重遂遇害蓋咸豐三年六月十四日也
賊退桐民奔走號泣殮公尸厝於卯家岡及公子以柩归遂留為
衣冠墓云先是公以吏才積忤南陽知府顾嘉衡比公捐軀顾懼
處分又修前隙遂坐公以辦理不善通禀大吏且与南陽镇柏山

比稱此股賊匪首從劉擒淨盡請奬叙而在逃之首逆雷六遥不
叙公之殉難情節更置不問矣会公嗣子思忠孫子思誠赴桐奔
喪悉其事哭訴於大府大府慮釀成巨案飭府通緝獲雷六於亳
州勘實役公位剖心以祭汎後以桐柏紳民合詞籲請為公建專
祠具　奏得　俞旨并贈公知府銜蔭一子、賜祭葬贊如例於
是公忠義之節乃大白嗚呼公抑亦可以瞑然也公生嘉慶丙寅
九月十三日卒之年春秋四十有八元配張恭人儉勤克家克熙
閫業年七十猶篝灯紡績繼室李以節孝旌子五人長思忠蔭雲
騎尉候補守備次繼仲出嗣其仲父次桂森次思浩太学生次添
榮繼仲桂森皆前卒女二適黄適彭孫男十七人翔塘文墨復茂
復思翔墀光供癸巳　恩科舉人文琦文羌文玉慶生翔垓金榜

鴻圖翔塑翔圻金壺哀正金声女孫十人曾孫二十二人曾女孫
十六人嗚呼公与卯公俱为　国殤卯公易名立傳卿典優渥
公捐頂踵蹈白刃厄於湬殄僅而淨白洵非令哲申祈不幾磨滅
而不彰哉從隋之似續繼起孔多知天所以報誠節之臣正未有
艾也銘曰
耿耿潘公宰縣百里吏飾以儒政平訟理搶氣告出于彼南陽公
丁其境虜寇走鋌怕首弓刀与賊交鏖鼓声忽死公手畢矣嗟哉
公節霜嚴日烈青蠅營營詎玷圭潔涯之所出于今民思遊子恩
御悲公魂其來凡百有位永言式之
賜進士出身中憲大夫花翎廣东補用知府员外郎銜刑部主事
前翰林院庶吉士加三級世愚姪陳棨仁撰文

賜進士出身中憲大夫補用道先換頂戴禮部儀制司帮印主客

司掌印郎中加三級世愚姪黄謀烈叢蓋并書丹

行狀

朝奉大夫直秘閣主管建寧府武夷山冲佑觀傅公行狀

本貫孟州濟源县

曾祖君俞故任通直郎知京兆府奉天县事贈正奉大夫曾

祖妣張氏贈碩人

祖祿之故任朝議大夫主管南京鴻慶宮濟源县開国男食

邑三百户祖妣錢氏封恭人

父察故任朝散郎尚書吏部員外郎贈徽猷閣待制累贈少

師謚忠肅妣趙氏封清源郡太夫人贈秦国夫人

公諱自得字安道其先鄆州人自曾伯祖獻簡公以清直仁勇事

仁宗英宗神宗歷三朝皆以□□有声在哲宗时遂開国政蓋将

築草堂於濟源之[□]而家焉丞忠肅公遭靖康之難實以忠義死
國子先生皆其國史公幼穎悟讀書不數過輒成誦有至性生十
年而忠肅公薨哀號思慕若成人事太夫人愛敬篤備一舉動唯
恐失其意遭亂離轉側兵間遇父友故參政知事陳公與義於嶺
右陳公奇愛愛之坐之膝撫其頂曰長必以文名天下因自誦其
詩之傑句以詔之公時雖幼已悉領解年十四賦玉界尺詩語意
警拔故參知政事李公邴大驚異之因許歸以女既乃定居泉州
家貧甚夜燃薪自照與先弟讀書或至達旦遂博通六經諸史百
家之言下筆輒數千言會朝廷以忠肅公死事錄其孤公得補承
務郎三監潭州南嶽廟乃為福建路提點刑獄司幹辦公事使者
李公公懋性剛介好面折僚吏獨屈意待公引試以事因悉以訟

牒委焉間相見則摘其事以問公具條委折及其姓名爵里一無
訛遺李公奇其能自是一司之事無不取決於公凡奏出公手輙報
可他人為之則多寢不下李公行部至漳州會州兵擒漳浦賊義
高及其黨與以獻而安撫司以便宜指揮檄憲司悉斬之李公將
從之公爭不可且曰便宜指揮安撫司受之朝廷本司無所預今
遽承之於安撫司可乎李公悟命悉械繫詣县分鞫之獄成以法
誅其首數人餘悉以畀中軍蓋全活幾百人已而丐閑得主管台
州崇道观秩滿通判漳州事太守劉公才邵始以公年少未能相
知及見其處事精明馭吏嚴整而文詞敏妙又非流輩所及乃大
歎服郡事非公不決間則相與徜徉以文字相娛樂每語人曰自
得君至吾始知有為郡之樂時山獠跳踉未已而太守與統兵官

陈敏不能相餉或不継軍幾變公調護其間甚力且為移書轉運
判官得糸二万緡以贍其予軍敏及軍士皆感泣思奮群盗竟平
及公代去敏語其下曰待公成就吾軍如此而未嘗以一予干乎
軍政可謂真儒矣後闽公喪偶則遺其愛妾挾重貲来奉公公竟
不受也漳浦尉士有申和者以予為郡守逮县忽告有盗入境請
兵為援公笑曰是必能实特為申和地耳已而果能陈敏亦為和
請公并從竟捕寘于法而没以畀軍中没十餘定公自馳從潮行
荒山大雨中忽有以危語献其間其姓名則申和也公愕然詰其
所創来之意則曰和自其罪當誅公用法固与臣私然和独抵皋
而家獲全是以感恩而来耳公為笑而飲之臨漳公帑定时例外
致饋守貳甚厚公獨不以一分入門悉儲於外以給賓客之費比

去計所不取蓋餘千緡通判泉州事公居泉久及貳郡事洗手奉
公無毫髮私且熟知民休利病部使者多委以事轉運司以榷郡
酒酤公格其下吏白悉獲辜公曰泉人中產之家仰是以給者十
室而五是決不可行若舉徒以行文書因取賂於酒家耳乃私以
書條利害于使者事竟寢有賈胡建層樓於郡庠之前士子以為
病言之郡賈貲鉅萬上下俱受賂莫肯誰何乃群訴于[illegible]部使者
請以屬公使者為下其書公曰是化外人法不當城居立戒兵夜
即日撤之而沒以當撤報使者亦不說既以公理直不敢問也受
代造朝民爭遮道以送有金戶齊民探其懷出金十兩以獻公曰
其為金戶郡吏買金與藝且多不償直獨公未嘗市分星為賜厚
矣此乃丹藥能化為杯器食飲當益人故敢以壽公而非敢以為

獻也公笑卻之差知興化軍予興化素号难治前守听訟或継以
烛予犹有不决者公剖决如流廷無滞訟發奸擿伏猾吏束手日
未午棠陰無一逃矣於是乃以暇日延礼邦人士大夫之賢者相
与從容賦詩飲酒為樂而郡以大治初秦丞相檜以公忠臣子弟
少能自力學問有文詞通吏事遇之甚厚然忌其剛果负氣終
不为己用故虽使之连佐两郡然皆銓格民当除召試博学宏辭
科又已奏名而故黜之及泉代归乃間語公曰故事三丞例通用
後補人而丞宗正者例以玉牒奏篇例为郎况公之文今從臣中
名能文者亦不及顾公太剛耳盍少思少自贬乎公黙喻其意然
以太夫人年秋高且樂居閩中不肯远適乃力请便郡归養秦丞
相以是始怒而其黨又或陰中公以为有顾望持两端意以故是

时公资序已应典州而仅以萧阳军垒以归然公亦欲朝辞而行有日矣会通判衢州汪召锡告前知泉州赵令衿诽谤且有及丞相语台谏徐嘉节交章论奏下廷尉秦丞相因以上旨命公体究令衿在泉时纳赂予公以尝同官辞丞相不可是时丞相权震天下一忤其意家立碎公念前已有小嫌今又力辞必重以祸然太夫人忧意不能不少回感乃不得已奉命以行至泉按予十得一二即不复穷竟然犹虑不免为累时之累别见故枢密黄公祖舜而闻焉黄公曰予端幸不自我加之以怒可也尉然其计究上其事又为请得毋更置狱会廷尉狱成令衿已坐谴奏上不过追纳所受金而已方予作时户部曹泳刑部韩仲通实主之两曹符檄日四五至皆趣亡峻已而秦丞相死泳被逐仲通恐祸及已

乃以倖究予劾公朝廷亦知非公首予詀下公置对而仲通事再
上遂罷公郡予公在郡不半歲罷去之日父老邀遮涕泣其貢士
大夫有追跡越境持公慟哭而别其後兩年諫亦挾旧怨復以前
予为言遂奪公亦徙融州为民公念前日事以爱护故不敢力辭
倖究予今乃反为護憂痛自咎责闭命即御酒肉屏媵妾御独与
一浮图人偕行至融杜门读书益大覃思於文事融人皆敬爱之
而中州人士亦共上书尔皆樂從公游以文字求指受蓋居融四
年如一日泊然無復有一豪轩冕意特一念护闱在远不獲日夕
左右别涕注竟日会莫公给予东省知公前予首末力言於故丞
相鲁国陈文恭公鲁公亦素知公遂以上闻被内徙湖州未几听
自便主上登極復故官右通直郎时鲁公總当国引寢用公乃先

除主管崇道觀以言者罷乾道初元始復得申前命未幾故樞密林公安宅又力詆之上且具白公前被枉狀除知漳州又為言者卧持予竟中寢未數月今少傅福國陳公入為吏部尚書雅知公之為人則與侍從官數人露章薦公予祠考居哀廬博學能文興化之政庭無留訟而所坐初非大辜遂再除知興化軍而陳公亦中語人以為無一字不實也陛辭論尉利捕盜之賞妄執平民有至論死而不能自明者錄語未竟上遽曰今之循者例以不殺為仁然殺人者死公徐對曰皋陶稱大舜之德曰與其殺不辜寧失不經殺人者固應死而不辜者豈可殺上意大悟即連稱曰不辜則不可不辜則不可公退以語宰相時朝廷方議重強盜之法以公言而止公前治興化有惠愛去之十有四年而再至且復奉安

與以来瀛郡之民垂髫戴白争迎下車歡呼之声滿道公治郡如
前时郡有猾民素以挾持郡县为事其数輩前公未至先謀其家
以陷公條最素信於民不動声色而郡復大治民李氏嘗窩白金
於其族既已而誣以盜獄吏數鞫不決公明其誣且判曰銀当羽
化既憩長其之凨金咸误持又愧同舍之誼闻其感歎悚服且傳
誦其語以為其愧於唐人甲乙之判李氏感泣会太夫人有疾供
佛燃灯以祷祝而太夫人竟不起郡县賻金餘千緡公辭曰家虽
貧幸足以葬岂可以此污吾親皆卻弗受而父老犇走闕下以公
治狀白於朝者數十百人中书为书于籍公性至孝以奉太夫人
故仕宦未嘗出閩中太夫人小有疾則憂形于色在淮时友舍有
池亭月奉太夫人飲焉忽有珍禽彩羽數十突与水上太夫人出

愛之一旦忽飛去太夫人不樂為不飲者數日公懼與其室共禱于神明日乃復來太夫人飲池上馴翕如皆復來集矣比公去遷已竟不知其所自來亦莫有能名之者時以為孝誠所感云至是服喪毀瘠甚免喪言及輒涕下初造朝知識見之皆不驚愕并除知澤州奏事稱公留為吏部郎中天官素号劇繁待右尤甚吏辭文為姦為郎者例不合召事公訖入即召令史而下詰之曰至久諳州縣郡利病於省曹事倅初不熟今幸蒙恩得備郎選忘將以洺州郡其治之吏懾伏不敢欺然公素以吏事自奮而銓曹守格法無所施為邀請于朝願竭力外官上嘉其意除直秘閣福建路轉運副使陛辭玉音褒諭且云素知卿有風力閩中多贓吏故命卿往行召用卿矣公即奏治道去泰甚閩中去朝廷遠吏不知

独

奉法然取其甚者一二人治之志足以厉其餘上首肯之时闽部上四郡行钞盐法皆入悉输大農漕计为空而州县窘匮尤长吏兵之给并供廪々然有朝夕忧公奉命疾驰至部夙夜询究利病所在而条伍其说大抵皆以为官不鬻盐则无以为岁计然縱州县一切科之於民则民必大病独一二近盐之乡若绝籍户定数使民必鬻於官则私贩公行官鬻不售豪强得以侵法幸免而贫弱顾独受弊於是乃使县各以地远近利病所宜为法而奏行之且宽其宿负贷以本钱蠲增盐缗数十万纾州县之力以宽而公又为之撙節用度一毫不妄取予漕计亦遂饒足泉州两税外復科宗子米皆々增廣民不堪命郡太守若周公蔡王公十朋皆尝请罷之弗果行公力以为言得旨户部给度牒转運司移他郡钱

俾之和糴而禁其科擾泉民感公恩生祠之蓋公為治大率以愛
民為主而保全下吏非有民訟不獲已亦未嘗輕有所按治其嚴
軟不勝任者多奏處以祠祿略如公前奏請然其候視極精明風
采可畏愛吏亦不敢犯也見寧劇守公以郡屢易將帑廩空乏
且歲歉不登亟聞于上乞選能臣以治之上素知公即除知寧乃
建寧當孔道部使者多寓治民健訟為郡者日不暇給公談笑以
治之事或累歲不決一經公手無不立辦且設其能易者今戶部
尚書王公佐為轉運判官嘗語人曰吾與傅公厚乃因政事間相
知耳歲小不登公發廩賑濟有味聚此為寇者僚屬請出兵以捕
公獨以文檄俾御史諭之皆帖伏不戮一人而定属县有殺人者
方捕治而他县獲逃卒之於獄中自首嘗殺某人县以言于公氣

有姦命鞫其實果吏妻殺人者垂殯逃卒使僞首到殺人而不死
而卒皋亦必於流因并論吏如法移知寧國府乃寧國民濇乃素
簡公亦以清靜治或累日庭無公事涵夜有為吏知府所悖自言
者公召詰之吏具言監夜賊皋公曰是則然之上下之分不可亂
也命杖之吏不伏公之命械治獲其流皋歸論決祖其背則有湟
文為皇帝万歲四大字公笑曰是固有法命呼執箴者雜刺湟使
不成文乃論如法明日闔郡士大夫悉來賀曰此素橫于鄉者前
太守屢引治而不憾不得公談笑間去一害公曰法當然吾非有
心者也春水雨溢將決圩田公力捍之而止上嘗以手札訪問公
具以實對奏秋大旱時公將去郡猶請于朝蠲租十餘萬斛既去
累年後守偶閱公帑之籍見某年齋閣迎新供帳猶乏一不存者

怪而問之則公所留也因大歎服每以語人蓋公平生從宦卧至
率常如此此時因予而歎再復為福建路轉運副使公所臨郡县
小有水旱必以聞至是泉州大旱而守利曾祖諱之公奏請募海
舟廣糴以助民食由是米不翔貴臨安闕帥上命執政選有風力
不阿權貴者為之執政擬二人以進上獨指公以為可亟命召之
先是公嘗以予過三山副總管黄觀先來謁公曰聞公之名久矣
因自誦其詩數十篇且請公誦近作公辭以憂患廢忘時其亡而
往報之及為郎復嘗遇於客次觀詫數從客曰某人某人嘗辱來
訪公獨見鄙何也公遜謝而已竟不往及時使閩部閤門宦子弟
有使本道而召還者以戒予來謁公往報之延公使客則觀及從
宦數人皆在時方置酒公飲一卮辭腹疾而退於是翰林承旨亦

以入直辞諸人皆有赧色觀大不樂公退語諸子曰仕宦當自結
明天子其次當由宰相安能俯首此曹以求進耶以故权貴多嫉
公而召命竟不行改除兩浙西路提點刑獄公事時公年已六十
餘矣性本剛介疾惡不能容人之过以故歷衣任事多与物忤至
是自度不能俯仰從間上章丐閑不允乃移浙東兩浙今號為畿
多有力者部使者例不樂事公入竟受訴牒日數千紙一一親為
剖決訟至決遣囚徒無与留事至於糾剔懲逮繩治姦墨或望風
解印綬去常山令为民所訟公素不輕棄吏先面戒之而執法嚴
中其親党多在其邑令事之素謹亟馳書求援其人即論公前使
劇时推行鹽筴紀是令又訊避令而使其親党代之以此公至治
既未十日而竭罷过及寧父老捧薰鑪以迎者夾道數里而浙東

人亦至今稱思之然公蓋自知果不爲世俗所容乃復求爲祠官仍主管武夷山沖佑觀秩滿復除知寧國府予朝命督行甚峻公不獲已單車引道行未數程復以言者追論前停寬予且面折衆守爲臯則又以沖佑祠官罷歸公性高簡不妄與人交居家五十年杜門自守讀書奉祠外無他爲中間乘貳車持使者節亦且十餘年訖未嘗以一予援州縣太守之貢者如宋公之才王公十朋周公葵皆高仰之待以異禮而公月不過一詣郡每當話談説道誼而已至是間居益與予唯讀書不輟究至觴詠論文道説古今唱酬詩什以相娛樂蒼顔白髮意氣偉然未嘗以當藏不偶幾微見言面也前居喪哀毀得脾疾至是益侵然猶日誦書數卷比病則屏[illegible]卻藥餌獨飲水以待終一日忽召所善前昭武守黃君維

之新之安守石君起宗置匜卧内与訣飲而劇談詼笑歌呼如常时翌日遂不起時淳熙十年秋八月乙卯年六十有八積官朝奉大夫其配李氏有賢德先公三十餘年卒今贈安人子男五人伯壽朝請郎權知道州軍州事伯成宣教郎新知福州閩清縣事伯詳將仕郎卒伯瑞迪功郎新漳州龍溪縣尉伯拱業進士當以公致仕恩補官女四人長適承奉郎知潮陽縣丞李璣次適進士李申之繼室以其季俱早卒次適進士黄知白孫男五人充業進士育良尚幼餘未名孫女六人長及嫁餘尚幼公於書無不讀尤治春秋有声場屋間中年讀詩至鴛鴦之二章因悟比興之体間為子弟論說多得詩人本意故太常丞吴公棫来官泉州公聞其博通古学并書古富日從之遊相与博约往復不倦吴公悦之請公序

其論議十說今行於世謫居讀易數日一周手書程氏傳一通玩
繹久之然為之樂其於子史百家氏之書嘗過目者蓋皆略成誦
也識慮高遠機警絕人少時聞朝廷奪劉光世軍更遣偏臣代將
歎曰是必且致多矣亟移書所知刑部侍郎范公閎請以唐嚴馬
燧郭子儀等故事擇其偏裨授以兵柄范公能之將以白宰相未
及而酈瓊等叛書已聞矣參知政事李安簡公名忠肅公執友也
罷政居揚會公往見之李公初以通家子弟待公問曰子以老夫
今日之罷為何如公曰得失相半公問其故公曰公初附和議而
終以弗合去豈能得失相半乎李公起握公手曰公晦為不亡矣
金寇淮甸公以書抵樞密黃公論備禦方略因策金有十敗且言
其變必自中起書至不數日金人完顏亮果為帳下所殺黃公以

示洪公且报公曰何其策之明也第欵自福州召還公移书丞相陈福公为言欵入必留之必为善人正論之害其後亦皆驗公少從外舅李氏学为文得其指授之微意既長益從当世先達遊又日求其所未至刮磨灌溉以迄有成則其氣骨雄健而關鍵謹嚴波瀾活潑而託意精切有非当世文士所及者李公每读而歎曰吾文有传矣故丞相魏国張忠献公及尚书左丞葉公夢得翰林汪公藻中书舍人張公嵲尚书郎新安朱公得其文皆嘗重之汪公尤歎賞每语公曰今世缀文之士虽多而往往昧於体製獨吾子为得之不懈則古人可及也既再试礼部輙不利三應博学宏词科一試入等而黜于中书遂不復應科舉而诲諸子尤力伯寿伯成皆及太夫人無恙时登進士第伯寿復中词科而公晚出將

自次輯其文定為三十有二卷藏於家今伯壽節帥以明年七月丁酉葬公於泉州南安縣唐興鄉田渠里之雲臺山以某嘗以先人之舊辱公知顧甚厚見使狀公行事以請誌銘圖永久某竊惟公孝友之行絜廉之操精敏之識雅健之文皆足以高一世而其吏事方略不復過人遠甚蓋不厲威猛而人自畏服不為一時小惠以干寵譽而其去思遺愛愈久愈深獨以晚年未能深自晦匿不幸見知權臣群怒為兇逆以中傷然當時識者固有以知其非公既引其說誦言於朝白公無辜者又多一時正人莊士且明天子亦既起公而任使之矣而自比年來殊無他端乃復重以前事橫遭口語作起作仆以沒其身既不得盡志竭才以布宣仁聖之德澤於遠邇而其壽命又不得究於高年是則豈不有命也哉故

況歷叙其世家行事之詳而後其論其本末大致如此伏惟當世

立言之君子幸賜采擇以垂永世謹狀淳熙十年十二月日具位

朱某狀

考雲南道監察御史東溪陳公及妻賴氏行狀　　王慎中

公諱栗字堯和號東溪其始由光州固始入閩為泉之晉江人而室居於南安之梅溪山者公之五世祖君錫也君錫生維善維善生懋懋生英英生思號梅隱府君公之父也世有隱德不謀榮進公為兒時即卓犖奮發蘄以藝術自致脱跡畝畝之中治毛公詩心好之日夜誦說解析聞有為毛詩學者即攜與其書閉戶誦之猶不厭其趣晒累糧徒步往莆陽尋師留飯卒業非以時祖考饗祀父母誕慶疾恙未嘗辭歸雖新有婚無毫髮係戀意四詩之旨大明文采蔚起試補邑學友高第弟子莆士與游咸讓公公亦奇自待而值督學憲臣某好立威訊生就試無大小過輒以榎楚毒之公素負氣縱亮以為非待士禮投筆裂紙棄歸山中學友具言

陈秀才經明行脩不可使去有士之謗憲臣遣学安招之公曰
既以不試卅引長往以明志如往而復返是爲上也竟不返内子
賴氏憲言公卒刻苦讀書爲宦達乃不能小忍以就大事公顔笑
曰以老萊子有逸妻而不能爲乎而子尚稚然氣貌異人乎志有
屬矣胡必自爲賴氏諭公指相賓怡怡有考槃之歡其没賴氏卒
而公既屬者稚子已長起家爲嘉靖十一年進士以材行風節薦
於朝是爲今雲南道監察御史君儲秀也明堂礼成覃恩追呂封
公如其子官追贈賴氏孺人御史君方銜命出使二廣皆視洪州
軍事过家觐省族戚士友皆来会公衣儒衣冠豸冠第於中堂御
史君跪奉觴壽榮樂備至人莫不嘖嘖歎慕公寄其信已之决識
子之早善御史君之能立身以遂志而慰孺人之不逮榮也梅說

府君以宦曾氏未育娶蔡氏副之公与弟礼良皆出蔡氏久之曾氏生子澄公左右予曾氏无方俾与澄友率因予心曾氏感而爱之其在曾氏忘其为蔡出其在人不知其非曾出也居梅阬府君之丧号恸摧绝吊客不忍闻其声治丧取宋大儒朱某所辑家礼行之里人渐有化者居曾母之丧致哀守礼如居梅阬府君亦以时丧曾母者丧蔡氏卜葬得吉地龙蟠虎伏水来自前抱萦不泄合地学家言其地乃在时居山中人迹之所交积数百年无从发之实发自公人谓造物秘灵孕秀以振孝德营治窀域志于无悔不惜费钜又不与弟兄较计问费孰当出几何之御塾以待族子弟之俊而来学者塾师之至赖公为其身以学其业者二人其友之卒待公之木以殡其遗孤之居公之时纂其衣食公之时解

推二氏之甥戴公如慈父，絶不以色見德。自謝學官還山，所以為生不越畜字播植之事，力勤用紓，生日以厚。之幽死祖予農人不責常斂，農人皆願田公之田，之以益懇。与人居畏之，敦至赴人緩急，無愛於己。不為崖絶幅斬之行，亦不為蓝情阿媟。在衆中有所論議，意不相入，必明己是，不苟合以相狥。好告人以不善，以直投多齟齬，然其開款洞露肺腑畢見，亦莫有怨者，或初不能平而后深以為恩。以子壽既貴矣，朝衣冠取如制，不侈君賜而已，未嘗為華侈自張。鄉人舊与公游，不見少改故。至城府与郡大夫謁縉紳為禮，非意所好，每出山不數日即反，曰：「是吾所安也。」御史君在京師，使出過家，公寓書累幅，立訓諭時，要以守身奉法、完潔正直為本，不及於他。未殁前數月，自搜篋中所藏貸人多粟券火之，不復

籍記名姓後有自言願入討逋御史君以公意嚴之御史君竣使
子還公病作況不害也趣令疾行不別使命宿於家御史君不忍
去左右留侍其久之而公病亟握手足以殁士大夫賢公勉子之
義与御史繼奉親之終為得于天其厚也孺人賴氏實生侍御君
賴於邑為巨族孺人生而孝敏在姆不煩幼習書操筆輒成點畫
授孝經列女傳誦不待數已識其文父母鍾愛甚不以許凡人
選而得公公之游莆隔孺人不以燕婉之好係公且贊之行堅其
久於外而母數其歸以分任舅姑之養公往来莆中專於前而
年還屢經明文起由孺人之在内也其謝学官還山孺人將以大
計望讓公及感公言幡然以阮居自為娛佐之侍親力本識有過人
此子舅姑曲得其心一絲尺帛不入私橐惡衣粢食以給朝夕父

母之口俾常足於甘煖曾氏性嚴公又能其出也有意苦孺人用察敬意孺人沈孝謹又敏敏於曾氏不能苦之亦不沒能其過愛孺人深也公友諸弟孺人內諧妯娌以悅其心一門之中嫡庶並處無異言聞於人梅院府君之病公游莆陽未歸孺人視藥進食目睫不交迨於累夕忘其身之瘁也梅院府君疾革遺金百兩屬曾以此為衆兒游學之資孺人方哀毀不即取公歸與訃沒孺人終不言侍御君幼即不以嫗煦為慈課督嚴急誦書非夜分不違就寢躬執女紅以侑之間則跪侍御君於膝前語以人子興衰家世起伏及公自負氣謝學官之故且曰父已屬而大計矣語畢泣下沾襟以激其志接內外族姻有禮馭婢僕嚴而有恩自歿至於今餘二十年姑姊妹弟姒與婢老之追念孺人者言之未嘗不

念且悌也是可以為賢已某始識侍御君於京師君方為進士敬而友之侍御君話及其母之賢而不逮養悌泣交頤使余不忍舉首視丙午己亥之余兩以徙官之便歸覲獲見東溪公則且寬溫有德君子也至其論世風得失民生利病人行之上下目覩手捫井井然可施於用但跡不遇耳侍御君以善為養而心能樂之不以世俗肥腆榮之艷羨養豐其子而卑侍其身尤非人所能及而余獨以姻婭游從之雅察之為密而聽之為詳而知侍御君之難於朝其固有所本於家也公生成化癸巳正月七日卒嘉靖庚子八月六日孺人生成化己亥五月十三日卒正德丁丑九月十五日生男女皆三人廷實廷果蚤夭長即儒秀長女適蜀江林續春其二人俱夭公繼娶蔡氏生子儒材補郡學生儒秀娶蜀江謝

子警女生三子長孚褱聘某之第二女次戍褱聘故南京通政黄
河清孫女次悳褱聘刑部主事王時俭女女三長適郡庠生賴統
次許南安王賦之子次許戶部主事鄭普之子僻材聘安溪林森
女賴孺人之殁東溪公以嘉靖戊子十一月十日葬之梅溪山仙
雉原其葬未有誌御史君卜以嘉靖壬寅月日奉公之柩合葬以
從先志而世以次行予屬某曰願有述將以詩當世大賢君子之
有文辞其銘之謹譔次如右

吴愧菴行状

李光地

君之殁於京師太翁实賑焉祝見子之病亡憂戚楚乱幾与以自勝一夕進小子地語之曰吾衰而不節神明荒矣又父子之祝也所辭為难矣吾兒之久識兒之深舍子其誰矣兒命虽夭而行有足称於子其述諸抑猶吾兒之志与地不能也又不能為辭顧与君交异尋常不必以拙於文墨謝聊述吾所知於君者庶一字逾美欺死友于幽冥也君諱崑芳字孫若第南宮改自號愧菴曰吾学行未成而亟臻衰聊以志吾歉也自其五世祖恒菴公来皆世修儒業文行蜚声处其仕其操持特吉以為常君生質清明神爽灑落有太翁以渊源之学并述選订与翼而飛君侍側有所聞绕居恒不拘之咕嗶纂組而涣解冰释発於天機篇成而人見之蓋

知莫其所以然也丙午舉机卿五策簡要明剴易人所難丁未試
奏安詭妙而失庚之役令甲一變矣君在舟車中收為飜經設理
之文櫽括合倖度中程式声色詞義爍如也遂振筆取高名其天
材卓絶如此性行至孝出於自然無矯飾自太翁太母感其誠稱
之無異辭其比與太翁周旋道路爰及京邸太翁少恙則魂寐為
之不安三餐蔬數偶失調度則憂形于色時陰愉排拊摩慰藉務
使倖適而心懽焉其胸中無宿物愠奢隨所解過而輒忘與人交
開口見肝肺或為人謀必竭其忠樂道人善不訐人惡及交声色
腥耽辛誠理遺不圖所以報也性坦易恥修邊幅外視之若無稜
崖其而實有觚隅不苟為破節予姿識通朗善察人情偽曉暢于
机經實知大倖執大義絶小點為錙銖其比也丞机君中表兄弟

辱傾知其深自往歲同鄉務循是以來四五年間行住必共蕌萬
之汝繼以新姻指士爲媒合若天作成進士汝汝與君並攀清華
之選試詔東閣之下君乃寄書謂予曰予得先生足齒然得幸相
從游三年優游詩書論理以補吾欠是吾悅也此不得遂別又曰
吾別子而歸所憾其此耳吾彌留垂絕猶以是相感歎嗚呼其所
竊乃如此而身彫零不得致也遺命其其果有知耶嗚呼哀哉自
革吾殁神氣清警言身没予不亂若離然于去來間其憶丁未春
試日之前地夢仙樂降康迎君于餞卒之夕又夢君來相見執手
升階陰飈盈堂君執予涕泣嗚咽不能作詞既從來云得依于帝
其送之出戶擁唱告都嗚呼君之精魂靈氣不與土苴腐散然亂
也男兒修短命矣如君者未獲世之滌垢而遽返清寥夫復何憾

獨其家貧遺兒小棄煢煢之孤投以勖勸抱孝思之大戚阨幽憂于九京平昔從游靡不永歎而況于生死形魂之交如他者哉君既辱予知死又予屬知我貧也知我不利于時也君于予實取苟有鬼神觀予相爲可矣君年少未有設施于世故約畧其行質諸親友就以哭乎私亦莫使化者渺無聞焉

愧菴先生邑人也佔籍同安登康熙丙午賢書庚戌成進士乃翁諱皖康熙癸卯舉人任連城教諭邑志作晉江人恐有非是

對

宋守尚書兵部侍郎少保諸葛公神道碑并銘

宋　傅伯成

淳熙十六年春孝宗皇帝既勌于勤將以神器授于聖子顧瞻廷臣求可在侍從爲異日宰輔之儲者兵部侍郎諸葛公時以工部郎中言事稱旨上喜顧謂公曰卿人材磊落議論正直當爲國家立事即日擢起居舍人實光宗皇帝受禪前二日也繇是登嗣掖貳夏官且將大用矣而遽以不起疾聞上臨朝震悼對宰執稱惜者久之士大夫皆謂兩宫之眷如是而公姿容重厚審於是非之辨持守堅正其學又足以識微慮遠使天假之年必將爲輔佐名臣不幸不克究其功業此則有命也已公諱廷瑞字麟之世系出自漢司隸校尉諸葛豐丞相武鄉侯亮之後也十八傳至高祖諱

安節河南鄧州南陽人任福建轉運判卒於官曾祖諱卿弗能歸
乃籍於泉之武榮祖諱升隱居不仕父諱季文以行誼文學聞于
時家貧授徒以養嘗著六經諸子解有益後學樂道人善如己有
之人知其必有後矣以公登朝累贈至朝奉大夫公其長子也少
穎悟博覽經史百家之言為文下筆不能休鄉校推重焉擢紹興
二十七年進士第調漳龍溪尉邑多盜公待下有恩出輙獲以賞
改承奉郎知建寧府崇安縣事俗强獷號難治歲少不登輙剽掠
四起公在任踰年水又踰年火民多飢貧境有相挺欲為盜者公
告于郡及部使者出斗斛緡錢賑業之且示以首惡必誅之令邑
竟以無事邑人感公恵祠而祝之丞相王文定公時守郡與轉運
使者具以政績聞有旨堂審差主管官告院官省改通判明州未

赴丁外艱服除通判池州倅權與守迫懦者避事强者侵官公一
以至誠行之有不可即委曲開曉郡以治理秩滿知惠務令可行
擇而行之又言國朝以經義詩賦取士比年在前列者率經生乞
遴選主文官兼用經義詩賦庶人才各效所長上意甚悦未幾宰
執因擬郎官上曰如諸葛廷瑞亦可除郎宰相以郡守不久對上
曰雖不久畢竟曾作州朕前日見其人物議論可嘉遂除工部員
外郎陞郎中金人遣使賀正已差館伴使尋改命公盖親擇也竣
事入對公引賈誼有流涕之書魏徵有漸不克終之戒文帝太宗
不害為明主令朝廷清明百度惟正然而敵國未亡水旱時有不
免上勤聖慮因言講武備擇將帥備蓄積及知人聽言等衆事又
言邀駕訴事非實省部給告稽緩之弊上從容顧問俱可其奏盖

公容止詳整敷奏明暢其言不為詭激又皆可行一再奏事被知已深此其所以進也既任柱史光宗嗣位金人有大喪命公使吊祭以使事與其副偕辭公奏前者高宗升遐虜來吊喪純用吉礼非可效比堂帖下又只云備紅鞓黑帶過界審度而用萬一虜特其强欲以其國之礼加我當豫討論中節則使臣可以死守上云天下事惟理所在卿等過界但存紅鞓致虜闕足矣越境虜使果以三節人紅鞓為言公云皇帝新即位聞北朝有大喪不待報哀使至先遣吊祭礼意不為不厚一事一物皆討論而後行凡吊喪但吊者更衣僕從何與方争時虜使聲色俱厲公徐折以礼語遂塞及抵汴至涿其争如初公不為動洎入燕闕則三節人悉易黑帶以入虜始服謂中國有人動不失礼威不可屈既致命虜以例

勸燕公語以吊哀而來勸侑非礼也不受賜加愧焉加使回入見上
獎諭曰卿所處悉皆盡善公稱謝時臺中久缺侍御史宰相取旨
除人上曰如諸葛廷瑞端正靖重可居此官宰相以親嫌對命寢
未幾兼權吏部侍郎進起居郎上疏言兩淮藩籬不固法禁不嚴
措置民兵規畫屯田關防銅錢過界皆未見成效臣以為經理兩
淮他無長策惟委任得人必有　辨乞詔侍從臺諫於文武臣中
各舉所知可為沿邊監司郡守一二人以待選用又乞令見任人
條具禁銅錢出海利害及乞將提舉市舶官依守臣例上殿庶可
詢其材能事付三省施行適詔左右史帶脩新舊起居注公以記
述繁浩遂懇辭侍右兼職紹熙元年三月兼權中書舍人未幾宰
執進擬權侍郎者二人御札付三省併命公為真公在後省不久

侍事雖微涉於啟倖門者皆請罷之為誥典實温厚人以為得王言之体公夫人聶氏故相國陳正獻公夫人女弟也留衛公方當軸其子亦娶聶氏女公時以相有連不宜在封駁地故累抗章求避丞相亦乞徙公上曰諸葛廷瑞老成端重不必改易似此親戚人誰無之再辭上親批特免迴避辭不已改除權兵部侍郎公上疏言陛下登大寶以至于今宵衣旰食日與大臣圖事天下固已知聖德之高明而所謂聖功之光大則猶未有所興起先正司馬光在仁宗朝獻五規其二曰惜時臣亦願以愛日為陛下獻又言貴戚用事未有不害于家凶于國漢唐以來歷歷可鑒真宗時如駙馬都尉李遵勖閨門之怨雖有才望未免貶竄仁宗時後宮親如張堯佐罷任或過群臣亦交章論之陛下臨御肺腑之戚未嘗

假以事權行事或冒典憲必加竄責除授或違公論隨即寢罷臣
願推廣之俾各保其爵祿無高危滿溢之虞則宗社幸甚公列侍
從僅歲餘所上章奏上每嘉納未及大用紹熙改元十月己丑以
喘疾卧家疾革謝事遂以朝請大夫守權兵部侍郎致仕卒享年
六十有二卹典贈大中大夫官其子二人賻賵金帛賙其喪喪歸
道經崇安父老挽轜車而哭者以千數曰此吾邑故宰諸葛公也
相率為浮屠法事以追報之亦可見公之治民獲其心已後公以
子升朝累贈金紫光祿大夫聶夫人治家有法度清修勤儉好内
典後公三月亦卒享年五十有六封碩人累贈安康郡夫人三年
九月甲午諸孤奉公與夫人之喪合葬于南安縣梅楊山之原從
治命也子男四人直清為朝散大夫主管華州雲臺觀礼未仕而

歿應祥故文林郎廣南東路提舉常平司幹辦公事潤痼疾不仕女三人長適承務郎陳惟慶次適將仕郎傅伯拱後公歿次学浮屠氏孫男玠珏璲璋璹琳璉珂皆業儒琳早世珏今為廸功郎新福州古田西尉孫女五人承事郎顏虞老脩職郎新吉安太和縣簿陳挺進士黃仁甫其壻也二人祝髮為尼曾孫男女八人皆幼既葬三十有五年其子直清始以公行實來諗曰先君先夫人早棄諸孤歲月既遠而墓隧之碑未立今先君所與善無復存者獨公有一日之故敢以為請伯成年老病侵舊所聞見廓忘十已八九猶記淳熙癸卯秋先公屬疾且革公來別命引公卧内執手謂公抱負如此必即為時用善自愛且以幼弟為屬蓋公已許仲女歸之矣比公入西掖首以伯成姓名應舉代之今愴念先好辱出

門下令幸未死何敢以耄辭惟公端莊而樂易寬博而沈確正不矯俗和不詭隨聲色玩好澹然無營平居簡默言若不出諸口至商摧古今是非斷然不可移奪嗜書無不讀所為文法度森嚴一出於正居家時間與鄉之名人過從詩賦相賡酬至數往返見者服其工天性孝友人無間於父母兄弟之言稱人之善惟恐不及所薦引多有聞於後歷事兩朝無指其瑕者論議之文和緩不迫然切於事情皆時務所急中興三宗稽古好儒緝熙之學群臣萬望清光備講筵進故事幾於具文公獨以近臣獻替為職朝廷闕大可以疏諫然救於己然不若先事啟廸故光宗踐祚初首援中庸知仁勇與司馬温公仁明武之說以進且曰三者非行之以久終之以不倦則有時而虧有時而損而怯矣光宗英明果斷近習斂

手獨潛邸舊僚有因干政黜于外者公懼其將復入則援李絳吐
哭承璀事以進曰君子難進小人難退憲宗任杜黃裳而蜀平任
裴度而淮西平可謂知人善任使迨於李降承璀乃迭為出入卒
使承璀獲志皇甫鎛程异皆由以進致隳盛業有國者當以為鑒
其疏言張堯佐李遵育事為貴戚之戒亦猶是也人皆以為難光
宗顧公厚每欲處公要官公輙引親嫌辭留衞公亦數為公言而
光宗欲大用之其不至於丞弼可不謂之命與公未病前數日書
勉其子曰臣子之道莫大忠孝忠孝茍虧雖有他長皆不足稱亦
可以見公心之所存矣伯成既受知公之卒雖久行實所載猶可
考其證故特刪其繁補其所缺而系之以銘銘曰
士抱所學委質事君或遇或否匪我而人亦既有合詢謀考言不

究其用匪人而天公以儒奮厥聞四馳振羽將翔甫浙于逵孝皇
勸勤將巽大位敷求端良以畀聖嗣公在周行敷奏造膝義則不
諐言必可績帝曰汝嘉勿遠伊邇祀注蠅頭職是右史光皇御極
始初清明聖父有訓疇敢弗承抗擅承載筆納忠禮折天驕諫謨
柬帝衷近臣盡規有闕必諫婉或近諛直或疑訕近諛匪正疑訕
狥名優游懇款言乃必行尺璧至寶連莫礬一指其瑕隨韜于櫝
公祀三紀粹潔夷易靡激靡詭不磷不緇棟將隆矣誰則折之昇
將實矣誰則缺之匪則人之為天實奪之武榮之西山川逶迤劍
化相從謨謀著龜佑爾孫祁福其永綏

敦兜鄉　国初有副贡陈讳燊字叔昭有文字極之　俟查

隆慶間進士黄讳襄　美林鄉即其派下　俟搜訪文字

凍前鄉有　欽賜翰林陳　俟查

黄思亭先讳允肃有撰寿文書於黑漆圍屏　在东田见之未託鈔

○是福寺口有三碑一李（讳若崇）袁（讳光绶）一先生撰吴父母去思碑

○黄小竹先生撰水利事

△系吴公功德碑　公之蕉夢

莆蘇志之須洗去即有徐撰文

○是福寺旁昭惠庙内有一九日山寺田碑潘晟撰　以上俟鈔

邑内帝君宫口有二碑不知言何事

邑北門口有一碑朴在地不知何事

閩邑内舊節孝祠故址被某紳人為屋尚有石碑仆之須翻起查

勒何文

7317910
811.8
756
(17)

石林倡和詩一卷

［清］侯官許鼎、長樂陳學良撰

福建省圖書館藏清康熙間刻本

石林倡和詩一卷，清許鼎、陳學良撰。鼎字伯調，又字梅崖，侯官人。祖許友，明遺民，工詩善畫，有米友堂集傳世。父許遇，順治間貢生，以詩名，知陳留、長洲，有政聲。鼎雍正元年（一七二三）舉於鄉，知上虞、遂昌二縣。有梅崖集、少少集。學良字廷漢，號梅谷，長樂人。遇甥。年少多才，詩文翰墨能極其妙。另與許鼎合撰刺桐城紀遊。

石林者，許鼎曾祖父許豸讀書處，在福州烏石山南，有巖洞、梅竹、松蕉之勝。明清之際，許友日與海内名公社集憑眺，飲酒賦詩其間。兵燹後，爲人所佔三十餘年，至康熙三十年辛未（一六九一），始由許遇恢復爲家祠以祀先人。山林臺榭雖非昔日之舊，然巖石壁立，洞壑幽邃，喬木鬱蒼，瑰詭奇特，不可名狀，聞者神馳，登者忘返。許鼎與中表陳學良讀書其中，朝夕吟詠。凡目之以遇，景之所接，如石林中瞻雲堂、松嶺、竹路、雲巢、清泠臺、獨樹坡、霹靂巖諸勝，莫不形之詠歌，與凡家庭聚首、詩酒文會，亦皆歌詩以誦。一以仰懷祖先之風韻，刻畫山水之情狀，更以娱心志而寫性情。

康熙四十年（一七〇一）春，許遇命二子即平日所倡和者，彙爲一編。起辛未，迄辛巳，凡題五十有餘，詩百餘首。前有宿松朱書、侯官林佶二序及許鼎、陳學良自序各一。

鼎自序云：「余兩人之共處是間，雖未能步趨前賢，固亦不僅徒事於嬉遊也。」學良自序云：「是集之刻，非徒侈遊覽之美，實欲質之四方賢豪，以正予之所未逮，且誌予兩人非復尋朱書則以爲「伯調沉著，似杜甫；廷漢豪邁，似李白」。至於二人之詩，常交好也。」可知其志趣所在，故林佶以二子「高進而未已」相期許。

是書約於康熙四十年刻成，流佈未廣，歷三百餘年而傳本幾稀。此本鈐有「丁戊山樓」、「閩戴成芬芷農圖籍」、「臣郭柏蒼」、「湖山過客」、「曾藏林汾貽處」諸印，係閩中舊家戴成芬、郭柏蒼、林汾貽故物。（林翠霞）

石林倡和詩

予入閩得兩士焉曰許伯調鼎陳廷漢學長皆閩
尊人不棄予萬友而廷漢不棄甥也兩君皆故家
子弟年少才美聞天下士好之如不及其愛予
均而予之愛之也亦彌至予素不能詩不棄以詩
名天下顧謬謂詩莫如予能兩人又謬信不棄言
故時時以詩視予而所為石林唱和詩乃最多石
林者不棄大父督學平遠先生讀書處也在烏石
山南有巖洞梅竹松蕉之勝伯調為祠以祀其先
予皆為之記間登山據石猶見昔人所謂似蓬萊

方丈瀛洲者洵可樂也蓋中原城中山最少即有之不甚高無幽奇可探討而閩三山烏石爲第一程師孟而後郡人多讀書其間許氏又以督學公故愈益增重兩人朝夕吟咏其間不亦宜與不棄遊京師分石林中諸勝爲十數題一時名士聚輦下者各爲詩歌以慰山林岑寂而不知兩人者尚日遨遊處焉放[illegible]歌唱響動林木扶其生面而濯以清茶山靈固未嘗孤也試取以相較或遥擬或親歷果孰爲得失與兩人之詩伯調沉著似杜甫廷

漢豪邁似李白雖其進未已要皆石林所不蹶也
夫天之生才同時地者鮮矣而兩人乃並處石林
焉彼生長相依亦豈知獨立之無懼而求友之甚
難也是可不爲之幸與雖然韓子有言餘事作詩
人石林固督學公讀書處而古道山也吾之所以
期兩人者豈詩也哉宿松朱書題

昔王右丞居輞川地奇勝與裴迪游其中賦詩相酬為樂唐書既艷傳之千載下讀其詩者尤使人神往非山林以人而勝詩以工而傳而又得唱酬者益臻其盛耶予友月溪許君有園在道山麓奇石林立泉壑清美傳之三世矣月溪嗣子伯調承先志而加荒度園日益治頤月溪頻年作客燕邸伯調獨與中表弟陳子廷漢讀書其中發為歌咏斐然可觀余得從而讀之時月溪又將北行予舉似之曰地難乎其

為輞川人難乎其為裴王不意君家子若甥兩擅其美然更有難者摩詰輞川即宋之問藍田別業雖有風詩而非一家之掌故今茲園之勝不減輞口君作述之盛縣於四代以古凖今殆有過之無不及也且二子年少才高進而未已今日雄視裴王異時抗旌擕許可臆决也吾引潏為君別弁為君賀矣月溪喜而屬予書之以為石林唱和集敘康熙辛巳秋七月廿五日林佶弁書於栖霍巢

自序

余園石林據道山之腹而肩隣霄曾王文節與忠公讀書處也督學公俯仰勝槩欣然自得凡所吟咏甚多而吞江石上之四十字至今人尤傳誦吾王父甌香公踵其流風日與海內諸名公社集憑眺飲酒賦詩一時侈為韻事噫嘗吾二祖之世何其盛歟慨兵燹後為居民侵蝕三十餘年過之者不禁有滄海桑田之感迨歲辛未家大人始恢而復之祀先世木主於中承先志也雖山之臺榭非昔

然巖石壁立洞壑幽邃喬木鬱蒼瓌詭奇特不可名狀直使聞者神馳登者忘返而予與陳子梅谷數年寢處於是此石林倡和之所由作也梅谷爲余中表弟兄年少多才詩文翰墨各極其妙而登臨之性又與予同每讀書之暇則相與振衣攀蘿摩抄石上諸舊跡而憑弔之其登清泠臺也讀望闕懷忠後天下樂之語明武昌吳邁題則悠然動忠君愛國之心其登霹靂巖也讀靖康間犯闕之記宋河南潘正夫勒石則愀然起時代遷移之思至讀一度來時一

醉歸之句明鄉先進林鄘愿廷玉詩鐫石上則又有太平無事林下優游之樂其登吞江石也讀烟容凝石淺山色到門閒之詠則穆然懷祖先之風流餘韻惠我後人之澤雖月落斗參猶徘徊不忍下至如雲霞烟水之變幻風帆沙鳥之離奇一切可喜可愕者莫不形之詠歌詎以爲舉山水之情狀可以刻括而盡顧余兩人或藉此以娛心志寫性情不必問塵世事也己卯歲家大人以艱歸讀禮山中絶口不出歌聲然於余二人之侍左右也必令題命賦定

其甲乙間有一二稱意則輾然色喜家庭聚首文酒爲歡致足樂也今春上巳之辰進余二人而教之曰詩之爲道義蘊宏深拘墟之見不足傳也爾盍即平日之所倡和者出以就正海内君子庶有得乎予既受命退而與梅谷共編次成帙名曰后林倡和詩者誌所自也亦以見斯園之爲吾有者已五世於兹而余兩人之共處是間雖未能步趨前賢固亦不僅徒事於嬉遊也云爾康熙辛巳歲上巳後二日梅崖許鼎題於鷄黍山堂

自序

石林倡和集者梅崖許子與余之所作也石林為梅崖尊人月溪舅氏宗祠中勒唐宋元明諸公記遊甚多而吾閩林都憲廷玉有登霹靂岩詩刻於石上曰草樹迷蒙謝豹啼江山依舊世人非野翁識破塵凡事一度來時一醉歸其詞意磊落浩浩然有樂而忘歸之意則茲山之足繫人惓戀自昔肰已少讀道山記謂道山登覽之勝可比蓬萊方丈瀛洲而余則謂舍石林恐難他屬也竊幸十餘

年來從梅崖後得往來於斯相與爬剔而洗濯之
使山靈重開生面故凡於目之所遇景之所接欣
然有得於心而不覺其長言咏嘆之無已焉余詩
有云年來亦是濤園主門掩空山好讀書葢紀實
也至於梅崖與余雖屬中表而誼同骨肉數年間
窓前燈下探古論文鷄鳴風雨無間晨夕而月溪
舅氏愛予者至復時從而訓誨之故予是集之刻
非徒侈遊覽之美實欲質之四方賢豪以正予之
所未逮且以誌予兩人非復尋常交好也若夫斯

園之廢興岩壑之勝槩則今昔諸公題咏與許氏
前後記言之詳矣余之此集又何能窮其狀也哉
康熙辛巳暮春望後梅谷陳學良叙

石林倡和詩

三山　許　鼎伯調
陳學良廷漢

辛未秋重闢石林敬步

曾祖督學公勒石原韻　　鼎

石林岑寂久今日漸開顏窓暝雲侵案山深月叩關霜花隨地發杯酒適秋閒即此山棲足何須問釣灣

前題敬步原韻　　後學　良

石林倡和詩

舊蹟重開日諸峯頓改顏種梅刪竹徑結屋閉松關莫辨誰為主衹欣共得閒所嗟千壑迥絶少一溪灣

瞻雲堂　鼎

烏石山頭舊艸堂年來時薦野芹香冰壺久映千峰月鐵鉞曾清萬尾霜嶽色江聲供几席天光雲影落縹緗臨風不盡瞻依處松栢森森送夕陽

松嶺　嶺多喬松曾王父手鐫二大字兵荒後皆摧為薪近方補植　鼎

昔日古松嶺，無復老龍吟。山中多歲月，新種作長林。

良

種松三五尺，雲生護其根。莫遣題岩處，空餘墨蹟存。

竹路　　鼎

曲徑何逶迤，晨光映衣碧。新篁夾路幽，森森翠如積。

良

野竹結幽徑雨過春笋肥緩步荷鋤去重露霑羅
衣

雲巢　　鼎

我客雲為主坐久衣裳濕庶幾卧龍儔于焉此藏
蟄

良

朝望去悠悠暮看還片片舒卷豈無心故山終可
戀

石床　　鼎

層石隱修竹，石床雲與平。醉擁亂雲卧，濤喧人不驚。

良

石牀高卧穩，鎮日長自閒。霜林墜紅葉，斜照上秋山。

清泠臺

鼎

石臺望無際，臺背列翠屏。到此萬籟寂，心地為清泠。

良

平臺高且曠長嘯復微吟東山上明月呼童攜素琴

獨樹坡　鼎

鐵幹挺岩隈夭矯衆稱絶曾似抗直臣風霜持勁節

良

獨樹有奇姿孤立何矯矯欲去復盤桓月明在樹杪

霹靂岩　鼎

霹靂岩最高長嘯氣自豪下有雷霆走天風挾海
濤

良

日落晚風起坐吟石上詩借問題詩者醉吟曾幾
時石上有一度来時一醉歸句南澗林先生題也

靈岩

鼎

鳥歸寒岩下月照寒岩上獨坐彈素琴衆山落餘
響

流霞塢

鼎

春光潑紅紫搖曳落還開迎晨布瑶席影浸玻瓈

杯　　良

嵐氣散沉沉山桃開灼灼薄暮俯懸岩殘霞滿洞

壑

天門　　鼎

怪石劃肰開微露一綫碧不知始何年疑是鬼斧

劈

良

兩石屹相向苔古石痕斑明月時來往雲深不閉
關

天光雲影亭　鼎

千樹梅花裏傍岩雲護亭亭前香撲面風送醉人
醒

良

早起坐山亭山月猶皎皎一鳥出幽林千山初破
曉

吞江石　鼎

俯瞰雙江入風濤淼無極嵐氣忽沉江千山皆變色

良

野外長江渺山頭片石雄波濤何處湧岩下起松風

汲雲石　良

松徑拾清風獨行良踽踽汲得一溪雲散作千山雨

梅坪　鼎

寒梅千萬枝影亂空山月月去人未眠風來滿衣

雪　　　　　　　　　　　　　　　　　良

寒山萬籟寂月照千枝雪醉面微風吹暗香來不

絶

　　　半泉　　　　　　　　　　　　　鼎

天空片月明影落寒泉皎明月有盈虧泉皎無昏

曉

　　　　　　　　　　　　　　　　　　良

掬水試春茗花落潭水香出山未必濁暗通花徑長

松岡　鼎

著書聊自適清曉望林皋拋卷起獨立寒風生翠濤

良

避暑長林下悠悠心目寬雲壑響清籟空山五月寒

真意齋　鼎

三間小茅屋數卷舊藏書陶然得幽趣任真常自
如　　　　　　　　　　　　　　　　良

傍岩低結屋空山無比隣誰識此中意聊以樂吾
眞

鶴澗　　　　　　　　　　　　鼎
鶴去澗泉空紅蓮滿幽壑我愛紅蓮花無心自開
落
　　　　　　　　　　　　　　　　良

皎皎澗中泉，會經濯素羽。警露寂不聞，殘荷滴秋雨。

落珠巖　鼎

殘雲過木末，初日照蘿壁。躡屐澗邊行，仰看寒珠滴。

良

片石何岌岌，雨過蒼苔濕。斷續碎珠璣，寒光如可拾。

壬申重九後一日全仲調弟邀　陳白岩夫

子林鹿原孫望岸二前輩莊靜守陳廷視廷

周廷漢讌集瞻雲堂　　鼎

九月九日後一日招邀朋好登烏峰峰迨遞遠相接憑高一望萬象空就中皤然白翁師年躋八十人所宗攀岩躡蹬意忘倦濟勝原不煩搘笻孫君磊落稱詩伯高臺吟嘯欣相從莊生招手謂我來與若藉草娛心胸廷周奮勇獨先往虛亭之上哦青松靈岩徙倚暢秋志日高停午花影重霹靂

岩頭振衣者仲調弱弟行御風碣來最少廷漢子汲雲穿竹尋芳蹤半月池邊至者誰鹿君長嘯山頭逢脱帽掀髯笑索醉廷視踵至浮巨鍾張拳奮起若無敵拇兵颯戰爭機鋒倏忽山容變萬狀川流呼吸烟雲封樹杪飛鴉駭野燒孤城殘照落高舂少長偕詠臨清泠波光月色搖孤榕金風蕭瑟秋衣薄青霜點綴山楓紅去者自去留者由天門坐冷松火烘古洞人眠團瘦影石床蟲響如絲桐興來酒渴欲吞江隅林蘭若聞鳴鐘月斜更訂明

朝約細剔苔蘚開鴻濛

戊寅重九讌集分得紫字　　良

夫何胸中眼中未具乎山水徒然逐隊登高盡如彼吁嗟隨俗而登高似此登高亦可已許君磊落山水間佳節相邀見輒喜高會置酒酌東籬絶境不通遊人屐就中霹靂岩最高南俯郊原北塵市下有清泠石榻之平巒旁有靈岩天門之屹峙山花綴洞露秋光野竹依簷蔭芳芷酒酣扶手共攀躋高曠幽清隨處美江間殘照掛歸帆天外明霞

散餘綺一望蒼茫暮靄深四圍重疊遠山紫何處
最與新月宜榕磴松陰堪徙倚虫啾啾兮遊人靜
風颼颼兮怒濤起汲雲垂露沾我衣吞江石徑何
嵓嵓君不見紙鳶䟦扈干雲霄我欲乘風摶萬里
又不見龍文黃絹勒青岩當年闢地何人始此地
曾供古人遊今人空對舊時址人生三萬六千日
日日登臨恨有止許君乎吾將痛飲酒百杯吾將
潦倒黃花裡朝朝何必非重陽人生所貴行樂耳

題梅谷寫石林圖　鼎

石林僻在南山曲日日尋芳恨不足借問同余癖者誰風流陳子超凡俗攀藤躡屐破風烟朝花夕月抱雲眠意之所到筆亦到興酣歸去臨素箋經營位置洵奇特倏然披對恍身陟樹樹葉葉如有聲一丘一壑皆生色斯謂文人天機深神完氣足不可名高懸斗室北窗下卧當寒山十日尋

己卯春仝梅谷讀書真意齋上巳日高話山前輩過訪留飲　鼎

連朝怪底風雨逼偕朋習静吞江側曉來天氣暢

清和擁書高卧山窓北窓廻澗曲列層巒蘚碧苔光如潑墨岩頭日影弄清暉籬外高人行自得招呼修禊續遺踪莫負流光長似織須臾風起怒濤生不覺樽傾日已昃聯吟較勝紀茲遊他時好向山頭勒

暮春十二夜楊洗亭前輩蹈月過訪

良

一春半在風雨裏今宵見月情倍喜千家萬家同此月月入空山别塵市山空月滿水潺潺水流自

急心自閑高人籬外潛探賞掀髯驚嘆非人間相逢痛飲尊前酒緩步登臨相執手既陟危峰步平巒更坐山亭開窓牖野田水漲白無邊長江波浪光接天乃知山水有真趣况得達士欣流連吁嗟明月幾時好月正明時春已老良宵相對且盡歡醉去何妨成潦倒不愁落月掛松楸只恐人間漏易休枕石眠雲忽入夢醒来萬壑風颼颼

疏泉入鶴澗限韻　鼎

雲光日影弄晴烟汲雲已入層雲巔松梢風似波

濤起雨脚獨少天紳懸呼童疏滞决壅蔽一綫已似納千川山中泉石難兼得況乃瀧瀧循除前上有清泠之高臺下有半壑之幽泉蓬心到此為一洗不須面壁枯枯禪天風颯颯起蘋末喜見東山明月圓誰能共領此真意嗒然高枕北窗眠

良

吞江石勢摩雲烟許生招我登山巔岩花磴草變殊態雲開烟斂晴光懸颸颸松風起屋角隱隱帆影歸斜川騁觀固已攬衆皺安得快境落尊前許

生鑿空出新意峭壁突迸千層泉地奇意創境疑
幻聲喧景豁心如禪寺門日暮出清磬澗戶月明
照碧圖孟東野詩析碧圖傾荷兩人相對各忘語抱膝枕流
坐耳眠

留春限韻　鼎

昨夜風雨過落花愁滿地欲促東君歸吁嗟何太
易把酒問春風別後何時至春風謝主人非敢遽
相棄功成而自退造物無私意去來會有期毋徒
亂情思

良

春風舍此去厺去歸何地情知畱春難不忍别春易歳歳見春歸年年見春至明年定復來何必輕相棄萊畦蛺蝶翻戀戀空有意晴窓白日長閒情托詩思

眞意齋聽童山人彈琴　鼎

高巘響流泉有客彈素琹琴聲清且越幽韻出層岑隔嶺松風吹悠悠白雲深彷彿雙鳴鶴迴翔古樹陰一彈未再鼓頓覺滌煩襟此理靜中得應還

太古心廣陵散未絶斯世無知音

朱紫麓先生將歸皖城過山中言别歌以送之　鼎

老父平生愛結客悃欵終始心如一交之有道擇之精紛紛指屈皆軒特今年讀禮返家山閉户潛修萬慮息忽来高士自皖城爲締神交枉蓬篳雄姿磊落氣無前况復古道照顔色高論勢若翻銀河四座驚聞咸拱立彼此相對各披襟兩情傾倒同膠漆從兹再拜以定交數日不見頻偪仄尋幽

每喜到山齋長向峰頭閒眺陟園蔬野蔌不我辭
開尊動輒語移日縱橫落紙數千言紀遊鴻文堪
什襲天下奇彥豈無人先生之才真難匹小子素
性拙交遊常承庭訓侍父側幸挹光霽風月懷令
我親仁心逾逼先生不以魯鈍視頑辱噓植勤拂
拭方欣長得此追隨何意歌驪殊太急老父情重
惜別離似悔不如不相識丈夫所志在四方我欲
從之乏羽翼山頭雲樹鎖行旌惆悵空江思何極
楓香驛路梅花發尺素他時望相及

良

紮攦先生磊落之奇才揮毫落紙數千言浩氣莫敵兮山崩與水涸高軒到處争倒屣入閩與我舅氏傾蓋成知己此時陳子獲追隨欽襟隅坐欣側耳雄談細論珠玉新藐彼勢利如埃塵頻過枉日相親諄諄氣誼自天真石林山巔明月時鷗舫窓前夜雨遲吁噫嘻人生聚散安有期匆匆别我白雪之新詩寒林葉落北風掃残菊東籬委芳艸三秋執手恨已遲一朝分袂何太早丹楓江上冷斜

陽扁舟棹短溪山長莫愁歲晚行路難天涯遊子歸故鄉莫縶紫騮駒莫挽白貉襦猶喜停軌稅駕緩斯須酌君醽醁之清醥將進酒動微吟江皐日落暮靄陰暮靄陰水瀰瀰我心與之同淺深

夢鶴寮新成　良

夢鶴寮原名匏庵中有雙鶴甚馴月溪舅氏愛之迨客長安未半載而鶴忽化去雖匏庵依然而蒼苔白石間已杳無跡矣已卯歲余二人習靜濤園秋半謀拓匏庵而

大之適舅氏歸匆匆未逮忽客有求松石圖者難其請客曰分我歲寒數枝請爲君綢繆風雨何如余以爲韻事婉轉成之落成之日以顏請舅氏輾然喜曰松鶴所依也以松易屋即以鶴名寮不亦可乎因更名夢鶴寮噫縞衣不見華表空傳亦聊以誌慨也夫

濤園種松成海濤有鳥松間潔羽毛數頃怒號聒人耳一聲嘹唳秋風高我舅數載燕臺客天涯魂

夢長相隔醉來時寫故園枝千金尺幅猶難得今
歲言歸桐葉黃暮山啣紫凝秋光雲間不見歸雙
鶴寒濤四起送斜陽旁有茅屋長凄寂令人過之
心暗戚此地曾看舞羽衣只今蕭然餘四壁有客
有客歷濤園諄諄執手向予言許君贈我松與石
我為塈塗墉與垣吁嗟世人如彼彼胡能深識歲
寒旨似此韻事良足傳惟我舅氏情亦喜興酣縱
横潑雲烟枝枝葉葉濤聲連數日圖成屋亦就鋤
榛剔莽層岩懸野竹移來森似束琅玕歷亂紗窗

緑東開曲檻待紅梅雨編短籬遶黄菊雙株古木蔭平臺臺高且廣日徘徊山深時聽虬龍吼月白空思野鶴來落葉不掃風捲地高人欹枕長不寐青燈照壁夜沉沉彷彿道士夢中至

鼎

瞻雲堂前蕉竹深瞻雲堂畔松千尋旁有野圃半間屋雀巢低結蛛絲侵一朝翻然改位置經旬結構出新意朱欄遠落夕照紅碧紗近接晴嵐翠小竹移時山徑開蕭森風雨掃塵埃遠籬黄菊千枝

發拂石寒濤萬頃來老父對此暢懷抱日日閒吟
秋色好乘秋忽憶昔雙鶴引吭歛翮毛羽縞高騫
不返幾經秋浴泉滿澗長自流朝去暮來覓不得
秋江一望空悠悠窗前花下絕行迹白石依然苔
蘚碧虛窗月落夜沉沉寒堦葉墜聲策策淺水蘆
花寄羽衣徒令清夢長相依此日寮成名夢鶴雲
間倦翮歸不歸

訊梅限韻　鼎

寒林飄紅葉嚴霜隕百草睠彼冰雪姿獨標清韻

好影冷經霜瘦香微為春早開觴歡稚子忘機適
懷抱幽人動詩興含毫琢句老長結世外交全天
固為寶

良

置酒酌懸岩席地茵細草野梅三两花漏洩春光
好得氣固自先栾此飄零早纍纍千萬枝固結同
懷抱不肯容易開言待霜雪老清香自有期珍重
以為寶

移梅巖上　　鼎

寒雲漠漠凍山隈，霹靂岩前竹徑開。移得野梅親手植，暗香裊裊月中來。

庚辰花朝兼寒食　鼎

把酒問花辰，花香入座清。茗光山有色，泉細澗無聲。禁火千村白，寒潮一帶平。雙柑休事足，差不負浮生。

和韻　良

寒食不禁火，花朝風景清。酒酣來蝶夢，睡足聽鶯聲。岩艸飄香遠，村烟羃水平。遙看江外白，月魄帶

潮生

花朝後一日　　良

小圃春光媚城南霽色開暖風翻燕雀晴日濕莓苔客續看花至僧緣待月来烹茶聽說法趺坐向山隈

和韻　　鼎

雨過山如沐琴尊盡日開野花牽絕壁新筍破蒼苔種菊從僧乞傳杯邀月來悠然起詩思嚮徹白雲隈

花朝後二日侍

家大人松岡坐月限韻命賦　鼎

半畝列虬枝清陰覆石移林巒重闢處觴詠乍開時靜會欣殊得高談愜素知夜寒山漸白皓魄落杯遲

高岡受月先四望靜無邊浦樹埋雲白岩花帶露然遠峰明野燒獨鳥宿江烟列坐饒清興星河欲曙天

前題　舅氏命賦　良

宿鳥已投枝松岡席屢移春當佳節後月是仍圓
時獨領山中趣無爲世外知一尊濁酒罷清話更
遲遲
我意何所先閑情泉石邊濤喧心自曠月靜思悠
然新剔懸岩壑初浮禁火烟坐無塵世想不醉亦
忘天

上巳用皇甫冉修禊韻　良

濤園春色更如何暗裡風光已漸過落盡梨花鶯
語老飛來蛺蝶菜畦多棋敲石上晝初永日照松

閒暖更和携得一尊修禊飲看他壓世逐頹波

前題用張説韻　　良

半壑疏来曲澗泉聲斷續咽鳴絃千巡杯酒莫辭醉三月春光似小年栢子墜岩疑雨點松風吹客散茶烟山中未鮮繁華飲雙燕何由覓舞筵

上巳後一日眞意齋侍家大人坐雨枯李丞相春雨韻命賦　　鼎

曉起寒雲蝕樹陰空階淅瀝自生情滿岩花蕚翻

紅重半甃荷錢漲綠正座冷茶香清客夢風輕鶯語和書聲前山漠漠千林暝果腹長吟遶檻行

雷聲隱隱雨踈踈静掩柴門却自如竹榻低留雲影濕爐香輕裊紙窓虚高人載酒先甞韭野客臨流亦羨魚更摘薔薇點新茗倦来酣睡枕殘書

前題　舅氏命賦　良

連朝日暖風光好細雨輕寒亦稱情竹葉低垂芳艸潤秧針容露水田平閒花落地人無語濕羽歸巢燕有聲面面開窓移短榻卧看江岫亂雲行

紅粉枝頭着雨踈春隨花老竟何如煙浮渺渺千峰暗目極茫茫四野虚頓我開尊還有酒笑人彈鋏歎無魚年來亦似濤園主門掩空山好讀書

種菊　良

菊種隣僧好分來布滿園荷鋤開艸徑削竹補籬根未凛秋風操先沾春雨恩山中須釀酒花下擬傾尊

紫燕花　鼎

閑花名紫燕數朶掠素痕似解迎風舞還疑共蝶

翻根深巢石穩蔓長川雛繫不逐啣泥影春風到

小園　　良

紫燕渾無力低斜傍竹扉臨風疑欲語着雨不堪
飛未足巢高棟偏能豔舞衣漫隨春俱老遮莫亦
秋歸

萍　　良

托根能不滯泛泛欲何之踪跡原無定去来安所
期因風時乍合點雨即相離未許浮塵染飄然寄

水滑

螢　鼎

天街零亂度的歷似星流亦識明能晦終慚暗共投霧深光不沒風疾影難留長抱惺惺火飄然何所求

良

空山無月夜數點度茅亭光細難稱火飛高漫擬星穿林時顯晦着雨總飄零堪笑藏身處常依腐草汀

望野　鼎

憑高得縱望無地不新陰農務村村急桑田處處深潮翻江岸失雲重野航沉初月淡煞落餘暉寄遠林

和韻　良

望野坐山亭村村古木陰農耕知雨足麥熟識春深夕照歸鴉遠閒雲度水沉一彎新月隱漁火密穿林

家大人命賦洗泉泉名半月　鼎

半壑懸岩下盈盈動碧泓蘿衣含翠結荇帶積陰生倏爾重雲斂依然片月明山中清課樂頓覺此身輕

聽泉　　鼎

隔葉穿雲一綫懸泠泠幽咽作鳴絃流歸曲澗荷香冷響入深宵月影圓水面傳杯人似畫醉中覓句客忘天時藍釆飲前華詩先成山高却喜清輝滿更上松岡枕石眠

雨夜限韻　　鼎

何處驚春老中宵風雨時遣愁唯縱酒薄醉且看詩伏櫪心空壯隨波性未宜一燈長對語身世欲誰知

良

與子空山裡連床風雨時清燈論漢史濁酒味陶詩竹雜蕉聲亂窓寒爐火宜所嗟春事老惟有落花知

題畫

良

一葉扁舟破浪回數椽茅屋在江隈前山羃歷沉

雲黑面面開窗待雨来

隣院芙蓉　　　　鼎

漫道秋来景蕭索滿目楓林照洞壑黃花吐英逞佳色蘭桂暗送天香落更看夭艷木芙蓉銀塘深淺秋光濃誰家庭院數枝發穿籬掩映遥相逢朝来含露媚清曉疑從瑶圃隨風臭須臾半醉弄斜陽夭姬翠袖長窈窕風吹碧波流殘紅華清梳洗脂水中魂銷夜半人語寂明月蒼茫生碧叢

良

秋来池館落葉多颯颯金風吹蔦蘿黄菊東籬初結蕋水蓮開盡剩殘荷隔隣有女顔如玉曉起精神睡初足粧成獨自凭畫欄斜映横塘秋水曲秋水無風細浪平秋水無塵氷雪清美人對此照明鏡玉肌紅暈殊分明輕盈恰似隨風柳幾度芳心偏自守含愁似笑隔蒹葭欲語不語頻低首須臾雙臉濕臙脂脉脉溶溶醉一枝幽姿只許秋波見醉意惟有夕昜知夕陽簾外暮山紫散作明霞落水底月明睡去卸紅粧玉環露冷嬌不起我来相

對意相憐朦朧只恐籠寒烟明朝携得數斗酒對
翁同醉暮秋天

重九後二日　　　　鼎

氣爽天高秋槭槭樂不及時復何益折柬重招躡
遊屐嘉會不減龍山客連朝漠漠風蕭索遊人如
蟻徒絡繹我来光霽異疇昔天若有情爲我闢開
樽暢飲談轉劇劇談放眼天地窄長歌未歇日忽
夕暮山凝紫暮江碧尋巢歸鳥飛格格前峯蕩漾
走皓魄澗邊煮茗苔生席樹底欹眠雲抱石平生

不負烟霞癖笑看塵世空勞役歸途嵍晚踈林隔
回首山空秋月白

良

滿目閒愁愁莫掃登臨何處開懷抱連朝細雨阻
重陽今日初晴風景好主人招客續登高客来偏
向主人早行行南圃歷東籬籬落黄花出荒艸春
来乞種向隣僧廿日花開秋又老百年歡會能幾
何忽忽艸木同枯槁古来達士不求名飲酒藏身
為至寳停杯頤飲且高歌負郭田須種秫稻年秊

供釀酌重易花間一任玉山倒洗却塵世萬斛愁
千峰如水月皓皓

同梅谷三弟夢鶴寮看菊　鼎

寒山寂歷驚秋老長空凍雲凝不掃眼前蕭瑟草
木黄滿圃何来有麗草天公為惜秋容淡不遺圓
花鬬春早閑窓風動晝垂簾簾踈香氣縈懷抱籬
下多情似故人凌霜勁節那可道人生行樂信難
得倏忽天地同枯槁看花對酒心泠然倚檻高吟
樂浩浩歸兮珍重與花語長伴東籬新月好

辛巳花朝喜黃𤈦庵林鹿原二前輩先後至

良

入山隨伴去閉户忽春深頻得高人跡偏當佳節臨曠談無俗韻薄醉有微吟到處岩花滿幽香暗襲襟

鼎

春色滿山丘花辰景物稠香浮書帙潤尊列石泉幽細雨和烟積殘雲隔樹流高賢乘興至不醉更何求

坐雨　良

斷續茅齋雨流雲去復還坐看通曲沼卧聽響空山塵事此相隔浮生暫得閒殘書消永日春靜掩紫關

和韻　鼎

誰得此中趣幽人共往還閉門皆淨土近市有深山晝靜春如醉心空雨亦閒翛然塵事遠清夢遶松關

喜晴疊前韻　良

春色城南齋山窗午夢還烟開浮綠水雲缺露青山出寺鐘聲緩弄晴鶯語鬧今宵新月好誰解叩松關

鼎

拾翠層岩上孤踪自往還醉吟新得句坐看晚晴山雨濕松花冷亭空鳥夢閒隔林茶話好我欲叩禪關

晚眺再疊前韻　良

抱膝懸岩上隣僧杖錫還殘霞低着水宿鳥靜依

山耕罷平原穿溪流古道閒一春沾雨足明月最
相關

鼎

曉逐白雲上晚看白雲還世皆懷樂土我亦戀春
山新燕尋巢急江帆落日閒坐遲幽賞足明月照
柴關

新綠用于鄰韻　鼎

山居白日靜天地自成春秀色遠平野新陰近襲
人蝶痕芳草軟蛛網落花頻何事消殘晝行歌學

負薪

春夜　鼎

促膝微吟夜春光已半賖蛙喧鬧極浦月暗失千家遠檻聽流水迎風數落花更殘轉幽興薄醉是生涯

和韻　良

坐愛春宵好月明何處賖城烏驚夜柝山犬吠禪家露重渾疑雨香多不辨花尊中殘酒在幽興自無涯

留春　鼎

春風春月與春山日日看春春不閑杜宇聲聲喚
將去可曾留得幾時還

年年見說留春住試問春光何處留縱是春歸山
色在宜冬宜夏更宜秋

和徐忍齋太史避暑原韻　鼎

舊業荒兵燹何堪擬辟疆蓬門来鶴馭禁苑輟鵷
行艸借簪裾潤花侵劍珮香清風時襲物溽暑亦
生凉

更欲尋幽處攀岩入竹叢從容揮羽扇披拂仰仁
風雨色連平野鐘聲出上宮幸能親道範不必訪
崆峒
隱隱輕雷過疎疎乍雨收憑欄看落照席地枕清
流夢繞橫空鶴心同不繫舟乘髙發長嘯直接海
門秋
不材嘗自媿養拙少人知聊爾探書卷兼之托酒
巵梧陰當戶迴荷影瀉泉宜閒覓花間句懸無謝
朓詩

良

何處高賢駕偏臨僻海疆烏山閒覓侶丹闕暫離
行幸借許渾舘長留荀令香指携俱曠士揮麈坐
生涼

避暑園林好陰陰夏木叢巡簷廻澗水拂檻起荷
風洞古存丹灶臺高俯梵宮淹留佳客住此地亦
崆峒

晚色千村合憑高一望收雲馳挾雨過風急逐泉
流雉堞廻飛鳥江潮送暮舟蟬聲夕照裏人影淡

如秋

數載讀書處閑關人不知花邊到立馬竹裏共斷

危性懶逢迎拙情眞嚮往宜願将餘興在明月再

題詩

八閩文庫

福建文獻集成

吴格 主編

續編 集部 七五

八閩文庫

文獻集成 399

海峽出版發行集團
THE STRAITS PUBLISHING & DISTRIBUTING GROUP
福建人民出版社

本册目次

閩川詩話不分卷

［清］長樂梁章鉅撰

湖北省博物館藏清賭棋山莊抄本

閩川詩話不分卷，清梁章鉅撰。章鉅（一七七五—一八四九），字閎中，又字茝林、茝鄰，號退菴，長樂人，先世清初徙居福州。嘉慶七年（一八〇二）進士，歷官軍機章京，禮部儀制司員外郎，荆州知府，江蘇、山東、甘肅、廣西等省按察使，巡撫，兼署兩江總督。道光二十二年（一八四二）因病致仕。撰述頗豐，有論語集註旁證、三國志旁證、稱謂録、樞垣紀略、退菴隨筆、歸田瑣記、浪跡叢談、退菴詩存、退菴文存、楹聯叢話等數十種。

是書乃梁氏辭官歸里後所作，前有謝章鋌手書題識，謂從市肆所得，而首尾不相連屬，惟存「卷三」字樣。原書卷次今不可攷，所存一册，分作閩川詩話與閩川詩話續編。詩話因人設條目，共録乾隆以後閩地詩人六十家。所録諸家，多與梁氏關係匪淺，或爲親炙之師友，或家族之先輩。有詳敘生平者，有僅摘記詩句者。大體均涉其人其詩，而以存人爲宗旨，要爲能留心於掌故，娓娓道來。故謝章鋌亦「因多遺聞逸事，假歸命小史録存之」（謝章鋌閩川詩話跋）。如先資政公條，記明尚書陳培所佚事頗備，與他氏所述迥不同，是僅見者。另翁曾條，記翁氏「嘗輯所聞爲洪塘小志，余屢訪覓其書未得見」。按，洪塘小志民國十六年（一九二七）楊遂刊印之，即今傳石印本者，卷前劉彧序謂「洪塘小志者，編纂於故老，傳鈔於鄉人」，蓋是書纂者舊時已失名，閲梁氏此書，方知洪塘小志爲翁曾纂輯，其名湮没百餘年，今可藉梁氏此書表而出之。另記乾隆間閩中讀書社中前輩逸闻頗詳，亦可資談助。

梁氏晚年著述於陳壽祺時有異辭，此書亦不例外。先叔父太常公條云：「陳恭甫力主閣說，又好詆覃溪師，遷怒於公（指梁上國），故撰上史館之東越儒林文苑傳稿，絶不及公一語，則入主出奴之見也。」此條於梁陳齟齬之由，可增一旁證。

梁氏纂著詩話多種，如東南嶠外詩話、閩川閨秀詩話，皆記閩人詩事。梁韻書閩川閨秀詩話序云：「余同堂兄茝林中丞公，著作等身，尤留意梓邦故實。嘗輯唐以來閩川詩鈔數十卷，並仿秀水朱氏明詩綜之例，間綴詩話。」因卷帙過繁，故先撰就東南嶠外詩話（專記明閩詩話）、閩川閨秀詩話而單行之。閩川詩話蓋即閩川詩鈔之小傳，書中先資政公條，述明翁正春事，小注有「見前第□卷」數字，故謝章鋌跋云：「近浙江書局所刻二思堂叢書有閩閨秀詩話四卷，想與此卷相連屬。」是書所録皆清人，可與梁氏乾嘉全閩詩傳所載退菴詩話相參看，又多不盡同者。

是書從梁氏殘稿本謄録，如林天申、林中聲、齊弼、張經邦諸條多有闕文，即謝章鋌所謂「零星蠹爛，首尾不相屬」者，録副一册，是不忍聽其湮没也。（堯育飛）

寫本　梁章鉅

閩川詩話　一冊

閩川詩話殘存

從帝釋幢中撿得梁茝鄰中丞詩話稿一本，靈寶嚣爛，首尾不相屬，卷三二字尚存，名不知其若干卷。因多遺闕，遂多僞歸命小史錄存之。中丞收藏極富，著述殷孚，其壽夜周中丞如東南嶠外文鈔、詩鈔等，皆未得見，其付梓與否，聞其家亦未能詳。近浙江書局既刻二思堂叢書，有閩詞話四卷，想與此卷相連屬，而此卷又何以不刻。而其中引王子蘭語，則吾以友王道徵也。道徵初字夢蘭，年將五十一，猶未青衿。嘉慶初乃據撫殘籍，費以相給。居南市一室，如斗大，以書架隔為內外，內居妻子，外以居撫摩雜籍，間則篡前塞避，幕等錄，執三寸禿管，日低頭孜孜，有猶之者，恬然不答。大有嚴君平、況蘇州風味，夢蘭始因從中丞兄曼雲太史遊中丞歸遂因緣得見時彭文敬師方督閩學為之延譽得補弟子員文敬又指之入署讀書此雖文敬惜才而中丞推挽之識於今名難數見嗟乎一時際間不過三十餘年耳世路益迫詩書益黯色時藝試帖之外無多業焉詩曰雖無老成人尚有典型吾於此卷尤恐聽其湮沒於文者能使之不湮沒哉光緒癸未蕤賓既望附子姪記於芝山僑舍

閩川詩話

福州梁章鉅撰

鄭王臣

莆田鄭蘭陔有莆風清籟集六十卷，選興化一府自唐至國朝詩凡三千餘篇，作者一千九百餘人，仿中州集之例，各詳其人之里貫著作，又仿明詩綜之例，附載所自著蘭陔詩話，惜持擇尚未精審，詩話亦鮮所發明，故四庫僅存其目。隨園詩話稱蘭陔爲蘭州太守，年未六十，以弟喪乞病歸，留别寅好云：畏聞使過頻移疾，懶答人言但託聾。閩情云：最憐待月湘簾下，銀燭烟多怕點燈。俱暗使人不覺。杭堇浦題其歸來草暮云：東省其山左京風俗由來厚一遇期功便去官陳寶譙元吾自汝蓴鱸人錯比張翰東皋舒嘯復西疇人較巢桑更遠遊七錄異時標別集竟應題作鄭蘭州在隨園小住一日買書兩船打槳而去風味故不淺也

林天申

林逋菴工詩而窮性簡傲遇高車影纓者輒避之不能為舉子業閒遊武人幕府無所合即引去孟瓠菴師獨與之交好以為近世詩人之窮無有過於逋菴者鄭雲門閣學　黃

某以　自刎　魔人　見古題　非關

家國竟亡身總為功名太誤真　鬻泉甘地　古來三點又

何人太平無事策奇勳縱有 亦猷聞若使帳中留國士不
教容易死將軍孫憤終難雪已寬羈魂應愧返都門興安健卒
知多少挾纊何人感故恩蘭水壺山繞郡城我來憑弔不勝情
沈魂自是無歸處忍聽轅門鼓角聲後遂寂然然則通菴蓋窮
於人而不窮於鬼者歟

林中聲

林中聲字鶴皋乾隆間諸生樾亭先生族叔也有集四卷
今人鮮 樾亭先生海山叢談載其 如琴書春
一 花鳥酒三編 閩水碓雲散 雲迷古寺秋雨
亂虹橋江聲喧估客野色媚行人 撐雙眼白淚灑一身孤嵐

光迎鳥落水暈逐魚生潮聲驚海燕日色醉汀楓天隨霜一色
人與月同清炎涼天地老詩酒古今情劍光寒鬼膽琴韻醉人
心夜寒魚不夢冬冷鳥先知竹聲疑帶雨花氣畏含風七言如
野鳥啄殘紅豆雨曉鶯啼破綠楊烟海邊風月三知己天下文
章一遠人雙槳遠村沽酒去一肩春笋帶雲來花䰟醉爾三杯
酒秋　還他幾首詩幾點流螢穿夜月一林清露秋杯無金
交公子有　還堪付侍兒尖意時　良友　關情　人
心人呼不敢辭牛馬我拙還他　鳥鸞一夜西風雙鬢老滿身
秋露五更寒舉世空求圖上駿無人解惜爨餘琴曉角吹殘遊
子淚秋燈剔碎美人心客艇暫邀三美留女牆初嘯一聲笳皆

清麗可喜

陳　碞

乾隆二十七年五月七日郡城東北慶城寺釋迦大象頭忽斷落墜地拜石為之碎裂且肩項皆削平儼如刀斫好事者蜂擁聚觀不知其故陳畏民先生有詩紀之云漫道金剛不壞身空門色相本非真恒河沙內無窮劫得賣頭顱亦渡人寶月圓光笑故吾荼毗原不判禪狐想從未了涅槃業更遇無情廣額屠無有餘乘最上乘心風動處滅傳燈太平早付雲門棒鼻孔於今摸着會豈真丈六化身多伎倆齎殊墨頂摩思議已教人看落猛回頭亦奈如何

者其山左

盋瓶菴師 超然

盋瓶菴師中歲歸田著述甚富今所梓亦園亭集二十四卷乃同門友馮笏軿所校刊非全書也然詩文選擇綦嚴八錄俱備已足壽世游彤卣侍御序之云瓶菴先生由銓曹假歸養親里居三十餘年不復出余聞與會城諸同志談鄉先輩人品學問所見不必盡同至先生則翕然推許無間言天性孝友遇人若春風之和煦或干以私則嚴毅不可犯居常未嘗高談性命而省躬克己皇然如不及其詩文雍容大雅雖體製不一要皆本其學問性情之懿發為順成和動之音非復世之苟為炳炳烺烺者所得方軏齊駕也

乾隆甲寅余與同祖伯兄虛白公三兄曼雲公同登鄉薦城中傳為盛事時瓻菴師正主鼇峰講席余等三人皆肄業生也師與余家三世交期情誼最篤望之切故喜之深有賀詩一首亦園亭詩鈔中所未錄也詩云晨興覽題名拍手笑不止錄中列三渠皆我故人子德門十五葉書香方濟美迨茲甫發揚佳話動鄉里回憶戊子秋壎篪叶宮徵今日聲愈大聯翩三鳳起積厚流自光居易命可俟所難號識先文章特末技吾鄉百十年盛事亦僅此所望宏樹立庶幾重桑梓況我抗顏忝成蹊盡桃李英英出鼇峰白眉尤可喜會當趁順風結束入帝里君家賢大阮遲君相見邇提攜玉堂仙相將拜丹陛光家復光

國老衰正側耳

余髫齡即從陸耳山學使考送鰲峰書院肄業瓶菴師本父執晉謁之日就池欄設几面試小課有詩心同水澈書味與花和之句師亟賞之告人曰此子必踐清華但吾不及見耳嘉慶二十三年閩中大吏以師題請崇祀鄉賢下部議覆時余已官儀曹故事於年終彙列各直省題名宦鄉賢核其事蹟以為准駁是歲所題獨多同人有嚴於去留之意余以吾師名實相副語詳陳於各長貳及蘭省諸同官得手定疏稿上之邀　旨准行回意三十年前期許之言幸逭後死之責每繙遺集輒為泫然

林喬蔭

林樾亭先生早登鄉薦，以文詞雄博洽多聞，通曉史事，屢佐大寮幕府，筆舌互用，傾動一時。晚始作令蜀中，檄赴西藏管糧務，受代歸，遂卒於官。先生姿禀穎異，讀書能觀其會通，尤湛深於經學，嘗著三禮陳數求義三十卷，自謂生平精力盡於是書，以多掊擊馬鄭之說，為時流所不喜。其實貫通經傳，綱舉目張，使讀者有渙然冰釋、怡然理順之觀，其視陳用之、敖君善輩，有過之無不及也。此外雜著尚有汲古綆藏、徵錄、熱城居士詩集各若干卷，皆未付梓。詩境老到，稱心而談，無一依傍門戶之見，非彫章繪句者所能望其門庭矣。

余在京中，常與游彤卣侍御、章佾軒詹簿、楊蓉峯、劉心香庶常有分題賭詩之會請陳秋坪先生為祭酒一日分詠王荆公故事同人皆瑟縮不成篇秋坪先生獨振筆一揮云先生之學不可誣文名一代歐曾蘇先生功業深可慨嫉名一代呂章蔡行客橋頭聽杜鵑欲尋故宅没寒烟當時但作詞官老長共儒林文苑傳同人皆為之閣筆先生笑曰此非余詩也憶三十年前讀書社友有此作今忘其為何人耳後二年余歸榕城從林研樵進士處借讀瓶城居士詩稿則此詩恰在其中瓶城者樾亭先生自號也題為過王荆公故里則五六句亦有着落矣

林澍蕃

香海編修於余為父執熟聞先大夫及伯叔父述編修少孤母

鄭氏石幢先生女有女宗之目課之經史穎悟如成人九歲即工為詩十七舉於鄉二十三成進士入詞館貌如冠玉權貴豔其欲羅致之門下時編修與余世父九山公及曲阜孔撝約先生有歲寒之盟相戒弗就嘗主浙江鄉試有以關節相干者即其座師也師譽其人甚至編修曰果爾則暗中摸索而得之不更美乎其師語塞而去年二十八卒無子撝約為之誄傳於時嘗為撝約撰武成頌甚瓌麗撝約復加删潤今刻入儀鄭堂集中余嘗就編修嗣子永健今改名廣章處得閱手稿故知其為編修原製也所為詩根柢深厚而時有靈氣往來惟工於言愁識者知其不永云

龔景瀚

龔海峯先生政事文章並堪不朽他年青史當合儒林循吏為一編詩特其餘事而性真激發根柢槃深衝口成章渾涵萬有騷壇一幟亦不能不讓其先登甞聞先生誨人之言曰讀書所以開拓器識陶淑性情器識宏性情正則文章自真不以雕琢剽竊為能詩與文無二道也嗚呼味先生之語可以讀先生之詩矣

鄭蘇年師西霞文鈔云聞海峰在中衛時地有深谷故為妖物所憑常興雹害民稼歷任仕稍不謹輒致殃海峰禱於土神率吏卒掾強弓毒弩刻日驅之先期一夜風雨有聲近村地皆震裂

相傳妖已徙去一時邑人傳頌有海神避灘壇令鱷魚避潮陽刺史之風今集中有淺淺子紀事一詩即其事也

鄭天鋂

鄭有美明經為荔鄉先生之子擩染庭訓學有本源貌寢而愿博聞强識而拙於文善勸學有切偲之風讀書社中視為畏友學使者朱笥河先生拔冠童試陸耳山先生舉優行充貢二先生没有美皆服心喪三年嘗有上畢秋帆督部書論釋道二藏有可補儒藏之缺者書未達而有美死矣生平耽禪悦熟内典長齋終其身嘗欲遊粤東訪六祖道場瀕行之前夾與先大夫話別錄示齋居口占四句云清先大來後小夢到羅天覺路位

誰喚一聲風柳蟬逾日別去行至博羅以微疾逝盖亦詩讖也

郭貢許

蕭菴倜儻風流才氣横逸與同社葉毅菴張惕菴鄭雲門諸先生名聲相埒而蕭菴僅以優行充貢司鐸終其身工行草書琉球人多乞以歸遺詩稿散佚其縢句云飯無沙米蘇和仲身作梅花陸放翁咏菊云品以清高能脫俗花雖隱逸不逃人亦可想見風致矣

伊朝棟

伊雲林光禄為墨卿太守之父初名恒鑽通籍後始改今名乾隆己丑進士先叔父九山公亦中是科名通榜故以同年訂交

甚厚時墨卿尚髫稚也所作詩甚富同里林樾亭先生極稱之晚病痺官終光祿卿嘉慶初元墨卿嘗扶侍入
朝恭與千叟宴余猶及望見顏色也

隨園詩話云伊雲林先生素未識面曾托王蘀亭給諫寄稿商確詩多雋逸書蘀亭移居相近云借得輕車載具遷宣南坊地雁秋天桑林我已淹三宿花徑君初拓一廛雲抹樓頭宵共月烟銷井口曉分泉素心晨夕經過數佳事應圖主客傳歸舟云殘月啣帆影長江一葦廻烟寒仄步樹潮走海門雷六代銷波底三山落酒杯儒生伏忠信涉險興悠哉其子秉綬進士見寄云魯靈光殿蜀峩嵋猶在寰中見未期早歲誦詩同尚友逢人

問訊當親師名園藏得三山勝妙筆兼將五色持閒道朱顏暎梅萼幾時來訪鄭當時

李光雲

李劍溪太僕為磁林庶常之孫敬亭吏部之子三世皆入詞垣而太僕官最顯儀觀偉麗胸次灑然京宦二十餘年家徒壁立不少介意和珅柄用時聞其名延主西席力不能却強與周旋歷數載無所干請值和誕辰不往祝詢知以無貂褂故立贈之褂旋遇元正又不往賀再詢之則褂已入質庫矣性嗜摴蒱籍以韜晦和敗乃以老病放回囊槖蕭然行至延津而卒遂瘞劍溪之號遺詩稿兩帙竟入偷兒之手惜哉

林開瓊

曉樓先生面如古佛而優於情身抱通才而阨於遇嘗官教諭左遷訓導以長名榜謁選當得縣尹吏持文牒責納貲始復秩遂拂衣歸陳荅甫編修贈詩云昨日賣田作貢禹摳衣投牒謁東府安知敗轂有飛蟲罡風吹墮青冥羽一斛蒲萄少芳醑杜陵男子身肯俯即其事也所爲詩汪洋恣肆不主故常抉十子之藩籬通三教之津筏而於家庭師友之際纏綿愷惻情深於文其宗旨於小蘭陔集如驂之靳而才力倜儻則自當絕塵而奔矣

先資政公

先大夫與先叔父翠巖教諭九山太常二公同入讀書社教諭公眈禪悅太常公喜博綜而先大夫獨服膺宋五子書粹然有得於詩非所注意應酬牽率間有所作亦不以示人法時帆先生朋舊及見錄中不知從何採取數首並稱其詞采煥發絕不似講學家言蓋從太常公處錄出且詢知梗概歟

蔡中郎所書華山碑毀於明嘉靖時今海內舊搨止有三本一為華陰本朱笥河先生所藏一為長垣本詒晉齋所藏一為四明本阮芸臺先生所藏四明本係全碑大軸未經裁剪者余得觀於芸臺先生漕帥廨中長垣本初藏陳伯恭宗丞處余叔父太常公時得縱觀華陰本 先大夫曾侍觀於笥河先生之椒

花吟舫有詩紀之先生許為名作可傳今謹錄如左云生平未識華山遊刮目先見華山碑金天萬里嶽翠濕碑雖失去神在茲墨莊樓中舊紙本松談閣裡工裝池雲烟過眼幾轉徙椒花吟舫來奚遲元精耿耿結符彩仙藻鬱鬱紛葳蕤鎔金屈鐵有如此驚心動魄非吾欺朱竹垞語前賢讚詠各殊致風流異代猶嗟咨中郎手筆果不誤市書察名何多歧吾師考訂不繫此獨為六籍祛然疑洋洋灑灑數百字有如擘理兼分肌漢官舊儀訂班范隸古斟酌參鼎彝直掩洪婁躡斯邈區區東郭焉能窺何況末學昧波磔長年腕如鈍錐躄攣分寸不可上粗者似此精可知會須別倩雙鉤手一字一朵蓮花披珍重莫教寒具污摩

浮藉作瓣香持按此本今已歸余篋敬將此詩錄於册尾以誌手澤

吾鄉侯官大宗伯翁文簡公正春為福清葉文忠相國向高門生葉又為吾邑陳大司空培所公長祚門生三傳沆瀣同朝貴顯為一代碩德名臣而皆被鄉里小兒所誣衊翁公有薄倖之報見前卷第葉公有屢破人風水之怨最可恨者以培所為諂媚嚴嵩至有獻金溺壺鐫姓名其上之事不知培所乃隆慶五年進士由知縣歷官御史至熹廟時始轉南京工部尚書萬璟以彈魏忠賢廷杖培所抗疏捄之璫側目因告歸計登第時嚴嵩父子早已竄死十餘年又何由而入奸黨乎余童年嘗隨先

資政公返江田省墓里中耆舊多為余談陳培所故事先資政公嘗雜紀以詩云嘉隆身世本相懸莫夜何因得乞憐莫聽齊東傳野語妖金豈必定貪泉即為培所發也按培所家雄於財福州婦孺皆知之謂其官山左布政司時署後有石門封鑰甚固歷任必祭之而從不敢開視培所毅然開之仗寶劍佩印符而入門內夾路盡是銀人排列直到深處則白鏹堆積如山因悉數裝運回里不敢鄉居遂遷居於福州東城內大起第宅富甲一城至　本朝為駐防重臣及固山達輩公廨並宿禁旅其中培所舊區遂去其十之七八然則此金亦天賜並非由苞苴賄賂而來何以為世口實如是且歷二百餘年而無有為之昭

雪者可歎也

先叔父翠巖公

三叔父翠巖公髫齡穎異十歲應童子試作載華嶽而不重制義據爾雅周禮分華嶽為二山為朱文正師所激賞擢冠其軍令與時髦二十餘輩聯為讀書社時林樾亭龔海峰林曉樓三先生家皆兄弟競爽而公與先資政公及叔父太常公亦有三珠之譽衆艷稱之性喜逃禪讀內典輒有悟每作脩然出塵想作宰未終任即以病辭改就廣文復棄官歸棲遲古寺遂以終老不可謂前身非僧矣詩稿多隨手棄去有與陶篁村酬和一帙余少時尚及見之今亦無從尋檢謹就讀書社同人集中錄

出若干首尚不及百一也

先叔父太常公

四叔父太常公初登詞苑習國書散館當改除金壇于相國惜其才請仍留庶吉士故公於國書最明鄉後輩從公講授者皆擬高等丁內艱歸以先大父春秋高乞養里居十二年而後還朝國家清要之職恒稱翰詹科道而除授則班資各判不能相兼惟公以一身徧歷蓋京朝官所罕遇揚歷所至皆有巨人長德之目吾鄉先後輩及輩下賢士大夫每從公博咨國家故實及當世利病方三省用兵累年公疏陳平賊六事以設統帥一兵權為首務上是之卒以此奏功巡南城以郭

外地遼濶歧錯易於藏奸請分邨落定坊户編用保甲之法以
以杜芽蘖格吏議不果行後逆賊林清搆煽窟穴適在近郊衆
始服公之前識巡視東漕則濬引河搜泉脉諸廢並舉而夙弊
一清漕帥鐵治亭先生以爲數十年所未見據實奏聞公以此
益被　知遇他如奏發福甯會匪抄掠巨案請收撫臺灣蛤嗎
蘭番地又皆有裨桑梓大計其纂官書獨勤嘗請續修　大清
會典疏稿今載會典簡端分修八旗通志以精通　國書所載
筆者居全書十之七八同時館閣諸公咸自歎弗逮蓋公殫精
樸學於經史皆有考證自入詞館遂留意　朝廷掌故及經世
有用之學詩律特其緒餘而稱心而談不尚雕琢司空表聖所

謂精力彌滿萬象在旁者庶幾近之惟平生雅不喜人駁古文尚書有駁閻百詩尚書疏證五卷翁覃溪師爲之序陳恭甫力主閻說又好詆覃溪師遷怒於公故撰上史館之東越儒林文苑傳稿絶不及公一語則入主出奴之見也

謝春暉

長樂謝蓮湖廣文與先通奉公暨先叔太常公同登乾隆戊子鄉薦蓮湖世居邑之江田里未生時里中父老夜夢土神告之曰此月村中有謝狀元降世翼日言人人同時村中惟謝氏婦有身謝本盛族而蓮湖家獨微賤衆易視之及誕夕復夢如前乃合議周恤之稍長以貧不能就外傅衆往察之復知有重瞳

之異於是厚資之學頗異過於他童乃相踞重共呼爲謝狀元近陳蓮石先生序其詩有咸以大用相期云云知非漫爲是語也蓮湖本詩人在杭先生之後故所存詩稿不失風矩詠明妃云紅顏命薄尋常事寄語君王恕畫工用意忠厚較歐陽公語似更有味也

陳竒銑

長樂陳曉幢先生與先通奉公同登乾隆戊子鄉魁負才跅弛困公車者三十餘載始以長名榜謁選當補縣尹而掣得山左鹽場大使吾鄉鹽官班次得隨縣尹之後由舉人出身人員每遇鄉試亦一例充同考官而山左則鹽官與佐雜同班即列乙

科者亦從無聘取入闈之事先生遂傲然不屑立引疾歸有和袁簡齋落花詩韻其自序云簡齋以館職改邑令不能無不鳴之鳴然庶常散館以文字定去留此故事也至余循例謁選未嘗以闒茸書下考也格於銓法而抑置醝職雖才望不敢仰企簡齋而遭逢不偶則過之因步其韻為之工拙相懸不啻霄壤然以攄胸懷悼時命一也今按其詩至六疊韻九十首之多詞重語複不免過於悲悱而就中警句亦自不乏如魂銷猶語三生石芳歇難灰一點心悟後亦知同幻夢開時誰解惜分陰但許酒杯名不落須隨藥物寄當歸曾經泥土清依舊倘戀浮華錯便多難教壁字成香界要把氷心質太清未經話別猶含笑

若果憐香定感恩夢中仍吐霜毫艷筵上休隨舞袖低倦容天
涯春又去美人心上怨難消奩右但愁雙鬢改檐頭應弛一肩
忙泣玉泪多魂已斷墮樓人去骨猶香緣難繾綣非關色怨尚
分明況有恩悵悵經（似）千里夢護持竟負一春忙飛揚仍有精神
在墜落誰將色相看縱抱芬芳知已少早知憔悴告人難時雖
遲暮情難減天與容華恨即多貞心恥共荃茅化往事空談劍
佩迎拈來一笑知何意說到重開恨愈多題襟此日傷心語側
帽伊誰着意看隨波終恐芬芳減墜地非關品格低無心鬪草
隨人後何意飛蓬自伯東皆託興高遠含毫邈然置之隨園集
中幾無以辨

黃守儛

黃雲石先生以進士出宰餘杭罷歸有句云囊空好走三千路心穩無愁十八灘稱心而談自成名句當時部民送彩旗聯云無計可留慈父駕有懷難訴 聖君知其德政之感人如此後教授里門者廿餘年著有鄉黨圖考風行一時自江慎修書出而讀者始漸稀矣

齋弼

蘭臯先生以儒術飾吏治所至無赫赫名而常有去後思攝州時值苗人　　講席夷深入險阻收其兵器一千餘件嘗會鞫被掠者他吏率欲見功誣為奸

民駢戮之先生多攘臂與爭所全活無筭以丁父憂歸遂杜門
奉母終其身所爲詩文皆清真雅正而不自收拾没後僅存自
寫詩稿一卷亦閩人之不善爲名已
余髫年隨先大夫游

其器重後二十餘年余以儀曹入都補官先生贈以詩云玉堂
粉署兩徘徊簪筆雍容接上台正值承明資潤色肯容枚馬守
蒿萊烏衣門巷重清時兩世文章荷主知卿月纔看輝粵徼時令
叔九山學先生郎星新復映向鄉關靜見聞故交今復悵
離羣身如倦鳥歸林後郤羨無心出岫雲心出岫畫無丹廿載京華

剩舊知無多書札但相思朝中若問山中客爲説茶烟感鬢絲

陳登龍

秋坪先生爲故温處道忠毅公後裔世有名德先生少聰穎入讀書社與黄耦賓明府齊名有二妙之目作令蜀中以慈惠聞調覺西藏裡塘糧務撫馭夷酋威惠兼用凡山川阨塞風俗謠諺之狀一發於詩復工山水以太癡爲宗出塞以後詣益進以資遷江右鄱丞丁母憂歸遂杜門不出授徒以老所著有出塞録一卷裡塘志畧二卷蜀水攷二卷天全州聞見記二卷讀禮餘編二卷詩集十四卷雜録四卷嘉慶壬申余遷居夾道坊新宅之東有藤花一架甚古值重陽前二日招先生及薩檀河游

彤自余片玉萬虞臣陳蒸甫葉文石林蓼懷鄭松谷馮晗甫裴古懿許蔭坪十二人聯吟其下先生齒最尊為祭酒並為篆齋額曰藤花吟館自是旬日一聚迭為賓主各出新篇榕城詩事於斯為盛先生有五古長篇紀之而編梓秋坪詩存者乃置不錄殊不可解也

魏　瑛

耕籃先生嘗從余先大父受業先大父年甫踰冠即主魏氏講席時先生方髫稚已知嚮學近裡着已端懿如成人嗣家益落學益進嘗一入鼇峯從朱梅崖先生受古文法而朝夕仍侍先大父函丈前後垂三十年不忍舍去迨先大父捐館之明年始

挈家赴官於浙以余所逮見諸父執輩氣誼之篤學行之粹無有過於先生者先生没於官無子生平手稿無一存惟余家舊篋中有遺詩二紙尚是先大父所錄存者因亟鈔之真鳳一毛龍片甲矣侍梁天池師屴崱峯觀海云大頂聳巨鼇平楚亂蒼鶻南際無障屏東迆始恢豁一氣連蓬瀛形神並起越天吳與紫鳳皺蕩在空瀾大圜方鏡清妖霧敢竊發但見金銀臺突起馮夷宮臺陽此左股蛇島青欲活琅然起嘯聲下山弄江月又侍梁天池師臺江觀競渡云臺江西接洪江漲快艇飛來不用槳絲雲絢日忽麗天正合水嬉競蹋浪一聲鼉鼓駭流中旗旗五色排晴空榜人喧騰作奈火翻身出没蛟龍宮紅裙幾隊山

者其山生

榴吐遊人艷説烟花簿青山倒影自風流回看粉黛真如土人
生竿木且逢場故事流傳歲月長儒林文人樂不極笥與歸去正
斜陽

郭文鉽

書屏明府為瑜齋先生子儒染門風昆玉競爽入讀書社與名
流互相切劘詩文皆有根柢觀政浙中屢攝劇邑最後補鄞縣
嘗奉檄赴滇南采銅臺陽林爽文之亂由海道運糧回閩著有
前後鸛井集阮芸臺先生為之序曰鄞為海疆劇於夷寇郭君
拊之多循聲鞫盜甚多無酷枉者以故余考績卓異薦之其先
為海上泛舟之役近乃采銅於滇渤澥之大昆池之遥極其游

矣所為詩爾雅真摯實事求是亦足以紀其所游鵬之所摶鵾之所徙乃可以擬之鸛井云乎哉

林熼

林天玉廣文安貧嗜學最喜談詩而性褊寡諧復善嫚罵後進多望而卻走雖其門弟子亦鮮親炙之情也乾隆乙卯計偕左足為車輪所壓骨出瀕絕而蘇者屢矣日呻吟福州鄉館中無有敢過問者惟余叔九山公為料理醫藥甚周至廣文有病起賦謝一律云餘生痛尚剩殘形萬里身如一葉萍老去自傷頭半白病來獨荷眼雙青百城書假窺中秘病中承示奇書種種多係內府秘籍九轉丹貽抵內經病數易醫不效復承代訪單方而服而愈無物可酬滄海德祇

廳步步寸心銘

祖舫齋師之望

相傳吾師祖舫齋尚書常於誕日夢沿溪行有一舟甚雅潔渡入對岸園林樂而忘返每歲届期夢輒不爽因自號舫齋余嘗以此詢吾師師笑而不辨嘉慶丁卯戊辰間余主南浦書院講席適吾師養親在籍余夙以文字受知至是以詩酒侍游殆無虛日師於色養餘閒仍手不釋卷嘗輯祖氏遺編自始遷祖以下三十世名為詩歌系以小傳重刊祖無擇龍學文集訂梓鄉賢遺書自楊文公以下十餘種最後增修浦城縣志輯柘浦文鈔詩鈔皆與章鉅商定其事因得徧讀公所撰著有節制紀聞洞

神錄、乾訓、逸名錄、邇言錄、舫齋小言、青鳳子皆山草堂詩鈔、文鈔各書，皆未刻，惟詩鈔十二卷，屬余為編校付梓焉。

各直省大吏旌麾過境，以及新官涖任，所屬州縣官率以供帳為苦，謂之「辦差」。乾隆間其風最盛，嘉慶以來，其勢稍差。祖舫齋目擊而心傷之，皆山草堂詩鈔中有辦差四詠詩。其一燈云：「一穗青燈自等閒，忽驚繞屋看鼇山。小臣也傍光明燭，不照庭除照萬間。」其二綵云：「辛苦寒窗寡女絲，無端助汝作門楣。出門多少無衣者，卉服當風淚綆縻。」其三地衣云：「翔步那堪比洛神，如何羅襪禁生塵。不當踐踏中人產，始作氍毹是罪人。」其四海菜云：「休管行人下箸難，素餐已愧腐儒餐。請繙水族

加偶薄海錯何曾上食單燕窩海菜前明萬歷初年尚無此二物為李時珍本草所不載仁人君子之言聞者足以戒矣

閩川詩話續編

福州梁章鉅

謝生晉

謝日三為古梅先生從孫由知縣內擢兵曹在蜀日久歷宰彭縣萬縣蘆川均有惠政蘆民立德政碑紀之性孤介都中鄉宦多不與洽時余以計偕留京獨承器重目如坐春風中嘗招余同王陸亭陳雙蘆王虛谷集崇效寺看牡丹以詩索和云閑春晼晚雨晴天洗出胭脂着意妍遲暮風懷容我共清平詞調讓人傳空中色相憑三宿眼底樓臺又一年爭似華儕豔初日好將綵筆寫非烟詞旨完足神韻天然乃知為詩中斲輪手惜他

作不輕出吾鄉士大夫亦絕無有知其能詩者矣

林雨化

林布五先生信道篤而秉氣剛司鐸甯德時爲門下士所誣觸上游權貴怒文致下獄不少貶屈遂至投荒萬里九死一生迨賜環歸來而椿闈猶健在先生乃痛自懲艾嫥氣致柔授徒養親以詩文朋友爲性命文以簡質達意爲主嘗自編其古近體詩若干首示余並索余序大抵溯源於彭澤而歸宿於香山余爲錄存數篇蓋先生之學問性情俱躍然紙上

鄭振圖

咸山爲朱文正門下士有次文正登岱一百韻五古一篇雄偉

傲兀文正亦心懾之所著觀瀾堂詩鈔其友人陳東村序之曰咸山常篆小印曰韓門弟子問其意笑而不言後以詩相示乃嘆曰是誠韓門弟子也顧韓以奇崛勝而此則磨礲圭角潤以古澤炫裝靚服而骨氣彌遒殆神似而非形似可謂善學韓者東村之言如此然余聞叔父太常公言咸山有奇行嘗封股療其肫兄之疾文正師亟稱之其摯性過人如此則僅以詩人相待又淺之乎視咸山矣東村亦云咸山自臨城令寄示馬語一詩愛民惻怛之心藹然流露宛是元道州華星語昔昌黎為山陽令有愛在民民生子皆以姓字之然則可稱韓門弟子者又不獨詩也

伊秉綬

墨卿由刑部郎出守惠州緣事罷再起守揚州丁憂歸服闋復出卒於揚州江南人祠祀之早歲為經生中年為循吏五十以後居然以講學家自勵旁及藝事亦無不精究而隸書尤獨出冠時初學衡方張遷二碑晚乃神明於規矩之外有真力彌滿萬象在旁之概丞相中郎大人行吾宗孟皇尚當讓一頭地無論韓擇木蔡有鄰也所為詩皆戛戛獨造有切響而無浮聲留春草堂一集世所共覩復自芟擇手錄數十首示我即據以入詩鈔得失寸心知可以存墨卿之真矣

余曾以拙詩寄求墨卿審定丹黃並下受益良多復書云弟以

古人待足下不能不以古人之法律大集余甚感其言復承附題七古一首云詞曹不簪承明筆獨愛蠟屐遊名山粤從無諸闢荒陋有幾麗藻留人寰越王石尊星斗墜李監篆刻蛟螭盤倚天摩崖一揮灑照耀東海驚百蠻尋遺宫殿感割據三十六所皆花班搜奇攬勝殊未已武夷君迓層雲端眼眼玉山健濟勝出入烟霧雕脾肝既窮紆曲狀貺忽諧於琴瑟董於蘭我聞筍河著神異筍河先生夢為武夷君何以修之其魚乾洪崖往年亦登陟雜存編修清泉礪齒六月寒三　三山尊位業而我下里安躋攀汀州歐閩之餘氣山時鍾秀人則頑黃連孤塔隨　古烏村數洞曹詩刋石蒼先生有遊烏洞諸巖之作君昔來遊遽歸去吾未返里誰盤桓顧者其山生

居發興補奇句勿使僻遠山靈歎
余由庶常改儀部即乞假回籍葬親家居十年始挈家北上瀕
行陳秋坪先生為作無心出岫畫丹墨卿為題分書四字於丹
首附以詩云儀曹林首十才子忠惠蔡稱四諫臣居入文昌復
星位定叅先輩作傳人又為余作水墨便面於泉石間綴竹數
竿着墨無多極瀟灑之致亦繫題句云泉清石介此君兼之一
日不見如之何勿思此皆集中所不載附録於此

官崇

乾隆己亥大興朱文正　師主福建鄉試從落卷中拔官志齋置
第六文正復　命時奉　面諭今科闈省試文甚好第六本尤

佳由是知名志齋父業鹽筴以負帑入獄志齋出代繫累月家遂破嘉慶元年舉孝廉方正以親意強就徵中途病卒無子志齋敦志節古文學梅崖先生具體而微詩不逮文而刻意為之所存較多有公車草豐州草永陽草古體聲調尚未盡諧近體則瀏然以清不屑拾人牙後語澹泊閒適之音足以覘其風矩矣

余於乾隆末計偕至京與志齋同僦居粉坊琉璃街屋知志齋詩皆從苦吟而成而讀之若毫不費力者如寄遇音姪云山月出寒照溪星搖靜光哭鄭日如逝景渾如此勞生何太忙新荷云已覺幽香遠甯論芳信遲對菊云把憐香莫徹吟覺地偏

馬上云故園生計不知處塵世浮名何太勞白菊云同是情懷甘澹泊不須遲暮數星霜和鄭在謙云一片布帆千點雪遲居不至過衢州舟次高墟云征帆自向溪深處飛鳥銜人過水西謝退谷所謂情理有餘而神氣酣足者近之余尤愛其偶成云白日堂堂去青春緩緩歸五更行露濕一片落花飛贈謝醒菴云秋水碧無際程山高入雲先生承世業吾道在斯文字字渾成無斲可擊惜二詩後半皆不振此亦不永年之徵歟

劉永標

劉次北先生吾邑之耆宿也以詩名榕城者數十年近始得讀其盥白齋詩鈔四卷大約古體為勝五古尤工鬱律蒼深如游

姬巖諸作爲有目所共賞律詩不多見然五言如發漁梁云雲凍不成雨雪明何處山夜雨云街鼓連雲重燈光隱霧青前軒云雲畫山重疊風傳竹靜娟晚晴云墜葉濕逾響棲禽時一聞衢州云江空人語迥風定櫓聲柔楓嶺云巖泉晴更落山雪遠逾明七言如雪毬花云無簾不礙烟痕重隔座猶驚朔氣寒修禊云卯酒遠尋山峽寺午鐘初送海門潮觀劇云消得豔歌惟有酒翻他舊事亦多情皆清健可誦先生有偶成詩云吟丹田來缺律詩紀程縱墨忽淋漓出於人籟非關學動我天機不自知即以爲先生律體定評可矣

次北先生詩與字皆極工仿懷仁聖教序幾於神似尚不知其

能畫讀集中富春作畫絕句云蓬底峯巒面面低臥遊終日當巖棲越州南去家山近先挩枯毫寫建溪又都中為盧桐軒作畫云題畫如何作畫難畫中詩思渺無端知君便有出山意留作胸中邱壑看昔人評高廷禮詩中有畫畫中有詩先生其庶幾乎

邱如衡

邱鴻南為素堂猶子受詩法於素堂然素堂詩多悲壯語而鴻南則出以和平陳韓川稱其似王孟陳東村又以陶靖節相提並論雖似太過而體格實近之古體如晚步云暮色入深林空山自啼烏夜坐云君看羣動息有如天地初近體如天甯寺云

一塔留殘劫雙江自古今懷人云落日鳥歸樹暮雲人掩扉苦筍云心期寒士解風味老僧慈　月云離心寄流水春夢滯高樓元祐黨人碑云千秋黨禍同文再三百清流湅水先春草云春風南浦縈離緒夜雨西堂繫夢思桃花云萬疊青山仙客夢半灣流水故人居宿西湖貽香亭云虛窗半夜百蟲作春樹一山孤鳥眠皆雅音也其寄友云觀書不覺便成睡到枕有時還未眠　漸近自然較之陸放翁守書眼欲閉投枕乃瞭然十字似更蘊藉

林一桂　錕

林鈍村孝廉與余同入殖社時年已逾知命鬚鬢皓然高談雄

辨有目空一世之概而獨喜余作忘年交相勵以實學語甚肫摯有周禮私記數十卷陳恭甫極稱之謂不讓衛正叔禮記集說惟卷帙太繁恭甫嘗欲集同人爲録一副本亦不果葢其生平精力盡於是書窮老矻矻不知其終免覆瓿否耳生平不輕作詩亦不甚喜言詩惟消寒録載其題馬忠毅雄鎮笏犨樓詩集後一律云一代經綸手東南保障雄文章經患難妻子亦全忠遺笏摩挲久危樓想像空獨餘殘稿在何處哭西風又避暑鈔載其鼓山大頂峯五言云昔登鄰霄臺榕城盡一覩今登屴崱峰烏石一抔土孔子登東山眼中已小魯他日登泰山鼓山一石鼓雖非作家而氣自别

林侗叔孝廉錕鈍村之子能讀父書而有狂名受業於鄭蘇年師痛加裁抑稍知斂戢嘗計偕入都途中口號云雨雪空山一蹇驢自攜名刺走青徐求人旨暮都無悔悔昔無錢要讀書則猶是狂奴故態也

游光繹

彤自先生面如滿月器宇清曠居詞館有儁譽轉諫垣有直聲嘗疏論君德以魏徵十漸為戒反覆千餘言 九重為之動容嗣以爭銓政被議鐫級以去然終因先生之爭有 旨令以後京堂官改用保舉定為例歸里後主鼇峯講席者十餘年承蘇年先生嚴肅之後獨解橐束縛歛人以和性嗜摴蒱每不擇人

窮日夜爲之不倦然有乘間干以私者則色立變於是又有方嚴之目自省中大寮以至州府暨里中士大夫無不敬憚繼其後者藩籬盡撤物議譁然矣生平論詩亦甚嚴余嘗招入藤花吟社輒矜貴不輕下筆有作亦不輕以示人近始從其少子大廉茂才索得全稿讀之

余於乾隆乙卯以計偕留京與先生同僦粉坊街屋後又遷居賈家胡同每夜必課試帖一首間以他作如是者年餘始别去嘉慶間又與先生同里居余開藤花吟社先生有詩云京國聯吟夜於今十八秋能忘今昔感不斷别離愁自注時會者六人今葉蓮山檢討陳雙蘆明府已成古人令叔九山前輩與王虛

谷孝廉澗別各十餘年惟余與君時得把臂耳讀之輒爲惘然

許作屏

畫山家崇儒門世有名德工舉業文鄉會試皆高等尤喜爲詩奮厲駿發前無古人其舉主錢唐吳穀人先生極稱之同歲生張船山太守尤心折焉初令曲阜丁憂歸再起歷奉天之承德廣甯甯海各縣時值荒歉撫卹災黎甚備有奸商以米攙水弋利病民君拘之商以賄進陽受之而坐堂皇數其罪以其金爲粥以賑飢民嘗以事解職入京需次當軸者以君並他吏請於
朝獨奉　俞旨再補承德實異數也有青陽堂文集拜雲樓詩集各若干卷

拜雲樓集中有書鄂王墨蹟後一詩序云

余家藏岳王墨蹟一册蓋答李忠定書也比滯都門不見此冊每以未挾自隨為憾因追賦焉按此冊今歸余篋乃嘉慶癸酉年購於福州書攤者初不知為畫山物也逾年攜至京師翁蘇齋師詫為至寶題詩其後有須勒湯陰廟㢠壁之句後十年在江南有汪敬者借去鈎摹上石送杭州岳廟中自是摹本四出且有以重價購贋本索余題跋者時真蹟中題詠已滿將補錄畫山詩於冊末而紀其原委云

吾鄉何述善文家有古琴一張相傳為文信國遺物後歸李紹仁孝廉一時名流皆有題咏余曾屢摩挲並搨紙裝軸在都下與劉芙初朱蘭友胡墨莊輩同賦詩題其上今聞此琴又易主

恐不得終為閩物也琴陰題一截云松風一榻雨瀟瀟萬里封
疆不寂寥獨坐瑶琴遺世慮君恩猶恐壯懷消時景炎元年蒙
恩遣閩名赴行在夜宿青原寺感懷之作譜於琴中識之文山
又一印鐫仁至義盡四字許畫山獨以為疑今拜雲樓集亦有
詩前有小引云竊按公詩文集如指南别録紀年録集杜等皆
公手定雖零篇短什不棄何此廿八字獨逸可疑一也鎮江脱
歸由淮入海閩名歸閩青原寺在西江道所不經何得宿此可
疑二也景炎改元趙家乾淨土僅餘閩廣 可
疑三也仁至義盡衣帶中贊當公赴名 豈為亡
國纍囚柴市碧血天也何得預卤事且涉東 謦可疑四也

此琴疑為贗作然愛中郎者推及虎賁寶逸少者不嫌鐵石買緣縑平原非平原亦平原耳豈必詑其贗哉故仍為歌詩以歸之

劉士棻

心香衣幅閑雅筆研精良由詞垣出為宰邑頗非所願然居多寶玉之鄉而不改清貧之素伊墨卿太守贈以楹帖云玉堂才子貴珠浦長官清亦足覘其所守矣詩工近體極選聲配色之巧行楷亦精麗綿密皆恰肖其為人

伊墨卿由揚州守丁憂歸服闋將復赴京行至揚州而卒心香哭以二律情文兼到含毫邈然當為集中絕唱詩云滿擬林泉

卧角巾書來又欲涸京塵飛凫燕闕蹤還滯騎鶴揚州信忽真

宦海風波完此劫詩壇月旦失斯人酒杯江館銷魂夜五字猶留醉墨新官職聲名兩不虛棠陰東粤與南徐一家劉向傳經閣到處侯芭問字車小隱未能酬五嶽大招何日返三閭竹西縱好他鄉路秋水蒹葭有故居自注云秋水園先生邑中别業也

張經邦

燹軒為惕菴先生喆嗣名父之子早魏科恃才傲物

婦　酹酒　其生

場集未刻卒於官　往搜其稿

著其山生

及試草中錄數首云云茲余所鈔十餘篇皆
注韓居所未錄者
鄭蘇年師曰爕軒詩稿甚富卒於溧陽任所無人收拾遂至片紙無存茲所見者皆其應酬牽率不經意之作維毘陵女士王若瑛薇閣偶存卷前有爕軒題辭七古一首哀感頑豔實足以存爕軒之真蓋女士為孫淵如先生德配爕軒與淵如為摯交固不能率爾搦觚而淵如遂以冠諸長離閣集題辭之首宜也時余婿鄭儀部方為東南嶠外詩鈔而此篇尚未編入因亟錄紙與之俾可續入詩話云詩云瑤光烱烱煥天章散彩遥臨大道王第一仙人同妙理次三神女亞庖娘珊珊風御離仙闕慧

質明珠朗秋月似吹芳氣作蘭言疑隔冰窗見香骨用仙女昌容隔窗見骨事愛繙緗帙近簾裾少小先工倒薤書鳳味平連金翡翠菱花移傍玉蟾蜍更有清才薄柔靡揮毫獨把鉛華洗後逸何如罷繡吟精深真陋香奩體詩成高唱入層霄露滿瑤臺奏六幺跋膝聲疑雙鳳管參差音颭九鸞翹夫壻由來亦仙客碧虛宮裡曾偕謫天台雄賦擲金聲零雨清吟擘銀畫階前唱和月痕斜趨管風流未足誇那知一夜飄蕭雨落盡同心姊妹花從此朱顏減歡思投琴獨灑相思淚孺人以悼姊致疾花如人面不禁秋流雲為車鶴銜鑾用嶽閣句渺渺茫茫離恨天水晶闕外住霞軒反瓶覆水空悲咽難寄桐君十幅箋脉望薰殘檢書暇鏘然風送仙音

下董雙成到步虛輕一足童回寒漏罷噫吁乎上界真人游戲

歸祇餘萄今斷腸詩願將別鶴離鸞曲寫作芙蓉閬苑詞

鄭蘇年師光策

吾師初名天策以避鄉先達之名改今名字憲先一字瓊河又字蘇年閩縣人與先資政公為讀書社至交余之妻父也少孤而知力學古心自鞭家貧不能就外傳惟與同懷弟雲軒孝廉自相師友資稟岸異髫齡老成博綜羣書規模宏遠登乾隆己亥鄉薦第二遂為故太傅朱文正師入室弟子既聯捷成進士以不獲館選為歉退俟吏銓仍下帷攻苦如下士甲辰恭遇南巡盛典趨赴杭州　行在獻賦與江浙紳士合試於敷文書

院監試者為故相和珅獨於御座下脚几坐收試卷納卷者
（士林樾亭王蘭江等數十人以長揖退和珅銜之遂束閣卷不閱）
必屈膝先生側目之憤形於色乃約閣時江浙士皆竊笑之先
生灑然返里不以為意益肆力於學尤喜讀經世有用之書自
寫抱膝圖以見志自通鑑通考外若陸宣公李忠定真文忠以
及前明之邱瓊山王陽明呂新吾馮猶龍茅元儀本朝之顧
亭林魏叔子陸桴亭諸公著作靡不貫串如數家珍值林爽文
滋擾臺陽詣軍門條上十二議為福文襄節相所採用及紅旗
既報徐兩松中丞往辦善後事宜又條上八議福徐二公並欲
邀同渡海以母老固辭中年病足瀕死而復生因自號蘇年絕
意仕途以授徒養母為事主講鼇峰勤於訓廸人才

奮興桐城汪稼門高陽李石渠二中丞皆欽仰之謂不減蔡文勤風矩也余以子壻為受業弟子熟聞先生誨人宗旨以立志為主謂志定而後教有所施又不欲人急於著述謂古聖賢之學大抵先求諸身既修諸身即推以濟於世隨其大小淺深要必由己以及人至萬不得已始獨善其身思有所傳於後故孔孟著書皆屬晚年道不行後事云云先生之持論如此故雖窮年吃矻近無成書僅存詩古文十餘帙亦未編定自題為西霞叢稿而已嘉慶乙丑余為輯西霞文鈔上下卷付友人梓行其詩鈔及儷體文鈔則已編而未梓近陳恭甫編修撰次東越儒林文苑傳近人如林鈍村官志齋鄭心從陳賢開輩皆厠名其間

而先生獨不與，因詳爲論列，以爲攟逸搜沈之助云爾。

閩川詩話續編

福州梁章鉅撰

陳望波師若霖

望波師以皋蘇之明允兼韓范之經猷翊亮三朝勤施四國畢生口不言詩亦絕無以詩事屬公者余每晋謁輒亹亹談政事不倦道光丙戌以入覲相見於都下乃強乞公贈言公獨徇余意爲之洋洋數百言意兼規頌居然鍾呂之音大賢之不可測如此詩云榕城一門三鳳鳴後先接翼凌西清羽衣徐整小儀轉先生仙步歸春卿名山養望閱月日旋朝更珥樞廷筆宣麻應手圖錦窠閒樹忘言秘温室當時我適奉簡書益豫

越滇十稔餘屆期入覲藉談讌箴言裨我胸中儲遠余秉節莅
三楚忽盼雙旌向空舉一麾出守來荊門幾番議政聚鄂渚荊
別山川控上游保民弭盜煥新猷五稔豐應逾叔度一錢清吏
遇劉侯江漢風濤久屏息河淮忽又需賢亟吳頭楚尾僉謀同
借寇為資保障力黃雲橫天海氣大風震地湖聲驕日月慘淡
水怒湧東圩西堰方動搖是時先生鎮淮海畛域不分勞更倍
隄防蓄洩隨機宜要使轉輸路無改百川東注狂瀾迴清流發
闓滯漕竟得達　天庾濟時端屬不凡才　交
薦牘上陳　至尊羨姓名許書丹屏咫尺
繡衣直指向齋東陳臬端資獬教功好整八　更憑五

術觀民風魚金閃爍耀犀帶明燭覆盆德乃大稱職無忘　丹
扆箴宣威詎假赤幢蓋我自去年蒙內徵超司秋典慚未能坐
對白雲判丹筆此心氷凜常兢兢君來覲　聖得聚晤傾談恍
似廿年故明刑中外將無同反覆勤商邑政務君不見暴勝之
杖斧捕逐威名馳又不見周惇頤按部洗冤神不疲政剛則折
柔則廢恩威兩術當兼施矜恤無辜去害馬濟寬濟猛惟其時
君昔淮河今泰岱生佛萬家共愛戴姚宋事業追唐朝韓范功
名媲宋代願君勿息千鈞肩努力報國恩剛盛年須史牙纛來
新詔千古旂常屬大賢
林暢園師茂春

吾師暢園先生頤道嗜學至老不倦殫精經史所著左傳補注漢書補注皆足與顧復初萬季野相發明尤喜讀蕭選薈萃舊聞辨析疑義用蠅頭小楷分注於書之上下方幾無容隙章鉅嘗借讀一過近輯文選李注旁證所述師說為多惜身後諸稿為人所匿不可復問惟遺詩一帙僅存分體為卷尚為吾師所手定堅先切響望而知為學人之詩也

孟瓶菴師曰自來詠釣臺者但極稱子陵之高尚而已陳陳相因甚有微文刺譏者如當時但着烟蓑去烟水茫茫何處尋似乎詞旨俱超而實無甚深意義惟林暢園廣文五古一首詞嚴義正有關詩教而措詞仍不塵腐足以方駕前修必傳之作也

詩云滔滔桐江水浄緑瑩如鏡翠巖相欹巌雲木互帶暎先生此棲遲羊裘樂歌詠一竿足怡情不受天子聘我思西漢終閏位新莽横四海嗟横流漸臺暗斗柄南陽忽奮興赤伏復當令蒲輪到桐江股肱歷明聖庶幾古甘盤投契於斯定詎知潛龍志蠖屈守其正貞齊或希蹤漢炎劉豈易姓君臣義則無未足完吾性將謂功勳高往往遭讒佞誰聞建武世菹醢及吳鄧至今流遺節突兀荒臺賸蘋蘩奠芳祠過客動瞻聽我來為弔古俯仰悲憾迸高邈誠所甘經綸亦須竟偉哉磻溪叟出佐姬周命莆田山人有宮人斜為宋宮嬪隨帝航海沒而葬此暢園師於興化旅次寄余書云林石來先生有此題詩五六句云厓海不

填精衛恨春心長託杜鵑魂最為漁洋山人所賞然愚猶惜其不從君臣大義上說起終覺詞美而意薄因另拈二律正之寄示荳林同作未知有當否耳謹按吾師詩云鸞輅難回滄海鴋蛾眉敢為首邱謀又云分無魚腹同君葬情有鵑心望帝歸使漁洋山人見之又不若何擊節也

王錫齡

虛谷家福鼎之秦嶼地濱大海嘗團結鄉夫以禦海寇旁通堪輿壬遁之學又喜練習吏事而久困公車不獲一試其才則又殫力於詩文賫志以沒余有懷虛谷句云虛谷苦嗜學深思如有神施設備文武理緒參天人知虛谷者以為足當虛谷小傳

云林紉秋快軒詩集所録虛谷詩甚多其都中與余握别一律
未之載因補鈔於左實勝於紉秋所存者詩云連宵情話最依依
三載緇塵夢故扉莫信才多能折命深知游好不如歸薊門烟
柳情如結潞水風帆思欲飛珍重手中金綫在遲君重整嫁時
衣

張國洺

張息廬學米書頗能神似余嘗見其小楷自録山广亭詩集筆
筆精嚴宛如米書西園雅集記大可寶玩今不知流落何家矣
當息廬入邑庠時河間紀文達師為學使試賦得草色引開盤
馬路試帖息廬有一行青作偃十里獵初回一聯為文達所擊

賞又嘗賦春草詩有野烟山徑無行跡細雨天涯有夢魂之句為同輩所稱因戲呼之為張春草林樾亭先生海山叢談嘗仿主客圖之例摘其集中佳句五言如別維清云江山文有助霜雪力逾強泊白沙云月新微有色溪淺不聞喧望龍安寺云沙痕侵佛足雲影抱僧床次盱江云江臨盱水潤山入豫章低除夕云半明除夕燭獨照異鄉人佩蘭堂步月云棲鴉多穩宿春雁有歸心舟中寒食云苦雨連寒食春愁滿綠江過烏石山房云疎雨不成滴泉山多欲秋七言如詠蝶云池頭微綠草初長簾外暖香花正新送人之玉融云山痕遠處疎無樹海氣濃時欲作烟歸至杉關云嘗餘楚雨寒無味看到閩山碧有情落花

云十里樓臺垂畫幔六朝金粉怨青山又云重簾未捲風初定一樹無情日又西讀蘇詩云湯火命輕鷩下獄江山路遠夢歸田讀杜詩云弟妹兼當多難日朝廷深望中興年讀陸詩云生有祠官沾薄祿死無家祭告中原語皆雋永可資吟諷

郭周藩

郭屏西年方舞象即受知於學使者吉渭厓先生補弟子員中丞徐雨松先生選入鼇峯書院並延至節署掌書記繼督學者為陸耳山先生益加賞異將擢拔貢成均甫試而遽卒年僅三十先生悼之甚至題詩其試卷尾云空憐玉樹埋黃壤收拾遺編付衮師雨暗燈昏恐重讀風簷猶見嘔肝時黃雞唱曉苦匆

夂麟角牛毛感未窮縱使虞翻無骨相青衫多少白頭翁可以
想見屏西之才亦可稍慰屏西之志矣
屏西有眠雨亭贈鄭雲軒詩句云一池湛秋水半畝足雲林眠
雨亭者即吾師蘇年先生故宅也蓋取陸放翁游宦何如聽雨
眠語意雲軒欲書屏西此十字作亭中楹帖適屏西遽病遂不
果書

吳增元

邵武吳一亭皓首饑驅不廢吟咏伊墨卿比部贈句云把卷方
驚老大身無髻即向詩中過一亭喜曰此足當吾行狀也所著
北游草頗為名流所重陸耳山先生題句云閩中吟社數睢川

詩話樓高有正傳一滴偶教嘗海味皈心知在大乘禪可以想見其人矣

華嵒

華秋岳僑居江浙以詩畫自娛年將八十始卒人皆識其為閩産而吾鄉人轉若罔聞知龍巖在六朝以前本為新羅縣地故自號新羅山人示不忘桑梓也其畫名噪一時而詩名亦不著秋岳每有畫必有詩余藏一畫冊每幅皆有秋岳自題雜體詩張浦山於畫錄中以古質評其詩可當秋岳知己矣

林寶

乾隆末年吾鄉有以布衣稱詩於大江南北者人皆知為林遠

峰遠峯名寶龍巖人寄居吳中少從袁簡齋先生學詩頗能自出機杼不為隨園所牢籠性好聲色以備筆墨得金纍纍都付狹邪金不盡不止嘗客竒麗川中丞幕與尤二娛爭狎一姬一夕有待君箋奏之事材官四出大索君方醉眠倡家不顧也明日中丞下令逐姬君憤然曰逐姬是逐客也拂袖徑出李味莊觀察慕君名羅致上海署中與吳穀人洪稚存諸公文酒倡酬風格日上諸體中尤善歌行時稱為林七古云

上海觀察幕中有俞春浦者工彈琵琶為海內第一手李味莊嘗月夜泛海命俞奏海天秋曲驚濤怒飛魚龍出聽座客咸賦詩推林遠峰擅場詩云海城深夜開春筵海風吹月光滿天琴

歌劍舞客欲醉俞生捲袖彈四絃絃聲緩清漏轉絃聲緊酒人醒月碎簾波燭光冷么絃撚復挑出谷新鶯嬌子絃攏更抹幽咽秋泉活四絃玲瓏十指調大珠亂落金盤跳迴身暗撥銅聲急虎悵敵鉦健兒集三千突騎破敵還卸甲如山鳴鐵葉忽疑焦尾調宮商海波搖碧風悠揚天鵞叫天海青撲漱立大浪掀天狂歎聲向月變淒哽玉樹後庭花斷影不見瓊枝夜夜春寒蕪沒盡燕支井一絃一語重悲涼分明細訴愁人腸空閨孀妾怨遙夜絕塞逐臣思故鄉筵前月影圓剛午四坐傾聽悄無語曲終一劃棲烏驚飛上霜枝濕毛羽俞生俞生技已神崑崙妙手傳何人君不見凝馥妓藴老兵冰絲各擅江東名老兵老去皆其

妓開門三年歇絕琵琶聲憐君年少絕技成禿襟窄袖海上行

檀槽在手蛛網生幸逢使君雙眼青官閒愛坐花前聽知君嗜

酒呼酥醽催飲不放金樽停人生感恩遇肝膽易傾露側足登

朱門回頭憶行路莫辭更坐一再彈主人未醉客未歡哀音促

節從頭起無限聲情生腕底似說江湖作客難侶憐飄泊逢知

己彈罷東方漸欲明起看北斗欄干橫月將沒君腕脫我頭白

翼日詩傳吳門遂有林琵琶之目

張星象

張星象字畢吾又字蓋萬古田人少有狂名家貧力學暑夜苦

蚊以兩足納大甕中讀書徹曉不倦朱文正師督過學補弟子

員與張孟詞俱從遊節署蜀河學士亦以佳士目之嘗上文正書大旨勸取士以行毋以文龔海峯先生極賞異之忽患狂疾投洪江死得其尸於白石頭土人祠祀之號為白泉山神或謂其水鮮云余少即聞蓋萬名近始得讀其遺稿文多論史自出手眼迥絕時蹊詩不逮文亦屢屢獨造有擬謝康樂酬從弟惠連詩五首乃試院之作文正師以為逼近晉人姑錄之

鄭　杰

鄭昌英家多藏書自言好讀韓詩嘗欲合音闕方崧卿魏仲舉廖瑩中諸家廣為輯注題其齋為注韓居自號注韓居士頗聞於時實未注也所梓行閩中逸碑考皆出林越亭龔海峯黃耦

賓鄭有美諸先生之手其錄閩詩則萬虞臣舍人實主其事舍人於詩本非深詣故去取多未愜人心其以意分初續二集尤覺無謂如以林佃入初集林佶入續集之類閩附詩話僅足肩隨鄭蘭陔莆風清籟集之後差勝於林白雲之閩詩選而已

廖英

廖佩香之父香栗老人本詩人佩香擩染庭訓苦耽吟咏清詞麗句脩然情深尤工駢儷文置之迦陵思綺之間殆無多讓生平安貧窶敦氣誼與余家昆季以詩酒聯歡過從最密惜未及中壽憔悴偃蹇以終余嘗梓其遺詩以行有溪行即事一律云野岸綠垂芳草齊夕陽孤與烟林低春風一棹花一棹明月半

溪雲半溪苦竹叢中喚山鷓疎籬眼裏飛村雞青帘遥望酒家
僻人在畫船橋水西曾禹門以為壓卷之作
王亦蘭曰侯官廖允儀一生專力於詩詩稿數百篇經曼亦太
史退菴中丞精選僅存四十三篇為之授梓渾金美玉少益見
珍今所傳佩香詩鈔是也擬唐人從軍行云選騎出邊塞驍騰
壽〔幾〕萬輩明月耀金鞍清霜壓銀鎧健士籍期門技擊夙所嫺臂
弓開鵲血腰劍泣龍魂黃沙歷浩蕩千里軍容壯朝移馬邑營
暮結龍堆帳鄉夢日以稀戰氣日以豪妻兒靡賓〔所〕恤君國當服
勞徐興公紅雨樓舊址云平遠山前紅雨樓白雲芳草春光幽
興公已去百餘載竹闌半折簾無鈎閒庭舊是讀書處曹謝同
皆其

時互來去晨飲頻將書味澆夜吟那覺晴窗曙祗今苔蘚侵檐牙廻廊燈火何人家嵐烟四面滴空翠鷓鴣鵯鵊啼落花樓外維摩居士宅古剎寒鐘近日夕老佛不知生死情卻笑香山易頭白汗竹巢邊春復秋我來懷古空煩憂藏書易散人何在一樹桃花相對愁身後二子玉湘忻玉清沅俱工詩字相繼早逝

翁曾

翁曾初名溱字徽西世居洪塘為前明大宗伯文簡公八世孫家無儋石儲雖補博士弟子不喜為舉子業而耽山水吟咏壯年喪妻不娶攜幼子客瑯琦海嶼閒垂二十年乃更號海漁洪塘為吾鄉勝地翁文簡曹文節諸名流釣遊之區山水多秀麗

既漸廢墜而海漁復徙居海嶼心悼念之嘗輯所聞為洪塘小
志余屢訪覓其書未得見謝退谷廣文與之交最密所撰懷友
集錄海漁詩獨多稱其人靜默而篤摯幼從其舅陳照萬學詩
格律及古要多本於性情可謂能言海漁者矣其遺句如宿白
雲寺云去帆漸遠小如葉缺月初升彎似弓乞罌粟花云抱甕
背容狂士入指囷欲破主賓人慳重陽云詩中酒伴多荒塚海外
漁人贈釣絲寫懷云脉望未成終是蠹楊花已落尚為萍春日
云半簾竹影湘君淚一樹禽聲蜀帝魂客窓云舊莘撿來多害
馬好山尋得自相羊夢回云春事祗今花也少仙方自古睡為
優晚泊云但通音語皆吾友得泊篷檣即是家皆憂憂生新不

屑拾人牙後

曾奮春

禹門幼有神童之譽，早得鄉舉，爲詩文風發泉湧，下筆不能自休。四上春官，偬得而終不遇。以大挑觀政浙中，非其志也。攝臨安令時，余以公車報罷過訪署中，値秋旱祈雨，親見其齋素步行，上天目山叩禱，甫下山而大雨滂沱，頌聲在路。後以勤官遽卒，年方及壯耳。遺詩多家居所作，與余及盧白、曼雲二兄過從最密，極詩酒之歡。嘗謂人曰：「梁氏昆玉皆非凡品，曼雲如劍氣，莅林如珠光，他日所就當視此矣。」同輩多以爲知言。

曾禹門詩心婉麗，而詠史尤佳。集中有小樂府十章，不懈而及於古可傳之作惜其全集尚未編梓茲亟登之三婦豔云管大夫娶三歸臣身未能屏聲色內嬖六人何用規此區區者不害伯一匡九合功巍巍功巍巍君心荒三豎用國幾亡始信周名非迂潤旅獒無逸章琅琅蘆中人云蘆中人蘆中人顛連患難死為隣乞食吳市困且貧王僚名見為謀臣僚何仇兮光何親忍戕生君報死父豈獨鞭尸稱不仁胥乎胥乎夫差疑爾非一日寧齧之讒殊有因何氏廬云寧居何氏廬不為曹氏子不入司馬黨安得不為曹氏死乎叔忠孝洵兩全宗旨老莊何損焉謀去強臣張公室史臣佞筆書叛逆正始選舉稱得人公論難泯出晉臣妄傳粉白不去手湯餅之賜君知否于嗟乎搔頭弄

姿誣李固瞶瞶千載人不悟我負卿云孔熙先志久抑三千尚為郎安得不作賊熙先作賊負帝明帝猶痛惜不絕聲有才如此我負卿帝乎帝乎誠憐才壞汝萬里長城胡為哉崔司徒云崔司徒死可惜既死之後空太息議功盛世事俄頃留侯五族赤飛昇不得老子術圖籙真經竟何益或云滅佛報仙不能救佛豈能厄南陽愍云天下擾擾頻顧影練巾終上好頭頸隋人盡滅宇文氏誰知仍從宇文死夏王草竊能討賊唐公父子無顏色宇文國賊法應族公主有子不顧育鴛鴦分翼碧江秋得比陳宮破鏡不昔為婚媾今為仇別鶴離（鸞）廿白頭夜郎嘆云唐家支庶分大藩祿山聞之為膽寒賀蘭一言傾房公骨肉猜嫌

填心胸永王謀反出附會王不能明白何怪同為上皇臣同輔
上皇子鄴侯為名佐太白坎壈死所遭幸不幸二李天淵懸若
此噫吁嚱王不反有公道白從王非革革紛紛讜議皆可掃崖
州行云贊皇之勳配裴度度薦宰相才此言誠不誤牛李之黨
亦由度黑白昭然總易暗武宣二宗本水火太叔得立太尉禍
崖州之變意中事何必夢中乞哀我鑿舟歌云湯湯依埠水林
兒鑿舟死真人已立金墉城曩日君臣虛稱耳吁嗟乎項王寃
負不義名漢高發喪非至誠東林詠云莫言東林賢未必盡君
子若欲殺東林狼戾甚於此傷哉天啓末諸君駢首死禍與國
運相終始南渡紛紛猶若許

若其山左

薩玉衡

檀河先世本色目人答失蠻氏其遠祖由雁門徙閩中最著者為南臺侍御史薩都剌自後以薩為氏遂為福州望族檀河博聞強記以詩文雄於時又自命酒狂有推倒一世之概以大挑為洵陽令值賊薄城火攻無一矢之援竭力守禦相持七晝夜城竟完應叙功旋以大股賊過嘉陵江總督坐失機論死縣當並坐時吾鄉龔海峰先生在戎幕中力為雪辨得減等論戍援贖免歸然讀檀河入秦以後詩乃無一涉身世怨尤語則又深於詩教者而非徒以騁才使事為長矣生平著録甚富有四録訂正八卷小檀弓十二卷傅子補遺一卷續鄭菰鄉五代詩

話全閩詩話各二卷先是游溧陽撰金淵客話宰洵陽撰秦中記曲江雜錄晚乃自定白華樓詩鈔六卷將次第付梓一旦俱厄於火獨詩鈔前四卷為友人攜去得存自余招入藤花吟社新作日增則皆在前鈔之外也

余於嘉慶癸酉冬入都補官藤花吟社諸同人皆有送行詩以檀河七古一首為傑作時曹衛間有教匪滋事同人詩語多隱躍及之惟檀河昌言無諱波瀾老成非老斲輪詎易臻此詩云君家門才鏘有聲衆流歸海來崢嶸藤花主人蘭省客十月告我燕南行燕南雪花大如掌正馳赤羽星連營君才用文不用武豈無范老胸中兵周官軍政要有禮欲以圖史凌韓彭藤花

歲歲花滿棚看花對酒詩先成今也白日照執袂花雖不語花含情省曾喜逢劉夢得儒流愁別徐運明海蠔如山霜橘熟鄉酤滿眼濃於錫勸君一杯軒且舞此行況同龍劍并蓼懷進士同行到日鶯花繞宮城五雲垂暉光紫清 廟謨恢兵有長策禮官講禮歌升平

周秉禮

周立巖世為侯官農家居省垣西南郭外面江水曰環江故晚年又自號環江居士嘗受知於河間紀文達師補博士弟子至老不售平生尚志節篤倫紀與魏耕藍陳恥齋鄭雲卿劉蔭蒼為梅社五友獨喜飲酒為歌詩懷友集稱其詩任真抒寫不假

雕飾而多傷於率易錄其古近體佳者十章而余所鈔仙霞嶺遇雨一律轉不與焉今按十章仍不免率易之病惟醉芙蓉一絕句云柔姿三變為誰忙亂颭秋風舞欲狂清白不能持竟日枉將新豔晚來粧言近旨遠綽有風人之致

陳汝舟

陳若川耽詩嗜酒工行楷書以賣字致富客有相其終於布衣者後屢納粟卒無成余髫齡時廖佩香出示若川所作游春詞愛其風調絕佳口誦不遺一字至今猶未忘却也詩云東風着意送春來郊外尋春日幾回人向碧桃花下立船從綠柳岸邊開越王山下亂紅堆西子湖邊十里皆微雨宜花又宜草好風

吹去復吹回不是東君點染工那能慘綠開愁紅韶華轉眼成無賴一片花飛一片風烏石山前西復西與君來往一枝棲遂門也有春光佳鳥見人來不住啼時若川與佩香同居烏石山下故云

王世昌

懐友集云王面城本福鼎漁家子寨嶼王氏母早寡無子抱而育之面城少穎異爲詩文博麗奇詭工水墨畫貌山水人物皆奇妙性落拓不羈不喜舉子業自成茂才未嘗爲科舉業惟歲試一作制藝而已按面城之文與畫余皆未得見退谷所稱容或過焉退谷又稱其詩 有奇 語無心遊戲率筆立就者輒

愈佳今考集中所錄如初花酣夜露樂鳥任天風笑聲簷鳥亂
醉態野花斜港駛渾疑雨蘆深欲自風水流空腹樹露滴礙頭
梢人閒知道味竹老忽秋聲游蹤先燕到幽興共花闌蒼嵐半
海月將出黄葉滿城秋可知爐烟上筆雲催腕簾影當杯月入
層雲隔野航垂海黑日昏螢柳壓城青魚尾霞殘楓又葉蚌胎
露重稻將花投旅一身拚作雁梭徒百指恰如蛙遮門犬倦月
沈海翻樹蛙醒風滿林　眼雲搖千樹月枕頭雨　溪語
皆奇警所謂秀句出寒餓者庶幾近之

劉名芳

袁簡齋云閩人劉南廬名名芳貌若枯僧以布衣雲遊所到必

棲深山古剎受羣僧供養問何不還鄉笑而不答晚年卒於通州

之狼山羣僧為葬於駱右丞墓側置石碣焉丁丑九月宿隨園

見贈七律僅記中二聯云安仁尚有栽花興孟博全無攬轡心

水影到牕知月上松風攪枕信秋深焦山避暑云十丈洪濤一

小舠乘危逃暑到僧寮衣沾濕翠晴猶滴榻拂涼雲午不消壓

檻有天連水閣開門無路入塵寰濁醪我欲酬高隱千古幽魂

未可招凡官寺云凡官凡破佛廬荒三絕空懷舊講堂曲徑雲

隨僧笠重開門花落客鞋香行經河畔聞簫鼓坐近臺邊鳳

凰弔古一尊沽未至烟鐘風磬立斜陽宣山夜坐云星辰夜影

牕開落江海秋潮枕上生　按此從隨園詩話中錄出失何府

何縣人侯冉考

陳宸書

閩縣陳楓楷明府名宸書，為渭溪夢熊將軍從弟，以乾隆壬子舉人作令湖南，廉明勤慎，為士民所愛戴。致仕歸，宦橐蕭然，惟携書策而已。嘗有詩云：「家無儋石曾從仕，座有琴書轉賀貧。」蓋紀實也。著有李氏蒙求詳註行於世，又有桃花扇傳奇後序注，人多稱之，其實游戲之作，不足為典要也。楓楷與余同入泮，乃先余一科計偕，嘗受業於先叔父九山公。少年意氣甚盛，有不可一世之概，自為先叔父所裁抑，乃匔匔醇謹，大異其初。子四人，皆能讀父書，今其次君已入詞館矣。

丁　鈺

閩縣丁蘊齋孝廉名鈺性情恬淡疎懶應酬好學能文銳志著述詩亦極有內心東郭德士云素懷從不受人憐胞次毫無芥蔕纏醉裏杯疑吞碧海吟中句欲問青天五車學府思奢覽百代名山想獨肩誰識年來無一就空餘故硯擁寒氊窮年兀兀雨香堂正似山僧獨住房呼馬呼牛皆可應非魚非鰈總相忘著書難擬枕中秘卻病時鈔肘後方欲把升沉問詹尹憑將筴龜筴卜行藏握槧懷鉛不斷（暫）停徵明坐索等流螢九千籀篆懶（初）粗涉十二名州作一經撫帖正心常在筆養花守口欲如瓶近來初得金丹訣吸炁朝真息影形喫飯穿衣過暮朝非非是是

窮年兀兀兩無成正似山僧獨往房呼馬呼牛皆可應非魚非蝶總相忘著書聊擬枕中秘心郎病與鈔射後方欲把升沈問詹尹憑將龜策卜行藏搔鬢懷鉛又暫停

不相聊年華轉瞬傷羊胛夢寐荒鹿笑鹿蕉畢竟浮生同露電由來吾道在簞瓢孤松日夕常相倚為把風標學後凋歿年三十有一

何青芝

吾郡何玉田孝廉青芝雄於時文而不知其詩才亦復雅健王赤蘭最愛其題司馬相如傳後云落日官橋青眼裏春風少婦白頭初謂可與劉長卿秋草獨尋人去後一聯並傳也

郭柏蒼

郭蒹秋為遠堂觀察之弟道光庚子舉人留心鄉邦文獻聞其撰有烏石山志急欲一讀而不得其書今此山為異族所據不

知如何載筆也兼秋詩筆敏妙亦未得其全集讀之相傳其憶
都下兄弟句云一别六千里歸期將若何長安疑不遠夜夜夢
中過以長安遠語運入夢中点化之妙令人不覺

長樂詩話六卷

［清］長樂梁章鉅撰

南開大學圖書館藏稿本

長樂詩話六卷，清梁章鉅撰。據退菴自訂年譜，嘉慶十一年（一八〇六）梁氏家居，「輯長樂詩話八卷，自爲序」。又梁氏歸田瑣記卷六「已刻未刻書目」條，亦稱此書八卷，「自序，未刻」。蓋至道光二十四年（一八四四）尚未付梓。今存稿本首尾完具，然僅六卷，無序跋。全書録長樂籍詩人六十二家，各卷大體依時代先後編次。卷一、二唐、宋、元二十一家；卷三、四、五明二十七家；卷六録十六家，其中清人四家，附録閨秀三家、方外兩家及梁氏先人四家。末載宋熙寧間林誥，當爲後來所補入。又上海圖書館、中國科學院圖書館藏有抄本，亦爲六卷。蓋是書初分六卷，後有所增補，乃釐爲八卷。

是書所載各家詩人事跡，徵引方志、詩話，旁及筆記、總集等書幾至百種，皆於文末注明。長樂一邑前代詩人，若敖陶孫、高棅、王恭、陳亮、林敏、謝肇淛、梁珪諸人事跡，敘述綦詳，都數千言，可謂不遺餘力。此外又引梁氏自撰補蘿山館詩話及佚名鴻雪堂詩話數則，二書今皆亡佚。書中間有按語，大抵考訂作者籍貫的係長樂否，抑或辨正事跡。如卷一林希條，考林希當爲長樂人，而非福清籍。又卷四李騏條以世俗傳言馬鐸、李騏爲同母異父兄弟，乃據萬曆野獲編及閩小紀所載，力辨王世貞史料、何喬遠閩書相關記載之不可信。諸如此類，多翔實可信。

書前有一九二四年沔陽陸和九題識，謂「此六卷爲先生所書最初之藁本也」。書中鈐有「臨汝張東皚藏」、「臨汝張氏珍藏」、「棠華之印」、「盖氏鹿泉」諸印。（堯育飛）

長樂詩話
上冊

此冊為茝鄰先生自寫長樂詩話六卷以退菴年譜考之有丙寅三十二歲家居輯長樂詩話八卷自為序一條可證此六卷為先生所書最初之藁本也其字勢佳妙尤為餘事耳

甲子春三月　海鹽陸和九識於宣南

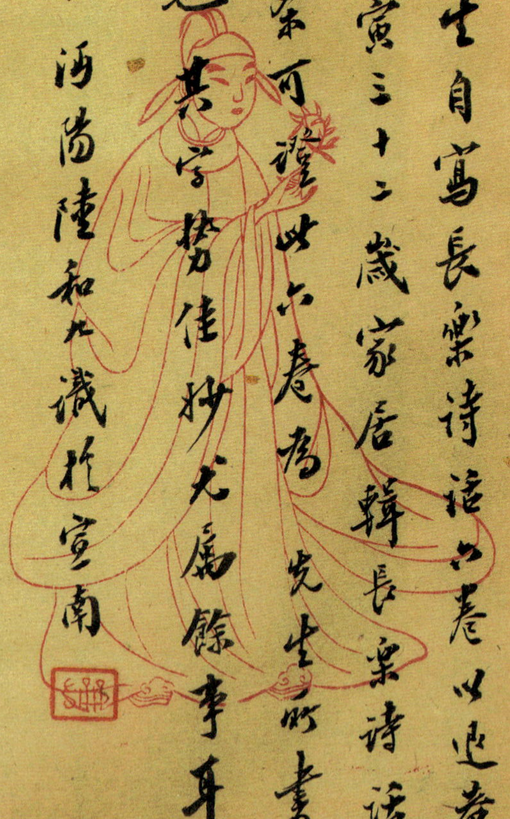

長樂詩話卷之一

林慎思

莆田余鎬字周京與長樂林虔中同登第乾符中羣盜蜂起百姓流殍僖宗日興宦者嬉遊二人累疏力諫不納後虔中與黃巢戰敗被執死之周京阨於蒲之黃石王審知屢辟不就有哀林虔中詩云接翅同年同抗疏投荒萬里獨登樓常山忽為孤城死睢水空存百戰謀函草漫從灰裡覓嚶聲長向夢中求欲知後死今何事已在莆中買釣舟(蘭陔詩話)

續孟子仲蒙子卷目雖具藝文志今世所傳者迨失其本真矣元統三年南康曹佚明源来宰長樂始訪其子孫於稠巖之野為之

築室立祠表其大節余既悲仲蒙之志又嘉曹侯之為政能有所
建明故為之叙贊以見有善者名無不聞而循吏之化民成俗固
自有道也贊曰唐室不競以利裨政上替下陵用剝民命維閩仲
蒙抗志績盖昌言仁義以藥時病不能者天出宰萬年巢賊稱帝
萬乘南遷百僚鼠竄比肩從叛一人抗節羣醜駭亂蒙死則偷生
幾何較其短長得失孰多夫既殞身遑恤厥名紀録失官惟國無
人邑老相傳彌遠彌在將五百年始遇賢宰賢宰為誰明源曹君
美俗旌賢不泥簿文躬駕之野訪求後昆樹祠學官風於四遠匪
私仲蒙忠義是勸稠巖之陰青青楓林胡晦於昔而白於今我師

子輿好善是喜勒辭岩石彰其德美三山吴鑑明之敘續孟子敘

林慎思

二

卓雲

卓雲河南人乾寧中第二人及第歷官淮南節度使作未明求衣賦駕在華州試問善如扣鐘詩時稱名士長樂縣志

卓雲　三

陳轉

天王院望江亭陳轉詩云山靄峩峩江岸深望餘亭影落江心無風萬里磨平玉有月千波漾碎金思遠解邀無已句流清直寫不齊琴仙槎一棹驚秋曉此去銀河尚幾尋三山志

章鉅按長樂縣志云陳轉縣南人開平中潭州判官

陳轉　四

林嗣復

西峯寺在六都五代梁建宋林嗣復遊西峯寺詩云叅遍曹溪衆所欽元堂虛寂砌蟲吟定回瞑目誰相顧好鳥銜花下翠林閩都記

林嗣復 五

陳毅

法潤院敦素里縣志作咸通四年林瀆捨地創按今本長樂縣志未載此語陳毅詩遠歸滄海通舟楫近洗山僧一片心留與臥龍成窟穴等閒飛去也為霖又靈峯院歸雲洞陳毅詩雲道無心亦愛山雨餘時向此中還而今天下焦枯甚只恐蒼龍未放閒三山志

皇恩寺梁太清元年創唐咸通九年賜額陳毅詩樓殿參差倚白雲菩提枝老桂金新門開海國多留月地接梅林早見春岩溜暗滋封蘚竹砌風長掃隔窓塵禪僧喜客非超俗平日能來有幾人長樂縣志

陳烈

陳烈常與蔡君謨同研席時君謨出鎮福唐束吏治民毫髮不容一日烈往見之維舟亭下聞其嚴禁不往謁但留詩云溪南龍虎蟠溪水鼓角喧中有鄉夢破六月夜衾寒風雨生殘樹蛟螭喜怒瀾殷勤祝舟子移櫂過前灘吏不敢阨録詩呈公自是少霽威稜皇朝類苑

元豐中劉待制瑾爲守元夕不問貧富每户科燈十盞陳先生烈以詩題鼓門大燈籠云富家一盞燈大倉一粒粟貧家一盞燈父子相聚哭太守知不知惟恨笙歌無妙曲瑾聞而謝之三山志

陳烈

晁氏客語謂蔡君謨于上元令民間點燈七盞陳烈作大燈書詩其上君謨見之還輿罷燈與三山志不同考之於史君謨與烈同時最厚而劉瑾為郡守後三十六年晁氏之言蓋或有據宏治通志

盱江李覯一日與處士陳烈同赴蔡君謨飲時正春營妓皆在後圃賣酒君謨因命以佐飲烈已不樂酒行數妓方歌烈踰墻而遁覯座上賦詩曰八閩山水掌中窺乘興登臨對落暉誰在畫樓沽酒處幾多嗚櫓趂潮歸晴來海色依稀見醉後鄉心積漸微山鳥不知紅粉樂一聲檀板便驚飛後烈聞之遂投牒云李覯本無士行輒造賓筵詆釋氏為狐妖指孟子為非聖人按吾聖經云非聖人

者無法合依名教肆諸市朝君謨覽牒笑謂來者云傳語先生今後不復使弟子也（道山清話）

鼓出削峯挺特窮島夷頫封域屏閩東拱辰北嵗辛亥帝司赤竦紳烈從陗陟搴若華挹瑤極呵蜚霆蹴鰲脊披雲根殫目力高者仰深必惕謹其至惟古則蓋烈以熙寧四年辛亥與守丁竦提刑沈紳同遊鼓山而作銘也（閩書）

江山第一碑在二都陽夏宋里人陳烈書詩云第一江山亦壯哉仙居何必問蓬萊墩迎半占飛來鳳樹遶瀛洲翠似苔（長樂縣志）

陳烈　八

林希

吴興之水晶宫不載圖經刺史楊漢公九月十五日夜絶句云江南地暖少南風九月炎涼正得中溪上至樓樓上月清風合作水晶宫後來林子中聞滕元發得湖州以詩賀何洵直邦彦曰清風樓下兩溪春三十餘年一夢新欲識玉皇香案吏水晶宫主謫仙人因為故事（豹隱叢談）

章鉅按林希林槩之子省府志並作福清人（太平寰宇記云長樂縣元和三年省以地併入福唐福唐即福清或沿此而誤歟）然直齋書録解題云神宗實録朱墨本莆田蔡卞元度長樂林希子中重修（上言莆田不言興化軍則下言長樂亦指縣名可知）

林希　九

又云林氏野史長樂林希子中撰同卷有中興會要云晋江梁叔子撰有晋江不言泉州清源則長樂亦指縣名可知是林希實曾家吴航也今據之

劉涇書来漣漪曰收唐絹本蘭亭予荅以詩何時大叫劉予前跪閱墨皇三復返君貽予詩嘗曰秘笈墨皇曾敬識林希送予詩壺嶺共傾銀雪水墨皇猶展玉樓風米芾書史

林希子中知潤州東坡自錢唐赴召有官妓鄭容高瑩求脱籍東坡為一詞書牒尾云鄭莊好容容我尊前時墜幘落筆風生籍籍聲名滿帝京高山白早瑩骨氷肌那解老從此南徐良夜清風月滿湖林判云鄭容落籍高瑩從良蓋取句端八字云東皐雜録

東皋贈傳真妙善大師惟真詩先言平生慣寫龍鳳質後言遍来傳寫亦到我林子中謂失為臣體予以為論詩豈當爾耶能改齋漫録

林希

陳孔碩

陳孔碩長樂人受業於朱子官婺州司户叅軍累遷至尚書郎題古木寒塘軒云蒼虬夭矯當晴几清鏡澄泓流英山陳迹百年吾老矣一時輸與老僧閒（金華詩録）

陳孔碩

十

陳叔友

摩頂巖在十九都靈峯山宋朱文公與陳叔友講學其中叔友子公榮甫八歲侍側見頭角崢嶸摩其頂曰此子他日當爲朝家出力景炎中公榮倡義勤王卒子宗傳姪老成一時盡節因名摩頂巖云朱文公摩頂岩講學夜話詩吾道艱難日山房夢寐清暗泉階下響紅葉望中明歲月忘遷謫朝廷苦甲兵同君幽討罷歎息夜深生陳叔友詩海國瀾翻日皋比信宿年得依深夜話如讀未聞篇賦後傷閭左兵荒苦石田近聞徵名至一奏未央前長樂縣志

章鉅按雲峯寺志亦載此詩而字句少異如讀未聞編作細論

陳叔友　十一

五車編兵荒苦石田作兵烽廢甫田近聞作何時附載於此

潘牥

潘庭堅初名公筠，後夢有人持方牛首與之，遂名牥。理宗殿試第三人。跌蕩不羈，為福建帥司機宜文字，日醉騎黃犢歌離騷於市。嘗約同舍置酒瀑泉，酒酣行令曰：有能以瀑泉灌頂而吟不絕口者，衆拜之。庭堅被酒樂甚，脫巾髽髻，裸立流泉之衝，高唱濯纓之章，衆謬為驚歎，羅拜以為不可及。歸即臥病而殂。庭堅年六七歲時，嘗和人詩云：竹纔生便直，梅到死猶香。識者知其不永。劉潛夫誌其墓云：庭堅為文脫去筆墨蹊逕，秀拔精妙，結字有顏筋柳骨，小楷尤工。廷試第三策傳京師紙貴。初遠相擅國，諱聞綱常，端平親

潘牥 十五

政奮發獨斷雪故王收人望乙未策士庭堅對曰陛下手足之愛生榮死哀反不得視士庶人宜厚東海之恩裂淮南之土以致人和時對者數百人庭堅語最直齋東野語

毛惜惜郵之官妓也端平二年榮全据城叛召惜惜佐酒不屈罵賊死詔封英烈夫人賜廟潘牥詩云淮安艷姬毛惜惜蛾眉有此萬人英恨無匕首學秦女向使裹頭真杲卿玉骨花顏城下土冰魂雪魄史闕名古今無限腰金者歌舞筵中過一生高郵州志

潘牥字庭堅落筆不凡有鐔津懷舊詞云生怕倚闌干閣下溪聲閣外山惟有舊時山共水前歡莫雨朝雲去不還應是躡飛鸞月

下時時認佩環月又漸低霜又下更闌折得梅花獨自看（后村詩話）

潘庭堅題嶽麓寺道鄉臺曰坡仙不謫黃黃應無雪堂道鄉不如新此臺無道鄉青山非其人山靈能頡頏一落名勝手境與人俱香悲吟倚空寂臨眺生慨慷道鄉不可作丞君不可忘（困學紀聞）

潘庭堅澧陵詩云一郭依稀隔渡頭解鞍来倚店家樓已攀桂樹吟招隱因看梅花賦遠遊市上俚音多楚語橋邊碧色是湘流江南鄉國三千里目送飄鴻起暮愁（后村千家詩）

潘牥景霊宮恭謝駕回丞相以下皆簪花云輦路安排看駕回千官花壓帽簷垂君王不較憂勤念玉貌還如未捧時（隨隱漫録）

潘牥

十五

潘牥落梅云一夜風吹忍不禁曉来零落已駸駸忍看病鶴和苔啄空遣飢蜂繞竹尋稱子躊躕看不掃老夫索莫坐微吟窻前最是關情處拾片殷勤在掌心夢粱録

潘牥曹娥江云一川紅日漲晴波黃絹碑漫閑碧蘿不止但爭三十里曹瞞元不識曹娥娥江題詠

宋趙汝談直玉堂詩云宮井城鴉欲動時春猿夢斷北山移攬衣擬草歸田賦猶是金蓮燭半枝潘牥陪禮詩云玉天無滓月光寒霽色分明在露盤一夜九重全不寐時教中使卷簾看雋永有味不似宋格筆精

潘庭堅端平進士第三對策讜言忤時坐是偃蹇作擣衣曲云擣衣擣衣復擣衣擣得更深月落時臂弱不勝砧杵重心忙惟恐擣衣遲妾心不是商人妻商人重利復東西妾身不是蕩子婦寂寞空房爲誰守妾夫爲國戍邊頭黃金鎖甲跨紫騮從渠一去三十秋死當廟食生封侯如此别離猶不惡年年爲君擣衣與君着謝疊山云此詩意趣高遠非凡作也 風雅叢談

潘牥

陳容

陳容題浯溪中興頌云銀旗金甲渡巴西靈武城樓已萬幾一札祇聞元帥命五牋合待使臣歸未聞請表更追表且看黃衣換紫衣天性非由人偽滅何緣尚父結張妃六等勝如誅獨柳二張縱活亦何顏太師死後猶書法水 刑章託頌間最憶海青投樂器絕憐甄濟隱青山中興碑下姦臣懼天道何嘗不好還隨隱漫録

閩畫記稱陳容字公儲號所翁長樂人端平二年進士爲莆田守詩豪壯善畫龍得變化之意孫承澤庚子銷夏記亦稱其爲端平進士官至朝散大夫喜畫龍極天矯但以爲字公所則未知何據

且謂其畫非收藏上品亦未著其能詩余家舊藏其墨龍一小幅後歸貴陽蔣金竹廉使而詩則閩人亦無知之者癸丑在京得見石渠寶笈續篇內有六龍圖一卷爲其所畫有　御題及諸臣工和章而並載有所翁自題一詩云天上不停手戲弄五輪指鼓閶闔呼鴻濛急鈎拾搖遣風使帝勅直下馮夷宮水客波臣那敢怒啾啾赤帝持（原缺一字疑是干字）鏘斗文腥血青鈎光須臾歘歘出游戲八表駭（原缺一字疑是躍字）雌雄翔赤水元珠工簸弄怒奴迸突雙睛眶風雲出沒在方寸宇宙不敢收豪芒鐵山欲裂海水黑氷鱗雪甲淩高岡曹劉虎視嗜漢鼎食槽諸馬窺長江隆中老子莫輕出丈夫以

此觀行藏又有一幅載云所翁觀六逸圖忻然賦詩此路百八盤此後往必折膏肓二豎子見藥笑唇裂咄哉滿腹詩倫理亦少紕所羞後世人讀書不讀律顏色尚竊鈇甕卧神所怨尚想柴桑翁此中晉時物可憐緯蕭人高卧未為拙所齋閩客陳容醇中肖翁所藏信口高吟慱數千百年後一笑淳祐四年九九以此二詩觀之信為豪壯不誣惜其遺集不傳耳

十七

陳合

陳合字維善，長樂人。淳化四年進士，官知樞密院，終資政殿學士，謚文惠。有題陳經國龜峯詞後云：「龜峯詞有所齋諸凡爲之跋，安用復著贅語，漫書癸卯冬所作懷舊一絶繫於後」云：「西晋風流自一家，憶君䰟夢到梅花。梅花深處無人跡，明月一枝霜外斜。」陳合維善 宋詩紀事

趙以夫

趙以夫字用甫號虛齋長樂人嘉定進士知漳州理宗朝歷資政殿學士吏部尚書同修國史詠蘭云一朵俄生几案光尚如逸士氣昂藏秋風試與平章看何似當年林下香見全芳備祖宋詩紀事

趙以夫

十九

長樂詩話卷之一 終

止

長樂詩話卷之二

敖陶孫

閒暇日與弟姪輩評古人諸名人詩魏武帝如幽燕老將氣韻沉雄曹子建如三河少年風流自賞鮑明遠如奇鷹獨立奇矯無前謝康樂如東海揚帆風日流麗陶彭澤如絳雲在霄舒卷自如王右丞如秋水芙蕖倚風自笑韋蘇州如園客獨繭暗合音徽孟浩然如洞庭始波木葉微脫杜牧之如銅丸走坂駿馬注坡白樂天如山東父老課農桑事事言言皆著實元微之如李龜年說天寶遺事貌悴而神不傷劉夢得如鏤冰雕瓊流光自照李太白如劉安鷄犬遺響白雲覈其歸存恍無定處韓退之如囊沙背水惟韓

敖陶孫

信獨能李長吉如武帝食露盤無補多慾孟東野如埋泉斷劍臥壑寒松張籍如優工行鄉飲時有詼氣柳子厚如高秋獨眺霽晚孤吹李義山如百寶流蘇千絲鐵網綺密瓌妍要非自然本相蘇東坡如屈注天潢倒連滄海變眩百怪終歸雄渾歐公如四瑚八璉止可施之宗廟荆公如鄧艾縋兵入蜀要以險絕五功山谷如陶宏景祇詔入官折理談元而松風之夢故在梅聖俞如關河放溜瞬息無聲秦少游如侍女步春終傷婉弱陳後山如九皋獨唳深林孤芳冲寂自妍不求識賞韓子蒼如梨園按樂排比得倫吕居仁如散聖安禪自然奇逸其他作者未易殫陳獨唐杜工部如

周公制作後世豈能擬議此評予姪得之爲多外自寫兩紙其一以遺莆陽劉潛夫其一以遺同舍朱仁叔皆知詩者且其語疊疊逼人故爲之書嘉定八年夏至後二日長樂敖陶孫宋人小集

慶元初侂胄既逐趙忠定太學諸生敖陶孫賦詩於三元樓云左手旋乾右轉坤如何羣小恣流言狼胡無地居姬旦魚腹終天弔屈原一死固知公所欠孤忠幸有史長存九泉若遇韓忠獻休道如今有末孫方書樓之木壁辟已不復存陶孫知捕者至急更行酒者衣持煖酒具下捕者與交臂問敖上舍在否對以若問太學秀才耶飲方酣陶孫亟亡命歸走閩後登乙丑第四朝聞見録

敖陶孫

寶紹間中興江湖集出劉潛夫詩云不是朱三能跋扈只緣鄭五欠經綸又云東風謬掌花權柄却忌孤高不主張敖器之詩云梧桐秋雨何王府楊柳春風彼相橋曾景建詩云九十日晴春景少一千年事亂時多當國者見而惡之並行貶斥鶴林玉露

初朱文公在經筵以耆年難立請除外祠先生送篇有曰當年靈壽杖只合扶孔光趙丞相謫死先生為甲寅行以哀之語不涉權臣也或為律詩託先生以行京尹承望風旨急遽捕先生徹服變姓名去當是時先生少壯忠憤鳴號於都邑衆大之區幾不免矣卒幸免既退既老呫嗶於寂寥之濱隻字半句不易為人致然先

生名益重託先生以行者益衆而江湘集出焉會有詔毀集先生卒不免嗚呼前世以言語問罪者多矣種豆觀桃往哲深戒至本朝列聖好歹憐才騷人雅士往往以文墨受知簡齋放翁詩嘗驗矣先生之詩主乎忠孝不主乎刺譏送朱衷趙之作發於情性義理之正頋藏稿不輕出而詩未爲先生福而賈詩乃爲先生禍嗚呼悲夫劉后村集

寶慶元年轉奉議郎賜緋魚袋主管華州西嶽廟年七十二矣異時交遊類當是聞人至是旁落將盡又少娶崑山沈氏嚴之女如賓奉祠之年適甫悼亡室無妾媵躬執炊爨稍有俸錢買田二畦

築室一區深宮簡出客至從户内搖手謝絕之所與往還同里林公遇連江李韶莆田劉克莊二三君子而已間有佔畢則之寂寞之野時謂金璧易求其片言難致也然詩名益重托者益衆故江湖集出而有詔毀之矣卒年七十四。合沈氏埜衲東皐先塋劉文定題曰臞菴敖先生墓其銘曰議郎之秩華山之廟見　于少復奪之耄卓哉臞翁疇昔自號揭之碑顔以配貞曜今遺文真者僅僅一二大都善名理而世則多其能詩云閩書

教陶孫器之臞翁集古詩歌行頗有盛時江西風氣其詩評尤爲談藝家所推引居易録

宋敖陶孫游杭州桃花塢詩：樵路縈紆入翠微，清泉白石可忘機。雲中犬吠劉安過，樹杪春深望帝歸。白鶴曾華表語，舊官合受錦衣圍。珠襦玉柙今何許，一笑人間萬事非。見浙江志 榕陰新檢

桯史謂趙忠定既以人言投荒，善類多力争被逐，而韓侂胄之權遂張，公議譁然，謗書日懸闕下，雖加跡捕，難得其名。太學生敖器之亦有詩，末云：九原若遇韓忠獻，休道渠家末代孫。蓋侂胄乃韓忠獻琦曾孫也。一時都下競為傳寫。侂胄雖知出器之之手，亦不之罪。器之後登進士。按器之成是詩，墨未乾而壁已舁去，恐，易服逃去，變姓名，侂胄逐，始成進士。此云侂胄不之罪，未之考也。因樹屋書

敖陶孫 四

影

章鉅按四朝聞見録亦謂敎陶孫被逮入都以書祈哀于韓謂詩非己作韓笑而命有司復其貫云云與程史言同

敎器之著詩評自漢魏至宋皆随人譬喻楊用修引入丹鉛録題曰孫器之評不知爲敎姓誤爲姓孫也敎實閩人今後裔繁盛仝上

楊升菴外集載器之評詩一則而稱定陶孫器之夏振叔云按其人姓敎名陶孫而器之其字也楊誤以敎陶爲地而改敎爲定以合那邑之名與誤認劉德升爲劉景升索幼安爲管幼安者同一可笑仝上

教陶孫長樂人慶元五年進士官泉州簽判有臞翁集次韻馮孔武雪中簡聞人簿乞炭云君不見朱門煌煌多近臣豹胎煮麋蠟爲新庭中盛設潑寒戲炙手欲近還嗔人誰知曝背茆檐下欲獻要是山林真兒童抑騷皮肉軟日輪過中方欠伸懸鶉結駟兩相笑百年俱成一窖塵先生自是冷官樣要看入火紅麒麟撚鬚自作詠雪句秘思早與相如親蒲團擁衾結僧坐別有絺綌君南隣願迴六龍照后土施與萬國無邊春屑瓊鏤玉入肺腑拍手一笑吾未貧奉寄旌德尉劉申之云諸劉兄弟賢一一無可選竹林銳頭郎風味吾小阮平生天機深善閉得內楗邇來卿何曹不辨折

教陶孫　五

腰本稍傳詩語東朝日照蘭畹伊余戰紛華心旆凡幾偃劃逢君
家語雋永初一臠識遺飽新得友勝悟夙損緬懷歌商地簫瑟松
澗遠陰陰蕪菁花碧蜨相與晚是中著高士物意自偃蹇向来白
衣宰雲壑論補家優游濟艱難如以禹代鯀劉郎秀眉宇秋隼立
高巘端能謝師匠萬卷自鉏壑時須閱世諦一及城門鍵功名欲
上簪日月風中憶何時會吳下春動長洲苑宋詩紀事

章鉅按三山志作閩縣人南米詩選作福清人惟宋詩紀事作
長樂人蓋從宋人小集自題之語是可據也　又按敖器之墓
在福清之東臯山或晚年移居亦未可定蓋長福地本相連如

劉砥本長樂人初葬長樂金雞山後徙改葬福清修仁里應乾寺之西劉礪墓又在連江縣寶林寺山陳枅墓亦在福清莊惠里壽元山不得因此疑諸賢非長產也

王益祥

王益祥長樂人定宗朝官監察御史題資福院平野軒云丈室無餘地生涯少有天推窗成曠潤俯檻逵清漣載酒日邀客聞歌柳外船隔墻人易與賸着買山錢見至元嘉禾志 宋詩紀事

黄幹

勉齋集四十卷宋黄幹撰幹字直卿號勉齋少受業於朱子朱子以女妻之寧宗補將仕郎歷知漢陽軍安慶府以主管亳州明道宫致仕卒謚文肅事蹟具宋史道學傳是集講義經説三卷雜文三十六卷詩一卷雜文凡守郡公移案牘之辭皆在焉據其卷目與宋史藝文志相合蓋猶原本也昔朱子作竹林精舍成嘗遺幹書有他時便可請直卿代即講席之語幹亦能堅守師説始終不貳然林栗與朱子論易不合至構釁攻擊朱門弟子有欲火栗之書者幹祭栗文獨能不没其所長可謂絶無門户之見又史稱幹

黄幹　八

在安慶府築城部署有方民不勞而事集及金兵大至淮東西震恐獨安慶按堵如故又在制置李珏幕中力以軍政不修邊備廢弛爲言珏不能用厥後光黄繼失卒如其言尤非朱學末流空談心性者比亦足見洛閩設教之初尚具有實際不徒以峩冠博帶刻畫聖賢矣其文章大致質直不事雕飾雖筆力未爲挺拔而氣體醇實要不失爲儒者之言焉四庫全書總目

黄榦字直卿號勉齋受業朱子之門以子妻之有勉齋集答曾伯玉借長編云白露下百草迅商薄秋林幽人起長嘆感此節物深攬衣自徘徊撫劍還悲吟丈夫各有志莫作兒女心涉遠當疾趋

長影須就陰顧言理輕車去上南山岑訪高篔判故居云遠樹分高下平洲接有無短亭低客竹小艇阮寒蘆轉浪魚深入斜陽鵶亂呼自慚貴公子未老賦歸歟侍文公飲浮翠亭用劉叔通韻云涼風振幽壑陰雲翳前山高情屬清秋適意林莽間煙横萬家井水净雙溪灣徙倚莫忘歸人境相與閒游子獨何為千里方言還陪此杖屨遊忘彼道路艱心期更相日依巖結崇關過翠微云古寺殘僧少孤村碧樹圍明朝山下路愁絶望烟歸宋詩紀事

黄幹 九

作詩第一對病是道學何者酒色放蕩禮法所禁一也意象空虛不躡實地二也顛倒議論非聖非法三也議論杳渺半不可解四

也觸景偶發非有指譬五也宋時道學諸公詩無一佳者至於黃勉齋登臨詩開口便云登山如學道可進不可已此正譬如為山注疏耳晦翁詩却有不著相處然便欲以感遇擬子昂終覺不倫小草齋詩話

候官縣壽山離城七十里與芙蓉九峯對峙其山産石瑩潔如玉可為硯為印章柔而易攻大者可一二尺蓋珉類也距山十數里有五花石坑其紅者緗者紫者唯艾綠難得宋黃榦詩云石為文多招斧鑿寺因野燒轉熒煌正謂此也竹窓雜録

謝升卿

安南國王陳日煚者本福州長樂邑人姓名為謝升卿少有大志不屑為舉子業間為歌詩有云池魚便作鯤鵬化燕雀安知鴻鵠心類多不羈語好與博徒豪俠遊屢竊其家所有以資妄用遂失愛其父其叔乃獨異之每加回護會其家有姻集羅列器皿頗盛至夜悉席卷而去往依族人之在湖湘者至半途呼渡舟子所須未滿毆之中其要害舟遽離岸謝立津頭以俟聞人言舟子已殂因變姓名逃去至衡為人所捕適主者亦閩人遂縱之至永州久之無聊授生徒自給永守林岊亦同里頗善遇之居無何有邕州

永平寨巡檢過永一見奇之遂挾以南寨居雍宜間與交趾隣近境有棄地百里每博戲則其國貴人皆出於市國相乃王之壻有女亦從而來見謝羨少年悅之因請以歸會試舉人謝居首選因納為壻其王無子以國事授相相又昏老遂以屬壻以此得國焉自後屢遣人至閩訪其家或以為事不可料不宜與之通竟以歲久難以訪問迓命焉其事得之陳合維善簽樞云齊東野語

林尚仁

林尚仁字潤叟長樂人有端阮吟藁陳必復序云林君詩專以姚合賈島為法而精妥深潤則過之適越留別云江亭飲罷起離愁何事西風又遠遊潮信欲來人欲去夕陽紅蓼滿汀洲春晚云春事又無幾陰晴苦不齊久貧交味薄多病語聲低落絮行風徑歸雲度晚溪故鄉二千里日夜子規啼春日云未逢知已媿蹉跎又見春風長逞蕩杜宇一聲詩思減楊花三月客愁多從人乞米貧如舊借吏抄書半訛懶說江湖十年事近來平地亦風波宋詩紀事

陳公榮

陳公榮長樂人初遊太學景炎元年同子宗傳族子老成募兵勤王蒲壽庚作亂泉州幼帝舟自泉趍潮逾年張世傑會師討壽庚公榮赴之老成戰沒詔贈御史臺簡法公榮挽老成詩曰邊城將星落浩蕩烟塵黃我亦在陣行生死未可量涕滂感永訣激烈摧肝腸昔瀕使雄劍志在清八荒神武埒頗牧奇計如平良遇賊奮英果逐殺何其彊氣數乘人事竟向鋒刃僵忠魂薄日月耿耿萬古光雖云獲死所國耻猶未忘便應作厲鬼虜酋盡殺傷詞悲壯可讀也闓書

陳宗傳

陳宗傳景炎初募兵勤王作軍中行云胡馬出幽燕風塵起北陬天兵偶不利王氣黯然收六龍狩沙漠誰能爲報仇耿耿孤臣衷長懷麥秀憂回首望京闕血淚相和流安得衆猛士盡如穰苴儔戮力共廝殺釐復舊神州奇功勒燕石芳名播千秋長樂縣志

陳宗傳　十三

郭鄭

郭教授鄭鐙一作字德基福州長樂人世以明經顯號書櫥郭家鄭少孤初補太學生宋亡居鄉教授至元中郡舉遺逸授泉山書院山長遷興化路教授改吴江州再調興化未行卒學者私謚曰純德先生所著詩文曰梅西先生集德基素尚高潔酒酣爲文下筆不少休每一篇出爭相傳寫鄭國史鉞曰先生之文流出肺腑詩有開元元和風致長短句妙處逼秦晏程承旨鉅夫亦謂其詩若文和平沈澲不琢鏤以爲工閩中詩人莫敢與德基爲比元詩選癸集

郭鄭

長樂詩話卷之二 終

長樂詩話卷之三

高棅

嘯臺集三十卷木天清氣集十四卷明高棅撰棅一名廷禮字彥恢號漫士福建長樂人永樂間自布衣徵為翰林待詔陞典籍明史文苑傳附見林鴻傳中閩中十子之一也其山居時所作名嘯臺集入京後所作名木天清氣集棅嘗選唐詩品彙專主唐音實與閩縣林鴻共開晉安一派沿習既久學者剽竊形似日益膚廓併刱始者受詬厲焉今觀嘯臺詩集八百首尚稍見風骨至木天清氣集六百六十餘首大率應酬冗長之作清氣之云殆名不副實其初與林鴻齊名日久論定鴻集尚見傳錄而棅集幾於覆瓿

蓋亦有由矣（四庫全書總目）

唐詩品彙九十卷拾遺十卷明高棅編宋之末年江西一派與四靈一派併合而為江湖派猥雜細碎如出一轍詩以大弊元人欲以新艷奇麗矯之迨其末流飛卿長吉一派與盧仝馬異劉义一派併合而為纖體妖冶俶詭如出一轍詩又大弊百餘年中能自拔於風氣外者落落數十人耳明初閩人林鴻始以規仿盛唐立論而棅實左右之是集其職志也所録凡六百二十家得詩五千七百六十九首分體編次為五言古詩二十四卷七言古詩十三卷長短句附焉五言絶句八卷六言附焉七言絶句十卷五言律

詩十五卷五言排律十一卷七言律詩九卷排律附焉始於洪武甲子成於癸丑至戊寅又搜補作者六十一人詩九百五十四首爲拾遺十卷附於後考玉臺新詠有古絶句四首棅以絶句居律詩前蓋有所考至排律之名古所未有楊士宏撰唐音始别爲一目棅祖其説遂至今沿用二馮批點才調集以堆砌扳滯雜亂無章之病歸咎於排之一字詆棅爲作俑然詩家不喜隸事即二韻四韻未嘗不堆砌扳滯雜亂無章是以不必盡以排字爲誤矣諸體之中各分正始正宗大家名家羽翼接武正變餘響旁流九格其凡例謂大畧以初唐爲正始盛唐爲正宗爲大家爲名家爲羽

翼中唐爲接武晚唐爲正變爲餘響方外異人等詩爲旁流閒有一二成家特立自異者則不以世次拘之如以陳子昂李白列在正宗劉長卿錢起韋應物柳宗元與高適岑參同在名家是也其分初盛中晚蓋宗嚴羽已有是說二馮嘗以劉長卿亦盛亦中之類力攻其謬然限斷之例亦論大概耳寒溫相代必有半冬半春之一日豈可謂四時無別哉明史文苑傳謂終明之世館閣以此書爲宗厥後李夢陽何景明等摹擬盛唐名爲崛起其胚胎實非於此平心而論唐音之流爲膚廓者此書實啓其弊唐音之不絕於後世者亦此書實衍其傳功過並存不能互掩後來過毀過譽

皆門户之見非公論也至於章懷太子黃臺瓜詞沈佺期古意之類或點竄舊文康寶月劉令嫻之類或泛收六代杜常胡宿之類或誤採宋人小小瑕疵尤所未免卷帙既富核檢爲難第觀其大概可矣 上仝

有唐三百年詩衆體備矣至有近體往體長短篇五七言律絶句等製莫不興於始成於中流於變而陊之於終至於聲律興象文詞理致各有品格高下之不同畧而言之則有初唐盛唐晩唐之殊詳而分之貞觀永徽之時虞魏諸公稍離舊習王楊盧駱因加美麗劉希夷有閨帷之作上官儀有婉媚之體此初唐之始製也

高棅

三

神龍以還洎開元初陳子昂古風雅正李巨山文章宿老沈宋之新聲蘇張之大手筆此初唐之漸盛也開元天寶間則有李翰林之飄逸杜工部之沉鬱孟襄陽之清雅王右丞之精緻儲光羲之真率王昌齡之聲俊高適岑参之悲壯李頎常建之超凡此盛唐之盛者也大歷貞元中則有韋蘇州之雅澹劉随州之閑曠錢郎之清贍皇甫之冲秀秦公緒之山林李從一之臺閣此中唐之再盛也下暨元和之際則有柳愚溪之超然復古韓昌黎之博大其詞張王樂府得其故實元白序事務在分明與夫李賀盧仝之鬼怪孟郊賈島之飢寒此晚唐之變也降而開成以後則有杜牧之

之豪縱溫飛卿之綺靡李義山之隱僻許用晦之偶對他若劉滄
馬戴李羣玉李頻輩尚能黽勉氣格埒邁時流此晚唐變態之極
而流風餘韻猶有存者焉是皆名家擅場馳騁當世或稱才子或
推詩豪或謂五言長城或爲律詩龜鑑或號詩人冠冕或尊海内
文宗靡不有精粗長短邪正高下之不同觀者苟非窮精闡微超
神入化玲瓏透徹之悟則莫能得其門而臻其壼奥也今試以數
十百篇之詩隱其姓名以示學者必能識得何者爲王楊盧駱又
何者爲孟爲儲爲二王爲高岑爲常劉韋柳爲韓李張王元白郊
島之製辨盡諸家剖析毫芒斯可以言詩矣予夙躭於詩恒欲窺

高棅

四

唐人之藩籬首踵其域如墮終南萬疊間茫然弗知其所往然後左攀右涉晨躋夕覽下上陟頓進退周旋歷十數年厥中僻蹊通莊高門邃室歷歷可指數故不自揆竊願偶心前喆採摭羣英芟夷繁蕪彙成一集以為學唐詩者之門徑載觀諸家選本詳畧不侔英華以類見拘樂府為題所界是皆畧於盛唐而詳於晚唐他如朝英國秀篋中丹陽英靈間氣極元又玄詩府詩統三體衆妙等集立意造論各該一端惟近代襄陽楊伯謙氏唐音集頗能別體製之始終審音律之正變可謂得唐人之經路矣然而李杜大家不錄岑劉古調無存張籍王建許渾李商隱律詩載諸正音渤

海高適江寧王昌齡五言稍見遺響每一披讀未嘗不歎息於斯也緜是遠覽窮搜審詳取捨以一二大家十數名家與夫善鳴者殆將數百校其體裁分體從類隨類定其品目因目別其上下始終正變各立序論以弁其端爰自貞觀至天祐通得六百二十人共詩五千七百六十九首分為九十卷總題曰唐詩品彙嗚呼唐詩之倡弗傳久矣唐詩之道或時以明誠使吟咏性情之士觀詩以求其人因人以知其時因時以辨其文章之高下詞氣之盛衰本乎始以達其終審其變而歸之於正溫柔敦厚之教未必無小補云（唐詩品彙序）

高棟

五

高棅字彦恢仕名廷禮別號漫士長樂人永樂初自布衣名入翰林為待詔九年始陞典籍永樂癸卯卒於官年七十有四流傳篇詠毋慮千餘篇選唐詩品彙九十卷拾遺十卷議者服其精博書得漢隸筆畫法米南宮父子時稱三絕門人林誌志其墓曰詩至唐為極盛宋失之理趣元滯於學識而不知由悟以入自襄城楊士宏始編唐音正始遺編然知之者尚鮮閩三山林膳部鴻獨倡鳴唐詩其徒黃元周元繼之先生與皆山王恭起長樂頡頏齊名至今閩中詩人推五人而殘膏賸馥沾溉者多林之論閩詩派可謂悉矣推閩之詩派禰之唐而祧宋元若西江之宗杜陵也然歟

否耶膳部之學唐詩摹其色象撥其音節庶幾似之矣其所以不及唐人者正以其摹倣形似而不知由悟以入也神秀呈偈黃梅謂依此修行免墮惡道昔人亦謂日撫蘭亭一紙終不成書自閩詩一派盛行永天之際六十餘載氣音曼節畢靡成風風雅道衰誰執其咎自時厥後宏正之衣冠老杜嘉隆之嚬笑盛唐傳變滋多受病則一及本衰微不能深望於後之君子矣漫士詩所謂嘯臺集者其山居擬唐之作音節可觀神理未足時出俊語錚錚自賞木天集凡六百六十餘篇應酬冗長塵坌堆積不中興宋元人作奴何況三唐漫士既以詩遇出山之後遂無片什可傳所謂不

高棅　六

復能歌渭城乎予以漫士詩僅録嘯臺者以此也列朝詩集

廷禮擬唐如薛稷鍾紹榮之雙鈎終下真蹟一等五古若長空一飛雁落日千里至夜色不映水微風忽吹裳衡杯雙樹間百里見海色飛雨一峯来微雲度竦竹不失唐人遺韻靜志居詩話

俞汝成云漫士意興俱佳而歌行尤勝李舒章云廷禮如製錦善手頗有尺度頌元言云翰籍才識特達惜文多意少且乏新興至擬古諸作頗擅雕蟲往往有青於藍者明詩綜

典籍詩以五言古為勝俞汝成盛推歌行非篤論也至擬唐諸作都無君形者存明詩別裁

蔣仲舒云高廷禮擬蘇許公頲侍宴安樂公主新宅應制云飛構雲邊帝子家宸遊天上駐仙車玉杯春醉平陽館銀漢秋行博望槎萬樹芳花迎日吐千條弱柳向風斜皇情愛物懽無極能使羣心戀翠華運斤成風信堪膾炙明詩綜

林真士長樂人工山水與高棅友善棅題真士畫云楚雲天外數峰青春水蘸花滿洞庭落日樓臺明鏡裡欲停瑤瑟候湘靈閩書

劉有源永樂中為長樂簿翰林典籍高棅贈以詩有云此邦訟少自無為惟佚之德能撫綏臨民不忍鞭笞苦判筆無容人吏欺公餘時復開仙館坐對白雲心共遠首石泉聲送酒涼當山秋色當

高棅　七

窓晚落日琴臺聽奏絃清風松下唱酬篇諸公且以同坐嘯百里何妨枉大賢其才韻可見也（仝上）

高廷禮擬早朝大明宮及送王李二少府詩如旌旗方捲天河落閶闔平分曙色來清川雨散巴林出大澤天寒楚樹微殊有唐風國初襲元此調罕睹（詩藪）

高漫士摹米南宮方方壺妙絕一時李文正初賞識之曰異日當為名家在翰苑二十年求者日至酬應無遺嘗自題所圖有興酣不自惜之句（悅生近語）

高典籍長於五言如海國天氣涼秋聲落遙野飛雨霞際晴夕陽

雁邊下風致疑出常建南中林子羽輩未之或先（說詩晬語）

高棅曰今試以數十百篇之詩隱其姓名以示學者要識得何者爲初唐何者爲盛唐云云此英雄大言欺人耳鴻運升降雖天不能齊聲氣變趨雖聖不能挽醇醨巧拙得世道之關濃淡偏全定人品之概足矣倘索瘢於垢雖神手豈無旁落之倪披沙揀金即末代亦有擅古之筆安能銖量寸較以紙上陳言遽欲定三百年之人物哉試以此語還質之棅棅亦未遽了了也（小草齋詩話）

宋元論唐詩不甚分初盛中晚故三體鼓吹等集率詳初晚而畧初盛覽之憒憒楊士宏唐音始稍區別有正音有餘響然猶未暢

高棅　八

其說間有舛謬迨高廷禮品彙出而所謂正始正宗大家名家羽翼接武正變餘響皆井然矣獨七言古詩以李太白為正宗杜子美為大家王摩詰高達夫李東川為名家則非是三家皆當為正宗李杜均之為大家岑嘉州而下為名家則確然不可易矣香祖筆記

高棅選唐詩正聲首以五言古詩而其所取如陳子昂故人江北去楊柳春風生李太白去國登茲樓懷歸傷莫秋劉眘虛滄溟千萬里日夜一孤舟崔曙空色不映水秋聲多在山皆律也而謂之古詩可乎譬之新寡之文君屢醮之夏姬美則美矣謂之初笄室女則不可於此有盲妁取損罐而充完璧以白練而為黃花苟有

孱壻必售其欺高棅之選誠盲妁也近見蘊刻本某公之序乃謂正聲其格渾其選嚴噫是其孱婿乎（丹鉛總録）

章鉅按朱彝尊撰高棅傳曰唐詩品彙凡九十卷拾遺十卷又擇其尤合格者爲唐詩正聲十二卷今品彙及拾遺並行於世而正聲則流傳者鮮考寧波范氏天一閣書目有刊本唐詩正聲二十二卷唐詩正音三十二卷又有唐詩二選正聲十卷宏秀集十卷皆棅所編而福建通志只載正聲八卷長樂縣志於棅傳云正聲二十卷而著述門又别有唐詩正韻一百二十卷而不載正聲均莫能詳其岐誤之故也

唐至宋元選詩殆數十家英靈國秀間氣極元但輯一時之詩荆公百家缺畧初盛章泉唐絶僅取晚中至周弼三體牽合支離好間鼓吹薰蕕錯雜數百餘年未有得要領者惟楊伯謙唐音頗具隻眼然選杜李詳晚唐尚未盡善蓋至明高廷禮品彙而始備正聲而始精習唐詩者必熟二書始無他岐之惑楊用修乃極詆之何也詩藪

正聲於初唐不取王楊四子於盛唐特取李杜二公於中唐不取韓柳元白於晚唐不取用晦義山非凌駕千古膽超越千古識不能用修於此四者正自不能耳宜其輕於持論也仝上

正聲不取四傑余初不能無疑盡取四家讀之乃悟廷禮鑒裁之妙蓋王楊近體未脫梁陳盧駱長歌有傷大雅律之正始俱未當行惟照鄰賓王二排律合作則正聲亟收之至李杜二集以前諸公未敢有措手者而廷禮去取精嚴特愜人心真藝苑功人詞壇偉識也仝上

嚴羽卿之詩品獨探元珠劉會孟之詩評深會理窟高廷禮之詩選精極權衡三君皆具大力量大識見第自運俱不逮嚴極稱盛唐而調仍中晚劉甚尊李杜而格僅黃陳高稍能倣初唐語亦才影響耳然不可以是揜其所長仝上

高棅

十

高廷禮選正聲楊用修極詆之胡元瑞極稱之自有正法眼在予不敢置喙但七言所收劉長卿明月灣賀九不遇並送友人東野歸實四首絶句也緣當時刻板不精相接謄寫而廷禮遂沿其誤而作短歌余家有宋本劉詩分作四首春艸深一云春色深傷心歸一云傷歸心此可據為證者至於五言古詩選拔太多如王昌齡塞下曲飲馬渡河水一首聯雖不對調則律也不獨用修所舉數首耳七言絶句李頎為政心閒物自閒一首有何意味盧綸雲物呈祥禮物殊僂膝過頤頂在肩有何風致陳陶一頓成周力有餘李白三川北虜亂如麻實宋人之濫觴也何云正聲耶竹窗雜録

王恭

白雲樵唱集二卷明王恭撰恭字安中自稱皆山樵者閩中十子之一也成祖初以儒士薦修永樂大典授翰林院典籍明史文苑傳附載林鴻傳中其詩凡三集一曰鳳臺清嘯乃官翰林以後作此集及草澤狂歌則皆未仕以前所作恭没之後湮晦不傳成化癸卯南京户部尚書黄鎬蒐恭遺稿始得此集於吏部郎中長樂王汝明家因屬汝明編次分為前後二集卷首有永樂三年林環舊序兼為三集而作者序中所刻次第以此集為首知其詩在草澤狂歌以前卷末又有永樂中林蕙諸人所作皆山樵者傳贊辭

說則刻成之後續為增入者也恭與同邑高棅齋名同以布衣徵入翰林然棅出山以後詩應酬潦倒無復清思恭則歷官未久投牒遽歸迹其性情本耽山野此集又作於田居之日故吐言清拔不染俗塵得大歷十子之遺意其格韻當於棅上當時次第甲乙以棅居第三恭居第四殆亦始謂駈居王後者矣（四庫全書總目）

草澤狂歌五卷明王恭撰恭所作三集鳳臺清嘯已不傳故千頃堂書目有其名而闕其卷數范氏天一閣藏本謹存其白雲樵唱而無此集此集出自秀水汪氏蓋幾佚而僅存也大致與白雲樵唱相近而中年所作情思較深静志居詩話嘗摘舉其集中佳句

数聯如渭水寒流秦塞晚灞陵殘雨漢原秋棕櫚葉上驚新雨砧杵聲中憶故園幾處移家驚落葉一年歸夢在孤舟諸句皆詩家常語至雲歸獨樹天邊小雪罷孤峯鳥外青句則小字形容頗拙罷字節次未明又鳥外明河秋一葉天涯涼月夜千峯爲尤瘢累夫晝見飛鳥不見明河夜見明河不見飛鳥上四字自不相貫一葉落而知秋不係乎明河天河夏月已明不係乎落葉下三字亦不相屬蓋興之所到偶然拈及不足以盡其所長讀恭詩者毋執是以刻舟求劍可矣仝上

王恭

王恭字安仲號皆山樵者祖閩縣人居邑之沙堤永樂丙戌年六

十三

十三以儒士薦至京預修大典己丑試詩優等授翰林院典籍有白雲樵唱草澤狂歌鳳臺清嘯與同邑鄭定高棅陳亮閩縣周元黄元侯官黄褒唐泰福清林鴻永福王偁齊名閩中稱十才子（長樂縣志）

章鉅按前代萬歷閩吾郡袁表馬熒同編閩中十子詩三十卷即此十人而林誌作高棅墓志謂三山林膳部鴻倡鳴唐詩其徒黄元周元繼之先生與王恭起長樂頡頏齊名至今閩中詩人推五人云云是當時尚無十子之目也何喬遠閩書又稱陳郪能詩與林鴻陳亮唐泰高棅唐震王恭鄭定王偁王褒稱閩

中十才子無二元而益以鄭及唐震其說互異要以前說爲有據矣

袁景文以白燕詩得名然如月明湘水初無影雪滿梁園尚未歸翻不若琴川時大本之珠簾十二中間捲玉剪一雙高下飛也頗光遠以白雁詩得名然如錦瑟夜調氷作柱玉關曉度雪侵衣亦不若王安中之夜雨蘆花看不定夕陽楓樹見初飛也安中整鍊不及子羽而風華跌宕多縹緲之音固似勝之 静志居詩話

林衡者云皆山善得中唐之韻如渭水寒流秦塞晚灞陵殘雨漢原秋他鄉見月長爲客别路逢霜半在船鳥外明河秋一葉天涯

王恭

十三

涼月夜千峯雲歸獨樹天邊小雪罷孤峯烏外青驛館夜殘明堠火市樓霜曉度寒砧棕櫚葉上驚新雨砧杵聲中憶故園幾處移家驚落葉十年歸夢在孤舟家臨故苑長洲樹鐘度寒山半夜船帆飛楚水舟中飯夢遶淮山樹裡行均有大歷十子遺音明詩綜

元鄧善之有題陶淵明像詩云詩中甲子春秋筆籬下黄花雨露滋便向斜川頻載酒風光不似義熙時又黄泰父詩云竹杖芒鞋白鹿裏山中甲子幾春秋呼童撿點門前柳莫放飛花過石頭明閩王典籍恭詩云束帶何須見督郵寧辭五斗便歸休秋風幾度黄花酒醉看飛鴻過石頭彭學士華詩云解組歸来雪鬢飄呼童

滴露寫前朝丁寧莫取江頭水恐是金陵一夜潮沈石田詩云曲午山河已莫支先生歸去自嬉遲寄奴小草連天綠剛剩黃花一兩籬五詩皆有韻致堅瓠集

王恭安中永樂初聘為翰林典籍年六十餘老矣未幾乞歸所作詩盈數十萬言其家居曰白雲樵唱金陵曰鳳臺清嘯歸田曰草澤狂歌歲久軼不盡傳袁舍人馬恭軍僅得白雲樵唱一種選入十子其他集俱未搜出余近歲又求得草澤狂歌一種有十餘篇翩翩唐響偶置山齋一時無好事者授之梓恨不起袁馬二先生于九原而披誦之也今晉安風雅中所選鷄公璽一篇是其一也

王恭

聲調詞意當在張王之右至于長篇短句燦若貫珠不能盡記竹窓

雜録

王典籍生平佳句超子羽彥愀而上盃楊二元諸子遠拜下風子伯兄選晉安風雅拔安中絕句甚多然未能盡妝也如書王孫射雁云錦袍朱帽綠弓絃卻射飛鴻灞水邊不識柳林關外路白狼黃鼠滿秋田書李白問月云銀甕閒傾采石春水天涼月夜無塵如何翠輦西行處凝碧池頭照別人書李白觀泉云朝別金鑾是醉鄉香爐飛瀑晚蒼蒼布衣早悟雲泉興不到秋霜滿夜郎題袞塵騮云暫卻銀鞍賜浴歸錦塵香撲袞龍飛誰憐習戰陰山北滿

地黃埃苜蓿肥淘沙揀金往往見實（仝上）

林應聘跋云王典籍艸澤狂歌向未登木徐維和得自張海城先生不啻若拱璧然乃鈔録未竟而逝予藏篋中不忍閲視傷人琴之亡也頃慮散佚强泪抄成仍送之緑玉齋以成維和之志蓋亦効掛劍徐君云爾（歷代詩選）

王恭

盖

長樂詩話卷三終

常樂詩話
下冊

長樂詩話卷之四

陳亮

陳亮長樂人字景明故元儒生也其學無所不窺明興累詔郡縣徵遺逸或推轂亮亮曰昔唐堯在上下有其頻吾投迹明時遊戲泉石間吾志慊矣豈願仕哉遂棹頭不出作讀陳摶傳詩以見志山中為小樓號曰儲玉購四方名書庋之又作艸屋滄洲中與名士王恭高棅為文酒之社歷代詩選

陳景明好文工詩樂義輕財家居作儲玉樓為藏書之所建滄洲草堂日與名士輩賡唱迭和又締三江諸耆彥為九老會號滄洲叟又號拙修翁有滄洲集多軼不傳傳者十之一耳如徵風度荷

香霽月散林影風生蘆葦鳴水落洲渚廣沙明日在野林暝雲起嶺皆警句也景明生於元泰定間至永樂中年已八十矣閩十才子景明最長竹窻雜録

陳亮字景明福州長樂人明初累詔不出有儲玉齋集夜泊古崎云寒山夜蒼蒼清猨數聲響風生蘆葦鳴水落洲渚廣月落知潮來時聞人盪槳秋莫懷劉宗魯云海國别來久長懷瓊樹枝閒齋坐幽獨悵望秋風時自非物外人邈然難與期空傷緑華歇坐惜白日馳對酒更愁予勞歌空爾思李時遠云亮詩冲淡有陶韋風明詩綜

三寶岩在縣北宋嚴學禁里人劉砥劉礪從晦翁避地於此永樂間三寶太監鄭和過此名之曰三寶巖後知縣蔣以忠謂其名不典改曰晦翁巖陳亮遊三寶巖詩云洞門壁立與峯平此日登臨萬古情野鳥向人如有意山花隨雨落無聲仙壇草露春光晚客枕鐘殘曉夢清此地由來可招隱欲從林下解塵纓閩都記

董峯山在縣東南相傳仙人董奉居之南俯定山其巖曰董巖董峯之西有柯林山其峯曰靈峯陳亮遊靈峯詩云疇昔過茲山駐馬望靈石蹉跎兩鬢華始作登臨客是時冬向深氣候未蕭瑟追隨得良朋周覽訪奇蹟深雲散輕陰霽日見海色千巖含莫景湖

影漫空碧郊原分綺錯左右羅第宅向來多賢豪聲譽何籍籍良辰作佳遊此地幾登歷我來一感慨俯視今非昔落日松風生遲回景將夕 仝上

西峯寺在長樂六都五代梁建陳亮詩云西峯鬱林壑有路始登臨入寺山偏峻聞鐘路更深古松高倚蓋流水細鳴琴笑問從遊者誰為淨宇心 仝上

崇信寺在大宏里唐咸通二年建陳元亮遊崇信寺詩云南畝黃雲盡西林白日低秋光浮翠巘莫色帶沙堤遠水留蟾影涼風送馬蹄知君城市客不肯宿招提 仝上

嚴湖一名西湖里人嚴光舍田爲之大宏里又有寺曰光嚴亦光舍田爲之按三山志陳大建元年長樂嚴光子恭商維揚舟次江滸市黿五十捨之光家居一日見披黑衣者五十人送緡錢五千曰君之子恭揚州所附還恭囬驗之實未嘗有乃悟贖黿之故遂舍宅爲寺田爲湖後人名其寺爲光嚴近時里豪奪湖爲田何古今不相及也陳亮有同歐陽彥中賦西湖路詩云杳杳西湖路曾經大建年昔時湖上波今作湖下田人世幾變易山水尚清妍惟應西湖上閒看釣魚船上仝

茶山寺在縣北二十四都唐咸通五年建西峯山有石臺相傳二

陳亮

三

仙對奕至今荊棘不生陳亮詩云久躭邱壑遊未歷碁山路偶訪招提居負緣入祇樹雲林更左旋始得禪棲處落日空蟬鳴藹然松山莫真僧喜相接况有平生故秘篋散香芸名卮酌甘露常懷學空理暫喜捐塵慮永願依道林慙非許元度全上

韋鉅謹按閩中十子詩今惟林子羽高廷禮王安中有專集傳世餘則均在顯晦之間而陳景明鄭孟宣所存尤僅長樂縣志僅載陳詩兩首鄭詩一首而全閩詩話遂至不能附列一条今就王應山閩都記所登全録於右閩都記亦藏書家所鮮有故甄採尤不厭其詳亦表微闡幽之意云爾

遼安堂在二都龍門明高棟創鄭定林鴻輩會集斯堂陳亮詩云
即地可棲遲何必遠結廬作堂依故宅聊以適起居青青映户庭
嘉木羅且敷圖史積左右日與文士俱有時風日佳行吟步前除
蕭散詠樂情暢然形神舒用世豈無心出門畏崎嶇優游保貞素
庶得遺毁譽又賦遼安堂題方方壺所寄畫詩小阮翻成大阮媒
終南捷徑共蓬萊君家草堂獨瀟灑半占峰南松際開草堂松際
秋聲裡四壁清輝映烏几卷幔朝眠日出高野鶴孤雲祇如此孤
雲野鶴澹忘形羸得邱園養性靈飛騰未應郎官宿嘉遯猶當處
士星吟詩作畫多閒放心跡悠悠古人上玩宇天空豁遠懷嘯臺

陳亮 四

夜雪聞清響王門記室舊交情國子先生若帀凡清時共逐鵷鸞
去白首誰同鷗鷺盟碩余別是滄洲客蓬萊相逢即相得對酒龍
門月色秋放歌鸛嶼潮頭白壺郎仙墨思紛紛千里神交寄樹雲
坐卧草堂讀君畫知君不羨北山文長樂縣志

滄洲草堂在方安里籌岩陳亮創中有儲玉樓滄洲十勝亮與高
棅王恭文酒過從為九老社王恭有滄洲十詠詩綠湖云雲歸蘋
葉齊雨積波聲小日夕水容清飛来雙白鳥蓮塘云荷靜香露圓
波深藕根白白皙誰家兒折花水邊劉漁艇云白鷗將野櫂蕩漾
波光冷木落秋氣多派蓬逕霜影古柳堤云寒潮落沙堰高柳入

荒烟莫把長條折秋来欲繫船白沙岡云連峯沙似雪迢遞帶滄波好是残陽外人稀野鳥多釣磯云片石翳雲根阮映波光曉君看直釣翁機盡忘鷗鳥桃花溪云幽蹊入林深仙花滿高樹笑謝滄洲人来去桃源路竹裡軒云露葉凝曉烟霜枝老苔石夜半獨行時清凉滿巾舄瓜圃云烟蔓日已長露花日已滋爲問東陵子何似青門時秋香亭云池静秋氣寒黄花日朝露卷幔待情人幽香滿林路又書高漫士繪滄洲别野詩云金堤沙北鏡湖東前窺籌嶺後爐峯滄洲老人年七十朝朝宴坐於其中葛巾竹杖何蕭散卧愛清暉不知晚魏闕青雲夢裡過謝池碧草吟中滿五嶽仙

陳亮、五

遊去路深擊鮮子舍費千金如何白髮滄洲上野鶴閒雲一片心
龍涎酒殘鸕鷀勺遠勝仙家大元酪送客天明水鳥啼彈絃夜半
簷花落龍門高士掃新圖揮霍霜毫倒墨壺京國浮邱亦知己題
詩早晚寄東湖上全

鄭定

鄭定字孟宣祖閩縣人居於縣東洪武間徵爲延平府學訓導永樂初遷國子助教善草書工文詞號浮邱生有淡齋集碧蕉書館在縣治東定讀書處也（長樂縣志）

七岩山在五都環羅如城故俗名其地曰羅城里人陳應春記云自七岩而下爲雙澗泉出石竇中瀏瀏有聲瀉於兩崖之間分流而下若雙龍爭布雲雨瀑淺滂渤聲應山谷一古菴頗幽閒有道者倦勤而休此可以觀龍戰而悟戲成也鄭定詩云覽古登高邱、秋空逾遐望、雲歸天宇澄、物態紛萬象、飛亭控雙流、澗道搴蘿上、

鄭定　六

追歡企昔人、雅作諧古唱、豈無黄花情、聊復效元亮、長歌有泰聲、憂舜亦豪宕、醉来信忘形、萬事齊得喪、林暝晚瀟瀟、氣酣春盎盎、題詩記曾遊、為我謝叠嶂、仝上

岩泉寺在長樂二十一都唐建有寂照軒鄭定詩云林間鐘磬響沉沉、客裡殘春喜盡簪、曲逕紛隨流水轉、禪房坐掩落花深、題詩把酒同幽興、孤鶴閒雲愜遠心、此度勝遊應不負、風流何必在山陰、又野寺雲深草樹荒、行吟更覓遠公房、竹邊幽鳥啼春暖、花外流泉到處香、禪地即今堪習阮、塵蹤於此覺迷方、三春况是逢三日、一詠應須醉一觴、閩都記

鄭定字孟宣福州閩縣人陳友定辟爲記室友定敗浮海亡交廣間久之還居長樂洪武中徵授延平訓導歷齊府紀善終國子助教有澹齋集伏波祠懷古云荒祠衰草已凄然猶有居人話昔年銅鼓苔生秋雨後石墻花落夕陽邊竹書早著平蠻策沙井空餘飲馬泉祠客經過休感慨雲臺回首揔寒烟明經綜

鄭定

七

陳全

陳全字果之，長樂人。永樂丙戌賜進士第二，授編修，歷侍講，署院事。有《蒙菴集》，五言專法韋柳。《送陳廷器歸長樂》云：置酒新亭上，親賓儼成行。蘭肴雜肥鮮，綺席羅瓊漿。顧茲繾綣情，樂飲各盡觴。中筵忽不懌，援琴撫清商。絲桐易為感，離思攪中腸。驪歌首前塗，僕御促行裝。故鄉渺何許，路繞川原長。願為晨風翼，送子東南翔。《送叔韜兄歸長樂》云：攜手出都門，悵然千里心。悠悠河橋上，送子歸故林。川原翳衆綠，灌木澄幽陰。滄波渺離思，黃鳥鳴好音。吾家南山下，白雲澹遙岑。別來幾何時，歲月忽已深。誓將從君歸，焉能辭

陳全　八

華簪遥持一書扎因之南飛禽明詩綜

陳伯康

陳伯康字仲進長樂人江山知縣有南雅集寄郿縣喻知縣云寄語郿州長何時過洛中相看兩舍許不得一尊同客思瞻秋月鄉書早遲鴻雁懷臨別處每憾太匆匆明詩綜

章鉅按長樂縣志作陳仲進字伯康

林慈

當陽寺在七都柏山上唐咸通六年創有二堂曰山月雷音邑人林慈詩云爲道緣空碧龍宮入翠微逢師持鉢日恰我到山時蘿

逕千林滿風泉百道飛何年至城邑惜別欲留衣長樂縣志

林蕙字志仁長樂人永樂中薦辟官國子監博士送人之廣陵云金陵樹裡送行舟二十四橋春水流腸斷瓊花天上去更無歌管下揚州晉安風雅

林敏

天王寺在縣西北松石峯唐大中七年有天王閣枕流軒望江亭樂壽堂多傾圮寺之西有金鷄山若將軍勒馬萬歷間重修林敏遊天王寺詩云珠宮阯上方載酒一乘興雨歇瀑布涼雲歸古松暝忘機野禽狎發詠山鬼聽坐對月上時空山響烟磬閩都記

林敏曉登石竹山卧龍潭云飛軒宵洞碧溪口寒流深溪南一峯
峻衆壑波上陰杉松亂天影水月乃金心時復開竺書寂寂空中
音雜花逗秋思鳴瀑絃素琴顧弄白鶴影永矢諧幽尋　仝上

吾邑林敏字尚孟自號瓢所道人永樂中布衣林子羽之高弟也
詩不多見惟從閩都記及晉安風雅列朝詩選中録得數首古體
規仿六代近體亦芊麗動人如夢秋云狐狸泣海月簷隙分斜光
陰風颯然來萬籟秋茫茫寒聲吊落葉遠思悲雁行寂歷夢中語
心魂亂飛揚雲根秋水凈石上秋草長逡巡破陰翳白景升扶桑
晦日稍次山谷云清溪殊險峪石籟何淙淙尋源竟莫測又復登

幾重行處衆壑盡望中天影空於焉倏含景水木相玲瓏濕翠翳中絕片雲起西風忽忽洞深杳大圓變濱濛飛湍迫日月急雨隨蛟龍洗心投白鳥息見期青松頗因紫霞秘永諧鸞鶴綴留別壺公山人云夙昔負靈異齋沐營丹砂經年竟無成乃知仙路賒為文何足道說劍徒矜詩神情若飄風浮海思乘槎涵江入雲水天影明蒹葭窮源杳莫測石瀨仍幾處月從壺山出照見菖蒲花龍吟波上烟鳥散空中露搖曳鳴吾琴蕙心豁天葩夫子乃知音延之飯胡麻塵蹤未洗髓爛熳遊天涯永懷靈境廻矯首長吁嗟江上送鄭山人云祖帳送離人勞歌暮烟裡暝暝江上宿殘日照寒

林敏

十

水清尊醉薄花孤棹依短葦雨翳燈影微風兼笛聲起後夜有相
思緘書寄雙鯉晚次流沙河云湖口寒山暮洲前芳草歌扁舟謳
遠尋曠然白雲闕北風蘆葦鳴白日波上没其時鴻雁来攤棹蛟
龍窟遂歌滄浪清而乃濯元髮風氣逼天影蘿雨澤入骨石上蹲
玉琴清響在林樾到家興未已夢遶松際月春山過高逸人别野
云此地有别野授閒尋阮淪酌君樽中醪笑我衣上塵石竹拂瑶
席野荷清角巾雙松駐白日一水流青春盤谷憶李愿鑑湖懷季
真古有逸民傳非君誰與論登宿雲臺云香刹辭世氛况同野人
會寒岩結暝陰古殿藏深翠目睎遠空半興落飛鳥外日暮惜解

攜相看嗒然喟雙溪蘭若宴集云散帙栖烏時幽尋憩精舍天吟
風滿巾露飲月侵夜烟篠澄遠心雲蘿翳長夏回看衆壑陰杳靄
鐘聲罷寄山中人王錫云野服逢山客探元輔嗣甥藥門風外嘯
盤谷醉中行候館迷征雁春城過曉鶯佇看花落盡思爾豁吟情
宮詞云玉溝澄曉色金屋閉秋塵鴛被辭君寵蛾眉妒妾身掖庭
霜葉赤永巷露苔新欲寫心中恨含情祇自顰期宗人林大遊華
藏寺云巾舄行歌接梵筵偶來松下草芊芊也知只在秋雲裡渾
水溪花到處稗江南意二首云霜侵紅粉鏡臺斑眉黛含愁感遠
山長在深閨那識路夜来夢繞穆陵關湘裙剪就茜裙新愁裡風

林敏

十一

光病裡身強整釵符隨女伴隔簾教喚賣花人似此雅載不減林膳部高典籍而言十子者不之及邑志中亦不採其詩朱竹垞云近來論詩多序爵豈此風自前明已然歟補蘿山館詩話

馬鐸

狀元馬鐸少時夢中有語之者曰雨打無聲鼓子花不省所謂後與同邑林誌同舉進士誌高才鄉會皆第一殿試時忽夢馬踏其首以是怏怏爭於上前上曰朕有一對對佳者狀元也曰風吹不響鈴兒草馬即對以夢語而誌思竭不能於是得賜狀元稗史彙編

章鉅按縣志載此事係既第後林怏怏不服每於上前爭之後

聞馬對而已不能乃愧服云云於事理爲近縣志又云鐸赴京
會試見路旁節婦塚壞捐金修之是夜夢婦人謝以詩有雨打
無聲鼓子花之句不知其意至是始驗云云亦較此爲詳觀此
謂馬與林同邑可以知其踈畧矣

長樂舊有首石山鳴出大魁十年成市狀元來之讖至永樂壬辰
其山大鳴適三寶太監駐軍十年街人物輻輳如市其年邑人馬
鐸狀元及第戊戌首石山又鳴邑人李騏狀元及第仝上

李騏

芝山在縣治東石巖中有觀音像像後産芝故名邑人李騏詩云

李騏 十二

東山六曲屏峰下祇樹深沉舊蘭若施食臺前芝草香繙經席上甘泉洌我昔逃禪於此山上人飛錫上方還香床說法天花落丈室懸燈水月閒竭來精舍東溪裡垂帷永日聞流水四壁烟蘿雨外青六時鐘梵雲中起盍簪乘暇更登臨共愛雲堂花木深莫道空門俱是幻片時清淨即禪心長樂縣志

江山第一樓在二都翁山最高處李騏詩云飛構巍然勢欲勝無邊光景與時增簾前綠水歸帆遠窗外青山對几凭萬壑松聲來戶牖半天月色映銀鐙書閒偶躡空梯迥獨快先登第一層仝上

韋鉅按俗傳馬鐸李騏為同母異父兄弟鐸之母初適馬氏生

鐸再適李氏將生騏夢其故夫遂名以馬及登第臚傳日成廟怪其名異遂以馬旁加其今鄉黨猶豔稱之王世貞史料何喬遠閩書俱載其事按沈景倩野獲編言嘗考兩家誌銘鐸之母為卓氏騏之適母為葉氏先亡繼母黃氏俱封安人然則兩人固風馬牛不相及也周櫟園閩小紀亦云嘗屬長樂令訪其邑中前輩俱云無之而兩家後人亦云世俗謬傳絕無影響且當時亦無增馬為騏之事即一母所生方且為母諱何至以前夫之姓為名公然暴母之短然弇州傳聞失實容或有之而何氏以吾閩人作閩書豈宜不加詳考而承訛若此乎

梁行慤

余族祖毅菴公諱行慤字克著前明成化辛卯舉人壬辰會試副榜元初任四川眉州學正次任浙江處州教授曾三典文銓選吉水知縣辭不就職内升國子博士旋即引年歸隱江田生平豁達好施縱情詩酒余家舊藏手錄遺稿一卷不事雕鏤自然深穩五言如溪隨山勢急路逐野橋横酒杯酬令節詩課記年華野色晴生水岩陰晝轉寒荇帶交嵐影苔衣抱石根茶烟雖冷落花雨尚⿱髟監鬖七言如徤步風生高士屐泥眠雲護老僧窩欲語山花迎客笑倦飛林鳥共僧閒竹屋有窓風自啓艸庭無樹月相當曉瀑影

拖千尺雪夜撼深濤萬株松斷橋野色劃晴翠閟樹雲陰生晝寒林花欲語鳥聲碎野鹿不驚人意閑奚童解事百壺足老衲作禮雙袖寬早慕李邕求識面晚逢東野顧低頭天籟清機絶無七字浮響已謹擇其尤者編入光家集中近閱陳伯駒所輯靈峯寺志載穀菴公同劉則和刑部靈峯雅集七律一首云路遶烟蘿歷數峯直看瓊島海門東閑身也學杖藜瘦濁酒翻同詩興濃塵外風高看放鶴洞中雲起問眠龍山禽似識忘機樂相與談諧一笑空此詩遺稿中所無知所佚者尚多矣補蘿山館詩話

謝廷柱

謝廷柱

十四

鄭憲

謝廷柱字邦用長樂人宏治己未進士除大理寺評事歷官湖廣按察僉事有雙湖集詩如犀塵在握淨掃游塵水亭夜坐云今夜月上遲前夜月上早有月景固佳誰識無月好天高衆星明涼意在庭草風輕螢照樹夜定魚躍藻毛髮動蕭爽塵襟滌煩燥時序倏將代浮生嗟易老北雁今已南游子在遠道昨夢江田村石林淨如掃獨坐望海亭把酒看雙島明詩綜

鄭憲

閩長樂鄭憲未第時作館於邑之大姓家大姓戚屬有以省祭還自京東人名欽鄭亦與焉將登筵省祭遽讓曰先生請左鄭慨然

就之不辭省祭啣之酒數巡省祭顧壁間畫曰鄭先生高才何不各請賦一絶東曰久懷此意第未敢發耳先生曰不難即索題之一幅乃楊太真醉卧於地二閹官扶起之不勝明皇顧笑之狀詩曰龍顏迴首顧紅顏醉卧東風上馬難不是侍兒扶不起只因恩愛重如山次幅乃朱買臣挑柴讀書詩云一擔荆薪一束書且行且讀樂何如擔頭自有經綸策堪笑糟糠愚婦愚三幅乃韓信乞食漂母詩曰乞丐當年事本虚英雄未遇古誰無臨題恨殺丹青手不畫登壇拜將圖四幅乃桃竹間植詩曰竹桃二物不相同萬綠叢中幾點紅我去化龍君作浪人生何處不相逢題畢主人各

嘆賞後先生聯登科甲歷官巡按御史省祭為典史為其所屬果一龍一浪真詩讖歟燕居筆記

陳文沛

陳文沛字維德長樂人正德丁丑進士除工部主事歷郎中出知撫州調蘊州遷覇州兵備副使以陝西行太僕寺卿罷歸有世槐堂稿懷遠堡和韻云峭壁棲危石徒杠漫遠沙河流隨溜曲樹影逐風斜客枕移更鼓鄉愁起暮笳官齋何寂寞鄰舍兩三家明詩綜

莊維春

莊維春長樂人年十三時父官瓊州維春往省之將抵海陝作詩

曰十里至海路已絶四面無村人獨行百夢不能一到此雙親猶自隔蓬瀛後官至豫章太守榕陰新檢

陳大濩

陳大濩字則毅長樂人正德辛巳進士思恩府同知有雙溪集十五夜舟中對月云水國人初静江村月漸高九天開霽色百里見秋毫興已懐鱸膾官猶滯馬曹孤舟對清夜湖海思滔滔朱仙鎮謁武穆祠云駐馬朱仙鎮傷心武穆祠誰憐宋社稷竟失漢旌旗星墜天應憤師班帝豈知空餘祠外柏蕭索向南枝明詩綜

林恕

林恕字道近長樂人嘉靖己丑進士歷官雲南按察使有西橋集近詩依然林子羽王安中流泒舟次白沙驛云長安何處所旅棹發閩關白攤沙邊驛青廻江上山風濤添别泪村酒破愁顔羨爾溪中鳥閒雲共往還同蔣蒙菴朱豹厓登合浦海角寺云共是天南客相攜海角行山連銅柱盼水滙越裳城落日潮聲起高秋蛋氣清故鄉回首望歸雁斷南征宿唐浪村云黄精釀熟豆初花籬落蕭踈遠市諠地僻虞維依岸曲天寒漁火傍江叉燕尋舊壘穿重幕竹引新篁過别家對景蕭然幽興發可甘萍梗負年華明詩綜

長樂縣志卷之四終

陳玉

陳玉字汝良號龍峯沙京人初以孝廉司教後成進士授刑部主事玉少穎能詩嚴分宜亦長於詩後俊李滄溟王弇洲諸公咸不為分宜屈與之忤玉論詩與分宜合顧交歡適職方郎王尚學忤分宜欲中以大辟玉持之得減戍楊繼盛幽金吾獄玉賦居幽歌以傷之出守饒州多善政卒罷歸以不善媚也其為詩冲淡和雅與王李殊調而弇洲所作又五子詩玉居其一焉長樂縣志

謝杰

謝大司農杰萬歷己卯以行人冊使琉球琉球國主每一宴酬以金故事也謝固卻之自作卻金行云夷中一宴一酬金使君不改

陳玉　謝杰　一

初来心還君酬金畫君爵為君翻作却金吟丈夫書中金為屋少

小賣金買書讀金函捧詔来扶桑並趋金殿辭君王腰間白玉金

魚佩袍上蒼龍金縷光歸裝何用金為賂有金不售長門賦此身

自許雙南金懷金豈為貪泉污秋風囬首上金臺臺下黄金買駿

囬都門他日還䟺廣猶賜魚金歸去来榕陰新檢

吾鄉謝大司農杰宿雲窩有詩云刀圭有分仙緣熟鷄犬無聲午

夢閒佳句也筆精

梅江在二十四都與广石聯絡濵海謝杰奉使冊封梅花開洋詩

云仙崎渡口水飛樓十丈青蓮太乙舟風笛數聲江閣暮梅花五

月海門秋，天高北極星辰轉，地坼南溟日夜浮。此去若過烏鵲渚，好將消息問牽牛。（閩都記）

謝肇淛

游燕集二卷小草齋稿一卷，明謝肇淛撰。游燕集爲萬曆己丑肇淛公車北上時所作，小草齋稿一卷則己丑還山後至辛卯復上公車時所作。按黃虞稷千頃堂書目，肇淛有小草齋詩集三十卷，文集二十八卷，又續集二卷，此二卷乃集中之一種，非完帙也。（四庫全書總目）

謝肇淛，字在杭，長樂人。萬曆壬辰進士，除湖州推官，量移東宮，遷南京刑兵二部轉工部郎中管河張秋作北河紀畧詳載河流原委及歷代治河利病談河工者考焉升雲南叅政歷廣西按察使至右布政林若撫曰在杭詩以年進下菰集司理吳興作也坐論需次真州有鑾江集移東昌有居東集格調漸工然其詩亦止於此嘗有寄予詩云曾從紫氣識龍文忽見新詩過所聞老去自慚牛馬走書來猶問鹿麋羣春城樹色連吳苑夜雨鴻聲叫海雲荔子輕紅榕葉綠相期同拜武夷君在小草齋全集中晚年所作聲調宛然不復進矣予觀閩中詩國初林子羽高廷禮以聲律圓穩為宗厥後風氣沿襲遂成閩派大抵詩必今體今體必七言磨礲

渼溢如出一手在杭近日閩派之眉目也在杭故服膺王李已而醉心於王伯穀風調諧合不染叫囂之習蓋得之伯穀者爲多在杭之後降爲蔡元履變閩而之楚變王李而之鍾譚風雅凌夷閩派從此熸矣列朝詩集

在杭格不聳高而詩律極細其持論亦平如于鱗元美敬美子與伯玉皆所傾心漫興詩云徐陳里閈久相親鍾李湖湘非吾隣九泥久已封函谷怕見江東一片塵徐指孝廉惟和山人興公陳謂文學汝大孝廉幼孺山人振狂是時景陵派已盛行而在杭能距之又云石倉衣鉢自韋陶吳越從風赤幟高若問老夫成底事雪

山銀海漏秋濤此則在杭自任匪淺矣静志居詩話

李本寧云在杭樂府豐約文質適得其中五古瞻而不俳華而不靡七言音節鮮明氣勢沉鬱五七律比耦精嚴絶句意在筆先韵在言外春容警策短長合度大抵率循古法而中有特造孤詣體無所不備變無所不盡今詩道向衰予將以在杭為砥柱焉李本寧小草齋集序

在杭是編蓄藻於建安騰聲於慶歷希蹤於少陵泛駕於長慶無綜潘陸妙契陶韋其綴辭婉以麗其御氣雄以健其攄思優以雋其援事典以則其振響和以平苕華喻好於春風芙蓉叱妍於秋

水才情信美而寄興尤深張獻翼小草齋集序

謝肇淛字在杭號武林江田人父汝韶司教錢塘置側室生肇淛故名與字皆志所出也生而奇穎覽輒成誦九歲能屬文題蘇武牧羊圖曰上林飛雁來何晚空牧羝羊十九年遠近傳誦之既長於學無所不窺為文豐蔚軒霽古文詩歌傳布江右所著有小草齋詩二十卷文三十卷雜著曰吳興支乘居東日纂北河紀滇略百粵風土記粵藩末識皆宦跡時所經歷也曰鼓山志曰支提大姥志方廣巖志長溪瑣語史考史測史觿禮考詩話麈餘五雜組文海披抄家食時所蒐討也長樂縣志

謝肇淛

四

萬歷己丑予與徐維和下第過杭州六和塔愛其幽靜各賦一詩
頋題壁間而寺僧號呼奈何浪疥吾壁吾且取水滌之予笑不復
題越三載予拜吳興司李行部至杭詢之則寺僧懼罪逸之久矣
余大笑因復題云雙旌五馬遶江城驚起山僧合掌迎三載重來
渾似夢終軍原是棄繻生小草齋詩話

劉邦彥有五夜元宵詩十三夜云近喜元宵雪吏晴。千門翠竹結
高棚。珠簾半捲將團月。玉指初調未合笙。新放華燈連九陌。舊傳
金鑰啓重城。少年結伴嬉遊去。遮莫鷄聲下五更。十四夜云燈光
漸比夜來饒。人海魚龍混暮潮。月照梅花青瑣闥。煙籠楊柳赤欄

橋香車過去抛珠果寶騎重来聽玉簫共約更深歸去早大家明日看通宵十五夜云一派春聲送管絃九衢燈燭上薰天風迴鰲背星毬亂雲散魚鱗璧月圓逐隊馬翻塵似海踏燈人盼夜如年歸遲不屬金吾禁爭覓遺簪與墜鈿十六夜云次第看燈屬舊傳寶箏重按十三絃人心未必今宵別兔魄還如昨夜圓尚覓繁華誇樂土何須廣樂聽鈞天追歡莫羨兒童徤靜對梅花憶往年十七夜云繡簾窣地護輕寒明月来遲鳳蠟殘風掃烟花春爛漫雲沉星斗夜闌珊醉敲馬鐙還家去誰抱龍香隔夜彈試看燒燈如白日鰲山無影海漫漫萬歷己酉予在閩中與徐興公各有此詩

謝肇淛　五

予詩云千枝鳳蠟一時懸共道元宵勝去年人影漸隨香霧合月
輪還讓綵燈圓虹橋乍起搖星斗錦幃初開試管絃更說閩山香
火勝魚龍百戰列齊筵綵棚高結紫霞標火樹銀花第二宵兔魄
却擬今已滿燈華還比夜来饒翠翹浮月盤龍動玉靳嘶風寶馬
驕士女喧闐春似海更祈圓滿到明朝舞鳳蟠龍百戰陳寒空如
水湧氷輪三千世界團欒夕十萬人家富貴春碧海有天皆紫霧
錦城無地不紅塵行遊漫道今宵永漏咽銅壺夜又晨銀燭花開
月漸遲看来已減一痕絲莫言燈市将残夜只當蟾光欲滿時驄
馬璧車尋舊路紅牙檀板變新詞春光一夕都衰謝浪蝶遊蜂尚

未知春色闌珊事漸非賞心誰復惜芳菲敲闌禁鼓月初上踏遍
殘燈人已稀楊柳舞多調綠綺芙蓉酸少落紅衣六街尚有餘香
在信得遺簪信馬歸徐興公詩云瑞雪濛濛夜色虛千門萬戶放
燈初銀蟾未滿光猶薄絳蠟新燃跋有餘一曲梅花調玉管六街
油壁試香車星河半落歌聲歇剩有春風拂綺筵向夕燒燈未盡
歡今宵重出九衢看買來玉勒聯鑣度挹得銀箏促柱彈楚舞三
千爭卜夜秦樓十二不知寒高唐乍醒行雲夢又見東窗日一竿
處處鼇山燭影搖春風同買可憐宵火龍列挂烟中市寶馬爭穿
月下橋金縷齊翻遊女曲紅樓高奏玉郎簫香塵擾擾雞聲急陌

謝肇淛

六

上行人拾翠翹鳳燭燒多淚漸灰漏聲催出月輪来金吾不禁前
宵弛寶扇還同昨夜開再撥檀槽和紫霧重移蓮步踏香塵人心
不厭燈殘夕歌舞猶傳百尺臺九陌猶然桂九枝嫦娥来看寶燈
遲堂前玉輦無心醉花裡瑤聲不耐吹遊子凄涼愁永夜美人惆
悵惜芳時魚龍百戰銀花合又是春風隔歲期仝上
東坡有吃語詩云故居劍閣隔錦官樹果薑桂交荆菅奇孤甘挂
汲古綆僥覬敢揭金鉤竿已歸耕稼供藁秸公貴幹蠱高巾冠更
改句格各謇吃姑固狡獪加間關又戲武昌王居士詩云江干高
居堅關扃犍耕躬稼角挂經篙竿繫舸菰茭隔笳鼓過軍鷄狗驚

解襟頤景各箕踞擊劍賡歌幾舉觥判筭供膾愧攬聒乾錫更戛
乾依美內覬字當音改繫字當音計愧字當音貴不然當易此三
字予友人舉孝廉口吃唯流音念不正一日雨中予與徐興公各
賦絕句為吃人念不得詩以遺之予得二首云綠柳龍樓老林蘿
嶺路涼露來蓮漏冷兩淚落劉郎又梨嶺連連路蘭陵累累樓琉
璃憐冷落郎輦懶來留興公得一首云留戀蘭陵令淋漓兩淚流
嶺蘿涼弄籟路柳綠連樓文海披沙
貞吉王孫過餘干詩云餘干城頭雲拍天琵琶洲下水如弦推篷
理詠隨州句平日平沙似往年謝在杭宿弋陽云羣峰田合俯深

謝肇淛 七

溪寂寞荒城古渡西帷有女墻秋月在只今猶照夜烏啼二詩皆用劉隨州句略無痕跡余近過弋陽亦效顰云俯憶文房舊日題餘干水落弋陽溪平沙渺渺孤城在朝弄猶聞山鳥啼筆精

在杭題吳興海天閣飛閣接天都珠宮控太湖山光圍百雉野色入三吳水落琴聲盡雲崩塔勢孤東南多王氣回首起栖烏徐興公云雲崩塔勢孤句為時人傳誦鄭翰卿寄詩云翠荇青蒲碧浪湖裁詩對酒憶人無謝郎近日縱横甚尚有雲崩塔勢孤堅瓠集

謝在杭司理吳興時太守北人極忌諱民間不許白衣或出而遇白衣者輒寘之法不少寬假因前守卒於官甫涖任盡撤其堂宇

廨舍掘地數尺重為架造勞民傷財民患苦之在杭作吴興竹枝詞數首末有云五月新絲白勝棉、輕羅織就雪花鮮、為郎製得雙襠子、官府頭行不敢穿、又云臘盡春生年復年、望郎長在太湖邊、水門不閉聞簫鼓、迴避黃堂採木船、太守聞之頗不悦時當計吏竟陰中之調為東昌司理然民間盛傳其詩為口實也竹窗雜録

宮人斜唐人多有賦者秦京雜記謂長安舊墻外長三里曰宮人斜風雨夜多聞歌哭聲雍裕之幾多紅粉委黃泥野鳥如歌又似啼應有春魂化為燕年年飛入未央栖為唐人絶唱後權德輿陸龜蒙二絶遠不及也憶十年前伯凡惟和常作是詩同社各有賡

謝肇淛 八

和最後謝在杭有云落花啼鳥怨青春生不啣恩死作塵長信月明秋寂寂君王只夢李夫人咄咄謝郎探驪得珠矣仝上

謝在杭小影一幀予得見於鼇峯坊薛士玉家豐頤隆準粹容充悅姬人姚葉就其所執之卷而舒之流觀盼睞翩若燕翔童子煮茶石鼎沸聲與松籟相荅蓋曾鯨所寫也考公居東集有雪夜寄侍兒詩又有壬寅元日寄桃葉侍兒詩又有客中夢桃葉侍兒詩鑾江集中又有六憶詩寄桃葉侍兒又代荅詩則公之繾綣於桃葉者深矣榕城詩話

謝在杭小草齋詩話啟發人意處殊少如云詩境貴虛故仙語勝

釋釋語勝儒夫仙語如步虛等最易厭釋語入詩最近雅今乃反之豈非強作觧事者如云明詩遠過於宋又云本朝僅數名家自追上古然刻畫摹擬已不勝其費力矣其他作者如林上乘儁語入不數篇要其究竟尚不及宋宋人有實學而本朝多剽竊故也右二條自相矛盾當以後論爲允又云國初詩林鴻高啟尚矣鴻一意盛唐而啟雜出元白長吉夫鴻之爲盛唐贋鼎耳安得與啟並稱又云李西涯樂府野狐外道夫西涯樂府雖變體自是天地間一種文字弇州晚年尚爾服膺遽斥之爲野狐外道可乎約略駁正數端以例其餘至外篇雜篇以下多載晚唐五代宋元詩無

謝肇淛　九

可采者正與劉後村詩語同耳香祖筆記

余自幼時聞姨母章氏嫁非其偶時誦巧妻常伴拙夫眠之句不知何人所作後閱謝在杭詩集方知故是謝詩其詞曰癡漢偏騎駿馬走巧妻常伴拙夫眠世間多少不平事不會作天莫作天隨園詩話

謝在杭為吳興司理日友人陳伯孺往訪之時方盛夏市上有假瓶梅一株製作精巧宛然如生因購以遺在杭並寄二絕句云每逢笑處獨巡簷尚憶開時擬撒鹽分付東君須着眼寒芳原不解趨炎、誰家剪綵綴瑤林、曾譜江南笛裡音、莫為炎敲今轉盛、一時忘

却歲寒心、二君元善謔者，同社傳為佳話云。竹窗雜録

昔紀文達師以夾際草堂研授林樾亭，謂閩物歸閩人，墨緣也。文誌宰為程日，得謝在杭前輩司理湖州時所題歸雲菴詩卷，仍裝池菴中，以閩人得閩物，似亦有緣。茲於六一堂觀墨卿太守所藏邢子愿與謝在杭札，為侯官李廬山中丞家故物，流落嶺南，得之適為我墨卿所得。札中有五月將與墨卿周旋語，又緣之奇者。竊為茲冊幸，並自幸留名簡末，為有緣也。書屏文鈔

梁仕榮

族祖主山公為穀菴公第三子，諱仕榮，字永仁，老於塾師，不求聞

梁仕榮　十

達遺句如鄉思陡隨砧韻急詩懷遠寄雁聲孤習嬾漫言饒野意淺吟也學聳山肩可以想其風調矣補蘿山館詩話

梁汝春

主山公子為友竹公諱汝春字世陽恪守青璮鬱為耆儒碩德里中至凡之王彥方詩工古體有戛戛獨造之致如秋夜即景二首云平沙直到海夜月無留影雁陣向南來歷歷辨秋景潮平見漁火一葉忽歸艇始聞欸乃聲空齋鳥夢醒星河欲曙天遠剎晨鐘動無睡得靜觀沉沉萬家夢聲聞偶一觸啅鵲作幽哢披衣方下樓紅光浮嶺洞又客夜口占句云竹遞風聲當户覺梅分月影隅

窓寒意境深微尤得中晚佳處仝上

梁天佑

世陽公子為龍田公諱天佑字以德濡染庭訓亦以詩名曾遊福清龍卧寺步葉文忠相國韻云龍卧菴中別有天尋芳到此亦清緣空山雲與客争路古寺鳥随僧話禅隔代題名滋碧蘚破空惟石聳青蓮老来擬此營精舍媿乏前人布地錢三四句尤為文忠公所賞仝上

陳希友

陳希友字朝文號孝無江田人為郡茂才有志節工詩明亡自弔

梁天佑　陳希友　十一

云空負當年一夕郎情懷十上筆乾強又云骨傍要離歸我友形圖屈子落誰鄉人生不為貪金計得死高名影亦香丙戌後往來墟落蘭若搖首吟哦夜多不寐惟擁一破衲兀坐待旦嘗刺血寫孝經一百餘卷以貧故未塟親藉以報也後死粵東獄中著有蓼岩集及詩文多散失長樂縣志

韋鉅按謝青門節義録云魯藩監國以薦為兵科給事中戊子後乃歸祝髮後為楚世子戍治株連逮至廣東卒於獄一生牢落不平之氣恒藉筆端發洩云云今蓼岩集不可得惟靈峯寺志尚録二首足見一斑急登於此宿靈峯寺云閑遊無適意古

寺暗經過春氣海邉大寒光山上多孤鐘殷夜壑進火颱風蘿暫得
清機發浮生事若何壽靈峯僧印中云我愛老龕叟年來講道
歡所知因竹擊得果正梅酸海內荒雲亂山中老夢安鬚眉推
古德杖出萬山寒

陳鳴石

陳鳴石字體魁號若雷崇禎癸酉舉人庚辰會試副榜值闖賊起
憂傷國事嘗自書一聯云經史鋩寒柱吐陸離朝北斗君臣義薄
空懷薇蕨弔西山自是杜門不出耿逆迫起之避於城門山著有
竹溪前集抱冰集長樂縣志

陳鳴石

十三

陳騮

陳騮字伯騶江田人幼即工詩與三山黃晋良許友相友善中年縱遊燕齊吳越著作益富與攜李曹秋岳長洲尤西堂稱莫逆交所著有雪鴻堂詩集十卷最傳者有南雅堂紀事詩金陵懷古諸篇長樂縣志

藴門余澹心曰余閩人而生長金陵生平以來遊武夷未食荔枝為憾今讀吳航陳伯騶詩幽奇鮮麗如登幔亭雲窩之上飽餐宋家香水晶丸矣妙哉技至此乎雪鴻堂詩話

陳騄

陳騄字昌範號仲桓長樂人順治間廩（諸）生有偶菴集仲桓工小楷詩格法森氣老語堅可與綏安二布衣並參一席注韓居詩話

陳騄

十三

道鄰手編

長樂詩話卷之五終

林鳧復

林鳧復字天友長樂人順治閒辟為常州府通判有華鄂堂集曾客生云天友有濟變之才博通子史書法晋人為人慷慨尚氣節詩亦如之山中早春云蓬户雲深掩繩床竹半遮此身猶是客得夢便還家深澗猶含凍踈林未著花故園消息斷空悵雁行斜同友人分韻云遠道同羈旅邊城況早寒依人真計拙秉燭對更闌名以為儒誤才知入世難他時如憶我物色到漁竿全閩詩録

林豫吉

林豫吉字不飛長樂人康熙甲戌進士有松址集松址挾智任術明律令登第後未謁選家居閭里與不協者舞文中傷之反爲所持被褫詩學杜甚有骨力汪韓居詩話

鄭任鑰

沈歸愚云江左多名學使魚門先生其一也生平不以詩重而詩亦可傳如春蠶詞云蚕月人家愛晴旭紙箔分葉聲滿屋三眠過後桑樹稀稱來銀繭繅為絲山村日午緯車響榆柳陰陰烟火遲憶昔民間累苛派新絲二月長先賣近年兒女有完襦急公更足償私債艱難衣食在農桑年年拜祭馬頭孃不辭小婦閨中苦願作山龍藻火裳他手每說飼蚕之苦此用翻案法見閨中女子忠愛有餘先生補衮之心言中流露矣國朝詩别裁

吳文煥

吳文煥字觀侯一字劍虹長樂人其先世已居會城而身猶占縣籍甲午舉於鄉辛丑第二人及第旋假歸家食者久之再入史館改部曹除御史以病乞休今林居又三年矣劍虹落拓不羈喜讀書性尤耽酒一月曾不得數日醒土木形骸似無意於當世務者然當夫酒酣耳熱奮袖起舞或泣或歌輙發洩其胸中之塊壘殆亦阮仲容石曼卿之流亞也詩最豪爽大致于蘇陸為近吾鄉比戶能吟顧羣奉林膳部高典籍為鼻祖聲調圓融千手如一如所稱晉安風雅者是已劍虹辭而闢之獨標雅徤盤空硬語傑出於

桑筋脆骨之間雄雞一聲天下白固未易為一二俗人言也劍缸曾有句云欲覓相知定文者近來沈韻比江花蓋指同里江爾熙槪同年沈珊友而言茲余有採詩之役輒就篋衍所藏選錄得數十首竊自比於江沈之列樽酒論文則更俟之異日詩鈔小傳

閨秀

張氏

晉胡商本長樂鄭梅之子其母婢也姓張氏婉麗善舞又喜聲詩梅絕嬖之及梅死主母聞張有身妬之危殺張者屢矣張逃走之七岩山中其後免乳生子商後二日主母之子使人共求張張惶急告求者曰予我兒棄之幸有舉之者毋令並死求者許諾張乃齧指血書帛棄兒山中其詞曰結髮事君子隆寵充下陳君命既剿絕人彘將何親賤妾罪當殛兒子生不辰出腹甫再昔棄捐荊興榛一步一反顧五內為摧崩鬥轂委楚澤后稷生寒冰天命

倘不絕虎鳥或悲仁其後張為其家所賣嫁為會稽賈人婦是時七岩山中有老狐能變形為麗人誑惑男子行於山徑而見鄉者張氏所棄兒哀而乳之居四五歲建康人商景過之狐因託為寡婦請寄所棄兒於景謂景曰善藏兒帛書言訖復故形而去景遂攜入建康名之曰小乙冒姓商氏教之讀書習京氏易公羊春秋既長每見書帛輒晝夜哭不絕聲太和六年景為桓溫裨將所殺商涕泣曰嗟乎身親為人長養之而不與其難然是人者人頭而畜鳴耳我必報讐而死乃挾匕首偽為言事者直入轅門刺殺之左右大亂復擊殺千人因自刺佯死夜從狗竇中出亡伏匿更名

姓曰胡商亡命出關轉入河間而歌其帛書詩乞於市聞者無不垂淚流涕初其母張氏從賈人之會稽傳數家至河間以歌舞得幸於富人吳翁始適過聞之大駭召見問之具言其故因出帛書其母持之而泣商亦伏地泣幾不自勝一市皆泣遂與母自言翁始載歸閩中比至先母之子相繼死沒惟孤兒留孫始生浹辰商令妻哺養之與子等曰奈何絕先母嗣後至七岩山中求老狐不得於是環七岩山而拜之竟以胡為姓以致報德之意每伏臘並祠老狐商景晉安逸志

六

茝鄰手編

申屠氏

申屠氏宋時長樂人美而艷申屠虔之女也少名以蕙既長慕孟光之為人更名希光十歲能屬文讀書一過輒能成誦其兄漁釣海上作詩送之曰生計持竿二十年茫茫此去水連天往来酒灑臨江廟晝夜灯明過海舡霧裡鳴螺分港釣浪中拖纜枕霜眠莫辭一棹風波險平地風波更可憐其父常奇此女不妄許人年二十候官有董昌以秀才異等為學官弟子虔既見之學宮遂以希光與昌希光臨行留別詩云女伴門前望風帆不可留岸鳴蕉葉雨江醉蓼花秋百歲身為累孤雲世共浮淚隨流水去一夜別閩

申屠氏　七　藝鄉手編

州入門絶不復吟食貧作苦晏如也居久之當靖康二年郡中大豪方六一者虎而冠者也聞希光美心悦而好之乃使人誣昌陰重罪罪至族六一陽為居間得輕比獨昌報殺妻子幸母死因使侍者通殷勤强委禽焉希光具知其謀謬許之密寄其孤於昌之友人乃求利匕首懷之以往謂六一曰妾自分身首異處矣頼君高誼生死而骨肉之妾之餘生君之身也敢不奉承君命但亡人未歸淺土心竊傷之惟君憐既克葬乃成禮六一大喜立使人以禮葬之於是希光偽為色喜盛裝入室六一既至即以匕首刺之帳中六一立死因復殺其侍者二人至夜中詐謂六一卒病委篤

以次呼其家人家人皆愕卒起不意先後奔入希光皆殺之盡滅其宗因斬六一頭置囊中馳至董昌葬所　明旦悉召山下人告之曰吾以此下報董君吾死不愧魂魄矣遂以衣帶自縊而死

晋安逸志

曾如蘭

長樂曾如蘭適同邑林邦基寄籍武林癸未夏邦基哭母得疾死曾誓身徇其舅漢朝白於邑令令以立孤終養勉之至丙戌秋漢朝亦死曾葬畢遂絶粒十四日正襟危坐索筆賦詩曰鏡裡菱花冷三年淚未乾已終姑舅老復咽雪霜寒我自歸家去人休作烈

曾如蘭　八

看西陵松柏下夫子共盤桓擲筆而逝馮山公景作高行傳詳見

解春集柳亭詩話

方外

李頭陀

唐李頭陀沙京人幼從百丈禪師往洪州後還葬母於沙堤閘廬墓三年題詩石上曰守墳三載念孤根種樹爲因出世恩劃石寄言相囑付一重孫付一重孫題畢石自開頭陀遂端坐於中石復合後人因題刻之石至今猶存縣志

李頭陀

九莒鄉手編

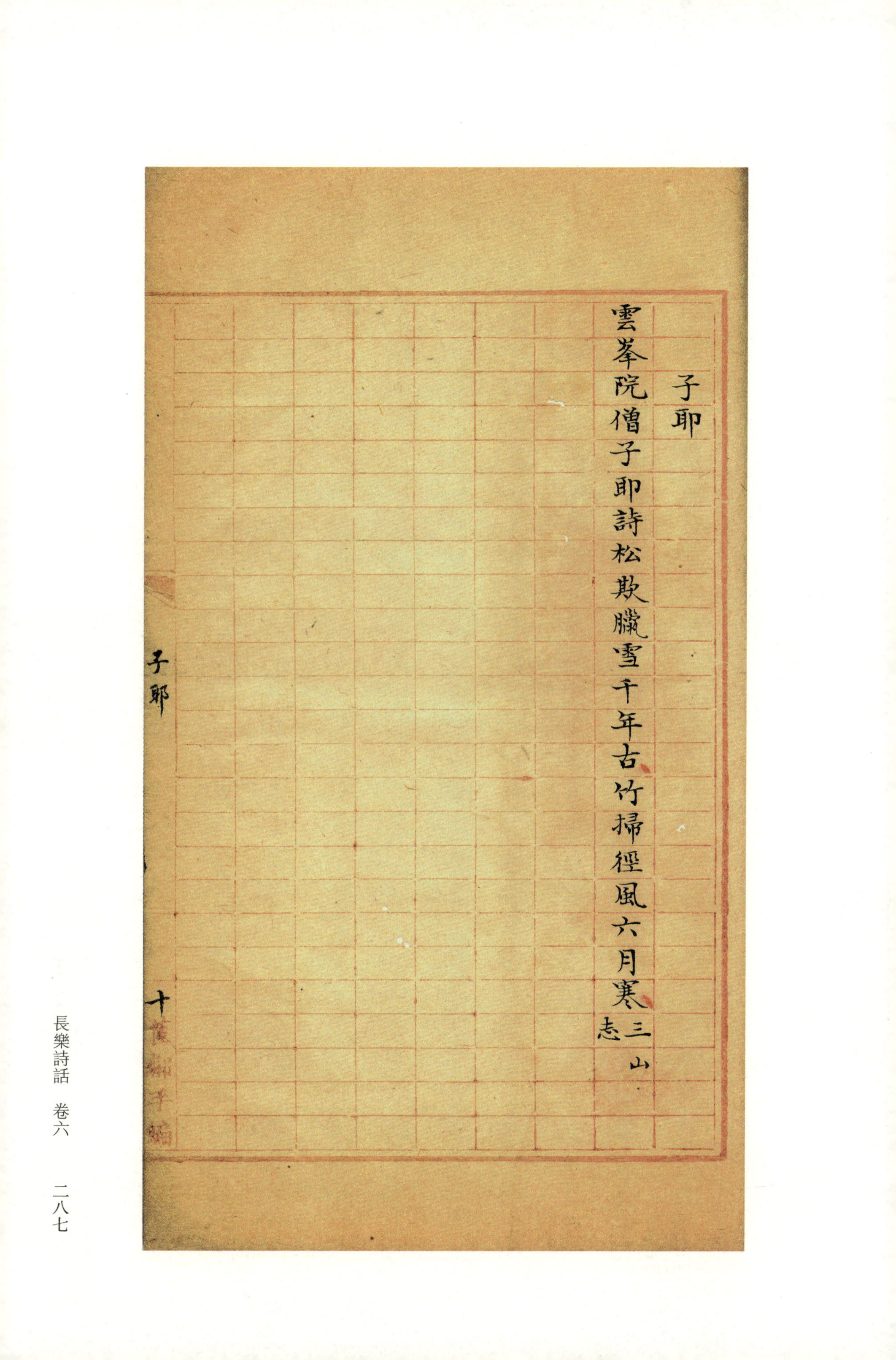

子耶

雲峯院僧子耶詩松欺臘雪千年古竹掃徑風六月寒三山志

先六代祖淑三公

雲龕遺稿一卷梁春暉撰春暉字時呈號淑三福建長樂人考淳熙三山志雲龕山即龍龜山在長樂縣南千溪潭上有歸雲洞望海亭香爐峯諸勝春暉晚年卜居其地以吟咏自娛故以名集此本乃雍正癸卯其孫澄漪所録末有澄漪跋稱初名雲龕吟稿嘗謀鋟板而力未逮藏弆既久不幸為蟲鼠所戕剝蝕斷爛至不可讀細加檢録得其首尾完具者十之一二裒為一卷題曰雲龕遺稿云（四庫全書總目）

六代祖淑三公為前明名諸生謝青門嵩著節義録稱其品端氣

梁春暉

十一　陳鄰手編

和戊子後即杜門不出猶理前業講論不輟終其身益紀實也家藏雲龕遺稿一卷出於蠹蝕之餘幸得著錄 四庫遺句如石笁山云客枕和雲夢僧寮與鶴鄰欹若山樓云遠潮明極浦新月上平臺秋夜云月生江面濶雲斂露華凝芝岩對雨云花氣浮雕檻雲容護綠蘿寫景佳麗彷彿唐音他如五十初度云不堪逢末造未易說完人重陽遊山云相逢白社人俱古賴有黃花色不秋延津舟中云山色不隨秋氣改丹心惟與曉霜明同友人遊水雲洞云幸留末席還分我未許名山盡屬僧次友人韻云泉不出山方免濁詩能下酒不嫌貧寄雪園公云四海幾容予老淚十年空誤

爾虛名則傷時感遇情見乎辭矣其丙戌除夕一首云兩鬢西風老已侵何年窮海返空林三間破屋完吾事一片斜陽照此心獨酒且宜今夕飲纍詩難必後人吟山妻未解蒼涼意夙起猶為理短檠慷慨餘哀尤為集中着意之作也補蘿山館詩話

靈峯山在十九都中有十二奇曰望海亭曰水樂堂曰曾公巖曰香爐峯曰獅子石曰歸雲洞曰半月池曰望日亭曰佛祖岩曰羅漢臺曰天池山曰品字池中有靈峯寺其麓曰龍龕山里人常見龍乘雲故名梁春暉望海亭詩云百川皆赴海一望總茫然信是難為水何因又變田於中還有國此外更無天亭上空惆悵乘槎

客未旋長樂縣志

先五代祖雪園公

雪園詩集六卷梁珪撰珪字至鉉號雪園是集前有其友袁奐序作於康熙甲辰其詩凡分六集一曰雲峯草二曰江南遊草三曰循陔草四曰楚遊草五曰江西遊草六曰恒山遊草惟靈峯循陔二草為居家奉母時所作餘皆其客遊南北登覽山川之什也四庫全書總目

梁春暉子珪字至鉉能讀父書年十五補弟子員食廩餼詞章拔萃文雅有器識甲辰後阮祖里繩世業珪固雄於文而體弱不勝衣至與人談忠孝節烈事不啻口如懸河望而知其學問德器久

梁珪

十三 蓮鄉手編

之比遊齊魯燕趙飲酒後揮毫寫其牢落不平之氣遇人開心見誠無所阢年未及中壽卒節義錄

梁珪號雪園十九都江田人邑諸生氣[illegible]幼敏悟十歲能作驚人語與父春暉同為知縣夏允彝所器重著有江南草楚遊草江西遊草雪園詩長樂縣志

江南為予流寓之地海内名流来去其間予得交遊者八十年中不啻千百其人即閩鄉故里親知亦無時間斷未有不以詩文相切劘者今則凋喪已甚落落如晨星不可復問矣何幸歲暮復得從吾宗則闇明府署獲文梁君至鉉至鉉暨年為雲閒夏緩公先

生特拔許為文章莫逆者不知其人視其師視緩公益知至鉉矣余嘗目攝而心儀之貌若安而度若憲志如竦而節如鴻文士而詩人也文不下於竦之七序詩不減於鴻之五噫此雪園草特其一斑耳顧其孝思友誼動合古人推其志則年正沒而可待推其節則世不偶而可藏益與君家叔敬之言有大丈夫處當封侯死當廟食如其不然閒居可以養志詩書足以自娛此至鉉之所以自負也惜予正年八十未知尚有歲月可待至鉉之大成否雪園草云乎哉乳山老人林古度那子撰雪園詩集題詞

至翁梁君子耳其名久矣今乃得於憶翁署中接其丰采有道之

客對之生敬非所謂琳瑯觸目芳蘭竟體者乎及讀其新舊作則文與其人形神逼肖清迥自如而無島郊之寒瘦風流獨賞而非温李之纖穠春華秋實兼而有之矣楚襄陽弟袁奐拜題同上

讀梁至翁近篇隨筆評點欣賞無已嶽遊諸作尤為朖膺益名山性情高人神理吾知其必有合也甲辰花朝黄肇熙題同上

梁子以文名覇天下垂三十年焚其文晦其迹又二十年矣廻思盈盈幼女無夫作婦孤鵠荒園燕子空樓寂寂歷歷只博題墓孰云計得耶顧不如是則梁子之詩不進令讀其所作若持隨刋之斧開藝苑之荒決清泠之淵洗詞林之穢梁子所以為梁子有千

秋共見者矣又豈得嗤為失計者哉因慨發數言以諗世之知梁子者晋水黄中炎拜題同上

嘗讀陳伯驌靈峯寺志自載雪夜同雪園公上靈峯紀事一篇奇情鬱起至今桑梓傳為美談其畧云丙申春正月望雪平地高數尺故老詫為閩中百年僅見也初雜雨暮乃甚觀者惟恐其盡余始登阜林坡見萬井樓臺晶瑩蕩漾炊烟破之青白不定下坡由沙堤出北極門則沙光雪光浩浩千里傍惟老松數株奚兀橕柱而堤上之雪懶不欲飛遥望董峯鹿屏諸山茫如也大叫而歸十六日雪愈大路高於堂絶人迹閉戸以酒為事酒際忽發想曰此

十五 臣鄭杰手編

時有扣吾門者真奇士耳寒光逼人指爪欲墜藉酒政嚴明稍殺
其威而園外剝啄聲甚厲開户視之則吾孝廉也孝廉醉矣雪且
變吾孝廉鬚眉不覺鼓掌大笑孝廉曰吾欲與公過梁園邀至鈺
乘夜上靈峯當此數百年不數見之雪吾數人夜半登雪山上行
為不數見之人余浮大白壯之遂行時暮不辨色至梁園衡門兀
然雪封之而忘其額大呼至鈺至鈺驚曰爾兩人仙耶何馭虛至
耶遂趣之上靈峯雲天山海同一混蒼人遊其中不知所止但覺
有泉不能聲有樹不能色有天不能高有海不能濶有禽虫蛇鬼
不能嘯有三四寒僧向火不能語而余三人已沉醉作猿號獅跳

驚動空山想空山有神侍吾左右亦必憚吾鋒也身心既高聽觀亦遠徹明下靈峯帷見桑麻廬舍如天地初造然自十五至十七凡三日余三人皆顛倒於雪雪晴乃援筆記之云云今雪園草中有雪夜同友人登靈峯七律一首當即此時所作詩云行行深雪裡鐘定達岩前在地難為夜連山何處天寒威敵醉態詩膽破禎禪此會誰能再因君鎮不眠聲色俱壯應與佝嶁紀事並勒層崖而靈峯寺志載文而不及詩何也補蘿山館詩話

雪園公以清才雋望照耀湖山所與掎裳聯藝率多勝國名流詞壇老輩其投贈往来之什具在集中如贈林茂之古度前輩云廿

十六

載吳門隱兹逢亦異哉風塵遅我識懷抱得公開十德欽賢裔三長見史才滄桑時話及乗老尚興襄送許不棄遇之河陽云木落平原菊帶霜羨君詩卷滿奚囊不堪明日相思處馬首秋聲冷夕陽同許天玉（秘）釣龍臺分韻云大荒秋盡海門高臺殿蕭森萬木號沙雁帶霜如出塞江豚吹日欲成濤故園松菊遲歸鍾晚岸樽壘傍釣舠漁父忽歌雙槳急相思從此夢魂勞他如袞[illegible]嵐（與孫君賓 學稼）陳蓼岩（希友）呂箕（肇曾）克器（子欽）賡和愈多且各有評隲丹黃錯出參綴行間而抒哀三首林茂之評曰悲壯之氣可以問天可以警世詩中之史何必少陵知其相契有深焉者矣（同上）

先高祖錦河公

讀小梁詩集思冷腕香王摩詰居閒輞水林逋老高臥孤山不是過也氣節文章實賴賢橋梓中流砥柱即漫無知識亦當從壯墨清毫中砭頑起懦矧小子親炙德符尤難忘疇昔耶愚表姪陳克欽題於沚江寓齋錦河遺草題詞

歸雲寺在十九都靈峯寺西邑人梁澄漪詩云天作靈峯十二奇此中風景足逶迤龍歸猶帶飛雲濕鶴警方知墜月遲舒嘯難疎陶令酒獨行誰辨貫僧詩相逢多是忘機侶風落岩花了不知長樂縣志

梁錦河　梁澄漪

十七

先曾祖砥峯公

先曾祖砥峯公以名諸生教授鄉里不以著述為事於詩尤不多作而福建續志載有釣龍臺懷古一首云傳來閩嶠介蠻氛誰闢江山勝蹟分芳草尚深停輦處豐碑猶載表年文龍歸潭外餘空壘燕繞臺前有斷雲今古廢興無限事昇平閒話舊時勳令家集中失載此首手澤之遺佚多矣補蘿山舘詩話

梁砥峯

十八

林誥

當陽寺在七都北山之麓唐建有山月堂釣鼇石又高寺在寺中宋户曹林誥詩云何處遇幽景當陽絶頂尋雲霞千古態松竹四時陰岫列天邊嶂泉鳴澗底琴高人不遊此應負愛山心閩都記

章鉅按林誥字君然仲蒙子之六世孫熙寧三年應文學科長樂縣志列此詩於明人林慈之後殊爲失考　又按縣志選舉門祇言誥以朝散郎知南劍州而此云户曹則宦跡亦未核也

林誥

長樂詩話卷之六 終

屺雲樓詩話六卷

［清］閩縣劉存仁撰

福建師範大學圖書館藏清刻屺雲樓集本

屺雲樓詩話六卷，清劉存仁撰。存仁（一八〇五—一八八〇），字炯甫，一字念莪，晚號蘧園，閩縣人。道光二十九年（一八四九）舉人。受業於陳壽祺，嘗入林則徐幕中，則徐殁，親爲扶柩歸里。歷任甘肅渭源、永昌、平羅等知縣，秦州知州。祁嶲藻以循良治行薦，以病告歸，主講延平道南、印山書院。撰有詩經口義二卷、勸學芻言四卷、屺雲樓詩三集二十四卷、屺雲樓文鈔十二卷，輯有篤舊集十八卷。

卷端冠同治十三年甲戌（一八七四）林壽圖致劉存仁札，題曰林歐齋方伯書。卷五有「己未九月，權莊浪廳，公餘無事，自編詩話」云云，知是書撰於咸豐九年（一八五九）。存仁自稱「愛古不薄今」，故全書「論古」與「衡今」參半。論詩主教化之見，開篇即揭示宗旨，以詩關乎國計民生，謂「詩貴有關係，古者採風，所以宣達下民之疾苦也」，故所言多聯繫時務，因事而發，然終「願詩人共享太平，勿作不祥苦語也」（見卷六）。論詩主「得性情之正」，服膺潘德輿之説，卷六輯録潘氏養一齋詩話凡十則。於古人極推白居易、陸游，尤以「第一知己」許諸放翁，書中迭引陸詩，意欲借以「論其世，考其志，知其人」，且稱其詩「直處不易學，須領其言外之趣」，頗具隻眼。於時人最重張際亮、吴嵩梁，卷三詳述其蒐輯張際亮詩稿並謀梓行之艱辛，乃見知己之深誼。林壽圖在書札中於當朝詩話之作少所許可，稱是書「話古今人之詩，如自話其人與詩，要以道義爲歸」，亦非溢美之詞。林昌彝射鷹樓詩話稱存仁「詩學香山，以其淡處似白也」，謝章鋌炯甫屺雲樓詩序亦謂其詩「皆稱情而出者」，蓋存仁平日所作亦多與所論相契。（劉國宣）

屺雲樓集

詩話

林臥齋方伯書

炯甫吾師大人左右　國朝詩話王新城朱竹垞尙已後有作者無慮百數十家其編纂一時交際之什與論次一鄉郡邑之篇要當自闢蹊徑趙雲松述古大家詣力未深摭襲陳言附贅懸疣袁簡齋標榜聲氣濫列女弟子侈其儒雅風流之盛斯有傷名教已故余謂詩話可不作也近吾鄉魏子安陔南山館所輯先師友淵源次　國家事蹟此詩話之變例而可備史乘之採擇者大畧成於中土仳離出宰邊關吏道猥雜羇愁牢落之地話古今人之詩如自話其人與詩要以道義爲歸使

人務得其性情之正吁可傳已盥讀再四謹以復於執

事惟候道安甲戌清明日弟林壽圖拜識

孫孝祐祚校字

屺雲樓詩話卷一

閩縣　劉存仁　炯甫

詩貴有關係古者採風所以宣達下民之疾苦也如元次山之舂陵行云追呼尚不忍况乃鞭撻之其聲悽然仁者之言也末云安人天子命符節我所持則又義氣凜然矣賊退示官吏云使臣將王命豈不如賊焉又云誰能絕人命以作時世賢喚醒夢夢彼殺人以媚人者謂之無良也可又如白香山秦中吟十首篇篇須全讀議婚云貧家女難嫁嫁晚孝於姑重賦云奪我身上煖買爾眼前恩合致仕云朝露貪名利夕陽憂子孫輕肥

云是歲江南旱衢州人食人買花云一叢深色花十戶中人賦感鶴云一飽尚如此況乘大夫軒凶宅云驕者物之盈老者數之終現前指點可使頑石點頭其實千鍾百鍊出以自然不盡老嫗都解也七古諷諭體如七德舞云怨女三千放出宫死囚四百來歸獄海漫漫云君看驪山頂上茂陵頭畢竟悲風吹蔓草上陽宫人歌云惟向深宫望明月東西四五百回圓新豐云邊功未立生人怨請看新豐折臂翁青石云長使不忠不烈臣觀碑改節慕爲人秦吉了云吾聞百鳥鳳凰主爾竟不爲鳳凰之前致一語空多喋喋閑言語明白如話諷諭

入神極關係名教之作若長恨歌琵琶行删之可也幼時長老傳授長恨歌琵琶行連昌宮詞聲情流美音節鏗鏘以爲異寶此詩膾炙已久塾師流傳有害於人心風俗不少此種流派樊川飛卿以及韓偓香奩集近代愈趨愈下流蕩忘返名士愈多氣節愈漓語云亡國之音哀以思晚唐淫哇四起廉恥道喪有識者何樂爲之哉

詩貴有別趣是天機眞妙非小巧也如陸詩登太平塔云天風忽吹衣便欲從此仙純從題外着筆略舉可悟陶詩眞厚處更超渾其神腴其骨勁也白陸不能到王

孟韋蘇柳亦得其具體嗚呼微矣陸得陶之眞得杜之勁究之自抒心得自成放翁之詩非明七子虎賁貌似者比

詩理性情者也故曰詩言志讀者從心術上看則可與論古可與衡今

鄭板橋嘗集醫得眼前瘡剜卻心頭肉及須知盤中飧粒粒皆辛苦三詩爲小童歌誦亦香山之諷諭有關係者也余嘗欲集古詩之入情入理者彙爲一編諷誦讀詩文高着眼光看方有心得近頗有心稱權是非惜老至又迫於吏事矣

王楊盧駱唐初四傑體不過一格後來得其意者爲元和體音韻鏗鏘至晚唐李義山西崑體相沿而下近代學溫李豔體品斯下矣明何大復倣四傑體作明月篇以爲得風人之正而以少陵之沈鬱頓挫爲變體漁洋論詩云接迹風人明月篇何郎妙悟本從天王楊盧駱當時體莫逐刀圭誤後賢末二語有貶詞初盛之品自見

張若虛春江花月夜亦是一格脫胎四傑後人不得效顰劉希夷白頭翁今年花落顏色改明年花開復誰在年年歲歲花相似歲歲年年人不同宛轉悽惻易入人

情似兒女子口角明唐六如花月行亦倣此體極工但語涉褻媟易流輕薄後學切勿學步

詩有斷章取義者取譬行文境界余於芻言嘗論之矣錢仲文起游輞川云山色不厭遠我行隨趣深柳州南磵中題云始至若有得稍深遂忘疲遊山情趣可喻爲學蓋初涉不覺愈造愈深學人亦復如是近閱潘四農遊西郵云西郵吾自熟來往恨輕忽偶能虛中來異境頓開撊此四語可以悟道眼前道理患在輕忽不入細若虛中理會則道理出矣此則可以論學

崔顥黃鶴樓一詩神遊象外遂令千古才人擱筆太白

鳳凰臺詩才力相埒意境偶似謂有意摹倣者非也謂長安不見使人愁爲憂讒畏譏忠君愛國高出司勳者亦鑿也

閒靜獨坐忽憶淵明責子詩有天運苟如此且進杯中物二語悲憤萬端以醞藉出之可味也

淵明詩有奇趣久服習之則神與之化如曖曖遠人村依依墟里烟采菊東籬下悠然見南山望雲慚高鳥臨水愧游魚平疇交遠風良苗亦懷新秋菊有佳色裛露掇其英等作熟讀靜悟可脫凡骨

渾樸清空天地之眞氣也漢魏樸質近古時有三百篇

温柔敦厚遺意唐詩高渾典雅晚唐才力薾弱日近淫靡宋詩矯其失好直盡即如蘇黃皮陸大家不免好盡不如唐初之元氣渾然時代遞降風氣輒殊至今日淫哇四起家自爲師人自爲學支離餖飣纖靡淫巧之習皆詩之魔也總之曰好盡夫聲詩之道與政通故古者陳詩以觀民風風俗之美惡人心之邪正於是乎係天地之氣尙不可盡洩無餘況今之所謂盡者尤蕪穢而無當肯綮乎今日偶悟好盡二字知前賢必有先我而言者初學切勿閱時人詩未見其益先見其累何者心秤不平易爲所溺韓兒書來方學詩道破此旨未知能

悟徹否老迫吏事更無暇日論詩矣

唐人詩長貧惟要健漸老不禁愁放翁詩天爲念貧常與健人因見懶誤稱高無心脗合非襲用也

又唐人客淚題書落鄉愁對酒寬旅望因高盡鄉心遇物悲每逢佳節倍思親輒誦此詩自遣

趙處女與勾踐論劍術云妾非受於人也而忽自得之司馬相如答盛覽論賦曰賦家之心得之於內不可得而傳詩家妙諦無過此數語見香祖筆記余謂心之精微雖父不能傳之於子此輪扁所以老於斲輪也不疾不徐得心應手眞積日久豁然貫通其妙悟有自然而

然者

漁洋詩最講神韻露筋祠云翠羽明璫尙儼然湖雲祠樹碧於烟行人繫纜月初墮門外野風吹白蓮末二句所謂羚羊掛角也眞州云好是日斜風定後半江紅樹賣鱸魚又綠楊城郭是揚州自言江淮間多寫爲圖畫讀漁洋詩推此

漁洋引姜白石詩說云僻事實用熟事虛用學有餘而約以用之善用事者也意有餘而約以盡之善措詞者也句中無餘字篇中無長語非善之善者也句中有餘味篇中有餘意善之善者也始於意格成於句字詩有

四種高妙一曰理高妙二曰意高妙三曰想高妙四曰自然高妙一篇全在結句如截奔馬辭意俱盡如臨水送將歸辭盡意不盡若夫意盡辭不盡剡溪歸棹是也辭意俱不盡溫白雪子是也按此則極有會心潘四農稱白石詩說精確惟駁其理高妙四句名目瑣碎極是夫意卽想有何分別幾見高妙而不自然者乎

蕭子顯云登高極目臨水送歸蚤雁初鶯花開葉落有來斯應每不能已須其自來不以力搆王士源序孟浩然詩云每有製作佇興而就漁洋詩話引之以爲生平服膺此言故未嘗爲人强作亦不耐爲和韻詩也需次

旅況爲人強作者輒忽忽不樂

昂昂若千里之駒泛泛若水中之鳧王子猷語也二語已盡歌行之妙是時七言作者未盛子猷又不以詩名漁洋引此以爲神悟

武陵劉覺香夢蘭觀察道光癸卯督糧閩中甫逾月以前官御史時派查銀庫失察虧款被議攤賠罷官歸里非其罪也時余主幕中兩月日與論詩偶記其睡起一首云未來歲月來方覺已過雲烟過卽忘落得眼前消受好飯餘一枕午風涼天下事惟過去未來現在禪家所謂因果也每無聊時讀此自慰觀察臨別惓惓手書

一緝幅贈余納涼云剪燭看書苦健忘披襟且復趁微涼風枝得月爭摇影露朵籠烟不隔香獨客經年諳別苦休官幾日減塵忙良宵一刻休輕擲倚檻清吟夜未央庭前荔支云豔說嘉名齒頰芳居然滿院醉紅香十分灩灩含瓊液一樹垂垂綴錦囊翠幄半張迎暑雨紫羅輕抹帶斜陽何須更乞楓亭實小摘階前取次嘗晚晴云連朝秋雨黯重城一片明霞送晚晴林外孤蟾初弄影階前殘滴尚餘聲夢縈嶺嶠人千里涼逼簾櫳夜二更幸有短檠猶未棄中宵伴我旅魂清自適云雨餘庭草綠芊綿景物交秋尚自妍曉日幽禽鳴上下午風

戲蝶過翩躚簿書謝盡容長嘯賓客來稀穩晝眠誰喚高齋清夢醒綠陰深處一聲蟬獨步口占云一陣輕雷雨不成朦朧月色上窗明夜涼庭院清於水貪趁流螢繞竹行歸田吟云半生作宦不名錢行李蕭然儘一肩四海又安烽火息太平時節好歸田硯田積歲久荒蕪重理殘編拂蠹魚老眼尚能看細字夜窗補讀未完書微官本未足雞豚乞米何人許扣門但得芋魁兼飯豆衰年飽食總君恩儻來歲月任消磨曳杖從容且放歌自信此心如古井湛然斷不起微波其詩恬靜蕭散絕類放翁別後音書杳然連年楚南北兵燹紛紜計其年

已邁大約墓有宿草矣

楊大鶴序陸詩云孝宗卽位首賜進士出身入對輒上言乞信詔令以示中外誅沮格以懲玩習於建都立國積粟練兵三致意焉迄不得大用酒旗鼓筆刀槊一飯不忘沒齒無二臨絕示兒之作至今讀之使人淚如雨下此爲放翁不可奪之志論其世知其人考其志以放翁爲詩人可乎哉余讀其登城篇筆筆緊健哀音促節凛若冰雪字字忠肝義膽讀竟眉飛色舞幾於擊碎唾壺因錄之云我登少城門四顧天地接大風正北起號怒撼危堞九衢百萬家樓觀爭岌業卧病氣壅塞放目

意頗愜永懷河洛間煌煌祖宗業上天祐神聖萬邦盡
臣妾橫流始靖康趙魏血可蹀小胡甯遠略爲國恃剽
刦自量勢難久外很中已懾籍民備勝廣陛戟畏荆聶
誰能提萬騎大呼擁馬鬣奇兵四面出快若霜掃葉植
旗朝受降馳驛夜奏捷豺狼一朝空狐兎何足獵遺民
世忠義泣血受汙務繄箭射我詩往檄五陵俠自量以
下賊情之衰怯勝算之用奇義民之響應囊括於韻語
數十字誰謂書生不知兵哉自粵寇告警蹂躪江南北
閩浙土匪紛紛響應盤踞金陵迄今數載當事議捐議
防而不敢議勦致老師靡餉民困財窮泄沓因循伊于

胡底此詩一一對針恰當目前情事粤寇剽刦爲生勢已窮蹙所謂外很中已懾也封疆各固吾圉苟安無事若環攻用奇勦撫并用小醜不足平矣卽詩所謂奇兵四出植旗受降也金陵城上豈無忠烈義俠謀爲内應者果令大將奮呼必能聞風響應卽所謂泣血受汙脅也詩中字字血淚放翁忠肝義膽不啻爲今日發也不撫不勦無兵無餉終歲議防廓清何日哉噫

放翁詩前人有譏其書生論兵無濟實用者此說非也試思晚年老病歸里於世何求而爲大言欺人乎實由忠憤激發流露自然況形諸歌詠句句皆實濟惜吾謀

不用耳其悲詩云三軍老不戰比屋困征賦可使江淮間歲歲常列戍自古擁兵自衞按兵不舉庸臣誤國實堪痛恨春夜讀書感懷云賊酋實辱王賊將非人英如何失此時坐待奸雄生十字痛徹入骨憂深慮遠可想濟世偉抱又接云我死骨即朽青史亦無名此詩儻不作丹心倚誰明悲憤極矣水亭獨酌云荆楚多劍客宣潤富弩手孰能用其長坐使老農畝懼奸雄之繼起慮人才之彫零憂國可謂深至

放翁歲暮感懷之八云王師宿梁益行臺護諸將腐儒忝辟書萬里至渭上旌旗照關路風雪暗戎帳堂堂鐵

馬陣壘壘木牛餉誰知骨相薄空負心膽壯回首二十年撫事增悲愴又秋懷云興懷徒寄廣武嘆薄福不掛雲臺名頷鬚白盡愈落寞始讀法律親笞榜訟氓滿庭鬧如市吏牘圍坐高於城云云蓋公嘗從軍梁益之間所至不售往往形諸歌詠余庚戌從林文忠公征粵西中道將星忽殞返旆南旋讀誰知骨相薄二詩不禁泣下當時意氣之盛亦思功成不受賞談笑歸田廬今則一官萬里老境頹唐鬱鬱時裝跋疐失措雄心頓盡能不悲哉讀陸詩曠世有同感也

讀放翁詩恬淡處使人涵養天眞嚴毅處使人增長氣

骨別曾學士云兒時聞公名謂在千載前稍長誦公文雜之韓杜篇夜輒夢見公皎若月在天起坐三嘆息欲見無繇緣末云畫石或十日刻楮有三年賤貧未即死聞道期華顛他時得公心敢不知所傳又送曾學士赴行在云敬輸千一慮或取二三策公歸對延英清問方側席民瘼公所知願言寫肝膈向來酷吏横至今有遺螯織羅士破膽白著民碎魄詔書已屢下宿蠹或未草期公作醫和湯劑窮絡脈士生恨不用得位豈辭責併乞謝諸賢努力光竹帛味其詩學士於公爲先達朝貴前章纏綿婉篤見慕道之誠後章侃直懇到得贈言之

誼兩賢契合在心性之微其相期也遠矣今世之以詩文謁朝貴者葉語諛詞言不稱實而在上者博憐才愛士之名未必有道義氣節之感士氣頹喪風斯下矣讀此詩能勿愧汗古文中如老泉上歐陽書氣體傲岸至韻濱上書不免策士氣宜分別觀之

古之說士甘肉者莫如昌黎其薦侯喜狀不遺餘力薦士詩云有窮者孟郊受材實雄驁冥觀洞古今象外逐幽好橫空盤硬語妥貼力排奡沈確士以爲公自狀其詩東野不足以當此末云善善不汲汲後時徒悔懊救死具八珍不如一簞犒所謂中心好之不啻若自其口

出眞古大臣吐握之高風哉嗚虖此風不復覩矣

放翁冬夜讀書云挑燈夜讀書油涸意未已亦知夜既分未忍捨之起人生各有好吾癖正如此所求衣食足安穩住鄉里茆屋三四間充棟貯經史四旁設几案坐倦時徙倚無聲九韶奏有味八珍美寢飯籤帙間自適以須死豈惟畢吾身尚可傳兒子此心何時遂感歎歲月駛情眞語樸沁人心坎需次蘭州日夕思歸不啻爲我而發也近世姚姬傳夜讀詩云篝燈每夜讀古人皆死矣而我百代下會其最深旨吟諷至往復欲罷不能已安得與之論謂我能知彼今世綴文者異世已如此

念此哀悽惻淚下如鉛水顧思文載道筌蹏徒寄耳陋哉執此愛束縛作文士汝聞天籟乎飄風滿空起前半有陳子昂前不見古人後不見來者黯然情深語結語天籟入化余暇時流連不置

余自咸豐五年五月離家入都吾閩連年錢荒米貴月異而歲不同上游軍書旁午閭閻愁困風鶴驚心猶勗兒輩讀書眞不識時務然結習未除舍讀書別無自樂放翁示兒詩云舍東已種百本桑舍西仍築百步塘早茶采盡晚茶出小麥方秀大麥黃老夫一飽手捫腹不復舉首號蒼蒼讀書習氣掃未盡燈前簡牘紛朱黃吾

兒從旁論治亂每使老子喜欲狂不須飲酒徑自醉取書相和聲琅琅人生百病有已時獨有書癖不可醫願兒力耕足衣食讀書萬卷真何益余亦時作是想又書歎云夜深青燈耿窗屏老翁稚子窮相依虀鹽不給脫粟飯布褐僅有懸鶉衣偶然得肉思共飽吾兒苦讓不忍違兒饑讀書到雞唱意雖甚壯氣力微可憐落筆漸健快其奈瘦面無光輝布衣儒生例骨立紈袴市兒皆瓠肥勿言學古徒自困吾曹捨此將安歸作詩自寬亦慰汝吟罷撫几空欷歔此詩苦趣如繪清風可挹錄寄兩兒以當家書知古人有先得我心者矣

屺雲樓詩話卷二

閩縣　劉存仁　炯甫

古者耕田讀書三年通一經野處而不匿其秀則升之於學故曰烝我髦士後人入詩則曰願爲識字耕田夫陸放翁雜興云謀生在衣食不仕當作農識字讀農書豈不賢雕蟲翻進一解薄俗學之無益也村舍雜書又云兒童不識字未必非汝福用意更深一層葢放翁生南渡之後滿腔忠憤肝肺槎枒晚歲東歸安貧自得未嘗有戚戚之容故其讀杜有云後世但作詩人看使我撫几空咨嗟亦可論世知人而悲其志業之未竟矣

偉兒得天頗厚秉性愔篤惜遠隔萬里不能使之苦學丁巳五月避色辭館書來禮節雖微大爲廉恥所繫雖千金不受余喜其言答書云醴酒不設而穆生去其知幾乎否則楚人將鉗我於市矣頃讀放翁病雁詩云東歸忽十載四忝侍祠官雖云幸得飽早夜不敢安乃知學者必羞媿甚飢寒五字析義甚精記此他日示偉兒印證

余論羞媿甚飢寒是從孟子簞豆章悟出近人潘四農句云聖賢誰不希註誤由飢寒飢寒置分內賢聖立目前落筆嚴重壁立千仞眞學道門庭語也心服無盡

四農句云隨處受人恩此身何以守氣骨稜稜記幼時聞先君子有出門句云跪聽慈親含淚訓吾兒貧莫受人憐用意略同可想當年依人荼苦我後嗣其知之

陸詩夜讀詩稿有感云我昔學詩未有得殘餘未免從人乞力孱氣餒心自知妄取虛名有慙色四十從戎駐南鄭酣宴軍中夜連日打毬築場一千步閱馬列廐三萬疋華燈縱博聲滿樓寶釵豔舞光照席琵琶絃急冰雹亂羯鼓手勻風雨疾詩家三昧忽見前屈賈在眼光歷歷天機雲錦用在我剪裁妙處非刀尺世間才傑固不乏秋毫未合天地隔放翁老死何足論廣陵散絕還

堪惜自道學詩甘苦原於讀書養氣即示子詩所謂工夫在詩外也末語别有神會悲愴淒楚傷廣陵散之絶調自負正復不淺又贈應秀才云我得茶山一轉語文章切忌參死句眞妙訣也

劉後邨曰放翁學力似杜甫今讀之誠然滿腔忠憤屢出疊見磅礴鬱積發於至性非大言欺人也其論學問源流亦有特識白鶴館夜坐云袖手哦新詩清寒愧雄渾屈宋死千載誰能起九原中間李與杜獨招湘水魂自此競摹寫幾人望其藩蘭苕有翡翠煙雨啼青猿豈知雲海中九萬擊鵬鵾書歎云文章有廢興蓋與治亂

符慶歷嘉祐間和氣扇大鑪諸公實主盟渾灝配典謨吾猶及故老清夜陪坐隅論文有絡脈千古著不誣久幽土固有速售理則無今之冀速化者風斯下矣感懷云世儒鑿戶牖道術將瓜分孤陋守一說百氏殆可焚後來豈無人鼻堊誰揮斤巍巍貞觀治房魏出河汾文章云文章本天成妙手偶得之粹然無疵瑕豈復需人爲君看古彝器巧拙兩無施漢最近先秦固已殊淳漓后夔不復作千載誰與期此等議論乃千古大匠嫡傳拙工淫巧兩無是處能之者一代不過數人即知之者亦未可多得朱子論放翁詩曰近代惟見此人有詩人

風致

又書感云莊屈已死吾疇依哀哉窮子百家衣豈識萬斛傾珠璣欲洗薄蝕還光輝熟視無力空歔欷示予云我初學詩日但欲工藻繪中年始少悟漸欲窺宏大怪奇亦間出如石漱湍瀨數仞李杜牆常恨欠理會元白纔倚門温李眞自鄶正令筆扛鼎亦未造三昧詩爲六藝一豈用資狡獪汝果欲作詩工夫在詩外眞自道甘苦學詩要訣

放翁感興云文章天所秘賦予均功名吾嘗考在昔頗先造物情離堆太史公青蓮老先生悲鳴伏櫪驥蹭蹬

失水鯨飽以五車讀勞以萬里行險囏外備嘗憤鬱中不平山川與風俗雜錯而交幷邦家志忠厚人鬼叅幽明感慨發奇節涵養出正聲故其所述作浩浩河流傾豈惟配詩書自足齊韺䪫我衰敢議此長歌涕縱横此首論學問源流大中肯要

樸質詩易流於腐中須有微妙耐思語方不直率白陸直處不易學須領其言外之趣陸感遇云士方貧賤時藜藿苦不足一朝得富貴奴僕饜粱肉大哉食亞夫空器餽荀彧何如茅簷下父子共饘粥我生有至願世世謝才祿有子復有孫無榮亦無辱熟觀世故百念灰稿

卽陸詩若邪老人行所謂力守遠祖言一字不學書也其四云我以善勉汝汝爲我貲毀置之不復言意又不能已爲善如築台成功由積累中休猶不可況本無基址未言破萬卷日且讀十紙學雖在力行要是從此始末四勸學要領眞處不腐其五云我初居三山同里數十人尊酒相勞苦言辭亦諄諄去來四十年皆成塚中塵子孫雖或存敗屋賣作薪此亦何罪哉不過坐一貧我幸未至此亦復拙謀身無飯可哺汝觸目成悲辛此章悽摯不堪卒讀憶少壯時文酒之樂伯兄壽海及吳蔚林林崧門林子莢均墓有宿草子孫寒微獨坐一貧

數語悲愴動人亦復如是結四句退一步想得飽爲幸而謀身之拙宦海茫茫又不知何日收帆耳

詩有表微者昌黎之嗟哉董生行柳州之韋道安藉此詩流傳鬚眉欲活近人蔣心餘表揚忠孝節義多用此筆陸放翁感舊二首亦佳其詩云君不見賁仲名士有李石八月秋濤供筆力初爲博士不暖席晚補臺郎俄復斥諸公熟視亦太息摧壓至死終不惜生前何曾一錢值歿後遺文價金璧後之視今猶視昔此事誠非一朝夕山城舊廬藉荆棘羸然諸孫守墳籍撫孤我負朋友責萬里詩成淚空滴中數句悲憤極矣結語見古誼

之重其二云君不見蜀帥渾甫字伯渾半生高卧纛頭
村才不得施道則尊死已骨朽名猶存文章落筆數千
言上友離騷下招魂望之眉宇何軒軒高談浩若洪河
翻范尹敬如綺與園原注范至能帥成都欲以遺逸起之有沮者不果方飾羔
雁登衡門小人謗傷實不根妄指拱璧求瑕疵窮通在
公豈足論浮雲終散朝陽暾安得此老起九原入贊國
論蘇黎元讀此詩可爲千古才人同聲一慟
陸詩初秋夢故山之四云杜宇眞吾交勸去恨不速忠
告輸肝肺厚意均骨肉陋哉鷓鴣語揣我念微祿竹雞
更鄙淺泥淖憂車軸秋風嚴瀨清春雨戴溪綠行矣勿

復疑照影巾一幅余屢屢思歸此詩別具天趣

放翁枕上云守書眼欲閉投枕乃瞭然兒曹戒曳履相語翁正眠豈止擁敗褐炯如寒魚鰥少時笑老人其事今好還蕭蕭雙白鬢忽忽七十年豈惟老態出已覺衰病纏白晝尚靜便況此清夜闌妙處殆難名睡與不睡間此詩微妙入情

放翁中夜坐月云人言尺蠖屈要有黃鵠舉功名非老事歲晚忽羈旅近見潘四農鄒縣道中云歸期入家書盼望切兒女撥棄勿復道萬事耐羈旅又寓感第三章云帝京既已遙琵琶忽羈旅無意與前人合余謂羈旅

之苦只有忍耐字可涵養德性久於行役者方知此中滋味昔人謂登山耐險路踏雪耐危橋爲安貧涉世者言之也半生辛苦家庭團聚耐貧況味可以自信至離別之苦兵荒交警萬里謡傳其愁苦有難以言語形容者然欲歸不能只有耐字爲養心妙訣近人張船山望家書有云古人重骨肉後人重朝市但願名利生不畏別離死尤爲痛徹肝脾

放翁箜篌謡云少壯離别時回顧日月長會合終有期何恨天一方我齒如敗屐君髮如新霜餘日復幾何萬里遥相望欲泣老無淚欲夢不可常寄書何時到江漢

春茫茫讀萬里二句打入心坎因憶某禪師語云一回相見一回老能得幾時爲弟兄血性語藹然淒然屢次入都離多會少余兄弟亦將老矣入甘以來視世間無可美好惟骨肉團聚爲可樂爲之惘然者久之

久客望鄉正所謂烽火連三月家書抵萬金也非離鄉久者不知此苦張文昌秋思云洛陽城裏見秋風欲作家書意萬重復恐匆匆說不盡行人臨發又開封淡語入骨與馬上相逢無紙筆憑君傳語報平安口頭語人人所有人人道不出故妙近人劉大觀得李子喬書云想見寄時難離情有萬端經年始能到隔日又重看余

每盼家書情景亦復如是

名酒過於求趙璧異書渾似借荆州放翁句也自注云郡釀不佳求於都下既不時至欲借書讀之而寓公多秘不肯出無以度日殊惘惘也閱畢不禁失笑余己未需次蘭州坊肆無古書寓公亦無可借逐隊趨公手一編則以爲怪事是可嘆也又放翁冬夜戲作云賤貧百年愁老大萬事倦起家來牧民竊謂笑丞掾拘攣拙催科儉陋省遊宴不思返江湖乃爾辱譏訶斯言中吾病有覥在其面行當自劾去暫寓等郵傳十月夜正長歲事到冰霰膏油幸可具更盡書一卷此詩字字若爲我

寫照結句胷次悠然非天機清妙者不能道

余喜放翁冬夜詩獨不喜暫寓等郵傳五字趁韻有語病於道理欠圓滿自捐例盛開人浮於缺居官者莫不存五日京兆之想視官舍如郵傳其貪鄙者無論已即有廉隅自好百里中之民風土俗不及周知而瓜代將至勢必簡畧從事夫愛人之牛羊則必爲之求牧與芻坐視其肥瘠漠不關心惡在其爲民父母也且上句云行當自劾去夫投劾避賢固當抽身歸隱若一日未劾則當思盡一日之職而不敢偷安顧可苟糜俸錢等郵傳之暫寓乎況暫寓之心一起苟且塗飾情弊廢弛百

弊叢生半生清節一敗塗地受代者各懷是心吏治尚可問乎李青蓮天地逆旅光陰過客此從空闊處論才人曠達語耳若緊接救民說下以郵傳視官舍不免曠職之誚矣詩人涉筆成趣原無成心而據理吹求大有語病儻起放翁於九原亦當許爲諍友

又放翁臨川道中云如今自憐還自笑歛版低心事年少儒冠未恨終自誤刀筆最驚非素料四語與眼前情景逼肖垂老一官羈棲萬里讀此眞悄難爲情也

王建新嫁娘云三日入厨下洗手作羹湯未諳姑食性先遣小姑嘗沈確士稱其眞處一字不可移易老友黄

香銕待詔有祝嫁詞送徐銕孫之浙云上堂有翁上堂有姑而爲介婦敬之敬之惟冢婦之多口一解兒寒呱呱兒飢呱呱而爲後母敬之敬之惟驕子之難穀二解籧篨口柔戚施面柔夸毗體柔而錚錚者能爲是不三解雁幣在庭華輿在門行矣敬之善爲哉鐵孫寫初次斂版趨公比擬逼肖入妙

應官奔走萬里思鄉都下蔡梅庵太史書來偶答之云邇者風鶴謠傳霜鴻信杳有骨肉離別之苦無友朋文字之歡足下以我爲樂乎否耶需次無聊時時作著書想多見其不自量也憶近人揚性農庶常句云苦心妄

事千秋業食力猶虛五畝耕可爲同病

放翁同何元立賞荷花追憶鏡湖舊遊云、少年欺酒氣吐虹。一笑未了千觴空。涼堂下簾人似玉。月色冷冷透湘竹。三更畫船穿藕花。花爲四壁船爲家。不須更踏花裏藕。但嗅花香已無酒。花深不見畫船行。天風空吹白紵聲。雙槳歸來弄湖水。往往湖邊人已起。即今憔悴不堪論。賴有何郎共此尊。紅綠疎疎君勿嘆。漢嘉去歲無荷看。涼堂四句、冷豔入骨、風格謹嚴、語抵千百、讀古當於此求之、

近見蘭雪九里洲梅花歌原序云、洲距桐廬縣二十里、

背山臨江、居人以梅爲業、計畝種花、可得數十萬樹、余欲移家於此、自署爲香田老農足矣、詩云、衆香之國不可求。九里洲近吾能游。洲頭洲尾千萬樹。除種梅花無隙處。洲民生長梅花中。子孫世世爲花農。但乞種花田二頃。不換人間祿萬鍾。春意欲迴苞怒坼。雪地花天同一白。尋常茆舍竹籬邊。寢食惟聞花氣息。花梢遥見富春山。積翠浮嵐夕照間。其根下透桐江水。一棹穿花往復還。花開花謝梅結子。家家笑語花陰裏。此間便是桃花源。飯熟胡麻吾老矣。老夫性僻躭梅花。平生願以花爲家。曾尋鄧尉携吟屐。曾入西溪弄釣槎。羅浮前歲清游失。仙梦低徊難再覓。石谿歸卧春風顛。索笑巡檐能幾日。一窗雪意夜三更。薄宦天涯百感并。移家終戀香田約。飽看梅花過一生。題本憑空結撰、說來宛轉入情、一幅桃源圖相似、余每於思鄉無聊時、欲將王維桃源行陸放翁賞荷花詩諷誦之、淡宕夷猶、涵泳不盡、覺鄉愁爲之頓爽、

屺雲樓詩話卷二終

屺雲樓詩話卷三

閩縣　劉存仁　炯甫

世稱詩人少達多窮又曰窮而後工余嘗於芻言中推原六流弊而歸之於學道其略云夫曠達之人委心任運俯視塵滓唾棄一切縱情肆意自放於山水詩酒之間歎老嗟卑往往酣嬉淋漓以自鳴其不得意其弊也蕩與玩愒等亦或年少氣鋭挾其不可一世之概偶有失意牢騷咈鬱感憤悽惋日傷天和但覺煎人肝脾枯人毛髮悲歌慷慨擲杯欷歔泣數行下舉世目爲狂生而不顧人壽幾何星霜催老感時撫舊獨立蒼茫撫膺結

氣激而爲亢厲跅䟅之行其弊也悍與曠廢等之二者
千古之志士才人不得志有託而逃者之所爲彼其人
皆曠世逸才當物色風塵之外不可以常格論也嗚呼
亦足悲矣亦豈知其弊之流爲蕩與悍哉近讀張亨甫
與潘彥輔書云今夫河之源本清也自入塞而扼於山
迫於隄貫於衆泉汙於泥沙其流始濁其勢益激入海
而後平故夫水之激也必有所激而放也而後不潰於
地士之激也其必有所託而逃也而後不傷其生自古
不得志之士爲酒爲色爲藝爲仙佛爲風狂爲哭皆非
其本心也皆有所託焉者也其論詩又曰漢以下詩可

得而區別之者約有三焉曰志士之詩也學人之詩也才人之詩也模範山水觴詠花月刻畫蟲鳥陶寫絲竹其辭文而其旨未必深也其意豪而其心未必廣也其情往復而其性未必厚也此所謂才人之詩也其辭未必盡文而其旨遠於鄙倍其意未必盡豪而其心歸於和平其情未必盡往復而其性篤於忠愛其境不越於山水花月蟲鳥絲竹而讀其詩使人若遇之於物外者此所謂學人之詩也若夫志士思乾坤之變知古今之宜觀萬物之理備四時之氣其心未嘗一日忘天下而其身不能信於用也其情未嘗一日忤天下而其遇不

能安而處也其幽憂隱思慷慨頫卬發爲詠歌若自嘲若自悼又若自慰而千百世後讀之者亦若在其身同其遇而淒然太息悵然流涕也蓋惟其志不欲爲詩人故其詩獨工而其傳也亦獨盛如曹子建阮嗣宗陶淵明李太白杜子美韓退之蘇子瞻其生平亦嘗仕宦而其不得志於世固皆然也此其詩皆志士之類也此段驚心動魄悲憤淋漓有託而逃於詩亨甫未嘗不自知之明矣知之明而仍託之此者亨甫之遇爲之也及觀其答姚石甫書則自述其爲詩本於積理養氣而歸於自得此中年以後之境進於道矣設天假以年其造詣

必更深邃惜乎良友早彫不獲與之共證心得爲可憾耳因錄之以寄山陽聞笛之感云

亨甫又云凡爲詩須知神骨才情氣韻夫無神則骨輕無骨則神漓無才則情滯無情則才浮無氣則韻薄無韻則氣轟也詩之至者曰入神其骨重則神愈永也曰雄才其情深則才始完也曰眞氣其韻高則氣乃固也六者俱備此盛唐大家之詩也骨才氣有餘而神情韻不足此宋大家之詩此其大概也要無不本於積理養氣歸於自得者雖古人之微妙在學者自以意得之然卽此數言以學詩或不流爲今人惡習耳此則精粹入

妙無虛憍氣

與潘彥輔又云夫詩以道性情此人人能言之然知之者鮮矣所謂性情者豈若輩以口角婉媚輕率之謂寫目前瑣屑猥俗之事之謂乎夫固將鄭重以出之宛轉以求之抑揚頓挫以赴之汪洋淡漠以離之其始也如風蕭然動於蘋末已而激厲震蕩颯颯然滿於崖谷飄飄然颯颯然揚江海之長波蕩白雲淒日夕龍鳴虎嘯塞馬之秋吟百蟲之夜作笳管之嗚咽咿嘔感會其氣以成其聲於是羈人遷客嫠婦怨女聞者悄然心動茫然淚落潸然天清而地寥徘徊然昔來而今往悵悵然

不知其感之何從也其或吹噓林墅月之欲曉花之始春房闥之既靜絲竹之畢陳翔禽籠鳥之乍囀亦感會其氣以流韻於是天地昭曠今昔瀠洄暢然而神怡渺然而淚止遲遲然不知其意之何以遠也故三百篇之作首夫風以風者動於天人之文其聲之自然而發也雅頌則近於侈人事矣然其志正而義高故次焉風人之作大抵比興爲多雅頌賦也自唐詩之既衰宋作者起而變之風人比興之義幾息矣故至今之爲詩者可悅人者多可感人者恒少也昔漁洋有見於此故其五言古詩之選止於六朝於唐之陳張韋柳別爲附錄非

謂六朝勝於唐人蓋古詩之音節興象至唐而一變矣此論神會入微洞開奧窔前人未經道過深得詩家三昧文筆亦凄咽縹緲使人欷歔感嘆文之能感人如是

潘四農自序云余幼奉庭訓讀漢魏李杜詩最洽熟杜詩尤多未冠先子見背操筆學詩苦無指授漫然棄幼所讀者案頭有一部精華錄亦知其非絕境然薰染數月遂專趨中晚唐人蓋劉賓客張司業李昌谷溫飛卿杜司勛許丁卯皆其所涉歷者已乃謂韓蘇爲鉅觀年少氣盛愛爲盡言殊自豪也至二十六七歲迺知以陶翁爲法於詩漸辨好醜近四十歲稍就確實以杜爲宗

而精力不專學問不廣子美之門牆至今不能入況堂室乎哉使從一二十歲時常取趨庭時所讀者朝夕研習何至費如許轉折而不得達也悲痛悔恨莫甚於此又云詩宜痛删改必浮靡之音去而眞懇之氣來語語有用方謂之言立又云先删詩次删句次改句眞處萬不可不留率處萬不可不去眞率之間不容髮殊不易辨也然眞則厚率則不厚亦不難辨耳又云詩只一字訣曰厚厚必由於性情然師法不高烏得厚也淸贍方可學詩道鍊方可作詩超雅方爲名家渾化方爲大家試自考來閱先生此數則自道甘苦學詩要訣又云余

詩逃不得一雜字欲作無不有之大家今則並名家而不能也此又可恨之一端又曰詩必濳雅渾大乃可以示天下讀先生集便知苦心處

眞中有厚余嘗求之白陸集中至誠流露性情發於忠孝後人徒學其率易則誤矣

曩見亨父四句對詩喜其格調新剏不知其格本太白也太白宛溪館云吾憐宛溪好百尺照心明可謝新安水千尋見底清白沙留月色綠竹助秋聲卻笑嚴湍上於今獨擅名亨父西山送侯明經云皎皎西山月迢迢出海東蕭蕭連漠北浩浩朔天風霜落歲時晚著書徒

自工清輝應共惜游倦道非窮太白前二聯以三句對首句此本其格而更離奇變化以四句對首句三句對二句動合自然作者亦不自知也第二首云憶昔初相見秋清野鶴躍隔年詩到日春寺落花孤及此重爲别冬寒匹馬齊明年花發處天末寄書無此首以下四句對上四句格更變化則亨父所獨剏古人未之見也熟能生巧有以哉太白此格自亨父神而明之亨父此秘則自余抉而發之記此以開後學法門

亨甫殁於癸卯余藏亨父詩迄庚子止尙有辛丑壬寅癸卯三年詩詢其孤念修云稿本在姚石甫家今石甫

亦歿此稿散佚可惜也幸余收全稿乙卯入都原本挈付林鏡帆太史副本寄林潁叔樞部而余亦節抄一副本連年邵武失守流離兵火不知其子孫顛連何狀而余亦出宰隴坂薄宦窮羈不能謀鋟貲以答亡友於地下卽鏡帆潁叔亦無暇謀此不亟之務抑其精爽呵護俾身後遺蛻不致埋没灰爐倘得好事𡸁友爲之表彰以自見於世歟嗣聞鏡帆於己未冬亦逝世原稿散失時編篤舊集先選六百餘首付梓姑記緣起以示後之人儻異日歸田未卜有俸餘可完夙願否而余亦老境頹唐不勝倦翮思還之感云

入都晤葉潤臣孔繡山述及亨父辛丑以後佚稿散見於友人集中者頗互爲搜輯卒亦不可多得惟繡山晤亨父於大梁附和作一首屈計在辛丑壬寅之間今錄之云不能帳下醉橫戈直斬紅夷海上過豈見市中親執爨相招朱亥酒邊歌江山遊迹兵氛滿河岳詩聲客恨多願汝登朝齊袞袞爲誰搔首惜皤皤起二聯四句對法後二聯二句直對到底與前格又一新殺才人能事奇變何所不有而魄力之雄渾意境之奇恣尤溢於行墨間矣

亨甫於癸卯十月初九日歿於松筠庵近晤朱伯韓觀

簪出其校正亨甫詩集誌哀詩摹寫亨甫少年氣概中年詩境鬚眉欲活末段易簀情景如繪至今讀之爲之涕下其詩云昨者往哭松筠祠忍淚再讀松寥詩悄然風號萬竅悲降婁睒睒無盡煇老鶴欲語聽者誰我昔遠遊類羈雌長安逢君少壯時怒馬獨出黃金羈紅燈綠酒相娛嬉壘瀋一斗翻淋漓朝吞千龍暮千羆忽逢拂袖遊雲溪遠探禹穴尋會稽遂登黃樓望九疑猩猩叫煙鵂鶹啼造化劌削愁肝脾南來跌蕩詩愈奇公卿名滿紛走趨氣高蹇嵯頭不低欲止莫尼行莫追獨憶故人東海歷澎湖高建十丈旗再戰再捷剸蛟螭咄哉

小醜猶猖披沿邊屯堠無完障君疇避兵走浙西戰場
白骨歷險巇皇穹仰視哀蒸黎傳聞和戎餌島夷羣埶
剃天毀功碑君方抱病吁且唏故入檻車奮相隨天門
且喜翔金雞朋舊往還暫軒眉痁鬼肆虐肺已萎侵晨
視君坐床幃沓帙束笥一尺圍屬我編劃語嗢咿刪者
觸手腕爲痠存者加墨或頷頤宿心已了遽蛻遺姚侯
哭君淚綆縻爲營輀翣送之歸將蒐遺草付剞劂如此
高誼所見稀案頭遺像何頎頎二三小兒角絭暮黑白
鬬戰荒是非旁有美姝捧玉杯大醉出門坐荒陂想見
哆口談龍夔嗟予薄宦恒苦飢正直可羞變脂韋青天

寥寥雁南飛他日有過譙予規亨父嘗繪有看棋圖大有深意詩中摹寫一一傳出可作一小傳讀

讀書每有暗地工夫亨甫嘗爲余言旅夜五鼓挑燈苦讀晨起則勞勞人事矣近見其翠微山讀書半年不問城市又交四農後詩境精進乃嘆才人天分雖高非習靜清虛擺脫塵垢做不出好文字世但謂其驚才絕豔非知亨甫之深者惜學道太晚多才多累耳使亨甫少年銳進勇往之氣不染才人氣習從事聖學法門亦狂狷之流亞也惜哉

山雞舞鏡自愛毛羽每見名士依人晚景窮途良可悼

歎吳蘭雪讀蘭鯨集寄巢松云謂此數寸書平生精力耗卽不望流傳何忍付摧燒又云儻念飯顆身許以俸錢鎸爲我謀棗梨庶用慰昏耄海內豈不寛生才幾雄鶩成就嗟孔艱沈埋益堪悼亨甫晚年落拓與蘭雪相似其遺稿不知散失何所可惜也

白香山詩世稱老嫗都解不善學者易流率易其實絢爛之後乃歸平淡耳蘭雪晚號澈翁讀其述感枕上放歌懺悔篇澈翁詩諸作一洗鉛華直造香山之室此境不易到也

少時負氣每有不可一世之概及年老氣衰欲息肩於

近代作者而不可得無他所造愈進見地愈平實每合觀前輩全集往往皆然學然後知不足也蘭雪詩集自序並七古自道作詩甘苦深中肯綮其黎齋詩書鮑覺生詩後賈稻孫詩後藏園詩後讀黃仲則詩題後傾倒同時諸賢摹寫不遺餘力是良心不昧處必欲壓倒元白年少客氣欺人語耳曩吾友張亨甫曠代逸才其自負過高不屑與黃仲則吳蘭雪爲伍今身後論定亨甫之才與二君相伯仲取法李杜入手較高法門較正若必推挹太過非知言也

王夢樓評蘭雪詩云才湧如潮情豔如月音節之妙可

被管絃又曰余嘗以音樂論詩蔣心餘朱子穎如大鼓洪鐘沈雄暢遠袁子才如琵琶妙能移人蘭雪才似蔣而稍遜其橫情似袁而不倦其姸氣似朱而不極其縱以哀豔之思發清壯之響穿雲裂石往而復迴其鐵笛乎余謂此評極當爲進一解曰蘭雪少年詩風流豔冶全是琵琶聲故懺悔篇云結習年來痛掃除肺腑空明差足喜又云自信猶無鄭衞聲年來頗挾幽并氣何嘗不自知之明也中年以後悱惻纏綿清瑩見骨淒咽激宕全是鐵笛矣蓋是時袁蔣狎主騷壇四五十年風氣所趨蘭雪受業於蔣服習於袁欲求氣味之不似而不

自知學者當取其中年詩熟讀之若喜其初年穠麗之作久喜先入必近魔道蓋琵琶妖冶移人最易不可不慎也讀袁詩亦然宜分別觀之

李張仙樂杜集大成能爲琴聲者其彭澤蘇州乎此蘭雪詩話云爾余謂前則子建後則彭澤若蘇州尚不足以當琴聲此道三昧審音能辨之

隨園負海內重名身後攻之太甚大半即其門生固由世變之薄余謂不以琴德服人而以琵琶感人本原已薄毋怪其背師訓也此老九原應自悔門牆之太濫矣

余丁未杭州舟中嘗取隨園集手删一過而未及卒業

竊謂隨園精華洪鐘戰鼓鐃笛之音擷其精英刪其冗濫則精光並露矣今日隨聲附和薄隨園不值一唾非平允之論也

陸士衡文賦司空表聖詩品可謂抉盡詩文奧竅隨園倣詩品數首記得極佳不得概從攻擊也嘉慶末隨園名最盛余少時聞人嘖嘖不置近日概從抹撥隨園講性靈不學淺夫易於學步隨園之佻船山之野雲崧之埭其流弊使然不得專責隨園也

屺雲樓詩話卷三終

峐雲樓詩話卷四

閩縣　劉存仁　炯甫

洪穉存云詩必有珠光劍氣始信其不可磨滅蘭雪詩珠光七分劍氣三分仲則亦然吾詩劍氣七分珠光三分船山亦然余謂亨甫亦然而晚年斂鍔藏鋒所造更進

蘭雪與馬秋藥論詩云天才仙才其工處在章法字法句法其妙在筆外有筆味外有味一語耐人百思今讀蘭雪詩得味外味其互相推許不虛也學者宜細領之

蘭雪自序主三成之說以爲才人之詩多出天籟法度

未能渾成故篇中難臻完善學人之詩具有識解聲情未能入妙故讀者終少流傳必先鍊意每下一字如生鐵鑄成則句法成矣加以養神每就一篇如天衣無縫則章法成矣章句俱有成法未有不能成家者也此喻與秋藥相發明能道得甘苦出讀全集字字渾成可見近人論詩精處有不可廢者蘭雪與顧南雅云論詩與取友皆貴有眞氣但矜鴻博才究非切磋義吾儕爲石交不獨以文字抗懷希古人隱憂及時事 國家與人才盛衰關進退芻蕘苟見收何敢論榮悴孤立雖寡援聖朝不終棄所懼精力衰報 恩遂無地我嗟聞道

晚攻詩但餘技偶然寫骯髒詎云有關繫昨爲介雅詩聊以達吾意相感何獨深愴惻至流涕古今稱詩家鼎鼎千百輩一家能幾篇沈痛入肝肺君於鄙人詩未免有偏嗜卓識出曠觀其言不容廢平生寸效無空文滋內媿三復君手書使我汗浹背病馬懷遠心老鶴發哀唳晚節願自持毋爲良友累此篇論詩煞有見解亦自知綺語之失曰眞氣曰關係曰沈痛詩教正法門在是

陳燮堂評蘭雪詩云君與仲則皆逸才但仲則詩味苦君詩味甘甘者多近唐人苦者多近宋人其論甚新未經人道余謂蘭雪雖厄於仕途然年少負雋才方海內

全盛又得翁覃溪蔣心餘袁子才王夢樓法梧門諸詩老提倡後進不遺餘力集中往還贈答極一時文字之盛往來吳越齊楚燕趙山水風月秀蒨佳麗之氣時露詠歌故其少作多豔體亦想見當年物力之富雍容裙屐流連景光今則東南半壁兵燹彫殘勝地名區化爲灰燼士大夫汲汲顧景救死不贍求如老輩之宏獎風流渺不可得卽令李供奉復生猶當顛沛流落不知何所況蘭雪仲則耶掩卷三嘆

蘭雪秋懷中一首云江南冶遊天花月美無價玉人吹洞簫行雲駐歌榭誰知感秋客歡場轉悲咤酒半櫂船

迴獨哭平山下蘭雪少時歌樓舞榭月地花天極文酒敦槃之樂情隨事遷感慨係之歡場轉悲咤五句老淚深情名士末路往往有此吾友張亨父有襄城曲王郎曲眉仙行數首哀豔淒楚自傷身世惻惻動人人知其佯狂縱酒跌宕淋漓不知其中心孔悲所謂歡場轉悲咤也

國初粵東詩人屈大均陳元孝梁佩蘭最著世所謂嶺南三家詩是也近日惟黎山人二樵簡拔出流俗不依傍鄉先輩藩籬筆意斷崕嶺南之傑出者也蘭雪黎齋詩爲二樵作傾倒特至詩亦飄飄欲仙因錄之云東樵

西樵樵所居石溪一水吾所漁漁樵並時不相識各以新詩闢生面樵詩鑿險山爲穿怒龍出峽飛湧泉雷雨忽收衆峰靜月華皎皎雲娟娟漁詩擲筆青天外驥騏踏空九州隘有時造意入深微滄海浮杯舟一芥以正出奇奇愈妙詩境不同皆獨造江山靈秀萃兩生卅年曾締蘇齋盟翁覃溪師題邱東河太守所藏奚鐵生畫卷云此卷得蘭雪二樵詩江山靈秀萃此几上矣樵乎翩然采芝去新句如花開古樹漁也孤吟持釣竿鼇背跂腳天風寒吾輩千秋論知已契合何須論生死黎齋今見瓣香人私淑居然稱弟子嶺南名士多於鄉太息難逢此狂客魚山馮芷灣宋吾舊交恨不從

君看潑墨草堂五百四奇峰詩骨瘦削青芙蓉漁樵身後定同社醉踏仙山雲萬重寫得兩人詩境出雖吳後於黎不及相見詩却隱有旗鼓相當之意

二樵詩才絶敏縋幽鑿險援筆立成蓋神乎技矣聽松廬詩話引其湖上秋光闊無着約束結成明月團余喜誦之

文人相輕自古已然然詩人深於甘苦者未嘗不服善近人惲子居善古文有清剛雋上之氣祖桐城派者病其囂然造詣各有偏至不失爲豪桀之士近交錢塘陳作甫刺史同官聽鼓時聞緒論其爲文沈博絶麗取法

秦漢錯入六朝用筆如駿馬驀坡注澗不受羈勒惜乎浮沈外吏用違其才以文學論今之魯靈光也嘗謂余曰桐城爲乾隆間一大宗必欲屈天下豪杰俯首而從之殊亦可以不必矣頃見蘭雪黄巖絶頂觀瀑同惲子居司馬作格調與黎齋相似亦可見兩賢之相見恨晚矣其詩云君持一杖遊山南我戴一笠來山北開先寺裏一相逢狂呼拍肩人不識人閒失脚四十年朱顏漂泊俱華顛今日同結名山緣君寗非佛吾非仙九十九峰高插天峰峰妙有飛來泉泉流所經我亦到上求石梁下玉淵青玉峽前水奔注雷雨翻騰氣愈怒瀑布源

流雲上來探源更入雲深處黃巖碧削天當中山飛水立爭清雄水綃萬丈捲迴風夕陽紫翠難爲容文殊塔頂摩蒼穹下界擾擾如沙蟲咄哉我輩布鞋青韈底適有星宿之海垂天虹仰天一笠墮山背吹作仙雲大於蓋請將君杖擲空中定化神龍戲滄海雲龍萬古常相逢投筆仍爲雙劍峰結法與起處神迴氣合轉軸自然

放翁一百五日行有眼中青山身後塚此事決定君何疑對酒云古今共有死長短無百年方其欲瞑時如困得熟眠世以生時必妄度死者情疑其不忍去一笑可絕纓於死生去來之際看得洒脫視唐人人無百年壽

常懷千載憂語勘破世情尤爲緊切

蘭雪懺悔篇云天既生人具人理聖賢仙佛一而已生老病死只尋常如水成冰冰復水世人擾擾不自知爭名於朝利於市埋頭終日湮性靈失足公然壞倫紀吾儕空讀萬卷書但覓科名求祿仕口談王道心市傭得失營營眞可鄙朝廷用人貴得人沈毅能肩天下事出處支離不可論碌碌終身安用此別有奇才間氣鍾臣爲忠臣子孝子遇事敢言身敢爲海內皆知公俊偉水旱盜賊無犄無能竭吾心病終起立朝不肯樹私恩失意何當叢衆毁扁舟歸卧午橋莊功業依然載青史嗟

余老矣無能爲只以新詩消壘塊虛享才名四十年心血無多存敗紙所愧匡時一事無暗淚霑襟汗流泚何況平生罪戾多大半意淫兼語綺結習年來痛掃除腑腑空明差足喜但願來生再補圖聊爲今生雪慙恥因果茫茫未可知聽其自然而已矣此篇自知之明見理亦透曠達處不減放翁是晚年悟到進境

吳蘭雪武夷紀遊云武夷之君吾舊識四十七年感淪謫人閒秋鬢易成霜孤負青山好顏色鴛湖計程三日遥兩山相望何岧嶢手把芙蓉花十丈昨見仙人雲上招身騎鶴背風蕭蕭汪淪情比花潭深日暮不來雲碧

陰名山良友失交臂縱有後約難爲尋徐公石溪明府愛我
興超越爲辦行縢徑先發天柱峰頂通天橋願踏青天
入明月第一清游此佳節天公妬我胥脚頑一雨似欲
妨遊山中秋卽過亦可補吾生進退殊寬閒閒中豈解
餐霞味一笑翩然挽雙髻請攜筆硯入仙山大有藏園
舊風致匡廬佳話今應繼蔣藏園先生嘗攜眷屬遊廬山有詩紀事婉姬今亦偕行
背郭人家幾茆屋粳稻連雲水邨熟紫溪烏石尤可憐
百道清泉萬竿竹天香忽送過墻風金粟花開廢圃中
今宵得此飲可醉折花明日行匆匆平生孤賞何人同
是日中秋雄關屹立界水分脚底萬山皆綠雲參天古柏九

千尺五大夫松猶耳孫雲陰漸沒懸崖樹十八盤多穿磴路沖舉原從苦行來此是吳翁傳道處仙風泠泠吹晚渡由鉛山至崇安道中風景頗佳紫溪烏石分水關小將領五渡橋尤其勝也一笠斜陽入山郭山翠如濤向西落小樓臨水借三間廛市居然有林壑月出山頂橋卧煙收網人歸空釣船遊魚來往見清影搖動月光無定圓此身已在清涼天灘水谿沙相映清仙山一見心妙明石楠樹多桂花早寺門先有香風迎鐘鼓虛堂衆仙守賜田萬畝今何有幔亭亦作種茶田管師絃師無恙否我來但飲曾孫酒武彝幔亭峯賓雲一奏虹橋斷橋板千年偏不爛一舟奇絕架兩崖釣

竿搖搖插天半玉女明粧臨鏡臺山花濃壓髻雲堆飄
零仙蛻歸何處三姑石在空蒼苔天上人間同可哀架壑
船玉女峰萬松虛籟迴天風都疑仙樂張空中蒼崖削鐵五
千仞細看果有飛來鐘水嬉古洞無人迹我愛巖居轉
幽寂一方寒涿女兒泉哀玉琤琤聞細滴夜涼更坐玲
瓏石虎嘯巖中峯一閣造天表下睇萬峰殊了了白雲每
擁海潮來玉華峯名浮出如萍小月明當午雲盡收仙掌
峯名高擎最上頭一聲鐵笛蒼龍叫瀑布千尋皆倒流快
哉今日吾中秋雷斧劈山山怒裂樹梢懸流舞晴雪一
杖穿雲扣石扉稻隴茶畦洞天別滄桑小刼感難勝幽

鑿會燒古佛燈十三君亦避秦客何地仙源無武陵桃花千樹栽猶能小桃源仙雲如蓋覆小頂散作羣峰卧溪影身入雲中轉不知下界茫茫白千頃巖桂重尋第幾株天香零落飄青蕪一聞清磬心如水方悟前生此著書下山重值舊樵夫白雲洞中有白玉蟾小像回櫂九里歌聲長三十六峯明夕陽石竈摩挱手題字豁煙裊裊茶生香水月松風美無價山中志豈忘天下身是鵝湖學道人一半白雲應可借來葺先生此精舍武彝精舍今爲朱文公祠十三首每用單一句作結格調新颯而結語餘韻悠揚令人尋繹不厭

又仙掌崖月夜云一曲清溪換數峰。峰峰向背不相同。舟行盡日空明裏。路入諸天積翠中。今夜補看仙掌月。滿身香透桂花風。試吹長笛臨高閣。還似賓雲奏未終。寫景如入畫圖令我神往余閩人也每聞武彝勝絕不獲往遊爲憾丁巳三月崇安失守今年戊午又聞土匪蹂躪近日消息茫然屢經兵燹民生流離顚沛可爲酸鼻山靈有知亦當嘆紅羊浩刼之何時已也此詩見昇平之盛

詩人多得江山助誠然蘭雪隱寂寺云背山尋寺路轉僻一院青苔少人跡銀杏兩株古誰植蔽日吟風太蕭

瑟其根落葉深徑尺鬼斧千尋削丹壁雲縫坼開天一隙澗花枯死但荒石我行磵底穿樹出大笑却踏蒼龍脊下有古井湛寒碧洞中之天眞隱寂龍泉庵聽泉云寺門亭午殊蕭森龍氣所結雲爲陰不知泉脈出何處潭水一碧無古今人間苦旱仰神惠山根滴雪成甘霖文魚五色豈靈種我來拊檻觀浮沈竹鞭穿地松插天鱗甲隱現疑可尋谽風響答萬籟合不雨亦作蒼龍吟此山石奇樹尤古惜少瀑布飛遥岑寺樓倚山山卧水遂以衆影爲幽深箏琶平日厭繁會風泉一聽生道心諸天原是空明相下界誰聞微妙音香界寺云靈鷲傳

飛來蓬萊割左股天人講經地羣龍首皆俯中尊勢特尊名賢迹湛數曠奥妙能兼淺深隨所取高嶺疑石帆平湖想煙艣遙看征馬還近可孤松撫餘采或成虹空翠亦爲雨瀹茗得佳泉尋菊入荒圃回望寺後山微雲自吞吐坐久齋鐘聞斜陽下西蕪寺前望海淀諸山及蘆溝橋云界在香山南迤邐若平坡其地乃峻絕樓觀俱峩峩憑闌眺九州積氣連山河昆明水一盂玉泉小於螺隱隱蘆溝橋日夕車塵多貴賤各有營翩若燈上蛾大悲生悟中觀世涕滂沱不知兜率天視我當如何

讀大悲五字大徹大悟

又寶珠洞爲翠微最高處山徑險絕循崖而上獨至其巔云寺前天泬寥寺後山巃嵸幽尋未厭深曠觀尚嫌壅懸崖儳削鐵爪徑敢移踵藤蔓攀苦高石根危欲動得樹猿臂伸望雲鶴身聳遂極千仞遊下見萬山拱疊翠爲奔濤其氣與雲湧渾河天外流夕照如潑汞同遊到或稀異境佛所寵筋力豈不勞孤造恃神勇上山如梯空下山如縋城投身黃葉堆墜若浮雲輕撥雲尋古洞窅然惟松聲中有金粟相枯坐萬刼平洞天無旦暮洞卉無枯榮不聞不見中乃現大光明入洞復出洞我意但孤行學道持定力息機觀衆生無心險亦夷有志

堅乃成閉關願投老先與此山盟半幅精舍看月聞笛聲甚美樵歌直下翠微頂清磬隔林山寺暝一逕夕陽踏人影歸雲下山如晚潮拄杖我同雲過橋紅葉滿樹風蕭蕭洞雲未歸月先起夜色空明已如洗月華有露兼有霜月氣非煙亦非水千峯萬壑不見底我但聽泉坐山嵴謖謖松風吹醉耳三更月落山暗碧緐星隱樹雲潑墨中峯有客倚横笛吹入霜天裂崖石一聲鶴唳秋山空紫裘進士豈再逢乙詩來就東坡翁是夜四更驟雨坐待晚晴而歸次梧門韻留别寺僧云尋秋夢已深徘徊入谿樹水聲瀉虛檐眼花拭昏霧一夕陰晴兼

新遊亦奇遇踏月或孤往聽雨却同趣榻擬詩龕移寺借寒山住晚鐘催客還天青白雲互小別殊仙塵浮生足憂怖題名崖竹枝願乞天龍護丙辰秋在京師屢與林頴叔汪仲穆約遊翠微山遷延不果遊山亦有清福不能强邪曩讀亨甫西山各詩空靈澂徹與此詩相伯仲殆急與之抗而力不敢暇者耶

又月夜讀東坡詩三首靈悟妙境令人神骨俱爽全錄之詩云明月濕我衣此語特超忽其濕非露華寒光濯心骨一片吾心月十年衣上塵雲能載我歸我亦呼白雲水中百東坡雲中一居士水雲了不隔觀妙當如是

世人多謗公爲公得道資公自有眞我物豈能磷緇公昔踏月杏花下月如流水涵青蘋承天寺又尋懷民竹栢影中惟兩人是水是月何所分公本胸中無一塵杳花竹栢亦何物得公詩句常清新他年月夜渡南海萬里飄然身一芥人天齊放大光明詎以浮雲爲障礙世人多事生差別公已騎鯨去飄瞥我恨不獲從公游下視蓬瀛同一漚憶丁巳六月將宰蘭州頴叔少鶴琴西在淀園拱宸樓話別少鶴贈別詩有云五月天山寒尙雪多應記我樓頭別節短韻長每檢詩箋令我懷友不置也

屺雲樓詩話卷五

閩縣　劉存仁　炯甫

宋嚴滄浪詩話姜白石詩說張戒歲寒堂詩話均極精思明末方密之通雅詩話最簡要近代漁洋竹垞確士愚山秋谷皆詩話之傑出者也惟隨園標榜聲氣蕪雜居多余嘗欲薈萃諸家擇其有禆風教者爲一編而旅次無書匆匆未暇他日後輩有志學古者爲我足成之

近見潘四農養一齋詩話自漢魏至元明均有評隲持論謹嚴不涉近代時賢一字門戸聲氣之習鉏而去之命意絕高余晚至京師年代相接不及與潘四農相見

從其弟子葉潤臣舍人處讀其全稿渾厚淡泊一語耐人百思洵不可及詩話則探詩教之本抉擇極精已未九月需次蘭州破愁無計回憶半生師友及幼所傳習隨意感觸集爲一編匪曰標榜亦愛古不薄今之意也曩居鄉時欲輯鄉先輩遺稿曰閩中耆舊詩鈔而未果乙卯丙辰寓都下手鈔交遊數十家曰篤舊集辛酉春梓成凡交遊離合之迹胥於是寓焉

讀書在知要所貴眼光如炬不受古人欺也然知要在學聖賢之學否則汩沒於詞章中耳余向有此論得之韻語尤佳四農雜詩云儒生初展卷如賈初入海瑚珊

與璚瑰射眼紛異采苦無兼取術十手爲捃采鄉嬛徧欲窺矅靈急難待人言百城樂愈起十年悔安得放眼光上下照千載不讀經世有用之書雖博無益也結語見解絕高

讀書萬卷不讀律致君堯舜終無術此東坡詩人興到語非切要至言勿受古人欺也幾見讀書萬卷猶不能引經斷獄者乎幾見武健嚴酷刻深貪鄙習申韓家言而可致君堯舜者乎古之爲小吏者尙曰文而無害即曹參勿擾獄市意也至今日而言吏治雖有賢者亦自困矣讀放翁羣兒詩刻劃吐露滿腔悲憤爲之三歎

讀書萬卷眞何益放翁示兒詩也余謂語尙憤激道氣未充不如潘四農田家詩云老農亦汎覽一卷娛性靈不耕愛五車鄙哉身後名語意渾然氣味與陶相近用筆以倒戟出之覺放翁語之太直盡矣

放翁梅花詩玉砌朱欄渠有命斷橋流水君何欠押欠字入妙有吾何慊乎哉意每當士子鍢鐰仕宦蹭蹬讀此詩道氣渾然可以安命

下第詩縱極激昂皆頭巾氣耳惟余友宗滌樓侍御被放書懷詩煞有道氣詩云七十二日尋春深春花夢景尋空林自註余自壬午至今試禮部者八爲日七十二尋之愈久意愈定靜裡

自測天地心般般相引苦相試水火百煉眞黃金黃金有芽採猶嫩秘藏密護輕温燖要須此丹一出世扶起萬物無畱祲紛紛塵目見不遠漫惜遲暮非知音老蒼意厚感幽獨悠然退息滄波潯

乙卯丙辰都下依人兩載迴憶旅況情事至今淚下因記黃仲則旅夜句云病馬依人猶失路冷蟬似我只吞聲對語淒咽無限未經人道初見極新熟思之竊愁時斷不可作鬼語言爲心聲聲情酸楚宜仲則之窮夭且旅死也後學鑒之余友謝枚如負異才所著酒邊詞字字血淚融結而成大抵皆商音也一別五年不通音問

吾閩連年兵荒交讋鄙薄儒術近不知流落何狀念之嗚咽記其滿江紅云未必無聊有案頭文章一尺被酒後自歌自哭自哀自惜吊古傷今誰足語多愁善病吾之癖唤古人重起九原來纔相識風月裏稱狂客壇坫上邀詞伯看淋漓滿紙春情秋色只有一編堪壽世其餘萬事皆陳迹笑牽纏利鎖與名韁終何益又賀新涼云知否淒清甚將生平許多血淚行間染盡爲問昂藏成底事幾字區區僅剩算僕與夫君同病消受旁觀譏又笑只自家長抱傷心證但如此何究竟紛紛擾擾誰時定溯年來所傳消息令人驚聽便有熱腸堪倚藉熱

到如今還瀜況未必千秋堪信作樂一時聊復爾把新
詞揮灑終吾興且安曉吾非聖二闋沈鬱蒼涼血淚迸
露別來冷況孤吟想案頭文章又添幾尺余則宦途落
拓曩年所相期許者今已衰耗無餘愧負良友多矣
吾閩癸丑五月後省垣調兵措餉練勇團鄉感憤時艱
多不得其要領不勝扼腕加以錢荒米踴閭井蕭然環
顧親交黯然待斃余亦失館賦閒閉門僵餓偶有致友
人論籌備商賑鼓鑄變通及編甲聯鄉諸議位卑言輕
愈嘆保全桑梓之無策隨手滔滔言者無罪而自病其
過煩也積成一卷秘不示人九月晤枚如爲題卷端曰

有用之言不朽之業他人不敢言亦不能言珍藏之以待世用且系以詩云矮屋長沙淚。乾坤此倚闌。能平千古恨。甯惜一身寒。銷鑠臣精盡。焦勞古調彈。世人如欲殺。何以策艱難。翌日枚如亦以述醉詞見示感憤時事慷慨悲歌精鍊渾融都入八閡中真蘭亭縮本也其稿倘存他日彙鈔之爲後之考咸豐三年故事者證

黯然銷魂者惟別而已矣久客思鄉方知銷魂二字蓋游魂爲變如一縷游絲晴空獨裊非煙非霧疑醉疑醒每當雁半鶯初燈昏月落纏綿宛轉千古詞人妙語所不能形容其滋味者文通以二字括之余以丙午入都

不知窮途之苦性復孤狷落落難合斧資告匱窘迫難名庚戌再至都門閱歷漸深行囊不乏故過淮陰故里云此地有人曾落魄當年如我亦銷魂蓋貲財不給卽文字交遊之樂亦復索然銷魂之餘繼以落魄情難堪矣名心未死乙卯三至都門冀圖寸進依人苦況欲歸不能幸得道義古歡稍慰窮愁岑寂自是展轉遷延筮仕入甘離家五載一官萬里垂老思歸而又風鶴謠傳置兄弟妻孥於烽火之鄉怫鬱勞思又不知數年來魂銷幾許矣不歷險艱不知村居之樂放翁言力守遠祖書一字不學書善哉

四農寄鏡渠云孟夏開戶牖清風被喬木此時執一卷萬古豁心目斯須高車來巾帶苦鈐束吐辭非本懷周防慮陵觸遙羨君郵居語默隨所欲昨日寄我詩過我舊茅屋我屋何所有芭蕉蔽窗綠屋中何所營兩兒日誦讀嬌兒頻憶耶聞之眉屢蹙秋風即命駕歸期弗改卜翁老披青簑兒小騎黃犢窗下一榻懸君來留信宿余處幕日久麋鹿野性落落難合然猶語默可隨所欲也一入宦途廣坐劇談韜光匿采噤不發聲同儕見其衣冠容止不過目爲寒酸樸吶之散材傲兀之氣銷磨淨盡幸不招疑謗以重罪戾閱世深而慮患苦周防慮

陵觸雨言尤爲逼肖末段自在流行直抒胸臆陶詩境界愈增我歸田之感

余有論詩絕句云、少陵從古稱詩史經濟羅胸屬劍南自嘆廣陵今絕響滿腔忠憤共誰談頗道出放翁心事

詩忌直盡宋詩猶且不免須有開合頓挫之筆又要有別趣不着迹象神來情來今日方悟此旨

詩文忌太捷余病在直寫須知鍊字訣鍊在未落紙之先要苦吟一落紙便涉迹象矣其鍊在神神欲完氣欲足下筆以後兔起鶻落行乎其不得不行則神來之候也

逐隊趨公心甚厭苦暇輒閉門讀書性喜獨坐不耐往來雜遝明知吏事所奪此事遂廢然時時思著書自娛又苦識淺才薄猶戀戀徘徊不忍去者性與之近也四農句云冥行數十年躄躠不知止猶冀鉛槧間名字永不死文人結習大都如是每當寅好宴集竊見嗜好不同喧寂異致褊性忽忽不樂一日陳作甫過余曰臧與穀兩亡羊一博塞一挾策其亡羊則一也吾輩嗜文字得毋類是微言妙旨念之胷次豁然

杜老恨別詩思家步月清宵立憶弟看雲白日眠不應立而立不應眠而眠寫得顛倒錯亂久客方知此味

古人胸襟濶性情厚義理精見解大放翁所謂工夫在詩外也試取李杜韓蘇白陸各家細參之

詩學入門最忌雜字莖英韶頀與齊竽羌管雜陳則正聲不可得聞矣初學於穠麗浮靡之詩切不可近移人情性見識定後方可流覽宋元明雜詩家以暢其支至近代時人詩選擇觀之勿爲盛名所撼可也

詩貴自得會心微妙其樂不可喻諸人聽松廬詩話云人方望我我方閉門薜蘿幽深中有白雲此黎二樵山人詩也每於塵勞中誦此如一服清涼散又有句云清宵悠悠撫我鳴琴孰聽其曲自惜其心自惜其心四字

道盡千古文人心事二詩令我讀之有出塵之想

順德黎二樵句云湖上秋光濶無着約束結成明月團可稱奇警近見婺源董小樝太史桂敷自友寓步月歸云盡吞寒碧入肺腑吹氣結作空中星用意奇警相似讀之清氣逼人余亦有曉吸江水綠化爲江上虹清嘩蕩肺腑凡象爲之空意境不約而合

己未九月權莊浪廳公餘無事自編詩話將竟索逋環來催租敗興旋得六月家書知幼箎內弟於三月永訣傷感如夢既爲詩以哭之復愴念次泉季弟不已幼箎次泉皆從余受業余督之綦切不幸學成而福薄竟先

我而逝鏤肝鐫腎以傷其生恨不如賣菜傭之食力自樂也傷哉因憶宋芷灣觀察句讀書萬卷眞須破念佛千聲好是空多少英雄應下淚一生纏死筆頭中屈指老友彫殘不意從我遊者亦復溘逝纏死筆頭千古才人一慟

少孤苦貧傭書賣文爲活嘗作刺繡詞以寓意即唐人可笑年年壓金線爲他人作嫁衣裳意蓋自傷貧賤淚費精神也中有云不道儂繡苦但道儂絲長纏綿宛轉含酸淒楚頃見近代張葆光句云爲客艱辛今已老平生事事傷懷抱機杼誰知寒女寒越羅吳縠方言好與

余意合余詩結句云寄聲諸女伴容易減容光今則回憶三五少時東塗西抹諸老友皆已美人黃土矣垂老一官青燈結習開卷自娛非復曩年精悍之色矣

曩見潘四農題周偉雲詩集云黃沙捲窗坳劈面倒尋岫夜寒瓴凍裂照眼雜花秀鐙右一詩冊異象倉卒搆擬之醫者鍼毫芒洞膚腠忽如鑿龍門一綫走河溜當其精力到直欲霹靂鬭電出鬼又入陰森怖童幼近人爲雞尸名立快馳驟馬怒不受韁弓弱豈至彀戒險適得庸急取此冊救所憎文傷命山木等自寇古之長爪生歐心不克壽君愈苦榛棘年位兩弗就荒寒聚悲嘯

欲讀涕霑袖感此睇千載才士見獨謬鐫鑱厥腎肝昔遁不一漏下綆九仞泉高攀四七宿錚錚卷中名萬目詫宏富豈潤死後身敗草久入柩迺知此餘事達生謝研究頽然斟兩耳詞場忍訶詬輿來一長鳴否即鳥菢伏太空雲卷舒俯仰極高厚此詩筆筆險健學韓首狀詩境之峭異中敘遭際之屯邅文章之光怪未更獻欷欲絕作者力與倬雲詩境相配亦歐心而出所謂後人復哀後人也屢求倬雲全集而未之見今考倬雲名爲漢浙江浦江縣人監生著有枕善齋詩草隨宦甘肅其尊人沒於官嗣妻子相繼亡其伯兄官粵西往依之病

卒詩人之窮至此可哀也哉楊芳燦云周生倬雲好作奇語與奇境相似惜久客皐蘭羈旅以老遂令奇才不見用於時也余於咸豐乙巳戊午需次皐蘭按倬雲爲嘉慶間人相距未數十年不特詩集不可見詢之同官及士大夫無有道其姓氏者然則士之不得名位而湮沒不彰者可慨已太史公云附青雲而益顯信然近見其鐵簫行贈舒同人一首極輪囷鬱勃之氣朱檀園浩稱其爲長吉青蓮後身信不虛也詩云舒君倜儻眞吾曹十年落拓吹鐵簫比來遠作秦西客鋏簫吹徹無人識我方失意愁閉關六月看雪登天山與君把袂作豪

語風沙慘淡開愁顏手把鐵簫向余笑西來此外無同調寒星六點叩圓冰微音散入淒涼竅空堂掩抑幽泉鳴令余忽斷思鄉情小窗嗚咽響寒雨使我垂頭怨羈旅寒山瘦木風絲絲古磧日昏沙倒吹黃雲壓壘驚鴻散白草連天牧馬嘶淲淲灘聲晚來急扁舟憶向江湖入萬頃烟波不見人枯葦荒蒲秋瑟瑟乍悲委命投窮荒又憐無日歸江鄉沈沈百感集懷抱聽罷無言黯斷腸是時中夜羣響絕竹几昏燈自明滅慘綠濛濛暗古城壞雲如山吐新月倚簫相對淚盈把天涯何處知音者我擬悲歌斷五絃君姑狂笑傾三雅江海茫茫積煙

霧回頭便是還山路携簫何日得隨君吹向綠雲深處去此詩激昂凄切感人心目故言爲心聲毋怪其窮老羇旅也

鏤腎鏤肝以自傷其生才人不遇往往悔讀書之無益然細思之世間聲色貨利機械變詐醉生夢死足以戕其生者正復何限卽使椎魯無文其傷生更甚余謂讀書明義理則氣澄神清正可養壽古者耕田讀書是一事故自食其力而心地綽然今之爲士家徒壁立憂能傷人其煎熬肝肺憔悴以死非盡歐心之咎也嗚呼世道日下爲士者亦足哀哉讀放翁此亦何罪哉不過坐

一貧爲之涕下
丁巳七月筮仕入甘過山西謁王鳫汀制府話舊極歡欵留數日酒酣勸余專心吏治勿作詩余曰然有好皆能累此心獨不聞君子學道則愛人乎余友張亨甫遺稿有云西漢尙功利東漢尙氣節自是厥後二者之勢常往復而互勝三國戰爭稍近功利兩晉清談稍近名節唐以功利勝宋以名節勝元以功利勝明以名節勝至今日而天下之大勢則亦偏重於功利者也此段淋漓透快切中事情近又見余友朱伯韓琦侍御辨學上云其高者不過以爲名其下者至於趨利而止矣下語

尤爲悚辣入甘以來思制府言曰取吏治書汲汲披閱管見錄有云、自來循吏爲國爲民之心不求人知而實惠在民自然頌聲不息喟然嘆曰不求人知八字吾輩居官要着所謂無赫赫之名是也竊見近日世道人心惟利是視風會所趨毫不知恥乃嘆不學無術四維蕩然仕亦何嘗可廢學耶刀筆筐篋期會奔走此俗吏之所爲今則並此而不可多得其敗壞焉有窮期哉

惲子居題靖節集後云先生始居上京後遷柴桑暫居栗里復還柴桑今有歸去來館當在柴桑先生休官時事子居引詩文考訂甚詳余謂由彭澤八十日去官返

桀桑其道里費不過百里之遥世但見清風高節决然舍去以今較之愈嘆先生去家密邇高蹈之易爲力也二疏引退世爲美談余謂特賢於朝露貪名利夕陽憂子孫一等耳以彼懸車之年又有賜金以娱老遭逢明盛何憚而不爲今則垂老窮員萬里思歸而不得遂較之古人其難易又當何如

屺雲樓詩話卷五終

屺雲樓詩話卷六

閩縣　劉存仁　炯甫

朱子曰作詩先看李杜如士人治本經本既立方可看蘇黃以次諸家

又曰李太白詩非無法度乃從容於法度之中蓋聖於詩者周氏伯弜曰太白詩號雄俊而法度最縝密此乃可與朱子之言相發明耳

陸象山曰詩學原於賡歌委於風雅風雅之變壅而溢者也騷又其流也子虛長楊作而騷幾亡黃初而降日以漸矣惟彭澤一源與衆殊趨而玩嗜者少隋唐之間

否亦極矣杜陵之出愛君悼時追躡風雅才力宏厚偉然足鎮浮靡詩爲之中興此數行文字能貫三四千年詩教源流又洞悉少陵深處語意筆力皆臻絕頂乃可謂遒勁簡括耳以作杜公傳贊庶幾不愧

曲阜桂未谷進士馥著詩話同席錄體例極博可資學識未谷博涉羣書凡前人說詩與意相會鴻綱細目一皆鈔撮區處部分裒然成帙爲之敘曰詩在六經自爲一體迻收千軌網舉一綱故開卷第一命曰總括大雅不作興比漸淪故次之以六義濬發天清原本聖籍故次之以根柢扶植名教裨益史官故次之以關係言者

無罪聞者足戒故次之以諷諭建安齊梁風趣各異古律襍歌唐製益繁故次之以體格家樹一幟人張一軍故次之以宗派五聲六律與政相通故次之以聲律禪學拈花畫家舞劍故次之以妙悟百里九十鮮榛既極故次之以造詣鍾述三品劉撰雕龍直過董狐覈同平輿音豫故次之以品陟孟棨徵實功同小敘故次之以本事匡鼎解頤抉幽剔隱故次之以疏義事物本原稽求出典故次之以攷證外道野狐權門豪僕故次之以匡正耳貴多聞毋指細碎故次之以博議泛愛莫如守約三百蔽於無邪故終之以要言騷賦詩之流也取以附

焉都五十卷題曰同席錄末谷詩多質實堅峻以嬾不收拾大半多酒後唱和之作仁和馬秋藥謂其詩之散佚其病有四嬾一也醉二也工書三也論詩多拘忌四也其病根有一蓋自有可以不朽無意於詩也

象州鄭小谷比部著有小谷訂草（乙未進士今官刑部主政）射鷹樓詩話稱其詩筆嫻雅幽豔如馬守眞畫蘭秀氣靈襟紛披楮墨之外別宜甫弟云籬中藝荆樹籬外栽棠花蕩以微和風其枝常交加荆樹日以茂棠花日以華上有兩飛鳥對之生咨嗟山居遣興云青畦列我前丹厓枕我後瀑布飛我左鑪烟生我右當中著草堂四旁啟甕

牖竹籬三徑排木柱一椽搆久種樹如翁初開花如婦蛩聲水無心答響山有口行吟畫在胸坐嘯筆拈手可以養天和可以洗塵垢春日騁望其一云杏紅雨欲飛梨白雲如沐荒城何蕭條雞聲出茅屋雨鳩怒勃谿一雀凍瑟縮幽人坐徘徊生意滿寒谷閒庭無人行小草萋萋綠其二云餘寒百蟲噤新暖一花落遙遙賣酒家初日明旗腳玉壺未買春金谷難行樂寂寂春事間輕雷度高閣東皋聞叱牛此聲亦不惡即日云寮寮孤城寒莽莽遙青暮空堂坐讀書落葉不知數庭院寂無人微聞老鶴步

潘四農詩話十則最精畧云詩有三境學詩亦有三境先取清通次宜警鍊終尙自然詩之三境也先愛敏捷次必艱苦終歸大適學詩之三境也夫鍊意鍊氣鍊格鍊詞皆鍊也近人專以鍊字爲詩旣求小巧必入魔障而一味高言者未講磨鍊遽希自然彼謫神來吾嫌手滑耳　詩第一法不苟作而已名家集中無題遣興諸作不可枚舉然明璫玉佩實託喻夫君臣燕雀桑麻仍自抒其蘊蓄蓋脂粉媟褻究非正始之音鄉里瑣言何與風人之詣此而不辨觸處迷塗　詩理性情者也理尙清眞詞須本色若乃金閨之彥結念山林蓬戶之儒

侈言經濟情詞僞妄夫何取焉然循分無識而擇言貴雅使身拖紫綬但夸閥閱高華影對青燈頻訴飢寒憔悴志不廣大君子亦笑之矣況夫屆壯盛之歲誦聖賢之書以悲涼則非時以怨尤則非理而乃鬱伊善感侘傺無聊揆之進德養福之方殆均無當歟斯義也在讀書則爲變化氣質之良箴在譚詩亦爲陶冶性靈之妙法非參俗諦非惑禨祥僕卽恨人業已悔其少作士果有志均宜宏此遠謨　向性情者無實腹崇學問者乏靈心論甘忌辛詩教彌以不振必當和爲一味乃非離之兩傷　陳勾山先生云學詩宜先學七古僕云七古

之後即當繼學五律蓋七古詞瀾筆陣排宕縱橫枵腹短才萬難施手故宜從事於此以覘學力五律章法變化對仗精工結構之嚴一字不苟復宜從事於此以定準繩此即可與適道可與立之義例也二體既工詩思過半至七律尤健於五律五古尤高於七古非具眞氣大力者往往難之精義行權深造之士勉焉可也 七言絕句易作難精盛唐之興象中唐之情致晚唐之議論塗有遠近皆可循行然必有弦外之音乃得環中之妙利其短篇輕遽命筆名手亦將顛蹶初學愈騰笑聲五言絕句古雋尤難搦管半生望之生畏 長篇波瀾

貴層疊尤貴陡變貴陡變尤貴自在總須能見其大不得瑣屑鋪陳短篇却要有千岩萬壑之勢此古風之大略也樂府字面節拍全異古風須俟諷誦既多沛然心口始可偶一爲之不然神韻音節齟齬安排初則短長任我必來鳬脛鶴頸之嫌繼則面目摹人亦有優孟衣冠之誚　杜云語不驚人死不休陸云詩到無人愛處工執彼非此皆成膠柱之瑟蓋少陵自言往境故其下接云老去詩篇渾漫與放翁自敘成家故他處復云剪裁妙處非刀尺匯而觀之壯年都宜刻鍊老成乃得渾然蓋兵貴拙速不貴巧遲作詩一道正與相反　古之

傳者五字播其芳聲今之作者千篇儕於廢紙苦境不過甘處不來即苦即甘乃屬懸解此中妙境難爲人言但取多多以爲觀美一寸靈光究何樂哉　詩不可爲人强作必勃勃不可以已也而後爲之滄浪云和韻最害人詩此雖元白皮陸諸公爲之然皆爲人强作之一端也而意興既到惟所樂爲者却又宜全力與俱初定意格終研詞句如良醫診脈精神入微如法吏斷獄反覆勘問凡易悅而自足皆文章之大病也

黃樹齋論詩云嘗觀儕俗之作有數非焉或聲調便利靡而不振或意旨蹇澁枯而不澤若是者非體或馳騁

揮霍剽而不留或堆垛襞積滯而鮮通若是者非氣或貌似神離虛而不實或以文飾俗雜而不清若是者非理或苦心束縛自謂親切或任情泛濫自謂周至若是者非法去茲數非求其一是然後可以語山水之助發智仁之妙也而其道之靡窮業之不倦則又貴有畢生之閱歷同志之觀摩焉

黃魯直云二十年來學士大夫有功於翰墨者不爲不多卓爾名家者則少蓋嘗深求其故病在欲速成耳又曰近世少年多不肯治經術及精讀史乃縱以學詩故致遠則泥此則論詩戒速成極中今人痼弊夫詩特一

藝之小者耳余嘗讀王昶戒子之書曰夫物速成則疾亡晚就則善終朝華之草夕而零落松柏之茂隆冬不衰是以大雅君子惡速成戒闕黨也說理顚撲不破可以互證

養一齋詩話常建松際露微月清光猶爲君劉昚虛松色空照水經聲時有人陶翰夜來猿鳥靜鐘梵寒雲中李頎行客暮帆遠主人庭樹秋岑參不見林中僧微雨潭上來綦毋潛晚風吹行舟花路入溪口王昌齡遠山落日在茲波微煙收崔曙空色下低水秋聲多在山李嶷月色徧秋露竹聲兼夜泉萬楚野閒犬時吠日暮牛

自歸皆曲盡幽閒之趣每一誦詠煩襟頓滌乃知盛唐諸公古詩深造如此不必儲王孟韋而後盡物外之妙也

少時心思敏捷一晝夜可了十藝嘗有句云得句自慚叉手易論文轉悔嘔心多蓋傷之也計農弟偉兒秋闈已畢忽夢身在棘闈二三藝尚未脫稿焦急而寤始嘆老至氣衰向之勞精敝神於制藝眞無用之光陰哉偶憶四農句云一客呼我遊樓觀雄都城一客延我飲詩酒羅羣英縱目騁詞辯僕也病未能委曲謝之去閉門養孤清萬力視精力遊宴猶不勝又云不及守鄉曲天

倫暢吾情讀此覺精力就衰不勝今昔之感安能守鄉曲而敘天倫之樂耶

唐德宗使段善本授康崑崙琵琶奏曰且遣崑崙不近樂器十年忘其本領然後可教後乃盡段之藝知此者可與論詩見香祖筆記少習制義操紙立就沾沾自喜屢困鄉試詢於社友之已入詞林者慨然曰文如賈然因物宜相機變唯售而已子之藝非不精也非不熟也病在心手太快欠錬氣耳人患才少子患才多宜盡棄所習輟文不講三年後可以得志嗣余又屢躓場屋已酉始舉於鄉場屋之文仍一揮而就於無意得之文爲

之恥抑命爲之恥每憶良友箴規知手掩太熟亦是一病記之爲後輩鑒

少好聲律苦乏師承又制舉業亂其心依人作嫁無暇日以專壹其志慮今所刻稿皆於船唇馬首卒筆而成張惡四瞶而自忘其醜也丙辰客京師韓兒年十八著詩稿二本寄都求定喜其有志學詩連年兵荒交警桑梓蕭然爲同者孤萬里不能口授又懼其無所師承染溫李惡習大是誤事頃戊午書來知其染痰火症甚劇父子恩情凄然淚下因勸其學詩養心卽可養生余詩所謂新得養生訣能吟適意詩是也

能吟適意詩二句余友黃香鋏極賞之需次雜遝胸中時復作惡暇時輒手一編自娛放翁詩云讀書以自娛不强以不知適意而已

余最喜潘四農閉門四首節錄二首爲學人勗詩云閉門一室包萬古出門結歡古人外喜怒倉黃失專主可憐三日不讀書胸中面上皆塵土視放翁三日無詩便覺衰尤摯閉門日日之日長出門日日之日短暮不及眠晨不盥世有何事仗君斷君何不以君爲伴妙語解頤日與俗溷爲伍自覺胸中皆塵土氣此亦褊性使然不可强也此在宦途應世不得不和光同塵若少年下

帷正當閉門謝客尙友古人不得謂其簡傲也
古以狂狷狂簡並稱狂者必狷狂者必簡也以約失之
者鮮矣老至氣衰益見簡酬答爲可樂愼言語節飲食
亦簡也頤之大象有味哉
元遺山論文云工文與工詩大似國手棋國手雖漫應
一着存一機文須字字作亦須字字讀咀嚼有餘味百
過良未足今人誦文字十行誇一目毫釐不相照覿面
楚與蜀眞作詩文秘訣東坡所謂舊書不厭百回讀熟
讀深思爾自知皆過來人語也少恃心思目力之捷閱
書日可盡百紙作文日可數藝究竟鶻突滑過惜不及

讀遺山此詩年二十外交張怡亭先生善古文爲余言少染羸疾不能多讀書每劃一段字斟句酌久之恍然有得病亦尋愈其神與古會則如白雲在空舒卷無迹微妙處不能以言語形容也余自是稍知讀書法然以橐筆依人傭經受值汲汲顧景雜遝發付仍以敏捷了事不能沈潛義理求自得之樂鶻突之爲害甚矣余姻林香溪昌彝教授博雅精思總角摯交嘗謂余曰古人稱聰敏者爲一目十行善讀者當一行十目其語本阮文達公元揅經室詩題注言讀書貴精而不貴速也微妙處可與遺山詩相發明後學當鑒余鶻突之失也

林香溪所輯射鷹樓詩話採擇精博集中交遊皆平日所往還者此編隨意所觸補其未備客窗自娛聊記心得念吾友閉戸著書既精且核對之心愧老逼吏事展轉無成此生無復進境矣

仕而不知爲人學而不知爲己此四農詩話中語極有味既仕矣當竭吾才而後已今日答頴叔書敬告良友不敢以頽唐曠職

世稱風塵俗吏非吏事俗也吏治民風實力講求聖賢絕大經濟其俗不可耐者猶論詩之多俗骨耳脂韋軟熟機械變詐其俗在骨烏乎世事愈亟江流日下身爲

下吏勢不能調脂弄粉爲自全之計一失足便入火坑及之而後知履之而後艱居今日而欲以經術飾治亦良難矣四農送人之四川云筮仕得此方賀語倍盈耳公然贊囊橐不恤語言鄙君學希通儒此論亮不喜看君用意厚往拊民爲子卽唐人此鄉多寶玉愼勿厭清貧意猶見醫俗古誼其次章云愛人勉易能知人苦難周又云左右不中防清名委江流讀此詩慄慄危懼不日權縣事旁無親丁前後左右弊竇孔多中夜心熱恨不能起先生於九原而請益也惟有自竭吾才已耳

兵驕將惰濫賞冒功中外金貂滔滔皆是符南樵兆綸

大令有句云但見東南飛孔雀豈知西北有浮雲運古入化諷諭言外念之可哂雪樵更有南臺雨中一首云高臺獨上意如何醉對青天日放歌萬井蒼涼更風雨千秋形勝此關河笙簫北里閒情減鼓角南荒老淚多擬掛一帆向滄海扁舟散髮狎蛟鼉臺江吾閩南城外商賈輻集之區冶游風月地也今半爲夷人所踞莫敢誰何內夷外匪米踊錢荒吾鄉岌岌曾不知加意防患哀哉中二語感慨蒼涼詩筆雄健此五年前爲余題詩箑中近日夷氛猖獗粤東告急吾閩之窮困可知矣

自庚戌冬粤匪滋事竄入九江陷武昌蹂躪大江南北

海內騷動兵單餉匱日抱杞憂皆辛亥事也癸丑正月吾閩靜敉閭里晏然火樹銀花燈月如晝好事倣月泉吟社之例以元宵曲頒題徵詩託名易書匯月定甲乙列榜會者百餘人余以饑驅煩擾未與雅集嗣取宜黃陳少香大令爲第一余友蔣少陶刺史爲余述其結句云黑白烏城上啼言夜闌燈灺月落烏啼也因共病其不祥而訝好事者之多事已而二月永安告警五月後省垣中和民鋪停止新創官鋪錢荒米貴羽檄交馳人心皇皇如不終日五月延平警報至大田德化失守八月逆匪由永安竄入興化仙遊失守東奔西竄逆匪退

而黑白旗勾引黨類表裡爲奸蹂躪慘毒仙城一空僉
嘆黑白烏之眞詩讖也歲暮安插稍定逆首尙未弋獲
而軍務告竣余代人和感事韻云曲終願奏平淮雅莫
唱涼州變徵聲極力挽䕶願詩人共享太平勿作不祥
苦語也

屺雲樓詩話卷六終

竹情齋詩話□卷存二卷

［清］侯官何軒舉撰

福建省圖書館藏清抄本

竹情齋詩話□卷存二卷，清何軒舉撰。軒舉字南霞，侯官人。道咸間諸生。早年受業於道光舉人葛作霖，與王秉乾等結社西湖，遊幕閩中各地及浙東。據謝章鋌課餘續録卷四「南霞寒士嗜學，售舊書於南後街，入其坐者皆文人墨士」，及賭棋山莊詞話卷五「南霞既作秀才，其窮愈甚，乃以鬻書爲業，卒落魄死。輯詩話、筆記十餘卷，採摭頗富」云云，知其貧甚，後於福州南後街設書肆，鬻書爲業。與魏秀仁交摯，工詩，造語微妙，秀仁陔南山館詩話採其詩頗多。撰有竹情齋詩鈔、辨同隨筆等，多散佚。

按，課餘續録卷四又云：「南霞著有竹情齋詩話，採摭繁富，林穎叔將選閩詩，求近代作者，予假詩話以備採訪，林家不戒於火，書樓灰燼，詩話亦付之一炬。南霞之窮有如此，是予誤之也。」是書今存卷五、六兩卷，蓋當時另爲録副之本流傳。二卷録一百八十一則，漫談隨録，不求齊備，如論「文章用換字法謂之澀體」、「虚字入詩最難」等修辭技巧，意在研討詩學，不作常談而所詣甚深。書中不獨載記名流雋士、才媛節孝之詩，若布衣醫士、伶人僧妓之斷章片句，亦著意搜求。南霞遊幕各地，聞見自廣，於掌故、風俗、考訂等偶有闡述，亦多採入詩話。書稿成後，傳之朋儕間，魏秀仁録其中感時之作數則入陔南山館詩話，謂「皆傳作也」。林壽圖榕陰談屑亦多所採摭，且有「非南霞留心物色，誰復知市肆細民有此才調」之謂。惟惜今所傳者，僅此二卷耳。

卷端鈐有「耑齋所藏」印，爲近人沈祖牟舊藏。（方　挺）

822.047
φ178

竹情齋詩話卷五

侯官何軒舉南霞輯

鄭奕以文選教子，其兄曰：何不教他讀孝經論語，免學沈謝嘲風弄月，污人行止。刘文靖見人作詩曰：學到李杜地步，只是作箇酒徒。道學人不好詞章，往往有是。然程朱周邵未嘗不喜作詩，其詩清妙者亦復不少也。

明時品級補子九等之外，內宮隨時更相戚為新樣。刘若愚史載：宮眷內臣臘月廿四日祭灶後穿葫蘆補子，上元灯景補子，五月文虎補子，七夕鵲橋補子，重陽菊花補子，冬至陽生補子等名。王鐸宮詞：爭繡月華新補服，明宵開宴賞中秋，則

中秋又有月華補子矣浙人董西菴說祠羅天孫桐葉落君王新賜鵲橋衣即指鵲橋補子

謝梅莊題郭璞墓云雲根浮浪花生氣来何处上有古碑存葬師郭璞墓日本使臣中心叟亦題云遺音寂寂鎖邑門此日青囊竟不聞水底有天行日月墓前無地拜兒孫皆醒世之言按璞遇吉地示剪爪髮以瘞其墓所在有之又宋壺父贈地師云世人盡知穴在山豈知穴在方寸間好水好山世不欠苟非其人尋不見钱仁夫云尋山本不為親謀大半多因富貴求肯信人間好風水山頭不在在心頭語益淺切表了凡好談地理訪地至光福間問一村農曰頗聞此処有佳穴否对曰小人生長於斯三十年矣只見戴紗帽者来尋地不

見戴紗帽者来上墳哀恸然而去
文章用換字法謂之澀体其意原欲避俗而不知適以亂真如
丹犬篠驂之類豈不可笑蓋自宋子京新唐書出後樊遊甚
矣歐陽公戲改夜夢不祥書門大吉八字為宵寐匪禎札闥
洪庥即嘲子京也明中葉後此風亦盛虞子崖戲改岳忠武
送張紫崖詩云誓律飈霆速神威震坎隅遐征逾趙地力戰
越秦墟蹀躒匈奴頂戈殲黑靼軀旋師謝彤闕再造故皇都
忠武原詩曰今風雷迅天声動北陬長驅渡河洛直擣向幽
燕馬蹀月氏血旗梟可汗頭歸来報明主恢復舊神州紀曉
嵐(達)有友好為此体以書案為繆几竹床為筍榻月中桂為廣

寒樨寒食節为冷厨矣作詩規之云論詩羞溢体問字畏長
頭其人面長復多言也

西湖〻心亭旧有一聯云四季笙歌尚有穷民悲夜月六桥花
柳全無隙地種桑麻黄莘田先生本之云千樹桃花万条柳六桥
無地種冬青益覺感慨無尽

杜康弟茂才傳兄釀法亦善造濁醪後人誤为杜茅柴或以濁
酒为茅柴謂如茅柴火易过也故韓子蒼云慣飲茅柴諳苦
梗不知如蜜有香醪

林石甫过古廟云冷酒一澆祠草碧青鴉軋〻馬頭飛用灵鴉送〻
客事也巫山神女庙有灵鴉送客壽春甘甯庙亦有灵鴉送

客一程洞庭亦有之呼为柳毅使者

仁和繆蓮仙良春日詩山桃如綺復如綃花担紛紛过六桥一雨頻教花價賤一枝衹賣憶多娇憶多娇杭諺謂一也委巷叢談杭俗有四平市語一为憶多娇二为耳边風三为散秋香四为思鄉馬五为誤佳期六为柳搖金七为砌花臺八为灞陵桥九为救情郎十为舍利子余謂其名虽雅不過取首字音近者湊合成語别無奧義可思

韋彦温落魄京師望过一宅望見楼上有女倚闌而歌登楼就之但見積塵满几上有一幅紙字墨猶新題一詞云禁鼓初傳时不打虛过明月清風夜眼如魚目幾曾乾身似柳條終日

挂銀漢低垂星斗斜院宇寂寥灯烛卸西楼潇洒有誰知教
我独自上来独自下彥温爱其詞調名之曰倚西楼見苕溪
詩話今所傳緼鬼降乩詩眼如鱼目徹宵開身似柳条終日
挂月明鳳鬟十三楼独自上来独自下全襲其語又鬼詩如
明月蒲空階梧桐落如雨凉颸襲人衣不知秋幾許爷娘送
我青楓恨不知青楓幾回落那年手刺衣上花今日为灰不
堪着流水涓涓芹吐芽織烏西飛客还家浉村無人作寒食
殯宮空对棠梨花盤塘江上是兒家郎若閑时来喫茶黄土
覆墻茅盖屋門前一樹馬纓花皆極幽峭
雞林績曰太傅詩於弓囊南蛮織梅都官詩以成布揚州錦帕

織虞伯生詞饒州磁器書帳船山句王次回疑雨集出江南婦女繡之奩具黃華射香草箋出閩中婦女亦然近日米利堅国人書帳南山太守詩於扇亦属佳話太守名維屏番禺人為文献公二十世孫初寧黃梅調補廣濟漕务非折規費無所出先生曰理不直則氣不壯吾寧舍官以伸氣引疾去汪文端公廷珍語人曰县官不願収漕世所罕見也旋復起由郡丞權知南康知府所著聽松庐集醞釀深醕神味雋永与陽春譚康侯香山黃子貢並稱為粤東三子黃仙觀云手持一瓣雲去謁黃野人野人渺何許笑語空中聞似云旧相識小别三百春丹邱有故宅曷為戀紅塵我仙非餌丹紀載

多失真山頂有玉池泉味如酒醽一酌消百憂再酌忘其身
逡巡四五酌飄々躡天根天根亦非遠醉後时可捫子来勿
憚勞蝶翅如車輪洵跳脫玲瓏之作其清婉流麗韻致饒雋
者秋海棠云前身應是斷腸人楚々嬌紅似帶顰修到紉花
仍薄命飛来寒蝶共傷神雨中有根含清淚風裡無言悟淨
因一樣傾城分冷暖艷粧西府正濃春綠陰云喧时燕雀靜
时蟬涼遶槐邊与竹邊万樹園雲天似海一亭臨水日如年
鞭絲裊々人初去琴榻愔々我欲眠自愛吾廬堪小隱不須
怊悵杜樊川柳色云飛絮飛花一万枝白門紅板總相思夕
陽掩映秋千院殘月蒼涼柳七祠近水易迷漁子櫂隔林遙

認酒家旗風前且自開眉看莫向郵亭管別离
里有富翁早夜恆飲燒酒一觥年垂八十健步如常始信達賴
喇嘛言每日用燒酒少許不貪不聞功倍人參之說虛語也燒
酒以產汾州者為上朱淥詩但酌汾州一杯酒勝撤北口兩重
裘蜀中燒酒亦佳雍陶詩自到成都燒酒熟不思身更入長
安吾閩燒酒出自會城者列而不芳泉漳地所燒尤生澀不
堪入口侯官令黃公宅中句防身數欲磨腰劍發中偏[illegible]識
頂刀福州燒酒以刀為名其上者曰頂刀
金匱楊蓉裳芳燦為袁簡齋高足弟子所著芙蓉山館集金迷
紙醉絕代艷才余愛其楊花四律云垂楊千樹又吹綿繡眼

春熱雲乍熱天弱質怕沾三月雨閒愁慣惹六朝烟撲來帳底渾疑夢扶上釵頭便欲仙記說長秋宮畔路有人拾得泪潸然独向花堦取次行縈肩拂面侭逢迎隋堤流水前身果巫峡輕雲出世情翠袖啼痕全黯淡紅窗魂影不分明顛倒作青萍子傍着鴛鴦过一生生来心性最夭斜慣逐春郵鈿尾車掠水燕迷千点雪窺窗人隔一重紗粉棉宛轉裝穠纈香霧朦朧護月牙何似魏郎驚蛺蝶東家飛过又西家盼斷天涯長短亭杜鵑声裡怨飄零未應鬓角添新白已覓眉梢換旧青送去花魂須緩緩拈来春恨只星星眼前指点瑤臺路莫逐東風舞不停七絕極輕倩者舟过秣陵玄蕭疎風柳

白門湾依旧寒潮寂寞还指点夕陽紅尽处残霞一抹六朝
山寒食郊行云偶携吟伴过前村寒食風光愴客魂一樹桃
花残照裡冷烟如梦不開門小除日魏塘归途至楚門松雨
晚冥[illegible]幾杵疎鐘隔浦聽遥指落帆風色外斷桥渔火兩三
星灞桥云銷魂桥畔暮雲凝寥落関楼見戍灯侠少不知离
別苦臂鷹驅馬下崤陵春曉云隔窗幽鳥語綿蛮曉梦初回
静掩関記得桐庐江上路画眉啼雨过春山句如憐[illegible][illegible]
憐婿少嫁雜事易嫁鸞难时当摇落难回首人为聪明易斷
腸雲因出岫情全设蝶为离花梦不酣箏絃破梦消仙劫香
炷灰心領佛恩兩地抛笙当落月半生彈泪恨名花垂柳柳

塘迷越燕柔桑門巷長吴蚕皆擷温李之華
鎮海姚梅伯孝廉燮天怀豪曠於書無所不讀其大梅山館集
雄健清新兼而有之選丁蒍云治世寬迪也孱兵靡天粟日
月供惰閒精鋭久不蓄鈴馬西門馳軍符下神速[illegible][illegible]遝
程一夕四郊哭大弁神倉皇列户選壯丁父老索子代弟幼
教兄行富户百金贖貧者逭重刑重刑万难活往戰或免生
北風吹轟雲鼙鼙列腰箭营門傳鼓鼙白日氣为变親朋难
話别僅許道旁見瞠目若死僵不知泪如霰願生毋力强强
力致不祥安知与国事此志宜激昂丈夫不從戎叩首慚国
殤樹立在此行离析奚庸傷真切沈痛当与老杜兵車行並

讀陳作甫謂梅伯尤長於詞所著疎影樓詩餘足追樊榭

廣東始興俗甚剽悍其人出入必有鴛鴦匕首藏於胸次名曰小救駕今福州南臺茶賈廣人最多其有不逞者身怀双匕藉以與爭行人为之讓道不知此種頑民不知皆俑始興否也錢塘許乃来为香山令竹枝云剽悍相沿悪少風無端狭路竟相逢只因些子違言怒血濺鴛鴦匕首中據此帯刀出鞘者不独始興然矣

紀曉嵐先生訓沒廉恥者謂之紫荊樹以其無皮也或云無皮非紫荊乃紫薇余所見紫荊紫薇二樹皆無皮老學菴筆記明州僧行持在餘姚貧甚作頌云大樹大皮裹小樹小皮纏庭前

紫荆樹無皮也过年亦謂紫荆無皮也
京都泥孩有搜優人余三信所演雜劇丰神逼肖然從技擅名
者宗時已有其人老奇菴筆記鄜州田玘作泥孩兒名天下
一対至直十縑一床至三十千一床者或五或七也[illegible]之遊
有贈田玘詩前世能歌田順郎今身追悔太昌昌戲泥巧尽
群兒態休憶小姑初倚床
王復多滿著無杈甃龍友雪重酒無杈押杈字皆有力閩邑屠侯
陸莱臧先生我嵩芦花両岸月無色落葉湍天風有權尤警
健
钱塘名媛徐淑則德音許迎年舍人之室著有淥净軒集如曰

紵歌義和六轡廻蒼虬長虹小白紛作叢纖肢綽約隨流風翩翩治態如驚鴻一寸眉峯暈春碧酒酣欲上蓮顋赤熱心擬化百枝灯長倚瑶君王照瑶席为長吉集中之極流麗者又句鳥棲雲護竹人静月横階亦佳徐为揭濤清献公旭齡女少时嘗作男子装对客衣上墨瀋斑斕清献喜之曰生男如是当不誤改金根

福州伶人双貴最为王秋士所賞贈詩云非簧非笛其淋漓坐斉聽好肉謡回首青飛瓊何处那青鸞天外韻逸逸薩少農孝廉富亦甚眷之尤愛其唱紫釵記折柳一闋少農死双貴着白袍就其帷堂歌此一曲声泪俱下聞者無不愴然

人烟寒橘柚秋色老梧桐太白北楼佳句也六一襲之但易人
烟为晚烟时以为似少陵山谷亦易此联改作人家圍橘山（烟为人家）
色有無中右丞句也六一平山詞亦用之東坡水調歌頭云
認取醉翁語山色有無中竟以此語属六一矣
岑嘉州出塞後詩境愈益進蓋其胸中有此奇鬱之氣得目中雄灝
之觀宜無不洩也慈谿張雪君廣埏從太保王文恭公德楚
伊江衙攉二万餘里塞垣風物何所不悉及宰閩刊万里庭
草大興李鐵梅侍郎嘉端為之序云生李晟而為社稷知鬪
澤足治文書秦月自高隴水不咽遥天横雁琵琶塞外之篇
落日明駝勑勒軍中之奏皆紀實也録其初秋一律云樹杪

西风早凉声剧悽（凄）归鸿催晓角征馬感秋鞞待月露难白（伊江）
露無雲天低低飢軀真惘〻絶塞此羈栖。

閩县董琴虞太守平章以部主攺甘肃知县尋擢泰州知州加知府銜，令已解組将十載，道梗（艰）作归計。余与琴虞同出李古民夫子座門。曩岁一友自甘归，道其著有《秦川焚餘草》，為誦春草一首，華贍可喜。詩云：寒消北陆饯元冥，渐覺金鈎草眼醒。望裡江南随意绿，燒餘原上尽情生。恩光慣近宸遊輦，公道能生冷宦庭。轉瞬（香國）遙拾翠，芳郊旧路話曾經。

前朝三元，唐張又新、崔元翰，宋孫何、王曾、宋庠、楊寘、王嚴叟、馮京，金孟宗獻，元王宗哲，明商輅，共十一人。故趙雲松贈錢湘

之
盧
舲榮云累朝如君十才個事蹟半在青史留錢長洲人韓氏
聞三元至嘉慶時又有桂林陳繼昌前後統計共十三人
字入詩最难王右丞暢以沙際鶴兼之雲外山孟襄陽實以
观魚樂因之鼓棹歌莊魚陳腐氣實宗人且然聊尔耳得也自
知之命也豈終否時乎不再來悪劣極矣後來佳者如何以
振之青玉案我姑酌彼黄金罍公独未知其趣耳臣今聊復
一中之翁之樂者山林也客亦知夫水月乎是有命焉非倖
致不知我者謂何求誰其云者兩黄鸝我欲遺之双鯉魚出
山雲各行其志近水梅先得我心不可以風霜後葉無傷於
月雨餘雲何草不黄秋以後伊人宛在水之涓人皆欲殺今

之白我醉須埋昔者伶用成語尤覺面目一新何午楼壮芸不奂行老矣故鄉可隱盍归乎王秋士春水方生君去地落花無数我傷之亦皆渾成

布衣徐夷青氣泰句水羞除午渴山藥療朝飢水羞見刘孝標謝藕啓凡厥水羞莫敢相薦東青事母至孝母死廬墓大孝山即隱西湖以終与吾師林星垣先生为中表寄師云直放駒陰七十春一身未冬脫紅塵湖山那可分吾子風月偏應念此人把酒無心傷世事高眠有腹貯天真前溪雪徑添何許翠竹森森揺暮靄身後家貧子幼所著枕涛山寮稿不知存否無处可詢又記[illegible]春遊云輕風吹绿上湖堤勾動鶯啼

与鶴啼斜照忽明山寺醉一僧一笠画桥西直詩中有畫

東坡赤壁賦云客有吹洞簫者客为綿上道士楊世昌吳匏菴詩西飛孤鶴記何詳有客吹簫楊世昌当日賦成誰与議数行石刻旧曾藏張綖若萬菴闕話辨其非是引東坡与范子豐書云今日李委秀才来相別因以小舟載酒飲赤壁下李善吹笛酒酣作数弄風起水涌大魚皆出上有棲鶻坐念蓋德公遷如昨日耳坡賦所云客有吹洞簫者即李委也余謂此事無庸深辨兩存其說可耳

常熟錢伯生大令因培本棉云堪笑燃天光万丈何曾衣被到蒼生不如汪文端公由敦柳花云安得禦寒同吉貝歸来裝

作万家衣語氣和婉目具臺閣規模

臨桂朱伯韓侍御琦来鶴山房稿雄深峻偉李韓而不襲韓樂府及五七言古尤勝其詠夷警死事諸將皆凜凜有生氣書王剛節公家傳後云皇帝廿一載逆夷寇浙陷定海城再陷三揔兵死之其一鄭国鴻其一葛雲飛公死尤慘烈寸磔無完尸親軍數十騎鏖戰同燼灰先是裕制軍仗鉞往誓師余督為犄角三鎮受指揮要害設分守險难安敢辭勇東僻海陬鋒刄苦新罹流亡拍未復怪鵂啼蒿藜荒郭背厓砦嶢峯何嶔嵜竹山障其南灰徑穷烟霏兵法忌阻隘技擊無所施峨峨九安門独力誰與支公率壽州兵帳下多健兒列隊象

峯坳彼虜潛来窺我[illegible]壁壘堅無從抵其巇賊退攻竹山邑
礅轟奔雷乘勢破曉峯城角忽崩摧公乃急赴援事已不可
為鄭帥斷右臂裹創强撑揩睜目犹呼公揚揚如平時罵陷
賊陣間血肉膏塗泥或云没入海奪火欲設奇一酋自後至
剸及裂其臍維時海色昏翳雲壓荒陂公奔所乘馬短兵奮
突圍前隊既淪亡後隊勢漸危相持已七日援兵無一来儻一
死復何憾公名日醒垂昔年戰渾河奮撾鞭羌虜平苗猺湯蔚
疆奪發居前鼉鯨鯢坐可屠何論鼠与狸命將惜[illegible]未措置
乘机宜傳聞癸亥日公潛語所私吾已辦一死此行必不歸
大帥希寵波招宝旋傾頹同一委溝瀆可憐損　国威隳風

吹怒涛沿海半瘡痍老弱僵道旁婦孺走且啼稍喜刘中丞鎮定安遺黎用兵今兩年我　皇日咨嗟既苦経費絀又慮民力疲專閫成空名文吏習罔欺冦至軍已逃兵與餉究糜頗聞陳將軍戰没江之西归元靣如生大名与公齊世論泥成敗事後多詆諆若公等数輩使建大將旗進可殲凶鋒退必堅藩籬何必貽隱憂些幣为羈縻　国家重武畧忠義怀前徽死事例議䘏優典極寵綏謚公以剛节祀公有專祠公名曰錫朋傳者宣城梅我为補所遺長歌告予悲書抹把總志事云金門已逼厦門失我兵痛哭为我說借問老兵汝何来道路飛書連兩月[illegible]家程期不得緩兩脚瘅瘃皮肉裂老

兵患苦何足陳我家藩帥孫大恩厦門屯戍兵有万況又鎖
鑰連金門当时烽堠眼親見主帥逃归竟不戰独有把揔人
姓林廣額大顙面多髯自稱漳州好男子当關一呼百馬瘖
可惜衆寡太不敵一矢洞胸腸穿出轉戰轉厉刀尽折寸斷
至死罵不絶安得防边将帥尽如此与衆同生復同死哀朱
副將云將軍名桂其姓朱胆大如斗腰圍粗顧縛降王答鹹
奴臨陣独騎生馬駒甯波三鎮新失利大帥倉皇欲走避公
横一矛跪帳前此輩逃跟那足畏我有劲軍人五百[illegible]累一
隊往殺賊大兒善射身七尺小兒英々頭虎額紅毛吽唬揔
戍走蕺々舟山弃不守槍急弓折万人呼裏瘡再戰血糢糊

公拔鞞刀自刺死兒相繼斃一矢小者創甚卧草中賊所不死留孤忠是以我兵鳥獸散月黑漫漫天不旦中丞不令斷江皋乱兵隔江不敢逃敢有渡者腥吾刀伯韓[illegible]風節自勵清苦非所知也上元梅伯言民部曾亮贈詩云偶出都無薄笨車寬袍敝帶一潛夫常存草市攤書賣懶向花磚奉筆趋營爭擬推韓吏部論兵难遇李司徒惟應杜牧堪同調蕭寺風流共一壺

書肆中見吴姓舫侍郎鍾駿詩草一卷名曰膏餘小草字潔秀媚詩亦清適从步归舟云归心难自泊舟子枉停橈今夜江南夢还隨京口潮落霞沙鳥出夕照岸楓飄已見吴山路鄉

雲箋轉遞佳句之熱矞那忍辜知己鉅眼何难識古人笠澤雁来曾幾日松陵蟹熟又重陽侍郎为正誼書院亦蘭坡處長游高足弟子吾鄉梁茝鄰先生撫蘇时延教子姪乙卯冬赴会試梁公佽以百金新歲復到署不言所以但請開李諸徒愕然密探知其还家適兄喪金已用尽復佽金北上遂获大魁聞其司直金鼇时頗为同輩所侮一日宣宗命賦白蝴蝶詩立就七律三十首中始駭服癸丑歲以礼侍再督閩李卒於李署所蓄書籍佚民間詩稿疑雜故籍中[illegible]

七

福州東關外有蕭山來氏兩孝女墓孝女姊名鳳蓀妹名鳳[illegible]凤蓀隨父赴古田幕舟次翦洋遇風父溺於水女方卧病聞

七十一

变急赴水前援漂流里許漁人救父起並拯女至夜女疾大作遂逝事在嘉慶庚辰十月廿四日风鸦因父病需露和藥每夜泣血祷露而父愈已身旋以羸死事聞於　闕[illegible][illegible][illegible]聯云千古綱常天地感一家姊妹帝王知休甯汪子芸東生风孫救父云馥々幽蘭宛々年水仙操裡斷哀絃翦洋舟示猶能說嘉慶庚辰十月天风鸦祷露云中庭一拜一难支夜半瀼々蒲玉卮是露是珠还是血此心只有老天知

一士人遊僧寺高吟宋人句因过竹院逢僧話又得浮生半日閑僧答曰居士閑了半日老僧却忙了一日張翠岩長慶寺嘲蕩云遊人去後山門晚忙殺沙弥掃落紅楷用此事

金垩嘆有女名法定為黃重熙配乾隆間猶在年逾百歲顏未
全衰相傳其後尸解而去垩嘆於其四歲時授以毛詩七歲
遂解吟詠甚得父憐為賦左家嬌女惜餘春之句後即以惜
春名集其詠雨云直愁瀼瀼旁無地不見高高上有天最為
時所傳誦

沈石田詠影云算來只有鰥夫稱老去猶堪作伴行不如何作
樓云莫道鰥夫真不偶灯前月下豈無妻用妻字尤妙按宋
人有影妻椅姿之語

江淮音以韓為何故淮陰子孫有改姓何者今韓何尚不為婚
仙傳謂西王母姓何名婉姈南極星翁姓何名侯有人壽何

梧岡先生云西王母合呼为妙南極翁当喚作兄

黄華田有題月鹿夫人蛺蝶圖詩隨園詩話誤載月鹿为華翁配按月鹿名季琬新安县河所㞢港女江甯府経歷象納南文炳室工画蛺蝶自題云蘧蘧飛过宋東家春去何心恋落花留得滕王新粉本小窗只当夢南華

范忠貞公承謨殉閩故事閩士無不能道之而其生平著作亦甚富有忠貞集十卷抚浙奏議一卷督閩奏議一卷吾庐存稿一卷百苦吟一卷畫壁遺稿一卷雜着一卷畫壁詩尤盛傳於世魏維度百家詩選小傳云讀其詩如雹霽雲停喜化工也行田東郡勤民事也当湖棲山嘉同志也釣臺秋夜怀

隱淪也聞砧香杵哀如織也然則公詩足傳者豈僅畫壁稿已哉侯官徐披香上舍步𨑳過烏石山范公祠云危祠紅碧疊層層鄰蜀山門那可登莫唱荔支香一曲火雲深処有蒼鷹祠有荔百株每岁荔熟就祠開市遊人消夏者踵接月餘自與嘆夷通商嘆官駐在祠後積翠寺閑人無得擅入荔亦屬於夷人矣

宋人安得子規啼到曉声声只道不如归已为妙極侯官陳子周上舍臺江詞云儂比鷓鴣啼苦竹黃昏時節叫哥哥竹枝絕唱

陳子周工鉄筆家藏名刻石章頗多嘗出吳下布衣鄧石如所

作者示余古朴特絶宜乎巳慎伯書評品其篆隸為神妙也

閲見張于田大令惟孝贈石如詩云袖鉄昆吾刀琬琰盡泥土因

憶陸居仁贈朱伯盛云袖裡昆吾一寸鉄江南碑碣百家文巳

言之矣

七

明陶子昂振哀吳王濞云哀吳王濞汝非他人姪系出卯金刀高

祖封汝沛五十三城壕奠汝大心于营相制磐石牢汝胡招致亡

命即山鑄錢海水自熬下収民𦈢賦徭睥睨刘家社稷使動

搖蓋指斥成祖也自子昌号釣鰲客死日王達善輓之云昔

為海上釣鰲客今作山中飼虎人世遂傳其死於虎吳江縣

志云子昌卒後為於安化教諭卒王詩所謂飼虎人者悲其困処

深山只堪飼鹿耳非寔事也按古人号为釣鰲客者不一唐
張祜謁李紳自謂釣鰲客紳曰以何為竿曰以虹為竿以何
為鉤曰以日月為鉤以何為餌曰以短李相為餌遂厚贈之
宋王炎光有才不達亦号釣鰲客嘗遊郡邑徧求麻鉄之資
不應者書其姓名置篋中曰下鉤時取此等懵漢為餌明又
閩太倉陆孟昭為刑部郎中没判一朝士家不書姓名只原
東海釣鰲客到士歸見之亦遽一刺之西番貢象人隶置船
面黑齒曰人嘲為象奴故云建安陳雲驤茂才有句云山中
射鹿自前鹿夜海上釣鰲今十年亦嬾健

七、
蘭廷瑞嫦娥奔月云竊藥私奔計已窮藁砧應恨洞房空當時

射日、弓猶在何事無能射月中近人句義畫開天留妹補羿弓射日待妻奔本此

七

金匱孫平叔制軍爾準與桂林朱海、谷觀察桓署不相能洞構福州華林寺楹聯孫題大門云入我門來那箇腳跟不着地渡彼岸去是人鼻孔盡撩天朱題彌勒云大肚皮何所有容所不有帳笑口無一言無一可言寓意皆孫二公字孫如仙露明珠朱如蒼藤古木各臻妙品嘗見海谷手卷書其舊作十餘首中有東阿道上一絕云午風吹馬上沙坡鄉店酸漿不解渴棗、寔纍〻紅又曰行人六月過東阿此種風謠甚覓可愛吾閩黃、莘翁亦云十里棗、花香不斷行人、六月出東蒙

錢塘女子王素雲詠雨中海棠云紅泪自流非为痛緑陰漸重不知愁後失節此与明时常熟女子季貞一詠燭淚滴非因痛花開不为春同意貞一以放誕致死

李槐亭贈顧憲成云一身离席口兩腿剩羊毛按明臣廷杖腿至糜爛必刺尽割活羊腿肉填補方長新肉时有羊毛屁股老先生人々敬畏之語槐亭亦鶖鵰万歷奉人尝賦馮昌門墨憨轟々作响他日續作墨復鳴因以墨鳴名其集馮璫行極写馮保声势斆々千言不減長篇中云势分威炎擬至尊等閑誰敢为通關重宝欲充馮相第厚賂先来徐氏門問君徐氏为誰者都人共号徐樵野樵野早年为屠酤以罪戍边

居行伍反覆世事誰能料一旦峥嵘居險要依社憑城难灌熏炙權納賄日紛紛自恃狡猾足謀智忽在人間忽入雲皆其寔録

七、

楊忠烈璉与山西李巡鹽書云今天下事壞在紗帽氣不清在頭巾氣偶使士大夫不論官大官小官浅官深常帶些秀才意思迂濶古板終是儒者行徑人人把經書論孟收拾人心天下何必不三代而無奈功名富貴之徒反於礼樂經誦之事为仇則天下之所以治日少而乱日多也王平華觀察耀辰云莫笑長官多腐氣衙斋誦讀为何人即是此意平華仕閩有慈悲佛子之目

臺江洛香水榭妓名水仙，有（愛才好客有）冠句門之冠曰門□□符雪樵大令百計求一梳籠而終不可得其前輩集句贈云曾經滄海难为水願作鴛鴦不羡仙分配其名句極令昊畫不甚卑文人韻士踵猶日日擠於門甲寅秋余与吴月坡廷珍薛幼臣譆聯話雨其中成詩云沉芷澧蘭各遲暮伯勞飛燕漫西東不兩月水仙隨人去幼臣以余拙語為讖言然

侯官張欽臣廣文肇修性頗豪爽壯歲歷遊燕趙齊楚吴越時多沉鬱蒼涼之作今年逾七十以疾自負余嘗索其稿本云隨作隨弃即少有留者亦被同人攫去家中沉涼無一藏自誦其紅葉一首風格殊高詩云如許霜光曉不收晚風逆作四

山秋蕭蕭去馬踈烟歇点点归鴉暮色愁山影有無行客路夕陽明滅酒家楼数枝劃破秋空翠指点羣峯最上頭

華亭包長明乐庚八股妙一世其詩载直木居士集未甚見佳死日端坐高吟云千秋大業今家世万里清風昔宦遊合掌瞑目而逝無謂非吴人也包为明罗定州知州正直不阿野乙閉户著述國朝徵之不出余澹心板桥雜記載其遊冶金陵与妓定情之夕妓不为理包曰我是过江名士妓問名士为何物包为之惭沮不成歡而去此定係戲侮之語未必寔有其事

詠花以詠白色者为难工蕭山陳山堂太史至自滇丁香云冷

垂串〻玲瓏雪香送絲〻麗穀風〻為雅切〻劉〻謂之神化
錢塘王赤抒舍人丹林白桃花云流水有情空蘸影春風無
銷魂為能減去痕跡矣然猶未臻其極必如侯官王偉甫孝
廉廷俊白菊云兩晉衣冠於古近六朝金粉到君無題神適
寬不〻脫不粘絕〻是空〻妙手也
道光間臺灣知府有鄧公名傳安者性極慈祥人以鄧菩薩
之臺士語爺云某令好用生毛竹大板打人受者多立斃鄧
守作詩諷之云火鐵如雨堂前擲堂下手飛毛板疾請看兩
股皮皺皴都为耕田与君食令得請覓轉酷为寬嘗讀許令
則毛竹謠一篇為諷郡守之酷刑者意尤周摯録云我欲食

尽山中毛竹笋不令一箇坚成竹竹坚可奈何弥望蒲崖谷日斬千万竿不憂用不足吁嗟予岂知年老深山竹变屏捶翅公堂陷人股堂上一怒堂下呼隮前肉飛血如雨糅頭皂鬚罗刹面獸悵催人人不見筋枯節落力不多又向山中尋替椎願天殄滅此悪種青蒲作鞭鞭不腫風吹日炙蒲又乾嗚嗟乎令人千載思刘寬真足以怵酷吏之心

七十

古人有妾換馬換花換帶事又有以婢換書者明華亭朱吉士性好蓄宋校書籍訪得吴門旧姓有宋槧袁宏後漢紀係陆放翁刘須溪謝疊山手評遂以一美婢易之婢臨行題詩於壁云無端割爱出深閨猶勝前人換馬時他日相逢莫惆悵春

風吹盡道旁枝

尤延之胃中寶積千般事到得相逢一語無此境余數驗之浙妓宗小實贈王梦樓之多少心中緒如絲吐不成相看無一語漫道是[illegible][illegible]飛韻致自佳 致自佳

[illegible]雖詩咸推張喬根非生下土葉不墜秋風為最然如明嘗時擬根從天地分時種花在此河影裡開舊觀張語殊意青勝於藍刘[illegible]注以其起句有栽字此又云種不免犯重因改根為枝種為長亦是

太白詩多豪語如白髮三千丈花開十丈藕如船是也後人謂其背理不知此種為極力寫法本於毛詩一日不見如隔三

秋若拘繩尺則一日且長何至如三秋之久耶袁簡齋讀書
已过五千卷此墨之支三十年亦豪
老杜無風雲出塞不夜月臨關水落魚龍夜山空鳥鼠秋無風
不夜魚龍鳥鼠四者非無此地名而注杜者據此以為說則
失之太鑿矣

真閣席上遇鍾伯敬談詩不合舊拳擊之鍾問為誰彭曰我
西邑公子鍾譏諭也邱海石丁野鶴生平友善一日論文不合
嫚罵不已邱拔壁上劍逐丁丁急上馬逸去關西李天生與
毛西河辯古韻不相下大怒始而訶喝繼加拳勇氣上炎
有不可遏如此吾鄉林霽甫先生承霙醞謹君子也司鐸武

乎丁巳歲紅寇犯邑死難有詩云文人惡習慣相輕竟为語言決睚背不覌元白互切磋千里書中商隻字足見其文人之和易矣

韻有音同義異者不妨重用如民勞詩一篇兩用休字是也至義異而重用者雖大家集中有然究不足以为訓李夢陽送徐子將適湖南湘一篇用二麟字宜乎識者誚之杜老八仙歌韻亦重押天麟禁醉遂謂乎韻可重若或平或仄韻則不可矣滄浪訊其陋良是

歐陽文忠詩焚香礼進士瞋目待明經朱東萊文集亦載此二語瞋目作徹幕或謂本是瞋目東萊門人諱之改為徹幕洗存

中筆談唐制貢院試進士日設香案於階前主司与举人对拜所居設位供帳甚盛有司具茶湯飲漿至試经生則悉徹帳幕毡席之類亦無茶湯渴則飲硯水人人皆黔其吻非故欲困之乃防氈幕及供應人私傳所試经義也有據此当以徹幕为是有人贈陳卧詩徵君豈有遺瞋目志瞋目志士從無負盛學

李安溪云用兵如下棋然低棋貪殺又要多殺国手只要自己不敢到贏人一着亦是贏何須在多閩县黄于岐孝廉鳴西詠奕本之云莫道輸贏惟一着從来国手不貪心侯官何世星布衣希亦云請看国手楸枰裡勝負惟于一着爭

○七

娶婦有看新娘之俗，謂之鬧房。抱朴子疾謬云：俗間有戲婦之法，於稠衆之中、親屬之前，問以醜言，責以慢対，其為鄙黷不可忍論。據此則晉世已有是風。福州新娶之夕，無論遠近，何人皆得覌看新娘，評隲妍醜，淫媟其詞，誠為宜革之悪習。前宦甚家以此致訟，幾至緇白不分，頼鄰人具詞覆訊始晰。官中緣此出示，發禁此風，当必稍戢矣。閩县王尗蘭茂才道徵有詩諷之云：花烛喧遝夜未央，洞房挨踵看新娘。就中不少衣冠子，也雜人羣醜語揚。

○走

語言貴有來歷，三百篇則若不用典者，然如有狐綏綏，塗山歌也，鄘風齊風兩用之；有鳴倉庚，夏小正語也，豳風用之；彼狡童兮

不与我言兮箕子歌也郑风用之大如沔彼流水朝宗于海
用禹貢燎之方揚甯或滅之用盤庚罔敷求先王克共明刑
用康誥畧牽此数者足为用事之証意者三百篇字無一字
無来歷以緣其所用之書存者無幾难於遍攷耳究之用事
最难善用者若五金在炉鎔化無迹不善用者成为鈔胥而
自鑿不汩沒其性灵耶閩县林滄海孝廉星海云通明好养
灵臺地莫把丹鉛着力填正謂此也

明上海董傳策給諫以忤分宜搒掠幾死緣地震謫戍海甯後
以杖殺二僕为众僕刺死似此殘殺之人宜不肯为綺語矣
然如湘江曲云江頭水声起郎帆復何許风波今有無君聽

○小鷓鴣舟出湘江道那似家鄉好郎好胡不归高堂怀授衣湘水清且緑濯纓还濯足郎鮮唱吴歌住少行路多行人頭早白勸郎休多作客郎未会儂言休增山上猿芊麗不減温李吾鄉陳頌蘭侍御以効时相直声聞天下及归田持己接物悉本端厥而亦工於側体古意云潮来郎不来江水空復涨潮去郎亦去江雲还自陰雲遮失郎面水落隨郎心郎心知何許枉向洲上尋柴門開復合明月誰抱衲夜々两相無猜相親傍綉榻徘徊明月光莫便愁空房但嗁有情月照儂須照郎風調頗与董邑足見百鍊剛乃能化为繞指柔也

詩人多以夷齊比竹黄山谷種竹云程嬰杵臼立孤難伯夷叔

七

斉食薇瘦曾时敢双竹云夷斉同叹高节在皇[illegible][illegible]泣遗恨淼不如鄭六亭廣文兼才題友竹軒云雨宜君子旧風是圣人清暗用伯夷工妙無匹六亭閩县人嘉慶解元：

世以名人詩句为口頭俗語者在家貧亦好戎昱詩日出事还生武元衡被刺前夜詩忍爭敵灾星司空圖詩真箇有天没日頭宋神童詩人生何処不相逢宋人訊丁謂詩犹恐相逢是梦中晏叔原詩晚飯少吃口活到九十九古楽府三叟詩十指有長短痛惜皆相似曹植詩此处不留人自有留人处陳後主詩待他心肯日是我運通时唐太宗詩难将一人手掩得天下目曹鄴詠李斯詩一朝權在手便把令来行崔戎

酒籌詩易求無價宝难得有情郎女冠魚元矶詩黄巢無客
店今夜宿誰家唐人逸詩但知行好事莫要問前程馮道詩
但存方寸地留与子孫耕宗賀仙翁詩白日莫閑过青春不
再来林寬詩久旱逢甘雨他鄉遇故知洞房花烛夜金榜題
名时容斉隨筆載为宋人詩世乱奴欺主时衰鬼弄人海枯
終見底人死不知心牟世尽從愁裡过誰人肯向死生休百
些有涯頭上雪万般無染耳边風皆杜荀鶴詩今朝有酒今
朝醉明日無钱明日愁採得百花成蜜後一生辛苦为誰甜
皆罗隐詩相逢尽道休官好林下何曾見一人僧灵徹詩閑
門不嘗窗前月分付梅花自主張陳隨隐述其[illegible][illegible]詩大風

吹倒梧桐樹自有旁人說短長宋人訕趙師睪欲附韓胄侂祠
堂詩命中若有終須有到底無時不奈何任大中詩一本首
登龍虎榜十年身到凤皇池帳唐卿詩兒孫自有兒孫福莫
为兒孫作馬牛徐守信詩此去全憑三寸舌再来不值一文
錢帳叔仁送謝疊山入燕詩善惡到頭終有報只爭来早与
来遲螢雪叢說載为宋人詩是非只为多開口煩惱都因自強出頭
家掃去門前雪休管他人瓦上霜皆事林廣記所載宋人詩
痴漢每騎駿馬走巧妻常伴拙夫眠謝在杭詩將酒勸醉人無
惡意借花献佛有真情趙雲松詩
琵琶行楓葉荻花秋瑟〻瑟〻犹搣〻楊用修云楓葉紅荻花

白映秋色碧也碧瑟〻珍宝名其色碧故以瑟〻影齒勢字遂

引暮江曲一道残道陽照水中半江瑟〻半〻紅敷記之强欲

牽合甚屬無謂

〇又

閩县葛心如副貢克綏設館里門有貧家童子垠齡日竊館

門聽講心如奇之資以膏火而授業焉逾年遂遊庠惜哉夭

冠而殀心如有句云不遇陶淵明烏知顏色好昔日疎籬一处

斜陽一枯榮萃其獎拔有人也又云誰遣前身種慧根從来

造物不堪論董童烏不祿蒼舒殀蘭蕙何当長華閱潭其門

祚衰薄也皆言之慨然

〇又

閩秀洪蘭士 龍徵 閩县孝廉許梅生継室少失恃依体詩母外

王母病割肱肉和藥進之不效思割肝再進不果[illegible]背創數
月始合十五[illegible]外篤好靜修嫁人非其得已及嫁而婿復猜
刻輒以酒食責蘭士蘭士力勸置妾遂長齋繡佛無何卒鬱
々死蘇同邑鄭蘇年進士光策与其父为樂交蘭士病篤往視
对郑口占云高年祖母衰年父忍割哀腸哭少年郑为之愴
然归而成詩云孽緣似債填将滿薄命如花護竟难蘭士聞
之諷誦至数千遍遂述蘭士詩有效顰集其謝蘇年伯弔遺
蘭花云叢朶名花惠意深膽瓶高貯避炎侵愛花也似憐兒
女障雨迎風苦費心罗衫云一領罗衣蓬[illegible]蔡開箱檢点揩
消竟那堪着向西風立新泪痕添旧泪痕残漏云[illegible][illegible]残漏

月光斜幽恨何堪嘆落花一語語来心痛絶白頭親夢在天涯皆極清婉

古人雪詩佳者惟老杜之燭斜初近見舟重竟無聞为得題神他若看来看来天地不知曉飛入園林揔是春祇是豪語未足以称妙品斜侵潘岳鬓横上馬切良眉切白而不切雪天上長留滕六住人中会有萬々来虽典切而乏性灵近人何也星布衣云樓臺全森有月天地浩無声隴畔梅何處橋頭水不朱不着一字盡得風流其斯之謂与

鼓山僧神晏喝水倒流事之妄誕可無庸辨刘次庄司馬云台聞圣人語水性本就下如何懾佛力乃逆天地化機特起神

禹道之归石鏄丹乃著號吾友湘南徐篠亭鈞云暑齋一唱便回頭不逐狂瀾向下流世上回頭人独少長留此水日悠悠語旦警世不徒以超妙为工

壬戌秋余旦漸之龍泉有同逆旅者魏甚温文詢冷之云冷姓名向春字旭村京江人避冦將往閩中康熙間处士冷又湄先生士嵋乃遠祖也隨出近作数首示余中有松江夜感云一自季鷹归隐後鲈魚不復許人思为之擊節遂与定交而别適世得又湄先生江泠閣集讀之首有魏叔子序称其高怀絕俗所擬古詩歌多感慨寄託余观其近體律亦多佳句可摘五言如采石矶云塹江山作岸吞海石成樓送許道國

[illegible]

之関中云驛盤荒隴去河出斷山来登安陸城楼云楚山横
戍斷漳水抱城流横雲閣云潮平三湘白殘江九峯青大孤
山云天寒五老瘦日落九江流廬山開先寺云潭水寒栖月
幽岩夜宿雲万安道中云乱山迷去驛衰柳帶孤村南湖僧
舍贈遠上人云夜禪当月静春梵隔花遲金山寺云夜潮京
口月春樹廣陵波登皖城楼云地濶天兼遠江空樹独浮清
風亭云地断分揚子山回接石頭七言如望嶽云水合五陵
通汴洛山連三輔接河洮遊栖霞贈雲上人云雨散山川雲
外出天清楼閣鏡中開登徐州城楼云樹外秋陰生大陸天
迹落日見中原登穹窿山云万井暮烟連樹動一帆晴日与

田左小尚微祖爰[illegible]
匠庵義[illegible]氏[illegible]
首平平[illegible]
人情我尽知户解[illegible]
秋[illegible]宜[illegible]不犹便[illegible]
[illegible]
防[illegible]有[illegible]
[illegible]
[illegible]
[illegible]
民[illegible]

天浮笪在辛亟松子閣奇之云白石未寒前日梦青山犹識
旧时顏焦山留别鉄上人云烹泉夜汲到門水展卷晨看隔
岸山皆極壮濶又五絶如登楼云秋色晚蒼蒼高楼対夕陽
故国千万里愁殺暮雲長述金陵旧内云舞袖冷春風花飛
故国空可憐荒草戍昨日上陽宮考槃谷云白日春山空山
空應山响鳥啼深磵中花落青苔上蒹葭汀云九月蒹葭蒼
白雪汀州幾秋水浸蘆花紫門冷霜月七絶如漢宮秋月云
明月光悬玉鏡看玉人愁倚玉闌干六宮今夜秋如水独有
長門殿裡寒漢宮秋怨云宝鴨香銷蠟炬殘秦樓氷簟梦初
回夜涼宮漏清如水傳得昭陽笑語来春宮詞云紫[illegible]愁来

独倚粧奩闌深处立垂楊重門一閉無消息惟有宫黄苑墻过故靳相公宅云昔日城南韋杜家而今紅莫付啼鴉斷垣壁荒斜陽裡落尽前朝一樹花從軍行云芦笳吹曲向臨洮楊柳归心折大刀四十万人回首处賀蘭山外月輪高訪盛宜山鴛湖云蒹葭門巷絶塵埃茅屋蕭條晝不開寄語阿僮須放鶴故人今日抱琴来送張仲越云二月南徐水滿陂江烟漠漠草离离不知此別情多少折尽垂楊一万枝音响空泠益復悠揚不尽殆合右丞龍標为一手

李義山詠武侯云管樂有才真不忝關張無命欲何如從閑張勘出天意至为精当嘉定書習菴太史仁虎涿州謁張桓侯

廟云国士有凤終定蜀鄉侯無命未吞吳用備武侯爲襯託尤有色有声古今詠桓侯詩傳者甚少閩县林梅甫司馬靖光云生前漢賊难完胆死後巴人益畏威亦切林時知涿州侯即州人廟在城西十里。

壬戌七月余自浦南將赴松陽曾鎮師行营適遇林庠友林子隅直时以浙江候補知府在慶制軍大营辦理文案臨别贈詩云可憐水剩山残地絶代飄零見此才自古書生多入幕祇今賢子竟登臺万峯竹柏增行巻百種牢騷付酒杯我正倦遊君欲去始知吾道未蕭條音响雄渾語意深厚激切子隅卽隨其尊甫湘帆先生任所垂二十年所至名區輒多慷慨

蒼涼之作前兩載已刊其所著壯怀堂集僅記其衛擲怀古
云雄關百堞崎嵯峨宝殿瓊樓近若何西向雲山趨上党南
来天地倒黄河蘇門夜月孫登嘯緱子秋風漢武歌嘆息殷
都留古郘五陵沙草雁声多洵黄鍾大吕也

七

長楽謝枚如副貢章鋌詩有英氣其过葉文忠墓云不死能为
名士福有容真得大臣風極雄切梦刘邑川云他生有約为
兄弟薄俗無財孰主賓真傷心滴泪之語枚如尤精詞孝著
有詞話十数巻未刊尝与钱塘高雲樵思斉同里宋巳舟謙
刘寿之三才刘賛軒勷結聚紅榭詞会而枚如寔为弁冕如
垓下調寄大江東去云中原逐鹿莫一刘一項一龍一乕[illegible]

也竟騎功狗去佯也倉皇如鼠子弟八千幾声吹散天意偏
亡汝鴻門利劍当时可惜空舞自是崛强男兒烏騅不逝青
与韓彭伍便返江東何面目忍作偏安之祖究竟兩家定陶
陔下一樣歌声苦河山已矣美人竟化塵土虽本前人詩語
脱出而其曉节洪音自足以入関西鉄綽板也
少陵还襄陽卒於岳陽旅寓世傳客耒陽啖牛炙白酒而卒江
漲漂沒其尸者妄也太白卒於当塗李陽冰家葬謝家青山
捉月騎鯨之説亦妄子美應共寃魂語投詩寄汨罗乃云自
之會寃甚於屈子君过汨罗当有詩告之耳水深波浪濶無
使蛟龍得乃云世途多險無復輕蹈之耳俗解竟謂子詩皆

悼白之遺溺矣啚弗玩其上文全非弔死語氣耶宋人云千古
文章推李杜可憐魚腹兩詩人柳何究哉 •
擊鉢吟集为福州諸老春明会課之作體皆七絶而佳者正復〻
不少虽屬前輩唾餘亦足以徵一时風雅之盛今畧存其梗
槩非有所去取也李蘭屛比部彥彬厓山云窮海蒼茫夕照
低慈元殿下草萋〻遺民腸斷厓門月吉貝花飛杜宇啼楊
雪椒光禄慶琛湘妃祠云桂旗影動碧雲天湘月湘烟摠可
憐瑶瑟無声湖水静君山青到廟門前林湘帆廉訪阿房宮
云緑雲如鬟水如油風月秦宮惣艶遊齊祝君王千万寿不
知人世有沙邨何左卿太守大経昭容選詩云手持玉尺眼

披沙朱墨金箋擁絳紗三百懸恩名進士一齊頫首上陽花
林說樵大令　藩題板桥雜記云煞眼鶯花六代愁笙歌水閣
記前遊蕭〻満地皺見菜何处春風十四楼李古陶大令　賡
竟蟂磯庙云盤空鳥道隔巴西白帝城孤望眼迷千古黃陵
同一泪鷓鴣啼後子規啼郭古樵司馬彬　啚盤古生日詞云
混沌乾坤尚未開兩仪早已託胚胎人間漫自論修短十二
万年君復来謝秋樵大令　玉漢春梦婆云蘇豈詩案埋冤久
磨蝎身宮避謗难指点先生春梦醒眼前儋耳即邯鄲曾亦
庐大令　元澄鉄崖鉄笛云七客寮中結壯遊商声吹裂地天
秋等閑莫作梅花看中有江南老妇愁皆覓絃外流音

陳后山李文於南豐李詩於山谷而辦香独礼南豐不徒为李文設也蓋南豐力荐后山有史才乞自布衣召入史館命未下而南豐卒感恩知己莫此为甚故有妾薄命二章以自擬若李詩於山谷其寔未嘗心悦誠服也觀於人言我語勝黄語扶豎夜燎齊朝光之云自負豈在山谷下耶然后山規模狭隘寔遜山谷陳去非謂其詩不可不讀任淵譬以曹溪禪不犯正位皆过情之論

演義無非杜撰惟三国演義十有七八为寔且其詞粗淺易於感人閲者無論智愚賢不肖咸知尊蜀而黜魏故該昭烈盛时之事罔不色飛眉舞及至白帝託孤陰平失險有为之流

七

涕者此亦三代直道尚在人心之一驗也余於唐人可憐蜀故妓来舞魏宮前最不喜讀近閱唐靖元宸輝永安宮云村鼓逢〻春社集花竿女巫歌亦竟愴神之詩疥壁周屬可厭然亦偶有佳者曩見西湖宛在堂壁上一首云木蘭舟恐綺罗叢十里荷花五里風金风不来春燕老閒蹤寥落水晶宮頗有流逸之致怡山長慶寺旧悬詩板两大面中皆達官之筆蓋寒士所題寺僧旋即拭去之矣日者至至寺見板中一詩墨瀋犹淋誦之云深院無声满落花閒房半与绿苔遮我来不怪山僧野目送梅梢当喫茶玩其詩境何等岑寂直为到寺無僧歘迎覓一杯茗而不可得者則其人

非顯宦可知欲求此詩久列板中得耶幸我不前不後適獲
見此好詩也

馬嵬詩咸推鄭畋為絕然彼以唐人詠唐事理宜為尊者諱稍
涉輕薄不得君詠之於吳代則何妨直下貶詞崇慶何希顏
明亂云一自紅塵赶荔支遠山也孝畫蛾眉勸君莫唱淋鈴
曲多少夫妻別此時從大駕着墨不徒以調笑為工吾鄉林
文忠公云六軍何事駐征驂妾為君王死亦甘抛却蛾眉安
社稷人間從此重生男巧為文飾自得溫厚之遺饒藹士布
衣　錫穀云宛轉貴人下玉車三郎情泪隕如沙而今罗襪归
何处空村棠梨一樹花語特輕婉有情

有医士詠雪云昨夜北風寒天公大吐痰一輪紅日出正是化痰丸語虽可笑然費苦心其達官以其玉女唾偏風裡寄（去）珠娘泪最逼来多两句自謂得雪之神較諸医士語相如幾何犀牛居鮮顚載縮大使云誰扼鵞毛空处撏玉皇大帝責私鹽一人亦足以噴飯也。

春聯識謂始於明太祖然唐末已有之辛寅歷尝为孟昶書桃符云新年納餘慶佳节号長春趙子昂亦为元世祖書應門聯云日月光天德山河壮帝居（二語本陳后主句）本朝無家不有多書聖恩天廣大文治日精華此聯乃本世廟賜張廷玉者 宸翰作天恩春浩蕩文治日光華

宋人無才何以酬明主合挂臣冠返故山凡居顯要者三復斯
言安有固位覆轍之嘲陸抗拜侍中謂人曰以我為三公天
下無人鄭棨聞拜相曰鄭五作相天下無人二子真知度德
量力者余又嘗論巢父許由不肯受堯禪卞隨務光不肯受
湯舜禪彼非無利天下之心而寔無治天下之具後世推癸子
紫陽朱夫子[illegible]亦嘗太高也
陵為得巢許隨光之精孫人鈞功名不敢而至高皇帝文藏拙惟應守鈞
言皇[illegible]　寧命意正同
世人以景字訓慕其誤已久真文忠初字景元楼玫瑰問之答
曰以慕元德秀故曰景元玫瑰取毛詩高山仰止景行行止
注文以示公曰景明也詩人以明行對高山則景不可訓慕
為易希元某孝廉精堪輿術蕲介人贈句云研經真合師師

古游藝何妨景〻純景字亦誤用

白打本十八般武藝之一韋莊詩內官初試清明火上相閒分白打錢楊用修謂打錢戲名而王建詩寒食內人常白打庫中先散与金錢柳三復詩背裝金屈膝白打大廉斯事物紺珠氣毬兩人對踢為白打三人角踢為官場前人皆以白打為蹴踘用修打錢之說殊無所據

陳伯玉[illegible]武氏請立九廟誠唐室之罪人然其力掃陳隋靡音務歸雅正不為無功於詩教老杜陳拾遺故宅云位下曷足傷所貴者聖賢有才繼騷雅哲匠不並肩公生揚馬後名与日月懸終古立忠義感遇有遺篇余謂許以騷雅則可許以

忠義則不可陳秋坪司馬詠其讀書臺云六代淫哇盛公真大雅才千秋留感遇此日上高臺射水涌々去潼川滾ゝ来代興有李杜裒体已先裁只説其有功詩教最为得体

賦茲鄭漫谷太守母何太恭人名玉瑛字梅隣有疎影軒遺草玉簪花云本是姮娥物娟々不染塵天風廣寒急吹墜此花身最为時所傳誦句如与[illegible]話别云家餘健婦無黃口我愧連枝哭棠荆寄遠云儒者洛生原急務古人隨地有師資谷至情語

侯官王梅林太守賡宦蹟遍滇南所至皆有循声讀其留别平甸云棒檄能無負此官臨民何術使民安操刀敢説全生少

司牧先驅害馬难宦海涛心先自坦夷方凤俗政宜寬迂疎莫謂儒生拙撫字陽城力已殫足見治術之醕且驗叅術之茂矣嗣君雪軒中丞有齡以鹺尹起家大抚两浙不十年耳辛酉冬髮匪攻杭中丞激奮卒死守孤城水米不通者七十餘日諸粮俱尽至食人肉鞾皮其苦有甚於罗雀掘鼠者卒以外援不至力竭殉生於凤山門楼上今已賜謚壯愍並予謚吁高岡寔生松栢不於此徵之乎

梅林太守有女名瓊瑛字琴史曾星斋民部光斗之配尝從太守宦滇因名其集为万里遊草如題太守松柏長青啚云老幹凌雲垂蔭遠绿陰覆尽往来人氣象宏潤金陵夜泊六楊

柳晚雨沽酒店桃花春雨釣魚船亦大雅不羣

又

朱竹垞君看蘇子卿豈絶李騫期为吾閩陳省斎太史梦雷事而發也蠟丸之事在省斎意謂李安溪誼屑同年無不可託及其遭朝訊亦必一言引手詎知概不之任耶此事後終得白乾隆二十九年詔許归骨塞外陳恭甫先生弔之云承事明詞客出蓬萊弱冠青袍陷賊哀盛憲还家空搆难江淹下獄独憐李九原良友誰無負絶塞荒骸詔許回白草黄沙苍冢在行人休擬李陵臺比例精当亦一时詩史也

又

钱塘梁啓心太史守存反遊仙云漫説先生有秘傳餐芝絶粒幾経年登仙真是尋常事雞犬由来亦上天瑶林瓊樹赴来

有玉宇雲楼望裡遙瀛上界不聞阿堵貴道合偏要煉黄金曾
侍朝正三殿來遥瞻旌節下蓬萊如何一片飛凫影也被人
間網得來回賺他刘阮是何人畢竟迷楼莫認真我是天台狂
道士羌龍多处急抽身擾蜉蝣奈若何寸田尺宅竟蹉跎
自從偷吃稽康髓只覓胸倪偏多怯破盡庸惑足扶文成少
君輩無可置詞侯官何寔齋太史西泰題列仙傳諷刺亦妙
詞云兒三度偷羌去归妹西行竊药来搗盡元霜三兩杵
争争知賊手是高才漫説仙家些月長春秋風雨劇凄凉瑶
臺不少知吹笙侶正向人間憶阮郎
七十
文應麟为信国從孫阮於東莞之東渚值些荒建望烟楼登眺

凡家無爨烟者即往賑之人稱烟樓下文氏乾隆時福清尊
蔚文廷 推廣文家居嵩口亦有望烟樓每晨眺望有斷烟者
即周之後遭怨家告訐幾罹重禍蒙 恩首釋孟瓶菴先生
贈詩[illegible]寢遊動隔路三千憶別同經二十年直欲投簪難握
手可堪攬鏡各憂華顛風波憂畏初無地雨露生成總信天話
到主恩高厚處看君喜極淚还漣葉氏善行上匹古賁彼
蒼當亦黙佑豈悪人所能陷害之耶

竹情齋詩話卷六

侯官何軒舉南霞輯

古人戒色詩如人言是牡丹佛言是花箭精神賣與粉骷髏却向人間覓秋石皆極警切張南山太守云天心本好生与以生生理陰陽兩相媾人世大都喜奈何萬歡娛不顧耗骨髓甚者如畋漁縱恣不知止傾国与亾身大半因女子天公本好生好生世人乃好死何如玩名花以花当彼美香国即柔鄉倍將老於此洵亦色界醒心鐸也前人刺色荒者云閻罗未尝召汝汝却自來張詩中所云天生公本好生世人乃求死即是此意

对耦不难於巧难在巧不傷雅前人奴爱才如蕭穎士婢知書〻

似郑康成草解忘憂々底事花名含笑々何人伶倫蚯日無
庚白奴僕当年有衛青山憶喜歡劳遠梦滩名惶恐滩孫臣
北望長思聞喜県南来怕入買愁村平生岂願乘肥馬臨老
須教遣瘦牛飲羔皆羨銷金帳問驛姑投打鉄山浮家樂泊
奔牛堰遠信因思回雁峯茶分鴻漸經中味菊愛邑蒙賦裡
香生涼好喚婦魚雜蘇佛□味宜稱橄欖仙露牙旧姓餘甘
氏破聽宜封不夜侯我解注經々注我人非磨墨々磨人岂
意青州六從事竟成烏有一先生等句俱已膾炙人口長洲
徐大臨太史草木尚生無患子男兒那作可憐虫海宵査漸
江布衣竹裡鳥呼泥滑々江南魚戲葉田々錢塘侯東个布

衣藕絲羞雪紅粧女竿餌鷺飛碧継翁長短黎媿曽参游未免有怀憐吾县不知何曲唱甘州建甯張亨甫孝廉清風五两归來步明月三分憶竹西亦皆無斧鑿痕

李仲翔鏡湖詩只因一夜歌聲噴春色教人恋到今囉嗩楼名陳後主所建淅妓刘采春嘗为此曲每歌閨妇行人聞之無不流涕元稹詩更有惱人腸断处選詞能唱望夫歌即囉嗩曲也

成化間福州長樂士人陳豐見梁壁二鼠化为二叟長五六寸对坐劇飲既而有二女子勸飲歌曰天地小如喉紅輪自吞吐多少世間人都被紅輪悞酒闌合为一鼠向陳拱揖而去〻

見邑志趙榜眼晋讀書烏石山夜聞女子歌曰世界窮中草

悠〻百年暮可惜錦綉郎竟被双南悮酷類前詩趙犧讖識

江南以賕敗詩殆其讖也

元段功繼室阿禚主詩吾家住在雁門深一片閒雲到滇海心

悬明月照青天青天不語今三載欲隨明月到蒼山誤我一

生踏裏彩（胡錦被名）吐嚕吐嚕（華言可惜）阿段奴施宗施秀同奴歹雲

片波濤不見人押不芦花（起死回生乾）顏色改肉屏（駱背）駝独坐細

思量西山鐵立（蒙古謂松）霜瀟洒篇中雜以胡語古色古音兼而

有之若余靖使契丹云夜筵設還（豐盛也）侶拜洗（受賜）兩朝厥荷

（通好）情感勤（厚也）微臣雅魯（拜舞）祝若統（福祐）聖寿鉄擺（嵩高）俱可忒（無疆）

刁約使契丹云押宴移离畢（如中國執政官）看房賀跋支（如執衣防閤人）餞行三匹裂（小木罌）密賜十貔狸（形如鼠而大人以为珍羞）遼全用胡語祇足以備掌故不足言詩也

七〃徐存齋詠楊梅云君使太真知此味荔枝那得到長安李笠翁云太真何事無分別同姓猶指匿荔枝同一用意自有淺深之別

七〃張南山句荒墳月小妖狐拜破寺風多老佛愁詩境荒寒極王秋士野曠狐狸眠戰骨寺荒鼯鼠礼空王似覓勝之

七〃林石甫送人之九江云想君此去廬山道定有人爭瀑布詩自廬山雜記孟歸唐事歸唐瀑布詩云練色有窮处寒泉無尽〻

七

時鄭生亦得此句遂交爭之訟於江州各以全篇詩寂宗
而归唐为上後仕京師人猶指曰此訟詩生也按訟詩韓公
独有此朝野僉載国子祭酒辛宏智詩云君如河邊草逢春
心剩生妾如臺上鏡照得始分明同房李士張敬宗为改始字爲轉
遂爭此詩皆云我作乃下牒見博士罗道宗判云昔五字止定
表以理切稱奇今一言競奇取詞多为主詩归宏智轉敬宗
又君東谷贊言載華陽狂生与鄭翁誦梅花詩爭訟判往百
花潭上看守杜工部祠堂尤堪絕倒矣
拘儒每謂蔡文姬不應入列女傳不知列女傳猶之列傳非謂
節烈之烈也中郎为李漢第一聞人家藏典要兵火悯湮不

有文姬为之叙述何以資掌故此女大与國家関係可無傳耶林石甫云東京耆旧都零落三箧亡書賴一星尚合吾意沈归遇云文姬悲憤詩滅去脱卸轉接之痕若断若續不碎亦乱視胡笳十八拍似出二手宜范史取以入傳余疑其叙事平浅無東京渾厚之氣恐亦伪託後讀東坡題跋遂大了然於心坡題蔡題蔡女傳之二詩明白感慨頗類世傳木蘭詞東京無此格律建安七子猶涵養圭角不至發見況伯喈女乎又姬之流离必在父死之後董卓既誅伯喈乃遇害禍今此詩乃云为董卓所駆虜入胡尤知其非真也蓋擬作者踈畧而范氏荒浅遂載之本傳也

七

黄莘田先生詩一行朱字認归舟不信天迹有蹇修为寂寞系户二男至今裙带缚嬰儀用逸史載户二男拜柳氏魂魁奏生事按嬰儀入梦事仙傳拾遺亦載薛肇捌陸長源女見嵩岑皆以為未婚之妻作妓侑酒殊悪作劇

八

閨秀宋連娟杭籍而寓閩者静好能詩嫁夫甫月夫託訪親肇下数年杳無音耗妇鄰自稱归者道其喪馬翩翩在冶遊隊与雛姬狎笑近且贅一顯宦家矣妇聞之恬然余於卅年前見妇兼方二十消奇今不知其存否也其詩健聞秋思一首云寒蛩如雨落階迹人在幽窗月在天半夜詩成思獨遠为翻十色薛涛箋薛涛箋即今之小箋有乃涛遺製有深紅粉紅

杏紅明黃深青淺青深綠淺綠銅綠淺雲等色韓浦詩十樣蠻牋出益州是也

年大將軍題楊紫崖小照云魑魅隨身都等閒肩挑龍虎亦悠然只他邊劍超凡骨不煉金丹也是仙跋扈之氣已露於言表又詠雪云披衣獨立北風夜如駕白龍飛上天此與張元戰破玉龍三百万敗鱗殘甲滿天飛同一桀驁

王子敬和雅蘊藉綽有父風獨以貪尚貴主竟休郗氏之樹論薄之楊蓉裳題桃葉渡江圖云小艇明波入畫圖過江屋調數官奴三生自翊情緣重記得郗家阿姊無一下語增[illegible]足以為棄家難而貪野鶩者戒

宋馬子才詠漢文帝云可憐一覺登天夢不夢商巖夢宓宮宗本玉溪可憐夜半虛前席不問蒼生問鬼神吳尊萊詠子𠀋云如何税駕芝田後不夢君王夢洛神格調亦同而尤無𥝢趣

東坡詠張翰云不須更說知幾早只為鱸魚也自賢較諸王贊因想季鷹当日事归来未必为鱸魚立論自高前人又有不須更說鱸魚美但飲松江水亦肥秋風未起先归去不为鱸魚要弃官亦皆刻意求深語李仲翔只緣近日归官少争性鱸魚水裡多亦妙究皆不如東坡之和靄易近情

明潘子彥忠知仙遊邑一日謁郡守守稱之曰仙遊風俗宜無俗

吏業師鍾桐門先生本之贈仙遊一友云塵身合與仙遊伍不受紅塵半点侵切極

桐門師寄友云長安往古康稱周道只見行人失足多意極深微

梁並鄰中丞云地之於車莫仁於羊腸而莫不仁於康衢水之於舟莫仁於瞿塘而莫不仁於瀾溪戒險則全玩平則覆也正同此旨皆閱歷有得之言

陸次雲宋詩選本有趙普雪中駕幸微庐恭紀五排一首備述之神威殿地軸御指落天風房太鴻宋詩紀事疑其殷字一宣祖庙諱普不應犯然則是詩為偽耶按史載太宗數幸普第普令妻出拜帝呼為嫂今梨园之演普訪普一劇乃[illegible]

事特詩〻真偽不可知耳

七

五人墓事於今为烈武進程叔魚大倫有賣蔗童子歌叟为五人後劝録其序云天啓間姑蘇顔佩韋等擊殺鸡尉其日⺀陰李侍御應昇亦就逮常郡西察院開讀時士民聚觀者数万有髮垂肩男子十数輩各挟短棍入院大呼殺魏忠賢校尉士民從之歷声震天諸尉踉蹌越墻走匿一賣蔗童子十餘歲拊髀曰我恨極殺我江南無數好人遂拉一肥尉斧蔗刀劃其片肉鄭衛前狗咬之時太守曾櫻添縫其事故童子（一童躍出蔗刀斧一刀一片校尉一片肉入狗肚蘇州市上人踴躍可憐周劉鳥巡撫竟声勉俱斥）姓名逸不傳緣湘並亦有賣蔗童子歌後云一隊寬悍如虎一群校尉慌如鼠

七

唐人琵琶不数郑中丞中丞唐宫官名文宗朝有郑中丞善琵

琵陳厚甫太史鍾麟明宮詞云沈家給事秀才調筆春庭詠絮來明宮官有給事中孝宗时給事中沈氏以作守宮論著名今中丞給事中皆为男官矣

七

頳庭年於竹林七子但詠五君不入山王以山王（錚）營（皦皦之）於利祿也然二子猶可阮嗣宗口怀此而心媚灶竟与叔夜齊名不平孰甚前人題七賢畫云勸進何人筆哆哆阮籍狂吾終怀叔夜人且薄山王十八學士皆與朝人傑而独有譓詡之許敬宗有人以畫像鬻於市中只十七人久而弗售士過之見云袞袞與唐宋鉅公豈容宵小浪濳踪畫師下筆如南董不畫当年許敬宗由是價昂數倍

前人梦筆驛云一宵短梦驚流俗千載高風播里閭遂使晚生矜此意高眠不讀一行書邯鄲道云四十年来公与庚縱去是梦也風流我今落魄邯鄲道要与先生借枕頭二詩皆[illegible]呆寫法特見語妙

有人以毛西河与朱子同时曰二公扶有何隙每事齟齬若此又有人誤認元遺山为元稹錢牧齋为錢起乾隆时磨勘諸生策藝有称唐之王阮亭宋之白樂天皆可笑之甚

浦城祖舫齋司冦之望善剖疑獄多所平反戊午春邑攖櫰磨之慘而祖宅歸然独存子姓之罹禍者亦少謂非仁厚之报欤司冦有皆山草堂詩稿語皆質是不少雕鐫齋[illegible]公祠云

汝南丞相有祠堂手種松雲百尺蒼地是当年申[illegible]国負太处士午桥莊祇因社鼠貂珰貴錯恨池鼃繡尾長文視勛名同敝帚不妨碑戴段文昌氣息渾完允为此題合作句如山根隨樹轉雲影逐江翻樹高疑雨鬧天濶看雲忙眠前野水多於地到处青山半似城游魚避日吞花影野犬穿籬吠竹声野草燒痕紅日澹乱山雨氣白雲多亦皆朴老

七

漢陽漢川黃州嘉魚江夏皆有赤壁或謂惟嘉魚赤壁乃周郎破曹操处蘇子瞻以为黃州赤壁者誤黃州乃赤鼻山非壁也按杜牧齐安晚秋詩可憐赤壁争雄渡惟有蓑翁坐釣魚則在唐前此已有謂黃州赤壁者蓋当时舳艫千里旌旗蔽空

江漢間皆属戰争之地凡山之被焚者皆名赤壁何独于其
一处至如壁奠乃同音之訛更無足辨祖舫為司寇有赤壁磯
長古一篇亦指黄州而言中兼叙及赤嶋之亭肇力渾警
追坡老詩云昔我黄州回赤壁翻空天倒開今我黄州乘石
矶水落山崔嵬津亭船多难徑渡江風留客江嗟住斉安太
守为開樽一杯滿泛郢川樹三巴五湖几案間看尽江南江
北山麼曲飛觴紅日暮使我対此開心顔雪堂旧是東坡宅
献酬不辨誰主客野梅十枝五枝花修竹千竿万竿碧更假
双屐登虬邑醉影戯侮馮夷宮恍惚身輕生羽翼夜半飄牵
来江東当年從遊二三子古生潘郭依稀是不知[illegible]人吹洞

箫毋乃西州楊道士買田築室亦偶然峥嶸千載斷姓字代後來好事流以訛强名赤嶼山灵訶祇今州南四百三十步但見曰浪堆青螺噫嘻熈豐之世多秕政王章变法專朝柄慷慨独上万言書当亡流涕时相病鍾山落寞雷州穷先生畢竟人中岂儒林仙佛难位置餘事犹足当文雄如此江山信可樂不有賁豪終蕭索檣帆簫鼓接雲烟空尋遊只墮寥廓峨眉蒼岷水長先生高風不可望

凡題之小者無怪其語之纖然纖不傷弱方为佳構归安葉禪太史紹本簾鈎四詠綺丽芊綿妙不流於柔滑詩云珠箔光搖繡户間曲瓊懸处正当関玳筵酒煖珊瑚挂綺閣香消

翡翠攀十里揚州花半樓一重吴苑月初弯美人睡起心情
倦手綰蝦鬚待燕还消息瓊幃阻褰修銀环一寸總關愁檯
將秋水推珠綱釣起春情满画楼精彩勾留客着眼为誰擡
望殺回頭章江〻上憑高眺絡索声中暮雨收依約粧臺妖
見錦絨搖漾画屏深風廻聽戛玲瓏玉月射同明了鳥金影
落方池魚空怯閒敲書檻鷺初沈虛窗正展瑶箋碧新樣憑
將蚕尾臨只合乖〻傍綺寮芙蓉閣煖鎖春宵探来可許藏
紅袖行去生憎礙翠翹漢殿人披金屋曙隋宫梦断彩楼遥
麟毫約処重臺曉青鳥書回仔細邀太史曾督閩孝制阿雨窓
制軍林保为序其曰鶴山房集吞五七古尤風骨遒勁如倠

翩啜空万响俱啞讀之但覺琳琅滿紙美不勝收也

詩有體極散漫而能布置停匀者非大手筆不能辨欽州馮魚山比部敏昌題唐子畏摹趙文敏畫馬九十三匹中云一人前進韋二足二足肩隨五足。立中間五足來堂々吏有黃馬当中出此馬顧步何安舒不落羣後不爭馳奚官給頭初試步似待使君留駕車復有四足行少後更有廿足馳且驟一足滾塵五共槽一足声鳴鵝鸛高四足回顧一足望未免忽留芻豆上怒者三足蹄齧驚喜者四足交嘶鳴九足不喜亦怒行眠坐起循其故向前相隨十四馬八駿之儔六駿亞最後五足來何遲五花一足雄殿之就中駒兒數有七毛骨成

立定逐日疏密相間叙次有神未可以算博士目之北部有
集名小罗浮草堂稿
戲馬臺不独項羽有之山東新城有斉桓戲馬臺祖舫斎詞
宵戚墓云康浪水自流白石爛如故君看戲馬臺誰問桓威
墓不及飯牛墳落之青松樹按飯牛歌康郎之水今誤为滄
浪康浪水在臨淄正近飯牛之处与滄浪何涉
垠茂先励志詩蒲卢縈繳神感飛禽李善注蒲卢即蒲且汲冢
書蒲且子見双鳥过之其不被弋者亦下故言感也韓冬郎
詩案頭筠頭曾長蒲卢此蒲卢为虫名尔雅釋虫蜾蠃蒲卢注
即細腰蜂然不止此也夏小正元雉入於淮为蜃注蜃者蒲

卢也解顾新語錄之細腰者曰蒲卢合之中庸蒲卢朱子取
沈存中蒲葦之説蓋有五蒲卢矣

林青圃先生云处世惟求一藝成橐駝種樹也知名腸肥腦满
膏粱子宋々無聞过一生（真是游手少年警心至語）徐披香云賣漿賣菜都成業为妓
为僧也得名即此意

鄭文華云一貧未必飢寒死百病都由飽煖生趙澥堂云無病
總知行樂易太貧自覔受恩难皆見道之言

陳寿父为武侯所髡而不敢毀武侯集曹操殺孔北海而其
丕独爱融製作蔡京禁蘇黄文字其子絛議論専以蘇黄为
主趙挺之恶党人其子明誠撰金石録遇蘇黄片紙隻字必

为收録藏可見是非之心人皆有之李贄皇不欲觀白香山文
字曰一見其文恐動愛才之心此老量何其隘也程月川中
丞含章嘗曰吾生平嫉惡如仇然於揚子雲之[illegible]元曾孟
之樂府王介甫之古文皆為之心折好善有誠固不以行污
並廢其言況遇才德相符之君子敢因私仇而不恤公論耶

詩有假託閨情以見意者朱餘慶送行卷於当軸附詩云洞房
昨夜然紅燭待曉堂前拜舅姑粧罷低声問夫壻畫眉深淺
入时無同流合汙自未免自損声價不如鄭板桥云桃花嫩汁
搗来鮮染得幽閨小樣箋欲寄情人羞自嫁將詩燒入博山
炉一切貪緣干進之心泯滅俱尽何等身分

乩詩多病惝怳迷离然有音調極淒清者記得數首録云柳条
金嫩不勝鴉青粉墻頭道蘊家燕子未来春宋〻小窗和雨
梦梨花屈曲闌干月半規藕花香淺水漪〻分明一夜文姬
梦只有青團扇子知碧林紅蘅縹緲香冰絲弹月美新涼峯
峦向曉渾相似九处堪疑九斷腸楚峡雲娇宋玉愁月明溪
净銀印鈎襄王空最思前梦又抱霞衾土上翠楼青裙卸却下
瑶臺一卷琅函手自裁何事白雲封不住夜涼飛墜碧籠来
松門斜徑鎖烟霞旧是娇憨小凤家近日麻姑書信到青
遍埽石床花相思無路莫相思風裡楊花只片时惆悵深閨
独归去曉鶯啼斷緑楊枝

魯褒錢神論以晉惠時賄賂公行憤而为此也蔡毋民成公綏亦皆有此論檇李李棠梅詩平生未讀錢神論未觧錢神任那方徒向虚空三百拜威灵揔不离朱門又昔人詠錢云々堪使鬼原非謬無即呼兄亦不来养命何曾嫌尔臭美人畢竟有神司皆見作意閑且周蒼士廣文嘉璧云不拔一毫真守虜浪投万貫亦狂奴尤精切

望夫石詩自以王建望夫处江悠々一首为絶唱黄叔達誤为顧況作陳無已詩話亦踵其誤賀方回亭々思妇石下閲幾人代蕩子長不归山椒久相待微雲蔭髮彩初月輝蛾黛秋雨叠苔衣春風舞萝帶宛然姑射子矯首塵冥外陳迹遂無

窮佳期從莫再脫如魯秋氏妾結桑下愛玉質委泥沙悠悠復安在非不工緻究弗如仲初數語獨見高渾閩县何文舫大令鳴章云独上山巔化石頭不須望遠更登樓行人飄泊知何处只見空江日夜流亦清空之作

金壇閨秀湯椒盈有金风花一律可称空前絕後詩云寄跡蒼苔曲徑边芳菲已過艷陽天丹山有侶难生翼蓬島無名也号仙簫蒻曉風交甚後海棠秋月笑争妍若教飛上秦娥指别有清音促夜絃椒盈自号華疾女子为長與沈無咎室矣有蕉雲稿

鸚鵡念心經唐宮事也宏治中女李士沈瓊蓮斋一句鸚哥能

誦尚書無逸篇亦奇归安閨秀吴受竹明宮詞詠其事云茺艷排徊玉不如内家孝士拜新除芙蓉園殿鈎簾坐閒聽鸚哥誦尚書

葉丹穎㧑伯雁字二十首著名於时其配周皖湄映清二律亦其匹也録云秋風吹影落瀟湘乍似臨池更渺茫遠岸空江千万点淺雲微月十三行分明鳥跡摹飛白岂是雞碑搨硬黄万里蘇卿書未寄空傳五字怨河梁家雞野鶩忽成羣書破澄江白練裙誰識御芦来絶塞依然畫荻乱浮雲風前草草鶩行斷水面人人惜影分憐尔書空無限恨天涯何处吊湘君

丹顔方伯継配李蘭貞含章蘂香草中諸体清超雄秀当在際湄之上五律如万固寺云山寺不知路忽聞流水声溪随岩石轉塔与碧雲平古木上無際幽禽时一鳴松根堪小憩試汲石泉清望棰児不至云济南秋八月接汝数行書报説重陽日能廻上谷車已驚楓落後又到雪飛初何事归期誤臨風一倚閭皆一氣呵成七律如詠秦始皇云金虎宮中事可憐漫疑鶉首賜鈞天終令六国还三户空使諸生笑九泉車載轀輬山有兒舟行縹緲海無仙傷心万里長城在依旧扶蘇伏劍年陕州道中云車鈴响入暮烟中去路蒼茫接遠空官樹陰迷鴻雁月長河怒捲鯉魚風乱山積雪千層白古塔

燒灯六面紅吴地不堪愁思積萬家砧杵正匆匆七絶如讀
晉史之蛙鼓官私未是痴屠沽斤兩尽能知阿翁此座原無
恙只怕南風烈烈吹金谷園林化紫烟銅駝荆棘一凄然自
從七尺珊瑚碎引動秋風蓴菜船雷池一片冦氛淼越局勸
王豈患侵不是天門曾折翼惜陰何吴擊壺心裙屐風流宰
相功深源庚甫讓從容小児輩不能平賊高閣先應柬謝公
思俊响宏得不説為埽眉之傑女令儀字淑君有花南吟榭
草送琴柯弟之河中省親云不敢留行揖高堂望汝回全家
蒲阪陽孤棹秣陵開归梦入千里离愁酒一杯昨宵風雨悪
楼外雁声哀風韻酷似其母

平湖陸蘭垞女士素心徐熊飛孝廉之室居山和外云林雨齋新绿白雲飛滿庭松声千樹寂山色一楼青風渚多鮭菜銅坑有茯苓相將对泉石共讀羽人経嘉興道中云野芳一碧正芊綿三月江南春可憐垂柳空濛青有絮遠峯青峭淩無烟夕陽飛鳥乱归樹春水行船欲上天日暮長亭晚風急残紅如雨落尊前皆有逸致

燕京竹枝頗难着筆蓋首善之區語傷淫媟則失体語过板重而又不稱題近讀環石齋集中三十齋集中三十六首描寫軟紅風土穠纖得中節録之云冬至陽生百事諧太常開注供天齋万年天子來朝日新土先鋪御道街幰簾紙閣密封

遮趁魚眼惟留一寸紗盼得郎归怕下坑教和聲奶点芝麻搽
光庁〻動榆钱庭下楊花亦鮮綿欲上西山看西海明朝怕
是刮風天上元灯火密如星沸耳笙歌不耐聽惟有香車隊
〻入正陽門上卜門釘輕匀脂粉重膏香纖手盤鴉愛晚粧
夸得姑蘇新樣髻鬓迹还揀豆姑娘轎〻門外忽驚雷駟馬
高揚一丈灰二月黄花初出水天津州裡載鮮来布幃垂地
隐春風狭巷参差路不通指与児家来往处南沿東口小衚
衕得氣朝官若饅蒸南来名士類青蠅可憐投刺門前立闖
面長隨白不麐媒分生熟燒来吴水有鹹甜汲处殊逺日厨
娘身價賤盛筵團坐喫糊塗紫藤花下坐新凉懶自梳頭髻

淺粧沁透一枚氷梜子为郎親口过梅湯旅况寒灯一点背数杯南酒坐来醒含愁怕聽閑簫鼓夜半何来鴿子鈴打皷跳神々目瞪神来無事不逢迎嘉宾燕楽憑神福不許神前謝一声犇式分明是大儺従观礼意問如何春曺演舞年ゝ事解法犹云昔較多洗象閑門鼓吹过頽山恰復与填河須知水撃非児游戯試看来朝仗立峨

烏程素多詩僧最著者菁山常照寺蔭在有香谷集盛傳於坍夕霽云前山爽氣来草樹緑未歇雨後開軒窗愛此碧潭月潭水清若空月華澹如雪夕霽天無雲流光満簷缺烱ゝ若有待攬之不可得蕩漾碧玲瓏夜久空嘆息獨得韋柳之神

蔭在有徒名戒石詩亦波（清）遠錄其雨中吟云駕[illegible]書屋[illegible]楓紅向柔櫓綠笠青蓑衣欲問湘婉所指点烟中峦歷〻青可数孫自謙字申訪友云松桂故山深故人何処尋記空水思無着看雲心治路迷秋草到門啼暮禽欲留好將風雨声詩上秋江譜壬戌秋余過松陽途遇一僧名心能云是蔭在六世徒趙石字虫諸葉在岑神骨蕭瘦秀幼能不墜宗風者

德清蔡漫叟廣文環蕭細萬斋集中有偶成二十一首皆論

本朝詩家評隲精当不亞漁洋錄之以存風雅云北宋南施有定評荔裳不独氣縱横君看詔獄詩中意变雅何曾怨誹生殘照西風白下門非秋非柳意难論那知庾信江南賦黄竹青荷揔斷䰟吹亭詩筆氣輪囷慕古憐才有性真王李盟坛交誼薄一杯重奠盼山人遠戍烏[illegible]吳漢槎詩篇凄婉似悲笳由来傲物遭时忌莫江以東独秀夸鈍翁少作近三蘇

存風雅

老去吟成別辨香願作雲邑媲韓孟一時名目有王楊文齊
休々愛士誠詩篇瑰丽韻琮琤风毛鮮賦高軒過長爪通眉
太瘦生詩瓢酒醆送迎忙紅豆詞人大守堂莫向溪山惜残
梦官斎隨处賁黃梁鴻博交推国士名羨門詞氣最和平外
陽秋士滕王閣便是開元刘長卿范陸皮毛誤後賁正声已
斷雅琴絃狂瀾砥柱中流在四卷原詩内外篇宗初崑体豈
吟哦別調流傳漸近魔聾俗無人聽韶濩翻將正格試西河
冬々郎才調擅香匳琢句清華尚整齊讀到風懷二千字無將除
白璧惜陶潛論詩往々愛憎偏賴有青門辨古貣何李諸家
焰在騷壇無地列松圓文人自古愛幽鏤東野何妨[illegible]作囚

一派蘇門詩百態爭敎滄海更橫流秦郵湖聲苦吟[illegible]百藥
風流邁等倫十五人誇聲勞貴流傳文采更無人江山風月
少年游都下稱詩第一流名士青燐千古恨祇今誰記沈方
舟世情紛擾蒲塵寰利藪名場兩不閑惟有詞人最清曠年
年風月領溪山自古文章有本原都從載籍發根源若非便
腹能譚藝小子堂登堂四坐喧謝華啟秀要新裁旧樣真同旧井
灰織錦蘇孃心自解回文究轉又徘徊性灵書卷兩相須獨
發都於眺聽餘可惜閑門陳正字無迹風月不関渠垂名端
賴附青雲前輩風流愛士殷十載研都左思賦可無皇甫士
安文狂歌草澤困狐芦醮筆吟成只自娛何日書坊得陳[illegible]

肯將梨棗冩江湖按朱一首為漫叟言

七、归安姚改之徵君汝金病目云丹黃校業慵今日青白看人悔故吾語已入妙業師王瀛客先生步迎登場真覓空餘子掩卷惟應憶古人尤覓超逸过之

七、世爭有極傷心处而復極快心者不独虞姬殉項王绿珠殉石尉也張船山旧眤江南一妓名添春船山死添春方病聞信一慟而絕周南皐弔之云紅粉成灰不用悲傷心便是快心时今朝信有文殊劍一為佳人斷藕絲

七、程魚門却妓云花明野店春無主月黑秋林夜有灯評者謂其次句有小說氣烛達旦意蔣砺堂制軍攸銛鉨金云欸前非

白日頭上是青天愈覓暮夜無知之語真是病狂喪心者

冬日可愛夏日可畏乃杜預注中語初學記引為傳文非是少陵破浪南風正廻檣畏日斜愛日恩光蒙借貸清霜殺氣得憂虞畏日愛日入詩始此

東坡文字鬱律蛟蛇走鬱律神名見路史東坡用之但作奇古解按鬱律即鬱壘世俗桃符多書神荼鬱壘以能辟祟也風俗通黄帝時有神荼鬱壘兄弟二人常執葦索縛鬼飼虎東京賦亦云守以鬱壘神荼副焉括地圖以為二神一名鬱一名櫑而不言神荼高誘戰国策注又作余與鬱靁今人讀神荼鬱壘音皆如字不知其当音伸舒鬱律然俗音訛謬者不具

有此如朱提（殊時）隆慮（林閭）曲逆（去遇）惡池（呼沱）樂浪（[illegible]）休屠（朽儲）身毒（天竺）朝鮮（招仙）亢倉（庚桑）日磾（密低）酈食其（歷飢異）冒頓（墨咄）吐谷渾（突魂浴）之類往往不察古音迹相沿襲如字讀之何也

闗中謂美为盎齊后曰無盎言不美也施肩吾詩顛狂楚客哥成雪嫵媚吴娘笑是盎又盎为曲别名隋曲有疎勒盎昔昔盎唐曲有突厥盎阿鵲盎

庾信終南山詩山封五樹松陸贄禁中詩不羨五株封李商隠五松驛詩独下長亭念过秦五松不見見輿薪皆誤作松封大夫者五株按秦武王二年初置丞相爵五大夫第九始皇封松为五大夫即此漢爵犹有是名如曹參賜爵七大夫遷

五大夫是也今上虞有五大夫里必当时有封此爵者居之故名又考五大夫不特秦官乃为戰国所置廷襲其名趙策希冩見建信君建信君曰文信侯之於僕也甚無礼秦使人来仕僕官之丞相爵五大夫是趙亦有之吕覽荆文王爵莧譆为五大夫是楚亦有之

今人号八股文字为敲門磚言揣摩之熟如磚敲門無不應也韻鶴軒雜著有蘇州新樂府二十首皆刺时之作敲門磚云門中美富無不有棘闈不許奪而走進身許自入門来各取一磚持在手試問此磚何所为乃是之乎者也矣焉哉桂香宮殿高崔巍翰林奉士相徘徊奉人進士及第許天〃章司閣

敲不開敲不開敲不已刘賁悲孫山喜門中[illegible][illegible][illegible]屐[illegible]外将磚論滅否

唐韻成於孫緬字数四万二千三百八十三廣韻重修於陳彭年減唐韻一万六千一百八十九字孫唐人陳宋人釐然分为二書音論謂韻書見存於今者惟廣韻最古廣韻乃唐与宋初人遵用之書意所謂一東二冬三鍾者隋唐以前相傳之譜本於沈氏之作而小字注云独用同用則唐人之功令也盖合廣韻唐韻而为一其説大誤且通韻亦非始於唐佩觿引陆法言切韻序云欲廣文路自可清濁皆通若賞知音即欲輕重有別是隋时已有通韻之説

東坡贈陳季常云忽聽河東師子吼拄杖落手声茫然[illegible]常好
談禅而惧内故即以佛経語訊之也然讀方山子傳季常則
任侠者流其妻亦剃布自安者未尝言及其悍也殆贈詩無
妨肆意嘲謔而作傳宜諱之耶余謂惧内亦豪士之常要离
朱明古之大侠也一則聞妻呼声而起栗一則受妻大杖而
無辭於方山子者何独諱之黃魯直有与季常書云審柳夫
人時須医葯今已安平否公暮年来想漸求清凈之楽姬媵
無新進矣柳夫人比何所念以致疾耶又書云承諭老境法
当如此既不妨游観山水自可損藥石調護起居飲食而已
河東夫人亦能哀憐老大一任放不解事耶[illegible][illegible][illegible][illegible][illegible][illegible]

名流播已廣獅吼記傳奇之事殆不尽言[illegible]非
崇正進士黄九烟周星甲申後变名曰黄人字畧似号去非又
曰笑蒼道人又曰汰〻主人喜食鍋底飯人呼为鍋巴老爹
有詩自解云灶养幸無郎将号鍋巴猶得老爹名児童相笑
非無謂慚愧西山有此生本仙恨少休糧訣嚇鬼空多乾飯
身如此老爹應餓殺鍋巴敢望史雲塵隔江船尾琵琶金
帳窗知雪水茶新妇羹湯多得意老爹自合嚼鍋巴又有詩
云高山流水詩千軸明月清风酒一船借問阿誰堪作伴美
人才子与神仙年七十於五月五日痛飲赴水死其真与灵
均把臂去耶乌程董蔗圃樵聞蕉烟先生圃菴詩集敍浩〻

庚

西風吹布袍酒酣音吐撼秋濤峥嵘瘦骨悲凉句来[illegible]江湖老謝翱寥落官銜列逸民秋槐詩卷黯傷神標題都半埋名姓滅没芸暉畫裡人頗能得其神似

官何寔爲太史西泰為念修少司寇之子兩世通顯身後其子幾無以自存所著實爲詩稿中有論国朝閩詩絶句評隲精確系以小注尤足徵文献之所由来詞云清才誰似甌香老洗尽鉛華独老成妙筆一时兼兩絶未應書畫掩詩名許甌香先生友詩一品不落凡近書畫尤擅名一时一代才人張茂先滿頭霜雪語堪憐詩名籍甚滕王閣入洛争看美少年張先問遠詩于吾鄉先輩中足稱弁冕少年落魄京師題詩僧舍有霜雪滿頭吾不[illegible]人之句翰林某公見之大加擊賞載與[illegible]

盛名甲古蒼涼雁喉編思菴才調自翩々[illegible]作

種傷心總可憐葉思菴矯然有邑性堂集旁雁喉編其塞外諸作及樂府皆雄涨雅健晚节頹唐竟廃弃

終身古梅夲士老文豪健筆横秋格律高一例君家詩派好雪

山銀海寫秋涛謝古梅道承著小蘭陔集興趣溫李思老輩遺編嶽峙復

淵渟芸香三世清風在崇雅堂中見典型李菘林閩葉有崇雅堂集父子[illegible]生

世皆進士成五字沈吟詩品絕令人心折郭書禪微雲踈雨[illegible]秋

語不讓襄陽好句傳郭書禪雍之五言詩高齋十研老詩翁白陸詩篇

晚最工誰識庐山真面目漫將綺語鬥春紅黃莘田任詩出入香山劍南之閒

誰道粗豪林進士遺詩千首盡須刪君教裁別親風雅直与

崆峒伯仲間林松址豫吉詩多粗豪語为世口寔郑荔鄉作詩人小傳独不之及其佳处自不可没

堂

堂参政西楼集枚懺詞壇旧有名規矩高曾家李在虛潭樵

悴老諸生鄧蔚人以臨为明参政汝高後續李工詩名不甚顯書帶春深却掃斎康成

淹雅更誰齊鏤金錯采徐陵筆一代風騷入品題鄭荔鄉方坤著国

朝詩人小傳姜生好古廣搜求初刻蘭陔意未休地下若逢吳侍

御遺篇零落更誰収姜孝子天崇刻謝閣李小蘭陔集又得吳劍虹文焕詩將付梓適遭母喪之[illegible]殷

而辛太史又有猛虎行一篇字ゝ沈着为墨吏警心動魄[illegible][illegible]

詞云昔有封使君生不食民死乃食民嗚呼使君ゝ何廉为虎

殺人ゝ不嫌使君化虎食人深山虎化使君食人市間市上

何紛ゝ不逢猛虎乃逢使君猛虎猶自可爪牙愁殺可我

七

閩人謂父曰郎罷郎羅入詩始於顧況郎[illegible][illegible][illegible][illegible][illegible][illegible]囝

别郎罗心摧泣下曾袭父秦女行亦處[illegible]惟海郎罗声名傳海内秦女非閨人岂亦呼父为郎罗耶

七

古称水部餘詩者三何水部遜張水部籍孟水部賓于白傅有贈吴水部詩明朝与向詩人道水部知今不姓何蓋有四水部矣宋人亦有何水部名蒙字叔照洪州人官贊善出守袁州其和太宗北征还師詩有塞日穿痕断迎雲透影飛縹緲隨黄屋陰沈護御衣等句为太宗所嘉賞特授贊善旋出守袁州戚綸宗綬皆有送何水部蒙出牧袁州詩合計應共五水部

七

明俞羨長摘古樂府語句鎔铸近体名为古意新声国初諸老相継和之極凄者艶者吴岂凡景凯数首云底事憐歡却懊

儂布穿十指澀难縫翼飛顧比肅楼风骨出愁看藥店邉裏
雪双行纒寸〻衣雲五雑俎重〻不知携手河梁上高望巫
山第幾峯右古意其夜因何牛馬嘶溝頭明旦白頭啼東南孔
雀序江賦西北浮雲紀氏妻独女三年鎖紫玉小姑一曲散
青溪断郎岂似娇児乳妾齐真同濁水泥右古别离大艑阻潮[illegible]渚
湾三洲估客聚如闌利旁無利惟刀倚山上有山何日還為
我期兮飛破鏡白君出矣掩重関鎖識落井無消息買卜秦
珠耳後环右商妇怨高堂挟瑟背银缸小妇新翻阿子腔蛱蝶穿
花原自对鴛鴦逐鴨不成双柳枝拗去郎鞭馬桃葉迎来妾
渡江忽到西洲驚梦断鳥啼芳樹達晴〻[illegible][illegible][illegible]吹〻[illegible][illegible][illegible]

門前螢火単身照不眠棗苑開花何[illegible]艦[illegible]印月好仙服散姬人怨絕世傾城名士憐無奈稱生黃葉浦道经辛苦更流連

閨具趙溥堂孝廉士泉題畫牡丹云翦綵墨香絕富絕富貴不朱紫態自榮華上句能令銅臭汗顏下句足为布衣吐氣烏程潘江峯司馬梦曾亦云莫嫌洗尽無双艷富貴元從翰墨[illegible]便避趙語

元夕詩能知至楼臺上下火照火車馬往来人看人馬鐸十里灯毬明似月六街車馬湧如潮皆不如王雨王双凤雲中扶輦下六鰲海上駕山来有万千氣象侯官林裿三茂才怡年

蒲地樓臺春富貴，千門灯火夜精神，亦頗高華。宋人粗詠如「南北戰爭蝸兩角，古今興廢貉同邱」「唐虞揖讓三杯酒，湯武征誅一局棋」「兩輪月月磨興廢，一合乾坤夫是非」「江流千古英雄泪，山掩諸君富貴蓋」等語，斷不可存。林荷三天分頗高，嘗与論詩於蒹葭草堂，專主性灵，頭頭是道。[illegible]誦其近作十餘首，余為摘出「交運交來天不古，六經出後世無文人」「世尚留盤古月，我自合置泰[illegible][illegible]」兩聯，曰：此宋人唾餘也，不刪何待？荷三斂容久之。

浦城閨秀王琴娘，工詩与畫，戊午遭寇之後，失身駔儈，怏怏之怀，一洩於詩而已。壬戌春，余適至浦，見其所寄詩中稱海棠更曰乃琴娘所畫者並系以詩云何处稽亲[illegible][illegible]腮寄人籬下倍凄凉倍無端一点紅心旁在空对西山媚〻陽殊竟寄恨無旁庭日覓得其稿一编皆傷心之語中有從慘〻十首尤足酸鼻録其五云入夜喧傳寇偪城[illegible][illegible]雞犬寂無声全家急從方山頂五日三餐野荇羹一百日中風雨多穴居共鑿土成窝朝来聞有捜山信不敢呼天泪暗沱啼飢小妹枉[illegible]生共怕風声向毋争不忍自家施毒手倩人推落到深阬半載妖氛漸〻銷还鄉土已一塲焦披茅總妥三間屋不戒晨炊更憐燒荳堂全倚一星微女有家时毋有依錯認狂童为吉士竟將老婢役慈闈嗚呼浦邑凡着殷繁自経毛賊蹂躪人

畜俱寥惟身歷歷其地而後知愫若琴娘者指殆不勝屈矣

牡

丹富貴之花而玉溥貽之云棗花至小能成實桑葉虽蚕解吐絲堪笑牡丹如斗大不成一事又空枝蘭有王者之香而林積貽之云三湘昔日曾偕蕙九畹当年亦傍芝自入石家園裏去竟拋空谷十年思二詩皆有託而言其[illegible]旨[illegible]甚著[illegible]閒纏頭者云能共牡丹爭幾許爭被人嫌処只緣多則太淺露矣

閩

閩人不諳蚕事非閩土不宜蚕也道光[illegible][illegible]陰高肖堂醮尹勸行蚕桑往浙購蚕種桑秧並延蚕師館之於文昌宮聽民李習其所刊布試行蚕桑說織悉畢具不难一覽而知又作勸蚕歌明白如話歌云我本浙中人曾作閩[illegible]吏身自田間

来且説田間亊江南二三月庥頭蚕種炎家々皆飼蚕正値清明節々当春風香女兒争采桑青々柔桑葉恰々連宵忙全家夜来苦但願蚕絲吐二眠至大眠上山犹閉戸作繭方告成堂前繅車鳴繅車聲轆々賣絲錢滿橐不畏吏催租沽酒街頭酌女兒藏餘絲留作嫁时衣一月虽辛苦一岁休愁饑浙中利君此閩中風土似城外半膏腴種桑可千株[illegible]今買桑樹復購繅絲具蚕師愁無人轉家鄉急覔去轉瞬春風市上譁徧栽桑樹如栽花秋灯門灯巷門巷鳴机杼富擬湖州百万家足見醼尹用心之苦所以惠愛吾閩者無乎不至繁箏創始为难其初省会甯蚕者漸至数百户未幾醼尹归浙蚕棄

傳流既多而桑田無人更闢蠶食不敷遂日以廢弛良堪重
惜楊筆友观察和鳴井楼城外口占云無諸開国千餘載蚕
事無聞率海壖今昔春風修禊日道旁喜見采桑娘盖井楼
門外有桑千餘樹即大鑑君所布之秩畜蚕者多采於此也
嘉靖宫人張氏卒殯时身畔得罗巾有詩以聞於上上傷[illegible]以
宫監不早聞杖杀数人詩曰悶倚闌干强笑歌娇姿無力怯
宫罗欲將旧恨題紅葉只恐新愁上翠蛾雨过玉堦天色凈
風吹金鎖夜涼多從来不識君王面弃置無情奈若何此事
与隋煬帝侯夫人絕相類
石砫土官秦良玉矢死报闖明不啚蠻中有此奇女子良玉尝与

川帥論事帥捉其袖處引佩刀斷之其柔性[illegible]家如此朱竹
垞男妾之說殆不可信思陵有賜良玉詩云蜀錦征袍手織
成桃花馬上請長纓世間不少奇男子誰肯沙場万里行後
人詠良玉戰袍詩佳者殊少近閱曾亦庐大令長歌一篇沈
蘩稱題錄云大星夜隕峩眉巔錦袍終古留蠻天上有將軍
百戰血刀濺箭垢餘腥羶將軍本是秦家女夫壻威名官石砫怕
首弓靴蠻樣粧銀鞻繡幟軍容武請纓首策播州勛廿年南
北提孤軍骨肉重傷新馬草烽烟忍檢旧鴛緗綖功詩錫[illegible]
臺白四川營奉思陵詔兩字勤王銘背新一團宮錦縫[illegible]羅
俘悬馬上促戎裝万里封疆仗女郎督帥攘功夸蟒玉監軍

索賄侈貂珰吁嗟三百年天下驅賊縱賊成觧左白桿来時
蟒一空錦袍識处誰当者半生报国障夔巫愧死鬚眉沈点
軀奮袂勇搴渠帥纛解衣分給一軍襦竹箇掃蕭鼓声死嵘
令不还事去矣十三要隘甬成虚二万峒蛮設旋止西川老
去拂衣归此袍此日無光輝風沙襟上黫襄血金繡灯前痛
賜緋君不見左家寓南一男子冠裳埽地九江耻通侯劍履
委塵灰屑婦釵鈿芳類齒又不見梅花嶺上袍笏寒騎箕人
去埋衣冠何似夫人城健在独遺巾幗後来看良玉忠州人
老父羨老明經弟屏与良玉分將白桿兵媳沈紅蘭継掌石砫
印

八山谷演雅格虽少畢然非淹博者不能吐出一字陳勾山效其体作夏虫篇俶傀仍復流利幾欲駕山谷而上之詞云驕陽爍永〻骨倒夏虫隆〻烽耨惱鼃尊井坎利藏拙蜂聚餱糧但娱老饕鼃罣物蟠在腹壁蚤鈎人痛鍼腦蛾争烈焰死不知蜥[illegible][illegible]紅爛犹搖若狂李国蝇集欣一孕百丁蛹食稻徵歌土蚓貴優伶喝道花蚊醜輿皂蟬吞仙字傲李究蚁窃擅餘羹厨媪叩頭腷膊誠太畢負販踉蹌亦何好灯夸無尽可憐螢檄討不然行及蚤夕斯可死蜉蝣痴上蛛網聞蛾蝨祷行泥科斗病即儡重閑顛当室誰保螳思奮臂蝶与誰結为充腸糞皆宝夫征妇嘆蟎蛸粘父弃孩啼果贏抱倉中穀[illegible]

昧飢穰饕裡醞雞嘈昏早觸囊好鬥讞局煩蜉蝣失垠丕
掃頗聞縊女隨蛻蟬或者王孫怨秋草蟒壇居莫耐礙官辭
艋归难乘浩〻五更露下碧無情翳樹一蟬清徹橋

闌干有三義十二闌干其著顯也曺子建月落參橫北斗闌干薛令之盤中何所有首蓿長闌干皆作縱橫解長恨歌玉容寂寞泪闌干本吳越春秋泪滿闌干作眼眶解

林和靖踈影暗香之句永叔東坡皆賞之山谷則取雪落後園林絶半樹水边籬落忽橫枝其寔不如踈影暗香之嬌媚也周少隐夆東坡悠紛〻初疑月挂樹耿耿独与參横昏此語一出和靖之氣索然余謂坡詩固佳而謂其能壓倒和靖則恐未

尤少隱又峯張文潛調鼎当年終有寔論花天下更無香亦可使和靖作衙官則尤不知所謂也

永福黄紉佩淑畹十硯翁女也端慧工詩口吻酷肖其文寒篁云寒儉壽城日暮天東風吹柳更吹烟五陵年少归鞍疾何限飛花上玉鞭〻〻楊柳正飛綿事逐春归又一年人在益楼新脛覓数声長笛賣餳天七夕云金莖承露貯瓊漿漢鼎新焚百和香貪把金針穿向月不知涼露濕衣裳適邑中林氏長女瓊玉性亦嗜吟归長樂秀士陳濃[illegible]幼家貧限於存活玉猶女紅之暇不弛硯席寄表姊云疎影楼頭問[illegible]居近來詩思復何如知君多为梅花瘦我比梅花[illegible]

亡云閉門岑寂雪霏〻痛哭人生百事非竟日薄伏戾歪之飽
可憐稚子倦啼飢偶成云廿年育子已成浅盼得孫樓飛之
新辛苦持家無一業須知儒素是清貧年棄杕雄息雨堂教
使旌表其閭
鄞县陳楞山〻撰緑蝴蝶云一枝小苑出繁香似逐東風上下狂
莫怪春来太輕薄採花原是緑衣郎閩县許鶴舲太史冠瀛
黄蝴蝶〻依〻絶恋四娘家金谷园中日又斜知否相公王
祐宅緑槐已發滿庭花俱極穩貼而許詩尤妙
滿洲祥药圃方伯酒帘云送客船停楓葉岸尋春人指杏花樓
钱塘陳蒼意堂諸生謝駟云牛背夕陽驴背雪梨花微雨杏花

風同用杏花覓陳語尤化

廣東通志長樂文苑傳竟入福建長樂詩人陳景師亮高彥恢棟近閱續廣事類賦懷安县人物竟收福建懷安馬宮保森前明福建有怀安县後廢二者皆失檢宋王闢之謂博州高唐令往歲監察御史黃夷仲夷仲口占一絕謂之云高唐不是那高唐風物由来各異鄉君向此中求薦枕只應愁殺楚襄王見山東通志該輿地者容弗攷其同耶

王右丞君自故鄉来應知故鄉事来日綺窗前[illegible]梅著花未又邦惠誰謂他鄉各異县豈知流落復相[illegible][illegible]賊風伴[illegible][illegible][illegible]為問淮南米貴賤同是閩鄉人語曾懷舍[illegible]又聞下[illegible][illegible][illegible]子

嚴吳中遇鄉人云七月君絶离福州西[illegible]九日薄伏[illegible][illegible]嶠
長慶禪門裡今芒离枝熟也不亦悶邑城逡聆得[illegible]自[illegible]
謝古梅先生洪塘竹枝云勸君莫上妙高峯[illegible][illegible]聯增河鏜
鐘声催月独归去峯上烟雲隔了儂春覰瀏沙清復清绿荷
裹飯進西城長蛏赤蛤輸風味海物由来浪得名南臺竹枝
云三寸魚兒一尺蝦販盤肩上挂魚又市南一陣腥風起昨
夜春寒雨滿街野花堆向鬓边多税課官人許見過村酒一
壺儂已醉可知性格要溫和暹罗一去梦魂遥遠浦輕帆
可招試向罗星塔前望双江春漲又平橋音調輕朗在李翁
伯仲之間

藺相如完璧归趙自是千古快心之事胡致堂責以匈奔未免过刻溼具吴雲樵编修芳培云智能归趙璧功在讓廉頗可謂平情之論雲樵詩清儁凝警劍南遺音佳句足傳者草屯忙争路花飛懶避人孤帆悬客梦暮雨濕归心泉声雷万壑雲氣海重村山不知名逢客問雲如有意過江来一路乱山京口棹蒲船秋雨海門潮擔水人过泥更滑賣花声过路犹香事当已往方知梅境到無聊轉似閒春曰新泥双屐去墙陰乱草一牛鳴

閩中嫁女每争豪門侈而教子則吝於延[illegible]賊属[illegible]所謂千金教〔嫁〕女不肯百金教子是也謝古奔[illegible]閩下[illegible]子

心兒女衆出門惻惻垂別淚行人退[illegible]非竟日薄伏灵[illegible]輀臺借問誰家有好女金蟾珠翠錦成幽域[illegible]聆得[illegible]臨街塞巷爭喧迷黃金飾腰褥白鑼襯[illegible]杯[illegible]綺器皿薄玫瑰不知世間何以有此貴毋乃王侯嫁女夸多財路旁老翁向予道其家暴發邑外中魁家貲張半飾此女猶言無物遺孩兒吾鄉慕效竟成俗世情蠢蠢良足哀我聞翁語三太息民風安得不卑賴詩美王姬執婦道肅雝車上無疑猜貧家嫁女孝姑舅富家嫁女滋禍胎荊釵布裙古所慕夸多盛飾胡為哉君不見鮑家夫婦鹿車挽賁名千古供溯洄滋瓶菴先生亦云君不見朱陳村年年嫁娶無煩言練裙竹笥原

自好兩姓蕃衍傳兒孫世人論財競華侈堆盤珠翠兼浮綺
幼稺议昏姻老長大当復尔一朝程鄭变黔婁媒妁之言交誉
設貧女到壻門朝夕勤饔飧貧家得嬌女堂上閑机杼我思
告貧兒毋富娶貧女吁嗟乎梁鴻妻鮑宣妻婦千古高踪世罕
有春秋惟有鄭世子曽云者大非吾偶皆警聵振聾之作

陸
邑蒙月浚花閒夜已深宗家微詠有哀音童思仍消無人賞
露溼清香独滿襟論者咸指其微詠之謬探王微詠賦膺文
選誤王为玉題作微詠賦下書宋玉之名篆噫讀始也岂
其讀記本本漫不加察耶然如此好詩[illegible]賊屏混敎岐黎
人訾議不已良可惜池
文閨下[illegible]序鄉之

国家之禁私鹽立法最嚴而行法貴恕誠非竟日薄伙民巫其
所迫無可營生不得不取賞薄而利重賊從賂遺朱帥府總
督兩江痛治鹽梟死者數百逃者去為盜者綦千羣今江淮閒
言及尚有切齒者臨川湯若孫舍人儲揚州歌寄王霞九
侍御一篇切中弊時言之慨然詩云蒼鷹盤大野饑鳥声啾
啾君坐烏臺上聽我歌揚州揚州鹽媚人莫如鹽商巧揚州
鹽奈人莫如鹽商狡媚人人醉顔酡鮑家金卷荷錦障四十里
珊瑚七尺柯峩滿大官府紅旆當衢路鹽能令公喜亦能令
公怒公喜猶可過公怒當奈何前門進貨賄後堂聽笙歌、
声猶未歇炮臺飛霹靂火促点弓刀兵將軍夜捦賊捦賊乘何

方其水其山莊但見負塩人哭声震道旁道旁哽私哽咽我[illegible]
堪嘆息口渴不得漿腹飢不得食健兒好身手耕作值歲荒
來時別父母瓶[illegible]三日糧有塩全家笑無塩全家泣八口望
炊烟一肩归壓雪悪溪流水鳴如聞鉦鼓声㳂林灯火出疑
有烏槍兵槍声忽轟起紛々赴江水白骨已天涯紅閨猶梦
裡生者冬傷残匍匐泣河干幸免入官府莫嗟行路難同是
江南民貧富皆赤子富兒以塩生貧兒以塩死死者恨茫々
冤魂思故鄉官兵不敢怨只是恨塩商塩商不責私々塩綱無
处買賣私以功褒買私以罪捕塩商[illegible][illegible]賊民今若此誰
知朵人刀藏在帽々裡君坐烏臺上鳳[illegible][illegible]聞[illegible][illegible][illegible]鄉子

望岁还望君我侍揚州歌思君心独羌非音往朝陽北風煩
寄語耆生着有布帆無恙草詩筆清豔域遠方兵蘭雪嶺
中書以失權貴歡十餘年不得薦擢抑鬱殁年僅卌十許
昭君以不賂毛延壽遣嫁匈奴此西京雜記語也齋漢匈奴傳
則曰昭君入宮數年不見御積悲怨乃請掖庭令求行詩人
皆從雜記弗從漢書非不知雜記成於葛洪語有鋪張漢書
成於班固紀載為實無如雜記之事妙於漢書也卓翰堂云
但能曾領胡庭闕長信秋風讓与人卻本班語雖終嫌其淺
直
許彥周云詩人寫人物態度至不可移易元微之李娃行髻鬟

峨々高一尺門前立地看春風此宮为娼妇退之華山女[illegible]洗粧拭面看冠帔白咽紅頰長眉青此實定是女道士余謂刘心香太史珠江[illegible]翠眉自鎖非関恨紅頰宜潮不为羞此的是將破瓜娼女蒲治千三善洞房詩羞復帶慵臨鏡緩問絕有語避人难此的是第二朝新妇

七

魏樂府有子月經天無子若流星天月相終始流星沒無精卓翰堂本之云春來妾如花春去妾如草花为蝴蝶憐草伴牛羊老齐樂府愛惜加穷袴防閑託守宮今日牛羊踏郎朧岂年近前向發紅林石甫本之云閑若盡閒[illegible]羞如露後花今朝道上雞皮媪岂年紈扇遮復遮根底[illegible][illegible]人是能杕其神而

不徒襲其親者
七
友中天分絶高者徐雲汀一鷗龔勛齋逃齡從平惕庚三人皆
能過目成誦惕庚早逝詩失傳勛齋罕作詩而其論詩具有
特識不啻馬中之伯樂劍中之風胡雲汀詩純[illegible]韻勝記其
别江船云畫舫今將别傷春一水間吾生衰老易淡路再来
慳殘雨初辞漲浮雲最恋山津頭柎楊柳司馬豈重攀蘭溪
雜詠云蘭溪〻上木蘭舟多載名花不載愁二月迫〻春漲
下牙檣終日有[illegible]鳩瀫水波光入畫圖東南山色翠糢糊矛
生只負金華月炬雨归来一棹孤句如紅豆云春風寂[illegible]人
俱瘦暮雨离〻子又生摹取全神幾於羚羊挂角[illegible]

唐時最重文選，諺云：「文選熟，秀才足。」少陵故云「熟精文選理」，云「小兒文選讀未熟」。明季最重三蘇文字，士子策論中相引用之者往往入文。彼時有諺云：「蘇文熟，吃羊肉；蘇文生，吃菜羹。」宋人小說載某殿帥性饕，每乞坡公手書，輒以換羊肉數斤。一日坡為笑云：「傳語本官，今日斷廚。」然則東坡死後生前均足與人博得羊肉也。陳任菴先生鳴璣句云：「乞得東坡盈紙字，博來羊肉數斤羊。」

粵東女子每十人結為姊妹，誓以十女同時出嫁，名曰金蘭会。父母若欲先嫁之，同伴輒相牽連袂投河，是謂痴而昧於義矣。嘉慶間邑宰有翟小尹者，性極慈祥，見荒叢樹下蔓主飄零，詢知為金蘭会女，為建小庙，名曰普濟祠，每歲春□皆上

含一鑑題云萋〻芳草普依祠杯酒從滌旧 亏山
人上冢紙钱飛挂绿楊枝詞意蘊藉殊得風人之旨三

乂 乚
妇人面粧傅粉施朱染黛常耳六朝以後多尚黄乃以鉛黄調粉
用之名为鉛黄是也古人詩中多言及此梁簡文吴作額間
黄牛嶠額黄侵膩鬓温庭筠額黄無限夕陽山皆額粧黄也
李賀宮人正靨黄温庭筠臉上金霞細越彭汝砺有女夭〻稱
細娘真珠絡髻面塗黄南人見怪疑为瘴北客矜夸是佛粧
皆臉粧黄也卢照隣纖〻初月上鴉黄司馬槱梅粉粧成半
額黄温庭筠柳花吹盡眉間黄張泌依約残眉理旧黄皆眉
粧黄也 姮

小青或謂無其人合小青二字乃情字耳吳梅村馮紫雲歌謂紫雲为小青女弟嫁会稽馬髦伯則似实有其人小青詩詞为其大妇所[illegible]僅集数十首名曰楚餘草会稽女子宗秋畹題云梨汁难澆陌路塵萑葳那復旧时春寄声世上痴心女先春倉庚後嫁人竟陵女子李星星云岂独傷心是小青人間更有李星星年来枉害倉庚命療妬寄方竟不灵首句用小青題牡丹亭語星星为淮商妾被妬而死

小春草詩佳者佳者如林阮芸臺相国督李浙中尝以是題課士錢塘陳文杰四首綿丽可爱録云幾回山雨沽灵根[illegible]斤萋非[illegible]到門紅豆空迷游[illegible]鈎誰呼美人[illegible]茜春無迹

望裡襯腰綠有痕芳草當时送行处然愁殺
新愁不可刪一簾纖雨六朝山人归南浦春風裡
夕照閒芳徑印來罗襪軟落花襯去舞茵閒板桥香艷消沈
尽空朵紅心贈玉顏不論山程与水涯黄宜鶯子翠宜鴨蔦
花北里重三節烟雨南朝第五家小院空堦迷蛺蝶荒陵古
道閒蝦蟇銷魂最是横塘曲回首春風冷琵琶家在江南水
一方空憐小謝賦池塘棕將芳社情誰寄佩到柔蘅夢亦香
客路有时愁細溼天涯何处不斜陽玉關消息知何似綠遍
前朝旧戰場

121798

八閩文庫

八閩文庫
文獻集成
400

福建文獻集成

續編 集部 七六

吴格 主编

海峽出版發行集團
THE STRAITS PUBLISHING & DISTRIBUTING GROUP
福建人民出版社

本册目次

樂章集三卷續添曲子一卷

［宋］崇安柳永撰

中國國家圖書館藏清勞權抄本

樂章集三卷續添曲子一卷，宋柳永撰。永初名三變，字景莊；後更名永，字耆卿，崇安人。以行七，人稱柳七。北宋景祐元年（一〇三四）進士。授睦州團練使推官，仕至屯田員外郎，世稱柳屯田。爲舉子時，出入汴京教坊，樂工歌姬每得新腔必求其爲詞，故詞作遍天下，時云「凡有井水處，即能歌柳詞」。

是集之宋元本，如宋陳振孫直齋書録解題著録長沙坊刻百家詞本樂章集九卷，明毛扆汲古閣珍藏秘本書目著録「宋版柳公樂章五本」，清朱學勤結一廬書目著録元刊樂章集九卷，今皆佚失，賴有傳抄本及傳校本存世，以存宋本樂章集之舊。按柳永詞集傳世者大略可分作兩系統：一爲宋版系統，以汲古閣刊本爲代表，云據宋本五册付刊者，原爲九卷，汲古閣本併爲一卷；一爲明抄本系統，以梅禹金抄本爲代表，實據各類詞曲總集輯佚而成，釐爲三卷。汲古閣主人毛晉之子毛扆始將兩版本系統合校，彙成一編，其跋云：「癸亥中秋，借含經堂宋本挍一過，卷末續添曲子乃宋本所無，又從周氏、孫氏兩抄本挍正，可稱完璧矣。毛扆。」周氏、孫氏不知誰何，然其版本系統屬明抄本無疑。

此勞權抄本，即據毛扆本抄録，正文三卷，其行間、天頭之校語乃毛扆所校，毛氏校語所及參校之本除上述外，尚有趙氏校本，即趙元度本。地脚校語乃勞氏據陸敕先本、汲古閣本所校。其目録乃據汲古閣本録出，并附諸家校語。卷下末有勞氏跋語，云：「此目從汲古本當卷録出，因汲古本目不標宫調，又一調數闋者，但注△調，不全列其二其三闋數，不能標志宋本之次第也。陸校於目中略有增改，其所改字，則依以鈔録，餘悉依汲古本，而注明于下。汲古脱詞而陸補卷中者，悉據增入，有鈔補卷末而不標次第者，則依宋本次第，書於上方。中有其△之闋，仍標調而不作其△，則亦未必盡同宋本之次第。俟得舊鈔九卷元本正之，汲古本併作一卷矣。」此本後歸傅增湘雙鑑樓收藏，即朱祖謀彊村叢書所刊樂章集據爲底本者。又繆荃孫、曹元忠各有樂章集校勘記，收入吴氏石蓮庵刻山左人詞，融傳世總集所存柳詞異文及傳校宋本異文爲一編，與勞氏抄校本可稱殊途同歸焉。

書中鈐「藏園」、「佩德齋」、「晉生心賞」、「書潛」、「沅叔心賞」、「雙鑑樓珍藏印」、「江安傅沅叔攷藏善本」、「江安傅氏藏園鑑定書籍之記」諸印。全書天頭地脚、字裏行間，皆有校語，字跡娟秀，允爲精善之本。（馮先思）

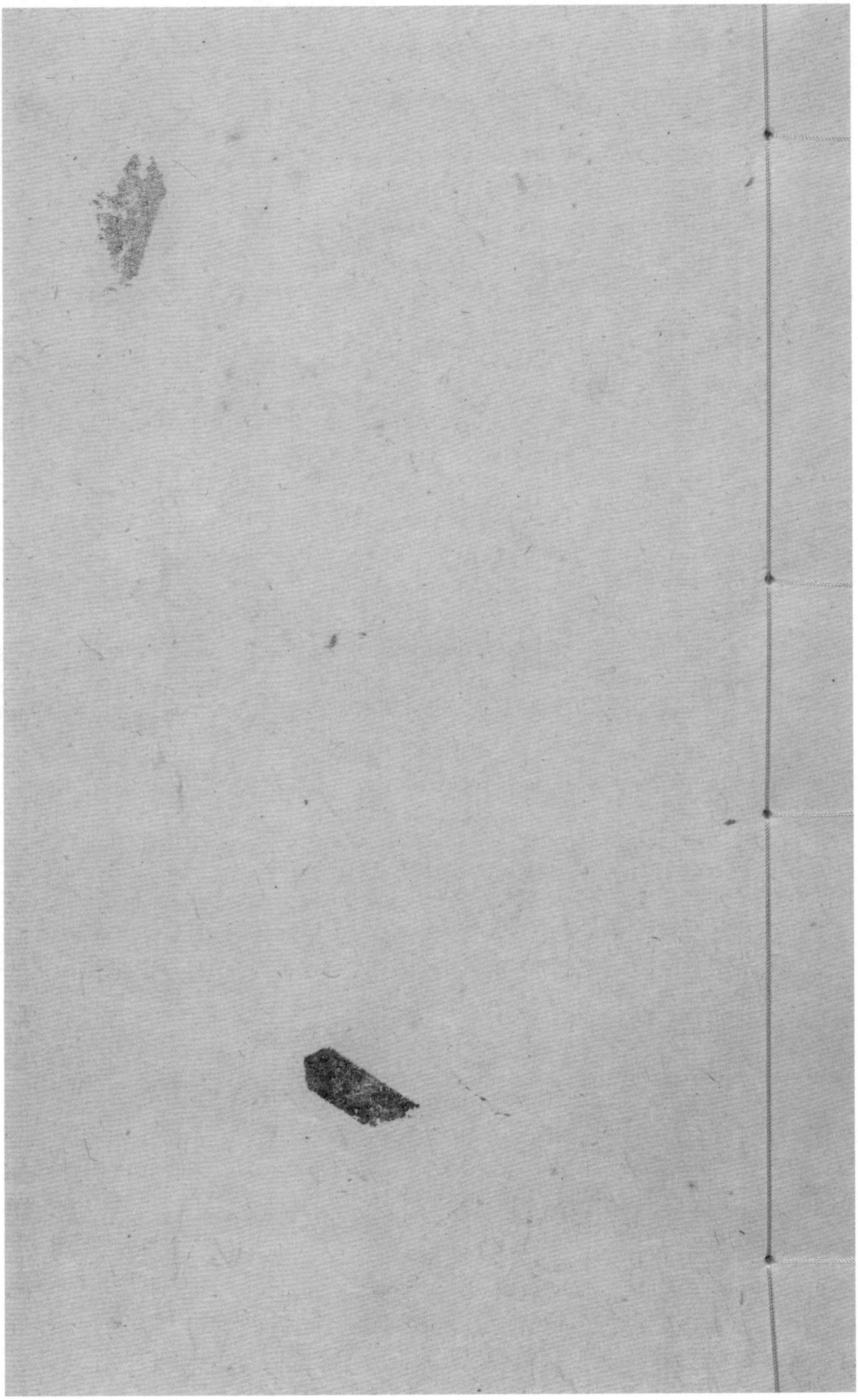

此目從汲古本當卷録出，因汲古本目不標宮調，又一調數闋者，但注"調"，不全列其二其三闋數，不能標志宋本之次第也。陸校於目中略有增改，其所改字，則依以鈔録，而餘悉依汲古本注明。卷中汲古脱詞而陸補（中有其二之闋，仍標調而不作其二，以別於宋本也，盡同宋本之次）、卷中者悉據增入，有鈔補卷末而不標次第者，則依宋本次第書于上方，俟得舊本正之。鈔九卷元汲古本併作一卷矣。

樂章集目録

其二，汲古刻本改，又兹依陸敕先校改。

中三字不知是
張校柳作者
李校宋本

其二　十三
柳腰輕　十四
西江月　十五
仙呂宮
傾盃樂　十六
笛家弄　十七
鶴沖天黄鐘宮　下六十八
大石調
迎新春　上十九
曲玉管　二十
滿朝歡　二十一
傾盃樂　十八
夢還京　二十二
鳳銜盃　二十三

汲古本無弄字
目同陸校增
陸校目作吴
黄鐘宮三字校
增調注下

受汲古本愛陸校改目同

輪臺子 四

陸校此闋後又有其二一題唯第五行十六十七兩格唯有着好二

汲古本脫下六闋陸校補目亦刪陸未補正

字復並删去。於題下校云此處接寫林鍾商不必空格。季又校云法曲第二調名也。舊抄本目録誤寫法曲第爲調名，而以二字寫作小字半邊，遂以爲首數，又又增一首字于下，遂致諸本俱空白一首。及考宋刻本法曲第二止有一首，細看目録，方知致誤之由，始知其爲全書也。

當衍一又字

林鍾商	
駐馬聽	中七十四
雙調	
雨霖鈴	中一
定風波	二
尉遲盃	三
慢卷紬	四
征部樂	五
佳人醉	六
迷仙引	七
御街行	八
其二	九
歸朝歡	十
采蓮令	十一

御街行目，同陸校改汲古本

汲古本蝶戀花目同陸校改

中呂調

中呂調

如魚水 十二
滿江紅 二十一

汲古本無令字目同陸校增

汲古本目注三調陸改一調

傳汲古本轉目同陸校改

其二　六十

洞仙歌　六十一

安公子　六十二

其二　六十三

續添曲子

林鍾商

玉樓春杏花

其二海棠

其三柳枝

傾盃樂

水調

歇指調

祭天神

平調

汲古本脫此標題〻校增目亦脫未補正

汲古本此六闋宮調注調下校改列前

樂章集上卷

柳三變耆卿撰

正宮

黃鶯兒

園林晴晝春誰主。暖律潛催，幽谷暄和，黃鸝翩翩，乍遷芳樹。觀露溼縷金衣，葉映如簧語。曉來枝上綿蠻，似把芳心、深意低訴。無據。乍出暖煙來，又趂遊蜂去。恣狂蹤跡，兩兩相呼，終朝霧吟風舞。當上苑柳穠時，別館花深處，此際海燕偏饒，都把韶光與。

汲古閣刊本宋○柳○永

刊本題云詠鶯

春誰主陸校同刊誰爲主數光條剜改

恣刊恐跡上陸校有浪字斧季云宋本無

穠刊濃

玉女摇仙珮

飛瓊伴侶偶別珠宮未返神仙行綴取次梳粧尋常言語有得幾多姝麗擬把名花比恐傍人笑我談何容易細思算奇葩艷卉惟是深紅淺白而已爭如這多情占得人間千嬌百媚須信畫堂綉閣皓月清風忍把光陰輕棄自古及今佳人才子少得當年雙美且恁相偎倚未消得憐我多才多藝願妳妳蘭心蕙性枕前言下表余深意爲盟誓今生斷不𦍂鴛被

雪梅香

刊注云或入片玉集　陸校題云佳人

幾刊許　姝或墨筆注殊字手闌下　算刊筭下同　艷刊豔下同　淺刊淡

畫刊華

妳：刊奶：

𦍂刊孤

景蕭索危樓獨立面晴空動悲秋情緒當時宋玉應同漁市孤煙裊寒碧水村殘葉舞愁紅楚天闊浪浸斜陽千里溶溶　臨風想佳麗別後愁顏鎮斂眉峯可惜當年頓乖雨跡雲蹤雅態妍姿正歡洽落花流水忽西東無憀恨相思意盡分付征鴻

陸校題云秋怨。一名碧芙蓉

尾犯

夜雨滴空堦孤館夢迴情緒蕭索一片閑愁丹青難邈秋漸老蛩聲正苦夜將闌燈花旋落最無端處揔把良宵秖恁孤眠却　佳人應怪我

迴刊回閑刊閒下同
丹上刊有想字係剜增
邈刊貌
揔刊總下同

別後寡信輕諾記得當初剪香雲爲約甚時向
幽閨深處按新詞流霞共酌再同歡笑肯把金
玉珠珍博

早梅芳
海霞紅山煙翠故都風景繁華地譙門畫戟下
臨萬井金碧樓臺相倚芰荷浦溆楊柳汀洲映
虹橋倒影蘭舟飛棹遊人聚散一片湖光裏
漢元侯自從破虜征蠻峻陟樞庭貴籌帷厭久
盛年晝錦歸來吾鄉我里鈴齋少訟宴館多懽
末周星便恐皇家圖任勳賢又作登庸計

詞刊調
刊脫陸校鈔補
煙鈔烟畫鈔画
臺鈔脫
裏鈔裡
鈴鈔黔

校云透字應用韻

鬬百花 亦名夏州

颭颭霜飄鴛瓦，翠幕輕寒微透，長門深鎖悄悄。滿庭秋色將晚，眼看菊蕊重陽，淚落如珠，長是淹殘粉面，鸞輅音塵遠。無限幽恨，寄情空殢紈扇。應是帝王當初怪妾辭輦，陡頓今來宮中第一妖嬈，却道昭陽飛燕。

颭：刊颭：幕刊模下同 鎖刊鏁下同 今刊令

其二

其△刊又陸校 其△陸校題云春恨

煦色韶光明媚，輕靄低籠芳樹，池塘淺蘸煙蕪，簾幕閑垂風絮，春困厭厭，拋擲鬬草工夫，冷落踏青心緒，終日扃朱戶。遠恨綿綿，淑景遲遲

明刊眀下同

難度年少傅粉依前醉眠何處深院無人黄昏

乍折鞦韆空鎖滿庭花雨

其三

滿搦宫腰纖細年幾方笄歲剛被風流沾惹與

合垂楊雙髻初學嚴粧如描似削身材怯雨羞

雲情意舉措多嬌媚　未會先憐佳婿長是夜

深不肯便入鴛被與解羅裳盈盈背立銀釭却

道你但先睡

甘草子

秋暮亂洒衰荷顆顆眞珠雨雨過月華生冷徹

鎖誤鎖刊鏁

幾刊紀方下刊有當字斧季云宋本無

先會上刊有爭奈心性四字斧季云應有

但刊彈

暮刊莫下同洒刊灑

鴛鴦浦　池上凭欄愁無侶奈此箇單棲情緒
卻傍金籠共鸚䳇念粉郎言語

其二

秋盡葉剪紅綃砌菊遺金粉鴈字一行來還有
邊庭信　飄散露華清風緊動翠幕曉寒猶嫩
中酒殘粧慵整頓聚兩眉離恨

中呂宮

送征衣

過韶陽璿樞電繞華渚流虹運應千載會昌馨
寰宇薦殊祥吾皇誕彌月瑤圖纘慶玉葉騰芳

侶刊似

共刊教

鴈刊雁下同

露華刊落花

聚隂校蹙刊蒞

宮斧李旁。

韶刊昭
流虹刊虹流

竝景貺三靈眷祐挺英哲掩前王遇年年嘉節

清和頌率土稱觴　無間要荒華夏盡萬里走

梯航彤庭舜張大樂禹會羣方鵷行望上國山

呼鼇抃遥爇爐香竟就日瞻雲獻壽指南山等

無彊願巍巍寶厤鴻基齊天地遥長

大利太方利刻方斧季望利趙旁。

晝夜樂

洞房記得初相遇便只合相聚何期小會幽歡

合下利有長字斧季云宋本無

變作離情别緒況值闌珊春色暮對滿目亂花

離情别緒利别離情緒

狂絮直恐好風光盡隨伊歸去　一場寂寞憑

誰訴算前言總輕負早知恁地難拚悔不當時

時利初

留住其奈風流端正外更別有繫人心處一日

不恖量也攢眉千度

其二（刊本題云贈妓）

秀香家住桃花徑算神仙才堪並層波細翦明

眸膩玉圓（圓刊團）搓素頸愛把歌喉當筵逞遏天邊亂

雲愁凝言語似嬌鶯一聲聲堪聽　洞房飲散

簾幃靜擁香衾歡心稱金爐麝裊青煙鳳帳燭

搖紅影無限狂心乘（乘刊棄下同）酒興這歡娛漸入嘉景猶

自怨鄰雞道秋宵不永

柳腰輕（刊本題云贈妓）

英英妙舞腰肢軟，章臺柳，昭陽燕，錦衣冠蓋綺
堂筵會，是處千金爭選。顧香砌、絲管初調，倚輕
風、珮環微顫。乍入霓裳促遍，逞盈盈、漸催檀
板。慢垂霞袖，急趨蓮步，進退奇容千變。筭何止、
傾國傾城，暫回眸、萬人腸斷。

西江月

鳳額繡簾高捲，獸鐶朱戶頻搖。兩竿紅日上花
梢，春睡厭厭難覺。好夢狂隨飛絮，閑愁濃勝
香醪。不成雨暮與雲朝，又是韶光過了。

仙呂宮

會刊晏 管刊筦 筭刊笑 飛刊風

傾盃樂

禁漏花深繡工日永蕙風布暖變韶景都門十二元宵三五銀蟾光滿連雲複道凌飛觀聳皇居麗嘉氣瑞煙葱蒨翠華宵幸是處層城閬苑龍鳳燭交光星漢對咫尺鼇山開羽扇會樂府兩籍神仙梨園四部絃管向曉色都人未散盈萬井山呼鼇抃願歲歲天仗裏常瞻鳳輦

笛家弄

花發西園草薰南陌韶光明媚乍晴輕暖清明後水嬉舟動禊飲筵開銀塘似染金堤如繡是

陸校刊本題云上元

蕙刊薰

羽刊雉

刊無弄字

處王孫幾多遊妓往往携纖手遣離人對嘉景
（携刊攜下同）
觸目傷懷盡成感舊別久　帝城當日蘭堂夜
（傷懷二字刊脱）
燭百萬呼盧畫閤春風十千沽酒未省宴處能
（閤刊閣）
忘管絃醉裏不尋花柳豈知秦樓玉簫聲斷前
（管絃刊絃管）
事難重偶空遺恨望仙鄉一餉消凝淚沾襟袖
（遺刊遣　消凝二字刊脱）

大石調

傾盃樂

皓月初圓暮雲飄散分明夜色如晴畫漸銷盡
醺醺殘酒危閣迥涼生襟袖追舊事一餉凭欄
（閣刊樓）
久如何媚容艷態抵死辜歡偶朝思暮想自家
（抵刊底　辜刊孤）

空恁添清瘦　筭到頭誰與伸剖向道我別來
爲伊牽繫度歲經年偷眼覷也不忍覷花柳可
惜恁好景良宵未曾略展雙眉暫開口問甚時
與你深憐痛惜還依舊

迎新春

嶰管變青律帝里陽和新布晴景回輕煦慶嘉
節當三五列華燈千門萬戶遍九陌羅綺香風
微度十里燃絳樹鼇山聳喧天簫鼓　漸天如
水素月當午香徑裏絕纓擲果無數更闌燭影
花陰下少年人往往奇遇太平時朝野多歡民

清刊情
刊本失分段

你刊妳

天刊喧
刊本失分段

阜康隨分良聚堪對此景爭忍獨醒歸去

曲玉管

隴首雲飛江邊日晚煙波滿目凭欄久立望關

河蕭索千里清秋忍凝眸杳杳神京盈盈仙子

別來錦字終難偶斷鴈無憑冉冉飛下汀洲思

悠悠　暗想當初有多少幽歡佳會豈知聚散

難期翻成雨恨雲愁阻追遊每登山臨水惹起

平生心事一場銷黯永日無言却下層樓

滿朝歡

花隔銅壺露晞金掌都門十二清曉帝里風光

堪刻在隨分上　刊無景字

立刊一　欄刊闌下同

冉冉刊苒苒

每刊悔

爛熳偏愛春杪煙輕晝永引鶯囀上林魚遊靈
沼巷陌乍晴香塵染惹垂楊芳草 因念秦樓
彩鳳楚觀朝雲往昔曾迷歌笑別來歲久偶憶
觀刊館
歡盟重到人面桃花未知何處但掩朱扉悄悄
扉刊門
盡日竚立無言贏得淒涼懷抱

夢還京

夜來忽忽飲散欹枕背燈睡酒力全輕醉魂易
忽〻刊匆〻
醒風揭簾櫳夢斷披衣重起悄無寐 追悔當
初繡閣話別太容易日許時猶阻歸計甚況味
旅館虛度殘歲想嬌媚那裏獨守鴛幃靜永漏

迢迢也應暗同此意

鳳銜盃

有美瑤卿能染翰千里寄小詩長簡想初襞苔（襞刊擘）
戋旋揮翠管紅窓畔漸玉箸銀鈎滿　錦囊收（窓刊窗）
犀軸捲常珍重小齋吟玩更寶若珠璣置之懷（齋刊齊　玩刊翫）
袖時時看似頻見千嬌面（似上刊本空白一字）

其二

追悔當初辜深願經年價兩成幽怨任越水吴
山似屏如幛堪遊翫奈獨自慵擡眼　賞煙花（幛刊障）
聽絃管圖歡笑轉加腸斷更時展丹青強拈書（更刊總）

信頻頻看又爭似親相見

鶴沖天

閑窻漏永月冷霜華墮悄悄下簾幕殘燈火再

三追往事離魂亂愁腸鎖無語沉吟坐好天良

夜未省展眉則箇　從前早是多成破何況經

歲月相抛嚲假使重相見還得似舊時麽悔恨

無計那迢迢良夜自家只恁摧挫

受恩深

雅致裝庭宇黄花開淡泞細香明艷盡天與助

秀色堪飡向曉自有眞珠露剛被金錢妬擬買

窻刊牕　追刊脱　良夜刊好景　舊時刊當初　受刊愛　妬刊妒

斷秋天容易獨步　粉蝶無情蜂已去要上金

罇惟有詩人曾許待宴賞重陽恁時盡把芳心

吐陶令輕回顧免憔悴東籬冷煙寒雨

看花回

屈指勞生百歲期榮瘁相隨利牵名惹逡巡過

奈兩輪玉走金飛紅顏成白髮極品何爲塵

事常多雅會稀忍不開眉畫堂歌管深深處難

忘酒盞花枝醉鄉風景好携手同歸

其二

玉城金堦舞舜干朝野多歡九衢三市風光麗

罇刋尊　髮刋首

驕誤嬌

萬家急管繁絃，鳳樓臨綺陌，嘉氣非煙。雅俗熙熙，物態妍。忍辜負芳年。笑筵歌席連昏晝，任旗亭斗酒十千。賞心何處好，唯有罇前。

初柳新

東郊向曉星杓亞。報帝里春來也。柳擡煙眼，花匀露臉，漸覺綠嬌紅姹。裝點層臺芳榭。運神功、丹青無價。別有堯堦試罷。新郎君成如行畫。杏園風細，桃花浪暖，竟喜羽遷鱗化。遍九陌相將遊冶。驟香塵、寶鞍驕馬。

兩同心

嘉刊佳

刊脫一熙字　辜刊辠　晝刊畫　任刊荏

罇刊尊

擡刊臺

裝刊妝　榭刊樹

畫刊画

竟刊競下同　竟疑李旁乙

嫩臉脩蛾澹匀輕掃，最愛學宮體梳粧，偏能做
文人談笑綺筵前，舞燕歌雲別有輕妙。飲散
玉爐煙裊洞房，悄悄錦帳裏，低語偏濃，銀燭下
細看俱好。那人人昨夜分明許伊偕老。

其三

竚立東風斷魂，南國花光媚春，醉瓊樓蟾彩迥
夜遊香陌，憶當時，酒戀花迷，役損詞客。別有
眼長腰搦，痛憐深惜，鴛會阻，夕雨朝飛，錦書斷
暮雲凝碧，想別來，好景良時，也應相憶。

女冠子

脩刊修　做刊效
燕刊宴
那刊箇
陸校鴛食冷暮雨凄飛　會刊鸞
暮陸校朝

斷雲殘雨洒微涼生軒戸動清籟蕭蕭庭樹銀河濃淡華星明滅輕雲時度莎堦寂靜無覩幽蛩切切秋吟苦疎篁一徑流螢幾點飛來又去對月臨風空恁無眠耿耿暗想舊日牽情處綺羅叢裏有人人那回飲散略曾諧鴛侶因循忍便睽阻相思不得長相聚好天良夜無端惹起千愁萬緒

雲刊煙陸校無下蕭字亭○彧斧季校宋本有

刊本重略字陸校亦無

玉樓春

昭華夜醮連清曙金殿霓旌籠瑞霧九枝擎燭燦繁星百和焚香煙抽翠縷　香羅薦地延眞馭

連刊迺連斧季夛。

萬乘凝旒聽祕語卜年無用考靈龜從此乾坤（卜刊百）

齊厤數

其二

鳳樓郁郁呈嘉瑞降聖覃恩延四裔醮臺清夜（臺刊壇）

洞天嚴公讌凌晨簫鼓沸　保生酒勸椒香膩（酒刊酉）

延壽帶垂金縷細幾行鴛鷺望堯雲齊共南山（鴛刊鵷）

呼萬歲

其三

皇都今夕知何夕特地風光盈綺陌金絲玉管

咽春空蠟炬蘭燈燒曉色　鳳樓十二神仙宅（燒刊曉燒夜）

珠履三千鵷鷺客金吾不禁六街遊狂殺雲蹤
并雨跡

其四

星闈上笏金章貴(連)委外臺跡近侍百常天閣舊
通班九歲國儲新上計　太倉日富中邦最宣
室夜息前席對歸心怡悅酒腸寬不泛千鍾應
不醉

其五

閬風岐路連銀闕曾許金桃容易竊烏龍未睡
定驚猜鸚鵡能言防漏泄　忩忩縱得隣香雪

珠刊朱　不刊未　能刊夕　忩忩刊忽忽　隣刊憐

窻隔殘煙簾映月別來也擬不思量爭奈餘香猶未歇

金蕉葉

厭厭夜飲平陽第添銀燭旋呼佳麗巧笑難禁艷歌無間聲相繼準擬幕天席地　金蕉葉泛金波齊未更闌已盡狂醉就中有箇風流暗向燈光底惱徧兩行珠翠

齊刊霽　就刊袖

惜春郎

玉肌瓊艷新粧飾好壯觀歌席潘妃寶釧阿嬌金屋應也消得　屬和新詞多峻格敢共我勍

刊脫陸校鈔補

敵恨少年枉費踈狂不早與伊相識

傳花枝

刊脫陸校鈔補

平生自負風流才調口兒裏道知張鄭趙唱新

負鈔附裏鈔裡下同

詞改難令摠知顛倒鮮刷扮能哄嗽表裏都峭

每遇着飲席歌筵人人盡道可惜許老了闊

羅大伯曾教來道人生但不須煩惱遇良辰當

美景追懽買笑剩活取百十年只恁厮好若限

景鈔境

滿鬼使來追待倩箇掩通着到

箇鈔個

樂章集中卷

雙調

雨霖鈴

寒蟬淒切對長亭晚驟雨初歇都門帳飲無緒

留戀處蘭舟催發執手相看淚眼竟無語凝噎

念去去千里煙波暮靄沉沉楚天闊　多情自

古傷離別更那堪冷落清秋節今宵酒醒何處

楊柳岸曉風殘月此去經年應是良辰好景虛

設便縱有千種風情更與何人說

定風波

刊本題云秋別

刊留上有方字

縱刊總

竚立長堤淡蕩晚風起驟雨歇極目蕭疎塞柳
淡刊澹 塞刊脫

萬株掩映箭波千里走舟車向此人人奔名競

利念蕩子終日區區爭覺鄉關轉迢遞 何意
區區刊驅馳係寵改 刊繡閣分段

繡閣輕拋錦字難逢等閑度歲奈泛泛旅迹厭

厭病緒邇來諳盡宦遊滋味此情懷縱寫香牋
邇刊近 縱刊總

憑誰與寄算孟光爭得知我繼日添憔悴

尉遲盃

寵佳麗算九衢紅粉皆難比天然嫩臉脩蛾不
佳刊嘉 脩刊修

假施朱描翠盈盈秋水恣雅態欲語先嬌媚每

相逢月夕花朝自有憐才深意綢繆鳳枕鴛
刊綢繆分段

被深深處瓊枝玉樹相倚　困極歡餘芙蓉帳
暖別是惱人情味風流事難逢雙美況已斷香
雲爲盟誓且相將共樂平生未肯輕分連理
慢捲紬
閑窻燭暗孤幃夜永欹枕難成寐細屈指尋思
舊事前歡都來未盡平生深意到得如今萬般
追悔空只添憔悴對好景良辰皺着眉兒成甚
滋味　紅茵翠被當時事一一堪垂淚怎生得
依前恁似偎香倚暖抱着日高猶睡算得伊家
也應隨分煩惱心兒裏又爭似從前淡淡相看

共刊盡　樂刊脱
捲刊卷
窻刊窗
辰刊宵　着刊著下同
事刊脱
淡淡刊澹澹

恁牽繫

征部樂

雅歡幽會良辰可惜虛拋擲每追念狂蹤舊跡長秪恁愁悶朝夕憑誰去花衢覓細說此中端的道向我轉覺厭厭役夢勞魂苦相憶　須知最有風前月下心事始終難得但願我重重心下把人看待長似初相識漸況逢春色便是有舉場消息待這回好好憐伊更不輕離拆

佳人醉

暮景蕭蕭雨霽雲淡天高風細正月華如水金

牽刊縈　辰刊夜　每刊脫　衢刊街　說下刊有與字　陸校亦無　役夢刊倒　重：刊蟲：　漸刊脫　離刊脫　淡刊澹

波銀漢瀲灔無際冷浸書帷夢斷却披衣重起

臨軒砌　素光遥指因念翠娥杳隔音塵何處

相望同千里盡凝睇厭厭無寐漸曉雕闌獨倚

迷仙引

纔過笄年初綰雲鬟便學歌舞席上𦨴前王孫

隨分相許筭等閑酬一笑便千金慵覷常祇恐

容易蕣華偷換光陰虚度　已受君恩顧好與

花爲主萬里丹霄何勞攜手同歸去永棄却煙

花伴侣免教人見妾朝雲暮雨

御街行　聖壽

浸刊侵　遥刊摇　娥刊眉　杳隔刊脱　盡刊儘　欄刊檻　纔刊才　𦨴刊尊　便刊但　祇刊只　蕣刊瞬　勞刊妨　歸刊去　御刊街　刊脱題

雙行間校作
雙字在上方
標作雙

燔柴煙斷星河曙，寶輦回天步。端門羽衛簇雕
欄，六樂舜韶先舉。鶴書飛下，雞竿高聳，恩霈均
寰寓。 赤霜袍爛飄香霧，喜色成春煦。九儀三
事仰天顔，八彩旋生眉宇。椿齡無盡，蘿圖有慶，
常作乾坤主。

其二

前時小飲春庭院，悔放笙歌散。歸來中夜飲醺
醺，爭奈不是鴛鴦伴。 朦朧暗想如花面，欲夢
還驚斷。和衣擁被不成眠，一枕萬回千轉。惟有畫
梁，新來雙燕，徹曙聞長歎。

霈刊霔

下字飲刊酒

醺：下刊有惹起舊愁無限雖看墜樓換馬十二字斧季云宋本脫

鴦刊幃

暗想如刊俱妙暗

畫刊画

歸朝歡

別岸扁舟三兩隻葭葦蕭蕭風淅淅沙汀宿鴈
破煙飛溪橋殘月和霜白漸漸分曙色路遥山
遠多行役往來人隻輪雙槳盡是利名客一
望鄉關煙水隔轉覺歸心生羽翼愁雲恨雨兩
(縈牽)新春殘臘相催逼歲華都瞬息浪萍風梗
誠何益歸去來玉樓深處有箇人相憶

採蓮令

月華收雲淡霜天曙西征客此時情苦翠娥執
手送臨岐軋軋開朱戶千嬌面盈盈竚立無言

山刊川
雙刊隻
牽縈刊縈牽
臘刊蠟
逼刊迫
誠刊成
歸去來三字刊脱
採刊采
淡刊澹
情刊凊
面刊皿

有淚斷腸爭忍回顧　一葉蘭舟便恁急槳凌

波去貪行色豈知離緒萬般方寸但飲恨脉脉

同誰語更回首重城不見寒江天外隱隱兩三

煙樹

秋夜月

當初聚散便喚作無由再逢伊面近日來不期

而會重歡宴向罇前閑暇裏斂着眉兒長歎惹

起舊愁無限　盈盈淚眼謾向我耳邊作萬般

幽怨奈你自家心下有事難見待信眞箇恁別

無縈絆不免收心共伊長遠

刊本失分段

罇刊尊　着刊著

有刊脫　待下刊有音字

巫山一段雲

六六眞游洞，三三物外天。九班麟穩破非煙。何處按雲軒。　昨夜麻姑陪宴，又話蓬莱清浅。幾回山脚弄雲濤。髣髴見金鼇。

其二

琪樹羅三殿，金龍抱九關。上清眞籍揔群仙。朝拜五雲間。　昨夜紫薇詔下，急喚天書使者。令賫瑶檢降彤霞。重到漢皇家。

其三

清旦朝金母，斜陽醉玉龜。天風摇曳六銖衣。鶴

班刊口 穩刊穩 軒刊輧 彤刊雕

肯覺孤危　貪看海蟾狂戲不道九關齊閉相
將何處寄良宵還去訪三茅

其四

閬苑年華永嬉遊別是情人間三度見河清一
畨碧桃成　金母忍將輕摘瑶宴鼇峯眞客紅
猊閑卧吠斜陽方朔敢偷嘗

其五

蕭氏賢夫婦茅家好弟兄羽輪飈駕赴層城高
會盡仙卿　一曲雲謡爲壽倒盡金壺碧酒醺
酣爭撼白榆花踏碎九光霞

婆羅門令

昨宵裏恁和衣睡今宵裏又恁和衣睡小飲歸
來初更過醺醺醉中夜後何事還驚起霜天冷
風細觸疎窻閃閃燈搖曳　空牀展轉重追想
雲雨夢如欹枕難繼寸心萬緒咫尺千里好景
良天彼此空有相憐意未有相憐計

石小調·

法曲獻仙音

追想秦樓心事當年便約于飛比翼每恨臨岐
處正攜手翻成雲雨離拆念倚玉偎香前事頓

刊霜天分段
刊重細字 窻刊窗
如刊任
每刊悔
拆刊析 頓刊慣

此闋汲古本誤編前有㕛調二首為第二標七字八言調上又標於誤標於宮調後改標詞調宮調上未及刪去耳

輕擲。慣憐惜饒心性鎮厭厭多病柳腰花態
（刊饒心性分段　鎮刊正）
嬌無力。早是乍清減别後忍教愁寂記取盟言
少孜煎剩好將息遇佳景臨風對月事須時恁
相憶。

西平樂

盡日憑高目脉脉春情緒嘉景清明漸近時節
（高下刊有寓字）
輕寒乍暖天氣才晴又雨煙光淡蕩裝點平蕪
（淡刊澹）
遠樹黯凝竚臺榭好鶯燕語正是和風麗日
（刊臺榭分段）
幾許繁紅嫩綠雅稱嬉遊去奈阻隔尋芳伴侶
秦樓鳳吹楚館雲約空悵望在何處寂寞韶華
（館刊管　華刊光　悵刊帳）

暗度可堪向晚村落聲聲杜宇。（暗刊脫）

鳳棲梧（刊蝶戀花注一刻六一詞）

簾下清歌簾外宴雖愛新聲不見如花面牙板
數敲珠一串梁塵暗落瑠璃盞桐樹花深孤（深刊聲）
鳳怨漸遏遥天不放行雲散坐上少年聽不慣（不刊未）
玉山未倒腸先斷（未刊將）

其二（刊注一刻六一詞）

竚倚危樓風細細望極春愁黯黯生天際草色（竚刊獨　春刊離　煙花刊山光）
煙花殘照裏無言誰會凭欄意擬把跡狂圖（無言誰會刊無人會得　擬把刊也擬）
一醉——當歌彊樂還無味衣帶漸寬終不悔（醉下刊有對酒二字斧季云宋本無）

爲伊銷得人憔悴

銷 刊消

其三

蜀錦地衣絲步障屈曲回廊靜夜閑尋訪玉砌

雕欄新月上朱扉半掩人相望旋暖熏爐溫

欄 刊闌

斗帳玉樹瓊枝迤邐相偎傍酒力漸濃春思蕩

䰐 刊翻

鴛鴦繡被䰐紅浪

刊脫 陸枝鈔補

法曲第二

青翼傳情香徑偷期自覺當初草草未省同衾

初 鈔年

枕便輕許相將平生懽笑怎生向人間好事到

頭少謾悔懊細追思恨從前容易致得恩愛

成煩惱心下事千種盡憑音耗以此縈牽等伊
來自家向道洎相見喜懽存問又還忘了

秋蘂香

留不得光陰催促奈有蘭歇好花謝唯頃刻彩
雲易散瑠璃脆驗前事端的　風月夜幾處前
蹤舊跡忍思憶這回望斷永作終天隔向仙島
歸宜路兩無消息

一寸金

井絡天開劒嶺雲横控西夏地勝異錦里風流
蠶市繁華簇簇歌臺舞榭雅俗多遊賞輕裘俊

香下刊有引字
有刊芳
宜刊宴
路雨刊倒
刊脱陸校鈔補

元本旋改傍从王又校璿字於行間

靚粧艷冶當春晝摸石江邊浣花溪畔景如畫
夢應三刀橋名萬里中和政多暇仗漢節攬
轡澄清高掩武侯勳業文翁風化台鼎須賢久
方鎮靜又思命駕空遺愛兩蜀三川異日成嘉
話

歌指調

永遇樂

薰風解慍晝景清和新霽時候火德流光蘿圖
薦趾累慶金枝秀璿樞繞電華渚流虹是日挺
生元后纘唐虞垂拱千載應期萬靈敷祐　殊

清刊晴
璿刊旋陸校璇
纘刊續

方異域爭貢琛賮架巘航波奔湊三殿稱觴九
儀就列韶頀鏘金奏藩侯瞻望彤庭親擕僚吏
競歌元首祝堯齡北極齊尊南山共久

其二

天閣英遊內朝密侍當世榮遇漢守分麾堯庭
請瑞方面憑心膂風馳千騎雲擁雙旌向曉洞
開嚴署擁朱轓喜色歡聲處處競歌來暮吳
王舊國今古江山秀異人煙繁富甘雨車行仁
風扇動雅稱安黎庶棠郊成政槐府登賢非久
定須歸去且乘閑孫閣長開融樽盛舉

巘刊𪩘 航刊杭 頀刊濩 競刊竟 轓刊𤄊 孫刊曬 樽刊尊

卜筭子

江楓漸老汀蕙半凋滿目敗紅衰翠楚客登臨正是暮秋天氣引疎碪斷續殘陽裏對晚景傷懷念遠新愁舊恨相繼　脉脉人千里念兩處風情萬重煙水雨歇天高望斷翠峯十二儘無言誰會憑高意縱寫得離腸萬種奈歸雲誰寄

鵲橋仙

屆征途携書劍迢迢匹馬東去慘懷嗟少年易分難聚佳人方恁繾綣便恁分鴛侶當媚景筭密意幽歡盡成輕負　此際寸腸萬緒慘愁顔

修下刊有離字陸校亦無

下恁字刊忍

此刊且

斷魂無語和淚眼片時幾番回顧傷心脈脈誰訴但黯然凝竚暮煙寒雨望秦樓何處

浪淘沙

夢覺透窻風一線寒燈吹息那堪酒醒又聞空堦夜雨頻滴嗟因循久作天涯客負佳人幾許盟言更忍把從前歡會陡頓飜成憂戚 愁極再三追思洞房深處幾度飲散歌闌香暖鴛鴦被豈暫時疎散費伊心力殢雲尤雨有萬般千種相憐相惜 恰到如今長天漏永無端自家疎隔知何時却擁秦雲態願低幃昵枕輕輕細

沙下刊有慢字　窻刊窗　飜刊翻　刊殢雨尤雲　下相字刊脫刊失分段「恰刊脫　長天刊天長　知刊如

說與江鄉夜夜數寒更思憶

夏雲峯

宴堂深軒檻雨輕壓暑氣低沉花洞彩舟泛斝

坐遶清潯楚臺風快湘簟冷永日披襟坐久覺

疎絃脆管換新音　越娥蘭態蕙心逞妖艷昵（換上刊有時字陸校亦無 刊蕙態蘭心 歸刊深）

歡邀寵難禁筵上笑歌間發舄履交侵醉鄉歸

處須盡興滿酌高吟向此免名韁利鎖虛費光

陰

浪淘沙令

有箇人人飛燕精神急鏘環珮上華裀促拍盡（有下刊有一字 拍刊脫）

隨紅袖舉風柳腰身。蔌蔌輕裙妙盡尖新曲

終獨立斂香塵應是西施嬌困也眉黛雙顰

西施刊四肢係詞改

荔枝香

甚處尋芳賞翠歸去晚緩步羅襪生塵繞瑤莛

繞上刊有來字瑤刊瓊

看金縷霞衣輕褪似覺春遊倦遥認衆裏盈盈

好身段擬回首又佇立簾幃畔素臉紅眉時

佇刊竚

揭蓋頭微見笑整金翹一點芳心在嬌眼王

孫空恁腸斷

林鍾商

古傾盃

凍水消痕曉風生暖春滿東郊道遲遲淑景煙
和露潤偏繞長堤芳草斷鴻隱隱歸飛江天杳
杳遙山變色粧眉淡掃目極千里閒倚危牆迥
眺動幾許傷春懷抱念何處韶陽偏早想帝
里看看名園芳樹爛熳鶯花好追思往昔年少
繼日恁把酒聽歌量金買笑別後暗負光陰多
少

傾盃

離讌慇懃蘭舟凝滯看看送行南浦情知道世
上難使皓月長圓彩雲鎮聚筭人生悲莫悲於

水刊氷　潤偏刊倒　繞刊脫　看下字刊宛增：　樹刊榭　刊盃下有樂字　慇刊勤　上刊人　圓刊畫　愁刊悲

流行間校以去斧
季標上方以云

輕別最苦正歡娛便分鴛侶淚流瓊臉梨花一
枝春帶雨 慘黛蛾盈盈無緒共黯然銷魂重
携纖手話別臨行猶自再三問道君須去頻耳
畔低語知多少他日深盟平生丹素從今盡把
憑鱗羽

流刊滴 刊失分段蛾下十五字刊脫 猶自二字校刪復旁〇 今刊此

破陣樂

露花倒影煙蕪蘸碧靈沼波暖金柳搖風樹樹
繫彩舫龍舟遥岸千步虹橋參差鴈齒直趨水
殿遶金堤曼行魚龍戲簇嬌春羅綺喧天絲管
霽色榮光望中似覩蓬萊清淺 時見鳳輦宸

樹：刊木： 舟刊船 見刊光

遊鸞觴禊飲臨翠水開鎬宴兩兩輕舠飛畫檝

畫刊画

競奪錦標霞爛罄歡娱歌魚藻徘徊宛轉别有

罄刊罄 標刊幖

盈盈遊女各委明珠爭收翠羽相將歸遠漸覺

委刊脱 遠刊去

雲海沉沉洞天日晚

雙聲子

晚天蕭索斷蓬蹤跡乘興蘭棹東遊三吴風景

乘刊桒

姑蘇臺榭牢落暮靄初收夫差舊國香徑没徒

有荒丘繁華處悄無覩惟聞麋鹿呦呦想當

年空運籌決戰圖王取霸無休江山如畫雲濤

畫刊画

煙浪翻輸范蠡扁舟驗前經舊史嗟謾載當日

風流斜陽暮草茫茫盡成萬古遺愁

陽臺路

楚天晚隆冷楓敗葉疎紅零亂冒征塵匹馬驅

驅愁見水遥山遠追念少年時正恁鳳幃倚香

偎暖嬉遊慣又豈知前歡雲雨分散此際空勞

回首望帝里難收淚眼暮煙衰草筭暗鎖路岐

無限今宵又依前寄宿甚處葦村山館寒燈畔

夜厭厭憑何消遣

内家嬌

煦景朝升煙光晝斂疎雨夜來新霽垂楊艷杏

楓刊風 驅：刊區：

少刊平 年刊脱

草刊艸

畔刊半

煦刊媚 晝刊圕

絲軟霞輕繡出芳郊明媚處處踏青鬭草人人
睠紅偎翠奈少年自有新愁舊恨銷遣無計
帝里風光當此際正好恁携佳麗阻歸程迢遞
奈好景難留舊歡頓棄早是傷春情緒那堪困
人天氣但贏得獨立高原斷魂一餉凝睇

二郎神

炎光謝過暮雨芳塵輕灑乍露冷風清庭戶爽
天如水玉鈎遙掛應是星娥嗟久阻叙舊約飈
輪欲駕極目處微雲暗度耿耿銀河高瀉閑
雅須知此景古今無價運巧思穿針樓上女擡

草刊艸 睠刊倦 偎刊倚 銷刊消 奈下刊有向字校刪 頓刊頓 獨刊睒 魂刊腸 贏刊羸 刊本題云七夕 爽刊爽下同 渡刊度

粉面雲鬟相亞鈿合金釵私語處筭誰在回廊

影下願天上人間占得歡娛年年今夜

醉蓬萊

漸亭皐葉下隴首雲飛素秋霽華新闕中天鎖（刊本題云慶老人星現）

葱葱佳氣嫩菊黄深拒霜紅淺近寳階香砌玉（佳刊嘉 階刊堦）

宇無塵金莖有露碧天如水正值昇平萬幾（幾刊機）

多暇夜色澄鮮漏聲迢遞南極星中有老人呈

瑞此際宸遊鳳輦何處度管絃清脆太液波翻（翻刊翻）

披香簾捲月明風細

宣清

殘月朦朧小宴闌珊歸來輕寒凜凜背銀釭孤
館乍眠擁重衾醉魄猶噤永漏頻傳前歡已去離
愁一枕暗尋思舊追遊神京風物如錦念擲
果朋儕絕纓宴會當時曾痛飲命舞燕翩翩歌
珠貫串向玳筵前盡是神仙流品至更闌踈狂
轉甚更相將鳳幃鴛寢玉釵亂橫任散盡高陽
這歡娛甚時重恁

錦堂春

墜髻慵梳愁蛾嬾畫心緒是事闌珊覺新來憔
悴金縷衣寬認得這踈狂意下向人誚譬如閑

凜：刊森：

翩：刊翻：歌珠下廿四字刊脫

幃刊樓 任上刊有信字

刊雨中花慢

畫刊画

把芳容整頓恁地輕辜爭忍心安　依前過了
舊約甚當初賺我偷剪雲鬟幾時得歸來香閣
深關待伊要尤雲殢雨纏繡衾不與同歡儘更
深款款問伊今後敢更無端

定風波

自春來慘綠愁紅芳心是事可可日上花梢鶯
穿柳帶猶壓香衾臥暖酥銷膩雲嚲終日厭厭
倦梳裹無那恨薄情一去音書無箇　早知恁
麼悔當初不把雕鞍鎖向雞窻只與蠻牋象管
拘束教吟課鎮相隨莫抛躲針綫閑拈伴伊坐

整刊陸
辜刊孤
雲刊香
繡刊鴛
敢更刊更敢
麼上刊有般字
窻刊窗
蠻刊鸞
課刊咏
嚲刊朵

和我免使年少光陰虛過

訴衷情近

雨晴氣爽竚立江樓望處澄明遠水生光重疊

暮山聳翠遥認斷橋幽徑隱隱漁村向晚孤煙

起　殘陽裏脉脉朱欄靜倚黯然情緒未飲先

如醉愁無際暮雲過了秋光老盡故人千里竟

日空凝睇

其二

景闌晝永漸入清和氣序榆錢飄滿閑堦蓮葉

嫩生翠沼遥望水邊幽徑山崦孤村是處園林

爽刊爽　認刊想　光刊風　景闌刊幽闌

好　閑情悄綺陌(入遊)漸少少年風韻自覺隨

春老追前好帝城信阻天涯目斷暮雲芳草竚

立空残照

留客住

偶登眺凭小欄艷陽時節乍晴天氣是處閑花

芳草遥山萬疊雲散漲海千里潮平波浩渺煙

村院落是誰家綠樹數聲啼鳥　旅情悄遠信

沉沉離魂杳杳對景傷懷度日無言誰表惆悵

舊歡何處後約難憑看看春又老盈盈淚眼望

儇鄉隱隱斷霞·殘照

前刊先　草刊艸

欄刊樓

草刊艸

刊本遠信分段

迎春樂

近來憔悴人驚怪，爲別後相思煞。我前生負你愁煩債，便苦恁難開解。良夜永牽情無計奈，錦被裏、餘香猶在。怎得依前燈下，恣意憐嬌態。

後刊脱　煞刊㷼　奈刊脱

隔簾聽

咫尺鳳衾帳鴛欲去無因到。蝦鬚窣地重門悄，認繡履頻移，洞房杳杳。強語笑，逞如簧、再三輕巧。梳妝早。琵琶閑抱，愛品相思調，聲聲似把芳心告。隔簾聽，贏得斷腸多少。恁煩惱，除非共伊知道。

強刊彊

聽刊脱　贏刊羸

聽小間校　荃孝上方標此題

鳳歸雲

戀帝里金谷園林平康巷陌觸處繁華連日疏狂未嘗輕負寸心雙眼況佳人盡天外行雲掌上飛燕向玳筵一一皆妙選長是因酒沉迷被花縈絆　更可惜淑景亭臺暑天枕簟霜月夜涼雪霰朝飛一歲風光盡堪隨分俊遊清宴算浮生事瞬息光陰錙銖名宦正歡笑試恁暫時分散却是恨雨愁雲地遙天遠

掌刊劏　涼刊脫　時刊脫　却刊郎

拋毬樂

曉來天氣濃淡微雨輕灑近清明風絮巷陌煙

草池塘盡堪圖畫艷杏暖粧臉勻開弱柳困宮
腰低亞是處麗質盈盈巧笑嬉嬉爭簇鞦韆架
戲綵毬羅綬金雞芥羽少年馳騁芳郊綠野占
斷五陵遊奏脆管繁絃聲和雅　向名園深處
爭抳畫輪競羈寶馬取次羅列杯盤就芳樹綠
陰紅影下舞婆娑歌宛轉髣髴鶯嬌燕姹寸珠
片玉爭似此濃歡無價任他美酒十千一斗飲
竭仍解金貂貰恣幕天席地陶陶盡醉太平且
樂唐虞景化須信艷陽天看未足已覺鶯花謝
對綠蟻翠娥怎忍輕捨

畫刊画下同　粧刊妝　艷刊豔下同　刊取次分段　抳刊泥　畫刊画　刊綠影紅陰　鶯刊鸎下同　此刊脫　忍刊生

集賢賓

小樓深巷狂遊徧，羅綺成叢。就中堪人屬意，最是春風。有畫難描雅態，無花可比芳容。幾回欲散良宵永，鴛衾暖、鳳枕香濃。算得人間天上，惟有兩心同。　近來雲雨忽西東，誚惱損情悰。縱然偷期暗會，長似忽忽。爭似和鳴偕老，免教斂翠啼紅。眼前時、暫疎歡宴，盟言在、更莫忡忡。待作真箇宅院，方信有初終。

春風刊蟲蟲　畫刊画　欲刊飲　暖刊脕　忽刊每　損刊憤　偕刊諧

殢人嬌

當日相逢，便有憐才深意。歌筵罷、偶同鴛被。別

來光景看看經歲昨夜裏方把舊歡重繼　曉

月將沉征驂已鞴愁腸亂又還分袂良辰好景

恨浮名牽繫無分得與你恣情濃睡

　　恩歸樂

天幕清和堪宴聚想得盡高陽儔侶皓齒善歌

長袖舞漸引入醉鄉深處　晚歲光陰能幾許

這巧宦不須多取共君把酒聽杜宇解再三勸

人歸去

　　應天長

殘蟬漸絕傍碧砌修梧敗葉微脫風露淒清正

好刊美　你刊妳　濃刊睡　想刊相　聽刊勸　解刊脫　勸刊喚　陸校題云重九　蟬下刊有聲字

[illegible]

是登高時節東籬霜乍結綻金蘂嫩香堪折聚

宴處落帽風流未饒前哲　把酒與君說恁好

景佳辰怎忍虛設休效牛山空對江天凝咽塵

勞無暫歇遇良會剩偷歡悅歌聲闋盃興方濃

莫便中輟

合歡帶

身材兒早是妖嬈筭風措實難描一箇肌膚渾

似玉更都來占了千嬌妍歌艷舞鶯慚巧舌柳

妬纖腰自相逢便覺韓娥減價飛燕聲銷　桃

花零落溪水潺湲重尋仙徑非遙莫道千金酬

聲刊未

風刊舉 下半字剜改

艷刊豔　鶯刊鸎

妬刊妒　減價刊價減

一笑便明珠萬斛須邀檀郎幸有凌雲詞賦擲果風標況當年便好相携鳳樓深處吹簫

少年遊

長安古道馬遲遲高柳亂蟬棲夕陽島外秋風原上目斷四天垂　歸雲一去無踪跡何處是前期狎興生疎酒徒蕭索不是去年時

其二

參差煙樹灞陵橋風物盡前朝衰楊古柳幾經攀折憔悴楚宮腰　夕陽閑淡秋光老離思滿衡皋一曲陽關斷腸聲盡獨自凭蘭橈

陸校題云游宴
棲刊嘶
去刊少
灞刊霸
凭刊上

其三

層波瀲灧遠山横一笑一傾城酒容紅嫩歌喉清麗百媚坐中生　墻頭馬上初相見不準擬

恁多情昨夜盃闌洞房深處特地快逢迎

其四

世間尤物意中人輕細好腰身香幃睡起發粧

酒釅紅臉杏花春　嬌多愛把齊紈扇和笑掩

朱唇心性温柔品流詳雅不稱在風塵

其五

淡黄衫子欝金裙長憶箇人人文談閑雅歌喉

粧刊妝　釅刊醲　欝刊鬱

清麗舉措好精神　當初爲倚深深寵無箇事

愛嬌嗔想得別來舊家模樣只是翠蛾顰

是刊恁

其六

鈴齋無訟宴遊頻羅綺簇簪紳施朱傅粉豐肌

紳刊纓

清骨容態盡天眞　舞裀歌扇花光裏翻回雪

刊歌裀舞扇

駐行雲綺席闌珊鳳燈明滅誰是意中人

其七

簾垂深院冷蕭蕭花外漏聲遥青燈未滅紅窻

蕭蕭刊蕭蕭，窻刊窗

閑卧魂夢去迢迢　薄情謾有歸消息鴛鴦被

半香銷試問伊家阿誰心緒禁得恁無憀

其八

一生贏得是凄涼追前事暗心傷好天良夜深

屏香被忍便相忘　王孫動是經年志貪迷戀

有何長萬種千般把伊情分顛倒儘猜量

其九

日高花榭懶梳頭無語倚粧樓修眉斂黛遙山

横翠相對結春愁　王孫走馬長楸陌貪迷戀

少年遊似恁疏狂費人拘管爭似不風流

其十

佳人巧笑直千金當日偶情深幾回飲散燈殘

是刊脫　忍上刊有爭字　志刊去夯季旁　儘刊盡　粧刊妝　楸刊秋　直刊值

香暖好事盡鴛衾　如今萬水千山阻魂杳杳

信沉沉孤棹煙波小樓風月兩處一般心

長相思　京妓（刊本脱題）

畫鼓喧街蘭燈滿市皎月初照嚴城清都絳闕

夜景風傳銀箭露靉（靉刊暖）金莖巷陌縱橫過平康款

轡緩聽歌聲鳳燭熒熒　那人家未掩香屏向（刊向羅綺分段）

羅綺叢中認得依稀舊日雅態輕盈嬌波艷冶（艷刊豔）

巧笑依然有意相迎墻頭馬上謾遲留難寫深

誠又豈知名宦拘檢年來減盡風情

尾犯（陸校亦名碧芙蓉）

晴煙冪冪漸東郊芳草染成輕碧野塘風暖遊

魚動觸冰澌微拆幾行斷鴈旋次第歸霜磧詠

新詩手撚江梅故人贈我春色　似此光陰催

逼念浮生不滿百雖照人軒冕潤屋珠金於身

何益一種勞心力圖利祿殆非長策除是恁點

檢笙歌訪尋羅綺消得

木欄花

心娘自小能歌舞舉意動容皆濟楚解教天上

念奴羞不怕掌中飛燕妬　玲瓏繡扇花藏語

宛轉香茵雲襯步王孫若擬贈千金只在畫樓

冪冪：刊冪冪　拆刊坼　珠金刊金珠　勞刊勞　刊玉樓春

白樂天琵琶行善才服宋本作伏字爲本伏服也

東畔住

其二

佳娘捧板花鈿簇唱出新聲群艷伏金鵞扇掩

調纍纍文杏梁高塵蔌蔌　鸞吟鳳嘯清相續

管裂絃焦爭可逐何當夜召入連昌飛上九天

歌一曲

其三

重娘舉措皆温潤每到婆娑偏恃俊香檀敲緩

玉纖遲畫鼓聲催蓮步緊　貪爲顧盼誇風韻

往往曲終情未盡坐中年少暗銷魂爭問青鸞

艷刊豔　伏刊服

裂刊烈

温刊渰　重刊蟲係剜改

催刊喧

家遠近

其四

酥娘一搦腰肢裊回雪縈塵皆盡妙幾多狎客

看無厭一輩舞童功不到　星眸顧指精神峭

羅袖隨風身段小而今長大懶婆娑只要千金

酬一笑

駐馬聽

鳳枕鸞帷二三載如魚似水相知良天好景深

憐多愛無非盡意依隨奈何伊恣性靈忒𪘏些

兒無事孜煎萬回千度怎忍分離　而今漸行

指刊拍　隨刊迎　陸校亦名應天長　鸞刊鴛　忒刊撻　忍刊免　行刊疎

漸遠漸覺雖悔難追謾凭寄消寄息終久奚爲

下寄字刊脫

也擬重論繾綣爭奈翻覆思維縱再會只恐恩

覆刊復 只刊脫

情難似當時

訴衷情

刊入續添曲子

一聲畫角日西曛催促掩朱門不堪更倚危欄

畫刊画 危刊木

腸斷已銷魂　年漸晚鴈空頻問無因思心欲

鴈刊雁

碎愁淚難收又是黃昏

中呂調

戚氏

晚秋天一霎微雨灑庭軒檻菊蕭疏井梧零亂

惹殘煙淒然望江關飛雲黯淡夕陽間當時宋玉悲感向此臨水與登山遠道迢遞行人悽楚倦聽隴水潺湲正蟬吟敗葉蛩響衰草相應喧喧孤館度日如年風露漸變悄悄至更闌長天淨絳河清淺皓月嬋娟思綿綿夜永對景那堪屈指暗想從前未名未祿綺陌紅樓往往經歲遷延

帝里風光好當年少日暮宴朝歡況有狂朋怪侶遇當歌對酒競留連別來迅景如梭舊遊似夢煙水程何限念利名憔悴長縈絆追往事空慘愁顏漏箭移稍覺輕寒漸嗚咽畫角

江刊鄉 悽刊淒

淨刊靜係剜改

下往字刊剜增

竟刊競 朋

煙刊裏

漸刊聽 畫刊画

數聲殘對閑窻畔停燈向曉抱影無眠

窻刊窗

輪臺子

一枕清宵好夢可惜被鄰雞喚覺忽忽策馬登途觸滿目淡煙衰草前驅風觸鳴珂過霜林漸覺驚棲鳥冒征塵遠況自古淒涼長安道行行又歷孤村楚天闊望中未曉　念勞生惜芳年壯歲離多歡少歎斷梗難停暮雲漸杳但黯黯寃銷寸腸憑誰表恁驅驅何時是了又爭似却返瑤京重買千金笑

草刊艸

刊行作分段

寃銷刊銷魂

引駕行

虹收殘雨蟬嘶敗柳長堤暮靑都門動銷黯西
風片帆輕舉愁覩泛畫鷁翩翩靈鼉隱隱下前
浦　忍回首佳人漸遠想高城隔煙樹幾許秦
樓永晝謝閣連宵奇遇筭贈笑千金酬歌百琲
盡成輕負南顧念吳邦越國風煙蕭索在何處
獨自箇千山萬水指天涯去

望遠行

繡幃睡起殘粧淺無緒勻紅補翠藻井凝塵金
梯鋪蘚寂寞鳳樓十二風絮紛紛煙蕪苒苒永
日畫欄沉吟獨倚望遠行南陌春殘悄歸騎

畫刊画　刊奉樓分段　補刊鋪　梯刊堦　畫刊画

凝睇消遣離愁無計但暗擲金釵買醉對好景

空飲香醪爭奈轉添珠淚待伊遊冶歸來故故

解放翠羽輕裙重繫見纖腰圖信人憔悴

彩雲歸

蘅皐向晚艤輕航卸雲帆水驛魚鄉當暮天霽

色如晴畫江練靜月皎飛光那堪聽遠村羌管

引離人斷腸此際浪萍風梗度歲茫茫　堪傷

朝歡暮宴被多情賦與淒涼別來最苦襟袖依

約尚有餘香筭得伊鴛衾鳳枕夜永爭不恩量

牽情處惟有臨岐一句難忘

對刊脫　宴刊散

洞仙歌

佳景留心慣況年彼此風情非淺有笙歌巷陌羅綺庭院傾城巧笑如花面恣雅態明眸回美盼同心綰筭國艷仙材翻恨相逢晚繾綣洞房悄悄繡被重重夜永歡餘共有海約山盟記得翠雲偷剪和鳴彩鳳于飛燕閒柳徑花陰攜手徧情眷戀向其間密約輕憐事何限忍聚散況已結深深願願人間天上暮雨雲朝雨長相見

少年刊年少

離別難

花謝水流倏忽嗟年少光陰有天然蕙質蘭心
美韶容何啻直千金便因甚翠弱紅衰纏綿香
體都不勝任筭神仙五色靈丹無驗中路委瓶
簪人悄悄夜沉沉閉香閨永棄鴛衾想驕魂
非遠洪都方士也難尋最是好景良天樽前歌
笑空想遺音望斷處杳杳巫峰十二千古暮雲
深

擊梧桐

香靨深深姿姿媚媚雅格奇容天與自識來來
便好看伊會得妖嬈心素臨岐再約同歡定是

直刊值
驕刊嬌
魂下刊有媚魄二字斧季云宋本無
洪上刊有總字最下刊有苦字
樽刊尊

都把平生相許又恐恩情易破難成未免千般
思慮近日書來寒暄而已苦沒忉忉言語便
認得聽人教當擬把前言輕負見說蘭臺宋玉
多才多藝善詞賦試與問朝朝暮暮行雲何處
去

夜半樂

凍雲黯淡天氣扁舟一葉乘興離江渚渡萬壑
千巖越溪深處怒濤漸息樵風乍起更聞商旅
相呼片帆高舉泛畫鷁翩翩過南浦望中酒旆
閃閃一簇煙村數行霜樹殘日下漁人鳴榔歸

乘刊椉　樵刊焦　畫刊画

白校云滿字亦應
用韻上非句絕文
泉補之有作諸法
同此多為不必

去　敗荷零落衰楊掩映岸邊兩兩三三浣紗
遊女避行客含羞笑相語到此因念繡閣輕拋
浪萍難駐嘆後約丁寧竟何據慘離懷空恨歲
晚歸期阻凝淚眼杳杳神京路斷鴻聲遠長天
暮

祭天神

歎笑筵歌席輕拋撣背孤城幾舍煙村停畫舸
更深釣叟歸來數點殘燈火被連綿宿酒醺醺
愁無那寂寞擁重衾臥　又聞得(客)(行)扁舟過
蓬窗近蘭棹急好夢還驚破念平生單栖蹤跡

笑相刊相笑　到此分段
嘆刊脱
畫刊画
刊寂寞分段
窗刊窗

多感情懷到此厭厭向曉披衣坐

過澗歇

淮楚曠望極千里火雲燒空盡日西郊無雨厭

行旅數幅輕帆旋落艤棹蒹葭浦避畏景兩兩

舟人夜深語　此際爭可便恁奔名競利去九

衢塵裏衣冠冒炎暑回首江鄉月觀風亭水邊

石上幸有散髮披襟處

陸校題云夏景

旋刊漸

樂章集下卷

中呂調

安公子

長川波瀲灩楚鄉淮岸迢遞一霎煙汀雨過芳草青如染區區攜書劍當此好景天好自覺多愁多病行役心情厭　望處曠野沉沉暮雲黯黯行侵夜色又是急槳投村店認去程將近舟子相呼遙指漁燈一點

草刊艸　區刊驅

菊花新

欲掩香幃論繾綣先斂雙蛾愁夜短催促少年

郎先去睡鴛衾圖暖　須臾放了殘針線脫羅

裳恣情無限疊取帳前燈時時待看嬌面

過澗歇近

酒醒夢纔覺小閣香炭成煤洞户銀蟾移影人

寂靜夜永清寒翠瓦霜凝踈簾風動漏聲隱隱

飄來轉愁聽　怎向心緒近日厭厭長似病鳳

棲咫尺佳期杳無定展轉無眠粲枕冰整香亂

烟斷是誰與把重衾整

輪臺子

霧斂澄江煙鎖藍光碧彤霞襯遥天掩映斷續

取刊著　看下刊有伊字　斧季云宋本無　刊脫陸校鈔補　鈔過澗近拍

炭鈔灰　煤鈔燼

鈔厭﹅

香鈔宵　斁鈔冷

刊脫陸校鈔補

半空殘月孤村望處人寂寞聞釣叟甚處一聲羌笛九嶷山畔纔雨過班竹作血痕添色感行客翻思故國恨因循阻隔路久沉消息　正老松枯柏情如織聞野猿啼愁聽得見釣舟初出芙蓉渡頭鴛鴦灘側干名利祿終無益念歲歲間阻迢迢紫陌翠娥嬌艷從別後經今花開柳拆傷鬼魄利名牽役又爭忍把光景拋擲

見鈔聞

平調

望漢月

明月明月明月爭奈乍圓還缺恰如年少洞房

爭奈刊何事

人暫歡會依前離别　小樓憑檻處正是去年
時節千里清光又依舊奈夜永厭厭人絶
歸去來
初過元宵三五慵困春情緒燈月闌珊嬉遊處
遊人盡厭歡聚　憑仗如花女持盃謝酒朋詩
侶餘醒更不禁香醑歌筵罷且歸去
燕歸梁
織錦裁編寫意深字直千金一回披翫一愁吟
腸成結淚盈襟　幽歡已散前期遠無憀懶是
而今密憑歸鴈寄芳音恐冷落舊時心

暫刊脱　憑刊凭
罷刊舞
編刊篇　直刊値
憀懶刊聊賴㊞　懶斧李旁乚
鴈刊燕

一八六子

如花貌，當來便約，永結同心偕老。爲妙年、俊格聰明，凌厲多方憐愛，何期養成心性近，元來都不相表。漸作分飛計料。　稍覺因情難供，恁殛惱。爭克罷同懽笑。已是斷絃尤續，覆水難收，常向人前誦談，空遣時傳音耗。謾悔懊。此事何時壞了。

長壽樂

尤紅殢翠。近日來、徒把狂心，牽繫羅綺叢中。笙歌筵上，有箇人人可意。解嚴粧巧笑，取次言談

刊脱陸校鈔補　鈔本作正平調　此闋另編

來鈔本

徒刊陡

刊脱取　言談刊姿則

成嬌媚知幾度密約秦樓盡醉仍携手眷戀香
衾繡被　情漸着算好把夕雨朝雲相繼便是
仙（禁）春深對天顏咫尺定魁甲登高第待恁時等
著回來賀喜好生地剩與我兒利市
仙呂宫
望海潮
東南形勝江吳都會錢塘自古繁華煙柳畫橋
風簾翠幙參差十里人家雲樹遶堤沙怒濤捲
霜雪天塹無涯市列珠璣戶盈羅綺競豪奢
重湖疊巘清嘉有三秋桂子十里荷花羌管弄

着刊美着斧季旁乚
春深下刊有御爐香裊臨軒親試八字斧季云宋本脱
天顏下二十八字刊脱
宫刊調
陸校題（云）孫何帥錢塘賦此詞贈之
江刊三條剜改
畫刊画
里刊萬

晴菱歌泛夜嬉嬉釣叟蓮娃千騎擁高牙乘醉

泛刊汎 乘刊椉

聽簫鼓吟賞煙霞異日圖將好景歸去鳳池誇

如魚水

輕靄浮空亂峯倒影瀲灩十里銀塘繞岸垂楊

紅樓朱閣相望芰荷香雙雙戲（戲）瀨鴛鴦乍雨過

蘭芷汀洲望中依約似瀟湘　風淡淡水茫茫

動一片晴光畫舫相將盈盈紅粉清商紫薇郎

畫刊畫

修禊飲且樂仙鄉便歸去徧歷鑾坡鳳沼此景

飲刊飲 飲斧季旁乚

也難忘

其二水

刊脫陸校鈔補

帝里踈散數載酒縈花繫九陌狂遊良景對珍
筵惱佳人自有風流勸瓊甌絳唇啓歌發清幽
被舉措藝足才高在處別得艷娌留 浮名利
擬拚休是非莫掛心頭富貴豈由人時會高志
須酬莫閑愁共緑蟻紅粉相尤向繡幄醉倚芳
姿睡筭除此外何求

玉蝴蝶

望處雨收雲斷凭欄悄悄目送秋光晚景蕭踈堪
動宋玉悲涼水風輕蘋花漸老月露冷梧葉飄
黃遣情傷故人何在煙水茫茫難忘 文期酒

刊題云秋思

刊難忘分段

會幾辜風月屢變星霜海闊山遥未知何處是
瀟湘念雙燕難憑遠信指暮天空識歸航黯相
航刊艎
望斷鴻聲裏立盡斜陽
其二
刊題云春遊
漸覺芳郊明媚夜來膏雨一灑埃滿塵目淺桃
深杏露染風裁銀塘靜魚鱗簟展煙岫翠龜甲
風刊煙
屏開殿晴雷雲中鼓吹遊偏蓬萊徘徊隼旟
刊徘徊分段
前後三千珠履十二金釵雅俗熙熙下車成宴
盡春臺好雍容東山妓女堪笑傲北海樽罍且
妓刊岐
樽刊尊
追陪鳳池歸去那更重來

元本接前四下用
一腳膜下不用
一妝共接下闋
不一一今仍抄之

元接本卷及下後
篇一闋無標目
四十三至三十四
擬[illegible]今仍元本次第

其三

是處小街斜巷爛遊花館連醉瑤卮選得芳容端麗冠絕吳姬絳唇輕笑歌盡雅蓮步穩舉措皆奇出屏幃倚風情態約素腰肢當時一綺羅叢裏知名雖久識面何遲見了千花萬柳比並不如伊未同歡寸心暗許欲話別纖手重携結前期美人才子合是相知

其四

誤入平康小巷畫簷深處珠箔微褰羅綺叢中偶認舊識嬋娟翠眉開嬌橫遠岫綠鬢嚲濃染

畫刊画
珠刊朱

春煙憶情牽粉牆曾恁窺宋三年遷延　珊瑚
筵上親持犀瓮旋疊香牋要索新詞殢人含笑
立樽前按新聲珠喉漸穩想舊意波臉增妍苦
留連鳳衾鴛枕忍負良天

其五

淡蕩素商行暮遠空雨歇平野煙收滿目江山
堪助楚客冥搜素光動雲濤漲晚紫翠冷霜巘
橫秋景清幽渚蘭香謝汀樹紅愁良儔　西風
吹帽東籬攜酒共結歡遊淺酌低吟坐中俱是
飲家流對殘暉登臨休歎賞令節酩酊方酬且

陸校題云重陽

相留眼前尤物，盞裏忘憂。

滿江紅

暮雨初收，長川靜、征帆夜落。臨島嶼、蓼煙疎淡，葦風蕭索。幾許漁人飛短艇，盡載燈火歸村落。遣行客、當此念回程，傷漂泊。　桐江好，煙漠漠。波似染，山如削。遶嚴陵灘畔，鷺飛魚躍。遊宦區區成底事，平生況有雲泉約。歸去來、一曲仲宣吟，從軍樂。

其二

訪雨尋雲，無非是、奇容艷色。就中有、天真妖麗

刊題云桐川

載刊將係刻改

校云飛一作橫

自然標格惡發姿顏歡喜面細追想處皆堪惜

自別後幽怨與閑愁成堆積 鱗鴻阻無信息

魂夢斷難尋覓儘思量休又怎生休得誰恁多

情憑向道縱來相見且相憶便不成常遣似如

今輕拋擲

其三

萬恨千愁將年少衷腸牽繫殘夢斷酒醒孤館

夜長無味可惜許枕前多少意到如今兩總無

終始獨自箇嬴得不成眠成憔悴 添傷感將

何計空秖恁厭厭地無人處思量幾度垂淚不

縱刊總 常刊長

無刊滋係剜改

嬴刊贏 將刊空白

秖刊只

會得都來些子事甚恁底死難拚棄待到頭終久問伊看如何是

看刊著

刊脫陸校鈔補
鈔滿江紅

其四

疋馬驅驅揺征轡溪邊谷畔望斜日西照漸沉山半兩兩棲禽歸去急對人相並聲相喚似笑我獨自向長途離魂亂　中心事多傷感人是宿前村館想鴛衾今夜共他誰暖惟有枕前相思淚背燈彈了依前滿怎忘得香閣共伊時嫌更短

洞仙歌

乘興閑泛蘭舟，渺渺煙波東去，淑氣散幽香，滿

蕙蘭汀渚。綠蕪平晼，和風輕暖，曲岸垂楊，隱隱

隔、桃花圃。芳樹外，閃閃酒旗遥舉。羈旅。漸入

三吳風景，水村漁市，閑思更遠神京，抛擲幽會

小歡何處。不堪獨倚危檣，凝情西望日邊，繁華

地、歸程阻。空自歎當時，言約無據。傷心最苦。竚

立對、碧雲將暮。關河遠，怎奈向、此時情緒。

引駕行

紅塵紫陌，斜陽暮草長安道，是離人、斷魂處，迢

迢匹馬西征。新晴。韶光明媚，輕煙淡薄和氣暖，

乘刊棄　汀刊江　圃刊塢　刊漸入分段　市刊浦　遠刊遶　檣刊樓　草刊艸　離刊誰

望花村路隱映揺鞭時過長亭愁生傷鳳城仙
子别來千里重行行　又記得臨岐淚眼溼蓮
臉盈盈銷凝花朝月夕最苦冷落銀屏想媚容
耿耿無眠屈指已算回程相縈空萬般思憶爭
如歸去覩傾城向繡幃深處竝枕說如此牽情

望遠行

長空降瑞寒風翦淅淅瑶花初下亂飄僧舍密
灑歌樓迤邐漸迷鴛瓦好是漁人披得一蓑歸
去江上晚來堪畫滿長安高却旗亭酒價　幽
雅乘興最宜訪戴泛小棹越溪瀟灑皓鶴奪鮮

刊花朝分段
眠刊限
刊題云冬雪
花刊華
畫刊画
乘刊桒

白鷗失素千里廣鋪寒野須信幽蘭歌斷彤雲

彤刊同

收盡別有瑤臺瓊榭放一輪明月交光清夜

八聲甘州

對瀟瀟暮雨灑江天一番洗清秋漸霜風悽慘

瀟瀟刊蕭蕭 悽慘刊淒緊

關河冷落殘照當樓是處紅衰翠減苒苒物華

翠刊綠

休惟有長江水無語東流 不忍登高臨遠望

故鄉渺邈歸思難收歎年來蹤跡何事苦淹留

想佳人粧樓顒望誤幾回天際識歸舟爭知我

粧刊妝

倚闌干處正恁凝愁

愁刊眸係剜改

臨江仙

竹馬子

登孤壘荒涼危亭曠望靜臨煙渚對雌霓掛雨雄風拂檻微收煩暑漸覺一葉驚秋殘蟬噪晚素商時序覽景想前歡指神京非霧非煙深處向此成追感新愁易積故人難聚憑高盡日凝竚贏得銷魂無語極目霽靄霏微暝鴉亂零蕭索江城暮南樓畫角又送殘陽去

漸覺刊空白一字陸校丹梧
暝刊空白
畫刊画
送刊遂

夢覺小庭院冷風淅淅疎雨瀟瀟綺窻外秋聲敗葉狂飄心搖奈寒漏永孤幃悄淚燭空燒無

窻刊窗

〻校云禁一作奈

端處是繡衾鴛枕閑過清宵　蕭條牽情繫恨

爭向年少偏饒覺新來憔悴舊日風標魂銷念

歡娛事煙波阻後約方遥還經歲問怎生禁得

如許無聊

小鎮西

意中有箇人芳顔二八天然俏自來奸黠最奇

絶是笑時媚靨深深百態千嬌再三偎着再三

香滑　久離缺夜來魂夢裏尤花殢雪分明似

舊家時節正歡悦被鄰雞喚起一場寂寥無眠

向曉空有半窻殘月

刊牽情分段　刊夜來分段　鄰雞刊雞聲 係　寥刊寞一宛改　窻刊窗

小鎮西犯

水鄉初禁火青春未老芳菲滿柳汀煙島波際

紅幃縹緲畫盃盤小歌祓禊聲聲諧楚調　路

繚繞野橋新市裏花穠妓好引遊人竟來諠笑

酩酊誰家年少信玉山倒家何處落日眠芳草

迷神引

一葉扁舟輕帆卷暫泊楚江南岸孤城暮角引

胡笳怨水茫茫平沙鴈旋驚散煙斂寒林簇畫

屏展天際遥山小黛眉淺　舊賞輕抛到此成

遊宦覺客程勞年光晚異鄉風物忍蕭索當愁

刊重一祓字
刊野橋分段
繚繞刊遼遶
竟刊競（脊季旁）
諠刊歡
草刊艸

卷刊捲

鴈刊雁
畫刊画

眼帝城賒秦樓阻旅魂亂芳草連空潤殘照滿
佳人無消息斷雲遠

促拍滿路花

香靨融春雪翠鬟彈秋煙纖細楚腰正笄年鳳
幃夜短偏愛日高眠起來貪顛要只恁殘却黛眉
不整花鈿　有時攜手閑坐偎倚綠窗前溫柔
情態儘人憐畫堂春過悄悄落花天最是嬌癡
處尤殢檀郎未教拆了鞦韆

六么令

澹煙殘照搖曳溪光碧溪邊淺桃深杏迤邐染

草刊艸　鬟刊鬟　笄年刊白空　要刊俊　窗刊窗　最刊長　畫刊画　淺刊殘

春色昨夜扁舟泊處枕底當灘磧波聲漁笛驚
回好夢夢裏欲歸歸不得　展轉翻成無寐因
此傷行役思念多媚多嬌咫尺千山隔都爲深
情密愛不忍輕離好天良夕鴛幃寂寞筭得也
應暗相憶
剔銀燈
何事春工用意繡畫出萬紅千翠艷杏夭桃垂
楊芳草各鬬雨膏煙膩如斯佳致早晚是讀書
天氣　漸漸園林明媚便好安排歡計論檻買
花盈車載酒百琲千金邀妓何妨沉醉有人伴

底刊展　寞刊靜　幃刊帷　相刊思　畫刊画　草刊艸　檻刊藍

○按云珠玉詞作紅
窗睡 案詞律云

按荊王夢斷魂方失
刪前段上四字句近似

日高春睡

紅窗聽

刊紅窗睡

如削肌膚紅玉瑩，舉措有許多端正。二年三歲

舉上刊有峰字

同鴛寢，表溫柔心性。別後無非良夜永，如何

向名牽利役，歸期未定，算伊心裏，卻冤成薄倖。

成刊人

臨江仙

陸校仙下有令字

嗚珂碎撼都門曉，旌幢擁下天人。馬搖金轡破

香塵。壺漿盈路，歡動一年春。揚州曾是追遊

一本刊帝城君年夢覺

地，酒臺花徑仍存。鳳簫依舊月中聞。荊王魂夢，

刊荊王魂散

斷應認嶺頭雲。

鳳歸雲

向深秋雨餘爽氣肅西郊陌上夜闌襟袖起涼

爽刊爽

颷天末残星流電未滅閃閃隔林梢又是曉雞

末刊空白

聲斷陽烏光動漸分山路迢迢　驅驅行役苒

苒光陰蠅頭利祿蝸角功名畢竟成何事謾相

高抛擲雲泉狎翫塵土壯節等閑銷幸有五湖

煙浪一船風月會須歸去老漁樵

去刊脱

女冠子

陸校題云夏景

淡煙飄薄鶯花謝清和院落樹陰翠密葉成幄

樹刊樹　鶯刊鸎

麥秋霽景夏雲忽變奇峰倚寥廓波暖銀塘漲

底〻同校从广
答李上方標从广

書例不當有異
句律衣

新萍綠魚躍想端憂多暇陳王是日嫩苔生閣

正鑠石天高流金晝永楚榭光風轉蕙披襟處

波翻翠幙以文會友沉李浮瓜忍輕諾别館清

閒避炎蒸豈須河朔但樽前隨分雅歌艷舞盡

成歡樂

玉山枕

驟雨新霽蕩原野清如洗斷霞散彩殘陽倒影

天外雲峯數朶相倚露荷煙芰滿池塘見次第

幾番紅翠當是時河朔飛觴避炎蒸想風流堪

繼晚來高樹清風起動簾幙生秋氣畫樓晝

光風二字刊倒
係剜改

樽刊尊

荷刊莎

晝刊画

寂蘭堂夜靜舞艷歌姝漸任羅綺訟閑時泰足
風情便爭奈雅歌都廢省教成幾闋清歌盡新
聲好罇前重理

減字木蘭花

花心柳眼郎似遊絲常惹絆慵困誰憐繡線金
針不喜穿　深房密讌爭向好天聚散綠鎖窻
前幾日春愁廢管絃

木蘭花令

有箇人人真攀羨問着洋洋回却面你若無意
向他人爲甚夢中頻相見　不如聞早還却願

清刊新
罇刊尊　理刊野
慵困刊獨爲係剜改
窻刊窗
春愁刊口口
刊王樓春注一刻蘇子瞻
攀刊堪　刊問却伴羞係剜改
他人刊咱行係剜改

免使牽人虛魂亂風流腸肚不堅牢秖恐被伊

牽引斷

虛魂刊魂夢 秖刊只係剜改 引刊惹

甘州令

凍雲深淑氣淺寒欺綠野輕雪伴早梅飄謝豔

陽天正明媚却成瀟灑玉人歌畫樓酒對此景

驟增高價　賣花巷陌放燈臺榭好時節怎生

輕捨賴和風蕩霽靄廓清(良)夜玉塵鋪桂華滿素

畫刊畫 景刊早 節刊代 華刊蓮

光裏更堪遊冶

西施

苧蘿妖豔世難偕善媚悅君懷後庭恃寵盡使

偕刊口 恃下刊有愛字

絕嫌猜正恁朝歡暮宴情未足早江上兵來

捧心調態軍前死羅綺旋變塵埃至今想怨魂

無主尚徘徊夜夜姑蘇城外當時月但空照荒

臺

其二

柳街燈市好花多盡讓美瓊娥萬嬌千媚的的

在層波取次梳粧自有天然態愛淺畫雙蛾

斷腸最是（金）閨客空憐愛奈伊何洞房咫尺無計

枉朝珂有意憐才每遇行雲處時恁相過

其三

刊西施

瓊刊璚

梳粧刊粧梳　畫刊画

時上刊有幸字

刊脱陸校鈔補

自從田步百花橋便獨處清宵鳳衾鴛枕何事

等閑抛縱有餘香也似郎恩愛向日夜潛消

恐伊不信芳容改將憔悴寫霜綃更憑錦字字

字說情憀要識愁腸但看丁香樹漸結盡春梢

河傳

翠深紅淺愁娥黛蹙嬌波刀剪奇容妙妓爭逞

舞裀歌扇粧光生粉面　坐中醉客風流慣鐏

前見特地驚狂眼不似少年時節千金爭選相

逢何太晚

其二

梢　四鈔稍

傳　刊轉

爭　刊互

鐏　刊尊　粧　刊粧

淮岸向晚圓荷向背芙蓉深淺仙娥畫舸露清

紅芳交亂難分花與面　採多乍覺輕船滿呼

歸伴急槳煙村遠隱隱棹歌漸被蒹葭遮斷曲

終人不見

郭郎兒近

帝里閑居小曲深坊庭院沉沉朱戶閉新霽畏

景天氣薰風簾幕無人永晝厭厭如度歲愁痒

枕簟微涼睡久轉轉慵起硯席塵生新詩小

闋等閑都盡廢這些兒寂寞情懷何事新來常

恁地

圓刊園　畫刊画　紅刊江　採刊采　乍刊漸　村刊波

近下刊有拍字

△校云向一作漸

南呂調

透碧霄

月華邊萬年芳樹起祥煙帝居壯麗皇家熙盛寶運當千端門清晝觚稜照日雙闕中天太平時朝野多歡偏錦街香陌鈞天歌吹閬苑神仙

野刊夜
偏刊徧

昔觀光得意狂遊風景再覩更精妍傍柳陰尋花徑空恁嚲轡垂鞭樂遊雅戲平康艷質應也依然仗何人多謝嬋娟道宦途蹤跡歌酒情懷不似當年

木欄花

刊木蘭花慢

倚危樓竚立乍蕭索晚晴初漸素景衰殘風砧
韻響霜樹紅疎雲衢見新鴈過奈佳人自別阻
音書空遣悲秋念遠寸腸萬恨縈紆 皇都暗
想歡遊成往事動欲歔念對酒當歌低幃竝枕
翻恁輕辜歸塗縱凝望處但斜陽暮靄滿平蕪
贏得無言悄悄凭闌盡日踟躕

其二

拆桐花爛熳乍疎雨洗清明正艷杏燒林緗桃
繡野芳草如屏傾城盡尋勝去驟雕鞍紺幰出
郊坰風暖繁絃脆管萬家競奏新聲 盈盈鬭

響刊冷 鴈刊雁
辜刊孤 塗刊途
刊題云清明
艷刊焰係剜改 緗係剜改
草刊景
脆刊翠

草踏青人艷治遮逢迎向路傍往往遺簪墮珥

珠翠縱橫歡情對佳麗地信金罍罄竭玉山傾

拚却明朝永日晝堂一枕春酲

其三

古繁華茂苑是當日帝王州詠人物鮮明士風細

膩曾美詩流尋幽近香徑處聚蓮娃釣叟簇汀

洲晴景吴波練靜萬家緑水朱樓　凝旒乃睠

東南思共理命賢侯繼夢得文章樂天惠愛布

政優優鼇頭況虚位久遇名都勝景且淹留贏

得蘭堂醖酒晝船携妓歡遊

晝刊画　士刊土　旒刊睟　夢刊楚　晝刊画

臨江仙引

渡口向晚乘瘦馬陟平岡西郊又送秋光對暮
山横翠襯殘葉飄黄憑高念遠素景楚天無處
不凄涼　香閨別來無信息雲愁雨恨難忘指
帝城歸路但煙水茫茫凝情望斷淚眼盡日獨立
斜陽

其二

上國去客停飛蓋促離筵長安古道綿綿見岸
花啼露對堤柳愁煙物情人意向此觸目無處
不凄然　醉擁征驂猶佇立盈盈淚眼相看況

引刊脫
乘刊棄　平刊崇

繡幃人靜更山舘春寒今宵怎向漏永頓成兩
處孤眠

其三

畫舸盪槳隨浪箭隔岸虹荷占斷秋容疑水仙
游泳向別浦相逢鮫絲霧吐漸收細腰無力轉
嬌慵　羅韈凌波成舊恨有誰更賦驚鴻想媚
魂香信筭密瑣瑤宮遊人謾勞倦奈何不逐東
風

瑞鷓鴣

寶髻瑤簪嚴粧巧天然緑媚紅深綺羅叢裏獨

刊脫陸校鈔補
鈔臨江仙引。

粧刊妝

逞謳吟一曲陽春定價何啻直千金傾聽處王（直刊值）
孫帝子鶴蓋成陰　凝態掩霞襟動象板聲聲
怨息難任嘹喨處迴歷絃管低沉時恁迴眸斂（迴刊回）
黛空役五陵心須信道緣情寄意別有知音

其二

吳會風流人煙好高下水際山頭瑤臺絳闕依（刊脫陸校鈔補　鈔瑞鷓鴣前著南呂二字無調字宋此闋另編）（煙鈔烟）
約蓬丘萬井千閭富庶雄壓十三州觸處青蛾
畫舸紅粉朱樓　方面委元侯致訟簡時豐繼（畫刊画）
日懽遊襦温袴暖已扇民謳旦暮鋒車命駕重（暖鈔煖）
整濟川舟當恁時沙堤路穩歸去難留

△校云下五字重前旦此句中多一字可去

憶帝京

薄衾小枕涼天氣乍覺別離滋味展轉數寒更

起了還重睡畢竟不成眠一夜長如歲　也擬

待却回征轡又爭奈已成行計萬種思量多方

開解只恁寂寞厭厭地繫我一生心負你千行

淚

般涉調

塞孤

一聲雞又報殘更歇秣馬巾車催發草草主人

燈下別山路險新霜滑瑤珂響起棲烏金鐙冷

待刊把　涉刊沙　草草刊艸艸

敲殘月漸西風緊襟袖淒洌　遥指白玉京望

斷黄金闕遠道何時行徹筭得佳人凝恨切應

念念歸時節相見了執柔荑幽會處偎香雪免

鴛衾兩恁虚設

瑞鷓鴣

天將奇艷與寒梅乍驚繁杏臘前開暗想花神

巧作江南信鮮染臙脂細剪裁　壽陽粧罷無

端飲凌晨酒入香腮恨聽煙塢深中誰恁吹羌

管逐風來絳雪紛紛落翠苔

其二

洌刊裂
刊本失分段

陸校題云紅梅

粧刊妝

管刊笛

全吳嘉會古風流渭南往歲憶來遊西子方來
越相功成去千里滄江一葉舟　至今無限盈
盈者盡來拾翠芳洲最是簇簇寒村遥認南朝
路晚煙收三兩人家古渡頭

洞仙歌

嘉景向少年彼此爭不雨沾雲惹奈傳粉英俊
夢蘭品雅金絲帳暖銀屏亞並粲枕輕偎輕倚
綠嬌紅姹筭一笑百琲明珠非價　閑暇每秪
向洞房深處痛憐極寵似覺些子輕辜早恁背
人沾灑從來嬌縱多猜訝更對翦香雲須要深

全刊三　會刊景　功刊巧　江刊波　是刊好　村刊竹　路刊画　向刊況　輕偎二字刊脫　刊每秪向分段　辜刊孤　須刊深

心同寫(愛)搵了雙眉索人重畫忍辜豔治斷不等
閑輕捨鴛衾下願常恁好天良夜

安公子

遠岸收殘雨雨殘稍覺江天暮拾翠汀洲人寂
靜立雙雙鷗鷺望幾點漁燈隱映葭(蒹)浦停畫
橈兩兩舟人語道去程今夜遥指前村煙樹
遊宦成羈旅短檣吟倚閑凝竚連萬水千山迷
遠近想鄉關何處自別後風(亭)月榭辜歡聚剛斷
腸惹得離情苦聽杜鵑聲聲勸人不如歸去

其二

搵刊印 畫刊画 辜刊負 隱刊掩 畫刊画 遥刊揺 檣刊墻 辜刊孤 鵑刊宇

夢覺清宵半悄然屈指聽銀箭惟有牀前殘淚
燭啼紅相伴暗（惹）起雲愁雨恨情何限從臥來展
轉千餘遍恁數重鴛被怎向孤眠不暖　堪恨
還堪歎當初不合輕分散及至厭厭獨自箇却
眼穿腸斷似恁地深情密意如何拚雖後約的
有于飛願奈片時難過怎得如今便見

長壽樂

繁紅嫩翠艷陽景粧點神州明媚是處樓臺朱
門院落絃管新聲騰沸恣遊人无限馳驟嬌馬
車如水竟尋芳選勝歸來向晚起通衢近遠香

意刊愛
刊脫陸校鈔補
騰鈔勝
勝鈔騰

塵細細　太平世少年時忍把韶光輕弃況有
紅粧楚腰越艷一笑千金何啻向鐏前舞袖飄
雪歌響行雲止願長繩且把飛烏繫任好從容
痛飲誰能惜醉
黃鍾羽∴
傾盃
水鄉天氣灑蒹葭露結寒生早客館更堪秋杪
空堦下木葉飄零颯颯聲乾狂風亂掃當無緒
人靜酒初醒天外征鴻知送誰家歸信穿雲悲
叫蛩響幽窻鼠窺寒硯一點銀釭閑照夢枕

羽刊調

醒刊醒外刊上

刊失分段 窻刊窗鼠刊鼠 釭刊缸

頻驚愁衾半擁萬里歸心悄悄往事追思多少
贏得使空方寸撓斷不成眠此夜厭厭就中難
曉

大石調

傾盃

金風淡蕩漸秋光老清宵永小院新晴天氣輕
煙乍斂皓月當軒練靜對千里寒光念幽期阻
當殘景早是多情多病那堪細把舊約前歡重
省　最苦碧雲信斷僊鄉路杳歸鴻難倩每高
歌強遣離懷奈慘咽翻成心耿耿漏殘露冷空

靜刊淨　情刊愁　刊失分段　強刊彊

贏得悄悄無言愁緒(終)難整又是立盡黄昏梧桐

碎影

碎刊清

其三 散水調

刊傾盃樂下注散水調三字刊列雙調後

鶯落霜洲鴈横煙渚分明畫出秋色暮雨乍歇

鶯刊木 畫刊画

小檝夜泊宿葦村山驛何人月下臨風處起一

聲羌笛離愁萬緒聞岸草切切蛩吟如織 爲

刊夫分段

憶芳容别後水遥山遠何(計)憑鱗翼想繡閣深沉

爭知憔悴損天涯行客楚峽雲歸高陽人散寂

寞狂蹤跡望京國空目斷遠峯凝碧

鶴沖天 黄鐘宮

刊無黄鐘宮三字校注調下刊列仙吕宮後

白按云且恁句多一字，此據書坊本當據宋刻删去，與諸本合

黄金牓上，偶失龍頭望。明代暫遺賢，如何向。未遂風雲便，爭不恣狂蕩。何須論得喪。才子詞人，自是白衣卿相。

煙花巷陌，依約丹青屏障。幸有意中人，堪尋訪。且恁偎紅翠，風流事，平生暢。青春都一餉。忍把浮名，换了淺斟低唱。

牓刊榜

恣下刊有遊字，陸校亦删

翠上刊有倚字

癸亥中秋借含經堂宋本挍一過卷末續添

曲子乃宋本所無又從周氏孫氏兩抄本挍

正可稱完辟矣　毛扆

斧季云此以下從抄本校

續添曲子

林鍾商調

玉樓春木蘭花　杏花

剪裁用盡春工意淺蘸朝霞千萬蘂天然淡泞竹好精神洗盡嚴粧方見媚　風亭月榭闌相倚紫玉枝梢紅臘蔕假饒花落未銷愁煮酒盃盤催結子

又其二　海棠

東風催露千嬌面欲綻紅深開處淺日高梳洗甚時懽點滴臙脂匀未徧　霏微雨罷殘陽院

刊本脫此標題抄本校增

孫本有枝字

孫本作斜

洗出都城新錦段美人纖手摘枝芳插在釵頭

和鳳顫

又其三 柳枝

黄金萬縷風牽細寒食初頭春有味殢煙尤雨

索春饒一日三眠誇得意　章街隋岸歡遊地

高拂樓臺低映水楚王空待學風流餓損宫腰

終不似

水調

傾盃樂

樓鎖輕煙水横斜殘照遥山半隱愁碧片帆岸遠

刊本注調下鈔本校改下五闋同

孫本雲心酒情

客下疑脫二句

孫本作愁腸

行客路杳簇一天寒色楚梅映雪數枝豔報青

春消息年華夢促音信斷聲遠飛鴻南北　算

伊別來無緒翠銷紅減雙帶長抛擲但淚眼沉

迷看朱成碧惹闌愁堆積雨意雲心酒情花態

辜負高陽客

歇指調

祭天神

憶繡衾相向輕輕語屏山掩紅蠟長明金獸盛

熏蘭炷何期到此酒態花情頓辜負愁腸斷還

是黃昏那更滿庭風雨　聽空堦和漏碎聲鬭

刊本失分段鈔本校正

孫本作入

滴愁眉聚算伊還共誰人爭知此寃苦念千里

煙波迢迢前約舊歡(慵)省一向無心緒

平調

瑞鷓鴣

吹破残煙入夜風一軒明月上簾櫳因驚路遠

人還遠縱得心同寢未同　情脉脉意忡忡碧

雲歸去認無蹤只應曾向前生裏愛把鴛鴦兩

處籠

林鍾商

訴衷情

此閣宋本編入中卷此校云此首入前似陸校語斧季亦不標志各鈔本有無今仍從刊本録入

一聲畫角日西曛催促掩朱門不堪更倚木闌

腸斷已銷魂年漸晚雁空頻問無因思心欲

碎愁淚難收又是黃昏

中呂調

歸去來

一夜狂風雨花英墜碎紅無數垂楊謾結黃金

縷儘春殘縈不住　蝶稀蜂散知何處殢尊酒

轉添愁緒多情不慣相思苦休惆悵好歸去

中呂宮

梁州令

趙校本作銷 抄本紗

夢覺紗窗曉殘燈掩然空照因息人事苦縈牽離愁別恨無限何時了憐深定是心腸小往往成煩惱一生惆悵情多感月不長圓春色易爲老

中吕調

燕歸梁

輕躡羅鞋掩絳紗傳音耗若相招語聲猶顫不成嬌乍得見兩魂銷怱怱草草難留戀還歸去又無聊若諳雨夕與雲朝得似箇有囂囂

夜半樂

刊本失分段鈔本校正

趙校本作草芳郊礎
抄有明字趙本無

抄作光趙校本作無

周本作笑孫趙皆作羞

抄作歛趙校本釵

抄本如趙校本知

豔陽天氣煙細風暖芳草郊燈明閒凝竚漸粧
點亭臺參差佳樹舞腰困力垂楊綠映淺桃穠
李天天嫩紅光數度綺燕流鸎鬭雙語　翠娥
南陌簇簇躡影紅陰緩移嬌步擡粉面韶容花
光相妒絳綃袖舉雲鬟風顫半遮檀口含羞背
人偷顧競鬭草金欽笑爭賭　對此嘉景頓覺
銷凝惹成愁緒念解珮輕盈在何處忍良時辜
負少年等閒度空望極回首斜陽暮嘆浪萍風
梗如何去

越調

刊本失分段鈔本校正下同

清平樂

繁華錦爛已恨歸晚翠減紅稀鶯似嬾郵特地柔腸斷　不堪尊酒頻傾惱人轉轉愁生□□□□□□多情爭似無情

中呂調

迷神引

紅板橋頭秋光暮淡月映煙方煦寒溪蘸碧遶垂楊路重分飛攜纖手淚如雨波急隋堤遠片颿舉條忽年華改尚期阻　暗覺春殘漸漸飄花絮好夕良天長辜負洞房閒掩小屏空無心

趙校本作時

覰指歸雲仙鄉杳在何處遥夜香衾暖算難與

知他深深約記得否

松陰詩餘二卷

〔清〕建寧朱佑撰

中國國家圖書館藏清乾隆間刻本

松陰詩餘二卷，清朱佑撰。佑（一七三六—一七五七），字啓堂，號松陰。建寧人，諸生。宿慧，七歲讀書一過輒成誦，爲詞賦操筆立就，蒼茫無端，不可以尺寸限。嘗慷慨有大志，不克竟。以秋闈不見收，省親夏津官所。乾隆二十二年丁丑，歸至金陵，疾作而殁。撰有松陰詩鈔四卷。

佑父仕琇（一七一五—一七八〇），號梅崖，以治古文有聲於時，「閩人學爲古文，自梅崖倡之」（章士釗各代文風），間亦爲詩，輒工；伯父仕玠（一七一二—一七七三），號筠園，以詩名當代，力追開元天寶作者。一時目爲兩雄。佑幼承家學，善詩詞文辭。其古賦有王盧四子之風，而五七言、古近體亦裔於唐宋諸大家，五古師法太白，五律辦香王孟，其餘諸體，要亦不苟作者。溯其淵源，信不失筠園、梅崖家法。其小令、長調，頗有風雅餘韻，得宋人婉約詞旨，有宋子京、柳耆卿遺風。

佑亡故後，其父「搜其篋簏，則所爲詩賦已數百餘首矣」，遂取詩賦編爲松陰詩鈔四卷，詞作編爲松陰詩餘二卷。是集凡小令七十三首，中調五首，長調二十二首，前有乾隆二十四年（一七五九）朱仕玠詩餘序、李俊詩序，乾隆二十三年甯人望、二十四年朱雝詩序，乾隆二十四年李俊詩餘序、朱仕玠詩序，及鄧作梅朱啓堂逸事。詩序與詩餘序同列，可知原本尚有詩集，故民國建寧縣志卷廿五著録爲「松陰詞鈔」、「松陰詩鈔四卷」。

集中各詞皆有圈點，間有一二評語，評語或出李俊等人手筆。如偶感「爲愛春風紅杏」，評云：「一片清悟。」僧寺「野寺寒山」，評云：「宋僧詩落日蟾鳴，獨歸林寺，其意境正不減也。」梅花「疑是嫦娥露素姿」，評云：「如此寫來，别饒風味。」新柳「漠漠深煙織細條」，評云：「寄託超遠，在柳屯田、周美成二家之間。」益惜佑之享壽不永也。

（向　輝）

序

詩餘古樂府之流別也自唐李白溫庭筠爲菩薩蠻憶秦娥二詞至北宋而宋待制柳屯田之流日以

益生稱爲大家而經學
士大江東去詞當時以爲
別調是詩餘固以綺麗
爲當花子猴子曰佑爲梅
筐家嗣亂集即日記手

餘言爲詩文操筆立就

而尤長於詩餘其詞婉

麗有宋詩制柳屯田之

遺風乃不幸年甫廿二

遽歸泉壤卒不能如

待制屯田身膺大名傳
秀句於家區為爭傷
悼耳顧遺詞具在試
取鈔齡女伎按節而
歌貰何慽於孫唐枝頭

曉風殘月詞也曰搜
其鮮麗共得百首名曰
松陰詩餘松陰者佑所
自號也時乾隆己卯陽
月伯父仕玠書

余友朱筠園以詩名當代力追開元天寶作者其弟梅崖以古文相犄角間亦為詩輒工一時目為兩雄梅崖有子曰啟堂能世其家學者也資性異敏六歲日誦數千言十歲能為文二十而學詩雅好從余游每為詩必質余余所激賞者乃存其稿否則棼棄不留一字故啟堂于余過從尤密歲丙子省覲郇城踰季自郇城歸抵白門暴病而卒遺詩緘束篋中梅崖不忍取讀泫然謂筠園曰凡與櫪園盍序而存之予

性寘所諧合獨啟堂過從甚密且于余詩

有昌歜之嗜古人云託末契于後生余方

思斂生平所為詩悉以委啟堂他日十存

二三磨礲其字句雕版以傳余之獲託于

啟堂與啟堂之不負所託信矣不謂一二

年間啟堂溘然化為異物向之期待于啟

堂者今反執筆序其遺詩偶一展卷聲音

笑貌宛然如昨日事然則予之掩抑摧藏

不忍卒讀其詩果有以異于梅崖耶無以

異也啟堂之詩五古師法太白五律瓣香

李序

王孟其餘諸體要亦不苟作者溯其淵源

信不失筠園梅崖家法也梅崖徵余序甚

急書此以復梅崖并質筠園其以余言為

何如也乾隆己卯季春月同里李俊譔

亡友朱啟堂與余生同年嘗慷慨有大志視天下事無不可為讀書一過輒成誦不好世俗之學學古人且好之甚自工詩肯能詩者必愛慕焉余固不知詩頗學詩啟堂謬以余可與言詩特過余讀書處流連竟日不忍別去蓋齒相若志復相合也啟堂尊人梅崖先生官山左夏津縣隨任三載余遂契濶然往來問荅未嘗不以古朋友誼相勗也乙亥歲歸應試丙子秋闈後復之夏津丁丑九月舟南旋以疾卒於江寧嗚呼啟堂大志未竟其

可哀也夫夫以啟堂之志使日肆力於古聖
賢之道磨礲圭角軌于中行將必可名於世
而傳之不朽若豈獨其詩即余滑晨夕漸摩
砥礪或不終見弃于大雅之材亦所深幸乃
年二十二遂卒天之相厄何其甚也卒之明
年梅崖先生歸里將彙其詩付梓余深悼良
友之逝猶幸其詩存則其人亦為不歿矣爰
述數語于簡端㫖乾隆戊寅嘉平朔日幾軒
甯人望書

梅崖先生長子曰佑字裕堂年二十二以
殁，三年先生搜目所著松陰詩若干卷
授梓余少角梅崖先生遊与聞古今文章
要眇慨譎之論裕堂時十齡已能出所
見參質其間為文操筆立就蒼蒨無
端類學先秦初漢者裕堂之宿慧有然
也稍長喜為詩歌自六代三唐兩宋名人
無不摹擬家有別館曰松谷有古松百
株樛轕輪峭蒨裕堂日夕徘徊其下凡其

書序一

鼎序一

瀲風遠韻拂空雁聲而去煙雲光景瀠洄而晻映若一會之心以發諸詩語堂天資緒絕而有清虛萬一之野爲名家子所所指歸以故老師宿儒爲之悵歎而不能定其所至也嗚呼語堂之所至如是已耶夫其所以使之能是復又之已亦是若冥冥其可問耶顧萬物皆隸于叙唯精識之所至一息而千古設抱其塊然以殘若難繫社之妻亦復奔吞然時陵夷有襄山木

不常而其不常之漸，抑但思哲公有生矣。此松陰詩之志也。而梓松陰之詩，先生其無可引無極之嗣，稍慰須臾之懷也。夫歲在屠維單閼之寎月，宗人鼎堂氏識

松陰詩餘序

余既序啟堂遺詩筠園復刻其松陰詩餘若干卷來徵予序余憶啟堂往讀書松谷取花間草堂諸選本瀾翻背誦予曰君無以是為也詞有學之卒不工者有一學而即工者樸遬村老舌本既强引喉聲澀十指如椎强按歌板此學之卒不工也性情跌宕游戲清華愛戀景光流連燕婉此一學而即工也昔人論琴初下指一聲不合即終身無復合理詞亦猶是耳啟堂摳衣

進曰其愛慱不㟁總萃素業公幸一言定其高下余戲效後渠崔子評蘇門語曰君文不如詩詩不如詞啟堂深以余言為然余妄言之啟堂旣妄聽之今復欲余序其卷首請以疇昔剩語為箴揚之糠粃可乎

乾隆己卯季春月同里李俊譔

梅嵯家嗣曰佑生而材壬申歲余在梅崖夏津縣署佑嘗質所爲詩賦余諭之曰 國家以制藝黜陟士詩賦非士急也且詩賦而語其至亦未易言耳繼是佑輒晦其所作越丁丑佑自夏津歸病歿江南年二十二搜其篋簏則所爲詩賦已數百餘首矣其古賦有王盧四子之風而五七言古近體亦高於唐宋諸大家者也因與梅嵯

選定別爲四卷名曰松陰詩鈔淮南子云豫章生七年而可知以其材之異而貴生之未可誣也豈必待其材之成而始爲知之顧天下之人誦佑所爲詩賦固曉然于其材之異而追念其材之未大其成而奄隨顛仆能無爲之欷歔而不息哉乾隆己卯季春寒食日

伯父仕琦書

朱敔堂逸事

朱啓堂佑吾邑太史梅崖先生長子也敔堂年十三屏峰山人過其廬與其世父綏白遊于朱氏祠敔堂以童子侍側山人語曰時下祠　不古制何也綏白未答敔堂應聲曰道法日亡如井田封建乃不可復山人異其言綏白曰向謂天姿絶物惟吾弟梅崖是兒殆過其父七齡時遇書輒舐自爲句以意繹之不解者十之一

二耳當其讀史漢限以每晨起讀傳若干首而後飯則必倍焉以愛博不專加呵焉則又愈倍而愈精熟焉故於古籍無不讀父師不能限其為文亦然因而之松谷别墅讀其文蒼蒼莽莽動與古會殆不可以尺寸求者也乃益大異之越七年山人復遊松谷啟堂出其所為詩若干卷古體學漢十九首五七言近體學三唐詩餘學元人褎然登作者之壇明日携其集以歸啟

堂獨送山人出谷口踰嶺猶未返握手久
之相視而笑因索山人詩山人贈以少年
行詩曰主人欵叚馬奚奴古錦囊遠馳崑
崙墟眼光射大荒横截東洋海日出看扶
桑朝陽鳳乃鳴梧桐生高岡上有五色雲
九苞摩青蒼下有萬里風蔚然鮫龍翔啟
堂陽為謙讓之言而心實任之於時分袂
山人下嶺麓回首嶺巔啟堂猶注目下視
折入山隈乃各自行不復轉顧矣是歲啟

堂補諸生冠軍秋闈不見収因省親夏津
官所明年歸至金陵疾作而歿年二十二
啓堂之歿先數載在夏津有奇夢可按而
驗他日當另記之啟堂詩尚存山人篋笥
中時一取諷令人憶嶺頭依戀時也爰書
其逸事如此同邑鄧作梅

松陰詩餘目錄卷之上

小令共七十三首

杉陽音角目錄卷之

二

松陰詩餘卷之上

濰川朱　佑啟堂著

十六字令

春草

光風過空庭綠影飄簾櫳靜春色爲誰嬌　留不盡之意于言外

漁歌子

本意

水碧沙明翡翠飛釣舡漾處破苔衣孤嶂遠野煙微明月浩歌江上歸　灑然塵外乃不減元真子

望江南

春閨怨

春日曉啼鳥滿深枝閨夢懨懨人始醒花魂漠漠蝶先知亂緒惹游絲

又

春雨暮花幙透清香幽意漸隨春意滿瘦腰應似柳腰長天際斷離腸

擣練子

秋景

山歷歷水悠悠落葉無邊不勝愁風剪輕裾羅袖

薄數聲歸鴈蓼花秋

新月

濃翠斂彩雲收極浦遲遲掛一鈎深院簾踈斜照影桐陰風細静含愁　諸小調膩旨妍詞南唐後主風味

碧牕夢

春夢

晴晝日遲遲墻頭乳燕窺欄干花暗影陰移正是春深碧牕夢醒時

江南春

春晴

深院暖絲簾亞夢回鶯語小晝永燕歸遲江南春草生應遍日倚欄干人不知　別有懷抱

憶王孫

春思

高樓懸望斂蛾眉消瘦纖腰應為誰淡月黄昏意自知益淒其風露蕭蕭腸斷時

又

珠簾高掛曲屏西粱燕爭巢晝落泥春草萋萋生滿隄鷓鴣啼望斷長安雲樹低　渺渺予懷

又

雙雙蝴蝶啣花飛慵倚雕欄香惹衣細雨無邊百卉肥掩閉扉心憶王孫歸未歸

暮思

濛濛煙樹欲黃昏漠漠寒皐塘斷魂十二雕樓半掩門盼王孫亂影橫斜月一痕

如夢令

秋夜

深鎖珠簾更靜蛩弔孤衾夜永獵獵綺窻聲正是蓼花風景踈影踈影殘月小樓人冷（綺窻聲二句可抵秋聲一賦）

偶感

爲愛春風紅杏迷郄桃花仙境夜靜四山空明月松風清泠忽省忽省笑指白雲歸嶺　一片清悟

僧寺

野寺寒山日暝欲訪柴門迷徑佇立獨傍徨還憩松間石磴遲聽遲聽天外一聲清磬　宋僧詩落日蟾鳴偶歸林寺其意境正不減也

春暮

簾外殘紅無數零落梨花細雨香艶幾多時燕子燕子又啣春去空度空度芳草柳陰野渡　燕子又啣春去真張

郎中宋尚書得意何也

春憶

極目送春無語昔日繁華何處江水自東流天遠孤雲來去莫誤莫誤招取雙飛白鷺

後庭花

題散花圖

小園暮雨中閉庭芳草叢羅襪翩翩綫春情默默通嗅東風乍寒乍暖新花凝露紅

懶畫眉

清曉

曉臥西窗夢更清。細雨茅簷竹作鳴。開簾珠露正盈盈。慢移輕屐傍堦行。忽聽鶯啼三兩聲。

長相思

宿黄婦翁家時婦亡已朞年

松依依。柳依依。仍舊江山人事非。智瓊何處歸。煙霏霏。露霏霏。故地樓臺映落暉。幽人獨倚扉。

言有盡而意無窮

昭君怨

題胡笳圖

絶塞寒風似箭。悶倚穹廬人倦。腐栗一聲。孤夜啼

烏魂遶鄉關路隔吹作胡笳幾拍極目鴈門雲哭昭君

點絳脣

題木蘭圖

鐵馬金戈綠袍鮮映芙蓉面倭風輕扇斜倚雕鞍倦目斷前川惆悵舊庭院看新柳垂絲如綫驚隼落啣箭 寒光鐵衣寫來正復嫵媚

浣溪沙

秋夢

淅淅西風透碧紗娟娟寒月照平沙夢魂和月到

天涯　寳篆香消渾未覺花冠唱徹出誰家醒來驚看竹陰斜

春夜

憔悴三年減帶圍如環幽緒落花知黄昏人靜獨凝思　一片荒雞號外野半鈎殘月照孤帷衾寒燈暗欲眠時風味凄清以視細雨雞塞小樓玉笙之句直堪伯仲

又

煙月迷離恨不支浣郎原是有情癡殘更無語鎻雙眉　夢覺邯鄲真草草愁同楊柳更絲絲淚零紅杏染花枝

春郊

柳瘦纖腰舞影低如絲細雨濕春泥踏青倦處玉驄嘶　碧陌草深窺燕剪綠陰烟鎖聽鳩啼欲尋歸徑暗香迷

梅花

疑是嫦娥露素姿廣寒宮闕影迷離銷魂無語獨含思　幽淡性情空自愛冷清風月問誰知黃昏香凍捲簾時　如此寫來別饒風味

白蓮

偶放幽香滿曲池柔腸原有萬千絲淡粧掩飾畏

人知照水無言魂漠漠臨風故意影遲遲芳心
一點露情癡

春恨

細雨迷濛濕海棠畫簾深處鎖垂楊沉吟無限日
偏長　春草愁縈幽意亂落花暗惹夢魂香煙江
凝睇水茫茫　含情無限

楊柳枝

新柳

漠漠深煙織細條畫難描軟風無力舞春腰帶圍
嬌　記得紫騮嘶別去人何處江頭愁鎖小紅橋

雨瀟瀟　寄託超遠在柳屯田周美成二家之間

春光好

題鬭草圖

春草碧露華濃曉粧慵翩然攜手步相從入芳叢

覓得荃蘅盈袖香鬟鬆惹飛蜂並着檀肩坐繡褥

語喁喁　春風綉襦柔情如縷

菩薩蠻

春日晚眺

霏微落日寒山色茸茸細草愁凝碧芳徑幾人歸

遲遲暮燕飛　小亭閑悵望月影凌波上花碎暗

香連疎林淡抹煙　此調始于青蓮愁凝碧句乃眞法嗣

夏日晩眺

斜陽細草添深碧彩霞炫錦紅如織幾度咽寒蟬

松梢挂暮煙　無言獨佇立啞啞歸鴉急何處遣

悶愁盈盈眉上頭

雪後月夜

蒼蒼飽看萬山雪朔風吹出梅梢月獨倚曲欄干

高樓生暮寒　瓊枝明映潔冷浸玻璃色孤鶴絶

江飛遥空瘦影微　朔風句犖然絶塵

巫山一段雲

春思

鵲噪驚珠幔鶯啼過粉牆慵拖羅帶傍池塘無語照新粧　碧水秋波遠青山春黛長淡煙樹杪挂斜陽極目斷人腸

謁金門

春愁

春草蕪望斷江南煙樹滿院落紅誰是主新愁何可數　鎮日含情欲吐爲問愁思幾許愁應似黃昏細雨絲絲千萬縷

李後主一江春水賀方回滿城風絮古今絕唱如此黃昏細雨固當鼎足爲三

濕羅衣

有憶

酒闌人散歇歌聲悄然孤影淒清歷亂槐陰鈎月微明　獨傷往事盈盈欲三更蠟傾殘淚雞催昔夢做弄多情

珠簾捲

春燕

煙如織柳如絲杏花紅雨迷離欄畔橫斜輕舞風徵雙剪遲　春暖啣泥香閣晝閑弄影清池添得遠思千縷凝睇處捲簾時

低飛綠岸亂入紅樓鄭都官佳句未若此

之軒乎舞也

洛陽春

春遊

不覺春風暗度迷離煙樹欣然攜手亂陰中瘦蝶狂蜂無數　幽意十分誰主傷心平蕪放歌一曲自歸來芳草斜陽南浦　結處有姜白石風味

憶秦娥

春恨

春風暮一簾絲柳愁煙雨愁煙雨從今幽恨多添幾縷　少年不識相思苦別來漸覺春無主春無

主飛紅滿院昔時歌舞（愁烟雨數語與小樓昨夜東風句同一淒婉）

青衫濕

漫興

落花魂冷暗銷香偏寂寞春長屈子吟愁江郎賦恨無限淒涼　楊州夢老風流安在凴弔增傷桃實箟簹鶴歸華表幾度滄桑

又

箋畱明月酌壺觴愛曼倩踈狂滿簾愁草半塘春水聊用相牢　狂白髯藕骨灰木拱空有文章幻境隨他天眞自我醉臥西牀

海棠春

春睡

流蘇春帳眠初醒。鳥語細、綠窗日永。蜂覓墨痕香，蝶弄花梢影。　湘簾乍捲衣微冷。更曲院、深沉人静。徐步過前庭，清晝繁陰瞑。

洞天春

春怨

青山處處啼鳥。夢覺紗窗已曉。捲幕樓高紅日早。見杏花開了。　香煙一縷漸裊。柳徑人稀悄悄。料峭輕寒淺深，春怨緜緜芳草。

結數語正晉人所云人言愁我始欲

愁也

畫堂春

春曉

曉鶯驚夢亂啼時曲欄日影遲遲香殘寶鴨綠簾垂脈脈凝思　漫拂淡黃衫袖庭前細數花枝問花何事豔春姿開落因誰

言情旖旎

武陵春

夏景

水院風來荷影亂搖動滿池香紈扇閑拋乘午涼無事日偏長　綠柳深深蟬咽細山外又斜陽竹

暝流螢度短墻遲月照幽房　逍遥高寄覸陶徵士北窗高卧一段風景正自不減昔人所云我愛夏日長也

錦堂春

春晝

蝶倦低回簾畔風遲撩亂花陰綠蘿蒼蘚古墻靜曲院自沉沉　香暖乍醒殘夢人閑獨理瑤琴晝長偏是多情鳥枝上喚春深

阮郎歸

春景

青山點點上愁眉綠楊瘦影垂游絲撩亂懶難支

聲聲聽子規　簾半捲鏡斜窺憐春春意痴戀花

蛺蝶舞芳枝晝長人靜時

桃源憶故人

過新市感舊

綠陰影裏孤舟渡驚起煙汀鷗鷺滿湖菱葉紛無

數芳草迷歸路　青山幾點凝愁處記得桃源前

度正傷心濛濛飛絮又下絲絲雨　風味乃不減

秦淮海

雨中花

咏薔薇花

沉醉墻陰凝秀香暖東風春晝碎碧低斜嬌容含

皺長伴幽人瘦　無數瑲苔黏砌厚片片落紅輕覆正花陰敘歷懸珠幾點雨釀黄梅候　如此咏物所謂不似處正難到

醉花陰

春遊

裊裊柳絲垂野渡遠意迷煙樹幾陣曉風低惹起幽思緩步芳堤路　傷春愁吟青蓮賦誰把韶光度莫謾悞佳期喚取香醪沉醉花陰暮

杏花天

春雨

閉堦花亂春風吹草羃𧂇橫煙隱翠簾纖疎雨入窓細隔岸桃腮微醉　靜漠漠低飛柳絮冷蕭蕭輕敲竹墜迷濛遠樹凝春媚幽人倦未眠

雙調江南好

松谷曲十首

松

松谷松蟠屈勢龍從偃蹇凌霄雲作蓋嵯岈凍雪玉成峯不與衆材同　深塢裏濤潤落天風老幹幾經棲白鶴怪鱗直欲化蒼龍翠影自重重

柳

松谷柳。碧浪幾多絲。濯濯王恭春月裏。依依張緒曉風時。搓曳嫩黄枝。　眠起懶。撩動陌頭思。煙鎖池塘鶯細囀。雨迷簾幕燕斜飛。沉吟意誰知。

竹

松谷竹。長夏自飀飀。曲院風清神帶瘦。虛窗琴靜氣含秋。好鳥一聲幽。　閒夜裏。逸韻自夷猶。林下薄寒人似玉。梢頭微露月如鈎。騷屑不勝愁。

花

松谷花。綽約擢仙芽。剪剪凝寒嬌欲笑。霏霏帶雨醉偏斜。異樣鬬奇葩。　清露晚。春色艷濃霞。淺蕊

千絲浮檻幕細香一縷透牕紗幽賞興彌賒

梅

松谷梅老幹上蒼苔窓外橫斜凍欲折梢頭憔悴瘦遲開一點暗香來　風色緊條淡古崖隈月黑黃昏疑影動雪殘籬落訝春回孤跡共徘徊

泉

松谷泉絕澗浸清漣深鎖白雲流石罅細穿紅砌遶花前幽韻足春眠　疎雨後殘溜更冷然山月帶涼生古塢竹風含冷入薰絃靜處輒參禪

讀此詞伏日乃不知暑

荷

松谷荷綽約照秋波凉雨珠翻亂似絮微風浪皺綠於蘿蜂蝶乍相過　亭午望紅白鬭婆娑香裊茶煙半縷細藕縈詩思萬絲多倚檻意如何

草

松谷草濃綠織寒煙飛絮平連遠浦雨落花細襯暮春天惆悵惜青年　高阜望纍壓更堪憐深染工細畫痕孤嶂外還添黛點亂雲邊萬里思綿綿

月

處乃覺黄筌寫生未能勝此

松谷月夜静玉彎環影動遲窺深竹裏峯高斜挂
亂松間嘹唳鶴飛還　風露冷竟夕倚柴關半抹
淡雲生碧漢一泓秋水浸寒山相對意彌閒

雪

松谷雪木落雁天高雲壓巔崖孤徑淺風翻絕壑
萬松號飛舞亂鵞毛　巖嶂老極望興牢騷詩就
東齋狂飲酒賦成梁苑醉揮毫慷慨放歌豪十詞
視隋煬湖上曲其綿邈固爲勝之

鷓鴣天

離別

折柳江干送客舟微風細雨上危樓可憐平遠山如帶不繫征帆偏繫愁　煙漠漠絮悠悠一泓春水自東流倚欄無語斜陽淡幾點疎鴉野渡頭

婉約多姿以視柳七未知何如也

泊瑞洪湖

淼淼平湖水拍天浪紋縠皺遠無煙晝櫂昔日咿啞處風景依稀更可憐　雲淡淡月娟娟含愁輾轉不成眠芳洲花落空流水惆悵春光十九年

春去也

春殘

踈簾漠漠黄昏雨燕子呢喃喚道春風暮杜鵑花
發萬山紅渺渺江南愁挂樹　空惜落英無數恐
看韶光幾度閉溪綠暗木蘭舡漁歌聲遶垂楊渡
黯然銷魂正何必唱枝上柳棉天涯芳草乃令
朝雲傷春

玉樓春

題思春圖

深閨寂靜生青草無限落花慵未掃倦梳雲鬢玉
鸞欹閉蘸金爐寶鴨裊　海棠何似紅顏好細雨
迷濛春去早急將垂柳繫東風莫遣芳時容易老

舞春風

新柳

芊綿萬縷夾隋堤時有黄鸝深處啼暖晝含愁煙漠漠殘春凝恨雨淒淒　寒潭碎影綠簾暗曉月踈風翠幔低芳草王孫遊興倦雕鞍笑繫玉驄嘶

又

清明風暖碧雲迷弱質依稀曲檻西絲繫柔腸愁遠塞絮飄春意惹幽閨　斜拖羅帶依重幙陰覆漁舟出隔溪淡蕩章臺春欲去空同芳草綠萋萋

虞美人

二首抵前人多少栁枝詞

題舞劍圖

玉容暗向雪中隱飄瞥弓彎穩凝眸流電閃寒光渾似蕭蕭涼夜靜飛霜　纖腰宛轉嬌無語颯颯疑塵起悄然倦倚小欄邊依舊落花風暖月明天

耀如羿射九日落杜陵舞劍器行極其雄濶此固以深細勝也

南鄉子

閨情

粧罷對香奩慵倚牙牀把線拈芳草有情天外遠懨懨春色羞人畏捲簾　別恨幾回添私問歸期花下占無柰蕭條寒食雨纖纖愁鎖春山半寸尖

踏莎行

仲秋薄暮坐谷口亭

桂蕚初香蓼花盛放汀洲極目增惆悵斜陽歸鴈
正雙雙倚欄緩把新詞唱　白雪調高青雲思壯
雄心怎奈秋情況不如恣意一狂歌月明散步花
堦上

秋愁

野樹寒風荒郊衰草蕭蕭戶外蛩聲早多愁應只
爲多情芳顏暗逐清秋老　帝闕何期仙方難考
悲歡離合縈懷抱問君一夢幾多時鷄鳴恍記邯

鄲道。

解夢

夢是真乎真還是夢是真是夢非真夢人生爲甚苦匆忙花開花落白雲洞　竹影碎搖鳥聲争哢休把風光輕斷送勸君玉笛醉將來臨風一曲寒梅弄。

跡象胥融惟覺栩栩蘧蘧乃有漆園神致

松陰詩餘目錄卷之下

瀟湘夜雨一首
漢宮春一首
鳳凰臺上憶吹簫一首
聲聲慢一首
夢揚州一首
夢芙蓉一首
雲仙引一首
玉蝴蝶一首
春從天上來一首
齊天樂一首

郎臺城路　如此江山

松陰詩鈔目錄卷六　二

松陰詩餘卷之下

濰川朱　佑啟堂著

蝶戀花

春夜

靜院苔深渾不掃習習輕寒露濕蟾光小又是一年春意了杏花冷落依芳草　空惜青山人共老淺酌低聲曲唱春光好醉臥紗窗天漸曉綠陰幾處聞啼鳥　露濕蟾光句不減坡公一點明月窺人

一剪梅

暮春閨思

寒食清明風雨寒杜宇花殘杜宇啼殘海棠睡腰
柳眉灣繡幙人閒芳草人閒　漫捲珠簾凝黛看
一帶春山幾點春山柔腸愁緒曲如環斜倚雕欄
懶倚雕欄　柔情綿麗閨詞絕唱

好女兒

題戲環圖

後院春長遶砌花香輕珮珊珊出繡閨漫手弄連
環眉愁遠黛腰傍垂楊　盈臉幽情不語悄低頭
細思量爲君憂致碧煙愁滿看蝶飛海棠鶯啼弱
柳燕語空梁

漁家傲

漁父

雁點秋汀蘋蓼長煙波渺渺孤舟往萬丈寒潭臥盪槳欣拍掌紅鱗躍入青絲網　撥棹斜風吹細浪款乃未終明月上醉把漁歌隨口唱音朗朗崩崖絕岸齊聲響

一幅江村漁樂圖

洞仙歌

題李藻川先生望仙圖小影

橫江莽莽正煙雲蒼茫弱草芊緜連天長看迢遞叶韻孤舟一葉縹緲從茲去兩岸離人快快　李翁真

異士浴日餐霞千載洛陽繼餘響長嘯激清風思返東山斜倚小艙披仙氅羡世外高蹤任片帆抵蓬島瀛洲春波浩蕩

意難忘

題繡袍圖

漢室多災歎沐猴當道狠犬盈街雕弓射鴈去鐵馬擁軍回淩煙閣黃金臺濟濟遍奇才看滿朝盡忠報國竟屬誰哉　九重震怒如雷憤奸雄得志血詔新裁錦袍繡玉手粉淚濕香腮秋殿內獨徘徊下泉思亚哀細針縫蕭蕭風雨悲滿天來　慨當

以慷乃令唾壺擊缺

滿江紅

醉吟

野樹蒼蒼凭兕樓處朋從八九漫後他交梨火棗氷盤雪藕舞袖廻風雲錦燦杯光射壁龍蛇走且閒將無限未言衷從新剖　時未遇休張口蛾眉女飜遭詬曉天高難遽將閶闔叩嘯罷披襟看海嶽興來落筆捲星斗問張儀鼓舌動秦王猶存否

音調激壯自足以破蟋蟀之鳴

又

笑矣悲乎歎買臣何多不偶看幾許連騎結駟金章紫綬富貴盡時人不顧文章無據才何有漸蕭蕭短髯逼人生君知否　生平志期不朽風雲願寧虛負憶昔年雄氣空餘八九司馬有懷徒著賦嗣宗恣意惟酣酒且狂歌一曲萬山青風生牖

結處正自雄潤

瀟湘夜雨

春雨

湘幕低垂爐煙細裊晝長悶坐無聊梛陰深處綠鶯嬌池舘靜風生水面衣裾冷雲帶山腰冥濛裏

綺窗乍暗，絲雨斜飄。傷情無語，玉人跡遠誰共吹簫。憶三春芳夢，淚濕鮫綃，魂欲斷、落花寂寂，愁更絕、修竹蕭蕭。難堪處，聲聲點點，腸碎是芭蕉。

漢宮春

題出塞圖

寂寞漢庭，歎玉堦苔滿，紅顏愁結。蛾眉斂翠，宛轉幽情難說。真容難畫，刎令蘭幃遠別。斷腸時、雁門關外，揮涕斑斑成血。　征馬嘶聲淒絕。看一行飛鴻，悲鳴嗚咽。白羊堆上，荒草茫茫如雪。旅思無窮，試彈成、琵琶半闋。漫回頭、未央宮內，皎皎一輪孤

月。春風半面畫圖省識一曲分明哀怨寫來正
自淒絶

鳳凰臺上憶吹簫

題吹簫圖

翡翠樓中鴛鴦殿內珠簾深鎖沉沉慢焚蘭燒麝笑捧鸞簪時倚雕蘭帳望任遲遲月上花陰把洞簫緩吹數曲遠寄知音歸鴈一聲去也盼渺渺天涯誰是同心把幽情無限聲裏尋佳偶竟歸郴處空冷落翠黛愁吟看他年鳳凰雙跨春暖雲深

聲聲慢

題歌舞圖

羅袖低垂珠簾高捲瑤階碧草凝煙日暖春融鸚哥巧喚晴天翔鸞舞鶴正翩躚含嬌微醉無言呼宮娃濃粧緩步曳珮翩翩　調急管響新絃把鶯喉細囀約素生妍柔態低回無限欲却如前修帶微風輕拂渾疑是姑射神仙歌罷處閒庭楊柳依然

夢楊州

題壽夢圖

曉星稀正柳梢斜月殘輝疎簾半捲數聲歸鴈初

飛南柯夢醒小窓遲更蕭條靜掩閉屏蟲唧唧露霏霏清風拂拂吹幃　盼征人遠天微恨翩綿煙樹曷日言歸如醉如癡凝眸愁黛依依倚牙牀簡兒漫展凄涼處珠淚沾衣奈何許繁華滿砌爭吐芳菲　得迷離懞憁意境

夢芙蓉

夢亡婦作

林鳥聲呀啞望娟娟明月寒空高挂靜深庭院新篁冷長夜對影徒憂咤一枕黄粱茅舍四壁無人祇殘燈明滅嗚咽石泉瀉　盼麗踪何處也夢醒

巫山縹緲驚來者欣然執手言笑正幽雅奈晨雞
喚捨醒來淒涼空樹起看落月風露繽紛下孤鴻
唳中野　不減黃門悼亡

雲仙引

題魏環洲岳丈看雲圖小影

古服綸巾仙姿道貌飄飄似乘清風凌飛巘躡蒼
穹眼底毫無俗障野鶴翩然絶縶籠心與境閒白
雲縹緲深壑迷濛　曠懷萬里高空任舒卷隨時
變幻窮淡爾忘言眞吾長在遐韻誰同遥矚俯視
睥睨舉世盡日匆忙如夢中欲招黃石更攜子晋

醉廣寒宮

玉蝴蝶

題撲蝶圖

靜院茸茸草滿，繁陰凝碧，柳暗花明。乍有數聲，杜宇幾囀流鶯。凭危欄、香浮芷嫩，步曲徑、英落風輕。看繚縈。雙雙蛺蝶，翩舞叢蘅。　盈盈。含思遠眺，春光如許，無限芳情。幽緒縈絲，正無計、漫遣春晴。喚了鬟、斜拖紈扇，揮翠袖、慢響鳴珩。悄無聲。粉翎輕撲，驚起鶺鴒。閨中一段韻事，爲能描寫盡致。

春從天上來

元旦

閶闔雲開放新澤春波萬疊千堆人間天上傾下

飛來銅漏一夜相催漸樓臺晴曉曲屏外暖透寒

梅更盈庭紅霞瑞藹翠袖金罍　欣慶太平日月

把醽醁香醪醉飲傳盃慷慨高歌歪斜狂舞臨鏡

獨自徘徊記廿年奇志今往矣竟奚爲哉願從茲

翥鶱霄漢叱咤風雷

齊天樂

中秋

蕭條院新涼徹又是中秋佳節雁影橫斜桂香

縹緲風景迥然清絶天空野濶更絲管聲喧綺繒繡結附郭千家綵燈萬點光明滅　艮辰休把漫設且閑酤美酒高歌半闋緩步瑶階低凴曲檻幾處繁華未歇擡頭試望看捲净微雲廣庭如雪碧霄高聳不禁懸皓月

瑞鶴仙

題族伯父培園琴鶴相隨圖小影

凉風生深篺疎影裏曉霧輕煙漠漠看蓬笠芒屩喚家僮招取雲間孤鶴相徉自若倚碉石何妨寂寞便携琴緩弄數聲渺渺逸情遥託　蕭索歎塵

寰內幾許繁華終歸無着不如灑落斟菊酒遡芳
約憶先民云待何時富貴及時且自行樂羨人間
幽雅惟君另懷邱壑

喜遷鶯

松谷聞鶯

綠陰繚繞正細雨新霽北窓初曉柳眼微舒桃腮
含媚寂寞空山啼鳥幽人無事方醉眠一榻春思
杳忽聽得幾許亂鶯聲起臨清沼　庭靜遊人少
斜倚危欄遠懷徧渺渺百般心緒萬種芳菲寄與
長吟高眺宛轉林間乍喚瞥見黃鸝松杪戲拾個

松子輕丟去雙雙飛了　生趣盎然

雨霖鈴

夜雨後卽事

微風蕭瑟正陳砧響點點初歇邪禁旅思千緒方惆悵候飛雲飄瞀漸下絲絲細雨石泉添幽咽更滴滴聲碎芭蕉亂草流螢影明滅　多愁對景偏凄切歎寂寥遠意和誰說須臾暮雲乍捲松嶺畔淡煙斜月淺酌詩成勸月持杯夜靜門閉但參差遠岫光寒處處添翛潔　意境幽曠想見深林空夜煙月清眞

秋日留別從兄景行

西風騷屑更深秋曉旅雁嗚咽驪歌一曲牽意腸堪斷處陽關三疊揮手言辭極目遠飄緲天末想昔日詩酒松陰殘照踈踈鴉亂紅葉　韶華轉瞬傷銷歇問怎禁得數番離別愁宿暮江清冷漁艇外斷雲孤月幾度相思驚忽飛過蒼莽吳越空獨對平岸遥山一片寒濤潤　漁艇二句與柳屯田曉風殘月相匹

鎖牕寒

春寒

竹院松牕踈踈細雨早春初曉閉眼乍醒蕙帳卷舒人悄慢披衣斜傍案頭嫩寒料峭東風小問昨

宵簾外素華香蘸落來多少　不覺春深了柰孤館沉沉游思渺渺薜荔衣凉照影依然臨沼更清明天氣寂寥獨靜向綠陰遠眺但遲遲柳絮低飛有數聲啼鳥　結語化工之筆

雙調風流子

秋晚

桐葉飄金井西風緊翠袖漸生凉漫悵望天涯離踪渺渺閉混樓畔旅思茫茫關情處寒煙迷浦遠荒草接天長紅樹爭妍逬村欲暝幾行歸雁一抹斜陽　含懷渾無語歎秋老辜負幾許韶光無柰

千重幽緒數種愁腸任强將排遣砧聲點點蛩鳴
切切又助悽愴托意閉吹横笛萬籟淸商王尉國別
館寒砧孤城畫角未若此之蕭瑟而憭慄也

惜餘春慢

春暮

淡蕩韶華一番又變看看花殘芳甸墻陰草滿沿
畔蒲深碧映幽閉庭院數陣暖風拂面紗窗夢懶
小齋人倦偏流鶯細囀聲聲報道薔薇開徧　春
去也蝶老香銷孤蹤寂寞不勝低徊留戀萬縷柔
絲無窮飛絮難繫春情一片惆悵少年能幾九十

光陰瞥如疾箭且開懷痛飲醉倚欄干輕搖紈扇

沁園春

二十初度感懷

廿載光陰逝若飄塵慷慨生哀想山東激烈終軍壯志洛陽漂泊賈誼奇才萬里言邊一衿未就說甚姝功偉業哉鄉盃起看高天鴈度閶闔風來狂歌聊自徘徊記曾向名山探穴回更少年作賦華亭之陸弱齡擅譽江左之裴 帝闕非遥 皇恩似海待五色雲生上台躊躇處恐濟時無具鄴架齊開

賀新郎

初春賀新婚

細草盈堦綠午晴初春巳鴨唼[illegible]緯椶香馥看畫簾紅霞凝藹韻徹笙歌絲竹欣緩奏雲璈仙曲池畔鴛鴦相對浴正雙雙同倚顏如玉開繡戶坐芳褥

佳人窈窕來名族伴劉郎天台深處瓊樓金屋漫說含情鏡臺夕美景新歡自篤且暢飲瑤漿醽醁會更待他年上苑杏花天躍馬歸來速共嘖羨風流福

林臣詩餘卷二

小庚詞存二卷

［清］閩縣葉申薌撰

湖北省博物館藏稿本

小庚詞存二卷，清葉申薌撰。申薌（一七八〇—一八四二），字維彧，號小庚，又號萁園（一作箕園），閩縣人。嘉慶十四年（一八〇九）進士，選翰林院庶吉士。授南昌府武寧縣同知，改雲南富民縣，後任寧波、河南知府等，累官至分巡河陜汝道。病歿於任，時人德之。工詩詞，撰小庚詩存二卷、天籟軒詞譜五卷詞韻一卷，輯本事詞二卷、閩詞鈔四卷、天籟軒詞選六卷、六十名家詞選九十一卷等。

申薌出身三山葉氏，爲觀國季子，「酷好填詞，自束髮受書，即竊相摹擬」（天籟軒詞譜發凡）。又自稱「詞顛」，蕎山溪自題庚午雅集新圖：「故人知否？天意憐憨叟，且許作詞顛。」其詞於時别具一格，英和以之與北宋詞相較，顧蒓則讚其「清空婉麗，直奪堯章、玉田之席」。

是書隨葉氏詞作日增而屢有修訂，凡經四刻。道光六年（一八二六）冬，在昭通任上刻一卷本，收五十七闋。十二年入都，請英和作序。後赴浙江爲官，乃增爲兩卷，於道光十四年刊刻。卷一起嘉慶十年乙丑（一八〇五），訖道光七年丁亥；卷二起道光八年戊子，訖十三年癸巳，多爲宦遊雲南時所填，有葉紹本、徐鏞、戴鼎恒等十三人題辭。道光十五年復增爲三卷，刻於杭州，卷三收道光十四年之作，有馮登府跋。道光十九年又增爲四卷，卷三增收道光十五年至十八年之作，卷四收道光十八年至十九年之作，計二百七十六闋。天籟軒五種所收（以下

簡稱「天籟軒本」）即四卷本。（詳參李國龍葉申薌小庚詞存版本研究）

茲影印者，乃兩卷本之稿本，收一百三十五闋。以藍格稿紙抄録，半葉八行，行廿一字，正文有朱筆圈點。内封題書名，署「癸巳秋日浙衢舟次題」，鈐「詞顛」白文方印；紙背題詩兩首，署「癸巳大重陽日」，詩文即卷前陸繼輅題辭。題辭下鈐「小庚」、「小住蓬萊」朱文方印；卷一鈐「蕭山過客」白文方印、「瀛壖詞叜」朱文方印、「祖孫父子兄弟叔姪翰林」白文方印；卷二鈐「敦夫曾讀」、「世史氏」朱文方印。

今以天籟軒本校之，頗有異文：此本卷二之惜餘春慢臺莊守凍、浪淘沙小住蘭山呈熊東岩太守爲天籟軒本所無。此本憶舊遊得家信知内子卧病蘇邸屢速未至，天籟軒本脱「屢速未至」；滿江紅紅梅，天籟軒本僅録詞牌。此本所收各詞中常見雙行小注，如沁園春自題二樂圖「麴亦稱神」，注「白詩『麴神寅日合』」；沁園春辛未改官後乞假歸省留别芷汀六兄並題洪江送别圖「滇海孤撑」，注「珊瑚撑月乃滇中故實」；一萼红己卯四十初度「也曾嘲、官職未蹉跎」，注「白詩『四十著緋軍司馬，男兒官職未蹉跎』」。天籟軒本皆删去。至於文字之異，如「滇中」作「洱海」，「天涯」作「天然」，「素影」作「素魄」之類，不可勝計。今福建省圖書館亦有小庚詞存稿本一種，筆跡與此本一致，無題辭，不分卷，收詞一百一十八闋，所少者多在此本卷二末，其文字、編次亦有參差。（祖胤蛟）

小庚词存 卷一

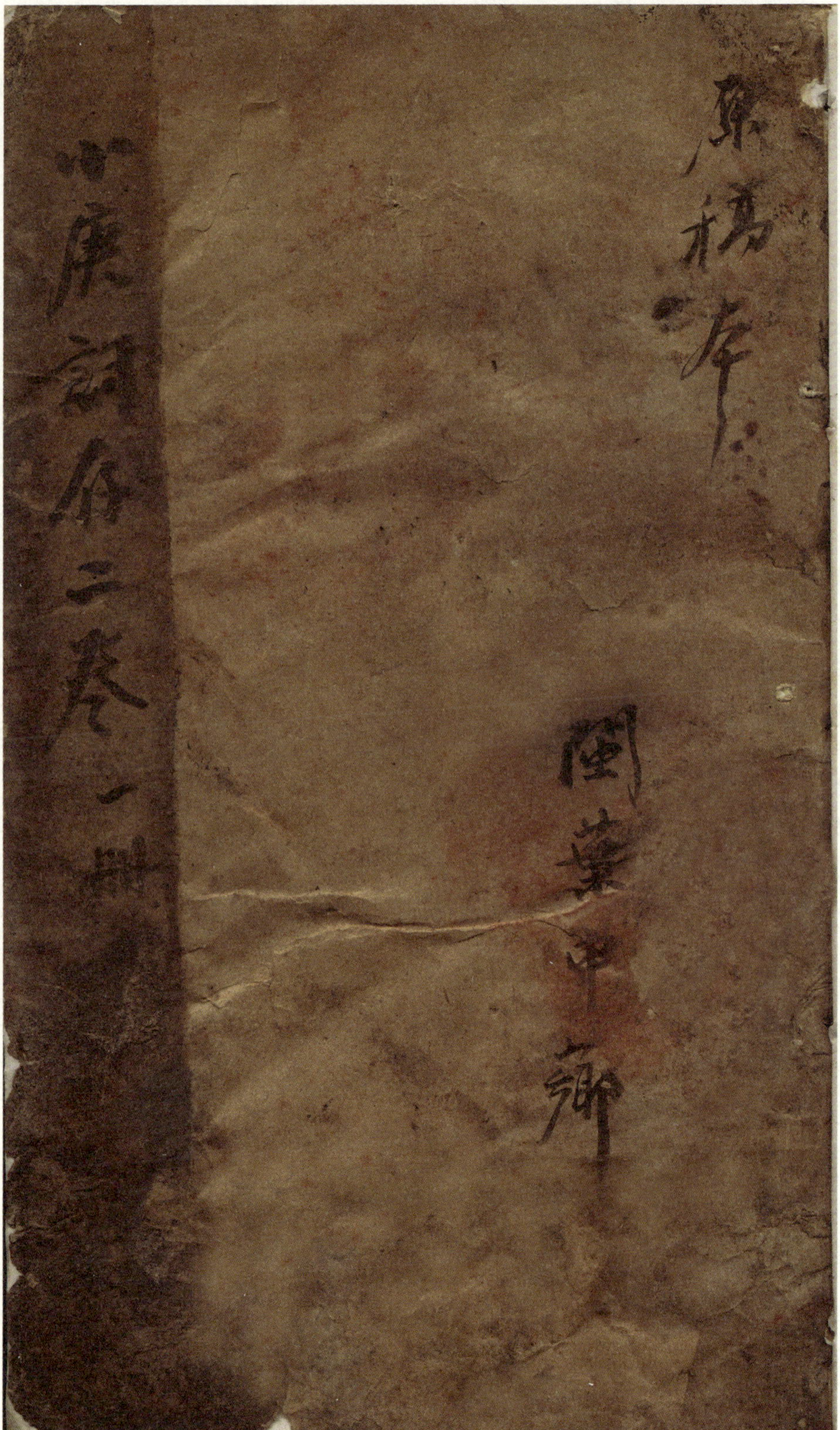
原稿存
閩葉申薌
小庚詞存二卷一冊

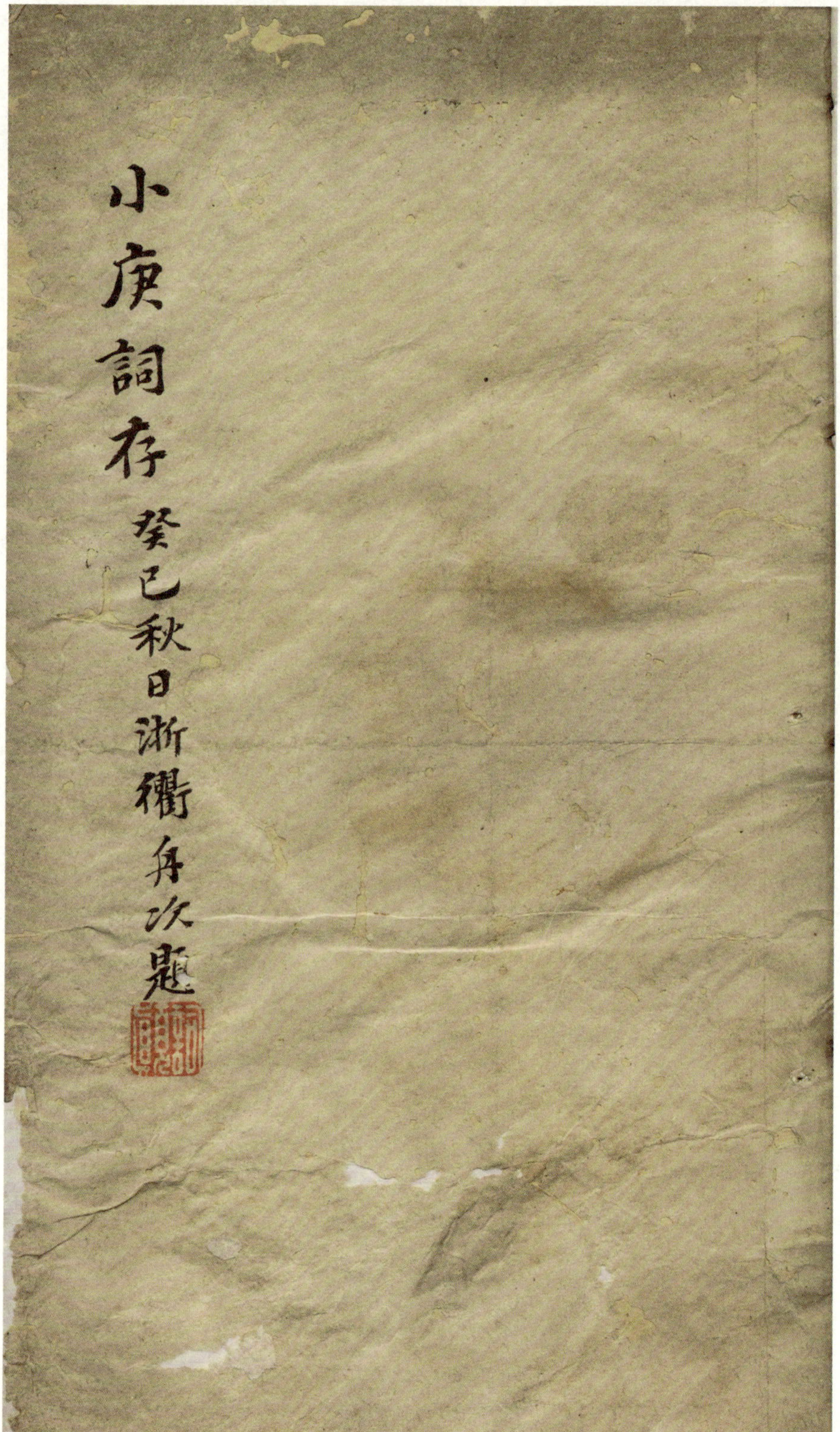
小庚詞存

癸巳秋日浙衢舟次題

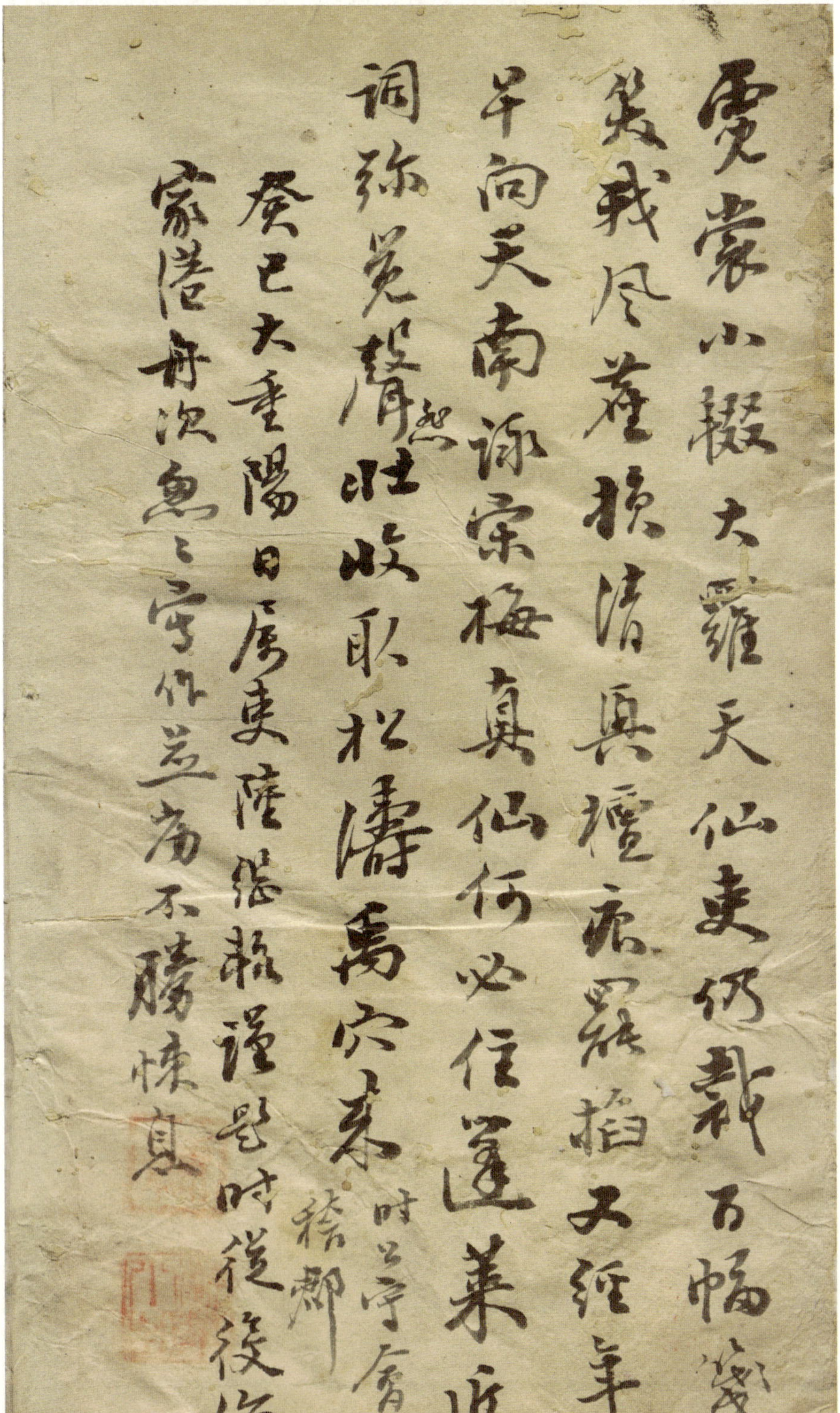
覔裳小擬大羅天仙吏仍裁百幅箋
爰我風塵披清異壇痕羅稻文經年
早向天南詠宗梅真仙何必住蓬萊近
詞殊覺聲怨壯收取松濤禹穴來時守會稽郡
癸巳大重陽日唐吏陸繼輅謹題時從後漁
家港舟次急急寫作並希不勝悚息

題辭

余素不習倚聲而好讀北宋詞以其豪壯可喜也壬辰小庚来都晤談間出所著詞存一册相證讀之神爲一爽知其沈酣於此者久矣爲識數語而歸之季秋之月望日友生吳和書於遡流垂蔭之居

廿年離夢快相逢燕市豪情如昨放眼千秋人世上幾許風花開落鐵笛工愁銅琶寫怨好把吟懷拓小紅低唱中書肯换歌曲　休論蓬島棠封彩毫摇響處霞舒

雲簇箋翰橫飛鸞徼外多少弓衣繡錯玉局風流金荃
才調那許緇塵著試翻新美繞梁聲振林木
歸安葉紹本筠潭
青紫喜同岑宦轍分程蓬飄萍聚又春明羨煞清狂渾
不減那讓耆卿　我亦易縈情塗抹無成秋窻讀罷愛
新聲便欲留君天上住高唱濃斟
桐城徐　鏞詠之
詞客前身謫仙今日酒酣能不悲歌江湖魏闕人事別

離多多少悽酸感慨都譜入激楚陽阿拈豪處聲偷字減秦柳問如何　消磨情萬種卅年一霎駒影蹉跎只贏得新詞一卷爭哦我亦名場落拓回頭認春夢成婆差喜見天涯同調黃絹幾摩挲

烏程戴鼎恒春羲

夢得才華海內知清真一卷幼安詞編名獨校蒼洲譜摭實還同本事詩閣嶠月明吹玉笛滇池花發寫烏絲與君白髮相逢晚惆悵京西欲別時

江都汪金泰大竹

楊柳曉風輕天籟泠泠絕無綺語到澄襟回首昔年天上〻歌咏昇平　滇海展雲程仙吕頻賡江州司馬宸多情與去鑑湖山色好酒國詞人

固始吳俊民醉生

天籟泠泠鸝語嘆檀板敲殘句壓詩囊重瑤聲頻斟金硯捧瀛洲重話游仙夢　棠蔭曾聞滇海頌放棹山陰唱入雲無縫他日詞人旌節擁才名不讓桐花鳳

固始吳葆晉紅生

十洲三島幾經過，曾賦霓裳奏大羅。莫道引舟風力勁，蓬萊清淺近如何。

碧雞金馬停鞭訪，鏡水笄山放櫂看。不爲天涯感淪落，青衫一襆淚闌干。

不學蘇辛不柳秦，成家何處問傳薪。因知下筆皆天籟，彈指於今有替人。

我亦清狂憶昔時，新聲製就寫烏絲。何當共覓旗亭醉

賭唱黄河遠上詞

聽紅牙一聲低拍，佁歷万斛都洗。曹娥江畔停舟處，黄絹之題碑字，簫可謚。賸縷縷芳情，收拾篷窗底，更誰知己。悵載雀三山，栽花六詔，聊把舊游記。從頭數，秦柳蘇辛曾䉀。諸家何者堪擬。飛揚跋扈詞場上，飄盡平生湔淚。春夢裏，但紫綺烏紗，大抵銷英氣。泠陰殘醉，莫水上琵琶，天涯芳草，猶有可憐意。

吴縣石同福敦夫

競詞場紅牙鐵板蘇辛秦柳分派文章千古無軒輊佳
妙並皆天籟清論邁譜萬疊宮商金管烏絲 累新聲更
快寫燕趙悲歌江山壯氣著我女郎態 神仙概本是
蓬萊舊客（借上聲讀）遨嬉萬里而外昆明池水西湖月都入
小奚詩袋君莫嘅君不見鴟夷一舸眈鰕菜有山可買
使佽詠流連竹絲陶寫奚慕好官大

歸安張應昌仲甫

府翻新拍費才人尋聲選韻幾拋心力願曲由來知

□唱遍曉風殘月應不讓屯田柳七譜入紅腔成絕
調又何須别派論南北删綺語證仙骨　蓬萊回首層
雲□憑無端雙鳧飛落塵寰小謫猊鳥犢花添詩料付
與奚囊收拾儘贏得清呼一葉鏡水而今歸行部領湖
山好待追蘇白名刺史舊詞客

桐城方　秉珊洲

霓裳小輟大羅天仙吏仍裁百幅箋笑我風塵揖清興
檀痕罷搯又經年

早向天南咏宋梅真仙奚必住蓬萊近詞彌覺聲悲壯
收取松濤禹穴來
陽湖陸繼輅祁孫

霞軒隺舉萬里支節載奚囊如許豪情柔緒渾未滅都
付碧簫金縷蓬萊小住記曾聽鈞天新譜經幾番傷別
傷[illegible]換得鬢絲無數　烟波好共勾留趁萬綠西泠蘭
櫂容與尋梅訐柳都喚起湖上新盟鷗鷺何郎漸老還
遜春風詞句等恁時寫入冰絃訴與小窗風雨

陽湖崔曾益仲遷

如此清才渾不減，屯田柳七當綺歲。蓬萊便到花生彩筆□句早傳天上遍。真仙偏向人間謫，數游蹤、金馬碧雞邊，王尊叱。　滇池水，心同潔；杭州酒，襟還溼。歎風塵慣愛偷聲換拍。摟指幾人丹九轉，傾心此事肱三折。算双鬟、賭唱合輸君，旗亭畫。

溧陽宋鑛北臺

籍籍聲華海內傳，頭銜早領玉堂仙。棐軒雅化曾留譜蘭畹聯吟共拂牋，半抹微雲秦學士，一痕殘月柳屯田。
西泠春水年年綠，未了三生石上緣。

寧化伊念曾少沂

小庚詞存卷一 起乙丑迄丁亥

閬中葉申薌維彧學拍

念奴嬌 東坡先生生日集何氏紅園

乘風歸去，笑髯翁本是神仙中物。七百餘年仍不死，笠屐圖來滿壁。磨蝎身宮，詧龍詩案，往事成鴻雪。一場春夢，[illegible]無身後猶傑。　郤喜東閣何郎，紅園雅集，詩興尤清發。一瓣香爲坡老爇，耿耿芳懷難滅。臘酒珠紅，嶺梅冰凍，雨絲飄鬢。舉觴爲壽，祝公千古明月。

滿庭芳　嘉興過雪遲同伴不至

極目天垂，打頭風峭，同雲一望瀰漫。高低近遠，凍雪未曾乾。生怪天公多事，殷勤把、玉戲重翻。連朝裏，幾番做作，釀就十分寒。　無端。劉牘得，詩敲韻險，量入盃寬。但孤吟獨酌，終不成歡。寒已敝裘侵透，難禁是、酒醒更闌。青綾被，羇眠易覺，夢不到家山。

摸魚兒　東阿阻雪

最無端、昨宵風雨，偏將寒月吹去。輪蹄歷碌劉過半，喜把来程暗數翻又任算難事人間難莫如行路問天不語更費盡工夫裝成王戲六出舞飛絮男兒志堪咲儒冠多誤浮名肯把人妒酒闌欲擬鷦鷯賦多少壯懷誰訴拚醉舞從吾願此身頑化陶家土休論甘苦但塊壘須澆醉鄉頻到此外少佳處

沁園春 自題二樂圖

蠹可成仙麴亦稱神白詩麴寅日合神奇乎未奇但擁將萬卷百城何假飲堪一石卮酒安辭惠子五車平原十日樂

在[illegible]中奚復疑從吾好便曹倉高築仲搕常攜　古人糟粕誰知咲賢聖還憑清濁爲倘五經饋至吾應束帶一瓻借得我且垂帷文字生涯醉鄉日月消受清閒事事宜君休咲任相呼醉漢或目書癡

臨江仙

十載江湖常載酒等閒孤負春風莫愁湖畔板橋東垂楊千萬樹何處繫花驄　爲愛綠窗人似玉鄉偏憐我情濃翻教恨晚惜相逢清歌聽未已離夢又匆匆

念奴嬌 狂歌

麯生知己唤憑伊澆盡胸中塊壘雲夢真堪吞八九何
物還能芥蔕勇倩詼諧幼輿任達甚矣吾狂矣人生行
樂及時宜自留意　也解筵畔評花尊前顧曲學作逢
場戲但得百年開口笑此外不知餘事白眼閑看素心
誰是閱盡人間世唾壺敲缺短歌無復宮徵

菩薩蠻

好花開處原非易看花須惜憐花意花亦解人憐臨風

花自偏　酒徒狂態作翻道花情薄對酒碎花枝此情
癡未癡

金縷曲　落花

命莫如花薄歎年年一番春盡一番漂泊孤負東皇栽
培意生受封家惡劇况更有許多做作飛上錦茵能有
幾但吹來藩溷真無著回首視孰清濁　紅嫣紫姹何
如昨想都因未除結習俗緣難却琪樹瓊花神仙品一
染紅塵便錯空悵望蓬瀛樓閣此別鈞天成小謫也有

人說道人間樂身世事杳難託

沁園春 辛未改官後乞假歸省留別芷汀六兄並題洪江送別圖

憶丁卯冬買洪塘舟與君共登咲棘闈再試初欣霓詠蓬山一到旋被風飄五度星霜三經離別況此還為萬里行重披視正人歸海嶠心戀春明 壯游若快平生但怕聽陽關第四聲念觚稜曉日瀛洲獨步珊瑚夜月滇海孤撐珊瑚撐月乃滇中故實 好繼家聲來持使節慰我蕭然遠宦情頻回首想西堂詩夢別後常縈

滿江紅　九日出都留别楊蓉峰前輩李蘭卿舍人

地角天涯，誰禁得、幾番離别。爭奈是、銷魂況值，薊門秋色。握手沈吟忘語咲，回眸頃刻成睽隔。盼道旁、楳棹榔絲黃，難攀折。

聚與散，如萍迹。往復返，真駒隙。但驪歌一唱，此情何極。緑酒好留他日醉，青衫已爲今朝濕。慰相思、惟有月當頭，同南北。

沁園春　淮上留别次帽四兄

别三神山，作萬里游，斯真壯哉。咲八年在外，憤嗟行役

一行作吏暫賦歸來誰念王孫難逢漂母頻過淮陰古
釣臺相逢韋正漫傳征棹共把離杯　家園嶺嶠長淮
並燕北滇南各一涯念何時夜雨聯床共話每逢佳節
對酒遥懷底事年来吾家兄弟碌碌偏多百里才交相
祝是潘興迎奉同慶南陔

滿江紅　壬申九月疊前韻

去歲今朝記曾是燕臺分別萬餘里飄然来看九峰山
色紫蟹黄花風景香碧雞金馬關山隔歎每逢佳節倍

相思腸應折　賓客少無游迹簿書簡多餘隙咲直須
臥治清閑已極高會遠懷寬敞勝槩居絕顛溢江濕悶
愁城自昔酒兵降令將北

水調歌頭癸酉送同年戴春溪舍人差旋

遠宦萬餘里落柘寄南荒故人持節遥至相遇碧雞坊
未作臨卭負弩且學都官分校玉尺共評量君返鳳池
去重與奏明光　應念我宦情減旅愁長山城斗大湯
說彭澤與阿陽京邑舊游相問爲道狂奴故態今也不

成狂回首望霄漢分手悵河梁

鳳凰臺上憶吹簫　菜花

粟影疑空麥雲訝薄凝眸一望千畦儘臨風錦爛映日金迷爲愛淺深濃淡平分出近遠高低春如許黄花滿地莫認秋籬　參差麴塵吹動正陌上人歸色蘸春衣記年年佳節長說挑時試問題詩張翰風流句端合因伊還相咲芳根咬處此味誰知

又　白芍藥

素影籠烟豐膚膩雪亭亭玉立春風豈洛川微步姑射
仙蹤彷彿趙家姊妹新粧竟齊倚簾櫳還應是楊妃出
浴艷冠驪宮　形容難摹丰韵咲謝朓當年祇咏翻紅
任廣陵嘉話金帶奇逢爭似盤盂琢玉坡仙語比擬偏
工蓮香白芳名記取色相皆空

木蘭花慢　袁季範水晶簾下看梳頭圖

袁絲今老矣看故態尚踈狂愛畫閣春風湘簾曉日坐
對吳娘新妝咲臨鏡檻綰雙鬟斜掠髩絲長巧樣鬭蛇

學就妖姿隨馬偷將　回廊花影罨垂楊風送綠雲香

倘芳卿我見猶憐嫵媚何況伊行端相天然丰韵便虬

髯臥看也無妨眉憮任誇京兆風流不讓王昌

又　秋湖送別圖

人生行樂耳得閑處便宜偷奈小別逡巡柔腸繾綣欲

去還休芳游暗攜翠袖擬都將離恨載扁舟鏡裏波添

眉黛酒邊風助歌喉　情稠千種意綢繆一樣思惠猶

帳金烏影墜碧雞路近雲散風流新愁頓生萬斛倩琵

琵琶出水天秋綠鬢韋娘初嫁青衫司馬難留

沁園春 送秦馥堂司馬領運

辭雲中君歌蜀道難勸君莫嗟看奏最三年兼逢奉使離宮萬里快且還家白帝城高黃牛灘陡此去真乘八月槎樓船壯盼亭登至喜穩下三巴　亭亭玉樹堪嘉愧如許頭顱漫倚葭蒹祿養承歡捧来毛檄弱齡作宰栽遍潘花首薦新叨頭綱獨領試問歸期再及伱歸来日是　九重恩賚五馬榮誇

滿江紅　碩致堂別駕黑龍潭看梅圖

丰度翩翩問驃騎何如第五況復是士元驥足早看展
布需次十年秦塞久馳驅萬里滇池阻賸閑來游歷好
山川開襟處　潭百尺龍深護[illegible]千載花初吐正微吟
把卷翛然天趣羨爾閑身邱壑置嗟余浪迹風塵苦擬
何時同躡筍鞵青眠花塢

一萼紅　己卯四十初度

笑奔波忽平頭四十歷碌隙駒過萬里携家三年宰劇

盡將心緒消磨過来是宦情都澹争禁得半載病為魔
酒残生踈吟懷蕭索興致如何　回首舊游天上悵仙
山縹緲落滌風多滇海塵勞蜀江瘴癘榮枯寵辱由他
憶香山著緋司馬也曾嘲官職未蹉跎白詩四十著緋軍司馬男兒官職未蹉跎況我頭顱如許且自婆娑

滿庭芳　潯陽琵琶圖

詞客牢騷美人遲暮情懷一樣無聊悲秋傷別無那可
憐宵忽憶青樓舊夢都付與慢撚輕挑鄰船客尋聲暗

問移舫近招邀　誰描愁萬種風鬟霧鬢老大萍漂休
提起當年一曲　紅綃我亦青衫司馬重題處也爲䰟銷
應念是天涯淪落同寄恨迢迢

水調歌頭　辛巳初度題黔南驛壁

回首過來日四十二年非半生俯仰隨俗名利兩相違
萬里遠飛鳧舄十載重瞻鳳闕舊夢總依稀惆悵冉
來燕仍向社前歸　青綾被紅綾餅更休題脚鞾手版
未卜何日息塵機瘴雨炎風天氣茆店筍輿滋味辛苦

復奚辭也解歸休好何以慰朝飢

滿庭芳　高郵遇雪

病骨闌珊旅懷蕭瑟十年又過秦郵迎春送臘兀坐對扁舟連日嚴陰釀雪侵尋是寒透重裘因風絮晚来更急堆積滿船頭　寒流流漸澀敲椎槐過處玉碎瓊浮愛潛聽琤琮細響常留只恐宵深凍合歸舟阻羈思難收私相禱晴帆高挂明日到揚州

又　壬午人日過梁谿題韻香道人空山聽雨圖

秀格簪花生綃寫蕙年時曾仰芳名染谿雪棹快得遇
飛瓊爲我含豪呵凍素牋上墨妙縱橫携來是湘香滿
袖傳觀遍江城　忘情偏愛此空山獨坐聽雨圖成想
閒根參透萬籟俱清猶恐塵心未盡吾提水淨洗光明
蒲團畔泠泠幽韵常答步虛聲

漁家傲　羊城留別芷汀六兄

水驛山郵經歲度匆匆又別珠江去江上木棉花正吐
千萬樹紅雲遮斷羊城路　波面漂萍風裏絮游蹤宦

跡渾無據十載不離旬日驟腸斷處鷓鴣聲急斜陽暮

永遇樂 和魏贊卿司馬咏萍

漠漠楊花東風吹到添半池翠細點星疎柔茵錦滑蕩漾圓還碎隨波容裔偷遮山影一碧侵人眉際傍苔磯平鋪似掌礙他釣艇垂餌 浮蹤若寄升沈聚散付與半篙新水魚喁頻吹蜻飛小立鴛浴根翻紫去留無計争如蒓菜慣惹秋風緗思斜陽外菱塘蓼嶼藉伊點綴

鳳皇臺上憶吹簫 重游廣西州東湖

艇泛伙皮波指菱面重游也屬相宜看簾縈翠帶蓮裙紅衣蕩入綠雲深處沿堤去催喚漁師鳴榔過千絲細網出水魚肥　忘機傍人鷗鷺每驚高影輕摇還自驚飛忽片雲頭上急雨催詩襟篷高[illegible]送響涼衫上烟靄霏霏歸來後寺樓風定鵶背光低

滿江紅　重臺紅梅

茜雪飄香已占斷羅浮春色幾曾見南枝放處重攢五出競爽讓他蓮蒂並同心疊抱丁香結想雙聲綺樹是

前身方修得　點不盡深宮額吹不斷江城笛宛暗香
疎影垂來的的染翰好憑雙管手簪花恰似連珠格向
石湖譜外數奇胎真佳絕

滿庭芳　綠萼梅

染黛孅濃銷氷訝薄春波淺蘸芳魂天寒修竹翠袖倚
無痕烏羽襴褷遙映羅浮夢好與温存橫斜影巧偷萼
暈清絕月黄昏　前身憐應是仙人萼綠小字同新數
頭番花信略較逡巡倚向含章點額撩雲髻鈿碧輕勻

東風惡一簾花雨腸斷隋樓人

水龍吟 水仙

是誰微步淩波娉婷顧影東風裏額黃明淡珠璫搖曳冰綃雪袂韻比蘭腴品同荷淨天然嫵媚向春前攏底評量花信都說道三番是 題就梅兄礬弟玉玲瓏更饒風致清泉白石花瓷綠几山齋位置風透重簾微閒薌澤粉濃脂膩翻教人勾起閑情多少憶鶯花地

木蘭花慢 紅山茶

譜滇南花卉推第一是山茶屢枝偃虬形苞含鶴頂烘
日蒸霞極杈高張火傘咲粵姬渾認木棉花葉幄垂垂
綠重花房丹丹紅遮　仙葩種數寶珠佳名鬪牡丹誇
憶吟成百詠記稱十絕題遍風華生涯天涯爛漫自騰
前開放到春餘風定絳雲不散月明顏玉無瑕

念奴嬌　謝王協戎惠巧色菊

重陽近也學淵明閒採黃花消息恰好江州王刺史送
到幾株秋色黃姤鵝翎白欺蝶粉紫艷分鴛鴦翼携尊相

對不妨長醉花側　正待細把鬖英驚看朶朶巧樣爭偷得誰料夜郎荒僻地忽覩名花傾國倩女雙魂徐妃半面鴉髻三丫髻。儌他五柳昔年當未曾識

滿江紅　丙戌初到大關作

斗大山城居然是滇東鎖鑰千餘里襟黔帶蜀犬牙相錯犵鳥蠻花風景異僰僮爨女風情樂沐承平雅化百年來安畊鑿　輿馬困山程處舟楫險溪灘惡咲蠶叢鳥道崎嶇猶昨田疊樓梯窗際列泉通竹梘廚中落對

邊關斜日起新愁聽笳角

金縷曲

游宦成羈旅問當時誰人投筆誰人磬墓咲我頻年牛馬走依舊頭顱如許休更憶金閨故步萬里携家從薄禄又那堪千里拋家苦離思積向誰訴　愁来難覓高陽侶鎮無聊編籬□石移花栽樹敢學魚湖同鹿柴運甓漫消閑緒但可惜流年虛度曾道銷魂緣賦別恨而今魂也無銷處空悵望碧雲暮

又撫琴圖

梧竹清陰繞，對庭軒、瑤琴獨撫。是何年少濯濯丰姿，憐張緒、蓮幕蜚聲偏。雅趣絲桐深妙，莫奏高山流水曲。自鍾期去後知音少，但目送孤鴻杳。披圖細揣君懷抱，想當時文君未遇，偷彈新調，欲寄琴心求凰意，盼得遂山眉好。況恰有雙鬟來到，咲我忘情何所好。學淵明、秪愛無絃操，詞題罷，尊頻倒。

清平樂

濃雲翻墨遮却青山色，萬變圖成真頃刻。草莽魚鱗誰識。須臾雨散雲空碧，天千里光同。閑倚闌干四望，依然翠錦屏風。

點絳唇

繞屋青山，屏風十二週遭綠。峰重嶺複，拄笏閑延矚。最是宜人，雨後山如沐。新妝束，嵐光翠撲，簡簡雲鬟矗。

臨江仙

陣陣輕雷催驟雨，晚窗快覺涼生。坐聽檐溜雜泉聲，小

庭莎泛綠新洺鴨闌平　階竹枝垂青到地短莎莎青青夢
輕盈遥山隱隱近山明浮雲馳倏忽飛瀑落縱横

蝶戀花　蝉

庭院陰濃消暑氣忽帶蟬聲便有山林意雨後風前聽
未已纏綿最在斜陽裏　飲露棲烟仙骨蜕品格清高
曾伴金貂隊獨有長吟無限思秋來慣惹新愁起

永遇樂　秋夜不寐

秋後關山月斜衾枕皆斷腸處露井啼螿霜霄過雁更

凑淒涼趣銀釭珠穗寒花半吐起坐欲挑還住漫思量
酒徒狂態而今鬢影如許　無端夢裏悲歡聚散又被
鄰雞驚去薄宦飄零壯懷消減怕起中宵舞闕心何在
嶺梅開否芳訊遠沈驛路頻搔首青綾寒擁強吟悶句

聲聲慢　秋聲

冷月催砧尖風侵牖滿庭都是秋聲乍歇寒蜩砌蛩斷
續相迎遥天數行新雁引圓吭肅肅宵征無奈是聽荒
雞膈膊壯志還驚　池上蕭蕭送響想敗荷枯葦衆籟

齊生金井梧桐葉疎遠韵偏清芭蕉未經雪壓與松濤
特地爭鳴殘漏急又單于吹徹曉角高城

齊天樂 喜内人挈兩女歸聘

宦遊萬里携家累關心更憐兒女十口相依雙珠未聘
耽閣芳齡誰訴欣聞歸去知幾費經營幾般辛苦多感
山妻將雛曲向鳳絃撫 秋光應念倦旅耶堪經遠道
頻歷霜露黔館寒螿湘江新雁都是添人離緒歸期渴
數盼橘綠橙黃歲華將暮輾轉春來又催登驛路

青玉案　九日登郡後山

秋来雅稱登臨意。況此日、重陽是。獨惜邊關無勝地。笥輿輕穩，幔亭高峙，賓從隨游戲。　風高落帽高人致。末座難逢孟嘉至。試問黄花開也未。蟹螯休憶，萸囊且佩，莫負登高會。

浪淘沙　山行

秋色滿天涯。旅興清佳。籃輿緩緩遶山斜。隔岸霜林紅不斷，深處人家。　心繫路偏賒。轉入幽遐。烟村錯落半

雲遮牧笛樵歌分隊去暝色歸鴉

祝英臺近 紅葉

萬霞明桃浪妒寒艷竟如許滿眼秋光春色莫相誤爭
毬萬卉霜欺誰知霜後轉染就嫣紅無數 雁來否更
愛階下亭亭踈影列珊樹桕赤楓丹催得歲華暮因憐
酒客衰顏霜林一樣日日醉斜陽一度

高陽臺 連得梁茝林廉使林少穆醝院手書感賦
茝林書有安得好風吹近一方語故及之

拙甚栖鳩忙還似燕年年來趁春風舊壘難依借栖終

歲多包滇雲縹緲三千里學浮鷗莫定西東咲萍蹤漂泊依然濩落難容　故人念我踈慵甚向千山萬水遠致郵筒珍重開緘錦書芳意重重多情為盼風吹近奈好風不庇寒蓬莫書空且倩雙鱗猶望南鴻

漢宮春　蓮林来書以漢雙瓦硯拓本緣始索詩賦此以代硯為紀文達公所貽

漢瓦名齋咲高人佳致冠絕千年鴛鴦舊范況是雙璧依然師門貽硯念吾鄉故事聯編曾記得銘鐫夾漈好捋嘉語同傳　夾漈草堂硯在林硯樵明府處云亦紀文達公贈其尊甫樾亭先生　蒙就

長生無極想武皇當日志在求仙秖今劫灰已冷片瓦爭憐錦函檀櫝費騷人多少吟箋應笑彼香姜銅雀浪誇斷甓零甎

踏莎行

檐溜飄堦山雲穿户重陽過後猶風雨悲秋已自恨無聊悶誰能免添離緒　新雁不來黃花無語紙窗兀坐朝還暮可堪窗外有芭蕉聲聲似說新愁苦

減字木蘭花

秋光冷淡已過重陽花始綻雨後離披猶有霜枝護短
籬　花前對酒爭道黃花人比瘦入隔天涯憔悴西風
鬢影斜

風入松　喜晴

經旬寒雨鎮無休人意不禁秋朝來乾鵲聲頻噪開窗
望爽氣迎眸簷宕晴[illegible]影疊曈曨曉日光浮　須臾暖
透木棉裘蔀屋喜偏周家家新稻黃雲似篝車滿玉溢
珠流萬寶西成景象千箱南畝歌謳

南歌子 夜柝

雨裏音偏急，霜天韻更清。也隨寒漏換殘更，直伴窗雞嘚且到天明。　遠與吟蛩和，高疑警鶴鳴。惹人耳畔最多情，每待曉笳吹徹便無聲。

解語花 曉行

殘星帶雁，落月啼烏，畫角催天曙。鞭聲鈴語，輪蹄亂，迤邐客程不去。衝烟披霧，望初日曈曨將吐。霜力濃，卯酒全消，瘦馬淩兢步。　試問為何羈旅，被名韁利鎖勾引

如許一聲辛苦奔波狀歷碌那論寒暑宦游吏誤念孤負香衾無數算幾人暖閣黄紬高臥聽衙鼓

綺羅香 東川道中

宿凍封條新寒起粟連日嚴陰催就霧海瀰漫望去欲迷昏晝聞雞聲知有山居嶺脊帘影忽来村口傍郵亭是處人家帶烟都似乍炊後 西風頻聽夜吼還恐朝来釀雪客程厮勾曉色熹微誰料碧翁晴透敵霜威卯酒全消怯風力重裘依舊想歡聲暖遍茆檐負暄多野叟

又 新柳

晴靄烘黃，遥波蘸碧，偷把春光洩漏。非霧非花，凝望似無還有。倚東風、青眼才舒，浥朝雨、翠眉將鬬。最可憐、長短亭邊，嫩條先折玉人手。 妝樓頻誤少婦，忽向陌頭瞥見，芳心潛逗。黛影烟痕，慣惹春情儜憊。欲藏鷺、淺綠未匀；待繫馬、柔絲難綰。問當年、張緒風流，可能如此否。

蘇幕遮 春草

燒痕未蘇，雨細一遍，春風一遍添新翠。除卻朱門居要

地蘼[illegible]閑庭處處饒生意　妒裙腰粘屐齒若道無情
南浦情何已漫説行人千萬里碧色連天更在行人外

蘭陵王　秋陰

正蕭索連日淒陰漠漠無累賴秋思惱人濕霧低雲黯
池閣重陽已過却難博風高帽落東籬畔愁損菊花孤
負登臨對寥廓　新寒晚來惡念獨擁青綾歸夢難託
香濃燈暈烟凝幙聽冷雁音遠瘦蛩吟澀寒聲隱隱送
夜柝把離恨重拓　曉覺悵猶昨望樹影迷濛山態宜

邈未家畫幀難描模想酒興誰遣吟懷無著西風何處
倩為我掃寂寞

滿庭芳 自題詞存

鏤板高歌紅牙低按佳話乡擅詞場咲余迂拙渾不辨
絲簧都愛倚聲深妙暗偷掐竊效顰妝怡情處花天酒
地隨意譜宮商　清狂留幾許零殘賸墨結習難忘向
偷聲減字子細評量縱未盡諧音律平生也曾費吟腸
憑誰・雙鬟試唱紅豆記新腔

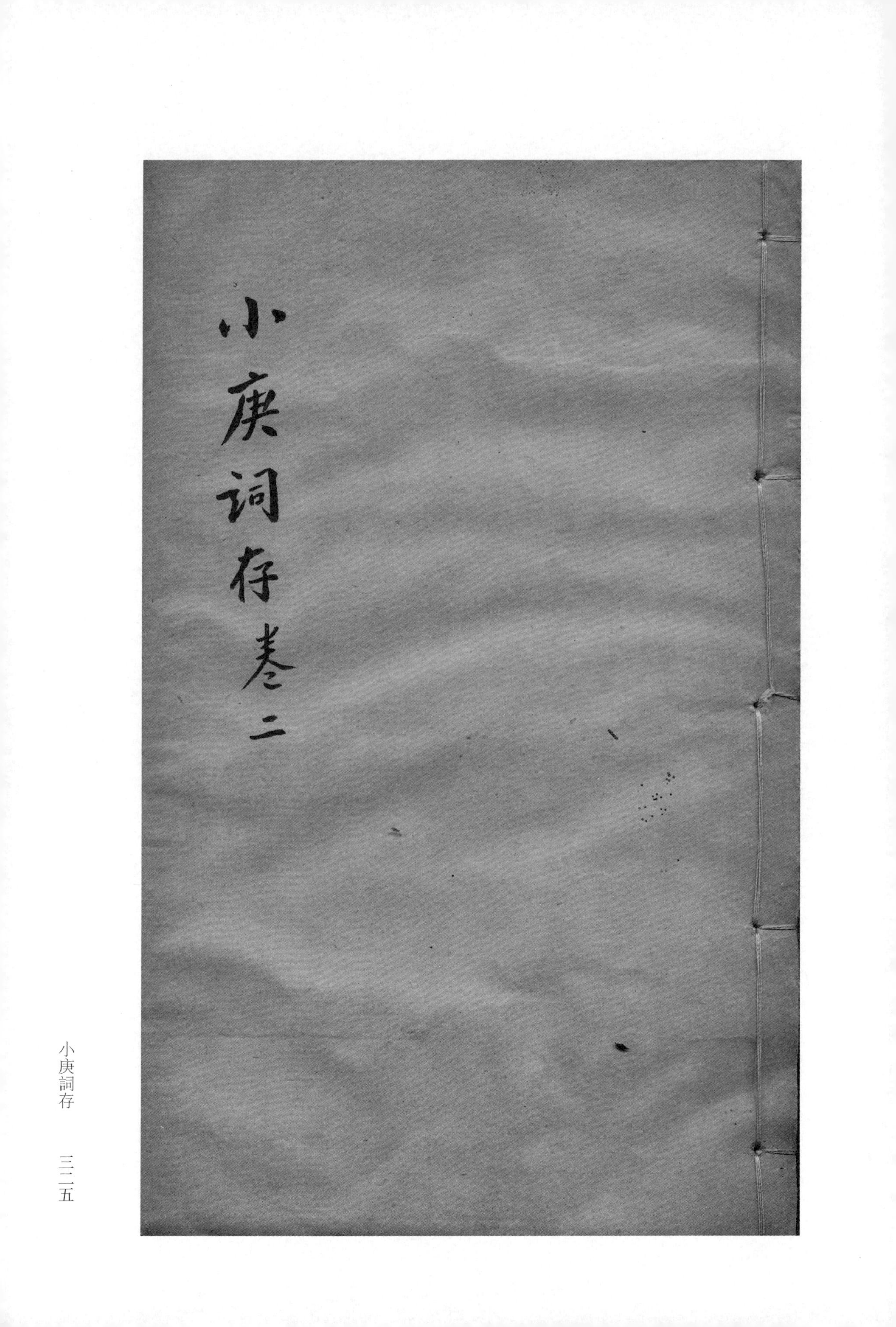

小庚词存卷二

小庚詞存卷二 起戊子迄癸巳

閩中葉申薌維彧學拍

過秦樓 川江到宜昌爲出險舟中始有帆檣猶艣之設詞以紀之

一片鳴鉦，數聲柔艣，連檣既發宜昌，值桃花新漲，把瞿塘灩澦，换做康莊。釃酒酹長江，顧布帆風色相將。喜峽猿聲斷，江魚味美，穩坐篷窗。　溯夔陵在昔，稱荒郡自紅梨吟後，艷説歐陽。尚堂留絳雪，想風流猶憶太守文章。名□疎狂，咲古人遷謫，何妨遇江山。舟木偶然題

咏千[illegible]流芳

洞仙歌　荆江晚行

沙明岸遠正荆江清曉艣唱齊聲舉蘭棹錦帆開驚起一陣神鴉倚檣望殘月尚懸林表　縠紋連萬頃蘋末風生吹動紅旌向前邊狂[illegible]美船兒拍手歡呼守帆脚不教輕棹又只恐江流似腸迴顧暮北朝南心心處禱

摸魚兒　石首阻風

聽晨笳棹歌齊發匆匆移過沙嘴長年忽覺竿烏轉燕

道石尤風起行且止共商略依然繫纜垂楊裏短橋湯

倚睇五兩杓田三篙浪軟好把畫橈理　重搔首叅透

盈虛妙旨其機多半如此蜀江已快乘槎便休怨停舟

荊水怡然喜況為我驅除炎暑回天氣不知許事且料

理清尊安排吟卷靜待挂帆耳

燭影搖紅　由荊江入漢江南望洞庭作

浪迹天涯半生鴻爪紛紛似此行為補未游蹤巴郢三

千里向洞庭買醉又浮槎東來漢溪星霜八度咲問

垂楊樹猶如此　鸚鵡洲邊古来多少才人淚萋萋芳草自生愁極目粘天翠且泛鴨頭綠水學青蓮糟邱高壘醉鄉穩住痛飲狂歌唾壺敲碎

又戊子初度登黃鶴樓

遼鶴重来駒陰瞬届知非歲世人幾輩得神仙此語原游戲百尺危闌遍倚念蓬飄誰時暫止鄉關何處望極南天萬重烟水　仙棗亭前道人指說新栽是浮生半百尚蹉跎過眼雲烟似白髮漸来鏡裏唉頭顱依然如

此青衫雖舊縱琵琶幾曾濕淚

水龍吟　武昌留別李儕農太守

半生落拓天涯常將刺向懷中滅情深傾蓋風流肯讓當年僑札人詫登龍我慚文絕此緣奇絕想苔岑臭味適相投契都非為尋常設　襛纖人憎觸熱笑郗生時來排闥豪懷北海座中容我酒徒疏闊爭奈匆匆挂帆東去碧雲天末念何時把袂開尊重與語南樓月

南樓令　舟中望采石

采石古磯頭磯邊太白樓欲登臨遙隔蘆洲四十年前曾到此湯指點舊時游　王事敢淹留空凝醉後眸好江山眼底難收釃酒臨風憑借問還許我再来不

南鄉子　陳洲阻風

何事苦淹留日日征帆滯[illegible]尤咫尺秦淮天樣遠凝眸但見長江滾滾流　繫纜近陳洲過盡重檣估客舟北雁一聲驚曉夢新秋真箇言愁始欲愁

滿江紅　金陵書懷

過此江山念都是舊曾相識萬餘里張帆損舵也應暫
息愁水愁風心欲碎憂晴憂雨頭將白到秦淮未敢訪
桃根青衫客
憶前度垂髫日再來是燒燈夕算者番
三看白門柳色忙近槐花之忌後漲生桃葉秋潮急嘆
年來如許好光陰閑拋擲

燭影搖紅 得菡林方伯手書以近刻諸種見贈并
邀蘇門之游賦此奉答

咫尺天涯蓬山在望船難到卅年酒社舊狂徒心似鷥
烏遶萬里槎來天杪溯漕河秋風汎早舟裝百萬忙煞

黔婁頻頻西咲　珠玉紛貽臨風雄誦舒離抱政成述
德創梁祠蓮林新建伯鸞祠堂徵詩輯志名出三高表準擬來年歸棹
過蘇臺放懷吟嘯滄浪亭畔濯我塵纓羈愁頓掃

揚州憶平山堂

廿四橋邊二分月夜繁華自古揚州憶髫齡隨侍騎竹
馬曾游從此後征帆頻過緣慳意懶輒引風舟咲半生
彈指聲中白了人頭　者番重到數良辰才過中秋念
山水依然林亭就廢勝蹟仍留四十二年舊夢憑闌望

烟靄空浮但岩前老桂飄香尚滿山陬

珍珠簾　桃源夜行

瀲江涷月明如畫溯寒潮穩趁葦帆風驟樹影動栖烏傍幾行岸柳忽聽棹歌烟外起又暗把旅情勾逗僝僽且抱膝微吟挑燈喚酒　隱約人語燈光知近依水市去程將發試問夜如何恰三更時候篷背霜濃寒氣肅聽遠驛數聲荒漏依舊向斗帳孤眠梅花影瘦

桂枝香　蟹

江鄉稻熟，正蓼老浦紅，蘆凋波綠。好是沿江，縛椵葦簾深曲。晚潮乍褪灘痕露，聽爬沙、映燈爭逐。健螯泥護，嫩筐沫聚，滿籃聲促。　宜右手持盃相屬。更細縷香橙，碎挼新菊。那似蒓鱸，風味漫關榮辱。老饕賦罷閑修譜，遇無腸、便求符竹。圖許湯眼清聆，琴韵雅情堪續。

詠字木蘭花　蝦

長鬚顯目，來趁新潮痕顛綠。戢戢如蠶，自愛沿堤入翠籃。　撈來草屩，[illegible]豹聲中花事老。巧是吳儂，喚做蠻鑽

比肖工

憶舊游　得家信知内子臥病蘇郎屢速未至

憶將離曲奏，三載不飛，郤返鄉園。又買洪[illegible]棹，向黃花香裏，送到蘇門。秋風偏困[illegible]裊，黛疊愁痕。轉引起離情，碧雲縹緲，立盡黃昏。　銷魂黯然處，是魚陽層波，雁杳重雲。寂寞寒江夜，念青綾獨擁，孰與溫存。人生惟有別苦，此恨倩誰論。問更待何時，篷窗雙飲同翠尊。

惜餘春慢　臺莊守凍

官船雲又布帆風便北去一程程灧晴波瀲灩愛日融
和好是小春天氣叵耐長年惱人未待冰堅先將舟艤
念歲華欲暮光陰拋向銷寒圖裏　漫追憶錦水桃花
荊川瓜蔓恰看秋濤揚子江梅待臘岸柳迎年轉瞬春
光來矣獨奈羇懷怎禁夢迷鄉關神馳　帝里盼東風
解後聯艅又趁半篙新水

江神子　任賀川明府臨翁詩意畫冊

春江浩渺縠紋生畫棹輕篛篷新多少帆檣來往此中

行驀地狂飈濤拍岸爭又向岸邊停　推篷曉起問前程宿烟清曙霞明依舊滄波雙槳浪花平畢竟輸他漁艇穩風與雨不曾驚

掃花游　綠陰

牡丹開後數番風將盡楝花時候萬紅似織恨無端暗把園亭換就翠幄週遮不許鶯穿燕過林光厚更潤逼簾櫳濃薰衫袖　儘傲風雨驟念爾許情懷總如春瘦杜鵑去悵尋芳較晚已成孤負畏景將臨且喜滿庭

雲皺休相呪對清陰好消炎晝

滿江紅 紅梅

萬里歸來久吹斷龍潭清夢滇中黑龍潭古梅兩株傳為唐時物多情是賣花人把一株春送老幹經霜風格古仙姿酣酒胭脂重且欣然分部典衣錢携歸種　瓦盆貯山齋供枝低亞香浮動念幾生修到品高誰共好向小窗邀月賞莫教長笛臨風弄更急須招客對花開傾春甕

水調歌頭 陸萊臧司馬螺江載石圖

拙宦將廿載，歸計幾綢繆。羨君家風未墜，載石壓扁舟。萬石灘頭水立，七里瀧中風急，穩泛浪花浮。更過牽鷹宅，吠問舊沙鷗。　追念我，沿灘瀨，下黃牛。舟裝百萬，連檣經歲狎陽侯。宦海波濤閱盡，世路蓬萍難定，理棹又乘流。把袂與君別，何日解離憂。

漁家傲　壬辰北上

春水方生春草碧，扁舟又作辭鄉客。江岸柳條才一尺，難攀折，回眸已是雲山隔。　催理倦篙離岸側，蕭蕭暮

雨篷窗黑款枕欲眠眠未得情何極挑燈呼酒歌聲咽

鷓鴣天 富陽道中

董相墳前暫繫橈北風吹送海門潮舟無長物輕難進客有離懷醉未消 雲嶂疊浪花高富春山水助吟毫此行恰趁桃花漲重訪仙源路豈遥

南樓令 湯歌

春水麴塵波春聲入棹歌好光陰爭忍虛過老去閑情頻對酒贏得是醉顏酡 往事說東坡驚心春夢婆問

玉堂茆舍如何塵世但逢開口笑榮與辱儘由他

又　抵都門

又踏軟紅塵相看俱老成三十年七度春明懶散情懷

着對鏡憐鬢影欲星星　杯酒輒忘形誰論身後名愛

西山山色常青人海藏身應久慣更何必問君平

沁園春　潘星齋藤花館填詞圖

春月梅開夜宴呼賓昔聞老坡更易安風調比同花瘦

仲姬雅操輒和漁歌絳樹雙聲紫雲高唱肯讓檀郎才

擅多花陰下把紅牙親按徽飲烟蛾　自慚梟柳婆娑
也曾為塡詞著了慶羨錦瑟年華珠溫玉潤瑤臺春屬
鳳唱鸞和人鏡芙蓉門風紅杏許看聯綿擢髙科風流
處認藤廳舊履接武重過

一剪梅　潘紱庭蘭閨唱和圖

慧業修從忉利天藍璧良緣錦瑟華年潘花謝絮㨿神
仙才調翩翩風度娟娟　滿抱芳懷若箇傳並倚合肩
對擘吟牋畫圖誰仿小鄉嬛紅杏詞妍紅豆情堅

菩薩蠻 秋葵

迎眸幾點秋光媚倚風淺拂鵝黃膩遮莫認東籬低傾金屈卮 嫩苞開曉露影轉斜陽暮吹散麴塵衣芳魂伴月歸

南樓令 紱庭囑題秋林琴趣圖

秋色到蕉桐秋心無限濃好襟懷瀟洒誰同膝上橫琴雖不鼓時亦復送飛鴻 古調者難工知音豈易逢寂移情海上仙蹤流水高山仍著相真妙手但空空

鵲橋仙本意

新秋涼乍，初弦月挂，天氣偏宜良夜。世間兒女總情癡，道此景古今無價。　鴛機暫卸，鵲橋忙跨，多少幽歡情話。雙星先自沒工夫，又誰把蛛絲巧借。

采桑子梅花雙影圖爲星齋賦

瓊枝玉樹交相倚，人比梅清，影並花明，修到今生定夙生。　同拈雙管吟無盡，天上雙星，仙裏雙成，都讓卿卿兩璧人。

玉連環 鸚鵡

靈禽翻被能言誤，向雕籠珍護，妒他梁燕每雙棲，常愛把春寒訴。方響一聲輕度，喚雲英不住，粉郎詩句是誰教，在畫閣深深處。

減字木蘭花 美人爇香圖

亭亭獨立，蟬縠倚風鴉鬢側。竟體芳蘭，自有生香妙莫參。春閑晝永，靜對爐熏看篆影。一氣雙烟，縹緲淩虛意欲仙。

眼兒媚

老来偏費惜花心秋色艷難禁雞冠血染鵝翎㲉破紅透黄深　酒人例向斜陽醉醉後遶花吟花應咲我鬢將吟斷髩欲愁侵

柳梢青　秋日陪諸同年登陶然亭

扶馬輕車城南飛鞚秋日將斜遥望危亭參差雉堞遠近蘆花　憑闌風景無涯咲争道江鄉更佳催整歸鞍寺樓鐘動暝色棲鴉

蓦山溪 自題庚午雅集二刹圖

頭顱依舊，廿載重回首。著破此青衫，滯滇雲、浮湛宗久。軟紅頻蹈，故態尚疏狂，杯在手，笑開口，肯負尊中酒。

故人知否，天意憐憨叟。且許作詞顛，任學他、蘇辛周柳。閑來拄笏，莫問鬼揶揄。身宜守，顏休厚，留對圖中友。

行香子 醉題吳醉生駕部聽琴圖。圖為聽其姬人翠濤撫琴

以醉為生，爾醉誰醒。笑此身、此樂誰曾。既修艷福，更賦閑情。對杯中物，琴中趣，意中人。

天爽秋晴，月淡花明。

問何時許我同聽紋紗窈窕絃語瓏玲憶詞中句羃中
影畫中聲

朝中措

歸鴉陣陣日沈西天闊暝雲低遠市車聲歷碌隔城嵐
影淒迷　最宜入畫紅黄村樹紺碧拓提倦客吟情未
減高秋景物難題

醉太平

秋晴夜清雲輕月明遠庭閑步微吟引離人恨生

深酒醒愁縈夢鶯擁衾遥夜孤檠更怕聽雁聲

山亭宴　和戴春羲儀部贈别元韵

征衫慣漬燕臺酒摯離觴别愁今又去作浙東游佳山水何妨任久爲蓬畫舫任逍遥最好是鑑湖新柳酒隱寄紅塵吾欲繼龐堂叟　憶君秉節滇池舊持玉尺夙推名手對語鎖廳秋問當日豪懷誰負笑余潦倒尚青衫戀錦窠仍同株守春羲兩掌鑄局殆將十載　且莫管浮名但細把離悰剖

醉太平　白滸曉發

霜凝夜深參橫斗傾氊車寒擁青綾聽鞭聲鐸聲　晨鷄夢驚東方漸明無端霧幛冥冥迷來程去程

金縷曲　旅枕聞隔院琵琶

何處紅樓女隔墻兒輕攏慢撚哀音如許多少悲歡恩怨事都入輪袍新譜但只戀溫柔鄉住此日尊前金買咲彈指間半是潯陽婦推後引轉凄楚　倦遊念我長羇旅印鴻泥天涯踏遍幾經辛苦孤枕寒衾眠未穩

慣更聽絃語十五載青衫广土淚倒使君癡絕甚枉去后
人細把衷情訴呼燭起題長句

南歌子　平原夜行

永夜人方定初弦月作傾孤衾短夢易驚醒時耐柝聲
催起未三更　鈴語郎當響籠燈近遠明重衾已敵曉
寒侵恰好郵亭卯飲稱人心

又　連日翻車戲賦

慣向泥塗辱頻賡偪仄吟敝車羸馬舊曾經始覺年力

筋力怯長征　雪積岐難辨冰融轍更深一程分作兩

三程試問何時雙槳換雙輪

風流子　鰲陽阻雪

風雪滿天涯貂裘敝僕僕困塵沙慣殘月曉星一車兩馬長亭短堠五飯三茶當年事改官辭閬苑宰劇領昆華橐筆從戎長卿諭蜀貢金奉使博望乘槎　而今重捧檄山陰道贍對岩壑清佳況有蘭亭名勝禹穴幽遐但一行作吏未能免俗半生拙宦無以為家猶自奔波

道路顔鬢空賒

浪淘沙　小住蘭山呈熊東岩太守

薄宦若飄蓬，南北西東。浪游卅載認勞[illegible]山色，好爪雪泥鴻。　望郡古稱雄，汲尹遺風。停車三日倭愁濃。好客幸逢賢地主，休歎途窮。

霜天曉角　沂河聞雁

曉色殘星，聽遙空雁聲。目送參差陳影，都伴我，向南征。　霜晴音更清，沙平飛暫停。忽被車鈴驚起，排幾箇字

人人

摸魚兒 賓鴈阻凍過陳芝楣太守

念山行備嘗艱阻勞悰忺到淮浦輕帆急艣方稱意怎又畫槳停住游宦誤記廿載舟車遶遍天涯路茲行最苦望三十六陂琉璃世界一葦未能渡 愁難訴忽遇同舟仙侶昆華舊夢如許燕臺慣伴雞筵醉此日萍根復聚攜手處咲各把別来旅況深深語羈愁頓去更許約同游六橋三竺與做湖山主

十六

浪淘沙

雪意滿西湖雲水糢糊天然一幀米家圖城闕樓臺迷近遠似有疑無　飛霰亂跳珠篷背聲粗北風吹浪戰菰蒲輿僕催歸天已暝燈火街衢

齊天樂　雪後于役浙東

臘前劉把征帆卸扁舟又還東下萬壑瓊凝千岩玉琢真箇越溪瀟洒勝游令乍恍銀海生花冷光交射如此江山大癡粉筆那能畫　豪懷更宜泛夜水光相接處

清景無價乘興拏舟中宵訪友誰繼前賢佳話官身偷
暇且捉鼻微吟舉觴深濁醉後推篷下弦寒月挂

花心動　甬東除夕招馮柳東太史小飲

騰鼓聲中又殷勤暗將歲華催換旅鬢漸衰壯志猶驚
枉自勾留海畔閒來強把屠蘇酌轉引起鄉愁無限空
凝盼山遠水遠家遠人遠　堪歎老懷疎懶章客裏相
逢瀛洲仙侶藩聖經神詩文詞仙都被先生占斷建溪
慵展裁花手愛絳帳春風[illegible]暖清談健笑人官情逾澹

七

瑞鶴仙 癸巳元夕餘杭舟中

歲華驚浪擲記雁後初歸剛逢人日湖山莊春色擬芳游飽看臨安燈節官符火急又催渡西興水驛坐烏篷重過山陰萬壑千岩曾識　追憶故園今夕火樹銀花南油西漆闔山路隔空悵望夢難覓對江村近遠漁燈幾點便是元宵消息賸多情好月當頭伴人岑寂

沁園春 書家秖林明府出關草後

讀萬卷書挽二石弓吾家阿連咲弱齡擢解頻嗟蹭蹬

壯懷拈筆竟勒燕然幕府書飭琴軒坐嘯贏得山陰岩

壑緣相逢晚喜襟期瀟洒傾蓋情聯　自憐留滯南滇

又來縈蓬萊閣下船恰落燈風定欣當佳宴歸舟雪嚴

快讀新篇畫壁詩多弓衣句好悲壯音為出塞傳重三

近想蘭亭觴詠肯讓前賢

醉太平

春江凍消春風浪高晚潮催送歸橈過長橋短橋　離

觴淚澆離衾夢勞今宵真個無憀恨山遙水迢

又

春風柳花殘陽亂鴉山村臨水人家問誰曾浣紗溪
橋逕斜柴門樹遮酒帘招客停車豈仙源路賒

望海潮 祝謦庭司馬廣陵看潮圖

伍胥忠憤枚乘麗筆錢塘自昔雄潮千弩射回兩山東
住爭傳白馬銀袍萬騎競鏖糟紅旗影紛颭出沒輕舠
狎浪吳兒水嬉猶自話南朝 羨君逸氣淩霄想長風
萬里羅剎停橈碧落曉晴綠瀛秋淨迎眸一線痕遙追

憶舊游豪乘漲馳三峽畫鷁聯艘老我重來江口同看

廣陵濤

水龍吟　謝陸葊田司馬五色畫竹

渭川千畝胸中寫來到處皆成竹匀紅剔翠塗黄渲紫

屏山六幅烟暝瀟湘霜晴雲夢畫圖彷彿想坡仙老去

枯腸得酒森然作芒角出　無竹應令人俗念荒齋未

能免辱欣逢持贈此君一到春生茆屋秀拂欒戕花攢

江管迷人心目咲籜龍難救空教饞守慳[illegible]當谷

洞仙歌 過名山古院訪水秋白鍊師[illegible]醫時年八十六矣

名山古院，隔塵寰非遠。橫枕吳山倚天半。道廬深留客，茗盌爐香，凭闌望、飛下白雲幾片。鍊師老逾健，久住人間，鶴骨童顏令人羨。醫世活人多，種杏成林，註仙方、千金傳遍。但鍊就還丹懶飛昇，更咲指蓬萊，近時清淺。

念奴嬌 步張仲甫舍人韻送楊雪琳比部

匆匆握手，對湖山佳處，未能留酌。咲我酒腸枯澀甚，羞入劉伶天幕。客裏相逢，中年別況，拚作絓句慿送君此

去江南猶未花落　回憶曾伴歸旌快談昕夕意氣真盤薄卅載萍蹤頻聚散何日重傾下箸紫陌軟塵白雲高唱讓爾吟情樂驪歌輒和俚音應愧牛鐸

滿江紅　送童楚翹明府赴閩海運

海上浮槎張騫後誰將空鑿男兒志乘風破浪壯懷磊落艘艓雲連馳晝鷁帆檣風利占黃雀謀虎門鎖處是三山南臺泊　分天庾塵民瘼勞轉輸魁溝壑想鄉園萬井歡聲騰躍愧我神山舟舊引羨君橫[illegible]勛猶昨更

有緣飽啖荔支回香留齒

眼兒媚　桐廬道中

峭帆風定晚來晴遠浦斷霞明蓬窗靜倚半江漁艇兩岸鳩聲　船娘生小嬌癡慣軟語泥人聽咲輕歌緩茶香酒釅著意逢迎

南樓令　端節小住蘭谿

溪水碧於油溪娃能盪舟慣淩波秀靨明眸生長闌干船上住渾不解別離愁　佳節快臨流蘭橈枉駐留憶

臺江競渡芳游驛影衣香薰盡捲人都上水邉樓

摸魚兒　和王敦夫司馬見題詞存

念平生交緣最淺蓬萍蹤跡猶遍與君把袂蓬萊閣便爾殷勤青眼交貧賤君不見古人傾蓋情何限恨相見晚擬尊酒論文聯床話雨更把燭頻翦　宦游倦聊藉填詞消遣勞生塵夢都淡中年陶寫無□竹寄意聲偷字減浮名換又豈羨當年奉旨柳三變問誰是伴有金谷遺音許稱同調贈我驪珠串

東風第一枝　白楊梅用竹垞韵

鶴頂凝霜驪胎孕月櫻廚過後新薦色誇玉盌盛冰味宜晶鹽堆纖筠籃才翦未入嶺芳津先逗咲洞庭萬顆程紅比似聖僧都賤　擬粉荔粟肌偏軟訝青李雪衣初染掬泉方詫星吞落盤更疑珠轉纍纍如貫愛飣座玳筵側畔問小兒此果何名想是君家常見

風蝶令　本意題畫

結隊爭搴艷凝神獨美芳翩翩狂態任悠揚真箇一生

花底過時光　莊夢何時醒韓魂竟體香誰人羅扇撲
来忙試覓滕王本細評量
　天香謝胡篴農太守惠墨
麝劑遥分豹囊才啓紫玉稜稜光透細搗松煤倒鈐香
印真箇輕堅黑黝歙州膠法是易水奚超傳後好配宣
豪江硯端宜芸案消受　須知文章太守集良材重經
杵向篴農每賭佳墨配膠另製愈見堅好高比元霜一品研犀題就語妙
還思坡叟咲再著麻衣飲將又磨墨磨人去詮誰剖

壺中天　和少穆中丞韵題伊少沂江干展書圖

是誰老手，寫江閣摹取當年錦里。獨艳遺編臨檻曲，放眼參觀雲水。高樹盤空，小溪横彴，俯仰乾坤裏。書長人靜，茶烟一縷初起。　笑我書癖空眈，頻年奔走，硯席安無地。羨爾身宜邱壑置，名下原無虛士。四壁蕭然，一經傳得，嗜此醰醰味。臨歧題贈，吟懷聊慰離思。

金縷曲　桐江書懷

倦聽秋蟬咽，送征帆半江碧浪，滿山紅葉。問我勞蹤何日歇買棹又來東浙空自歎年年傷別回望吳山烟濤闊倩夢魂歸去難越歌未盡恨千叠　蓬窗兀坐何爲悦檢巾箱重商舊稿添編新闋對酒當歌著白髮孤負桐江風月漫指點荒臺雙碣高隱孤忠同奇絶與江山終古難磨滅情稠仗觴頻醱

浪淘沙　沈成齋縣尉西藏從戎回

投筆請封侯想見風流鉛鏵多半出兜鍪往返烏斯三萬里幕府諮謀　潘鬢已驚秋身世悠悠却憐垂老尉

江州枳棘畀栖同一慨壯志難酬

我亦贊戎籌打鵲山阪嘉慶丁丑臨安富泥夷滋事余奉調軍營剿獲首逆打鵲山下芭蕉古箐瘴煙稠一換青衫逾十載空白人頭　萍迹暫向留傾蓋情投披圖追羨舊豪游快讀新篇斟濁酒倍使人愁

金縷曲　和陸祈孫明府見贈

宦海風波怕況又人一行作吏更銷聲價自古名高多運蹇福慧雙修蓋寡算只有泉明高雅五斗折腰真不

胥賦歸來采菊東籬下問誰繼清風者　知君仙骨原
瀟灑脱荷衣鴻爪偶試便思冠挂浮世升沈何足道蕃
煞好官咲罵待春雨杏花歸也愧我塵勞逾廿載過江
州誰念狂司馬歌欲闋淚先潸

謁金門　鷹潭[illegible]眺

登臨適遠水遥天[illegible]下金歷歷雲帆山頭[illegible]止人忘
高岸楓丹栖赤淺渚林暮點似秦淮幕煙歸路客愁
懷愁轉集

沁園春　歸鴉

落日扁舟縱目江天接[illegible]客安

沙陀一隊聲犍哭斜[illegible]合還離將枉[illegible]旋變

態加孫村畔認紅[illegible]霜樹近遠人家　烏雲堆髻宮娃

妬日影昭陽不及他記銀鉤帖瘦濃塗曾誚玉池畫好

試展頻叉白項多慈黑衣常勇帆錦爭隨神更誇沙洲

迴看北来羣雁[illegible]伯蘆花

一翦梅　婺源[illegible]事

畫月舟居矮打頭風也須愁雨也須愁暫移瓦屋小如舟得自勾留且句留　放眼霜林獨倚樓楓也紅稠桕也紅稠旅懷何事可銷憂吟興難酬飲興難訓

滿庭芳　婺江石境灘

筍石嶙峋箭流奔瀉爭誇石境雄灘推篷試望風景宛鄉關應料宵分歸夢憑江水送到家山西風好浮雲掃盡霜月逼人寒　奇觀曾歷遍九瀧怒浪三峽驚湍更洞庭秋漲廈島春瀾誰念倦篙此日好山水來訪新安

傳杯聽長年咲我行路不知難

齊天樂　婺源譚公嶺

摩空萬級穿雲棧驟来頓驚心眼折比羊腸陡同鸚嵴起伏岡巒不斷憑[illegible]俯看詫馬勒崖懸蟻隨磨轉叱馭王尊經過難免隨雄膽　山行咲余久慣黔滇連蜀道頻歲登覽黎嶺雲封蒙山瀑湅歷盡嶔崟無限平生壯觀念奚錦詩牌弎首吟遍老去情懷宜游應更倦

滿江紅　歙後[illegible]事

放眼溪山宛然入畫開生面況復值霜林風景翠凋丹染夾岸磴田梯層疊近灘水碓輪雙轉更沿村粉壁好人家炊烟滿　冬過暖天應變凍雨散酸風健正濃雲釀雪洒篷飛霰透骨新寒裘慶易破愁仰酒杯頻勸念歲華將暮旅懷深[illegible]消遣

桂枝香　石琢堂前輩重逢游泮歲徵詩賦此代之

熙朝耆舊是念一科前臚傳魁首雁塔龍頭姓氏羣推領袖泮宮憶采芹香歲數花甲重週劉又文章當代簪

纓奕世孫枝爭秀　更玉尺量材老手曾闚海珊羅荆山璞剖異數黄堂雀弁烏臺豸綉廿年乞得官身暇比鑑湖　君恩還厚遐齡眴看莽歌櫻宴霞觴頻侑

浪淘沙　再題存

迂拙百無成莫問浮名曉風楊柳柳耆卿陶寫奚須絲與竹減字偷聲　宮調易分明深在言情夜窗細校復微吟且喜拈來綺語羞慰平生

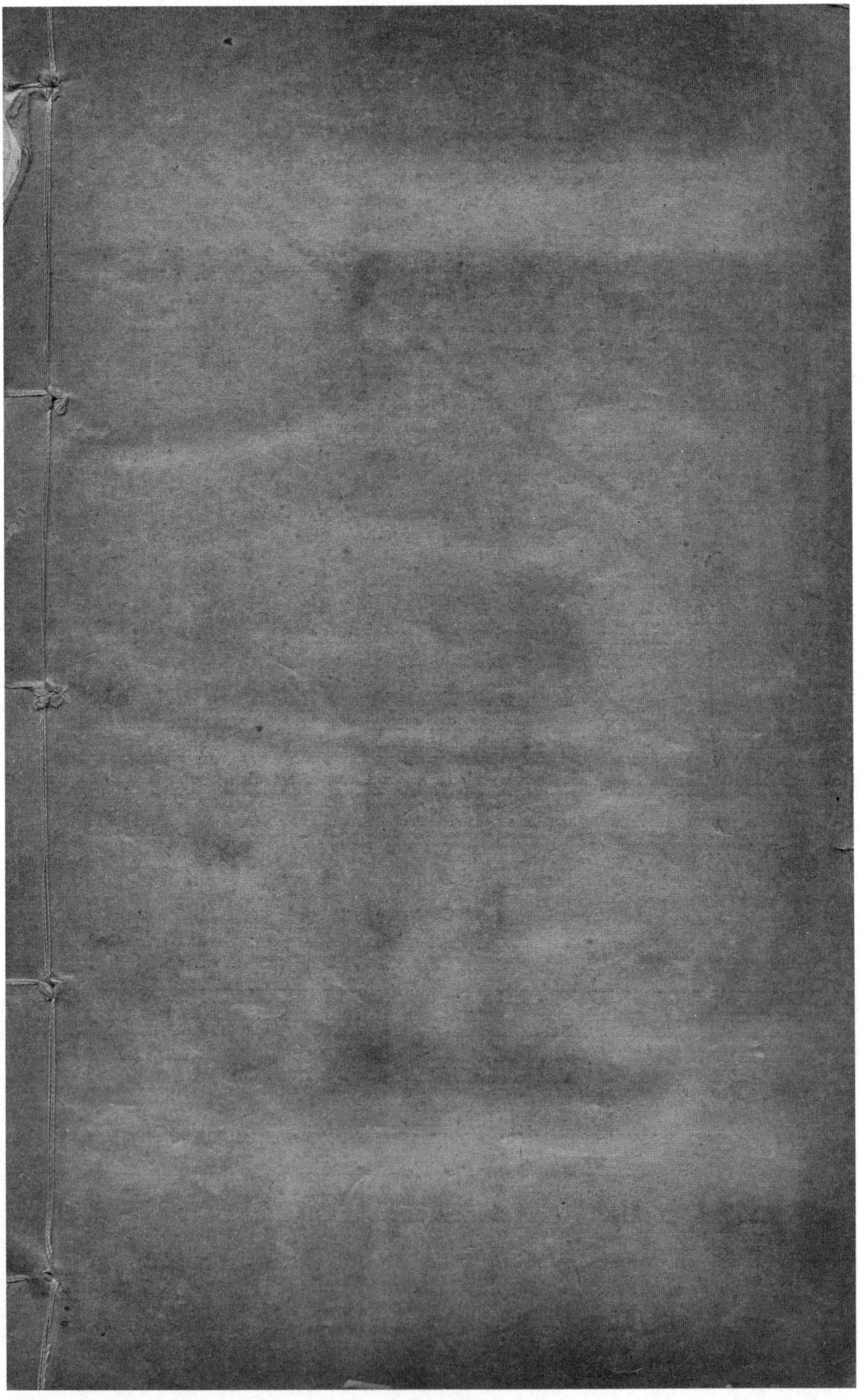

蘿月詞二卷

［清］甌寧許賡皞撰

上海圖書館藏清道光十九年刻本

蘿月詞二卷，清許賡皞撰。賡皞（一八一五—一八四二），字秋史，一字克孳，號蘿月，甌寧人。諸生。幼學韻語，尤好倚聲。後蒙沈學淵獎掖，授以詞律，又從黄樹百學四聲清濁。道光十五年（一八三五），從南浦書院山長蔣衡學詩詞。陳壽祺掌教鼇峰書院，從其遊，與同門張際亮、鄭天爵、賴其瑛、劉家謀時相切劘，學益進。又因劉家謀而交謝章鋌。道光十八年，與里中同人舉梅崖詞社，同社十一人，大半出其指授。道光二十二年三月，因修武夷志之故，探幽尋險，不慎墜仙掌峰下而死。撰有平遠堂遺詩。

賡皞天資清妙，嫻於音律，兼善鼓琴，尤精度曲。其論作詞之法曰：「填詞宜審音，審音宜認字。先講反切則字清，遍習樂器則音熟。然其得心應手、出口合耳、神明要妙之致，非可以言傳，亦非可以人强也。」（謝章鋌詞後自跋）故其詞聲律諧暢，無蹇吃迫迮之病。其兄弟姊妹俱解音律，互相唱酬，弟賡年、侄作朋，同以詩名。其詩七年中凡三變，而詞境亦二變焉。少作清思麗藻，而不免柔曼纖靡，嘗以蝶戀花「人在子規聲裏瘦，落花幾點春寒驟」之句，爲陸我嵩、沈學淵、王修埒等激賞，目爲「許子規」。暨於通篇，未能稱是。自乙未受學蔣衡，間以詞請益，退而棄其少作。長調學姜夔、張炎，短調主秦觀、李清照，至是一變。戊戌舉詞社，所作益多，至明年而合舊作六百闋，可謂勤矣。易其柔曼纖靡，而爲悲壯蒼涼，時有出格高渾語，至是詞境又一變。如滿江紅送端甫四兄賡元之河南並訊菊士二兄賡謨，明白誠摯；滿江紅題郵亭壁、滿江紅題尤展成先生鈞天樂傳奇，蒼涼高渾；西子粧十二月望夜，鬅鬅突入姜、張之室；點絳唇「候館燈青，鬼唱秋墳句。摇鞭去，紫贏嘶處，殘月低于樹」、買陂塘秋燈寄陳玉邑用賓「又點鼠跳梁，木落鶩鴟叫」，又郭則澐所謂淒黯有鬼氣者也。至菩薩蠻日暮山行「月出樹蒼然，水聲高在天」、渡江雲「明河高不落」，齊天樂題雲韡娘傳後「海空聞雁語」等，乃與其詩格相通，幽微淡遠，深得王、孟神理。蓋其好遊山水，有棲真巖穴之想，故體物研情，不落窠臼，惜天不假年，未克臻其大成。

詞盛於宋，元明稍衰。清初經朱彝尊、王士禛、陳維崧諸老提倡，一時風起泉湧，倚聲之道，稱爲極盛，而閩中無與角立者。至賡皞出，舉梅崖詞社，謝章鋌聞風繼起，舉聚紅詞榭，而閩詞始復振矣。賡皞於聲華歇絶之際，獨尋墜緒，其於提倡風雅、振興閩詞之功甚偉，故謝章鋌、何振岱極稱道之。觀其自跋，亦隱然以起衰繼絶自任焉。

是集爲其手自編定，凡兩卷，詞百闋。卷一起道光八年戊子，迄十二年壬辰。卷二起十七年丁酉，迄十八年戊戌。論者謂，後半氣體比前半加宏，蓋多主詞社時所作也。卷二買陂塘初春雪夜獨坐「兀坐科頭擁被」句後缺一拍十三字，未知出於何故。（肖　鵬）

蘿月詞

始予不解塡詞戊戌歲歸自　京師杜門謝客厭聞
俗事克孳適與里中諸子爲詞社每集所得必屬予
點定予姑以意爲去取甲乙諸子以爲悉當予亦間
作長調一二闋示諸子諸子又以爲近蘇陸一派然
予終不謂然輒棄去不復省先是克孳髫年卽習倚
聲嘗有人在子規聲裏瘦落花幾點春寒驟之句爲
陸萊莊沈夢塘王友山諸君所激賞至是而詞格一
變易其柔曼纖靡而爲悲壯蒼涼且時有出格高渾
語非復詞家所能束縛如月出樹蒼然水聲高在天
風葉下紛紛四山都是雲及明河高不落海空聞雁

語等語且無論詞即在五言詩中亦當入右丞之室克孳乃刪錄少作並社中所得合百餘闋問序於予且自悔不當以小技自見予曰詞雖小技宋人理學如朱文公眞西山名臣如晏元獻歐陽公忠義如岳忠武韓蘄王皆嘗爲之詞亦何負於人但勿以詞人自待足矣然吾人不爲則已爲之則必期於工迨爲之既工而其人之性情胷次無不備肖者故即其詞亦可見其人予今日之詞與昔日之詞聲律猶是也而氣象不侔焉豈非予之胷次有異於昔乎然則詞亦何負於子亦視子所樹立何如耳詩古文亦猶是

也子於此可以自悟也已

道光已亥季秋望後雲寥山人蔣蘅書於耘經塾

清思麗藻鏤月雕雲卽景研情體物盡態品高詣粹
瓣香應在邦卿白石之間詞壇飛將也遠村蒨甫均
予舊雨誦集中倡和諸什尤感慨係之已亥三月友
山王修埻識

吳園次先生有把酒囑東風種出雙紅豆之句吟遍
江南今讀集中人在子規聲裏瘦落花幾點春寒驟
之什何减園次風流酒熟香初當付與小紅低唱友
山又識

克孳表叔戊戌年於里門舉梅巖詞社同社十一人
大半出其指授竹垞樊榭後獨於吾閩復張一軍嗚

平盛矣生平酷好石帚玉田二家集中如水仙春艸
柳影感舊半山亭寄伯兄及哭蕭遠村徵君諸什體
物言情俱臻妙境直突入二家之室社中所得詞體
格稍變谿徑獨闢小令尤稱獨步有蝶戀花人在子
規聲裏瘦落花幾點春寒驟之句陸萊莊刺史沈夢
塘孝廉王友山貳尹俱擊節嘆賞目爲許子規其傾
倒者至矣已亥五月表姪雅南楊庭鉽識於寄齋
克莘髫年嫺音律善鼓琴瑟尤精度曲於四聲陰陽
清濁開閉出收一字不苟故其詞聲律諧暢辭意兼
善無聱牙捩舌晦澁艱苦之病且又得天倫之助父

子兄弟並擅詞翰俱解宮商風流儒雅豔絶一時望之如神仙中人其寄伯兄詩有云倘幸庭闈歡笑語一堂共諸弟喜詩歌醉吟坼春甕對坐七絃揮入門園鳥哢小妹十歲餘亦解白雪弄可想其旨趣矣柘浦蘭艇季景台謹識

明人詩號爲復古不讀唐以後書故三百年來詞學迄以不振我　朝竹垞倡之於前樊榭和之於後兩浙樂章之盛幾欲抗手兩宋希踪五代獨吾閩作者寥寥惟丁雁水以小令擅場他無聞焉賡皞幼習韻語卽酷好倚聲辛卯秋試省門以所業質之吳淞沈夢塘先生極蒙獎掖且授以詞律一書歸從蒲城黃樹百先生學四聲淸濁乙未游蔣荃臣夫子之門受詩法間以詞請益夫子曰詞與詩一也周頌三十一篇長短句居十八是詞已發源於三百篇矣子既學詩何有於詞退而恍然有悟遂盡棄少作長調主白

石玉田短調主少游擻玉戊戌與里中諸子舉詞社所得益多因合舊作共六百闋删存二卷聊以自娛嗟乎人生只此百年耳賡皞少不努力弱冠稍志於學又牽拂於人事之轇轕時作時輟荏苒迄壯百無一成僅習此無用之詞章雖悔且愧爲之復不能自己信乎結習之難忘也然竹垞有云詩所難言者委曲倚之於聲其辭愈微而其旨益遠又云去花菴草堂之陳言不爲所役俾滓窳滌濯以孤技自拔於流俗以斯爲則或不至乖於大雅矣乎

道光己亥端午後十日克孥許賡皞白識於蘿月山館

蘿月詞目錄

卷之一

詞五十闋

卷之二

詞五十闋

題辭

酹江月　　靜海　蕭　重遠村

蘋風蕉雨過深秋時候涼生琱几萬斛明珠空外瀉幻出箏魂琴意紅豆輕拈烏闌細譜歷亂天花墜文游臺上讓君出一頭地　況復賦擅黃樓詩傳白下聲望青雲裏殘月曉風人悄悄仙夢迷茫猶記骨蛻金蟬絲抽玉繭下界閒遨戲天涯疲暮無雙喜遇國士

木蘭花慢　　膠州　柯培元易堂

宋元人不作問簫譜有誰脩羨慢就青紗題成黃絹

山館清幽宵深引商刻羽卿少年此事已千秋況奏瀟湘一曲烟蘿翠蔭書樓　風流今日五溪游明日曲江頭更無須畫壁銅箏語恨鐵笛吹愁料得承平雅頌演鈞天響過五雲浮紅杏向書按拍微雲學士傳籌

湘春夜月　題蘿月山館填詞圖　寶山　沈學淵夢塘

近黃昏碧梧桐下修簫又是嫩月娟娟難得可憐宵畧帶幾分秋意愛荔牆三尺冒住花梢想補蘿並坐輕籠翠袖低拍紅么　才人不作溪山似舊金粉難描且去填詞誰更解曉風楊柳如許魂消君能好事

況少年裙屐招邀我亦慣向烟波自署野紅釣客漁唱溪橋

春霽　秀水　王修埻　友山

琴趣簫聲羡慘綠仙郎而今白石蘿月山齋梅巖樵社淸詞有誰堪敵夢傳彩筆他年瀟灑瀛洲客且消受福地嫏嬛好才名第一　長吉古錦綬控吟鞭荷扇涼颸桃絢春色問靑衫香痕染處吹殘幾闋醉仙笛我到建州逢柳七相與呼酒靜聽二八雙鬟歌君樂府旗亭畫壁

金盞倒垂蓮　海寧　許鴻慶　靜溪

丁卯橋頭有吾宗作者格調如仙割席詞壇紅豆妬
清妍盡道是歌雲吹裊拓開菱雨蘋烟煮茗注酒聽
君譜入么絃　蘿陰一九月子儘深深悄悄消受年
年燕舌鶯吭好語似珠圓但鎮日檀痕輕搯曉風殘
月屯田有井水處家家添得新箋

沁園春 題蘿月山館塡詞圖　錢塘　范　熙　桐雲

若個尋幽碧似雲浮涼如水清正空庭窈窱烟蘿弄
影寒螿聲悄夜漏飛聲攪起新愁勾來舊恨一片詩
魔帶月生揮毫掃有滿腔春感無限風情　消磨壯
氣殘更都付與瓊簫玉管賡想篔簹獨倚辭霏白雪

琵琶試撥響逬秋星錦字迴文珠歌絶調輸爾風流
落筆成披圖了悵平生懷古長恨盈盈

三

蘿月詞卷一

五溪　許賡皞　克孳

雨霖鈴　戊子至壬辰

鈴聲

吟窻寒閉向燈前送幾聲愁絶秋聲一片搖碎風箏響處芭蕉吹裂檻畔蕭蕭更似簷答簷畔騷屑恰聽到替戾郎當憶曉來深巷輪鐵　誰禁得者般淒切又丁東洽和空堦葉烟酸雨苦滋味偏只是隔牆低說幾許愁腸說不分明但有嗚咽悵夜靜獨鶴醒來相對語涼月

齊天樂

水仙

漢江露洗湘雲夢珊珊珮環來矣豔粉塗腮輕黃暈額羅襪盈盈新裂芳塵淨洗正料峭東風袖羅飄翠一縷春魂人在蘂珠宮闕裏　黃昏燈畔獨立映晶簾月影微灑清淚日暮波遙天空雪冷遺恨十三絃底窗前瘦倚恰酒醒香濃夢痕如水脈脈無言晚來寒似此

柳初新

東風舞罷春無主只染就黃金縷古園荒岸疏籬野

館樹外悄無鶯語消得斜陽幾度又苗條瘦腰如許不管離愁別苦河橋邊年年攀取曉風殘月新詞唱罷祇有斷腸烟雨悵覓遍江南詩句恁飄零舊時張緒

望湘人

悵烏絲寫恨紅豆贈歌那番離思無賴噩夢嫌眞墜歡苦短錦瑟年華難再中酒情懷瘦人天氣許多愁債問綠窗燕子歸遲記否凭闌人待　無那吟邊酒外怕蕭蕭鬢影更先春改料蝴蝶飛時倘有幾分寒在烟長雨短夜深如海冷落殘紅都快甚寂寞一夢

梨雲儘被東風吹壞

菩薩蠻

垂楊幾處鳴鵶鳩。蘼蕪滿院薰蝴蝶。時節未清明。今年寒較輕。

江南芳草綠。憶煞人如玉。無奈養花天。一春愁似烟。

踈影

欄影

樓臺近遠。寫數重卍字。低亞階畔。鬱鎖簾衣。斜界苔茵。綺虵斗奩偎暖。迴環密印銀塘。翠𤼵點點柳綿拋軟。恰晚來搖漾秋千。描出夕陽紅板。

庭院黃昏寂

寞暮蟾又揭起微暈深淺隔住牆陰扶起花陰幾摺
水痕鋪滿模糊一縷涼雲裊恁獨自欲凴還嬾怕夜
闌悄悄閉閒門檐角老梧遮斷

玉山枕

向晚樓閒帳門外東風惡凴闌立久垂簾睡後芳草
庭前夜半寒作鷓鴣啼罷一燈昏料春夢雨聲都擱
問天涯多少斜陽最牽情是垂楊城郭　舊曾游處
應如昨奈愁事偏思著二分別恨三分酒思依舊年
年幾度花落不堪金縷唱江南總孤負燕期鶯約更
何時吹徹瓊簫便逍遥跨揚州孤鶴

高陽臺

送春

似醉偏醒未昏先瞑心情空自留連恨煞蘭橈將春
載去誰邊垂楊只有牽愁處甚柔條不綰歸船又長
亭一道裙腰芳草芊芊　舊時歡事還餘幾祇零星
歌板寂寞秋千欲遣飛花替人欵雨留烟雨僝烟僽
花添惱料今宵花也無眠鎮淒迷怕整離紋嬾寫殘
箋

八歸

春草

東風一夜燒痕吹轉愁碧繡出南浦驕驄嘶過垂楊岸回首野橋西畔玉鞭歸路一夢池塘春欲晚嘆泠落江南游侶問底事惹起離情黯黯送人去　猶記弓彎踏遍芳郊拾翠正是清明時序畫裙遮斷短亭荒堠因甚芊綿如許念青袍似我只有芳心共千古王孫恨不堪惆悵滿地斜陽天涯遲日暮

虞美人

苦吟損了眉尖翠幾日心如醉離愁無力似楊花縱趁東風飛不到天涯　簾邊數縷烟明滅門掩空庭月薰爐坐擁袖羅單偏是鷓鴣聲裏有些寒

臺城路

花魂和汪劍潭先生韻

金鈴掀起游仙夢芳魂欲歸何處弱不禁風輕都化水依約月明庭廡情酸意楚問那處亭臺有人低語一縷飛來畫闌干外更誰主　瑤堦還又延竚縱多情燕子幽怨難訴霧裏迷香池邊照影滿地棃雲吹絮烟痕颭去悵前度飄零美人黃土翦紙招時夜深嗁杜宇

蝶戀花

閟掩蘭窻消永晝。小小蛾彎綠得愁痕縐。人在子規聲裏瘦。落花幾點春寒驟。坐擁博山薫翠袖。燕姹鶯嬌。不管儂僝僽。拍斷闌干吟未就。鸚哥驚醒將人咒。

菩薩蠻

夕陽多少天涯怨。落花依舊閒庭院。春思繫垂楊。愁心十丈長。小闌扶未穩。人遠紅牆近。蝴蝶亂飛來。風吹羅帶開。

買陂塘

貞元閣蓮心亭

寫空青鏡波蕭瑟。霜銅涼鑄千頃。芳塍簇出危亭小三面濕烟池淨寒照耿送萬點風林葉墜蓮花頂嵐漪翠映正枯葦搖晴長松弄吹蟲語助清泠　平沙遠鴻雁排空照影寥天如許高迴樓臺隱約丹楓外一片晚霞遮定山漸暝但六曲欄杆悄悄和愁凭鷗邊夢醒把詩句敲來冬心喚起流水度僧磬

齊天樂

螢

竹光杳靄桐陰悄輕颸一痕秋淨帶露拖星窺窻避月微熖隨風孤耿籬根照暝又閃閃飛來藕池如鏡絡緯聲中一燈涼處豆花冷　回頭隋苑舊蹟只斑

斑斷蘚零落金井碎雨蕉邊殘烟柳外纖尾暗移無定繁華夢醒想絲粉雕欄有人孤凭翠袖蕭蕭却防團扇影

百字令

訪水南畫卦亭遺址

一重溪影認檜籬幾折白雲飛出水落沙平孤嶼露界斷雲根寒碧短碣摩挲長林黯澹亂草牛羊跡蒼茫憑弔晚風吹起漁笛　何況日暮登臨烟靑石紫十里空潭夕啼鳥數聲花自落道意閒鷗能識水市呼魚巖扉欸鶴瘦倚笻三尺磬聲飛墜夕陽移去吟

展

齊天樂

葉小鸞眉子硯背有二詩署已巳寒食題云天寶繁華事已陳成都畫手樣能新如今只似初三月怕有詩人說小顰　素袖輕籠金鴨烟明窗小几展長牋開奩一研櫻桃雨潤到湘琴第幾絃

半規琢就纖纖樣嫣然昔年眉嫵滴粉香勻研朱露濕一匣琉璃裝取紅絲數縷認小字銀鉤墨花凝乳翠暈顰深黛蛾何事瘦如許　青螺曾記畫得甚釵鸞去遠留下眉譜舊夢迷離新詞旖旎寫出櫻桃愁句詩緣懺否問碧葉蟲書返魂何處小几明窗月彎

奩畔吐。

前調

河東君古鏡背有詩云照日菱花出臨池滿月生君看巾幗整妾映點粧成

菱花照徹繁華夢。芳魂又歸塵土。對臉傳紅。當眉掃黛。點點脂斑。寒聚霜銅膩。乳歎一鏡山河。便成今古。洽落山莊。夕陽紅豆鳥啼苦。　粧成曾自照影。想幾番拂拭。涼暈青吐。翡翠香沈。芙蓉豔褪。老却朱顏如許。難將恨補。帳江令歸來。玉臺無主。滿月池邊。素心曾鑑否。

憶舊游

和陳鶴樓公子址貞元閣紀游鶴樓自武夷游歸

指一角青山三生白袷蘿石盟心重結漁樵局向紅衣徑畔同摯吟巾月涼玉笙吹罷雲氣幔亭青問白髮曾孫虹橋宴後何處招尋　銷沈壯游志悵十載風塵老却霜鐔落葉千堆滿賸酒場詩地寒到如今況是夕陽樓閣興廢幾登臨猛拍斷闌干山風颯颯飛嘯聲

西子粧

十二月望夜

風鍊霜華烟凝星影醉後酒襟寒淺夜深猶共凭危

欄悵蒼涼舊時庭館圓蟾又滿問一載團圓幾遍算
今年儘者番圓了明年重看　羅浮遠野鶴飛遲寂
寞關山怨樽前纔聽話將離奈青氊更教人戀謂王蒨甫先生
吹殘翠管怕回首茶煙消黯且圍爐重夢梅花未
晚

一萼紅　癸巳至丙申

同曼生舍姪作朋城南看紅葉水木明瑟秋
氣倍寒園中楊柳一株零落尤甚悵然賦此

指秋岑正白雲飛墮烟樹隔江潯澗抱圓沙籬牽古
蔓桐楸三徑蕭森看魚尾斷霞明處染胭脂碎片補

秋林游屐山邀芳巾酒漉醉鬢花簪　重訪當年張
緒甚陽關一笛吹老秋陰殘燕歸遲暝鴉棲早空園
無數蟲吟但十里平蕪野照又高城日暮起笳音問
訊白門消息流水愔愔

憶舊遊

寄沈夢塘先生學淵

料蓴羹玉滑鱸膾銀肥未負吟觴歸踐重陽約縱催
租有吏終勝他鄉月明一繩秋雁飛夢過楓江悵葉
戰菰蘆潮寒浦溆樹老山莊　芒羊客游跡記荔雨
榕烟收入行裝苦竹洲邊路聽鷓鴣聲裏槳打沙棠

問訊者番鬗計憶煞買陂塘怕重訪秋盟歌翻水調

鷗夢涼

虞美人

城南雜憶

城南碧玉蓬門隱好夢都無準荷風吹送笛參差憶

煞鴛鴦三十六陂池　紅樓一桁簾波隔逗出秋蕭

瑟門前垂柳暮烟横遮斷鶯聲聽得不分明

城南嫩柳藏鴉小怕是鴉啼早溪聲一路送斜陽泠

到黄花只合伴秋娘　尋秋重到蘼蕪徑蟲語苔花

泠疏籬一曲水灣環不合流將紅葉到人間

菩薩蠻

寒燈一粟青如豆，西風吹得雙蛾皺。花影冷秋窻，燕歸飛不雙。　秋愁誰共語，一陣芭蕉雨。雨氣入衾窩，怕伊秋夢多。

齊天樂

光孝寺前步月

深林日落觚稜現，嚴城市喧初靜。鶴趁僧還，鴉投烟下，寺古齋厨偏冷。高梧露井，又扶出圓冰，一丸端正。萬籟生山，戒壇松吹和孤磬。　前緣香火尚在，問風花過眼，人事誰省。髡柳牆低，深篁門掩，梵語天空雲

淨經旛弄影賸彌勒龕前一燈孤耿證到枯禪塔鈴

驚夢醒

憶舊遊

蕭遠村先生重以光孝寺紀游詩見示譜此

奉和並懷沈夢塘先生

問烱消禪榻秋老蒲團涼意如何負却琴尊約悵盈

盈帶水隔斷烟蘿雨聲又催寒句吟畔醉顏酡料竹

外鈴喧蕉邊鶴瘦秋思無多　蹉跎昔游境記兩岸

紅衣一道青羅釣浦鷗盟老又東陽人去泠落溪波

惆悵夕陽門徑載酒幾經過只杳杳汀洲天空日暮

聞棹歌

滿庭芳

移庵柳下坐月懷柯仲篠筱

攀不成條垂仍似帶腰圍瘦損堪憐夜烏啼罷秋意更淒然殘月已教腸斷何況是和雨和烟重回首灞橋日暮攜手綰征鞭　今宵空悵望青衫似我已負當年只江南好夢落向吟邊何日重歌金縷春雲暖同擘濤箋長亭路不堪延竚落葉與哀蟬

虞美人

寄季蘭艇景台

郊原一帶平蕪綠最是傷春目花殘怕更送春殘兒
是送君歸後獨憑欄　無言但覺空庭冷燕翦垂楊
影君歸已聽雨風聲怪道落紅漸與玉階平

十二時

玫階日冷落花堆起幾重離恨窻鋪未全掩又黃昏
將近　燕子呢喃春事盡試商量一春花信花期也
都準只歸期難問

一萼紅

柳影

隔湖灣一奩空翠瘦影不禁攀淺碧風梳輕黃霧醮

迷濛千里關山悵古道短長亭堠欵斜陽一半在闌干淡臬鞭絲濃遮酒旆遶露江帆　才見依依浦溆又垂垂院落勤住春寒亂掃殘紅輭兆晴絮樓頭隱約烟鬟正搖斷黃昏簾箔共花魂明月有無間愁煞夜烏啼罷曉色征鞍

江城梅花引

夜雨

酒闌燈灺夢初遥聽瀟瀟恨瀟瀟敲碎春心無賴是芭蕉花正怯寒人更冷漏聲緊夢相逢到畫橈　畫橈畫橈隔紅橋魂自消首自搔去也去也去不見江

水迢迢怕是落花驚醒轉無聊簷畔風鈴猶自語和雨點一聲低一陣高

賣花聲

庭院晚烟輕花影瑤屏酒懷如夢却分明待向醒時尋夢境翻怪零星　風雨太縱横勾起離情枝頭恰恰㗭鶯聚已無聊何況別怕問歸程

前調

香爐酒微温獨掩閒門空房小膽怯三分尚有一分淒冷處風雨黄昏　點滴不堪聞那更傷春一宵春夢已消魂況到明朝花落也滿地愁痕

菩薩蠻

淚痕彈上桃花薄，春魂驚醒風箏落。釵膩墜無聲。一簾花影明。　海棠眠未足。漸漸銷香玉。燕語替人愁。夕陽紅上樓。

清平樂

春陰庭戶。鎮日飛花絮。只有閒愁無覓處。拍遍迴欄無語。　柳陰移過窗紗。紅樓那處人家。隔著屏山六曲，如何便說天涯。

金縷曲

哭蕭遠村先生

急淚揮盈把甚天公才能招妬命都難假卅載詩名淪一尉待詔空愁金馬帳貢賞而今已寡詞賦未逢楊得意只微官老死終山野狽鶴侶共憐耤　吟魂猶繞梅花下先生有莆陽三十六灣梅花書屋圖憶游蹤芝山蘭水向容寬暇客燕相依官舍裏回首酒闌歌罷嘆從此茫茫長夜將母未能歸故里況重泉誰是尸饔者千古恨獨悲咤

滿江紅

聞蛩

竟夜無眠。愁聽汝淒淒切切。緣底事。不平如許。料難詳說刀尺謾添幽女怨笙歌不逐豪門熱只殘燈空館伴淒淸長鳴咽　深巷冷砧聲急孤枕卧鐘聲徹更雁聲天外音書斷絶萬里驚秋人正遠一般惱客腸如結又寒梧槭槭葉爭飛窗前月

買陂塘

登黃華山半晚眺

浸銀塘一壺寒綠倒含嵐翠明靚風漪細蹙韡紋膩只少柴門漁艇秋色冷蘼萬樹丹黃換却繁華境斜陽送瞑愛畫楯橫空朱欄卧水紅翠變俄頃　尋游跡重認蒼苔門逕溪山過眼誰省十年金粉江南夢

松吹無端驚醒回悟猛聽一磬空山定住風旛影天
高地迥又萬葉爭飛流泉怨咽鶴語翠微頂

滿江紅

題郢亭壁

秋冷郊原看一帶平林如畫嘆閱盡嶔崎世路夢中
猶怕萬里關河長緬邈千年塵土空悲咤只垂楊不
管別離愁斜陽掛　誰苦勸勞人駕料不似青山暇
奈感生髀肉壯懷難罷滾滾黃塵隨馬起悠悠白鳥
和烟下聽笳聲寒月戍樓西驚心乍

卜算子

兀坐擁孤衾怕背燈兒卧一夜砧聲響不停好夢都敲破　無賴是吟蛩引得愁無那醒時已自怯凄清夢也何須做

一萼紅

秋燕

又棲遲杏梁日冷客燕護巢時梧井驚風苔龕避雨只隨殘葉俱飛剛覓遍垂垂敗柳悵飄零不是舊時枝待雁樓高嘑鴉館寂門巷都非　回首春風院落恁幾番絮語綠暗紅稀舊侶皆分新雛易長誰省襟上紅絲便當日盧家人老向簾前相見總依依記否

江南草長前度烏衣

滿江紅

送端甫四兄賡元之河南並訊菊士二兄賡謨

夜雨篝燈問歡事而今餘幾只戀煞聯牀舊夢廿年羌被遠道甘同牛馬走卑棲豈是鸞凰志嘆從今沙渚雁羣驚分飛矣寒日落歌聲起關河路風塵裏悵離觴未御淚先盈眦菽水半生游子恨稻粱千古英雄恥望春風計日賦歸歟親顏喜

棘手荆心只算計米鹽婚嫁數十載剜肉補瘡此肩

難御。苦境當思嘗諫果。世情豈盡啖甘蔗。看豐林。轉眼葉丹黃。蕭蕭也。人心險。吾深怕。世途窄。君休訝。問梁園賓客。而今多寡。雙劍延津風雨夢。一鞭古汴桑麻野。總輸他。鷗鷺共棲遲。忘機者。

憶少年

一城風雨一繩涼雁一聲畫角扁舟歸去也又吳江楓落　舊游花月都非昨憶簫聲綠楊城郭尊前別時語怪鸚哥偷學

百字令

蘿月山館初秋夜坐

一番疎雨只秋聲滿地一時都作亂竹蕭蕭流水響藻荇影搖簾箔落葉催涼浮雲弄暝微月時依約吟窻半掩清光來勸孤酌　猶憶花底吹笙迴欄幾曲人倚紅樓角春夢迷離花事老誰慰空齋寥寞金井驚秋銀屏怯洽此景殊非昨氷絃獨撫桐陰飛起雙鶴

高陽臺

小黃華山亭懷伯兄

遥折蒼烟堦盤亂石憑高醉眼愁孤不盡離情深山何處啼烏斜陽正在烟深處更傷心一帶平蕪記當

年匹馬衝寒雪滿征途　雁飛不向樓邊墜只啣蘆
遠浦書也都無舊侶飄零西風近亦行踈相思不恨
烟波杳恨故鄉更少蒓鱸悵短亭敗柳垂垂都易新
株

聲聲慢

感舊

雪岸飛梅風漪韻竹酒邊三載勾留夢到橫枝枝枝
都有離愁重來舊時庭戶只苔痕青上簾鈎人更遠
正烏啼日落休去凭樓　奈是溪山暮也況登高望
遠重賦悲秋一笛闗河又吹霜入征裘風波五湖正

惡怪天涯猶有行舟待後約記參橫月漾淺流

百字令

城樓晚眺

溪山易老倚蹺跎未踐前番鷗約一水縈洄南去路柳畔柴門如昨去楫衝飈來船載石那怕風波惡蒼茫對此遠懷空寄寥廓　誰更澤畔行吟紉蘭結佩薜荔秋衫薄若有人兮呼欲出蘆岸漁舟漂泊雁鶩羞肥魚龍苦瘦石露危灘落憑高醉舞戍樓吹起寒角

臨江仙

記得横橋橋畔路荒灣斜繞孤城寒笳嗚咽月微明

鴉歸疎柳外河漢靜無聲　樓上清歌猶未罷霜風

吹冷銀箏別時酩酊不教醒出門無一語瘦馬踏殘

氷

蘿月詞卷二

五溪　許賡皞　克孳

高陽臺　丁酉至戊戌

李香君小影

病不禁風，愁原似水，白門回首天涯。繫馬當年，橋邊幾樹枇杷。媚香樓上黃昏月，錯教人、恨煞桃花。甚關河，轉眼淒涼，滿耳悲笳。　渡頭桃葉歸何處，憶尊前唱罷，淚掩琵琶。雪苑蕭條，相思雲樹重遮。江山扇底烟塵老，况南朝、宮柳啼鴉。又翩翩，雙燕飛來，不見侯家。

水調歌頭

送汪瘦石志周入都

老矣水雲子片葉客身輕十年琴劍漂泊談笑狎公卿緣綺空山彈罷獨對海天長嘯起舞蟄龍驚散髮刺船至殘照萬峯明　攜畫具扶短策束行縢故鄉筍蕨正美何似五侯鯖莫向王門鼓瑟且去金門待詔拂袖寫蓬瀛回首望雲樹沙鳥起烟汀

買陂塘

初春雪夜獨坐

聽庭柯幾番騷屑棲烏拍拍驚起試燈風峭笙歌靜

況是酒懷如水深院閒問一笛梅花寒到簾櫳未宵
長似此正竹亂聲喧蕉枯點急相憶不成醉　維摩
病消受煮茶風味鬢絲禪榻餘幾爐灰畫斷吟寒句
兀坐科頭擁被關河萬里怕柝響荒城笳淒古戍清
切伴無寐

春霽

題王友山少尹　修堺　小蓬壺笙語詞卷

吟老蘼蕪問盼斷江南幾許春色密葉裁箋冶花縈
腕閒情更誰知得故鄉頓隔梅山仙尉蓬山客念昔
日石帚玉田猶憶舊標格　滄海倦旅醉眼憑高水

天蒼茫長嘯空碧想鱸鄉詞仙去後蘋洲秋冷鷺鷗宅綽板酒邊雙鬢白最斷魂處應是岸柳搖青月殘風曉一聲橫笛

卜算子

一陣曉鴉啼故故驚人醒坐對玟紗裊碧烟花撲簾衣冷　欄外捉迷藏誤觸秋千影不合斜陽獨倚樓目送青山暝

渡江雲

曼生蒙犂姝有名碧落娘者贈以詩醒而忘之屬賦此解

明河高不落一行雁影玉宇送秋聲芳魂呼不起小
字寒簧何處喚卿卿青霞一笑又殷勤賦贈黃庭空
悵望玉笙吹斷遮莫董雙成　銷停金支翠羽惝怳
迷離是遊仙門逕回首憶鐘鳴月白鶴語烟青何時
更醉餘杭酒怕他年鸞信無憑秋又晚樓前不見雙
星

滿江紅

題尤展成先生鈞天樂傳奇

豎子成名甚塊壘酒難澆下問紈袴五陵年少幾人
金馬一第無緣歸去易萬言有策知音寡弔湘纍千

古共神傷長沙賈　烏江哭胡爲者青山約何時也
歎錦囊才盡玉樓眞假碧落仙郎鸞鶴侶白頭詞客
漁樵社只一腔熱血未曾消歌邊灑

前調

題宋昭儀王淸惠送汪水雲南歸詩序後

卷地胡塵又破碎山河如此問馬角崎嶇塞上那時
生未白雁聲中家國恨青衣酒畔君臣恥只黃冠歸
哭望南雲生還矣　龍庭雪穹廬閉駝罽月刀環墜
甚六宮紅粉一齊揮淚別夢白登城下路離觴青草
墳邊地倩玉琹絃上說興亡悲風起

法曲獻仙音

枯荷

一霎西風幾番斜照十里綠雲都捲狼藉鷗邊飄零雁底催成蓼灣楓岸只獨采涼花去扁舟載秋怨鎮依黯似歌場舞衣吹裂塵涴後淸泚那堪重浣不見弄珠人賸空房墜粉零亂怕是瀟瀟又深宵涼雨不斷拼秋聲一枕夢入舊時池館

點絳唇

白板門前酒帘搖漾留人住驚沙吹雨捲起昏雅語候館燈靑鬼唱秋墳句搖鞭去紫贏嘶處殘月低

于樹

解連環

雅影

遶鐘催暮忽驚飛一片翻空如雨已滿目衰艸寒烟更殘壘數行白楊枯樹負杖柴門羨野老籬邊閒數問城頭畫角山逕斜陽幾人行旅　叢林一聲粥鼓讓伊啞逐隊將棲還去想樓畔獨倚西風盼歸雁天涯迷離應誤臏點零星盡捲入亂雲深處最銷魂髡柳叢邊涼蟾半吐

買陂塘

題楊雅南表姪庭鉞蘭江夜泛圖

又西風富陽江上布帆婀娜吹起玻璃劃碎波千頃依約鏡奩新霽眉月細正雙槳沙棠擊汰空明裏盈盈帶水記玉笛吹愁銅絃語恨香滿鄂君被　潯陽怨鉛淚青衫似洗吳郎絲鬢餘幾樂豐亭上憑高處一雁吟邊迢遞歸夢滯怕暮雨瀟瀟軟語吳篷底雲山暮矣甚解佩人遙弄珠秋晚何處采芳芷

齊天樂

題雲彈娘傳後

蘆笙吹綠珠崖艸人來鬼門秋暮洞雨飛箖林雲合

陣兒女英雄如許天魔罷舞帳破碎中原幾聲杜宇
一隊天姬月明蹋臂綏歌去　翻翻書記老矣歎功
名事業無分銅柱赤雅編書黄衫說劍酒畔愁聽蠻
鼓沈湘萬古只粉黛當年也歸塵土彈斷冰絃海空
聞雁語

買陂塘

秋燈寄陳玉巹　用賓

正黄昏隔簾明滅引來秋意多少無聊怕守空房黑
黯淡枕根添惱愁夢攪又黠鼠跳梁木落驚鵑叫年
華易老嘆洽焰誰溫短檠久棄只有素心照　還惆

悵伴我青衫潦倒囊螢十載都槁與君雪案攤書坐
幾度不眠侵曉思遠道奈風葉長廊涼逼孤光小蕭
齋夜悄憶說鬼偏青談兵忽炧一劍雨中嘯

蝶戀花

燭淚

醉後玉釵敲斷未簾幙風微欲避知無計怕是海棠
渾不寐背花脉脉偷彈指　點點珠痕收不起半灑
歌場半落無人地便到心灰成底事袖羅猶染香紅
膩

買陂塘

聞人唱雨霖鈴曲

怪深宵酒闌燈灺，笛聲誰更吹徹。青螺蜀棧秋蕭瑟，回首梨園淒絕。腸寸結，更暮雨千山，換了霓裳疊。胡塵未滅，聽劍閣猿啼，衡湘雁語，一樣怨離別。　宮牆洽又是涼州歌闋。唾壺空自敲缺。淒涼南內無人夜，碎語依然騷屑。離思切，只家國興亡，此恨何從說。臨風自咽，怕醉後丁冬，夢魂驚醒，不見馬嵬月。

高陽臺

題鄭鏡蓉女史詩卷

怨蠟銷紅，愁蛾損黛，夜深猶自吟商。一片秋聲，寒機

老却嬰娘孤鸞怨入梅花笛恁城頭吹破昏黄帳空

閨香已成灰雁又分行鏡蓉女兄弟四人俱能詩而多夭逝 蓬萊閣

上憑高處正海天萬里秋入斜陽集中登蓬萊閣詩激昂豪宕不似巾

幗中語 紅葉千山天涯駝褐輕裝年來金縷飄零甚怪

西風猶戀垂楊向團蒲勘破萍因月冷花幢

滿江紅

題幔亭仙會圖

彈指空中甚樓閣一時俱滅賸幾片虹橋插壁古苔

深蝕宴罷鷄鳴天半霧山空鶴語堯時雪問曾孫零

落幾人存悲華髮 東西幄賓雲闋昇眞洞巖扉閉

嘆海波深淺。歲華如瞥。松子一聲仙院磬。棹歌幾曲前溪月。只人間何處寄。餘哀吹橫鐵。

清平樂

枕根鳴咽。又是愁時節。疾雨飛沙風獵獵。亂捲一庭梧葉。　開窗淡月微明。牆陰只有蟲鳴。知是今宵無寐。不如飽聽秋聲。

前調

寄伯兄

戍樓吹角。積雪埋林壑。萬里羈愁烟漠漠。飛起月中孤鶴。　知君歸夢天涯。夢中歸到誰家。不記舊時窗尸。可還認得梅花。

金縷曲

戊戌立春瘧疾復作憶殤兒明焯

暖意回亭沼，料東風、者番相見，舊愁都掃。罷酒驚揮深夜淚，身世依然潦倒。縱令節、不成歡笑。哀樂平生成底事，便人窮、天厄都難曉。搔首立，問蒼昊。　何須婚嫁憂難了。只當前、淒涼滿目，白頭應早。重憶桃花曾靧面，一霎落紅艸艸。恁侘傺、是誰年少。藥裹隨身

滿江紅

拋未得，況春光又趲，東陽老。深院暮，正啼鳥

春感

一雨瀟瀟渾不管倚欄人獨只作就蕭條滿院暗縈心曲罷酒夜愁燈熘短停琴曉怨庭蕪綠怕登樓雲樹黯重闉青山麓（焯兒墓在善見塔下）清晝臥風驚竹傷逝感鴉啼木算中年哀樂半生蕉鹿生死難酬兒女債醉吟聊結漁樵局更當前春與莫蹉跎傾醽醁

玉樓春

春病

紋紗靜掩苔陰碧欲捲湘簾無氣力蘭閨生怕藥香濃細炷金猊薰寶瑟最難將息空庭黑做暖裝寒

添暝色。東風妒柳雨欺花。燈影微青窗影白。

渡江雲

月夜聞杜鵑寄伯兄同克銑六弟　庚午作

江城春老矣一聲窗外遠夢繞關山年年芳草路不
喚人歸只解喚春還庭空露冷正斷腸有客憑欄忽
亂紅偏牆飛過一霎落花寒　無端新愁勾起壯志
都消問天涯吟伴幾人在燈前相憶把劍重看鶴兮
況又風驚散甚一春不寄平安簾半捲無眠聽到更
闌

清平樂

啼鶯門逕醉把危欄凭簾外垂楊搖不定移上夕陽紅影　當年繫馬河橋只今盼斷蘭橈一自春風拳後不應猶有長條

長亭怨

清明日集芸園分韻得月字

問芳草是誰吟老有限春光也都消歇便有歡游不堪重向落花說舊愁新怨都付與啼鵑咽老却舊阿鬟誰起舞風前迴雪　腸結小闌同凭處閒了那番游屧垂楊倦眼解笑我華年如瞥縱園林不見殘紅最怕是酒闌歌闋又扶醉歸來空掩閒門蘿月

滿江紅

初度夜聞歌有感

椽燭衣香，記往事、風流猶昨。嘆十載、鬢毛如許，不堪行樂。酒畔銀箏非昔響，醉中金戟猶能拓。謾悲歌、春雨夜沈沈，燈前酌。　齊竽濫，吾深怍。牙琴斷，將安託。便陽春絶調，也愁寥落。銅斗敲殘花入檻，柘枝舞罷風吹幕。只荒鷄、落月趲華年，聲咿喔。

浪淘沙

庭翠暖紋紗，樹影天斜。一卷輕薄是楊花，日暮惱他雙燕子，啣入誰家。　春怨語琵琶，驚起樓鴉，門前望

斷阜金車故國飄零多少恨何況天涯

卜算子

新燕

門巷尚依稀滿地芹泥潤舊夢盧家記不真飛向簾櫳認　花影拉紅襟已是黄昏近不見樓前翠袖人樓外紅成陣

南樓令

碎玉響琅玕深宵愁倚闌東風吹怨上眉彎炙暖銀笙香霧濕河漢靜感明瀾　紅燭誤敲殘芳庭明月閒怕驚鸚鵡喚雙鬟夜靜無人添半臂爭禁得落花

寒

淒涼犯

羅浮蝶塚

清歌又闋羅裙化仙家未免塵劫風前幻影尊前遺蛻雲飛烟滅蒙莊一瞥又比似曇花易折只荒苔空階坏土豔骨掩蒼雪　歸訴紅塵苦洞口梅花料應淒絶北邙何處儘消磨舞衣香篋誰與招魂是枝上啼鵑嗚咽嘆浮生富貴視此土一垤

虞美人

鷓鴣聲裏平蕪夕萬里孤烟直關河滿目艸痕遮怪

道春來夢不到天涯　與君攜手相逢處只繞櫻桃樹夢中忘却問歸期但說天涯一樣艸萋萋

清平樂

小窻如霧寒逼花陰暮樓上珠簾樓外樹隔斷亂鶯啼處　夜來一雨瀟瀟醒時長自魂消應是孤眠未慣可憐錯怨芭蕉

憶舊游

淨慈寺送春

怪袈裟淨地香火空山也有啼鵑喚我春愁醒問春來幾日春去誰邊閉門但憑芳艸到處引游鞭悵綠

裊絲痕青消鬢影荼蘼都圓　留連恨多事是墮絮游絲春思重牽未了江南夢把燕嬌鶯姹付與吟箋盼斷夕陽流水難問落花禪只一磬團蒲老僧擁褐終日眠

梅子黃時雨

梅雨

不定陰晴悵淺醉頓醒春夢無準只鎮日空濛畫簾衣裼渴疾年來消去未夕陽影裏紅牆隱腰圍損葉綠子青空探芳信　休問新愁舊恨且重溫綠綺還理瑤軫怕漸逼黃昏玉絲淒緊細響芭蕉聽未慣姤

伊雙燕香巢穩蘭釭燼被池夜深猶潤

高陽臺

書眉巢民先生影梅庵憶語後

朱鳥窗深青鸞夢好蘼蕪山下人家白下潮聲無端催去年華銷魂水繪園亭冷甚垂楊不管啼鴉總依然菊影淒清竹影天斜　那堪重憶年時事悵絳河修阻空泛靈槎紅袖前番添香簾幕重遮月明爲喚幽魂起待歸來化作梅花只空階如雨蟲聲細打窗紗

解連環

櫽括唐人送宮人入道詩意

一聲清磬把當年恩怨一齊敲醒只別淚對灑銅仙正秋雨漢宮此情誰省月落宮牆想別殿清歌夜永向枯禪說與白髮青燈不堪重聽　回頭舊時恨事漫長門永巷漏深人靜甚竹葉盼斷羊車但碎鼓零鐘一般淒冷溝水流紅總未把舊情流盡更幾度香夢入昭陽暮鴉弄影

疎影

蕉聲

寒燈半滅惱一夜秋聲枕邊騷屑倩影窺欄急響敲

窻瘦却翠裙重疊未秋已自聽秋慣況秋雨幾叢枯葉正晚涼泠入琹絲人在絲天淸絶　問訊翠篝消息墨痕尚在否風已咬裂難展芳心但卷愁心又對暮蛩鳴咽牆陰鶴夢應猶穩怕夢裏一般淒切待酒醒紙閣圍爐聽取隔簾殘雪

菩薩蠻

日暮山行

人家隱隱藏昏篠燈光深碧鵂鶹嘯風葉下紛紛四山都是雲　烟蘿秋色瞑斜日寒無影月出樹蒼然水聲高在天

金盞子

古道垂楊漸閱人多矣無條堪折多少未歸人甚雁足都沈水天空闊夜來夢到天涯訴相思千疊須記取年時故園江上幾聲啼鴂　愁絕夢都絕誰共我春流擊晝楫揚州杜郎又老城南路重來已是綠葉那堪葉舞愁紅更斜陽城闕寒笳起惟有數點歸雅遥趁涼月

南歌子

月夜聞十二妹桂嬋撫琹

洽翠侵眉黛深紅亂指花一庭涼夢月籠紗正是水

仙彈罷又啼雅　露濕鬆𨰿彰風輕響玉叉捲簾鶴影舞天斜應共湘妃江上譜流霞

高陽臺

紀歲珠　汪于鼎集載鄉隣某娶婦甫一月郎行賈婦刺繡易食以其餘積歲置一珠用綵絲繫焉名曰紀歲珠夫歸婦没巳三載啓篋得珠巳積二十餘顆矣

夢與春圓淚隨風灑穿成一串愁腸傾向荷盤年年只有空房琵琶遺恨商人婦怕重歌囉嗊情傷更淒然愁鎖閨紅怨織流黃　回思攜手櫻桃下憶拋來記曲紅袖圍香碧海深沈卅年歡債誰償何時老屋

牽蘿補帳歸來長簟空牀只深宵魚目鰥鰥恨遜更
長

買陂塘

秋笳

驀平沙四無人語一聲天地孤迥畢逋飛繞城頭樹
笳拍亂棲不定楓葉逕帳大地山河吹老斜陽影黯
愁暗省又遙帶寒鐘亂催急柝客夢夜驚醒　胡天
遠一片荒涼野景角已鳴處風勁天涯慣入征人耳
怕向酒邊重聽鼙鼓競奈淸角聲聲更逼黃昏近穹
廬夜靜忽萬馬悲嘶楚歌四起月照鐵衣冷

前調

九月望夜同克跣弟曼生姪菊圃坐月有懷

伯兄

猛寥空一聲征雁荒園如此蕭瑟籬邊閒煞持螯手望斷白衣消息愁似織憶夢到青楓江上吟秋色多情皓魄但照我尊前鬖髿短髮脫帽獨橫笛　梁園好何似柴桑舊宅門前垂柳狼藉家庭歡事今餘幾三逕莫教岑寂離思積怕兩鬢霜華不貸天涯客歸鞭未策更何日花前茱萸共插醉此一九白

水調歌頭

招同人看菊花

風雨苦瀟颯佳會罷題糕蓬山無計斫膾且莫負持螯笑問人間五斗何似園中三徑無語漉芳醪夕照忽西下醉後首重搔　盟五柳尋栗里悵蓬蒿南山千古無恙肆舉對吾曹試看他人華髮休閑尊前笑口何日更誅茆露下七絃靜起弄月華高

憶舊游

題梅巖訪梅圖

記樵磴迴雲巖扉閉日片石當軒未了琴尊興又提鶻挐鷺來就花眠凭欄一聲老鶴香在翠微巔悵崖

費冰膠苔堦溜滑翠壁高懸　當年勝游地只荒亭
廢隖蔓艸寒烟夕照蒼茫裏又啼鳥喚客喬木依然
怕是玉鱗飛舞清角落尊前待掃雪峯頭道人赤脚
茶自煎

疎影

紙帳

暗香空際向晚窻深貯多少寒意竹響敲檽蟲語侵
階枕畔湘簾垂地書騰半晌羅浮遠問枝上翠禽啼
未帳夜深縞袂寒生人與梅花同睡　最怕峭風吹
破布衾冷似鐵孤館愁寄高卧荒山鎮掩閒門鶴夢

前番迢遞夢邊尋到橫枝處又霜竹高樓吹起正酒醒淡月窺牀細嚼一燈吟味

齊天樂

雨中集蘿月山館聯句寄遂生

一庭涼韻風驚竹湖山醉魂飛度克學鶴夢依雲鷗盟問水浛却斜陽何處曼生吳山倦旅憶載酒囊琴共尋琳宇雅南兩載相思舊愁銷盡一簾雨芸史陳大文聯牀同有舊約卯君重卧病誰共尊俎克學舍弟克銑適病瘧曲檻闉香閒堦劚翠又是懷人庭戸曼生離情萬縷正滴碎芭蕉晚花無語雅南指點巴山故人須記取芸史

疏影

懷玉巴並寄遂生時玉巴客都門

青山一髮問萬里旅情驢背應別曼生不盡黃沙幾點歸鴻那處玉龍吹徹雅南黃昏孤館寒燈炮正夢醒關山涼月芸史念故鄉別後相思拚向玉梅低說克孳回首梅山舊侶登高放鶴去夕照明滅曼生對影孤樽放眼中原雨地酒懷如結雅南天涯日暮輪蹄急更迢遞暮雲千疊芸史想六橋並馬春風幾度落花如雪克孳

揚州慢

菱角井看荷花復登貞元閣

山翠成烟水陰留暝繞城一道青青克孳正涼颸過處
又古樹蟬鳴雅南問誰是溪山舊主廢荷衰柳都怨飄
零克孳只蘆邊鷗鷺驚飛漁唱空汀雅南冶游暮矣但
危闌樓閣孤凭克孳好共折荷筩井華細吸聊解殘醒
雅南看取敗蕉殘墨重牽我夢逐浮萍克孳

五月望日集黃華山館折蕉葉代箋聯句五十韻寄遂生

帳疎鐘烟外聲聲敲破松扃雅南

福建文獻集成續編・集部（第八輯）

主　　編：吳　格
責任編輯：張燈傑
裝幀設計：張志偉
美術編輯：陳培亮
出版發行：福建人民出版社
電　　話：0591-87533169（發行部）
網　　址：http://www.fjpph.com
電子郵箱：fjpph7221@126.com
地　　址：福建省福州市東水路76號
郵政編碼：350001
經　　銷：福建新華發行（集團）有限責任公司
印刷裝訂：雅昌文化（集團）有限公司
地　　址：深圳市南山區深雲路19號
開　　本：787毫米×1092毫米　1/16
印　　張：340.75
版　　次：2024年12月第1版第1次印刷
書　　號：ISBN 978-7-211-09695-4
定　　價：5000.00元（全10冊）

圖書在版編目（CIP）數據

福建文獻集成續編. 集部. 第八輯：10冊/吳格主編. --福州：福建人民出版社，2024.12. --（八閩文庫）. --ISBN 978-7-211-09695-4

Ⅰ. K295.7

中國國家版本館CIP數據核字第2025V79G94號